税收法规及优惠政策案例详解

《税收法规及优惠政策案例详解》编委会　著

地震出版社
Seismological Press

图书在版编目（CIP）数据

税收法规及优惠政策案例详解/《税收法规及优惠政策案例详解》编委会著 . —北京：地震出版社，2023.3

ISBN 978 - 7 - 5028 - 5166 - 8

Ⅰ.①税…　Ⅱ.①税…　Ⅲ.①税法 – 法律解释 – 中国
②税法 – 法律解释 – 中国　Ⅳ.①D922.220.5
②F812.422

中国版本图书馆 CIP 数据核字（2021）第 243933 号

地震版　XM5051/D（6189）

税收法规及优惠政策案例详解

《税收法规及优惠政策案例详解》编委会　著
责任编辑：范静泊
责任校对：凌　樱

出版发行：地震出版社
北京市海淀区民族大学南路9号　　　　邮编：100081
发行部：68423031　68467991　　　　传真：68467991
总编办：68462709　68423029
编辑一部：68426052
http://seismologicalpress.com
E-mail：dz_press@163.com
经销：全国各地新华书店
印刷：大厂回族自治县德诚印务有限公司

版（印）次：2023 年 3 月第一版　2023 年 3 月第一次印刷
开本：787 × 1092　1/16
字数：1837 千字
印张：70
书号：ISBN 978 - 7 - 5028 - 5166 - 8
定价：198.00 元

前　　言

近年来，我国的税收法规体系随着经济的发展不断调整与完善，尤其是"营改增"和"减税降费"后对纳税企业和税务机关的工作带来了重大变化。为了帮助读者快速、准确地掌握"学法、懂法、用法"的本领，我们特意编写了本书。

全书共有 18 章内容，系统收录了我国现行的 17 个税种和税收征收管理的相关法律法规、政策解读以及实务案例。在本书的编写过程中，我们主要突出如下重点和特点。

一、时效性

时效性是本书在编辑过程中重点突出的一大特性。在税制改革的过程中，常有部分原有法规被废止取代，新的法规颁布实施。在本书的编写过程中，我们剔除了部分法规中的废止条款，并将最新的相关法规在文中注明，同时也收集整理了最新的税收法规，旨在帮助读者学习最新的现行税收法规的相关规定。

二、权威性

本书在编写过程中，完全依据国家发布的相关法律、法规等进行编写，除案例分析外，其余内容完全来自法律法规，让读者了解到权威的税收法规细则。

同时，本书也注重内容上的全面性。在相关法规的收录方面，按照不同行业、不同类型、不同流程和不同主体，将其有关的法规拆分到相应章节，帮助读者全面了解和掌握自身所关心的问题。

三、实用性

理论是实践的基础，实践也会让理论走得更远。在税收法规整理的基础上，本书结合了大量的实际案例，力求做到实践与理论的紧密结合。本书中的案例涉及面广泛，有助于读者深入掌握相关税收法规的实务应用。

理论因实践而更具有生命力。在我国税制不断完善的实践中，相关理论也需随实践而不断演进。本书在编写中定有诸多不周之处，还望读者在今后能够不吝指正。

目 录

第 1 章 增值税

第 2 章　消费税

第 3 章　城市维护建设税

第 4 章　关税和进出口税

第 5 章　企业所得税

第 6 章　个人所得税

第 7 章 土地增值税

第 8 章　契税

第 9 章　城镇土地使用税

第 10 章 房产税

第 11 章　耕地占用税

第 12 章　印花税

第 13 章　车辆购置税

第 14 章   车船税

第 15 章　资源税

第16章　环保税

第17章　烟叶税

第18章　税收稽查

索　引

01 增值税税收优惠政策索引

一、增值税免税

02 消费税税收优惠政策索引

03 城市维护建设税税收优惠政策

04 关税和进出口税优惠政策索引

05 企业所得税税收优惠政策索引

一、免征与减征优惠

06 个人所得税优惠政策索引

一、免征优惠

07 土地增值税优惠政策索引

08 契税优惠政策索引

09 城镇土地使用税优惠政策索引

10 房产税优惠政策索引

11 耕地占用税优惠政策索引

12 印花税优惠政策索引

13 车辆购置税优惠政策索引

14 车船税优惠政策索引

15 资源税优惠政策索引

16 环保税优惠政策索引

第 1 章 增值税

1.1 中华人民共和国增值税暂行条例

2017 年 11 月 19 日 国务院令第 691 号

（1993 年 12 月 13 日中华人民共和国国务院令第 134 号公布 2008 年 11 月 5 日国务院第 34 次常务会议修订通过 根据 2016 年 2 月 6 日《国务院关于修改部分行政法规的决定》第一次修订 根据 2017 年 11 月 19 日《国务院关于废止〈中华人民共和国营业税暂行条例〉和修改〈中华人民共和国增值税暂行条例〉的决定》第二次修订）

第一条 在中华人民共和国境内销售货物或者加工、修理修配劳务（以下简称劳务），销售服务、无形资产、不动产以及进口货物的单位和个人，为增值税的纳税人，应当依照本条例缴纳增值税。

第二条 增值税税率：

（一）纳税人销售货物、劳务、有形动产租赁服务或者进口货物，除本条第二项、第四项、第五项另有规定外，税率为 17%（目前己调整为 13%）。

（二）纳税人销售交通运输、邮政、基础电信、建筑、不动产租赁服务，销售不动产，转让土地使用权，销售或者进口下列货物，税率为 11%（目前己调整为 9%）：

1. 粮食等农产品、食用植物油、食用盐；

2. 自来水、暖气、冷气、热水、煤气、石油液化气、天然气、二甲醚、沼气、居民用煤炭制品；

3. 图书、报纸、杂志、音像制品、电子出版物；

4. 饲料、化肥、农药、农机、农膜；

5. 国务院规定的其他货物。

（三）纳税人销售服务、无形资产，除本条第一项、第二项、第五项另有规定外，税率为 6% 。

（四）纳税人出口货物，税率为零；但是，国务院另有规定的除外。

（五）境内单位和个人跨境销售国务院规定范围内的服务、无形资产，税率为零。

税率的调整，由国务院决定。

第三条 纳税人兼营不同税率的项目，应当分别核算不同税率项目的销售额；未分别核算销售额的，从高适用税率。

第四条　除本条例第十一条规定外，纳税人销售货物、劳务、服务、无形资产、不动产（以下统称应税销售行为），应纳税额为当期销项税额抵扣当期进项税额后的余额。应纳税额计算公式：

$$应纳税额 = 当期销项税额 - 当期进项税额$$

当期销项税额小于当期进项税额不足抵扣时，其不足部分可以结转下期继续抵扣。

第五条　纳税人发生应税销售行为，按照销售额和本条例第二条规定的税率计算收取的增值税额，为销项税额。销项税额计算公式：

$$销项税额 = 销售额 \times 税率$$

第六条　销售额为纳税人发生应税销售行为收取的全部价款和价外费用，但是不包括收取的销项税额。

销售额以人民币计算。纳税人以人民币以外的货币结算销售额的，应当折合成人民币计算。

第七条　纳税人发生应税销售行为的价格明显偏低并无正当理由的，由主管税务机关核定其销售额。

第八条　纳税人购进货物、劳务、服务、无形资产、不动产支付或者负担的增值税额，为进项税额。

下列进项税额准予从销项税额中抵扣：

（一）从销售方取得的增值税专用发票上注明的增值税额。

（二）从海关取得的海关进口增值税专用缴款书上注明的增值税额。

（三）购进农产品，除取得增值税专用发票或者海关进口增值税专用缴款书外，按照农产品收购发票或者销售发票上注明的农产品买价和 11%（现已调整为 9%）的扣除率计算的进项税额，国务院另有规定的除外。进项税额计算公式：

$$进项税额 = 买价 \times 扣除率$$

（四）自境外单位或者个人购进劳务、服务、无形资产或者境内的不动产，从税务机关或者扣缴义务人取得的代扣代缴税款的完税凭证上注明的增值税额。

准予抵扣的项目和扣除率的调整，由国务院决定。

第九条　纳税人购进货物、劳务、服务、无形资产、不动产，取得的增值税扣税凭证不符合法律、行政法规或者国务院税务主管部门有关规定的，其进项税额不得从销项税额中抵扣。

第十条　下列项目的进项税额不得从销项税额中抵扣：

（一）用于简易计税方法计税项目、免征增值税项目、集体福利或者个人消费的购进货物、劳务、服务、无形资产和不动产；

（二）非正常损失的购进货物，以及相关的劳务和交通运输服务；

（三）非正常损失的在产品、产成品所耗用的购进货物（不包括固定资产）、劳务和交通运输服务；

（四）国务院规定的其他项目。

【例1】 某生产企业为增值税一般纳税人，其生产的货物适用 13% 增值税税率，2019 年 8 月该企业的有关生产经营业务如下：

（1）销售甲产品给某大商场，开具了增值税专用发票，取得不含税销售额 80 万元；同时取得销售甲产品的送货运输费收入 5.65 万元（含增值税价格，与销售货物不能分别核算）。

（2）销售乙产品，开具了增值税普通发票，取得含税销售额22.6万元。

（3）将自产的一批应税新产品用于本企业集体福利项目，成本价为20万元，该新产品无同类产品市场销售价格，国家税务总局确定该产品的成本利润率为10%。

（4）销售2016年10月购进作为固定资产使用过的进口摩托车5辆，开具增值税专用发票，上面注明每辆取得不含税销售额1万元。

（5）购进货物取得增值税专用发票，上面注明的货款金额60万元、税额7.8万元；另外支付购货的运输费用6万元，取得运输公司开具的增值税专用发票，上面注明的税额0.54万元。

（6）从农产品经营者（小规模纳税人）购进农产品一批（不适用进项税额核定扣除办法）作为生产货物的原材料，取得的增值税专用发票上注明的不含税金额为30万元，税额为0.9万元，同时支付给运输单位的运费5万元（不含增值税），取得运输部门开具的增值税专用发票，上面注明的税额为0.45万元。本月下旬将购进的农产品的20%用于本企业职工福利。

（7）当月租入商用楼房一层，取得对方开具的增值税专用发票上注明的税额为5.22万元。该楼房的1/3用于工会的集体福利项目，其余为企业管理部门使用。

以上相关票据均符合税法的规定。请按下列顺序计算该企业8月份应缴纳的增值税税额。

（1）计算销售甲产品的销项税额；

（2）计算销售乙产品的销项税额；

（3）计算自产自用新产品的销项税额；

（4）计算销售使用过的摩托车应纳税额；

（5）计算当月允许抵扣进项税额的合计数；

（6）计算该企业8月合计应缴纳的增值税税额。

【答案】

（1）销售甲产品的销项税额 $= 80 \times 13\% + 5.65 \div (1 + 13\%) \times 13\% = 11.05$（万元）

（2）销售乙产品的销项税额 $= 22.6 \div (1 + 13\%) \times 13\% = 2.64$（万元）

（3）自产自用新产品的销项税额 $= 20 \times (1 + 10\%) \times 13\% = 2.86$（万元）

（4）销售使用过的摩托车销项税额 $= 1 \times 13\% \times 5 = 0.65$（万元）

（5）合计允许抵扣的进项税额 $= 7.8 + 0.54 + (30 \times 10\% + 0.45) \times (1 - 20\%) + 5.22 = 17.01$（万元）

（6）该企业8月应缴纳的增值税税额 $= 11.05 + 2.64 + 2.86 + 0.65 - 17.01 = 0.19$（万元）

第十一条　小规模纳税人发生应税销售行为，实行按照销售额和征收率计算应纳税额的简易办法，并不得抵扣进项税额。应纳税额计算公式：

$$应纳税额 = 销售额 \times 征收率$$

小规模纳税人的标准由国务院财政、税务主管部门规定。

第十二条　小规模纳税人增值税征收率为3%，国务院另有规定的除外。

第十三条　小规模纳税人以外的纳税人应当向主管税务机关办理登记。具体登记办法由国务院税务主管部门制定。

小规模纳税人会计核算健全，能够提供准确税务资料的，可以向主管税务机关办理登记，不作为小规模纳税人，依照本条例有关规定计算应纳税额。

【例2】某餐馆为增值税小规模纳税人，2019年6月取得含增值税的餐饮收入总额为12.36万元。计算该餐馆6月应缴纳的增值税税额。

（1）6月取得的不含税销售额 = 12.36 ÷（1 + 3%）= 12（万元）

（2）6月应缴纳增值税税额 = 12 × 3% = 0.36（万元）

第十四条 纳税人进口货物，按照组成计税价格和本条例第二条规定的税率计算应纳税额。组成计税价格和应纳税额计算公式：

$$组成计税价格 = 关税完税价格 + 关税 + 消费税$$

$$应纳税额 = 组成计税价格 × 税率$$

【例3】 某商贸公司（有进出口经营权）10月进口货物一批。该批货物在国外的买价为40万元，另该批货物运抵我国海关前发生的包装费、运输费、保险费等共计20万元。货物报关后，公司按规定缴纳了进口环节的增值税并取得了海关开具的海关进口增值税专用缴款书。假定该批进口货物在国内全部销售，取得不含税销售额80万元。

相关资料：货物进口关税税率为15%，增值税税率为13%。

请按下列顺序回答问题：

（1）计算关税的组成计税价格；

（2）计算进口环节应纳的进口关税；

（3）计算进口环节应纳增值税的组成计税价格；

（4）计算进口环节应缴纳增值税的税额；

（5）计算国内销售环节的销项税额；

（6）计算国内销售环节应缴纳增值税税额。

【答案】

（1）关税的组成计税价格 = 40 + 20 = 60（万元）

（2）应缴纳进口关税 = 60 × 15% = 9（万元）

（3）进口环节应纳增值税的组成计税价格 = 60 + 9 = 69（万元）

（4）进口环节应缴纳增值税的税额 = 69 × 13% = 8.97（万元）

（5）国内销售环节的销项税额 = 80 × 13% = 10.4（万元）

（6）国内销售环节应缴纳增值税税额 = 10.4 − 8.97 = 1.43（万元）

第十五条 下列项目免征增值税：

（一）农业生产者销售的自产农产品；

（二）避孕药品和用具；

（三）古旧图书；

（四）直接用于科学研究、科学试验和教学的进口仪器、设备；

（五）外国政府、国际组织无偿援助的进口物资和设备；

（六）由残疾人的组织直接进口供残疾人专用的物品；

（七）销售的自己使用过的物品。

除前款规定外，增值税的免税、减税项目由国务院规定。任何地区、部门均不得规定免税、减税项目。

第十六条 纳税人兼营免税、减税项目的，应当分别核算免税、减税项目的销售额；未分别核算销售额的，不得免税、减税。

第十七条 纳税人销售额未达到国务院财政、税务主管部门规定的增值税起征点的，免征增值税；达到起征点的，依照本条例规定全额计算缴纳增值税。

第十八条 中华人民共和国境外的单位或者个人在境内销售劳务，在境内未设有经营机构的，以其境内代理人为扣缴义务人；在境内没有代理人的，以购买方为扣缴义务人。

第十九条　增值税纳税义务发生时间：

（一）发生应税销售行为，为收讫销售款项或者取得索取销售款项凭据的当天；先开具发票的，为开具发票的当天。

（二）进口货物，为报关进口的当天。

增值税扣缴义务发生时间为纳税人增值税纳税义务发生的当天。

第二十条　增值税由税务机关征收，进口货物的增值税由海关代征。

个人携带或者邮寄进境自用物品的增值税，连同关税一并计征。具体办法由国务院关税税则委员会会同有关部门制定。

第二十一条　纳税人发生应税销售行为，应当向索取增值税专用发票的购买方开具增值税专用发票，并在增值税专用发票上分别注明销售额和销项税额。

属于下列情形之一的，不得开具增值税专用发票：

（一）应税销售行为的购买方为消费者个人的；

（二）发生应税销售行为适用免税规定的。

第二十二条　增值税纳税地点：

（一）固定业户应当向其机构所在地的主管税务机关申报纳税。总机构和分支机构不在同一县（市）的，应当分别向各自所在地的主管税务机关申报纳税；经国务院财政、税务主管部门或者其授权的财政、税务机关批准，可以由总机构汇总向总机构所在地的主管税务机关申报纳税。

（二）固定业户到外县（市）销售货物或者劳务，应当向其机构所在地的主管税务机关报告外出经营事项，并向其机构所在地的主管税务机关申报纳税；未报告的，应当向销售地或者劳务发生地的主管税务机关申报纳税；未向销售地或者劳务发生地的主管税务机关申报纳税的，由其机构所在地的主管税务机关补征税款。

（三）非固定业户销售货物或者劳务，应当向销售地或者劳务发生地的主管税务机关申报纳税；未向销售地或者劳务发生地的主管税务机关申报纳税的，由其机构所在地或者居住地的主管税务机关补征税款。

（四）进口货物，应当向报关地海关申报纳税。

扣缴义务人应当向其机构所在地或者居住地的主管税务机关申报缴纳其扣缴的税款。

第二十三条　增值税的纳税期限分别为 1 日、3 日、5 日、10 日、15 日、1 个月或者 1 个季度。纳税人的具体纳税期限，由主管税务机关根据纳税人应纳税额的大小分别核定；不能按照固定期限纳税的，可以按次纳税。

纳税人以 1 个月或者 1 个季度为 1 个纳税期的，自期满之日起 15 日内申报纳税；以 1 日、3 日、5 日、10 日或者 15 日为 1 个纳税期的，自期满之日起 5 日内预缴税款，于次月 1 日起 15 日内申报纳税并结清上月应纳税款。

扣缴义务人解缴税款的期限，依照前两款规定执行。

第二十四条　纳税人进口货物，应当自海关填发海关进口增值税专用缴款书之日起 15 日内缴纳税款。

第二十五条　纳税人出口货物适用退（免）税规定的，应当向海关办理出口手续，凭出口报关单等有关凭证，在规定的出口退（免）税申报期内按月向主管税务机关申报办理该项出口货物的退（免）税；境内单位和个人跨境销售服务和无形资产适用退（免）税规定的，应当按期向主管税务机关申报办理退（免）税。具体办法由国务院财政、税务主管部门制定。

出口货物办理退税后发生退货或者退关的，纳税人应当依法补缴已退的税款。

第二十六条　增值税的征收管理，依照《中华人民共和国税收征收管理法》及本条例有关规定执行。

第二十七条　纳税人缴纳增值税的有关事项，国务院或者国务院财政、税务主管部门经国务院同意另有规定的，依照其规定。

第二十八条　本条例自 2009 年 1 月 1 日起施行。

1.2　中华人民共和国增值税暂行条例实施细则

2011 年 10 月 28 日　财政部令第 65 号

（1993 年 12 月 25 日财政部文件（93）财法字第 38 号发布，2011 年 10 月 28 日财政部令第 65 号第二次修改并发布）

第一条　根据《中华人民共和国增值税暂行条例》（以下简称条例），制定本细则。

第二条　条例第一条所称货物，是指有形动产，包括电力、热力、气体在内。

条例第一条所称加工，是指受托加工货物，即委托方提供原料及主要材料，受托方按照委托方的要求，制造货物并收取加工费的业务。

条例第一条所称修理修配，是指受托对损伤和丧失功能的货物进行修复，使其恢复原状和功能的业务。

第三条　条例第一条所称销售货物，是指有偿转让货物的所有权。

条例第一条所称提供加工、修理修配劳务（以下称应税劳务），是指有偿提供加工、修理修配劳务。单位或者个体工商户聘用的员工为本单位或者雇主提供加工、修理修配劳务，不包括在内。

本细则所称有偿，是指从购买方取得货币、货物或者其他经济利益。

【例】下列行为中，属于增值税征收范围的有（　　　）。

A. 甲公司将房屋与乙公司土地交换。

B. 丙银行将房屋出租给丁饭店，而丁饭店长期不付租金，后经双方协商，由银行在饭店就餐抵账。

C. 戊房地产开发企业委托己建筑工程公司建造房屋，双方在结算价款时，房地产企业将若干套房屋给建筑公司冲抵工程款。

D. 庚运输公司与辛汽车修理公司商订，庚运输公司为辛汽车修理公司免费提供运输服务，辛汽车修理公司为其免费提供汽车维修作为回报。

【答案】ABCD

【分析】在 A 选项中，甲公司将不动产换取了乙公司的土地使用权，此时虽没有取得货币，但相对于甲公司而言，他是取得了乙公司的土地使用权；同样乙公司也是以土地为代价换取了甲公司房屋所有权，这里的土地使用权和房屋所有权就是我们所说的其他经济利益。

在 B 选项中，丙银行将房屋出租给丁饭店，而丁饭店长期不付租金，后经双方协商，由丙银行在饭店就餐抵账，对丙银行而言，出租房屋取得的是免费接受餐饮服务；对丁饭店而言，提供餐饮服务取得的是免费使用房屋。这两者都涉及了饮食服务和房屋出租等也是其他经济利益，因此都应征收增值税。

在C选项中，戊房地产开发企业委托己建筑工程公司建造房屋，双方在结算价款时，戊房地产企业将若干套房屋给己建筑公司冲抵工程款，看上去没有资金往来，但实际上戊房地产开发企业取得的好处是接受了己建筑工程公司的建筑劳务，同样己建筑工程公司获得了房屋所有权，双方都取得了经济利益，因此也应当缴纳增值税。

在D选项，庚运输公司与辛汽车修理公司商订，庚运输公司为辛汽车修理公司免费提供运输服务，辛汽车修理公司为其免费提供汽车维修作为回报。这里运输服务和汽车维修都属于其他经济利益，因此对辛公司提供的运输服务应征收增值税。

第四条 单位或者个体工商户的下列行为，视同销售货物：

（一）将货物交付其他单位或者个人代销；

（二）销售代销货物；

（三）设有两个以上机构并实行统一核算的纳税人，将货物从一个机构移送其他机构用于销售，但相关机构设在同一县（市）的除外；

（四）将自产或者委托加工的货物用于非增值税应税项目；

（五）将自产、委托加工的货物用于集体福利或者个人消费；

（六）将自产、委托加工或者购进的货物作为投资，提供给其他单位或者个体工商户；

（七）将自产、委托加工或者购进的货物分配给股东或者投资者；

（八）将自产、委托加工或者购进的货物无偿赠送其他单位或者个人。

第五条 ［条款废止］ 一项销售行为如果既涉及货物又涉及非增值税应税劳务，为混合销售行为。除本细则第六条的规定外，从事货物的生产、批发或者零售的企业、企业性单位和个体工商户的混合销售行为，视为销售货物，应当缴纳增值税；其他单位和个人的混合销售行为，视为销售非增值税应税劳务，不缴纳增值税。

本条第一款所称非增值税应税劳务，是指属于应缴营业税的交通运输业、建筑业、金融保险业、邮电通信业、文化体育业、娱乐业、服务业税目征收范围的劳务。

本条第一款所称从事货物的生产、批发或者零售的企业、企业性单位和个体工商户，包括以从事货物的生产、批发或者零售为主，并兼营非增值税应税劳务的单位和个体工商户在内。

第六条 纳税人的下列混合销售行为，应当分别核算货物的销售额和非增值税应税劳务的营业额，并根据其销售货物的销售额计算缴纳增值税，非增值税应税劳务的营业额不缴纳增值税；未分别核算的，由主管税务机关核定其货物的销售额：

（一）销售自产货物并同时提供建筑业劳务的行为；

（二）财政部、国家税务总局规定的其他情形。

第七条 纳税人兼营非增值税应税项目的，应分别核算货物或者应税劳务的销售额和非增值税应税项目的营业额；未分别核算的，由主管税务机关核定货物或者应税劳务的销售额。

第八条 条例第一条所称在中华人民共和国境内（以下简称境内）销售货物或者提供加工、修理修配劳务，是指：

（一）销售货物的起运地或者所在地在境内；

（二）提供的应税劳务发生在境内。

第九条 条例第一条所称单位，是指企业、行政单位、事业单位、军事单位、社会团体及其他单位。

条例第一条所称个人，是指个体工商户和其他个人。

第十条　单位租赁或者承包给其他单位或者个人经营的，以承租人或者承包人为纳税人。

第十一条　小规模纳税人以外的纳税人（以下称一般纳税人）因销售货物退回或者折让而退还给购买方的增值税额，应从发生销售货物退回或者折让当期的销项税额中扣减；因购进货物退出或者折让而收回的增值税额，应从发生购进货物退出或者折让当期的进项税额中扣减。

一般纳税人销售货物或者应税劳务，开具增值税专用发票后，发生销售货物退回或者折让、开票有误等情形，应按国家税务总局的规定开具红字增值税专用发票。未按规定开具红字增值税专用发票的，增值税额不得从销项税额中扣减。

第十二条　条例第六条第一款所称价外费用，包括价外向购买方收取的手续费、补贴、基金、集资费、返还利润、奖励费、违约金、滞纳金、延期付款利息、赔偿金、代收款项、代垫款项、包装费、包装物租金、储备费、优质费、运输装卸费以及其他各种性质的价外收费。但下列项目不包括在内：

（一）受托加工应征消费税的消费品所代收代缴的消费税。

（二）同时符合以下条件的代垫运输费用：

1. 承运部门的运输费用发票开具给购买方的；

2. 纳税人将该项发票转交给购买方的。

（三）同时符合以下条件代为收取的政府性基金或者行政事业性收费：

1. 由国务院或者财政部批准设立的政府性基金，由国务院或者省级人民政府及其财政、价格主管部门批准设立的行政事业性收费；

2. 收取时开具省级以上财政部门印制的财政票据；

3. 所收款项全额上缴财政。

（四）销售货物的同时代办保险等而向购买方收取的保险费，以及向购买方收取的代购买方缴纳的车辆购置税、车辆牌照费。

第十三条　混合销售行为依照本细则第五条规定应当缴纳增值税的，其销售额为货物的销售额与非增值税应税劳务营业额的合计。

第十四条　一般纳税人销售货物或者应税劳务，采用销售额和销项税额合并定价方法的，按下列公式计算销售额：

$$销售额 = 含税销售额 \div (1 + 税率)$$

第十五条　纳税人按人民币以外的货币结算销售额的，其销售额的人民币折合率可以选择销售额发生的当天或者当月1日的人民币汇率中间价。纳税人应在事先确定采用何种折合率，确定后1年内不得变更。

第十六条　纳税人有条例第七条所称价格明显偏低并无正当理由或者有本细则第四条所列视同销售货物行为而无销售额者，按下列顺序确定销售额：

（一）按纳税人最近时期同类货物的平均销售价格确定。

（二）按其他纳税人最近时期同类货物的平均销售价格确定。

（三）按组成计税价格确定。组成计税价格的公式为：

$$组成计税价格 = 成本 \times (1 + 成本利润率)$$

属于应征消费税的货物，其组成计税价格中应加计消费税额。

公式中的成本是指：销售自产货物的为实际生产成本，销售外购货物的为实际采购成本。公式中的成本利润率由国家税务总局确定。

第十七条　条例第八条第二款第（三）项所称买价，包括纳税人购进农产品在农产品收购发票或者销售发票上注明的价款和按规定缴纳的烟叶税。

第十八条　条例第八条第二款第（四）项所称运输费用金额，是指运输费用结算单据上注明的运输费用（包括铁路临管线及铁路专线运输费用）、建设基金，不包括装卸费、保险费等其他杂费。

第十九条　［条款部分废止］　条例第九条所称增值税扣税凭证，是指增值税专用发票、海关进口增值税专用缴款书、农产品收购发票和农产品销售发票以及运输费用结算单据。

第二十条　混合销售行为依照本细则第五条规定应当缴纳增值税的，该混合销售行为所涉及的非增值税应税劳务所用购进货物的进项税额，符合条例第八条规定的，准予从销项税额中抵扣。

第二十一条　条例第十条第（一）项所称购进货物，不包括既用于增值税应税项目（不含免征增值税项目）也用于非增值税应税项目、免征增值税（以下简称免税）项目、集体福利或者个人消费的固定资产。

前款所称固定资产，是指使用期限超过 12 个月的机器、机械、运输工具以及其他与生产经营有关的设备、工具、器具等。

第二十二条　条例第十条第（一）项所称个人消费包括纳税人的交际应酬消费。

第二十三条　［条款部分废止］　条例第十条第（一）项和本细则所称非增值税应税项目，是指提供非增值税应税劳务、转让无形资产、销售不动产和不动产在建工程。

前款所称不动产是指不能移动或者移动后会引起性质、形状改变的财产，包括建筑物、构筑物和其他土地附着物。

纳税人新建、改建、扩建、修缮、装饰不动产，均属于不动产在建工程。

第二十四条　条例第十条第（二）项所称非正常损失，是指因管理不善造成被盗、丢失、霉烂变质的损失。

第二十五条　纳税人自用的应征消费税的摩托车、汽车、游艇，其进项税额不得从销项税额中抵扣。

第二十六条　一般纳税人兼营免税项目或者非增值税应税劳务而无法划分不得抵扣的进项税额的，按下列公式计算不得抵扣的进项税额：

$$不得抵扣的进项税额 = 当月无法划分的全部进项税额 \times 当月免税项目销售额、非增值税$$
$$应税劳务营业额合计 \div 当月全部销售额、营业额合计$$

第二十七条　已抵扣进项税额的购进货物或者应税劳务，发生条例第十条规定的情形的（免税项目、非增值税应税劳务除外），应当将该项购进货物或者应税劳务的进项税额从当期的进项税额中扣减；无法确定该项进项税额的，按当期实际成本计算应扣减的进项税额。

第二十八条　［条款废止］　条例第十一条所称小规模纳税人的标准为：

（一）从事货物生产或者提供应税劳务的纳税人，以及以从事货物生产或者提供应税劳务为主，并兼营货物批发或者零售的纳税人，年应征增值税销售额（以下简称应税销售额）在 50 万元以下（含本数，下同）的；

（二）除本条第一款第（一）项规定以外的纳税人，年应税销售额在 80 万元以下的。

　　本条第一款所称以从事货物生产或者提供应税劳务为主，是指纳税人的年货物生产或者提供应税劳务的销售额占年应税销售额的比重在50%以上。

　　第二十九条　年应税销售额超过小规模纳税人标准的其他个人按小规模纳税人纳税；非企业性单位、不经常发生应税行为的企业可选择按小规模纳税人纳税。

　　第三十条　小规模纳税人的销售额不包括其应纳税额。

　　小规模纳税人销售货物或者应税劳务采用销售额和应纳税额合并定价方法的，按下列公式计算销售额：

$$销售额 = 含税销售额 \div (1 + 征收率)$$

　　第三十一条　小规模纳税人因销售货物退回或者折让退还给购买方的销售额，应从发生销售货物退回或者折让当期的销售额中扣减。

　　第三十二条　条例第十三条和本细则所称会计核算健全，是指能够按照国家统一的会计制度规定设置账簿，根据合法、有效凭证核算。

　　第三十三条　除国家税务总局另有规定外，纳税人一经认定为一般纳税人后，不得转为小规模纳税人。

　　第三十四条　有下列情形之一者，应按销售额依照增值税税率计算应纳税额，不得抵扣进项税额，也不得使用增值税专用发票：

　　（一）一般纳税人会计核算不健全，或者不能够提供准确税务资料的；

　　（二）除本细则第二十九条规定外，纳税人销售额超过小规模纳税人标准，未申请办理一般纳税人认定手续的。

　　第三十五条　条例第十五条规定的部分免税项目的范围，限定如下：

　　（一）第一款第（一）项所称农业，是指种植业、养殖业、林业、牧业、水产业。

　　农业生产者，包括从事农业生产的单位和个人。

　　农产品，是指初级农产品，具体范围由财政部、国家税务总局确定。

　　（二）第一款第（三）项所称古旧图书，是指向社会收购的古书和旧书。

　　（三）第一款第（七）项所称自己使用过的物品，是指其他个人自己使用过的物品。

　　第三十六条　纳税人销售货物或者应税劳务适用免税规定的，可以放弃免税，依照条例的规定缴纳增值税。放弃免税后，36个月内不得再申请免税。

　　第三十七条　增值税起征点的适用范围限于个人。

　　增值税起征点的幅度规定如下：

　　（一）销售货物的，为月销售额5 000～2万元；

　　（二）销售应税劳务的，为月销售额5 000～2万元；

　　（三）按次纳税的，为每次（日）销售额300～500元。

　　前款所称销售额，是指本细则第三十条第一款所称小规模纳税人的销售额。

　　省、自治区、直辖市财政厅（局）和国家税务局应在规定的幅度内，根据实际情况确定本地区适用的起征点，并报财政部、国家税务总局备案。

　　第三十八条　条例第十九条第一款第（一）项规定的收讫销售款项或者取得索取销售款项凭据的当天，按销售结算方式的不同，具体为：

　　（一）采取直接收款方式销售货物，不论货物是否发出，均为收到销售款或者取得索取销售款凭据的当天。

　　（二）采取托收承付和委托银行收款方式销售货物，为发出货物并办妥托收手续的当天。

（三）采取赊销和分期收款方式销售货物，为书面合同约定的收款日期的当天，无书面合同的或者书面合同没有约定收款日期的，为货物发出的当天。

（四）采取预收货款方式销售货物，为货物发出的当天，但生产销售生产工期超过 12 个月的大型机械设备、船舶、飞机等货物，为收到预收款或者书面合同约定的收款日期的当天。

（五）委托其他纳税人代销货物，为收到代销单位的代销清单或者收到全部或者部分货款的当天。未收到代销清单及货款的，为发出代销货物满 180 天的当天。

（六）销售应税劳务，为提供劳务同时收讫销售款或者取得索取销售款的凭据的当天。

（七）纳税人发生本细则第四条第（三）项至第（八）项所列视同销售货物行为，为货物移送的当天。

第三十九条　条例第二十三条以 1 个季度为纳税期限的规定仅适用于小规模纳税人。小规模纳税人的具体纳税期限，由主管税务机关根据其应纳税额的大小分别核定。

第四十条　本细则自 2009 年 1 月 1 日起施行。

1.3　财政部　国家税务总局关于全面推开营业税改征增值税试点的通知

2016 年 3 月 23 日　财税〔2016〕36 号

（2016 年 3 月 23 日财政部、国家税务总局文件，财税〔2016〕36 号发布，2019 年 3 月 20 日财政部、国家税务总局、海关总署公告 2019 年第 39 号修订）

各省、自治区、直辖市、计划单列市财政厅（局）、国家税务局、地方税务局，新疆生产建设兵团财务局：

经国务院批准，自 2016 年 5 月 1 日起，在全国范围内全面推开营业税改征增值税（以下称营改增）试点，建筑业、房地产业、金融业、生活服务业等全部营业税纳税人，纳入试点范围，由缴纳营业税改为缴纳增值税。现将《营业税改征增值税试点实施办法》《营业税改征增值税试点有关事项的规定》《营业税改征增值税试点过渡政策的规定》和《跨境应税行为适用增值税零税率和免税政策的规定》印发你们，请遵照执行。

本通知附件规定的内容，除另有规定执行时间外，自 2016 年 5 月 1 日起执行。《财政部　国家税务总局关于将铁路运输和邮政业纳入营业税改征增值税试点的通知》（财税〔2013〕106 号）、《财政部　国家税务总局关于铁路运输和邮政业营业税改征增值税试点有关政策的补充通知》（财税〔2013〕121 号）、《财政部　国家税务总局关于将电信业纳入营业税改征增值税试点的通知》（财税〔2014〕43 号）、《财政部　国家税务总局关于国际水路运输增值税零税率政策的补充通知》（财税〔2014〕50 号）和《财政部　国家税务总局关于影视等出口服务适用增值税零税率政策的通知》（财税〔2015〕118 号），除另有规定的条款外，相应废止。

各地要高度重视营改增试点工作，切实加强试点工作的组织领导，周密安排，明确责任，采取各种有效措施，做好试点前的各项准备以及试点过程中的监测分析和宣传解释等工作，确保改革的平稳、有序、顺利进行。遇到问题请及时向财政部和国家税务总局反映。

附件：1. 营业税改征增值税试点实施办法
2. 营业税改征增值税试点有关事项的规定
3. 营业税改征增值税试点过渡政策的规定
4. 跨境应税行为适用增值税零税率和免税政策的规定

财政部 国家税务总局
2016 年 3 月 23 日

附件 1：营业税改征增值税试点实施办法

第一章 纳税人和扣缴义务人

第一条 在中华人民共和国境内（以下称境内）销售服务、无形资产或者不动产（以下称应税行为）的单位和个人，为增值税纳税人，应当按照本办法缴纳增值税，不缴纳营业税。

单位，是指企业、行政单位、事业单位、军事单位、社会团体及其他单位。

个人，是指个体工商户和其他个人。

第二条 单位以承包、承租、挂靠方式经营的，承包人、承租人、挂靠人（以下统称承包人）以发包人、出租人、被挂靠人（以下统称发包人）名义对外经营并由发包人承担相关法律责任的，以该发包人为纳税人。否则，以承包人为纳税人。

第三条 纳税人分为一般纳税人和小规模纳税人。

应税行为的年应征增值税销售额（以下称应税销售额）超过财政部和国家税务总局规定标准的纳税人为一般纳税人，未超过规定标准的纳税人为小规模纳税人。

年应税销售额超过规定标准的其他个人不属于一般纳税人。年应税销售额超过规定标准但不经常发生应税行为的单位和个体工商户可选择按照小规模纳税人纳税。

第四条 年应税销售额未超过规定标准的纳税人，会计核算健全，能够提供准确税务资料的，可以向主管税务机关办理一般纳税人资格登记，成为一般纳税人。

会计核算健全，是指能够按照国家统一的会计制度规定设置账簿，根据合法、有效凭证核算。

第五条 符合一般纳税人条件的纳税人应当向主管税务机关办理一般纳税人资格登记。具体登记办法由国家税务总局制定。

除国家税务总局另有规定外，一经登记为一般纳税人后，不得转为小规模纳税人。

第六条 中华人民共和国境外（以下称境外）单位或者个人在境内发生应税行为，在境内未设有经营机构的，以购买方为增值税扣缴义务人。财政部和国家税务总局另有规定的除外。

第七条 ［条款废止］ 两个或者两个以上的纳税人，经财政部和国家税务总局批准可以视为一个纳税人合并纳税。具体办法由财政部和国家税务总局另行制定。

第八条 纳税人应当按照国家统一的会计制度进行增值税会计核算。

第二章 征税范围

第九条 应税行为的具体范围，按照本办法所附的《销售服务、无形资产、不动产注释》

执行。

第十条　销售服务、无形资产或者不动产，是指有偿提供服务、有偿转让无形资产或者不动产，但属于下列非经营活动的情形除外：

（一）行政单位收取的同时满足以下条件的政府性基金或者行政事业性收费。

1. 由国务院或者财政部批准设立的政府性基金，由国务院或者省级人民政府及其财政、价格主管部门批准设立的行政事业性收费；

2. 收取时开具省级以上（含省级）财政部门监（印）制的财政票据；

3. 所收款项全额上缴财政。

（二）单位或者个体工商户聘用的员工为本单位或者雇主提供取得工资的服务。

（三）单位或者个体工商户为聘用的员工提供服务。

（四）财政部和国家税务总局规定的其他情形。

第十一条　有偿，是指取得货币、货物或者其他经济利益。

第十二条　在境内销售服务、无形资产或者不动产，是指：

（一）服务（租赁不动产除外）或者无形资产（自然资源使用权除外）的销售方或者购买方在境内；

（二）所销售或者租赁的不动产在境内；

（三）所销售自然资源使用权的自然资源在境内；

（四）财政部和国家税务总局规定的其他情形。

第十三条　下列情形不属于在境内销售服务或者无形资产：

（一）境外单位或者个人向境内单位或者个人销售完全在境外发生的服务。

（二）境外单位或者个人向境内单位或者个人销售完全在境外使用的无形资产。

（三）境外单位或者个人向境内单位或者个人出租完全在境外使用的有形动产。

（四）财政部和国家税务总局规定的其他情形。

第十四条　下列情形视同销售服务、无形资产或者不动产：

（一）单位或者个体工商户向其他单位或者个人无偿提供服务，但用于公益事业或者以社会公众为对象的除外。

（二）单位或者个人向其他单位或者个人无偿转让无形资产或者不动产，但用于公益事业或者以社会公众为对象的除外。

（三）财政部和国家税务总局规定的其他情形。

第三章　税率和征收率

第十五条　增值税税率：

（一）纳税人发生应税行为，除本条第（二）项、第（三）项、第（四）项规定外，税率为 6% 。

（二）提供交通运输、邮政、基础电信、建筑、不动产租赁服务，销售不动产，转让土地使用权，税率为 11% 。

（三）提供有形动产租赁服务，税率为 17% 。

（四）境内单位和个人发生的跨境应税行为，税率为零。具体范围由财政部和国家税务总局另行规定。

第十六条   增值税征收率为3%，财政部和国家税务总局另有规定的除外。

第四章   应纳税额的计算

第一节   一般性规定

第十七条   增值税的计税方法，包括一般计税方法和简易计税方法。

第十八条   一般纳税人发生应税行为适用一般计税方法计税。

一般纳税人发生财政部和国家税务总局规定的特定应税行为，可以选择适用简易计税方法计税，但一经选择，36个月内不得变更。

第十九条   小规模纳税人发生应税行为适用简易计税方法计税。

第二十条   境外单位或者个人在境内发生应税行为，在境内未设有经营机构的，扣缴义务人按照下列公式计算应扣缴税额：

$$应扣缴税额 = 购买方支付的价款 \div（1 + 税率）\times 税率$$

第二节   一般计税方法

第二十一条   一般计税方法的应纳税额，是指当期销项税额抵扣当期进项税额后的余额。应纳税额计算公式：

$$应纳税额 = 当期销项税额 - 当期进项税额$$

当期销项税额小于当期进项税额不足抵扣时，其不足部分可以结转下期继续抵扣。

第二十二条   销项税额，是指纳税人发生应税行为按照销售额和增值税税率计算并收取的增值税额。销项税额计算公式：

$$销项税额 = 销售额 \times 税率$$

第二十三条   一般计税方法的销售额不包括销项税额，纳税人采用销售额和销项税额合并定价方法的，按照下列公式计算销售额：

$$销售额 = 含税销售额 \div（1 + 税率）$$

第二十四条   进项税额，是指纳税人购进货物、加工修理修配劳务、服务、无形资产或者不动产，支付或者负担的增值税额。

第二十五条   下列进项税额准予从销项税额中抵扣：

（一）从销售方取得的增值税专用发票（含税控机动车销售统一发票，下同）上注明的增值税额。

（二）从海关取得的海关进口增值税专用缴款书上注明的增值税额。

（三）购进农产品，除取得增值税专用发票或者海关进口增值税专用缴款书外，按照农产品收购发票或者销售发票上注明的农产品买价和13%的扣除率计算的进项税额。计算公式为：

$$进项税额 = 买价 \times 扣除率$$

买价，是指纳税人购进农产品在农产品收购发票或者销售发票上注明的价款和按照规定缴纳的烟叶税。

购进农产品，按照《农产品增值税进项税额核定扣除试点实施办法》抵扣进项税额的除外。

（四）从境外单位或者个人购进服务、无形资产或者不动产，自税务机关或者扣缴义务人取得的解缴税款的完税凭证上注明的增值税额。

第二十六条　纳税人取得的增值税扣税凭证不符合法律、行政法规或者国家税务总局有关规定的，其进项税额不得从销项税额中抵扣。

增值税扣税凭证，是指增值税专用发票、海关进口增值税专用缴款书、农产品收购发票、农产品销售发票和完税凭证。

纳税人凭完税凭证抵扣进项税额的，应当具备书面合同、付款证明和境外单位的对账单或者发票。资料不全的，其进项税额不得从销项税额中抵扣。

第二十七条　下列项目的进项税额不得从销项税额中抵扣：

（一）用于简易计税方法计税项目、免征增值税项目、集体福利或者个人消费的购进货物、加工修理修配劳务、服务、无形资产和不动产。其中涉及的固定资产、无形资产、不动产，仅指专用于上述项目的固定资产、无形资产（不包括其他权益性无形资产）、不动产。

纳税人的交际应酬消费属于个人消费。

（二）非正常损失的购进货物，以及相关的加工修理修配劳务和交通运输服务。

（三）非正常损失的在产品、产成品所耗用的购进货物（不包括固定资产）、加工修理修配劳务和交通运输服务。

（四）非正常损失的不动产，以及该不动产所耗用的购进货物、设计服务和建筑服务。

（五）非正常损失的不动产在建工程所耗用的购进货物、设计服务和建筑服务。

纳税人新建、改建、扩建、修缮、装饰不动产，均属于不动产在建工程。

（六）［条款修改］购进的旅客运输服务（旅客运输服务已可以抵扣）、贷款服务、餐饮服务、居民日常服务和娱乐服务。

（七）财政部和国家税务总局规定的其他情形。

本条第（四）项、第（五）项所称货物，是指构成不动产实体的材料和设备，包括建筑装饰材料和给排水、采暖、卫生、通风、照明、通讯、煤气、消防、中央空调、电梯、电气、智能化楼宇设备及配套设施。

第二十八条　不动产、无形资产的具体范围，按照本办法所附的《销售服务、无形资产或者不动产注释》执行。

固定资产，是指使用期限超过 12 个月的机器、机械、运输工具以及其他与生产经营有关的设备、工具、器具等有形动产。

非正常损失，是指因管理不善造成货物被盗、丢失、霉烂变质，以及因违反法律法规造成货物或者不动产被依法没收、销毁、拆除的情形。

第二十九条　适用一般计税方法的纳税人，兼营简易计税方法计税项目、免征增值税项目而无法划分不得抵扣的进项税额，按照下列公式计算不得抵扣的进项税额：

$$不得抵扣的进项税额 = 当期无法划分的全部进项税额 \times（当期简易计税方法计税$$
$$项目销售额 + 免征增值税项目销售额）\div 当期全部销售额$$

主管税务机关可以按照上述公式依据年度数据对不得抵扣的进项税额进行清算。

第三十条　已抵扣进项税额的购进货物（不含固定资产）、劳务、服务，发生本办法第二十七条规定情形（简易计税方法计税项目、免征增值税项目除外）的，应当将该进项税额从当期进项税额中扣减；无法确定该进项税额的，按照当期实际成本计算应扣减的进项税额。

第三十一条　已抵扣进项税额的固定资产、无形资产或者不动产，发生本办法第二十七条规定情形的，按照下列公式计算不得抵扣的进项税额：

不得抵扣的进项税额＝固定资产、无形资产或者不动产净值×适用税率

固定资产、无形资产或者不动产净值，是指纳税人根据财务会计制度计提折旧或摊销后的余额。

第三十二条 纳税人适用一般计税方法计税的，因销售折让、中止或者退回而退还给购买方的增值税额，应当从当期的销项税额中扣减；因销售折让、中止或者退回而收回的增值税额，应当从当期的进项税额中扣减。

第三十三条 有下列情形之一者，应当按照销售额和增值税税率计算应纳税额，不得抵扣进项税额，也不得使用增值税专用发票：

（一）一般纳税人会计核算不健全，或者不能够提供准确税务资料的。

（二）应当办理一般纳税人资格登记而未办理的。

第三节　简易计税方法

第三十四条 简易计税方法的应纳税额，是指按照销售额和增值税征收率计算的增值税额，不得抵扣进项税额。应纳税额计算公式：

$$应纳税额 = 销售额 × 征收率$$

第三十五条 简易计税方法的销售额不包括其应纳税额，纳税人采用销售额和应纳税额合并定价方法的，按照下列公式计算销售额：

$$销售额 = 含税销售额 ÷ （1 + 征收率）$$

第三十六条 纳税人适用简易计税方法计税的，因销售折让、中止或者退回而退还给购买方的销售额，应当从当期销售额中扣减。扣减当期销售额后仍有余额造成多缴的税款，可以从以后的应纳税额中扣减。

第四节　销售额的确定

第三十七条 销售额，是指纳税人发生应税行为取得的全部价款和价外费用，财政部和国家税务总局另有规定的除外。

价外费用，是指价外收取的各种性质的收费，但不包括以下项目：

（一）代为收取并符合本办法第十条规定的政府性基金或者行政事业性收费。

（二）以委托方名义开具发票代委托方收取的款项。

第三十八条 销售额以人民币计算。

纳税人按照人民币以外的货币结算销售额的，应当折合成人民币计算，折合率可以选择销售额发生的当天或者当月1日的人民币汇率中间价。纳税人应当在事先确定采用何种折合率，确定后12个月内不得变更。

第三十九条 纳税人兼营销售货物、劳务、服务、无形资产或者不动产，适用不同税率或者征收率的，应当分别核算适用不同税率或者征收率的销售额；未分别核算的，从高适用税率。

第四十条 一项销售行为如果既涉及服务又涉及货物，为混合销售。从事货物的生产、批发或者零售的单位和个体工商户的混合销售行为，按照销售货物缴纳增值税；其他单位和个体工商户的混合销售行为，按照销售服务缴纳增值税。

本条所称从事货物的生产、批发或者零售的单位和个体工商户，包括以从事货物的生产、批发或者零售为主，并兼营销售服务的单位和个体工商户在内。

第四十一条　纳税人兼营免税、减税项目的，应当分别核算免税、减税项目的销售额；未分别核算的，不得免税、减税。

第四十二条　纳税人发生应税行为，开具增值税专用发票后，发生开票有误或者销售折让、中止、退回等情形的，应当按照国家税务总局的规定开具红字增值税专用发票；未按照规定开具红字增值税专用发票的，不得按照本办法第三十二条和第三十六条的规定扣减销项税额或者销售额。

第四十三条　纳税人发生应税行为，将价款和折扣额在同一张发票上分别注明的，以折扣后的价款为销售额；未在同一张发票上分别注明的，以价款为销售额，不得扣减折扣额。

第四十四条　纳税人发生应税行为价格明显偏低或者偏高且不具有合理商业目的的，或者发生本办法第十四条所列行为而无销售额的，主管税务机关有权按照下列顺序确定销售额：

（一）按照纳税人最近时期销售同类服务、无形资产或者不动产的平均价格确定。

（二）按照其他纳税人最近时期销售同类服务、无形资产或者不动产的平均价格确定。

（三）按照组成计税价格确定。组成计税价格的公式为：

$$组成计税价格 = 成本 \times (1 + 成本利润率)$$

成本利润率由国家税务总局确定。

不具有合理商业目的，是指以谋取税收利益为主要目的，通过人为安排，减少、免除、推迟缴纳增值税税款，或者增加退还增值税税款。

第五章　纳税义务、扣缴义务发生时间和纳税地点

第四十五条　增值税纳税义务、扣缴义务发生时间为：

（一）纳税人发生应税行为并收讫销售款项或者取得索取销售款项凭据的当天；先开具发票的，为开具发票的当天。

收讫销售款项，是指纳税人销售服务、无形资产、不动产过程中或者完成后收到款项。

取得索取销售款项凭据的当天，是指书面合同确定的付款日期；未签订书面合同或者书面合同未确定付款日期的，为服务、无形资产转让完成的当天或者不动产权属变更的当天。

（二）［条款失效］纳税人提供建筑服务、租赁服务采取预收款方式的，其纳税义务发生时间为收到预收款的当天。

（三）纳税人从事金融商品转让的，为金融商品所有权转移的当天。

（四）纳税人发生本办法第十四条规定情形的，其纳税义务发生时间为服务、无形资产转让完成的当天或者不动产权属变更的当天。

（五）增值税扣缴义务发生时间为纳税人增值税纳税义务发生的当天。

第四十六条　增值税纳税地点为：

（一）固定业户应当向其机构所在地或者居住地主管税务机关申报纳税。总机构和分支机构不在同一县（市）的，应当分别向各自所在地的主管税务机关申报纳税；经财政部和国家税务总局或者其授权的财政和税务机关批准，可以由总机构汇总向总机构所在地的主管税务机关申报纳税。

（二）非固定业户应当向应税行为发生地主管税务机关申报纳税；未申报纳税的，由其机构所在地或者居住地主管税务机关补征税款。

（三）其他个人提供建筑服务，销售或者租赁不动产，转让自然资源使用权，应向建筑服

务发生地、不动产所在地、自然资源所在地主管税务机关申报纳税。

（四）扣缴义务人应当向其机构所在地或者居住地主管税务机关申报缴纳扣缴的税款。

第四十七条　增值税的纳税期限分别为 1 日、3 日、5 日、10 日、15 日、1 个月或者 1 个季度。纳税人的具体纳税期限，由主管税务机关根据纳税人应纳税额的大小分别核定。以 1 个季度为纳税期限的规定适用于小规模纳税人、银行、财务公司、信托投资公司、信用社，以及财政部和国家税务总局规定的其他纳税人。不能按照固定期限纳税的，可以按次纳税。

纳税人以 1 个月或者 1 个季度为 1 个纳税期的，自期满之日起 15 日内申报纳税；以 1 日、3 日、5 日、10 日或者 15 日为 1 个纳税期的，自期满之日起 5 日内预缴税款，于次月 1 日起 15 日内申报纳税并结清上月应纳税款。

扣缴义务人解缴税款的期限，按照前两款规定执行。

第六章　税收减免的处理

第四十八条　纳税人发生应税行为适用免税、减税规定的，可以放弃免税、减税，依照本办法的规定缴纳增值税。放弃免税、减税后，36 个月内不得再申请免税、减税。

纳税人发生应税行为同时适用免税和零税率规定的，纳税人可以选择适用免税或者零税率。

第四十九条　个人发生应税行为的销售额未达到增值税起征点的，免征增值税；达到起征点的，全额计算缴纳增值税。

增值税起征点不适用于登记为一般纳税人的个体工商户。

第五十条　增值税起征点幅度如下：

（一）按期纳税的，为月销售额 5 000 – 20 000 元（含本数）。

（二）按次纳税的，为每次（日）销售额 300 – 500 元（含本数）。

起征点的调整由财政部和国家税务总局规定。省、自治区、直辖市财政厅（局）和国家税务局应当在规定的幅度内，根据实际情况确定本地区适用的起征点，并报财政部和国家税务总局备案。

对增值税小规模纳税人中月销售额未达到 2 万元的企业或非企业性单位，免征增值税。2017 年 12 月 31 日前，对月销售额 2 万元（含本数）至 3 万元的增值税小规模纳税人，免征增值税。

第七章　征收管理

第五十一条　营业税改征的增值税，由国家税务局负责征收。纳税人销售取得的不动产和其他个人出租不动产的增值税，国家税务局暂委托地方税务局代为征收。

第五十二条　纳税人发生适用零税率的应税行为，应当按期向主管税务机关申报办理退（免）税，具体办法由财政部和国家税务总局制定。

第五十三条　纳税人发生应税行为，应当向索取增值税专用发票的购买方开具增值税专用发票，并在增值税专用发票上分别注明销售额和销项税额。

属于下列情形之一的，不得开具增值税专用发票：

（一）向消费者个人销售服务、无形资产或者不动产。

（二）适用免征增值税规定的应税行为。

第五十四条　小规模纳税人发生应税行为，购买方索取增值税专用发票的，可以向主管税务机关申请代开。

第五十五条　纳税人增值税的征收管理，按照本办法和《中华人民共和国税收征收管理法》及现行增值税征收管理有关规定执行。

附：销售服务、无形资产、不动产注释

附：销售服务、无形资产、不动产注释

一、销售服务

销售服务，是指提供交通运输服务、邮政服务、电信服务、建筑服务、金融服务、现代服务、生活服务。

（一）交通运输服务。

交通运输服务，是指利用运输工具将货物或者旅客送达目的地，使其空间位置得到转移的业务活动。包括陆路运输服务、水路运输服务、航空运输服务和管道运输服务。

1. 陆路运输服务。

陆路运输服务，是指通过陆路（地上或者地下）运送货物或者旅客的运输业务活动，包括铁路运输服务和其他陆路运输服务。

（1）铁路运输服务，是指通过铁路运送货物或者旅客的运输业务活动。

（2）其他陆路运输服务，是指铁路运输以外的陆路运输业务活动。包括公路运输、缆车运输、索道运输、地铁运输、城市轻轨运输等。

出租车公司向使用本公司自有出租车的出租车司机收取的管理费用，按照陆路运输服务缴纳增值税。

2. 水路运输服务。

水路运输服务，是指通过江、河、湖、川等天然、人工水道或者海洋航道运送货物或者旅客的运输业务活动。

水路运输的程租、期租业务，属于水路运输服务。

程租业务，是指运输企业为租船人完成某一特定航次的运输任务并收取租赁费的业务。

期租业务，是指运输企业将配备有操作人员的船舶承租给他人使用一定期限，承租期内听候承租方调遣，不论是否经营，均按天向承租方收取租赁费，发生的固定费用均由船东负担的业务。

3. 航空运输服务。

航空运输服务，是指通过空中航线运送货物或者旅客的运输业务活动。

航空运输的湿租业务，属于航空运输服务。

湿租业务，是指航空运输企业将配备有机组人员的飞机承租给他人使用一定期限，承租期内听候承租方调遣，不论是否经营，均按一定标准向承租方收取租赁费，发生的固定费用均由承租方承担的业务。

航天运输服务，按照航空运输服务缴纳增值税。

航天运输服务，是指利用火箭等载体将卫星、空间探测器等空间飞行器发射到空间轨道的业务活动。

4. 管道运输服务。

管道运输服务，是指通过管道设施输送气体、液体、固体物质的运输业务活动。

无运输工具承运业务，按照交通运输服务缴纳增值税。

无运输工具承运业务，是指经营者以承运人身份与托运人签订运输服务合同，收取运费并承担承运人责任，然后委托实际承运人完成运输服务的经营活动。

（二）邮政服务。

邮政服务，是指中国邮政集团公司及其所属邮政企业提供邮件寄递、邮政汇兑和机要通信等邮政基本服务的业务活动。包括邮政普遍服务、邮政特殊服务和其他邮政服务。

1. 邮政普遍服务。

邮政普遍服务，是指函件、包裹等邮件寄递，以及邮票发行、报刊发行和邮政汇兑等业务活动。

函件，是指信函、印刷品、邮资封片卡、无名址函件和邮政小包等。

包裹，是指按照封装上的名址递送给特定个人或者单位的独立封装的物品，其重量不超过五十千克，任何一边的尺寸不超过一百五十厘米，长、宽、高合计不超过三百厘米。

2. 邮政特殊服务。

邮政特殊服务，是指义务兵平常信函、机要通信、盲人读物和革命烈士遗物的寄递等业务活动。

3. 其他邮政服务。

其他邮政服务，是指邮册等邮品销售、邮政代理等业务活动。

（三）电信服务。

电信服务，是指利用有线、无线的电磁系统或者光电系统等各种通信网络资源，提供语音通话服务，传送、发射、接收或者应用图像、短信等电子数据和信息的业务活动。包括基础电信服务和增值电信服务。

1. 基础电信服务。

基础电信服务，是指利用固网、移动网、卫星、互联网，提供语音通话服务的业务活动，以及出租或者出售带宽、波长等网络元素的业务活动。

2. 增值电信服务。

增值电信服务，是指利用固网、移动网、卫星、互联网、有线电视网络，提供短信和彩信服务、电子数据和信息的传输及应用服务、互联网接入服务等业务活动。

卫星电视信号落地转接服务，按照增值电信服务缴纳增值税。

（四）建筑服务。

建筑服务，是指各类建筑物、构筑物及其附属设施的建造、修缮、装饰，线路、管道、设备、设施等的安装以及其他工程作业的业务活动。包括工程服务、安装服务、修缮服务、装饰服务和其他建筑服务。

1. 工程服务。

工程服务，是指新建、改建各种建筑物、构筑物的工程作业，包括与建筑物相连的各种设备或者支柱、操作平台的安装或者装设工程作业，以及各种窑炉和金属结构工程作业。

2. 安装服务。

安装服务，是指生产设备、动力设备、起重设备、运输设备、传动设备、医疗实验设备以及其他各种设备、设施的装配、安置工程作业，包括与被安装设备相连的工作台、梯子、栏杆的装设工程作业，以及被安装设备的绝缘、防腐、保温、油漆等工程作业。

固定电话、有线电视、宽带、水、电、燃气、暖气等经营者向用户收取的安装费、初装费、开户费、扩容费以及类似收费，按照安装服务缴纳增值税。

3. 修缮服务。

修缮服务，是指对建筑物、构筑物进行修补、加固、养护、改善，使之恢复原来的使用价值或者延长其使用期限的工程作业。

4. 装饰服务。

装饰服务，是指对建筑物、构筑物进行修饰装修，使之美观或者具有特定用途的工程作业。

5. 其他建筑服务。

其他建筑服务，是指上列工程作业之外的各种工程作业服务，如钻井（打井）、拆除建筑物或者构筑物、平整土地、园林绿化、疏浚（不包括航道疏浚）、建筑物平移、搭脚手架、爆破、矿山穿孔、表面附着物（包括岩层、土层、沙层等）剥离和清理等工程作业。

（五）金融服务。

金融服务，是指经营金融保险的业务活动。包括贷款服务、直接收费金融服务、保险服务和金融商品转让。

1. 贷款服务。

贷款，是指将资金贷与他人使用而取得利息收入的业务活动。

各种占用、拆借资金取得的收入，包括金融商品持有期间（含到期）利息（保本收益、报酬、资金占用费、补偿金等）收入、信用卡透支利息收入、买入返售金融商品利息收入、融资融券收取的利息收入，以及融资性售后回租、押汇、罚息、票据贴现、转贷等业务取得的利息及利息性质的收入，按照贷款服务缴纳增值税。

融资性售后回租，是指承租方以融资为目的，将资产出售给从事融资性售后回租业务的企业后，从事融资性售后回租业务的企业将该资产出租给承租方的业务活动。

以货币资金投资收取的固定利润或者保底利润，按照贷款服务缴纳增值税。

2. 直接收费金融服务。

直接收费金融服务，是指为货币资金融通及其他金融业务提供相关服务并且收取费用的业务活动。包括提供货币兑换、账户管理、电子银行、信用卡、信用证、财务担保、资产管理、信托管理、基金管理、金融交易场所（平台）管理、资金结算、资金清算、金融支付等服务。

3. 保险服务。

保险服务，是指投保人根据合同约定，向保险人支付保险费，保险人对于合同约定的可能发生的事故因其发生所造成的财产损失承担赔偿保险金责任，或者当被保险人死亡、伤残、疾病或者达到合同约定的年龄、期限等条件时承担给付保险金责任的商业保险行为。包括人身保险服务和财产保险服务。

人身保险服务，是指以人的寿命和身体为保险标的的保险业务活动。

财产保险服务，是指以财产及其有关利益为保险标的的保险业务活动。

4. 金融商品转让。

金融商品转让，是指转让外汇、有价证券、非货物期货和其他金融商品所有权的业务活动。

其他金融商品转让包括基金、信托、理财产品等各类资产管理产品和各种金融衍生品的转让。

（六）现代服务。

现代服务，是指围绕制造业、文化产业、现代物流产业等提供技术性、知识性服务的业务活动。包括研发和技术服务、信息技术服务、文化创意服务、物流辅助服务、租赁服务、鉴证咨询服务、广播影视服务、商务辅助服务和其他现代服务。

1. 研发和技术服务。

研发和技术服务，包括研发服务、合同能源管理服务、工程勘察勘探服务、专业技术服务。

（1）研发服务，也称技术开发服务，是指就新技术、新产品、新工艺或者新材料及其系统进行研究与试验开发的业务活动。

（2）合同能源管理服务，是指节能服务公司与用能单位以契约形式约定节能目标，节能服务公司提供必要的服务，用能单位以节能效果支付节能服务公司投入及其合理报酬的业务活动。

（3）工程勘察勘探服务，是指在采矿、工程施工前后，对地形、地质构造、地下资源蕴藏情况进行实地调查的业务活动。

（4）专业技术服务，是指气象服务、地震服务、海洋服务、测绘服务、城市规划、环境与生态监测服务等专项技术服务。

2. 信息技术服务。

信息技术服务，是指利用计算机、通信网络等技术对信息进行生产、收集、处理、加工、存储、运输、检索和利用，并提供信息服务的业务活动。包括软件服务、电路设计及测试服务、信息系统服务、业务流程管理服务和信息系统增值服务。

（1）软件服务，是指提供软件开发服务、软件维护服务、软件测试服务的业务活动。

（2）电路设计及测试服务，是指提供集成电路和电子电路产品设计、测试及相关技术支持服务的业务活动。

（3）信息系统服务，是指提供信息系统集成、网络管理、网站内容维护、桌面管理与维护、信息系统应用、基础信息技术管理平台整合、信息技术基础设施管理、数据中心、托管中心、信息安全服务、在线杀毒、虚拟主机等业务活动。包括网站对非自有的网络游戏提供的网络运营服务。

（4）业务流程管理服务，是指依托信息技术提供的人力资源管理、财务经济管理、审计管理、税务管理、物流信息管理、经营信息管理和呼叫中心等服务的活动。

（5）信息系统增值服务，是指利用信息系统资源为用户附加提供的信息技术服务。包括数据处理、分析和整合、数据库管理、数据备份、数据存储、容灾服务、电子商务平台等。

3. 文化创意服务。

文化创意服务，包括设计服务、知识产权服务、广告服务和会议展览服务。

（1）设计服务，是指把计划、规划、设想通过文字、语言、图画、声音、视觉等形式传递出来的业务活动。包括工业设计、内部管理设计、业务运作设计、供应链设计、造型设计、服装设计、环境设计、平面设计、包装设计、动漫设计、网游设计、展示设计、网站设计、机械设计、工程设计、广告设计、创意策划、文印晒图等。

（2）知识产权服务，是指处理知识产权事务的业务活动。包括对专利、商标、著作权、软件、集成电路布图设计的登记、鉴定、评估、认证、检索服务。

（3）广告服务，是指利用图书、报纸、杂志、广播、电视、电影、幻灯、路牌、招贴、橱窗、霓虹灯、灯箱、互联网等各种形式为客户的商品、经营服务项目、文体节目或者通告、声明等委托事项进行宣传和提供相关服务的业务活动。包括广告代理和广告的发布、播映、宣传、展示等。

（4）会议展览服务，是指为商品流通、促销、展示、经贸洽谈、民间交流、企业沟通、国际往来等举办或者组织安排的各类展览和会议的业务活动。

4. 物流辅助服务。

物流辅助服务，包括航空服务、港口码头服务、货运客运场站服务、打捞救助服务、装卸搬运服务、仓储服务和收派服务。

（1）航空服务，包括航空地面服务和通用航空服务。

航空地面服务，是指航空公司、飞机场、民航管理局、航站等向在境内航行或者在境内机场停留的境内外飞机或者其他飞行器提供的导航等劳务性地面服务的业务活动。包括旅客安全检查服务、停机坪管理服务、机场候机厅管理服务、飞机清洗消毒服务、空中飞行管理服务、飞机起降服务、飞行通讯服务、地面信号服务、飞机安全服务、飞机跑道管理服务、空中交通管理服务等。

通用航空服务，是指为专业工作提供飞行服务的业务活动，包括航空摄影、航空培训、航空测量、航空勘探、航空护林、航空吊挂播洒、航空降雨、航空气象探测、航空海洋监测、航空科学实验等。

（2）港口码头服务，是指港务船舶调度服务、船舶通讯服务、航道管理服务、航道疏浚服务、灯塔管理服务、航标管理服务、船舶引航服务、理货服务、系解缆服务、停泊和移泊服务、海上船舶溢油清除服务、水上交通管理服务、船只专业清洗消毒检测服务和防止船只漏油服务等为船只提供服务的业务活动。

港口设施经营人收取的港口设施保安费按照港口码头服务缴纳增值税。

（3）货运客运场站服务，是指货运客运场站提供货物配载服务、运输组织服务、中转换乘服务、车辆调度服务、票务服务、货物打包整理、铁路线路使用服务、加挂铁路客车服务、铁路行包专列发送服务、铁路到达和中转服务、铁路车辆编解服务、车辆挂运服务、铁路接触网服务、铁路机车牵引服务等业务活动。

（4）打捞救助服务，是指提供船舶人员救助、船舶财产救助、水上救助和沉船沉物打捞服务的业务活动。

（5）装卸搬运服务，是指使用装卸搬运工具或者人力、畜力将货物在运输工具之间、装卸现场之间或者运输工具与装卸现场之间进行装卸和搬运的业务活动。

（6）仓储服务，是指利用仓库、货场或者其他场所代客贮放、保管货物的业务活动。

（7）收派服务，是指接受寄件人委托，在承诺的时限内完成函件和包裹的收件、分拣、派送服务的业务活动。

收件服务，是指从寄件人收取函件和包裹，并运送到服务提供方同城的集散中心的业务活动。

分拣服务，是指服务提供方在其集散中心对函件和包裹进行归类、分发的业务活动。

派送服务，是指服务提供方从其集散中心将函件和包裹送达同城的收件人的业务活动。

5. 租赁服务。

租赁服务，包括融资租赁服务和经营租赁服务。

（1）融资租赁服务，是指具有融资性质和所有权转移特点的租赁活动。即出租人根据承租人所要求的规格、型号、性能等条件购入有形动产或者不动产租赁给承租人，合同期内租赁物所有权属于出租人，承租人只拥有使用权，合同期满付清租金后，承租人有权按照残值购入租赁物，以拥有其所有权。不论出租人是否将租赁物销售给承租人，均属于融资租赁。

按照标的物的不同，融资租赁服务可分为有形动产融资租赁服务和不动产融资租赁服务。

融资性售后回租不按照本税目缴纳增值税。

（2）经营租赁服务，是指在约定时间内将有形动产或者不动产转让他人使用且租赁物所有权不变更的业务活动。

按照标的物的不同，经营租赁服务可分为有形动产经营租赁服务和不动产经营租赁服务。

将建筑物、构筑物等不动产或者飞机、车辆等有形动产的广告位出租给其他单位或者个人用于发布广告，按照经营租赁服务缴纳增值税。

车辆停放服务、道路通行服务（包括过路费、过桥费、过闸费等）等按照不动产经营租赁服务缴纳增值税。

水路运输的光租业务、航空运输的干租业务，属于经营租赁。

光租业务，是指运输企业将船舶在约定的时间内出租给他人使用，不配备操作人员，不承担运输过程中发生的各项费用，只收取固定租赁费的业务活动。

干租业务，是指航空运输企业将飞机在约定的时间内出租给他人使用，不配备机组人员，不承担运输过程中发生的各项费用，只收取固定租赁费的业务活动。

6. 鉴证咨询服务。

鉴证咨询服务，包括认证服务、鉴证服务和咨询服务。

（1）认证服务，是指具有专业资质的单位利用检测、检验、计量等技术，证明产品、服务、管理体系符合相关技术规范、相关技术规范的强制性要求或者标准的业务活动。

（2）鉴证服务，是指具有专业资质的单位受托对相关事项进行鉴证，发表具有证明力的意见的业务活动。包括会计鉴证、税务鉴证、法律鉴证、职业技能鉴定、工程造价鉴证、工程监理、资产评估、环境评估、房地产土地评估、建筑图纸审核、医疗事故鉴定等。

（3）咨询服务，是指提供信息、建议、策划、顾问等服务的活动。包括金融、软件、技术、财务、税收、法律、内部管理、业务运作、流程管理、健康等方面的咨询。

翻译服务和市场调查服务按照咨询服务缴纳增值税。

7. 广播影视服务。

广播影视服务，包括广播影视节目（作品）的制作服务、发行服务和播映（含放映，下同）服务。

（1）广播影视节目（作品）制作服务，是指进行专题（特别节目）、专栏、综艺、体育、动画片、广播剧、电视剧、电影等广播影视节目和作品制作的服务。具体包括与广播影视节目和作品相关的策划、采编、拍摄、录音、音视频文字图片素材制作、场景布置、后期的剪辑、翻译（编译）、字幕制作、片头、片尾、片花制作、特效制作、影片修复、编目和确权等业务活动。

（2）广播影视节目（作品）发行服务，是指以分账、买断、委托等方式，向影院、电台、电视台、网站等单位和个人发行广播影视节目（作品）以及转让体育赛事等活动的报道及播映权的业务活动。

（3）广播影视节目（作品）播映服务，是指在影院、剧院、录像厅及其他场所播映广播影视节目（作品），以及通过电台、电视台、卫星通信、互联网、有线电视等无线或者有线装置播映广播影视节目（作品）的业务活动。

8. 商务辅助服务。

商务辅助服务，包括企业管理服务、经纪代理服务、人力资源服务、安全保护服务。

（1）企业管理服务，是指提供总部管理、投资与资产管理、市场管理、物业管理、日常综合管理等服务的业务活动。

（2）经纪代理服务，是指各类经纪、中介、代理服务。包括金融代理、知识产权代理、货物运输代理、代理报关、法律代理、房地产中介、职业中介、婚姻中介、代理记账、拍卖等。

货物运输代理服务，是指接受货物收货人、发货人、船舶所有人、船舶承租人或者船舶经营人的委托，以委托人的名义，为委托人办理货物运输、装卸、仓储和船舶进出港口、引航、靠泊等相关手续的业务活动。

代理报关服务，是指接受进出口货物的收、发货人委托，代为办理报关手续的业务活动。

（3）人力资源服务，是指提供公共就业、劳务派遣、人才委托招聘、劳动力外包等服务的业务活动。

（4）安全保护服务，是指提供保护人身安全和财产安全，维护社会治安等的业务活动。包括场所住宅保安、特种保安、安全系统监控以及其他安保服务。

9. 其他现代服务。

其他现代服务，是指除研发和技术服务、信息技术服务、文化创意服务、物流辅助服务、租赁服务、鉴证咨询服务、广播影视服务和商务辅助服务以外的现代服务。

（七）生活服务。

生活服务，是指为满足城乡居民日常生活需求提供的各类服务活动。包括文化体育服务、教育医疗服务、旅游娱乐服务、餐饮住宿服务、居民日常服务和其他生活服务。

1. 文化体育服务。

文化体育服务，包括文化服务和体育服务。

（1）文化服务，是指为满足社会公众文化生活需求提供的各种服务。包括：文艺创作、文艺表演、文化比赛，图书馆的图书和资料借阅，档案馆的档案管理，文物及非物质遗产保护，组织举办宗教活动、科技活动、文化活动，提供游览场所。

（2）体育服务，是指组织举办体育比赛、体育表演、体育活动，以及提供体育训练、体育指导、体育管理的业务活动。

2. 教育医疗服务。

教育医疗服务，包括教育服务和医疗服务。

（1）教育服务，是指提供学历教育服务、非学历教育服务、教育辅助服务的业务活动。

学历教育服务，是指根据教育行政管理部门确定或者认可的招生和教学计划组织教学，并颁发相应学历证书的业务活动。包括初等教育、初级中等教育、高级中等教育、高等教育等。

非学历教育服务，包括学前教育、各类培训、演讲、讲座、报告会等。

教育辅助服务，包括教育测评、考试、招生等服务。

（2）医疗服务，是指提供医学检查、诊断、治疗、康复、预防、保健、接生、计划生育、防疫服务等方面的服务，以及与这些服务有关的提供药品、医用材料器具、救护车、病房住宿和伙食的业务。

3. 旅游娱乐服务。

旅游娱乐服务，包括旅游服务和娱乐服务。

（1）旅游服务，是指根据旅游者的要求，组织安排交通、游览、住宿、餐饮、购物、文娱、商务等服务的业务活动。

（2）娱乐服务，是指为娱乐活动同时提供场所和服务的业务。

具体包括：歌厅、舞厅、夜总会、酒吧、台球、高尔夫球、保龄球、游艺（包括射击、狩猎、跑马、游戏机、蹦极、卡丁车、热气球、动力伞、射箭、飞镖）。

4. 餐饮住宿服务。

餐饮住宿服务，包括餐饮服务和住宿服务。

（1）餐饮服务，是指通过同时提供饮食和饮食场所的方式为消费者提供饮食消费服务的业务活动。

（2）住宿服务，是指提供住宿场所及配套服务等的活动。包括宾馆、旅馆、旅社、度假村和其他经营性住宿场所提供的住宿服务。

5. 居民日常服务。

居民日常服务，是指主要为满足居民个人及其家庭日常生活需求提供的服务，包括市容市政管理、家政、婚庆、养老、殡葬、照料和护理、救助救济、美容美发、按摩、桑拿、氧吧、足疗、沐浴、洗染、摄影扩印等服务。

6. 其他生活服务。

其他生活服务，是指除文化体育服务、教育医疗服务、旅游娱乐服务、餐饮住宿服务和居民日常服务之外的生活服务。

二、销售无形资产

销售无形资产，是指转让无形资产所有权或者使用权的业务活动。无形资产，是指不具实物形态，但能带来经济利益的资产，包括技术、商标、著作权、商誉、自然资源使用权和其他权益性无形资产。

技术，包括专利技术和非专利技术。

自然资源使用权，包括土地使用权、海域使用权、探矿权、采矿权、取水权和其他自然资源使用权。

其他权益性无形资产，包括基础设施资产经营权、公共事业特许权、配额、经营权（包括特许经营权、连锁经营权、其他经营权）、经销权、分销权、代理权、会员权、席位权、网络游戏虚拟道具、域名、名称权、肖像权、冠名权、转会费等。

三、销售不动产

销售不动产，是指转让不动产所有权的业务活动。不动产，是指不能移动或者移动后会引起性质、形状改变的财产，包括建筑物、构筑物等。

建筑物，包括住宅、商业营业用房、办公楼等可供居住、工作或者进行其他活动的建造物。

构筑物，包括道路、桥梁、隧道、水坝等建造物。

转让建筑物有限产权或者永久使用权的，转让在建的建筑物或者构筑物所有权的，以及在转让建筑物或者构筑物时一并转让其所占土地的使用权的，按照销售不动产缴纳增值税。

附件 2：营业税改征增值税试点有关事项的规定

一、营改增试点期间，试点纳税人〔指按照《营业税改征增值税试点实施办法》（以下称《试点实施办法》）缴纳增值税的纳税人〕有关政策

（一）兼营。

试点纳税人销售货物、加工修理修配劳务、服务、无形资产或者不动产适用不同税率或者征收率的，应当分别核算适用不同税率或者征收率的销售额，未分别核算销售额的，按照以下方法适用税率或者征收率：

1. 兼有不同税率的销售货物、加工修理修配劳务、服务、无形资产或者不动产，从高适用税率。

2. 兼有不同征收率的销售货物、加工修理修配劳务、服务、无形资产或者不动产，从高适用征收率。

3. 兼有不同税率和征收率的销售货物、加工修理修配劳务、服务、无形资产或者不动产，从高适用税率。

（二）不征收增值税项目。

1. 根据国家指令无偿提供的铁路运输服务、航空运输服务，属于《试点实施办法》第十四条规定的用于公益事业的服务。

2. 存款利息。

3. 被保险人获得的保险赔付。

4. 房地产主管部门或者其指定机构、公积金管理中心、开发企业以及物业管理单位代收的住宅专项维修资金。

5. 在资产重组过程中，通过合并、分立、出售、置换等方式，将全部或者部分实物资产以及与其相关联的债权、负债和劳动力一并转让给其他单位和个人，其中涉及的不动产、土地使用权转让行为。

（三）销售额。

1. 贷款服务，以提供贷款服务取得的全部利息及利息性质的收入为销售额。

2. 直接收费金融服务，以提供直接收费金融服务收取的手续费、佣金、酬金、管理费、服务费、经手费、开户费、过户费、结算费、转托管费等各类费用为销售额。

3. 金融商品转让，按照卖出价扣除买入价后的余额为销售额。

转让金融商品出现的正负差，按盈亏相抵后的余额为销售额。若相抵后出现负差，可结转下一纳税期与下期转让金融商品销售额相抵，但年末时仍出现负差的，不得转入下一个会计年度。

金融商品的买入价，可以选择按照加权平均法或者移动加权平均法进行核算，选择后 36 个月内不得变更。

金融商品转让，不得开具增值税专用发票。

4. 经纪代理服务，以取得的全部价款和价外费用，扣除向委托方收取并代为支付的政府性基金或者行政事业性收费后的余额为销售额。向委托方收取的政府性基金或者行政事业性收费，不得开具增值税专用发票。

5. 融资租赁和融资性售后回租业务。

（1）经人民银行、银监会或者商务部批准从事融资租赁业务的试点纳税人，提供融资租赁服务，以取得的全部价款和价外费用，扣除支付的借款利息（包括外汇借款和人民币借款利息）、发行债券利息和车辆购置税后的余额为销售额。

（2）经人民银行、银监会或者商务部批准从事融资租赁业务的试点纳税人，提供融资性售后回租服务，以取得的全部价款和价外费用（不含本金），扣除对外支付的借款利息（包括外汇借款和人民币借款利息）、发行债券利息后的余额作为销售额。

（3）试点纳税人根据 2016 年 4 月 30 日前签订的有形动产融资性售后回租合同，在合同到期前提供的有形动产融资性售后回租服务，可继续按照有形动产融资租赁服务缴纳增值税。

继续按照有形动产融资租赁服务缴纳增值税的试点纳税人，经人民银行、银监会或者商务部批准从事融资租赁业务的，根据 2016 年 4 月 30 日前签订的有形动产融资性售后回租合同，在合同到期前提供的有形动产融资性售后回租服务，可以选择以下方法之一计算销售额：

①以向承租方收取的全部价款和价外费用，扣除向承租方收取的价款本金，以及对外支付的借款利息（包括外汇借款和人民币借款利息）、发行债券利息后的余额为销售额。

纳税人提供有形动产融资性售后回租服务，计算当期销售额时可以扣除的价款本金，为书面合同约定的当期应当收取的本金。无书面合同或者书面合同没有约定的，为当期实际收取的本金。

试点纳税人提供有形动产融资性售后回租服务，向承租方收取的有形动产价款本金，不得开具增值税专用发票，可以开具普通发票。

②以向承租方收取的全部价款和价外费用，扣除支付的借款利息（包括外汇借款和人民币借款利息）、发行债券利息后的余额为销售额。

（4）经商务部授权的省级商务主管部门和国家经济技术开发区批准的从事融资租赁业务的试点纳税人，2016 年 5 月 1 日后实收资本达到 1.7 亿元的，从达到标准的当月起按照上述第（1）、（2）、（3）点规定执行；2016 年 5 月 1 日后实收资本未达到 1.7 亿元但注册资本达到 1.7 亿元的，在 2016 年 7 月 31 日前仍可按照上述第（1）（2）（3）点规定执行，2016 年 8 月 1 日后开展的融资租赁业务和融资性售后回租业务不得按照上述第（1）（2）（3）点规定执行。

6. 航空运输企业的销售额，不包括代收的机场建设费和代售其他航空运输企业客票而代收转付的价款。

7. 试点纳税人中的一般纳税人（以下称一般纳税人）提供客运场站服务，以其取得的全部价款和价外费用，扣除支付给承运方运费后的余额为销售额。

8. 试点纳税人提供旅游服务，可以选择以取得的全部价款和价外费用，扣除向旅游服务购买方收取并支付给其他单位或者个人的住宿费、餐饮费、交通费、签证费、门票费和支付给其他接团旅游企业的旅游费用后的余额为销售额。

选择上述办法计算销售额的试点纳税人，向旅游服务购买方收取并支付的上述费用，不得开具增值税专用发票，可以开具普通发票。

9. 试点纳税人提供建筑服务适用简易计税方法的，以取得的全部价款和价外费用扣除支付的分包款后的余额为销售额。

10. 房地产开发企业中的一般纳税人销售其开发的房地产项目（选择简易计税方法的房地产老项目除外），以取得的全部价款和价外费用，扣除受让土地时向政府部门支付的土地价款后的余额为销售额。

房地产老项目，是指《建筑工程施工许可证》注明的合同开工日期在 2016 年 4 月 30 日前的房地产项目。

11. 试点纳税人按照上述 4 – 10 款的规定从全部价款和价外费用中扣除的价款，应当取得符合法律、行政法规和国家税务总局规定的有效凭证。否则，不得扣除。

上述凭证是指：

（1）支付给境内单位或者个人的款项，以发票为合法有效凭证。

（2）支付给境外单位或者个人的款项，以该单位或者个人的签收单据为合法有效凭证，税务机关对签收单据有疑义的，可以要求其提供境外公证机构的确认证明。

（3）缴纳的税款，以完税凭证为合法有效凭证。

（4）扣除的政府性基金、行政事业性收费或者向政府支付的土地价款，以省级以上（含省级）财政部门监（印）制的财政票据为合法有效凭证。

（5）国家税务总局规定的其他凭证。

纳税人取得的上述凭证属于增值税扣税凭证的，其进项税额不得从销项税额中抵扣。

（四）进项税额。

1. ［停止执行］适用一般计税方法的试点纳税人，2016 年 5 月 1 日后取得并在会计制度上按固定资产核算的不动产或者 2016 年 5 月 1 日后取得的不动产在建工程，其进项税额应自取得之日起分 2 年从销项税额中抵扣，第一年抵扣比例为 60%，第二年抵扣比例为 40%。

取得不动产，包括以直接购买、接受捐赠、接受投资入股、自建以及抵债等各种形式取得不动产，不包括房地产开发企业自行开发的房地产项目。

融资租入的不动产以及在施工现场修建的临时建筑物、构筑物，其进项税额不适用上述分 2 年抵扣的规定。

2. 按照《试点实施办法》第二十七条第（一）项规定不得抵扣且未抵扣进项税额的固定资产、无形资产、不动产，发生用途改变，用于允许抵扣进项税额的应税项目，可在用途改变的次月按照下列公式计算可以抵扣的进项税额：

可以抵扣的进项税额 = 固定资产、无形资产、不动产净值/（1 + 适用税率）× 适用税率

上述可以抵扣的进项税额应取得合法有效的增值税扣税凭证。

3. 纳税人接受贷款服务向贷款方支付的与该笔贷款直接相关的投融资顾问费、手续费、咨询费等费用，其进项税额不得从销项税额中抵扣。

（五）一般纳税人资格登记。

《试点实施办法》第三条规定的年应税销售额标准为 500 万元（含本数）。财政部和国家税务总局可以对年应税销售额标准进行调整。

（六）计税方法。

一般纳税人发生下列应税行为可以选择适用简易计税方法计税：

1. 公共交通运输服务。

公共交通运输服务，包括轮客渡、公交客运、地铁、城市轻轨、出租车、长途客运、班车。

班车，是指按固定路线、固定时间运营并在固定站点停靠的运送旅客的陆路运输服务。

2. 经认定的动漫企业为开发动漫产品提供的动漫脚本编撰、形象设计、背景设计、动画设计、分镜、动画制作、摄制、描线、上色、画面合成、配音、配乐、音效合成、剪辑、字幕制作、压缩转码（面向网络动漫、手机动漫格式适配）服务，以及在境内转让动漫版权（包括动漫品牌、形象或者内容的授权及再授权）。

动漫企业和自主开发、生产动漫产品的认定标准和认定程序，按照《文化部　财政部　国家税务总局关于印发〈动漫企业认定管理办法（试行）〉的通知》（文市发〔2008〕51号）的规定执行。

3. 电影放映服务、仓储服务、装卸搬运服务、收派服务和文化体育服务。

4. 以纳入营改增试点之日前取得的有形动产为标的物提供的经营租赁服务。

5. 在纳入营改增试点之日前签订的尚未执行完毕的有形动产租赁合同。

（七）建筑服务。

1. 一般纳税人以清包工方式提供的建筑服务，可以选择适用简易计税方法计税。

以清包工方式提供建筑服务，是指施工方不采购建筑工程所需的材料或只采购辅助材料，并收取人工费、管理费或者其他费用的建筑服务。

2. 一般纳税人为甲供工程提供的建筑服务，可以选择适用简易计税方法计税。

甲供工程，是指全部或部分设备、材料、动力由工程发包方自行采购的建筑工程。

3. 一般纳税人为建筑工程老项目提供的建筑服务，可以选择适用简易计税方法计税。

建筑工程老项目，是指：

（1）《建筑工程施工许可证》注明的合同开工日期在2016年4月30日前的建筑工程项目；

（2）未取得《建筑工程施工许可证》的，建筑工程承包合同注明的开工日期在2016年4月30日前的建筑工程项目。

4. 一般纳税人跨县（市）提供建筑服务，适用一般计税方法计税的，应以取得的全部价款和价外费用为销售额计算应纳税额。纳税人应以取得的全部价款和价外费用扣除支付的分包款后的余额，按照2%的预征率在建筑服务发生地预缴税款后，向机构所在地主管税务机关进行纳税申报。

5. 一般纳税人跨县（市）提供建筑服务，选择适用简易计税方法计税的，应以取得的全部价款和价外费用扣除支付的分包款后的余额为销售额，按照3%的征收率计算应纳税额。纳税人应按照上述计税方法在建筑服务发生地预缴税款后，向机构所在地主管税务机关进行纳税申报。

6. 试点纳税人中的小规模纳税人（以下称小规模纳税人）跨县（市）提供建筑服务，应以取得的全部价款和价外费用扣除支付的分包款后的余额为销售额，按照3%的征收率计算应纳税额。纳税人应按照上述计税方法在建筑服务发生地预缴税款后，向机构所在地主管税务机关进行纳税申报。

（八）销售不动产。

1. 一般纳税人销售其2016年4月30日前取得（不含自建）的不动产，可以选择适用简易计税方法，以取得的全部价款和价外费用减去该项不动产购置原价或者取得不动产时的作价后的余额为销售额，按照5%的征收率计算应纳税额。纳税人应按照上述计税方法在不动产所在地预缴税款后，向机构所在地主管税务机关进行纳税申报。

2. 一般纳税人销售其2016年4月30日前自建的不动产，可以选择适用简易计税方法，以取得的全部价款和价外费用为销售额，按照5%的征收率计算应纳税额。纳税人应按照上述计税方法在不动产所在地预缴税款后，向机构所在地主管税务机关进行纳税申报。

3. 一般纳税人销售其2016年5月1日后取得（不含自建）的不动产，应适用一般计税方法，以取得的全部价款和价外费用为销售额计算应纳税额。纳税人应以取得的全部价款和价外费用减去该项不动产购置原价或者取得不动产时的作价后的余额，按照5%的预征率在不动产所在地预缴税款后，向机构所在地主管税务机关进行纳税申报。

4. 一般纳税人销售其 2016 年 5 月 1 日后自建的不动产，应适用一般计税方法，以取得的全部价款和价外费用为销售额计算应纳税额。纳税人应以取得的全部价款和价外费用，按照 5% 的预征率在不动产所在地预缴税款后，向机构所在地主管税务机关进行纳税申报。

5. 小规模纳税人销售其取得（不含自建）的不动产（不含个体工商户销售购买的住房和其他个人销售不动产），应以取得的全部价款和价外费用减去该项不动产购置原价或者取得不动产时的作价后的余额为销售额，按照 5% 的征收率计算应纳税额。纳税人应按照上述计税方法在不动产所在地预缴税款后，向机构所在地主管税务机关进行纳税申报。

6. 小规模纳税人销售其自建的不动产，应以取得的全部价款和价外费用为销售额，按照 5% 的征收率计算应纳税额。纳税人应按照上述计税方法在不动产所在地预缴税款后，向机构所在地主管税务机关进行纳税申报。

7. 房地产开发企业中的一般纳税人，销售自行开发的房地产老项目，可以选择适用简易计税方法按照 5% 的征收率计税。

8. 房地产开发企业中的小规模纳税人，销售自行开发的房地产项目，按照 5% 的征收率计税。

9. 房地产开发企业采取预收款方式销售所开发的房地产项目，在收到预收款时按照 3% 的预征率预缴增值税。

10. 个体工商户销售购买的住房，应按照附件 3《营业税改征增值税试点过渡政策的规定》第五条的规定征免增值税。纳税人应按照上述计税方法在不动产所在地预缴税款后，向机构所在地主管税务机关进行纳税申报。

11. 其他个人销售其取得（不含自建）的不动产（不含其购买的住房），应以取得的全部价款和价外费用减去该项不动产购置原价或者取得不动产时的作价后的余额为销售额，按照 5% 的征收率计算应纳税额。

（九）不动产经营租赁服务。

1. 一般纳税人出租其 2016 年 4 月 30 日前取得的不动产，可以选择适用简易计税方法，按照 5% 的征收率计算应纳税额。纳税人出租其 2016 年 4 月 30 日前取得的与机构所在地不在同一县（市）的不动产，应按照上述计税方法在不动产所在地预缴税款后，向机构所在地主管税务机关进行纳税申报。

2. 公路经营企业中的一般纳税人收取试点前开工的高速公路的车辆通行费，可以选择适用简易计税方法，减按 3% 的征收率计算应纳税额。

试点前开工的高速公路，是指相关施工许可证明上注明的合同开工日期在 2016 年 4 月 30 日前的高速公路。

3. 一般纳税人出租其 2016 年 5 月 1 日后取得的、与机构所在地不在同一县（市）的不动产，应按照 3% 的预征率在不动产所在地预缴税款后，向机构所在地主管税务机关进行纳税申报。

4. 小规模纳税人出租其取得的不动产（不含个人出租住房），应按照 5% 的征收率计算应纳税额。纳税人出租与机构所在地不在同一县（市）的不动产，应按照上述计税方法在不动产所在地预缴税款后，向机构所在地主管税务机关进行纳税申报。

5. 其他个人出租其取得的不动产（不含住房），应按照 5% 的征收率计算应纳税额。

6. 个人出租住房，应按照 5% 的征收率减按 1.5% 计算应纳税额。

（十）一般纳税人销售其 2016 年 4 月 30 日前取得的不动产（不含自建），适用一般计税方法计税的，以取得的全部价款和价外费用为销售额计算应纳税额。上述纳税人应以取得的全部价款和价外费用减去该项不动产购置原价或者取得不动产时的作价后的余额，按照 5% 的预征率在不动产所在地预缴税款后，向机构所在地主管税务机关进行纳税申报。

房地产开发企业中的一般纳税人销售房地产老项目，以及一般纳税人出租其 2016 年 4 月 30 日前取得的不动产，适用一般计税方法计税的，应以取得的全部价款和价外费用，按照 3% 的预征率在不动产所在地预缴税款后，向机构所在地主管税务机关进行纳税申报。

一般纳税人销售其 2016 年 4 月 30 日前自建的不动产，适用一般计税方法计税的，应以取得的全部价款和价外费用为销售额计算应纳税额。纳税人应以取得的全部价款和价外费用，按照 5% 的预征率在不动产所在地预缴税款后，向机构所在地主管税务机关进行纳税申报。

（十一）一般纳税人跨省（自治区、直辖市或者计划单列市）提供建筑服务或者销售、出租取得的与机构所在地不在同一省（自治区、直辖市或者计划单列市）的不动产，在机构所在地申报纳税时，计算的应纳税额小于已预缴税额，且差额较大的，由国家税务总局通知建筑服务发生地或者不动产所在地省级税务机关，在一定时期内暂停预缴增值税。

（十二）纳税地点。

属于固定业户的试点纳税人，总分支机构不在同一县（市），但在同一省（自治区、直辖市、计划单列市）范围内的，经省（自治区、直辖市、计划单列市）财政厅（局）和国家税务局批准，可以由总机构汇总向总机构所在地的主管税务机关申报缴纳增值税。

（十三）试点前发生的业务。

1. 试点纳税人发生应税行为，按照国家有关营业税政策规定差额征收营业税的，因取得的全部价款和价外费用不足以抵减允许扣除项目金额，截至纳入营改增试点之日前尚未扣除的部分，不得在计算试点纳税人增值税应税销售额时抵减，应当向原主管地税机关申请退还营业税。

2. 试点纳税人发生应税行为，在纳入营改增试点之日前已缴纳营业税，营改增试点后因发生退款减除营业额的，应当向原主管地税机关申请退还已缴纳的营业税。

3. 试点纳税人纳入营改增试点之日前发生的应税行为，因税收检查等原因需要补缴税款的，应按照营业税政策规定补缴营业税。

（十四）销售使用过的固定资产。

一般纳税人销售自己使用过的、纳入营改增试点之日前取得的固定资产，按照现行旧货相关增值税政策执行。

使用过的固定资产，是指纳税人符合《试点实施办法》第二十八条规定并根据财务会计制度已经计提折旧的固定资产。

（十五）扣缴增值税适用税率。

境内的购买方为境外单位和个人扣缴增值税的，按照适用税率扣缴增值税。

（十六）其他规定。

1. 试点纳税人销售电信服务时，附带赠送用户识别卡、电信终端等货物或者电信服务的，应将其取得的全部价款和价外费用进行分别核算，按各自适用的税率计算缴纳增值税。

2. 油气田企业发生应税行为，适用《试点实施办法》规定的增值税税率，不再适用《财政部　国家税务总局关于印发〈油气田企业增值税管理办法〉的通知》（财税〔2009〕8 号）规定的增值税税率。

二、原增值税纳税人〔指按照《中华人民共和国增值税暂行条例》（国务院令第 538 号）（以下称《增值税暂行条例》）缴纳增值税的纳税人〕**有关政策**

（一）进项税额。

1.〔停止执行〕原增值税一般纳税人购进服务、无形资产或者不动产，取得的增值税专用发票上注明的增值税额为进项税额，准予从销项税额中抵扣。

2016 年 5 月 1 日后取得并在会计制度上按固定资产核算的不动产或者 2016 年 5 月 1 日后取得的不动产在建工程，其进项税额应自取得之日起分 2 年从销项税额中抵扣，第一年抵扣比例为 60%，第二年抵扣比例为 40%。

融资租入的不动产以及在施工现场修建的临时建筑物、构筑物，其进项税额不适用上述分 2 年抵扣的规定。

2. 原增值税一般纳税人自用的应征消费税的摩托车、汽车、游艇，其进项税额准予从销项税额中抵扣。

3. 原增值税一般纳税人从境外单位或者个人购进服务、无形资产或者不动产，按照规定应当扣缴增值税的，准予从销项税额中抵扣的进项税额为自税务机关或者扣缴义务人取得的解缴税款的完税凭证上注明的增值税额。

纳税人凭完税凭证抵扣进项税额的，应当具备书面合同、付款证明和境外单位的对账单或者发票。资料不全的，其进项税额不得从销项税额中抵扣。

4. 原增值税一般纳税人购进货物或者接受加工修理修配劳务，用于《销售服务、无形资产或者不动产注释》所列项目的，不属于《增值税暂行条例》第十条所称的用于非增值税应税项目，其进项税额准予从销项税额中抵扣。

5. 原增值税一般纳税人购进服务、无形资产或者不动产，下列项目的进项税额不得从销项税额中抵扣：

（1）用于简易计税方法计税项目、免征增值税项目、集体福利或者个人消费。其中涉及的无形资产、不动产，仅指专用于上述项目的无形资产（不包括其他权益性无形资产）、不动产。

纳税人的交际应酬消费属于个人消费。

（2）非正常损失的购进货物，以及相关的加工修理修配劳务和交通运输服务。

（3）非正常损失的在产品、产成品所耗用的购进货物（不包括固定资产）、加工修理修配劳务和交通运输服务。

（4）非正常损失的不动产，以及该不动产所耗用的购进货物、设计服务和建筑服务。

（5）非正常损失的不动产在建工程所耗用的购进货物、设计服务和建筑服务。

纳税人新建、改建、扩建、修缮、装饰不动产，均属于不动产在建工程。

（6）〔条款修改〕购进的旅客运输服务（旅客运输服务目前已可以抵扣）、贷款服务、餐饮服务、居民日常服务和娱乐服务。

（7）财政部和国家税务总局规定的其他情形。

上述第（4）点、第（5）点所称货物，是指构成不动产实体的材料和设备，包括建筑装饰材料和给排水、采暖、卫生、通风、照明、通讯、煤气、消防、中央空调、电梯、电气、智能化楼宇设备及配套设施。

纳税人接受贷款服务向贷款方支付的与该笔贷款直接相关的投融资顾问费、手续费、咨询费等费用，其进项税额不得从销项税额中抵扣。

6. 已抵扣进项税额的购进服务，发生上述第 5 点规定情形（简易计税方法计税项目、免征增值税项目除外）的，应当将该进项税额从当期进项税额中扣减；无法确定该进项税额的，按照当期实际成本计算应扣减的进项税额。

7. 已抵扣进项税额的无形资产或者不动产，发生上述第 5 点规定情形的，按照下列公式计算不得抵扣的进项税额：

$$不得抵扣的进项税额 = 无形资产或者不动产净值 \times 适用税率$$

8. 按照《增值税暂行条例》第十条和上述第 5 点不得抵扣且未抵扣进项税额的固定资产、无形资产、不动产，发生用途改变，用于允许抵扣进项税额的应税项目，可在用途改变的次月按照下列公式，依据合法有效的增值税扣税凭证，计算可以抵扣的进项税额：

$$可以抵扣的进项税额 = 固定资产、无形资产、不动产净值 / (1 + 适用税率) \times 适用税率$$

上述可以抵扣的进项税额应取得合法有效的增值税扣税凭证。

（二）增值税期末留抵税额。

原增值税一般纳税人兼有销售服务、无形资产或者不动产的，截止到纳入营改增试点之日前的增值税期末留抵税额，不得从销售服务、无形资产或者不动产的销项税额中抵扣。

（三）混合销售。

一项销售行为如果既涉及货物又涉及服务，为混合销售。从事货物的生产、批发或者零售的单位和个体工商户的混合销售行为，按照销售货物缴纳增值税；其他单位和个体工商户的混合销售行为，按照销售服务缴纳增值税。

上述从事货物的生产、批发或者零售的单位和个体工商户，包括以从事货物的生产、批发或者零售为主，并兼营销售服务的单位和个体工商户在内。

附件 3：营业税改征增值税试点过渡政策的规定

一、下列项目免征增值税

（一）托儿所、幼儿园提供的保育和教育服务。

托儿所、幼儿园，是指经县级以上教育部门审批成立、取得办园许可证的实施 0 - 6 岁学前教育的机构，包括公办和民办的托儿所、幼儿园、学前班、幼儿班、保育院、幼儿院。

公办托儿所、幼儿园免征增值税的收入是指，在省级财政部门和价格主管部门审核报省级人民政府批准的收费标准以内收取的教育费、保育费。

民办托儿所、幼儿园免征增值税的收入是指，在报经当地有关部门备案并公示的收费标准范围内收取的教育费、保育费。

超过规定收费标准的收费，以开办实验班、特色班和兴趣班等为由另外收取的费用以及与幼儿入园挂钩的赞助费、支教费等超过规定范围的收入，不属于免征增值税的收入。

（二）养老机构提供的养老服务。

养老机构，是指依照民政部《养老机构设立许可办法》（民政部令第 48 号）设立并依法办理登记的为老年人提供集中居住和照料服务的各类养老机构；养老服务，是指上述养老机构按照民政部《养老机构管理办法》（民政部令第 49 号）的规定，为收住的老年人提供的生活照料、康复护理、精神慰藉、文化娱乐等服务。

（三）残疾人福利机构提供的育养服务。

（四）婚姻介绍服务。

（五）殡葬服务。

殡葬服务，是指收费标准由各地价格主管部门会同有关部门核定，或者实行政府指导价管理的遗体接运（含抬尸、消毒）、遗体整容、遗体防腐、存放（含冷藏）、火化、骨灰寄存、吊唁设施设备租赁、墓穴租赁及管理等服务。

（六）残疾人员本人为社会提供的服务。

（七）医疗机构提供的医疗服务。

医疗机构，是指依据国务院《医疗机构管理条例》（国务院令第 149 号）及卫生部《医疗机构管理条例实施细则》（卫生部令第 35 号）的规定，经登记取得《医疗机构执业许可证》的机构，以及军队、武警部队各级各类医疗机构。具体包括：各级各类医院、门诊部（所）、社区卫生服务中心（站）、急救中心（站）、城乡卫生院、护理院（所）、疗养院、临床检验中心，各级政府及有关部门举办的卫生防疫站（疾病控制中心）、各种专科疾病防治站（所），各级政府举办的妇幼保健所（站）、母婴保健机构、儿童保健机构，各级政府举办的血站（血液中心）等医疗机构。

本项所称的医疗服务，是指医疗机构按照不高于地（市）级以上价格主管部门会同同级卫生主管部门及其他相关部门制定的医疗服务指导价格（包括政府指导价和按照规定由供需双方协商确定的价格等）为就医者提供《全国医疗服务价格项目规范》所列的各项服务，以及医疗机构向社会提供卫生防疫、卫生检疫的服务。

（八）从事学历教育的学校提供的教育服务。

1. 学历教育，是指受教育者经过国家教育考试或者国家规定的其他入学方式，进入国家有关部门批准的学校或者其他教育机构学习，获得国家承认的学历证书的教育形式。具体包括：

（1）初等教育：普通小学、成人小学。

（2）初级中等教育：普通初中、职业初中、成人初中。

（3）高级中等教育：普通高中、成人高中和中等职业学校（包括普通中专、成人中专、职业高中、技工学校）。

（4）高等教育：普通本专科、成人本专科、网络本专科、研究生（博士、硕士）、高等教育自学考试、高等教育学历文凭考试。

2. 从事学历教育的学校，是指：

（1）普通学校。

（2）经地（市）级以上人民政府或者同级政府的教育行政部门批准成立、国家承认其学员学历的各类学校。

（3）经省级及以上人力资源社会保障行政部门批准成立的技工学校、高级技工学校。

（4）经省级人民政府批准成立的技师学院。

上述学校均包括符合规定的从事学历教育的民办学校，但不包括职业培训机构等国家不承认学历的教育机构。

3. 提供教育服务免征增值税的收入，是指对列入规定招生计划的在籍学生提供学历教育服务取得的收入，具体包括：经有关部门审核批准并按规定标准收取的学费、住宿费、课本费、作业本费、考试报名费收入，以及学校食堂提供餐饮服务取得的伙食费收入。除此之外的收入，包括学校以各种名义收取的赞助费、择校费等，不属于免征增值税的范围。

学校食堂是指依照《学校食堂与学生集体用餐卫生管理规定》（教育部令第 14 号）管理的学校食堂。

（九）学生勤工俭学提供的服务。

（十）农业机耕、排灌、病虫害防治、植物保护、农牧保险以及相关技术培训业务，家禽、牲畜、水生动物的配种和疾病防治。

农业机耕，是指在农业、林业、牧业中使用农业机械进行耕作（包括耕耘、种植、收割、脱粒、植物保护等）的业务；排灌，是指对农田进行灌溉或者排涝的业务；病虫害防治，是指从事农业、林业、牧业、渔业的病虫害测报和防治的业务；农牧保险，是指为种植业、养殖业、牧业种植和饲养的动植物提供保险的业务；相关技术培训，是指与农业机耕、排灌、病虫害防治、植物保护业务相关以及为使农民获得农牧保险知识的技术培训业务；家禽、牲畜、水生动物的配种和疾病防治业务的免税范围，包括与该项服务有关的提供药品和医疗用具的业务。

（十一）纪念馆、博物馆、文化馆、文物保护单位管理机构、美术馆、展览馆、书画院、图书馆在自己的场所提供文化体育服务取得的第一道门票收入。

（十二）寺院、宫观、清真寺和教堂举办文化、宗教活动的门票收入。

（十三）行政单位之外的其他单位收取的符合《试点实施办法》第十条规定条件的政府性基金和行政事业性收费。

（十四）个人转让著作权。

（十五）个人销售自建自用住房。

（十六）2018年12月31日前，公共租赁住房经营管理单位出租公共租赁住房。

公共租赁住房，是指纳入省、自治区、直辖市、计划单列市人民政府及新疆生产建设兵团批准的公共租赁住房发展规划和年度计划，并按照《关于加快发展公共租赁住房的指导意见》（建保〔2010〕87号）和市、县人民政府制定的具体管理办法进行管理的公共租赁住房。

（十七）台湾航运公司、航空公司从事海峡两岸海上直航、空中直航业务在大陆取得的运输收入。

台湾航运公司，是指取得交通运输部颁发的"台湾海峡两岸间水路运输许可证"且该许可证上注明的公司登记地址在台湾的航运公司。

台湾航空公司，是指取得中国民用航空局颁发的"经营许可"或者依据《海峡两岸空运协议》和《海峡两岸空运补充协议》规定，批准经营两岸旅客、货物和邮件不定期（包机）运输业务，且公司登记地址在台湾的航空公司。

（十八）纳税人提供的直接或者间接国际货物运输代理服务。

1. 纳税人提供直接或者间接国际货物运输代理服务，向委托方收取的全部国际货物运输代理服务收入，以及向国际运输承运人支付的国际运输费用，必须通过金融机构进行结算。

2. 纳税人为大陆与香港、澳门、台湾地区之间的货物运输提供的货物运输代理服务参照国际货物运输代理服务有关规定执行。

3. 委托方索取发票的，纳税人应当就国际货物运输代理服务收入向委托方全额开具增值税普通发票。

（十九）以下利息收入。

1. 2016年12月31日前，金融机构农户小额贷款。

小额贷款，是指单笔且该农户贷款余额总额在10万元（含本数）以下的贷款。

所称农户，是指长期（一年以上）居住在乡镇（不包括城关镇）行政管理区域内的住户，还包括长期居住在城关镇所辖行政村范围内的住户和户口不在本地而在本地居住一年以上的住户，国有农场的职工和农村个体工商户。位于乡镇（不包括城关镇）行政管理区域内和在城关镇所辖行政村范围内的国有经济的机关、团体、学校、企事业单位的集体户；有本地户口，但举家外出谋生一年以上的住户，无论是否保留承包耕地均不属于农户。农户以户为统计单位，既可以从事农业生产经营，也可以从事非农业生产经营。农户贷款的判定应以贷款发放时的承贷主体是否属于农户为准。

2. 国家助学贷款。

3. 国债、地方政府债。

4. 人民银行对金融机构的贷款。

5. 住房公积金管理中心用住房公积金在指定的委托银行发放的个人住房贷款。

6. 外汇管理部门在从事国家外汇储备经营过程中，委托金融机构发放的外汇贷款。

7. 统借统还业务中，企业集团或企业集团中的核心企业以及集团所属财务公司按不高于支付给金融机构的借款利率水平或者支付的债券票面利率水平，向企业集团或者集团内下属单位收取的利息。

统借方向资金使用单位收取的利息，高于支付给金融机构借款利率水平或者支付的债券票面利率水平的，应全额缴纳增值税。

统借统还业务，是指：

（1）企业集团或者企业集团中的核心企业向金融机构借款或对外发行债券取得资金后，将所借资金分拨给下属单位（包括独立核算单位和非独立核算单位，下同），并向下属单位收取用于归还金融机构或债券购买方本息的业务。

（2）企业集团向金融机构借款或对外发行债券取得资金后，由集团所属财务公司与企业集团或者集团内下属单位签订统借统还贷款合同并分拨资金，并向企业集团或者集团内下属单位收取本息，再转付企业集团，由企业集团统一归还金融机构或债券购买方的业务。

（二十）被撤销金融机构以货物、不动产、无形资产、有价证券、票据等财产清偿债务。

被撤销金融机构，是指经人民银行、银监会依法决定撤销的金融机构及其分设于各地的分支机构，包括被依法撤销的商业银行、信托投资公司、财务公司、金融租赁公司、城市信用社和农村信用社。除另有规定外，被撤销金融机构所属、附属企业，不享受被撤销金融机构增值税免税政策。

（二十一）保险公司开办的一年期以上人身保险产品取得的保费收入。

一年期以上人身保险，是指保险期间为一年期及以上返还本利的人寿保险、养老年金保险，以及保险期间为一年期及以上的健康保险。

人寿保险，是指以人的寿命为保险标的的人身保险。

养老年金保险，是指以养老保障为目的，以被保险人生存为给付保险金条件，并按约定的时间间隔分期给付生存保险金的人身保险。养老年金保险应当同时符合下列条件：

1. 保险合同约定给付被保险人生存保险金的年龄不得小于国家规定的退休年龄。

2. 相邻两次给付的时间间隔不得超过一年。

健康保险，是指以因健康原因导致损失为给付保险金条件的人身保险。

上述免税政策实行备案管理，具体备案管理办法按照《国家税务总局关于一年期以上返还性人身保险产品免征营业税审批事项取消后有关管理问题的公告》（国家税务总局公告 2015 年第 65 号）规定执行。

（二十二）下列金融商品转让收入。

1. 合格境外投资者（QFII）委托境内公司在我国从事证券买卖业务。

2. 香港市场投资者（包括单位和个人）通过沪港通买卖上海证券交易所上市 A 股。

3. 对香港市场投资者（包括单位和个人）通过基金互认买卖内地基金份额。

4. 证券投资基金（封闭式证券投资基金，开放式证券投资基金）管理人运用基金买卖股票、债券。

5. 个人从事金融商品转让业务。

（二十三）金融同业往来利息收入。

1. 金融机构与人民银行所发生的资金往来业务。包括人民银行对一般金融机构贷款，以及人民银行对商业银行的再贴现等。

2. 银行联行往来业务。同一银行系统内部不同行、处之间所发生的资金账务往来业务。

3. 金融机构间的资金往来业务。是指经人民银行批准，进入全国银行间同业拆借市场的金融机构之间通过全国统一的同业拆借网络进行的短期（一年以下含一年）无担保资金融通行为。

4. ［条款废止］金融机构之间开展的转贴现业务。

金融机构是指：

（1）银行：包括人民银行、商业银行、政策性银行。

（2）信用合作社。

（3）证券公司。

（4）金融租赁公司、证券基金管理公司、财务公司、信托投资公司、证券投资基金。

（5）保险公司。

（6）其他经人民银行、银监会、证监会、保监会批准成立且经营金融保险业务的机构等。

（二十四）［停止执行］同时符合下列条件的担保机构从事中小企业信用担保或者再担保业务取得的收入（不含信用评级、咨询、培训等收入）3 年内免征增值税：

1. 已取得监管部门颁发的融资性担保机构经营许可证，依法登记注册为企（事）业法人，实收资本超过 2 000 万元。

2. 平均年担保费率不超过银行同期贷款基准利率的 50%。平均年担保费率 = 本期担保费收入/（期初担保余额 + 本期增加担保金额）×100%。

3. 连续合规经营 2 年以上，资金主要用于担保业务，具备健全的内部管理制度和为中小企业提供担保的能力，经营业绩突出，对受保项目具有完善的事前评估、事中监控、事后追偿与处置机制。

4. 为中小企业提供的累计担保贷款额占其两年累计担保业务总额的 80% 以上，单笔 800 万元以下的累计担保贷款额占其累计担保业务总额的 50% 以上。

5. 对单个受保企业提供的担保余额不超过担保机构实收资本总额的 10%，且平均单笔担保责任金额最多不超过 3 000 万元人民币。

6. 担保责任余额不低于其净资产的 3 倍，且代偿率不超过 2%。

担保机构免征增值税政策采取备案管理方式。符合条件的担保机构应到所在地县（市）主管税务机关和同级中小企业管理部门履行规定的备案手续，自完成备案手续之日起，享受 3 年免征增值税政策。3 年免税期满后，符合条件的担保机构可按规定程序办理备案手续后继续享受该项政策。

具体备案管理办法按照《国家税务总局关于中小企业信用担保机构免征营业税审批事项取消后有关管理问题的公告》（国家税务总局公告 2015 年第 69 号）规定执行，其中税务机关的备案管理部门统一调整为县（市）级国家税务局。

（二十五）国家商品储备管理单位及其直属企业承担商品储备任务，从中央或者地方财政取得的利息补贴收入和价差补贴收入。

国家商品储备管理单位及其直属企业，是指接受中央、省、市、县四级政府有关部门（或者政府指定管理单位）委托，承担粮（含大豆）、食用油、棉、糖、肉、盐（限于中央储备）等 6 种商品储备任务，并按有关政策收储、销售上述 6 种储备商品，取得财政储备经费或者补贴的商品储备企业。利息补贴收入，是指国家商品储备管理单位及其直属企业因承担上述商品储备任务从金融机构贷款，并从中央或者地方财政取得的用于偿还贷款利息的贴息收入。价差补贴收入包括销售价差补贴收入和轮换价差补贴收入。销售价差补贴收入，是指按照中央或者地方政府指令销售上述储备商品时，由于销售收入小于库存成本而从中央或者地方财政获得的全额价差补贴收入。轮换价差补贴收入，是指根据要求定期组织政策性储备商品轮换而从中央或者地方财政取得的商品新陈品质价差补贴收入。

（二十六）纳税人提供技术转让、技术开发和与之相关的技术咨询、技术服务。

1. 技术转让、技术开发，是指《销售服务、无形资产、不动产注释》中"转让技术""研发服务"范围内的业务活动。技术咨询，是指就特定技术项目提供可行性论证、技术预测、专题技术调查、分析评价报告等业务活动。

与技术转让、技术开发相关的技术咨询、技术服务，是指转让方（或者受托方）根据技术转让或者开发合同的规定，为帮助受让方（或者委托方）掌握所转让（或者委托开发）的技术，而提供的技术咨询、技术服务业务，且这部分技术咨询、技术服务的价款与技术转让或者技术开发的价款应当在同一张发票上开具。

2. 备案程序。试点纳税人申请免征增值税时，须持技术转让、开发的书面合同，到纳税人所在地省级科技主管部门进行认定，并持有关的书面合同和科技主管部门审核意见证明文件报主管税务机关备查。

（二十七）同时符合下列条件的合同能源管理服务：

1. 节能服务公司实施合同能源管理项目相关技术，应当符合国家质量监督检验检疫总局和国家标准化管理委员会发布的《合同能源管理技术通则》（GB/T 24915 – 2010）规定的技术要求。

2. 节能服务公司与用能企业签订节能效益分享型合同，其合同格式和内容，符合《中华人民共和国合同法》和《合同能源管理技术通则》（GB/T 24915 – 2010）等规定。

（二十八）2017 年 12 月 31 日前，科普单位的门票收入，以及县级及以上党政部门和科协开展科普活动的门票收入。

科普单位，是指科技馆、自然博物馆，对公众开放的天文馆（站、台）、气象台（站）、地震台（站），以及高等院校、科研机构对公众开放的科普基地。

科普活动，是指利用各种传媒以浅显的、让公众易于理解、接受和参与的方式，向普通大众介绍自然科学和社会科学知识，推广科学技术的应用，倡导科学方法，传播科学思想，弘扬科学精神的活动。

（二十九）政府举办的从事学历教育的高等、中等和初等学校（不含下属单位），举办进修班、培训班取得的全部归该学校所有的收入。

全部归该学校所有，是指举办进修班、培训班取得的全部收入进入该学校统一账户，并纳入预算全额上缴财政专户管理，同时由该学校对有关票据进行统一管理和开具。

举办进修班、培训班取得的收入进入该学校下属部门自行开设账户的，不予免征增值税。

（三十）政府举办的职业学校设立的主要为在校学生提供实习场所、并由学校出资自办、由学校负责经营管理、经营收入归学校所有的企业，从事《销售服务、无形资产或者不动产注释》中"现代服务"（不含融资租赁服务、广告服务和其他现代服务）、"生活服务"（不含文化体育服务、其他生活服务和桑拿、氧吧）业务活动取得的收入。

（三十一）家政服务企业由员工制家政服务员提供家政服务取得的收入。

家政服务企业，是指在企业营业执照的规定经营范围中包括家政服务内容的企业。

员工制家政服务员，是指同时符合下列 3 个条件的家政服务员：

1. 依法与家政服务企业签订半年及半年以上的劳动合同或者服务协议，且在该企业实际上岗工作。

2. 家政服务企业为其按月足额缴纳了企业所在地人民政府根据国家政策规定的基本养老保险、基本医疗保险、工伤保险、失业保险等社会保险。对已享受新型农村养老保险和新型农村合作医疗等社会保险或者下岗职工原单位继续为其缴纳社会保险的家政服务员，如果本人书面提出不再缴纳企业所在地人民政府根据国家政策规定的相应的社会保险，并出具其所在乡镇或者原单位开具的已缴纳相关保险的证明，可视同家政服务企业已为其按月足额缴纳了相应的社会保险。

3. 家政服务企业通过金融机构向其实际支付不低于企业所在地适用的经省级人民政府批准的最低工资标准的工资。

（三十二）福利彩票、体育彩票的发行收入。

（三十三）军队空余房产租赁收入。

（三十四）为了配合国家住房制度改革，企业、行政事业单位按房改成本价、标准价出售住房取得的收入。

（三十五）将土地使用权转让给农业生产者用于农业生产。

（三十六）涉及家庭财产分割的个人无偿转让不动产、土地使用权。

家庭财产分割，包括下列情形：离婚财产分割；无偿赠与配偶、父母、子女、祖父母、外祖父母、孙子女、外孙子女、兄弟姐妹；无偿赠与对其承担直接抚养或者赡养义务的抚养人或者赡养人；房屋产权所有人死亡，法定继承人、遗嘱继承人或者受遗赠人依法取得房屋产权。

（三十七）土地所有者出让土地使用权和土地使用者将土地使用权归还给土地所有者。

（三十八）县级以上地方人民政府或自然资源行政主管部门出让、转让或收回自然资源使用权（不含土地使用权）。

（三十九）随军家属就业。

1. 为安置随军家属就业而新开办的企业，自领取税务登记证之日起，其提供的应税服务 3 年内免征增值税。

享受税收优惠政策的企业，随军家属必须占企业总人数的 60%（含）以上，并有军（含）以上政治和后勤机关出具的证明。

2. 从事个体经营的随军家属，自办理税务登记事项之日起，其提供的应税服务 3 年内免征增值税。

随军家属必须有师以上政治机关出具的可以表明其身份的证明。

按照上述规定，每一名随军家属可以享受一次免税政策。

（四十）军队转业干部就业。

1. 从事个体经营的军队转业干部，自领取税务登记证之日起，其提供的应税服务 3 年内免征增值税。

2. 为安置自主择业的军队转业干部就业而新开办的企业，凡安置自主择业的军队转业干部占企业总人数 60%（含）以上的，自领取税务登记证之日起，其提供的应税服务 3 年内免征增值税。

享受上述优惠政策的自主择业的军队转业干部必须持有师以上部队颁发的转业证件。

二、增值税即征即退

（一）一般纳税人提供管道运输服务，对其增值税实际税负超过 3% 的部分实行增值税即征即退政策。

（二）经人民银行、银监会或者商务部批准从事融资租赁业务的试点纳税人中的一般纳税人，提供有形动产融资租赁服务和有形动产融资性售后回租服务，对其增值税实际税负超过 3% 的部分实行增值税即征即退政策。商务部授权的省级商务主管部门和国家经济技术开发区批准的从事融资租赁业务和融资性售后回租业务的试点纳税人中的一般纳税人，2016 年 5 月 1 日后实收资本达到 1.7 亿元的，从达到标准的当月起按照上述规定执行；2016 年 5 月 1 日后实收资本未达到 1.7 亿元但注册资本达到 1.7 亿元的，在 2016 年 7 月 31 日前仍可按照上述规定执行，2016 年 8 月 1 日后开展的有形动产融资租赁业务和有形动产融资性售后回租业务不得按照上述规定执行。

（三）本规定所称增值税实际税负，是指纳税人当期提供应税服务实际缴纳的增值税额占纳税人当期提供应税服务取得的全部价款和价外费用的比例。

三、扣减增值税规定

（一）退役士兵创业就业。

1. 对自主就业退役士兵从事个体经营的，在 3 年内按每户每年 8 000 元为限额依次扣减其当年实际应缴纳的增值税、城市维护建设税、教育费附加、地方教育附加和个人所得税。限额标准最高可上浮 20%，各省、自治区、直辖市人民政府可根据本地区实际情况在此幅度内确定具体限额标准，并报财政部和国家税务总局备案。

纳税人年度应缴纳税款小于上述扣减限额的，以其实际缴纳的税款为限；大于上述扣减限额的，应以上述扣减限额为限。纳税人的实际经营期不足一年的，应当以实际月份换算其减免税限额。换算公式为：减免税限额 = 年度减免税限额 ÷ 12 × 实际经营月数。

纳税人在享受税收优惠政策的当月，持《中国人民解放军义务兵退出现役证》或《中国人民解放军士官退出现役证》以及税务机关要求的相关材料向主管税务机关备案。

2. 对商贸企业、服务型企业、劳动就业服务企业中的加工型企业和街道社区具有加工性质的小型企业实体，在新增加的岗位中，当年新招用自主就业退役士兵，与其签订 1 年以上期限劳动合同并依法缴纳社会保险费的，在 3 年内按实际招用人数予以定额依次扣减增值税、城市维护建设税、教育费附加、地方教育附加和企业所得税优惠。定额标准为每人每年 4 000 元，最高可上浮 50%，各省、自治区、直辖市人民政府可根据本地区实际情况在此幅度内确定具体定额标准，并报财政部和国家税务总局备案。

本条所称服务型企业是指从事《销售服务、无形资产、不动产注释》中"不动产租赁服务""商务辅助服务"（不含货物运输代理和代理报关服务）、"生活服务"（不含文化体育服务）范围内业务活动的企业以及按照《民办非企业单位登记管理暂行条例》（国务院令第 251 号）登记成立的民办非企业单位。

纳税人按企业招用人数和签订的劳动合同时间核定企业减免税总额，在核定减免税总额内每月依次扣减增值税、城市维护建设税、教育费附加和地方教育附加。纳税人实际应缴纳的增值税、城市维护建设税、教育费附加和地方教育附加小于核定减免税总额的，以实际应缴纳的增值税、城市维护建设税、教育费附加和地方教育附加为限；实际应缴纳的增值税、城市维护建设税、教育费附加和地方教育附加大于核定减免税总额的，以核定减免税总额为限。

纳税年度终了，如果企业实际减免的增值税、城市维护建设税、教育费附加和地方教育附加小于核定的减免税总额，企业在企业所得税汇算清缴时扣减企业所得税。当年扣减不足的，不再结转以后年度扣减。

计算公式为：企业减免税总额 = Σ 每名自主就业退役士兵本年度在本企业工作月份 ÷ 12 × 定额标准。

企业自招用自主就业退役士兵的次月起享受税收优惠政策，并于享受税收优惠政策的当月，持下列材料向主管税务机关备案：

（1）新招用自主就业退役士兵的《中国人民解放军义务兵退出现役证》或《中国人民解放军士官退出现役证》。

（2）企业与新招用自主就业退役士兵签订的劳动合同（副本），企业为职工缴纳的社会保险费记录。

（3）自主就业退役士兵本年度在企业工作时间表。

（4）主管税务机关要求的其他相关材料。

3. 上述所称自主就业退役士兵是指依照《退役士兵安置条例》（国务院、中央军委令第608号）的规定退出现役并按自主就业方式安置的退役士兵。

4. 上述税收优惠政策的执行期限为 2016 年 5 月 1 日至 2016 年 12 月 31 日，纳税人在 2016 年 12 月 31 日未享受满 3 年的，可继续享受至 3 年期满为止。

按照《财政部　国家税务总局　民政部关于调整完善扶持自主就业退役士兵创业就业有关税收政策的通知》（财税〔2014〕42 号）规定享受营业税优惠政策的纳税人，自 2016 年 5 月 1 日起按照上述规定享受增值税优惠政策，在 2016 年 12 月 31 日未享受满 3 年的，可继续享受至 3 年期满为止。

《财政部　国家税务总局关于将铁路运输和邮政业纳入营业税改征增值税试点的通知》（财税〔2013〕106 号）附件 3 第一条第（十二）项城镇退役士兵就业免征增值税政策，自 2014 年 7 月 1 日起停止执行。在 2014 年 6 月 30 日未享受满 3 年的，可继续享受至 3 年期满为止。

（二）重点群体创业就业。

1. 对持《就业创业证》（注明"自主创业税收政策"或"毕业年度内自主创业税收政策"）或 2015 年 1 月 27 日前取得的《就业失业登记证》（注明"自主创业税收政策"或附着《高校毕业生自主创业证》）的人员从事个体经营的，在 3 年内按每户每年 8 000 元为限额依次扣减其当年实际应缴纳的增值税、城市维护建设税、教育费附加、地方教育附加和个人所得税。限额标准最高可上浮 20%，各省、自治区、直辖市人民政府可根据本地区实际情况在此幅度内确定具体限额标准，并报财政部和国家税务总局备案。

纳税人年度应缴纳税款小于上述扣减限额的，以其实际缴纳的税款为限；大于上述扣减限额的，应以上述扣减限额为限。

上述人员是指：

（1）在人力资源社会保障部门公共就业服务机构登记失业半年以上的人员。

（2）零就业家庭、享受城市居民最低生活保障家庭劳动年龄内的登记失业人员。

（3）毕业年度内高校毕业生。高校毕业生是指实施高等学历教育的普通高等学校、成人高等学校毕业的学生；毕业年度是指毕业所在自然年，即 1 月 1 日至 12 月 31 日。

2. 对商贸企业、服务型企业、劳动就业服务企业中的加工型企业和街道社区具有加工性质的小型企业实体，在新增加的岗位中，当年新招用在人力资源社会保障部门公共就业服务机构登记失业半年以上且持《就业创业证》或 2015 年 1 月 27 日前取得的《就业失业登记证》（注明"企业吸纳税收政策"）人员，与其签订 1 年以上期限劳动合同并依法缴纳社会保险费的，在 3 年内按实际招用人数予以定额依次扣减增值税、城市维护建设税、教育费附加、地方教育附加和企业所得税优惠。定额标准为每人每年 4 000 元，最高可上浮 30%，各省、自治区、直辖市人民政府可根据本地区实际情况在此幅度内确定具体定额标准，并报财政部和国家税务总局备案。

按上述标准计算的税收扣减额应在企业当年实际应缴纳的增值税、城市维护建设税、教育费附加、地方教育附加和企业所得税税额中扣减，当年扣减不足的，不得结转下年使用。

本条所称服务型企业是指从事《销售服务、无形资产、不动产注释》中"不动产租赁服务""商务辅助服务"（不含货物运输代理和代理报关服务）、"生活服务"（不含文化体育服务）范围内业务活动的企业以及按照《民办非企业单位登记管理暂行条例》（国务院令第 251 号）登记成立的民办非企业单位。

3. 享受上述优惠政策的人员按以下规定申领《就业创业证》：

（1）按照《就业服务与就业管理规定》（劳动和社会保障部令第 28 号）第六十三条的规定，在法定劳动年龄内，有劳动能力，有就业要求，处于无业状态的城镇常住人员，在公共就业服务机构进行失业登记，申领《就业创业证》。其中，农村进城务工人员和其他非本地户籍人员在常住地稳定就业满 6 个月的，失业后可以在常住地登记。

（2）零就业家庭凭社区出具的证明，城镇低保家庭凭低保证明，在公共就业服务机构登记失业，申领《就业创业证》。

（3）毕业年度内高校毕业生在校期间凭学生证向公共就业服务机构按规定申领《就业创业证》，或委托所在高校就业指导中心向公共就业服务机构按规定代为其申领《就业创业证》；毕业年度内高校毕业生离校后直接向公共就业服务机构按规定申领《就业创业证》。

（4）上述人员申领相关凭证后，由就业和创业地人力资源社会保障部门对人员范围、就业失业状态、已享受政策情况进行核实，在《就业创业证》上注明"自主创业税收政策""毕业年度内自主创业税收政策"或"企业吸纳税收政策"字样，同时符合自主创业和企业吸纳税收政策条件的，可同时加注；主管税务机关在《就业创业证》上加盖戳记，注明减免税所属时间。

4. 上述税收优惠政策的执行期限为 2016 年 5 月 1 日至 2016 年 12 月 31 日，纳税人在 2016 年 12 月 31 日未享受满 3 年的，可继续享受至 3 年期满为止。

按照《财政部　国家税务总局　人力资源社会保障部关于继续实施支持和促进重点群体创业就业有关税收政策的通知》（财税〔2014〕39 号）规定享受营业税优惠政策的纳税人，自 2016 年 5 月 1 日起按照上述规定享受增值税优惠政策，在 2016 年 12 月 31 日未享受满 3 年的，可继续享受至 3 年期满为止。

《财政部　国家税务总局关于将铁路运输和邮政业纳入营业税改征增值税试点的通知》（财税〔2013〕106 号）附件 3 第一条第（十三）项失业人员就业增值税优惠政策，自 2014 年 1 月 1 日起停止执行。在 2013 年 12 月 31 日未享受满 3 年的，可继续享受至 3 年期满为止。

四、金融企业发放贷款后，自结息日起 90 天内发生的应收未收利息按现行规定缴纳增值税，自结息日起 90 天后发生的应收未收利息暂不缴纳增值税，待实际收到利息时按规定缴纳增值税。

上述所称金融企业，是指银行（包括国有、集体、股份制、合资、外资银行以及其他所有制形式的银行）、城市信用社、农村信用社、信托投资公司、财务公司。

五、个人将购买不足 2 年的住房对外销售的，按照 5% 的征收率全额缴纳增值税；个人将购买 2 年以上（含 2 年）的住房对外销售的，免征增值税。上述政策适用于北京市、上海市、广州市和深圳市之外的地区。

个人将购买不足 2 年的住房对外销售的，按照 5% 的征收率全额缴纳增值税；个人将购买 2 年以上（含 2 年）的非普通住房对外销售的，以销售收入减去购买住房价款后的差额按照 5% 的征收率缴纳增值税；个人将购买 2 年以上（含 2 年）的普通住房对外销售的，免征增值税。上述政策仅适用于北京市、上海市、广州市和深圳市。

办理免税的具体程序、购买房屋的时间、开具发票、非购买形式取得住房行为及其他相关税收管理规定，按照《国务院办公厅转发建设部等部门关于做好稳定住房价格工作意见的通知》（国办发〔2005〕26 号）、《国家税务总局　财政部　建设部关于加强房地产税收管理的通知》（国税发〔2005〕89 号）和《国家税务总局关于房地产税收政策执行中几个具体问题的通知》（国税发〔2005〕172 号）的有关规定执行。

六、上述增值税优惠政策除已规定期限的项目和第五条政策外，其他均在营改增试点期间执行。如果试点纳税人在纳入营改增试点之日前已经按照有关政策规定享受了营业税税收优惠，在剩余税收优惠政策期限内，按照本规定享受有关增值税优惠。

附件 4：跨境应税行为适用增值税零税率和免税政策的规定

一、中华人民共和国境内（以下称境内）的单位和个人销售的下列服务和无形资产，适用增值税零税率：

（一）国际运输服务。

国际运输服务，是指：

1. 在境内载运旅客或者货物出境。

2. 在境外载运旅客或者货物入境。

3. 在境外载运旅客或者货物。

（二）航天运输服务。

（三）向境外单位提供的完全在境外消费的下列服务：

1. 研发服务。

2. 合同能源管理服务。

3. 设计服务。

4. 广播影视节目（作品）的制作和发行服务。

5. 软件服务。

6. 电路设计及测试服务。

7. 信息系统服务。

8. 业务流程管理服务。

9. 离岸服务外包业务。

离岸服务外包业务，包括信息技术外包服务（ITO）、技术性业务流程外包服务（BPO）、技术性知识流程外包服务（KPO），其所涉及的具体业务活动，按照《销售服务、无形资产、不动产注释》相对应的业务活动执行。

10. 转让技术。

（四）财政部和国家税务总局规定的其他服务。

二、境内的单位和个人销售的下列服务和无形资产免征增值税，但财政部和国家税务总局规定适用增值税零税率的除外：

（一）下列服务：

1. 工程项目在境外的建筑服务。

2. 工程项目在境外的工程监理服务。

3. 工程、矿产资源在境外的工程勘察勘探服务。

4. 会议展览地点在境外的会议展览服务。

5. 存储地点在境外的仓储服务。

6. 标的物在境外使用的有形动产租赁服务。

7. 在境外提供的广播影视节目（作品）的播映服务。

8. 在境外提供的文化体育服务、教育医疗服务、旅游服务。

（二）为出口货物提供的邮政服务、收派服务、保险服务。

为出口货物提供的保险服务，包括出口货物保险和出口信用保险。

（三）向境外单位提供的完全在境外消费的下列服务和无形资产：

1. 电信服务。

2. 知识产权服务。

3. 物流辅助服务（仓储服务、收派服务除外）。

4. 鉴证咨询服务。

5. 专业技术服务。

6. 商务辅助服务。

7. 广告投放地在境外的广告服务。

8. 无形资产。

（四）以无运输工具承运方式提供的国际运输服务。

（五）为境外单位之间的货币资金融通及其他金融业务提供的直接收费金融服务，且该服务与境内的货物、无形资产和不动产无关。

（六）财政部和国家税务总局规定的其他服务。

三、按照国家有关规定应取得相关资质的国际运输服务项目，纳税人取得相关资质的，适用增值税零税率政策，未取得的，适用增值税免税政策。

境内的单位或个人提供程租服务，如果租赁的交通工具用于国际运输服务和港澳台运输服务，由出租方按规定申请适用增值税零税率。

境内的单位和个人向境内单位或个人提供期租、湿租服务，如果承租方利用租赁的交通工具向其他单位或个人提供国际运输服务和港澳台运输服务，由承租方适用增值税零税率。境内的单位或个人向境外单位或个人提供期租、湿租服务，由出租方适用增值税零税率。

境内单位和个人以无运输工具承运方式提供的国际运输服务，由境内实际承运人适用增值税零税率；无运输工具承运业务的经营者适用增值税免税政策。

四、境内的单位和个人提供适用增值税零税率的服务或者无形资产，如果属于适用简易计税方法的，实行免征增值税办法。如果属于适用增值税一般计税方法的，生产企业实行免抵退税办法，外贸企业外购服务或者无形资产出口实行免退税办法，外贸企业直接将服务或自行研发的无形资产出口，视同生产企业连同其出口货物统一实行免抵退税办法。

服务和无形资产的退税率为其按照《试点实施办法》第十五条第（一）至（三）项规定适用的增值税税率。实行退（免）税办法的服务和无形资产，如果主管税务机关认定出口价格偏高的，有权按照核定的出口价格计算退（免）税，核定的出口价格低于外贸企业购进价格的，低于部分对应的进项税额不予退税，转入成本。

五、境内的单位和个人销售适用增值税零税率的服务或无形资产的，可以放弃适用增值税零税率，选择免税或按规定缴纳增值。放弃适用增值税零税率后，36个月内不得再申请适用增值税零税率。

六、境内的单位和个人销售适用增值税零税率的服务或无形资产，按月向主管退税的税务机关申报办理增值税退（免）税手续。具体管理办法由国家税务总局商财政部另行制定。

七、本规定所称完全在境外消费，是指：

（一）服务的实际接受方在境外，且与境内的货物和不动产无关。

（二）无形资产完全在境外使用，且与境内的货物和不动产无关。

（三）财政部和国家税务总局规定的其他情形。

八、境内单位和个人发生的与香港、澳门、台湾有关的应税行为，除本文另有规定外，参照上述规定执行。

九、2016年4月30日前签订的合同，符合《财政部　国家税务总局关于将铁路运输和邮政业纳入营业税改征增值税试点的通知》（财税〔2013〕106号）附件4和《财政部　国家税务总局关于影视等出口服务适用增值税零税率政策的通知》（财税〔2015〕118号）规定的零税率或者免税政策条件的，在合同到期前可以继续享受零税率或者免税政策。

1.4　国家税务总局关于增值税一般纳税人登记管理若干事项的公告

2018年1月29日　国家税务总局〔2018〕6号

（条款废止，第七条废止。参见：《国家税务总局关于统一小规模纳税人标准等若干增值税问题的公告》（国家税务总局公告2018年第18号）

为了贯彻实施《增值税一般纳税人登记管理办法》（国家税务总局令第43号，以下简称《办法》），现将有关事项公告如下：

一、《办法》第二条所称"经营期"是指在纳税人存续期内的连续经营期间，含未取得销售收入的月份或季度。

二、《办法》第二条所称"纳税申报销售额"是指纳税人自行申报的全部应征增值税销售额，其中包括免税销售额和税务机关代开发票销售额。"稽查查补销售额"和"纳税评估调整销售额"计入查补税款申报当月（或当季）的销售额，不计入税款所属期销售额。

三、《办法》第四条第二项所称的"其他个人"是指自然人。

四、《办法》第六条第一项所称的"固定生产经营场所"信息是指填写在《增值税一般纳税人登记表》"生产经营地址"栏次中的内容。

五、《办法》第六条第一项所称的"税务登记证件"，包括纳税人领取的由工商行政管理部门或者其他主管部门核发的加载法人和其他组织统一社会信用代码的相关证件。

六、《办法》第八条规定主管税务机关制作的《税务事项通知书》中，需告知纳税人的内容应当包括：纳税人年应税销售额已超过规定标准，应在收到《税务事项通知书》后 5 日内向税务机关办理增值税一般纳税人登记手续或者选择按照小规模纳税人纳税的手续；逾期未办理的，自通知时限期满的次月起按销售额依照增值税税率计算应纳税额，不得抵扣进项税额，直至纳税人办理相关手续为止。

七、[条款废止] 纳税人兼有销售货物、提供加工修理修配劳务（以下称"应税货物及劳务"）和销售服务、无形资产、不动产（以下称"应税行为"）的，应税货物及劳务销售额与应税行为销售额分别计算，分别适用增值税一般纳税人登记标准，其中有一项销售额超过规定标准，就应当按照规定办理增值税一般纳税人登记相关手续。

八、经税务机关核对后退还纳税人留存的《增值税一般纳税人登记表》，可以作为证明纳税人成为增值税一般纳税人的凭据。

九、《办法》中所规定期限的最后一日是法定休假日的，以休假日期满的次日为期限的最后一日；在期限内有连续 3 日以上（含 3 日）法定休假日的，按休假日天数顺延。

十、本公告自 2018 年 2 月 1 日起施行。《国家税务总局关于明确〈增值税一般纳税人资格认定管理办法〉若干条款处理意见的通知》（国税函〔2010〕139 号）、《国家税务总局关于调整增值税一般纳税人管理有关事项的公告》（国家税务总局公告 2015 年第 18 号）、《国家税务总局关于"三证合一"登记制度改革涉及增值税一般纳税人管理有关事项的公告》（国家税务总局公告 2015 年第 74 号）、《国家税务总局关于全面推开营业税改征增值税试点有关税收征收管理事项的公告》（国家税务总局公告 2016 年第 23 号）第二条同时废止。

特此公告。

国家税务总局
2018 年 1 月 29 日

1.5　增值税一般纳税人登记管理办法

2017 年 12 月 29 日　国家税务总局令第 43 号

《增值税一般纳税人登记管理办法》已经 2017 年 11 月 30 日国家税务总局 2017 年度第 2 次局务会议审议通过，现予公布，自 2018 年 2 月 1 日起施行。

附件：1. 增值税一般纳税人登记表
　　　2. 选择按小规模纳税人纳税的情况说明

国家税务总局局长：王军
2017 年 12 月 29 日

增值税一般纳税人登记管理办法

第一条　为了做好增值税一般纳税人（以下简称"一般纳税人"）登记管理，根据《中华人民共和国增值税暂行条例》及其实施细则有关规定，制定本办法。

第二条　增值税纳税人（以下简称"纳税人"），年应税销售额超过财政部、国家税务总局规定的小规模纳税人标准（以下简称"规定标准"）的，除本办法第四条规定外，应当向主管税务机关办理一般纳税人登记。

本办法所称年应税销售额，是指纳税人在连续不超过 12 个月或四个季度的经营期内累计应征增值税销售额，包括纳税申报销售额、稽查查补销售额、纳税评估调整销售额。

销售服务、无形资产或者不动产（以下简称"应税行为"）有扣除项目的纳税人，其应税行为年应税销售额按未扣除之前的销售额计算。纳税人偶然发生的销售无形资产、转让不动产的销售额，不计入应税行为年应税销售额。

第三条　年应税销售额未超过规定标准的纳税人，会计核算健全，能够提供准确税务资料的，可以向主管税务机关办理一般纳税人登记。

本办法所称会计核算健全，是指能够按照国家统一的会计制度规定设置账簿，根据合法、有效凭证进行核算。

第四条　下列纳税人不办理一般纳税人登记：

（一）按照政策规定，选择按照小规模纳税人纳税的；

（二）年应税销售额超过规定标准的其他个人。

第五条　纳税人应当向其机构所在地主管税务机关办理一般纳税人登记手续。

第六条　纳税人办理一般纳税人登记的程序如下：

（一）纳税人向主管税务机关填报《增值税一般纳税人登记表》（附件 1），如实填写固定生产经营场所等信息，并提供税务登记证件；

（二）纳税人填报内容与税务登记信息一致的，主管税务机关当场登记；

（三）纳税人填报内容与税务登记信息不一致，或者不符合填列要求的，税务机关应当场告知纳税人需要补正的内容。

第七条　年应税销售额超过规定标准的纳税人符合本办法第四条第一项规定的，应当向主管税务机关提交书面说明（附件 2）。

第八条　纳税人在年应税销售额超过规定标准的月份（或季度）的所属申报期结束后 15 日内按照本办法第六条或者第七条的规定办理相关手续；未按规定时限办理的，主管税务机关应当在规定时限结束后 5 日内制作《税务事项通知书》，告知纳税人应当在 5 日内向主管税务机关办理相关手续；逾期仍不办理的，次月起按销售额依照增值税税率计算应纳税额，不得抵扣进项税额，直至纳税人办理相关手续为止。

第九条　纳税人自一般纳税人生效之日起，按照增值税一般计税方法计算应纳税额，并可以按照规定领用增值税专用发票，财政部、国家税务总局另有规定的除外。

本办法所称的生效之日，是指纳税人办理登记的当月 1 日或者次月 1 日，由纳税人在办理登记手续时自行选择。

第十条　纳税人登记为一般纳税人后，不得转为小规模纳税人，国家税务总局另有规定的除外。

第十一条　主管税务机关应当加强对税收风险的管理。对税收遵从度低的一般纳税人，主管税务机关可以实行纳税辅导期管理，具体办法由国家税务总局另行制定。

第十二条　本办法自 2018 年 2 月 1 日起施行，《增值税一般纳税人资格认定管理办法》（国家税务总局令第 22 号公布）同时废止。

附件 1：增值税一般纳税人登记表

纳税人名称			社会信用代码（纳税人识别号）	
法定代表人（负责人、业主）		证件名称及号码	联系电话	
财务负责人		证件名称及号码	联系电话	
办税人员		证件名称及号码	联系电话	
税务登记日期				
生产经营地址				
注册地址				
纳税人类别：企业□　非企业性单位□　个体工商户□　其他□				
主营业务类别：工业□　商业□　服务业□　其他□				
会计核算健全：是□				
一般纳税人生效之日：当月 1 日□　次月 1 日□				
纳税人（代理人）承诺： 　　会计核算健全，能够提供准确税务资料，上述各项内容真实、可靠、完整。如有虚假，愿意承担相关法律责任。 　　经办人：　　　　法定代表人：　　　　代理人：　　　　　　（签章） 　　　　　　　　　　　　　　　　　　　　　　　　　　　　年　月　日				
以下由税务机关填写				
税务机关受理情况	受理人：　　　　　　　　　　　　　　　　　　受理税务机关（章） 　　　　　　　　　　　　　　　　　　　　　　　　年　月　日			

【填写说明】：

1. 本表由纳税人如实填写。

2. 表中"证件名称及号码"相关栏次，根据纳税人的法定代表人、财务负责人、办税人员的居民身份证、护照等有效身份证件及号码填写。

3. 表中"一般纳税人生效之日"由纳税人自行勾选。

4. 本表一式二份,主管税务机关和纳税人各留存一份。

附件 2：选择按小规模纳税人纳税的情况说明

纳税人名称		社会信用代码（纳税人识别号）	
连续不超过 12 个月或四个季度的经营期内累计应税销售额		货物劳务：　　年　月至　年　月共　　　元。	
		应税行为：　　年　月至　年　月共　　　元。	
情况说明			
纳税人（代理人）承诺： 　　上述各项内容真实、可靠、完整。如有虚假,愿意承担相关法律责任。 　　经办人：　　　　法定代表人：　　　　代理人：　　　　　（签章） 　　　　　　　　　　　　　　　　　　　　　　　　　　　　年　月　日			
以下由税务机关填写			
税务机关受理情况	受理人：　　　　　　　　　　　　　　　受理税务机关（章） 　　　　　　　　　　　　　　　　　　　　年　月　日		

【填写说明】：

1. "情况说明"栏由纳税人填写符合财政部、国家税务总局规定可选择按小规模纳税人纳税的具体情形及理由。

2. 本表一式二份,主管税务机关和纳税人各留存一份。

1.6　财政部　税务总局关于统一增值税小规模纳税人标准的通知

2018 年 4 月 4 日　财税〔2018〕33 号

各省、自治区、直辖市、计划单列市财政厅（局）、国家税务局、地方税务局，新疆生产建设兵团财政局：

为完善增值税制度，进一步支持中小微企业发展，现将统一增值税小规模纳税人标准有关事项通知如下：

一、增值税小规模纳税人标准为年应征增值税销售额 500 万元及以下。

二、按照《中华人民共和国增值税暂行条例实施细则》第二十八条规定已登记为增值税一般纳税人的单位和个人，在 2018 年 12 月 31 日前，可转登记为小规模纳税人，其未抵扣的进项税额作转出处理。

三、本通知自 2018 年 5 月 1 日起执行。

财政部　税务总局

2018 年 4 月 4 日

1.7　国家税务总局关于统一小规模纳税人标准等若干增值税问题的公告

2018 年 4 月 20 日　国家税务总局公告 2018 年第 18 号

现将统一小规模纳税人标准等若干增值税问题公告如下：

一、同时符合以下条件的一般纳税人，可选择按照《财政部　税务总局关于统一增值税小规模纳税人标准的通知》（财税〔2018〕33 号）第二条的规定，转登记为小规模纳税人，或选择继续作为一般纳税人：

（一）根据《中华人民共和国增值税暂行条例》第十三条和《中华人民共和国增值税暂行条例实施细则》第二十八条的有关规定，登记为一般纳税人。

（二）转登记日前连续 12 个月（以 1 个月为 1 个纳税期，下同）或者连续 4 个季度（以 1 个季度为 1 个纳税期，下同）累计应征增值税销售额（以下称应税销售额）未超过 500 万元。

转登记日前经营期不满 12 个月或者 4 个季度的，按照月（季度）平均应税销售额估算上款规定的累计应税销售额。

应税销售额的具体范围，按照《增值税一般纳税人登记管理办法》（国家税务总局令第 43 号）和《国家税务总局关于增值税一般纳税人登记管理若干事项的公告》（国家税务总局公告 2018 年第 6 号）的有关规定执行。

二、符合本公告第一条规定的纳税人，向主管税务机关填报《一般纳税人转为小规模纳税人登记表》（表样见附件），并提供税务登记证件；已实行实名办税的纳税人，无需提供税务登记证件。主管税务机关根据下列情况分别作出处理：

（一）纳税人填报内容与税务登记、纳税申报信息一致的，主管税务机关当场办理。

（二）纳税人填报内容与税务登记、纳税申报信息不一致，或者不符合填列要求的，主管税务机关应当场告知纳税人需要补正的内容。

三、一般纳税人转登记为小规模纳税人（以下称转登记纳税人）后，自转登记日的下期起，按照简易计税方法计算缴纳增值税；转登记日当期仍按照一般纳税人的有关规定计算缴纳增值税。

四、转登记纳税人尚未申报抵扣的进项税额以及转登记日当期的期末留抵税额，计入"应交税费—待抵扣进项税额"核算。

尚未申报抵扣的进项税额计入"应交税费—待抵扣进项税额"时：

（一）转登记日当期已经取得的增值税专用发票、机动车销售统一发票、收费公路通行费增值税电子普通发票，应当已经通过增值税发票选择确认平台进行选择确认或认证后稽核比对相符；经稽核比对异常的，应当按照现行规定进行核查处理。已经取得的海关进口增值税专用缴款书，经稽核比对相符的，应当自行下载《海关进口增值税专用缴款书稽核结果通知书》；经稽核比对异常的，应当按照现行规定进行核查处理。

（二）转登记日当期尚未取得的增值税专用发票、机动车销售统一发票、收费公路通行费增值税电子普通发票，转登记纳税人在取得上述发票以后，应当持税控设备，由主管税务机关通过增值税发票选择确认平台（税务局端）为其办理选择确认。尚未取得的海关进口增值税专用缴款书，转登记纳税人在取得以后，经稽核比对相符的，应当由主管税务机关通过稽核系统为其下载《海关进口增值税专用缴款书稽核结果通知书》；经稽核比对异常的，应当按照现行规定进行核查处理。

五、转登记纳税人在一般纳税人期间销售或者购进的货物、劳务、服务、无形资产、不动产，自转登记日的下期起发生销售折让、中止或者退回的，调整转登记日当期的销项税额、进项税额和应纳税额。

（一）调整后的应纳税额小于转登记日当期申报的应纳税额形成的多缴税款，从发生销售折让、中止或者退回当期的应纳税额中抵减；不足抵减的，结转下期继续抵减。

（二）调整后的应纳税额大于转登记日当期申报的应纳税额形成的少缴税款，从"应交税费—待抵扣进项税额"中抵减；抵减后仍有余额的，计入发生销售折让、中止或者退回当期的应纳税额一并申报缴纳。

转登记纳税人因税务稽查、补充申报等原因，需要对一般纳税人期间的销项税额、进项税额和应纳税额进行调整的，按照上述规定处理。

转登记纳税人应准确核算"应交税费—待抵扣进项税额"的变动情况。

六、转登记纳税人可以继续使用现有税控设备开具增值税发票，不需要缴销税控设备和增值税发票。

转登记纳税人自转登记日的下期起，发生增值税应税销售行为，应当按照征收率开具增值税发票；转登记日前已作增值税专用发票票种核定的，继续通过增值税发票管理系统自行开具增值税专用发票；销售其取得的不动产，需要开具增值税专用发票的，应当按照有关规定向税务机关申请代开。

七、转登记纳税人在一般纳税人期间发生的增值税应税销售行为，未开具增值税发票需要补开的，应当按照原适用税率或者征收率补开增值税发票；发生销售折让、中止或者退回等情形，需要开具红字发票的，按照原蓝字发票记载的内容开具红字发票；开票有误需要重新开具的，先按照原蓝字发票记载的内容开具红字发票后，再重新开具正确的蓝字发票。

转登记纳税人发生上述行为，需要按照原适用税率开具增值税发票的，应当在互联网连接状态下开具。按照有关规定不使用网络办税的特定纳税人，可以通过离线方式开具增值税发票。

八、自转登记日的下期起连续不超过 12 个月或者连续不超过 4 个季度的经营期内，转登记纳税人应税销售额超过财政部、国家税务总局规定的小规模纳税人标准的，应当按照《增值税一般纳税人登记管理办法》（国家税务总局令第 43 号）的有关规定，向主管税务机关办理一般纳税人登记。

转登记纳税人按规定再次登记为一般纳税人后，不得再转登记为小规模纳税人。

九、一般纳税人在增值税税率调整前已按原适用税率开具的增值税发票，发生销售折让、中止或者退回等情形需要开具红字发票的，按照原适用税率开具红字发票；开票有误需要重新开具的，先按照原适用税率开具红字发票后，再重新开具正确的蓝字发票。

一般纳税人在增值税税率调整前未开具增值税发票的增值税应税销售行为，需要补开增值税发票的，应当按照原适用税率补开。

增值税发票税控开票软件税率栏次默认显示调整后税率，一般纳税人发生上述行为可以手工选择原适用税率开具增值税发票。

十、国家税务总局在增值税发票管理系统中更新了《商品和服务税收分类编码表》，纳税人应当按照更新后的《商品和服务税收分类编码表》开具增值税发票。

转登记纳税人和一般纳税人应当及时完成增值税发票税控开票软件升级、税控设备变更发行和自身业务系统调整。

十一、本公告自 2018 年 5 月 1 日起施行。《国家税务总局关于增值税一般纳税人登记管理若干事项的公告》（国家税务总局公告 2018 年第 6 号）第七条同时废止。

特此公告。

附件：一般纳税人转为小规模纳税人登记表

国家税务总局
2018 年 4 月 20 日

附件：一般纳税人转为小规模纳税人登记表

纳税人名称			纳税人识别号 （统一社会信用代码）	
法定代表人（负责人、业主）		身份证件种类		联系电话
		身份证件号码		
办税人员		身份证件种类		联系电话
		身份证件号码		
原登记为一般纳税人的生效时间：　　　年　月　日				
是否为出口企业：　是（　）　否（　）				

续表

经营期超过（含）12 个月或者 4 个季度纳税人填写：			
年应税销售额			
经营期不足 12 个月或者 4 个季度纳税人填写：			
累计应税销售额		预估年应税销售额	
转为小规模纳税人生效之日：　　　年　月 1 日			
纳税人（代理人）承诺： 此登记表所填信息是真实、可靠、完整的，纳税人身份转换为自愿进行，已了解相关税收规定并办理完毕相关事项。 　　　　　　　　　　　　　　　　　　　　　　　法定代表人（签字） 　　　　　　　　　　　　　　　　　　　　　　　　　年　月　日			
以下由税务机关填写			
税务机关受理情况	受理人：		受理税务机关（章） 年　月　日

【填写说明】：

1. 经营期超过（含）12 个月或者 4 个季度纳税人的年应税销售额，是指本公告第一条所述转登记纳税人在转登记日前连续 12 个月或者连续 4 个季度累计应税销售额。

2. 以 1 个月为 1 个纳税期的纳税人，如果转登记日前经营期不足 12 个月，其预估年应税销售额 = 转登记日前累计应税销售额/转登记日前实际经营的月份 ×12；以 1 个季度为 1 个纳税期的纳税人，如果转登记日前经营期不足 4 个季度，其预估年应税销售额 = 转登记日前累计应税销售额/转登记日前实际经营的季度数 ×4。

3. "转为小规模纳税人生效之日"，是指一般纳税人转为小规模纳税人后，转登记日下期首日。

4. 本表一式二份，主管税务机关和纳税人各留存一份。

1.8　财政部　税务总局　海关总署关于深化增值税改革有关政策的公告

2019 年 3 月 20 日　财政部　税务总局　海关总署公告〔2019〕39 号

为贯彻落实党中央、国务院决策部署，推进增值税实质性减税，现将 2019 年增值税改革有关事项公告如下：

一、增值税一般纳税人（以下称纳税人）发生增值税应税销售行为或者进口货物，原适用 16% 税率的，税率调整为 13%；原适用 10% 税率的，税率调整为 9%。

二、纳税人购进农产品，原适用 10% 扣除率的，扣除率调整为 9% 。纳税人购进用于生产或者委托加工 13% 税率货物的农产品，按照 10% 的扣除率计算进项税额。

三、原适用 16% 税率且出口退税率为 16% 的出口货物劳务，出口退税率调整为 13% ；原适用 10% 税率且出口退税率为 10% 的出口货物、跨境应税行为，出口退税率调整为 9% 。

2019 年 6 月 30 日前（含 2019 年 4 月 1 日前），纳税人出口前款所涉货物劳务、发生前款所涉跨境应税行为，适用增值税免退税办法的，购进时已按调整前税率征收增值税的，执行调整前的出口退税率，购进时已按调整后税率征收增值税的，执行调整后的出口退税率；适用增值税免抵退税办法的，执行调整前的出口退税率，在计算免抵退税时，适用税率低于出口退税率的，适用税率与出口退税率之差视为零参与免抵退税计算。

出口退税率的执行时间及出口货物劳务、发生跨境应税行为的时间，按照以下规定执行：报关出口的货物劳务（保税区及经保税区出口除外），以海关出口报关单上注明的出口日期为准；非报关出口的货物劳务、跨境应税行为，以出口发票或普通发票的开具时间为准；保税区及经保税区出口的货物，以货物离境时海关出具的出境货物备案清单上注明的出口日期为准。

四、适用 13% 税率的境外旅客购物离境退税物品，退税率为 11% ；适用 9% 税率的境外旅客购物离境退税物品，退税率为 8% 。

2019 年 6 月 30 日前，按调整前税率征收增值税的，执行调整前的退税率；按调整后税率征收增值税的，执行调整后的退税率。

退税率的执行时间，以退税物品增值税普通发票的开具日期为准。

五、自 2019 年 4 月 1 日起，《营业税改征增值税试点有关事项的规定》（财税〔2016〕36 号印发）第一条第（四）项第 1 点、第二条第（一）项第 1 点停止执行，纳税人取得不动产或者不动产在建工程的进项税额不再分 2 年抵扣。此前按照上述规定尚未抵扣完毕的待抵扣进项税额，可自 2019 年 4 月税款所属期起从销项税额中抵扣。

六、纳税人购进国内旅客运输服务，其进项税额允许从销项税额中抵扣。

（一）纳税人未取得增值税专用发票的，暂按照以下规定确定进项税额：

1. 取得增值税电子普通发票的，为发票上注明的税额；

2. 取得注明旅客身份信息的航空运输电子客票行程单的，为按照下列公式计算进项税额：

$$航空旅客运输进项税额 = （票价 + 燃油附加费） \div （1 + 9\%） \times 9\%$$

3. 取得注明旅客身份信息的铁路车票的，为按照下列公式计算的进项税额：

$$铁路旅客运输进项税额 = 票面金额 \div （1 + 9\%） \times 9\%$$

4. 取得注明旅客身份信息的公路、水路等其他客票的，按照下列公式计算进项税额：

$$公路、水路等其他旅客运输进项税额 = 票面金额 \div （1 + 3\%） \times 3\%$$

（二）《营业税改征增值税试点实施办法》（财税〔2016〕36 号印发）第二十七条第（六）项和《营业税改征增值税试点有关事项的规定》（财税〔2016〕36 号印发）第二条第（一）项第 5 点中"购进的旅客运输服务、贷款服务、餐饮服务、居民日常服务和娱乐服务"修改为"购进的贷款服务、餐饮服务、居民日常服务和娱乐服务"。

七、自 2019 年 4 月 1 日至 2021 年 12 月 31 日，允许生产、生活性服务业纳税人按照当期可抵扣进项税额加计 10% ，抵减应纳税额（以下称加计抵减政策）。

（一）本公告所称生产、生活性服务业纳税人，是指提供邮政服务、电信服务、现代服务、生活服务（以下称四项服务）取得的销售额占全部销售额的比重超过 50% 的纳税人。四项服务的具体范围按照《销售服务、无形资产、不动产注释》（财税〔2016〕36 号印发）执行。

2019年3月31日前设立的纳税人，自2018年4月至2019年3月期间的销售额（经营期不满12个月的，按照实际经营期的销售额）符合上述规定条件的，自2019年4月1日起适用加计抵减政策。

2019年4月1日后设立的纳税人，自设立之日起3个月的销售额符合上述规定条件的，自登记为一般纳税人之日起适用加计抵减政策。

纳税人确定适用加计抵减政策后，当年内不再调整，以后年度是否适用，根据上年度销售额计算确定。

纳税人可计提但未计提的加计抵减额，可在确定适用加计抵减政策当期一并计提。

（二）纳税人应按照当期可抵扣进项税额的10%计提当期加计抵减额。按照现行规定不得从销项税额中抵扣的进项税额，不得计提加计抵减额；已计提加计抵减额的进项税额，按规定作进项税额转出的，应在进项税额转出当期，相应调减加计抵减额。计算公式如下：

$$当期计提加计抵减额 = 当期可抵扣进项税额 \times 10\%$$
$$当期可抵减加计抵减额 = 上期末加计抵减额余额 + 当期计提加计$$
$$抵减额 - 当期调减加计抵减额$$

（三）纳税人应按照现行规定计算一般计税方法下的应纳税额（以下称抵减前的应纳税额）后，区分以下情形加计抵减：

1. 抵减前的应纳税额等于零的，当期可抵减加计抵减额全部结转下期抵减；

2. 抵减前的应纳税额大于零，且大于当期可抵减加计抵减额的，当期可抵减加计抵减额全额从抵减前的应纳税额中抵减；

3. 抵减前的应纳税额大于零，且小于或等于当期可抵减加计抵减额的，以当期可抵减加计抵减额抵减应纳税额至零。未抵减完的当期可抵减加计抵减额，结转下期继续抵减。

（四）纳税人出口货物劳务、发生跨境应税行为不适用加计抵减政策，其对应的进项税额不得计提加计抵减额。

纳税人兼营出口货物劳务、发生跨境应税行为且无法划分不得计提加计抵减额的进项税额，按照以下公式计算：

$$不得计提加计抵减额的进项税额 = 当期无法划分的全部进项税额 \times 当期出口货物劳务和$$
$$发生跨境应税行为的销售额 \div 当期全部销售额$$

（五）纳税人应单独核算加计抵减额的计提、抵减、调减、结余等变动情况。骗取适用加计抵减政策或虚增加计抵减额的，按照《中华人民共和国税收征收管理法》等有关规定处理。

（六）加计抵减政策执行到期后，纳税人不再计提加计抵减额，结余的加计抵减额停止抵减。

八、自2019年4月1日起，试行增值税期末留抵税额退税制度。

（一）同时符合以下条件的纳税人，可以向主管税务机关申请退还增量留抵税额：

1. 自2019年4月税款所属期起，连续六个月（按季纳税的，连续两个季度）增量留抵税额均大于零，且第六个月增量留抵税额不低于50万元；

2. 纳税信用等级为A级或者B级；

3. 申请退税前36个月未发生骗取留抵退税、出口退税或虚开增值税专用发票情形的；

4. 申请退税前36个月未因偷税被税务机关处罚两次及以上的；

5. 自2019年4月1日起未享受即征即退、先征后返（退）政策的。

（二）本公告所称增量留抵税额，是指与2019年3月底相比新增加的期末留抵税额。

（三）纳税人当期允许退还的增量留抵税额，按照以下公式计算：

$$允许退还的增量留抵税额 = 增量留抵税额 × 进项构成比例 × 60\%$$

进项构成比例，为 2019 年 4 月至申请退税前一税款所属期内已抵扣的增值税专用发票（含税控机动车销售统一发票）、海关进口增值税专用缴款书、解缴税款完税凭证注明的增值税额占同期全部已抵扣进项税额的比重。

（四）纳税人应在增值税纳税申报期内，向主管税务机关申请退还留抵税额。

（五）纳税人出口货物劳务、发生跨境应税行为，适用免抵退税办法的，办理免抵退税后，仍符合本公告规定条件的，可以申请退还留抵税额；适用免退税办法的，相关进项税额不得用于退还留抵税额。

（六）纳税人取得退还的留抵税额后，应相应调减当期留抵税额。按照本条规定再次满足退税条件的，可以继续向主管税务机关申请退还留抵税额，但本条第（一）项第 1 点规定的连续期间，不得重复计算。

（七）以虚增进项、虚假申报或其他欺骗手段，骗取留抵退税款的，由税务机关追缴其骗取的退税款，并按照《中华人民共和国税收征收管理法》等有关规定处理。

（八）退还的增量留抵税额中央、地方分担机制另行通知。

九、本公告自 2019 年 4 月 1 日起执行。

特此公告。

财政部　税务总局　海关总署

2019 年 3 月 20 日

1.9　财政部　国家税务总局关于部分货物适用增值税低税率和简易办法征收增值税政策的通知

2009 年 1 月 19 日　财税〔2009〕9 号

（注释：条款失效，第二条第（四）项第 3 点失效。参见：《财政部　国家税务总局关于出口货物劳务增值税和消费税政策的通知》（财税〔2012〕39 号）。）

各省、自治区、直辖市、计划单列市财政厅（局）、国家税务局，新疆生产建设兵团财务局：

根据《中华人民共和国增值税暂行条例》（国务院令 538 号，以下简称条例）和《中华人民共和国增值税暂行条例实施细则》（财政部国家税务总局令 50 号）的规定和国务院的有关精神，为做好相关增值税政策规定的衔接，加强征收管理，现将部分货物适用增值税税率和实行增值税简易征收办法的有关事项明确如下：

一、下列货物继续适用 13% 的增值税税率：

（一）农产品。

农产品，是指种植业、养殖业、林业、牧业、水产业生产的各种植物、动物的初级产品。具体征税范围暂继续按照《财政部国家税务总局关于印发〈农业产品征税范围注释〉的通知》（财税字〔1995〕52 号）及现行相关规定执行。

（二）音像制品。

音像制品，是指正式出版的录有内容的录音带、录像带、唱片、激光唱盘和激光视盘。

（三）电子出版物。

电子出版物，是指以数字代码方式，使用计算机应用程序，将图文声像等内容信息编辑加工后存储在具有确定的物理形态的磁、光、电等介质上，通过内嵌在计算机、手机、电子阅读设备、电子显示设备、数字音/视频播放设备、电子游戏机、导航仪以及其他具有类似功能的设备上读取使用，具有交互功能，用以表达思想、普及知识和积累文化的大众传播媒体。载体形态和格式主要包括只读光盘（CD 只读光盘 CD－ROM、交互式光盘 CD－I、照片光盘 Photo－CD、高密度只读光盘 DVD－ROM、蓝光只读光盘 HD－DVD ROM 和 BD ROM）、一次写入式光盘（一次写入 CD 光盘 CD－R、一次写入高密度光盘 DVD－R、一次写入蓝光光盘 HD－DVD/R，BD－R）、可擦写光盘（可擦写 CD 光盘 CD－RW、可擦写高密度光盘 DVD－RW、可擦写蓝光光盘 HDDVD－RW 和 BD－RW、磁光盘 MO）、软磁盘（FD）、硬磁盘（HD）、集成电路卡（CF 卡、MD 卡、SM 卡、MMC 卡、RS－MMC 卡、MS 卡、SD 卡、XD 卡、T－Flash 卡、记忆棒）和各种存储芯片。

（四）二甲醚。

二甲醚，是指化学分子式为 CH_3OCH_3，常温常压下为具有轻微醚香味，易燃、无毒、无腐蚀性的气体。

二、下列按简易办法征收增值税的优惠政策继续执行，不得抵扣进项税额：

（一）纳税人销售自己使用过的物品，按下列政策执行：

1. 一般纳税人销售自己使用过的属于条例第十条规定不得抵扣且未抵扣进项税额的固定资产，按简易办法依 4% 征收率减半征收增值税。

一般纳税人销售自己使用过的其他固定资产，按照《财政部　国家税务总局关于全国实施增值税转型改革若干问题的通知》（财税〔2008〕170 号）第四条的规定执行。

一般纳税人销售自己使用过的除固定资产以外的物品，应当按照适用税率征收增值税。

2. 小规模纳税人（除其他个人外，下同）销售自己使用过的固定资产，减按 2% 征收率征收增值税。

小规模纳税人销售自己使用过的除固定资产以外的物品，应按 3% 的征收率征收增值税。

（二）纳税人销售旧货，按照简易办法依照 4% 征收率减半征收增值税。

所称旧货，是指进入二次流通的具有部分使用价值的货物（含旧汽车、旧摩托车和旧游艇），但不包括自己使用过的物品。

（三）一般纳税人销售自产的下列货物，可选择按照简易办法依照 6% 征收率计算缴纳增值税：

1. 县级及县级以下小型水力发电单位生产的电力。小型水力发电单位，是指各类投资主体建设的装机容量为 5 万千瓦以下（含 5 万千瓦）的小型水力发电单位。

2. 建筑用和生产建筑材料所用的砂、土、石料。

3. 以自己采掘的砂、土、石料或其他矿物连续生产的砖、瓦、石灰（不含粘土实心砖、瓦）。

4. 用微生物、微生物代谢产物、动物毒素、人或动物的血液或组织制成的生物制品。

5. 自来水。

6. 商品混凝土（仅限于以水泥为原料生产的水泥混凝土）。

一般纳税人选择简易办法计算缴纳增值税后，36 个月内不得变更。

（四）一般纳税人销售货物属于下列情形之一的，暂按简易办法依照 4% 征收率计算缴纳增值税：

1. 寄售商店代销寄售物品（包括居民个人寄售的物品在内）；

2. 典当业销售死当物品；

3. ［条款失效］经国务院或国务院授权机关批准的免税商店零售的免税品。

三、对属于一般纳税人的自来水公司销售自来水按简易办法依照 6% 征收率征收增值税，不得抵扣其购进自来水取得增值税扣税凭证上注明的增值税税款。

四、本通知自 2009 年 1 月 1 日起执行。《财政部国家税务总局关于调整农业产品增值税税率和若干项目征免增值税的通知》［财税字（94）004 号］《财政部　国家税务总局关于自来水征收增值税问题的通知》［（94）财税字第 014 号］《财政部　国家税务总局关于增值税、营业税若干政策规定的通知》［（94）财税字第 026 号］第九条和第十条、《国家税务总局关于印发〈增值税问题解答（之一）〉的通知》（国税函发〔1995〕288 号）附件第十条、《国家税务总局关于调整部分按简易办法征收增值税的特定货物销售行为征收率的通知》（国税发〔1998〕122 号）《国家税务总局关于县以下小水电电力产品增值税征税问题的批复》（国税函〔1998〕843 号）《国家税务总局关于商品混凝土实行简易办法征收增值税问题的通知》（国税发〔2000〕37 号）《财政部　国家税务总局关于旧货和旧机动车增值税政策的通知》（财税〔2002〕29 号）《国家税务总局关于自来水行业增值税政策问题的通知》（国税发〔2002〕56 号）、《财政部　国家税务总局关于宣传文化增值税和营业税优惠政策的通知》（财税〔2006〕153 号）第一条、《国家税务总局关于明确县以下小型水力发电单位具体标准的批复》（国税函〔2006〕47 号）《国家税务总局关于商品混凝土征收增值税有关问题的通知》（国税函〔2007〕599 号）《财政部国家税务总局关于二甲醚增值税适用税率问题的通知》（财税〔2008〕72 号）同时废止。

财政部　国家税务总局

2009 年 1 月 19 日

1.10　国家税务总局关于增值税简易征收政策有关管理问题的通知

2009 年 2 月 25 日　国税函〔2009〕90 号

各省、自治区、直辖市和计划单列市国家税务局：

《财政部　国家税务总局关于部分货物适用增值税低税率和简易办法征收增值税政策的通知》（财税〔2009〕9 号）规定对部分项目继续适用增值税简易征收政策。经研究，现将有关增值税管理问题明确如下：

一、关于纳税人销售自己使用过的固定资产

（一）［条款修订］一般纳税人销售自己使用过的固定资产，凡根据《财政部　国家税务总局关于全国实施增值税转型改革若干问题的通知》（财税〔2008〕170 号）和财税〔2009〕9 号文件等规定，适用按简易办法依 4% 征收率减半征收增值税政策的，应开具普通发票，不得开具增值税专用发票。

（二）小规模纳税人销售自己使用过的固定资产，应开具普通发票，不得由税务机关代开增值税专用发票。

二、纳税人销售旧货，应开具普通发票，不得自行开具或者由税务机关代开增值税专用发票。

三、一般纳税人销售货物适用财税〔2009〕9 号文件第二条第（三）项、第（四）项和第三条规定的，可自行开具增值税专用发票。

四、关于销售额和应纳税额

（一）［条款废止］一般纳税人销售自己使用过的物品和旧货，适用按简易办法依 4% 征收率减半征收增值税政策的，按下列公式确定销售额和应纳税额：

$$销售额 = 含税销售额 /（1 + 4\%）$$
$$应纳税额 = 销售额 \times 4\% / 2$$

（二）小规模纳税人销售自己使用过的固定资产和旧货，按下列公式确定销售额和应纳税额：

$$销售额 = 含税销售额 /（1 + 3\%）$$
$$应纳税额 = 销售额 \times 2\%$$

五、小规模纳税人销售自己使用过的固定资产和旧货，其不含税销售额填写在《增值税纳税申报表（适用于小规模纳税人）》第 4 栏，其利用税控器具开具的普通发票不含税销售额填写在第 5 栏。

六、本通知自 2009 年 1 月 1 日起执行。《国家税务总局关于调整增值税纳税申报有关事项的通知》（国税函〔2008〕1075 号）第二条第（二）项规定同时废止。

2009 年 2 月 25 日

1.11　国家税务总局关于部分产品增值税适用税率问题的公告

2012 年 3 月 16 日　国家税务总局〔2012〕10 号

现对部分产品是否属于农机范围及增值税适用税率问题，公告如下：

密集型烤房设备、频振式杀虫灯、自动虫情测报灯、粘虫板属于《国家税务总局关于印发〈增值税部分货物征税范围注释〉的通知》（国税发〔1993〕151 号）规定的农机范围，应适用 13% 增值税税率。

密集型烤房设备主要由锅炉、散热主机、风机、电机和自控设备等通用设备组成，用于烟叶、茶叶等原形态农产品的烘干脱水初加工。

频振式杀虫灯是采用特定波长范围的光源，诱集并有效杀灭昆虫的装置。一般由高压电网、发光灯管、风雨帽、接虫盘和接虫袋等组成，诱集光源波长范围应覆盖（320 – 680）nm。

自动虫情测报灯是采用特定的诱集光源及远红外自动处理等技术，自动完成诱虫、杀虫、收集、分装等虫情测报功能的装置。诱集光源应采用功能为 20W，主波长为（365 ± 10）nm 的黑光灯管；或功率为 200W，光通量为 2700（1m）– 2920（1m）的白炽灯泡。

粘虫板是采用涂有特殊粘胶的色板，诱集并粘附昆虫的工具。

本公告自 2012 年 4 月 1 日起执行。此前已发生并处理的事项，不再做调整；未处理的，按本公告规定执行。

特此公告。

国家税务总局
2012 年 3 月 16 日

1.12　财政部　国家税务总局关于简并增值税征收率政策的通知

2014 年 6 月 13 日　财税〔2014〕57 号

各省、自治区、直辖市、计划单列市财政厅（局）、国家税务局，新疆生产建设兵团财务局：

为进一步规范税制、公平税负，经国务院批准，决定简并和统一增值税征收率，将 6% 和 4% 的增值税征收率统一调整为 3%。现将有关事项通知如下：

一、《财政部国家税务总局关于部分货物适用增值税低税率和简易办法征收增值税政策的通知》（财税〔2009〕9 号）第二条第（一）项和第（二）项中"按照简易办法依照 4% 征收率减半征收增值税"调整为"按照简易办法依照 3% 征收率减按 2% 征收增值税"。

《财政部国家税务总局关于全国实施增值税转型改革若干问题的通知》（财税〔2008〕170 号）第四条第（二）项和第（三）项中"按照 4% 征收率减半征收增值税"调整为"按照简易办法依照 3% 征收率减按 2% 征收增值税"。

二、财税〔2009〕9 号文件第二条第（三）项和第三条"依照 6% 征收率"调整为"依照 3% 征收率"。

三、财税〔2009〕9 号文件第二条第（四）项"依照 4% 征收率"调整为"依照 3% 征收率"。

四、本通知自 2014 年 7 月 1 日起执行。

财政部　国家税务总局
2014 年 6 月 13 日

1.13　国家税务总局关于简并增值税征收率有关问题的公告

2014 年 6 月 27 日　国家税务总局公告 2014 年第 36 号

根据国务院简并和统一增值税征收率的决定，现将有关问题公告如下：

一、将《国家税务总局关于固定业户临时外出经营有关增值税专用发票管理问题的通知》（国税发〔1995〕87 号）中"经营地税务机关按 6% 的征收率征税"，修改为"经营地税务机关按 3% 的征收率征税"。

二、[条款废止] 将《国家税务总局关于拍卖行取得的拍卖收入征收增值税、营业税有关问题的通知》（国税发〔1999〕40 号）第一条中"按照 4% 的征收率征收增值税"，修改为

"按照 3% 的征收率征收增值税"。

三、将《国家税务总局关于增值税简易征收政策有关管理问题的通知》（国税函〔2009〕90 号）第一条第（一）项中"按简易办法依 4% 征收率减半征收增值税政策"，修改为"按简易办法依 3% 征收率减按 2% 征收增值税政策"。

四、将《国家税务总局关于供应非临床用血增值税政策问题的批复》（国税函〔2009〕456 号）第二条中"按照简易办法依照 6% 征收率计算应纳税额"，修改为"按照简易办法依照 3% 征收率计算应纳税额"。

五、将《国家税务总局关于一般纳税人销售自己使用过的固定资产增值税有关问题的公告》（国家税务总局公告 2012 年第 1 号）中"可按简易办法依 4% 征收率减半征收增值税"，修改为"可按简易办法依 3% 征收率减按 2% 征收增值税"。

六、纳税人适用按照简易办法依 3% 征收率减按 2% 征收增值税政策的，按下列公式确定销售额和应纳税额：

$$销售额 = 含税销售额 / (1 + 3\%)$$

$$应纳税额 = 销售额 \times 2\%$$

《国家税务总局关于增值税简易征收政策有关管理问题的通知》（国税函〔2009〕90 号）第四条第（一）项废止。

七、本公告自 2014 年 7 月 1 日起施行。

特此公告。

国家税务总局
2014 年 6 月 27 日

1.14　国家税务总局关于纳税人转让不动产缴纳增值税差额扣除有关问题的公告

2016 年 11 月 24 日　国家税务总局〔2016〕73 号

现将纳税人转让不动产缴纳增值税差额扣除有关问题公告如下：

一、纳税人转让不动产，按照有关规定差额缴纳增值税的，如因丢失等原因无法提供取得不动产时的发票，可向税务机关提供其他能证明契税计税金额的完税凭证等资料，进行差额扣除。

二、纳税人以契税计税金额进行差额扣除的，按照下列公式计算增值税应纳税额：

（一）2016 年 4 月 30 日及以前缴纳契税的

$$增值税应纳税额 = [全部交易价格(含增值税) - 契税$$
$$计税金额(含营业税)] \div (1 + 5\%) \times 5\%$$

（二）2016 年 5 月 1 日及以后缴纳契税的

$$增值税应纳税额 = [全部交易价格(含增值税) \div (1 + 5\%) - 契税$$
$$计税金额(不含增值税)] \times 5\%$$

三、纳税人同时保留取得不动产时的发票和其他能证明契税计税金额的完税凭证等资料的，应当凭发票进行差额扣除。

本公告自发布之日起施行。此前已发生未处理的事项，按照本公告的规定执行。

特此公告。

国家税务总局

2016 年 11 月 24 日

1.15 财政部 税务总局关于二手车经销有关增值税政策的公告

2020 年 4 月 8 日 财政部 税务总局公告 2020 年第 17 号

为促进汽车消费，现就二手车经销有关增值税政策公告如下：

自 2020 年 5 月 1 日至 2023 年 12 月 31 日，从事二手车经销的纳税人销售其收购的二手车，由原按照简易办法依 3% 征收率减按 2% 征收增值税，改为减按 0.5% 征收增值税。

本公告所称二手车，是指从办理完注册登记手续至达到国家强制报废标准之前进行交易并转移所有权的车辆，具体范围按照国务院商务主管部门出台的二手车流通管理办法执行。

特此公告。

财政部 税务总局

2020 年 4 月 8 日

1.16 国家税务总局关于印发《增值税部分货物 征税范围注释》的通知

1993 年 12 月 25 日 国税发〔1993〕151 号

增值税部分货物征税范围注释

一、［条款废止］粮食

粮食是各种主食食科的总称。本货物的范围包括小麦、稻谷、玉米、高粱、谷子、大豆和其他杂粮（如大麦、燕麦）及经加工的面粉、大米、玉米等。不包括粮食复制品（如挂面、切面、馄饨皮等）和各种熟食品和副食品。

二、食用植物油

植物油是从植物根、茎、叶、果实、花或胚芽组织中加工提取的油脂。

食用植物油仅指：芝麻油、花生油、豆油、菜籽油、米糠油、葵花籽油、棉籽油、玉米胚油、茶油、胡麻油，以及以上述油为原料生产的混合油。

三、自来水

自来水是指自来水公司及工矿企业经抽取、过滤、沉淀、消毒等工序加工后，通过供水系统向用户供应的水。

农业灌溉用水、引水工程输送的水等，不属于本货物的范围。

四、暖气、热水

暖气、热水是指利用各种燃料（如煤、石油、其他各种气体或固体、液体燃料）和电能将水加热，使之生成的气体和热水，以及开发自然热能，如开发地热资源或用太阳能生产的暖气、热气、热水。

利用工业余热生产、回收的暖气、热气和热水也属于本货物的范围。

五、冷气

冷气是指为了调节室内温度，利用制冷设备生产的，并通过供风系统向用户提供的低温气体。

六、煤气

煤气是指由煤、焦炭、半焦和重油等经干馏或汽化等生产过程所得气体产物的总称。

煤气的范围包括：

（一）焦炉煤气：是指煤在炼焦炉中进行干馏所产生的煤气。

（二）发生炉煤气：是指用空气（或氧气）和少量的蒸气将煤或焦炭、半焦，在煤气发生炉中进行汽化所产生的煤气、混合煤气、水煤气、单水煤气、双水煤气等。

（三）液化煤气：是指压缩成液体的煤气。

七、石油液化气

石油液化气是指由石油加工过程中所产生的低分子量的烃类炼厂气经压缩成的液体。主要成分是丙烷、丁烷、丁烯等。

八、天然气

天然气是蕴藏在地层内的碳氢化合物可燃气体。主要含有甲烷、乙烷等低分子烷烃和丙烷、丁烷、戊烷及其他重质气态烃类。

天然气包括气田天然气、油田天然气、煤矿天然气和其他天然气。

九、沼气

沼气，主要成分为甲烷，由植物残体在与空气隔绝的条件下经自然分解而成，沼气主要作燃料。

本货物的范围包括：天然沼气和人工生产的沼气。

十、居民用煤炭制品

居民用煤炭制品是指煤球、煤饼、蜂窝煤和引火炭。

十一、图书、报纸、杂志

图书、报纸、杂志是采用印刷工艺，按照文字、图画和线条原稿印刷成的纸制品。本货物的范围包括：

（一）图书。是指由国家新闻出版署批准的出版单位出版，采用国际标准书号编序的书籍，以及图片。

（二）报纸。是指经国家新闻出版署批准，在各省、自治区、直辖市新闻出版部门登记，具有国内统一刊号（CN）的报纸。

（三）杂志。是指经国家新闻出版署批准，在省、自治区、直辖市新闻出版管理部门登记，具有国内统一刊号（CN）的刊物。

十二、饲料

饲料是指用于动物饲养的产品或其加工品。

本货物的范围包括：

（一）单一饲料：指作饲料用的某一种动物、植物、微生物产品或其加工品。

（二）混合饲料：指采用简单方法，将两种以上的单一饲料混合到一起的饲料。

（三）配合饲料：指根据不同的饲养对象、饲养对象的不同生长发育阶段对各种营养成分的不同需要量，采用科学的方法，将不同的饲料按一定的比例配合到一起，并均匀地搅拌，制成一定料型的饲料。

直接用于动物饲养的粮食、饲料添加剂不属于本货物的范围。

十三、化肥

化肥是指经化学和机械加工制成的各种化学肥料。

化肥的范围包括：

（一）化学氮肥。主要品种有尿素和硫酸铵、硝酸铵、碳酸氢铵、氯化铵、石灰氮、氨水等。

（二）磷肥。主要品种有磷矿粉、过磷酸钙（包括普通过磷酸钙和重过磷酸钙两种）、钙镁磷肥、钢渣磷肥等。

（三）钾肥。主要品种有硫酸钾、氯化钾等。

（四）复合肥料。是用化学方法合成或混配制成含有氮、磷、钾中的两种或两种以上的营养元素的肥料。含有两种的称二元复合肥，含有三种的称三元复合肥料，也有含三种元素和某些其他元素的叫多元复合肥料。主要产品有硝酸磷肥、磷酸铵、磷酸二氢钾肥、钙镁磷钾肥、磷酸一铵、磷粉二铵、氮磷钾复合肥等。

（五）微量元素肥。是指含有一种或多种植物生长所必需的，但需要量又极少的营养元素的肥料，如硼肥、锰肥、锌肥、铜肥、钼肥等。

（六）其他肥。是指上述列举以外的其他化学肥料。

十四、农药

农药是指用于农林业防治病虫害、除草及调节植物生长的药剂。

农药包括农药原药和农药制剂。如杀虫剂、杀菌剂、除草剂、植物生长调节剂、植物性农药、微生物农药、卫生用药、其他农药原药、制剂等等。

十五、农膜

农膜是指用于农业生产的各种地膜、大棚膜。

十六、农机

农机是指用于农业生产（包括林业、牧业、副业、渔业）的各种机器和机械化和半机械化农具，以及小农具。

农机的范围包括：

（一）拖拉机。是以内燃机为驱动牵引机具从事作业和运载物资的机械。包括轮拖拉机、履带拖拉机、手扶拖拉机、机耕船。

（二）土壤耕整机械。是对土壤进行耕翻整理的机械。包括机引犁、机引耙、旋耕机、镇压器、联合整地器、合壤器、其他土壤耕整机械。

（三）农田基本建设机械。是指从事农田基本建设的专用机械。包括开沟筑埂机、开沟铺管机、铲抛机、平地机、其他农田基本建设机械。

（四）种植机械。是指将农作物种子或秧苗移植到适于作物生长的苗床机械。包括播作机、水稻插秧机、栽植机、地膜覆盖机、复式播种机、秧苗准备机械。

（五）植物保护和管理机械。是指农作物在生长过程中的管理、施肥、防治病虫害的机械。包括机动喷粉机、喷雾机（器）、弥雾喷粉机、修剪机、中耕除草机、播种中耕机、培土机具、施肥机。

（六）收获机械。是指收获各种农作物的机械。包括粮谷、棉花、薯类、甜菜、甘蔗、茶叶、油料等收获机。

（七）场上作业机械。是指对粮食作物进行脱粒、清选、烘干的机械设备。包括各种脱粒机、清选机、粮谷干燥机、种子精选机。

（八）排灌机械。是指用于农牧业排水、灌溉的各种机械设备。包括喷灌机、半机械化提水机具、打井机。

（九）农副产品加工机械。是指对农副产品进行初加工，加工后的产品仍属农副产品的机械。包括茶叶机械、剥壳机械、棉花加工机械（包括棉花打包机）、食用菌机械（培养木耳、蘑菇等）、小型粮谷机械。

以农副产品为原料加工工业产品的机械，不属于本货物的范围。

（十）农业运输机械。是指农业生产过程中所需的各种运输机械。包括人力车（不包括三轮运货车）、畜力车和拖拉机挂车。

农用汽车不属于本货物的范围。

（十一）畜牧业机械。是指畜牧业生产中所需的各种机械。包括草原建设机械、牧业收获机械、饲料加工机械、畜禽饲养机械、畜产品采集机械。

（十二）渔业机械。是指捕捞、养殖水产品所用的机械。包括捕捞机械、增氧机、饵料机。机动渔船不属于本货物的范围。

（十三）林业机械。是指用于林业的种植、育林的机械。包括清理机械、育林机械、树苗栽植机械。

森林砍伐机械、集材机械不属于本货物征收范围。

（十四）小农具。包括畜力犁、畜力耙、锄头和镰刀等农具。

农机零部件不属于本货物的征收范围。

1.17 财政部 国家税务总局关于印发《农业产品征税范围注释》的通知

1995 年 6 月 15 日 财税字〔1995〕52 号

根据《财政部、国家税务总局关于调整农业产品增值税税率和若干项目征免增值税的通知》〔（94）财税字第 4 号〕的规定，从 1994 年 5 月 1 日起，农业产品增值税税率已由 17% 调整为 13%。现将《农业产品征税范围注释》（以下简称注释）印发给你们，并就有关问题明确如下：

1.《中华人民共和国增值税暂行条例》第十六条所列免税项目的第一项所称的"农业生产者销售的自产农业产品"，是指直接从事植物的种植、收割和动物的饲养、捕捞的单位和个人销售的注释所列的自产农业产品；对上述单位和个人销售的外购的农业产品，以及单位和个人

外购农业产品生产、加工后销售的仍然属于注释所列的农业产品，不属于免税的范围，应当按照规定税率征收增值税

2. 农业生产者用自产的茶青再经筛分、风选、拣剔、碎块、干燥、匀堆等工序精制而成的精制茶，不得按照农业生产者销售的自产农业产品免税的规定执行，应当按照规定的税率征税。

本通知从 1995 年 7 月 1 日起执行，原各地国家税务局规定的农业产品范围同时废止。

附件：农业产品征税范围注释

附件：农业产品征税范围注释

农业产品是指种植业、养殖业、林业、牧业、水产业生产的各种植物、动物的初级产品。农业产品的征税范围包括：

一、植物类

植物类包括人工种植和天然生长的各种植物的初级产品。具体征税范围为：

（一）粮食

粮食是指各种主食食科植物果实的总称。本货物的征税范围包括小麦、稻谷、玉米、高粱、谷子和其他杂粮（如：大麦、燕麦等），以及经碾磨、脱壳等工艺加工后的粮食（如：面粉，米，玉米面、渣等）。

切面、饺子皮、馄饨皮、面皮、米粉等粮食复制品，也属于本货物的征税范围。

以粮食为原料加工的速冻食品、方便面、副食品和各种熟食品，不属于本货物的征税范围。

（二）蔬菜

蔬菜是指可作副食的草本、木本植物的总称。本货物的征税范围包括各种蔬菜、菌类植物和少数可作副食的木本植物。

经晾晒、冷藏、冷冻、包装、脱水等工序加工的蔬菜，腌菜、咸菜、酱菜和盐渍蔬菜等，也属于本货物的征税范围。

各种蔬菜罐头（罐头是指以金属罐、玻璃瓶和其他材料包装，经排气密封的各种食品。下同）不属于本货物的征税范围。

（三）烟叶

烟叶是指各种烟草的叶片和经过简单加工的叶片。本货物的征税范围包括晒烟叶、晾烟叶和初烤烟叶。

1. 晒烟叶。是指利用太阳能露天晒制的烟叶。

2. 晾烟叶。是指在晾房内自然干燥的烟叶。

3. 初烤烟叶。是指烟草种植者直接烤制的烟叶。不包括专业复烤厂烤制的复烤烟叶。

（四）茶叶

茶叶是指从茶树上采摘下来的鲜叶和嫩芽（即茶青），以及经吹干、揉拌、发酵、烘干等工序初制的茶。本货物的征税范围包括各种毛茶（如红毛茶、绿毛茶、乌龙毛茶、白毛茶、黑毛茶等）。

精制茶、边销茶及掺兑各种药物的茶和茶饮料，不属于本货物的征税范围。

（五）园艺植物

园艺植物是指可供食用的果实，如水果、果干（如荔枝干、桂圆干、葡萄干等）、干果、果仁、果用瓜（如甜瓜、西瓜、哈密瓜等），以及胡椒、花椒、大料、咖啡豆等。

经冷冻、冷藏、包装等工序加工的园艺植物，也属于本货物的征税范围。

各种水果罐头，果脯，蜜饯，炒制的果仁、坚果，碾磨后的园艺植物（如胡椒粉、花椒粉等），不属于本货物的征税范围。

（六）药用植物

药用植物是指用作中药原药的各种植物的根、茎、皮、叶、花、果实等。

利用上述药用植物加工制成的片、丝、块、段等中药饮片，也属于本货物的征税范围。

中成药不属于本货物的征税范围。

（七）油料植物

油料植物是指主要用作榨取油脂的各种植物的根、茎、叶、果实、花或者胚芽组织等初级产品，如菜子（包括芥菜子）、花生、大豆、葵花子、蓖麻子、芝麻子、胡麻子、茶子、桐子、橄榄仁、棕榈仁、棉籽等。

提取芳香油的芳香油料植物，也属于本货物的征税范围。

（八）纤维植物

纤维植物是指利用其纤维作纺织、造纸原料或者绳索的植物，如棉（包括籽棉、皮棉、絮棉）、大麻、黄麻、槿麻、苎麻、苘麻、亚麻、罗布麻、蕉麻、剑麻等。

棉短绒和麻纤维经脱胶后的精干（洗）麻，也属于本货物的征税范围。

（九）糖料植物

糖料植物是指主要用作制糖的各种植物，如甘蔗、甜菜等。

（十）林业产品

林业产品是指乔木、灌木和竹类植物，以及天然树脂、天然橡胶。林业产品的征税范围包括：

1. 原木。是指将砍伐倒的乔木去其枝芽、梢头或者皮的乔木、灌木，以及锯成一定长度的木段。

锯材不属于本货物的征税范围。

2. 原竹。是指将砍倒的竹去其枝、梢或者叶的竹类植物，以及锯成一定长度的竹段。

3. 天然树脂。是指木科植物的分泌物，包括生漆、树脂和树胶，如松脂、桃胶、樱胶、阿拉伯胶、古巴胶和天然橡胶（包括乳胶和干胶）等。

4. 其他林业产品。是指除上述列举林业产品以外的其他各种林业产品，如竹笋、笋干、棕竹、棕榈衣、树枝、树叶、树皮、藤条等。

盐水竹笋也属于本货物的征税范围。

竹笋罐头不属于本货物的征税范围。

（十一）其他植物

其他植物是指除上述列举植物以外的其他各种人工种植和野生的植物，如树苗、花卉、植物种子、植物叶子、草、麦秸、豆类、薯类、藻类植物等。

干花、干草、薯干、干制的藻类植物，农业产品的下脚料等，也属于本货物的征税范围。

二、动物类

动物类包括人工养殖和天然生长的各种动物的初级产品。具体征税范围为：

（一）水产品

水产品是指人工放养和人工捕捞的鱼、虾、蟹、鳖、贝类、棘皮类、软体类、腔肠类、海兽类动物。本货物的征税范围包括鱼、虾、蟹、鳖、贝类、棘皮类、软体类、腔肠类、海兽类、鱼苗（卵）、虾苗、蟹苗、贝苗（秧），以及经冷冻、冷藏、盐渍等防腐处理和包装的水产品。

干制的鱼、虾、蟹、贝类、棘皮类、软体类、腔肠类，如干鱼、干虾、干虾仁、干贝等，以及未加工成工艺品的贝壳、珍珠，也属于本货物的征税范围。

熟制的水产品和各类水产品的罐头，不属于本货物的征税范围。

（二）畜牧产品

畜牧产品是指人工饲养、繁殖取得和捕获的各种畜禽。本货物的征税范围包括：

1. 兽类、禽类和爬行类动物，如牛、马、猪、羊、鸡、鸭等。

2. 兽类、禽类和爬行类动物的肉产品，包括整块或者分割的鲜肉、冷藏或者冷冻肉、盐渍肉，兽类、禽类和爬行类动物的内脏、头、尾、蹄等组织。

各种兽类、禽类和爬行类动物的肉类生制品，如腊肉、腌肉、熏肉等，也属于本货物的征税范围。

各种肉类罐头、肉类熟制品，不属于本货物的征税范围。

3. 蛋类产品。是指各种禽类动物和爬行类动物的卵，包括鲜蛋、冷藏蛋。

经加工的咸蛋、松花蛋、腌制的蛋等，也属于本货物的征税范围。

各种蛋类的罐头不属于本货物的征税范围。

4. 鲜奶。是指各种哺乳类动物的乳汁和经净化、杀菌等加工工序生产的乳汁。

用鲜奶加工的各种奶制品，如酸奶、奶酪、奶油等，不属于本货物的征税范围。

（三）动物皮张

动物皮张是指从各种动物（兽类、禽类和爬行类动物）身上直接剥取的，未经鞣制的生皮、生皮张。

将生皮、生皮张用清水、盐水或者防腐药水浸泡、刮里、脱毛、晒干或者熏干，未经鞣制的，也属于本货物的征税范围。

（四）动物毛绒

动物毛绒是指未经洗净的各种动物的毛发、绒发和羽毛。

洗净毛、洗净绒等不属于本货物的征税范围。

（五）其他动物组织

其他动物组织是指上述列举以外的兽类、禽类、爬行类动物的其他组织，以及昆虫类动物。

1. 蚕茧。包括鲜茧和干茧，以及蚕蛹。

2. 天然蜂蜜。是指采集的未经加工的天然蜂蜜、鲜蜂王浆等。

3. 动物树脂，如虫胶等。

4. 其他动物组织，如动物骨、壳、兽角、动物血液、动物分泌物、蚕种等。

1.18 国家税务总局关于印发《增值税若干具体问题的规定》的通知

1993 年 12 月 28 日　国税发〔1993〕154 号

增值税若干具体问题的规定

一、征税范围

（一）货物期货（包括商品期货和贵金属期货），应当征收增值税。

（二）银行销售金银的业务，应当征收增值税。

（三）［条款废止］融资租赁业务，无论租赁的货物的所有权是否转让给承租方，均不征收增值税。

（四）基本建设单位和从事建筑安装业务的企业附设的工厂、车间生产的水泥预制构件、其他构件或建筑材料，用于本单位或本企业的建筑工程的，应在移送使用时征收增值税。但对其在建筑现场制造的预制构件，凡直接用于本单位或本企业建筑工程的，不征收增值税。

（五）典当业的死当物品销售业务和寄售业代委托人销售寄售物品的业务，均应征收增值税。

（六）因转让著作所有权而发生的销售电影母片、录像带母带、录音磁带母带的业务，以及因转让专利技术和非专利技术的所有权而发生的销售计算机软件的业务，不征收增值税。

（七）供应或开采未经加工的天然水（如水库供应农业灌溉用水，工厂自采地下水用于生产），不征收增值税。

（八）邮政部门销售集邮邮票、首日封，应当征收增值税。

（九）缝纫，应当征收增值税。

二、计税依据

（一）纳税人为销售货物而出租出借包装物收取的押金，单独记账核算的，不并入销售额征税。但对因逾期未收回包装物不再退还的押金，应按所包装货物的适用税率征收增值税。

（二）纳税人采取折扣方式销售货物，如果销售额和折扣额在同一张发票上分别注明的，可按折扣后的销售额征收增值税；如果将折扣额另开发票，不论其在财务上如何处理，均不得从销售额中减除折扣额。

（三）纳税人采取以旧换新方式销售货物，应按新货物的同期销售价格确定销售额。

纳税人采取还本销售方式销售货物，不得从销售额中减除还本支出。

（四）纳税人因销售价格明显偏低或无销售价格等原因，按规定需组成计税价格确定销售额的，其组价公式中的成本利润率为 10%。但属于应从价定率征收消费税的货物，其组价公式中的成本利润率，为《消费税若干具体问题的规定》中规定的成本利润率。

三、［条款失效］小规模纳税人标准

（一）增值税细则第二十四条关于小规模纳税人标准的规定中所提到的销售额，是指该细则第二十五条所说的小规模纳税人的销售额。

（二）该细则第二十四条所说的以从事货物生产或提供应税劳务为主，并兼营货物的批发或零售的纳税人，是指该类纳税人的全部年应税销售额中货物或应税劳务的销售额超过 50%，批发或零售货物的销售额不到 50%。

四、［条款失效］固定业户到外县（市）销售货物，应当向其机构所在地主管税务机关申请开具外出经营活动税收管理证明，回其机构所在地向税务机关申报纳税。未持有其机构所在地主管税务机关核发的外出经营活动税收管理证明的，销售地主管税务机关一律按 6% 的征收率征税。其在销售地发生的销售额，回机构所在地后，仍应按规定申报纳税，在销售地缴纳的税款不得从当期应纳税额中扣减。

1.19　国家税务总局关于纳税人资产重组有关增值税问题的公告

2013 年 11 月 19 日　国家税务总局〔2013〕66 号

现将纳税人资产重组有关增值税问题公告如下：

纳税人在资产重组过程中，通过合并、分立、出售、置换等方式，将全部或者部分实物资产以及与其相关联的债权、负债经多次转让后，最终的受让方与劳动力接收方为同一单位和个人的，仍适用《国家税务总局关于纳税人资产重组有关增值税问题的公告》（国家税务总局公告 2011 年第 13 号）的相关规定，其中货物的多次转让行为均不征收增值税。资产的出让方需将资产重组方案等文件资料报其主管税务机关。

本公告自 2013 年 12 月 1 日起施行。纳税人此前已发生并处理的事项，不再做调整；未处理的，按本公告规定执行。

特此公告。

国家税务总局
2013 年 11 月 19 日

1.20　国家税务总局关于增值税纳税义务发生时间有关问题的公告

2011 年 7 月 15 日　国家税务总局〔2011〕40 号

根据《中华人民共和国增值税暂行条例》及其实施细则的有关规定，现就增值税纳税义务发生时间有关问题公告如下：

纳税人生产经营活动中采取直接收款方式销售货物，已将货物移送对方并暂估销售收入入账，但既未取得销售款或取得索取销售款凭据也未开具销售发票的，其增值税纳税义务发生时间为取得销售款或取得索取销售款凭据的当天；先开具发票的，为开具发票的当天。

本公告自 2011 年 8 月 1 日起施行。纳税人此前对发生上述情况进行增值税纳税申报的，可向主管税务机关申请，按本公告规定做纳税调整。

特此公告。

国家税务总局

2011 年 7 月 15 日

1.21 财政部 国家税务总局关于退还集成电路企业采购设备增值税期末留抵税额的通知

2011 年 11 月 14 日 财税〔2011〕107 号

北京、天津、内蒙古、大连、上海、江苏、安徽、厦门、湖北、深圳、重庆、广东省（自治区、直辖市、计划单列市）财政厅（局）、国家税务局，财政部驻北京、天津、内蒙古、大连、上海、江苏、安徽、厦门、湖北、深圳、重庆、广东省（自治区、直辖市、计划单列市）财政监察专员办事处：

为落实《国务院关于印发进一步鼓励软件产业和集成电路产业发展若干政策的通知》（国发〔2011〕4 号）有关要求，解决集成电路重大项目企业采购设备引起的增值税进项税额占用资金问题，决定对其因购进设备形成的增值税期末留抵税额予以退还。现将有关事项通知如下：

一、对国家批准的集成电路重大项目企业（具体名单见附件）因购进设备形成的增值税期末留抵税额（以下称购进设备留抵税额）准予退还。购进的设备应属于《中华人民共和国增值税暂行条例实施细则》第二十一条第二款规定的固定资产范围。

二、准予退还的购进设备留抵税额的计算

企业当期购进设备进项税额大于当期增值税纳税申报表"期末留抵税额"的，当期准予退还的购进设备留抵税额为期末留抵税额；企业当期购进设备进项税额小于当期增值税纳税申报表"期末留抵税额"的，当期准于退还的购进设备留抵税额为当期购进设备进项税额。

当期购进设备进项税额，是指企业取得的按照现行规定允许在当期抵扣的增值税专用发票或海关进口增值税专用缴款书（限于 2009 年 1 月 1 日及以后开具的）上注明的增值税额。

三、退还购进设备留抵税额的申请和审批

（一）企业应于每月申报期结束后 10 个工作日内向主管税务机关申请退还购进设备留抵税额。

主管税务机关接到企业申请后，应审核企业提供的增值税专用发票或海关进口增值税专用缴款书是否符合现行政策规定，其注明的设备名称与企业实际购进的设备是否一致，申请退还的购进设备留抵税额是否正确。审核无误后，由县（区、市）级主管税务机关审批。

（二）企业收到退税款项的当月，应将退税额从增值税进项税额中转出。未转出的，按照《中华人民共和国税收征收管理法》有关规定承担相应法律责任。

（三）企业首次申请退还购进设备留抵税额时，可将 2009 年以来形成的购进设备留抵税额，按照上述规定一次性申请退还。

四、退还的购进设备留抵税额由中央和地方按照现行增值税分享比例共同负担。

五、本通知自 2011 年 11 月 1 日起执行。

附件：国家批准的集成电路重大项目企业名单

财政部　国家税务总局

2011 年 11 月 14 日

附件：国家批准的集成电路重大项目企业名单

序号	项目企业	所在省市和区县
1	中芯国际集成电路制造（北京）有限公司	北京亦庄经济技术开发区
2	北京京东方显示技术有限公司	北京市经济技术开发区
3	中芯国际集成电路制造（天津）有限公司	天津西青经济开发区
4	飞思卡尔半导体（中国）有限公司	天津经济技术开发区
5	鄂尔多斯市源盛光电有限责任公司	内蒙古自治区鄂尔多斯市东胜区
6	英特尔半导体（大连）有限公司	大连经济技术开发区
7	上海华虹 NEC 电子有限公司	上海市浦东新区
8	上海华力微电子有限公司	上海市浦东新区
9	上海集成电路研发中心有限公司	上海市浦东新区
10	上海先进半导体制造股份有限公司	上海市徐汇区
11	台积电（中国）有限公司	上海市松江区
12	中芯国际集成电路制造（上海）有限公司	上海市浦东新区
13	上海宏力半导体制造有限公司	上海市浦东新区
14	日月光集成电路制造（中国）有限公司	上海市浦东新区
15	南京中电熊猫液晶显示科技有限公司	江苏省南京市栖霞区
16	和舰科技（苏州）有限公司	江苏省苏州工业园
17	无锡华润上华科技有限公司	江苏省无锡国家高新技术产业开发区
18	海力士半导体（中国）有限公司	江苏省无锡市出口加工区
19	友达光电（昆山）有限公司	江苏省昆山经济技术开发区
20	苏州三星电子液晶显示科技有限公司	江苏省苏州工业园区
21	智瑞达科技（苏州）有限公司	江苏省苏州工业园区
22	苏州日月新半导体有限公司	江苏省苏州工业园区
23	合肥鑫晟光电科技有限公司	安徽省合肥市新站综合开发试验区
24	合肥京东方光电科技有限公司	安徽省合肥市新站综合开发试验区

续表

序号	项目企业	所在省市和区县
25	厦门天马微电子有限公司	厦门火炬高新区
26	武汉新芯集成电路制造有限公司	湖北省武汉市武汉东湖新技术开发区
27	乐金显示（中国）有限公司	广东省广州高新技术产业开发区
28	深圳市华星光电技术有限公司	深圳市光明新区
29	渝德科技（重庆）有限公司	重庆市沙坪坝区

1. 22　国家税务总局关于纳税人既享受增值税即征即退先征后退政策又享受免抵退税政策有关问题的公告

2011 年 12 月 1 日　国家税务总局〔2011〕69 号

现将纳税人既享受增值税即征即退、先征后退政策又享受免抵退税政策有关问题公告如下：

一、纳税人既有增值税即征即退、先征后退项目，也有出口等其他增值税应税项目的，增值税即征即退和先征后退项目不参与出口项目免抵退税计算。纳税人应分别核算增值税即征即退、先征后退项目和出口等其他增值税应税项目，分别申请享受增值税即征即退、先征后退和免抵退税政策。

二、用于增值税即征即退或者先征后退项目的进项税额无法划分的，按照下列公式计算：

$$\text{无法划分进项税额中用于增值税即征即退或者先征后退项目的部分} = \text{当月无法划分的全部进项税额} \times \text{当月增值税即征即退或者先征后退项目销售额} \div \text{当月全部销售额、营业额合计}$$

本公告自 2012 年 1 月 1 日起执行。《国家税务总局关于飞机维修业务增值税问题的批复》（国税函〔2008〕842 号）、《国家税务总局关于飞机维修业务增值税处理方式的公告》（2011 年第 5 号）同时废止。

国家税务总局
2011 年 12 月 1 日

1. 23　国家税务总局关于一般纳税人销售自己使用过的固定资产增值税有关问题的公告

2012 年 1 月 6 日　国家税务总局〔2012〕1 号

现将增值税一般纳税人销售自己使用过的固定资产有关增值税问题公告如下：

增值税一般纳税人销售自己使用过的固定资产，属于以下两种情形的，可按简易办法依4%征收率减半征收增值税，同时不得开具增值税专用发票：

一、纳税人购进或者自制固定资产时为小规模纳税人，认定为一般纳税人后销售该固定资产。

二、增值税一般纳税人发生按简易办法征收增值税应税行为，销售其按照规定不得抵扣且未抵扣进项税额的固定资产。

本公告自 2012 年 2 月 1 日起施行。此前已发生并已经征税的事项，不再调整；此前已发生未处理的，按本公告规定执行。

特此公告。

国家税务总局

2012 年 1 月 6 日

1.24　财政部　国家税务总局关于出口货物劳务增值税和消费税政策的通知

2012 年 5 月 25 日　财税〔2012〕39 号

（条款失效，附件第九条第（二）款第 6 项及附件 9。参见：《财政部　国家税务总局关于以贵金属和宝石为主要原材料的货物出口退税政策的通知》（财税〔2014〕98 号）。条款失效，第六条第（一）项第 3 点、第七条第（一）项第 6 点"出口企业或其他单位未在国家税务总局规定期限内申报免税核销"及第九条第（二）项第 2 点的规定。参见：《财政部　税务总局关于明确国有农用地出租等增值税政策的公告》（财政部　税务总局公告 2020 年第 2 号）
各省、自治区、直辖市、计划单列市财政厅（局）、国家税务局，新疆生产建设兵团财务局：

为便于征纳双方系统、准确地了解和执行出口税收政策，财政部和国家税务总局对近年来陆续制定的一系列出口货物、对外提供加工修理修配劳务（以下统称出口货物劳务，包括视同出口货物）增值税和消费税政策进行了梳理归类，并对在实际操作中反映的个别问题做了明确。现将有关事项通知如下：

一、适用增值税退（免）税政策的出口货物劳务

对下列出口货物劳务，除适用本通知第六条和第七条规定的外，实行免征和退还增值税[以下称增值税退（免）税]政策：

（一）出口企业出口货物。

本通知所称出口企业，是指依法办理工商登记、税务登记、对外贸易经营者备案登记，自营或委托出口货物的单位或个体工商户，以及依法办理工商登记、税务登记但未办理对外贸易经营者备案登记，委托出口货物的生产企业。

本通知所称出口货物，是指向海关报关后实际离境并销售给境外单位或个人的货物，分为自营出口货物和委托出口货物两类。

本通知所称生产企业，是指具有生产能力（包括加工修理修配能力）的单位或个体工商户。

（二）出口企业或其他单位视同出口货物。具体是指：

1. 出口企业对外援助、对外承包、境外投资的出口货物。

2. 出口企业经海关报关进入国家批准的出口加工区、保税物流园区、保税港区、综合保税区、珠澳跨境工业区（珠海园区）、中哈霍尔果斯国际边境合作中心（中方配套区域）、保税物流中心（B 型）（以下统称特殊区域）并销售给特殊区域内单位或境外单位、个人的货物。

3. 免税品经营企业销售的货物〔国家规定不允许经营和限制出口的货物（见附件 1）、卷烟和超出免税品经营企业《企业法人营业执照》规定经营范围的货物除外〕。具体是指：（1）中国免税品（集团）有限责任公司向海关报关运入海关监管仓库，专供其经国家批准设立的统一经营、统一组织进货、统一制定零售价格、统一管理的免税店销售的货物；（2）国家批准的除中国免税品（集团）有限责任公司外的免税品经营企业，向海关报关运入海关监管仓库，专供其所属的首都机场口岸海关隔离区内的免税店销售的货物；（3）国家批准的除中国免税品（集团）有限责任公司外的免税品经营企业所属的上海虹桥、浦东机场海关隔离区内的免税店销售的货物。

4. 出口企业或其他单位销售给用于国际金融组织或外国政府贷款国际招标建设项目的中标机电产品（以下称中标机电产品）。上述中标机电产品，包括外国企业中标再分包给出口企业或其他单位的机电产品。贷款机构和中标机电产品的具体范围见附件 2。

5. 生产企业向海上石油天然气开采企业销售的自产的海洋工程结构物。海洋工程结构物和海上石油天然气开采企业的具体范围见附件 3。

6. 出口企业或其他单位销售给国际运输企业用于国际运输工具上的货物。上述规定暂仅适用于外轮供应公司、远洋运输供应公司销售给外轮、远洋国轮的货物，国内航空供应公司生产销售给国内和国外航空公司国际航班的航空食品。

7. 出口企业或其他单位销售给特殊区域内生产企业生产耗用且不向海关报关而输入特殊区域的水（包括蒸汽）、电力、燃气（以下称输入特殊区域的水电气）。

除本通知及财政部和国家税务总局另有规定外，视同出口货物适用出口货物的各项规定。

（三）出口企业对外提供加工修理修配劳务。

对外提供加工修理修配劳务，是指对进境复出口货物或从事国际运输的运输工具进行的加工修理修配。

二、增值税退（免）税办法

适用增值税退（免）税政策的出口货物劳务，按照下列规定实行增值税免抵退税或免退税办法。

（一）免抵退税办法。生产企业出口自产货物和视同自产货物（视同自产货物的具体范围见附件 4）及对外提供加工修理修配劳务，以及列名生产企业（具体范围见附件 5）出口非自产货物，免征增值税，相应的进项税额抵减应纳增值税额（不包括适用增值税即征即退、先征后退政策的应纳增值税额），未抵减完的部分予以退还。

（二）免退税办法。不具有生产能力的出口企业（以下称外贸企业）或其他单位出口货物劳务，免征增值税，相应的进项税额予以退还。

三、增值税出口退税率

（一）除财政部和国家税务总局根据国务院决定而明确的增值税出口退税率（以下称退税率）外，出口货物的退税率为其适用税率。国家税务总局根据上述规定将退税率通过出口货物劳务退税率文库予以发布，供征纳双方执行。退税率有调整的，除另有规定外，其执行时间以货物（包括被加工修理修配的货物）出口货物报关单（出口退税专用）上注明的出口日期为准。

（二）退税率的特殊规定：

1. 外贸企业购进按简易办法征税的出口货物、从小规模纳税人购进的出口货物，其退税率分别为简易办法实际执行的征收率、小规模纳税人征收率。上述出口货物取得增值税专用发票的，退税率按照增值税专用发票上的税率和出口货物退税率孰低的原则确定。

2. 出口企业委托加工修理修配货物，其加工修理修配费用的退税率，为出口货物的退税率。

3. 中标机电产品、出口企业向海关报关进入特殊区域销售给特殊区域内生产企业生产耗用的列名原材料（以下称列名原材料，其具体范围见附件6）、输入特殊区域的水电气，其退税率为适用税率。如果国家调整列名原材料的退税率，列名原材料应当自调整之日起按调整后的退税率执行。

4. 海洋工程结构物退税率的适用，见附件3。

（三）适用不同退税率的货物劳务，应分开报关、核算并申报退（免）税，未分开报关、核算或划分不清的，从低适用退税率。

四、增值税退（免）税的计税依据

出口货物劳务的增值税退（免）税的计税依据，按出口货物劳务的出口发票（外销发票）、其他普通发票或购进出口货物劳务的增值税专用发票、海关进口增值税专用缴款书确定。

（一）生产企业出口货物劳务（进料加工复出口货物除外）增值税退（免）税的计税依据，为出口货物劳务的实际离岸价（FOB）。实际离岸价应以出口发票上的离岸价为准，但如果出口发票不能反映实际离岸价，主管税务机关有权予以核定。

（二）生产企业进料加工复出口货物增值税退（免）税的计税依据，按出口货物的离岸价（FOB）扣除出口货物所含的海关保税进口料件的金额后确定。

本通知所称海关保税进口料件，是指海关以进料加工贸易方式监管的出口企业从境外和特殊区域等进口的料件。包括出口企业从境外单位或个人购买并从海关保税仓库提取且办理海关进料加工手续的料件，以及保税区外的出口企业从保税区内的企业购进并办理海关进料加工手续的进口料件。

（三）生产企业国内购进无进项税额且不计提进项税额的免税原材料加工后出口的货物的计税依据，按出口货物的离岸价（FOB）扣除出口货物所含的国内购进免税原材料的金额后确定。

（四）外贸企业出口货物（委托加工修理修配货物除外）增值税退（免）税的计税依据，为购进出口货物的增值税专用发票注明的金额或海关进口增值税专用缴款书注明的完税价格。

（五）外贸企业出口委托加工修理修配货物增值税退（免）税的计税依据，为加工修理修配费用增值税专用发票注明的金额。外贸企业应将加工修理修配使用的原材料（进料加工海关保税进口料件除外）作价销售给受托加工修理修配的生产企业，受托加工修理修配的生产企业应将原材料成本并入加工修理修配费用开具发票。

（六）出口进项税额未计算抵扣的已使用过的设备增值税退（免）税的计税依据，按下列公式确定：

退（免）税计税依据 = 增值税专用发票上的金额或海关进口增值税专用缴款书注明的完税价格 × 已使用过的设备固定资产净值 ÷ 已使用过的设备原值

已使用过的设备固定资产净值 = 已使用过的设备原值 - 已使用过的设备已提累计折旧

本通知所称已使用过的设备,是指出口企业根据财务会计制度已经计提折旧的固定资产。

(七)免税品经营企业销售的货物增值税退(免)税的计税依据,为购进货物的增值税专用发票注明的金额或海关进口增值税专用缴款书注明的完税价格。

(八)中标机电产品增值税退(免)税的计税依据,生产企业为销售机电产品的普通发票注明的金额,外贸企业为购进货物的增值税专用发票注明的金额或海关进口增值税专用缴款书注明的完税价格。

(九)生产企业向海上石油天然气开采企业销售的自产的海洋工程结构物增值税退(免)税的计税依据,为销售海洋工程结构物的普通发票注明的金额。

(十)输入特殊区域的水电气增值税退(免)税的计税依据,为作为购买方的特殊区域内生产企业购进水(包括蒸汽)、电力、燃气的增值税专用发票注明的金额。

五、增值税免抵退税和免退税的计算

(一)生产企业出口货物劳务增值税免抵退税,依下列公式计算:

1. 当期应纳税额的计算

$$当期应纳税额 = 当期销项税额 - (当期进项税额 - 当期不得免征和抵扣税额)$$

$$当期不得免征和抵扣税额 = 当期出口货物离岸价 \times 外汇人民币折合率 \times (出口货物适用税率 - 出口货物退税率) - 当期不得免征和抵扣税额抵减额$$

$$当期不得免征和抵扣税额抵减额 = 当期免税购进原材料价格 \times (出口货物适用税率 - 出口货物退税率)$$

2. 当期免抵退税额的计算

$$当期免抵退税额 = 当期出口货物离岸价 \times 外汇人民币折合率 \times 出口货物退税率 - 当期免抵退税额抵减额$$

$$当期免抵退税额抵减额 = 当期免税购进原材料价格 \times 出口货物退税率$$

3. 当期应退税额和免抵税额的计算

(1)当期期末留抵税额 ≤ 当期免抵退税额,则

$$当期应退税额 = 当期期末留抵税额$$

$$当期免抵税额 = 当期免抵退税额 - 当期应退税额$$

(2)当期期末留抵税额 > 当期免抵退税额,则

$$当期应退税额 = 当期免抵退税额$$

$$当期免抵税额 = 0$$

当期期末留抵税额为当期增值税纳税申报表中"期末留抵税额"。

4. 当期免税购进原材料价格包括当期国内购进的无进项税额且不计提进项税额的免税原材料的价格和当期进料加工保税进口料件的价格,其中当期进料加工保税进口料件的价格为组成计税价格。

$$当期进料加工保税进口料件的组成计税价格 = 当期进口料件到岸价格 + 海关实征关税 + 海关实征消费税$$

(1)采用"实耗法"的,当期进料加工保税进口料件的组成计税价格为当期进料加工出口货物耗用的进口料件组成计税价格。其计算公式为:

$$当期进料加工保税进口料件的组成计税价格 = 当期进料加工出口货物离岸价 \times 外汇人民币折合率 \times 计划分配率$$

$$计划分配率 = 计划进口总值 \div 计划出口总值 \times 100\%$$

实行纸质手册和电子化手册的生产企业，应根据海关签发的加工贸易手册或加工贸易电子化纸质单证所列的计划进出口总值计算计划分配率。

实行电子账册的生产企业，计划分配率按前一期已核销的实际分配率确定；新启用电子账册的，计划分配率按前一期已核销的纸质手册或电子化手册的实际分配率确定。

（2）采用"购进法"的，当期进料加工保税进口料件的组成计税价格为当期实际购进的进料加工进口料件的组成计税价格。

若当期实际不得免征和抵扣税额抵减额大于当期出口货物离岸价×外汇人民币折合率×（出口货物适用税率－出口货物退税率）的，则：

$$当期不得免征和抵扣税额抵减额 = 当期出口货物离岸价 \times 外汇人民币折合率 \times$$
$$（出口货物适用税率 - 出口货物退税率）$$

（二）外贸企业出口货物劳务增值税免退税，依下列公式计算：

1. 外贸企业出口委托加工修理修配货物以外的货物：

$$增值税应退税额 = 增值税退（免）税计税依据 \times 出口货物退税率$$

2. 外贸企业出口委托加工修理修配货物：

$$出口委托加工修理修配货物的增值税应退税额 = 委托加工修理修配的增值税退（免）税$$
$$计税依据 \times 出口货物退税率$$

（三）退税率低于适用税率的，相应计算出的差额部分的税款计入出口货物劳务成本。

（四）出口企业既有适用增值税免抵退项目，也有增值税即征即退、先征后退项目的，增值税即征即退和先征后退项目不参与出口项目免抵退税计算。出口企业应分别核算增值税免抵退项目和增值税即征即退、先征后退项目，并分别申请享受增值税即征即退、先征后退和免抵退税政策。

用于增值税即征即退或者先征后退项目的进项税额无法划分的，按照下列公式计算：

$$无法划分进项税额中用于增值税即征即退或者先征后退项目的部分 = 当月无法划分的全部进项税额 \times 当月增值税$$
$$即征即退或者先征后退项目销售额 \div$$
$$当月全部销售额、营业额合计$$

六、适用增值税免税政策的出口货物劳务

对符合下列条件的出口货物劳务，除适用本通知第七条规定外，按下列规定实行免征增值税（以下称增值税免税）政策：

（一）适用范围。

适用增值税免税政策的出口货物劳务，是指：

1. 出口企业或其他单位出口规定的货物，具体是指：

（1）增值税小规模纳税人出口的货物。

（2）避孕药品和用具，古旧图书。

（3）软件产品。其具体范围是指海关税则号前四位为"9803"的货物。

（4）含黄金、铂金成分的货物，钻石及其饰品。其具体范围见附件7。

（5）国家计划内出口的卷烟。其具体范围见附件8。

（6）已使用过的设备。其具体范围是指购进时未取得增值税专用发票、海关进口增值税专用缴款书但其他相关单证齐全的已使用过的设备。

（7）非出口企业委托出口的货物。

（8）非列名生产企业出口的非视同自产货物。

（9）农业生产者自产农产品［农产品的具体范围按照《农业产品征税范围注释》（财税〔1995〕52号）的规定执行］。

（10）油画、花生果仁、黑大豆等财政部和国家税务总局规定的出口免税的货物。

（11）外贸企业取得普通发票、废旧物资收购凭证、农产品收购发票、政府非税收入票据的货物。

（12）来料加工复出口的货物。

（13）特殊区域内的企业出口的特殊区域内的货物。

（14）以人民币现金作为结算方式的边境地区出口企业从所在省（自治区）的边境口岸出口到接壤国家的一般贸易和边境小额贸易出口货物。

（15）以旅游购物贸易方式报关出口的货物。

2. 出口企业或其他单位视同出口的下列货物劳务：

（1）国家批准设立的免税店销售的免税货物［包括进口免税货物和已实现退（免）税的货物］。

（2）特殊区域内的企业为境外的单位或个人提供加工修理修配劳务。

（3）同一特殊区域、不同特殊区域内的企业之间销售特殊区域内的货物。

3. ［条款失效］出口企业或其他单位未按规定申报或未补齐增值税退（免）税凭证的出口货物劳务。

具体是指：

（1）未在国家税务总局规定的期限内申报增值税退（免）税的出口货物劳务。

（2）未在规定期限内申报开具《代理出口货物证明》的出口货物劳务。

（3）已申报增值税退（免）税，却未在国家税务总局规定的期限内向税务机关补齐增值税退（免）税凭证的出口货物劳务。

对于适用增值税免税政策的出口货物劳务，出口企业或其他单位可以依照现行增值税有关规定放弃免税，并依照本通知第七条的规定缴纳增值税。

（二）进项税额的处理计算。

1. 适用增值税免税政策的出口货物劳务，其进项税额不得抵扣和退税，应当转入成本。

出口卷烟，依下列公式计算：

2. 不得抵扣的进项税额 = 出口卷烟含消费税金额 ÷（出口卷烟含消费税金额 + 内销卷烟销售额）× 当期全部进项税额

（1）当生产企业销售的出口卷烟在国内有同类产品销售价格时

$$出口卷烟含消费税金额 = 出口销售数量 × 销售价格$$

"销售价格"为同类产品生产企业国内实际调拨价格。如实际调拨价格低于税务机关公示的计税价格的，"销售价格"为税务机关公示的计税价格；高于公示计税价格的，销售价格为实际调拨价格。

（2）当生产企业销售的出口卷烟在国内没有同类产品销售价格时：

$$出口卷烟含税金额 =（出口销售额 + 出口销售数量 × 消费税定额税率）÷$$
$$（1 - 消费税比例税率）$$

"出口销售额"以出口发票上的离岸价为准。若出口发票不能如实反映离岸价，生产企业应按实际离岸价计算，否则，税务机关有权按照有关规定予以核定调整。

3. 除出口卷烟外，适用增值税免税政策的其他出口货物劳务的计算，按照增值税免税政策的统一规定执行。其中，如果涉及销售额，除来料加工复出口货物为其加工费收入外，其他均为出口离岸价或销售额。

七、适用增值税征税政策的出口货物劳务

下列出口货物劳务，不适用增值税退（免）税和免税政策，按下列规定及视同内销货物征税的其他规定征收增值税（以下称增值税征税）：

（一）适用范围。

适用增值税征税政策的出口货物劳务，是指：

1. 出口企业出口或视同出口财政部和国家税务总局根据国务院决定明确的取消出口退（免）税的货物［不包括来料加工复出口货物、中标机电产品、列名原材料、输入特殊区域的水电气、海洋工程结构物］。

2. 出口企业或其他单位销售给特殊区域内的生活消费用品和交通运输工具。

3. 出口企业或其他单位因骗取出口退税被税务机关停止办理增值税退（免）税期间出口的货物。

4. 出口企业或其他单位提供虚假备案单证的货物。

5. 出口企业或其他单位增值税退（免）税凭证有伪造或内容不实的货物。

6. ［条款废止］出口企业或其他单位未在国家税务总局规定期限内申报免税核销以及经主管税务机关审核不予免税核销的出口卷烟。

7. 出口企业或其他单位具有以下情形之一的出口货物劳务：

（1）将空白的出口货物报关单、出口收汇核销单等退（免）税凭证交由除签有委托合同的货代公司、报关行，或由境外进口方指定的货代公司（提供合同约定或者其他相关证明）以外的其他单位或个人使用的。

（2）以自营名义出口，其出口业务实质上是由本企业及其投资的企业以外的单位或个人借该出口企业名义操作完成的。

（3）以自营名义出口，其出口的同一批货物既签订购货合同，又签订代理出口合同（或协议）的。

（4）出口货物在海关验放后，自己或委托货代承运人对该笔货物的海运提单或其他运输单据等上的品名、规格等进行修改，造成出口货物报关单与海运提单或其他运输单据有关内容不符的。

（5）以自营名义出口，但不承担出口货物的质量、收款或退税风险之一的，即出口货物发生质量问题不承担购买方的索赔责任（合同中有约定质量责任承担者除外）；不承担未按期收款导致不能核销的责任（合同中有约定收款责任承担者除外）；不承担因申报出口退（免）税的资料、单证等出现问题造成不退税责任的。

（6）未实质参与出口经营活动、接受并从事由中间人介绍的其他出口业务，但仍以自营名义出口的。

（二）应纳增值税的计算。

适用增值税征税政策的出口货物劳务，其应纳增值税按下列办法计算：

1. 一般纳税人出口货物

$$销项税额 = （出口货物离岸价 - 出口货物耗用的进料加工保税$$
$$进口料件金额） \div （1 + 适用税率） \times 适用税率$$

出口货物若已按征退税率之差计算不得免征和抵扣税额并已经转入成本的，相应的税额应转回进项税额。

（1）出口货物耗用的进料加工保税进口料件金额 = 主营业务成本 ×（投入的保税进口料件金额 ÷ 生产成本）

主营业务成本、生产成本均为不予退（免）税的进料加工出口货物的主营业务成本、生产成本。当耗用的保税进口料件金额大于不予退（免）税的进料加工出口货物金额时，耗用的保税进口料件金额为不予退（免）税的进料加工出口货物金额。

（2）出口企业应分别核算内销货物和增值税征税的出口货物的生产成本、主营业务成本。未分别核算的，其相应的生产成本、主营业务成本由主管税务机关核定。

进料加工手册海关核销后，出口企业应对出口货物耗用的保税进口料件金额进行清算。清算公式为：

$$清算耗用的保税进口料件总额 = 实际保税进口料件总额 - 退（免）税出口货物耗用的保税进口料件总额 - 进料加工副产品耗用的保税进口料件总额$$

若耗用的保税进口料件总额与各纳税期扣减的保税进口料件金额之和存在差额时，应在清算的当期相应调整销项税额。当耗用的保税进口料件总额大于出口货物离岸金额时，其差额部分不得扣减其他出口货物金额。

2．小规模纳税人出口货物

$$应纳税额 = 出口货物离岸价 ÷（1 + 征收率）× 征收率$$

八、适用消费税退（免）税或征税政策的出口货物

适用本通知第一条、第六条或第七条规定的出口货物，如果属于消费税应税消费品，实行下列消费税政策：

（一）适用范围。

1．出口企业出口或视同出口适用增值税退（免）税的货物，免征消费税，如果属于购进出口的货物，退还前一环节对其已征的消费税。

2．出口企业出口或视同出口适用增值税免税政策的货物，免征消费税，但不退还其以前环节已征的消费税，且不允许在内销应税消费品应纳消费税款中抵扣。

3．出口企业出口或视同出口适用增值税征税政策的货物，应按规定缴纳消费税，不退还其以前环节已征的消费税，且不允许在内销应税消费品应纳消费税款中抵扣。

（二）消费税退税的计税依据。

出口货物的消费税应退税额的计税依据，按购进出口货物的消费税专用缴款书和海关进口消费税专用缴款书确定。

属于从价定率计征消费税的，为已征且未在内销应税消费品应纳税额中抵扣的购进出口货物金额；属于从量定额计征消费税的，为已征且未在内销应税消费品应纳税额中抵扣的购进出口货物数量；属于复合计征消费税的，按从价定率和从量定额的计税依据分别确定。

（三）消费税退税的计算。

$$消费税应退税额 = 从价定率计征消费税的退税计税依据 × 比例税率 + 从量定额计征消费税的退税计税依据 × 定额税率$$

九、出口货物劳务增值税和消费税政策的其他规定

（一）认定和申报。

1．适用本通知规定的增值税退（免）税或免税、消费税退（免）税或免税政策的出口企业或其他单位，应办理退（免）税认定。

2. 经过认定的出口企业及其他单位，应在规定的增值税纳税申报期内向主管税务机关申报增值税退（免）税和免税、消费税退（免）税和免税。委托出口的货物，由委托方申报增值税退（免）税和免税、消费税退（免）税和免税。输入特殊区域的水电气，由作为购买方的特殊区域内生产企业申报退税。

3. 出口企业或其他单位骗取国家出口退税款的，经省级以上税务机关批准可以停止其退（免）税资格。

（二）若干征、退（免）税规定

1. 出口企业或其他单位退（免）税认定之前的出口货物劳务，在办理退（免）税认定后，可按规定适用增值税退（免）税或免税及消费税退（免）税政策。

2. [条款失效] 出口企业或其他单位出口货物劳务适用免税政策的，除特殊区域内企业出口的特殊区域内货物、出口企业或其他单位视同出口的免征增值税的货物劳务外，如果未按规定申报免税，应视同内销货物和加工修理修配劳务征收增值税、消费税。

3. 开展进料加工业务的出口企业若发生未经海关批准将海关保税进口料件作价销售给其他企业加工的，应按规定征收增值税、消费税。

4. 卷烟出口企业经主管税务机关批准按国家批准的免税出口卷烟计划购进的卷烟免征增值税、消费税。

5. 发生增值税、消费税不应退税或免税但已实际退税或免税的，出口企业和其他单位应当补缴已退或已免税款。

6. [条款失效] 出口企业和其他单位出口的货物（不包括本通知附件 7 所列货物），如果原材料成本 80% 以上为附件 9 所列原料的，应执行该原料的增值税、消费税政策，上述出口货物的增值税退税率为附件 9 所列该原料海关税则号在出口货物劳务退税率文库中对应的退税率。

7. 国家批准的免税品经营企业销售给免税店的进口免税货物免征增值税。

（三）外贸企业核算要求

外贸企业应单独设账核算出口货物的购进金额和进项税额，若购进货物时不能确定是用于出口的，先记入出口库存账，用于其他用途时应从出口库存账转出。

（四）符合条件的生产企业已签订出口合同的交通运输工具和机器设备，在其退税凭证尚未收集齐全的情况下，可凭出口合同、销售明细账等，向主管税务机关申报免抵退税。在货物向海关报关出口后，应按规定申报退（免）税，并办理已退（免）税的核销手续。多退（免）的税款，应予追回。生产企业申请时应同时满足以下条件：

1. 已取得增值税一般纳税人资格。

2. 已持续经营 2 年及 2 年以上。

3. 生产的交通运输工具和机器设备生产周期在 1 年及 1 年以上。

4. 上一年度净资产大于同期出口货物增值税、消费税退税额之和的 3 倍。

5. 持续经营以来从未发生逃税、骗取出口退税、虚开增值税专用发票或农产品收购发票、接受虚开增值税专用发票（善意取得虚开增值税专用发票除外）行为。

十、出口企业及其他单位具体认定办法及出口退（免）税具体管理办法，由国家税务总局另行制定。

十一、本通知除第一条第（二）项关于国内航空供应公司生产销售给国内和国外航空公司国际航班的航空食品适用增值税退（免）税政策，第六条第（一）项关于国家批准设立的免税店销售的免税货物、出口企业或其他单位未按规定申报或未补齐增值税退（免）税凭证的出口货物劳务、第九条第（二）项关于国家批准的免税品经营企业销售给免税店的进口免税货物适用增值税免税政策的有关规定自 2011 年 1 月 1 日起执行外，其他规定均自 2012 年 7 月 1 日起实施。《废止的文件和条款目录》（见附件 10）所列的相应文件同时废止。

附件：1. 国家规定不允许经营和限制出口的货物
　　　2. 贷款机构和中标机电产品的具体范围
　　　3. 海洋工程结构物和海上石油天然气开采企业的具体范围
　　　4. 视同自产货物的具体范围
　　　5. 列名生产企业的具体范围
　　　6. 列名原材料的具体范围
　　　7. 含黄金、铂金成分的货物和钻石及其饰品的具体范围
　　　8. 国家计划内出口的卷烟的具体范围
　　　9. 原料名称和海关税则号表［附件废止］
　　　10. 废止的文件和条款目录

财政部　国家税务总局
2012 年 5 月 25 日

1.25　国家税务总局关于《适用增值税零税率应税服务退（免）税管理办法》的补充公告

2015 年 12 月 14 日　国家税务总局〔2015〕88 号

根据《财政部　国家税务总局关于影视等出口服务适用增值税零税率政策的通知》（财税〔2015〕118 号），经商财政部同意，现对《适用增值税零税率应税服务退（免）税管理办法》（国家税务总局公告 2014 年第 11 号发布）补充公告如下：

一、适用增值税零税率应税服务的广播影视节目（作品）的制作和发行服务、技术转让服务、软件服务、电路设计及测试服务、信息系统服务、业务流程管理服务，以及合同标的物在境外的合同能源管理服务的范围，按照《营业税改征增值税试点实施办法》（财税〔2013〕106 号文件印发）所附的《应税服务范围注释》对应的应税服务范围执行；适用增值税零税率应税服务的离岸服务外包业务的范围，按照《离岸服务外包业务》（附件 1）对应的适用范围执行。以上适用增值税零税率的应税服务，本公告统称为新纳入零税率范围的应税服务。

境内单位和个人向国内海关特殊监管区域及场所内的单位或个人提供的应税服务，不属于增值税零税率应税服务适用范围。

二、向境外单位提供新纳入零税率范围的应税服务的，增值税零税率应税服务提供者申报退（免）税时，应按规定办理出口退（免）税备案。

三、增值税零税率应税服务提供者收齐有关凭证后，可在财务作销售收入次月起至次年 4 月 30 日前的各增值税纳税申报期内向主管税务机关申报退（免）税；逾期申报的，不再按退（免）税申报，改按免税申报；未按规定申报免税的，应按规定缴纳增值税。

四、实行免抵退办法的增值税零税率应税服务提供者，向境外单位提供研发服务、设计服务、新纳入零税率范围的应税服务的，应在申报免抵退税时，向主管税务机关提供以下申报资料：

（一）《增值税零税率应税服务免抵退税申报明细表》（附件2）。

（二）《提供增值税零税率应税服务收讫营业款明细清单》（附件3）。

（三）《免抵退税申报汇总表》及其附表。

（四）［部分废止］当期《增值税纳税申报表》。

（五）免抵退税正式申报电子数据。

（六）下列资料及原始凭证的原件及复印件：

1. 提供增值税零税率应税服务所开具的发票（经主管税务机关认可，可只提供电子数据，原始凭证留存备查）。

2. 与境外单位签订的提供增值税零税率应税服务的合同。

提供软件服务、电路设计及测试服务、信息系统服务、业务流程管理服务，以及离岸服务外包业务的，同时提供合同已在商务部"服务外包及软件出口管理信息系统"中登记并审核通过，由该系统出具的证明文件；提供广播影视节目（作品）的制作和发行服务的，同时提供合同已在商务部"文化贸易管理系统"中登记并审核通过，由该系统出具的证明文件。

3. 提供电影、电视剧的制作服务的，应提供行业主管部门出具的在有效期内的影视制作许可证明；提供电影、电视剧的发行服务的，应提供行业主管部门出具的在有效期内的发行版权证明、发行许可证明。

4. 提供研发服务、设计服务、技术转让服务的，应提供与提供增值税零税率应税服务收入相对应的《技术出口合同登记证》及其数据表。

5. 从与之签订提供增值税零税率应税服务合同的境外单位取得收入的收款凭证。

跨国公司经外汇管理部门批准实行外汇资金集中运营管理或经中国人民银行批准实行经常项下跨境人民币集中收付管理的，其成员公司在批准的有效期内，可凭银行出具给跨国公司资金集中运营（收付）公司符合下列规定的收款凭证，向主管税务机关申报退（免）税：

（1）收款凭证上的付款单位须是与成员公司签订提供增值税零税率应税服务合同的境外单位或合同约定的跨国公司的境外成员企业。

（2）收款凭证上的收款单位或附言的实际收款人须载明有成员公司的名称。

（七）主管税务机关要求提供的其他资料及凭证。

五、［部分废止］实行免退税办法的增值税零税率应税服务提供者，应在申报免退税时，向主管税务机关提供以下申报资料：

（一）《外贸企业外购应税服务出口明细申报表》（附件4）。

（二）《外贸企业出口退税进货明细申报表》（需填列外购对应的增值税零税率应税服务取得增值税专用发票情况）。

（三）《外贸企业出口退税汇总申报表》。

（四）免退税正式申报电子数据。

（五）从境内单位或者个人购进增值税零税率应税服务出口的，提供应税服务提供方开具的增值税专用发票；从境外单位或者个人购进增值税零税率应税服务出口的，提供取得的解缴税款的中华人民共和国税收缴款凭证。

（六）本公告第四条第（六）项所列资料及原始凭证的原件及复印件。

六、主管税务机关受理增值税零税率应税服务退（免）税申报后，应按规定进行审核，经审核符合规定的，应及时办理退（免）税；不符合规定的，不予办理，按有关规定处理；存在其他审核疑点的，对应的退（免）税暂缓办理，待排除疑点后，方可办理。

七、主管税务机关对申报的对外提供研发、设计服务以及新纳入零税率范围的应税服务退（免）税，应审核以下内容：

（一）申报的增值税零税率应税服务应符合适用增值税零税率应税服务规定。

（二）增值税零税率应税服务合同签订的对方应为境外单位。

（三）增值税零税率应税服务收入的支付方应为与之签订增值税零税率应税服务合同的境外单位。对跨国公司的成员公司申报退（免）税时提供的收款凭证是银行出具给跨国公司资金集中运营（收付）公司的，应要求企业补充提供中国人民银行或国家外汇管理局的批准文件，且企业提供的收款凭证应符合本公告的规定。

（四）申报的增值税零税率应税服务收入应小于或等于从与之签订增值税零税率应税服务合同的境外单位取得的收款金额；大于收款金额的，应要求企业补充提供书面说明材料及相应的证明材料。

（五）外贸企业外购应税服务出口的，除应符合上述规定外，其申报退税的进项税额还应与增值税零税率应税服务对应。

八、本公告未明确的其他增值税零税率应税服务退（免）税管理事项，按现行规定执行。

九、本公告自 2015 年 12 月 1 日起施行，以增值税零税率应税服务提供者提供增值税零税率应税服务并在财务作销售收入的日期为准。《适用增值税零税率应税服务退（免）税管理办法》第十二条第二款、第十三条第（五）项第 3 目、第十四条、第十五条第（二）项同时废止。

特此公告。

附件：1. 离岸服务外包业务

2. 增值税零税率应税服务免抵退税申报明细表［附件废止］

3. 提供增值税零税率应税服务收讫营业款明细清单［附件废止］

4. 外贸企业外购应税服务出口明细申报表［附件废止］

国家税务总局

2015 年 12 月 14 日

附件 1：享受免税的服务外包业务具体范围

一、信息技术外包服务（ITO）

（一）软件研发及外包

类别	适用范围
软件研发及开发服务	用于金融、政府、教育、制造业、零售、服务、能源、物流、交通、媒体、电信、公共事业和医疗卫生等部门和企业，为用户的运营/生产/供应链/客户关系/人力资源和财务管理、计算机辅助设计/工程等业务进行软件开发，包括定制软件开发，嵌入式软件、套装软件开发，系统软件开发、软件测试等
软件技术服务	软件咨询、维护、培训、测试等技术性服务

（二）信息技术研发服务外包

类别	适用范围
集成电路和电子电路设计	集成电路和电子电路产品设计以及相关技术支持服务等
测试平台	为软件、集成电路和电子电路的开发运用提供测试平台

（三）信息系统运营维护外包

类别	适用范围
信息系统运营和维护服务	客户内部信息系统集成、网络管理、桌面管理与维护服务；信息工程、地理信息系统、远程维护等信息系统应用服务
基础信息技术服务	基础信息技术管理平台整合、IT 基础设施管理、数据中心、托管中心、安全服务、通讯服务等基础信息技术服务

二、技术性业务流程外包服务（BPO）

类别	适用范围
企业业务流程设计服务	为客户企业提供内部管理、业务运作等流程设计服务
企业内部管理服务	为客户企业提供后台管理、人力资源管理、财务、审计与税务管理、金融支付服务、医疗数据及其他内部管理业务的数据分析、数据挖掘、数据管理、数据使用的服务；承接客户专业数据处理、分析和整合服务
企业运营服务	为客户企业提供技术研发服务、为企业经营、销售、产品售后服务提供的应用客户分析、数据库管理等服务。主要包括金融服务业务、政务与教育业务、制造业务和生命科学、零售和批发与运输业务、卫生保健业务、通讯与公共事业业务、呼叫中心、电子商务平台等
企业供应链管理服务	为客户提供采购、物流的整体方案设计及数据库服务

三、技术性知识流程外包服务（KPO）

适用范围
知识产权研究、医药和生物技术研发和测试、产品技术研发、工业设计、分析学和数据挖掘、动漫及网游设计研发、教育课件研发、工程设计等领域

附件2：增值税零税率应税服务免抵退税申报明细表

海关企业代码：

企业名称：　　　　（公章）

纳税人识别号：

所属期：　年　月：

金额单位：元至角分

序号	应税服务名称	应税服务代码	合同号	有关证明编号	境外单位名称	境外单位所在国家或地区	合同总金额		本期收款凭证份数	本期确认应税服务营业收入人民币金额	本期收款金额（美元）	应税服务营业额		征税率	退税率	应税服务免抵退税计税金额乘征退税率之差	应税服务销售额乘退税率	应税服务业务类型	备注
							折美元	折人民币				折人民币	免抵退税计税金额						
	1	2	3	4	5	6	7	8	9	10	11	12	13=12	14	15	16=13×(14−15)	17=13×15	18	19
小计																			

增值税零税率应税服务提供者　　　　　　　　　　主管税务机关

续表

序号	应税服务名称	应税服务代码	合同号	有关证明编号	境外单位名称	境外单位所在国家或地区	合同总金额		本期收款凭证份数	本期确认应税服务营业收入人民币金额	本期收款金额（美元）	应税服务营业额		征税率	退税率	应税服务退免抵税计税金额乘征退税率之差	应税服务销售额乘退税率	应税服务类型	备注
							折美元	折人民币				折人民币	免抵退税计税金额						
	1	2	3	4	5	6	7	8	9	10	11	12	$13=12$	14	15	$16=13\times(14-15)$	$17=13\times15$	18	19

兹声明以上申报无讹并愿意承担一切法律责任。

经办人：

财务负责人：

企业负责人：

年 月 日

经办人： 复核人： 负责人：

（公章）

年 月 日

【填写说明】：

1. 对前期申报错误的，本期可进行调整。前期少报应税服务营业额或低报征、退税率的，可在本期补报；前期多报应税服务营业额或高报征、退税率的，本期可以负数（或红字）数据冲减；序号要与申报的资料表订顺序保持一致。

2. "序号"栏由4位流水号构成（如0001、0002、……），也可用负数，将前期错误数据冲减，再重新申报正数数据。

3. 第1栏"应税服务名称"及第2栏"应税服务代码"按出口退税率文库中的对应税服务应税服务名称填写。

4. 第3栏"合同号"为与境外单位签订的提供税零税率应税服务的合同编号。

5. 第4栏"有关证明编号"，提供电影、电视剧的发行服务的，应提供行业主管部门出具的在有效期内的影视制作许可证明；提供电影、电视剧制作的，应提供行业主管部门出具的在有效期内的发行版权证明、发行许可证明；提供研发服务、设计服务、技术转让服务的，应提供与提供税零税率应税服务收入相对应的《技术出口合同登记证》或《软件出口合同登记证》。

6. 第5栏"境外单位名称"为与之签订增值税税零税率应税服务合同的境外单位全称。

7. 第6栏"境外单位所在国家或地区"为与之签订增值税税零税率应税服务合同的境外单位所在的国家或地区。

8. 第7栏"合同总金额（折美元）"为与境外单位签订的增值税税零税率应税服务合同应税服务收入总金额。若为其他外币签订的美元金额，以其他币种结算折算填写折合美元金额。第8栏"合同总金额（人民币）"为在税零税率增值税应税服务合同汇率折算的人民币金额。

9. 第9栏"本期收款凭证份数"为从本期收款的境外单位收款的银行收款凭证份数。

10. 第10栏"本期确认应税服务营业收入人民币金额"为本期确认应税服务营业额的金额。

11. 第11栏"本期收款金额（折美元）"为本期从与之签订增值税零税率应税服务合同的境外单位收款的美元金额，若为其他外币成交的折算成美元金额，以其他币种结算的填写折算人民币金额。

12. 第12栏"应税服务营业额（折人民币）"为本期收款的应税服务所取得的全部价款的人民币金额，即第12栏。

13. 第13栏"免抵退税计税金额"为应税服务计税金额。

14. 第14栏"征税率"为在境内提供应税服务法定增值税率。

15. 第15栏"退税率"为应税服务在代码库中对应的增值税退税率。

16. 第16栏"应税服务免抵退税计税金额乘征退税率之差"按第13栏×（第14栏－第15栏）计算填报。

17. 第17栏"应税服务免抵退税额乘退税率"按第13栏×第15栏计算填报。

18. 第18栏"应税服务类型"，对外提供研发服务的，填写"YFFW"；对外提供广播影视节目（作品）的发行服务的，填写"GBYSFXFW"；提供设计服务的，填写"SJFW"；提供广播影视节目（作品）制作服务的，填写"GBYSZZFW"；提供技术转让服务的，填写"JSZRFW"；提供软件服务的，填写"RJFW"；提供电路设计及测试服务的，填写"DLSJCSFW"；提供信息系统服务的，填写"XXXTFW"；提供业务流程管理服务的，填写"YWLCGL"；提供合同能源管理服务的，填写"HTNYGLFW"；提供信息技术外包服务（ITO）的，填写"ITO"；提供技术性业务流程外包服务（BPO）的，填写"BPO"；提供技术性知识流程外包服务（KPO）的，填写"KPO"。

附件 3：提供增值税零税率应税服务收讫营业款明细清单

海关企业代码：

企业名称：（公章）

纳税人识别号：　　　　　　　　　　　　所属期：　　　　　　　　　　　　单位：人民币元至角分

序号	合同号	本期收取营业款情况							累计已收营业款	
		收款时间	收款凭证号	收款金额（折人民币）	收款银行名称	付款单位名称	付款单位所在国家（地区）	付款银行名称	折美元	折人民币

兹声明以上申报无讹并愿意承担一切法律责任。　　　经办人：　　　　　财务负责人：

企业负责人：　　　　　　填表日期：

【填写说明】：

1. 本表填写向境外提供增值税零税率应税服务的营业款收取明细情况。

2. "合同号"栏，填写与境外单位签订的提供增值税零税率应税服务的合同编号。

3. "本期收取营业款情况"栏填写所属期当月收取营业款的明细情况，收款明细情况按照时间顺序填写。

4. "收款时间"栏填写收取营业款的时间。

5. "收款凭证号"栏，填写银行收取款项的凭证号。

6. "收款金额（折人民币）"栏，填写该收款凭证上所列的收款金额人民币金额，以其他币种结算的填写折算人民币金额。

7. "收款银行名称"栏，填写收取该款项的银行全称。

8. "付款单位名称"栏，填写支付该款项的单位全称。

9. "付款单位所在国家（地区）"栏，填写支付该款项的单位所在的国家或地区。

10. "付款银行名称"栏，填写支付该款项的银行全称。

11. "累计已收营业款（折美元）"栏，填写截至申报所属期当月累计已收营业款美元金额，以其他币种结算的填写折算美元金额。

12. "累计已收营业款（折人民币）"栏，填写截至申报所属期当月累计已收营业款人民币金额，以其他币种结算的填写折算人民币金额。

附件4：外贸企业外购应税服务出口明细申报表

海关企业代码：

企业名称：（公章）

纳税人识别号：　　　　　　　　　所属期：　年　月：　　　　　金额单位：元至角分

序号	关联号	应税服务名称	应税服务代码	合同号	境外单位名称	境外单位所在国家或地区	合同总金额		收款凭证份数	已确认应税服务营业收入人民币金额	实际收款金额（美元）	退税率	申报增值税退税额	应税服务类型	备注
							折美元	折人民币							
1	2	3	4	5	6	7	8	9	10	11	12	13	14	15	16
小计	—	—	—	—	—	—						—		—	—

增值税零税率应税服务提供者	主管税务机关
兹声明以上申报无讹并愿意承担一切法律责任。 经办人：　　　　　财务负责人： 企业负责人： 　　　　　　　　年　月　日	经办人：　　　复核人：　　　负责人： 　　　　　　　　　　　　　（公章） 　　　　　　　　　　　　年　月　日

【填写说明】：

1. 第1栏"序号"栏由4位流水号构成（如0001，0002，……），序号要与申报退税的资料装订顺序保持一致。

2. 第2栏"关联号"出口企业可以自行编写，是进货和出口数据的唯一关联标志。建议编写规则为申报年月后四位＋部门代码＋流水号。本表关联号应与《外贸企业出口退税进货明细申报表》对应行次关联号一致。

3. 第 3 栏"应税服务名称"及第 4 栏"应税服务代码"按出口退税率文库中的对应编码和服务名称填写。

4. 第 5 栏"合同号"为与境外单位签订的提供增值税零税率应税服务的合同编号。

5. 第 6 栏"境外单位名称"为与之签订增值税零税率应税服务合同的境外单位全称。

6. 第 7 栏"境外单位所在国家或地区"为与之签订增值税零税率应税服务合同的境外单位所在的国家或地区。

7. 第 8 栏"合同总金额（折美元）"为与境外单位签订的增值税零税率应税服务合同的美元总金额，若为其他外币签订的折算成美元金额填列；第 9 栏"合同总金额（人民币）"为美元金额与在税务机关备案的汇率折算的人民币金额。

8. 第 10 栏"收款凭证份数"为从与之签订增值税零税率应税服务合同的境外单位收款的银行收款凭证份数。

9. 第 11 栏"已确认应税服务营业收入人民币金额"为累计确认应税服务营业额的金额，以其他币种结算的填写折算人民币金额。

10. 第 12 栏"实际收款金额（折美元）"为从与之签订增值税零税率应税服务合同的境外单位收款的美元金额，若为其他外币成交的折算成美元金额填列。

11. 第 13 栏"退税率"为应税服务在代码库中对应的增值税退税率。

12. 第 15 栏"应税服务类型"，对外提供研发服务的，填写"YFFW"；提供设计服务的，填写"SJFW"；提供广播影视节目（作品）的制作服务的，填写"GBYSZZFW"；对外提供广播影视节目（作品）的发行服务的，填写"GBYSFXFW"；提供技术转让服务的，填写"JSZR-FW"；提供软件服务的，填写"RJFW"；提供电路设计及测试服务的，填写"DLSJCSFW"；提供信息系统服务的，填写"XXXTFW"；提供业务流程管理服务的，填写"YWLCGL"；提供合同标的物在境外的合同能源管理服务的，填写"HTNYGLFW"；提供信息技术外包服务（ITO）的，填写"ITO"；提供技术性业务流程外包服务（BPO）的，填写"BPO"；提供技术性知识流程外包服务（KPO）的，填写"KPO"。

1.26　财政部　税务总局关于租入固定资产进项税额抵扣等增值税政策的通知

2017 年 12 月 25 日　财税〔2017〕90 号

各省、自治区、直辖市、计划单列市财政厅（局）、国家税务局、地方税务局，新疆生产建设兵团财务局：

现将租入固定资产进项税额抵扣等增值税政策通知如下：

一、自 2018 年 1 月 1 日起，纳税人租入固定资产、不动产，既用于一般计税方法计税项目，又用于简易计税方法计税项目、免征增值税项目、集体福利或者个人消费的，其进项税额准予从销项税额中全额抵扣。

二、自 2018 年 1 月 1 日起，纳税人已售票但客户逾期未消费取得的运输逾期票证收入，按照"交通运输服务"缴纳增值税。纳税人为客户办理退票而向客户收取的退票费、手续费等收入，按照"其他现代服务"缴纳增值税。

三、自2018年1月1日起，航空运输销售代理企业提供境外航段机票代理服务，以取得的全部价款和价外费用，扣除向客户收取并支付给其他单位或者个人的境外航段机票结算款和相关费用后的余额为销售额。其中，支付给境内单位或者个人的款项，以发票或行程单为合法有效凭证；支付给境外单位或者个人的款项，以签收单据为合法有效凭证，税务机关对签收单据有疑义的，可以要求其提供境外公证机构的确认证明。

航空运输销售代理企业，是指根据《航空运输销售代理资质认可办法》取得中国航空运输协会颁发的"航空运输销售代理业务资质认可证书"，接受中国航空运输企业或通航中国的外国航空运输企业委托，依照双方签订的委托销售代理合同提供代理服务的企业。

四、自2016年5月1日至2017年6月30日，纳税人采取转包、出租、互换、转让、入股等方式将承包地流转给农业生产者用于农业生产，免征增值税。本通知下发前已征的增值税，可抵减以后月份应缴纳的增值税，或办理退税。

五、根据《财政部 税务总局关于资管产品增值税有关问题的通知》（财税〔2017〕56号）有关规定，自2018年1月1日起，资管产品管理人运营资管产品提供的贷款服务、发生的部分金融商品转让业务，按照以下规定确定销售额：

（一）提供贷款服务，以2018年1月1日起产生的利息及利息性质的收入为销售额；

（二）转让2017年12月31日前取得的股票（不包括限售股）、债券、基金、非货物期货，可以选择按照实际买入价计算销售额，或者以2017年最后一个交易日的股票收盘价（2017年最后一个交易日处于停牌期间的股票，为停牌前最后一个交易日收盘价）、债券估值（中债金融估值中心有限公司或中证指数有限公司提供的债券估值）、基金份额净值、非货物期货结算价格作为买入价计算销售额。

六、自2018年1月1日至2019年12月31日，纳税人为农户、小型企业、微型企业及个体工商户借款、发行债券提供融资担保取得的担保费收入，以及为上述融资担保（以下称"原担保"）提供再担保取得的再担保费收入，免征增值税。再担保合同对应多个原担保合同的，原担保合同应全部适用免征增值税政策。否则，再担保合同应按规定缴纳增值税。

纳税人应将相关免税证明材料留存备查，单独核算符合免税条件的融资担保费和再担保费收入，按现行规定向主管税务机关办理纳税申报；未单独核算的，不得免征增值税。

农户，是指长期（一年以上）居住在乡镇（不包括城关镇）行政管理区域内的住户，还包括长期居住在城关镇所辖行政村范围内的住户和户口不在本地而在本地居住一年以上的住户，国有农场的职工。位于乡镇（不包括城关镇）行政管理区域内和在城关镇所辖行政村范围内的国有经济的机关、团体、学校、企事业单位的集体户；有本地户口，但举家外出谋生一年以上的住户，无论是否保留承包耕地均不属于农户。农户以户为统计单位，既可以从事农业生产经营，也可以从事非农业生产经营。农户担保、再担保的判定应以原担保生效时的被担保人是否属于农户为准。

小型企业、微型企业，是指符合《中小企业划型标准规定》（工信部联企业〔2011〕300号）的小型企业和微型企业。其中，资产总额和从业人员指标均以原担保生效时的实际状态确定；营业收入指标以原担保生效前12个自然月的累计数确定，不满12个自然月的，按照以下公式计算：

营业收入（年）＝企业实际存续期间营业收入/企业实际存续月数×12

《财政部 税务总局关于全面推开营业税改征增值税试点的通知》（财税〔2016〕36号）

附件 3《营业税改征增值税试点过渡政策的规定》第一条第（二十四）款规定的中小企业信用担保增值税免税政策自 2018 年 1 月 1 日起停止执行。纳税人享受中小企业信用担保增值税免税政策在 2017 年 12 月 31 日前未满 3 年的，可以继续享受至 3 年期满为止。

七、自 2018 年 1 月 1 日起，纳税人支付的道路、桥、闸通行费，按照以下规定抵扣进项税额：

（一）纳税人支付的道路通行费，按照收费公路通行费增值税电子普通发票上注明的增值税额抵扣进项税额。

2018 年 1 月 1 日至 6 月 30 日，纳税人支付的高速公路通行费，如暂未能取得收费公路通行费增值税电子普通发票，可凭取得的通行费发票（不含财政票据，下同）上注明的收费金额按照下列公式计算可抵扣的进项税额：

高速公路通行费可抵扣进项税额 = 高速公路通行费发票上注明的金额 ÷（1 + 3%）× 3%

2018 年 1 月 1 日至 12 月 31 日，纳税人支付的一级、二级公路通行费，如暂未能取得收费公路通行费增值税电子普通发票，可凭取得的通行费发票上注明的收费金额按照下列公式计算可抵扣进项税额：

一级、二级公路通行费可抵扣进项税额 = 一级、二级公路通行费发票上注明的金额 ÷（1 + 5%）× 5%

（二）纳税人支付的桥、闸通行费，暂凭取得的通行费发票上注明的收费金额按照下列公式计算可抵扣的进项税额：

桥、闸通行费可抵扣进项税额 = 桥、闸通行费发票上注明的金额 ÷（1 + 5%）× 5%

（三）本通知所称通行费，是指有关单位依法或者依规设立并收取的过路、过桥和过闸费用。

《财政部　国家税务总局关于收费公路通行费增值税抵扣有关问题的通知》（财税〔2016〕86 号）自 2018 年 1 月 1 日起停止执行。

八、自 2016 年 5 月 1 日起，社会团体收取的会费，免征增值税。本通知下发前已征的增值税，可抵减以后月份应缴纳的增值税，或办理退税。

社会团体，是指依照国家有关法律法规设立或登记并取得《社会团体法人登记证书》的非营利法人。会费，是指社会团体在国家法律法规、政策许可的范围内，依照社团章程的规定，收取的个人会员、单位会员和团体会员的会费。

社会团体开展经营服务性活动取得的其他收入，一律照章缴纳增值税。

财政部　税务总局
2017 年 12 月 25 日

1.27　国家税务总局关于办理增值税期末留抵税额退税有关事项的公告

2019 年 4 月 30 日　国家税务总局〔2019〕20 号

（附件 1《退（抵）税申请表》修改。参见：《国家税务总局关于国内旅客运输服务进项税抵扣等增值税征管问题的公告》（国家税务总局公告 2019 年第 31 号）。

《财政部　税务总局　海关总署关于深化增值税改革有关政策的公告》（财政部　税务总局　海关总署公告 2019 年第 39 号）规定，自 2019 年 4 月 1 日起，试行增值税期末留抵税额退税（以下称留抵退税）制度。为方便纳税人办理留抵退税业务，现将有关事项公告如下：

一、同时符合以下条件（以下称符合留抵退税条件）的纳税人，可以向主管税务机关申请退还增量留抵税额：

（一）自 2019 年 4 月税款所属期起，连续六个月（按季纳税的，连续两个季度）增量留抵税额均大于零，且第六个月增量留抵税额不低于 50 万元；

（二）纳税信用等级为 A 级或者 B 级；

（三）申请退税前 36 个月未发生骗取留抵退税、出口退税或虚开增值税专用发票情形的；

（四）申请退税前 36 个月未因偷税被税务机关处罚两次及以上的；

（五）自 2019 年 4 月 1 日起未享受即征即退、先征后返（退）政策的。

增量留抵税额，是指与 2019 年 3 月底相比新增加的期末留抵税额。

二、［条款废止］纳税人当期允许退还的增量留抵税额，按照以下公式计算：

$$允许退还的增量留抵税额 = 增量留抵税额 \times 进项构成比例 \times 60\%$$

进项构成比例，为 2019 年 4 月至申请退税前一税款所属期内已抵扣的增值税专用发票（含税控机动车销售统一发票）、海关进口增值税专用缴款书、解缴税款完税凭证注明的增值税额占同期全部已抵扣进项税额的比重。

三、纳税人申请办理留抵退税，应于符合留抵退税条件的次月起，在增值税纳税申报期（以下称申报期）内，完成本期增值税纳税申报后，通过电子税务局或办税服务厅提交《退（抵）税申请表》（见附件）。

四、纳税人出口货物劳务、发生跨境应税行为，适用免抵退税办法的，可以在同一申报期内，既申报免抵退税又申请办理留抵退税。

五、申请办理留抵退税的纳税人，出口货物劳务、跨境应税行为适用免抵退税办法的，应当按期申报免抵退税。当期可申报免抵退税的出口销售额为零的，应办理免抵退税零申报。

六、纳税人既申报免抵退税又申请办理留抵退税的，税务机关应先办理免抵退税。办理免抵退税后，纳税人仍符合留抵退税条件的，再办理留抵退税。

七、税务机关按照"窗口受理、内部流转、限时办结、窗口出件"的原则办理留抵退税。

税务机关对纳税人是否符合留抵退税条件、当期允许退还的增量留抵税额等进行审核确认，并将审核结果告知纳税人。

八、纳税人符合留抵退税条件且不存在本公告第十二条所列情形的，税务机关应自受理留抵退税申请之日起 10 个工作日内完成审核，并向纳税人出具准予留抵退税的《税务事项通知书》。

纳税人发生本公告第九条第二项所列情形的，上述 10 个工作日，自免抵退税应退税额核准之日起计算。

九、纳税人在办理留抵退税期间发生下列情形的，按照以下规定确定允许退还的增量留抵税额：

（一）因纳税申报、稽查查补和评估调整等原因，造成期末留抵税额发生变化的，按最近一期《增值税纳税申报表（一般纳税人适用）》期末留抵税额确定允许退还的增量留抵税额。

（二）纳税人在同一申报期既申报免抵退税又申请办理留抵退税的，或者在纳税人申请办理留抵退税时存在尚未经税务机关核准的免抵退税应退税额的，应待税务机关核准免抵退税应退税额后，按最近一期《增值税纳税申报表（一般纳税人适用）》期末留抵税额，扣减税务机关核准的免抵退税应退税额后的余额确定允许退还的增量留抵税额。

税务机关核准的免抵退税应退税额，是指税务机关当期已核准，但纳税人尚未在《增值税纳税申报表（一般纳税人适用）》第 15 栏"免、抵、退应退税额"中填报的免抵退税应退税额。

（三）纳税人既有增值税欠税，又有期末留抵税额的，按最近一期《增值税纳税申报表（一般纳税人适用）》期末留抵税额，抵减增值税欠税后的余额确定允许退还的增量留抵税额。

十、在纳税人办理增值税纳税申报和免抵退税申报后、税务机关核准其免抵退税应退税额前，核准其前期留抵退税的，以最近一期《增值税纳税申报表（一般纳税人适用）》期末留抵税额，扣减税务机关核准的留抵退税额后的余额，计算当期免抵退税应退税额和免抵税额。

税务机关核准的留抵退税额，是指税务机关当期已核准，但纳税人尚未在《增值税纳税申报表附列资料（二）（本期进项税额明细)》第 22 栏"上期留抵税额退税"填报的留抵退税额。

十一、纳税人不符合留抵退税条件的，不予留抵退税。税务机关应自受理留抵退税申请之日起 10 个工作日内完成审核，并向纳税人出具不予留抵退税的《税务事项通知书》。

十二、税务机关在办理留抵退税期间，发现符合留抵退税条件的纳税人存在以下情形，暂停为其办理留抵退税：

（一）存在增值税涉税风险疑点的；

（二）被税务稽查立案且未结案的；

（三）增值税申报比对异常未处理的；

（四）取得增值税异常扣税凭证未处理的；

（五）国家税务总局规定的其他情形。

十三、本公告第十二条列举的增值税涉税风险疑点等情形已排除，且相关事项处理完毕后，按以下规定办理：

（一）纳税人仍符合留抵退税条件的，税务机关继续为其办理留抵退税，并自增值税涉税风险疑点等情形排除且相关事项处理完毕之日起 5 个工作日内完成审核，向纳税人出具准予留抵退税的《税务事项通知书》。

（二）纳税人不再符合留抵退税条件的，不予留抵退税。税务机关应自增值税涉税风险疑点等情形排除且相关事项处理完毕之日起 5 个工作日内完成审核，向纳税人出具不予留抵退税的《税务事项通知书》。

税务机关对发现的增值税涉税风险疑点进行排查的具体处理时间，由各省（自治区、直辖市和计划单列市）税务局确定。

十四、税务机关对增值税涉税风险疑点进行排查时，发现纳税人涉嫌骗取出口退税、虚开增值税专用发票等增值税重大税收违法行为的，终止为其办理留抵退税，并自作出终止办理留抵退税决定之日起 5 个工作日内，向纳税人出具终止办理留抵退税的《税务事项通知书》。

税务机关对纳税人涉嫌增值税重大税收违法行为核查处理完毕后，纳税人仍符合留抵退税条件的，可按照本公告的规定重新申请办理留抵退税。

十五、纳税人应在收到税务机关准予留抵退税的《税务事项通知书》当期，以税务机关核准的允许退还的增量留抵税额冲减期末留抵税额，并在办理增值税纳税申报时，相应填写《增值税纳税申报表附列资料（二）（本期进项税额明细）》第 22 栏"上期留抵税额退税"。

十六、纳税人以虚增进项、虚假申报或其他欺骗手段骗取留抵退税的，由税务机关追缴其骗取的退税款，并按照《中华人民共和国税收征收管理法》等有关规定处理。

十七、本公告自 2019 年 5 月 1 日起施行。

特此公告。

附件：〔废止〕退（抵）税申请表

国家税务总局

2019 年 4 月 30 日

1.28 财政部 税务总局关于明确生活性服务业增值税加计抵减政策的公告

2019 年 9 月 30 日 财政部 税务总局〔2019〕87 号

现就生活性服务业增值税加计抵减有关政策公告如下：

一、2019 年 10 月 1 日至 2021 年 12 月 31 日，允许生活性服务业纳税人按照当期可抵扣进项税额加计 15%，抵减应纳税额（以下称加计抵减 15% 政策）。

二、本公告所称生活性服务业纳税人，是指提供生活服务取得的销售额占全部销售额的比重超过 50% 的纳税人。生活服务的具体范围按照《销售服务、无形资产、不动产注释》（财税〔2016〕36 号印发）执行。

2019 年 9 月 30 日前设立的纳税人，自 2018 年 10 月至 2019 年 9 月期间的销售额（经营期不满 12 个月的，按照实际经营期的销售额）符合上述规定条件的，自 2019 年 10 月 1 日起适用加计抵减 15% 政策。

2019 年 10 月 1 日后设立的纳税人，自设立之日起 3 个月的销售额符合上述规定条件的，自登记为一般纳税人之日起适用加计抵减 15% 政策。

纳税人确定适用加计抵减 15% 政策后，当年内不再调整，以后年度是否适用，根据上年度销售额计算确定。

三、生活性服务业纳税人应按照当期可抵扣进项税额的 15% 计提当期加计抵减额。按照现行规定不得从销项税额中抵扣的进项税额，不得计提加计抵减额；已按照 15% 计提加计抵减额的进项税额，按规定作进项税额转出的，应在进项税额转出当期，相应调减加计抵减额。计算公式如下：

$$当期计提加计抵减额 = 当期可抵扣进项税额 \times 15\%$$

$$当期可抵减加计抵减额 = 上期末加计抵减额余额 + 当期计提加计抵减额 - 当期调减加计抵减额$$

四、纳税人适用加计抵减政策的其他有关事项，按照《关于深化增值税改革有关政策的公告》（财政部 税务总局 海关总署公告 2019 年第 39 号）等有关规定执行。

特此公告。

财政部 税务总局

2019 年 9 月 30 日

1.29　财政部　税务总局关于延长小规模纳税人减免增值税政策执行期限的公告

2020 年 4 月 30 日　财政部　税务总局〔2020〕24 号

为进一步支持广大个体工商户和小微企业全面复工复业，现将有关税收政策公告如下：

《财政部　税务总局关于支持个体工商户复工复业增值税政策的公告》（财政部　税务总局公告 2020 年第 13 号）规定的税收优惠政策实施期限延长到 2020 年 12 月 31 日。

特此公告。

财政部　税务总局

2020 年 4 月 30 日

1.30　财政部　税务总局关于延续实施应对疫情部分税费优惠政策的公告

2021 年 3 月 17 日　财政部　税务总局〔2021〕7 号

为进一步支持疫情防控，帮助企业纾困发展，现将有关税费政策公告如下：

一、《财政部　税务总局关于支持个体工商户复工复业增值税政策的公告》（财政部　税务总局公告 2020 年第 13 号）规定的税收优惠政策，执行期限延长至 2021 年 12 月 31 日。其中，自 2021 年 4 月 1 日至 2021 年 12 月 31 日，湖北省增值税小规模纳税人适用 3% 征收率的应税销售收入，减按 1% 征收率征收增值税；适用 3% 预征率的预缴增值税项目，减按 1% 预征率预缴增值税。

二、《财政部　税务总局关于支持新型冠状病毒感染的肺炎疫情防控有关个人所得税政策的公告》（财政部　税务总局公告 2020 年第 10 号）、《财政部　税务总局关于电影等行业税费支持政策的公告》（财政部　税务总局公告 2020 年第 25 号）规定的税费优惠政策凡已经到期的，执行期限延长至 2021 年 12 月 31 日。

三、《财政部　税务总局关于支持新型冠状病毒感染的肺炎疫情防控有关税收政策的公告》（财政部　税务总局公告 2020 年第 8 号）、《财政部　税务总局关于支持新型冠状病毒感染的肺炎疫情防控有关捐赠税收政策的公告》（财政部　税务总局公告 2020 年第 9 号）规定的税收优惠政策凡已经到期的，执行期限延长至 2021 年 3 月 31 日。

四、2021 年 1 月 1 日至本公告发布之日前，已征的按照本公告规定应予减免的税费，可抵减纳税人或缴费人以后应缴纳的税费或予以退还。

特此公告。

财政部　税务总局

2021 年 3 月 17 日

1.31　财政部　税务总局关于明确增值税小规模纳税人免征增值税政策的公告

2021 年 3 月 31 日　财政部　税务总局〔2021〕11 号

为进一步支持小微企业发展，现将增值税小规模纳税人免征增值税政策公告如下：

自 2021 年 4 月 1 日至 2022 年 12 月 31 日，对月销售额 15 万元以下（含本数）的增值税小规模纳税人，免征增值税。

《财政部　税务总局关于实施小微企业普惠性税收减免政策的通知》（财税〔2019〕13 号）第一条同时废止。

特此公告。

财政部　税务总局

2021 年 3 月 31 日

1.32　国家税务总局关于小规模纳税人免征增值税征管问题的公告

2021 年 3 月 31 日　国家税务总局〔2021〕5 号

为贯彻落实全国两会精神和中办、国办印发的《关于进一步深化税收征管改革的意见》，按照《财政部　税务总局关于明确增值税小规模纳税人免征增值税政策的公告》（2021 年第 11 号）的规定，现将有关征管问题公告如下：

一、小规模纳税人发生增值税应税销售行为，合计月销售额未超过 15 万元（以 1 个季度为 1 个纳税期的，季度销售额未超过 45 万元，下同）的，免征增值税。

小规模纳税人发生增值税应税销售行为，合计月销售额超过 15 万元，但扣除本期发生的销售不动产的销售额后未超过 15 万元的，其销售货物、劳务、服务、无形资产取得的销售额免征增值税。

二、适用增值税差额征税政策的小规模纳税人，以差额后的销售额确定是否可以享受本公告规定的免征增值税政策。

《增值税纳税申报表（小规模纳税人适用）》中的"免税销售额"相关栏次，填写差额后的销售额。

三、按固定期限纳税的小规模纳税人可以选择以 1 个月或 1 个季度为纳税期限，一经选择，一个会计年度内不得变更。

四、《中华人民共和国增值税暂行条例实施细则》第九条所称的其他个人，采取一次性收取租金形式出租不动产取得的租金收入，可在对应的租赁期内平均分摊，分摊后的月租金收入未超过 15 万元的，免征增值税。

五、按照现行规定应当预缴增值税税款的小规模纳税人，凡在预缴地实现的月销售额未超过 15 万元的，当期无需预缴税款。

六、小规模纳税人中的单位和个体工商户销售不动产，应按其纳税期、本公告第五条以及其他现行政策规定确定是否预缴增值税；其他个人销售不动产，继续按照现行规定征免增值税。

七、已经使用金税盘、税控盘等税控专用设备开具增值税发票的小规模纳税人，月销售额未超过 15 万元的，可以继续使用现有设备开具发票，也可以自愿向税务机关免费换领税务 Ukey 开具发票。

八、本公告自 2021 年 4 月 1 日起施行。《国家税务总局关于小规模纳税人免征增值税政策有关征管问题的公告》（2019 年第 4 号）同时废止。

特此公告。

国家税务总局

2021 年 3 月 31 日

1.33　关于《国家税务总局关于小规模纳税人免征增值税征管问题的公告》的解读

2021 年 3 月 11 日　国家税务总局办公厅

2021 年 3 月 5 日，李克强总理在《政府工作报告》中明确提出"将小规模纳税人增值税起征点从月销售额 10 万元提高到 15 万元"。3 月 31 日，财政部、税务总局制发《财政部　税务总局关于明确增值税小规模纳税人免征增值税政策的公告》（2021 年第 11 号），为确保相关政策顺利实施，税务总局制发本公告，就若干征管问题进行了明确。

本公告贯彻落实中办、国办印发的《关于进一步深化税收征管改革的意见》要求，实现征管操作办法与税费优惠政策同步发布、同步解读，增强政策落实的及时性、确定性、一致性；遵循纳税人"自行判别、自行申报、事后监管"的总体原则，小规模纳税人享受月销售额 15 万元以下免征增值税政策，由纳税人自行申报即可享受，以确保税费优惠政策直达快享。为方便纳税人准确理解、精准享受相关政策，现就有关问题解读如下：

一、小规模纳税人起征点月销售额标准提高以后，销售额的执行口径是否有变化

答：没有变化。纳税人确定销售额有两个要点：一是以所有增值税应税销售行为（包括销售货物、劳务、服务、无形资产和不动产）合并计算销售额，判断是否达到免税标准。但为剔除偶然发生的不动产销售业务的影响，使纳税人更充分享受政策，本公告明确小规模纳税人合计月销售额超过 15 万元（以 1 个季度为 1 个纳税期的，季度销售额未超过 45 万元，下同），但在扣除本期发生的销售不动产的销售额后仍未超过 15 万元的，其销售货物、劳务、服务、无形资产取得的销售额，也可享受小规模纳税人免税政策。二是适用增值税差额征税政策的，以差额后的余额为销售额，确定其是否可享受小规模纳税人免税政策。

举例说明：按季度申报的小规模纳税人 A 在 2021 年 4 月销售货物 10 万元，5 月提供建筑服务取得收入 40 万元，同时向其他建筑企业支付分包款 12 万元，6 月销售不动产 200 万元。

则 A 小规模纳税人 2021 年第二季度（4－6 月）差额后合计销售额 238 万元（＝10＋40－12＋200），超过 45 万元，但是扣除 200 万元不动产，差额后的销售额是 38 万元（＝10＋40－12），不超过 45 万元，可以享受小规模纳税人免税政策。同时，纳税人销售不动产 200 万元应依法纳税。

二、小规模纳税人可以根据经营需要自行选择按月或者按季申报吗

答：纳税人可以自行选择纳税期限。小规模纳税人纳税期限不同，其享受免税政策的效果可能存在差异。为确保小规模纳税人充分享受政策，延续《国家税务总局关于小规模纳税人免征增值税政策有关征管问题的公告》（2019 年第 4 号）相关规定，本公告明确，按照固定期限纳税的小规模纳税人可以根据自己的实际经营情况选择实行按月纳税或按季纳税。但是需要注意的是，纳税期限一经选择，一个会计年度内不得变更。

举例说明小规模纳税人选择按月或者按季纳税，在政策适用方面的不同：

情况 1：某小规模纳税人 2021 年 1－3 月的销售额分别是 10 万元、16 万元和 18 万元。如果纳税人按月纳税，则 2 月和 3 月的销售额均超过了月销售额 15 万元的免税标准，需要缴纳增值税，只有 1 月的 10 万元能够享受免税；如果纳税人按季纳税，2021 年 1 季度销售额合计 44 万元，未超过季度销售额 45 万元的免税标准，因此，44 万元全部能够享受免税政策。

情况 2：某小规模纳税人 2021 年 1－3 月的销售额分别是 12 万元、15 万元和 20 万元，如果纳税人按月纳税，1 月和 2 月的销售额均未超过月销售额 15 万元的免税标准，能够享受免税政策；如果纳税人按季纳税，2021 年 1 季度销售额合计 47 万元，超过季度销售额 45 万元的免税标准，因此，47 万元均无法享受免税政策。

三、自然人出租不动产一次性收取的多个月份的租金，如何适用政策

答：税务总局在 2016 年制发了《国家税务总局关于全面推开营业税改征增值税试点有关税收征收管理事项的公告》（2016 年第 23 号）和《国家税务总局关于营改增试点若干征管问题的公告》（2016 年第 53 号），明确《中华人民共和国增值税暂行条例实施细则》第九条所称的其他个人，采取一次性收取租金（包括预收款）形式出租不动产取得的租金收入，可在对应的租赁期内平均分摊，分摊后的月租金收入不超过 3 万元的，可享受小规模纳税人免税政策。为确保纳税人充分享受政策，延续此前已出台政策的相关口径，小规模纳税人起征点月销售额提高至 15 万元以后，其他个人采取一次性收取租金形式出租不动产取得的租金收入，同样可在对应的租赁期内平均分摊，分摊后的月租金未超过 15 万元的，可以享受免征增值税政策。

四、小规模纳税人需要异地预缴增值税的，若月销售额不超过 15 万元，是否还需要预缴税款

答：不需要。现行增值税实施了若干预缴税款的征管措施，比如跨地区提供建筑服务、销售不动产、出租不动产等等。小规模纳税人起征点由月销售额 10 万元提高至 15 万元以后，延续国家税务总局公告 2019 年第 4 号执行口径，本公告明确按照现行规定应当预缴增值税税款的小规模纳税人，凡在预缴地实现的月销售额未超过 15 万元的，当期无需预缴税款。

五、小规模纳税人销售不动产取得的销售额，应该如何适用免税政策

答：小规模纳税人包括单位和个体工商户，还包括其他个人。不同主体适用政策应视不同情况而定。

第一，小规模纳税人中的单位和个体工商户销售不动产，涉及纳税人在不动产所在地预缴增值税的事项。如何适用政策与销售额以及纳税人选择的纳税期限有关。举例来说，如果纳税人销售不动产销售额为 40 万元，则有两种情况：一是纳税人选择按月纳税，销售不动产销售额超过月销售额 15 万元免税标准，则应在不动产所在地预缴税款；二是该纳税人选择按季纳税，销售不动产销售额未超过季度销售额 45 万元的免税标准，则无需在不动产所在地预缴税款。因此，公告明确小规模纳税人中的单位和个体工商户销售不动产，应按其纳税期、公告第五条以及其他现行政策规定确定是否预缴增值税。

第二，小规模纳税人中其他个人偶然发生销售不动产的行为，应当按照现行政策规定执行。因此，公告明确其他个人销售不动产，继续按照现行政策规定征免增值税。比如，如果其他个人销售住房满 2 年符合免税条件的，仍可继续享受免税；如不符合免税条件，则应依法纳税。

六、小规模纳税人月销售额免税标准提高以后，开票系统及开票要求是否有变化

答：为了便利纳税人开具使用增值税发票，有效降低纳税人负担，已经使用金税盘、税控盘等税控专用设备开具增值税发票的小规模纳税人，在免税标准调整后，月销售额未超过 15 万元的，可以自愿继续使用现有税控专用设备开具发票，也可以向税务机关免费换领税务 UKey 开具发票。

需要说明的是，按照《国家税务总局关于增值税发票管理等有关事项的公告》（2019 年第 33 号）规定，增值税小规模纳税人应当就开具增值税专用发票的销售额计算增值税应纳税额，并在规定的纳税申报期内向主管税务机关申报缴纳。

1.34　国家税务总局关于增值税若干征管问题的通知

1996 年 9 月 9 日　　国税发〔1996〕155 号

（第三条失效，参见：《国家税务总局关于发布已失效或废止有关增值税规范性文件清单的通知》，国税发〔2009〕7 号。第四条失效，参见：《财政部　国家税务总局关于调整增值税运输费用扣除率的通知》，财税字〔1998〕114 号。）

为有利于各级税务机关和纳税人正确理解增值税的有关规定，税务机关严格执行税法和纳税人正确履行纳税义务，现就各地提出的有关增值税征管问题明确如下：

一、对增值税一般纳税人（包括纳税人自己或代其他部门）向购买方收取的价外费用和逾期包装物押金，应视为含税收入，在征税时换算成不含税收入并入销售额计征增值税。

二、对福利企业未按规定进行申报，事后被税务机关查补的增值税应纳税额，不得按"即征即退"办法退还给企业。

〔条款失效〕三、对商业企业采取以物易物、以货抵债、以物投资方式交易的，收货单位可以凭以物易物、以货抵债、以物投资书面合同以及与之相符的增值税专用发票和运输费用普通发票，确定进项税额，报经税务征收机关批准予以抵扣。

〔条款失效〕四、增值税一般纳税人外购和销售货物（固定资产除外）所支付的管道运输费用，可以根据套印有全国统一发票监制章的运输费用结算单据（普通发票）所列运费金额，按 10% 计算进项税额抵扣。

五、免税货物恢复征税后，其免税期间外购的货物，一律不得作为当期进项税额抵扣。恢复征税后收到的该项货物免税期间的增值税专用发票，应当从当期进项税额中剔除。

1.35　国家税务总局关于纳税人取得虚开的增值税专用发票处理问题的通知

1997 年 8 月 8 日　国税发〔1997〕134 号

最近，一些地区国家税务局询问，对纳税人取得虚开的增值税专用发票（以下简称专用发票）如何处理。经研究，现明确如下：

一、受票方利用他人虚开的专用发票，向税务机关申报抵扣税款进行偷税的，应当依照《中华人民共和国税收征收管理法》及有关规定追缴税款，处以偷税数额五倍以下的罚款；进项税金大于销项税金的，还应当调减其留抵的进项税额。利用虚开的专用发票进行骗取出口退税的，应当依法追缴税款，处以骗税数额五倍以下的罚款。

二、在货物交易中，购货方从销售方取得第三方开具的专用发票，或者从销货地以外的地区取得专用发票，向税务机关申报抵扣税款或者申请出口退税的，应当按偷税、骗取出口退税处理，依照《中华人民共和国税收征收管理法》及有关规定追缴税款，处以偷税、骗税数额五倍以下的罚款。

三、纳税人以上述第一条、第二条所列的方式取得专用发票未申报抵扣税款，或者未申请出口退税的，应当依照《中华人民共和国发票管理办法》及有关规定，按所取得专用发票的份数，分别处以 1 万元以下的罚款；但知道或者应当知道取得的是虚开的专用发票，或者让他人为自己提供虚开的专用发票的，应当从重处罚。

四、利用虚开的专用发票进行偷税、骗税，构成犯罪的，税务机关依法进行追缴税款等行政处理，并移送司法机关追究刑事责任。

1.36　国家税务总局关于外贸企业使用增值税专用发票办理出口退税有关问题的公告 ［部分废止］

2012 年 6 月 1 日　国家税务总局〔2012〕22 号

（部分条款废止。第二条第（二）项同时废止，参见《国家税务总局关于异常增值税扣税凭证管理等有关事项的公告》（国家税务总局公告 2019 年第 38 号）。）

为明确外贸企业使用经税务机关审核允许纳税人抵扣其进项税额的增值税专用发票如何办理出口退税问题，现将有关事项公告如下：

一、外贸企业可使用经税务机关审核允许纳税人抵扣其进项税额的增值税专用发票作为出口退税申报凭证向主管税务机关申报出口退税。

二、外贸企业办理出口退税提供经税务机关审核允许纳税人抵扣其进项税额的增值税专用发票，分别按以下对应要求申报并提供相应资料：

（一）《国家税务总局关于修订〈增值税专用发票使用规定〉的通知》（国税发〔2006〕156号）第二十八条规定的允许抵扣的丢失抵扣联的已开具增值税专用发票

1. 外贸企业丢失已开具增值税专用发票发票联和抵扣联的，在增值税专用发票认证相符后，可凭增值税专用发票记账联复印件及销售方所在地主管税务机关出具的《丢失增值税专用发票已报税证明单》，经购买方主管税务机关审核同意后，向主管出口退税的税务机关申报出口退税。

2. 外贸企业丢失已开具增值税专用发票抵扣联的，在增值税专用发票认证相符后，可凭增值税专用发票发票联复印件向主管出口退税的税务机关申报出口退税。

［条款废止］（二）《国家税务总局关于失控增值税专用发票处理的批复》（国税函〔2008〕607号）规定的允许抵扣的按非正常户登记失控增值税专用发票（以下简称失控增值税专用发票）

外贸企业取得的失控增值税专用发票，销售方已申报并缴纳税款的，可由销售方主管税务机关出具书面证明，并通过协查系统回复购买方主管税务机关。外贸企业可凭增值税专用发票向主管出口退税的税务机关申报出口退税。

（三）《国家税务总局关于印发〈增值税专用发票审核检查操作规程（试行）〉的通知》（国税发〔2008〕33号）第十八条第一款规定的允许抵扣的稽核比对结果属于异常的增值税专用发票

外贸企业可凭增值税专用发票向主管出口退税的税务机关申报出口退税。

（四）《国家税务总局关于逾期增值税扣税凭证抵扣问题的公告》（2011年第50号）规定的允许抵扣的增值税专用发票

外贸企业可凭增值税专用发票（原件丢失的，可凭增值税专用发票复印件）向主管出口退税的税务机关申报出口退税。

三、对外贸企业在申报出口退税时提供上述经税务机关审核允许纳税人抵扣其进项税额的增值税专用发票的，各地税务机关审核时要认真审核增值税专用发票并核对税务机关内部允许抵扣资料，在出口退税审核系统中比对增值税专用发票稽核比对信息、审核检查信息和协查信息，在增值税专用发票信息比对无误的情况下，按现行出口退税规定办理出口退税。

四、本公告自2012年6月1日起施行。本公告施行前外贸企业取得的经税务机关审核允许纳税人抵扣其进项税额的增值税专用发票申报办理出口退税的，按照本公告规定和现行出口退税规定办理出口退税事宜。

特此公告。

国家税务总局

2012年6月1日

1.37 　国家税务总局关于纳税人对外开具增值税专用发票有关问题的公告

2014年7月2日 　国家税务总局〔2014〕39号

现将纳税人对外开具增值税专用发票有关问题公告如下：

纳税人通过虚增增值税进项税额偷逃税款，但对外开具增值税专用发票同时符合以下情形的，不属于对外虚开增值税专用发票：

一、纳税人向受票方纳税人销售了货物，或者提供了增值税应税劳务、应税服务；

二、纳税人向受票方纳税人收取了所销售货物、所提供应税劳务或者应税服务的款项，或者取得了索取销售款项的凭据；

三、纳税人按规定向受票方纳税人开具的增值税专用发票相关内容，与所销售货物、所提供应税劳务或者应税服务相符，且该增值税专用发票是纳税人合法取得、并以自己名义开具的。

受票方纳税人取得的符合上述情形的增值税专用发票，可以作为增值税扣税凭证抵扣进项税额。

本公告自 2014 年 8 月 1 日起施行。此前未处理的事项，按照本公告规定执行。

特此公告。

国家税务总局
2014 年 7 月 2 日

1.38　国家税务总局关于发布《纳税人转让不动产增值税征收管理暂行办法》的公告

2016 年 3 月 31 日　国家税务总局〔2016〕14 号

（《国家税务总局关于修改部分税收规范性文件的公告》（国家税务总局公告 2018 年第 31 号）对本文进行了修改。）

国家税务总局制定了《纳税人转让不动产增值税征收管理暂行办法》，现予以公布，自 2016 年 5 月 1 日起施行。

特此公告。

国家税务总局
2016 年 3 月 31 日

纳税人转让不动产增值税征收管理暂行办法

第一条　根据《财政部　国家税务总局关于全面推开营业税改征增值税试点的通知》（财税〔2016〕36 号）及现行增值税有关规定，制定本办法。

第二条　纳税人转让其取得的不动产，适用本办法。

本办法所称取得的不动产，包括以直接购买、接受捐赠、接受投资入股、自建以及抵债等各种形式取得的不动产。

房地产开发企业销售自行开发的房地产项目不适用本办法。

第三条　一般纳税人转让其取得的不动产，按照以下规定缴纳增值税：

（一）一般纳税人转让其 2016 年 4 月 30 日前取得（不含自建）的不动产，可以选择适用简易计税方法计税，以取得的全部价款和价外费用扣除不动产购置原价或者取得不动产时的作价后的余额为销售额，按照5%的征收率计算应纳税额。纳税人应按照上述计税方法向不动产所在地主管税务机关预缴税款，向机构所在地主管税务机关申报纳税。

（二）一般纳税人转让其2016年4月30日前自建的不动产，可以选择适用简易计税方法计税，以取得的全部价款和价外费用为销售额，按照5%的征收率计算应纳税额。纳税人应按照上述计税方法向不动产所在地主管税务机关预缴税款，向机构所在地主管税务机关申报纳税。

（三）一般纳税人转让其2016年4月30日前取得（不含自建）的不动产，选择适用一般计税方法计税的，以取得的全部价款和价外费用为销售额计算应纳税额。纳税人应以取得的全部价款和价外费用扣除不动产购置原价或者取得不动产时的作价后的余额，按照5%的预征率向不动产所在地主管税务机关预缴税款，向机构所在地主管税务机关申报纳税。

（四）一般纳税人转让其2016年4月30日前自建的不动产，选择适用一般计税方法计税的，以取得的全部价款和价外费用为销售额计算应纳税额。纳税人应以取得的全部价款和价外费用，按照5%的预征率向不动产所在地主管税务机关预缴税款，向机构所在地主管税务机关申报纳税。

（五）一般纳税人转让其2016年5月1日后取得（不含自建）的不动产，适用一般计税方法，以取得的全部价款和价外费用为销售额计算应纳税额。纳税人应以取得的全部价款和价外费用扣除不动产购置原价或者取得不动产时的作价后的余额，按照5%的预征率向不动产所在地主管税务机关预缴税款，向机构所在地主管税务机关申报纳税。

（六）一般纳税人转让其2016年5月1日后自建的不动产，适用一般计税方法，以取得的全部价款和价外费用为销售额计算应纳税额。纳税人应以取得的全部价款和价外费用，按照5%的预征率向不动产所在地主管税务机关预缴税款，向机构所在地主管税务机关申报纳税。

第四条 小规模纳税人转让其取得的不动产，除个人转让其购买的住房外，按照以下规定缴纳增值税：

（一）小规模纳税人转让其取得（不含自建）的不动产，以取得的全部价款和价外费用扣除不动产购置原价或者取得不动产时的作价后的余额为销售额，按照5%的征收率计算应纳税额。

（二）小规模纳税人转让其自建的不动产，以取得的全部价款和价外费用为销售额，按照5%的征收率计算应纳税额。

除其他个人之外的小规模纳税人，应按照本条规定的计税方法向不动产所在地主管税务机关预缴税款，向机构所在地主管税务机关申报纳税；其他个人按照本条规定的计税方法向不动产所在地主管税务机关申报纳税。

第五条 个人转让其购买的住房，按照以下规定缴纳增值税：

（一）个人转让其购买的住房，按照有关规定全额缴纳增值税的，以取得的全部价款和价外费用为销售额，按照5%的征收率计算应纳税额。

（二）个人转让其购买的住房，按照有关规定差额缴纳增值税的，以取得的全部价款和价外费用扣除购买住房价款后的余额为销售额，按照5%的征收率计算应纳税额。

个体工商户应按照本条规定的计税方法向住房所在地主管税务机关预缴税款，向机构所在地主管税务机关申报纳税；其他个人应按照本条规定的计税方法向住房所在地主管税务机关申报纳税。

第六条 其他个人以外的纳税人转让其取得的不动产，区分以下情形计算应向不动产所在地主管税务机关预缴的税款：

（一）以转让不动产取得的全部价款和价外费用作为预缴税款计算依据的，计算公式为：

$$应预缴税款 = 全部价款和价外费用 \div (1 + 5\%) \times 5\%$$

（二）以转让不动产取得的全部价款和价外费用扣除不动产购置原价或者取得不动产时的作价后的余额作为预缴税款计算依据的，计算公式为：

$$应预缴税款 = (全部价款和价外费用 - 不动产购置原价或者$$
$$取得不动产时的作价) \div (1 + 5\%) \times 5\%$$

第七条　其他个人转让其取得的不动产，按照本办法第六条规定的计算方法计算应纳税额并向不动产所在地主管税务机关申报纳税。

第八条　纳税人按规定从取得的全部价款和价外费用中扣除不动产购置原价或者取得不动产时的作价的，应当取得符合法律、行政法规和国家税务总局规定的合法有效凭证。否则，不得扣除。

上述凭证是指：

（一）税务部门监制的发票。

（二）法院判决书、裁定书、调解书，以及仲裁裁决书、公证债权文书。

（三）国家税务总局规定的其他凭证。

第九条　纳税人转让其取得的不动产，向不动产所在地主管税务机关预缴的增值税税款，可以在当期增值税应纳税额中抵减，抵减不完的，结转下期继续抵减。

纳税人以预缴税款抵减应纳税额，应以完税凭证作为合法有效凭证。

第十条　小规模纳税人转让其取得的不动产，不能自行开具增值税发票的，可向不动产所在地主管税务机关申请代开。

第十一条　纳税人向其他个人转让其取得的不动产，不得开具或申请代开增值税专用发票。

第十二条　纳税人转让不动产，按照本办法规定应向不动产所在地主管税务机关预缴税款而自应当预缴之月起超过 6 个月没有预缴税款的，由机构所在地主管税务机关按照《中华人民共和国税收征收管理法》及相关规定进行处理。

纳税人转让不动产，未按照本办法规定缴纳税款的，由主管税务机关按照《中华人民共和国税收征收管理法》及相关规定进行处理。

1.39　国家税务总局关于加强海关进口增值税抵扣管理的公告

2017 年 2 月 13 日　国家税务总局〔2017〕3 号

为保护纳税人合法权益，进一步加强增值税管理，打击利用海关进口增值税专用缴款书（以下简称"海关缴款书"）骗抵税款犯罪活动，税务总局决定全面提升海关缴款书稽核比对级别，强化对海关进口增值税的抵扣管理。现将有关事项公告如下：

增值税一般纳税人进口货物时应准确填报企业名称，确保海关缴款书上的企业名称与税务登记的企业名称一致。税务机关将进口货物取得的属于增值税抵扣范围的海关缴款书信息与海关采集的缴款信息进行稽核比对。经稽核比对相符后，海关缴款书上注明的增值税额可作为进项税额在销项税额中抵扣。稽核比对不相符，所列税额暂不得抵扣，待核查确认海关缴款书票面信息与纳税人实际进口业务一致后，海关缴款书上注明的增值税额可作为进项税额在销项税额中抵扣。

税务部门应加强对纳税人的辅导，充分利用多种渠道向全社会广泛宣传，赢得纳税人的理解和支持。

本公告自发布之日起实施。

特此公告。

国家税务总局
2017 年 2 月 13 日

1.40　国家税务总局关于增值税发票管理等有关事项的公告

2019 年 10 月 9 日　国家税务总局公告 2019 年第 33 号

现将增值税发票管理等有关事项公告如下：

一、符合《财政部　税务总局关于明确生活性服务业增值税加计抵减政策的公告》（财政部　税务总局公告 2019 年第 87 号）规定的生活性服务业纳税人，应在年度首次确认适用 15% 加计抵减政策时，通过电子税务局（或前往办税服务厅）提交《适用 15% 加计抵减政策的声明》（见附件）。

二、增值税一般纳税人取得海关进口增值税专用缴款书（以下简称"海关缴款书"）后如需申报抵扣或出口退税，按以下方式处理：

（一）增值税一般纳税人取得仅注明一个缴款单位信息的海关缴款书，应当登录本省（区、市）增值税发票选择确认平台（以下简称"选择确认平台"）查询、选择用于申报抵扣或出口退税的海关缴款书信息。通过选择确认平台查询到的海关缴款书信息与实际情况不一致或未查询到对应信息的，应当上传海关缴款书信息，经系统稽核比对相符后，纳税人登录选择确认平台查询、选择用于申报抵扣或出口退税的海关缴款书信息。

（二）增值税一般纳税人取得注明两个缴款单位信息的海关缴款书，应当上传海关缴款书信息，经系统稽核比对相符后，纳税人登录选择确认平台查询、选择用于申报抵扣或出口退税的海关缴款书信息。

三、稽核比对结果为不符、缺联、重号、滞留的异常海关缴款书按以下方式处理：

（一）对于稽核比对结果为不符、缺联的海关缴款书，纳税人应当持海关缴款书原件向主管税务机关申请数据修改或核对。属于纳税人数据采集错误的，数据修改后再次进行稽核比对；不属于数据采集错误的，纳税人可向主管税务机关申请数据核对，主管税务机关会同海关进行核查。经核查，海关缴款书票面信息与纳税人实际进口货物业务一致的，纳税人登录选择确认平台查询、选择用于申报抵扣或出口退税的海关缴款书信息。

（二）对于稽核比对结果为重号的海关缴款书，纳税人可向主管税务机关申请核查。经核查，海关缴款书票面信息与纳税人实际进口货物业务一致的，纳税人登录选择确认平台查询、选择用于申报抵扣或出口退税的海关缴款书信息。

（三）对于稽核比对结果为滞留的海关缴款书，可继续参与稽核比对，纳税人不需申请数据核对。

［条款废止］四、增值税一般纳税人取得的 2017 年 7 月 1 日及以后开具的海关缴款书，应当自开具之日起 360 日内通过选择确认平台进行选择确认或申请稽核比对。

五、增值税小规模纳税人（其他个人除外）发生增值税应税行为，需要开具增值税专用发票的，可以自愿使用增值税发票管理系统自行开具。选择自行开具增值税专用发票的小规模纳税人，税务机关不再为其代开增值税专用发票。

增值税小规模纳税人应当就开具增值税专用发票的销售额计算增值税应纳税额，并在规定的纳税申报期内向主管税务机关申报缴纳。在填写增值税纳税申报表时，应当将当期开具增值税专用发票的销售额，按照 3% 和 5% 的征收率，分别填写在《增值税纳税申报表》（小规模纳税人适用）第 2 栏和第 5 栏"税务机关代开的增值税专用发票不含税销售额"的"本期数"相应栏次中。

六、本公告第一条自 2019 年 10 月 1 日起施行，本公告第二条至第五条自 2020 年 2 月 1 日起施行。《国家税务总局　海关总署关于实行海关进口增值税专用缴款书"先比对后抵扣"管理办法有关问题的公告》（国家税务总局　海关总署公告 2013 年第 31 号）第二条和第六条、《国家税务总局关于扩大小规模纳税人自行开具增值税专用发票试点范围等事项的公告》（国家税务总局公告 2019 年第 8 号）第一条自 2020 年 2 月 1 日起废止。

特此公告。

附件：适用 15% 加计抵减政策的声明

国家税务总局
2019 年 10 月 9 日

1.41　国家税务总局关于进一步优化增值税优惠政策办理程序及服务有关事项的公告

2021 年 3 月 29 日　国家税务总局〔2021〕4 号

为贯彻落实中共中央办公厅、国务院办公厅印发的《关于进一步深化税收征管改革的意见》，深化税务系统"放管服"改革，进一步优化税收营商环境，更好地为纳税人缴费人办实事，开展好便民办税春风行动，进一步精简享受优惠政策办理流程和手续，现将有关事项公告如下：

一、单位和个体工商户（以下统称纳税人）适用增值税减征、免征政策的，在增值税纳税申报时按规定填写申报表相应减免税栏次即可享受，相关政策规定的证明材料留存备查。

二、纳税人适用增值税即征即退政策的，应当在首次申请增值税退税时，按规定向主管税务机关提供退税申请材料和相关政策规定的证明材料。

纳税人后续申请增值税退税时，相关证明材料未发生变化的，无需重复提供，仅需提供退税申请材料并在退税申请中说明有关情况。纳税人享受增值税即征即退条件发生变化的，应当在发生变化后首次纳税申报时向主管税务机关书面报告。

三、除另有规定外，纳税人不再符合增值税优惠条件的，应当自不符合增值税优惠条件的当月起，停止享受增值税优惠。

本公告自 2021 年 4 月 1 日起施行。

特此公告。

国家税务总局

2021 年 3 月 29 日

1.42　财政部　国家税务总局关于增值税几个税收政策问题的通知

1994 年 10 月 18 日　财税字〔1994〕60 号

根据国务院批示精神，经研究，现对几个增值税政策问题明确如下：

[条款废止] 一、增值税一般纳税人 1994 年 5 月 1 日以后销售应税货物而支付的运输费用，除《中华人民共和国增值税暂行条例实施细则》第十二条所规定的不并入销售额的代垫运费以外，可按（94）财税字第 12 号《财政部、国家税务总局关于运输费用和废旧物资准予抵扣进项税额问题的通知》中有关规定，依 10% 的扣除率计算进项税额予以抵扣。

纳税人购买或销售免税货物所发生的运输费用，不得计算进项税额抵扣。

二、供残疾人专用的假肢、轮椅、矫形器（包括上肢矫形器、下肢矫形器、脊椎侧弯矫形器），免征增值税。

三、对国家定点企业（名单见附件）生产和经销单位经销的专供少数民族饮用的边销茶，免征增值税。

边销茶，是指以黑茶、红茶末、老青茶、绿茶经蒸制、加压、发酵、压制成不同形状，专门销往边疆少数民族地区的紧压茶。

[条款废止] 四、对农业产品收购单位在收购价格之外按规定缴纳的农业特产税，准予并入农业产品的买价，计算进项税额扣除。

[条款废止] 五、铁路工附业单位，凡是向其所在铁路局内部其他单位提供的货物或应税劳务，1995 年底前暂免征收增值税；向其所在铁路局以外销售的货物或应税劳务，应照章征收增值税。

上款所称铁路工附业，是指直接为铁路运输生产服务的工业性和非工业性生产经营单位，主要包括工业性生产和加工修理修配、材料供应、生活供应等。

六、农用水泵、农用柴油机按农机产品依 13% 的税率征收增值税。

农用水泵是指主要用于农业生产的水泵，包括农村水井用泵、农田作业面潜水泵、农用轻便离心泵、与喷灌机配套的喷灌自吸泵。其他水泵不属于农机产品征税范围。

农用柴油机是指主要配套于农田拖拉机、田间作业机具、农副产品加工机械以及排灌机械，以柴油为燃料，油缸数在 3 缸以下（含 3 缸）的往复式内燃动力机械。4 缸以上（含 4 缸）柴油机不属于农机产品征税范围。

七、本通知除第一条外，从 1994 年 1 月 1 日起执行。

附件：免征边销茶增值税的 16 个定点厂名单（编者略）

第 2 章　消费税

2.1　中华人民共和国消费税暂行条例

2008 年 11 月 10 日　国务院令第 539 号

（1993 年 12 月 13 日中华人民共和国国务院令第 135 号发布 2008 年 11 月 5 日国务院第 34 次常务会议修订通过，现将修订后的《中华人民共和国消费税暂行条例》公布，自 2009 年 1 月 1 日起施行）

第一条　在中华人民共和国境内生产、委托加工和进口本条例规定的消费品的单位和个人，以及国务院确定的销售本条例规定的消费品的其他单位和个人，为消费税的纳税人，应当依照本条例缴纳消费税。

第二条　消费税的税目、税率，依照本条例所附的《消费税税目税率表》执行。

消费税税目、税率的调整，由国务院决定。

第三条　纳税人兼营不同税率的应当缴纳消费税的消费品（以下简称应税消费品），应当分别核算不同税率应税消费品的销售额、销售数量；未分别核算销售额、销售数量，或者将不同税率的应税消费品组成成套消费品销售的，从高适用税率。

第四条　纳税人生产的应税消费品，于纳税人销售时纳税。纳税人自产自用的应税消费品，用于连续生产应税消费品的，不纳税；用于其他方面的，于移送使用时纳税。

委托加工的应税消费品，除受托方为个人外，由受托方在向委托方交货时代收代缴税款。委托加工的应税消费品，委托方用于连续生产应税消费品的，所纳税款准予按规定抵扣。

进口的应税消费品，于报关进口时纳税。

第五条　消费税实行从价定率、从量定额，或者从价定率和从量定额复合计税（以下简称复合计税）的办法计算应纳税额。应纳税额计算公式：

实行从价定率办法计算的应纳税额 = 销售额 × 比例税率

实行从量定额办法计算的应纳税额 = 销售数量 × 定额税率

实行复合计税办法计算的应纳税额 = 销售额 × 比例税率 + 销售数量 × 定额税

纳税人销售的应税消费品，以人民币计算销售额。纳税人以人民币以外的货币结算销售额的，应当折合成人民币计算。

第六条　销售额为纳税人销售应税消费品向购买方收取的全部价款和价外费用。

　　第七条　纳税人自产自用的应税消费品，按照纳税人生产的同类消费品的销售价格计算纳税；没有同类消费品销售价格的，按照组成计税价格计算纳税。

　　实行从价定率办法计算纳税的组成计税价格计算公式：

$$组成计税价格 =（成本利润）÷（1 - 比例税率）$$

　　实行复合计税办法计算纳税的组成计税价格计算公式：

$$组成计税价格 =（成本利润自产自用数量 × 定额税率）÷（1 - 比例税率）$$

　　第八条　委托加工的应税消费品，按照受托方的同类消费品的销售价格计算纳税；没有同类消费品销售价格的，按照组成计税价格计算纳税。

　　实行从价定率办法计算纳税的组成计税价格计算公式：

$$组成计税价格 =（材料成本加工费）÷（1 - 比例税率）$$

　　实行复合计税办法计算纳税的组成计税价格计算公式：

$$组成计税价格 =（材料成本加工费委托加工数量 × 定额税率）÷（1 - 比例税率）$$

　　第九条　进口的应税消费品，按照组成计税价格计算纳税。

　　实行从价定率办法计算纳税的组成计税价格计算公式：

$$组成计税价格 =（关税完税价格关税）÷（1 - 消费税比例税率）$$

　　实行复合计税办法计算纳税的组成计税价格计算公式：

$$组成计税价格 =（关税完税价格关税进口数量 × 消费税定额税率）÷（1 - 消费税比例税率）$$

　　第十条　纳税人应税消费品的计税价格明显偏低并无正当理由的，由主管税务机关核定其计税价格。

　　第十一条　对纳税人出口应税消费品，免征消费税；国务院另有规定的除外。出口应税消费品的免税办法，由国务院财政、税务主管部门规定。

　　第十二条　消费税由税务机关征收，进口的应税消费品的消费税由海关代征。

　　个人携带或者邮寄进境的应税消费品的消费税，连同关税一并计征。具体办法由国务院关税税则委员会会同有关部门制定。

　　第十三条　纳税人销售的应税消费品，以及自产自用的应税消费品，除国务院财政、税务主管部门另有规定外，应当向纳税人机构所在地或者居住地的主管税务机关申报纳税。

　　委托加工的应税消费品，除受托方为个人外，由受托方向机构所在地或者居住地的主管税务机关解缴消费税税款。

　　进口的应税消费品，应当向报关地海关申报纳税。

　　第十四条　消费税的纳税期限分别为 1 日、3 日、5 日、10 日、15 日、1 个月或者 1 个季度。纳税人的具体纳税期限，由主管税务机关根据纳税人应纳税额的大小分别核定；不能按照固定期限纳税的，可以按次纳税。

　　纳税人以 1 个月或者 1 个季度为 1 个纳税期的，自期满之日起 15 日内申报纳税；以 1 日、3 日、5 日、10 日或者 15 日为 1 个纳税期的，自期满之日起 5 日内预缴税款，于次月 1 日起 15 日内申报纳税并结清上月应纳税款。

　　第十五条　纳税人进口应税消费品，应当自海关填发海关进口消费税专用缴款书之日起 15 日内缴纳税款。

　　第十六条　消费税的征收管理，依照《中华人民共和国税收征收管理法》及本条例有关规定执行。

　　第十七条　本条例自 2009 年 1 月 1 日起施行。

附件：消费税税目、税率表

税目	税率（额）
一、烟 1. 卷烟 （1）甲类卷烟（生产或进口环节） （2）乙类卷烟（生产或进口环节） （3）批发环节 2. 雪茄烟 3. 烟丝	 56% 加 0.003 元/支 36% 加 0.003 元/支 11% 加 0.005 元/支 36% 30%
二、酒 1. 白酒 2. 黄酒 3. 啤酒 （1）甲类啤酒 （2）乙类啤酒 4. 其他酒	 20% 加 0.5 元/500 克（或者 500 毫升） 240 元/吨 250 元/吨 220 元/吨 10%
三、高档化妆品	15%
四、贵重首饰及珠宝玉石 1. 金银首饰、铂金首饰和钻石及钻石饰品 2. 其他贵重首饰和珠宝玉石	 5% 10%
五、鞭炮、焰火	15%
六、成品油 1. 汽油 2. 柴油 3. 航空煤油 4. 石脑油 5. 溶剂油 6. 润滑油 7. 燃料油	 1.52 元/升 1.2 元/升 1.2 元/升 1.52 元/升 1.52 元/升 1.52 元/升 1.2 元/升
七、小汽车 1. 乘用车 （1）气缸容量（排气量，下同）在 1.0 升（含 1.0 升）以下 （2）气缸容量在 1.0 升以上至 1.5 升（含 1.5 升）的 （3）气缸容量在 1.5 升以上至 2.0 升（含 2.0 升）的 （4）气缸容量在 2.0 升以上至 2.5 升（含 2.5 升）的 （5）气缸容量在 2.5 升以上至 3.0 升（含 3.0 升）的 （6）气缸容量在 3.0 升以上至 4.0 升（含 4.0 升）的 （7）气缸容量在 4.0 升以上的 2. 中轻型商用客车 3. 超豪华小汽车（零售环节）	 1% 3% 5% 9% 12% 25% 40% 5% 10%
八、摩托车 1. 气缸容量为 250 毫升的 2. 气缸容量为 250 毫升以上的	 3% 10%

续表

税目	税率（额）
九、高尔夫球及球具	10%
十、高档手表	20%
十一、游艇	10%
十二、木制一次性筷子	5%
十三、实木地板	5%
十四、电池	4%
十五、涂料	4%

注释：本表税率、税额截至 2022 年 11 月 30 日。

2.2　中华人民共和国消费税暂行条例实施细则

2008 年 12 月 15 日　财政部　国家税务总局令 2008 年第 51 号

（依据国发〔2014〕50 号国务院关于取消和调整一批行政审批项目等事项的决定，自 2014 年 10 月 23 日起，本法规销货退回的消费税退税审批和出口应税消费品办理免税后发生退关或国外退货补缴消费税审批起取消。）

第一条　根据《中华人民共和国消费税暂行条例》（以下简称条例），制定本细则。

第二条　条例第一条所称单位，是指企业、行政单位、事业单位、军事单位、社会团体及其他单位。

条例第一条所称个人，是指个体工商户及其他个人。

条例第一条所称在中华人民共和国境内，是指生产、委托加工和进口属于应当缴纳消费税的消费品的起运地或者所在地在境内。

第三条　条例所附《消费税税目税率表》中所列应税消费品的具体征税范围，由财政部、国家税务总局确定。

第四条　条例第三条所称纳税人兼营不同税率的应当缴纳消费税的消费品，是指纳税人生产销售两种税率以上的应税消费品。

第五条　条例第四条第一款所称销售，是指有偿转让应税消费品的所有权。

前款所称有偿，是指从购买方取得货币、货物或者其他经济利益。

第六条　条例第四条第一款所称用于连续生产应税消费品，是指纳税人将自产自用的应税消费品作为直接材料生产最终应税消费品，自产自用应税消费品构成最终应税消费品的实体。

条例第四条第一款所称用于其他方面，是指纳税人将自产自用应税消费品用于生产非应税消费品、在建工程、管理部门、非生产机构、提供劳务、馈赠、赞助、集资、广告、样品、职工福利、奖励等方面。

第七条　条例第四条第二款所称委托加工的应税消费品，是指由委托方提供原料和主要材料，受托方只收取加工费和代垫部分辅助材料加工的应税消费品。对于由受托方提供原材料生产的应税消费品，或者受托方先将原材料卖给委托方，然后再接受加工的应税消费品，以及由受托方以委托方名义购进原材料生产的应税消费品，不论在财务上是否作销售处理，都不得作为委托加工应税消费品，而应当按照销售自制应税消费品缴纳消费税。

委托加工的应税消费品直接出售的，不再缴纳消费税。

委托个人加工的应税消费品，由委托方收回后缴纳消费税。

第八条 消费税纳税义务发生时间，根据条例第四条的规定，分列如下：

（一）纳税人销售应税消费品的，按不同的销售结算方式分别为：

1. 采取赊销和分期收款结算方式的，为书面合同约定的收款日期的当天，书面合同没有约定收款日期或者无书面合同的，为发出应税消费品的当天；

2. 采取预收货款结算方式的，为发出应税消费品的当天；

3. 采取托收承付和委托银行收款方式的，为发出应税消费品并办妥托收手续的当天；

4. 采取其他结算方式的，为收讫销售款或者取得索取销售款凭据的当天。

（二）纳税人自产自用应税消费品的，为移送使用的当天。

（三）纳税人委托加工应税消费品的，为纳税人提货的当天。

（四）纳税人进口应税消费品的，为报关进口的当天。

第九条 条例第五条第一款所称销售数量，是指应税消费品的数量。具体为：

（一）销售应税消费品的，为应税消费品的销售数量；

（二）自产自用应税消费品的，为应税消费品的移送使用数量；

（三）委托加工应税消费品的，为纳税人收回的应税消费品数量；

（四）进口应税消费品的，为海关核定的应税消费品进口征税数量。

第十条 实行从量定额办法计算应纳税额的应税消费品，计量单位的换算标准如下：

（一）黄酒 1 吨 = 962 升

（二）啤酒 1 吨 = 988 升

（三）汽油 1 吨 = 1 388 升

（四）柴油 1 吨 = 1 176 升

（五）航空煤油 1 吨 = 1 246 升

（六）石脑油 1 吨 = 1 385 升

（七）溶剂油 1 吨 = 1 282 升

（八）润滑油 1 吨 = 1 126 升

（九）燃料油 1 吨 = 1 015 升

第十一条 纳税人销售的应税消费品，以人民币以外的货币结算销售额的，其销售额的人民币折合率可以选择销售额发生的当天或者当月 1 日的人民币汇率中间价。纳税人应在事先确定采用何种折合率，确定后 1 年内不得变更。

第十二条 条例第六条所称销售额，不包括应向购货方收取的增值税税款。如果纳税人应税消费品的销售额中未扣除增值税税款或者因不得开具增值税专用发票而发生价款和增值税税款合并收取的，在计算消费税时，应当换算为不含增值税税款的销售额。其换算公式为：

应税消费品的销售额 = 含增值税的销售额 ÷（1 + 增值税税率或者征收率）

第十三条 应税消费品连同包装物销售的，无论包装物是否单独计价以及在会计上如何核算，均应并入应税消费品的销售额中缴纳消费税。如果包装物不作价随同产品销售，而是收取押金，此项押金则不应并入应税消费品的销售额中征税。但对因逾期未收回的包装物不再退还的或者已收取的时间超过 12 个月的押金，应并入应税消费品的销售额，按照应税消费品的适用税率缴纳消费税。

对既作价随同应税消费品销售，又另外收取押金的包装物的押金，凡纳税人在规定的期限内没有退还的，均应并入应税消费品的销售额，按照应税消费品的适用税率缴纳消费税。

第十四条　条例第六条所称价外费用，是指价外向购买方收取的手续费、补贴、基金、集资费、返还利润、奖励费、违约金、滞纳金、延期付款利息、赔偿金、代收款项、代垫款项、包装费、包装物租金、储备费、优质费、运输装卸费以及其他各种性质的价外收费。但下列项目不包括在内：

（一）同时符合以下条件的代垫运输费用：

1．承运部门的运输费用发票开具给购买方的；

2．纳税人将该项发票转交给购买方的。

（二）同时符合以下条件代为收取的政府性基金或者行政事业性收费：

1．由国务院或者财政部批准设立的政府性基金，由国务院或者省级人民政府及其财政、价格主管部门批准设立的行政事业性收费；

2．收取时开具省级以上财政部门印制的财政票据；

3．所收款项全额上缴财政。

第十五条　条例第七条第一款所称纳税人自产自用的应税消费品，是指依照条例第四条第一款规定于移送使用时纳税的应税消费品。

条例第七条第一款、第八条第一款所称同类消费品的销售价格，是指纳税人或者代收代缴义务人当月销售的同类消费品的销售价格，如果当月同类消费品各期销售价格高低不同，应按销售数量加权平均计算。但销售的应税消费品有下列情况之一的，不得列入加权平均计算：

（一）销售价格明显偏低并无正当理由的；

（二）无销售价格的。

如果当月无销售或者当月未完结，应按照同类消费品上月或者最近月份的销售价格计算纳税。

第十六条　条例第七条所称成本，是指应税消费品的产品生产成本。

第十七条　条例第七条所称利润，是指根据应税消费品的全国平均成本利润率计算的利润。应税消费品全国平均成本利润率由国家税务总局确定。

第十八条　条例第八条所称材料成本，是指委托方所提供加工材料的实际成本。

委托加工应税消费品的纳税人，必须在委托加工合同上如实注明（或者以其他方式提供）材料成本，凡未提供材料成本的，受托方主管税务机关有权核定其材料成本。

第十九条　条例第八条所称加工费，是指受托方加工应税消费品向委托方所收取的全部费用（包括代垫辅助材料的实际成本）。

第二十条　条例第九条所称关税完税价格，是指海关核定的关税计税价格。

第二十一条　条例第十条所称应税消费品的计税价格的核定权限规定如下：

（一）卷烟、白酒和小汽车的计税价格由国家税务总局核定，送财政部备案；

（二）其他应税消费品的计税价格由省、自治区和直辖市国家税务局核定；

（三）进口的应税消费品的计税价格由海关核定。

第二十二条　出口的应税消费品办理退税后，发生退关，或者国外退货进口时予以免税的，报关出口者必须及时向其机构所在地或者居住地主管税务机关申报补缴已退的消费税税款。

纳税人直接出口的应税消费品办理免税后，发生退关或者国外退货，进口时已予以免税的，经机构所在地或者居住地主管税务机关批准，可暂不办理补税，待其转为国内销售时，再申报补缴消费税。

第二十三条 纳税人销售的应税消费品，如因质量等原因由购买者退回时，经机构所在地或者居住地主管税务机关审核批准后，可退还已缴纳的消费税税款。

第二十四条 纳税人到外县（市）销售或者委托外县（市）代销自产应税消费品的，于应税消费品销售后，向机构所在地或者居住地主管税务机关申报纳税。

纳税人的总机构与分支机构不在同一县（市）的，应当分别向各自机构所在地的主管税务机关申报纳税；经财政部、国家税务总局或者其授权的财政、税务机关批准，可以由总机构汇总向总机构所在地的主管税务机关申报纳税。

委托个人加工的应税消费品，由委托方向其机构所在地或者居住地主管税务机关申报纳税。

进口的应税消费品，由进口人或者其代理人向报关地海关申报纳税。

第二十五条 本细则自 2009 年 1 月 1 日起施行。

【例 1】 从价定率消费税应纳税额的计算

在从价定率计算方法下，应纳消费税额等于销售额乘以适用税率。基本计算公式为：

$$应纳税额 = 应税消费品的销售额 \times 比例税率$$

某化妆品生产企业为增值税一般纳税人。2019 年 6 月 15 日向某大型商场销售高档化妆品一批，开具增值税专用发票，取得不含增值税销售额 50 万元，增值税额 6.5 万元；6 月 20 日向某单位销售高档化妆品一批，开具普通发票，取得含增值税销售额 4.64 万元。已知高档化妆品适用消费税税率 15%，计算该化妆品生产企业上述业务应缴纳的消费税额。

（1）化妆品的应税销售额 = 50 + 4.64 ÷（1 + 13%）= 54.11（万元）

（2）应缴纳的消费税额 = 54.11 × 15% = 8.12（万元）

【例 2】 从量定额消费税应纳税额的计算

在从量定额计算方法下，应纳税额等于应税消费品的销售数量乘以单位税额。基本计算公式为：应纳税额 = 应税消费品的销售数量 × 定额税率

某啤酒厂 2019 年 5 月销售啤酒 1 000 吨，取得不含增值税销售额 295 万元，增值税税款 38.35 万元，另收取包装物押金 23.4 万元。计算该啤酒厂应纳消费税税额。

解析：每吨啤酒出厂价（295 + 23.4/1.13）× 10 000 ÷ 1 000 = 3 157.08（元），大于 3 000 元，属于销售甲类啤酒，适用定额税率每吨 250 元。

应纳消费税额 = 销售数量 × 定额税率 = 1 000 × 250 = 250 000（元）

【例 3】 从价定率和从量定额复合消费税应纳税额的计算

现行消费税的征税范围中，只有卷烟、白酒采用复合计算方法。基本计算公式为：

$$应纳税额 = 应税消费品的销售数量 \times 定额税率 + 应税销售额 \times 比例税率$$

某白酒生产企业为增值税一般纳税人，2016 年 4 月销售白酒 50 吨，取得不含增值税的销售额 200 万元。计算白酒企业 4 月应缴纳的消费税额。

白酒适用比例税率 20%，定额税率每 500 克 0.5 元。

应纳消费税额 = 50 × 2 000 × 0.000 05 + 200 × 20% = 45（万元）

2.3　国家税务总局关于印发《消费税征收范围注释》的通知

1993 年 12 月 27 日　国税发〔1993〕153 号

消费税征收范围注释

一、烟

凡是以烟叶为原料加工生产的产品，不论使用何种辅料，均属于本税目的征收范围。本税目下设甲类卷烟、乙类卷烟、雪茄烟、烟丝四个子目。

卷烟是指将各种烟叶切成烟丝，按照配方要求均匀混合，加入糖、酒、香料等辅料，用白色盘纸、棕色盘纸、涂布纸或烟草薄片经机器或手工卷制的普通卷烟和雪茄型卷烟。

（一）甲类卷烟

……

（二）乙类卷烟

……

（三）雪茄烟

雪茄烟是指以晾晒烟为原料或者以晾晒烟和烤烟为原料，用烟叶或卷烟纸、烟草薄片作为烟支内包皮，再用烟叶作为烟支外包皮，经机器或手工卷制而成的烟草制品。按内包皮所用材料的不同可分为全叶卷雪茄烟和半叶卷雪茄烟。

雪茄烟的征收范围包括各种规格、型号的雪茄烟。

（四）烟丝

烟丝是指将烟叶切成丝状、粒状、片状、末状或其他形状，再加入辅料，经过发酵、储存，不经卷制即可供销售吸用的烟草制品。

烟丝的征收范围包括以烟叶为原料加工生产的不经卷制的散装烟，如斗烟、莫合烟、烟末、水烟、黄红烟丝等等。

二、酒及酒精

本税目下设粮食白酒、薯类白酒、黄酒、啤酒、其他酒、酒精六个子目。

（一）粮食白酒

粮食白酒是指以高粱、玉米、大米、糯米、大麦、小麦、小米、青稞等各种粮食为原料，经过糖化、发酵后，采用蒸馏方法酿制的白酒。

（二）薯类白酒

薯类白酒是指以白薯（红薯、地瓜）、木薯、马铃薯（土豆）、芋头、山药等各种干鲜薯类为原料，经过糖化、发酵后，采用蒸馏方法酿制的白酒。

用甜菜酿制的白酒，比照薯类白酒征税。

（三）黄酒

黄酒是指以糯米、粳米、籼米、大米、黄米、玉米、小麦、薯类等为原料，经加温、糖化、发酵、压榨酿制的酒。由于工艺、配料和含糖量的不同，黄酒分为干黄酒、半干黄酒、半甜黄酒、甜黄酒四类。

黄酒的征收范围包括各种原料酿制的黄酒和酒度超过 12 度（含 12 度）的土甜酒。

（四）啤酒

啤酒是指以大麦或其他粮食为原料，加入啤酒花，经糖化、发酵、过滤酿制的含有二氧化碳的酒。啤酒按照杀菌方法的不同，可分为熟啤酒和生啤酒或鲜啤酒。

啤酒的征收范围包括各种包装和散装的啤酒。

无醇啤酒比照啤酒征税。

（五）其他酒

其他酒是指除粮食白酒、薯类白酒、黄酒、啤酒以外，酒度在 1 度以上的各种酒。其征收范围包括糠麸白酒、其他原料白酒、土甜酒、复制酒、果木酒、汽酒、药酒等等。

1. 糠麸白酒是指用各种粮食的糠麸酿制的白酒。

用稗子酿制的白酒，比照糠麸酒征税。

2. 其他原料白酒是指用醋糟、糖渣、糖漏水、甜菜渣、粉渣、薯皮等各种下脚料，葡萄、桑椹、橡子仁等各种果实、野生植物等代用品，以及甘蔗、糖等酿制的白酒。

3. 土甜酒是指用糯米、大米、黄米等为原料，经加温、糖化、发酵（通过酒曲发酵），采用压榨酿制的酒度不超过 12 度的酒。

酒度超过 12 度的应按黄酒征税。

4. 复制酒是指以白酒、黄酒、酒精为酒基，加入果汁、香料、色素、药材、补品、糖、调料等配制或泡制的酒，如各种配制酒、泡制酒、滋补酒等等。

5. 果木酒是指以各种果品为主要原料，经发酵过滤酿制的酒。

6. 汽酒是指以果汁、香精、色素、酸料、酒（或酒精）、糖（或糖精）等调配，冲加二氧化碳制成的酒度在 1 度以上的酒。

7. 药酒是指按照医药卫生部门的标准，以白酒、黄酒为酒基，加入各种药材泡制或配制的酒。

（六）酒精

……

三、化妆品

化妆品是日常生活中用于修饰美化人体表面的用品。化妆品品种较多，所用原料各异，按其类别划分，可分为美容和芳香两类。美容类有香粉、口红、指甲油、胭脂、眉笔、蓝眼油、眼睫毛及成套化妆品等；芳香类有香水、香水精等。

本税目的征收范围包括：

香水、香水精、香粉、口红、指甲油、胭脂、眉笔、唇笔、蓝眼油、眼睫毛、成套化妆品等等。

（一）香水、香水精是指以酒精和香精为主要原料混合配制而成的液体芳香类化妆品。

（二）香粉是指用于粉饰面颊的化妆品。按其形态有粉状、块状和液状。高级香粉盒内附有的彩色丝绒粉扑，花色香粉粉盒内附有的小盒胭脂和胭脂扑，均应按"香粉"征税。

（三）口红又称唇膏，是涂饰于嘴唇的化妆品。口红的颜色一般以红色为主，也有白色的（俗称口白），还有一种变色口红，是用曙红酸等染料调制而成的。

（四）指甲油又名"美指油"，是用于修饰保护指甲的一种有色或无色的油性液态化妆品。

（五）胭脂是擦敷于面颊皮肤上的化妆品。有粉质块状胭脂、透明状胭脂膏及乳化状胭脂膏等。

（六）眉笔是修饰眉毛用的化妆品。有铅笔式和推管式两种。

（七）唇笔是修饰嘴唇用的化妆品。

（八）蓝眼油是涂抹于眼窝周围和眼皮的化妆品。它是以油脂、蜡和颜料为主要原材料制成。色彩有蓝色、绿色、棕色等等，因蓝色使用最为普遍，故俗称"蓝眼油"。眼影膏、眼影霜、眼影粉应按照蓝眼油征税。

（九）眼睫毛商品名称叫"眼毛膏"或"睫毛膏"，是用于修饰眼睫毛的化妆品。其产品形态有固体块状、乳化状。颜色以黑色及棕色为主。

（十）成套化妆品是指由各种用途的化妆品配套盒装而成的系列产品。一般采用精制的金属或塑料盒包装，盒内常备有镜子、梳子等化妆工具，具有多功能性和使用方便的特点。舞台、戏剧、影视演员化妆用的上妆油、卸妆油、油彩、发胶和头发漂白剂等，不属于本税目征收范围。

四、护肤护发品

……

五、贵重首饰及珠宝玉石

本税目征收范围包括：各种金银珠宝首饰和经采掘、打磨、加工的各种珠宝玉石。

（一）金银珠宝首饰包括：

凡以金、银、白金、宝石、珍珠、钻石、翡翠、珊瑚、玛瑙等高贵稀有物质以及其他金属、人造宝石等制作的各种纯金银首饰及镶嵌首饰（含人造金银、合成金银首饰等）。

（二）珠宝玉石的种类包括：

1. 钻石：钻石是完全由单一元素碳元素所结晶而成的晶体矿物，也是宝石中唯一由单元素组成的宝石。钻石为八面体解理，即平面八面体晶面的四个方向，一般呈阶梯状。钻石的化学性质很稳定，不易溶于酸和碱。但在纯氧中，加热到 1 770 度左右时，就会发生分解。在真空中，加热到 1 700 度时，就会把它分解为石墨。钻石有透明的、半透明的，也有不透明的。宝石级的钻石，应该是无色透明的，无瑕疵或极少瑕疵，也可以略有淡黄色或极浅的褐色，最珍贵的颜色是天然粉色，其次是蓝色和绿色。

2. 珍珠：海水或淡水中的贝类软体动物体内进入细小杂质时，外套膜受到刺激便分泌出一种珍珠质（主要是碳酸钙），将细小杂质层层包裹起来，逐渐成为一颗小圆珠，就是珍珠。珍珠颜色主要为白色、粉色及浅黄色，具珍珠光泽，其表面隐约闪烁着虹一样的晕彩珠光。颜色白润、皮光明亮、形状精圆、粒度硬大者价值最高。

3. 松石：松石是一种自色宝石，是一种完全水化的铜铝磷酸盐。分子式为 $CuAl_6(PO_4)_4(OH)_8 \cdot 5H_2O$。松石的透明度为不透明、薄片下部分呈半透明。抛光面为油脂玻璃光泽，断口为油脂暗淡光泽。松石种类包括波斯松石、美国松石和墨西哥松石、埃及松石和带铁线的绿松石。

4. 青金石：青金石是方钠石族的一种矿物；青金石的分子式为 $(Na,Ca)_{7-8}(Al,Si)_{12}(O,S)_{24}(SO_4),Cl_2Cl_2 \cdot (OH)_2(OH)_2$，其中钠经常部分地为钾置换，硫则部分地为硫酸根、氯或硒所置换。青金石的种类包括波斯青金石、苏联青金石或西班牙青金石、智利青金石。

5. 欧泊石：矿物质中属蛋白石类，分子式为 $SiO_2 \cdot nH_2O$。由于蛋白石中 SiO2 小圆珠整齐排列像光栅一样，当白光射在上面后发生衍射，散成彩色光谱，所以欧泊石具有绚丽夺目的变幻色彩，尤以红色多者最为珍贵。欧泊石的种类包括白欧泊石、黑欧泊石、晶质欧泊石、火欧泊石、胶状欧泊石或玉滴欧泊石、漂砾欧泊石、脉石欧泊石或基质中欧泊石。

6. 橄榄石：橄榄石是自色宝石，一般常见的颜色有纯绿色、黄绿色到棕绿色。橄榄石没有无色的。分子式为：$(Mg, Fe)_2SiO_4$。橄榄石的种类包括贵橄榄石、黄玉、镁橄榄石、铁橄榄石、"黄昏祖母绿"和硼铝镁石。

7. 长石：按矿物学分类长石分为两个主要类型：钾长石和斜长石。分子式分别为：$KAlSi_3O_8$、$NaAlSi_3O_8$。长石的种类包括月光石或冰长石、日光石或砂金石的长石、拉长石、天河石或亚马逊石。

8. 玉：硬玉（也叫翡翠）、软玉。硬玉是一种钠和铝的硅酸盐，分子式为：$NaAl(SiO_3)_2$。软玉是一种含水的钙镁硅酸盐，分子式为：$CaMg_5(OH)_2(Si_4O_{11})_2$。

9. 石英：石英是一种他色的宝石，纯石英为无色透明。分子式为 SiO_2。石英的种类包括水晶、晕彩或彩红石英、金红石斑点或网金红石石英、紫晶、黄晶、烟石英或烟晶、芙蓉石、东陵石、蓝线石石英、乳石英、蓝石英或蓝宝石石英、虎眼石、鹰眼或猎鹰眼、石英猫眼、带星的或星光石英。

10. 玉髓：也叫隐晶质石英。分子式为 SiO_2。玉髓的种类包括月光石、绿玉髓、红玛瑙、肉红玉髓、鸡血石、葱绿玉髓、玛瑙、缟玛瑙、碧玉、深绿玉髓、硅孔雀石玉髓、硅化木。

11. 石榴石：其晶体与石榴籽的形状、颜色十分相似而得名。石榴石的一般分子式为 $R_3M_2(SiO_4)_3$。石榴石的种类包括铁铝榴石、镁铝榴石、镁铁榴石、锰铝榴石、钙铁榴石、钙铬榴石。

12. 锆石：颜色呈红、黄、蓝、紫色等。分子式为 $ZrSiO_4$。

13. 尖晶石：颜色呈黄色、绿色和无色。分子式为 $MgAl_2O_4$。尖晶石的种类包括红色尖晶石、红宝石色的尖晶石或红宝石尖晶石、紫色的或类似贵榴石色泽的尖晶石、粉或玫瑰色尖晶石、橘红色尖晶石、蓝色尖晶石、蓝宝石色尖晶石或蓝宝石尖晶石、象变石的尖晶石、黑色尖晶石、铁镁尖晶石或镁铁尖晶石。

14. 黄玉：黄玉是铝的氟硅酸盐，斜方晶系。分子式为 $Al_2(F, OH)_2SiO_4$。黄玉的种类包括棕黄至黄棕、浅蓝至淡蓝、粉红、无色的、其他品种。

15. 碧玺：极为复杂的硼铝硅酸盐，其中可含一种或数种以下成分：镁、钠、锂、铁、钾或其他金属。这些元素比例不同，颜色也不同。碧玺的种类包括红色的、绿色的、蓝色的、黄和橙色、无色或白色、黑色、杂色宝石、猫眼碧玺、变色石似的碧玺。

16. 金绿玉：属尖晶石族矿物，铝酸盐类。主要成分是氧化铝铍，属斜方晶系。分子式为 $BeAl_2O_4$。金绿玉的种类包括变石、猫眼石、变石猫眼宝石及其他一些变种。

17. 绿柱石：绿柱石在其纯净状态是无色的；不同的变种之所以有不同的颜色是由于微量金属氧化物的存在。在存在氧化铬或氧化钒时通常就成了祖母绿，而海蓝宝石则是由于氧化亚铁着色而成的。成为铯绿柱石是由于镁的存在，而金绿柱石则是因氧化铁着色而成的。分子式为：Be3 Al2（SiO3）6。绿柱石的种类包括祖母绿、海蓝宝石、MAXIXE 型绿柱石、金绿柱石、铯绿柱石、其他透明的品种、猫眼绿柱石、星光绿柱石。

18. 刚玉：刚玉是一种很普通的矿物，除了星光宝石外，只有半透明到透明的变种才能叫作宝石。分子式为 Al_2O_3，含氧化铬呈红色，含钛和氧化铁呈蓝色，含氧化铁呈黄色，含铬和氧化铁呈橙色，含铁和氧化钛呈绿色，含铬、钛和氧化铁呈紫色。刚玉的种类包括红宝 C33 石、星光红宝石、蓝宝石、艳色蓝宝石、星光蓝宝石。

19. 琥珀：一种有机物质。它是一种含一些有关松脂的古代树木的石化松脂。分子式为 $C_{40}H_{64}O_4$。琥珀的种类包括海珀、坑珀、洁珀、块珀、脂珀、浊珀、泡珀、骨珀。

20. 珊瑚：是生物成因的另一种宝石原料。它是珊瑚虫的树枝状钙质骨架随着极细小的海生动物群体增生而形成。

21. 煤玉：煤玉是褐煤的一个变种（成分主要是碳，并含氢和氧）。它是由漂木经压实作用而成，漂木沉降到海底，变成埋藏的细粒淤泥，然后转变为硬质页岩，称为"煤玉岩"，煤玉是生物成因的。煤玉为非晶质，在粗糙表面上呈暗淡光泽，在磨光面上为玻璃光泽。

22. 龟甲：是非晶质的，具有油脂光泽至蜡状光泽，硬度2.5。

23. 合成刚玉：指与有关天然刚玉对比，具有基本相同的物理、光学及化学性能的人造材料。

24. 合成宝石：指与有关天然宝石对比，具有基本相同的物理、光学及化学性能的人造宝石。合成宝石种类包括合成金红石、钛酸锶、钇铝榴石、轧镓榴石、合成立方锆石、合成蓝宝石、合成尖晶石、合成金红石、合成变石、合成钻石、合成祖母绿、合成欧泊、合成石英。

25. 双合石：也称复合石，这是一种由两种不同的材料黏结而成的宝石。双合石的种类是根据粘合时所用的材料性质划分的。双合石的种类有石榴石与玻璃双合石、祖母绿的代用品、欧泊石代用品、星光蓝宝石代用品、钻石代用品、其他各种仿宝石复合石。

26. 玻璃仿制品。

六、鞭炮、焰火

鞭炮，又称爆竹。是用多层纸密裹火药，接以药引线，制成的一种爆炸品。

焰火，指烟火剂，一般系包扎品，内装药剂，点燃后烟火喷射，呈各种颜色，有的还变幻成各种景象，分平地小焰火和空中大焰火两类。

本税目征收范围包括各种鞭炮、焰火。通常分为13类，即喷花类、旋转类、旋转升空类、火箭类、吐珠类、线香类、小礼花类、烟雾类、造型玩具类、炮竹类、摩擦炮类、组合烟花类、礼花弹类。

体育上用的发令纸，鞭炮药引线，不按本税目征收。

七、汽油

……

八、柴油

……

九、汽车轮胎

……

十、摩托车

本税目征收范围包括：

（一）轻便摩托车：最大设计车速不超过50公里/小时、发动机气缸总工作容积不超过50毫升的两轮机动车。

（二）摩托车：最大设计车速超过50公里/小时、发动机气缸总工作容积超过50毫升、空车质量不超过400公斤（带驾驶室的正三轮车及特种车的空车质量不受此限）的两轮和三轮机动车。

1. 两轮车：装有一个驱动轮与一个从动轮的摩托车。

（1）普通车：骑式车架，双人座垫，轮辋基本直径不小于304毫米，适应在公路或城市道路上行驶的摩托车。

（2）微型车：坐式或骑式车架，单人或双人座垫，轮辋基本直径不大于254毫米，适应在公路或城市道路上行驶的摩托车。

（3）越野车：骑式车架，宽型方向把，越野型轮胎，剩余垂直轮隙及离地间隙大，适应在非公路地区行驶的摩托车。

（4）普通赛车：骑式车架，狭型方向把，座垫偏后，装有大功率高转速发动机，在专用跑道上比赛车速的一种摩托车。

（5）微型赛车：坐式或骑式车架，轮辋基本直径不大于254毫米，装有大功率高转速发动机，在专用跑道上比赛车速的一种摩托车。

（6）越野赛车：具有越野性能，装有大功率发动机，用于非公路地区比赛车速的一种摩托车。

（7）特种车：一种经过改装之后用于完成特定任务的两轮摩托车。如开道车。

2. 边三轮车：在两轮车的一侧装有边车的三轮摩托车。

（1）普通边三轮车：具有边三轮车结构，用于载运乘员或货物的摩托车。

（2）特种边三轮车：装有专用设备，用于完成特定任务的边三轮车。如警车、消防车。

3. 正三轮车：装有与前轮对称分布的两个后轮和固定车厢的三轮摩托车。

（1）普通正三轮车：具有正三轮车结构，用于载运乘员或货物的摩托车。如客车、货车。

（2）特种正三轮车：装有专用设备，用于完成特定任务的正三轮车。如容罐车、自卸车、冷藏车。

十一、小汽车

……

2.4　国家税务总局关于用外购和委托加工收回的应税消费品连续生产应税消费品征收消费税问题的通知

1995 年 5 月 19 日　国税发〔1995〕94 号

根据《国家税务总局关于印发（消费税若干具体问题的法规）通知》（国税发〔1993〕156 号）和《国家税务总局关于消费税若干征税问题的通知》（国税发〔1994〕130 号）的法规，纳税人用外购或委托加工收回的已税烟丝、已税酒及酒精等 8 种应税消费品连续生产应税消费品，在计征消费税时可以扣除外购已税应税消费品的买价或委托加工收回应税消费品的已纳消费税税款。各地税务机关反映，这一法规在执行中存在着以下两方面问题：第一，两种扣除方法之间税收负担不平衡，而且用外购应税消费品连续生产应税消费品与用自产应税消费品连续生产应税消费品这两种生产经营方式之间，也存在着税收负担不平衡的矛盾。第二，在确定当期扣除数额方面，没有明确是按当期销售所实际耗用的数量计算，还是按当期投入生产的数量计算，因此而导致各地在政策执行上的不统一。为解决存在的问题，现通知如下：

一、对于用外购的已税烟丝、已税酒及酒精等 8 种应税消费品连续生产的应税消费品，在计税时准予扣除外购的应税消费品已纳的消费税税款，停止实行以销售额扣除外购应税消费品买价后的余额为计税依据计征消费税的办法。

二、当期准予扣除的外购或委托加工收回的应税消费品的已纳消费税税款，应按当期生产领用数量计算。计算公式如下：

（一）当期准予扣除的外购应税消费品已纳税款＝当期准予扣除的外购应税消费品买价×外购应税消费品适用税率当期准予扣除的外购消费品买价＝期初库存的外购应税消费品的买价＋当期购进的应税消费的买价－期末库存的外购应税消费品的买价

（二）当期准予扣除的委托加工应税消费品已纳税款＝期初库存的委托加工应税消费品已纳税款＋当期收回的委托加工应税消费品已纳税款－期末库存的委托加工应税消费品已纳税款

三、纳税人用外购或委托加工收回的已税珠宝玉石生产的改在零售环节征收消费税的金银首饰，仍按《财政部　国家税务总局关于调整金银首饰消费税纳税环节有关问题的通知》（财税字〔1994〕95 号）的法规执行。

四、本法规自 1995 年 6 月 1 日起执行。以前法规与本法规有抵触的，以本法规为准。

【例 1】 消费税组成计税价格及税额的计算

某化妆品公司将一批自产的高档化妆品用作职工福利，该批高档化妆品的成本 80 000 元，无同类产品市场销售价格，但已知其成本利润率为 5%，消费税税率为 15%。计算该批高档化妆品应缴纳的消费税税额。

（1）组成计税价格＝成本×（1＋成本利润率）÷（1－消费税税率）＝80 000×（1＋5%）÷（1－15%）＝84 000÷0.85＝98 823.53（元）

（2）应纳消费税额＝98 823.53×15%＝14 823.53（元）

【例 2】 消费税委托加工的应纳税额计算

某鞭炮企业 2019 年 4 月受托为某单位加工一批鞭炮，委托单位提供的原材料金额为 60 万元，收取委托单位不合增值税的加工费 8 万元，鞭炮企业无同类产品市场价格。计算鞭炮企业应代收代缴的消费税。

（1）鞭炮的适用税率 15%

（2）组成计税价格＝（60＋8）÷（1－15%）＝80（万元）

（3）应代收代缴消费税＝80×15%＝12（万元）

【例 3】 进口环节的消费税应纳税额计算

某商贸公司，2018 年 5 月从国外进口一批应税消费品，已知该批应税消费品的关税完税价格为 90 万元，按规定应缴纳关税 18 万元，假定进口的应税消费品的消费税税率为 10%。请计算该批消费品进口环节应缴纳的消费税税额。

（1）组成计税价格＝（90＋18）÷（1－10%）＝120（万元）

（2）应缴纳消费税税额＝120×10%＝12（万元）

公式中所称"关税究税价格"，是指海关核定的关税计税价格。

2.5　国家税务总局关于卷烟消费税政策调整有关问题的通知

2015 年 5 月 12 日　税总函〔2015〕255 号

各省、自治区、直辖市和计划单列市国家税务局：

根据《财政部　国家税务总局关于调整卷烟消费税的通知》（财税〔2015〕60 号）和《国家税务总局关于卷烟消费税政策调整后纳税申报有关问题的公告》（国家税务总局公告 2015 年第 35 号），现就做好卷烟批发环节消费税税率调整后的征收管理工作通知如下：

一、纳税申报调整安排

为确保纳税人顺利完成纳税申报，卷烟批发环节消费税税率调整后涉及的纳税申报表及征管系统调整工作分两个阶段进行。对税款所属期为 2015 年 5 月的卷烟批发环节消费税，适用过渡期纳税申报安排；对税款所属期为 2015 年 6 月及以后的卷烟批发环节消费税，使用调整后的征管系统办理纳税申报。

二、卷烟批发环节消费税纳税申报过渡期管理

（一）纳税申报资料受理

主管税务机关在 2015 年 6 月申报期内，按照国家税务总局公告 2015 年第 35 号附件受理卷烟批发环节消费税纳税人（以下简称纳税人）所报送纳税申报资料，包括：纸质《卷烟批发环节消费税纳税申报表（过渡期）》和《卷烟批发企业月份销售明细清单》电子数据。对纳税申报资料不符合要求的，告知纳税人更正后重新报送。

（二）纳税申报表逻辑关系校验

主管税务机关对纳税人报送的纳税申报表表内适用税率及逻辑关系进行校验，对适用税率不准确和逻辑关系不符的，告知纳税人修改后重新报送。

（三）申报数据录入及税款征收

对纳税人报送纸质申报资料校验无误的，主管税务机关受理纳税申报。税务总局已取消征管系统中《卷烟消费税纳税申报表（批发）》中各栏次逻辑关系校验，表中"销售数量""销售额""应纳税额"项目下各栏次数据，主管税务机关应依据纳税人纸质《卷烟批发环节消费税纳税申报表（过渡期）》中"合计"项对应"销售数量""销售额""应纳税额"中的数据完成申报数据录入，办理消费税税款征收事宜。

（四）纳税申报资料归档

主管税务机关受理纳税人纳税申报后，将纸质纳税申报资料归档备查。

三、工作要求

（一）加强组织领导

各地税务机关要高度重视卷烟批发环节消费税税率调整和征管工作，由货物劳务税部门牵头，征管科技、纳税服务、收入规划、信息中心等部门密切配合，加大统筹力度，保证相关工作顺利实施。

（二）加强宣传辅导

各地税务机关要迅速将卷烟批发环节消费税税率调整及纳税申报变更事项告知纳税人，细致解答纳税人疑问，确保政策平稳顺利实施。

（三）加强跟踪分析

各地税务机关要密切跟踪掌握卷烟批发环节消费税税率调整的实施情况，做好动态评估分析，加强风险疑点排查，有效应对各类突发情况，对政策执行中发现的问题，及时提出建议并向税务总局（货物劳务税司）报告。

（四）完善考核机制

卷烟批发环节消费税政策调整执行情况已纳入 2015 年度绩效考核。各省、自治区、直辖市和计划单列市国家税务局应于 2015 年 6 月 22 日前，将政策贯彻执行情况以正式报告（含纸质和电子）上报税务总局，报告内容应包含政策调整后首个申报期政策贯彻落实情况、政策执行效果、政策落实过程中发现的相关问题及工作建议，同时填报《卷烟批发环节消费税统计表》（附件 1），作为报告附件一并上报。税务总局将根据绩效管理有关要求，对各地相关工作开展情况进行绩效考核。

附件：卷烟批发环节消费税统计表

国家税务总局

2015 年 5 月 12 日

附件：卷烟批发环节消费税统计表

填报单位：　　　　　　　　　　　　　　　　　　　　　　单位：万支、元（列至角分）

应税消费品名称项目	税款所属期	从量定额			从价定率			应纳税额	已纳税额
		定额税率（元/万支）	销售数量	从量税额	比例税率	销售额	从价税额		
卷烟	2015 年 5 月 1 日至 2015 年 5 月 9 日	—		—	5%				
	2015 年 5 月 10 日至 2015 年 5 月 31 日	50			11%				
	合计	—			—				
	2014 年 5 月 1 – 31 日	—		—	5%				

注：1. 本表"应纳税额"栏，计算公式为：应纳税额＝从量税额＋从价税额。

2. 本表"已纳税额"栏填写税款实际入库数。

3. 本表"应纳税额"栏数据与"已纳税额"栏数据不相等，需另作说明。

附件1：卷烟批发环节消费税纳税申报表（过渡期）

税款所属期：　　　　2015 年 5 月 1 日至　2015 年 5 月 31 日

纳税人名称（公章）：　　纳税人识别号：□□□□□□□□□□□□□□□□□□

填表日期：　　年　月　日　　　　　　　　　　　　单位：万支、元（列至角分）

项目 应税 消费品名称	税款所属期	适用税率		销售数量	销售额	应纳税额
		定额税率 （元/万支）	比例 税率			
卷烟	5 月 1 日至 5 月 9 日	—	5%			
	5 月 10 日至 5 月 31 日	50	11%			
合计		—	—			

期初未缴税额：	声明 此纳税申报表是根据国家税收法律、法规规定填报的，我确定它是真实的、可靠的、完整的。
本期缴纳前期应纳税额：	经办人（签章）： 财务负责人（签章）： 联系电话：
本期预缴税额：	（如果你已委托代理人申报，请填写） 授权声明
本期应补（退）税额：	为代理一切税务事宜，现授权 （地址）　　为
期末未缴税额：	本纳税人的代理申报人，任何与本申报表有关的往来文件，都可寄予此人。 授权人签章：

以下由税务机关填写

受理人（签章）：　　　　受理日期：　　年　月　日　　　受理税务机关（章）：

【填写说明】：

一、本表仅限卷烟批发环节消费税纳税人申报税款所属期 2015 年 5 月 1 日至 2015 年 5 月 31 日的消费税时使用。此表数据按税款所属期分段填写。

二、本表"纳税人识别号"栏，填写纳税人的税务登记证号码。

三、本表"纳税人名称"栏，填写纳税人单位名称全称。

四、本表"销售数量"栏，填写按照税收法规规定的本期应当申报缴纳消费税的卷烟批发销售数量。

五、本表"销售额"栏，填写按照税收法规规定的本期应当申报缴纳消费税的卷烟批发销售收入。

六、本表"应纳税额"栏，填写本期按照税收法规规定的适用税率计算缴纳的消费税应纳税额，计算公式为：

$$应纳税额 = 销售额 \times 比例税率（税款所属期 5 月 1 日至 5 月 9 日）$$

$$应纳税额 = 销售数量 \times 定额税率 + 销售额 \times 比例税率$$

（税款所属期 5 月 10 日至 5 月 31 日）

七、本表"期初未缴税额"栏，填写本期期初累计应缴未缴的消费税额，多缴为负数。其数值等于上期申报表"期末未缴税额"栏数值。

八、本表"本期缴纳前期应纳税额"栏，填写纳税人本期实际缴纳入库的前期应缴未缴消费税额。

九、本表"本期预缴税额"栏，填写纳税申报前纳税人已预先缴纳入库的本期消费税额。

十、本表"本期应补（退）税额"栏，填写纳税人本期应纳税额中应补缴或应退回的数额，计算公式如下，多缴为负数：

$$本期应补（退）税额 = 应纳税额（合计栏金额） - 本期预缴税额$$

十一、本表"期末未缴税额"栏，填写纳税人本期期末应缴未缴的消费税额，计算公式如下，多缴为负数：

$$期末未缴税额 = 期初未缴税额 + 本期应补（退）税额 - 本期缴纳前期应纳税额$$

十二、本表为 A4 竖式，所有数字小数点后保留两位。一式二份，一份纳税人留存，一份税务机关留存。

2.6 国家税务总局关于白酒消费税最低计税价格核定问题的公告

2015 年 5 月 19 日 国家税务总局公告 2015 年第 37 号

现将白酒消费税最低计税价格核定问题公告如下：

纳税人将委托加工收回的白酒销售给销售单位，消费税计税价格低于销售单位对外销售价格（不含增值税）70% 以下，属于《中华人民共和国消费税暂行条例》第十条规定的情形，应该按照《国家税务总局关于加强白酒消费税征收管理的通知》（国税函〔2009〕380 号）规定的核价办法，核定消费税最低计税价格。

上述销售单位是指《国家税务总局关于加强白酒消费税征收管理的通知》（国税函〔2009〕380 号）附件《白酒消费税最低计税价格核定管理办法（试行）》第三条规定的情形。

本公告自 2015 年 6 月 1 日起施行。此前已发生但尚未处理的事项，按照本公告规定执行。

特此公告。

国家税务总局

2015 年 5 月 19 日

2.7　财政部　国家税务总局关于明确啤酒包装物押金消费税政策的通知

2006 年 2 月 27 日　财税〔2006〕20 号

各省、自治区、直辖市、计划单列市财政厅（局）、国家税务局，新疆生产建设兵团财务局：

近接一些地方来文，要求明确啤酒包装物押金的有关范围问题。经研究，现明确如下：

财政部和国家税务总局《关于调整酒类产品消费税政策的通知》（财税〔2001〕84 号）规定啤酒消费税单位税额按照出厂价格（含包装物及包装物押金）划分档次，上述包装物押金不包括供重复使用的塑料周转箱的押金。

本文自 2006 年 1 月 1 日起执行。

2.8　国家税务总局关于酒类产品消费税政策问题的通知

2002 年 8 月 26 日　国税发〔2002〕109 号

各省、自治区、直辖市和计划单列市国家税务局：

近接一些地区反映，基层税务机关在白酒专项检查中发现了一些政策界限不够清晰、处理尺度难以掌握的业务问题，要求总局予以明确。经研究，现明确如下：

一、［条款失效］**关于酒类生产企业利用关联企业间关联交易规避消费税问题**

根据《中华人民共和国税收征收管理法实施细则》第三十八条规定，纳税人与关联企业之间的购销业务，不按照独立企业之间的业务往来作价的，税务机关可以按照下列方法调整其计税收入额或者所得额，核定其应纳税额：

（一）按照独立企业之间进行相同或者类似业务活动的价格；

（二）按照再销售给无关联关系的第三者的价格所取得的收入和利润水平；

（三）按照成本加合理的费用和利润；

（四）按照其他合理的方法。

对已检查出的酒类生产企业在本次检查年度内发生的利用关联企业关联交易行为规避消费税问题，各省、自治区、直辖市、计划单列市国家税务局可根据本地区被查酒类生产企业与其关联企业间不同的核算方式，选择以上处理方法调整其酒类产品消费税计税收入额，核定应纳税额，补缴消费税。

二、［条款失效］**关于粮食白酒的适用税率问题**

（一）对以粮食原酒作为基酒与薯类酒精或薯类酒进行勾兑生产的白酒应按粮食白酒的税率征收消费税。

（二）对企业生产的白酒应按照其所用原料确定适用税率。凡是既有外购粮食，或者有自产或外购粮食白酒（包括粮食酒精），又有自产或外购薯类和其他原料酒（包括酒精）的企业其生产的白酒凡所用原料无法分清的，一律按粮食白酒征收消费税。

三、关于"品牌使用费"征税问题

白酒生产企业向商业销售单位收取的"品牌使用费"是随着应税白酒的销售而向购货方收取的，属于应税白酒销售价款的组成部分，因此，不论企业采取何种方式或以何种名义收取价款，均应并入白酒的销售额中缴纳消费税。

四、[条款失效] 关于外购应税消费品税款抵扣问题

对企业 2001 年 5 月 1 日以前外购酒精已纳税款无论什么原因造成没有抵扣完毕，2001 年 5 月 1 日以后均一律不得抵扣。

请遵照执行。

国家税务总局

2002 年 8 月 26 日

2.9　财政部　国家税务总局关于调整小汽车进口环节消费税的通知

2016 年 11 月 30 日　财关税〔2016〕63 号

海关总署：

为了引导合理消费，调节收入分配，促进节能减排，经国务院批准，对小汽车进口环节消费税进行调整。现将有关事项通知如下：

对我国驻外使领馆工作人员、外国驻华机构及人员、非居民常住人员、政府间协议规定等应税（消费税）进口自用，且完税价格 130 万元及以上的超豪华小汽车消费税，按照生产（进口）环节税率和零售环节税率（10%）加总计算，由海关代征。具体税目见附件。

本通知自 2016 年 12 月 1 日起执行。

附件：小汽车进口环节消费税税目税率表

财政部　国家税务总局

2016 年 11 月 30 日

附件：小汽车进口环节消费税税目税率表

序号	ex	税则号列	商品名称	进口环节消费税税率
1	ex	87021092	20≤座≤23 柴油客车	5%
2		87021093	10≤座≤19 柴油客车	5%
3	ex	87029020	20≤座≤23 非柴油客车	5%
4		87029030	10≤座≤19 非柴油客车	5%

续表

序号	ex	税则号列	商品名称	进口环节消费税税率
5		87032130	排气量≤1升的小轿车	1%
6		87032140	排气量≤1升的越野车	1%
7		87032150	排气量≤1升，≤9座的小客车	1%
8		87032190	排气量≤1升的其他车辆	1%
9		87032230	1升＜排气量≤1.5升的小轿车	3%
10		87032240	1升＜排气量≤1.5升的越野车	3%
11		87032250	1升＜排气量≤1.5升，≤9座的小客车	3%
12		87032290	1升＜排气量≤1.5升的其他载人车辆	3%
13		87032341	1.5升＜排气量≤2升的小轿车	5%
14		87032342	1.5升＜排气量≤2升的越野车	5%
15		87032343	1.5升＜排气量≤2升，≤9座的小客车	5%
16		87032349	1.5升＜排气量≤2升的其他载人车辆	5%
17		87032351	2升＜排气量≤2.5升的小轿车	9%
18		87032352	2升＜排气量≤2.5升的越野车	9%
19		87032353	2升＜排气量≤2.5升，≤9座的小客车	9%
20		87032359	2升＜排气量≤2.5升的其他载人车辆	9%
21		87032361	2.5升＜排气量≤3升的小轿车	12%
22		87032362	2.5升＜排气量≤3升的越野车	12%
23		87032363	2.5升＜排气量≤3升，≤9座的小客车	12%
24		87032369	2.5升＜排气量≤3升的其他载人车辆	12%
25		87032411	3升＜排气量≤4升的小轿车	25%
26		87032412	3升＜排气量≤4升的越野车	25%
27		87032413	3升＜排气量≤4升，≤9座的小客车	25%
28		87032419	3升＜排气量≤4升的其他载人车辆	25%
29		87032421	4升＜排气量的小轿车	40%
30		87032422	4升＜排气量的越野车	40%
31		87032423	4升＜排气量，≤9座的小客车	40%
32		87032429	4升＜排气量的其他载人车辆	40%
33		87033111	排气量≤1升的小轿车	1%
34		87033119	排气量≤1升的其他载人车辆	1%
35		87033121	1升＜排气量≤1.5升的小轿车	3%
36		87033122	1升＜排气量≤1.5升的越野车	3%

续表

序号	ex	税则号列	商品名称	进口环节消费税税率
37		87033123	1 升 < 排气量 ≤1.5 升，≤9 座的小客车	3%
38		87033129	1 升 < 排气量 ≤1.5 升的其他载人车辆	3%
39		87033211	1.5 升 < 排气量 ≤2 升的小轿车	5%
40		87033212	1.5 升 < 排气量 ≤2 升的越野车	5%
41		87033213	1.5 升 < 排气量 ≤2 升，≤9 座的小客车	5%
42		87033219	1.5 升 < 排气量 ≤2 升的其他载人车辆	5%
43		87033221	2 升 < 排气量 ≤2.5 升的小轿车	9%
44		87033222	2 升 < 排气量 ≤2.5 升的越野车	9%
45		87033223	2 升 < 排气量 ≤2.5 升，≤9 座的小客车	9%
46		87033229	2 升 < 排气量 ≤2.5 升的其他载人车辆	9%
47		87033311	2.5 升 < 排气量 ≤3 升的小轿车	12%
48		87033312	2.5 升 < 排气量 ≤3 升的越野车	12%
49		87033313	2.5 升 < 排气量 ≤3 升，≤9 座的小客车	12%
50		87033319	2.5 升 < 排气量 ≤3 升的其他载人车辆	12%
51		87033321	3 升 < 排气量 ≤4 升的小轿车	25%
52		87033322	3 升 < 排气量 ≤4 升的越野车	25%
53		87033323	3 升 < 排气量 ≤4 升，≤9 座的小客车	25%
54		87033329	3 升 < 排气量 ≤4 升的其他载人车辆	25%
55		87033361	4 升 < 排气量的小轿车	40%
56		87033362	4 升 < 排气量的越野车	40%
57		87033363	4 升 < 排气量 ≤9 座的小客车	40%
58		87033369	4 升 < 排气量的其他载人车辆	40%
59		87039000	其他型排气量 ≤1 升的其他载人车辆	1%
60			其他型 1 升 < 排气量 ≤1.5 升的其他载人车辆	3%
61			其他型 1.5 升 < 排气量 ≤2 升的其他载人车辆	5%
62			其他型 2 升 < 排气量 ≤2.5 升的其他载人车辆	9%
63			其他型 2.5 升 < 排气量 ≤3 升的其他载人车辆	12%
64			其他型 3 升 < 排气量 ≤4 升的其他载人车辆	25%
65			其他型 4 升 < 排气量的其他载人车辆	40%
66			电动汽车和其他无法区分排气量的载人车辆	0

备注：

1. 对我国驻外使领馆工作人员、外国驻华机构及人员、非居民常住人员、政府间协议规定等应税（消费税）进口自用，且完税价格 130 万元及以上的汽车（详见上表），按照进口环节消费税税率与零售环节消费税税率（10%）加总计算。

2. "ex"标识表示非全税目商品。

2.10 国家税务总局关于超豪华小汽车消费税征收管理有关事项的公告

2016 年 11 月 30 日 国家税务总局公告 2016 年第 74 号

根据《财政部 国家税务总局关于对超豪华小汽车加征消费税有关事项的通知》（财税〔2016〕129 号）规定，自 2016 年 12 月 1 日起，对超豪华小汽车在零售环节加征 10% 的消费税。现将有关事项公告如下：

一、从事超豪华小汽车零售的消费税纳税人（以下简称"纳税人"），未办理消费税税种登记的，应按主管税务机关的要求及时办理税种登记。

二、[条款废止] 2016 年 12 月 1 日起纳税人销售超豪华小汽车，应按月填报《其他应税消费品消费税纳税申报表》（见附件），向主管税务机关申报缴纳消费税。

三、2016 年 11 月 30 日（含）之前已签订汽车销售合同但未交付实物的超豪华小汽车，纳税人自 2016 年 12 月 1 日（含）起 5 个工作日内，应持已签订的汽车销售合同原件及复印件到主管税务机关备案。主管税务机关对合同原件和复印件内容核对无误后，复印件留存，原件退回纳税人。

对 2016 年 11 月 30 日（含）之前已签订汽车销售合同但未备案以及未按规定时限备案的，应当缴纳零售环节消费税。

四、备案的汽车销售合同中的"购车人、厂牌型号"等内容，应与纳税人交付实物时开具的《机动车销售统一发票》中的"购买方名称及身份证号码/组织机构代码、厂牌型号"栏目内容对应一致。不一致的，应当缴纳零售环节消费税。

五、本公告自 2016 年 12 月 1 日起施行。《国家税务总局关于高档化妆品消费税征收管理事项的公告》（国家税务总局公告 2016 年第 66 号）附件同时废止。

特此公告。

附件：【附件废止】其他应税消费品消费税纳税申报表

国家税务总局
2016 年 11 月 30 日

2.11 财政部 国家税务总局关于对超豪华小汽车加征消费税有关事项的通知

2016 年 11 月 30 日 财税〔2016〕129 号

各省、自治区、直辖市、计划单列市财政厅（局）、国家税务局，新疆生产建设兵团财务局：

为了引导合理消费，促进节能减排，经国务院批准，对超豪华小汽车加征消费税。现将有关事项通知如下：

　　一、"小汽车"税目下增设"超豪华小汽车"子税目。征收范围为每辆零售价格 130 万元（不含增值税）及以上的乘用车和中轻型商用客车，即乘用车和中轻型商用客车子税目中的超豪华小汽车。对超豪华小汽车，在生产（进口）环节按现行税率征收消费税基础上，在零售环节加征消费税，税率为 10%。

　　二、将超豪华小汽车销售给消费者的单位和个人为超豪华小汽车零售环节纳税人。

　　三、超豪华小汽车零售环节消费税应纳税额计算公式：

$$应纳税额 = 零售环节销售额（不含增值税，下同）\times 零售环节税率$$

国内汽车生产企业直接销售给消费者的超豪华小汽车，消费税税率按照生产环节税率和零售环节税率加总计算。消费税应纳税额计算公式：

$$应纳税额 = 销售额 \times（生产环节税率 + 零售环节税率）$$

　　四、上述规定自 2016 年 12 月 1 日起执行。对于 11 月 30 日（含）之前已签订汽车销售合同，但未交付实物的超豪华小汽车，自 12 月 1 日（含）起 5 个工作日内，纳税人持已签订的汽车销售合同，向其主管税务机关备案。对按规定备案的不征收零售环节消费税，未备案以及未按规定期限备案的，征收零售环节消费税。

　　附件：调整后的小汽车税目税率表

财政部　国家税务总局

2016 年 11 月 30 日

附件：调整后的小汽车税目税率表

税目	税率	
	生产（进口）环节	零售环节
小汽车		
1. 乘用车		
（1）气缸容量（排气量，下同）在 1.0 升（含 1.0 升）以下的	1%	
（2）气缸容量在 1.0 升以上至 1.5 升（含 1.5 升）的	3%	
（3）气缸容量在 1.5 升以上至 2.0 升（含 2.0 升）的	5%	
（4）气缸容量在 2.0 升以上至 2.5 升（含 2.5 升）的	9%	
（5）气缸容量在 2.5 升以上至 3.0 升（含 3.0 升）的	12%	
（6）气缸容量在 3.0 升以上至 4.0 升（含 4.0 升）的	25%	
（7）气缸容量在 4.0 升以上的	40%	
2. 中轻型商用客车	5%	
3. 超豪华小汽车	按子税目 1 和子税目 2 的规定征收	10%

2.12 关于《国家税务总局关于电池 涂料消费税征收管理有关问题的公告》的解读

2015 年 2 月 6 日 国家税务总局办公厅

为贯彻落实《财政部 国家税务总局关于对电池 涂料征收消费税的通知》（财税〔2015〕16 号）文件精神，保证政策执行到位，就电池、涂料消费税相关征收管理事项制定本公告。

一、关于税种登记

考虑电池、涂料为新增消费税税目，为顺利开展纳税申报等相关涉税事宜，公告要求电池、涂料消费税纳税人应到所在地主管税务机关办理税种登记，具体办理流程和时限要求由各省、自治区、直辖市、计划单列市国家税务局确定。

二、关于税款扣除

根据《财政部 国家税务总局关于〈中华人民共和国消费税暂行条例实施细则〉有关条款解释的通知》（财法〔2012〕8 号）规定，对纳税人委托加工收回应税消费品且以高于受托方的计税价格出售的准予扣除已纳消费税税款，明确扣除凭证为《税收缴款书（代扣代收专用）》，并相应设计了电池、涂料消费税纳税人用于计算扣除税款的《电池、涂料税款抵扣台账》。

同时，为减轻征纳双方负担，公告要求纳税人须将用于计算扣除消费税税款的《税收缴款书（代扣代收专用）》复印件按月装订备查，不需申报提交主管税务机关。

三、关于优惠政策

为规范电池、涂料享受税收优惠政策产品的管理，公告规定生产、委托加工相关电池、涂料产品的纳税人须持有省级以上质量技术监督部门依法授予实验室资质认定的检测机构出具的电池、涂料产品检测报告，并按规定报送主管税务机关。

四、关于纳税申报

在目前信息化建设的不断推进，信息采集和共享程度不断提高的环境下，从简化办税资料和办税程序的目的出发，公告在现行的其他应税消费品从价定率申报表的基础上，对部分申报附表进行了删减和调整，单独制定了电池、涂料消费税申报表。

2.13 关于《国家税务总局关于高档化妆品消费税征收管理事项的公告》的解读

2016 年 10 月 26 日 国家税务总局办公厅

根据《财政部 国家税务总局关于调整化妆品消费税政策的通知》（财税〔2016〕103 号）规定，从 2016 年 10 月 1 日起，取消对普通美容、修饰类化妆品征收消费税，将"化妆品"税目名称更名为"高档化妆品"，税率调整为 15%。国家税务总局相应对消费税纳税申报表进行了调整，进一步明确高档化妆品消费税抵扣管理事项，制定本《公告》。

一、对《国家税务总局关于调整消费税纳税申报表有关问题的公告》（国家税务总局公告2014 年第 72 号）附件 2《其他应税消费品消费税纳税申报表》填写说明中"化妆品"相关内容进行了修改。

二、对高档化妆品消费税抵扣管理事项做了明确规定，内容包括：

一是为保持政策延续性，《公告》明确：自 2016 年 10 月 1 日起，纳税人以外购、进口和委托加工收回的高档化妆品为原料连续生产高档化妆品，准予从高档化妆品消费税应纳税额中扣除外购、进口和委托加工收回的高档化妆品已纳消费税税款；用于连续生产非高档化妆品的，不得抵扣消费税。

二是考虑到纳税人存在 2016 年 10 月 1 日前购进已税化妆品，但在 10 月 1 日以后取得增值税专用发票等抵扣凭证的情况，《公告》明确：纳税人外购、进口和委托加工收回已税化妆品用于生产高档化妆品的，其取得 2016 年 10 月 1 日前开具的抵扣凭证，应于 2016 年 11 月 30 日前按原化妆品消费税 30% 的税率计提待抵扣消费税，逾期不得计提。

三是为加强高档化妆品消费税抵扣管理，《公告》明确：纳税人应严格按照《国家税务总局关于印发〈调整和完善消费税政策征收管理规定〉的通知》（国税发〔2006〕49 号）规定，设立高档化妆品消费税抵扣税款台账。

2.14　海关总署关于对进口环节消费税税目、税率及相关政策进行调整的公告

2006 年 4 月 3 日　海关总署 2006 年第 15 号公告

经国务院批准，自 2006 年 4 月 1 日起，对进口环节消费税税目、税率及相关政策进行调整。现将有关消费税政策调整和执行问题公告如下：

一、新增对高尔夫球及球具、高档手表、游艇、木制一次性筷子、实木地板、石脑油、溶剂油、润滑油、燃料油、航空煤油等产品征收消费税；停止对护肤护发品征收消费税；调整汽车、摩托车、汽车轮胎、白酒的消费税税率；石脑油、溶剂油、润滑油、燃料油暂按应纳消费税税额的 30% 征收；航空煤油暂缓征收消费税；子午线轮胎免征消费税。

其中，对进口白酒类征收复合消费税时，应按 20% 的税率计征从价消费税，同时按 1 元/公斤的税率计征从量消费税。对进口卷烟（包括烟草制的卷烟和烟草代用品制的卷烟，10 位商品编码分别为：2402200000、2402900010）仍按海关总署 2004 年第 4 号公告规定的计税方法计征复合消费税。

调整后征收进口环节消费税的商品共 14 类，具体税目税率见附件。

二、在海关调整有关程序和参数前，进口上述商品时，纳税义务人应在报关单"征免方式"栏填写"特案"；海关采用手工处理方式征收税款。相关程序和参数调整后，海关总署将另行通知。

三、进口环节消费税的征收管理仍应按《中华人民共和国海关法》第六十五条规定，适用关税征收管理的规定。

本公告自 2006 年 4 月 1 日起执行。

特此公告。

附件：进口环节消费税应税税目税率表

附件：进口环节消费税应税税目税率表

商品编码	商品名称	税率	备注
2106902000	制造饮料用的复合酒精制品	5%	
2203000000	麦芽酿造的啤酒	进口完税价格≥370美元/吨的麦芽酿造啤酒，税率为250元/吨 进口完税价格＜370美元/吨的麦芽酿造啤酒，税率为220元/吨	1千克＝0.988升
2204100000	葡萄汽酒	10%	
2204210000	小包装的鲜葡萄酿造的酒（小包装指装入两升及以下容器的）	10%	
2204290000	其他包装鲜葡萄酿造的酒（其他包装指装入两升以上容器的）	10%	
2204300000	其他酿酒葡萄汁（编号2009以外的）	10%	
2205100000	小包装的味美思酒及类似酒（2升及以下容器包装，加植物或香料的用鲜葡萄酿造的酒）	10%	
2205900000	其他包装的味美思酒及类似酒（2升以上容器包装，加植物或香料的用鲜葡萄酿造的酒）	10%	
2206000010	黄酒	240元/吨	1千克＝0.962升
2206000090	其他发酵饮料（未列名的发酵饮料混合物及发酵饮料与无酒精饮料的混合物）	10%	
2207100000	酒精浓度在80%及以上的未改性乙醇	5%	
2207200010	任何浓度的改性乙醇	5%	
2207200090	任何浓度的其他酒精	5%	
2208200000	蒸馏葡萄酒制得的烈性酒	20%＋1元/公斤	1升＝0.912千克
2208300000	威士忌酒	20%＋1元/公斤	
2208400000	朗姆酒及其他甘蔗蒸馏酒	20%＋1元/公斤	
2208500000	杜松子酒	20%＋1元/公斤	
2208600000	伏特加酒	20%＋1元/公斤	
2208700000	利口酒及柯迪尔酒	20%＋1元/公斤	
2208901000	龙舌兰酒	20%＋1元/公斤	
2208909010	酒精浓度在80%以下的未改性乙醇	5%	
2208909020	薯类蒸馏酒	20%＋1元/公斤	1升＝0.912千克
2208909090	其他蒸馏酒及酒精饮料	20%＋1元/公斤	
2402100000	烟草制的雪茄烟	40%	

续表

商品编码	商品名称	税率	备注
2402200000	烟草制的卷烟，每标准条进口消费税适用比例税率的价格≥50元人民币	45% + 150 元/标准箱	1 标准条 = 200 支；1 标准箱 = 5 万支
	烟草制的卷烟，每标准条进口消费税适用比例税率的价格<50元人民币	30% + 150 元/标准箱	
2402900010	烟草代用品制的卷烟，每标准条进口消费税适用比例税率的价格≥50元人民币	45% + 150 元/标准箱	
	烟草代用品制的卷烟，每标准条进口消费税适用比例税率的价格<50元人民币	30% + 150 元/标准箱	
2402900090	烟草代用品制的雪茄烟	40%	
2403100000	供吸用的烟草（不论是否含有任何比例的烟草代用品）	30%	
2403910010	再造烟草	30%	
2403910090	均化烟草	30%	
2403990090	其他烟草及烟草代用品的制品	30%	烟草精汁除外
2710111000	车用汽油及航空汽油	0.2 元/升	1 千克 = 1.388 升
2710112000	石脑油	0.2 元/升，减按 0.06 元/升征收	1 千克 = 1.385 升
2710113000	橡胶溶剂油、油漆溶剂油、抽提溶剂油	0.2 元/升，减按 0.06 元/升征收	1 千克 = 1.282 升
2710191100	航空煤油	0.1 元/升，暂缓征收	1 千克 = 1.246 升
2710192100	轻柴油	0.1 元/升	1 千克 = 1.176 升
2710192200	5-7 号燃料油	0.1 元/升，减按 0.03 元/升征收	1 千克 = 1.015 升
2710192920	重柴油	0.1 元/升，减按 0.03 元/升征收	1 千克 = 1.015 升
2710192990	其他柴油及燃料油	0.1 元/升，减按 0.03 元/升征收	1 千克 = 1.015 升 蜡油：350℃ 以下馏出物体积百分比小于 20%，550℃ 以下馏出物体积百分比大于 80%
2710199100	润滑油	0.2 元/升，减按 0.06 元/升征收	1 千克 = 1.126 升
3302109010	生产食品、饮料用混合香料及制品（含以香料为基本成分的混合物，按容量计酒精浓度>0.5%）	5%	
3303000000	香水及花露水	30%	
3304100000	唇用化妆品	30%	
3304200000	眼用化妆品	30%	

商品编码	商品名称	税率	备注
3304300000	指（趾）甲化妆品	30%	
3304910000	香粉，不论是否压紧	30%	
3304990091	其他含濒危植物成分美容化妆品	30%	不包括护肤品
3304990099	其他美容化妆品	30%	
3604100000	烟花，爆竹	15%	
4011100090	机动小客车用新充气非子午线轮胎（橡胶轮胎，包括旅行小客车及赛车用）	3%	
4011200019	断面宽度≥24英寸的客或货车用新的非子午线充气橡胶轮胎	3%	
4011200099	客或货车用新的其他非子午线充气橡胶轮胎	3%	
4011400000	摩托车用新的充气橡胶轮胎	3%	
4011610019	断面宽≥24英寸人字形非子午线轮胎（新充气橡胶轮胎，含胎面类似人字形的，农林车辆机械用）	3%	子午线轮胎是指在轮胎结构中，胎体帘子线按子午线方向排列，并有钢丝帘线排列几乎接近圆周方向的带束层束紧胎体的轮胎
4011610099	其他人字形胎面非子午线轮胎（新充气橡胶轮胎，含胎面类似人字形的，农林车辆机械用）	3%	
4011620019	断面宽≥24英寸人字形非子午线轮胎（建筑业，工业用，辋圈≤61cm，新充气橡胶胎，含类似人字形）	3%	
4011620099	其他人字形胎面非子午线轮胎（建筑业，工业用，辋圈≤61cm，新充气橡胶胎，含类似人字形）	3%	
4011630019	断面宽≥24英寸人字形非子午线轮胎（建筑业，工业用，辋圈＞61cm，新充气橡胶胎，含类人字形）	3%	
4011630099	其他人字形胎面非子午线轮胎（建筑业，工业用，辋圈＞61cm，新充气橡胶胎，含类人字形）	3%	
4011690019	断面宽≥24英寸人字形非子午线轮胎（其他用途，新充气橡胶轮胎，含胎面类似人字形的）	3%	
4011690099	其他人字形胎面非子午线轮胎（其他用途，新充气橡胶轮胎，含胎面类似人字形的）	3%	
4011920019	其他断面宽≥24英寸非子午线轮胎（新充气橡胶轮胎，非人字形胎面，农林车辆机械用）	3%	
4011920099	其他新的充气橡胶非子午线轮胎（新充气橡胶轮胎，非人字形胎面，农林车辆机械用）	3%	

续表

商品编码	商品名称	税率	备注
4011930019	其他断面宽≥24 英寸非子午线轮胎（建筑业，工业用，辋圈≤61cm，新充气橡胶胎，非人字形胎面）	3%	
4011930099	其他新的充气橡胶非子午线轮胎（建筑业，工业用，辋圈≤61cm，新充气橡胶胎，非人字形胎面）	3%	
4011940019	其他断面宽≥24 英寸非子午线轮胎（建筑业，工业用，辋圈＞61cm，新充气橡胶胎，非人字形胎面）	3%	
4011940099	其他新的充气橡胶非子午线轮胎（建筑业，工业用，辋圈＞61cm，新充气橡胶胎，非人字形胎面）	3%	
4011990019	其他断面宽≥24 英寸非子午线轮胎（其他用途，新充气橡胶轮胎，非人字形胎面）	3%	
4011990099	其他新的充气橡胶非子午线轮胎（其他用途，新充气橡胶轮胎，非人字形胎面）	3%	
4012201090	汽车用旧的充气橡胶非子午线轮胎	3%	
4012209090	其他用旧的充气橡胶非子午线轮胎	3%	
4012902090	汽车用实心或半实心非子午线轮胎（还包括可互换橡胶胎面及橡胶轮胎衬带）	3%	
4012909090	其他用实心或半实心非子午线轮胎（还包括可互换橡胶胎面及橡胶轮胎衬带）	3%	
4013100000	汽车用橡胶内胎（机动小客车（包括旅行小客车及赛车）、客运车或货运车用）	3%	
4013909000	其他用橡胶内胎	3%	
4409101010	一边或面制成连续形状的濒危针叶木制地板条、块（包括未装拼的拼花地板用板条及缘板）	5%	
4409101090	一边或面制成连续形状的其他针叶木地板条，块（包括未装拼的拼花地板用板条及缘板）	5%	
4409201910	一边或面制成连续形状的拉敏木地板条、块（包括未装拼的拼花地板用板条及缘板）	5%	
4409201920	一边或面制成连续形状的桃花心木地板条、块（包括未装拼的拼花地板用板条及缘板）	5%	

续表

商品编码	商品名称	税率	备注
4409201930	一边或面制成连续形状的其他濒危木地板条、块（包括未装拼的拼花地板用板条及缘板）	5%	
4409201990	一边或面制成连续形状的其他非针叶木地板条、块（包括未装拼的拼花地板用板条及缘板）	5%	
4419003100	木制一次性筷子	5%	
7101101100	未分级的天然黑珍珠（不论是否加工，但未制成制品）	10%	
7101101900	其他未分级的天然珍珠（不论是否加工，但未制成制品）	10%	
7101109100	其他天然黑珍珠（不论是否加工，但未制成制品）	10%	
7101109900	其他天然珍珠（不论是否加工，但未制成制品）	10%	
7101211000	未分级，未加工的养殖珍珠（未制成制品）	10%	
7101219000	其他未加工的养殖珍珠（未制成制品）	10%	
7101221000	未分级，已加工的养殖珍珠（未制成制品）	10%	
7101229000	其他已加工的养殖珍珠（未制成制品）	10%	
7103100000	未加工宝石或半宝石（经简单锯开或粗制成形，未成串或镶嵌）	10%	
7103910000	经其他加工的红，蓝，绿宝石（未成串或镶嵌）	10%	
7103991000	经其他加工的翡翠（未成串或镶嵌）	10%	
7103999000	经其他加工的其他宝石或半宝石（未成串或镶嵌）	10%	
7104209000	未加工合成或再造其他宝石半宝石（经简单锯开或粗制成形，未成串或镶嵌）	10%	
7104901900	其他工业用合成或再造宝石半宝石（包括宝石或半宝石）	10%	
7104909900	其他非工业用合成宝石或半宝石（未成串或镶嵌）	10%	
7105900000	其他天然或合成宝石或半宝石粉末	10%	
7113209010	镶嵌濒危物种制品以贱金属为底的包贵金属制首饰（包括零件）	10%	

续表

商品编码	商品名称	税率	备注
7113209090	其他以贱金属为底的包贵金属制首饰（包括零件）	10%	
7116100000	天然或养殖珍珠制品	10%	
7116200010	钻石制品（包括天然，合成或再造的）	10%	
7116200090	其他宝石或半宝石制品（包括天然，合成或再造的）	10%	
8702109210	20≤座≤23 装有压燃式活塞内燃发动机的客车	5%	
8702109300	10≤座≤19 装有压燃式活塞内燃发动机的客车	5%	
8702902010	20≤座≤23 装有非压燃式活塞内燃发动机的客车	5%	
8702903000	10≤座≤19 装有非压燃式活塞内燃发动机的客车	5%	
8703213010	排气量≤1 升的装有点燃往复式活塞内燃发动机的小轿车	3%	
8703219010	排气量≤1 升的装有点燃往复式活塞内燃发动机的其他车辆	3%	
8703223010	1 升＜排气量≤1.5 升的装有点燃往复式活塞内燃发动机的小轿车	3%	
8703224010	1 升＜排气量≤1.5 升的装有点燃往复式活塞内燃发动机的四轮驱动越野车	3%	
8703225010	1 升＜排气量≤1.5 升的装有点燃往复式活塞内燃发动机的小客车（≤9 座）	3%	
8703229010	1 升＜排气量≤1.5 升的装有点燃往复式活塞内燃发动机的其他载人车	3%	
8703231411	1.5 升＜排气量≤2 升的装点燃往复式活塞内燃发动机的小轿车	5%	
8703231419	2 升＜排气量≤2.5 升的装点燃往复式活塞内燃发动机的小轿车	9%	
8703231511	1.5 升＜排气量≤2 升的装点燃往复式活塞内燃发动机四轮驱动越野车	5%	
8703231519	2 升＜排气量≤2.5 升的装点燃往复式活塞内燃发动机轮驱动越野车	9%	
8703231611	1.5 升＜排气量≤2 升的装点燃往复式活塞内燃发动机小客车（指≤9 座）	5%	

商品编码	商品名称	税率	备注
8703231619	2升＜排气量≤2.5升的装点燃往复式活塞内燃发动机的小客车（指≤9座）	9%	
8703231911	1.5升＜排气量≤2升的装点燃往复式活塞内燃发动机其他载人车辆	5%	
8703231919	2升＜排气量≤2.5升的装点燃往复式活塞内燃发动机其他载人车辆	9%	
8703233410	2.5升＜排气量≤3升的装点燃往复式活塞内燃发动机小轿车	12%	
8703233510	2.5升＜排气量≤3升的装点燃往复式活塞内燃发动机越野车	12%	
8703233610	2.5升＜排气量≤3升的装点燃往复式活塞内燃发动机旅行小客车（≤9座）	12%	
8703233910	2.5升＜排气量≤3升的装点燃往复式活塞内燃发动机其他载人车（≤9座）	12%	
8703243011	3升＜排气量≤4升的装有点燃往复式活塞内燃发动机小轿车	15%	
8703243019	排气量＞4升的装有点燃往复式活塞内燃发动机小轿车	20%	
8703244011	3升＜排气量≤4升的装有点燃往复式活塞内燃发动机越野车	15%	
8703244019	排气量＞4升的装有点燃往复式活塞内燃发动机越野车	20%	
8703245011	3升＜排气量≤4升的装有点燃往复式活塞内燃发动机的小客车（≤9座）	15%	
8703245019	排气量＞4升的装有点燃往复式活塞内燃发动机的小客车（≤9座）	20%	
8703249011	3升＜排气量≤4升的装有点燃往复式活塞内燃发动机的其他载人车辆	15%	
8703249019	排气量＞4升的装有点燃往复式活塞内燃发动机其他载人车辆	20%	
8703313010	排气量≤1.5升的装有压燃式活塞内燃发动机小轿车	3%	
8703314010	排气量≤1.5升的装有压燃式活塞内燃发动机越野车	3%	
8703315010	排气量≤1.5升的装有压燃式活塞内燃发动机小客车（≤9座）	3%	

续表

商品编码	商品名称	税率	备注
8703319010	排气量≤1.5 升的装有压燃式活塞内燃发动机其他载人车	3%	
8703323011	1.5 升＜排气量≤2 升装有压燃式活塞内燃发动机小轿车	5%	
8703323019	2 升＜排气量≤2.5 升装有压燃式活塞内燃发动机小轿车	9%	
8703324011	1.5 升＜排气量≤2 升装有压燃式活塞内燃发动机四轮驱动越野车	5%	
8703324019	2 升＜排气量≤2.5 升装有压燃式活塞内燃发动机四轮驱动越野车	9%	
8703325011	1.5 升＜排气量≤2 升装有压燃式活塞内燃发动机小客车（指≤9 座）	5%	
8703325019	2 升＜排气量≤2.5 升装有压燃式活塞内燃发动机小客车（指≤9 座）	9%	
8703329011	1.5 升＜排气量≤2 升的装有压燃式活塞内燃发动机其他载人车辆	5%	
8703329019	2 升＜排气量≤2.5 升的装有压燃式活塞内燃发动机其他载人车辆	9%	
8703333011	2.5 升＜排气量≤3 升装有压燃式活塞内燃发动机小轿车	12%	
8703333012	3 升＜排气量≤4 升装有压燃式活塞内燃发动机小轿车	15%	
8703333019	排气量＞4 升装有压燃式活塞内燃发动机小轿车	20%	
8703334011	2.5 升＜排气量≤3 升装有压燃式活塞内燃发动机四轮驱动越野车	12%	
8703334012	3 升＜排气量≤4 升装有压燃式活塞内燃发动机四轮驱动越野车燃发动机	15%	
8703334019	排气量＞4 升装有压燃式活塞内燃发动机四轮驱动越野车	20%	
8703335011	2.5 升＜排气量≤3 升装有压燃式活塞内燃发动机的小客车（≤9 座）	12%	
8703335012	3 升＜排气量≤4 升装有压燃式活塞内燃发动机的小客车（≤9 座）	15%	
8703335019	排气量＞4 升装有压燃式活塞内燃发动机的小客车（≤9 座）	20%	

商品编码	商品名称	税率	备注
8703339011	2.5 升 < 排气量 ≤ 3 升的装有压燃式活塞内燃发动机的其他载人车辆	12%	
8703339012	3 升 < 排气量 ≤ 4 升的装有压燃式活塞内燃发动机的其他载人车辆	15%	
8703339019	排气量 > 4 升的装有压燃式活塞内燃发动机的其他载人车辆	20%	
8703900011	其他型排气量 ≤ 1.5 升的其他载人车辆	3%	
8703900012	其他型 1.5 升 < 排气量 ≤ 2 升的其他载人车辆	5%	
8703900013	其他型 2 升 < 排气量 ≤ 2.5 升的其他载人车辆	9%	
8703900014	其他型 2.5 升 < 排气量 ≤ 3 升的其他载人车辆	12%	
8703900015	其他型 3 升 < 排气量 ≤ 4 升的其他载人车辆	15%	
8703900016	其他型 4 升 < 排气量的其他载人车辆	20%	
8711100010	排气量 = 50 毫升的装有往复式活塞内燃发动机摩托车及脚踏两用车	3%	
8711100090	排气量 < 50 毫升的装有往复式活塞内燃发动机摩托车及脚踏两用车	3%	
8711201000	50 毫升 < 排气量 ≤ 100 毫升的装有往复式活塞内燃发动机摩托车及脚踏两用车	3%	
8711202000	100 毫升 < 排气量 ≤ 125 毫升的装有往复式活塞内燃发动机摩托车及脚踏两用车摩托车	3%	
8711203000	125 毫升 < 排气量 ≤ 150 毫升的装有往复式活塞内燃发动机摩托车及脚踏两用车摩托车	3%	
8711204000	150 毫升 < 排气量 ≤ 200 毫升的装有往复式活塞内燃发动机摩托车及脚踏两用车摩托车	3%	
8711205000	200 毫升 < 排气量 ≤ 250 毫升的装有往复式活塞内燃发动机摩托车及脚踏两用车摩托车	3%	
8711301000	250 毫升 < 排气量 ≤ 400 毫升的装有往复式活塞内燃发动机摩托车及脚踏两用车摩托车	10%	

续表

商品编码	商品名称	税率	备注
8711302000	400 毫升 < 排气量 ≤ 500 毫升的装有往复式活塞内燃发动机摩托车及脚踏两用车摩托车	10%	
8711400000	500 毫升 < 排气量 ≤ 800 毫升的装有往复式活塞内燃发动机摩托车及脚踏两用车摩托车	10%	
8711500000	排气量 > 800 毫升的装有往复式活塞内燃发动机摩托车及脚踏两用车摩托车	10%	
8711909011	排气量 ≤ 250 毫升摩托车及脚踏两用车	3%	
8711909012	排气量 > 250 毫升摩托车及脚踏两用车	10%	
8711909019	其他无法区分排气量的摩托车及脚踏两用车	3%	
8903910010	8 米 < 长度 < 90 米的机动帆船（不论是否装有辅助发动机）	10%	
8903920010	8 米 < 长度 < 90 米的汽艇（装有舷外发动机的除外）	10%	
8903990010	8 米 < 长度 < 90 米的娱乐或运动用其他机动船舶或快艇（包括划艇及轻舟）	10%	
91011100、91011200、91011900、91012100、91012900、91021100、91021200、91021900、91022100、91022900	上述税号中每块进口关税完税价格在 10 000 元人民币及以上的手表	20%	
9506310000	完整的高尔夫球棍	10%	
9506320000	高尔夫球	10%	

注：电动汽车及其他无法区分排气量的载人车辆不征收消费税。

2.15　关于《〈出口货物劳务增值税和消费税管理办法〉有关问题的公告》的解读

2013 年 3 月 20 日　国家税务总局办公厅

为进一步规范管理，严格执行出口货物劳务税收政策，国家税务总局制定发布了《国家税务总局关于〈出口货物劳务增值税和消费税管理办法〉有关问题的公告》（以下简称《公告》），对《出口货物劳务增值税和消费税管理办法》（国家税务总局公告 2012 年第 24 号，以下简称《管理办法》）的有关条款进行了细化和完善，现将《公告》内容解读如下：

一、《公告》制定的背景

《公告》制定的背景主要包含以下几个方面：一是《管理办法》下发后，国家外汇管理部门进行了货物贸易外汇核销制度改革，取消了用于申报退税的出口收汇核销单，《管理办法》需要进行相应的调整；二是《管理办法》下发执行以来，各地税务机关和出口企业通过不同形式反映了一些执行中存在的问题，并提出了一些完善的建议，国家税务总局在研究论证后，决定对《管理办法》进行完善；三是国家税务总局在研究优化出口退税流程、加强出口退税管理等措施时，发现这些措施的实施要以企业的申报为起始，需进一步细化《管理办法》的相关规定。

二、《公告》修改完善《管理办法》的主要内容

（一）针对货物贸易外汇核销制度改革，取消出口收汇核销单的情况，废止了《管理办法》及有关申报表中外汇核销单的内容。

（二）将生产企业已申报免抵退税，但发生退运或改为实行免税或征税的处理方式，由《管理办法》中的本年度的采用负数冲减、跨年度的采用追回已退（免）税款的方式，统一为全部采用负数冲减的方式。这样一方面便于操作，另一方面也符合企业会计准则中"企业已经确认销售商品收入的售出商品发生销售退回的，应当在发生时，冲减当期的销售商品收入"的规定。

（三）修改了生产企业进料加工出口货物免抵退税申报和手册核销的相关规定。

《公告》将生产企业进料加工出口货物统一改为"实耗法"，并基于海关加工贸易核销数据优化进料加工业务的流程。

《公告》中一是将生产企业进料加工出口货物办理免抵退税由原来五个环节简化为三个环节，即："申报确认计划分配率"（这个环节每个企业只需进行一次）、"按计划分配率计算出口增值部分申报免抵退税""对上年度海关已核销的手册统一进行核销并对前期数据进行调整"；二是将原来企业每个手册都要备案、核销，改为只在新办法实施初期办理一次备案、年度内一次性核销；三是取消了原管理模式的两个表单："进料加工进口料件明细申报表"和"生产企业进料加工贸易免税证明"，减轻企业数据录入和税务机关审核比对的工作量。

（四）完善了委托出口货物《退运已补税（未退税）证明》的开具流程。

三、《公告》对《管理办法》中部分内容进一步细化明确的主要内容

（一）进一步明确了办理退（免）税和免税申报的时限。将退（免）税申报逾期的情形明确为"超过次年 4 月 30 日前最后一个增值税纳税申报期截止之日"，将未在规定期限内申报免税的情形明确为"未在报关出口之日次月至次年 5 月 31 日前的各增值税纳税申报期内填报《免税出口货物劳务明细表》，提供正式申报电子数据，向主管税务机关办理免税申报手续的"。

（二）进一步细化和明确了办理退（免）税、免税业务时，提供有关资料的要求。一是明确了申请办理出口退（免）税资格认定时，应提供电子数据；二是明确了按规定放弃免税的，应向主管税务机关提交《出口货物劳务放弃免税权声明表》备案；三是明确了要求提供复印件的，应在复印件上注明"与原件相符"字样，并加盖企业公章；四是明确了用于对外承包工程项目的出口货物，由出口企业申请退（免）税。出口企业如属于分包单位的，申请退（免）税的，还须提供分包合同（协议）。同时明确了该项规定自 2012 年 1 月 1 日起开始执行。

（三）进一步细化了企业退（免）税办法变更的要求和管理规定。

四、《公告》在《管理办法》基础上增加的主要内容

（一）根据出口退（免）税政策规定，细化了有关出口退（免）税管理规定。

1. 增加了按照财税〔2012〕39 号文件规定实行"先退税后核销"的交通运输工具和机器设备的申报、核销免抵退税的具体办法。

2. 根据地方政府和出口企业反映的实际情况，《公告》补充了边境地区出口企业以边境小额贸易方式代理外国企业和外国自然人报关出口货物实行简化的备案办法进行管理的规定。

3. 将《国家税务总局关于扩大适用免抵退税管理办法企业范围有关问题的公告》（国家税务总局公告 2011 年第 18 号）内容纳入《公告》。

（二）增加了优化出口退税服务的有关规定

1. 明确了出口退税申报系统可从国家税务总局网站免费下载或由主管税务机关免费提供。

2. 明确了企业申请税务机关免费提供的出口退税业务提醒服务。

3. 明确了企业可在退（免）税正式申报前进行预申报。同时为保障出口企业的合法权益明确，规定了电子信息不齐的出口货物劳务，也可进行退（免）税正式申报。

4. 按照优化服务、体现宽严相济管理的指导思想，《公告》中增加了出口企业因特殊原因无法在规定期限内取得单证申报退（免）税，申请延期申报的适用情形和办理程序。

（三）增加了规范企业办理出口退（免）税、免税业务的管理规定

1. 要求企业申报退（免）税时发生出口发票金额与出口报关单上金额不一致、由于海关调整商品代码造成报关单上商品代码与出口退税率文库不一致等情况，需填报相关表格，说明情况。

2. 增加了退（免）税、免税申报的规范性要求。要求退（免）税、免税申报时，需将有关纸质资料按申报表顺序整理、装订成册，报送或留存备查。

3. 细化了申报退（免）税提供的出口报关单和增值税专用发票的匹配规定。

4. 明确了免税品经营企业要将经营货物提交主管税务机关备案。

5. 明确了经税务机关审核退（免）税发现疑点，企业应按照主管税务机关的要求接受约谈、提供书面说明情况，填写并报送自查表。

6. 明确了输入特殊区域的水电气，区内生产企业用于出租、出让厂房的，不得申报退税，进项税额须转入成本。

（四）增加了防范骗取出口退（免）税的有关管理规定

1. 增加了 15 种不予退（免）税，适用增值税征税政策的情形。

《公告》中列举的 15 种不予退（免）税，适用增值税征税政策的情形，是对财税〔2012〕

39 号文件当中的"退（免）税申报凭证有伪造或内容不实""提供虚假备案单证"的细化。主要目的如下：一是可以进一步规范出口企业办理出口业务的行为，提高遵从度；二是可以保障国家税款安全，进一步提高行政管理效率。

2. 规定了暂不办理退税的 3 种出口业务情形和 1 种出口企业情形。

3. 明确了经税务机关审核退（免）税发现疑点，企业应按照主管税务机关的要求接受约谈、提供书面说明情况，填写并报送自查表。

4. 规定了对出口业务存在需要进一步核查疑点的，对所涉及的退（免）税采用暂不办理、提供担保等措施，从而保障国家退税款的安全。

五、《公告》的执行时间

《公告》除已明确执行时间的规定外，其他自 2013 年 4 月 1 日起执行。需要说明的是，由于《公告》规定有一些资料需要通过出口退税申报系统进行填报，因此在出口退税申报系统升级完善之前暂报送纸质资料，待出口退税申报系统升级完成后执行。

2.16　国家税务总局关于消费税若干征税问题的通知

1997 年 5 月 21 日　　国税发〔1997〕84 号

最近，各地在执行消费税政策中陆续反映出一些问题，要求国家税务总局给予明确。现根据部分地区消费税问题座谈会讨论的意见，就有关具体征税问题通知如下：

［条款失效］**一、关于普通发票不含增值税销售额的换算问题**

对纳税人用外购已税烟丝等 8 种应税消费品连续生产应税消费品扣除已纳税款的计算方法统一后，如果企业购进的已税消费品开具的是普通发票，在换算为不含增值税的销售额时，应一律采取 6% 的征收率换算。具体计算公式为：

不含增值税的外购已税消费品的销售额 = 外购已税消费品的含税销售额 ÷（1 + 6%）

二、关于工业企业从事应税消费品购销的征税问题

（一）对既有自产应税消费品，同时又购进与自产应税消费品同样的应税消费品进行销售的工业企业，对其销售的外购应税消费品应当征收消费税，同时可以扣除外购应税消费品的已纳税款。

上述允许扣除已纳税款的外购应税消费品仅限于烟丝、酒、酒精、化妆品、护肤护发品、珠宝玉石、鞭炮焰火、汽车轮胎和摩托车。

（二）对自己不生产应税消费品，而只是购进后再销售应税消费品的工业企业，其销售的粮食白酒、薯类白酒、酒精、化妆品、护肤护发品、鞭炮焰火和珠宝玉石，凡不能构成最终消费品直接进入消费品市场，而需进一步生产加工的（如需进一步加浆降度的白酒及食用酒精，需进行调香、调味和勾兑的白酒，需进行深加工、包装、贴标、组合的珠宝玉石、化妆品、酒、鞭炮焰火等），应当征收消费税，同时允许扣除上述外购应税消费品的已纳税款。

本规定中允许扣除已纳税款的应税消费品只限于从工业企业购进的应税消费品，对从商业企业购进应税消费品的已纳税款一律不得扣除。

［条款失效］**三、关于配制酒、泡制酒征税问题**

对企业以白酒和酒精为酒基，加入果汁、香料、色素、药材、补品、糖、调料等配制或泡制的酒，不再按"其他酒"子目中的"复制酒"征税，一律按照酒基所用原料确定白酒的适用税率。凡酒基所用原料无法确定的，一律按粮食白酒的税率征收消费税。

对以黄酒为酒基生产的配制或泡制酒，仍按"其他酒"10%的税率征收消费税。

[条款失效] 四、关于特种用车的范围问题

《消费税征收范围注释》中规定的特种用车范围只限于急救车和抢修车，对其他车只要属于小汽车的征收范围，均应按规定征收消费税。

五、关于饮食业、商业、娱乐业生产啤酒的征税问题

对饮食业、商业、娱乐业举办的啤酒屋（啤酒坊）利用啤酒生产设备生产的啤酒，应当征收消费税。

本通知自文到之日起执行。

2.17　国家税务总局关于印发《调整和完善消费税政策征收管理规定》的通知

2006 年 3 月 31 日　国税发〔2006〕49 号

各省、自治区、直辖市和计划单列市国家税务局，扬州税务进修学院，局内各单位：

现将《调整和完善消费税政策征收管理规定》印发给你们，请遵照执行。

附件：1 – 6

1. 应税消费品生产经营情况登记表
2. 生产企业生产经营情况表
3. 生产企业产品销售明细表（油品）
4. 抵扣税款台账（外购从价定率征收应税消费品）
5. 抵扣税款台账（委托加工收回、进口从价定率征收的应税消费品）
6. [条款失效] 抵扣税款台账（从量定额征收应税消费品）

国家税务总局
2006 年 3 月 31 日

调整和完善消费税政策征收管理规定

为了贯彻落实《财政部　国家税务总局关于调整和完善消费税政策的通知》（财税〔2006〕33 号，以下简称通知），规范征收管理，现将有关调整和完善消费税政策涉及的税收征收管理问题规定如下：

一、关于税种登记

生产销售属于通知第一条、第四条征税范围的应税消费品的单位和个人，均应在 2006 年 4 月 30 日前到所在地主管税务机关办理税种登记，填写"应税消费品生产经营情况登记表"（见附件1）。

"应税消费品生产经营情况登记表"仅限于此次政策调整所涉及的应税消费品生产企业

使用。

主管税务机关应根据纳税人上报的资料，及时进行实地查验、核实，了解本地区税源分布情况。

二、关于纳税申报

（一）在中华人民共和国境内生产、委托加工、进口属于通知第一条、第四条征税范围的应税消费品的单位和个人，均应按规定到主管税务机关办理消费税纳税申报。

（二）［条款失效］生产石脑油、溶剂油、航空煤油、润滑油、燃料油的纳税人在办理纳税申报时还应提供《生产企业生产经营情况表》（见附件 2）和《生产企业产品销售明细表（油品）》（见附件 3）。

（三）纳税人在办理纳税申报时，如需办理消费税税款抵扣手续，除应按有关规定提供纳税申报所需资料外，还应当提供以下资料：

1. 外购应税消费品连续生产应税消费品的，提供外购应税消费品增值税专用发票（抵扣联）原件和复印件。

如果外购应税消费品的增值税专用发票属于汇总填开的，除提供增值税专用发票（抵扣联）原件和复印件外，还应提供随同增值税专用发票取得的由销售方开具并加盖财务专用章或发票专用章的销货清单原件和复印件。

2. 委托加工收回应税消费品连续生产应税消费品的，提供"代扣代收税款凭证"原件和复印件。

3. 进口应税消费品连续生产应税消费品的，提供"海关进口消费税专用缴款书"原件和复印件。

主管税务机关在受理纳税申报后将以上原件退还纳税人，复印件留存。

三、关于自产石脑油连续生产问题

纳税人应对自产的用于连续生产的石脑油建立中间产品移送使用台账。用于连续生产应税消费品的，记录石脑油的领用数量；用于连续生产非应税消费品或其他方面的，记录石脑油的移送使用数量。

主管税务机关应加强对石脑油中间产品移送使用台账的管理，并定期对纳税人申报的石脑油销售数量与台账记录的领用数量、移送使用数量进行对比分析开展纳税评估。

四、关于消费税税款抵扣

（一）抵扣凭证

通知第七条规定的准予从消费税应纳税额中扣除原料已纳消费税税款的凭证按照不同行为分别规定如下：

1. 外购应税消费品连续生产应税消费品

（1）纳税人从增值税一般纳税人（仅限生产企业，下同）购进应税消费品，外购应税消费品的抵扣凭证为本规定第二条第（三）款规定的发票（含销货清单）。纳税人未提供本规定第二条第（三）款规定的发票和销货清单的不予扣除外购应税消费品已纳消费税。

（2）纳税人从增值税小规模纳税人购进应税消费品，外购应税消费品的抵扣凭证为主管税务机关代开的增值税专用发票。主管税务机关在为纳税人代开增值税专用发票时，应同时征收消费税。

2. 委托加工收回应税消费品连续生产应税消费品

委托加工收回应税消费品的抵扣凭证为《代扣代收税款凭证》。纳税人未提供《代扣代收税款凭证》的，不予扣除受托方代收代缴的消费税。

3. 进口应税消费品连续生产应税消费品

进口应税消费品的抵扣凭证为《海关进口消费税专用缴款书》，纳税人不提供《海关进口消费税专用缴款书》的，不予抵扣进口应税消费品已缴纳的消费税。

（二）抵扣税款的计算方法

通知第七条规定的准予从消费税应纳税额中扣除原料已纳消费税税款的计算公式按照不同行为分别规定如下：

1. 外购应税消费品连续生产应税消费品

（1）实行从价定率办法计算应纳税额的

当期准予扣除外购应税消费品已纳税款 = 当期准予扣除外购应税消费品买价 ×
外购应税消费品适用税率

当期准予扣除外购应税消费品买价 = 期初库存外购应税消费品买价 + 当期购进的外购
应税消费品买价 − 期末库存的外购应税消费品买价

外购应税消费品买价为纳税人取得的本规定第二条第（三）款规定的发票（含销货清单）注明的应税消费品的销售额（增值税专用发票必须是 2006 年 4 月 1 日以后开具的，下同）。

（2）实行从量定额办法计算应纳税额的

当期准予扣除的外购应税消费品已纳税款 = 当期准予扣除外购应税消费品数量 ×
外购应税消费品单位税额 ×30%

当期准予扣除外购应税消费品数量 = 期初库存外购应税消费品数量 + 当期购进外购应税
消费品数量 − 期末库存外购应税消费品数量

外购应税消费品数量为本规定第二条第（三）款规定的发票（含销货清单）注明的应税消费品的销售数量。

2. 委托加工收回应税消费品连续生产应税消费品

当期准予扣除的委托加工应税消费品已纳税款 = 期初库存的委托加工应税消费品已纳税款 +
当期收回的委托加工应税消费品已纳税款 −
期末库存的委托加工应税消费品已纳税款

委托加工应税消费品已纳税款为代扣代收税款凭证注明的受托方代收代缴的消费税。

3. 进口应税消费品

当期准予扣除的进口应税消费品已纳税款 = 期初库存的进口应税消费品已纳税款 +
当期进口应税消费品已纳税款 −
期末库存的进口应税消费品已纳税款

进口应税消费品已纳税款为《海关进口消费税专用缴款书》注明的进口环节消费税。

（三）其他规定

2006 年 3 月 31 日前库存的货物，如果属于通知第一条、第四条征税范围且在 2006 年 4 月 1 日后用于连续生产应税消费品的，凡本规定第二条第（三）款规定的发票（含销货清单）开票日期是 2006 年 3 月 31 日前的，一律不允许抵扣消费税。

（四）纳税人应建立抵扣税款台账（台账参考式样见附件 4、5、6）。纳税人既可以根据本规定附件 4、5、6 的台账参考式样设置台账，也可以根据实际需要另行设置台账。另行设置的台账只能在本规定附件 4、5、6 内容基础上增加内容，不得删减内容。

主管税务机关应加强对税款抵扣台账核算的管理。

五、关于减税免税

（一）[条款失效] 通知第十条第（二）款免征消费税的子午线轮胎仅指外胎。子午线轮胎的内胎与外胎成套销售的，依照《中华人民共和国消费税暂行条例》第三条规定执行。

（二）[条款失效] 石脑油、溶剂油、润滑油、燃料油应根据实际销售数量按通知规定税率申报纳税。按消费税应纳税额的 30% 缴税。

六、关于销货退回

通知第十一条第（一）款发生销货退回的处理规定如下：

（一）2006 年 3 月 31 日前销售的护肤护发品，2006 年 4 月 1 日后因质量原因发生销货退回的，纳税人可向主管税务机关申请退税。

（二）税率调整的税目，纳税人可按照调整前的税率向主管税务机关申请退税。

（三）属 2006 年 3 月 31 日前发票开具错误重新开具专用发票情形的，不按销货退回处理。纳税人开具红字发票时，按照红字发票注明的销售额冲减当期销售收入，按照该货物原适用税率计提消费税冲减当期"应缴税金－应缴消费税"；纳税人重新开具正确的蓝字发票时，按蓝字发票注明的销售额计算当期销售收入，按照该货物原适用税率计提消费税记入当期"应缴税金－应缴消费税"。

主管税务机关在受理纳税人有关销货退回的退税申请时，应认真审核货物及资金的流向。

本规定由国家税务总局负责解释。

本规定自 2006 年 4 月 1 日起实施。各地在执行中如有问题，应及时向国家税务总局（流转税管理司）汇报。

附件 1：应税消费品生产经营情况登记表

填报日期：　　年　月　日　　　　　　　　　　　　　　　　金额单位：万元

纳税人名称		纳税人识别号	
消费税类别		（1）生产　（2）委托加工	
经营方式		（1）境内销售　（2）委托加工出口 （3）自营出口　（4）境内委托加工	
应税消费品名称	2005 年产量	2005 年销量	2005 年销售额

【填写说明】：

1. 本表仅限于此次政策调整使用。

2. 应税消费品名称按以下项目分别填列。具体项目为：高尔夫球及球具、高档手表、游艇、木制一次性筷子、实木地板、石脑油、溶剂油、润滑油、燃料油、航空煤油、乘用车、中轻型商用客车、摩托车、白酒、汽车轮胎内胎、斜交胎、子午线轮胎。

3. 2005 年产量、销量的计量单位按照销售商品计量单位填写。

4. 本表为 A4 纸竖排。

附件 2：生产企业生产经营情况表

所属时期： 年 月　　　　　　　　　　　　　　　单位：吨、元

纳税人识别号				
企业名称				
外购或委托加工收回已税油品名称	当期准予扣除的外购或委托加工收回应税消费品已纳税款	外购或委托加工收回应税消费品已纳税款期初余额	当期外购或委托加工收回应税消费品已纳税款	外购或委托加工收回应税消费品已纳税款期末余额
1	2 = 3 + 4 − 5	3	4	5
石脑油				
润滑油				

油品生产、销售情况	本期期初库存数量	本期生产数量	本期销售数量			本期期末库存数量
			对外销售数量	自用数量	合计	
6	7	8	9	10	11	12 = 7 + 8 − 11
石脑油						
溶剂油						
润滑油						
燃料油						
航空煤油						

【填写说明】：

1. 本表由生产石脑油、溶剂油、航空煤油、润滑油、燃料油的纳税人在办理纳税申报时提供。

2. "所属时期"指申报纳税期限。

3. 本表"纳税人识别号"栏，单位和个体工商户填写税务登记证件号码，个人填写身份证件号码。

4. 本表"企业名称"栏填写单位全称，不得填写简称。

5. 本表为 A4 纸横排。

附件3：生产企业产品销售明细表（油品）

产品名称：　　　　　　　　所属时期：　　年　月　　　　　　　单位：元、吨

纳税人识别号																	
企业名称																	

发票代码	发票号码	开票日期	单价	销售数量	销售额	购货方纳税人名称	购货方纳税人识别号
合计	—	—	—		—	—	—

【填写说明】：

1. 本表由纳税人在办理纳税申报时提供。

2. 本表用于填报纳税人在申报所属期内在国内销售的所有油品的发票明细，不同产品的发票明细应分不同的明细表分别填列。

3. 本表产品名称填报申报所属期内销售货物发票上方注明的油品名称。

4. 本表"所属时期"指申报纳税期限。

5. 本表"纳税人识别号"栏，单位及个体工商户填写税务登记证件号码，个人填写身份证件号码。

6. 本表"企业名称"栏填写单位全称，不得填写简称。

7. 本表为A4纸竖排。

附件 4：抵扣税款台账（外购从价定率征收的应税消费品）

外购应税消费品名称：　　　　　　　　所属时间：　　年　月　　　　　　　　金额单位：元

日期 __月	摘要	增值税专用发票号码	数量			金额			已纳税额		
			购进	领用	余额	购进	领用	余额	购进	领用	余额
1	2	3	4	5	6	7	8	9	10	11	12
日	期初库存										
	本月购进合计										
	本月领用合计										
	期末库存										

【填写说明】：

1. 本台账用于外购从价定率征收的应税消费品准予扣除已纳税款的核算。台账按月登记。4 月份启用台账时，期初库存为零。

2. "期初库存"填写第 6、9、12 栏，每月月初核算。上月期末库存即为本月期初库存。

3. 发生每笔外购应税消费品业务时，填写 1、2、3、4、7、10 栏。

第 1 栏填写购货日期。

第 2 栏填写购进。

第 3 栏填写增值税专用发票号码。

第 4、7 栏分别填写每笔购进的应税消费品增值税专用发票注明的应税消费品数量、金额。

第 10 栏 = 第 7 栏 × 消费税适用税率。

4. 发生每笔生产领用应税消费品业务时，填写 1、2、5、8、11 栏。

第 1 栏填写生产领用日期。

第 2 栏填写生产领用。

第 5、8 栏分别填写每笔生产领用应税消费品的数量、金额。

第 11 栏 = 第 8 栏 × 消费税适用税率。

5. "本月购进合计"只填写第 4、7、10 栏。

6. "本月领用合计"只填写第 5、8、11 栏。

7. "期末库存"只填写第 6、9、12 栏。

第 6 栏 = 期初库存数量余额 + 本月购进合计数量 − 本月领用合计数量。

第 9 栏 = 期初库存金额余额 + 本月购进合计金额 − 本月领用合计金额。

第 12 栏 = 期初库存税额余额 + 本月购进合计税额 − 本月领用合计税额。

8. 本表为 A4 纸横排。

附件 5：抵扣税款台账

（委托加工收回、进口从价定率征收的应税消费品）

应税消费品名称：　　　　　　所属月份：　　年　月　　　　　　　　金额单位：元

日期 __月	摘要	抵扣凭证号码	数量			已纳税额
			购进	领用	余额	
1	2	3	4	5	6	7
__日	期初库存					
	本月购进合计					
	本月领用合计					
	期末库存					

【填写说明】：

① 本台账用于委托加工收回、进口的实行从价定率征收的应税消费品准予扣除已纳税款的核算。台账按月登记。4 月份启用台账时，期初库存为零。

② "期初库存"只填写第 6、7 栏，每月月初核算。上月期末库存数为本月期初库存数。

6. ［条款失效］抵扣税款台账（从量定额征收应税消费品）

2.18　财政部　税务总局　海关总署关于北京 2022 年冬奥会和冬残奥会税收政策的通知

2017 年 7 月 12 日　财税〔2017〕60 号

各省、自治区、直辖市、计划单列市财政厅（局）、国家税务局、地方税务局，广东分署、各直属海关，新疆生产建设兵团财务局：

为支持发展奥林匹克运动，确保北京 2022 年冬奥会和冬残奥会顺利举办，现就有关税收政策通知如下：

一、对北京 2022 年冬奥会和冬残奥会组织委员会（以下简称"北京冬奥组委"）实行以下税收政策

（一）对北京冬奥组委取得的电视转播权销售分成收入、国际奥委会全球合作伙伴计划分成收入（实物和资金），免征应缴纳的增值税。

（二）对北京冬奥组委市场开发计划取得的国内外赞助收入、转让无形资产（如标志）特许权收入和销售门票收入，免征应缴纳的增值税。

（三）对北京冬奥组委取得的与中国集邮总公司合作发行纪念邮票收入、与中国人民银行合作发行纪念币收入，免征应缴纳的增值税。

（四）对北京冬奥组委取得的来源于广播、互联网、电视等媒体收入，免征应缴纳的增值税。

（五）对外国政府和国际组织无偿捐赠用于北京 2022 年冬奥会的进口物资，免征进口关税和进口环节增值税。

（六）对以一般贸易方式进口，用于北京 2022 年冬奥会的体育场馆建设所需设备中与体育场馆设施固定不可分离的设备以及直接用于北京 2022 年冬奥会比赛用的消耗品，免征关税和进口环节增值税。享受免税政策的奥运会体育场馆建设进口设备及比赛用消耗品的范围、数量清单由北京冬奥组委汇总后报财政部商有关部门审核确定。

（七）对北京冬奥组委进口的其他特需物资，包括：国际奥委会或国际单项体育组织指定的，国内不能生产或性能不能满足需要的体育器材、医疗检测设备、安全保障设备、交通通讯设备、技术设备，在运动会期间按暂准进口货物规定办理，运动会结束后留用或做变卖处理的，按有关规定办理正式进口手续，并照章缴纳进口税收，其中进口汽车以不低于新车 90% 的价格估价征税。上述暂准进口的商品范围、数量清单由北京冬奥组委汇总后报财政部商有关部门审核确定。

（八）对北京冬奥组委再销售所获捐赠物品和赛后出让资产取得收入，免征应缴纳的增值税、消费税和土地增值税。免征北京冬奥组委向分支机构划拨所获赞助物资应缴纳的增值税，北京冬奥组委向主管税务机关提供"分支机构"范围的证明文件，办理减免税备案。

（九）对北京冬奥组委使用的营业账簿和签订的各类合同等应税凭证，免征北京冬奥组委应缴纳的印花税。

（十）对北京冬奥组委免征应缴纳的车船税和新购车辆应缴纳的车辆购置税。

（十二）对北京冬奥组委委托加工生产的高档化妆品免征应缴纳的消费税。

具体管理办法由税务总局另行规定。

（十三）对国际奥委会、国际单项体育组织和其他社会团体等从国外邮寄进口且不流入国内市场的、与北京 2022 年冬奥会有关的文件、书籍、音像、光盘，在合理数量范围内免征关税和进口环节增值税。合理数量的具体标准由海关总署确定。对奥运会场馆建设所需进口的模型、图纸、图板、电子文件光盘、设计说明及缩印本等规划设计方案，免征关税和进口环节增值税。

（十四）对北京冬奥组委取得的餐饮服务、住宿、租赁、介绍服务和收费卡收入，免征应缴纳的增值税。

（十五）对北京 2022 年冬奥会场馆及其配套设施建设占用耕地，免征耕地占用税。

（十六）根据中国奥委会、主办城市、国际奥委会签订的《北京 2022 年冬季奥林匹克运动会主办城市合同》（以下简称《主办城市合同》）规定，北京冬奥组委全面负责和组织举办北京 2022 年冬残奥会，其取得的北京 2022 年冬残奥会收入及其发生的涉税支出比照执行北京 2022 年冬奥会的税收政策。

二、对国际奥委会、中国奥委会、国际残疾人奥林匹克委员会、中国残奥委员会、北京冬奥会测试赛赛事组委会实行以下税收政策

（一）对国际奥委会取得的与北京 2022 年冬奥会有关的收入免征增值税、消费税、企业所得税。

（二）对国际奥委会、中国奥委会签订的与北京 2022 年冬奥会有关的各类合同，免征国际奥委会和中国奥委会应缴纳的印花税。

（三）对国际奥委会取得的国际性广播电视组织转来的中国境内电视台购买北京 2022 年冬奥会转播权款项，免征应缴纳的增值税。

（四）对按中国奥委会、主办城市签订的《联合市场开发计划协议》和中国奥委会、主办城市、国际奥委会签订的《主办城市合同》规定，中国奥委会取得的由北京冬奥组委分期支付的收入、按比例支付的盈余分成收入免征增值税、消费税和企业所得税。

（五）对国际残奥委会取得的与北京 2022 年冬残奥会有关的收入免征增值税、消费税、企业所得税和印花税。

（六）对中国残奥委会根据《联合市场开发计划协议》取得的由北京冬奥组委分期支付的收入免征增值税、消费税、企业所得税和印花税。

（七）北京冬奥会测试赛赛事组委会取得的收入及发生的涉税支出比照执行北京冬奥组委的税收政策。

三、对北京 2022 年冬奥会、冬残奥会、测试赛参与者实行以下税收政策

（一）对企业、社会组织和团体赞助、捐赠北京 2022 年冬奥会、冬残奥会、测试赛的资金、物资、服务支出，在计算企业应纳税所得额时予以全额扣除。

（二）企业根据赞助协议向北京冬奥组委免费提供的与北京 2022 年冬奥会、冬残奥会、测试赛有关的服务，免征增值税。免税清单由北京冬奥组委报财政部、税务总局确定。

（三）个人捐赠北京 2022 年冬奥会、冬残奥会、测试赛的资金和物资支出可在计算个人应纳税所得额时予以全额扣除。

（四）对财产所有人将财产（物品）捐赠给北京冬奥组委所书立的产权转移书据免征应缴纳的印花税。

（五）对受北京冬奥组委邀请的，在北京 2022 年冬奥会、冬残奥会、测试赛期间临时来华，从事奥运相关工作的外籍顾问以及裁判员等外籍技术官员取得的由北京冬奥组委、测试赛赛事组委会支付的劳务报酬免征增值税和个人所得税。

（六）对在北京 2022 年冬奥会、冬残奥会、测试赛期间裁判员等中方技术官员取得的由北京冬奥组委、测试赛赛事组委会支付的劳务报酬，免征应缴纳的增值税。

（七）对于参赛运动员因北京 2022 年冬奥会、冬残奥会、测试赛比赛获得的奖金和其他奖赏收入，按现行税收法律法规的有关规定征免应缴纳的个人所得税。

（八）在北京 2022 年冬奥会场馆（场地）建设、试运营、测试赛及冬奥会及冬残奥会期间，对用于北京 2022 年冬奥会场馆（场地）建设、运维的水资源，免征应缴纳的水资源税。

（九）免征北京 2022 年冬奥会、冬残奥会、测试赛参与者向北京冬奥组委无偿提供服务和无偿转让无形资产的增值税。

四、本通知自发布之日起执行

财政部　税务总局　海关总署

2017 年 7 月 12 日

第 3 章   城市维护建设税

3.1   中华人民共和国城市维护建设税法

2020 年 8 月 11 日   中华人民共和国主席令第五十一号

（2020 年 8 月 11 日第十三届全国人民代表大会常务委员会第二十一次会议通过）

第一条   在中华人民共和国境内缴纳增值税、消费税的单位和个人，为城市维护建设税的纳税人，应当依照本法规定缴纳城市维护建设税。

第二条   城市维护建设税以纳税人依法实际缴纳的增值税、消费税税额为计税依据。

城市维护建设税的计税依据应当按照规定扣除期末留抵退税退还的增值税税额。

城市维护建设税计税依据的具体确定办法，由国务院依据本法和有关税收法律、行政法规规定，报全国人民代表大会常务委员会备案。

第三条   对进口货物或者境外单位和个人向境内销售劳务、服务、无形资产缴纳的增值税、消费税税额，不征收城市维护建设税。

第四条   城市维护建设税税率如下：

（一）纳税人所在地在市区的，税率为百分之七；

（二）纳税人所在地在县城、镇的，税率为百分之五；

（三）纳税人所在地不在市区、县城或者镇的，税率为百分之一。

前款所称纳税人所在地，是指纳税人住所地或者与纳税人生产经营活动相关的其他地点，具体地点由省、自治区、直辖市确定。

第五条   城市维护建设税的应纳税额按照计税依据乘以具体适用税率计算。

【例】城市维护建设税的计算

某企业位于县城，2019 年 9 月撤县设区，该企业 2019 年 9 月实际缴纳增值税 500 000 元，缴纳消费税 400 000 元。计算该企业应纳的城市维护建设税税额。

应纳城市维护建设税税额 =（实际缴纳的增值税 + 实际缴纳的消费税）× 适用税率
=（500 000 + 400 000）× 7% = 900 000 × 7% = 63 000（元）

第六条   根据国民经济和社会发展的需要，国务院对重大公共基础设施建设、特殊产业和群体以及重大突发事件应对等情形可以规定减征或者免征城市维护建设税，报全国人民代表大会常务委员会备案。

第七条　城市维护建设税的纳税义务发生时间与增值税、消费税的纳税义务发生时间一致，分别与增值税、消费税同时缴纳。

第八条　城市维护建设税的扣缴义务人为负有增值税、消费税扣缴义务的单位和个人，在扣缴增值税、消费税的同时扣缴城市维护建设税。

第九条　城市维护建设税由税务机关依照本法和《中华人民共和国税收征收管理法》的规定征收管理。

第十条　纳税人、税务机关及其工作人员违反本法规定的，依照《中华人民共和国税收征收管理法》和有关法律法规的规定追究法律责任。

第十一条　本法自 2021 年 9 月 1 日起施行。1985 年 2 月 8 日国务院发布的《中华人民共和国城市维护建设税暂行条例》同时废止。

3.2　财政部　税务总局关于城市维护建设税计税依据确定办法等事项的公告

2021 年 8 月 24 日　财政部　税务总局公告 2021 年第 28 号

《中华人民共和国城市维护建设税法》已由第十三届全国人民代表大会常务委员会第二十一次会议于 2020 年 8 月 11 日通过，自 2021 年 9 月 1 日起施行。经国务院同意，现将城市维护建设税计税依据确定办法等事项公告如下：

一、城市维护建设税以纳税人依法实际缴纳的增值税、消费税税额（以下简称两税税额）为计税依据。

依法实际缴纳的两税税额，是指纳税人依照增值税、消费税相关法律法规和税收政策规定计算的应当缴纳的两税税额（不含因进口货物或境外单位和个人向境内销售劳务、服务、无形资产缴纳的两税税额），加上增值税免抵税额，扣除直接减免的两税税额和期末留抵退税退还的增值税税额后的金额。

直接减免的两税税额，是指依照增值税、消费税相关法律法规和税收政策规定，直接减征或免征的两税税额，不包括实行先征后返、先征后退、即征即退办法退还的两税税额。

二、教育费附加、地方教育附加计征依据与城市维护建设税计税依据一致，按本公告第一条规定执行。

三、本公告自 2021 年 9 月 1 日起施行。

财政部　税务总局

2021 年 8 月 24 日

3.3　国家税务总局关于城市维护建设税征收管理有关事项的公告

2021 年 8 月 31 日　　国家税务总局公告 2021 年第 26 号

为贯彻落实中办、国办印发的《关于进一步深化税收征管改革的意见》，进一步规范城市维护建设税（以下简称城建税）征收管理，根据《中华人民共和国城市维护建设税法》《财政部　税务总局关于城市维护建设税计税依据确定办法等事项的公告》（2021 年第 28 号）等相关规定，现就有关事项公告如下：

一、城建税以纳税人依法实际缴纳的增值税、消费税（以下称两税）税额为计税依据。

依法实际缴纳的增值税税额，是指纳税人依照增值税相关法律法规和税收政策规定计算应当缴纳的增值税税额，加上增值税免抵税额，扣除直接减免的增值税税额和期末留抵退税退还的增值税税额（以下简称留抵退税额）后的金额。

依法实际缴纳的消费税税额，是指纳税人依照消费税相关法律法规和税收政策规定计算应当缴纳的消费税税额，扣除直接减免的消费税税额后的金额。

应当缴纳的两税税额，不含因进口货物或境外单位和个人向境内销售劳务、服务、无形资产缴纳的两税税额。

纳税人自收到留抵退税额之日起，应当在下一个纳税申报期从城建税计税依据中扣除。

留抵退税额仅允许在按照增值税一般计税方法确定的城建税计税依据中扣除。当期未扣除完的余额，在以后纳税申报期按规定继续扣除。

二、对于增值税小规模纳税人更正、查补此前按照一般计税方法确定的城建税计税依据，允许扣除尚未扣除完的留抵退税额。

三、对增值税免抵税额征收的城建税，纳税人应在税务机关核准免抵税额的下一个纳税申报期内向主管税务机关申报缴纳。

四、城建税纳税人按所在地在市区、县城、镇和不在上述区域适用不同税率。市区、县城、镇按照行政区划确定。

行政区划变更的，自变更完成当月起适用新行政区划对应的城建税税率，纳税人在变更完成当月的下一个纳税申报期按新税率申报缴纳。

五、城建税的纳税义务发生时间与两税的纳税义务发生时间一致，分别与两税同时缴纳。同时缴纳是指在缴纳两税时，应当在两税同一缴纳地点、同一缴纳期限内，一并缴纳对应的城建税。

采用委托代征、代扣代缴、代收代缴、预缴、补缴等方式缴纳两税的，应当同时缴纳城建税。

前款所述代扣代缴，不含因境外单位和个人向境内销售劳务、服务、无形资产代扣代缴增值税情形。

六、因纳税人多缴发生的两税退税，同时退还已缴纳的城建税。

两税实行先征后返、先征后退、即征即退的，除另有规定外，不予退还随两税附征的城建税。

七、城建税的征收管理等事项，比照两税的有关规定办理。

八、本公告自 2021 年 9 月 1 日起施行。《废止文件及条款清单》（附件）所列文件、条款同时废止。

特此公告。

附件：废止文件及条款清单

国家税务总局

2021 年 8 月 31 日

<h2 align="center">附件：废止文件及条款清单</h2>

序号	文号	文件名称	备注
1	国税发〔1994〕35 号	国家税务总局关于城市维护建设税等地方税有关问题的通知	第一条
2	国税发〔1994〕51 号	国家税务总局关于城市维护建设税征收问题的通知	全文
3	国税油发〔1994〕7 号	国家税务总局海洋石油税务管理局关于中国海洋石油总公司及其所属公司缴纳城市维护建设税有关问题的通知	全文
4	国税油函〔1994〕12 号	国家税务总局海洋石油税务管理局关于中国海洋石油总公司缴纳城市维护建设税和教育费附加的通知	全文
5	国税函〔2002〕338 号	国家税务总局关于中国出口信用保险公司纳税地点问题的批复	全文
6	国税函〔2007〕484 号	国家税务总局关于调整国家开发银行城市维护建设税和教育费附加缴纳办法的通知	全文
7	国家税务总局公告 2010 年第 31 号	国家税务总局关于中外合作开采石油资源适用城市维护建设税教育费附加有关事宜的公告	全文
8	税总发〔2014〕17 号	国家税务总局关于中国铁路总公司及其分支机构缴纳城市维护建设税教育费附加问题的通知	全文

3.4　关于《国家税务总局关于城市维护建设税征收管理有关事项的公告》的解读

2021 年 8 月 31 日　国家税务总局办公厅

为贯彻落实《中华人民共和国城市维护建设税法》（以下简称《城建税法》）等有关法律法规规定，进一步规范城市维护建设税（以下简称城建税）征收管理，税务总局制发《关于城市维护建设税征收管理有关事项的公告》（以下简称《公告》）。现解读如下：

一、为什么制发《公告》

2020 年 8 月 11 日，《城建税法》经第十三届全国人大常委会第二十一次会议表决通过，将于 2021 年 9 月 1 日起施行。为做好税法实施准备工作，财政部和税务总局联合制发《关于城市维护建设税计税依据确定办法等事项的公告》，同时，为贯彻落实中办、国办印发的《关于进一步深化税收征管改革的意见》，进一步规范城建税征管工作，明确城建税执行中重点难点问题，便利征纳双方执行操作，税务总局在系统梳理现行规定和做法的基础上，制发了《公告》。

二、《公告》主要内容是什么

《公告》共 8 条，对以下征管事项予以明确：城建税计税依据的确定规则，增值税留抵退税额在城建税计税依据中扣除的规则，对增值税免抵税额征收城建税申报时间的规定，行政区划变更后新税率适用时间的规定，城建税与增值税和消费税（以下简称两税）同征同管的具体规定等。

三、城建税计税依据如何确定

根据《城建税法》等相关政策规定，城建税计税依据为纳税人依法实际缴纳的两税税额。

依法实际缴纳的增值税税额，是指纳税人依照增值税相关法律法规和税收政策规定计算应当缴纳的增值税税额，加上增值税免抵税额，扣除直接减免的增值税税额和期末留抵退税退还的增值税税额（以下简称留抵退税额）后的金额。

依法实际缴纳的消费税税额，是指纳税人依照消费税相关法律法规和税收政策规定计算应当缴纳的消费税税额，扣除直接减免的消费税税额后的金额。

具体计算公式如下：

城建税计税依据 = 依法实际缴纳的增值税税额 + 依法实际缴纳的消费税税额

依法实际缴纳的增值税税额 = 纳税人依照增值税相关法律法规和税收政策规定计算应当缴纳的增值税税额 + 增值税免抵税额 − 直接减免的增值税税额 − 留抵退税额

依法实际缴纳的消费税税额 = 纳税人依照消费税相关法律法规和税收政策规定计算应当缴纳的消费税税额 − 直接减免的消费税税额

【例 1】 位于某市市区的甲企业（城建税适用税率为 7%），2021 年 10 月申报期，享受直接减免增值税优惠（不包含先征后退、即征即退，下同）后申报缴纳增值税 50 万元，9 月已核准增值税免抵税额 10 万元（其中涉及出口货物 6 万元，涉及增值税零税率应税服务 4 万元），9 月收到增值税留抵退税额 5 万元，该企业 10 月应申报缴纳的城建税为：

$$(50 + 6 + 4 - 5) \times 7\% = 3.85（万元）$$

【例 2】 位于某县县城的乙企业（城建税适用税率为 5%），2021 年 10 月申报期，享受直接减免增值税优惠后申报缴纳增值税 90 万元，享受直接减免消费税优惠后申报缴纳消费税 30 万元，该企业 10 月应申报缴纳的城建税为：

$$(90 + 30) \times 5\% = 6（万元）$$

四、所有两税税额是否都纳入城建税计税依据

不是。纳税人因进口货物或境外单位和个人向境内销售劳务、服务、无形资产缴纳的两税税额不纳入城建税计税依据，不需要缴纳城建税。

【例 3】 位于某市市区的甲企业（城建税适用税率为 7%），2021 年 10 月申报期，申报缴纳增值税 100 万元，其中 50 万元增值税是进口货物产生的，该企业 10 月应申报缴纳的城建税为：

$$(100 - 50) \times 7\% = 3.5（万元）$$

五、留抵退税额在城建税计税依据中扣除有什么具体规则

纳税人自收到留抵退税额之日起，应当在以后纳税申报期从城建税计税依据中扣除。

留抵退税额仅允许在按照增值税一般计税方法确定的城建税计税依据中扣除。当期未扣除完的余额，在以后纳税申报期按规定继续扣除。

对于增值税小规模纳税人更正、查补此前按照一般计税方法确定的城建税计税依据，允许扣除尚未扣除完的留抵退税额。

【例 4】位于某市市区的甲企业（城建税适用税率为 7%），2021 年 9 月收到增值税留抵退税 200 万元。2021 年 10 月申报期，申报缴纳增值税 120 万元（其中按照一般计税方法 100 万元，按照简易计税方法 20 万元），该企业 10 月应申报缴纳的城建税为：

$$(100 - 100) \times 7\% + 20 \times 7\% = 1.4 （万元）$$

2021 年 11 月申报期，该企业申报缴纳增值税 200 万元，均为按照一般计税方法产生的，该企业 11 月应申报缴纳的城建税为：

$$(200 - 100) \times 7\% = 7 （万元）$$

六、对增值税免抵税额征收的城建税应在什么时候申报缴纳

对增值税免抵税额征收的城建税，纳税人应在税务机关核准免抵税额的下一个纳税申报期内向主管税务机关申报缴纳。

七、行政区划变更导致城建税适用税率变化，从何时起适用新税率

行政区划变更的，自变更完成当月起适用新行政区划对应的城建税税率，纳税人在变更完成当月的下一个纳税申报期按新税率申报缴纳。

八、城建税与两税如何实现同征同管

在缴税环节，城建税的纳税义务发生时间与两税的纳税义务发生时间一致，分别在缴纳两税的同一缴纳地点、同一缴纳期限内，一并缴纳对应的城建税。委托代征、代扣代缴、代收代缴、预缴、补缴等方式缴纳两税的，也应当同时缴纳城建税。

需要特别说明的是，《城建税法》规定对进口货物或者境外单位和个人向境内销售劳务、服务、无形资产缴纳的两税税额，不征收城建税。因此，上述的代扣代缴，不含因境外单位和个人向境内销售劳务、服务、无形资产代扣代缴增值税情形。

在退税环节，因纳税人多缴发生的两税退税，同时退还已缴纳的城建税。但是，两税实行先征后返、先征后退、即征即退的，除另有规定外，不予退还随两税附征的城建税。"另有规定"主要指在增值税实行即征即退等情形下，城建税可以给予免税的特殊规定，比如，《财政部　国家税务总局关于黄金税收政策问题的通知》（财税〔2002〕142 号）规定，黄金交易所会员单位通过黄金交易所销售标准黄金（持有黄金交易所开具的《黄金交易结算凭证》），发生实物交割的，由税务机关按照实际成交价格代开增值税专用发票，并实行增值税即征即退的政策，同时免征城建税。

【例 5】位于某市市区的甲企业（城建税适用税率为 7%），由于申报错误未享受优惠政策，2021 年 12 月申报期，申请退还了多缴的增值税和消费税共 150 万元，同时当月享受增值税即征即退税款 100 万元，该企业 12 月应退税的城建税为：

$$150 \times 7\% = 10.5 （万元）$$

考虑到两税立法工作正在推进中，为提前做好与增值税法、消费税法及其相关政策和征管规定衔接，《公告》还明确城建税的征收管理等事项，比照两税的有关规定办理。

九、增值税、消费税与附加税费申报表整合对《公告》实施提供了哪些便利和支撑

为贯彻落实中办、国办印发的《关于进一步深化税收征管改革的意见》，2021 年 5 月 1 日，税务总局在部分地区试行增值税、消费税与附加税费申报表整合（以下简称申报表整合），在

成功试点经验基础上，8月1日推广至全国，为《城建税法》顺利实施提供了支持。

申报表整合实现了两税和附加税费"一表申报、同征同管"，附加税费附表从两税申报表主表自动获取信息，建立留抵退税额使用台账自动获取增值税留抵退税额，按《公告》规则自动计算税款，避免纳税人填写错误。申报表整合还实现了两税更正申报与附加税费关联，进一步完善附加税费与两税的同征同管。

《城建税法》施行后，申报表整合内容不变。

十、《公告》从何时起施行

为与《城建税法》施行做好衔接，《公告》自2021年9月1日起施行，与《城建税法》施行时间一致。

3.5　财政部　税务总局关于继续执行的城市维护建设税优惠政策的公告

2021年8月24日　财政部　税务总局公告2021年第27号

《中华人民共和国城市维护建设税法》已由第十三届全国人民代表大会常务委员会第二十一次会议于2020年8月11日通过，自2021年9月1日起施行。为贯彻落实城市维护建设税法，现将税法施行后继续执行的城市维护建设税优惠政策公告如下：

1. 对黄金交易所会员单位通过黄金交易所销售且发生实物交割的标准黄金，免征城市维护建设税。具体操作按照《财政部　国家税务总局关于黄金税收政策问题的通知》（财税〔2002〕142号）有关规定执行。

2. 对上海期货交易所会员和客户通过上海期货交易所销售且发生实物交割并已出库的标准黄金，免征城市维护建设税。具体操作按照《财政部　国家税务总局关于黄金期货交易有关税收政策的通知》（财税〔2008〕5号）有关规定执行。

3. 对国家重大水利工程建设基金免征城市维护建设税。具体操作按照《财政部　国家税务总局关于免征国家重大水利工程建设基金的城市维护建设税和教育费附加的通知》（财税〔2010〕44号）有关规定执行。

4. 自2019年1月1日至2021年12月31日，对增值税小规模纳税人可以在50%的税额幅度内减征城市维护建设税。具体操作按照《财政部　税务总局关于实施小微企业普惠性税收减免政策的通知》（财税〔2019〕13号）有关规定执行。

5. 自2019年1月1日至2021年12月31日，实施扶持自主就业退役士兵创业就业城市维护建设税减免。具体操作按照《财政部　税务总局　退役军人部关于进一步扶持自主就业退役士兵创业就业有关税收政策的通知》（财税〔2019〕21号）有关规定执行。

6. 自2019年1月1日至2025年12月31日，实施支持和促进重点群体创业就业城市维护建设税减免。具体操作按照《财政部　税务总局　人力资源社会保障部　国务院扶贫办关于进一步支持和促进重点群体创业就业有关税收政策的通知》（财税〔2019〕22号）、《财政部　税务总局　人力资源社会保障部　国家乡村振兴局关于延长部分扶贫税收优惠政策执行期限的公告》（财政部　税务总局　人力资源社会保障部　国家乡村振兴局公告2021年第18号）有关规定执行。

特此公告。

财政部　税务总局
2021 年 8 月 24 日

3.6　财政部　税务总局关于增值税期末留抵退税有关城市维护建设税　教育费附加和地方教育附加政策的通知

2018 年 7 月 27 日　财税〔2018〕80 号

各省、自治区、直辖市、计划单列市财政厅（局），国家税务总局各省、自治区、直辖市、计划单列市税务局，新疆生产建设兵团财政局：

为保证增值税期末留抵退税政策有效落实，现就留抵退税涉及的城市维护建设税、教育费附加和地方教育附加问题通知如下：

对实行增值税期末留抵退税的纳税人，允许其从城市维护建设税、教育费附加和地方教育附加的计税（征）依据中扣除退还的增值税税额。

本通知自发布之日起施行。

财政部　税务总局
2018 年 7 月 27 日

3.7　国家税务总局关于国家税务局为小规模纳税人代开发票及税款征收有关问题的通知

2005 年 2 月 28 日　国税发〔2005〕18 号

各省、自治区、直辖市和计划单列市国家税务局、地方税务局：

为加强税收征管，优化纳税服务，针对一些地方反映的问题，现对国家税务局为增值税小规模纳税人（以下简称纳税人）代开发票征收增值税时，如何与地税局协作加强有关地方税费征收问题通知如下：

一、经国、地税局协商，可由国税局为地税局代征有关税费。纳税人销售货物或应税劳务，按现行规定需由主管国税局为其代开普通发票或增值税专用发票（以下简称发票）的，主管国税局应当在代开发票并征收增值税（除销售免税货物外）的同时，代地税局征收城市维护建设税和教育费附加。

二、经协商，不实行代征方式的，则国、地税要加强信息沟通。国税局应定期将小规模纳税人缴纳增值税情况，包括国税为其代开发票情况通报给地税局，地税局用于加强对有关地方税费的征收管理。

三、实行国税代征方式的，为保证此项工作顺利进行，国税系统应在其征管软件上加列征收城市维护建设税和教育费附加的功能，总局综合征管软件总局负责修改，各地开发的征管软件由各地自行修改。在软件修改前，暂用人工方式进行操作。

四、主管国税局为纳税人代开的发票作废或销货退回按现行规定开具红字发票时，由主管国税局退还或在下期抵缴已征收的增值税，由主管地税局退还已征收的城市维护建设税和教育费附加或者委托主管国税局在下期抵缴已征收的城市维护建设税和教育费附加，具体退税办法按《国家税务总局、中国人民银行、财政部关于现金退税问题的紧急通知》（国税发〔2004〕47号）执行。

五、主管国税局应当将代征的地方预算收入按照国家规定的预算科目和预算级次及时缴入国库。

六、国税局代地税局征收城市维护建设税和教育费附加，使用国税系统征收票据，并由主管国税局负责有关收入对账、核算和汇总上拨工作。

各级国税局应在"应征类"和"入库类"科目下增设"城市维护建设税"和"教育费附加"明细科目。

七、主管国税局应按月将代征地方税款入库信息，及时传送主管地税局。具体信息交换方式由各省级国税局和地税局协商确定。

八、各省级国税局和地税局应按照《中华人民共和国税收征收管理法》的有关规定签订代征协议，并分别通知所属税务机关执行。

3.8 财政部 国家税务总局关于生产企业出口货物实行免抵退税办法后有关城市维护建设税和教育费附加政策的通知

2005年2月25日 财税〔2005〕25号

各省、自治区、直辖市、计划单列市财政厅（局）、地方税务局，新疆生产建设兵团财务局：

经国务院批准，现就生产企业出口货物全面实行免抵退税办法后，城市维护建设税、教育费附加的政策明确如下：

一、经国家税务局正式审核批准的当期免抵的增值税税额应纳入城市维护建设税和教育费附加的计征范围，分别按规定的税（费）率征收城市维护建设税和教育费附加。

二、2005年1月1日前，已按免抵的增值税税额征收的城市维护建设税和教育费附加不再退还，未征的不再补征。

三、本通知自2005年1月1日起执行。

请遵照执行。

3.9　财政部　国家税务总局关于增值税、营业税、消费税实行先征后返等办法有关城建税和教育费附加政策的通知

2005 年 5 月 25 日　财税〔2005〕72 号

各省、自治区、直辖市、计划单列市财政厅（局）、地方税务局，财政部驻各省、自治区、直辖市、计划单列市财政监察专员办事处：

经研究，现对增值税、营业税、消费税（以下简称"三税"）实行先征后返、先征后退、即征即退办法有关的城市维护建设税和教育费附加政策问题明确如下：

对"三税"实行先征后返、先征后退、即征即退办法的，除另有规定外，对随"三税"附征的城市维护建设税和教育费附加，一律不予退（返）还。

3.10　财政部　国家税务总局关于黄金期货交易有关税收政策的通知

2008 年 2 月 2 日　财税〔2008〕5 号

上海市财政局、国家税务局：

经国务院批准，自 2008 年 1 月 1 日起，上海期货交易黄金期货交易发生实物交割时，比照现行上海黄金交易所黄金交易的税收政策执行。现将有关政策明确如下：

一、上海期货交易所会员和客户通过上海期货交易所销售标准黄金（持上海期货交易所开具的《黄金结算专用发票》），发生实物交割但未出库的，免征增值税；发生实物交割并已出库的，由税务机关按照实际交割价格代开增值税专用发票，并实行增值税即征即退的政策，同时免征城市维护建设税和教育费附加。增值税专用发票中的单价、金额和税额的计算公式分别如下：

$$单价 = 实际交割单价 \div (1 + 增值税税率)$$
$$金额 = 数量 \times 单价$$
$$税额 = 金额 \times 税率$$

实际交割单价是指不含上海期货交易所收取的手续费的单位价格。

其中，标准黄金是指：成色为 AU9999、AU9995、AU999、AU995；规格为 50 克、100 克、1 公斤、3 公斤、12.5 公斤的黄金。

二、上海期货交易所黄金期货交易的增值税征收管理办法及增值税专用发票管理办法由国家税务总局另行制订。

财政部　国家税务总局

2008 年 2 月 2 日

3.11　国家税务总局关于转发《国务院办公厅对〈中华人民共和国城市维护建设税暂行条例〉第五条的解释的复函》的通知

2004 年 3 月 31 日　国税函〔2004〕420 号

各省、自治区、直辖市和计划单列市国家税务局、地方税务局，扬州税务进修学院，局内各单位：

现将《国务院办公厅对〈中华人民共和国城市维护建设税暂行条例〉第五条的解释的复函》（国办函〔2004〕23 号）转发给你们。根据国务院办公厅对〈中华人民共和国城市维护建设税暂行条例〉第五条解释的精神，增值税、消费税、营业税的代扣代缴、代收代缴义务人同时也是城市维护建设税的代扣代缴、代收代缴义务人。请你们结合本地情况认真贯彻执行，进一步加强城市维护建设税的征收管理。

附：国务院办公厅对《中华人民共和国城市维护建设税暂行条例》第五条的解释的复函

附：国务院办公厅对《中华人民共和国城市维护建设税暂行条例》第五条的解释的复函

2004 年 2 月 27 日　国办函（2004）23 号

国家税务总局：

你局《关于明确增值税、消费税、营业税扣缴义务人为城市维护建设税扣缴义务人的指示》（国税发（2004）14 号）收悉。经国务院批准，先函复如下：

《中华人民共和国城市维护建设税暂行条例》第五条中的"征收、管理"，包括城市维护建设税的代扣代缴、代收代缴，一律比照增值税、消费税、营业税的有关规定办理。

3.12　国家税务总局关于撤县建市城市维护建设税适用税率问题的批复

2015 年 9 月 23 日　税总函〔2015〕511 号

贵州省地方税务局：

你局《关于撤县建市城市维护建设税适用税率问题的请示》（黔地税呈〔2015〕45 号）收悉，经研究，批复如下：

《中华人民共和国城市维护建设税暂行条例》对市区、县城、镇分别规定了 7%、5%、1% 的城市维护建设税税率。撤县建市后，城市维护建设税适用税率应为 7%。

国家税务总局
2015 年 9 月 23 日

3.13　国家税务总局关于国家税务局代地方税务局征收城市维护建设税和教育费附加票据使用问题的通知

2006 年 8 月 29 日　国税函〔2006〕815 号

各省、自治区、直辖市和计划单列市国家税务局、地方税务局：

《国家税务总局关于加强国家税务局、地方税务局协作的意见》（国税发〔2004〕4 号）和《国家税务总局关于国家税务局为小规模纳税人代开发票及税款征收有关问题的通知》（国税发〔2005〕18 号）下发后，一些地方在执行过程中反映，由于城市维护建设税和教育费附加属于地税局的征收管理范围，因此，国税局受地税局委托，为地税局代征城市维护建设税和教育费附加时，应当使用地税局的征收票据。为有利于国地税密切协作，加强税源管理，经研究，现将国税局代地税局征收税款的票据使用有关问题明确如下：

国税局代地税局征收城市维护建设税和教育费附加，应当使用地税局征收票据；如经当地国、地税局协商一致，也可以使用国税局票据。使用地税局征收票据的，由主管地税局负责有关收入对账、会计核算和汇总上报工作，主管国税局应当建立代征税款备查账，逐笔、序时、分项目登记代地税局征收的城市维护建设税和教育费附加；使用国税局征收票据的，由主管国税局负责有关收入对账、会计核算和汇总上报工作。

国税局为小规模纳税人代开发票时代地税局征收城市维护建设税和教育费附加，有利于加强源泉控管，堵塞征管漏洞，提高依法治税水平，是贯彻税收科学化、精细化管理要求的一项重要举措。国税局、地税局双方应当本着"依法协作、优化服务、强化监管、信息共享"的原则，进一步加强沟通与协调，努力减少漏征漏管，提高纳税服务水平。国税局代征税款使用地税局征收票据的，主管地税局应当积极采取措施，为主管国税局票据领用、票款结报缴销等工作提供便利；主管国税局应做好相关基础工作，提高服务水平，方便纳税人办税。

国税发〔2005〕18 号文件中的有关规定与本通知不符的，以本通知为准。

特此通知。

第 4 章　关税和进出口税

4.1　中华人民共和国海关法

2021 年 4 月 29 日　第十三届全国人大常委会第二十八次会议第六次修正

（1987 年 1 月 22 日第六届全国人民代表大会常务委员会第十九次会议修订通过，自 1987 年 7 月 1 日起施行。根据 2000 年 7 月 8 日第九届全国人民代表大会常务委员会第十六次会议《关于修改〈中华人民共和国海关法〉的决定》第一次修正；根据 2013 年 6 月 29 日第十二届全国人民代表大会常务委员会第三次会议《关于修改〈中华人民共和国文物保护法〉等十二部法律的决定》第二次修正；根据 2013 年 12 月 28 日第十二届全国人民代表大会常务委员会第六次会议《关于修改〈中华人民共和国海洋环境保护法〉等七部法律的决定》第三次修正　根据 2016 年 11 月 7 日第十二届全国人民代表大会常务委员会第二十四次会议《全国人民代表大会常务委员会关于修改〈中华人民共和国对外贸易法〉等十二部法律的决定》第四次修正；根据 2017 年 11 月 4 日第十二届全国人民代表大会常务委员会第三十次会议《全国人民代表大会常务委员会关于修改〈中华人民共和国会计法〉等十一部法律的决定》第五次修正；根据 2021 年 4 月 29 日第十三届全国人民代表大会常务委员会第二十八次会议通过的《全国人民代表大会常务委员会关于修改〈中华人民共和国道路交通安全法〉等八部法律的决定》第六次修正）

目录

第一章　总则

第一条　为了维护国家的主权和利益，加强海关监督管理，促进对外经济贸易和科技文化交往，保障社会主义现代化建设，特制定本法。

第二条　中华人民共和国海关是国家的进出关境（以下简称进出境）监督管理机关。海关依照本法和其他有关法律、行政法规，监管进出境的运输工具、货物、行李物品、邮递物品和其他物品（以下简称进出境运输工具、货物、物品），征收关税和其他税、费，查缉走私，并编制海关统计和办理其他海关业务。

第三条　国务院设立海关总署，统一管理全国海关。

国家在对外开放的口岸和海关监管业务集中的地点设立海关。海关的隶属关系，不受行政区划的限制。

海关依法独立行使职权，向海关总署负责。

第四条　国家在海关总署设立专门侦查走私犯罪的公安机构，配备专职缉私警察，负责对其管辖的走私犯罪案件的侦查、拘留、执行逮捕、预审。

海关侦查走私犯罪公安机构履行侦查、拘留、执行逮捕、预审职责，应当按照《中华人民共和国刑事诉讼法》的规定办理。

海关侦查走私犯罪公安机构根据国家有关规定，可以设立分支机构。各分支机构办理其管辖的走私犯罪案件，应当依法向有管辖权的人民检察院移送起诉。

地方各级公安机关应当配合海关侦查走私犯罪公安机构依法履行职责。

第五条　国家实行联合缉私、统一处理、综合治理的缉私体制。海关负责组织、协调、管理查缉走私工作。有关规定由国务院另行制定。

各有关行政执法部门查获的走私案件，应当给予行政处罚的，移送海关依法处理；涉嫌犯罪的，应当移送海关侦查走私犯罪公安机构、地方公安机关依据案件管辖分工和法定程序办理。

第六条　海关可以行使下列权力：

（一）检查进出境运输工具，查验进出境货物、物品；对违反本法或者其他有关法律、行政法规的，可以扣留。

（二）查阅进出境人员的证件；查问违反本法或者其他有关法律、行政法规的嫌疑人，调查其违法行为。

（三）查阅、复制与进出境运输工具、货物、物品有关的合同、发票、账册、单据、记录、文件、业务函电、录音录像制品和其他资料；对其中与违反本法或者其他有关法律、行政法规的进出境运输工具、货物、物品有牵连的，可以扣留。

（四）在海关监管区和海关附近沿海沿边规定地区，检查有走私嫌疑的运输工具和有藏匿走私货物、物品嫌疑的场所，检查走私嫌疑人的身体；对有走私嫌疑的运输工具、货物、物品和走私犯罪嫌疑人，经直属海关关长或者其授权的隶属海关关长批准，可以扣留；对走私犯罪嫌疑人，扣留时间不超过二十四小时，在特殊情况下可以延长至四十八小时。

在海关监管区和海关附近沿海沿边规定地区以外，海关在调查走私案件时，对有走私嫌疑的运输工具和除公民住处以外的有藏匿走私货物、物品嫌疑的场所，经直属海关关长或者其授权的隶属海关关长批准，可以进行检查，有关当事人应当到场；当事人未到场的，在有见证人在场的情况下，可以径行检查；对其中有证据证明有走私嫌疑的运输工具、货物、物品，可以扣留。

海关附近沿海沿边规定地区的范围，由海关总署和国务院公安部门会同有关省级人民政府确定。

（五）在调查走私案件时，经直属海关关长或者其授权的隶属海关关长批准，可以查询案件涉嫌单位和涉嫌人员在金融机构、邮政企业的存款、汇款。

（六）进出境运输工具或者个人违抗海关监管逃逸的，海关可以连续追至海关监管区和海关附近沿海沿边规定地区以外，将其带回处理。

（七）海关为履行职责，可以配备武器。海关工作人员佩带和使用武器的规则，由海关总署会同国务院公安部门制定，报国务院批准。

（八）法律、行政法规规定由海关行使的其他权力。

第七条 各地方、各部门应当支持海关依法行使职权，不得非法干预海关的执法活动。

第八条 进出境运输工具、货物、物品，必须通过设立海关的地点进境或者出境。在特殊情况下，需要经过未设立海关的地点临时进境或者出境的，必须经国务院或者国务院授权的机关批准，并依照本法规定办理海关手续。

第九条 进出口货物，除另有规定的外，可以由进出口货物收发货人自行办理报关纳税手续，也可以由进出口货物收发货人委托报关企业办理报关纳税手续。

进出境物品的所有人可以自行办理报关纳税手续，也可以委托他人办理报关纳税手续。

第十条 报关企业接受进出口货物收发货人的委托，以委托人的名义办理报关手续的，应当向海关提交由委托人签署的授权委托书，遵守本法对委托人的各项规定。

报关企业接受进出口货物收发货人的委托，以自己的名义办理报关手续的，应当承担与收发货人相同的法律责任。

委托人委托报关企业办理报关手续的，应当向报关企业提供所委托报关事项的真实情况；报关企业接受委托人的委托办理报关手续的，应当对委托人所提供情况的真实性进行合理审查。

第十一条 进出口货物收发货人、报关企业办理报关手续，应当依法向海关备案。

报关企业和报关人员不得非法代理他人报关。

第十二条 海关依法执行职务，有关单位和个人应当如实回答询问，并予以配合，任何单位和个人不得阻挠。

海关执行职务受到暴力抗拒时，执行有关任务的公安机关和人民武装警察部队应当予以协助。

第十三条 海关建立对违反本法规定逃避海关监管行为的举报制度。

任何单位和个人均有权对违反本法规定逃避海关监管的行为进行举报。

海关对举报或者协助查获违反本法案件的有功单位和个人，应当给予精神的或者物质的奖励。

海关应当为举报人保密。

第二章　进出境运输工具

第十四条 进出境运输工具到达或者驶离设立海关的地点时，运输工具负责人应当向海关如实申报，交验单证，并接受海关监管和检查。

停留在设立海关的地点的进出境运输工具，未经海关同意，不得擅自驶离。

进出境运输工具从一个设立海关的地点驶往另一个设立海关的地点的，应当符合海关监管要求，办理海关手续，未办结海关手续的，不得改驶境外。

第十五条　进境运输工具在进境以后向海关申报以前，出境运输工具在办结海关手续以后出境以前，应当按照交通主管机关规定的路线行进；交通主管机关没有规定的，由海关指定。

第十六条　进出境船舶、火车、航空器到达和驶离时间、停留地点、停留期间更换地点以及装卸货物、物品时间，运输工具负责人或者有关交通运输部门应当事先通知海关。

第十七条　运输工具装卸进出境货物、物品或者上下进出境旅客，应当接受海关监管。

货物、物品装卸完毕，运输工具负责人应当向海关递交反映实际装卸情况的交接单据和记录。

上下进出境运输工具的人员携带物品的，应当向海关如实申报，并接受海关检查。

第十八条　海关检查进出境运输工具时，运输工具负责人应当到场，并根据海关的要求开启舱室、房间、车门；有走私嫌疑的，并应当开拆可能藏匿走私货物、物品的部位，搬移货物、物料。

海关根据工作需要，可以派员随运输工具执行职务，运输工具负责人应当提供方便。

第十九条　进境的境外运输工具和出境的境内运输工具，未向海关办理手续并缴纳关税，不得转让或者移作他用。

第二十条　进出境船舶和航空器兼营境内客、货运输，需经海关同意，并应当符合海关监管要求。

进出境运输工具改营境内运输，需向海关办理手续。

第二十一条　沿海运输船舶、渔船和从事海上作业的特种船舶，未经海关同意，不得载运或者换取、买卖、转让进出境货物、物品。

第二十二条　进出境船舶和航空器，由于不可抗力的原因，被迫在未设立海关的地点停泊、降落或者抛掷、起卸货物、物品，运输工具负责人应当立即报告附近海关。

第三章　进出境货物

第二十三条　进口货物自进境起到办结海关手续止，出口货物自向海关申报起到出境止，过境、转运和通运货物自进境起到出境止，应当接受海关监管。

第二十四条　进口货物的收货人、出口货物的发货人应当向海关如实申报，交验进出口许可证件和有关单证。国家限制进出口的货物，没有进出口许可证件的，不予放行，具体处理办法由国务院规定。

进口货物的收货人应当自运输工具申报进境之日起十四日内，出口货物的发货人除海关特准的外应当在货物运抵海关监管区后、装货的二十四小时以前，向海关申报。

进口货物的收货人超过前款规定期限向海关申报的，由海关征收滞报金。

第二十五条　办理进出口货物的海关申报手续，应当采用纸质报关单和电子数据报关单的形式。

第二十六条　海关接受申报后，报关单证及其内容不得修改或者撤销；确有正当理由的，经海关同意，方可修改或者撤销。

第二十七条　进口货物的收货人经海关同意，可以在申报前查看货物或者提取货样。需要依法检疫的货物，应当在检疫合格后提取货样。

第二十八条　进出口货物应当接受海关查验。海关查验货物时，进口货物的收货人、出口货物的发货人应当到场，并负责搬移货物，开拆和重封货物的包装。海关认为必要时，可以径行开验、复验或者提取货样。

经收发货人申请，海关总署批准，其进出口货物可以免验。

第二十九条　除海关特准的外，进出口货物在收发货人缴清税款或者提供担保后，由海关签印放行。

第三十条　进口货物的收货人自运输工具申报进境之日起超过三个月未向海关申报的，其进口货物由海关提取依法变卖处理，所得价款在扣除运输、装卸、储存等费用和税款后，尚有余款的，自货物依法变卖之日起一年内，经收货人申请，予以发还；其中属于国家对进口有限制性规定，应当提交许可证件而不能提供的，不予发还。逾期无人申请或者不予发还的，上缴国库。

确属误卸或者溢卸的进境货物，经海关审定，由原运输工具负责人或者货物的收发货人自该运输工具卸货之日起三个月内，办理退运或者进口手续；必要时，经海关批准，可以延期三个月。逾期未办手续的，由海关按前款规定处理。

前两款所列货物不宜长期保存的，海关可以根据实际情况提前处理。

收货人或者货物所有人声明放弃的进口货物，由海关提取依法变卖处理；所得价款在扣除运输、装卸、储存等费用后，上缴国库。

第三十一条　按照法律、行政法规、国务院或者海关总署规定暂时进口或者暂时出口的货物，应当在六个月内复运出境或者复运进境；需要延长复运出境或者复运进境期限的，应当根据海关总署的规定办理延期手续。

第三十二条　经营保税货物的储存、加工、装配、展示、运输、寄售业务和经营免税商店，应当符合海关监管要求，经海关批准，并办理注册手续。

保税货物的转让、转移以及进出保税场所，应当向海关办理有关手续，接受海关监管和查验。

第三十三条　企业从事加工贸易，应当按照海关总署的规定向海关备案。加工贸易制成品单位耗料量由海关按照有关规定核定。

加工贸易制成品应当在规定的期限内复出口。其中使用的进口料件，属于国家规定准予保税的，应当向海关办理核销手续；属于先征收税款的，依法向海关办理退税手续。

加工贸易保税进口料件或者制成品内销的，海关对保税的进口料件依法征税；属于国家对进口有限制性规定的，还应当向海关提交进口许可证件。

第三十四条　经国务院批准在中华人民共和国境内设立的保税区等海关特殊监管区域，由海关按照国家有关规定实施监管。

第三十五条　进口货物应当由收货人在货物的进境地海关办理海关手续，出口货物应当由发货人在货物的出境地海关办理海关手续。

经收发货人申请，海关同意，进口货物的收货人可以在设有海关的指运地、出口货物的发货人可以在设有海关的启运地办理海关手续。上述货物的转关运输，应当符合海关监管要求；必要时，海关可以派员押运。

经电缆、管道或者其他特殊方式输送进出境的货物，经营单位应当定期向指定的海关申报和办理海关手续。

第三十六条　过境、转运和通运货物，运输工具负责人应当向进境地海关如实申报，并应当在规定期限内运输出境。

海关认为必要时，可以查验过境、转运和通运货物。

第三十七条　海关监管货物，未经海关许可，不得开拆、提取、交付、发运、调换、改装、抵押、质押、留置、转让、更换标记、移作他用或者进行其他处置。

海关加施的封志，任何人不得擅自开启或者损毁。

人民法院判决、裁定或者有关行政执法部门决定处理海关监管货物的，应当责令当事人办结海关手续。

第三十八条　经营海关监管货物仓储业务的企业，应当经海关注册，并按照海关规定，办理收存、交付手续。

在海关监管区外存放海关监管货物，应当经海关同意，并接受海关监管。

违反前两款规定或者在保管海关监管货物期间造成海关监管货物损毁或者灭失的，除不可抗力外，对海关监管货物负有保管义务的人应当承担相应的纳税义务和法律责任。

第三十九条　进出境集装箱的监管办法、打捞进出境货物和沉船的监管办法、边境小额贸易进出口货物的监管办法，以及本法未具体列明的其他进出境货物的监管办法，由海关总署或者由海关总署会同国务院有关部门另行制定。

第四十条　国家对进出境货物、物品有禁止性或者限制性规定的，海关依据法律、行政法规、国务院的规定或者国务院有关部门依据法律、行政法规的授权作出的规定实施监管。具体监管办法由海关总署制定。

第四十一条　进出口货物的原产地按照国家有关原产地规则的规定确定。

第四十二条　进出口货物的商品归类按照国家有关商品归类的规定确定。

海关可以要求进出口货物的收发货人提供确定商品归类所需的有关资料；必要时，海关可以组织化验、检验，并将海关认定的化验、检验结果作为商品归类的依据。

第四十三条　海关可以根据对外贸易经营者提出的书面申请，对拟作进口或者出口的货物预先作出商品归类等行政裁定。

进口或者出口相同货物，应当适用相同的商品归类行政裁定。

海关对所作出的商品归类等行政裁定，应当予以公布。

第四十四条　海关依照法律、行政法规的规定，对与进出境货物有关的知识产权实施保护。

需要向海关申报知识产权状况的，进出口货物收发货人及其代理人应当按照国家规定向海关如实申报有关知识产权状况，并提交合法使用有关知识产权的证明文件。

第四十五条　自进出口货物放行之日起三年内或者在保税货物、减免税进口货物的海关监管期限内及其后的三年内，海关可以对与进出口货物直接有关的企业、单位的会计账簿、会计凭证、报关单证以及其他有关资料和有关进出口货物实施稽查。具体办法由国务院规定。

第四章　进出境物品

第四十六条　个人携带进出境的行李物品、邮寄进出境的物品，应当以自用、合理数量为限，并接受海关监管。

第四十七条　进出境物品的所有人应当向海关如实申报，并接受海关查验。

海关加施的封志，任何人不得擅自开启或者损毁。

第四十八条　进出境邮袋的装卸、转运和过境，应当接受海关监管。邮政企业应当向海关递交邮件路单。

邮政企业应当将开拆及封发国际邮袋的时间事先通知海关，海关应当按时派员到场监管查验。

第四十九条　邮运进出境的物品，经海关查验放行后，有关经营单位方可投递或者交付。

第五十条　经海关登记准予暂时免税进境或者暂时免税出境的物品，应当由本人复带出境或者复带进境。

过境人员未经海关批准，不得将其所带物品留在境内。

第五十一条　进出境物品所有人声明放弃的物品、在海关规定期限内未办理海关手续或者无人认领的物品，以及无法投递又无法退回的进境邮递物品，由海关依照本法第三十条的规定处理。

第五十二条　享有外交特权和豁免的外国机构或者人员的公务用品或者自用物品进出境，依照有关法律、行政法规的规定办理。

第五章　关税

第五十三条　准许进出口的货物、进出境物品，由海关依法征收关税。

第五十四条　进口货物的收货人、出口货物的发货人、进出境物品的所有人，是关税的纳税义务人。

第五十五条　进出口货物的完税价格，由海关以该货物的成交价格为基础审查确定。成交价格不能确定时，完税价格由海关依法估定。

进口货物的完税价格包括货物的货价、货物运抵中华人民共和国境内输入地点起卸前的运输及其相关费用、保险费；出口货物的完税价格包括货物的货价、货物运至中华人民共和国境内输出地点装载前的运输及其相关费用、保险费，但是其中包含的出口关税税额，应当予以扣除。

进出境物品的完税价格，由海关依法确定。

【例1】 关税完税价格的计算

某进出口公司从美国进口一批化工原料共500吨，货物以境外口岸离岸价格成交，单价折合人民币为20 000元/吨，买方承担包装费每吨500元人民币，另向中介支付佣金每吨1 000元人民币，向自己的采购代理人支付购货佣金5 000元人民币，已知该批化工原料抵运中国境内输入地点起卸前的运输费、保险费和其他劳务费用为每吨2 000元人民币，进口后另发生运输费和装卸费用为每吨300元人民币，计算该批化工原料的关税完税价格。

【解析】 计入进口货物关税完税价格的，包括货价、支付的佣金（不包括买方向自己的采购代理人支付的购货佣金）、买方负担的包装费、进口途中的运输费（不包括进口后发生的运输费、装卸费）和保险费及其他劳务费用。进口该批化工原料的关税完税价格 ＝（20 000 ＋ 500 ＋ 1 000 ＋ 2 000 ＋ 300）× 500 ＝ 11 750 000 元 ＝ 1 175 万元。

【例2】 保险费无法确定或未实际发生时关税的计算

某企业海运进口一批货物，海关审定货价折合人民币5000万元，运抵境内输入地点起卸前的运费折合人民币 20 万元，保险费无法查明，该批货物进口关税税率为 5%，则该企业应当缴纳多少关税。

【解析】按照有关海关法规规定，进口货物保险费无法确定或未实际发生，按"货价加运费"两者总额的 3‰ 计算。完税价格 = (5 000 + 20) × (1 + 3‰) × 5% = 251.75 万元。

第五十六条　下列进出口货物、进出境物品，减征或者免征关税：

（一）无商业价值的广告品和货样；

（二）外国政府、国际组织无偿赠送的物资；

（三）在海关放行前遭受损坏或者损失的货物；

（四）规定数额以内的物品；

（五）法律规定减征、免征关税的其他货物、物品；

（六）中华人民共和国缔结或者参加的国际条约规定减征、免征关税的货物、物品。

第五十七条　特定地区、特定企业或者有特定用途的进出口货物，可以减征或者免征关税。特定减税或者免税的范围和办法由国务院规定。

依照前款规定减征或者免征关税进口的货物，只能用于特定地区、特定企业或者特定用途，未经海关核准并补缴关税，不得移作他用。

【例 3】特定情况下的关税计算

某企业 2019 年 4 月向境外企业租赁一台大型设备，租期 1 年，支付租金 10 万元，另支付境内运费、保险费 2 万元。2020 年 4 月，企业决定将该设备买下，双方成交价格为 60 万元，海关审定的留购价格 65 万元，以上金额均为人民币。该企业 2020 年 4 月应当如何缴纳关税。

【解析】留购的租赁货物，以海关审定的留购价格作为完税价格。该企业 2020 年 4 月应缴纳关税 = 65 × 10% = 6.5 万元。

第五十八条　本法第五十六条、第五十七条第一款规定范围以外的临时减征或者免征关税，由国务院决定。

第五十九条　暂时进口或者暂时出口的货物，以及特准进口的保税货物，在货物收发货人向海关缴纳相当于税款的保证金或者提供担保后，准予暂时免纳关税。

第六十条　进出口货物的纳税义务人，应当自海关填发税款缴款书之日起十五日内缴纳税款；逾期缴纳的，由海关征收滞纳金。纳税义务人、担保人超过三个月仍未缴纳的，经直属海关关长或者其授权的隶属海关关长批准，海关可以采取下列强制措施：

（一）书面通知其开户银行或者其他金融机构从其存款中扣缴税款；

（二）将应税货物依法变卖，以变卖所得抵缴税款；

（三）扣留并依法变卖其价值相当于应纳税款的货物或者其他财产，以变卖所得抵缴税款。

海关采取强制措施时，对前款所列纳税义务人、担保人未缴纳的滞纳金同时强制执行。

进出境物品的纳税义务人，应当在物品放行前缴纳税款。

第六十一条　进出口货物的纳税义务人在规定的纳税期限内有明显的转移、藏匿其应税货物以及其他财产迹象的，海关可以责令纳税义务人提供担保；纳税义务人不能提供纳税担保的，经直属海关关长或者其授权的隶属海关关长批准，海关可以采取下列税收保全措施：

（一）书面通知纳税义务人开户银行或者其他金融机构暂停支付纳税义务人相当于应纳税款的存款；

（二）扣留纳税义务人价值相当于应纳税款的货物或者其他财产。

纳税义务人在规定的纳税期限内缴纳税款的，海关必须立即解除税收保全措施；期限届满仍未缴纳税款的，经直属海关关长或者其授权的隶属海关关长批准，海关可以书面通知纳税义务人开户银行或者其他金融机构从其暂停支付的存款中扣缴税款，或者依法变卖所扣留的货物或者其他财产，以变卖所得抵缴税款。

采取税收保全措施不当，或者纳税义务人在规定期限内已缴纳税款，海关未立即解除税收保全措施，致使纳税义务人的合法权益受到损失的，海关应当依法承担赔偿责任。

第六十二条　进出口货物、进出境物品放行后，海关发现少征或者漏征税款，应当自缴纳税款或者货物、物品放行之日起一年内，向纳税义务人补征。因纳税义务人违反规定而造成的少征或者漏征，海关在三年以内可以追征。

第六十三条　海关多征的税款，海关发现后应当立即退还；纳税义务人自缴纳税款之日起一年内，可以要求海关退还。

第六十四条　纳税义务人同海关发生纳税争议时，应当缴纳税款，并可以依法申请行政复议；对复议决定仍不服的，可以依法向人民法院提起诉讼。

第六十五条　进口环节海关代征税的征收管理，适用关税征收管理的规定。

第六章　海关事务担保

第六十六条　在确定货物的商品归类、估价和提供有效报关单证或者办结其他海关手续前，收发货人要求放行货物的，海关应当在其提供与其依法应当履行的法律义务相适应的担保后放行。法律、行政法规规定可以免除担保的除外。

法律、行政法规对履行海关义务的担保另有规定的，从其规定。

国家对进出境货物、物品有限制性规定，应当提供许可证件而不能提供的，以及法律、行政法规规定不得担保的其他情形，海关不得办理担保放行。

第六十七条　具有履行海关事务担保能力的法人、其他组织或者公民，可以成为担保人。法律规定不得为担保人的除外。

第六十八条　担保人可以以下列财产、权利提供担保：

（一）人民币、可自由兑换货币；

（二）汇票、本票、支票、债券、存单；

（三）银行或者非银行金融机构的保函；

（四）海关依法认可的其他财产、权利。

第六十九条　担保人应当在担保期限内承担担保责任。担保人履行担保责任的，不免除被担保人应当办理有关海关手续的义务。

第七十条　海关事务担保管理办法，由国务院规定。

第七章　执法监督

第七十一条　海关履行职责，必须遵守法律，维护国家利益，依照法定职权和法定程序严格执法，接受监督。

第七十二条　海关工作人员必须秉公执法，廉洁自律，忠于职守，文明服务，不得有下列行为：

（一）包庇、纵容走私或者与他人串通进行走私；

（二）非法限制他人人身自由，非法检查他人身体、住所或者场所，非法检查、扣留进出境运输工具、货物、物品；

（三）利用职权为自己或者他人谋取私利；

（四）索取、收受贿赂；

（五）泄露国家秘密、商业秘密和海关工作秘密；

（六）滥用职权，故意刁难，拖延监管、查验；

（七）购买、私分、占用没收的走私货物、物品；

（八）参与或者变相参与营利性经营活动；

（九）违反法定程序或者超越权限执行职务；

（十）其他违法行为。

第七十三条　海关应当根据依法履行职责的需要，加强队伍建设，使海关工作人员具有良好的政治、业务素质。

海关专业人员应当具有法律和相关专业知识，符合海关规定的专业岗位任职要求。

海关招收工作人员应当按照国家规定，公开考试，严格考核，择优录用。

海关应当有计划地对其工作人员进行政治思想、法制、海关业务培训和考核。海关工作人员必须定期接受培训和考核，经考核不合格的，不得继续上岗执行职务。

第七十四条　海关总署应当实行海关关长定期交流制度。

海关关长定期向上一级海关述职，如实陈述其执行职务情况。海关总署应当定期对直属海关关长进行考核，直属海关应当定期对隶属海关关长进行考核。

第七十五条　海关及其工作人员的行政执法活动，依法接受监察机关的监督；缉私警察进行侦查活动，依法接受人民检察院的监督。

第七十六条　审计机关依法对海关的财政收支进行审计监督，对海关办理的与国家财政收支有关的事项，有权进行专项审计调查。

第七十七条　上级海关应当对下级海关的执法活动依法进行监督。上级海关认为下级海关作出的处理或者决定不适当的，可以依法予以变更或者撤销。

第七十八条　海关应当依照本法和其他有关法律、行政法规的规定，建立健全内部监督制度，对其工作人员执行法律、行政法规和遵守纪律的情况，进行监督检查。

第七十九条　海关内部负责审单、查验、放行、稽查和调查等主要岗位的职责权限应当明确，并相互分离、相互制约。

第八十条　任何单位和个人均有权对海关及其工作人员的违法、违纪行为进行控告、检举。收到控告、检举的机关有权处理的，应当依法按照职责分工及时查处。收到控告、检举的机关和负责查处的机关应当为控告人、检举人保密。

第八十一条　海关工作人员在调查处理违法案件时，遇有下列情形之一的，应当回避：

（一）是本案的当事人或者是当事人的近亲属；

（二）本人或者其近亲属与本案有利害关系；

（三）与本案当事人有其他关系，可能影响案件公正处理的。

第八章　法律责任

第八十二条　违反本法及有关法律、行政法规，逃避海关监管，偷逃应纳税款、逃避国家有关进出境的禁止性或者限制性管理，有下列情形之一的，是走私行为：

（一）运输、携带、邮寄国家禁止或者限制进出境货物、物品或者依法应当缴纳税款的货物、物品进出境的；

（二）未经海关许可并且未缴纳应纳税款、交验有关许可证件，擅自将保税货物、特定减免税货物以及其他海关监管货物、物品、进境的境外运输工具，在境内销售的；

（三）有逃避海关监管，构成走私的其他行为的。

有前款所列行为之一，尚不构成犯罪的，由海关没收走私货物、物品及违法所得，可以并处罚款；专门或者多次用于掩护走私的货物、物品，专门或者多次用于走私的运输工具，予以没收，藏匿走私货物、物品的特制设备，责令拆毁或者没收。

有第一款所列行为之一，构成犯罪的，依法追究刑事责任。

第八十三条 有下列行为之一的，按走私行为论处，依照本法第八十二条的规定处罚：

（一）直接向走私人非法收购走私进口的货物、物品的；

（二）在内海、领海、界河、界湖，船舶及所载人员运输、收购、贩卖国家禁止或者限制进出境的货物、物品，或者运输、收购、贩卖依法应当缴纳税款的货物，没有合法证明的。

第八十四条 伪造、变造、买卖海关单证，与走私人通谋为走私人提供贷款、资金、账号、发票、证明、海关单证，与走私人通谋为走私人提供运输、保管、邮寄或者其他方便，构成犯罪的，依法追究刑事责任；尚不构成犯罪的，由海关没收违法所得，并处罚款。

第八十五条 个人携带、邮寄超过合理数量的自用物品进出境，未依法向海关申报的，责令补缴关税，可以处以罚款。

第八十六条 违反本法规定有下列行为之一的，可以处以罚款，有违法所得的，没收违法所得：

（一）运输工具不经设立海关的地点进出境的；

（二）不将进出境运输工具到达的时间、停留的地点或者更换的地点通知海关的；

（三）进出口货物、物品或者过境、转运、通运货物向海关申报不实的；

（四）不按照规定接受海关对进出境运输工具、货物、物品进行检查、查验的；

（五）进出境运输工具未经海关同意，擅自装卸进出境货物、物品或者上下进出境旅客的；

（六）在设立海关的地点停留的进出境运输工具未经海关同意，擅自驶离的；

（七）进出境运输工具从一个设立海关的地点驶往另一个设立海关的地点，尚未办结海关手续又未经海关批准，中途擅自改驶境外或者境内未设立海关的地点的；

（八）进出境运输工具，未经海关同意，擅自兼营或者改营境内运输的；

（九）由于不可抗力的原因，进出境船舶和航空器被迫在未设立海关的地点停泊、降落或者在境内抛掷、起卸货物、物品，无正当理由，不向附近海关报告的；

（十）未经海关许可，擅自将海关监管货物开拆、提取、交付、发运、调换、改装、抵押、质押、留置、转让、更换标记、移作他用或者进行其他处置的；

（十一）擅自开启或者损毁海关封志的；

（十二）经营海关监管货物的运输、储存、加工等业务，有关货物灭失或者有关记录不真实，不能提供正当理由的；

（十三）有违反海关监管规定的其他行为的。

第八十七条 海关准予从事有关业务的企业，违反本法有关规定的，由海关责令改正，可以给予警告，暂停其从事有关业务，直至撤销注册。

第八十八条　未向海关备案从事报关业务的，海关可以处以罚款。

第八十九条　报关企业非法代理他人报关的，由海关责令改正，处以罚款；情节严重的，禁止其从事报关活动。

报关人员非法代理他人报关的，由海关责令改正，处以罚款。

第九十条　进出口货物收发货人、报关企业向海关工作人员行贿的，由海关禁止其从事报关活动，并处以罚款；构成犯罪的，依法追究刑事责任。

第九十一条　违反本法规定进出口侵犯中华人民共和国法律、行政法规保护的知识产权的货物的，由海关依法没收侵权货物，并处以罚款；构成犯罪的，依法追究刑事责任。

第九十二条　海关依法扣留的货物、物品、运输工具，在人民法院判决或者海关处罚决定作出之前，不得处理。但是，危险品或者鲜活、易腐、易失效等不宜长期保存的货物、物品以及所有人申请先行变卖的货物、物品、运输工具，经直属海关关长或者其授权的隶属海关关长批准，可以先行依法变卖，变卖所得价款由海关保存，并通知其所有人。

人民法院判决没收或者海关决定没收的走私货物、物品、违法所得、走私运输工具、特制设备，由海关依法统一处理，所得价款和海关决定处以的罚款，全部上缴中央国库。

第九十三条　当事人逾期不履行海关的处罚决定又不申请复议或者向人民法院提起诉讼的，作出处罚决定的海关可以将其保证金抵缴或者将其被扣留的货物、物品、运输工具依法变价抵缴，也可以申请人民法院强制执行。

第九十四条　海关在查验进出境货物、物品时，损坏被查验的货物、物品的，应当赔偿实际损失。

第九十五条　海关违法扣留货物、物品、运输工具，致使当事人的合法权益受到损失的，应当依法承担赔偿责任。

第九十六条　海关工作人员有本法第七十二条所列行为之一的，依法给予行政处分；有违法所得的，依法没收违法所得；构成犯罪的，依法追究刑事责任。

第九十七条　海关的财政收支违反法律、行政法规规定的，由审计机关以及有关部门依照法律、行政法规的规定作出处理；对直接负责的主管人员和其他直接责任人员，依法给予行政处分；构成犯罪的，依法追究刑事责任。

第九十八条　未按照本法规定为控告人、检举人、举报人保密的，对直接负责的主管人员和其他直接责任人员，由所在单位或者有关单位依法给予行政处分。

第九十九条　海关工作人员在调查处理违法案件时，未按照本法规定进行回避的，对直接负责的主管人员和其他直接责任人员，依法给予行政处分。

第九章　附则

第一百条　本法下列用语的含义：

直属海关，是指直接由海关总署领导，负责管理一定区域范围内的海关业务的海关；隶属海关，是指由直属海关领导，负责办理具体海关业务的海关。

进出境运输工具，是指用以载运人员、货物、物品进出境的各种船舶、车辆、航空器和驮畜。

过境、转运和通运货物，是指由境外启运、通过中国境内继续运往境外的货物。其中，通过境内陆路运输的，称过境货物；在境内设立海关的地点换装运输工具，而不通过境内陆路运输的，称转运货物；由船舶、航空器载运进境并由原装运输工具载运出境的，称通运货物。

海关监管货物，是指本法第二十三条所列的进出口货物，过境、转运、通运货物，特定减免税货物，以及暂时进出口货物、保税货物和其他尚未办结海关手续的进出境货物。

保税货物，是指经海关批准未办理纳税手续进境，在境内储存、加工、装配后复运出境的货物。

海关监管区，是指设立海关的港口、车站、机场、国界孔道、国际邮件互换局（交换站）和其他有海关监管业务的场所，以及虽未设立海关，但是经国务院批准的进出境地点。

第一百零一条 经济特区等特定地区同境内其他地区之间往来的运输工具、货物、物品的监管办法，由国务院另行规定。

第一百零二条 本法自 1987 年 7 月 1 日起施行。1951 年 4 月 18 日中央人民政府公布的《中华人民共和国暂行海关法》同时废止。

4.2 中华人民共和国进出口关税条例

2003 年 11 月 23 日 国务院令 392 号

第一章 总则

第一条 为了贯彻对外开放政策，促进对外经济贸易和国民经济的发展，根据《中华人民共和国海关法》（以下简称《海关法》）的有关规定，制定本条例。

第二条 中华人民共和国准许进出口的货物、进境物品，除法律、行政法规另有规定外，海关依照本条例规定征收进出口关税。

第三条 国务院制定《中华人民共和国进出口税则》（以下简称《税则》）、《中华人民共和国进境物品进口税税率表》（以下简称《进境物品进口税税率表》），规定关税的税目、税则号列和税率，作为本条例的组成部分。

第四条 国务院设立关税税则委员会，负责《税则》和《进境物品进口税税率表》的税目、税则号列和税率的调整和解释，报国务院批准后执行；决定实行暂定税率的货物、税率和期限；决定关税配额税率；决定征收反倾销税、反补贴税、保障措施关税、报复性关税以及决定实施其他关税措施；决定特殊情况下税率的适用，以及履行国务院规定的其他职责。

第五条 进口货物的收货人、出口货物的发货人、进境物品的所有人，是关税的纳税义务人。

第六条 海关及其工作人员应当依照法定职权和法定程序履行关税征管职责，维护国家利益，保护纳税人合法权益，依法接受监督。

第七条 纳税义务人有权要求海关对其商业秘密予以保密，海关应当依法为纳税义务人保密。

第八条 海关对检举或者协助查获违反本条例行为的单位和个人，应当按照规定给予奖励，并负责保密。

第二章　进出口货物关税税率的设置和适用

第九条　进口关税设置最惠国税率、协定税率、特惠税率、普通税率、关税配额税率等税率。对进口货物在一定期限内可以实行暂定税率。

出口关税设置出口税率。对出口货物在一定期限内可以实行暂定税率。

第十条　原产于共同适用最惠国待遇条款的世界贸易组织成员的进口货物，原产于与中华人民共和国签订含有相互给予最惠国待遇条款的双边贸易协定的国家或者地区的进口货物，以及原产于中华人民共和国境内的进口货物，适用最惠国税率。

原产于与中华人民共和国签订含有关税优惠条款的区域性贸易协定的国家或者地区的进口货物，适用协定税率。

原产于与中华人民共和国签订含有特殊关税优惠条款的贸易协定的国家或者地区的进口货物，适用特惠税率。

原产于本条第一款、第二款和第三款所列以外国家或者地区的进口货物，以及原产地不明的进口货物，适用普通税率。

第十一条　适用最惠国税率的进口货物有暂定税率的，应当适用暂定税率；适用协定税率、特惠税率的进口货物有暂定税率的，应当从低适用税率；适用普通税率的进口货物，不适用暂定税率。

适用出口税率的出口货物有暂定税率的，应当适用暂定税率。

第十二条　按照国家规定实行关税配额管理的进口货物，关税配额内的，适用关税配额税率；关税配额外的，其税率的适用按照本条例第十条、第十一条的规定执行。

第十三条　按照有关法律、行政法规的规定对进口货物采取反倾销、反补贴、保障措施的，其税率的适用按照《中华人民共和国反倾销条例》《中华人民共和国反补贴条例》和《中华人民共和国保障措施条例》的有关规定执行。

第十四条　任何国家或者地区违反与中华人民共和国签订或者共同参加的贸易协定及相关协定，对中华人民共和国在贸易方面采取禁止、限制、加征关税或者其他影响正常贸易的措施的，对原产于该国家或者地区的进口货物可以征收报复性关税，适用报复性关税税率。

征收报复性关税的货物、适用国别、税率、期限和征收办法，由国务院关税税则委员会决定并公布。

第十五条　进出口货物，应当适用海关接受该货物申报进口或者出口之日实施的税率。

进口货物到达前，经海关核准先行申报的，应当适用装载该货物的运输工具申报进境之日实施的税率。

转关运输货物税率的适用日期，由海关总署另行规定。

第十六条　有下列情形之一，需缴纳税款的，应当适用海关接受申报办理纳税手续之日实施的税率：

（一）保税货物经批准不复运出境的；

（二）减免税货物经批准转让或者移作他用的；

（三）暂准进境货物经批准不复运出境，以及暂准出境货物经批准不复运进境的；

（四）租赁进口货物，分期缴纳税款的。

第十七条　补征和退还进出口货物关税，应当按照本条例第十五条或者第十六条的规定确定适用的税率。

因纳税义务人违反规定需要追征税款的，应当适用该行为发生之日实施的税率；行为发生之日不能确定的，适用海关发现该行为之日实施的税率。

第三章　进出口货物完税价格的确定

第十八条　进口货物的完税价格由海关以符合本条第三款所列条件的成交价格以及该货物运抵中华人民共和国境内输入地点起卸前的运输及其相关费用、保险费为基础审查确定。

进口货物的成交价格，是指卖方向中华人民共和国境内销售该货物时买方为进口该货物向卖方实付、应付的，并按照本条例第十九条、第二十条规定调整后的价款总额，包括直接支付的价款和间接支付的价款。

进口货物的成交价格应当符合下列条件：

（一）对买方处置或者使用该货物不予限制，但法律、行政法规规定实施的限制、对货物转售地域的限制和对货物价格无实质性影响的限制除外；

（二）该货物的成交价格没有因搭售或者其他因素的影响而无法确定；

（三）卖方不得从买方直接或者间接获得因该货物进口后转售、处置或者使用而产生的任何收益，或者虽有收益但能够按照本条例第十九条、第二十条的规定进行调整；

（四）买卖双方没有特殊关系，或者虽有特殊关系但未对成交价格产生影响。

第十九条　进口货物的下列费用应当计入完税价格：

（一）由买方负担的购货佣金以外的佣金和经纪费；

（二）由买方负担的在审查确定完税价格时与该货物视为一体的容器的费用；

（三）由买方负担的包装材料费用和包装劳务费用；

（四）与该货物的生产和向中华人民共和国境内销售有关的，由买方以免费或者以低于成本的方式提供并可以按适当比例分摊的料件、工具、模具、消耗材料及类似货物的价款，以及在境外开发、设计等相关服务的费用；

（五）作为该货物向中华人民共和国境内销售的条件，买方必须支付的、与该货物有关的特许权使用费；

（六）卖方直接或者间接从买方获得的该货物进口后转售、处置或者使用的收益。

第二十条　进口时在货物的价款中列明的下列税收、费用，不计入该货物的完税价格：

（一）厂房、机械、设备等货物进口后进行建设、安装、装配、维修和技术服务的费用；

（二）进口货物运抵境内输入地点起卸后的运输及其相关费用、保险费；

（三）进口关税及国内税收。

第二十一条　进口货物的成交价格不符合本条例第十八条第三款规定条件的，或者成交价格不能确定的，海关经了解有关情况，并与纳税义务人进行价格磋商后，依次以下列价格估定该货物的完税价格：

（一）与该货物同时或者大约同时向中华人民共和国境内销售的相同货物的成交价格；

（二）与该货物同时或者大约同时向中华人民共和国境内销售的类似货物的成交价格；

（三）与该货物进口的同时或者大约同时，将该进口货物、相同或者类似进口货物在第一级销售环节销售给无特殊关系买方最大销售总量的单位价格，但应当扣除本条例第二十二条规定的项目；

（四）按照下列各项总和计算的价格：生产该货物所使用的料件成本和加工费用，向中华人民共和国境内销售同等级或者同种类货物通常的利润和一般费用，该货物运抵境内输入地点起卸前的运输及其相关费用、保险费；

（五）以合理方法估定的价格。

纳税义务人向海关提供有关资料后，可以提出申请，颠倒前款第（三）项和第（四）项的适用次序。

第二十二条　按照本条例第二十一条第一款第（三）项规定估定完税价格，应当扣除的项目是指：

（一）同等级或者同种类货物在中华人民共和国境内第一级销售环节销售时通常的利润和一般费用以及通常支付的佣金；

（二）进口货物运抵境内输入地点起卸后的运输及其相关费用、保险费；

（三）进口关税及国内税收。

第二十三条　以租赁方式进口的货物，以海关审查确定的该货物的租金作为完税价格。

纳税义务人要求一次性缴纳税款的，纳税义务人可以选择按照本条例第二十一条的规定估定完税价格，或者按照海关审查确定的租金总额作为完税价格。

第二十四条　运往境外加工的货物，出境时已向海关报明并在海关规定的期限内复运进境的，应当以境外加工费和料件费以及复运进境的运输及其相关费用和保险费审查确定完税价格。

【例 1】 特殊情况下的关税计算

2020 年 11 月，某公司将货物运往境外加工，出境时已向海关报明，并在海关规定期限内复运进境。已知货物价值 100 万元，境外加工费和料件费 30 万元，复运进境的运费 1 万元、保险费 0.39 万元。关税税率 10%。该公司上述业务应当如何缴纳关税。

【解析】 运往境外加工的货物，出境时已向海关报明，并在海关规定期限内复运进境，以境外加工费、料件费、复运进境的运输及相关费用、保险费为基础审查确定完税价格。该公司上述业务应缴纳关税 = (30 + 1 + 0.39) × 10% = 3.14 万元。

第二十五条　运往境外修理的机械器具、运输工具或者其他货物，出境时已向海关报明并在海关规定的期限内复运进境的，应当以境外修理费和料件费审查确定完税价格。

【例 2】 特殊情况下的关税计算

某生产企业 2020 年 10 月将机器运往境外修理，出境时已向海关报明，并在海关规定期限内复运进境。已知机器原值为 100 万元，已提折旧 20 万元，报关出境前发生运费和保险费 1 万元，境外修理费 5 万元，修理料件费 1.2 万元，复运进境发生的运费和保险费 1.5 万元，以上金额均为人民币。该机器再次报关入境时应当如何申报缴纳关税。

【解析】 运往境外修理的货物，出境时已向海关报明并在规定期限内复运进境的，以境外修理费、料件费为基础确定完税价格。因此应纳关税 = (5 + 1.2) × 10% = 0.62 万元。

第二十六条　出口货物的完税价格由海关以该货物的成交价格以及该货物运至中华人民共和国境内输出地点装载前的运输及其相关费用、保险费为基础审查确定。

出口货物的成交价格，是指该货物出口时卖方为出口该货物应当向买方直接收取和间接收取的价款总额。

出口关税不计入完税价格。

【例 3】 出口货物的关税计算

我国某公司 2020 年 3 月从国内甲港口出口一批锌锭到国外，货物成交价格 158 万元（不含出口关税），其中包括货物运抵甲港口装卸前的运输费、保险费共计 10 万元。另支付甲港口到国外目的地港口之间的运输保险费 20 万元。锌锭出口关税税率为 20%。该公司出口锌锭应当如何缴纳出口关税。

【解释】出口货物的完税价格，由海关以该货物向境外销售的成交价格为基础审查确定，并应包括货物运至我国境内输出地点装卸前的运输及相关费用、保险费，但其中包含的出口关税税额，应当扣除。该公司上述业务应当缴纳出口关税 = $158 \times 20\% = 31.6$ 万元。

第二十七条　出口货物的成交价格不能确定的，海关经了解有关情况，并与纳税义务人进行价格磋商后，依次以下列价格估定该货物的完税价格：

（一）与该货物同时或者大约同时向同一国家或者地区出口的相同货物的成交价格；

（二）与该货物同时或者大约同时向同一国家或者地区出口的类似货物的成交价格；

（三）按照下列各项总和计算的价格：境内生产相同或者类似货物的料件成本、加工费用，通常的利润和一般费用，境内发生的运输及其相关费用、保险费；

（四）以合理方法估定的价格。

第二十八条　按照本条例规定计入或者不计入完税价格的成本、费用、税收，应当以客观、可量化的数据为依据。

第四章　进出口货物关税的征收

第二十九条　进口货物的纳税义务人应当自运输工具申报进境之日起 14 日内，出口货物的纳税义务人除海关特准的外，应当在货物运抵海关监管区后、装货的 24 小时以前，向货物的进出境地海关申报。进出口货物转关运输的，按照海关总署的规定执行。

进口货物到达前，纳税义务人经海关核准可以先行申报。具体办法由海关总署另行规定。

第三十条　纳税义务人应当依法如实向海关申报，并按照海关的规定提供有关确定完税价格、进行商品归类、确定原产地以及采取反倾销、反补贴或者保障措施等所需的资料；必要时，海关可以要求纳税义务人补充申报。

第三十一条　纳税义务人应当按照《税则》规定的目录条文和归类总规则、类注、章注、子目注释以及其他归类注释，对其申报的进出口货物进行商品归类，并归入相应的税则号列；海关应当依法审核确定该货物的商品归类。

第三十二条　海关可以要求纳税义务人提供确定商品归类所需的有关资料；必要时，海关可以组织化验、检验，并将海关认定的化验、检验结果作为商品归类的依据。

第三十三条　海关为审查申报价格的真实性和准确性，可以查阅、复制与进出口货物有关的合同、发票、账册、结付汇凭证、单据、业务函电、录音录像制品和其他反映买卖双方关系及交易活动的资料。

海关对纳税义务人申报的价格有怀疑并且所涉关税数额较大的，经直属海关关长或者其授权的隶属海关关长批准，凭海关总署统一格式的协助查询账户通知书及有关工作人员的工作证件，可以查询纳税义务人在银行或者其他金融机构开立的单位账户的资金往来情况，并向银行业监督管理机构通报有关情况。

第三十四条　海关对纳税义务人申报的价格有怀疑的，应当将怀疑的理由书面告知纳税义务人，要求其在规定的期限内书面作出说明、提供有关资料。

　　纳税义务人在规定的期限内未作说明、未提供有关资料的，或者海关仍有理由怀疑申报价格的真实性和准确性的，海关可以不接受纳税义务人申报的价格，并按照本条例第三章的规定估定完税价格。

　　第三十五条　海关审查确定进出口货物的完税价格后，纳税义务人可以以书面形式要求海关就如何确定其进出口货物的完税价格作出书面说明，海关应当向纳税义务人作出书面说明。

　　第三十六条　进出口货物关税，以从价计征、从量计征或者国家规定的其他方式征收。

　　从价计征的计算公式为：应纳税额 = 完税价格 × 关税税率

　　从量计征的计算公式为：应纳税额 = 货物数量 × 单位税额

　　第三十七条　纳税义务人应当自海关填发税款缴款书之日起 15 日内向指定银行缴纳税款。纳税义务人未按期缴纳税款的，从滞纳税款之日起，按日加收滞纳税款万分之五的滞纳金。

　　海关可以对纳税义务人欠缴税款的情况予以公告。

　　海关征收关税、滞纳金等，应当制发缴款凭证，缴款凭证格式由海关总署规定。

　　第三十八条　海关征收关税、滞纳金等，应当按人民币计征。

　　进出口货物的成交价格以及有关费用以外币计价的，以中国人民银行公布的基准汇率折合为人民币计算完税价格；以基准汇率币种以外的外币计价的，按照国家有关规定套算为人民币计算完税价格。适用汇率的日期由海关总署规定。

　　第三十九条　纳税义务人因不可抗力或者在国家税收政策调整的情形下，不能按期缴纳税款的，经海关总署批准，可以延期缴纳税款，但是最长不得超过 6 个月。

　　第四十条　进出口货物的纳税义务人在规定的纳税期限内有明显的转移、藏匿其应税货物以及其他财产迹象的，海关可以责令纳税义务人提供担保；纳税义务人不能提供担保的，海关可以按照《海关法》第六十一条的规定采取税收保全措施。

　　纳税义务人、担保人自缴纳税款期限届满之日起超过 3 个月仍未缴纳税款的，海关可以按照《海关法》第六十条的规定采取强制措施。

　　第四十一条　加工贸易的进口料件按照国家规定保税进口的，其制成品或者进口料件未在规定的期限内出口的，海关按照规定征收进口关税。

　　加工贸易的进口料件进境时按照国家规定征收进口关税的，其制成品或者进口料件在规定的期限内出口的，海关按照有关规定退还进境时已征收的关税税款。

　　第四十二条　经海关批准暂时进境或者暂时出境的下列货物，在进境或者出境时纳税义务人向海关缴纳相当于应纳税款的保证金或者提供其他担保的，可以暂不缴纳关税，并应当自进境或者出境之日起 6 个月内复运出境或者复运进境；经纳税义务人申请，海关可以根据海关总署的规定延长复运出境或者复运进境的期限：

　　（一）在展览会、交易会、会议及类似活动中展示或者使用的货物；

　　（二）文化、体育交流活动中使用的表演、比赛用品；

　　（三）进行新闻报道或者摄制电影、电视节目使用的仪器、设备及用品；

　　（四）开展科研、教学、医疗活动使用的仪器、设备及用品；

　　（五）在本款第（一）项至第（四）项所列活动中使用的交通工具及特种车辆；

　　（六）货样；

　　（七）供安装、调试、检测设备时使用的仪器、工具；

　　（八）盛装货物的容器；

　　（九）其他用于非商业目的的货物。

第一款所列暂准进境货物在规定的期限内未复运出境的，或者暂准出境货物在规定的期限内未复运进境的，海关应当依法征收关税。

第一款所列可以暂时免征关税范围以外的其他暂准进境货物，应当按照该货物的完税价格和其在境内滞留时间与折旧时间的比例计算征收进口关税。具体办法由海关总署规定。

第四十三条　因品质或者规格原因，出口货物自出口之日起 1 年内原状复运进境的，不征收进口关税。

因品质或者规格原因，进口货物自进口之日起 1 年内原状复运出境的，不征收出口关税。

第四十四条　因残损、短少、品质不良或者规格不符原因，由进出口货物的发货人、承运人或者保险公司免费补偿或者更换的相同货物，进出口时不征收关税。被免费更换的原进口货物不退运出境或者原出口货物不退运进境的，海关应当对原进出口货物重新按照规定征收关税。

第四十五条　下列进出口货物，免征关税：

（一）关税税额在人民币 50 元以下的一票货物；

（二）无商业价值的广告品和货样；

（三）外国政府、国际组织无偿赠送的物资；

（四）在海关放行前损失的货物；

（五）进出境运输工具装载的途中必需的燃料、物料和饮食用品。

在海关放行前遭受损坏的货物，可以根据海关认定的受损程度减征关税。

法律规定的其他免征或者减征关税的货物，海关根据规定予以免征或者减征。

第四十六条　特定地区、特定企业或者有特定用途的进出口货物减征或者免征关税，以及临时减征或者免征关税，按照国务院的有关规定执行。

第四十七条　进口货物减征或者免征进口环节海关代征税，按照有关法律、行政法规的规定执行。

第四十八条　纳税义务人进出口减免税货物的，除另有规定外，应当在进出口该货物之前，按照规定持有关文件向海关办理减免税审批手续。经海关审查符合规定的，予以减征或者免征关税。

第四十九条　需由海关监管使用的减免税进口货物，在监管年限内转让或者移作他用需要补税的，海关应当根据该货物进口时间折旧估价，补征进口关税。

特定减免税进口货物的监管年限由海关总署规定。

【例 4】　特殊情况下的关税计算

2018 年 9 月 1 日某公司由于承担国家重要工程项目，经批准免税进口了一套电子设备。使用 2 年后项目完工，2020 年 9 月 1 日公司经批准将该设备出售给了国内另一家公司，并向海关申报办理补税手续。已知该电子设备进口时，海关审定的完税价格为 300 万元，2018 年进口时该设备适用的关税税率为 9%，2020 年海关接受该公司申报办理补缴关税手续时，该设备适用的关税税率为 7%，海关规定的监管年限为 3 年，按规定该公司应补缴关税多少万元？

【解析】 需要扣除的折旧不是该设备的账面折旧，而是按照该设备使用期占监管期的比例计算分摊的设备完税价格。补税时适用的关税税率不是原进口时的税率，而是海关接受纳税人再次填写报关单申报办理纳税手续之日实施的税率。

应补缴的关税税额 $= 300 \times [1 - (2 \times 12)/(3 \times 12)] \times 7\% = 7$ 万。

第五十条　有下列情形之一的，纳税义务人自缴纳税款之日起 1 年内，可以申请退还关税，并应当以书面形式向海关说明理由，提供原缴款凭证及相关资料：

（一）已征进口关税的货物，因品质或者规格原因，原状退货复运出境的；

（二）已征出口关税的货物，因品质或者规格原因，原状退货复运进境，并已重新缴纳因出口而退还的国内环节有关税收的；

（三）已征出口关税的货物，因故未装运出口，申报退关的。

海关应当自受理退税申请之日起 30 日内查实并通知纳税义务人办理退还手续。纳税义务人应当自收到通知之日起 3 个月内办理有关退税手续。

按照其他有关法律、行政法规规定应当退还关税的，海关应当按照有关法律、行政法规的规定退税。

第五十一条　进出口货物放行后，海关发现少征或者漏征税款的，应当自缴纳税款或者货物放行之日起 1 年内，向纳税义务人补征税款。但因纳税义务人违反规定造成少征或者漏征税款的，海关可以自缴纳税款或者货物放行之日起 3 年内追征税款，并从缴纳税款或者货物放行之日起按日加收少征或者漏征税款万分之五的滞纳金。

海关发现海关监管货物因纳税义务人违反规定造成少征或者漏征税款的，应当自纳税义务人应缴纳税款之日起 3 年内追征税款，并从应缴纳税款之日起按日加收少征或者漏征税款万分之五的滞纳金。

【例 5】 关税滞纳金的计算

某公司进口一批货物，海关于 2020 年 7 月 1 日填发税款缴纳书，但该公司迟至 7 月 27 日才缴纳 500 万元的关税。海关应征收关税滞纳金数额为？

【解析】 滞纳天数自关税缴纳期限届满滞纳之日起，至纳税义务人缴纳关税之日止。此题关税的纳税期限为 2020 年 7 月 1 日至 2020 年 7 月 15 日，滞纳天数 12 天（7 月 16 日至 7 月 27 日），海关应征收关税滞纳金 = 500 × 12 × 0.5‰ = 3 万元。

第五十二条　海关发现多征税款的，应当立即通知纳税义务人办理退还手续。

纳税义务人发现多缴税款的，自缴纳税款之日起 1 年内，可以以书面形式要求海关退还多缴的税款并加算银行同期活期存款利息；海关应当自受理退税申请之日起 30 日内查实并通知纳税义务人办理退还手续。

纳税义务人应当自收到通知之日起 3 个月内办理有关退税手续。

第五十三条　按照本条例第五十条、第五十二条的规定退还税款、利息涉及从国库中退库的，按照法律、行政法规有关国库管理的规定执行。

第五十四条　报关企业接受纳税义务人的委托，以纳税义务人的名义办理报关纳税手续，因报关企业违反规定而造成海关少征、漏征税款的，报关企业对少征或者漏征的税款、滞纳金与纳税义务人承担纳税的连带责任。

报关企业接受纳税义务人的委托，以报关企业的名义办理报关纳税手续的，报关企业与纳税义务人承担纳税的连带责任。

除不可抗力外，在保管海关监管货物期间，海关监管货物损毁或者灭失的，对海关监管货物负有保管义务的人应当承担相应的纳税责任。

第五十五条　欠税的纳税义务人，有合并、分立情形的，在合并、分立前，应当向海关报告，依法缴清税款。纳税义务人合并时未缴清税款的，由合并后的法人或者其他组织继续履行未履行的纳税义务；纳税义务人分立时未缴清税款的，分立后的法人或者其他组织对未履行的纳税义务承担连带责任。

纳税义务人在减免税货物、保税货物监管期间，有合并、分立或者其他资产重组情形的，应当向海关报告。按照规定需要缴税的，应当依法缴清税款；按照规定可以继续享受减免税、保税待遇的，应当到海关办理变更纳税义务人的手续。

纳税义务人欠税或者在减免税货物、保税货物监管期间，有撤销、解散、破产或者其他依法终止经营情形的，应当在清算前向海关报告。海关应当依法对纳税义务人的应缴税款予以清缴。

第五章 　进境物品进口税的征收

第五十六条 　进境物品的关税以及进口环节海关代征税合并为进口税，由海关依法征收。

第五十七条 　海关总署规定数额以内的个人自用进境物品，免征进口税。

超过海关总署规定数额但仍在合理数量以内的个人自用进境物品，由进境物品的纳税义务人在进境物品放行前按照规定缴纳进口税。

超过合理、自用数量的进境物品应当按照进口货物依法办理相关手续。

国务院关税税则委员会规定按货物征税的进境物品，按照本条例第二章至第四章的规定征收关税。

第五十八条 　进境物品的纳税义务人是指，携带物品进境的入境人员、进境邮递物品的收件人以及以其他方式进口物品的收件人。

第五十九条 　进境物品的纳税义务人可以自行办理纳税手续，也可以委托他人办理纳税手续。接受委托的人应当遵守本章对纳税义务人的各项规定。

第六十条 　进口税从价计征。

进口税的计算公式为：进口税税额 ＝ 完税价格 × 进口税税率

第六十一条 　海关应当按照《进境物品进口税税率表》及海关总署制定的《中华人民共和国进境物品归类表》《中华人民共和国进境物品完税价格表》对进境物品进行归类、确定完税价格和确定适用税率。

第六十二条 　进境物品，适用海关填发税款缴款书之日实施的税率和完税价格。

第六十三条 　进口税的减征、免征、补征、追征、退还以及对暂准进境物品征收进口税参照本条例对货物征收进口关税的有关规定执行。

【例6】 *跨境电子商务的相关税收计算*

2021年1月，中国公民张女士通过甲电子商务企业（跨境电商）购买1条围巾，根据税法规定计算的实际交易价格是1 000元，假定围巾进口关税税率为6%，则按照跨境电商零售进口税收政策，张女士上述行为需缴纳关税、增值税多少元？

【解析】 张女士通过跨境电商购买的围巾属于跨境电子商务零售进口税征税对象，所购围巾未超过单次5 000元的限值，从而免征关税，但需要缴纳增值税，应按税额的70%征收。应纳增值税 ＝ 1 000 × 13% × 70% ＝ 91元。

第六章 　附则

第六十四条 　纳税义务人、担保人对海关确定纳税义务人、确定完税价格、商品归类、确定原产地、适用税率或者汇率、减征或者免征税款、补税、退税、征收滞纳金、确定计征方式以及确定纳税地点有异议的，应当缴纳税款，并可以依法向上一级海关申请复议。对复议决定不服的，可以依法向人民法院提起诉讼。

第六十五条　进口环节海关代征税的征收管理，适用关税征收管理的规定。

第六十六条　有违反本条例规定行为的，按照《海关法》《中华人民共和国海关法行政处罚实施条例》和其他有关法律、行政法规的规定处罚。

第六十七条　本条例自 2004 年 1 月 1 日起施行。1992 年 3 月 18 日国务院修订发布的《中华人民共和国进出口关税条例》同时废止。

4.3　财政部　国家税务总局　海关总署　商务部关于跨境电子商务综合试验区零售出口货物税收政策的通知

2018 年 9 月 28 日　财税〔2018〕103 号

各省、自治区、直辖市、计划单列市财政厅（局）、商务主管部门，国家税务总局各省、自治区、直辖市、计划单列市税务局，国家税务总局驻各地特派员办事处，海关总署广东分署、各直属海关：

为进一步促进跨境电子商务健康快速发展，培育贸易新业态新模式，现将跨境电子商务综合试验区（以下简称综试区）内的跨境电子商务零售出口（以下简称电子商务出口）货物有关税收政策通知如下：

一、对综试区电子商务出口企业出口未取得有效进货凭证的货物，同时符合下列条件的，试行增值税、消费税免税政策：

（一）电子商务出口企业在综试区注册，并在注册地跨境电子商务线上综合服务平台登记出口日期、货物名称、计量单位、数量、单价、金额。

（二）出口货物通过综试区所在地海关办理电子商务出口申报手续。

（三）出口货物不属于财政部和税务总局根据国务院决定明确取消出口退（免）税的货物。

二、各综试区建设领导小组办公室和商务主管部门应统筹推进部门之间的沟通协作和相关政策落实，加快建立电子商务出口统计监测体系，促进跨境电子商务健康快速发展。

三、海关总署定期将电子商务出口商品申报清单电子信息传输给税务总局。各综试区税务机关根据税务总局清分的出口商品申报清单电子信息加强出口货物免税管理。具体免税管理办法由省级税务部门商财政、商务部门制定。

四、本通知所称综试区，是指经国务院批准的跨境电子商务综合试验区；本通知所称电子商务出口企业，是指自建跨境电子商务销售平台或利用第三方跨境电子商务平台开展电子商务出口的单位和个体工商户。

五、本通知自 2018 年 10 月 1 日起执行，具体日期以出口商品申报清单注明的出口日期为准。

财政部　税务总局　商务部　海关总署

2018 年 9 月 28 日

4.4 财政部 海关总署 国家税务总局关于跨境电子商务零售进口税收政策的通知

2016 年 3 月 24 日 财关税〔2016〕18 号

各省、自治区、直辖市、计划单列市财政厅（局）、国家税务局，新疆生产建设兵团财务局，海关总署广东分署、各直属海关：

为营造公平竞争的市场环境，促进跨境电子商务零售进口健康发展，经国务院批准，现将跨境电子商务零售（企业对消费者，即 B2C）进口税收政策有关事项通知如下：

一、跨境电子商务零售进口商品按照货物征收关税和进口环节增值税、消费税，购买跨境电子商务零售进口商品的个人作为纳税义务人，实际交易价格（包括货物零售价格、运费和保险费）作为完税价格，电子商务企业、电子商务交易平台企业或物流企业可作为代收代缴义务人。

二、跨境电子商务零售进口税收政策适用于从其他国家或地区进口的、《跨境电子商务零售进口商品清单》范围内的以下商品：

（一）所有通过与海关联网的电子商务交易平台交易，能够实现交易、支付、物流电子信息"三单"比对的跨境电子商务零售进口商品；

（二）未通过与海关联网的电子商务交易平台交易，但快递、邮政企业能够统一提供交易、支付、物流等电子信息，并承诺承担相应法律责任进境的跨境电子商务零售进口商品。

不属于跨境电子商务零售进口的个人物品以及无法提供交易、支付、物流等电子信息的跨境电子商务零售进口商品，按现行规定执行。

三、跨境电子商务零售进口商品的单次交易限值为人民币 2 000 元，个人年度交易限值为人民币 20 000 元。在限值以内进口的跨境电子商务零售进口商品，关税税率暂设为 0%；进口环节增值税、消费税取消免征税额，暂按法定应纳税额的 70% 征收。超过单次限值、累加后超过个人年度限值的单次交易，以及完税价格超过 2 000 元限值的单个不可分割商品，均按照一般贸易方式全额征税。

四、跨境电子商务零售进口商品自海关放行之日起 30 日内退货的，可申请退税，并相应调整个人年度交易总额。

五、跨境电子商务零售进口商品购买人（订购人）的身份信息应进行认证；未进行认证的，购买人（订购人）身份信息应与付款人一致。

六、《跨境电子商务零售进口商品清单》将由财政部商有关部门另行公布。

七、本通知自 2016 年 4 月 8 日起执行。

特此通知。

财政部 海关总署 国家税务总局

2016 年 3 月 24 日

4.5 财政部 海关总署 税务总局关于完善跨境电子商务零售进口税收政策的通知

2018 年 11 月 29 日 财关税〔2018〕49 号

各省、自治区、直辖市、计划单列市财政厅（局），新疆生产建设兵团财政局，海关总署广东分署、各直属海关，国家税务总局各省、自治区、直辖市、计划单列市税务局，国家税务总局驻各地特派员办事处：

为促进跨境电子商务零售进口行业的健康发展，营造公平竞争的市场环境，现将完善跨境电子商务零售进口税收政策有关事项通知如下：

一、将跨境电子商务零售进口商品的单次交易限值由人民币 2 000 元提高至 5 000 元，年度交易限值由人民币 20 000 元提高至 26 000 元。

二、完税价格超过 5 000 元单次交易限值但低于 26 000 元年度交易限值，且订单下仅一件商品时，可以自跨境电商零售渠道进口，按照货物税率全额征收关税和进口环节增值税、消费税，交易额计入年度交易总额，但年度交易总额超过年度交易限值的，应按一般贸易管理。

三、已经购买的电商进口商品属于消费者个人使用的最终商品，不得进入国内市场再次销售；原则上不允许网购保税进口商品在海关特殊监管区域外开展"网购保税 + 线下自提"模式。

四、其他事项请继续按照《财政部 海关总署 税务总局关于跨境电子商务零售进口税收政策的通知》（财关税〔2016〕18 号）有关规定执行。

五、为适应跨境电商发展，财政部会同有关部门对《跨境电子商务零售进口商品清单》进行了调整，将另行公布。

本通知自 2019 年 1 月 1 日起执行。

特此通知。

财政部海关总署税务总局
2018 年 11 月 29 日

4.6 海关总署关于发布《海南自由贸易港自用生产设备"零关税"政策海关实施办法〔试行〕》的公告

2021 年 3 月 4 日 海关总署公告 2021 年第 23 号

为贯彻落实《海南自由贸易港建设总体方案》，根据《财政部 海关总署 税务总局关于海南自由贸易港自用生产设备"零关税"政策的通知》（财关税〔2021〕7 号），特制定《海南自由贸易港自用生产设备"零关税"政策海关实施办法（试行）》（见附件），现予发布。

特此公告。

附件：海南自由贸易港自用生产设备"零关税"政策海关实施办法（试行）

海关总署

2021 年 3 月 4 日

附件：海南自由贸易港自用生产设备"零关税"
政策海关实施办法（试行）

第一条 为贯彻落实《海南自由贸易港建设总体方案》，根据有关法律、行政法规和《财政部　海关总署　税务总局关于海南自由贸易港自用生产设备"零关税"政策的通知》（财关税〔2021〕7 号，以下简称《通知》），制定本办法。

第二条 全岛封关运作前，对海南自由贸易港注册登记并具有独立法人资格的企业，进口自用生产设备，除法律法规和相关规定明确不予免税、国家规定禁止进口的商品，以及《通知》附件所列设备外，免征关税、进口环节增值税和消费税。享受"零关税"政策的自用生产设备（以下简称"零关税"自用生产设备）实行负面清单管理，由财政部、海关总署、税务总局会同相关部门动态调整。

《通知》所称生产设备包括《中华人民共和国进出口税则》第八十四、八十五和九十章中除家用电器及设备零件、部件、附件、元器件外的其他商品，具体商品范围由财政部、海关总署会同有关部门明确。

第三条 符合享受政策条件的企业名单和《通知》附件涵盖行业的企业名单，由海南省发展改革、工业和信息化等主管部门会同海南省财政厅、海口海关、国家税务总局海南省税务局确定后，通过国际贸易"单一窗口"向海口海关传输企业名单。在实现联网传输企业名单前，由海南省相关主管部门将上述企业名单函告海口海关。

第四条 "零关税"自用生产设备实行"一企一账"管理。

符合享受政策条件的企业（以下简称"企业"）在首次申报"零关税"自用生产设备进口前，应按《中华人民共和国海关报关单位注册登记管理规定》有关规定在海关注册登记，并在国际贸易"单一窗口"中"海南零关税进口生产设备、交通工具平台"系统完善企业账户信息。

第五条 企业申报进口"零关税"自用生产设备时，进口报关单"申报地海关"应填报"海口海关"下设的隶属海关或业务现场的关区名称及代码（不含"三沙海关"）；"征免性质"填报为"零关税自用生产设备"（代码：491），自愿缴纳进口环节增值税和消费税的，应当在报关时将"征免性质"填报为"零关税自用生产设备（缴纳进口环节税）"（代码：493）；"监管方式"填报为"一般贸易"（0110）；征减免税方式填报为"随征免性质"（代码：5）；"消费使用单位"填报企业名称。

第六条 除国家另有规定外，国家对相关生产设备有限制进口管理规定的，企业应按规定凭相关许可证件办理进口等相关海关手续。

第七条 "零关税"自用生产设备仅限符合政策规定条件的企业在海南自由贸易港内自用，并依法接受海关监管。

监管年限为：3 年。

监管年限自货物放行之日起计算。

监管年限届满自动解除海关监管。

除海关总署另有规定外，在海关监管年限内，企业应当按政策规定和海关规定保管、使用"零关税"自用生产设备。

第八条　在海关监管年限内，企业应当于每年 6 月 30 日（含当日）以前向其所在地海关（以下称"主管海关"）提交上一年度"零关税"自用生产设备使用情况的报告。

第九条　在海关监管年限内，企业因破产等原因，确需将"零关税"自用生产设备转让的，应在转让前通过"海南零关税进口生产设备、交通工具平台"向主管海关提出申请，经海关审核同意后办理转让手续。

其中，转让给不符合享受政策条件的主体的，应在转让前通过"海南零关税进口生产设备、交通工具平台"向主管海关提出申请，并按规定补缴相关进口税款。补税的完税价格以"零关税"自用生产设备原进口时的完税价格为基础，按照货物已进口时间与监管年限的比例进行折旧，其计算公式如下：

$$补税的完税价格 = "零关税"自用生产设备原进口时的完税价格 \times [1 - $$
$$"零关税"自用生产设备已进口时间/（监管年限 \times 12）]$$

"零关税"自用生产设备已进口时间自货物放行之日起按月计算。不足 1 个月但超过 15 日的按 1 个月计算；不超过 15 日的，不予计算。

自税款补缴并办结海关相关手续之日起，"零关税"自用生产设备解除海关监管。

第十条　在海关监管年限内，企业需将"零关税"自用生产设备向境内银行或非银行金融机构办理贷款抵押的，应事先通过"海南零关税进口生产设备、交通工具平台"向主管海关提出申请，并提供海关认可的税款担保，经海关审核同意后，可按规定办理贷款抵押。

企业不得以"零关税"自用生产设备向银行或非银行金融机构以外的公民、法人或者非法人其他组织办理贷款抵押。

第十一条　在海关监管年限内，企业需将"零关税"自用生产设备退运出境或者出口的，应通过"海南零关税进口生产设备、交通工具平台"向主管海关提出申请，经海关审核同意后办理相关手续。

"零关税"自用生产设备自退运出境或者出口之日起，解除海关监管，海关不对退运出境或者出口的"零关税"自用生产设备补征相关税款。

第十二条　除特殊情形外，企业申请办理"零关税"自用生产设备转让、贷款抵押等手续的，主管海关应自受理申请之日起 10 个工作日内作出是否同意的决定。

第十三条　海关依照《中华人民共和国海关法》和《中华人民共和国海关稽查条例》等相关规定，对进口和使用"零关税"自用生产设备的相关企业实施稽（核）查。

第十四条　企业违反《通知》相关规定以及将"零关税"自用生产设备移作他用的，应按规定补缴相关进口税款。补税的完税价格以"零关税"自用生产设备原进口时的完税价格为基础，按照需要补缴税款的时间与监管年限的比例进行折算，其计算公式如下：

$$补税的完税价格 = "零关税"自用生产设备原进口时的完税价格 \times$$
$$[需要补缴税款的时间/（监管年限 \times 365）]$$

上述计算公式中需要补缴税款的时间为企业违反《通知》相关规定以及将"零关税"自用生产设备移作他用的实际时间，按日计算，每日实际使用不满 8 小时或者超过 8 小时的均按 1 日计算。

第十五条　违反本办法规定，构成走私行为或者违反海关监管规定行为的，由海关依照

《中华人民共和国海关法》和《中华人民共和国海关行政处罚实施条例》的有关规定予以处理；构成犯罪的，依法追究刑事责任。

第十六条　本办法由海关总署负责解释。

第十七条　本办法自公布之日起施行。

4.7　财政部　海关总署　税务总局关于海南离岛旅客免税购物政策的公告

2020 年 6 月 29 日　财政部　海关总署　税务总局公告 2020 年第 33 号

为贯彻落实《海南自由贸易港建设总体方案》，经国务院同意，现将海南离岛旅客免税购物政策（以下称离岛免税政策）公告如下：

一、离岛免税政策是指对乘飞机、火车、轮船离岛（不包括离境）旅客实行限值、限量、限品种免进口税购物，在实施离岛免税政策的免税商店（以下称离岛免税店）内或经批准的网上销售窗口付款，在机场、火车站、港口码头指定区域提货离岛的税收优惠政策。离岛免税政策免税税种为关税、进口环节增值税和消费税。

二、本公告所称旅客，是指年满 16 周岁，已购买离岛机票、火车票、船票，并持有效身份证件（国内旅客持居民身份证、港澳台旅客持旅行证件、国外旅客持护照），离开海南本岛但不离境的国内外旅客，包括海南省居民。

三、离岛旅客每年每人免税购物额度为 10 万元人民币，不限次数。免税商品种类及每次购买数量限制，按照本公告附件执行。超出免税限额、限量的部分，照章征收进境物品进口税。

旅客购物后乘飞机、火车、轮船离岛记为 1 次免税购物。

四、本公告所称离岛免税店，是指具有实施离岛免税政策资格并实行特许经营的免税商店，目前包括：海口美兰机场免税店、海口日月广场免税店、琼海博鳌免税店、三亚海棠湾免税店。

具有免税品经销资格的经营主体可按规定参与海南离岛免税经营。

五、离岛旅客在国家规定的额度和数量范围内，在离岛免税店内或经批准的网上销售窗口购买免税商品，免税店根据旅客离岛时间运送货物，旅客凭购物凭证在机场、火车站、港口码头指定区域提货，并一次性随身携带离岛。

六、已经购买的离岛免税商品属于消费者个人使用的最终商品，不得进入国内市场再次销售。

七、对违反本公告规定倒卖、代购、走私免税商品的个人，依法依规纳入信用记录，三年内不得购买离岛免税商品；对于构成走私行为或者违反海关监管规定行为的，由海关依照有关规定予以处理，构成犯罪的，依法追究刑事责任。

对协助违反离岛免税政策、扰乱市场秩序的旅行社、运输企业等，给予行业性综合整治。

离岛免税店违反相关规定销售免税品，由海关依照有关法律、行政法规给予处理、处罚。

八、离岛免税政策监管办法由海关总署另行公布。

离岛免税店销售的免税商品适用的增值税、消费税免税政策，相关管理办法由税务总局商财政部另行制定。

　　九、本公告自 2020 年 7 月 1 日起执行。财政部公告 2011 年第 14 号、2012 年第 73 号、2015 年第 8 号、2016 年第 15 号、2017 年第 7 号，及财政部、海关总署、税务总局 2018 年公告第 158 号、2018 年第 175 号同时废止。

　　特此公告。

　　附件：离岛免税商品品种及每人每次购买数量范围

财政部　海关总署　税务总局

2020 年 6 月 29 日

附件：离岛免税商品品种及每人每次购买数量范围

序号	商品品种	每人每次限购数	备注
1	首饰	不限	
2	工艺品	不限	
3	手表	不限	
4	香水	不限	
5	化妆品	30 件	
6	笔	不限	
7	眼镜（含太阳镜）	不限	
8	丝巾	不限	
9	领带	不限	
10	毛织品	不限	
11	棉织品	不限	
12	服装服饰	不限	
13	鞋帽	不限	
14	皮带	不限	
15	箱包	不限	
16	小皮件	不限	
17	糖果	不限	
18	体育用品	不限	
19	美容及保健器材	不限	
20	餐具及厨房用品	不限	
21	玩具（含童车）	不限	
22	零售包装的婴幼儿配方奶粉及辅食	不限	
23	咖啡（咖啡豆；浓缩咖啡）	不限	

续表

序号	商品品种	每人每次限购数	备注
24	参制品（西洋参；红参；高丽参胶囊及冲剂）	不限	非首次进口，即已取得进口保健食品批准证书
25	谷物片；麦精、粮食粉等制食品及乳制品；甜饼干；华夫饼干及圣餐饼；糕点，饼干及烘焙糕饼及类似制品	不限	
26	保健食品	不限	非首次进口，即已取得进口保健食品批准证书
27	蜂王浆制剂	不限	非首次进口，即已取得进口保健食品批准证书
28	橄榄油	不限	
29	尿不湿	不限	
30	陶瓷制品（骨瓷器皿等）	不限	
31	玻璃制品（玻璃器皿等）	不限	
32	家用空气净化器及配件	不限	
33	家用小五金（锁具；水龙头；淋浴装置）	不限	
34	钟（挂钟；座钟；闹钟等）	不限	
35	转换插头	不限	
36	表带、表链	不限	
37	眼镜片、眼镜框	不限	
38	一、二类家用医疗器械（血糖计；血糖试纸、电子血压计；红外线人体测温仪；视力训练仪；助听器；矫形固定器械；家用呼吸机）	不限	已取得进口医疗器械注册证或备案凭证
39	天然蜂蜜及其他食用动物产品（天然蜂蜜；燕窝；鲜蜂王浆；其他蜂及食用动物产品）	不限	
40	茶、马黛茶以及以茶、马黛茶为基本成分的制品（绿茶；红茶；马黛茶；茶、马黛茶为基本成分的制品）	不限	
41	平板电脑；其他便携式自动数据处理设备；小型自动数据处理设备；微型机；其他数据处理设备；以系统形式报验的小型计算机；以系统形式报验的微型机	不限	
42	穿戴设备等电子消费产品（无线耳机；其他接收、转换并发送或再生音像或其他数据用的设备；视频游戏控制器及设备的零件及附件）	不限	
43	手机手持（包括车载）式无线电话机	4 件	

续表

序号	商品品种	每人每次限购数	备注
44	电子游戏机	不限	
45	酒类（啤酒、红酒、清酒、洋酒及发酵饮料）	合计不超过 1 500 毫升	

注：1 件商品是指具有单一、完整包装及独立标价的商品，但套装商品按包装内所含商品的实际件数计算。

4.8　财政部　海关总署　税务总局关于海南自由贸易港交通工具及游艇"零关税"政策的通知

2020 年 12 月 25 日　财关税〔2020〕54 号

海南省财政厅、海口海关、国家税务总局海南省税务局：

为贯彻落实《海南自由贸易港建设总体方案》，经国务院同意，现将海南自由贸易港交通工具及游艇"零关税"政策通知如下：

一、全岛封关运作前，对海南自由贸易港注册登记并具有独立法人资格，从事交通运输、旅游业的企业（航空企业须以海南自由贸易港为主营运基地），进口用于交通运输、旅游业的船舶、航空器、车辆等营运用交通工具及游艇，免征进口关税、进口环节增值税和消费税。

符合享受政策条件的企业名单，由海南省交通运输、文化旅游、市场监管、海事及民航中南地区管理局等主管部门会同海南省财政厅、海口海关、国家税务总局海南省税务局参照海南自由贸易港鼓励类产业目录中交通运输、旅游业相关产业条目确定，动态调整。

二、享受"零关税"政策的交通工具及游艇实行正面清单管理，具体范围见附件。清单由财政部、海关总署、税务总局会同相关部门，根据海南实际需要和监管条件动态调整。

三、"零关税"交通工具及游艇仅限海南自由贸易港符合政策条件的企业营运自用，并接受海关监管。因企业破产等原因，确需转让的，转让前应征得海关同意并办理相关手续。其中，转让给不符合享受政策条件主体的，应按规定补缴进口相关税款。转让"零关税"交通工具及游艇，照章征收国内环节增值税、消费税。

四、企业进口清单所列交通工具及游艇，自愿缴纳进口环节增值税和消费税的，可在报关时提出申请。

五、"零关税"交通工具及游艇应在海南自由贸易港登记、入籍，按照交通运输、民航、海事等主管部门相关规定开展营运，并接受监管。航空器、船舶应经营自海南自由贸易港始发或经停海南自由贸易港的国内外航线。游艇营运范围为海南省。车辆可从事往来内地的客、货运输作业，始发地及目的地至少一端须在海南自由贸易港内，在内地停留时间每年累计不超过120 天，其中从海南自由贸易港到内地"点对点""即往即返"的客、货车不受天数限制。

违反上述规定的，按有关规定补缴相关进口税款。

六、海南省商交通运输、民航、财政、海关、税务等部门制定《海南自由贸易港"零关税"交通工具及游艇管理办法》，明确符合政策条件企业名单的确定程序，"零关税"交通工具及游艇进口后登记、入籍、营运、监管等规定，航空器、船舶经营自海南自由贸易港始发或经停海南自由贸易港的国内外航线的认定标准，车辆在内地停留时间每年累计不超过120天的适用情形及计算方式，"点对点"和"即往即返"运输服务的认定标准、认定部门和管理要求，以及违反规定的处理办法等内容。

七、海南省相关部门应通过信息化等手段加强监管、防控风险、及时查处违规行为，确保交通工具及游艇"零关税"政策平稳运行，并加强省内主管部门信息互联互通，共享符合政策条件的企业、"零关税"交通工具及游艇的监管等信息。

八、本通知自公布之日起实施。

附件：海南自由贸易港"零关税"交通工具及游艇清单

财政部　国家税务总局　海关总署

2020 年 12 月 25 日

附件：海南自由贸易港"零关税"交通工具及游艇清单

序号	税则号列	货品名称
1	87021091	仅装柴油或半柴油发动机的大型客车（30 座及以上）
2	87021092	仅装柴油或半柴油发动机的中型客车（20 座至 29 座）
3	87021093	仅装柴油或半柴油发动机的小型客车（10 座至 19 座）
4	87022091	装柴油或半柴油发动机的混合动力电动大型客车（30 座及以上）
5	87022092	装柴油或半柴油发动机的混合动力电动中型客车（20 座至 29 座）
6	87022093	装柴油或半柴油发动机的混合动力电动小型客车（10 座至 19 座）
7	87023010	装点燃式发动机的混合动力电动大型客车（30 座及以上）
8	87023020	装点燃式发动机的混合动力电动中型客车（20 座至 29 座）
9	87023030	装点燃式发动机的混合动力电动小型客车（10 座至 19 座）
10	87024010	电动大型客车（30 座及以上）
11	87024020	电动中型客车（20 座至 29 座）
12	87024030	电动小型客车（10 座至 19 座）
13	87029010	其他大型客车（30 座及以上）
14	87029020	其他中型客车（20 座至 29 座）
15	87029030	其他小型客车（10 座至 19 座）
16	87032150	仅装点燃式发动机的小客车，排气量≤1L（9 座及以下）
17	87032250	仅装点燃式发动机的小客车，1L＜排气量≤1.5L（9 座及以下）
18	87032343	仅装点燃式发动机的小客车，1.5L＜排气量≤2L（9 座及以下）
19	87032353	仅装点燃式发动机的小客车，2L＜排气量≤2.5L（9 座及以下）
20	87032363	仅装点燃式发动机的小客车，2.5L＜排气量≤3L（9 座及以下）
21	87032413	仅装点燃式发动机的小客车，3L＜排气量≤4L（9 座及以下）

序号	税则号列	货品名称
22	87032423	仅装点燃式发动机的小客车，排气量 >4L（9 座及以下）
23	87033123	仅装柴油或半柴油发动机的小客车，1L < 排气量≤1.5L（9 座及以下）
24	87033213	仅装柴油或半柴油发动机的小客车，1.5L < 排气量≤2L（9 座及以下）
25	87033223	仅装柴油或半柴油发动机的小客车，2L < 排气量≤2.5L（9 座及以下）
26	87033313	仅装柴油或半柴油发动机的小客车，2.5L < 排气量≤3L（9 座及以下）
27	87033323	仅装柴油或半柴油发动机的小客车，3L < 排气量≤4L（9 座及以下）
28	87033363	仅装柴油或半柴油发动机的小客车，排气量 >4L（9 座及以下）
29	87034013	装有点燃式发动机的混合动力电动小客车（非插电），排气量≤1L（9 座及以下）
30	87034023	装有点燃式发动机的混合动力电动小客车（非插电），1L < 排气量≤1.5L（9 座及以下）
31	87034033	装有点燃式发动机的混合动力电动小客车（非插电），1.5L < 排气量≤2L（9 座及以下）
32	87034043	装有点燃式发动机的混合动力电动小客车（非插电），2L < 排气量≤2.5L（9 座及以下）
33	87034053	装有点燃式发动机的混合动力电动小客车（非插电），2.5L < 排气量≤3L（9 座及以下）
34	87034063	装有点燃式发动机的混合动力电动小客车（非插电），3L < 排气量≤4L（9 座及以下）
35	87034073	装有点燃式发动机的混合动力电动小客车（非插电），排气量 >4L（9 座及以下）
36	87035023	装有压燃式发动机的混合动力电动小客车（非插电），1L < 排气量≤1.5L（9 座及以下）
37	87035033	装有压燃式发动机的混合动力电动小客车（非插电），1.5L < 排气量≤2L（9 座及以下）
38	87035043	装有压燃式发动机的混合动力电动小客车（非插电），2L < 排气量≤2.5L（9 座及以下）
39	87035053	装有压燃式发动机的混合动力电动小客车（非插电），2.5L < 排气量≤3L（9 座及以下）
40	87035063	装有压燃式发动机的混合动力电动小客车（非插电），3L < 排气量≤4L（9 座及以下）
41	87035073	装有压燃式发动机的混合动力电动小客车（非插电），排气量 >4L（9 座及以下）
42	87041030	非公路用电动轮货运自卸车
43	87041090	其他非公路用货运自卸车
44	87042100	装有柴油或半柴油发动机的货车，车重≤5 吨
45	87042230	装有柴油或半柴油发动机的货车，5 吨 < 车重 <14 吨
46	87042240	装有柴油或半柴油发动机的货车，14 吨≤车重≤20 吨

序号	税则号列	货品名称
47	87042300	装有柴油或半柴油发动机的货车，车重 >20 吨
48	87043100	装有点燃式发动机的货车，车重 ≤5 吨
49	87043230	装有点燃式发动机的货车，5 吨 < 车重 ≤8 吨
50	87043240	装有点燃式发动机的货车，车重 >8 吨
51	87049000	其他货车
52	87091110	短距离运输货物电动牵引车
53	87091190	其他电动短距离运货车
54	87091910	短距离运输货物其他牵引车
55	87091990	其他非电动短距离运货车
56	87161000	供居住或野营用厢式挂车及半挂车
57	87162000	农用自装或自卸式挂车及半挂车
58	87163110	油罐挂车及半挂车
59	87163190	其他罐式挂车及半挂车
60	87163910	货柜挂车及半挂车
61	87163990	其他货运挂车及半挂车
62	87164000	其他未列名挂车及半挂车
63	87168000	其他未列名非机动车辆
64	88010010	滑翔机及悬挂滑翔机
65	88010090	气球、飞艇及其他无动力航空器
66	88021100	空载重量 ≤2 吨的直升机
67	88021210	2 吨 < 空载重量 ≤7 吨的直升机
68	88021220	空载重量 >7 吨的直升机
69	88022000	空载重量 ≤2 吨的飞机及其他航空器
70	88023000	2 吨 < 空载重量 ≤15 吨的飞机及其他航空器
71	88024020	空载重量 >45 吨的飞机及其他航空器
72	88052900	其他地面飞行训练器及其零件
73	89011010	机动巡航船、游览船及各式渡船
74	89011090	非机动巡航船、游览船及各式渡船
75	89012011	载重 ≤10 万吨的成品油船
76	89012012	10 万吨 < 载重 ≤30 万吨的成品油船
77	89012013	载重 >30 万吨的成品油船
78	89012021	载重 ≤15 万吨的原油船

续表

序号	税则号列	货品名称
79	89012022	15 万吨＜载重≤30 万吨的原油船
80	89012023	载重＞30 万吨的原油船
81	89012031	容积≤20 000 立方米的液化石油气船
82	89012032	容积＞20 000 立方米的液化石油气船
83	89012041	容积≤20 000 立方米的液化天然气船
84	89012042	容积＞20 000 立方米的液化天然气船
85	89012090	其他液货船
86	89013000	冷藏船
87	89019021	载集装箱≤6 000 箱的机动集装箱船
88	89019022	载集装箱＞6 000 箱的机动集装箱船
89	89019031	载重≤2 万吨的机动滚装船
90	89019032	载重＞2 万吨的机动滚装船
91	89019041	载重≤15 万吨的机动散货船
92	89019042	15 万吨＜载重≤30 万吨的机动散货船
93	89019043	载重＞30 万吨的机动散货船
94	89019050	机动多用途船
95	89019080	其他机动货运船舶及客货兼运船舶
96	89019090	非机动货运船舶及客货兼运船舶
97	89031000	娱乐或运动用的充气快艇、划艇及轻舟等船
98	89039100	帆船
99	89039200	汽艇，装有舷外发动机的除外
100	89039900	其他娱乐或运动用船舶、划艇及轻舟

注：享受"零关税"的商品范围以税则号列为准。其中序号第 72 项商品，不含其零件。

4.9　财政部　海关总署　税务总局关于海南自由贸易港原辅料"零关税"政策的通知

2020 年 11 月 11 日　财关税〔2020〕42 号

海南省财政厅、海口海关、国家税务总局海南省税务局：

为贯彻落实《海南自由贸易港建设总体方案》，经国务院同意，现将海南自由贸易港原辅料"零关税"政策通知如下：

一、在全岛封关运作前，对在海南自由贸易港注册登记并具有独立法人资格的企业，进口用于生产自用、以"两头在外"模式进行生产加工活动或以"两头在外"模式进行服务贸易过程中所消耗的原辅料，免征进口关税、进口环节增值税和消费税。

二、"零关税"原辅料实行正面清单管理，具体范围见附件。清单内容由财政部会同有关部门根据海南实际需要和监管条件进行动态调整。

三、附件所列零部件，适用原辅料"零关税"政策，应当用于航空器、船舶的维修（含相关零部件维修），满足下列条件之一的，免征进口关税、进口环节增值税和消费税：

（一）用于维修从境外进入境内并复运出境的航空器、船舶（含相关零部件）；

（二）用于维修以海南为主营运基地的航空企业所运营的航空器（含相关零部件）；

（三）用于维修在海南注册登记具有独立法人资格的船运公司所运营的以海南省内港口为船籍港的船舶（含相关零部件）。

四、"零关税"原辅料仅限海南自由贸易港内企业生产使用，接受海关监管，不得在岛内转让或出岛。因企业破产等原因，确需转让或出岛的，应经批准及办理补缴税款等手续。以"零关税"原辅料加工制造的货物，在岛内销售或销往内地的，需补缴其对应原辅料的进口关税、进口环节增值税和消费税，照章征收国内环节增值税、消费税。"零关税"原辅料加工制造的货物出口，按现行出口货物有关税收政策执行。

五、企业进口正面清单所列原辅料，自愿缴纳进口环节增值税和消费税的，可在报关时提出申请。

六、相关部门应通过信息化等手段加强监管，防控可能的风险、及时查处违规行为，确保原辅料"零关税"政策平稳运行。海南省相关部门应加强信息互联互通，共享航空器、船舶等监管信息。

七、本通知自 2020 年 12 月 1 日起执行。

附件：海南自由贸易港"零关税"原辅料清单

财政部　海关总署　税务总局
2020 年 11 月 11 日

附件：海南自由贸易港"零关税"原辅料清单

序号	税则号列	货品名称
1	08011200	未去内壳的鲜椰子
2	10029000	其他非种用黑麦
3	10039000	其他非种用大麦
4	10049000	其他非种用燕麦
5	10079000	其他非种用食用高粱
6	10081000	荞麦
7	10082900	其他非种用谷子
8	10083000	加那利草子
9	10089090	其他非种用谷物
10	12024100	未去壳非种用，未焙炒或未烹煮的花生

续表

序号	税则号列	货品名称
11	12024200	去壳非种用，未焙炒或未烹煮的花生
12	12040000	亚麻子
13	12060090	其他非种用葵花子
14	12071090	其他非种用棕榈果及棕榈仁
15	12072900	其他非种用棉子
16	12073090	其他非种用蓖麻子
17	12074090	其他非种用芝麻
18	12075090	其他非种用芥子
19	12076090	其他非种用红花子
20	12077091	黑瓜子
21	12077092	红瓜子
22	12077099	其他非种用甜瓜的子
23	12079100	罂粟子
24	12079991	牛油树果
25	12079999	其他含油子仁及果实
26	25051000	硅砂及石英砂，不论是否着色
27	25059000	其他天然砂，不论是否着色
28	26140000	钛矿砂及其精矿
29	26151000	锆矿砂及其精矿
30	27011100	未制成型的无烟煤
31	27011210	未制成型的炼焦烟煤
32	27011290	未制成型的其他烟煤
33	27011900	未制成型的其他煤
34	27012000	煤砖等类似固体燃料
35	27021000	未制成型的褐煤
36	27022000	制成型的褐煤
37	27030000	泥煤
38	27040010	焦炭及半焦炭
39	27040090	甑炭
40	27073000	粗二甲苯
41	27090000	原油
42	27101220	石脑油

续表

序号	税则号列	货品名称
43	27101994	液体石蜡和重质液体石蜡
44	27111100	液化天然气
45	27111200	液化丙烷
46	27111390	其他液化丁烷
47	27111990	其他液化石油气及烃类气
48	29022000	苯
49	29023000	甲苯
50	29024100	邻二甲苯
51	29024200	间二甲苯
52	29024300	对二甲苯
53	29026000	乙苯
54	29051100	甲醇
55	29053100	1，2-乙二醇
56	29071110	苯酚
57	29072300	4，4′-异亚丙基联苯酚（双酚 A）及其盐
58	29091990	其他无环醚及其卤化、磺化、硝化或亚硝化衍生物
59	29141100	丙酮
60	29173910	间苯二甲酸
61	29209000	其他无机酸酯（不包括卤化氢的酯）及其盐和衍生物
62	38151100	以镍及其化合物为活性物的载体催化剂
63	44011100	针叶木薪柴
64	44011200	非针叶木薪柴
65	44012100	针叶木木片或木粒
66	44012200	非针叶木木片或木粒
67	44013100	木屑棒
68	44013900	其他除木屑棒之外的锯末、木废料及碎片
69	44014000	锯末、木废料及碎片，未粘结的
70	44031100	用防腐剂处理的针叶木原木
71	44031200	用防腐剂处理的非针叶木原木
72	44032110	红松和樟子松原木，截面尺寸在 15 厘米及以上
73	44032120	辐射松原木，截面尺寸在 15 厘米及以上
74	44032130	落叶松原木，截面尺寸在 15 厘米及以上

续表

序号	税则号列	货品名称
75	44032140	花旗松原木，截面尺寸在 15 厘米及以上
76	44032190	其他松木原木，截面尺寸在 15 厘米及以上
77	44032210	红松和樟子松原木，截面尺寸在 15 厘米以下
78	44032220	辐射松原木，截面尺寸在 15 厘米以下
79	44032230	落叶松原木，截面尺寸在 15 厘米以下
80	44032240	花旗松原木，截面尺寸在 15 厘米以下
81	44032290	其他松木原木，截面尺寸在 15 厘米以下
82	44032300	冷杉和云杉原木，截面尺寸在 15 厘米及以上
83	44032400	其他冷杉和云杉原木，截面尺寸在 15 厘米以下
84	44032500	其他针叶木原木，截面尺寸在 15 厘米及以上
85	44032600	其他针叶木原木，截面尺寸在 15 厘米以下
86	44034100	深红色红柳桉木、浅红色红柳桉木及巴栳红柳桉木原木
87	44034910	柚木原木
88	44034920	奥克曼（奥克榄）原木
89	44034930	龙脑香木（克隆）原木
90	44034940	山樟（香木）原木
91	44034950	印茄木（波罗格）原木
92	44034960	大干巴豆（门格里斯或康派斯）原木
93	44034970	异翅香木原木
94	44034980	热带红木原木
95	44034990	其他方法处理的其他热带原木
96	44039100	栎木（橡木）原木
97	44039300	水青冈木（山毛榉木）原木，截面尺寸在 15 厘米及以上
98	44039400	其他水青冈木（山毛榉木）原木，截面尺寸在 15 厘米以下
99	44039500	桦木原木，截面尺寸在 15 厘米及以上
100	44039600	其他桦木原木，截面尺寸在 15 厘米以下
101	44039700	杨木原木
102	44039800	桉木原木
103	44039930	其他红木原木，但子目 4403.4980 所列热带红木原木除外
104	44039940	泡桐木原木
105	44039950	水曲柳原木
106	44039960	北美硬阔叶木原木

序号	税则号列	货品名称
107	44039980	其他未列名的温带非针叶木原木
108	44039990	其他方法处理的除针叶木、热带木之外的其他原木
109	44041000	针叶木的箍木；木劈条；粗加工的木桩、木棒；木片条
110	44042000	非针叶木的箍木；木劈条；粗加工的木桩、木棒；木片条
111	44071110	厚度超过 6 毫米的经纵锯、纵切、刨切或旋切的红松和樟子松木材
112	44071120	厚度超过 6 毫米的经纵锯、纵切、刨切或旋切的辐射松木材
113	44071130	厚度超过 6 毫米的经纵锯、纵切、刨切或旋切的花旗松木材
114	44071190	厚度超过 6 毫米的经纵锯、纵切、刨切或旋切的其他松木木材
115	44071200	厚度超过 6 毫米的经纵锯、纵切、刨切或旋切的冷杉和云杉木材
116	44071900	厚度超过 6 毫米的经纵锯、纵切、刨切或旋切的其他针叶木木材
117	44072100	厚度超过 6 毫米的经纵锯、纵切、刨切或旋切的美洲桃花心木木材
118	44072200	厚度超过 6 毫米的经纵锯、纵切、刨切或旋切的苏里南肉豆蔻木、细孔绿心樟及美洲轻木木材
119	44072500	厚度超过 6 毫米的经纵锯、纵切、刨切或旋切的深红色红柳桉木、浅红色红柳桉木及巴栳红柳桉木木材
120	44072600	厚度超过 6 毫米的经纵锯、纵切、刨切或旋切的白柳桉木、白色红柳桉木、白色柳桉木、黄色红柳桉木及阿兰木木材
121	44072700	厚度超过 6 毫米的经纵锯、纵切、刨切或旋切的沙比利木木材
122	44072800	厚度超过 6 毫米的经纵锯、纵切、刨切或旋切的伊罗科木木材
123	44072910	厚度超过 6 毫米的经纵锯、纵切、刨切或旋切的柚木木材
124	44072920	厚度超过 6 毫米的经纵锯、纵切、刨切或旋切的非洲桃花心木木材
125	44072930	厚度超过 6 毫米的经纵锯、纵切、刨切或旋切的波罗格木材
126	44072940	厚度超过 6 毫米的经纵锯、纵切、刨切或旋切的热带红木木材
127	44072990	厚度超过 6 毫米的经纵锯、纵切、刨切或旋切的其他未列名的热带木木材
128	44079100	厚度超过 6 毫米的经纵锯、纵切、刨切或旋切的栎木（橡木）木材
129	44079200	厚度超过 6 毫米的经纵锯、纵切、刨切或旋切的水青冈木（山毛榉木）木材
130	44079300	厚度超过 6 毫米的经纵锯、纵切、刨切或旋切的槭木（枫木）木材
131	44079400	厚度超过 6 毫米的经纵锯、纵切、刨切或旋切的樱桃木木材
132	44079500	厚度超过 6 毫米的经纵锯、纵切、刨切或旋切的白蜡木木材
133	44079600	厚度超过 6 毫米的经纵锯、纵切、刨切或旋切的桦木木材
134	44079700	厚度超过 6 毫米的经纵锯、纵切、刨切或旋切的杨木木材
135	44079910	厚度超过 6 毫米的经纵锯、纵切、刨切或旋切的其他红木木材，但子目 4407.2940 所列热带红木除外

续表

序号	税则号列	货品名称
136	44079920	厚度超过 6 毫米的经纵锯、纵切、刨切或旋切的泡桐木木材
137	44079930	厚度超过 6 毫米的经纵锯、纵切、刨切或旋切的其他北美硬阔叶木木材
138	44079980	厚度超过 6 毫米的经纵锯、纵切、刨切或旋切的其他温带非针叶木木材
139	44079990	厚度超过 6 毫米的经纵锯、纵切、刨切或旋切的其他木材
140	70022010	光导纤维预制棒
141	76109000	其他铝制结构体及其部件
142	83024900	其他用贱金属附件及架座
143	84072100	船用舷外点燃往复式或旋转式活塞内燃发动机
144	84081000	船用压燃式内燃发动机
145	84099110	船用点燃式活塞内燃发动机零件
146	84099199	其他专用于或主要用于税目 84.07 或 84.08 所列发动机的零件
147	84212300	内燃发动机的燃油过滤器
148	84213100	内燃发动机的进气过滤器
149	84253190	其他电动卷扬机及绞盘
150	84253990	其他非电动卷扬机及绞盘
151	84798910	船舶用舵机及陀螺稳定器
152	84799010	船舶用舵机及陀螺稳定器零件
153	84871000	船用推进器及桨叶
154	85016100	输出功率≤75KVA 交流发电机
155	85021100	输出功率≤75KVA 柴油或半柴油发电机组
156	85022000	装有点燃式活塞内燃发动机的发电机组
157	85030090	专用于或主要用于税目 8501 或 8502 所列机器的其他零件
158	85115010	机车、航空器、船舶用的其他发电机
159	85119010	税目 8511 所列供机车、航空器及船舶用的各种装置的零件
160	85176299	其他接收、转换并且发送或再生声音、图像或其他数据用的设备
161	85261090	其他雷达设备
162	85279900	其他无线电广播接收设备
163	85291010	雷达及无线电导航设备用天线或天线反射器及其零件
164	85299050	雷达设备及无线电导航设备用的其他零件
165	88031000	飞机等用推进器、水平旋翼及其零件
166	88032000	飞机等用起落架及其零件
167	88033000	飞机及直升机的其他零件
168	88039000	其他未列名的航空器、航天器零件
169	90138090	其他液晶装置及光学仪器

注：1. 享受"零关税"的商品范围以税则号列为准。
　　2. 零部件指清单第 141 - 169 项税则号列商品。

4.10　财政部　海关总署　税务总局关于海南自由贸易港自用生产设备"零关税"政策的通知

2021 年 3 月 4 日　财关税〔2021〕7 号

海南省财政厅、海口海关、国家税务总局海南省税务局：

为贯彻《海南自由贸易港建设总体方案》，经国务院同意，现将海南自由贸易港自用生产设备"零关税"政策通知如下：

一、全岛封关运作前，对海南自由贸易港注册登记并具有独立法人资格的企业进口自用的生产设备，除法律法规和相关规定明确不予免税、国家规定禁止进口的商品，以及本通知所附《海南自由贸易港"零关税"自用生产设备负面清单》所列设备外，免征关税、进口环节增值税和消费税。

二、本通知所称生产设备，是指基础设施建设、加工制造、研发设计、检测维修、物流仓储、医疗服务、文体旅游等生产经营活动所需的设备，包括《中华人民共和国进出口税则》第八十四、八十五和九十章中除家用电器及设备零件、部件、附件、元器件外的其他商品。

三、符合第一条规定条件的企业名单以及从事附件涵盖行业的企业名单，由海南省发展改革、工业和信息化等主管部门会同海南省财政厅、海口海关、国家税务总局海南省税务局确定，动态调整，并函告海口海关。

四、《海南自由贸易港"零关税"自用生产设备负面清单》详见附件。清单内容由财政部、海关总署、税务总局会同相关部门，根据海南自由贸易港实际需要和监管条件进行动态调整。

五、《进口不予免税的重大技术装备和产品目录》《外商投资项目不予免税的进口商品目录》以及《国内投资项目不予免税的进口商品目录》，暂不适用于海南自由贸易港自用生产设备"零关税"政策。符合本政策规定条件的企业，进口上述三个目录内的设备，可免征关税、进口环节增值税和消费税。

六、为便于执行，财政部、海关总署将会同有关部门另行明确第二条中家用电器及设备零件、部件、附件、元器件商品范围。

七、"零关税"生产设备限海南自由贸易港符合政策规定条件的企业在海南自由贸易港内自用，并接受海关监管。因企业破产等原因，确需转让的，转让前应征得海关同意并办理相关手续。其中，转让给不符合政策规定条件主体的，还应按规定补缴进口相关税款。转让"零关税"生产设备，照章征收国内环节增值税、消费税。

八、企业进口"零关税"自用生产设备，自愿缴纳进口环节增值税和消费税的，可在报关时提出申请。

九、海南省相关部门应通过信息化等手段加强监管、防控风险、及时查处违规行为，确保生产设备"零关税"政策平稳运行，并加强省内相关部门信息互联互通，共享符合政策条件的企业、"零关税"生产设备的监管等信息。

十、本通知自公布之日起实施。

附件：海南自由贸易港"零关税"自用生产设备负面清单

财政部　海关总署　税务总局

2021 年 3 月 4 日

附件：海南自由贸易港"零关税"自用生产设备负面清单

一、法律法规和相关规定明确不予免税、国家规定禁止进口的商品。

二、煤炭开采和洗选业、黑色金属采选业、有色金属采．选、非金属矿采选业企业进口的设备（从事建筑用砂、石、土和地热、矿泉水、海域矿产资源生产的企业除外）。

三、皮革鞣制加工业、毛皮鞣制及制品加工业企业进口的设备。

四、煤化工业、核燃料加工业企业进口的设备。

五、电石法聚氯乙烯业、铬盐业企业进口的设备。

六、黑色金属冶炼和压延加工业企业进口的设备。

七、有色金属冶炼和压延加工业企业进口的设备。

八、金属表面处理及热处理加工业中的电镀工艺，铅蓄电池制造业，印刷电路板等高污染、高环境风险生产制造业，金属废料和碎屑加工处理中的旧电池拆解回收业（新能源汽车动力蓄电池梯次利用所需设备除外）企业进口的设备。

九、煤制品制造业、核辐射加工业企业进口的设备。

十、水力发电中的小水电业企业进口的设备。

十一、燃煤电力、热力生产和供应业企业进口的设备。

4.11　财政部　交通运输部　税务总局关于海南自由贸易港国际运输船舶有关增值税政策的通知

2020 年 9 月 3 日　财税〔2020〕41 号

海南省财政厅，交通运输厅，国家税务总局海南省税务局，海南省海事局：

为支持海南自由贸易港建设，根据《海南自由贸易港建设总体方案》，现将国际运输船舶有关增值税政策通知如下：

一、对境内建造船舶企业向运输企业销售且同时符合下列条件的船舶，实行增值税退税政策，由购进船舶的运输企业向主管税务机关申请退税。

1. 购进船舶在"中国洋浦港"登记。

2. 购进船舶从事国际运输和港澳台运输业务。

二、购进船舶运输企业的应退税额，为其购进船舶时支付的增值税额。

三、购进船舶的运输企业向主管税务机关申请退税时应提供以下资料：

1. 船舶登记管理部门出具的表明船籍港为"中国洋浦港"的《船舶所有权登记证书》。

2. 运输企业及购进船舶从事国际运输和港澳台运输业务的证明文件。从事国际散装液体危险货物和旅客运输的，应提交有效的《国际船舶运输经营许可证》和《国际海上运输船舶备案证明书》，从事国际集装箱和普通货物运输的，应提交有效的交通运输管理部门备案证明材料；

从事内地往返港澳散装液体危险货物和普通货物运输的，应提交有效的交通运输管理部门备案证明材料；从事大陆与台湾地区间运输的，应提交有效的《台湾海峡两岸间水路运输许可证》和《台湾海峡两岸间船舶营运证》。

3. 主管税务机关要求提供的其他材料。

四、运输企业购进船舶支付的增值税额，已从销项税额中抵扣的，不得申请退税；已申请退税的，不得从销项税额中抵扣。

五、运输企业不再符合该《通知》退税条件的，应向交通运输部门办理业务变更，并在条件变更次月纳税申报期内向主管税务机关办理补缴已退税款手续。

应补缴增值税额＝购进船舶的增值税专用发票注明的税额×（净值÷原值）。

净值＝原值－累计折旧。

六、运输企业按照本通知第五条规定补缴税款的，自税务机关取得解缴税款的完税凭证上注明的增值税额，准予从销项税额中抵扣。

七、税务总局可在本通知基础上制定具体的税收管理办法。

八、海南省交通、海事、税务部门要建立联系配合机制，共享监管信息，共同做好后续相关工作。

九、本通知自 2020 年 10 月 1 日起执行至 2024 年 12 月 31 日。适用政策的具体时间以《船舶所有权登记证书》的签发日期为准。

财政部　交通运输部　税务总局
2020 年 9 月 3 日

4.12　海关总署关于发布《海南自由贸易港交通工具及游艇"零关税"政策海关实施办法（试行）》的公告

2021 年 1 月 5 日　海关总署公告 2021 年第 1 号

为贯彻落实《海南自由贸易港建设总体方案》要求，根据《财政部　海关总署　税务总局关于海南自由贸易港交通工具及游艇"零关税"政策的通知》（财关税〔2020〕54 号），特制定《海南自由贸易港交通工具及游艇"零关税"政策海关实施办法（试行）》（见附件），现予发布。

特此公告。

附件：海南自由贸易港交通工具及游艇"零关税"政策海关实施办法（试行）

海关总署
2021 年 1 月 5 日

附件：海南自由贸易港交通工具及游艇
"零关税"政策海关实施办法（试行）

第一条　为贯彻落实《海南自由贸易港建设总体方案》，根据有关法律、行政法规和《财

政部　海关总署　税务总局关于海南自由贸易港交通工具及游艇"零关税"政策的通知》（财关税〔2020〕54 号，以下简称《通知》），制定本办法。

第二条　全岛封关运作前，对海南自由贸易港注册登记并具有独立法人资格，从事交通运输、旅游业的企业（航空企业须以海南自由贸易港为主营运基地），进口用于交通运输、旅游业的船舶、航空器、车辆等营运用交通工具及游艇，免征进口关税、进口环节增值税和消费税。

享受"零关税"政策的交通工具及游艇（以下简称"零关税"交通工具及游艇）具体商品范围按《通知》附件《海南自由贸易港"零关税"交通工具及游艇清单》执行，由财政部、海关总署、税务总局会同相关部门动态调整。

第三条　符合享受政策条件的企业名单（以下简称"企业名单"），由海南省交通运输、文化旅游、市场监管、海事及民航等主管部门会同海南省财政厅、海口海关、国家税务总局海南省税务局确定后，通过国际贸易"单一窗口"向海口海关传输企业名单。在实现联网传输企业名单前，由海南省交通运输厅负责将企业名单函告海口海关。

第四条　"零关税"交通工具及游艇实行"一企一账"管理。

符合享受政策条件的企业（以下简称"企业"）在首次申报"零关税"交通工具及游艇进口前，应按《中华人民共和国海关报关单位注册登记管理规定》有关规定在海关注册登记，并在国际贸易"单一窗口"中"海南零关税进口生产设备、交通工具平台"系统完善企业账户信息。

第五条　企业申报进口"零关税"交通工具及游艇时，进口报关单"申报地海关"应填报"海口海关"下设的隶属海关或业务现场的关区名称及代码（不含"三沙海关"）；征免性质填报为"零关税交通工具及游艇"（代码：492），自愿缴纳进口环节增值税和消费税的，应当在报关时将征免性质填报为"零关税交通工具及游艇（缴纳进口环节税）"（代码：494）；监管方式填报为"一般贸易"（0110）、"租赁不满 1 年"（代码：1500）、"租赁贸易"（代码：1523）；征减免税方式填报为"随征免性质"（代码：5）；消费使用单位填报企业名称。

第六条　"零关税"交通工具及游艇仅限海南自由贸易港企业营运自用，并依法接受海关监管。

监管年限为：船舶（含游艇）、航空器：8 年；车辆：6 年。

监管年限自货物放行之日起计算。

监管年限届满自动解除海关监管。

除海关总署另有规定外，在海关监管年限内，企业应当按政策规定和海关规定保管、使用进口"零关税"交通工具及游艇。

第七条　在海关监管年限内，企业应当于每年 6 月 30 日（含当日）以前向其所在地海关（以下称"主管海关"）提交上一年度"零关税"交通工具及游艇使用情况的报告。

第八条　在海关监管年限内，企业因破产等原因，确需将"零关税"交通工具及游艇转让的，应在转让前通过"海南零关税进口生产设备、交通工具平台"向主管海关提出申请，经海关审核同意后办理转让手续。

其中，转让给不符合享受政策条件的主体的，应在转让前通过"海南零关税进口生产设备、交通工具平台"向主管海关提出申请，并按规定补缴相关进口税款。补税的完税价格以"零关税"交通工具及游艇原进口时的完税价格为基础，按照货物已进口时间与监管年限的比例进行折旧，其计算公式如下：

$$补税的完税价格 = "零关税" 交通工具及游艇原进口时的完税价格 \times$$
$$[1 - "零关税" 交通工具及游艇已进口时间 / (监管年限 \times 12)]$$

"零关税"交通工具及游艇已进口时间自货物放行之日起按月计算。不足 1 个月但超过 15 日的按 1 个月计算；不超过 15 日的，不予计算。

自税款补缴并办结海关相关手续之日起，"零关税"交通工具及游艇解除海关监管。

第九条 在海关监管年限内，企业需将"零关税"交通工具及游艇向境内银行或非银行金融机构办理贷款抵押的，应事先通过"海南零关税进口生产设备、交通工具平台"向主管海关提出申请，并提供海关认可的税款担保，经海关审核同意后，可按规定办理贷款抵押手续。

企业不得以"零关税"交通工具及游艇向银行或非银行金融机构以外的公民、法人或者非法人其他组织办理贷款抵押。

第十条 在海关监管年限内，企业需将"零关税"交通工具及游艇退运出境或者出口的，应通过"海南零关税进口生产设备、交通工具平台"向主管海关提出申请，经海关审核同意后办理相关手续。

"零关税"交通工具及游艇自退运出境或者出口之日起，解除海关监管，海关不对退运出境或者出口的"零关税"交通工具及游艇补征相关税款。

第十一条 除特殊情形外，企业申请办理"零关税"交通工具及游艇转让、申请贷款抵押等手续的，主管海关应自受理申请之日起 10 个工作日内作出是否同意的决定。

第十二条 海关依照《中华人民共和国海关法》和《中华人民共和国海关稽查条例》等相关规定，对进口和使用"零关税"交通工具及游艇的相关企业实施稽核查。

第十三条 企业违反《通知》第五条第一款相关规定以及将"零关税"交通工具及游艇移作他用的，应按规定补缴相关进口税款。补税的完税价格以"零关税"交通工具及游艇原进口时的完税价格为基础，按照需要补缴税款的时间与监管年限的比例进行折算，其计算公式如下：

$$补税的完税价格 = "零关税" 交通工具及游艇原进口时的完税价格 \times$$
$$[需要补缴税款的时间 / (监管年限 \times 365)]$$

上述计算公式中需要补缴税款的时间为企业违反《通知》第五条第一款相关规定以及将"零关税"交通工具及游艇移作他用的实际时间，按日计算，每日实际使用不满 8 小时或者超过 8 小时的均按 1 日计算。

第十四条 违反本办法规定，构成走私行为或者违反海关监管规定行为的，由海关依照《中华人民共和国海关法》和《中华人民共和国海关行政处罚实施条例》的有关规定予以处理；构成犯罪的，依法追究刑事责任。

第十五条 本办法由海关总署负责解释。

第十六条 本办法自公布之日起施行。

4.13　国家税务总局关于调整完善外贸综合服务企业办理出口货物退（免）税有关事项的公告

2017 年 9 月 13 日　国家税务总局公告 2017 年第 35 号

为促进外贸综合服务企业规范健康发展，建立与企业发展相适应的出口退（免）税管理模式，根据《商务部　海关总署　税务总局　质检总局　外汇局关于促进外贸综合服务企业健康发展有关工作的通知》（商贸函〔2017〕759 号）的精神，现将外贸综合服务企业代生产企业办理出口退（免）税事项的有关问题公告如下：

一、外贸综合服务企业（以下简称综服企业）代国内生产企业办理出口退（免）税事项同时符合下列条件的，可由综服企业向综服企业所在地主管税务机关集中代为办理出口退（免）税事项（以下称代办退税）：

（一）符合商务部等部门规定的综服企业定义并向主管税务机关备案。

（二）企业内部已建立较为完善的代办退税内部风险管控制度并已向主管税务机关备案。

二、生产企业出口货物，同时符合以下条件的，可由综服企业代办退税：

（一）出口货物为生产企业的自产货物或视同自产货物。

（二）生产企业为增值税一般纳税人并已按规定办理出口退（免）税备案。

（三）生产企业已与境外单位或个人签订出口合同。

（四）生产企业已与综服企业签订外贸综合服务合同（协议），约定由综服企业提供包括报关报检、物流、代办退税、结算等在内的综合服务，并明确相关法律责任。

（五）生产企业向主管税务机关提供代办退税的开户银行和账号（以下简称代办退税账户）。

三、生产企业应当办理委托代办退税备案。生产企业在已办理出口退（免）税备案后，首次委托综服企业代办退税前，向其所在地主管税务机关报送《代办退税情况备案表》（附件 1）并提供代办退税账户，同时将与综服企业签订的外贸综合服务合同（协议）留存备查。

《代办退税情况备案表》内容发生变化时，生产企业应自发生变化之日起 30 日内重新报送该表。

生产企业办理撤回委托代办退税备案事项的，应在综服企业主管税务机关按规定向综服企业结清该生产企业的代办退税款后办理。

生产企业办理撤回出口退（免）税备案事项的，应按规定先办理撤回委托代办退税备案事项。

四、综服企业应当办理代办退税备案。综服企业办理出口退（免）税备案后，在为每户生产企业首次代办退税前，向其所在地主管税务机关报送《代办退税情况备案表》，同时将下列资料留存备查：

（一）与生产企业签订的外贸综合服务合同（协议）。

（二）每户委托代办退税生产企业的《代办退税情况备案表》。

（三）综服企业代办退税内部风险管控信息系统建设及应用情况。

《代办退税情况备案表》的内容发生变化时，综服企业应自发生变化之日起 30 日内重新报送该表。

综服企业首次办理代办退税备案时，应将企业代办退税内部风险管控制度一次性报主管税务机关。

五、综服企业主管税务机关应将综服企业报送的《代办退税情况备案表》内容与相应生产企业的《代办退税情况备案表》内容进行比对，比对相符的，应予以办理代办退税备案；比对不符的，将比对不符情况一次性告知综服企业。

六、生产企业代办退税的出口货物，应先按出口货物离岸价和增值税适用税率计算销项税额并按规定申报缴纳增值税，同时向综服企业开具备注栏内注明"代办退税专用"的增值税专用发票（以下称代办退税专用发票），作为综服企业代办退税的凭证。

出口货物离岸价以人民币以外的货币结算的，其人民币折合率可以选择销售额发生的当天或者当月 1 日的人民币汇率中间价。

代办退税专用发票上的"金额"栏次须按照换算成人民币金额的出口货物离岸价填写。

七、综服企业向其主管税务机关申报代办退税，应退税额按代办退税专用发票上注明的"金额"和出口货物适用的出口退税率计算。

应退税额 = 代办退税专用发票上注明的"金额" × 出口货物适用的出口退税率

代办退税专用发票不得作为综服企业的增值税扣税凭证。

八、综服企业应参照外贸企业出口退税申报相关规定，向主管税务机关单独申报代办退税，报送《外贸综合服务企业代办退税申报表》（附件 2）、代办退税专用发票（抵扣联）和其他申报资料。

九、综服企业应履行代办退税内部风险管控职责，严格审核委托代办退税的生产企业生产经营情况、生产能力及出口业务的真实性。代办退税内部风险管控职责包括：

（一）制定代办退税内部风险管控制度，包括风险控制流程、规则、管理制度等。

（二）建立代办退税风险管控信息系统，对生产企业的经营情况和生产能力进行分析，对代办退税的出口业务进行事前、事中、事后的风险识别、分析。

（三）对年度内委托代办退税税额超过 100 万元的生产企业，应实地核查其经营情况和生产能力，核查内容包括货物出口合同或订单、生产设备、经营场所、企业人员、会计账簿、生产能力等，对有关核查情况应有完备记录和留存相关资料。

（四）对年度内委托代办退税税额超过 100 万元的生产企业，应进行出口货物的贸易真实性核查。核查内容包括出口货物真实性、出口货物与报关单信息一致性、与生产企业生产能力的匹配性，有相应的物流凭证和出口收入凭证等。每户委托代办退税的生产企业核查覆盖率不应低于其代办退税业务的 75%，对有关核查情况应有完备记录和留存相关资料。

各省（区、市）国家税务局可根据本省实际情况规定综服企业其他应履行代办退税内部风险管控职责，并对本条第（三）、（四）项规定需实地核查的生产企业代办退税税额和生产企业核查覆盖率进行调整。

十、综服企业应对履行本公告第九条职责的详细记录等信息和每笔代办退税出口业务涉及的合同（协议）、凭证等资料，规范装订、存放、保管并留存备查。

综服企业对代办退税的出口业务，应参照外贸企业自营出口业务有关备案单证的规定进行单证备案。

十一、综服企业主管税务机关应按照综服企业的出口企业管理类别审核办理其代办退税。

十二、综服企业主管税务机关应将核准通过的代办退税款退还至生产企业提供的代办退税账户，并在办结代办退税后，向综服企业反馈退还给每户生产企业的税款明细。

十三、生产企业主管税务机关应参照对供货企业出口退（免）税风险管理有关规定，加强对生产企业的风险管理工作。发现生产企业存在异常情形的，应有针对性地开展评估核查工作。

十四、代办退税的出口业务存在异常情形或者有按规定暂不办理退税情形的，综服企业主管税务机关应按下列规则处理：

（一）未办理退税的，对该出口业务暂缓办理退税。

（二）已办理退税的，按所涉及的退税额，对其已核准通过的应退代办退税税款，等额暂缓办理退税。

（三）排除相应疑点后，按排除疑点的结论，方可继续办理代办退税。

十五、代办退税的出口业务有按规定应予追回退税款情形的，由生产企业主管税务机关向生产企业进行追缴。综服企业主管税务机关应根据生产企业主管税务机关的通知，按照所涉及的退税额对该生产企业已核准通过的应退税款予以暂扣。

十六、代办退税的出口业务有按规定应予追回退税款情形，如果综服企业未能按照本公告第九条规定履行其职责，且生产企业未能按规定将税款补缴入库的，综服企业应当承担连带责任，将生产企业未能补缴入库所涉及的税款进行补缴。

十七、综服企业代办退税存在下列情形的，综服企业主管税务机关应自发现之日起 20 个工作日内，调整其出口企业管理类别：

（一）连续 12 个月内，经审核发现不予退税的代办退税税额占申报代办退税税额 5% 以上的，管理类别下调一级。

（二）连续 12 个月内，经审核发现不予退税的代办退税业务涉及的生产企业户数占申报代办退税生产企业户数 3% 以上的，管理类别下调一级。

（三）连续 12 个月内，被认定为骗取出口退税的代办退税税额占申报代办退税税额 2% 以上的，管理类别调整为四类。

十八、综服企业连续 12 个月内被认定为骗取出口退税的代办退税税额占申报代办退税税额 5% 以上的，36 个月内不得按照本公告规定从事代办退税业务。

上述 36 个月，自综服企业收到税务机关书面通知书次月算起，具体日期以出口货物报关单注明的出口日期为准。

十九、代办退税的出口业务，如发生骗取出口退税等涉税违法行为的，生产企业应作为责任主体承担法律责任。综服企业非法提供银行账户、发票、证明或者其他方便，导致发生骗取出口退税的，对其应按照《中华人民共和国税收征收管理法实施细则》第九十三条的规定进行处罚。

综服企业发生参与生产企业骗取出口退税等涉税违法行为的，应依法承担相应法律责任，且 36 个月内不得按照本公告规定从事代办退税业务。

上述 36 个月，自综服企业收到税务机关行政处罚决定（或审判机关判决、裁定文书）次月算起，具体日期以出口货物报关单注明的出口日期为准。

二十、综服企业向生产企业代为办理报关、报检、物流、退税、结算等综合服务取得的收入，应按规定申报缴纳增值税。

二十一、本公告未尽事宜，按照现行出口退（免）税和增值税相关规定执行。

各省（区、市）国家税务局可以根据本公告规定，结合本地实际，制定具体操作办法。

二十二、本公告自 2017 年 11 月 1 日起施行。具体时间以出口货物报关单上注明的出口日期为准。《国家税务总局关于外贸综合服务企业出口货物退（免）税有关问题的公告》（国家税务总局公告 2014 年第 13 号）同时废止。

2017 年 11 月 1 日后报关出口的货物，如生产企业在 2017 年 11 月 1 日前已向综服企业开具增值税专用发票（除代办退税专用发票外）的，仍按照国家税务总局公告 2014 年第 13 号的规定办理出口退税。

特此公告。

附件：

1. 代办退税情况备案表

2. 外贸综合服务企业代办退税申报表

国家税务总局

2017 年 9 月 13 日

附件 1：代办退税情况备案表

填表单位：　　　　　　□生产企业　　　　　　□综服企业

填报日期：　　　年　月　日

序号	委托代办退税的生产企业情况			受托代办退税的综服企业情况			备案情况		
	企业名称	纳税人识别号（统一社会信用代码）	海关企业代码	企业名称	纳税人识别号（统一社会信用代码）	海关企业代码	外贸综合服务合同（协议）号码	生产企业提供的代办退税开户银行	生产企业提供的代办退税银行账号
1									
2									
3									
4									
5									

请认真阅读以下条款，并承诺遵守，由企业法定代表人签字、盖章以示确认。

一、遵守各项税收法律、法规及规章。

二、在本备案表中所填写的信息是完整的、准确的、真实的。

三、符合《国家税务总局关于调整完善外贸综合服务企业办理出口货物退（免）税有关事项的公告》（税务总局公告 2017 年第 35 号）规定的代办退税条件。

四、综服企业将严格履行代办退税内部风险管控职责，审核委托代办退税的生产企业生产经营情况、生产能力及出口业务的真实性，并将有关资料留存备查。

五、本备案表中列明的开户银行及账号为生产企业的代办退税账户。当税务机关需要暂扣生产企业的退税款时，将配合税务机关从该账户中扣除。

以上如有违反，将承担相关法律责任。

法定代表人（签章）：

纳税人公章

【填写说明】：

1. 填表单位为生产企业的，在表头"生产企业"前的□内打√；填表单位为综服企业的，在表头"综服企业"前的□内打√。

2. 填表单位为生产企业的，此表一式叁份，一份生产企业主管税务机关留存，一份生产企业留存备查，一份由生产企业转交综服企业。

3. 填表单位为综服企业的，此表一式二份，一份综服企业主管税务机关留存，一份综服企业留存备查。

附件2：外贸综合服务企业代办退税申报表

综服企业海关企业代码： （公章）

综服企业纳税人名称：

综服企业纳税人识别号（统一社会信用代码）：

代办退税专用发票张数： 申报年月： 年 月 申报批次： 金额单位：元至角分

序号	生产企业纳税人识别号（统一社会信用代码）	出口货物报关单号	出口日期	出口商品代码	申报商品代码	出口商品名称	计量单位	出口数量	美元离岸价	代办退税专用发票号码	开票日期	出口退税计税金额	征税率	退税率	申报代办退税税额	业务类型	备注
1	2	3	4	5	6	7	8	9	10	11	12	13	14	15	16	17	18
合计：																		

申报人申明	授权人申明
此表各栏填报内容是真实、合法的，与实际出口货物情况相符。否则，本企业愿意承担由此产生的相关责任。 经办人： 财务负责人： 法定代表人（负责人）： 年 月 日	（如果你已委托代理申报人，请填写下列资料） 为代理出口货物退税申报事宜，现授权 为本纳税人的代理申报人，任何与本申报表有关的往来文件都可寄予此人。 授权人签字 （盖章） 年 月 日

【填写说明】：

（一）表头项目填写规则：

综服企业海关企业代码：综服企业在主管海关办理《自理报关单位注册登记证明书》取得的10位编号；

综服企业纳税人名称：综服企业名称的全称；

综服企业纳税人识别号（统一社会信用代码）：综服企业未换领统一社会信用代码营业执照的填写原15位纳税人识别号，已换领统一社会信用代码营业执照的填写18位统一社会信用代码；

申报年月：按申报期年月填写，对跨年度的按上年12月份填写；

申报批次：所属年月的第几次申报。

（二）具体内容填写规则：

序号：填写八位流水号，当序号大于 99999999 时，可以填写 A0000001，A0000002，……英文字母 A 加数字组合；

生产企业纳税人识别号（统一社会信用代码）：生产企业未换领统一社会信用代码营业执照的填写原 15 位纳税人识别号，已换领统一社会信用代码营业执照的填写 18 位统一社会信用代码；

出口货物报关单号：填写海关出口货物报关单右上角的海关统一编号 + 0 + 项号，共 21 位，报关单号为进货和出口的唯一标识，一个报关单号码必须对应至少一张代办退税专用发票，对应多张代办退税专用发票时，单个报关单的数量和美元离岸价应按比例分开对应填报；

出口日期：出口货物报关单的出口日期；

出口商品代码：按出口报关单的商品代码对应的退税率文库中的基本商品代码填写；

申报商品代码：出口商品需按照主要原材料退税率申报退税的，填写主要原材料商品代码，其他不填写；

计量单位：填写出口货物报关单上的第一计量单位或第二计量单位；如属于无出口报关单的按照进货凭证中货物名称对应商品代码的海关第一计量单位填写；

出口数量：按实际出口数量或申报出口退税的数量填写；

美元离岸价格：当报关单的成交方式为 FOB 时，与报关单总价相同；

代办退税专用发票号码：填写代办退税专用发票的发票代码 + 发票号码共同组成的 18 位数字，一张代办退税专用发票如对应多张出口货物报关单的，应严格按单个出口货物报关单作为进货和出口唯一标识的要求，将一张代办退税专用发票按比例分开对应填报；

开票日期：代办退税专用发票的开票日期；

出口退税计税金额：填写代办退税专用发票上注明的金额；

征税率：按百分比的格式填写代办退税专用发票上的税率；

退税率：填写商品码库对应出口货物的退税率；如属退税率有特殊规定，需按现行政策规定的退税税率填写；

申报代办退税税额：填写代办退税专用发票上注明的金额乘以对应出口货物的退税率；

业务类型：根据出口货物实际情况，填写生产企业的自产货物或视同自产货物。

4.14　关于《国家税务总局关于调整完善外贸综合服务企业办理出口货物退（免）税有关事项的公告》的解读

2017 年 9 月 30 日　国家税务总局办公厅

现将《国家税务总局关于调整完善外贸综合服务企业办理出口货物退（免）税有关事项的公告》（以下简称《公告》）的有关内容解读如下：

一、《公告》起草背景

为解决外贸综合服务企业（以下称"综服企业"）反映的问题，促进综服企业规范健康发展，建立与企业发展相适应的税收管理模式，经国务院批准同意，税务总局拟对现行综服企业代生产企业办理出口退（免）税管理办法进行调整完善，改为由综服企业代生产企业集中申报退税（以下称代办退税）。为此，税务总局制发了《公告》，同时废止了《国家税务总局关于外贸综合服务企业出口货物退（免）税有关问题的公告》（国家税务总局公告 2014 年第 13号）。

二、《公告》主要内容

（一）明确了综服企业代办退税的条件。综服企业和生产企业出口货物均符合规定条件的，由综服企业代办退税。

（二）明确了综服企业代办退税的具体办法。一是生产企业和综服企业需各自办理出口退（免）税备案。二是生产企业应先按规定申报缴纳增值税，同时向综服企业开具代办退税专用发票，作为综服企业代办退税的凭证。三是综服企业代办退税的应退税额按代办退税专用发票上注明的"金额"和出口货物适用的出口退税率计算。四是综服企业主管税务机关按综服企业的出口企业管理类别审核办理代办退税，代办退税款退还至生产企业提供的代办退税账户。

（三）明确了异常代办退税业务的处理措施。生产企业主管税务机关和综服企业主管税务机关发现代办退税的出口业务存在异常情形或按规定暂不办理退税情形的，应按规定采取相应的措施。

（四）明确了综服企业的相关法律责任和罚则。一是代办退税的出口业务发生涉税违法违规情形的，税务机关将对综服企业进行相应的处罚。二是代办退税的出口业务如发生骗取出口退税等涉税违法行为的，生产企业应作为责任主体依法承担法律责任。

（五）明确了综服企业其他涉税问题。《公告》同时明确了综服企业提供服务取得收入的涉税处理问题。

（六）明确了执行时间。《公告》自 2017 年 11 月 1 日起施行，具体时间以出口报关单上注明的出口日期为准，国家税务总局公告 2014 年第 13 号同时废止。

4.15　财政部　税务总局　海关总署关于完善启运港退税政策的通知

2018 年 1 月 8 日　财税〔2018〕5 号

各省、自治区、直辖市、计划单列市财政厅（局）、国家税务局，海关总署广东分署、各直属海关，新疆生产建设兵团财务局：

为进一步完善启运港退税政策，扩大政策成效，结合前期政策实施情况，现将有关事项通知如下：

一、对符合条件的出口企业从启运地口岸（以下称启运港）启运报关出口，由符合条件的运输企业承运，从水路转关直航或经停指定口岸（以下称经停港），自离境地口岸（以下称离境港）离境的集装箱货物，实行启运港退税政策。

对从经停港报关出口、由符合条件的运输企业途中加装的集装箱货物，符合前款规定的运输方式、离境地点要求的，以经停港作为货物的启运港，也实行启运港退税政策。

二、政策适用范围

（一）启运港。

启运港为泸州市泸州港、重庆市果园港、宜昌市云池港、岳阳市城陵矶港、武汉市阳逻港、九江市城西港、芜湖市朱家桥港、南京市龙潭港、张家港市永嘉港、南通市狼山港、苏州市太仓港、连云港市连云港港、青岛市前湾港。

（二）离境港。

离境港为上海市外高桥港区、上海市洋山保税港区。

（三）经停港。

承运适用启运港退税政策货物的船舶，可经停南京市龙潭港、武汉市阳逻港、苏州市太仓港加装货物，但不得经停除上述港口以外的其他港口或在上述港口卸载货物。

从经停港加装的货物，需为已报关出口、经由上述第（二）项规定的离境港离境的集装箱货物。

（四）运输企业及运输工具。

运输企业为在海关的信用等级为一般信用企业或认证企业，并且纳税信用级别为 B 级及以上的航运企业。

运输工具为配备导航定位、全程视频监控设备并且符合海关对承运海关监管货物运输工具要求的船舶。

税务总局定期向海关总署传送纳税信用等级为 B 级及以上的企业名单。企业纳税信用等级发生变化的，定期传送变化企业名单。海关总署根据上述纳税信用等级等信息确认符合条件的运输企业和运输工具。

（五）出口企业。

出口企业的出口退（免）税分类管理类别为一类或二类，并且在海关的信用等级为一般信用企业或认证企业。

海关总署定期向税务总局传送一般信用企业或认证企业名单。企业信用等级发生变化的，定期传送变化企业名单。税务总局根据上述名单等信息确认符合条件的出口企业。

三、主要流程

（一）启运地海关依出口企业申请，对从启运港启运的符合条件的货物办理放行手续后，生成启运港出口货物报关单电子信息。以经停港作为货物启运港的，经停地海关依出口企业申请，对从经停港加装的符合条件的货物办理放行手续后，生成启运港出口货物报关单电子信息。

（二）海关总署按日将启运港出口货物报关单电子信息（加启运港退税标识）通过电子口岸传输给税务总局。

（三）出口企业凭启运港出口货物报关单电子信息及相关材料到主管退税的税务机关申请办理退税。出口企业首次申请办理退税前，应向主管出口退税的税务机关进行启运港退税备案。

（四）主管出口退税的税务机关，根据企业出口退（免）税分类管理类别信息、税务总局清分的企业海关信用等级信息和启运港出口货物报关单信息，为出口企业办理退税。出口企业在申请退税时，上述信息显示其不符合启运港退税条件的，主管税务机关根据税务总局清分的结关核销的报关单数据（加启运港退税标识）办理退税。

（五）启运港启运以及经停港加装的出口货物自离境港实际离境后，海关总署按日将正常结关核销的报关单数据（加启运港退税标识）传送给税务总局，税务总局按日将已退税的报关单数据（加启运港退税标识）反馈海关总署。

（六）货物如未运抵离境港不再出口，启运地或经停地海关应撤销出口货物报关单，并由海关总署向税务总局提供相关电子数据。上述不再出口货物如已办理出口退税手续，出口企业应补缴税款，并向启运地或经停地海关提供税务机关出具的货物已补税证明。

对已办理出口退税手续但自启运日起超过 2 个月仍未办理结关核销手续的货物，除因不可抗力或属于上述第（六）项情形且出口企业已补缴税款外，视为未实际出口，税务机关应追缴已退税款，不再适用启运港退税政策。

（七）主管出口退税的税务机关，根据税务总局清分的正常结关核销的报关单数据，核销或调整已退税额。

四、海关总署、税务总局可在本通知的基础上制定启运港退税的具体管理办法。

五、各地海关和国税部门应加强沟通，建立联系配合机制，互通企业守法诚信信息和货物异常出运情况。财政、海关和国税部门要密切跟踪启运港退税政策运行情况，对工作中出现的问题及时上报财政部（税政司）、海关总署（监管司）和税务总局（货物和劳务税司）。

六、本通知自印发之日起执行。《财政部　海关总署　国家税务总局关于扩大启运港退税政策试点范围的通知》（财税〔2014〕53 号）同时废止。海关总署和税务总局对启运出口货物报关单电子信息（加启运港退税标识）、正常结关核销报关单数据（加启运港退税标识）以及已退税的报关单数据（加启运港退税标识）实现按日电子化传输前，启运港出口退税仍按现行纸质报关单签发流程办理。

财政部　海关总署　税务总局

2018 年 1 月 8 日

4.16　财政部　商务部　文化和旅游部　海关总署　国家税务总局关于印发口岸进境免税店管理暂行办法补充规定的通知

2018 年 3 月 29 日　财关税〔2018〕4 号

各省、自治区、直辖市、计划单列市财政厅（局）、商务主管部门、旅游主管部门、国家税务局，新疆生产建设兵团财政局，海关总署广东分署、各直属海关，财政部驻各省、自治区、直辖市、计划单列市财政监察专员办事处：

为进一步促进口岸进境免税店健康发展，指导相关口岸制定科学规范的招标评判标准，从严甄别投标企业实际情况，选定具有可持续发展能力的经营主体，实现政策初衷，现就《口岸进境免税店管理暂行办法》（财关税〔2016〕8 号）（以下简称《办法》）做出如下补充规定：

一、招标投标活动应严格遵守《中华人民共和国招标投标法》《中华人民共和国招标投标法实施条例》等有关法律法规的规定。口岸进境免税店的经营主体须丰富经营品类，制定合理价格，服务于引导境外消费回流，满足居民消费需求，加速升级旅游消费的政策目标。

二、招标投标活动应保证具有免税品经营资质的企业公平竞争。招标人不得设定歧视性条款，不得含有倾向、限制或排斥投标人的内容，不得以特定行政区域或者特定的业绩作为加分条件或者中标条件。

单位负责人为同一人或者存在控股、管理关系的不同单位，不得参加同一标段投标或者未划分标段的同一招标项目投标。

三、合理规范口岸进境免税店租金比例和提成水平，避免片面追求"价高者得"。财务指标在评标中占比不得超过 50%。财务指标是指投标报价中的价格部分，包括但不限于保底租金、销售提成等。招标人应根据口岸同类场地现有的租金、销售提成水平来确定最高投标限价并对外公布。租金单价原则上不得高于同一口岸出境免税店或国内厅含税零售商业租金平均单价的 1.5 倍；销售提成不得高于同一口岸出境免税店或国内厅含税零售商业平均提成比例的 1.2 倍。

四、应综合考虑企业的经营能力，甄选具有可持续发展能力的经营主体。经营品类，尤其是烟酒以外品类的丰富程度应是重要衡量指标。技术指标在评标中占比不得低于 50%。技术指标分值中，店铺布局和设计规划占比 20%；品牌招商占比 30%；运营计划占比 20%；市场营销及顾客服务占比 30%。品牌招商分值中，烟酒占比不得超过 50%。

五、规范评标工作程序。评标过程分为投标文件初审、问题澄清及讲标和比较评价三个阶段，对每个阶段的评审要出具评审报告。

六、中标人不得以装修费返还、税后利润返回、发展基金等方式对招标企业进行变相补偿。招标人及所在政府不得通过补贴、财政返回等方式对中标企业进行变相补偿。

七、口岸所在地的省（区、市）财政厅（局）对口岸进境免税店招标项目实施管理。财政部驻地方财政监察专员办事处对招标投标程序和政策落实情况履行行政监督职责，主要职责包括：

（一）对评标委员会成员的确定方式、评标专家的抽取和评标活动是否符合法定程序进行监督。

（二）负责受理投标人或者其他利害关系人关于招标投标活动不符合法律、行政法规规定的投诉，提出工作意见后报财政部。

（三）监督《财政部、商务部、海关总署、国家税务总局、国家旅游局关于口岸进境免税店政策的公告》（财政部、商务部、海关总署、国家税务总局、国家旅游局公告 2016 年第 19 号）和《办法》的执行情况。

八、本办法自公布之日起施行。

财政部　商务部　文化和旅游部　海关总署　国家税务总局

2018 年 3 月 29 日

4.17　国家税务总局关于统一小规模纳税人标准有关出口退（免）税问题的公告

2018 年 4 月 22 日　国家税务总局公告 2018 年第 20 号

根据《财政部税务总局关于统一增值税小规模纳税人标准的通知》（财税〔2018〕33 号）、《国家税务总局关于统一小规模纳税人标准等若干增值税问题的公告》（国家税务总局公告 2018 年第 18 号）及现行出口退（免）税有关规定，现将统一小规模纳税人标准有关出口退（免）税问题公告如下：

一、一般纳税人转登记为小规模纳税人（以下称转登记纳税人）的，其在一般纳税人期间出口适用增值税退（免）税政策的货物劳务、发生适用增值税零税率跨境应税行为（以下称出口货物劳务、服务），继续按照现行规定申报和办理出口退（免）税相关事项。

自转登记日下期起，转登记纳税人出口货物劳务、服务，适用增值税免税规定，按照现行小规模纳税人的有关规定办理增值税纳税申报。

出口货物劳务、服务的时间，按以下原则确定：属于向海关报关出口的货物劳务，以出口货物报关单上注明的出口日期为准；属于非报关出口销售的货物、发生适用增值税零税率跨境应税行为，以出口发票或普通发票的开具时间为准；属于保税区内出口企业或其他单位出口的货物以及经保税区出口的货物，以货物离境时海关出具的出境货物备案清单上注明的出口日期为准。

二、原实行免抵退税办法的转登记纳税人在一般纳税人期间出口货物劳务、服务，尚未申报抵扣的进项税额以及转登记日当期的期末留抵税额，计入"应交税费—待抵扣进项税额"，并参与免抵退税计算。上述尚未申报抵扣的进项税额应符合国家税务总局公告 2018 年第 18 号第四条第二款的规定。

上述转登记纳税人发生国家税务总局公告 2018 年第 18 号第五条所述情形、按照本公告第一条第一款规定申报办理出口退（免）税或者退运等情形，需要调整"应交税费—待抵扣进项税额"的，应据实调整，准确核算"应交税费—待抵扣进项税额"的变动情况。

三、原实行免退税办法的转登记纳税人在一般纳税人期间出口货物劳务、服务，尚未申报免退税的进项税额可继续申报免退税。

上述尚未申报免退税的进项税额应符合国家税务总局公告 2018 年第 18 号第四条第二款的规定。其中，用于申报免退税的海关进口增值税专用缴款书，转登记纳税人不申请进行电子信息稽核比对，应经主管税务机关查询，确认与海关进口增值税专用缴款书电子信息相符且未被用于抵扣或退税。

四、转登记纳税人结清出口退（免）税款后，应按照规定办理出口退（免）税备案变更。

委托外贸综合服务企业（以下称综服企业）代办退税的转登记纳税人，应在综服企业主管税务机关按规定向综服企业结清该转登记纳税人的代办退税款后，按照规定办理委托代办退税备案撤回。

五、转登记纳税人再次登记为一般纳税人的，应比照新发生出口退（免）税业务的出口企业或其他单位，办理出口退（免）税有关事宜。

六、本公告自 2018 年 5 月 1 日起施行。

特此公告。

国家税务总局
2018 年 4 月 22 日

4.18　关于《国家税务总局关于统一小规模纳税人标准
有关出口退（免）税问题的公告》的解读

2018 年 4 月 25 日　国家税务总局办公厅

一、《公告》出台的背景

按照深化增值税改革后续工作安排，结合《财政部税务总局关于统一增值税小规模纳税人标准的通知》（财税〔2018〕33 号）、《国家税务总局关于统一小规模纳税人标准等若干增值税问题的公告》（国家税务总局公告 2018 年第 18 号）及现行出口退（免）税有关规定，针对一般纳税人转登记为小规模纳税人（以下简称"转登记纳税人"）涉及的出口退（免）税问题，税务总局制定了《国家税务总局关于统一小规模纳税人标准有关出口退（免）税问题的公告》（以下简称《公告》）。

二、《公告》的主要内容解读

（一）关于转登记纳税人在一般纳税人期间的出口业务如何办理退（免）税

《公告》第一条明确了转登记纳税人在一般纳税人期间出口适用增值税退（免）税政策的货物劳务、发生适用增值税零税率跨境应税行为（以下称出口货物劳务、服务），可以继续按照现行规定办理退（免）税。该转登记纳税人自转登记日下期起的出口货物劳务、服务，适用增值税免税政策，应按照小规模纳税人的有关规定进行增值税纳税申报。

同时，《公告》第一条区分不同的出口业务，明确了出口货物劳务、服务的时间确定原则：属于向海关报关出口的货物劳务，以出口货物报关单上注明的出口日期为准；属于非报关出口销售的货物、发生适用增值税零税率跨境应税行为，以出口发票或普通发票的开具时间为准；属于保税区内出口企业或其他单位出口的货物以及经保税区出口的货物，以货物离境时海关出具的出境货物备案清单上注明的出口日期为准。

举例来说，A 出口企业（以 1 个月为 1 个纳税期）于 2018 年 5 月 10 日向税务机关申请转登记为小规模纳税人，按照《公告》第一条规定，A 企业在 2018 年 5 月 31 日前报关出口的货物（报关单注明的出口日期为 2018 年 5 月 31 日前），适用增值税退（免）税政策，转登记后仍可按现行规定继续申报办理出口退（免）税。该企业在 2018 年 6 月 1 日后报关出口的货物（报关单注明的出口日期为 2018 年 6 月 1 日后），改为适用免税政策，应按照小规模纳税人的有关规定办理增值税纳税申报。

（二）关于转登记纳税人尚未申报抵扣的进项税额和期末留抵税额如何处理

《公告》第二条、第三条明确，转登记纳税人在一般纳税人期间的出口货物劳务、服务，尚未申报抵扣或申报免退税的进项税额及期末留抵税额，可继续参与出口退（免）税计算。

（三）关于尚未申报抵扣的进项税额如何确认

《公告》第二条、第三条明确，尚未申报抵扣或申报免退税的进项税额，应符合国家税务总局公告 2018 年第 18 号第四条第二款相关规定。用于申报免退税的海关进口增值税专用缴款书，转登记纳税人不申请进行电子信息稽核比对，应经主管税务机关查询，确认与海关进口增值税专用缴款书电子信息相符且未被用于抵扣或退税。

（四）关于"应交税费—待抵扣进项税额"的调整

《公告》第二条明确，转登记纳税人按照《公告》第一条第一款申报办理出口退（免）税、发生退运等情形，以及发生国家税务总局公告 2018 年第 18 号第五条所述情形，需要调整"应交税费—待抵扣进项税额"的，要准确核算其变动情况。

（五）关于出口退（免）税备案变更

《公告》第四条明确，转登记纳税人在一般纳税人期间的出口货物劳务、服务涉及的退（免）税款结清后，应按照现行规定向主管税务机关办理出口退（免）税备案变更。如果该转登记纳税人委托外贸综合服务企业（以下简称"综服企业"）代办退税的，在综服企业主管税务机关按规定向综服企业结清该转登记纳税人的代办退税款后，转登记纳税人应按照规定办理委托代办退税备案撤回。

（六）关于转登记纳税人重新登记为一般纳税人

《公告》第五条明确，再次登记为一般纳税人的转登记纳税人，应比照新发生出口退（免）税业务的出口企业或其他单位，申报办理出口退（免）税。

4.19 财政部 海关总署关于 2021—2030 年支持民用航空维修用航空器材进口税收政策的通知

2021 年 3 月 31 日 财关税〔2021〕15 号

各省、自治区、直辖市、计划单列市财政厅（局），新疆生产建设兵团财政局，海关总署广东分署、各直属海关：

为加快壮大航空产业，促进我国民用航空运输、维修等产业发展，现将有关进口税收政策内容通知如下：

一、自 2021 年 1 月 1 日至 2030 年 12 月 31 日，对民用飞机整机设计制造企业、国内航空公司、维修单位、航空器材分销商进口国内不能生产或性能不能满足需求的维修用航空器材，免征进口关税。

二、本通知第一条所述民用飞机整机设计制造企业、国内航空公司、维修单位、航空器材分销商是指：

（一）从事民用飞机整机设计制造的企业及其所属单位，且其生产产品的相关型号已取得中国民航局批准的型号合格证（TC）。

（二）中国民航局批准的国内航空公司。

（三）持有中国民用航空维修许可证的维修单位。

（四）符合中国民航局管理要求的航空器材分销商。

三、本通知第一条所述维修用航空器材是指专门用于维修民用飞机、民用飞机部件的器材，包括动力装置（发动机、辅助动力装置）、起落架等部件，以及标准件、原材料等消耗器材。范围仅限定于飞机的机载设备及其零部件、原材料，不包括地勤系统所使用的设备及其零部件。

航空器材一般具备中国民航局（CAAC）、美国联邦航空局（FAA）、欧盟航空安全局（EASA）、加拿大民用航空局（TCCA）、巴西民用航空局等民航局颁发的适航证明文件或俄罗斯、乌克兰等民航制造和维修单位签发的履历本。具有制造单位出具产品合格证明的标准件、原材料也属于航空器材范围。

免税进口的维修用航空器材清单，由中国民航局会同工业和信息化部、财政部、海关总署另行制定印发。

四、对本通知项下的免税进口维修用航空器材，海关不再按特定减免税货物进行后续监管。

五、本通知有关的政策管理办法由财政部会同有关部门另行制定印发。

财政部 海关总署

2021 年 3 月 31 日

4.20　财政部　国家发展改革委　工业和信息化部 海关总署税务总局关于 2021—2030 年支持新型 显示产业发展进口税收政策管理办法的通知

2021 年 3 月 31 日　财关税〔2021〕20 号

各省、自治区、直辖市、计划单列市财政厅（局）、发展改革委、工业和信息化主管部门，新疆生产建设兵团财政局、发展改革委、工业和信息化局，海关总署广东分署、各直属海关，国家税务总局各省、自治区、直辖市、计划单列市税务局，财政部各地监管局，国家税务总局驻各地特派员办事处：

为落实《财政部　海关总署　税务总局关于 2021—2030 年支持新型显示产业发展进口税收政策的通知》（财关税〔2021〕19 号，以下简称《通知》），现将政策管理办法通知如下：

一、国家发展改革委会同工业和信息化部、财政部、海关总署、税务总局制定并联合印发享受免征进口关税的新型显示器件生产企业和新型显示产业的关键原材料、零配件生产企业名单。

二、工业和信息化部会同国家发展改革委、财政部、海关总署、税务总局制定并联合印发国内不能生产或性能不能满足需求的自用生产性（含研发用）原材料、消耗品和净化室配套系统、生产设备（包括进口设备和国产设备）零配件的免税进口商品清单。

三、国家发展改革委会同工业和信息化部制定可享受进口新设备进口环节增值税分期纳税的新型显示器件重大项目标准和享受分期纳税承建企业的条件，并根据上述标准、条件确定新型显示器件重大项目建议名单和承建企业建议名单，函告财政部，抄送海关总署、税务总局。财政部会同海关总署、税务总局确定新型显示器件重大项目名单和承建企业名单，通知省级（包括省、自治区、直辖市、计划单列市、新疆生产建设兵团，下同）财政厅（局）、企业所在地直属海关、省级税务局。

承建企业应于承建的新型显示器件重大项目项下申请享受分期纳税的首台新设备进口 3 个月前，向省级财政厅（局）提出申请，附项目投资金额、进口设备时间、年度进口新设备金额、年度进口新设备进口环节增值税额、税款担保方案等信息，抄送企业所在地直属海关、省级税务局。省级财政厅（局）会同企业所在地直属海关、省级税务局初核后报送财政部，抄送海关总署、税务总局。

财政部会同海关总署、税务总局确定新型显示器件重大项目的分期纳税方案（包括项目名称、承建企业名称、分期纳税起止时间、分期纳税总税额、每季度纳税额等），通知省级财政厅（局）、企业所在地直属海关、省级税务局，由企业所在地直属海关告知相关企业。

分期纳税方案实施中，如项目名称发生变更，承建企业发生名称、经营范围变更等情形的，承建企业应在完成变更登记之日起 60 日内，向省级财政厅（局）、企业所在地直属海关、省级税务局报送变更情况说明，申请变更分期纳税方案相应内容。省级财政厅（局）会同企业所在地直属海关、省级税务局确定变更结果，并由省级财政厅（局）函告企业所在地直属海关，抄送省级税务局，报财政部、海关总署、税务总局备案。企业所在地直属海关将变更结果告知承建企业。承建企业超过本款前述时间报送变更情况说明的，省级财政厅（局）、企业所在地直属海关、省级税务局不予受理，该项目不再享受分期纳税，已进口设备的未缴纳税款应在完成变更登记次月起 3 个月内缴纳完毕。

享受分期纳税的进口新设备，应在企业所在地直属海关关区内申报进口。按海关事务担保的规定，承建企业对未缴纳的税款应提供海关认可的税款担保。海关对准予分期缴纳的税款不予征收滞纳金。承建企业在最后一次纳税时，由海关完成该项目全部应纳税款的汇算清缴。如违反规定，逾期未及时缴纳税款的，该项目不再享受分期纳税，已进口设备的未缴纳税款应在逾期未缴纳情形发生次月起 3 个月内缴纳完毕。

四、《通知》第二条中的企业进口新设备，同时适用申报进口当期的《国内投资项目不予免税的进口商品目录》《外商投资项目不予免税的进口商品目录》《进口不予免税的重大技术装备和产品目录》所列商品的累积范围。

五、免税进口单位应按照海关有关规定，办理有关进口商品的减免税手续。

六、本办法第一、二条中，国家发展改革委、工业和信息化部分别牵头制定的名单、清单应注明批次。其中第一批名单、清单自 2021 年 1 月 1 日实施，至第一批名单印发之日后 30 日内已征的应免关税税款，依免税进口单位申请准予退还。以后批次的名单、清单，分别自印发之日后第 20 日起实施。

七、免税进口单位发生名称、经营范围变更等情形的，应在《通知》有效期限内及时将有关变更情况说明报送国家发展改革委。国家发展改革委按照第一条规定，确定变更后的单位自变更登记之日起能否继续享受政策，并注明变更登记日期。确定结果由国家发展改革委函告海关总署（确定结果较多时，每年至少分两批函告），抄送工业和信息化部、财政部、税务总局。

八、免税进口单位应按有关规定使用免税进口商品，如违反规定，将免税进口商品擅自转让、移作他用或者进行其他处置，被依法追究刑事责任的，在《通知》剩余有效期限内停止享受政策。

九、免税进口单位如存在以虚报情况获得免税资格，由国家发展改革委会同工业和信息化部、财政部、海关总署、税务总局等部门查实后，国家发展改革委函告海关总署，自函告之日起，该单位在《通知》剩余有效期限内停止享受政策。

十、财政等有关部门及其工作人员在政策执行过程中，存在违反执行政策规定的行为，以及滥用职权、玩忽职守、徇私舞弊等违法违纪行为的，依照国家有关规定追究相应责任；涉嫌犯罪的，依法追究刑事责任。

十一、本办法有效期为 2021 年 1 月 1 日至 2030 年 12 月 31 日。

财政部　国家发展改革委　工业和信息化部　海关总署　税务总局

2021 年 3 月 31 日

4.21 财政部 工业和信息化部 海关总署民航局
关于2021—2030年支持民用航空维修用航空器
材进口税收政策管理办法的通知

2021 年 3 月 31 日　财关税〔2021〕16 号

各省、自治区、直辖市、计划单列市财政厅（局），新疆生产建设兵团财政局，海关总署广东
分署、各直属海关，民航各地区管理局：

为加快壮大航空产业，促进我国民用航空运输、维修等产业发展，根据《财政部　海关总
署关于2021—2030年支持民用航空维修用航空器材进口税收政策的通知》（财关税〔2021〕15
号，以下简称《通知》）有关规定，现将2021—2030年支持民用航空维修用航空器材进口税收
政策管理办法通知如下：

一、民航局确定符合《通知》第二条的进口单位名单，并将名单（需注明批次）函告海关
总署，抄送工业和信息化部、财政部。名单根据实际情况动态调整。

进口单位发生名称、经营范围变更等情形的，应在政策有效期内及时将有关变更情况说明
报送民航局。民航局确定变更后的单位自变更登记之日起能否继续享受政策，并将确定结果和
变更登记日期函告海关总署（确定结果较多时，每年至少分两批函告），抄送工业和信息化部、
财政部。

二、《通知》项下免税进口航空器材实行清单管理。民航局会同工业和信息化部、财政部、
海关总署确定上述清单，由民航局将清单（需注明批次）函告海关总署，抄送工业和信息化
部、财政部。清单根据实际情况动态调整。

三、民航局函告海关总署的第一批进口单位名单和免税进口航空器材清单，自2021年1月
1日实施，至第一批名单函告之日后30日内已征应免税款，依进口单位申请准予退还。以后批
次函告的名单、清单，自函告之日后第20日起实施。

四、免税进口单位应按照海关有关规定，向海关申请办理减免税手续。

五、进口单位如存在以虚报信息等获得免税资格的，经有关部门查实后由民航局函告海关
总署，抄送财政部，自函告之日起，该单位在《通知》剩余有效期内停止享受政策。

六、民航局会同有关部门对政策执行效果加强评估。

七、财政等有关部门及其工作人员在政策执行过程中，存在违反执行免税政策规定的行
为，以及滥用职权、玩忽职守、徇私舞弊等违法违纪行为的，依照国家有关规定追究相应责
任；涉嫌犯罪的，依法追究刑事责任。

八、本办法有效期为2021年1月1日至2030年12月31日。

财政部　工业和信息化部　海关总署　民航局

2021 年 3 月 31 日

4.22　财政部　海关总署　税务总局关于 2021—2030 年支持新型显示产业发展进口税收政策的通知

2021 年 3 月 31 日　财关税〔2021〕19 号

各省、自治区、直辖市、计划单列市财政厅（局）、新疆生产建设兵团财政局，海关总署广东分署、各直属海关，国家税务总局各省、自治区、直辖市、计划单列市税务局，财政部各地监管局，国家税务总局驻各地特派员办事处：

为加快壮大新一代信息技术，支持新型显示产业发展，现将有关进口税收政策通知如下：

一、自 2021 年 1 月 1 日至 2030 年 12 月 31 日，对新型显示器件（即薄膜晶体管液晶显示器件、有源矩阵有机发光二极管显示器件、Micro‑LED 显示器件，下同）生产企业进口国内不能生产或性能不能满足需求的自用生产性（含研发用，下同）原材料、消耗品和净化室配套系统、生产设备（包括进口设备和国产设备）零配件，对新型显示产业的关键原材料、零配件（即靶材、光刻胶、掩模版、偏光片、彩色滤光膜）生产企业进口国内不能生产或性能不能满足需求的自用生产性原材料、消耗品，免征进口关税。

根据国内产业发展、技术进步等情况，财政部、海关总署、税务总局将会同国家发展改革委、工业和信息化部对上述关键原材料、零配件类型适时调整。

二、承建新型显示器件重大项目的企业自 2021 年 1 月 1 日至 2030 年 12 月 31 日期间进口新设备，除《国内投资项目不予免税的进口商品目录》《外商投资项目不予免税的进口商品目录》和《进口不予免税的重大技术装备和产品目录》所列商品外，对未缴纳的税款提供海关认可的税款担保，准予在首台设备进口之后的 6 年（连续 72 个月）期限内分期缴纳进口环节增值税，6 年内每年（连续 12 个月）依次缴纳进口环节增值税总额的 0%、20%、20%、20%、20%、20%，自首台设备进口之日起已经缴纳的税款不予退还。在分期纳税期间，海关对准予分期缴纳的税款不予征收滞纳金。

三、第一条中所述国内不能生产或性能不能满足需求的免税进口商品清单，由工业和信息化部会同国家发展改革委、财政部、海关总署、税务总局另行制定印发，并动态调整。

四、2021—2030 年支持新型显示产业发展进口税收政策管理办法由财政部、海关总署、税务总局会同国家发展改革委、工业和信息化部另行制定印发。

财政部　海关总署　税务总局
2021 年 3 月 31 日

4.23 财政部 国家税务总局关于提高机电、文化等产品出口退税率的通知

2018 年 9 月 5 日 财税〔2018〕93 号

各省、自治区、直辖市、计划单列市财政厅（局），国家税务总局各省、自治区、直辖市、计划单列市税务局，新疆生产建设兵团财政局：

为完善出口退税政策，对机电、文化等产品提高增值税出口退税率。现就有关事项通知如下：

一、将多元件集成电路、非电磁干扰滤波器、书籍、报纸等产品出口退税率提高至 16%。

将竹刻、木扇等产品出口退税率提高至 13%。

将玄武岩纤维及其制品、安全别针等产品出口退税率提高至 9%。

提高出口退税率的产品清单见附件。

二、本通知自 2018 年 9 月 15 日起执行。本通知所列货物适用的出口退税率，以出口货物报关单上注明的出口日期界定。

附件：提高出口退税率的产品清单

财政部 税务总局
2018 年 9 月 5 日

附件：提高出口退税率的产品清单

序号	产品编码	产品名称	调整后退税率（%）
1	28539050	镍钴铝氢氧化物	13
2	29029050	1－烷基－4－（4－烷烯基－1，1'－双环己基）苯	13
3	29052210	香叶醇、橙花醇	13
4	29093020	4－（4－烷氧基苯基）－4'－烷烯基－1，1'－双环己烷及其氟代衍生物	13
5	29163930	2－（3－碘－4－乙基苯基）－2－甲基丙酸	13
6	29223920	安非他酮及其盐	13
7	29224190	赖氨酸酯和赖氨酸盐	13
8	29224220	谷氨酸钠	13
9	29291030	二苯基甲烷二异氰酸酯（纯 MDI）	16
10	2930909091	DL－羟基蛋氨酸	13

序号	产品编码	产品名称	调整后退税率（%）
11	29321400	三氯蔗糖	13
12	29341010	三苯甲基氨噻肟酸	13
13	29362200	未混合的维生素 B1 及其衍生物	16
14	29362300	未混合的维生素 B2 及其衍生物	16
15	29362400	未混合的 D 或 DL – 泛酸及其衍生物	16
16	29362500	未混合的维生素 B6 及其衍生物	16
17	29362600	未混合的维生素 B12 及其衍生物	16
18	29362700	未混合的维生素 C 及其衍生物	16
19	29369010	维生素 AD3（包括天然浓缩物，不论是否溶于溶剂）	16
20	29369090	其他维生素原、混合维生素及其衍生物	16
21	29371100	生长激素及其衍生物和类似结构物	16
22	29381000	芸香苷及其衍生物	13
23	29389090	其他天然或合成再制的苷及其盐、醚、酯和其他衍生物	13
24	32042000	用作荧光增白剂的有机合成产品（不论是否已有化学定义）	13
25	32049020	胡萝卜素及类胡萝卜素	13
26	3208201011	分散于或溶于非水介质的光导纤维用涂料，施工状态下挥发性有机物含量大于 420 克/升（主要成分为聚氨酯丙烯酸酯类化合物，以丙烯酸聚合物为基本成分）	13
27	3208201019	其他分散于或溶于非水介质的光导纤维用涂料（主要成分为聚氨酯丙烯酸酯类化合物，以丙烯酸聚合物为基本成分）	13
28	3209902010	以氟树脂为基本成分的油漆及清漆，施工状态下挥发性有机物含量大于 420 克/升（包括瓷漆及大漆，分散于或溶于水介质）	13
29	3209902090	其他以氟树脂为基本成分的油漆及清漆（包括瓷漆及大漆，分散于或溶于水介质）	13
30	34031900	润滑剂（含有石油或从沥青矿物提取的油类且按重量计＜70%）	13
31	34039900	润滑剂（不含有石油或从沥青矿物提取的油类）	13
32	35069190	以其他橡胶或塑料为基本成分的粘合剂	16
33	38151100	以镍及其化合物为活性物的载体催化剂	13
34	38151200	以贵金属及其化合物为活性物的载体催化剂	13
35	38151900	其他载体催化剂	13
36	38159000	其他未列名的反应引发剂、促进剂	13
37	38200000	防冻剂及解冻剂	13

序号	产品编码	产品名称	调整后退税率（%）
38	39013000	初级形状乙烯－乙酸乙烯酯共聚物	9
39	39014010	乙烯－丙烯共聚物（乙丙橡胶）	9
40	39019010	初级形状的乙烯丙烯共聚物（乙丙橡胶，乙烯单体单元的含量大于丙烯单体单元）	9
41	39022000	初级形状的聚异丁烯	9
42	39023010	初级形状的乙烯丙烯共聚物（乙丙橡胶丙烯单体单元的含量大于乙烯单体单元）	9
43	39023090	初级形状的其他丙烯共聚物	9
44	39029000	其他初级形状的烯烃聚合物	9
45	39031100	初级形状的可发性聚苯乙烯	9
46	39031990	初级形状的其他聚苯乙烯	9
47	39032000	初级形状苯乙烯－丙烯腈共聚物	9
48	39033090	其他丙烯腈－丁二烯－苯乙烯共聚物	9
49	39039000	初级形状的其他苯乙烯聚合物	9
50	39043000	氯乙烯－乙酸乙烯酯共聚物	9
51	39044000	初级形状的其他氯乙烯共聚物	9
52	39045000	初级形状的偏二氯乙烯聚合物	9
53	39049000	初级形状的其他卤化烯烃聚合物	9
54	39051200	聚乙酸乙烯酯的水分散体	9
55	39051900	其他初级形状聚乙酸乙烯酯	9
56	39052100	乙酸乙烯酯共聚物的水分散体	9
57	39052900	其他初级形状的乙酸乙烯酯共聚物	9
58	39053000	初级形状的聚乙烯醇（不论是否含有未水解的乙酸酯基）	9
59	39059100	其他乙烯酯或乙烯基的共聚物	9
60	39059900	其他乙烯酯或乙烯基的聚合物	9
61	39069010	聚丙烯酰胺	9
62	3906909000	其他初级形状的丙烯酸聚合物	9
63	39069090001	丙烯酸钠聚合物	9
64	39071090	其他初级形状的聚缩醛	9
65	39072010	聚四亚甲基醚二醇	9
66	39073000	初级形状的环氧树脂	9

续表

序号	产品编码	产品名称	调整后退税率（%）
67	39075000	初级形状的醇酸树脂	9
68	39077000	聚乳酸	9
69	39079100	初级形状的不饱和聚酯	9
70	39079910	聚对苯二甲酸丁二酯	16
71	39079991	聚对苯二甲酸－己二醇－丁二醇酯	9
72	39079999	其他聚酯	9
73	39081090	其他初级形状的聚酰胺	9
74	39089010	芳香族聚酰胺及其共聚物	9
75	39089020	半芳香族聚酰胺及其共聚物	9
76	39089090	初级形状的其他聚酰胺	9
77	39091000	初级形状的尿素树脂及硫尿树脂	9
78	39092000	初级形状的蜜胺树脂	9
79	39093900	其他初级形状的其他氨基树脂	9
80	39094000	初级形状的酚醛树脂	9
81	39111000	初级形状的石油树脂、苯并呋喃－茚树脂、多萜树脂	9
82	3911900001	芳基酸与芳基胺预缩聚物	9
83	3911900003	改性三羟乙基脲酸酯类预缩聚物	9
84	3911900005	偏苯三酸酐和异氰酸预缩聚物	9
85	39121100002	未塑化的二、三醋酸纤维素	9
86	39140000	初级形状的离子交换剂	9
87	3920209090	非泡沫丙烯聚合物板，片，膜，箔及扁条（未用其他材料强化，层压，支撑或用类似方法合制，非农用）	9
88	3920430090	氯乙烯聚合物板，片，膜，箔及扁条（增塑剂含量≥6%，未用其他材料强化、层压、支撑）	9
89	3920490090	其他氯乙烯聚合物板，片，膜，箔及扁条（非泡沫料的，未用其他材料强化，层压，支撑，非农用）	9
90	40029990	从油类提取的油膏	13
91	40101100	金属加强的硫化橡胶输送带及带料	13
92	40113000	航空器用新的充气橡胶轮胎	13
93	40121300	航空器用翻新轮胎	13
94	44140010	辐射松制的画框、相框、镜框及类似品	13
95	4414009010	拉敏木制画框，相框，镜框及类似品	13

续表

序号	产品编码	产品名称	调整后退税率（%）
96	44201012	竹刻	13
97	4420102090	木扇	13
98	48115191	纸塑铝复合材料	13
99	48115991	镀铝的用塑料涂布、浸渍的其他纸及纸板	13
100	49011000003	按16%征税的单张的书籍、小册子及类似印刷品	16
101	49019900003	按16%征税的其他书籍、小册子及类似的印刷品	16
102	49021000002	按16%征税的每周至少出版四次的报纸、杂志	16
103	49029000002	按16%征税的其他报纸、杂志及期刊	16
104	49030000003	按16%征税的儿童图画书、绘画或涂色书	16
105	49040000003	按16%征税的乐谱原稿或印本	16
106	49051000	地球仪、天体仪	16
107	49059100003	按16%征税的成册的各种印刷的地图及类似图表	16
108	49059900003	按16%征税的其他各种印刷的地图及类似图表	16
109	49060000	设计图纸原稿或手稿及其复制件	16
110	49090010	印刷或有图画的明信片	16
111	49090090	其他致贺或通告卡片	16
112	49100000	印刷的各种日历，包括日历芯	16
113	49111010	无商业价值的广告品及类似印刷品	16
114	49111090	其他商业广告品及类似印刷品	16
115	49119100	印刷的图片、设计图样及照片	16
116	49119910	纸质的其他印刷品	16
117	49119990	其他印刷品	16
118	68159940	玄武岩纤维及其制品	9
119	70199090	其他玻璃纤维及其制品	16
120	72052100	合金钢粉末	9
121	72091510	屈服强度大于355牛顿/平方毫米，厚度≥3mm的冷轧卷材	13
122	72124000	涂漆或涂塑的铁或非合金钢窄板材	9
123	72173090	镀或涂其他贱金属的铁丝和非合金钢丝	13
124	72221100	热加工的圆形截面不锈钢条、杆	9
125	72221900	热加工其他截面形状不锈钢条杆	9
126	72222000	冷成形或冷加工的不锈钢条、杆	9

续表

序号	产品编码	产品名称	调整后退税率（%）
127	72223000	其他不锈钢条、杆	9
128	72224000	不锈钢角材、型材及异型材	9
129	72230000	不锈钢丝	9
130	72292000	硅锰钢丝	9
131	73021000	钢轨	13
132	73023000	道岔尖轨、辙叉、尖轨拉杆	13
133	73024000	钢铁制鱼尾板、钢轨垫板	13
134	73029010	钢铁轨枕	13
135	73029090	其他铁道电车道铺轨用钢铁材料	13
136	73030090	其他铸铁管及空心异型材	13
137	73043110	冷轧的钢铁制无缝锅炉管	13
138	73043120	冷轧的铁制无缝地质钻管、套管	13
139	73081000	钢铁制桥梁及桥梁体段	13
140	73082000	钢铁制塔楼及格构杆	13
141	73083000	钢铁制门窗及其框架、门槛	13
142	73084000	钢铁制脚手架模板坑凳用支柱及类	13
143	73089000	其他钢铁结构体及部件	13
144	73090000	容积＞300L钢铁制盛物容器	9
145	73101000	容积50－300L钢铁制盛物容器	9
146	73102110	易拉罐及罐体	9
147	73102190	其他容积在50升以下焊边或卷边接合的罐	9
148	73110010	装压缩或液化气的钢铁容器	9
149	73121000	非绝缘的钢铁绞股线、绳、缆	9
150	73129000	非绝缘钢铁编带、吊索及类似品	9
151	73130000	带刺钢铁丝、围篱用钢铁绞带	9
152	73141200	不锈钢制的机器用环形带	9
153	73141400	不锈钢制的机织品	9
154	73141900	其他钢铁丝制机织品	9
155	73142000	交点焊接的粗钢铁丝网、篱及格栅	9
156	73143100	交点焊接的镀或涂锌细钢铁丝网	9
157	73143900	交点焊接的其他细钢铁丝网、篱	9

续表

序号	产品编码	产品名称	调整后退税率（%）
158	73144100	其他镀锌的钢铁丝网、篱及格栅	9
159	73144200	其他涂塑的钢铁丝网、篱及格栅	9
160	73144900	其他钢铁丝网、篱及格栅	9
161	73145000	网眼钢铁板	9
162	73151120	摩托车滚子链	16
163	73151190	其他滚子链	16
164	73151200	其他铰接链	16
165	73170000	铁钉、图钉、平头钉及类似品	9
166	73181100	方头螺钉	9
167	73181200	其他木螺钉	9
168	73181300	钩头螺钉及环头螺钉	9
169	73181400	自攻螺钉	9
170	73181510	抗拉强度在 800 兆帕及以上的螺钉及螺栓，不论是否带有螺母或垫圈	9
171	73181590	其他螺钉及螺栓	9
172	73181600	螺母	9
173	73181900	未列名螺纹制品	9
174	73182100	弹簧垫圈及其他防松垫圈	9
175	73182200	其他垫圈	9
176	73182300	铆钉	9
177	73182400	销及开尾销	9
178	73182900	其他无螺纹紧固件	9
179	73194010	安全别针	9
180	73194090	其他别针	9
181	73199000	未列名钢铁制针及类似品	9
182	73201010	铁道车辆用片簧及簧片	9
183	73201020	汽车用片簧及弹簧	9
184	73201090	其他片簧及簧片	9
185	73202010	铁道车辆用螺旋弹簧	9
186	73202090	其他螺旋弹簧	9
187	73209010	铁道车辆用其他弹簧	9
188	73209090	其他弹簧	9

续表

序号	产品编码	产品名称	调整后退税率（%）
189	73211210	煤油炉	9
190	73218100	可使用气体燃料的其他家用器具	9
191	73218200	使用液体燃料的其他家用器具	9
192	73221100	非电热铸铁制集中供暖用散热器	9
193	73221900	非电热钢制集中供暖用散热器	9
194	73229000	非电热空气加热器、暖气分布器	9
195	73231000	钢铁丝绒、擦锅器、洗擦用块垫等	9
196	73251010	工业用无可锻性制品	9
197	73251090	其他无可锻性铸铁制品	9
198	73259100	可锻性铸铁及铸钢研磨机的研磨球	9
199	73259910	工业用未列名可锻性铸铁制品	9
200	73259990	非工业用未列名可锻性铸铁制品	9
201	73261100	钢铁制研磨机用研磨球及类似品	13
202	73261910	工业用未列名钢铁制品	9
203	73261990	非工业用未列名钢铁制品	9
204	73262010	工业用钢铁丝制品	9
205	73262090	非工业用钢铁丝制品	13
206	73269011	钢铁纤维及其制品	9
207	73269019	其他工业用钢铁制品	9
208	74199190	非工业用铸造、模压、冲压铜制品	9
209	74199920	铜弹簧	9
210	74199930	铜丝制的布（包括环形带）	9
211	74199940	铜丝制的网、格栅、网眼铜板	9
212	74199950	非电热的铜制家用供暖器及其零件	9
213	74199999	非工业用其他铜制品	9
214	75040010	非合金镍粉及片状粉末	9
215	75040020	合金镍粉及片状粉末	9
216	75051100	纯镍条、杆、型材及异型材	9
217	75052100	纯镍丝	9
218	75061000	纯镍板、片、带、箔	9

序号	产品编码	产品名称	调整后退税率（%）
219	7604291010	柱形实心体铝合金（在 293K（20 摄氏度）时的极限抗拉强度能达到 460 兆帕（0.46×10^9 牛顿/平方米）或更大）	13
220	76141000	带钢芯的铝制绞股线、缆、编带	16
221	76149000	不带钢芯的铝制绞股线、缆、编带	16
222	78041100	铅片、带及厚度≤0.2mm 的箔	9
223	80070030	锡箔、锡粉及片状粉末	9
224	81019600	钨丝	9
225	81029600	钼丝	9
226	8104902010	镁金属基复合材料（包括各种结构件和制品、各种预成形件，其中增强材料的比拉伸强度大于 7.62×10^4 m 和比模量大于 3.18×10^6 m）	9
227	8106009010	高纯度铋及铋制品（纯度≥99.99%，含银量低于十万分之一）	9
228	8109900010	锆管（铪与锆重量比低于 1:500 的锆金属和合金的管或组件）	9
229	81129910	锗及其制品	9
230	82011000	锹及铲	9
231	82013000	镐、锄、耙	9
232	82014000	斧子、钩刀及类似砍伐工具	9
233	82015000	修枝剪等单手操作农用剪	9
234	8201600010	含植物性材料的双手操作农用剪	9
235	82019010	农用叉	9
236	8201909010	含植物性材料的农业、园艺、林业用手工工具	9
237	8201909090	其他农业、园艺、林业用手工工具	9
238	82019090901	按 10% 征税的其他农业、园艺、林业用手工工具	9
239	82060000	成套工具组成的零售包装货品	13
240	82072010	带超硬部件的金属拉拔或挤压用模	16
241	82072090	其他金属拉拔或挤压用模	16
242	82073000	加工税号 87.03 所列车辆车身冲压件用的 4 种关键模具（侧围外板、翼子板、拼接整体侧围内板、拼焊整体侧围加强板用模具）	16
243	82081090	其他金工机械用刀及刀片	9
244	82082000	木工机械用刀及刀片	9
245	82083000	厨房或食品加工机器用刀及刀片	9
246	82084000	农、林业机器用刀及刀片	9
247	82089000	其他机器或机械器具用刀及刀片	9

序号	产品编码	产品名称	调整后退税率（%）
248	82100000	加工调制食品、饮料用手动机械	9
249	82119500	贱金属制的刀柄	9
250	82141000	裁纸刀、信刀、铅笔刀及刀片	9
251	82151000	成套含镀贵金属制厨房或餐桌用具	9
252	82159100	非成套镀贵金属制厨房或餐桌用具	9
253	83021000	铰链（折叶）	9
254	83023000	机动车辆用贱金属附件及架座	9
255	83024100	建筑用贱金属配件及架座	9
256	83024200	家具用贱金属配件及架座	9
257	83024900	其他用贱金属配件及架座	9
258	83026000	自动闭门器	9
259	83030000	保险箱、柜、保险库的门	9
260	83040000	贱金属档案柜、文件箱等办公用具	9
261	83051000	活页夹或宗卷夹的附件	9
262	83052000	成条钉书钉	9
263	83059000	信夹、信角、文件夹等办公用品	9
264	83061000	非电动铃、钟、锣及其类似品	9
265	83062100	镀贵金属的雕塑像及其他装饰品	9
266	83062910	景泰蓝雕塑像及其他装饰品	13
267	83063000	相框、画框及类似框架、镜子	9
268	83071000	钢铁制软管、可有配件	9
269	83079000	其他贱金属软管，可有配件	9
270	83082000	贱金属制管形铆钉及开口铆钉	9
271	83089000	贱金属制珠子及亮晶片	9
272	83091000	贱金属制冠形瓶塞	9
273	83099000	盖子瓶帽螺口塞封志等包装用配件	9
274	83100000	标志牌、铭牌、号码、字母等标志	9
275	84139100	液体泵用零件	16
276	84139200	液体提升机用零件	16
277	84149019	其他用于制冷设备的压缩机零件	16
278	84149090	税号84.14其他所列机器零件	16

续表

序号	产品编码	产品名称	调整后退税率（%）
279	84169000	炉用燃烧器、机械加煤机等的零件	16
280	84179010	海绵铁回转窑的零件	16
281	84179020	炼焦炉的零件	16
282	84179090	其他非电热工业用炉及烘箱的零件	16
283	84189999	税号84.18 其他制冷设备用零件	16
284	84199090	税号84.19 的其他机器设备用零件	16
285	84209100	砑光机或其他滚压机器的滚筒	16
286	84209900	砑光机或其他滚压机的未列名零件	16
287	84311000	滑车、绞盘、千斤顶等机械用零件	16
288	84312010	税号84.27 所列机械的装有差速器的驱动桥及其零件，不论是否装有其他传动部件	16
289	84312090	其他税号84.27 所列机械的零件	16
290	84313100	升降机、倒卸式起重机或自动梯的零件	16
291	84313900	税号84.28 所列其他机械的零件	16
292	84314100	戽斗、铲斗、抓斗及夹斗	16
293	84314200	推土机或侧铲推土机用铲	16
294	84314310	石油或天然气钻探机用零件	16
295	84314320	其他钻探机用零件	16
296	84314390	其他凿井机用零件	16
297	84314920	税号84.26、84.29 或84.30 所列机械的装有差速器的驱动桥及其零件，不论是否装有其他传动部件	16
298	84314991	矿用电铲用零件	16
299	84314999	其他税号84.26、84.29 或84.30 所列机械的零件	16
300	84329000	整地或耕作机械、滚压机零件	16
301	84339010	联合收割机用零件	16
302	84339090	税号84.33 所列其他机械零件	16
303	84349000	挤奶机及乳品加工机器用零件	16
304	84359000	制酒、果汁等压榨、轧碎机零件	16
305	84369100	家禽饲养机、孵卵器及育雏器零件	16
306	84369900	税号84.36 所列其他机器的零件	16
307	84379000	税号84.37 所列机械的零件	16

序号	产品编码	产品名称	调整后退税率（%）
308	84419090	其他制造纸浆、纸制品的机器零件	16
309	84424000	铸字、排字、制版机器的零件	16
310	84425000	活字、印刷用版、片及其他部件	16
311	84661000	工具夹具及自启板牙切头	16
312	84662000	工件夹具	16
313	84663000	分度头及其他专用于机床的附件	16
314	84669100	税号 84.64 所列机器用的零附件	16
315	84669200	税号 84.65 所列机器用的零附件	16
316	84669310	刀库及自动换刀装置	16
317	84669390	税号 84.56－84.61 机器用其他零附件	16
318	84669400	税号 84.62－84.63 机器用其他零附件	16
319	84734010	自动柜员机用出钞器和循环出钞机	16
320	84734090	税号 84.72 所列其他办公室用机器零附件	16
321	84735000	税号 84.69－84.72 中所列机器零附件	16
322	84749000	税号 8474 所列机器的零件	16
323	84759000	税号 84.75 所列机器的零件	16
324	84779000	橡胶、塑料等加工机器的零件	16
325	84811000	减压阀	16
326	84812010	油压传动阀	16
327	84812020	气压传动阀	16
328	84813000	止回阀	16
329	84814000	安全阀或溢流阀	16
330	84819010	阀门用零件	16
331	84819090	龙头、旋塞及类似装置的零件	16
332	84821020	深沟球轴承	16
333	84821090	其他滚珠轴承	16
334	84822000	锥形滚子轴承	16
335	84823000	鼓形滚子轴承	16
336	84824000	滚针轴承	16
337	84825000	其他圆柱形滚子轴承	16
338	84828000	其他滚动轴承及球、柱混合轴承	16

序号	产品编码	产品名称	调整后退税率（%）
339	84829100	滚珠、滚针及滚柱	16
340	84829900	滚动轴承的其他零件	16
341	84832000	装有滚珠或滚子轴承的轴承座	16
342	84833000	未装滚珠或滚子轴承的轴承座	16
343	84835000	飞轮、滑轮及滑轮组	16
344	8484200030	MLIS用转动轴封（专门设计的带密封进气口和出气口的转动轴封）	16
345	8484200090	其他机械密封件	16
346	84849000	其他材料制密封垫及类似接合衬垫	16
347	84879000	本章其他税号未列名机器零件	16
348	8506400010	氧化银的原电池及原电池组（无汞）（汞含量＜电池重量的0.0001%，扣式电池的汞含量＜电池重量的0.0005%）	16
349	8506400090	氧化银的原电池及原电池组（含汞）（汞含量≥电池重量的0.0001%，扣式电池的汞含量≥电池重量的0.0005%）	16
350	85065000	锂的原电池及原电池组	16
351	8506600010	锌空气的原电池及原电池组（无汞）（汞含量＜电池重量的0.0001%，扣式电池的汞含量＜电池重量的0.0005%）	16
352	8506600090	锌空气的原电池及原电池组（含汞）（汞含量≥电池重量的0.0001%，扣式电池的汞含量≥电池重量的0.0005%）	16
353	85069010	二氧化锰原电池或原电池组的零件	16
354	85069090	其他原电池组或原电池组的零件	16
355	8507809010	燃料电池	16
356	8507809090	其他蓄电池	16
357	85395000	发光二极管（LED）灯泡（管）	16
358	8542311900	其他用作处理器及控制器的多元件集成电路（不论是否带有存储器、转换器、逻辑电路、放大器、时钟及时序电路或其他电路）	16
359	85423119001	其他用作处理器及控制器的多元件集成电路（比重计、温度计等类似仪器的零件；液体或气体的测量或检验仪器零件；检镜切片机；理化分析仪器零件；税号90.30所属货品的零件及附件）	16
360	8542321000	用作存储器的多元件集成电路	16
361	85423210001	用作存储器的多元件集成电路（比重计、温度计等类似仪器的零件；液体或气体的测量或检验仪器零件；检镜切片机；理化分析仪器零件；税号90.30所属货品的零件及附件）	16
362	8542331000	用作放大器的多元件集成电路	16

续表

序号	产品编码	产品名称	调整后退税率（%）
363	85423310001	用作放大器的多元件集成电路（比重计、温度计等类似仪器的零件；液体或气体的测量或检验仪器零件；检镜切片机；理化分析仪器零件；税号 90.30 所属货品的零件及附件）	16
364	8542391000	其他多元件集成电路	16
365	85423910001	其他多元件集成电路（比重计、温度计等类似仪器的零件；液体或气体的测量或检验仪器零件；检镜切片机；理化分析仪器零件；税号 90.30 所属货品的零件及附件）	16
366	8548900002	非电磁干扰滤波器	16
367	8548900030	触摸感应数据输入装置（即触摸屏）无显示的性能，安装于有显示屏的设备中，通过检测显示区域内触摸动作的发生及位置进行工作。触摸感应可通过电阻、静电电容、声学脉冲识别、红外光或其他触摸感应技术来获得	16
368	87099000	短距离运货车、站台牵引车用零件	16
369	89019090001	其他非铁制非机动货运船舶及客货兼运船舶	16
370	89080000	供拆卸的船舶及其他浮动结构体	16
371	90012000	偏振材料制的片及板	16
372	90119000	复式光学显微镜的零附件	16
373	90129000	非光学显微镜及衍射设备的零件	16
374	90138090	其他液晶装置及光学仪器	16
375	90249000	各种材料的试验用机器零附件	16
376	90251100	可直接读数的液体温度计	16
377	90251910	非液体的工业用温度计及高温计	16
378	90251990	非液体的其他温度计、高温计	16
379	90258000	其他温度计、比重计、湿度计等仪器	16
380	90279000	检镜切片机；理化分析仪器零件	16
381	90281010	煤气表	16
382	90281090	其他气量计	16
383	90282010	水表	16
384	90282090	其他液量计	16
385	90289010	工业用计量仪表零附件	16
386	90291090	产量计数器、步数计及类似仪表	16
387	90299000	转数计、车费计及类似仪表零件	16

续表

序号	产品编码	产品名称	调整后退税率（%）
388	90308910	其他电感及电容测试仪	16
389	90309000	税号90.30所属货品的零件及附件	16
390	90311000	机械零件平衡试验机	16
391	90312000	试验台	16
392	90319000	税号90.31的仪器及器具的零件	16
393	91040000	仪表板钟及车辆船舶等用的类似钟	16
394	93070090	其他剑、短弯刀、刺刀、长矛和类似的武器及其零件；其他刀鞘、剑鞘	13
395	94011000	飞机用坐具	16
396	94019011	机动车辆的座椅调角器	16
397	96121000	打字机色带或类似色带	16

4.24 财政部 税务总局关于提高部分产品出口退税率的公告

2020年3月17日 财政部 税务总局公告2020年第15号

现就提高部分产品出口退税率有关事项公告如下：

一、将瓷制卫生器具等1084项产品出口退税率提高至13%；将植物生长调节剂等380项产品出口退税率提高至9%。具体产品清单见附件。

二、本公告自2020年3月20日起实施。本公告所列货物适用的出口退税率，以出口货物报关单上注明的出口日期界定。

附件：提高出口退税率的产品清单

财政部 税务总局
2020年3月17日

附件：提高出口退税率的产品清单

序号	产品编码	产品名称	调整后退税率（%）
1	0101210090	其他改良种用马	9
2	0101290090	非改良种用其他马	9

序号	产品编码	产品名称	调整后退税率（%）
3	0101301090	改良种用的其他驴	9
4	0101309090	非改良种用其他驴	9
5	01019000	骡	9
6	01022100	改良种用家牛	9
7	01022900	非改良种用家牛	9
8	0102310090	改良种用其他水牛	9
9	0102390090	非改良种用其他水牛	9
10	0102901090	其他改良种用牛	9
11	0102909090	非改良种用其他牛	9
12	01031000	改良种用猪	9
13	01039110	重量在 10 千克以下的猪	9
14	01039120	10≤重量＜50 千克的猪	9
15	01039200	重量在 50 千克及以上的猪	9
16	01041010	改良种用的绵羊	9
17	01041090	其他绵羊（改良种用的除外）	9
18	01042010	改良种用的山羊	9
19	01042090	非改良种用山羊	9
20	01051110	不超过 185 克的改良种用鸡	9
21	01051190	不超过 185 克的其他鸡（改良种用的除外）	9
22	01051210	不超过 185 克的改良种用火鸡	9
23	01051290	不超过 185 克的其他火鸡（改良种用的除外）	9
24	01051310	不超过 185 克的改良种用鸭	9
25	01051390	不超过 185 克的其他鸭（改良种用的除外）	9
26	01051410	不超过 185 克的改良种用鹅	9
27	01051490	不超过 185 克的其他鹅（改良种用的除外）	9
28	01051510	不超过 185 克的改良种用珍珠鸡	9
29	01051590	不超过 185 克的其他珍珠鸡（改良种用的除外）	9
30	01059410	超过 185 克改良种用鸡	9
31	01059490	超过 185 克其他鸡（改良种用的除外）	9
32	01059910	超过 185 克的其他改良种用家禽	9
33	01059991	超过 185 克的非改良种用鸭	9

序号	产品编码	产品名称	调整后退税率（%）
34	01059992	超过185克的非改良种用鹅	9
35	01059993	超过185克的非改良种用珍珠鸡	9
36	01059994	超过185克的非改良种用火鸡	9
37	01061110	改良种用灵长目哺乳动物（包括人工驯养、繁殖的）	9
38	01061190	其他灵长目哺乳动物（包括人工驯养、繁殖的）	9
39	01061211	改良种用鲸、海豚及鼠海豚（鲸目哺乳动物）；改良种用海牛及儒艮（海牛目哺乳动物）（包括人工驯养、繁殖的）	9
40	01061219	非改良种用鲸、海豚及鼠海豚（鲸目哺乳动物）；非改良种用海牛及儒艮（海牛目哺乳动物）（包括人工驯养、繁殖的）	9
41	01061221	改良种用海豹、海狮及海象（鳍足亚目哺乳动物）（包括人工驯养、繁殖的）	9
42	01061229	非改良种用海豹、海狮及海象（鳍足亚目哺乳动物）（包括人工驯养、繁殖的）	9
43	0106131090	其他改良种用骆驼及其他骆驼科动物	9
44	0106139090	其他骆驼及其他骆驼科动物	9
45	0106141090	改良种用家兔及其他改良种用野兔	9
46	0106149090	其他家兔及野兔	9
47	0106191090	其他改良种用哺乳动物	9
48	0106199090	其他哺乳动物	9
49	01062011	改良种用鳄鱼苗（包括人工驯养、繁殖的）	9
50	01062019	其他改良种用爬行动物（包括人工驯养、繁殖的）	9
51	0106202010	食用蛇（包括人工驯养、繁殖的）	9
52	0106202029	其他食用龟鳖（包括人工驯养、繁殖的）	9
53	0106202099	其他食用爬行动物（包括人工驯养、繁殖的）	9
54	0106209090	其他爬行动物（包括人工驯养、繁殖的）	9
55	01063110	改良种用猛禽（包括人工驯养、繁殖的）	9
56	01063190	其他猛禽（包括人工驯养、繁殖的）	9
57	01063210	改良种用鹦形目的鸟（包括人工驯养、繁殖的）	9
58	01063290	非改良种用鹦形目的鸟（包括人工驯养、繁殖的）	9
59	0106331090	其他改良种用鸵鸟和改良种用鸸鹋	9
60	0106339090	其他鸵鸟、鸸鹋	9
61	0106391090	其他改良种用的鸟	9

续表

序号	产品编码	产品名称	调整后退税率（%）
62	01063921	食用乳鸽	9
63	01063923	食用野鸭	9
64	0106392990	其他食用鸟	9
65	0106399090	其他鸟	9
66	01064110	改良种用蜂	9
67	01064190	其他蜂	9
68	0106491090	其他改良种用非濒危昆虫	9
69	0106499001	捕食螨	9
70	0106499090	其他非濒危昆虫	9
71	0106901190	其他改良种用蛙苗	9
72	0106901990	其他改良种用动物	9
73	0106909090	其他动物	9
74	02011000	整头及半头鲜、冷牛肉	9
75	02012000	鲜、冷的带骨牛肉	9
76	0201300010	鲜或冷藏的去骨野牛肉	9
77	02021000	冻的整头及半头牛肉	9
78	02022000	冻的带骨牛肉	9
79	0202300010	冻藏的去骨野牛肉	9
80	02031110	鲜、冷的整头及半头乳猪肉	9
81	02031190	其他鲜、冷的整头及半头猪肉	9
82	02031200	鲜、冷的带骨猪前腿、后腿及其肉块	9
83	02031900	其他鲜、冷猪肉	9
84	02032110	冻整头及半头乳猪肉	9
85	02032190	其他冻整头及半头猪肉	9
86	02032200	冻的带骨猪前腿、后腿及其肉块	9
87	02041000	鲜或冷藏的整头及半头羔羊肉	9
88	02042100	鲜或冷藏的整头及半头绵羊肉	9
89	02042200	鲜或冷藏的带骨绵羊肉	9
90	02042300	鲜或冷藏的去骨绵羊肉	9
91	02043000	冻藏的整头及半头羔羊肉	9
92	02044100	冻藏的整头及半头绵羊肉	9

续表

序号	产品编码	产品名称	调整后退税率（%）
93	02044200	冻藏的其他带骨绵羊肉	9
94	0205000090	鲜、冷或冻的马、驴、骡肉	9
95	02062100	冻牛舌	9
96	02062200	冻牛肝	9
97	02062900	其他冻牛杂碎	9
98	02063000	鲜或冷藏的猪杂碎	9
99	02064100	冻猪肝	9
100	02064900	其他冻猪杂碎	9
101	02068000	鲜、冷的羊、马、驴、骡杂碎	9
102	02069000	冻的羊、马、驴、骡杂碎	9
103	02071100	鲜或冷藏的整只鸡	9
104	02071200	冻的整只鸡	9
105	02071329	鲜或冷的其他鸡杂碎	9
106	02071422	冻的鸡爪	9
107	02071429	冻的其他食用鸡杂碎（包括鸡翼尖、鸡肝等）	9
108	02072400	鲜或冷的整只火鸡	9
109	02072500	冻的整只火鸡	9
110	02072600001	除分割火鸡块以外的鲜或冷的火鸡块及杂碎	9
111	02072700001	除分割火鸡块以外的冻的火鸡块及杂碎	9
112	02074100	鲜或冷的整只鸭	9
113	02074200	冻的整只鸭	9
114	02074300	鲜或冷的鸭肥肝	9
115	02074400001	除分割鸭块以外的鲜或冷的鸭块及食用杂碎	9
116	02074500001	除分割鸭块以外的冻的鸭块及食用杂碎	9
117	02075100	鲜或冷的整只鹅	9
118	02075200	冻的整只鹅	9
119	02075300	鲜或冷的鹅肥肝	9
120	02075400001	除分割鹅块以外的鲜或冷的鹅块及食用杂碎	9
121	02075500001	除分割鹅块以外的冻的鹅块及食用杂碎	9
122	02076000001	除分割珍珠鸡块以外的鲜、冷、冻的整只珍珠鸡、珍珠鸡块及食用杂碎	9
123	02083000	鲜、冷或冻的灵长目动物肉及食用杂碎	9

序号	产品编码	产品名称	调整后退税率（%）
124	02084000	鲜、冷或冻的鲸、海豚及鼠海豚（鲸目哺乳动物）的；鲜、冷或冻的海牛及儒艮（海牛目哺乳动物）的；鲜、冷或冻的海豹、海狮及海象（鳍足亚目哺乳动物）的肉及食用杂碎（鲜、冷或冻的鲸、海豚、鼠海豚、海牛、儒艮、海豹、海狮及海象的肉及食用杂碎）	9
125	02085000	鲜、冷或冻的爬行动物肉及食用杂碎	9
126	0208600090	其他鲜、冷或冻骆驼及其他骆驼科动物的肉及食用杂碎	9
127	02089010	鲜、冷或冻的乳鸽肉及其杂碎	9
128	02091000	未炼制或用其他方法提取的不带瘦肉的肥猪肉、猪脂肪（包括鲜、冷、冻、干、熏、盐制的）	9
129	02099000	未炼制或用其他方法提取的家禽脂肪（包括鲜、冷、冻、干、熏、盐制的）	9
130	02101110	干、熏、盐制的带骨猪腿	9
131	02101190	干、熏、盐制的带骨猪腿肉块	9
132	02101200	干、熏、盐制的猪腹肉	9
133	0210200090	干、熏、盐制的其他牛肉	9
134	02109100	干、熏、盐制的灵长目动物肉及食用杂碎	9
135	02109200	干、熏、盐制的鲸、海豚及鼠海豚（鲸目哺乳动物）的；干、熏、盐制的海牛及儒艮（海牛目哺乳动物）的；干、熏、盐制的海豹、海狮及海象（鳍足亚目哺乳动物）的肉及食用杂碎（包括可供食用的肉或杂碎的细粉、粗粉）	9
136	02109300	干、熏、盐制的爬行动物肉及食用杂碎（包括食用的肉及杂碎的细粉、粗粉）	9
137	0210990090	干、熏、盐制的其他肉及食用杂碎（包括可供食用的肉或杂碎的细粉、粗粉）	9
138	0301110090	观赏用其他淡水鱼	9
139	03028910	鲜或冷带鱼（子目 0302.91 至 0302.99 的可食用鱼杂碎除外）	9
140	03028920	鲜或冷黄鱼（子目 0302.91 至 0302.99 的可食用鱼杂碎除外）	9
141	03028930	鲜或冷鲳鱼（子目 0302.91 至 0302.99 的可食用鱼杂碎除外）	9
142	03028940	鲜或冷的鲀（子目 0302.91 至 0302.99 的可食用鱼杂碎除外）	9
143	03071900	其他干、盐腌或盐渍牡蛎（蚝）（包括熏制的带壳或去壳的，不论在熏制前或熏制过程中是否烹煮）	9
144	0307911090	其他软体动物的种苗	9
145	03089012	活、鲜或冷的沙蚕，种苗除外	9

续表

序号	产品编码	产品名称	调整后退税率（%）
146	04011000001	脂肪含量≤1%未浓缩的乳及奶油	9
147	04012000001	1%＜脂肪含量≤6%的未浓缩的乳及奶油	9
148	04014000001	6%＜脂肪含量≤10%的未浓缩的乳及奶油	9
149	04015000001	脂肪含量＞10%未浓缩的乳及奶油	9
150	04029100001	浓缩但未加糖的非固状乳及奶油	9
151	04029900001	浓缩并已加糖的非固状乳及奶油	9
152	0407110090	孵化用受精的其他鸡的蛋	9
153	04079010	带壳咸蛋	9
154	04079020	带壳皮蛋	9
155	04089100001	干的其他去壳禽蛋	9
156	05021020001	猪毛	9
157	05021030	猪鬃或猪毛的废料	9
158	0502902090	其他獾毛及其他制刷用兽毛的废料	9
159	05040021	冷、冻的鸡胗（即鸡胃）	9
160	05040029	整个或切块的其他动物的胃（包括鲜、冷、冻、干、熏、盐腌或盐渍的，鱼除外）	9
161	05040090	整个或切块的其他动物肠、膀胱（包括鲜、冷、冻、干、熏、盐腌或盐渍的，鱼除外）	9
162	05059010	羽毛或不完整羽毛的粉末及废料	9
163	0507100010	犀牛角	9
164	0507100030	其他兽牙	9
165	0507100090	其他兽牙粉末及废料	9
166	05079010	羚羊角及其粉末和废料	9
167	05079020	鹿茸及其粉末	9
168	0507909090	其他动物角（包括蹄，甲，爪及喙及其粉末和废料）	9
169	05100010	黄药	9
170	05100020	龙涎香、海狸香、灵猫香	9
171	05100040	斑蝥	9
172	0510009090	胆汁，配药用腺体及其他动物产品（不论是否干制；鲜，冷，冻或用其他方法暂时保藏的）	9
173	0511911190	其他受精鱼卵	9
174	0511911990	其他鱼的非食用产品（包括鱼肚）	9

序号	产品编码	产品名称	调整后退税率（%）
175	0511991090	其他动物精液（牛的精液除外）	9
176	0511992090	其他动物胚胎	9
177	05119930	蚕种	9
178	05119940101	废马毛	9
179	05119940901	其他马毛	9
180	0511999090	其他编号未列名的动物产品（包括不适合供人食用的第一章的死动物）	9
181	06011010	休眠的番红花球茎	9
182	0601109110	种用休眠的兰花块茎（包括球茎、根颈及根茎）	9
183	0601109199	种用休眠的其他鳞茎、块茎、块根（包括球茎、根颈及根茎）	9
184	0601109910	其他休眠的兰花块茎（包括球茎、根颈及根茎）	9
185	0601109999	其他休眠的其他鳞茎、块茎、块根（包括球茎、根颈及根茎）	9
186	0601200010	生长或开花的兰花块茎（包括球茎、根颈及根茎）	9
187	0601200020	生长或开花的仙客来鳞茎	9
188	0601200099	生长或开花的其他鳞茎及菊苣植物（包括块茎、块根、球茎、根颈及根茎，品目 1212 的根除外）	9
189	0602100090	其他无根插枝及接穗	9
190	06022090	其他食用水果、坚果树及灌木（不论是否嫁接）	9
191	06023010	种用杜鹃（不论是否嫁接）	9
192	06023090	其他杜鹃（不论是否嫁接）	9
193	06024010	种用玫瑰（不论是否嫁接）	9
194	06024090	其他玫瑰（不论是否嫁接）	9
195	06029010	蘑菇菌丝	9
196	06029092	其他兰花（种用除外）	9
197	06029093002	其他菊花	9
198	0602909410	芦荟（种用除外）	9
199	06029095	其他康乃馨（种用除外）	9
200	0602909910	苏铁（铁树）类	9
201	0602909920	仙人掌（包括仙人球、仙人柱、仙人指）	9
202	0602909999	其他活植物（种用除外）	9
203	06031100	鲜的玫瑰（制花束或装饰用的）	9
204	06031200	鲜的康乃馨（制花束或装饰用的）	9

续表

序号	产品编码	产品名称	调整后退税率（%）
205	06031300	鲜的兰花（制花束或装饰用的）	9
206	06031400	鲜的菊花（制花束或装饰用的）	9
207	06031500	鲜的百合花（百合属）（制花束或装饰用的）	9
208	0603190090	其他鲜的插花及花蕾（制花束或装饰用的）	9
209	0603900090	其他干或染色等加工的插花及花蕾（制花束或装饰用的，鲜的除外）	9
210	06042010	鲜的苔藓及地衣	9
211	0604209090	其他鲜植物枝、叶或其他部分，草（枝、叶或其他部分是指制花束或装饰用并且不带花及花蕾）	9
212	06049010	其他苔藓及地衣	9
213	0604909090	其他染色或加工的植物枝、叶或其他部分，草（枝、叶或其他部分是指制花束或装饰用并且不带花及花蕾）	9
214	07099100	鲜或冷藏的洋蓟	9
215	07099200	鲜或冷藏的油橄榄	9
216	07102210002	蒸煮的冷冻的红小豆（赤豆）	9
217	07108020002	蒸煮的冷冻蒜苔及蒜苗（包括青蒜）	9
218	07108030002	蒸煮的冷冻蒜头	9
219	07112000	暂时保藏的油橄榄（用二氧化硫气体、盐水等物质处理，但不适于直接食用的）	9
220	07115990	暂时保藏的其他蘑菇及菌块	9
221	07119031	盐水竹笋	9
222	07119034	盐水大蒜	9
223	07119039	盐水的其他蔬菜及什锦蔬菜（不适于直接食用的）	9
224	07129020002	破碎或制成粉状的紫萁（薇菜干）	9
225	07129030002	破碎或制成粉状的干金针菜（黄花菜）	9
226	07129040002	破碎或制成粉状的蕨菜干	9
227	07129091002	按9%征税的干辣根	9
228	07136010	种用干木豆（木豆属）（不论是否去皮或分瓣）	9
229	08012100	鲜或干的未去壳巴西果	9
230	08012200	鲜或干的去壳巴西果	9
231	08022100	鲜或干的未去壳榛子	9
232	08024290	鲜或干的其他去壳栗子（板栗除外）（不论是否去皮）	9
233	08026110	鲜或干的种用未去壳马卡达姆坚果（夏威夷果）	9

序号	产品编码	产品名称	调整后退税率（%）
234	08026190	鲜或干的其他未去壳马卡达姆坚果（夏威夷果）	9
235	08027000	鲜或干的可乐果（可乐果属）（不论是否去壳或去皮）	9
236	08028000	鲜或干的槟榔果	9
237	08029020	鲜或干的白果（不论是否去壳或去皮）	9
238	08044000	鲜或干的鳄梨	9
239	08045010	鲜或干番石榴	9
240	08045020	鲜或干芒果	9
241	08045030	鲜或干的山竹果	9
242	08052110	鲜或干的蕉柑	9
243	08052200	鲜或干的克里曼丁橘	9
244	08054000	鲜或干的葡萄柚，包括柚	9
245	08055000	鲜或干的柠檬及酸橙	9
246	08061000	鲜葡萄	9
247	08071100	鲜西瓜	9
248	08071910	鲜哈密瓜	9
249	08071920	鲜罗马甜瓜及加勒比甜瓜	9
250	08071990	其他鲜甜瓜	9
251	08072000	鲜木瓜	9
252	08083020	鲜香梨	9
253	08091000	鲜杏	9
254	08092100	鲜欧洲酸樱桃	9
255	08094000	鲜梅及李	9
256	08105000	鲜猕猴桃	9
257	08106000	鲜榴莲	9
258	08109010	鲜荔枝	9
259	08109030	鲜龙眼	9
260	08109040	鲜红毛丹	9
261	08109050	鲜番荔枝	9
262	08109060	鲜杨桃	9
263	08109070	鲜莲雾	9
264	08109080	鲜火龙果	9

序号	产品编码	产品名称	调整后退税率（%）
265	08121000	暂时保藏的樱桃（用二氧化硫气体，盐水等物质处理，但不适于直接食用的）	9
266	08134010	龙眼干、肉（品目 0801 至 0806 的干果除外）	9
267	08134020	柿饼（品目 0801 至 0806 的干果除外）	9
268	08134030	干红枣（品目 0801 至 0806 的干果除外）	9
269	08134040	荔枝干（品目 0801 至 0806 的干果除外）	9
270	09011100	未浸除咖啡碱的未焙炒咖啡	9
271	09011200	已浸除咖啡碱的未焙炒咖啡	9
272	09019010	咖啡豆荚及咖啡豆皮	9
273	09021010001	按 9% 征税的每件净重不超过 3 千克的花茶	9
274	09021090001	每件净重不超过 3 千克的其他绿茶	9
275	09022010001	每件净重超过 3 千克的花茶	9
276	09022090001	每件净重超过 3 千克的其他绿茶	9
277	09023010001	每件净重不超过 3 千克的乌龙茶	9
278	09023020001	每件净重不超过 3 千克的普洱茶	9
279	09023090001	红茶内包装每件净重不超过 3 千克	9
280	09024010001	每件净重超过 3 千克的乌龙茶	9
281	09024020001	每件净重超过 3 千克的普洱茶	9
282	09024090001	红茶（内包装每件净重超过 3 千克）（包括其他半发酵茶）	9
283	09041100	未磨胡椒	9
284	09042200001	按 9% 征税的已磨辣椒	9
285	09051000	未磨的香子兰豆	9
286	09052000	已磨的香子兰豆	9
287	09061100	未磨锡兰肉桂	9
288	09061900	其他未磨肉桂及肉桂花	9
289	09071000	未磨的丁香（母丁香、公丁香及丁香梗）	9
290	09072000	已磨的丁香（母丁香、公丁香及丁香梗）	9
291	09081100	未磨的肉豆蔻	9
292	09081200	已磨的肉豆蔻	9
293	09082100	未磨的肉豆蔻衣	9
294	09082200	已磨的肉豆蔻衣	9

序号	产品编码	产品名称	调整后退税率（%）
295	09083100	未磨的豆蔻	9
296	09092100	未磨的芫荽子	9
297	09093100	未磨的枯茗子	9
298	09096110	未磨的八角茴香	9
299	09096190	未磨其他茴香	9
300	09101200	已磨的姜	9
301	09102000001	番红花	9
302	09103000	姜黄	9
303	09109900001	其他调味香料	9
304	12030000	干椰子肉	9
305	1207101090	其他种用棕榈果及棕榈仁	9
306	1207109090	其他棕榈果及棕榈仁（不论是否破碎）	9
307	12072100	种用棉子	9
308	12072900	其他棉子（不论是否破碎）	9
309	12073010	种用蓖麻子	9
310	12073090	其他蓖麻子（不论是否破碎）	9
311	12079991	牛油树果（不论是否破碎）	9
312	12079999	其他含油子仁及果实（不论是否破碎）	9
313	12129100	鲜、冷、冻或干的甜菜（不论是否碾磨）	9
314	12129300	鲜、冷、冻或干的甘蔗（不论是否碾磨）	9
315	12129400	菊苣根（不论是否碾磨）	9
316	13012000	阿拉伯胶	9
317	13019010	胶黄蓍树胶	9
318	13019020	乳香、没药及血竭	9
319	13019030	阿魏	9
320	1301904090	其他松脂	9
321	1301909010	龙血树脂、大戟脂、愈疮树脂	9
322	1301909020	大麻脂	9
323	1301909099	其他天然树胶、树脂（包括天然树胶、树脂及其他油树脂（例如香树脂））	9
324	13021910	生漆	9

序号	产品编码	产品名称	调整后退税率（%）
325	13021920	印楝素	9
326	15029000	其他牛、羊脂肪（但品目 1503 的货品除外）	9
327	15153000	蓖麻油及其分离品（不论是否精制，但未经化学改性）	13
328	15159010	希蒙得木油及其分离品（不论是否精制，但未经化学改性）	13
329	15159020	印楝油及其分离品（不论是否精制，但未经化学改性）	13
330	15159030	桐油及其分离品（不论是否精制，但未经化学改性）	13
331	16010030901	未经过熟制的用含其他动物成分的香肠制的食品	9
332	16023991001	未经过熟制的其他方法制作或保藏的鸭	9
333	18010000001	按 9% 征税的生的整颗或破碎的可可豆	9
334	18020000	可可荚、壳、皮及废料	9
335	19012000001	按 9% 征税的供烘焙品目 1905 所列面包糕饼用的调制品及面团	9
336	19021100	未包馅或未制作的含蛋生面食	9
337	19024000001	古斯古斯面食	9
338	20086090001	非用醋制作的樱桃，罐头除外	9
339	20089100001	按 9% 征税的非用醋制作的棕榈芯	9
340	20089932001	按 9% 征税的盐腌海带	9
341	20089933001	按 9% 征税的盐腌裙带菜	9
342	20089939001	按 9% 征税的海草及其他藻类制品	9
343	21061000001	按 9% 征税的浓缩蛋白质及人造蛋白物质	9
344	21069090901	按 9% 征税的其他编号未列名的食品	9
345	23032000001	甜菜渣、甘蔗渣及类似残渣	9
346	28112210	二氧化硅硅胶	13
347	28112290	其他二氧化硅	13
348	28129011	三氟化氮	13
349	28272000	氯化钙	13
350	28281000	商品次氯酸钙及其他钙的次氯酸盐	13
351	28332930	硫酸锌	13
352	28352520	食品级的正磷酸氢钙（磷酸二钙）	13
353	28353911	食品级的六偏磷酸钠	13
354	28362000	碳酸钠（纯碱）	13
355	28363000	碳酸氢钠（小苏打）	13

续表

序号	产品编码	产品名称	调整后退税率（%）
356	29011000	饱和无环烃	13
357	29012100	乙烯	13
358	29012200	丙烯	13
359	29012310	1－丁烯	13
360	29012320	2－丁烯	13
361	29012330	2－甲基丙烯	13
362	29012420	异戊二烯	13
363	29012910	异戊烯	13
364	29012920	乙炔	13
365	29012990102	按13%征税的诱虫烯	13
366	2901299090	其他不饱和无环烃	13
367	29021100	环己烷	13
368	29021910	蒎烯	13
369	29021920	4－烷基－4′－烷基双环己烷	13
370	29021990112	按13%征税的1－甲基环丙烯	13
371	29021990122	按13%征税的d－柠檬烯	13
372	2902199090	其他环烷烃、环烯及环萜烯	13
373	29024100	邻二甲苯	13
374	29024200	间二甲苯	13
375	29025000	苯乙烯	13
376	29026000	乙苯	13
377	29027000	异丙基苯	13
378	29029010	四氢萘	13
379	29029020	精萘	13
380	29029030	十二烷基苯	13
381	29029090002	按13%征税的其他环烃	13
382	29031100	一氯甲烷及氯乙烷	13
383	29031200	二氯甲烷	13
384	29031300	三氯甲烷（氯仿）	13
385	29031400	四氯化碳	13
386	29031910	1，1，1－三氯乙烷（甲基氯仿）	13

序号	产品编码	产品名称	调整后退税率（%）
387	29031990	其他无环烃的饱和氯化衍生物	13
388	29032100	氯乙烯	13
389	29032200	三氯乙烯	13
390	29032300	四氯乙烯	13
391	29032910	3－氯－1－丙烯（氯丙烯）	13
392	29032990	其他无环烃的不饱和氯化衍生物	13
393	29033910	1，1，3，3，3－五氟－2－三氟甲基－1－丙烯（全氟异丁烯；八氟异丁烯）	13
394	2903399010	二溴甲烷	13
395	29037200	二氯三氟乙烷	13
396	29037300	二氯一氟乙烷	13
397	29037400	一氯二氟乙烷	13
398	29037500	二氯五氟丙烷	13
399	29037600	溴氯二氟甲烷、溴三氟甲烷及二溴四氟乙烷	13
400	29037710	三氯氟甲烷（CFC－11）	13
401	29037720	其他仅含氟和氯的甲烷、乙烷及丙烷的全卤化物	13
402	29037800	其他无环烃全卤化衍生物（指含两种或两种以上不同卤素的）	13
403	29037910	其他仅含氟和氯的甲烷、乙烷及丙烷的卤化衍生物	13
404	29037990	其他含有两种或两种以上不同卤素的无环烃卤化衍生物	13
405	29039110	邻二氯苯	13
406	29039190102	按13%征税的1，4－二氯苯	13
407	2903919090	氯苯	13
408	29039300	五氯苯	13
409	29039400	六溴联苯	13
410	29039910	对氯甲苯	13
411	29039920	3，4－二氯三氟甲苯	13
412	2903999010	多氯联苯、多溴联苯	13
413	2903999030	多氯三联苯（PCT）	13
414	2903999090	其他芳烃卤化衍生物	13
415	29041000	仅含磺基的衍生物及其盐和乙酯	13
416	29042010	硝基苯	13

续表

序号	产品编码	产品名称	调整后退税率（%）
417	29042020	硝基甲苯	13
418	29042030	二硝基甲苯	13
419	29042040	三硝基甲苯（TNT）	13
420	29042090	其他仅含硝基或亚硝基衍生物	13
421	29043100	全氟辛基磺酸	13
422	29043200	全氟辛基磺酸铵	13
423	29043300	全氟辛基磺酸锂	13
424	29043400	全氟辛基磺酸钾	13
425	29043500	其他全氟辛基磺酸盐	13
426	29043600	全氟辛基磺酰氟	13
427	2904990090	其他烃的磺化、硝化、亚硝化衍生物（不论是否卤化）	13
428	29051210	正丙醇	13
429	29051220	异丙醇	13
430	29051410	异丁醇	13
431	29051420	仲丁醇	13
432	29051430	叔丁醇	13
433	29051690	辛醇的异构体	13
434	29051700	十二醇、十六醇及十八醇	13
435	29051910	3，3－二甲基丁－2－醇（频哪基醇）	13
436	29052290	其他无环萜烯醇	13
437	29053100	1，2－乙二醇	13
438	29053200	1，2－丙二醇	13
439	29053910	2，5－二甲基己二醇	13
440	2905399001	1，3－丙二醇	13
441	2905399002	1，4－丁二醇	13
442	29053990102	按13%征税的驱蚊醇	13
443	2905399091	白消安	13
444	2905399099	其他二元醇（因拆分抗癌药品原料药产生的兜底税号）	13
445	29054100	三羟甲基丙烷（2－乙基－2－（羟甲基）丙烷－1，3－二醇）	13
446	29054910	木糖醇	13
447	29054990	其他多元醇	13

序号	产品编码	产品名称	调整后退税率（%）
448	29055100	乙氯维诺（INN）	13
449	2905590010	乙氯维诺的盐	13
450	2905590020	2－氯乙醇	13
451	29055900402	按13%征税的鼠甘伏	13
452	2905590090	其他无环醇的卤化、磺化等衍生物	13
453	29061200	环己醇、甲基环己醇、二甲基环己醇	13
454	29061310	固醇	13
455	29061320	肌醇	13
456	29061910	萜品醇	13
457	29062100	苄醇	13
458	29062910	2－苯基乙醇	13
459	29062990102	按13%征税的三氯杀螨醇、杀螨醇	13
460	2906299090	其他芳香醇	13
461	29071190	苯酚的盐	13
462	29071211	间甲酚	13
463	29071212	邻甲酚	13
464	29071219	其他甲酚	13
465	29071290	甲酚的盐	13
466	29071310	壬基酚、对壬基酚、支链－4－壬基酚（包括4－壬基苯酚、壬基苯酚）	13
467	29071390	辛基酚及其异构体（包括辛基酚及其异构体的盐和壬基酚盐）	13
468	29071510	β－萘酚（2－萘酚）	13
469	29071590	其他萘酚及萘酚盐	13
470	29071910	邻仲丁基酚、邻异丙基酚	13
471	2907199090	其他一元酚	13
472	29072100	间苯二酚及其盐	13
473	29072210	对苯二酚	13
474	29072290	对苯二酚的盐	13
475	29072300	4，4'－异亚丙基联苯酚（双酚A）及其盐	13
476	29072910	邻苯二酚	13
477	2907299001	特丁基对苯二酚	13
478	2907299090	其他多元酚；酚醇	13

序号	产品编码	产品名称	调整后退税率（%）
479	29081910	对氯苯酚	13
480	2908199090	其他仅含卤素取代基的衍生物及盐	13
481	29089200	4，6—二硝基邻甲酚〔二硝酚（ISO）〕及其盐	13
482	2908991010	4－硝基苯酚（对硝基苯酚）	13
483	2908999030	苦味酸（2，4，6－三硝基苯酚）	13
484	2908999090	其他酚及酚醇的卤化等衍生物（包括其磺化、硝化或亚硝化衍生物）	13
485	29091100	乙醚	13
486	29092000	环烷醚、环烯醚或环萜烯醚及其卤化、磺化、硝化或亚硝化衍生物	13
487	29093010	1－烷氧基－4－（4－乙烯基环己基）－2，3－二氟苯	13
488	29093090122	按13%征税的醚菊酯、苄螨醚、三氟醚	13
489	29093090132	按13%征税的氯苯甲醚、甲氧除草醚	13
490	29093090142	按13%征税的三氟硝草醚、草枯醚	13
491	29093090152	按13%征税的氟除草醚、乙氧氟草醚	13
492	2909309016	四溴二苯醚、五溴二苯醚、六溴二苯醚、七溴二苯醚	13
493	2909309090	其他芳香醚及其卤化、磺化、硝化衍生物（包括其亚硝化衍生物）	13
494	29094100	2，2－氧联二乙醇（二甘醇）	13
495	29094300	乙二醇或二甘醇的单丁醚	13
496	29094400	乙二醇或二甘醇的其他单烷基醚	13
497	29094910	间苯氧基苄醇	13
498	29094990	其他醚醇及其衍生物（包括其卤化、磺化、硝化或亚硝化衍生物）	13
499	29095000	醚酚、醚醇酚及其衍生物（包括其卤化、磺化、硝化或亚硝化衍生物）	13
500	29096000	过氧化醇、过氧化醚、过氧化酮（含其卤化、磺化、硝化或亚硝化衍生物）	13
501	29110000	缩醛、半缩醛、不论含否其他含氧基（包括其卤化，磺化，硝化或亚硝化的衍生物）	13
502	29121100	甲醛	13
503	29121200	乙醛	13
504	29122100	苯甲醛	13
505	29122910	铃兰醛（即对叔丁基－α－甲基－氧化肉桂醛）	13
506	29124990	其他醛醚、醛酚、其他含氧基的醛	13
507	29125000102	按13%征税的四聚乙醛	13

序号	产品编码	产品名称	调整后退税率（％）
508	2912500090	其他环聚醛	13
509	29126000	多聚甲醛	13
510	29130000	税目2912所列产品的卤化、磺化、硝化或亚硝化的衍生物	13
511	29141200	丁酮［甲基乙基（甲）酮］（甲乙酮）	13
512	29141300	4－甲基－2－戊酮（甲基异丁基（甲）酮）	13
513	2914190010	频哪酮	13
514	29141900901	其他不含其他含氧基的无环酮	13
515	29142200	环己酮及甲基环己酮	13
516	29142910002	按13%征税的樟脑	13
517	29143100	苯丙酮（苯基丙－2－酮）	13
518	29143910	苯乙酮	13
519	29143990112	按13%征税的杀鼠酮	13
520	29143990132	按13%征税的敌鼠	13
521	29143990142	按13%征税的邻氯苯基环戊酮	13
522	2914400020	表雄酮（3β－羟基－5α－雄烷－17－酮）、表睾酮	13
523	2914400030	1－表雄酮（3β－羟基－5α－雄甾－1－烯－17－酮）	13
524	2914400090	其他酮醇及酮醛	13
525	29145019	其他酮酚	13
526	29145020	2－羟基－4－甲氧基二苯甲酮	13
527	29145090112	按13%征税的苯草酮，双炔酰菌胺	13
528	29145090122	按13%征税的甲氧虫酰肼	13
529	2914509090	含其他含氧基的酮	13
530	29146100	蒽醌	13
531	29146900	其他酮及醌的卤化、磺化、硝化或亚硝化衍生物	13
532	29147100	十氯酮	13
533	29147900152	按13%征税的氯敌鼠钠盐	13
534	2914790016	1－苯基－2－溴－1－丙酮	13
535	2914790090	其他酮及醌的卤化、磺化衍生物（包括硝化或亚硝化衍生物）	13
536	29151100	甲酸	13
537	29151200	甲酸盐	13
538	29151300	甲酸酯	13

序号	产品编码	产品名称	调整后退税率（%）
539	29152111	食品级冰乙酸（冰醋酸）（GB 1903—2008）	13
540	29152119	其他冰乙酸（冰醋酸）	13
541	29152190	其他乙酸	13
542	29152400	乙酸酐（醋酸酐）	13
543	29152910	乙酸钠	13
544	29152990112	按 13% 征税的乙酸铜	13
545	2915299023	乙酸铅（醋酸铅）	13
546	2915299090	其他乙酸盐	13
547	29153100	乙酸乙酯	13
548	29153300	乙酸正丁酯	13
549	2915400090	其他一氯代乙酸的盐和酯（包括二氯乙酸或三氯乙酸的盐和酯）	13
550	29155010	丙酸	13
551	29155090	丙酸盐和酯	13
552	29156000	丁酸、戊酸及其盐和酯	13
553	29157010	硬脂酸（以干燥重量计，纯度在 90% 及以上）	13
554	29159000132	按 13% 征税的四氟丙酸	13
555	2915900020	氟乙酸钠	13
556	2915900090	其他饱和无环一元羧酸及其酸酐（（酰卤、过氧）化物，过氧酸及其卤化、硝化、磺化、亚硝化衍生物）	13
557	29161100	丙烯酸及其盐	13
558	29161210	丙烯酸甲酯	13
559	29161220	丙烯酸乙酯	13
560	29161230	丙烯酸丁酯	13
561	29161240	丙烯酸异辛酯	13
562	29161290	其他丙烯酸酯	13
563	29161500	油酸、亚油酸或亚麻酸及其盐和酯	13
564	29161900112	按 13% 征税的烯虫乙酯	13
565	29161900122	按 13% 征税的烯虫炔酯	13
566	29161900132	按 13% 征税的消螨普	13
567	2916190090	其他不饱和无环一元羧酸（包括其酸酐，酰卤化物，过氧化物和过氧酸及它们的衍生物）	13

序号	产品编码	产品名称	调整后退税率（%）
568	29162010	DV 菊酸甲酯、二溴菊酸	13
569	29162090212	按 13%征税的苄菊酯、苯醚菊酯（包括右旋苯醚菊酯、富右旋反式苯醚菊酯）	13
570	29162090222	按 13%征税的苄烯菊酯、氯菊酯（包括生物氯菊酯）	13
571	29162090232	按 13%征税的氯烯炔菊酯、联苯菊酯	13
572	29162090242	按 13%征税的七氟菊酯、四氟苯菊酯、五氟苯菊酯、七氟甲醚菊酯（包括甲氧苄氟菊酯、氯氟醚菊酯）	13
573	29162090252	按 13%征税的戊菊酯、环螨酯	13
574	29162090262	按 13%征税的四氟甲醚菊酯、烯炔菊酯、四氟醚菊酯（包括右旋烯炔菊酯、富右旋反式烯炔菊酯）	13
575	29162090272	按 13%征税的炔丙菊酯（包括右旋炔丙菊酯、富右旋反式炔丙菊酯）	13
576	29162090282	按 13%征税的氯丙炔菊酯（包括右旋反式氯丙炔菊酯）	13
577	2916209090	其他（环烷，环烯，环萜烯）一元羧酸（包括酸酐，酰卤化物，过氧化物和过氧酸及其衍生物）	13
578	29163100	其他苯甲酸及其盐和酯	13
579	29163200	过氧化苯甲酰及苯甲酰氯	13
580	29163400	苯乙酸及其盐	13
581	29163910	邻甲基苯甲酸	13
582	29163920	布洛芬	13
583	29163990122	按 13%征税的草芽畏、燕麦酯	13
584	29163990142	按 13%征税的对氯苯氧乙酸及其盐	13
585	29163990162	按 13%征税的萘乙酸	13
586	29163990172	按 13%征税的伐草克	13
587	29163990182	按 13%征税的 α-萘乙酸及其盐	13
588	2916399090	其他芳香一元羧酸	13
589	29171110	草酸	13
590	29171120	草酸钴	13
591	29171190	其他草酸盐和酯	13
592	29171310	癸二酸及其盐和酯	13
593	29171390	壬二酸及其盐和酯	13
594	29171400	马来酐	13
595	2917190090	其他无环多元羧酸	13

续表

序号	产品编码	产品名称	调整后退税率（%）
596	29172010	四氢苯酐	13
597	2917209090	其他（环烷、环烯、环萜烯）多元羧酸	13
598	29173200	邻苯二甲酸二辛酯	13
599	29173300	邻苯二甲酸二壬酯等（包括邻苯二甲酸二癸酯）	13
600	2917341090	其他邻苯二甲酸二丁酯	13
601	29173490	其他邻苯二甲酸酯	13
602	29173500	邻苯二甲酸酐（苯酐）	13
603	29173619	其他对苯二甲酸	13
604	29173690	对苯二甲酸盐	13
605	29173700	对苯二甲酸二甲酯	13
606	29173910	间苯二甲酸	13
607	29173990112	按 13% 征税的酞菌酯	13
608	29173990122	按 13% 征税的氯酞酸甲酯	13
609	29173990132	按 13% 征税的氯酞酸	13
610	2917399090	其他芳香多元羧酸	13
611	29181200	酒石酸	13
612	29181300	酒石酸盐及酒石酸酯	13
613	29181700	2，2－二苯基－2－羟基乙酸（二苯羟乙酸；二苯乙醇酸）	13
614	2918190010	二苯乙醇酸甲酯（包括其酸酐，酰卤化物，过氧化物和过氧酸及其衍生物）	13
615	2918190030	γ－羟基丁酸及其盐	13
616	29181900422	按 13% 征税的溴螨酯	13
617	29181900432	按 13% 征税的苄丁酯	13
618	29181900442	按 13% 征税的整形醇	13
619	2918190090	其他含醇基但不含其他含氧基羧酸（包括其酸酐，酰卤化物，过氧化物和过氧酸及其衍生物）	13
620	29182110	水杨酸、水杨酸钠	13
621	29182190	其他水杨酸盐	13
622	29182210	邻乙酰水杨酸（阿司匹林）	13
623	29182290	邻乙酰水杨酸盐和酯	13
624	29182900	其他含酚基但不含其他含氧基羧酸（包括其酸酐，酰卤化物，过氧化物和过氧酸及其衍生物）	13

续表

序号	产品编码	产品名称	调整后退税率（%）
625	29191000	三（2，3－二溴丙基）磷酸酯	13
626	2919900020	磷酸三丁酯	13
627	29199000312	按13%征税的敌敌钙、敌敌畏	13
628	29199000322	按13%征税的速灭磷、二溴磷	13
629	29199000362	按13%征税的三乙膦酸铝、乙膦酸	13
630	29199000902	按13%征税的其他磷酸酯及其盐（包括乳磷酸盐）（包括它们的卤化，磺化，硝化或亚硝化衍生物）	13
631	29201900132	按13%征税的杀螟硫磷、除线磷	13
632	29201900142	按13%征税的异氯磷、皮蝇磷	13
633	29201900152	按13%征税的溴硫磷、乙基溴硫磷、硝虫硫磷	13
634	29201900182	按13%征税的甲基立枯磷、克菌磷	13
635	29201900192	按13%征税的速杀硫磷、丰丙磷	13
636	2920190090	其他硫代磷酸酯及其盐（包括它们的卤化，磺化，硝化或亚硝化衍生物）	13
637	29202100	亚磷酸二甲酯	13
638	29202200	亚磷酸二乙酯	13
639	29202300	亚磷酸三甲酯	13
640	29202400	亚磷酸三乙酯	13
641	29202910002	按13%征税的其他亚磷酸酯	13
642	2920299090	其他亚磷酸酯及其盐以及它们的卤化、磺化、硝化或亚硝化衍生物	13
643	2920900011	碳酸二苯酯	13
644	29209000142	按13%征税的炔螨特	13
645	2920900016	三乙基砷酸酯	13
646	2920900020	太安（PETN）（季戊四醇四硝酸酯）	13
647	2920900090	其他无机酸酯（不包括卤化氢的酯）（包括其盐以及它们的卤化，磺化，硝化或亚硝化衍生物）	13
648	29211100	甲胺、二甲胺或三甲胺及其盐	13
649	29211200	2－（N，N－二甲基氨基）氯乙烷盐酸盐	13
650	29211300	2－（N，N－二乙基氨基）氯乙烷盐酸盐	13
651	29211400	2－（N，N－二异丙基氨基）氯乙烷盐酸盐	13
652	29211910	二正丙胺	13
653	29211920	异丙胺	13

序号	产品编码	产品名称	调整后退税率（%）
654	29211930	N，N－二（2－氯乙基）乙胺	13
655	29211940	N，N－二（2－氯乙基）甲胺	13
656	29211950	三（2－氯乙基）胺	13
657	29211960	二烷氨基乙基－2－氯及相应质子盐（其中烷基指甲、乙、正丙或异丙基）	13
658	2921199011	三乙胺（单一成分，用做点火剂）	13
659	2921199020	二异丙胺	13
660	29211990332	按13%征税的胺鲜酯	13
661	2921199090	其他无环单胺及其衍生物及其盐	13
662	29212110	乙二胺	13
663	29212190	乙二胺盐	13
664	29212210	己二酸己二胺盐（尼龙－66盐）	13
665	29212290	六亚甲基二胺及其他盐	13
666	29212900	其他无环多胺及其衍生物，及它们的盐	13
667	2921300010	丙己君及其盐	13
668	29213000302	按13%征税的氨基羧酸环丙烷	13
669	2921300040	乙撑亚胺	13
670	2921300090	其他环（烷、烯、萜烯）单胺或多胺（包括其衍生物及它们的盐）	13
671	29214110	苯胺	13
672	29214190	苯胺盐	13
673	29214200122	按13%征税的敌锈钠	13
674	29214200132	按13%征税的苯草醚	13
675	2921420020	邻氯对硝基苯胺	13
676	2921420090	其他苯胺衍生物及其盐	13
677	2921430001	间甲苯胺或对甲苯胺	13
678	29214300102	按13%征税的氟乐灵	13
679	2921430020	邻甲苯胺	13
680	29214300322	按13%征税的乙丁氟灵	13
681	29214300332	按13%征税的氯乙氟灵	13
682	29214300342	按13%征税的环丙氟灵	13
683	29214300352	按13%征税的乙丁烯氟灵	13

续表

序号	产品编码	产品名称	调整后退税率（%）
684	29214300362	按 13% 征税的地乐灵	13
685	29214300372	按 13% 征税的氯乙灵	13
686	29214300382	按 13% 征税的氟节胺	13
687	2921430090	甲苯胺盐、甲苯胺衍生物及其盐	13
688	29214500	1 – 萘胺、2 – 萘胺及其衍生物以及它们的盐	13
689	29214600	安非他明、苄非他明、右苯丙胺、乙非他明、芬坎法明、利非他明、左苯丙胺、美芬雷司、苯丁胺以及它们的盐	13
690	29215110	邻苯二胺	13
691	29215190112	按 13% 征税的氨氟灵	13
692	29215190122	按 13% 征税的氨氟乐灵	13
693	2921590010	三氨基三硝基苯	13
694	2921590020	联苯胺（4，4′–二氨基联苯）	13
695	2921590031	4，4′–二氨基 –3，3′–二氯二苯基甲烷	13
696	2921590032	3，3′–二氯联苯胺	13
697	29221100	单乙醇胺及其盐	13
698	29221200	二乙醇胺及其盐	13
699	29221400	右丙氧吩（INN）及其盐	13
700	29221500	三乙醇胺	13
701	29221600	全氟辛基磺酸二乙醇胺	13
702	29221700001	乙基二乙醇胺	13
703	29221922	二乙氨基乙醇及其质子化盐	13
704	29221929	其他二烷氨基乙 –2 – 醇及质子化盐（烷基指正丙或异丙基）	13
705	29221930	乙基二乙醇胺的盐	13
706	2922199041	三乙醇胺盐酸盐	13
707	2922199049	其他三乙醇胺的盐	13
708	29223100	安非拉酮、美沙酮和去甲美沙酮以及它们的盐	13
709	29223910	4 – 甲基甲卡西酮及其盐	13
710	2922399010	氯胺酮及其盐	13
711	29223990202	按 13% 征税的灭藻醌	13
712	2922399030	异美沙酮及其盐	13
713	2922399040	甲卡西酮及其盐	13

序号	产品编码	产品名称	调整后退税率（%）
714	2922399050	4 - 甲基乙卡西酮（4 - MEC）（4 - Methylethcathinone；CAS 号：1225617 - 18 - 4）	13
715	2922399090	其他氨基醛、氨基酮及其盐（包括氨基醌及其盐，但含有一种以上含氧基的除外）	13
716	29224210	谷氨酸	13
717	29224290	其他谷氨酸盐	13
718	29224310	邻氨基苯甲酸（氨茴酸）	13
719	29224390	邻氨基苯甲酸（氨茴酸）盐	13
720	29224400	替利定（INN）及其盐	13
721	29224999112	按 13% 征税的草灭畏	13
722	29224999122	按 13% 征税的灭杀威、灭除威、混灭威等（害扑威、速灭威、残杀威、猛杀威）	13
723	29224999142	按 13% 征税的异丙威	13
724	29224999152	按 13% 征税的仲丁威、畜虫威、合杀威	13
725	29224999162	按 13% 征税的甲萘威、地麦威、蜱虱威	13
726	29224999172	按 13% 征税的除线威	13
727	29224999182	按 13% 征税的氨酰丙酸（盐酸盐）	13
728	2922499990	其他氨基酸及其酯及它们的盐（含有一种以上含氧基的除外）	13
729	29225020	莱克多巴胺和盐酸莱克多巴胺	13
730	29231000	胆碱及其盐	13
731	29232000	卵磷脂及其他磷氨基类脂	13
732	29233000	全氟辛基磺酸四乙基铵	13
733	29234000	全氟辛基磺酸二癸基二甲基铵	13
734	29239000112	按 13% 征税的矮壮素	13
735	29239000122	按 13% 征税的菊胺酯	13
736	2923900090	其他季铵盐及季铵碱	13
737	29241100	甲丙氨酯（INN）	13
738	29241910	二甲基甲酰胺	13
739	29241990142	按 13% 征税的霜霉威	13
740	29241990162	按 13% 征税的二丙烯草胺	13
741	29241990182	按 13% 征税的驱蚊酯	13
742	2924199030	甲丙氨酯的盐	13

续表

序号	产品编码	产品名称	调整后退税率（%）
743	2924199040	丙烯酰胺	13
744	29242100102	按13%征税的氟环脲	13
745	2924210020	绿麦隆	13
746	2924210090	其他酰脲及其衍生物以及它们的盐	13
747	29242300	2－乙酰氨基苯甲酸（N－乙酰邻氨基苯甲酸）及其盐	13
748	29242400	炔已蚁胺（INN）	13
749	29242910	对乙酰氨基苯乙醚（非那西丁）	13
750	29242920	对乙酰氨基酚（扑热息痛）	13
751	29251100	糖精及其盐	13
752	29251200	格鲁米特（INN）	13
753	2925190010	格鲁米特的盐	13
754	29251900212	按13%征税的腐霉利	13
755	29251900222	按13%征税的菌核净、菌核利、甲菌利、乙菌利	13
756	29251900232	按13%征税的氟烯草酸	13
757	29251900242	按13%征税的胺菊酯（包括右旋胺菊酯、右旋反式胺菊酯、富右旋反式胺菊酯）	13
758	2925190090	其他酰亚胺及其衍生物、盐	13
759	29252900112	按13%征税的杀螨特、杀螨脒	13
760	29252900122	按13%征税的单甲脒、伐虫脒、丙烷脒	13
761	29252900132	按13%征税的烯肟菌胺、烯肟菌酯、醚菌酯	13
762	29252900142	按13%征税的双胍辛胺、多果啶、双胍辛胺乙酸盐等（包括双胍三辛烷基苯磺酸盐）	13
763	29252900152	按13%征税的禾草灭、氟草醚、增产肟	13
764	29252900162	按13%征税的氯代水杨胺、双胍辛乙酸盐、顺已烯醇	13
765	2925290020	羟亚胺及其盐	13
766	29252900302	按13%征税的双甲脒	13
767	2925290090	其他亚胺及其衍生物以及它们的盐	13
768	29263000	芬普雷司及其盐；美沙酮中间体（4－氰基－2－二甲氨基－4，4－二苯基丁烷）	13
769	29264000	α－苯基乙酰基乙腈	13
770	29269010	对氯氰苄	13
771	29269020	间苯二甲腈	13

续表

序号	产品编码	产品名称	调整后退税率（%）
772	29269090102	按 13% 征税的甲氰菊酯、S-氰戊菊酯、氯氟氰菊酯（包括氰氟虫腙）	13
773	2926909020	己二腈	13
774	29269090312	按 13% 征税的氯氰菊酯、氟氯氰菊酯等（包括高效氯氰菊酯、高效反式氯氰菊酯、高效氟氯氰菊酯）	13
775	29269090322	按 13% 征税的杀螟腈、甲基辛硫磷等（包括敌草腈、碘苯腈、辛酰碘苯腈、溴苯腈、辛酰溴苯腈）	13
776	29269090332	按 13% 征税的氯辛硫磷、戊氰威、苯醚氰菊酯等（包括稻瘟酰胺、丙螨氰、右旋苯醚氰菊酯）	13
777	29269090342	按 13% 征税的戊烯氰氯菊酯、溴氯氰菊酯（包括高效氯氟氰菊酯、精高效氯氟氰菊酯）	13
778	29269090352	按 13% 征税的溴氰菊酯、四溴菊酯、氟丙菊酯	13
779	29269090362	按 13% 征税的氟氯苯菊酯、氰戊菊酯、乙氰菊酯	13
780	29269090372	按 13% 征税的氟氰戊菊酯、溴氟菊酯、溴灭菊酯	13
781	29269090382	按 13% 征税的氰菌胺、百菌清、霜脲氰、溴菌腈	13
782	29269090392	按 13% 征税的氟胺氰菊酯、氰氟草酯（包括富右旋反式苯氰菊酯）	13
783	2926909041	氰烯菌酯	13
784	2926909050	辛硫磷	13
785	2926909060	丁氟螨酯	13
786	2926909070	3-氧-2-苯基丁腈	13
787	2926909090	其他腈基化合物	13
788	29270000102	按 13% 征税的敌磺钠（包括氧化偶氮化合物）	13
789	2927000090	其他重氮化合物、偶氮化合物等（包括氧化偶氮化合物）	13
790	2928000010	偏二甲肼	13
791	2928000020	甲基肼	13
792	29280000312	按 13% 征税的抑食肼，虫酰肼，丁酰肼，联苯肼酯（包括肟菌酯，苯氧菌胺）	13
793	29280000322	按 13% 征税的绿谷隆、溴谷隆、利谷隆、氯溴隆	13
794	29280000332	按 13% 征税的溴酚肟、乙二肟	13
795	29280000342	按 13% 征税的苯螨特	13
796	29280000352	按 13% 征税的醌肟腙	13
797	29280000362	按 13% 征税的三甲苯草酮	13
798	2928000090	其他肼（联氨）及胲（羟胺）的有机衍生物	13

序号	产品编码	产品名称	调整后退税率（%）
799	29291010	甲苯二异氰酸酯（TDI）	13
800	29291020	二甲苯二异氰酸酯（TODI）	13
801	29291040	六亚基甲烷二异氰酸酯	13
802	29299010	环已基氨基磺酸钠（甜蜜素）	13
803	29299020	二烷氨基膦酰二卤（其中烷基指甲、乙、正丙或异丙基）	13
804	29299030	二烷氨基膦酸二烷酯（其中烷基指甲、乙、正丙或异丙基）	13
805	29299040002	按13%征税的乙酰甲胺磷	13
806	29299090112	按13%征税的胺丙畏、胺草磷、抑草磷，丁苯草酮等（包括甲基胺草磷）	13
807	29299090132	按13%征税的八甲磷、育畜磷、甘氨硫磷等（包括甲氟磷、毒鼠磷、水胺硫磷）	13
808	2929909090	其他含氮基化合物	13
809	29302000112	按13%征税的禾草丹、杀螟丹	13
810	29302000122	按13%征税的威百亩、代森钠、丙森锌、福美铁等（包括福美锌、代森福美锌、安百亩）	13
811	29302000132	按13%征税的燕麦敌、野麦畏、硫草敌	13
812	29302000142	按13%征税的苄草丹、戊草丹、坪草丹、仲草丹	13
813	29302000152	按13%征税的丁草敌、克草敌、茵草敌、灭草敌等（包括环草敌）	13
814	29302000162	按13%征税的硫菌威、菜草畏	13
815	2930200090	其他硫代氨基甲酸盐（或酯）（包括二硫代氨基甲酸盐）	13
816	29303000102	按13%征税的福美双	13
817	2930300090	其他一硫化二烃氨基硫羰等（包括二硫化二烃氨基硫羰及四硫化二烃氨基硫羰）	13
818	29307000	硫二甘醇（二（2－羟乙基）硫醚、硫代双乙醇）	13
819	29309010	双巯丙氨酸（胱氨酸）	13
820	29309090112	按13%征税的烯禾啶，双环磺草酮，氟虫酰胺，氟苯虫酰胺	13
821	2930909013	2－氯乙基氯甲基硫醚	13
822	2930909014	二（2－氯乙基）硫醚（即芥子气）	13
823	2930909015	二（2－氯乙硫基）甲烷	13
824	2930909016	1，2－二（2－氯乙硫基）乙烷（即倍半芥气）	13
825	2930909017	1，3－二（2－氯乙硫基）正丙烷	13
826	2930909018	1，4－二（2－氯乙硫基）正丁烷	13

序号	产品编码	产品名称	调整后退税率（%）
827	2930909019	1，5 - 二（2 - 氯乙硫基）正戊烷	13
828	2930909021	二（2 - 氯乙硫基甲基）醚	13
829	2930909022	二（2 - 氯乙硫基乙基）醚（即氧芥气）	13
830	2930909023	胺吸膦（硫代磷酸二乙基 - S - 2 - 二乙氨基乙酯及烷基化或质子化盐）	13
831	2930909024	烷基氨基乙 - 2 - 硫醇及相应质子盐	13
832	2930909026	烷基硫代膦酸烷 S - 2 - 二烷氨基乙酯（包括相应烷基化盐，质子化盐，烷基指甲，乙，正丙，异丙基）	13
833	2930909027	含一磷原子与甲、乙、丙基结合化合物（不包括地虫磷）	13
834	2930909028	内吸磷	13
835	2930909031	4 - 甲基硫基安非他明	13
836	2930909032	莫达非尼	13
837	29309090512	按13%征税的甲基硫菌灵、硫菌灵、苯螨醚等（包括乙蒜素、敌灭生、丁酮威、丁酮砜威、棉铃威）	13
838	29309090532	按13%征税的丁醚脲、久效威、苯硫威等（包括敌螨特、2甲4氯乙硫酯）	13
839	29309090542	按13%征税的杀虫双、杀虫单、灭虫脲等（包括避虫醇、烯虫硫酯、三氯杀螨砜、杀螨醚、杀螨酯）	13
840	29309090552	按13%征税的代森锌、代森锰、代森锰锌等（包括福美肿、福美甲肿、代森铵、代森联）	13
841	29309090562	按13%征税的烯草酮、磺草酮、嗪草酸甲酯、硝磺草酮等（包括苯氟磺胺、甲磺乐灵、氯硫酰草胺、脱叶磷）	13
842	29309090572	按13%征税的灭菌丹、克菌丹、杀螨硫醚等（包括氟杀螨、硫肟醚、莠不生）	13
843	29309090582	按13%征税的稻瘟净、异稻瘟净、稻丰散等（包括敌瘟磷）	13
844	29309090592	按13%征税的安妥、灭鼠特、二硫氰基甲烷等（包括灭鼠肼、氟硫隆）	13
845	29309090612	按13%征税的马拉硫磷、苏硫磷、赛硫磷等（包括丙虫磷、双硫磷、亚砜磷、异亚砜磷）	13
846	29309090622	按13%征税的丙溴磷、田乐磷、特丁硫磷等（包括硫丙磷、地虫硫膦、乙硫磷、丙硫磷、甲基乙拌磷）	13
847	29309090632	按13%征税的乐果、益硫磷、氧乐果等（包括甲拌磷、乙拌磷、虫螨磷、果虫磷）	13
848	29309090642	按13%征税的氯胺磷、家蝇磷、灭蚜磷等（包括安硫磷、四甲磷、丁苯硫磷、苯线磷、蚜灭磷）	13

序号	产品编码	产品名称	调整后退税率（%）
849	29309090652	按13%征税的硫线磷、氯甲硫磷、杀虫磺等（包括砜吸磷、砜拌磷、异拌磷、三硫磷、芬硫磷）	13
850	29309090662	按13%征税的倍硫磷、甲基内吸磷、乙酯磷等（包括丰索磷、内吸磷、发硫磷）	13
851	29309090672	按13%征税的灭线磷	13
852	29311000	四甲基铅及四乙基铅	13
853	29313100	甲基膦酸二甲酯	13
854	29313200	丙基膦酸二甲酯	13
855	29313300	乙基膦酸二乙酯	13
856	29313400	3－（三羟基硅烷基）丙基甲基膦酸钠	13
857	29313500	1－丙基膦酸环酐	13
858	29313600	(5－乙基－2－甲基－2－氧代－1，3，2－二氧磷杂环己－5－基）甲基膦酸二甲酯（CAS号：41203－81－0）	13
859	29313700	双［（5－乙基－2－甲基－2－氧代－1，3，2－二氧磷杂环己－5－基）甲基］甲基膦酸酯（阻燃剂 FRC－1）（CAS号：42595－45－9）	13
860	29313800	甲基膦酸和脒基尿素（1:1）生成的盐	13
861	2931399011	烷基亚膦酰烷基－2－二烷氨基乙酯（包括相应烷基化盐或质子化盐）	13
862	2931399012	氯沙林、氯梭曼（氯沙林即甲基氯膦酸异丙酯，氯梭曼即甲基氯膦酸频那酯）	13
863	2931399013	烷基氟膦酸烷酯，10碳原子以下（烷基指甲，乙，正丙，异丙基，例如沙林，梭曼）	13
864	2931399014	二烷氨基氰膦酸烷酯10碳原子以下（烷基指甲，乙，正丙，异丙基，例如塔崩）	13
865	2931399015	烷基膦酰二氟（烷基指甲，乙，正丙，异丙基，例如，DF：甲基膦酰二氟）	13
866	29313990172	按13%征税的草铵膦，草硫膦，杀木膦等（包括双丙氨膦，增甘膦及其盐）	13
867	29313990182	按13%征税的三丁氯苄鏻	13
868	29313990192	按13%征税的乙烯利	13
869	29313990212	按13%征税的敌百虫，氟硅菊酯，毒壤膦等（包括苯硫膦，溴苯膦，苯腈膦，丁酯膦）	13

序号	产品编码	产品名称	调整后退税率（％）
870	29313990222	按 13% 征税的甲基膦酰二氯、丙基膦酸、甲基膦酸、甲基膦酸二聚乙二醇酯（CAS 号：294675－51－7）（甲基膦酸二［5－（5－乙基－2－甲基－2－氧代－1，3，2－二氧磷杂环己基）甲基］酯（CAS 号：42595－45－9），地虫磷除外）	13
871	29313990902	按 13% 征税的其他含磷原子的有机－无机化合物	13
872	2931900001	六甲基环三硅氧烷（包括八甲基环四硅氧烷，十甲基环五硅氧烷，十二甲基环六硅氧烷）	13
873	2931900017	硫酸三乙基锡，二丁基氧化锡等（包括氧化二丁基锡，乙酸三乙基锡，三乙基乙酸锡）	13
874	2931900018	四乙基锡，乙酸三甲基锡（四乙锡，醋酸三甲基锡）	13
875	2931900019	毒菌锡（三苯基羟基锡（含量＞20%））	13
876	29319000282	按 13% 征税的三苯锡，三苯基乙酸锡等（包括三苯基氯化锡，三苯基氢氧化锡，苯丁锡，三唑锡）	13
877	29319000312	按 13% 征税的乙烯硅	13
878	29321100	四氢呋喃	13
879	29321200002	按 13% 征税的 2－糠醛	13
880	29321300	糠醇及四氢糠醇	13
881	29321900112	按 13% 征税的喃烯菊酯，炔呋菊酯等（包括甲呋炔菊酯，溴苄呋菊酯，右旋炔呋菊酯）	13
882	29321900122	按 13% 征税的呋菌胺，酯菌胺，抑霉胺等（包括环菌胺，甲呋酰胺，二甲呋酰胺）	13
883	29321900132	按 13% 征税的呋氧草醚，环庚草醚，呋草酮等（包括茵多酸）	13
884	29321900142	按 13% 征税的楝素，呋霜灵等（包括呋菌隆，螺螨酯）	13
885	29321900152	按 13% 征税的苄呋菊酯（包括右旋苄呋菊酯，生物苄呋菊酯）	13
886	29321900162	按 13% 征税的呋虫胺	13
887	2932190020	呋芬雷司	13
888	2932190030	恩格列净	13
889	2932190090	其他结构上有非稠合呋喃环化合物	13
890	29329100	4－丙烯基－1，2－亚甲二氧基苯（即异黄樟脑）	13
891	29329200	1－（1，3－苯并二噁茂－5－基）丙烷－2－酮（即 3，4－亚甲基二氧苯基－2－丙酮）	13
892	29329500	四氢大麻酚（所有异构体）	13
893	29331100	二甲基苯基吡唑酮及其衍生物（二甲基苯基吡唑酮即安替比林）	13

序号	产品编码	产品名称	调整后退税率（%）
894	29331920	安乃近	13
895	29332100	乙内酰脲及其衍生物	13
896	29333100	吡啶及其盐	13
897	29333210	哌啶（六氢吡啶）	13
898	29333220	哌啶（六氢吡啶）盐	13
899	29333300	阿芬太尼、阿尼利定、氰苯双哌酰胺、溴西泮、地芬诺新、地芬诺酯、地匹哌酮、芬太尼、凯托米酮、哌醋甲酯、喷他左辛、哌替啶、哌替啶中间体 A、苯环利定、苯哌利定、哌苯甲醇、哌氰米特、丙吡兰和三甲利定以及它们的盐	13
900	29333910	二苯乙醇酸 - 3 - 奎宁环酯（即 BZ）	13
901	29333920	奎宁环 - 3 - 醇	13
902	29334100	左非诺（INN）及其盐	13
903	29335200	丙二酰脲（巴比妥酸）及其盐	13
904	29335300	阿洛巴比妥、异戊巴比妥、巴比妥、布他比妥、正丁巴比妥、环己巴比妥、甲苯巴比妥、戊巴比妥、苯巴比妥、仲丁巴比妥、司可巴比妥和乙烯比妥以及他们的盐	13
905	29335400	其他丙二酰脲的衍生物及它们的盐	13
906	29335500	氯普唑仑、甲氯喹酮等以及他们的盐	13
907	29335920	环丙氟哌酸	13
908	29336100	三聚氰胺（蜜胺）	13
909	29336910	三聚氰氯	13
910	29336921	二氯异氰脲酸	13
911	29336922	三氯异氰脲酸	13
912	29336929	其他异氰脲酸氯化衍生物	13
913	29336990112	按13%征税的西玛津，莠去津，扑灭津，草达津等（包括特丁津，氰草津，环丙津，甘扑津，甘草津）	13
914	29336990122	按13%征税的西草净，扑草净，敌草净，莠灭净等（包括特丁净，异丙净，异戊乙净，氰草净，氟草净，甲氧丙净）	13
915	29336990132	按13%征税的扑灭通，仲丁通	13
916	29336990142	按13%征税的丁嗪草酮，环嗪酮，嗪草酮等（包括苯嗪草酮，乙嗪草酮）	13
917	29336990152	按13%征税的灭蚜硫磷，灭蝇胺，吡蚜酮等（包括敌菌灵）	13
918	29336990162	按13%征税的三嗪氟草胺	13

序号	产品编码	产品名称	调整后退税率（%）
919	2933699091	奥替拉西钾	13
920	2933699099	其他结构上含非稠合三嗪环化合物（因拆分抗癌药品原料药产生的兜底税号）	13
921	29337100	6 – 己内酰胺	13
922	29337200	氯巴占和甲乙哌酮（INN）	13
923	2933790010	氯巴占和甲乙哌酮的盐	13
924	29337900202	按 13% 征税的灭菌磷，螺虫乙酯	13
925	2933790030	佐匹克隆（Zopiclone；CAS 号：43200 – 80 – 2）	13
926	2933790042	吡非尼酮	13
927	2933790091	来那度胺	13
928	2933790099	其他内酰胺	13
929	29341090112	按 13% 征税的噻螨酮	13
930	29341090122	按 13% 征税的噻唑膦，噻唑硫磷	13
931	29341090132	按 13% 征税的噻唑烟酸，噻唑菌胺	13
932	29341090142	按 13% 征税的氯噻啉，氟螨噻	13
933	29341090152	按 13% 征税的噻菌灵，噻菌胺，噻丙腈	13
934	29341090162	按 13% 征税的噻呋酰胺、噻虫胺、噻虫嗪、噻虫啉	13
935	29341090172	按 13% 征税的辛噻酮，拌种灵	13
936	29341090182	按 13% 征税的稻瘟灵	13
937	29341090192	按 13% 征税的甲噻诱胺	13
938	2934109091	达沙替尼	13
939	2934109099	其他结构上含有非稠合噻唑环的化合物（非稠合噻唑环不论是否氢化）（因拆分抗癌药品原料药产生的兜底税号）	13
940	29342000112	按 13% 征税的噻螨威，噻霉酮	13
941	29342000122	按 13% 征税的苯噻硫氰	13
942	29342000132	按 13% 征税的烯丙苯噻唑	13
943	29342000142	按 13% 征税的草除灵	13
944	29342000152	按 13% 征税的噻唑禾草灵	13
945	29342000162	按 13% 征税的苯噻隆	13
946	29342000172	按 13% 征税的甲基苯噻隆	13
947	29342000182	按 13% 征税的苯噻酰草胺	13

续表

序号	产品编码	产品名称	调整后退税率（%）
948	29349960001	7-苯乙酰氨基-3-氯甲基-4-头孢烷酸对甲氧基苄酯	13
949	29351000002	按13%征税的N-甲基全氟辛基磺酰胺	13
950	29352000002	按13%征税的N-乙基全氟辛基磺酰胺	13
951	29353000002	按13%征税的N-乙基-N-（2-羟乙基）全氟辛基磺酰胺	13
952	29354000002	按13%征税的N-（2-羟乙基）-N-甲基全氟辛基磺酰胺	13
953	29355000	其他全氟辛基磺酰胺	13
954	29359000112	按13%征税的氟唑磺隆，氟吡磺隆，磺酰磺隆，氯酯磺草胺等（包括甲酰氨基嘧磺隆，乙氧磺隆，氯磺隆，甲磺隆，苯磺隆，胺苯磺隆）	13
955	29359000122	按13%征税的醚苯磺隆，噻吩磺隆，醚磺隆，氟啶嘧磺隆等（包括氟胺磺隆，氟磺隆，甲嘧磺隆，氯嘧磺隆，氟嘧磺隆）	13
956	29359000132	按13%征税的苄嘧磺隆，吡嘧磺隆，烟嘧磺隆，双氯磺草胺等（包括啶嘧磺隆，砜嘧磺隆，唑嘧磺隆）	13
957	29359000142	按13%征税的四唑嘧磺隆，唑吡嘧磺隆，三氟甲磺隆等（包括氯吡嘧磺隆，酰嘧磺隆，环丙嘧磺隆，甲基二磺隆）	13
958	29359000152	按13%征税的氟磺酰草胺，甲磺草胺，嘧苯胺磺隆等（包括唑嘧磺草胺，双氟磺草胺，五氟磺草胺）	13
959	29359000162	按13%征税的氟磺胺草醚，磺草灵，吲唑磺菌胺等（包括单嘧磺酯，磺草唑胺，三氟啶磺隆钠）	13
960	29359000172	按13%征税的磺草膦，氨磺乐灵，三氟啶磺隆，啶磺草胺等（包括甲基碘磺隆钠盐）	13
961	29359000182	按13%征税的磺菌胺，增糖胺等（包括甲苯氟磺胺，氟虫胺）	13
962	29359000192	按13%征税的畜蜱磷，伐灭磷，地散磷等（包括磺菌威，氰霜唑）	13
963	29359000202	按13%征税的环氧嘧磺隆	13
964	29359000312	按13%征税的苯嘧磺草胺	13
965	29359000322	按13%征税的噻酮磺隆	13
966	2935900033	磺胺嘧啶	13
967	2935900034	磺胺双甲基嘧啶	13
968	2935900035	磺胺甲噁唑（磺胺甲基异噁唑，新诺明、新明磺）	13
969	2935900036	波生坦	13
970	2935900090	其他磺（酰）胺	13
971	29372100	可的松、氢化可的松等（包括脱氢皮（质甾）醇）	13
972	29372210	地塞米松	13
973	29372290	其他肾上腺皮质激素的卤化衍生物	13

序号	产品编码	产品名称	调整后退税率（％）
974	29375000	前列腺素、血栓烷和白细胞三烯（包括它们的衍生物和结构类似物）	13
975	29379000	其他天然或合成再制的激素及其衍生物和结构类似物，包括主要用作激素的改性链多肽	13
976	29393000	咖啡因及其盐	13
977	29420000	其他有机化合物	13
978	32041700	颜料及以其为基本成分的制品	13
979	33011200	橙油（包括浸膏及净油）	13
980	33011910	白柠檬油（酸橙油）（包括浸膏及净油）	13
981	33011990	其他柑橘属果实的精油（包括浸膏及净油）	13
982	33012400	胡椒薄荷油（包括浸膏及净油）	13
983	33012910	樟脑油（包括浸膏及精油）	13
984	33012920	香茅油（包括浸膏及净油）	13
985	33012940	桂油（包括浸膏及净油）	13
986	33012950	山苍子油（包括浸膏及净油）	13
987	33012960	桉叶油（包括浸膏及净油）	13
988	33012991	老鹳草油（香叶油）（包括浸膏及精油）	13
989	3301299910	黄樟油	13
990	3301299999	其他非柑橘属果实的精油（包括浸膏及净油）	13
991	3301309090	其他香膏	13
992	3301901090	其他提取的油树脂	13
993	33019020	柑橘属果实精油脱萜的萜烯副产品	13
994	33019090	吸取浸渍法制成含浓缩精油的脂肪（含固定油、蜡及类似品，精油水溶液及水馏液）	13
995	33061090	其他洁齿品	13
996	33062000	清洁牙缝用的纱线（牙线）	13
997	34070010	牙科用蜡及造型膏（成套、零售包装或制成片状、马蹄形、条状及类似形状的）	13
998	34070020	以熟石膏为成分的牙科用其他制品（包括以煅石膏或硫酸钙为基本成分的）	13
999	34070090	其他塑型用膏（包括供儿童娱乐用物品）	13
1000	38085200001	按 9% 征税的 DDT（ISO）［滴滴涕（INN）］，每包净重不超过 300 克	9
1001	38085200002	按 13% 征税的 DDT（ISO）［滴滴涕（INN）］，每包净重不超过 300 克	13

序号	产品编码	产品名称	调整后退税率（%）
1002	38085910101	按9%征税的零售包装含一种第38章子目注释一所列物质的货品	9
1003	38085910102	按13%征税的零售包装含一种第38章子目注释一所列物质的货品	13
1004	38085910901	按9%征税的零售包装含多种第38章子目注释一所列物质的货品	9
1005	38085910902	按13%征税的零售包装含多种第38章子目注释一所列物质的货品	13
1006	38085990101	按9%征税的非零售包装的含有一种第38章子目注释一所列物质的货品	9
1007	38085990102	按13%征税的非零售包装的含有一种第38章子目注释一所列物质的货品	13
1008	38085990901	按9%征税的非零售包装含多种第38章子目注释一所列物质的货品	9
1009	38085990902	按13%征税的非零售包装含多种第38章子目注释一所列物质的货品	13
1010	38086100001	按9%征税的含第38章子目注释二所列物质的货品，每包净重不超过300克	9
1011	38086100002	按13%征税的含第38章子目注释二所列物质的货品，每包净重不超过300克	13
1012	38086200001	按9%征税的含第38章子目注释二所列物质的货品，每包净重超过300克，但不超过7.5千克	9
1013	38086200002	按13%征税的含第38章子目注释二所列物质的货品，每包净重超过300克，但不超过7.5千克	13
1014	38086900	其他含第38章子目注释二所列物质的货品	9
1015	38089111001	按9%征税的蚊香（不含有一种或多种第38章子目注释一所列物质的货品）	9
1016	38089111002	按13%征税的蚊香（不含有一种或多种第38章子目注释一所列物质的货品）	13
1017	38089112001	按9%征税的零售包装的生物杀虫剂	9
1018	38089112002	按13%征税的零售包装的生物杀虫剂	13
1019	38089119001	按9%征税的零售包装的其他杀虫剂成药	9
1020	38089119002	按13%征税的零售包装的其他杀虫剂成药	13
1021	38089190	非零售包装杀虫剂成药	9
1022	38089210001	按9%征税的零售包装的杀菌剂成药	9
1023	38089210002	按13%征税的零售包装的杀菌剂成药	13
1024	38089290101	按9%征税的非零售包装的医用杀菌剂	9
1025	38089290102	按13%征税的非零售包装的医用杀菌剂	13
1026	38089290211	按9%征税的经农药杀菌剂浸渍的纸质水果套袋	9
1027	38089290212	按13%征税的经农药杀菌剂浸渍的纸质水果套袋	13

续表

序号	产品编码	产品名称	调整后退税率（%）
1028	38089290291	按 9% 征税的非零售包装的其他农用杀菌剂成药	9
1029	38089290292	按 13% 征税的非零售包装的其他农用杀菌剂成药	13
1030	38089290901	按 9% 征税的非零售包装的非农用杀菌剂成药（包括非医用杀菌剂）	9
1031	38089290902	按 13% 征税的非零售包装的非农用杀菌剂成药（包括非医用杀菌剂）	13
1032	38089311	零售包装的除草剂成药	9
1033	38089319	非零售包装的除草剂	9
1034	38089391	零售包装抗萌剂及植物生长调节剂	9
1035	38089399	非零售抗萌剂及植物生长调节剂	9
1036	38089400	消毒剂	13
1037	38089910001	按 9% 征税的零售包装的杀鼠剂及其他农药（包括类似品）	9
1038	38089990001	按 9% 征税的非零售包装的杀鼠剂及其他农药（包括类似品）	9
1039	38122000	橡胶或塑料用复合增塑剂	13
1040	38123100	2，2，4－三甲基－1，2－二氢化喹啉（TMQ）低聚体混合物	13
1041	38123910	其他橡胶防老剂	13
1042	38123990	其他橡胶或塑料用抗氧制剂及其他复合稳定剂	13
1043	38231200	油酸	13
1044	38241000	铸模及铸芯用粘合剂	13
1045	38248600	含五氯苯（ISO）或六氯苯（ISO）的	13
1046	38248700	含全氟辛基磺酸及其盐，全氟辛基磺胺或全氟辛基磺酰氯的	13
1047	38248800	含四、五、六、七或八溴联苯醚的	13
1048	38249100	主要由（5－乙基－2－甲基－2氧代－1，3，2－二氧磷杂环己－5－基）甲基膦酸二甲酯和双［（5－乙基－2－甲基－2氧代－1，3，2－二氧磷杂环己－5－基）甲基］甲基膦酸酯（阻燃剂 FRC－1）组成的混合物及制品	13
1049	38249993	表层包覆钴化合物的氢氧化镍（掺杂碳）	13
1050	3824999950	三乙醇胺混合物、甲基二乙醇胺混合物、环状膦酸酯 A 和环状膦酸酯 B 的混合物	13
1051	3824999970	核苷酸类食品添加剂	13
1052	3824999991	短链氯化石蜡（不具有人造蜡特性）	13
1053	3824999999	其他编号未列名的化工产品（包括水解物或水解料、DMC（六甲基环三硅氧烷，八甲基环四硅氧烷，十甲基环五硅氧烷，十二甲基环六硅氧烷中任何 2 种，3 种或 4 种组成的混合物））	13

序号	产品编码	产品名称	调整后退税率（%）
1054	39013000	初级形状乙烯－乙酸乙烯酯共聚物	13
1055	39014010	乙烯－丙烯共聚物（乙丙橡胶）	13
1056	39019010	其他乙烯－丙烯共聚物（乙丙橡胶）（初级形状，乙烯单体单元的含量大于丙烯单体单元）	13
1057	39022000	初级形状的聚异丁烯	13
1058	39023010	乙烯－丙烯共聚物（乙丙橡胶）（丙烯单体单元的含量大于乙烯单体单元）	13
1059	39029000	其他初级形状的烯烃聚合物	13
1060	39031100	初级形状的可发性聚苯乙烯	13
1061	39031990	其他初级形状的聚苯乙烯	13
1062	39032000	初级形状苯乙烯－丙烯腈共聚物	13
1063	39033090	其他丙烯腈－丁二烯－苯乙烯共聚物（初级形状的 ABS 树脂）	13
1064	39039000	初级形状的其他苯乙烯聚合物	13
1065	39043000	氯乙烯－乙酸乙烯酯共聚物（初级形状的）	13
1066	39044000	初级形状的其他氯乙烯共聚物	13
1067	39045000	初级形状的偏二氯乙烯聚合物	13
1068	39049000	初级形状的其他卤化烯烃聚合物	13
1069	39051200	聚乙酸乙烯酯的水分散体	13
1070	39051900	其他初级形状聚乙酸乙烯酯	13
1071	39052100	乙酸乙烯酯共聚物的水分散体	13
1072	39052900	其他初级形状的乙酸乙烯酯共聚物	13
1073	39053000	初级形状的聚乙烯醇（不论是否含有未水解的乙酸酯基）	13
1074	39059100	其他乙烯酯或乙烯基的共聚物（初级形状的）	13
1075	39059900	其他乙烯酯或乙烯基的聚合物（初级形状的，共聚物除外）	13
1076	39069010	聚丙烯酰胺	13
1077	39069090001	丙烯酸钠聚合物	13
1078	39071090	其他初级形状的聚缩醛	13
1079	39072010	聚四亚甲基醚二醇	13
1080	39073000	初级形状的环氧树脂	13
1081	39075000	初级形状的醇酸树脂	13
1082	39077000	初级形状的聚乳酸	13

续表

序号	产品编码	产品名称	调整后退税率（%）
1083	39079100	初级形状的不饱和聚酯	13
1084	39079991	聚对苯二甲酸－己二酸－丁二醇酯	13
1085	39079999	其他聚酯	13
1086	39081090	其他初级形状的聚酰胺－6，6等（包括聚酰胺－6；－6，9；－6，10；－6，12；－11；－12）	13
1087	39089010	初级形状的芳香族聚酰胺及其共聚物	13
1088	39089020	初级形状的半芳香族聚酰胺及其共聚物	13
1089	39089090	初级形状的其他聚酰胺	13
1090	39091000	初级形状的尿素树脂及硫尿树脂	13
1091	39092000	初级形状的蜜胺树脂	13
1092	39093900	其他初级形状的氨基树脂	13
1093	39094000	初级形状的酚醛树脂	13
1094	39111000	初级形状的石油树脂等（等指苯并呋喃树脂、茚树脂、苯并呋喃－茚树脂及多萜树脂）	13
1095	3911900001	芳基酸与芳基胺预缩聚物	13
1096	3911900003	改性三羟乙基脲酸酯类预缩聚物	13
1097	3911900005	偏苯三酸酐和异氰酸预缩聚物	13
1098	39121100002	未塑化的二、三醋酸纤维素	13
1099	39140000	初级形状的离子交换剂（以品目3901至3913的聚合物为基本成分的）	13
1100	3920209090	非泡沫丙烯聚合物板，片，膜，箔及扁条（未用其他材料强化，层压，支撑或用类似方法合制，非农用）	13
1101	3920430090	氯乙烯聚合物板，片，膜，箔及扁条（增塑剂含量≥6%，未用其他材料强化、层压、支撑）	13
1102	3920490090	其他氯乙烯聚合物板，片，膜，箔及扁条（非泡沫料的，未用其他材料强化，层压，支撑，非农用）	13
1103	40021110	羧基丁苯橡胶胶乳	13
1104	40021190	其他胶乳	13
1105	40021912	初级形状充油丁苯橡胶（溶聚的除外）（胶乳除外）	13
1106	40021913	初级形状热塑丁苯橡胶（胶乳除外）	13
1107	40021914	初级形状充油热塑丁苯橡胶（胶乳除外）	13
1108	40021916	初级形状充油溶聚丁苯橡胶（胶乳除外）	13
1109	40021919	其他初级形状羧基丁苯橡胶等（胶乳除外）	13

续表

序号	产品编码	产品名称	调整后退税率（%）
1110	4002199001	简单处理的丁苯橡胶，热塑或充油热塑丁苯橡胶除外（指为便于运输，对初级形状进行压缩、挤压等简单成型处理）	13
1111	40022010	初级形状的丁二烯橡胶	13
1112	40023110	初级形状的异丁烯－异戊二烯橡胶	13
1113	40023910	初级形状的其他卤代丁基橡胶	13
1114	40024100	氯丁二烯橡胶胶乳	13
1115	40024910	初级形状的氯丁二烯橡胶（胶乳除外）	13
1116	40025100	丁腈橡胶胶乳	13
1117	40025910	初级形状的丁腈橡胶（胶乳除外）	13
1118	40026010	初级形状的异戊二烯橡胶	13
1119	40027010	初级形状的乙丙非共轭二烯橡胶	13
1120	40091200	未加强或其他材料合制硫化橡胶管（装有附件、硬质橡胶除外）	13
1121	40094200	加强或与其他材料合制硫化橡胶管（装有附件、硬质橡胶除外）	13
1122	40170010	各种形状的硬质橡胶	13
1123	42060000	肠线、肠膜、膀胱或筋腱制品（不包括外科用无菌肠线或制成乐器弦的肠线，蚕胶丝除外）	13
1124	43021100	已鞣未缝制的整张水貂皮（不论是否带头，尾或爪）	13
1125	4302191020	已鞣未缝制的兰狐皮、银狐皮	13
1126	4302192090	已鞣未缝制的整张兔皮（不论是否带头，尾或爪）	13
1127	43021930	已鞣未缝制阿斯特拉罕等羔羊皮（还包括喀拉科尔，波斯，印度，中国或蒙古羔羊皮）	13
1128	4302199090	已鞣未缝制的其他毛皮	13
1129	4302200090	已鞣未缝制的头，尾，爪及其他块片	13
1130	4302301010	已鞣已缝制貂皮、狐皮及其块、片（蓝狐、银狐、水貂、艾虎的整张毛皮及块、片除外）	13
1131	4302309090	已鞣已缝制的其他整张毛皮及块片	13
1132	4412310010	至少有一表层为桃花心木薄板制胶合板（每层厚度≤6mm）	13
1133	4412310020	至少有一表层为拉敏木薄板制胶合板（每层厚度≤6mm）	13
1134	4412941010	至少有一表层是桃花心木的木块芯胶合板等（还包括侧板条芯胶合板及板条芯胶合板）	13
1135	4412941020	至少有一表层是拉敏木的木块芯胶合板等（还包括侧板条芯胶合板及板条芯胶合板）	13

序号	产品编码	产品名称	调整后退税率（%）
1136	44129910102	至少有一表层是桃花心木的多层板	13
1137	44129910202	至少有一表层是拉敏木的多层板	13
1138	4415100010	拉敏木制木箱及类似包装容器（电缆卷筒）	13
1139	44152010	辐射松木制托板、箱形托盘及其他装载用辐射松木板（包括辐射松木制托盘护框）	13
1140	4415209010	拉敏木托板、箱形托盘及装载木板（包括拉敏木制托盘护框）	13
1141	44181010	辐射松木制的木窗，落地窗及其框架	13
1142	4418109010	拉敏木制木窗，落地窗及其框架	13
1143	4418200010	拉敏木制的木门及其框架和门槛	13
1144	4418990010	拉敏木制其他建筑用木工制品（包括蜂窝结构的木镶板）	13
1145	4419909010	拉敏木制的其他餐具及厨房用具	13
1146	4419909090	其他木制其他餐具及厨房用具	13
1147	4420901010	拉敏木制的镶嵌木	13
1148	4420909010	拉敏木盒及类似品，非落地木家具（前者用于装珠宝或家具；后者不包括第九十四章的家具）	13
1149	4421100010	拉敏木制木衣架	13
1150	4421999010	拉敏木制的未列名的木制品	13
1151	48181000	小卷（张）卫生纸（成卷或矩形成张的宽度≤36cm，或制成特殊形状的）	13
1152	48182000	小卷（张）纸手帕及纸面巾（成卷或矩形成张的宽度≤36cm，或制成特殊形状的）	13
1153	48183000	小卷（张）纸台布及纸餐巾（成卷或矩形成张的宽度≤36cm，或制成特殊形状的）	13
1154	5102191090	其他未梳兔毛	9
1155	5103109090	其他动物细毛的落毛	9
1156	51032010	羊毛废料（包括废纱线，不包括回收纤维）	9
1157	5103209090	其他动物细毛废料（包括废纱线，不包括回收纤维）	9
1158	5103300090	其他动物粗毛废料（包括废纱线，不包括回收纤维）	9
1159	51040010	羊毛的回收纤维	9
1160	53050092	生的或经加工、未纺织的椰壳纤维（包括短纤，落麻，废料，废椰壳纱线及回收纤维）	9
1161	67030000	经梳理、稀疏等方法加工的人发（包括作假发及类似品用羊毛、其他动物毛或其他纺织材料）	13

序号	产品编码	产品名称	调整后退税率（%）
1162	67041100	合成纺织材料制整头假发	13
1163	67041900	合成纺织材料制其他假发、须等（不包括整头假发）	13
1164	67042000	人发制假发，须，眉及类似品（包括整头假发）	13
1165	67049000	其他材料制假发、须、眉及类似品（包括整头假发）	13
1166	68030010	已加工板岩及板岩制品	13
1167	68030090	粘聚板岩制品	13
1168	68041000	碾磨或磨浆用石磨，石碾	13
1169	68042110	粘聚合成或天然金刚石制的砂轮	13
1170	68042190	粘聚合成或天然金刚石制的其他石磨、石碾及类似品	13
1171	68042210	其他砂轮（由其他粘聚磨料或陶瓷所制）	13
1172	68042290	其他石磨，石碾及类似品（由其他粘聚磨料或陶瓷所制）	13
1173	68042310	天然石料制的砂轮	13
1174	68042390	天然石料制其他石磨，石碾等（包括类似品）	13
1175	68043010	手用琢磨油石	13
1176	68043090	手用其他磨石及抛光石	13
1177	68051000	砂布（不论是否裁切，缝合或用其他方法加工成型）	13
1178	68052000	砂纸（不论是否裁切，缝合或用其他方法加工成型）	13
1179	68053000	不以布或纸为底的砂纸类似品	13
1180	68061010	硅酸铝纤维及其制品	13
1181	68061090	其他矿渣棉、岩石棉及类似的矿质棉（包括其相互混合物），块状、成片或成卷	13
1182	68080000	镶板，平板，瓦，砖及类似品（以水泥等矿物为材料将植物纤维，稻草，刨花等粘合而成）	13
1183	68091100	未饰的石膏板，片，砖，瓦及类似品（包含以石膏为主成分的混合物制品，用纸，纸板贴面或加强）	13
1184	68091900	以其他材料贴面加强的未饰石膏板（含片，砖，瓦及类似品包含以石膏为主成分的混合物制品）	13
1185	68099000	其他石膏制品（包括以石膏为主成分的混合材料制品）	13
1186	68101100	水泥制建筑用砖及石砌块（包括混凝土或人造石制，不论是否加强）	13
1187	68101910	人造石制砖，瓦，扁平石（含类似品，不论是否加强）	13
1188	68101990	水泥或混凝土制其他砖，瓦，扁平石（含类似品，不论是否加强）	13
1189	68109110	钢筋混凝土和预应力混凝土管等（包括杆、板、桩等，无论是否加强）	13

序号	产品编码	产品名称	调整后退税率（%）
1190	68109190	水泥制建筑或土木工程用预制构件（包括混凝土或人造石制，不论是否加强）	13
1191	68109910	铁道用水泥枕	13
1192	68109990	水泥，混凝土或人造石制其他制品	13
1193	68114010	含石棉的瓦楞板	13
1194	68114020	含石棉的片、板、砖、瓦及类似品	13
1195	68114030	含石棉的管子及管子附件	13
1196	68114090	含石棉的其他制品	13
1197	68118100	不含石棉的瓦楞板	13
1198	68118200	不含石棉的片、板、砖、瓦及类似品	13
1199	68118910	不含石棉的管子及管子附件	13
1200	68118990	不含石棉的其他制品	13
1201	68128000	青石棉或青石棉混合物及其制品（包含服装、衣着附件、帽及鞋靴、毡子、接合纤维及其他青石棉制品）	13
1202	68129100	其他石棉或石棉混合物制的服装（包含衣着附件、帽子及鞋靴）	13
1203	68129200	其他石棉或石棉混合物制的纸、麻丝板（包含毡子）	13
1204	68129300	成片或成卷的压缩石棉纤维接合材料（不含青石棉制品）	13
1205	68129900	其他石棉或石棉混合物制品	13
1206	68132010	含石棉的闸衬、闸垫（由石棉为基本成分的摩擦材料所制）	13
1207	68132090	含石棉的摩擦材料及其他用于制动等用途的制品（摩擦材料由石棉为主原料构成）	13
1208	68138100	其他闸衬、闸垫（其他矿物或纤维素为基本成分的摩擦材料所制）	13
1209	68138900	其他摩擦材料及用于制动等用途的制品（摩擦材料由其他矿物或纤维素为主原料构成）	13
1210	68149000	其他已加工的云母及其制品（包括粘聚或复制的云母及其他制品）	13
1211	69101000	瓷制脸盆，浴缸及类似卫生器具（包括洗涤槽，抽水马桶，小便池等）	13
1212	69109000	陶制脸盆，浴缸及类似卫生器具（包括洗涤槽，抽水马桶，小便池等）	13
1213	70010000	废碎玻璃及玻璃块料	13
1214	7003190001	液晶或有机发光二极管（OLED）显示屏用原板玻璃，包括保护屏用含碱玻璃（铸、轧制的非夹丝玻璃板、片，未着色，透明及不具吸收层的，未经其他加工）	13
1215	7005290002	液晶或有机发光二极管（OLED）显示屏用原板玻璃，包括保护屏用含碱玻璃（非夹丝浮法玻璃板、片）	13

序号	产品编码	产品名称	调整后退税率（%）
1216	70112090	阴极射线管用其他玻壳及零件	13
1217	70119010	电子管未封口玻璃外壳及玻璃零件（未装有配件）	13
1218	70191100	长度≤50mm 的短切玻璃纤维	13
1219	70191200	玻璃纤维粗纱	13
1220	70191900	其他玻璃纤维、梳条、粗砂、纱线及短切纤维	13
1221	70193100	玻璃纤维（包括玻璃棉）制的席	13
1222	70193200	玻璃纤维（包括玻璃棉）制的薄片（也称巴厘纱）	13
1223	70193910	玻璃纤维制的垫	13
1224	70193990	其他玻璃纤维制的网、板及类似无纺产品	13
1225	70194000	玻璃纤维粗纱机织物	13
1226	70195100	宽度≤30mm 的玻璃纤维机织物	13
1227	70195200	宽度超过 30 厘米的玻璃长丝平纹织物，每平方米重量不超过 250 克，单根纱线细度不超过 136 特克斯	13
1228	70195900	其他玻璃纤维机织物	13
1229	70199010	玻璃棉及其制品	13
1230	70199021001	玻璃纤维布浸胶制品	13
1231	70199029	其他玻璃纤维布浸胶制品（每平方米重量≥450 克）	13
1232	71011011001	按 9% 征税的未分级的天然黑珍珠（不论是否加工，但未制成制品）	9
1233	71011011002	按 13% 征税的未分级的天然黑珍珠（不论是否加工，但未制成制品）	13
1234	71011019001	按 9% 征税的其他未分级的天然珍珠（不论是否加工，但未制成制品）	9
1235	71011019002	按 13% 征税的其他未分级的天然珍珠（不论是否加工，但未制成制品）	13
1236	71011091001	按 9% 征税的其他天然黑珍珠（不论是否加工，但未制成制品）	9
1237	71011091002	按 13% 征税的其他天然黑珍珠（不论是否加工，但未制成制品）	13
1238	71011099001	按 9% 征税的其他天然珍珠（不论是否加工，但未制成制品）	9
1239	71011099002	按 13% 征税的其他天然珍珠（不论是否加工，但未制成制品）	13
1240	71012110	未分级、未加工的养殖珍珠	9
1241	71012190	其他未加工的养殖珍珠	9
1242	71012210	未分级、已加工的养殖珍珠	13
1243	71012290	其他已加工的养殖珍珠	13
1244	71022100001	按 9% 征税的工业用钻石（未加工或经简单锯开，劈开或粗磨未镶嵌）	9
1245	71022100002	按 13% 征税的工业用钻石（未加工或经简单锯开，劈开或粗磨未镶嵌）	13

序号	产品编码	产品名称	调整后退税率（%）
1246	71022900001	按 9% 征税的工业用其他钻石（未镶嵌）	9
1247	71022900002	按 13% 征税的工业用其他钻石（未镶嵌）	13
1248	71031000001	按 9% 征税的未加工宝石或半宝石（经简单锯开或粗制成形，未成串或镶嵌）	9
1249	71031000002	按 13% 征税的未加工宝石或半宝石（经简单锯开或粗制成形，未成串或镶嵌）	13
1250	71039100	经其他加工的红宝石，蓝宝石，祖母绿（未成串或镶嵌）	13
1251	71039910	经其他加工的翡翠（未成串或镶嵌）	13
1252	71039920	经其他加工的水晶（未成串或镶嵌）	13
1253	71039930	经其他加工的碧玺（未成串或镶嵌）	13
1254	71039940	经其他加工的软玉（未成串或镶嵌）	13
1255	71039990	经其他加工的其他宝石或半宝石（未成串或镶嵌）	13
1256	71041000	压电石英	13
1257	71042090	未加工合成或再造其他宝石半宝石（经简单锯开或粗制成形，未成串或镶嵌）	13
1258	71049011	其他工业用合成或再造的钻石	13
1259	71049019	其他工业用合成或再造宝石半宝石	13
1260	71049099	其他非工业用合成宝石或半宝石（未成串或镶嵌）	13
1261	71051020	人工合成的钻石粉末	13
1262	71059000	其他天然或合成宝石或半宝石粉末	13
1263	71070000	以贱金属为底的包银材料	13
1264	71090000	以贱金属或银为底的包金材料	13
1265	71110000002	银焊料	13
1266	71123010	含有银或银化合物的灰（主要用于回收银）	13
1267	71129910	含有银及银化合物的废碎料（主要用于回收银）	13
1268	7113119090	其他银首饰及其零件（不论是否包、镀其他贵金属）	13
1269	7113209090	其他以贱金属为底的包贵金属制首饰（包括零件）	13
1270	7114110090	其他银器及零件（不论是否包、镀贵金属）	13
1271	71142000902	镀银铁碟	13
1272	7115901010	银制工业，实验室用制品	13
1273	71159010902	银线，铱坩埚，银铜化合物	13
1274	71159090002	电弧焊用，锡合焊锡丝	13

续表

序号	产品编码	产品名称	调整后退税率（%）
1275	71161000	天然或养殖珍珠制品	13
1276	71162000002	其他宝石或半宝石制品	13
1277	71171100	贱金属制袖扣、饰扣（不论是否镀贵金属）	13
1278	71171900	其他贱金属制仿首饰	13
1279	71179000	未列名材料制仿首饰	13
1280	71181000	非法定货币的硬币（金币除外）	13
1281	72052100	合金钢粉末	13
1282	72124000	涂漆或涂塑的铁或非合金钢窄板材（宽度＜600mm）	13
1283	72141000	铁或非合金钢的锻造条、杆（除热加工外未进一步加工）	13
1284	72172000	镀或涂锌的铁或非合金钢丝	13
1285	72173010	镀或涂铜的铁或非合金钢丝	13
1286	72201100	热轧不锈钢带材厚度≥4.75mm（除热轧外未经进一步加工宽度＜600mm）	13
1287	72201200	热轧不锈钢带材厚度＜4.75mm（除热轧外未经进一步加工宽度＜600mm）	13
1288	72202020	厚度≤0.35mm冷轧不锈钢带材（除冷轧外未经进一步加工，宽度＜600mm）	13
1289	72202030	0.35mm＜厚度＜3mm的冷轧不锈钢带材（除冷轧外未经进一步加工，宽度＜600mm）	13
1290	72202040	厚度≥3mm的冷轧不锈钢带材（除冷轧外未经进一步加工，宽度＜600mm）	13
1291	72209000	其他不锈钢带材（热轧或冷轧后经进一步加工宽度＜600mm）	13
1292	72221100	圆形截面的热加工不锈钢条、杆（除热加工外未经进一步加工）	13
1293	72221900	其他截面形状的热加工不锈钢条、杆（除热加工外未经进一步加工）	13
1294	72222000	冷成形或冷加工的不锈钢条、杆（除冷加工外未进一步加工的不锈钢条、杆）	13
1295	72223000	其他不锈钢条、杆（除热加工或冷加工外未进一步加工的不锈钢条、杆）	13
1296	72224000	不锈钢角材、型材及异型材	13
1297	72230000	不锈钢丝	13
1298	72253000	宽度≥600mm热轧其他合金钢卷材（除热轧外未经进一步加工）	13
1299	72259100	电镀锌的其他合金钢宽平板轧材（宽≥600mm）	13
1300	72259200	其他镀或涂锌的其他合金钢宽板材（宽≥600mm）	13

续表

序号	产品编码	产品名称	调整后退税率（％）
1301	72259910	宽≥600mm 的高速钢制平板轧材	13
1302	72259990	宽≥600mm 的其他合金钢平板轧材	13
1303	72262000	宽度＜600mm 的高速钢平板轧材	13
1304	72269110	宽度＜600mm 热轧工具钢材（除热轧外未经进一步加工）	13
1305	72269199	其他除热轧外未经进一步加工的合金钢平板轧材，宽度小于 600mm	13
1306	72269200	宽度＜600mm 冷轧其他合金钢板材（除冷轧外未经进一步加工）	13
1307	72269910	电镀锌的其他合金钢窄平板轧材（宽度＜600mm）	13
1308	72269920	用其他方法镀或涂锌的其他合金钢窄板材（宽度＜600mm）	13
1309	72269990	宽度＜600mm 的其他合金板材	13
1310	72271000	高速钢的热轧盘条（不规则盘卷的）	13
1311	72272000	硅锰钢的热轧盘条（不规则盘卷的）	13
1312	72279090	不规则盘卷的其他合金钢热轧条杆	13
1313	72286000	其他合金钢条、杆（热加工或冷加工后经进一步加工）	13
1314	72287010	履带板合金型钢	13
1315	72287090	其他合金钢角材、型材及异型材	13
1316	72292000	硅锰钢丝	13
1317	72299090	其他合金钢丝	13
1318	73043190	其他冷轧的铁制无缝圆形截面管（冷拔或冷轧的铁或非合金钢制的）	13
1319	73043910	非冷拔或冷轧的铁制无缝锅炉管	13
1320	73043920	非冷轧的铁制无缝地质钻管、套管（非冷拔或冷轧的铁或非合金钢制的）	13
1321	73043990	非冷轧的铁制其他无缝管（非冷拔或冷轧的铁或非合金钢制的）	13
1322	73044110	冷轧的不锈钢制无缝锅炉管（冷拔或冷轧的，包括内螺纹）	13
1323	73044990	非冷轧的不锈钢制其他无缝管（冷拔或冷轧的除外）	13
1324	73045110	冷拔或冷轧的其他合金钢无缝锅炉管	13
1325	73045120	冷轧的其他合金钢无缝地质钻管、套管（冷拔或冷轧的）	13
1326	73045190	冷拔或冷轧的其他合金钢制其他无缝管	13
1327	73045910	非冷拔或冷轧其他合金钢无缝锅炉管	13
1328	73045920	非冷轧其他合金钢无缝地质钻管、套管（冷拔或冷轧的除外）	13
1329	73045990	非冷轧其他合金钢制无缝圆形截面	13
1330	73049000	未列名无缝钢铁管及空心异型材（铸铁除外）	13

续表

序号	产品编码	产品名称	调整后退税率（%）
1331	73053100	纵向焊接的其他粗钢铁管（粗钢铁管指外径超过406.4mm）	13
1332	73053900	其他方法焊接其他粗钢铁管（粗钢铁管指外径超过406.4mm）	13
1333	73059000	未列名圆形截面粗钢铁管（粗钢铁管指外径超过406.4mm）	13
1334	73063019	其他铁或非合金钢圆形截面焊缝管外径≤10毫米，壁厚>0.7毫米（细焊缝管指外径不超过406.4mm）	13
1335	73063090	其他铁或非合金钢圆形截面焊缝管，外径>10毫米（细焊缝管指外径不超过406.4mm）	13
1336	73064000	不锈钢其他圆形截面细焊缝管（细焊缝管指外径不超过406.4mm）	13
1337	73065000	其他合金钢的圆形截面细焊缝管（细焊缝管指外径不超过406.4mm）	13
1338	73066100	矩形或正方形截面的其他焊缝管	13
1339	73066900	其他非圆形截面的其他焊缝管	13
1340	73069000	未列名其他钢铁管及空心异型材	13
1341	73090000	容积>300升钢铁制盛物容器（容积>300升的囤、柜、桶、罐、听及类似容器）	13
1342	73101000	盛装物料的钢铁柜、桶、罐、听盒及类似容器，50L≤容积≤300L	13
1343	73102110	容积<50升的焊边或卷边接合钢铁易拉罐及罐体	13
1344	73102190	容积<50升的其他焊边或卷边接合钢铁罐	13
1345	73102910	容积<50升的其他易拉罐及罐体（焊边或卷边接合的除外）	13
1346	73110010	装压缩或液化气的钢铁容器（指零售包装用）	13
1347	73121000	非绝缘的钢铁绞股线、绳、缆	13
1348	73129000	非绝缘钢铁编带、吊索及类似品	13
1349	73130000	带刺钢铁丝、围篱用钢铁绞带（还包括单股扁丝及松绞的双股丝）	13
1350	73141200	不锈钢制的机器环形带	13
1351	73141400	不锈钢制的其他机织品	13
1352	73141900	其他钢丝制机织品	13
1353	73142000	交点焊接的粗钢铁丝网、篱及格栅（其丝的最大截面尺寸≥3mm，网眼尺寸≥100平方厘米）	13
1354	73143100	交点焊接的镀或涂锌细钢铁丝网、篱及隔栅（其丝的最大截面尺寸<3mm，网眼尺寸<100平方厘米）	13
1355	73143900	交点焊接的其他细钢铁丝网、篱及隔栅（其丝的最大截面尺寸<3mm，网眼尺寸<100平方厘米）	13
1356	73144100	镀或涂锌的钢铁丝网、篱及格栅	13

序号	产品编码	产品名称	调整后退税率（%）
1357	73144200	涂塑的钢铁丝网、篱及格栅	13
1358	73144900	其他钢铁丝网、篱及格栅	13
1359	73145000	网眼钢铁板	13
1360	73170000	铁钉、图钉、平头钉及类似品（不论钉头是否用其他材料制成，但不包括铜头钉）	13
1361	73181100	方头螺钉	13
1362	73181200	其他木螺钉	13
1363	73181300	钩头螺钉及环头螺钉	13
1364	73181400	自攻螺钉	13
1365	73181510	抗拉强度在 800 兆帕及以上的螺钉及螺栓，不论是否带有螺母或垫圈	13
1366	73181590	其他螺钉及螺栓	13
1367	73181600	螺母	13
1368	73181900	未列名螺纹制品	13
1369	73182100	弹簧垫圈及其他防松垫圈	13
1370	73182200	其他垫圈	13
1371	73182300	铆钉	13
1372	73182400	销及开尾销	13
1373	73182900	其他无螺纹紧固件	13
1374	73194010	安全别针（钢铁制）	13
1375	73194090	其他别针（钢铁制）	13
1376	73199000	未列名钢铁制针及类似品	13
1377	73201010	铁道车辆用片簧及簧片	13
1378	73201020	汽车用片簧及簧片	13
1379	73201090	其他片簧及簧片	13
1380	73202010	铁道车辆用螺旋弹簧	13
1381	73202090	其他螺旋弹簧	13
1382	73209010	铁道车辆用其他弹簧	13
1383	73209090	其他弹簧	13
1384	73211210	煤油炉	13
1385	73218100	可使用气体燃料的其他家用器具	13
1386	73218200	使用液体燃料的其他家用器具	13

序号	产品编码	产品名称	调整后退税率（%）
1387	73221100	非电热铸铁制集中供暖用散热器（包括零件）	13
1388	73221900	非电热钢制集中供暖用散热器（包括零件）	13
1389	73229000	非电热空气加热器、暖气分布器（包括零件）	13
1390	73231000	钢铁丝绒、擦锅器、洗擦用块垫等	13
1391	73239100	餐桌、厨房等家用铸铁制器具（包括零件、非搪瓷的）	13
1392	73251010	工业用无可锻性铸铁制品	13
1393	73251090	其他无可锻性铸铁制品	13
1394	73259100	可锻性铸铁及铸钢研磨机的研磨球（包括其类似品）	13
1395	73259910	工业用未列名可锻性铸铁制品（包括铸钢制品）	13
1396	73259990	非工业用未列名可锻性铸铁制品（包括铸钢制品）	13
1397	73261910	工业用未列名钢铁制品（经锻造或冲压后，未经进一步加工）	13
1398	73261990	非工业用钢铁制品（经锻造或冲压后，未经进一步加工）	13
1399	73262010	工业用钢铁丝制品	13
1400	73269011	其他工业用钢铁纤维及其制品	13
1401	73269019	其他工业用钢铁制品	13
1402	73269090	其他非工业用钢铁制品	13
1403	74181010	擦锅器及洗刷擦光用的块垫、手套（包括类似品，铜制）	13
1404	74181020	非电热的铜制家用烹饪器具及其零件	13
1405	74181090	其他餐桌厨房等家用铜制器具及其零件	13
1406	74182000	铜制卫生器具及其零件	13
1407	74199190	非工业用铸造，模压，冲压铜制品（未进一步加工）	13
1408	74199920	铜弹簧	13
1409	74199930	铜丝制的布（包括环形带）	13
1410	74199940	铜丝制的网、格栅、网眼铜板	13
1411	74199950	非电热的铜制家用供暖器	13
1412	74199999	非工业用其他铜制品	13
1413	75040010	非合金镍粉及片状粉末	13
1414	75040020	合金镍粉及片状粉末	13
1415	75051100	纯镍条、杆、型材	13
1416	75052100	纯镍丝	13
1417	75061000	纯镍板、片、带、箔	13

续表

序号	产品编码	产品名称	调整后退税率（%）
1418	78041100	铅片、带及厚度≤0.2mm 的箔（铅箔衬背厚度不受 0.2mm 限制）	13
1419	80070030	锡箔，厚度（衬背除外）≤0.2mm，锡粉及片状粉末（锡箔不论是否印花或用纸、纸板、塑料或类似材料衬背）	13
1420	81019600	钨丝	13
1421	81029600	钼丝	13
1422	8104902010	镁金属基复合材料（包括各种结构件和制品、各种预成形件，其中增强材料的比拉伸强度大于 7.62×10^{4} m 和比模量大于 3.18×10^{6} m）	13
1423	8106009010	高纯度铋及铋制品（纯度≥99.99%，含银量低于十万分之一）	13
1424	8109900010	锆管（铪与锆重量比低于 1:500 的锆金属和合金的管或组件）	13
1425	81129910	其他锗及其制品	13
1426	82011000102	按 13% 征税的含植物性材料的锹及铲	13
1427	82011000902	按 13% 征税的其他锹及铲	13
1428	82013000102	按 13% 征税的含植物性材料的镐、锄、耙	13
1429	82013000902	按 13% 征税的其他镐、锄、耙	13
1430	82014000102	按 13% 征税的含植物性材料的砍伐工具（包括斧子、钩刀及类似砍伐工具）	13
1431	82014000902	按 13% 征税的其他斧子、钩刀及类似砍伐工具	13
1432	82015000102	按 13% 征税的含植物性材料的单手操作农用剪（包括家禽剪）	13
1433	82015000902	按 13% 征税的其他修枝剪等单手操作农用剪（包括家禽剪）	13
1434	82019090102	按 13% 征税的含植物性材料的园艺用手工工具	13
1435	82019090902	按 13% 征税的其他园艺用手工工具	13
1436	82021000002	按 13% 征税的手工锯	13
1437	82084000002	按 13% 征税的农、林业机器用刀及刀片	13
1438	82111000	以刀为主的成套货品	13
1439	82119100	刃面固定的餐刀	13
1440	82119200	刃面固定的其他刀	13
1441	82121000	剃刀	13
1442	82122000	安全剃刀片（包括未分开的刀片条）	13
1443	82129000	剃刀零件	13
1444	82130000	剪刀、裁缝剪刀及类似品、剪刀片	13
1445	82141000	裁纸刀、信刀、改错刀、铅笔刀及刀片	13
1446	82142000	修指甲及修脚用具（包括指甲锉）	13

序号	产品编码	产品名称	调整后退税率（%）
1447	82149000	理发推子、切菜刀等其他利口器	13
1448	82151000	成套含镀贵金属制厨房或餐桌用具（成套货品，至少其中一件是镀贵金属的）	13
1449	82152000	成套的其他厨房或餐桌用具（成套货品，没有一件是镀贵金属的）	13
1450	82159100	非成套镀贵金属制厨房或餐桌用具（非成套货品，镀贵金属的）	13
1451	83011000	挂锁	13
1452	83013000	家具用锁	13
1453	83014000	其他锁	13
1454	83015000	带锁的扣环及扣环框架	13
1455	83016000	锁零件	13
1456	83017000	钥匙	13
1457	83024200	家具用贱金属配件及架座	13
1458	83040000	贱金属档案柜，文件箱等办公用具（品目9403的办公室家具除外）	13
1459	83051000	活页夹或宗卷夹的附件	13
1460	83052000	成条订书钉	13
1461	83059000	信夹，信角，文件夹等办公用品及零件	13
1462	83061000	非电动铃，钟，锣及其类似品	13
1463	83062100	镀贵金属的雕塑像及其他装饰品（贱金属制）	13
1464	96200000002	独脚架、双脚架、三脚架及类似品（拉敏木制的未列名的木制品；其他工业用钢铁制品）	13

4.25　财政部　海关总署　税务总局关于"十四五"期间中西部地区国际性展会展期内销售的进口展品税收优惠政策的通知

2021年4月9日　财关税〔2021〕21号

内蒙古、吉林、黑龙江、湖南、广西、云南、青海、宁夏、新疆等省（自治区）财政厅，海关总署广东分署、各直属海关，国家税务总局内蒙古、吉林、黑龙江、湖南、广西、云南、青海、宁夏、新疆等省（自治区）税务局：

现就"十四五"期间中西部地区国际性展会展期内销售的进口展品税收优惠政策通知如下：

一、对中国—东盟博览会（以下称东盟博览会）、中国—东北亚博览会（以下称东北亚博览会）、中国—俄罗斯博览会（以下称中俄博览会）、中国—阿拉伯国家博览会（以下称中阿博览会）、中国—南亚博览会暨中国昆明进出口商品交易会（以下称南亚博览会）、中国（青海）藏毯国际展览会（以下称藏毯展览会）、中国—亚欧博览会（以下称亚欧博览会）、中国—蒙古国博览会（以下称中蒙博览会）、中国—非洲经贸博览会（以下称中非博览会），在展期内销售的免税额度内的进口展品免征进口关税和进口环节增值税、消费税。享受税收优惠的展品不包括国家禁止进口商品、濒危动植物及其产品、烟、酒、汽车以及列入《进口不予免税的重大技术装备和产品目录》的商品。

二、享受税收优惠政策的展品清单类别范围和销售额度等规定见附件 1 和附件 2。其中，附件 1 适用于东盟博览会，附件 2 适用于东北亚博览会、中俄博览会、中阿博览会、南亚博览会、藏毯展览会、亚欧博览会、中蒙博览会和中非博览会。

三、对展期内销售的超出享受税收优惠政策的展品清单类别范围或销售额度的展品，以及展期内未销售且在展期结束后又不退运出境的展品，按照国家有关规定照章征税。

四、对享受政策的展期内销售进口展品，海关不再按特定减免税货物进行后续监管。

附件：

中西部地区国际性展会享受税收优惠政策的展品清单（一）

中西部地区国际性展会享受税收优惠政策的展品清单（二）

财政部　海关总署　税务总局

2021 年 4 月 9 日

附件 1：中西部地区国际性展会享受税收优惠政策的展品清单（一）

序号	类别	每个展商享受税收优惠政策的金额上限
1	动物、植物及动植物制品	每个参展商第 1–7 类展品免税销售总额不超过 15 000 美元。
2	贱金属及金属制品	
3	塑料、橡胶及其制品	
4	纺织原料及纺织制品	
5	鞋、帽、伞等日用品及装饰品	
6	石料、玻璃及其制品、陶瓷制品	
7	玩具、游戏及运动用品	
8	化学工业及相关工业的产品	每个参展商第 8–11 类展品免税销售总额不超过 20 000 美元。
9	珠宝、首饰品	
10	机器、机械器具、电气设备及仪器、仪表	
11	艺术品	

注：1. 本清单仅适用于东盟博览会。

2. 第 1 类展品包括以动植物为原料的食品、饮料。

3. 清单所列展品不包括国家禁止进口商品，濒危动植物及其产品，烟、酒、汽车以及列入《进口不予免税的重大技术装备和产品目录》的商品。

附件 2：中西部地区国际性展会享受税收优惠政策的展品清单（二）

序号	类别	每个展商享受税收优惠政策的金额上限
1	动物、植物及动植物制品	
2	贱金属及金属制品	
3	塑料、橡胶及其制品	
4	纺织原料及纺织制品	
5	鞋、帽、伞等日用品及装饰品	
6	石料、玻璃及其制品、陶瓷制品	每个参展商第 1－20 类展品免税销售总额不超过 20 000 美元。
7	玩具、游戏及运动用品	
8	工艺品	
9	化妆品	
10	医药品、保健品	
11	化学工业及相关工业的产品	
12	珠宝、首饰品	
13	机器、机械器具、电气设备及仪器、仪表	
14	信息产品	
15	艺术品	
16	木及木制品	每个参展商第 1－20 类展品免税销售总额不超过 20 000 美元。
17	生皮、皮革、皮毛及其制品；鞍具及挽具	
18	地毯	
19	古生物化石标本	
20	矿物晶体标本	

注：1. 本清单适用于东北亚博览会、中俄博览会、中阿博览会、南亚博览会、藏毯展览会、亚欧博览会、中蒙博览会和中非博览会。

2. 第 1 类展品包括以动植物为原料的食品、饮料。

3. 清单所列展品不包括国家禁止进口商品，濒危动植物及其产品，烟、酒、汽车以及列入《进口不予免税的重大技术装备和产品目录》的商品。

4.26　财政部　国家税务总局　海关总署关于"十四五"期间支持科技创新进口税收政策的通知

2021 年 4 月 15 日　财关税〔2021〕23 号

各省、自治区、直辖市、计划单列市财政厅（局）、新疆生产建设兵团财政局，海关总署广东分署、各直属海关，国家税务总局各省、自治区、直辖市、计划单列市税务局，财政部各地监管局，国家税务总局驻各地特派员办事处：

为深入实施科教兴国战略、创新驱动发展战略，支持科技创新，现将有关进口税收政策通知如下：

一、对科学研究机构、技术开发机构、学校、党校（行政学院）、图书馆进口国内不能生产或性能不能满足需求的科学研究、科技开发和教学用品，免征进口关税和进口环节增值税、消费税。

二、对出版物进口单位为科研院所、学校、党校（行政学院）、图书馆进口用于科研、教学的图书、资料等，免征进口环节增值税。

三、本通知第一、二条所称科学研究机构、技术开发机构、学校、党校（行政学院）、图书馆是指：

（一）从事科学研究工作的中央级、省级、地市级科研院所（含其具有独立法人资格的图书馆、研究生院）。

（二）国家实验室，国家重点实验室，企业国家重点实验室，国家产业创新中心，国家技术创新中心，国家制造业创新中心，国家临床医学研究中心，国家工程研究中心，国家工程技术研究中心，国家企业技术中心，国家中小企业公共服务示范平台（技术类）。

（三）科技体制改革过程中转制为企业和进入企业的主要从事科学研究和技术开发工作的机构。

（四）科技部会同民政部核定或者省级科技主管部门会同省级民政、财政、税务部门和社会研发机构所在地直属海关核定的科技类民办非企业单位性质的社会研发机构；省级科技主管部门会同省级财政、税务部门和社会研发机构所在地直属海关核定的事业单位性质的社会研发机构。

（五）省级商务主管部门会同省级财政、税务部门和外资研发中心所在地直属海关核定的外资研发中心。

（六）国家承认学历的实施专科及以上高等学历教育的高等学校及其具有独立法人资格的分校、异地办学机构。

（七）县级及以上党校（行政学院）。

（八）地市级及以上公共图书馆。

四、本通知第二条所称出版物进口单位是指中央宣传部核定的具有出版物进口许可的出版物进口单位，科研院所是指第三条第一项规定的机构。

五、本通知第一、二条规定的免税进口商品实行清单管理。免税进口商品清单由财政部、海关总署、税务总局征求有关部门意见后另行制定印发，并动态调整。

六、经海关审核同意，科学研究机构、技术开发机构、学校、党校（行政学院）、图书馆可将免税进口的科学研究、科技开发和教学用品用于其他单位的科学研究、科技开发和教学活动。

对纳入国家网络管理平台统一管理、符合本通知规定的免税进口科研仪器设备，符合科技部会同海关总署制定的纳入国家网络管理平台免税进口科研仪器设备开放共享管理有关规定的，可以用于其他单位的科学研究、科技开发和教学活动。

经海关审核同意，科学研究机构、技术开发机构、学校以科学研究或教学为目的，可将免税进口的医疗检测、分析仪器及其附件、配套设备用于其附属、所属医院的临床活动，或用于开展临床试验所需依托的其分立前附属、所属医院的临床活动。其中，大中型医疗检测、分析仪器，限每所医院每 3 年每种 1 台。

七、"十四五"期间支持科技创新进口税收政策管理办法由财政部、海关总署、税务总局会同有关部门另行制定印发。

八、本通知有效期为 2021 年 1 月 1 日至 2025 年 12 月 31 日。

财政部　海关总署　税务总局
2021 年 4 月 15 日

4.27　财政部　国家税务总局　海关总署关于"十四五"期间支持科技创新进口税收政策管理办法的通知

2021 年 4 月 16 日　财关税〔2021〕24 号

各省、自治区、直辖市、计划单列市财政厅（局）、党委宣传部、发展改革委、教育厅（局）、科技厅（委、局）、工业和信息化主管部门、民政厅（局）、商务厅（委、局）、文化和旅游厅（委、局），新疆生产建设兵团财政局、党委宣传部、发展改革委、教育局、科技局、工业和信息化局、民政局、商务局、文体广旅局，海关总署广东分署、各直属海关，国家税务总局各省、自治区、直辖市、计划单列市税务局，财政部各地监管局，国家税务总局驻各地特派员办事处：

为落实《财政部　海关总署　税务总局关于"十四五"期间支持科技创新进口税收政策的通知》（财关税〔2021〕23 号，以下简称《通知》），现将政策管理办法通知如下：

一、科技部核定从事科学研究工作的中央级科研院所名单，函告海关总署，抄送财政部、税务总局。省级（包括省、自治区、直辖市、计划单列市、新疆生产建设兵团，下同）科技主管部门会同省级财政、税务部门和科研院所所在地直属海关核定从事科学研究工作的省级、地市级科研院所名单，核定结果由省级科技主管部门函告科研院所所在地直属海关，抄送省级财政、税务部门，并报送科技部。

本办法所称科研院所名单，包括科研院所所属具有独立法人资格的图书馆、研究生院名单。

二、科技部核定国家实验室、国家重点实验室、企业国家重点实验室、国家技术创新中心、国家临床医学研究中心、国家工程技术研究中心名单，国家发展改革委核定国家产业创新中心、国家工程研究中心、国家企业技术中心名单，工业和信息化部核定国家制造业创新中心、国家中小企业公共服务示范平台（技术类）名单。核定结果分别由科技部、国家发展改革委、工业和信息化部函告海关总署，抄送财政部、税务总局。

科技部核定根据《国务院办公厅转发科技部等部门关于深化科研机构管理体制改革实施意见的通知》（国办发〔2000〕38 号），国务院部门（单位）所属科研机构已转制为企业或进入企业的主要从事科学研究和技术开发工作的机构名单，函告海关总署，抄送财政部、税务总局。省级科技主管部门会同省级财政、税务部门和机构所在地直属海关核定根据国办发〔2000〕38 号文件，各省、自治区、直辖市、计划单列市所属已转制为企业或进入企业的主要从事科学研究和技术开发工作的机构名单，核定结果由省级科技主管部门函告机构所在地直属海关，抄送省级财政、税务部门，并报送科技部。

科技部会同民政部核定或者省级科技主管部门会同省级民政、财政、税务部门和社会研发机构所在地直属海关核定科技类民办非企业单位性质的社会研发机构名单。科技部牵头的核定结果，由科技部函告海关总署，抄送民政部、财政部、税务总局。省级科技主管部门牵头的核定结果，由省级科技主管部门函告社会研发机构所在地直属海关，抄送省级民政、财政、税务部门，并报送科技部。享受政策的科技类民办非企业单位性质的社会研发机构条件见附件 1。

省级科技主管部门会同省级财政、税务部门和社会研发机构所在地直属海关核定事业单位性质的社会研发机构名单，核定结果由省级科技主管部门函告社会研发机构所在地直属海关，抄送省级财政、税务部门，并报送科技部。享受政策的事业单位性质的社会研发机构，应符合科技部和省级科技主管部门规定的事业单位性质的社会研发机构（新型研发机构）条件。

省级商务主管部门会同省级财政、税务部门和外资研发中心所在地直属海关核定外资研发中心名单，核定结果由省级商务主管部门函告外资研发中心所在地直属海关，抄送省级财政、税务部门，并报送商务部。享受政策的外资研发中心条件见附件 2。

本条上述函告文件中，凡不具有独立法人资格的单位、机构，应一并函告其依托单位；有关单位、机构具有有效期限的，应一并函告其有效期限。

三、教育部核定国家承认学历的实施专科及以上高等学历教育的高等学校及其具有独立法人资格的分校、异地办学机构名单，函告海关总署，抄送财政部、税务总局。

四、文化和旅游部核定省级以上公共图书馆名单，函告海关总署，抄送财政部、税务总局。省级文化和旅游主管部门会同省级财政、税务部门和公共图书馆所在地直属海关核定省级、地市级公共图书馆名单，核定结果由省级文化和旅游主管部门函告公共图书馆所在地直属海关，抄送省级财政、税务部门，并报送文化和旅游部。

五、中央宣传部核定具有出版物进口许可的出版物进口单位名单，函告海关总署，抄送中央党校（国家行政学院）、教育部、科技部、财政部、文化和旅游部、税务总局。

出版物进口单位免税进口图书、资料等商品的销售对象为中央党校（国家行政学院）和省级、地市级、县级党校（行政学院）以及本办法第一、三、四条中经核定的单位。牵头核定部门应结合实际需要，将核定的有关单位名单告知有关出版物进口单位。

六、中央党校（国家行政学院）和省级、地市级、县级党校（行政学院）以及按照本办法规定经核定的单位或机构（以下统称进口单位），应按照海关有关规定，办理有关进口商品的减免税手续。

七、本办法中相关部门函告海关的进口单位名单和《通知》第五条所称的免税进口商品清单应注明批次。其中，第一批名单、清单自 2021 年 1 月 1 日实施，至第一批名单印发之日后 30 日内已征的应免税款，准予退还；以后批次的名单、清单，分别自其印发之日后第 20 日起实施。中央党校（国家行政学院）和省级、地市级、县级党校（行政学院）自 2021 年 1 月 1 日起具备免税进口资格，至本办法印发之日后 30 日内已征的应免税款，准予退还。

前款规定的已征应免税款，依进口单位申请准予退还。其中，已征税进口且尚未申报增值税进项税额抵扣的，应事先取得主管税务机关出具的《"十四五"期间支持科技创新进口税收政策项下进口商品已征进口环节增值税未抵扣情况表》（见附件 3），向海关申请办理退还已征进口关税和进口环节增值税手续；已申报增值税进项税额抵扣的，仅向海关申请办理退还已征进口关税手续。

八、进口单位可向主管海关提出申请，选择放弃免征进口环节增值税。进口单位主动放弃免征进口环节增值税后，36 个月内不得再次申请免征进口环节增值税。

九、进口单位发生名称、经营范围变更等情形的，应在《通知》有效期限内及时将有关变更情况说明报送核定其名单的牵头部门。牵头部门按照本办法规定的程序，核定变更后的单位自变更登记之日起能否继续享受政策，注明变更登记日期。核定结果由牵头部门函告海关（核定结果较多时，每年至少分两批函告），抄送同级财政、税务及其他有关部门。其中，牵头部门为省级科技、商务、文化和旅游主管部门的，核定结果应相应报送科技部、商务部、文化和旅游部。

十、进口单位应按有关规定使用免税进口商品，如违反规定，将免税进口商品擅自转让、移作他用或者进行其他处置，被依法追究刑事责任的，在《通知》剩余有效期限内停止享受政策。

十一、进口单位如存在以虚报情况获得免税资格，由核定其名单的牵头部门查实后函告海关，自函告之日起，该单位在《通知》剩余有效期限内停止享受政策。

十二、中央宣传部、国家发展改革委、教育部、科技部、工业和信息化部、民政部、商务部、文化和旅游部加强政策评估工作。

十三、本办法印发之日后 90 日内，省级科技主管部门应会同省级民政、财政、税务部门和社会研发机构所在地直属海关制定核定享受政策的科技类民办非企业单位性质、事业单位性质的社会研发机构名单的具体实施办法，省级商务主管部门应会同省级财政、税务部门和外资研发中心所在地直属海关制定核定享受政策的外资研发中心名单的具体实施办法。

十四、财政等有关部门及其工作人员在政策执行过程中，存在违反执行免税政策规定的行为，以及滥用职权、玩忽职守、徇私舞弊等违法违纪行为的，依照国家有关规定追究相应责任；涉嫌犯罪的，依法追究刑事责任。

十五、本办法有效期为 2021 年 1 月 1 日至 2025 年 12 月 31 日。

附件：

1. 享受"十四五"期间支持科技创新进口税收政策的科技类民办非企业单位性质的社会研发机构条件

2. 享受"十四五"期间支持科技创新进口税收政策的外资研发中心条件

3. "十四五"期间支持科技创新进口税收政策项下进口商品已征进口环节增值税未抵扣情况表

財政部　中央宣传部　国家发展改革委　教育部　科技部　工业和信息化部
民政部　商务部　文化和旅游部　海关总署　税务总局
2021 年 4 月 16 日

附件 1：享受"十四五"期间支持科技创新进口税收政策的科技类民办非企业单位性质的社会研发机构条件

享受"十四五"期间支持科技创新进口税收政策的科技类民办非企业单位性质的社会研发

机构，应同时满足以下条件：

一、符合科技部和省级科技主管部门规定的社会研发机构（新型研发机构）基本条件。

二、依照《民办非企业单位登记管理暂行条例》《民办非企业单位登记暂行办法》的要求，在民政部或省级民政部门登记注册的、具有独立法人资格的民办非企业单位。

三、资产总额不低于 300 万元。

四、从事科学研究工作的专业技术人员（指大专以上学历或中级以上技术职称专业技术人员）在 20 人以上，且占全部在职人员的比例不低于 60%。

附件 2：享受"十四五"期间支持科技创新进口税收政策的外资研发中心条件

享受"十四五"期间支持科技创新进口税收政策的外资研发中心，应同时满足以下条件：

一、研发费用标准：作为独立法人的，其投资总额不低于 800 万美元；作为公司内设部门或分公司的非独立法人的，其研发总投入不低于 800 万美元。

二、专职研究与试验发展人员不低于 80 人。

三、设立以来累计购置的设备原值不低于 2 000 万元。

四、上述第一、二、三条中，有关定义如下：

（一）"投资总额"是指外商投资信息报告回执所载明的金额。

（二）"研发总投入"是指外商投资企业专门为设立和建设本研发中心而投入的资产，包括即将投入并签订购置合同的资产（应提交已采购资产清单和即将采购资产的合同清单）。

（三）"专职研究与试验发展人员"是指企业科技活动人员中专职从事基础研究、应用研究和试验发展三类项目活动的人员，包括直接参加上述三类项目活动的人员以及相关专职科技管理人员和为项目提供资料文献、材料供应、设备的直接服

务人员，上述人员须与外资研发中心或其所在外商投资企业签订 1 年以上劳动合同，以外资研发中心提交申请的前一日人数为准。

（四）"设备"是指为科学研究、教学和科技开发提供必要条件的实验设备、装置和器械。在计算累计购置的设备原值时，应将进口设备和采购国产设备的原值一并计入，包括已签订购置合同并于当年内交货的设备（应提交购置合同清单及交货期限），适用本办法的上述进口设备范围为进口科学研究、科技开发和教学用品免税清单所列商品。

附件3："十四五"期间支持科技创新进口税收政策项下 进口商品已征进口环节增值税未抵扣情况表

编号：主管税务机关代码＋四位流水号

纳税人名称		纳税人识别号或统一社会信用代码	
		企业海关代码	
申报进口时间	年 月 日		
海关进口增值税专用缴款书	海关报关单（编号：_____）、海关进口增值税专用缴款书（凭证号：_____），进口环节增值税税款金额为（大写）_____，￥_____元。		
进项税额抵扣情况	经审核，该纳税人上述海关进口增值税专用缴款书税额尚未申报抵扣。		
其他需要说明的事项			
审核意见： 审核人： 　　　年　月　日	复核意见： 复核人： 　　　年　月　日		局长意见： 局领导：（局章） 　　　年　月　日

4.28　财政部　海关总署　税务总局关于"十四五"期间 支持科普事业发展进口税收政策的通知

2021 年 4 月 9 日　财关税〔2021〕26 号

各省、自治区、直辖市、计划单列市财政厅（局）、新疆生产建设兵团财政局，海关总署广东分署、各直属海关，国家税务总局各省、自治区、直辖市、计划单列市税务局，财政部各地监管局，国家税务总局驻各地特派员办事处：

为支持科普事业发展，现将有关进口税收政策通知如下：

一、自 2021 年 1 月 1 日至 2025 年 12 月 31 日，对公众开放的科技馆、自然博物馆、天文馆（站、台）、气象台（站）、地震台（站），以及高校和科研机构所属对外开放的科普基地，进口以下商品免征进口关税和进口环节增值税：

（一）为从境外购买自用科普影视作品播映权而进口的拷贝、工作带、硬盘，以及以其他形式进口自用的承载科普影视作品的拷贝、工作带、硬盘。

（二）国内不能生产或性能不能满足需求的自用科普仪器设备、科普展品、科普专用软件等科普用品。

二、第一条中的科普影视作品、科普用品是指符合科学技术普及法规定，以普及科学知识、倡导科学方法、传播科学思想、弘扬科学精神为宗旨的影视作品、科普仪器设备、科普展品、科普专用软件等用品。

三、第一条第一项中的科普影视作品相关免税进口商品清单见附件。第一条第二项中的科普用品由科技部会同有关部门核定。

四、"十四五"期间支持科普事业发展进口税收政策管理办法由财政部、海关总署、税务总局会同有关部门另行制定印发。

附件：科普影视作品相关免税进口商品清单（2021 年版）

财政部　海关总署　税务总局

2021 年 4 月 9 日

附件：科普影视作品相关免税进口商品清单（2021 年版）

2021 年税则号列	名称
37.05	已曝光已冲洗的摄影硬片及软片，但电影胶片除外：
3705.0010	——教学专用幻灯片
	——缩微胶片：
3705.0021	——书籍、报刊的
3705.0029	——其他
3705.0090	——其他
37.06	已曝光已冲洗的电影胶片，不论是否配有声道或仅有声道：
	－宽度在 35 毫米及以上：
3706.1010	——教学专用
3706.1090	——其他
	－其他：
3706.9010	——教学专用
3706.9090	——其他
84.71	自动数据处理设备及其部件：其他税目未列名的磁性或光学阅读机、将数据以代码形式转录到数据记录媒体的机器及处理这些数据的机器：
	－存储部件：
	——硬盘驱动器：
8471.7011	——固态硬盘（SSD）
8471.7019	——其他
85.23	录制声音或其他信息用的圆盘、磁带、固态非易失性数据存储器件、"智能卡"及其他媒体，不论是否已录制，包括供复制圆盘用的母片及母带，但不包括第三十七章的产品：

续表

2021 年税则号列	名称
	－磁性媒体：
	——其他：
	——磁带：
8523.2928	——重放声音或图像信息的磁带
	－光学媒体：
	——其他：
8523.4990	——其他

4.29　财政部等七部门关于"十四五"期间支持科普事业发展进口税收政策管理办法的通知

2021 年 4 月 9 日　财关税〔2021〕27 号

各省、自治区、直辖市、计划单列市财政厅（局）、党委宣传部、科技厅（委、局）、工业和信息化主管部门、广播电视主管部门，新疆生产建设兵团财政局、党委宣传部、科技局、工业和信息化局、文体广旅局，海关总署广东分署、各直属海关，国家税务总局各省、自治区、直辖市、计划单列市税务局，财政部各地监管局，国家税务总局驻各地特派员办事处：

为落实《财政部　海关总署　税务总局关于"十四五"期间支持科普事业发展进口税收政策的通知》（财关税〔2021〕26 号，以下简称《通知》），现将政策管理办法通知如下：

一、科技部核定或者省级（包括省、自治区、直辖市、计划单列市、新疆生产建设兵团，下同）科技主管部门会同省级财政、税务部门及所在地直属海关核定对公众开放的科技馆、自然博物馆、天文馆（站、台）、气象台（站）、地震台（站）以及高校和科研机构所属对外开放的科普基地（以下统称进口单位）名单。科技部的核定结果，由科技部函告海关总署，抄送中央宣传部、工业和信息化部、财政部、税务总局、广电总局、有关省级科技主管部门。省级科技主管部门牵头的核定结果，由省级科技主管部门函告进口单位所在地直属海关，抄送省级财政、税务部门和省级出版、电影、工业和信息化、广播电视主管部门，报送科技部。上述函告文件中，凡不具有独立法人资格的进口单位，应一并函告其依托单位。

享受政策的科技馆，应同时符合以下条件：（一）专门从事面向公众的科普活动；（二）有开展科普活动的专职科普工作人员、场所、设施、工作经费等条件。

享受政策的自然博物馆、天文馆（站、台）、气象台（站）、地震台（站）以及高校和科研机构设立的植物园、标本馆、陈列馆等对外开放的科普基地，应同时符合以下条件：（一）面向公众从事科学技术普及法所规定的科普活动，有稳定的科普活动投入；（二）有适合常年向公众开放的科普设施、器材和场所等，每年向公众开放不少于 200 天，每年对青少年实行优惠或免费开放的时间不少于 20 天（含法定节假日）；（三）有常设内部科普工作机构，并配备有必要的专职科普工作人员。

二、省级科技主管部门会同省级出版、电影、广播电视主管部门核定属地进口单位可免税进口的自用科普影视作品拷贝、工作带、硬盘。核定结果由省级科技主管部门函告进口单位所在地直属海关，抄送省级出版、电影、广播电视主管部门，并通知相关进口单位。

享受政策的自用科普影视作品拷贝、工作带、硬盘，应同时符合以下条件：（一）属于《通知》附件所列税号范围；（二）为进口单位自用，且用于面向公众的科普活动，不得进行商业销售或挪作他用；（三）符合国家关于影视作品和音像制品进口的相关规定。

三、科技部会同工业和信息化部、财政部、海关总署、税务总局制定并联合印发国内不能生产或性能不能满足需求的自用科普仪器设备、科普展品、科普专用软件等免税进口科普用品清单，并动态调整。

四、进口单位应按照海关有关规定，办理有关进口商品的减免税手续。

五、本办法第一、三条中，科技部或者省级科技主管部门函告海关的进口单位名单和科技部牵头制定的免税进口科普用品清单应注明批次。其中，第一批名单、清单自 2021 年 1 月 1 日实施，至第一批名单印发之日后 30 日内已征的应免税款，准予退还；以后批次的名单、清单，自印发之日后第 20 日起实施。

前款规定的已征应免税款，依进口单位申请准予退还。其中，已征税进口且尚未申报增值税进项税额抵扣的，应事先取得主管税务机关出具的《"十四五"期间支持科普事业发展进口税收政策项下进口商品已征进口环节增值税未抵扣情况表》（见附件），向海关申请办理退还已征进口关税和进口环节增值税手续；已申报增值税进项税额抵扣的，仅向海关申请办理退还已征进口关税手续。

六、进口单位可向主管海关提出申请，选择放弃免征进口环节增值税。进口单位主动放弃免征进口环节增值税后，36 个月内不得再次申请免征进口环节增值税。

七、进口单位发生名称、业务范围变更等情形的，应在《通知》有效期限内及时将有关变更情况说明分别报送科技部、省级科技主管部门。科技部、省级科技主管部门按照本办法第一条规定，核定变更后的单位自变更登记之日起能否继续享受政策，注明变更登记日期。科技部负责受理的，核定结果由科技部函告海关总署（核定结果较多时，每年至少分两批函告），抄送中央宣传部、工业和信息化部、财政部、税务总局、广电总局、有关省级科技主管部门；省级科技主管部门负责受理的，核定结果由省级科技主管部门函告进口单位所在地直属海关，抄送省级财政、税务部门和省级出版、电影、工业和信息化、广播电视主管部门，报送科技部。

八、进口单位应按有关规定使用免税进口商品，如违反规定，将免税进口商品擅自转让、移作他用或者进行其他处置，被依法追究刑事责任的，在《通知》剩余有效期限内停止享受政策。

九、进口单位如存在以虚报情况获得免税资格，由科技部或者省级科技主管部门查实后函告海关，自函告之日起，该单位在《通知》剩余有效期限内停止享受政策。

十、本办法印发之日后 90 日内，省级科技主管部门应会同省级财政、税务部门及进口单位所在地直属海关制定核定进口单位名单的具体实施办法，会同省级出版、电影、广播电视主管部门制定核定免税进口科普影视作品拷贝、工作带、硬盘的具体实施办法。

十一、进口单位的免税进口资格，原则上应每年复核。经复核不符合享受政策条件的，由科技部或者省级科技主管部门按本办法第一条规定函告海关，自函告之日起停止享受政策。

十二、财政等有关部门及其工作人员在政策执行过程中，存在违反执行免税政策规定的行为，以及滥用职权、玩忽职守、徇私舞弊等违法违纪行为的，依照国家有关规定追究相应责任；涉嫌犯罪的，依法追究刑事责任。

十三、本办法有效期为 2021 年 1 月 1 日至 2025 年 12 月 31 日。

附件："十四五"期间支持科普事业发展进口税收政策项下进口商品已征进口环节增值税未抵扣情况表

财政部　中央宣传部　科技部　工业和信息化部　海关总署　税务总局　广电总局

2021 年 4 月 9 日

附件："十四五"期间支持科普事业发展进口税收政策项下 进口商品已征进口环节增值税未抵扣情况表

编号：主管税务机关代码＋四位流水号

纳税人名称		纳税人识别号或统一社会信用代码	
		企业海关代码	
申报进口时间	年　月　日		
海关进口增值税专用缴款书	海关报关单（编号：＿＿＿＿＿＿）、海关进口增值税专用缴款书（凭证号：＿＿＿＿＿＿）、进口环节增值税税款金额为（大写）＿＿＿＿＿＿＿＿＿＿，￥＿＿＿＿＿＿元。		
进项税额抵扣情况	经审核，该纳税人上述海关进口增值税专用缴款书税额尚未申报抵扣。		
其他需要说明的事项			
审核意见： 审核人： 　　　　年　月　日	复核意见： 复核人： 　　　　年　月　日	局长意见： 局领导：　　　　（局章） 　　　　年　月　日	

4.30　财政部　国家税务总局　海关总署关于"十四五" 期间种子种源进口税收政策的通知

2021 年 4 月 21 日　财关税〔2021〕29 号

各省、自治区、直辖市、计划单列市财政厅（局），新疆生产建设兵团财政局，海关总署广东分署、各直属海关，国家税务总局各省、自治区、直辖市、计划单列市税务局，财政部各地监管局，国家税务总局驻各地特派员办事处：

为提高农业质量效益和竞争力，支持引进和推广良种，现将有关进口税收政策通知如下：

一、自2021年1月1日至2025年12月31日，对符合《进口种子种源免征增值税商品清单》的进口种子种源免征进口环节增值税。

二、《进口种子种源免征增值税商品清单》由农业农村部会同财政部、海关总署、税务总局、林草局另行制定印发，并根据农林业发展情况动态调整。

三、第一批印发的《进口种子种源免征增值税商品清单》自2021年1月1日起实施，至该清单印发之日后30日内已征应免税款，准予退还。申请退税的进口单位，应当事先取得主管税务机关出具的《"十四五"期间种子种源进口税收政策项下进口商品已征进口环节增值税未抵扣情况表》（见附件），向海关申请办理退还已征进口环节增值税手续。

四、以后批次印发的清单，自印发之日后第20日起实施。

五、对本政策项下进口的种子种源，海关不再按特定减免税货物进行后续监管。

六、农业农村部、林草局加强政策执行情况评估。

七、财政等有关部门及其工作人员在政策执行过程中，存在违反执行免税政策规定的行为，以及滥用职权、玩忽职守、徇私舞弊等违法违纪行为的，依照国家有关规定追究相应责任；涉嫌犯罪的，依法追究刑事责任。

附件："十四五"期间种子种源进口税收政策项下进口商品已征进口环节增值税未抵扣情况表

财政部　海关总署　税务总局

2021年4月21日

附件："十四五"期间种子种源进口税收政策项下进口商品已征进口环节增值税未抵扣情况表

编号：主管税务机关代码＋四位流水号

纳税人名称		纳税人识别号或统一社会信用代码	
		企业海关代码	
申报进口时间	年　月　日		
海关进口增值税专用缴款书	海关报关单（编号：_____）、海关进口增值税专用缴款书（凭证号：_____）、进口环节增值税税款金额为（大写）_____，￥_____元。		
进项税额抵扣情况	经审核，该纳税人上述海关进口增值税专用缴款书税额尚未申报抵扣。		
其他需要说明的事项			

审核意见：	复核意见：	局长意见：
审核人：	复核人：	局领导：　　　（局章）
年　月　日	年　月　日	年　月　日

4.31　国家税务总局关于外贸综合服务企业办理出口货物退（免）税有关事项的公告

2018 年 5 月 14 日　国家税务总局公告 2018 年第 25 号

《国家税务总局关于调整完善外贸综合服务企业办理出口货物退（免）税有关事项的公告》（国家税务总局公告 2017 年第 35 号）实施以来，部分外贸综合服务企业（以下简称综服企业）反映部分老合同无法按照 35 号公告规定办理退税的问题。为解决综服企业反映的问题，促进综服企业规范健康发展，现将有关出口货物退（免）税问题明确如下：

一、综服企业在 2017 年 11 月 1 日至 2018 年 2 月 28 日期间出口的货物，符合《国家税务总局关于外贸综合服务企业出口货物退（免）税有关问题的公告》（国家税务总局公告 2014 年第 13 号）规定的，允许在 2018 年 6 月 30 日前，按照国家税务总局公告 2014 年第 13 号的规定申报办理出口退（免）税。

出口货物的出口时间，以出口货物报关单上注明的出口日期为准。

二、综服企业按照本公告第一条的规定申报出口退（免）税时，必须在《外贸企业出口退税进货明细申报表》"备注"栏、《外贸企业出口退税出口明细申报表》"备注"栏填写"WMZHFW"。否则，不得执行本公告第一条的规定。

三、本公告自发布之日起施行。

特此公告。

国家税务总局

2018 年 5 月 14 日

4.32　关于《国家税务总局关于外贸综合服务企业办理出口货物退（免）税有关事项的公告》的解读

2018 年 5 月 17 日　国家税务总局办公厅

一、《公告》出台的背景

《国家税务总局关于调整完善外贸综合服务企业办理出口货物退（免）税有关事项的公告》（国家税务总局公告 2017 年第 35 号，以下简称"35 号公告"）发布后，外贸综合服务企业（以下简称"综服企业"）代办退税管理办法涉及的代办退税备案、开具代办退税发票、申报办理退税、开具收入退还书和国库办理退库等各环节工作运转正常，基本实现了代办退税办法出台的初衷。

近期，部分综服企业以及税务机关反映，35 号公告自 2017 年 11 月 1 日起施行，此前，部分生产企业已签订了 2018 年春节前后的出口合同，并委托综服企业代理出口。这部分合同的出口货物在 2017 年 11 月 1 日之后报关出口，但未能在 2017 年 11 月 1 日前开具增值税专用发票，且这些生产企业目前尚未按照 35 号公告规定完成委托代办退税备案。因此，这部分出口货物既不能按照 35 号公告规定进行代办退税，也不能按照《国家税务总局关于外贸综合服务企业出口货物退（免）税有关问题的公告》（国家税务总局公告 2014 年第 13 号）的规定办理出口退（免）税。

为解决上述问题，鼓励生产企业出口，促进综服企业规范健康发展，支持外贸稳定发展，国家税务总局制发了《国家税务总局关于外贸综合服务企业办理出口货物退（免）税有关事项的公告》（以下简称《公告》）。

二、《公告》的主要内容解读

一是明确了综服企业新老政策衔接问题。《公告》规定综服企业在 2017 年 11 月 1 日至 2018 年 2 月 28 日期间出口的货物，符合国家税务总局公告 2014 年第 13 号规定的，允许在 2018 年 6 月 30 日前，按照国家税务总局公告 2014 年第 13 号的规定申报办理出口退（免）税。

二是明确了申报资料的填报事项。《公告》规定综服企业按照本公告第一条的规定申报出口退（免）税时，必须在《外贸企业出口退税进货明细申报表》"备注"栏、《外贸企业出口退税出口明细申报表》"备注"栏填写"WMZHFW"。否则，不得执行本公告第一条的规定。

4.33　财政部　海关总署　税务总局关于防控新型冠状病毒感染的肺炎疫情进口物资免税政策的公告

2020 年 2 月 1 日　财政部　海关总署　税务总局公告 2020 年第 6 号

根据财政部、海关总署和税务总局联合发布的《慈善捐赠物资免征进口税收暂行办法》（公告 2015 年第 102 号）等有关规定，境外捐赠人无偿向受赠人捐赠的用于防控新型冠状病毒感染的肺炎疫情（以下简称疫情）进口物资可免征进口税收。为进一步支持疫情防控工作，自 2020 年 1 月 1 日至 3 月 31 日，实行更优惠的进口税收政策，现公告如下：

一、适度扩大《慈善捐赠物资免征进口税收暂行办法》规定的免税进口范围，对捐赠用于疫情防控的进口物资，免征进口关税和进口环节增值税、消费税。

（1）进口物资增加试剂，消毒物品，防护用品，救护车、防疫车、消毒用车、应急指挥车。

（2）免税范围增加国内有关政府部门、企事业单位、社会团体、个人以及来华或在华的外国公民从境外或海关特殊监管区域进口并直接捐赠；境内加工贸易企业捐赠。捐赠物资应直接用于防控疫情且符合前述第（1）项或《慈善捐赠物资免征进口税收暂行办法》规定。

（3）受赠人增加省级民政部门或其指定的单位。省级民政部门将指定的单位名单函告所在地直属海关及省级税务部门。

无明确受赠人的捐赠进口物资，由中国红十字会总会、中华全国妇女联合会、中国残疾人联合会、中华慈善总会、中国初级卫生保健基金会、中国宋庆龄基金会或中国癌症基金会作为受赠人接收。

二、对卫生健康主管部门组织进口的直接用于防控疫情物资免征关税。进口物资应符合前述第一条第（1）项或《慈善捐赠物资免征进口税收暂行办法》规定。省级财政厅（局）会同省级卫生健康主管部门确定进口单位名单、进口物资清单，函告所在地直属海关及省级税务部门。

三、本公告项下免税进口物资，已征收的应免税款予以退还。其中，已征税进口且尚未申报增值税进项税额抵扣的，可凭主管税务机关出具的《防控新型冠状病毒感染的肺炎疫情进口物资增值税进项税额未抵扣证明》（见附件），向海关申请办理退还已征进口关税和进口环节增值税、消费税手续；已申报增值税进项税额抵扣的，仅向海关申请办理退还已征进口关税和进口环节消费税手续。有关进口单位应在 2020 年 9 月 30 日前向海关办理退税手续。

四、本公告项下免税进口物资，可按照或比照海关总署公告 2020 年第 17 号，先登记放行，再按规定补办相关手续。

附件：防控新型冠状病毒感染的肺炎疫情进口物资增值税进项税额未抵扣证明

财政部　海关总署　税务总局

2020 年 2 月 1 日

附件："十四五"防控新型冠状病毒感染的肺炎疫情进口物资增值税进项税额未抵扣证明

编号：主管税务机关代码 + 四位流水号

纳税人名称		纳税人识别号或统一社会信用代码	
		企业海关代码	
进口时间	年　月　日		
海关进口增值税专用缴款书	海关报关单（编号：_____）、海关进口增值税专用缴款书（凭证号：_____）、进口环节增值税税款金额为（大写）_____，￥_____元。		
进项税额抵扣情况	经审核，该纳税人上述海关进口增值税专用缴款书税额尚未申报抵扣。		
其他需要说明的事项			
审核意见： 审核人： 　　年 月 日	复核意见： 复核人： 　　年 月 日	局长意见： 局领导：　　　（局章） 　　年 月 日	

注：1. 本表由申请企业所在地主管税务机关填写并盖章确认；

2. 表中增值税进项税额是指企业进口符合本公告规定的用于防控新型冠状病毒感染的肺炎疫情物资向海关缴纳的进口环节增值税税款金额。

4.34 财政部 国家税务总局 海关总署关于因新冠肺炎疫情不可抗力出口退运货物税收规定的公告

2020 年 11 月 2 日 财政部 海关总署 税务总局公告 2020 年第 41 号

经国务院批准，关于因新冠肺炎疫情不可抗力出口退运货物的相关税收规定，公告如下：

一、对自 2020 年 1 月 1 日起至 2020 年 12 月 31 日申报出口，因新冠肺炎疫情不可抗力原因，自出口之日起 1 年内原状复运进境的货物，不征收进口关税和进口环节增值税、消费税，出口时已征收出口关税的，退还出口关税。

二、对符合第一条规定的货物，已办理出口退税的，按现行规定补缴已退（免）增值税、消费税税款。

三、自本公告发布之日起，符合第一条规定的退运货物申报进口时，企业向海关申请办理不征税手续的，应当事先取得主管税务机关出具的出口货物已补税（未退税）证明。

四、自 2020 年 1 月 1 日起至本公告发布之日，符合第一条规定的退运货物已征收的进口关税和进口环节增值税、消费税，依企业申请予以退还。其中，未申报抵扣进口环节增值税、消费税的，应当事先取得主管税务机关出具的《因新冠肺炎疫情不可抗力出口货物退运已征增值税、消费税未抵扣证明》（见附件），向海关申请办理退还已征进口关税和进口环节增值税、消费税手续；已申报抵扣进口环节增值税、消费税的，仅向海关申请办理退还已征进口关税。进口收货人应在 2021 年 6 月 30 日前向海关办理退税手续。

五、符合第一条、第三条和第四条规定的货物，进口收货人应提交退运原因书面说明，证明其因新冠肺炎疫情不可抗力原因退运，海关凭其说明按退运货物办理上述手续。

六、本公告由财政部会同海关总署、税务总局负责解释。

附件：因新冠肺炎疫情不可抗力出口货物退运已征增值税、消费税未抵扣证明

财政部 海关总署 税务总局
2020 年 11 月 2 日

附件："十四五"因新冠肺炎疫情不可抗力出口货物退运 已征增值税、消费税未抵扣证明

编号：主管税务机关代码＋四位流水号

纳税人名称		纳税人识别号或统一社会信用代码	
		企业海关代码	
进口时间	年　月　日		
海关进口增值税、消费税专用缴款书	海关报关单（编号：_____）、海关进口增值税专用缴款书（凭证号：_____）、进口环节增值税税款金额为（大写）_____，￥_____元；海关进口消费税专用缴款书（凭证号：_____）、进口环节消费税税款金额为（大写）_____，￥_____元。		
税款抵扣情况	经审核：1. 该纳税人上述海关进口增值税、消费税专用缴款书税额均未申报抵扣（　　　） 2. 该纳税人上述海关进口增值税税额未申报抵扣，进口消费税专用缴款书税额已申报抵扣（　　　） 3. 该纳税人上述海关进口增值税税额已申报抵扣，进口消费税专用缴款书税额未申报抵扣（　　　）		
其他需要说明的事项			
审核意见： 审核人： 　　　　　年　月　日	复核意见： 复核人： 　　　　　年　月　日	局长意见： 局领导：　　　　（局章） 　　　　　年　月　日	

4.35 财政部　海关总署　税务总局关于调整部分项目可享受返税政策进口天然气数量的通知

2019 年 3 月 21 日　财关税〔2019〕12 号

各省、自治区、直辖市、计划单列市财政厅（局），海关总署广东分署、各直属海关，国家税务总局各省、自治区、直辖市、计划单列市税务局，财政部驻各省、自治区、直辖市、计划单列市财政监察专员办事处：

为贯彻落实《国务院关于促进天然气协调稳定发展的若干意见》（国发〔2018〕31 号）的文件精神，根据《财政部 海关总署 国家税务总局关于对 2011—2020 年期间进口天然气及 2010 年底前"中亚气"项目进口天然气按比例返还进口环节增值税有关问题的通知》（财关税〔2011〕39 号）和《财政部 海关总署 国家税务总局关于调整进口天然气税收优惠政策有关问题的通知》（财关税〔2013〕74 号）中的有关规定，现对上述政策中部分项目进口天然气的年度进口规模予以调整，具体如下：

一、自 2019 年 1 月 1 日起，将浙江液化天然气项目可享受政策的进口规模调整为 700 万吨/年，将唐山液化天然气项目、天津液化天然气项目、广西液化天然气项目、天津浮式液化天然气项目、上海液化天然气项目可享受政策的进口规模调整为 600 万吨/年。

二、浙江液化天然气项目、唐山液化天然气项目、天津浮式液化天然气项目、上海液化天然气项目可享受政策的 2018 年度进口量分别为 547.2 万吨、546.6 万吨、353.5 万吨、398.5 万吨。

特此通知。

财政部 海关总署 税务总局

2019 年 3 月 21 日

4.36 财政部 海关总署 税务总局关于中国国际消费品博览会展期内销售的进口展品税收优惠政策的通知

2021 年 4 月 26 日 财关税〔2021〕32 号

海南省财政厅，海口海关，国家税务总局海南省税务局，海南国际经济发展局：

为贯彻落实《海南自由贸易港建设总体方案》，经国务院同意，现将中国国际消费品博览会（以下称消博会）展期内销售的进口展品税收政策通知如下：

一、全岛封关运作前，对消博会展期内销售的规定上限以内的进口展品免征进口关税、进口环节增值税和消费税。每个展商享受税收优惠政策的展品销售上限按附件规定执行。享受税收优惠政策的展品不包括国家禁止进口商品、濒危动植物及其产品、烟、酒和汽车。

二、对展期内销售的超出附件规定数量或金额上限的展品，以及展期内未销售且在展期结束后又不退运出境的展品，按照国家有关规定照章征税。

三、参展企业名单及展期内销售的展品清单，由海南国际经济发展局或其指定单位向海口海关统一报送。

四、本通知自印发之日起执行。

附件：中国国际消费品博览会享受税收优惠政策的进口展品清单

财政部 海关总署 税务总局

2021 年 4 月 26 日

附件：中国国际消费品博览会享受税收优惠政策的进口展品清单

序号	展品类别	每个展商享受税收优惠政策的数量或金额上限
1	家具	50 件
2	服装及衣着附件	30 件
3	皮革制品、毛皮制品、人造毛皮制品	30 件
4	旅行用品、手提包及类似容器	30 件
5	光学、照相、电影仪器及设备	10 件，且单价价格不得超过 1 万美元
6	天然或养殖珍珠、宝石或半宝石、贵金属、包贵金属及其制品	5 件，且单价价格不得超过 1 万美元
7	手表、怀表及其他表	5 件，且单价价格不得超过 1 万美元
8	除上述类别外的其他展品	2 万美元

注：上述各类别展品不包括国家禁止进口商品、濒危动植物及其产品、烟、酒和汽车。

4.37 财政部 国家税务总局 海关总署关于中国国际进口博览会展期内销售的进口展品税收优惠政策的通知

2020 年 10 月 12 日 财关税〔2020〕38 号

上海市财政局、上海海关、国家税务总局上海市税务局、中国国际进口博览局、国家会展中心（上海）有限责任公司：

为支持举办中国国际进口博览会（以下简称进博会），经国务院批准，现就有关税收政策通知如下：

一、对进博会展期内销售的合理数量的进口展品免征进口关税、进口环节增值税和消费税。享受税收优惠的展品不包括国家禁止进口商品，濒危动植物及其产品，烟、酒、汽车以及列入《进口不予免税的重大技术装备和产品目录》的商品。

二、每个展商享受税收优惠的销售数量或限额，按附件规定执行。附件所列 1－5 类展品，每个展商享受税收优惠政策的销售数量不超过列表规定；其他展品每个展商享受税收优惠政策的销售限额不超过 2 万美元。

三、对展期内销售的超出政策规定数量或限额的展品，以及展期内未销售且在展期结束后又不退运出境的展品，按照国家有关规定照章征税。

四、参展企业名单及展期内销售的展品清单，由承办单位中国国际进口博览局和国家会展中心（上海）有限责任公司向上海海关统一报送。

本通知自印发之日起执行。

附件：中国国际进口博览会享受税收优惠政策的展品清单

财政部 海关总署 税务总局

2020 年 10 月 20 日

附件：中国国际进口博览会享受税收优惠政策的展品清单

序号	类别	备注
1	机器、机械器具、电气设备及仪器、仪表（医疗或外科用仪器及设备除外）	每个参展商享受税收优惠数量不超过 12 件
2	牵引车、拖拉机	每个参展商享受税收优惠数量不超过 2 件
3	船舶及浮动结构体	每个参展商享受税收优惠数量不超过 3 件
4	医疗或外科用仪器及设备	每个参展商享受税收优惠数量不超过 5 件
5	艺术品、收藏品及古物	每个参展商享受税收优惠数量不超过 5 件
6	除上述类别外的其他展品	每个参展商享受税收优惠的销售限额不超过 2 万美元

注：上述展品不包括国家禁止进口商品，濒危动植物及其产品，烟、酒、汽车以及列入《进口不予免税的重大技术装备和产品目录》的商品。

4.38　财政部　国家税务总局关于调整享受税收优惠政策天然气进口项目的通知

2018 年 10 月 17 日　财关税〔2018〕35 号

各省、自治区、直辖市、计划单列市财政厅（局），海关总署广东分署、各直属海关，国家税务总局各省、自治区、直辖市、计划单列市税务局，财政部驻各省、自治区、直辖市、计划单列市财政监察专员办事处：

根据《财政部　海关总署　国家税务总局关于对2011—2020 年期间进口天然气及 2010 年底前"中亚气"项目进口天然气按比例返还进口环节增值税有关问题的通知》（财关税〔2011〕39 号）和《财政部　海关总署　国家税务总局关于调整进口天然气税收优惠政策有关问题的通知》（财关税〔2013〕74 号）中的有关规定，对进口天然气具体项目进行调整，具体如下：

一、新增加浙江舟山液化天然气项目享受优惠政策。该项目进口规模为300 万吨/年，进口企业为新奥（舟山）天然气销售有限公司，享受政策起始时间为 2018 年 8 月 7 日。

二、自 2017 年 1 月 1 日起，将山东液化天然气项目可享受政策的进口规模由 300 万吨/年调整为 600 万吨/年。

特此通知。

财政部　海关总署　税务总局
2018 年 10 月 17 日

4.39 国家税务总局关于加强海关进口增值税抵扣管理的公告

2017 年 2 月 13 日　国家税务总局公告 2017 年第 3 号

为保护纳税人合法权益，进一步加强增值税管理，打击利用海关进口增值税专用缴款书（以下简称"海关缴款书"）骗抵税款犯罪活动，税务总局决定全面提升海关缴款书稽核比对级别，强化对海关进口增值税的抵扣管理。现将有关事项公告如下：

增值税一般纳税人进口货物时应准确填报企业名称，确保海关缴款书上的企业名称与税务登记的企业名称一致。税务机关将进口货物取得的属于增值税抵扣范围的海关缴款书信息与海关采集的缴款信息进行稽核比对。经稽核比对相符后，海关缴款书上注明的增值税额可作为进项税额在销项税额中抵扣。稽核比对不相符，所列税额暂不得抵扣，待核查确认海关缴款书票面信息与纳税人实际进口业务一致后，海关缴款书上注明的增值税额可作为进项税额在销项税额中抵扣。

税务部门应加强对纳税人的辅导，充分利用多种渠道向全社会广泛宣传，赢得纳税人的理解和支持。

本公告自发布之日起实施。

特此公告。

国家税务总局
2017 年 2 月 13 日

4.40 关于《国家税务总局关于加强海关进口增值税抵扣管理的公告》的解读

2017 年 2 月 20 日　国家税务总局办公厅

一、发布本公告的背景是什么

近年来，不法分子利用非法获取的海关进口增值税专用缴款书骗抵增值税的案件屡屡发生，严重危害了进口增值税征管秩序。为保护纳税人合法权益，进一步加强增值税管理，打击利用海关缴款书骗抵税款犯罪活动，税务总局决定全面提升海关缴款书稽核比对级别，强化对海关进口增值税的抵扣管理。

二、公告适用的范围是什么

进口货物并取得属于增值税扣税范围海关缴款书的增值税一般纳税人适用此公告。

三、纳税人进口增值税允许抵扣的条件

纳税人在取得海关缴款书后按照有关规定提交海关缴款书相关信息申请稽核比对。税务机关将纳税人提交的信息与海关传输的信息进行稽核，比对相符后其增值税额方能作为进项税额在销项税额中抵扣，逾期未提交的进项税额不予抵扣。

四、税务机关应当做好哪些工作

税务机关应密切关注稽核比对结果为重号的情况，采取有效措施进行快速筛查处理，维护海关进口增值税抵扣管理的正常秩序，同时对此项工作的重要意义进行广泛宣传，赢得纳税人的理解和支持。

4.41　财政部　国家税务总局　海关总署　商务部文化和旅游部关于印发《口岸出境免税店管理暂行办法》的通知

2019 年 5 月 17 日　财关税〔2019〕15 号

各省、自治区、直辖市、计划单列市财政厅（局）、商务主管部门、旅游主管部门、税务局、新疆生产建设兵团财政局，海关总署广东分署、各直属海关，财政部各地监管局：

为落实党中央、国务院决定，规范管理口岸出境免税店，促进口岸出境免税店健康有序发展，现印发《口岸出境免税店管理暂行办法》，请遵照执行。

附件：口岸出境免税店管理暂行办法

财政部　商务部　文化和旅游部　海关总署　税务总局
2019 年 5 月 17 日

附件：口岸出境免税店管理暂行办法

第一条　为了规范口岸出境免税店管理工作，促进口岸出境免税店健康有序发展，根据有关法律法规和我国口岸出境免税店政策制定本办法。

第二条　中华人民共和国境内口岸出境免税店的设立申请、审批、招标投标、经营、监管等事项适用本办法。

第三条　本办法所称口岸出境免税店，是指设立在对外开放的机场、港口、车站和陆路出境口岸，向出境旅客销售免税商品的商店。

第四条　本办法所称免税商品，是指免征关税、进口环节税的进口商品和实行退（免）税（增值税、消费税）进入口岸出境免税店销售的国产商品。

第五条　免税商品的销售对象，为已办妥出境手续，即将登机、上船、乘车前往境外及出境交通工具上的旅客。

第六条　国家对口岸出境免税店实行特许经营。国家统筹安排口岸出境免税店的布局和建设。口岸出境免税店的布局选址应根据出入境旅客流量，结合区域布局因素，满足节约资源、保护环境、有序竞争、避免浪费、便于监管的要求。

第七条　设立口岸出境免税店的数量、口岸，由口岸所属的地方政府或中国民用航空局提出申请，财政部会同商务部、文化和旅游部、海关总署、税务总局审批。

第八条　免税商品的经营范围，严格限于海关核定的种类和品种。

第九条　除国务院另有规定外，对原经国务院批准具有免税品经营资质，且近 5 年有连续经营口岸或市内进出境免税店业绩的企业，放开经营免税店的地域和类别限制，准予企业平等竞标口岸出境免税店经营权。口岸出境免税店必须由具有免税品经营资质的企业绝对控股（持股比例大于50%）。

第十条　口岸出境免税店由招标人或口岸业主通过招标方式确定经营主体。设有口岸进、出境免税店的口岸应对口岸进、出境免税店统一招标。招标投标活动必须严格遵守《中华人民共和国招标投标法》《中华人民共和国招标投标法实施条例》等有关法律法规的规定。如果不具备招标条件，比如在进出境客流量较小、开店面积有限等特殊情况下，可提出申请，财政部会同有关部门核准，参照《中华人民共和国政府采购法》规定的竞争性谈判等其他方式确定经营主体。

第十一条　招标投标活动应当保证具有免税品经营资质的企业公平竞争。招标人不得设定歧视性条款，不得含有倾向、限制或排斥投标人的内容，不得以特定行政区域或者特定的业绩作为加分条件或者中标条件。

单位负责人为同一人或者存在控股、管理关系的不同单位，不得参加同一标段投标或者未划分标段的同一招标项目投标。

第十二条　合理规范口岸出境免税店租金比例和提成水平，避免片面追求"价高者得"。财务指标在评标中占比不得超过50%。财务指标是指投标报价中的价格部分，

包括但不限于保底租金、销售提成等。招标人应根据口岸同类场地现有的租金、销售提成水平来确定最高投标限价并对外公布。租金单价原则上不得高于国内厅含税零售商业租金平均单价的1.5倍；销售提成不得高于国内厅含税零售商业平均提成比例的1.2倍。

第十三条　应综合考虑企业的经营能力，甄选具有可持续发展能力的经营主体。经营品类，尤其是烟酒以外品类的丰富程度应是重要衡量指标。技术指标在评标中占比不得低于50%。技术指标分值中，店铺布局和设计规划占比20%；品牌招商占比30%；运营计划占比20%；市场营销及顾客服务占比30%。品牌招商分值中，烟酒占比不得超过50%。

第十四条　规范评标工作程序。评标过程分为投标文件初审、问题澄清、讲标和比较评价三个阶段。每个阶段的评审应当出具评审报告。

第十五条　中标人不得以装修费返还、税后利润返回、发展基金等方式对招标人进行变相补偿。招标人或所在政府不得通过补贴、财政返回等方式对中标人进行变相补偿。

第十六条　新设立或经营合同到期的口岸出境免税店经营主体经招标或核准后，经营期限不超过10年。经营期间经营主体不得擅自变更口岸出境免税店中标时确定的经营面积。需扩大原批准时经营面积的，招标人或口岸业主需提出申请，财政部会同有关部门核准；需缩小原批准时经营面积的，招标人或口岸业主需提出申请报海关总署核准。协议到期后不得自动续约，应根据本办法第十条的规定重新确定经营主体。

第十七条　招标人或口岸业主经招标或采用其他经核准的方式与免税品经营企业达成协议后，应按程序向财政部、商务部、文化和旅游部、海关总署、税务总局备案。

备案时需提交以下材料：

（一）经营主体合作协议（包括各股东持股比例、经营主体业务关联互补情况等。独资设立免税店除外）；

（二）经营主体的基本情况（包括企业性质、营业范围、生产经营，资产负债等方面）；

（三）口岸与经营主体设立口岸出境免税店的协议。

第十八条　中标人经营口岸出境免税店应当符合海关监管要求，经海关批准，并办理注册

手续。

第十九条 经营主体的股权结构、经营状况等基本情况发生重大变化时,招标人或口岸业主应按程序向财政部、商务部、文化和旅游部、海关总署、税务总局报告。若股权结构变动后,经营主体持股比例小于等于 50%,经批准设立的口岸出境免税店招标人或口岸业主需按照本办法第七条、第十条和第十八条的规定重新办理审批手续、确定经营主体。

第二十条 机场口岸业主或招标人不得与中标人签订阻止其他免税品经营企业在机场设立免税商品提货点的排他协议,口岸所在地的省(自治区、直辖市)财政厅(局)对上述情况进行监督和管理。

第二十一条 自批准设立口岸出境免税店之日起,招标人或口岸业主应当在 6 个月内完成招标。经营口岸出境免税店自海关批准之日起,经营主体应当在 1 年内完成免税店建设并开始营业。经批准设立的口岸出境免税店无正当理由未按照上述时限要求对外营业的,或者暂停经营 1 年以上的,招标人或口岸业主按照本办法第七条、第十条和第十八条的规定重新办理审批手续、确定经营主体。

第二十二条 口岸所在地的省(自治区、直辖市)财政厅(局)对招标投标履行行政监督职责,主要包括对评标活动进行监督,负责受理投诉,对违法行为依法进行处罚等。财政部各地监管局按照财政部要求开展有关监管工作。

第二十三条 口岸出境免税店应当缴纳免税商品特许经营费,具体办法按照财政部有关规定执行。

第二十四条 口岸出境免税店销售的免税商品适用的增值税、消费税免税政策,相关管理办法由税务总局商财政部另行制定。

第二十五条 财政部、商务部、文化和旅游部、海关总署、税务总局应加强相互联系和信息交换,并根据职责分工,加强协作配合,对口岸出境免税店工作实施有效管理。

第二十六条 财政部、商务部、文化和旅游部、海关总署、税务总局可以定期对口岸出境免税店经营情况进行核查,发现违反相关法律法规和规章制度的,依法予以处罚。

第二十七条 本办法自发布之日起施行。原《关于印发〈关于进一步加强免税业务集中统一管理的请示〉的通知》(财外字〔2000〕1 号)与本办法相冲突的内容,以本办法为准。

4.42 国家税务总局关于加快出口退税进度有关事项的公告

2018 年 10 月 15 日 国家税务总局公告 2018 年第 48 号

为深入贯彻落实国务院关于加快出口退税进度的决定,现将有关事项公告如下:

一、优化出口退(免)税企业分类管理

(一)调整出口企业管理类别评定标准:

1. 将一类生产企业评定标准中的"上一年度的年末净资产大于上一年度该企业已办理的出口退税额(不含免抵税额)"调整为"上一年度的年末净资产大于上一年度该企业已办理的出口退税额(不含免抵税额)的 60%"。

2. 取消三类出口企业评定标准中"上一年度累计 6 个月以上未申报出口退(免)税(从

事对外援助、对外承包、境外投资业务的，以及出口季节性商品或出口生产周期较长的大型设备的出口企业除外）"的评定条件。

（二）取消管理类别年度评定次数限制。出口企业相关情形发生变更并申请调整管理类别的，主管税务机关应按照有关规定及时开展评定工作。

（三）评定标准调整后，符合一类出口企业评定标准的生产企业，可按照规定提交相关资料申请变更其管理类别。税务机关应自受理企业资料之日起 15 个工作日内完成评定调整工作。

评定标准调整后，对符合二类出口企业评定标准的企业，税务机关应于 15 个工作日内完成评定调整工作。

二、全面推行无纸化退税申报

（一）实现无纸化退税申报地域全覆盖。各地税务机关应利用信息技术，实现申报、证明办理、核准、退库等出口退（免）税业务"网上办理"，切实方便出口企业办理退税，提高退税效率。2018 年 12 月 31 日前，在全国推广实施无纸化退税申报。

（二）实现无纸化退税申报一类、二类出口企业全覆盖。按照企业自愿的原则，于 2018 年 12 月 31 日前，实现出口退（免）税管理类别为一类、二类的出口企业全面推行无纸化退税申报。

三、大力支持外贸新业态发展

（一）鼓励外贸综合服务企业为中小企业代办退税。各地税务机关要认真落实外贸综合服务企业退税管理相关规定，做好外贸综合服务企业和生产企业的备案、实地核查、代办退税发票开具、退税信息传递等工作，支持外贸新业态发展。

（二）指导外贸综合服务企业防范业务风险。主管税务机关要根据企业需求，指导外贸综合服务企业建立内部风险管控制度，建设内部风险管控信息系统，防范代办退税业务风险。

四、积极做好出口退（免）税服务

（一）各级税务机关应加强政策宣传辅导，通过新闻媒体、网站、短信平台、电子邮件、微信等多种途径开展政策宣讲和业务培训，便于出口企业及时收集单证，尽快满足退税申报条件。

（二）各级税务机关要定期提醒出口企业退（免）税申报、审核、退库进度及申报退（免）税期限等情况，便于出口企业及时、足额获取出口退税。

五、施行日期

本公告自发布之日起施行。《出口退（免）税企业分类管理办法》（国家税务总局公告 2016 年第 46 号发布）第五条第一项第 3 目、第六条第三项、第九条"出口企业管理类别评定工作每年进行 1 次，应于企业纳税信用级别评价结果确定后 1 个月内完成"的规定同时废止。

特此公告。

国家税务总局
2018 年 10 月 15 日

4.43　关于《国家税务总局关于加快出口退税进度有关事项的公告》的政策解读

2018 年 10 月 16 日　国家税务总局办公厅

现就《国家税务总局关于加快出口退税进度有关事项的公告》（以下简称《公告》）有关内容解读如下：

一、《公告》出台的背景

为深入贯彻落实国务院关于加快出口退税进度的决定，通过优化出口退（免）税企业分类管理、全面推行无纸化退税申报、大力支持外贸新业态发展和积极做好出口退（免）税服务等项工作，促进外贸稳定增长，税务总局制发了《公告》。

二、《公告》主要内容解读

（一）优化出口退（免）税企业分类管理

1. 调整出口企业管理类别评定标准：

一是适当降低了一类生产企业评定标准中企业年末净资产的比例。《出口退（免）税企业分类管理办法》（国家税务总局公告 2016 年第 46 号发布，以下简称《办法》）规定，一类生产企业要符合"上一年度的年末净资产大于上一年度该企业已办理的出口退税额（不含免抵税额）"的条件，此次将该条件调整为"上一年度的年末净资产大于上一年度该企业已办理的出口退税额（不含免抵税额）的 60%"，使得一类生产企业和一类外贸企业关于年末净资产比例要求的评定标准一致，在有效控制风险的同时，提高一类企业户数。

二是取消三类出口企业评定标准中"上一年度累计 6 个月以上未申报出口退（免）税"的评定条件。此前，由于该条件限制，部分出口业务量小的中小出口企业不能被评为一、二类企业，取消此项条件后，原三类企业中其他条件符合一、二类企业评定标准的中小企业，可按规定调高分类管理类别，进而加快退税进度。

2. 取消管理类别年度评定次数限制。《办法》规定出口企业管理类别评定工作每年进行 1 次，《国家税务总局关于出口退（免）税申报有关问题的公告》（国家税务总局公告 2018 年第 16 号）明确"出口企业因纳税信用级别、海关企业信用管理类别、外汇管理的分类管理等级等发生变化，或者对分类管理类别评定结果有异议的，可以书面向负责评定出口企业管理类别的税务机关提出重新评定管理类别"，此次《公告》进一步明确"出口企业相关情形发生变更并申请调整管理类别的，主管税务机关应按照有关规定及时开展评定工作"。今后信用评级高、纳税记录好的出口企业只要达到一、二类管理类别标准，就能尽快调整管理类别，提高其退税效率。

3. 此前，按照相关规定，分类调整工作一般要求在 20 工作日内完成。此次标准调整后，尽管调整户数较多，但为尽快完成调整工作，进而加快退税进度，《公告》要求各地税务机关要按规定在 15 个工作日内完成此次评定调整工作。

（二）全面推行无纸化退税申报

税务总局自 2015 年 4 月部署开展出口退税无纸化试点管理工作，目前全国除西藏以外的地区均已开展了无纸化退税申报试点工作。实行无纸化退税申报的出口企业，进行出口退（免）税正式申报以及申请办理出口退（免）税相关证明时，只需按规定提供正式电子数据，原规定应向主管税务机关报送的纸质凭证和纸质申报表留存企业备查。在前期试点工作的基础上，《公告》提出 2018 年 12 月 31 日前，在全国推广实施无纸化退税申报，并按照企业自愿的原则，实现无纸化退税申报一类、二类出口企业全覆盖。

（三）大力支持外贸新业态发展

为鼓励外贸综合服务企业为中小企业代办退税，《公告》提出各地税务机关要认真落实外贸综合服务企业退税管理相关规定，进一步支持外贸新业态发展。此外，为指导外贸综合服务企业化解代办退税风险，促进外贸综合服务企业规范健康发展，《公告》明确主管税务机关要根据企业需求，指导外贸综合服务企业建立内部风险管控制度，建设内部风险管控信息系统，防范代办退税业务风险。

（四）积极做好出口退（免）税服务

针对出口企业在货物报关出口后，企业收齐单证到申报退税时间较长，影响企业申报退税问题，《公告》要求各级税务机关应加强政策宣传辅导，通过新闻媒体、网站、短信平台、电子邮件、微信等多种途径开展政策宣讲和业务培训，便于出口企业及时收集单证，尽快满足退税申报条件。

此外，为减少出口企业因未按规定时限办理退税造成的损失，《公告》要求各级税务机关要定期提醒出口企业退（免）税申报、审核、退库进度及申报退（免）税期限等情况，便于出口企业及时、足额获取出口退税。

（五）明确了施行日期

本公告自发布之日起施行。《办法》第五条第一项第 3 目、第六条第三项、第九条"出口企业管理类别评定工作每年进行 1 次，应于企业纳税信用级别评价结果确定后 1 个月内完成"的规定同时废止。

4.44　国家税务总局关于出口退（免）税申报有关问题的公告 ［部分废止］

2018 年 4 月 19 日　国家税务总局公告 2018 年第 16 号

依据国家税务总局公告 2021 年第 15 号国家税务总局关于优化整合出口退税信息系统更好服务纳税人有关事项的公告，本法规第六条，第七条，第九条第三项中的"同时，应在核销确认的次月，根据《生产企业进料加工业务免抵退税核销表》确认的不得免征和抵扣税额在纳税申报时申报调整"，附件 2、3、4、5、6 废止。

为进一步落实税务系统"放管服"改革要求，简化出口退（免）税手续，优化出口退（免）税服务，持续加快退税进度，支持外贸出口，现就出口退（免）税申报有关问题公告如下：

一、出口企业或其他单位办理出口退（免）税备案手续时，应按规定向主管税务机关填报修改后的《出口退（免）税备案表》（附件 1）。

二、出口企业和其他单位申报出口退（免）税时，不再进行退（免）税预申报。主管税务机关确认申报凭证的内容与对应的管理部门电子信息无误后方可受理出口退（免）税申报。

三、实行免抵退税办法的出口企业或其他单位在申报办理出口退（免）税时，不再报送当期《增值税纳税申报表》。

四、出口企业按规定申请开具代理进口货物证明时，不再提供进口货物报关单（加工贸易专用）。

五、外贸企业购进货物需分批申报退（免）税的以及生产企业购进非自产应税消费品需分批申报消费税退税的，出口企业不再向主管税务机关填报《出口退税进货分批申报单》，由主管税务机关通过出口税收管理系统对进货凭证进行核对。

六、[条款废止] 出口企业或其他单位在出口退（免）税申报期限截止之日前，申报出口退（免）税的出口报关单、代理出口货物证明、委托出口货物证明、增值税进货凭证仍没有电子信息或凭证的内容与电子信息比对不符的，应在出口退（免）税申报期限截止之日前，向主管税务机关报送《出口退（免）税凭证无相关电子信息申报表》（附件 2）。相关退（免）税申报凭证及资料留存企业备查，不再报送。

七、[条款废止] 出口企业或其他单位出口货物劳务、发生增值税跨境应税行为，由于以下原因未收齐单证，无法在规定期限内申报的，应在出口退（免）税申报期限截止之日前，向负责管理出口退（免）税的主管税务机关报送《出口退（免）税延期申报申请表》（附件 3）及相关举证资料，提出延期申报申请。主管税务机关自受理企业申请之日起 20 个工作日内完成核准，并将结果告知出口企业或其他单位。

（一）自然灾害、社会突发事件等不可抗力因素；

（二）出口退（免）税申报凭证被盗、抢，或者因邮寄丢失、误递；

（三）有关司法、行政机关在办理业务或者检查中，扣押出口退（免）税申报凭证；

（四）买卖双方因经济纠纷，未能按时取得出口退（免）税申报凭证；

（五）由于企业办税人员伤亡、突发危重疾病或者擅自离职，未能办理交接手续，导致不能按期提供出口退（免）税申报凭证；

（六）由于企业向海关提出修改出口货物报关单申请，在出口退（免）税申报期限截止之日前海关未完成修改，导致不能按期提供出口货物报关单；

（七）有关政府部门在出口退（免）税申报期限截止之日前未出具出口退（免）税申报所需凭证资料；

（八）国家税务总局规定的其他情形。

八、出口企业申报退（免）税的出口货物，应按照《国家税务总局关于出口企业申报出口货物退（免）税提供收汇资料有关问题的公告》（国家税务总局公告 2013 年第 30 号，以下称"30 号公告"）的规定在出口退（免）税申报截止之日前收汇，未按规定收汇的出口货物适用增值税免税政策。对有下列情形之一的出口企业，在申报出口退（免）税时，须按照 30 号公告的规定提供收汇资料：

（一）出口退（免）税企业分类管理类别为四类的；

（二）主管税务机关发现出口企业申报的不能收汇原因是虚假的；

（三）主管税务机关发现出口企业提供的出口货物收汇凭证是冒用的。

上述第（一）种情形自出口企业被主管税务机关评定为四类企业的次月起执行；第（二）种至第（三）种情形自主管税务机关通知出口企业之日起24个月内执行。上述情形的执行时间以申报退（免）税时间为准。

出口企业同时存在上述两种以上情形的，执行时间的截止时间为几种情形中的最晚截止时间。

九、生产企业应于每年4月20日前，按以下规定向主管税务机关申请办理上年度海关已核销的进料加工手册（账册）项下的进料加工业务核销手续。4月20日前未进行核销的，对该企业的出口退（免）税业务，主管税务机关暂不办理，在其进行核销后再办理。

（一）生产企业申请核销前，应从主管税务机关获取海关联网监管加工贸易电子数据中的进料加工"电子账册（电子化手册）核销数据"以及进料加工业务的进口和出口货物报关单数据。

生产企业将获取的反馈数据与进料加工手册（账册）实际发生的进口和出口情况核对后，填报《生产企业进料加工业务免抵退税核销表》（附件4）向主管税务机关申请核销。如果核对发现，实际业务与反馈数据不一致的，生产企业还应填写《已核销手册（账册）海关数据调整表》（附件5）连同电子数据和证明材料一并报送主管税务机关。

（二）主管税务机关应将企业报送的电子数据读入出口退税审核系统，对《生产企业进料加工业务免抵退税核销表》和《已核销手册（账册）海关数据调整表》及证明资料进行审核。

（三）［部分废止］主管税务机关确认核销后，生产企业应以《生产企业进料加工业务免抵退税核销表》中的"已核销手册（账册）综合实际分配率"，作为当年度进料加工计划分配率。（同时，应在核销确认的次月，根据《生产企业进料加工业务免抵退税核销表》确认的不得免征和抵扣税额在纳税申报时申报调整；）（前括号中内容已删除）应在确认核销后的首次免抵退税申报时，根据《生产企业进料加工业务免抵退税核销表》确认的调整免抵退税额申报调整当期免抵退税额。

（四）生产企业发现核销数据有误的，应在发现次月按照本条第（一）项至第（三）项的有关规定向主管税务机关重新办理核销手续。

十、出口企业因纳税信用级别、海关企业信用管理类别、外汇管理的分类管理等级等发生变化，或者对分类管理类别评定结果有异议的，可以书面向负责评定出口企业管理类别的税务机关提出重新评定管理类别。有关税务机关应按照《国家税务总局关于发布修订后的〈出口退（免）税企业分类管理办法〉的公告》（国家税务总局公告2016年第46号）的规定，自收到企业复评资料之日起20个工作日内完成评定工作。

十一、境内单位提供航天运输服务或在轨交付空间飞行器及相关货物，在进行出口退（免）税申报时，应填报《航天发射业务出口退税申报明细表》（附件6），并提供下列资料及原始凭证的复印件：

（一）签订的发射合同或在轨交付合同；

（二）发射合同或在轨交付合同对应的项目清单项下购进航天运输器及相关货物和空间飞行器及相关货物的增值税专用发票或海关进口增值税专用缴款书、接受发射运行保障服务的增值税专用发票；

（三）从与之签订航天运输服务合同的单位取得收入的收款凭证。

《国家税务总局关于发布〈适用增值税零税率应税服务退（免）税管理办法〉的公告》

（国家税务总局公告 2014 年第 11 号）第九条第二项第 1 目规定的其他具有提供商业卫星发射服务资质的证明材料，包括国家国防科技工业局颁发的《民用航天发射项目许可证》。

十二、《废止文件、条款目录》见附件 7。

本公告自 2018 年 5 月 1 日起施行。

特此公告。

附件：

1. 出口退（免）税备案表
2. ［附件废止］出口退（免）税凭证无相关电子信息申报表
3. ［附件废止］出口退（免）税延期申报申请表
4. ［附件废止］生产企业进料加工业务免抵退税核销表
5. ［附件废止］已核销手册（账册）海关数据调整表
6. ［附件废止］航天发射业务出口退税申报明细表
7. 废止文件、条款目录

国家税务总局
2018 年 4 月 19 日

附件 1：出口退（免）税备案表

以下信息由备案企业填写			
统一社会信用代码/纳税人识别号：			
纳税人名称			
海关企业代码			
对外贸易经营者备案登记表编号			
企业类型	内资生产企业（　）　外商投资企业（　）　外贸企业（　）　其他单位（　）		
退税开户银行			
退税开户银行账号			
办理退（免）税人员	姓名		电话
	身份证号		
	姓名		电话
	身份证号		
退（免）税计算方法	免抵退税（　）　免退税（　）　免税（　）　其他（　）		

续表

是否提供零税率应税服务	是（　） 否（　）	提供零税率应税服务代码	
享受增值税优惠政策	先征后退（　）　即征即退（　）　超税负返还（　）　其他（　）		
出口退（免）税管理类型			
附送资料			

本表是根据国家税收法律法规及相关规定填报的，我单位确定它是真实的、可靠的、完整的。

经办人：
财务负责人：
法定代表人

（印章）
年　月　日

以下信息由主管税务机关从税务登记信息中提取

工商登记	证照号码		法定代表人（个体工商户负责人）	姓名	
	开业（设立）日期			身份证号	
	营业期限止				
	注册资本			电话	
注册地址					
生产经营地址					
联系电话					
纳税人类型	增值税一般纳税人（　）　增值税小规模纳税人（　）其他（　）				
登记注册类型			行业		
纳税信用级别			纳税人状态		
以下信息由主管税务机关填写					
主管税务机关代码			主管税务机关名称		
退税机关代码			退税机关名称		
企业分组			分类管理类别		
备案状态					
撤回标识			撤回时间		
其他扩展信息					

【填写说明】：

社会信用代码/纳税人识别号：已换发"多证合一"《营业执照》的，填写《营业执照》所载的统一社会信用代码；未换发的，填写《税务登记证》所载的税务登记号码。

纳税人名称：营业执照登记的企业名称全称。

海关企业代码：已"多证合一"，不单独制发《中华人民共和国海关报关单位注册登记证书》的，填写统一社会信用代码；未"多证合一"的，填写《中华人民共和国海关报关单位注册登记证书》所载的海关注册编码（10 位）。未办理海关报关单位注册登记的，不填写该项目。

对外贸易经营者备案登记表编号：已"多证合一"，不单独制发《对外贸易经营者备案登记表》的，填写统一社会信用代码；未"多证合一"的，填写《对外贸易经营者备案登记表》所载的备案登记表编号。未办理对外贸易备案登记的，不填写该项目。

企业类型：在"内资生产企业、外商投资企业、外贸企业、有生产能力的其他单位、没有生产能力的其他单位"中选择一种类型，在括号内划√。

退税开户银行：填写退税账号开户银行名称。

退税开户银行账号：填写退税银行账号。必须是税务登记信息中已经登记的银行账号。

企业办理退（免）税人员：填写姓名、电话、身份证号。至少填写一个办税员，可以填写两个办税员。

退（免）税计算方法：在"免抵退税、免退税、免税、其他"中选择一种，在括号内划√。

是否提供零税率应税服务：选择是或否，在括号内划√。

提供零税率应税服务代码："是否提供零税率应税行为"选择"是"的，在提供零税率应税服务代码表中选择对应的代码。可以多选。

享受增值税优惠政策：根据企业实际享受情况从"先征后退、即征即退、超税负返还、其他"中选择一种或多种，在括号内划√，不享受增值税优惠政策的，该选项不选择。

退税管理类型：根据出口退税系统中提供的出口退（免）税管理类型选择，可以多选。

附送资料：逐项填列附送原始凭证名称。

附录　　　　　　　　　　提供零税率应税服务代码

序号	代码	名称	子项代码	子项名称
1	01	国际运输服务	01	铁路运输
			02	航空运输
			03	租赁服务
			04	海路运输
			05	公路运输
			06	管道运输
			07	水路运输
2	02	航天运输服务		
3	03	向境外单位提供的完全在境外消费的下列服务	01	研发服务
			02	合同能源管理服务
			03	设计服务
			04	广播影视节目（作品）的制作服务

续表

序号	代码	名称	子项代码	子项名称
			05	广播影视节目（作品）的发行服务
			06	软件服务
			07	电路设计及测试服务
			08	信息系统服务
			09	业务流程管理服务
			10	信息技术外包服务（ITO）
			11	技术性业务流程外包服务（BPO）
			12	技术性知识流程外包服务（KPO）
			13	转让技术

附件7：废止文件、条款目录

序号	标题	文号	废止内容
1	国家税务总局关于发布《出口货物税收函调管理办法》的公告	国家税务总局公告2010年第11号	自2016年1月1日起全文废止
2	国家税务总局关于出口货物退（免）税实行有关单证备案管理制度（暂行）的通知	国税发〔2005〕199号	全文废止
3	国家税务总局关于发布《出口货物劳务增值税和消费税管理办法》的公告	国家税务总局公告2012年第24号	废止第五条第（二）项第5目第（2）"出口退税进货分批申报单"的内容
			废止第十条第（二）项第2目
			废止第十条第（五）项
4	国家税务总局关于《出口货物劳务增值税和消费税管理办法》有关问题的公告	国家税务总局公告2013年第12号	废止第二条第（二）项、第（十八）项
			废止第二条第（十）项第3目
5	国家税务总局关于出口企业申报出口货物退（免）税提供收汇资料有关问题的公告	国家税务总局公告2013年第30号	废止第二条第二款
6	国家税务总局关于调整出口退（免）税申报办法的公告	国家税务总局公告2013年第61号	废止第一条、第二条、第三条、第四条
7	国家税务总局关于发布《适用增值税零税率应税服务退（免）税管理办法》的公告	国家税务总局公告2014年第11号	废止第十三条第二项

序号	标题	文号	废止内容
			废止第十三条第五项第 2 目
8	国家税务总局关于《发布横琴、平潭开发有关增值税和消费税退税管理办法（试行）》的公告	国家税务总局公告 2014 年第 70 号	废止第五条第五项第 3 目"出口退税进货分批单"
			废止第七条
9	国家税务总局关于出口货物劳务退（免）税管理有关问题的公告	国家税务总局公告 2014 年第 51 号	废止第一条"第二条规定的申报退（免）税须提供出口货物收汇凭证的出口企业情形调整为下列五类：（一）被外汇管理部门列为 C 类企业的；（二）被海关列为 C、D 类企业的；（三）被税务机关评定为 D 级纳税信用等级的；（四）主管税务机关发现出口企业申报的不能收汇的原因为虚假的；（五）主管税务机关发现出口企业提供的出口货物收汇凭证是冒用的。"的内容
10	国家税务总局关于逾期未申报的出口退（免）税可延期申报的公告	国家税务总局公告 2015 年第 44 号	全文废止
11	国家税务总局关于部分税务行政审批事项取消后有关管理问题的公告	国家税务总局公告 2015 年第 56 号	废止附件 1
12	国家税务总局关于《适用增值税零税率应税服务退（免）税管理办法》的补充公告	国家税务总局公告 2015 年第 88 号	废止第四条第（四）项
13	国家税务总局关于发布《研发机构采购国产设备增值税退税管理办法》的公告	国家税务总局公告 2017 年第 5 号	废止附件 1

注：国家税务总局关于发布《出口货物税收函调管理办法》的公告自 2016 年 1 月 1 日起全文废止，其他均自 2018 年 5 月 1 日起废止。

4.46　关于《国家税务总局关于出口退（免）税申报有关问题的公告》的解读

2018 年 4 月 19 日　国家税务总局办公厅

　　为进一步落实税务系统"放管服"改革要求，优化出口退（免）税服务，简化出口退（免）税手续，持续加快退税进度，支持外贸出口，经研究，税务总局制发了《国家税务总局关于出口退（免）税申报有关问题的公告》（以下简称《公告》），现解读如下：

一、《公告》的主要内容

（一）取消的出口退（免）税事项和表证单书

1. 取消出口退（免）税预申报。出口企业和其他单位申报出口退（免）税时，主管税务机关确认申报凭证的内容与海关总署等相关管理部门的电子信息无误后方可受理。

2. 取消报送《增值税纳税申报表》。实行免抵退税办法的出口企业或其他单位在申报办理出口退（免）税时，不再报送当期《增值税纳税申报表》。

3. 取消报送进口货物报关单（加工贸易专用）。出口企业按规定申请开具代理进口货物证明时，不再提供进口货物报关单（加工贸易专用）。

4. 取消报送《出口退税进货分批申报单》。外贸企业购进货物需分批申报退（免）税的以及生产企业购进非自产应税消费品需分批申报消费税退税的，出口企业不再向主管税务机关填报《出口退税进货分批申报单》，由主管税务机关通过出口税收管理系统对进货凭证进行核对。

5. 取消报送无相关电子信息申报凭证及资料。出口企业或其他单位在出口退（免）税申报期限截止之日前，，申报出口退（免）税的出口报关单、代理出口货物证明、委托出口货物证明、增值税进货凭证仍没有对应管理部门电子信息或凭证的内容与电子信息比对不符的，应在出口退（免）税申报期限截止之日前，向主管税务机关报送《出口退（免）税凭证无相关电子信息申报表》。相关退（免）税申报凭证及资料留存企业备查，不再报送。

（二）简化的出口退（免）税事项和表证单书

1. 简化了《出口退（免）税备案表》。

2. 简化了年度进料加工业务的核销流程及报表。将《生产企业进料加工业务免抵退税核销申报表》《进料加工手（账）册实际分配率反馈表》《已核销手（账）册海关数据调整报告表（进口报关单）》《已核销手（账）册海关数据调整报告表（出口报关单）》《生产企业进料加工业务免抵退税核销表》5张表格简化为2张表格，分别为《生产企业进料加工业务免抵退税核销表》和《已核销手册（账册）海关数据调整表》。

（三）明确了出口退（免）税延期申报申请的要求，启用《出口退（免）税延期申报申请表》。

（四）明确了申报出口退（免）税需提供出口货物收汇凭证的出口企业三种情形，分别为：出口退（免）税企业分类管理类别为四类；主管税务机关发现出口企业申报的不能收汇的原因为虚假的；主管税务机关发现出口企业提供的出口货物收汇凭证是冒用的。

（五）明确重新评定出口企业分类管理类别的要求和流程。出口企业因纳税信用级别、海关企业信用管理类别、外汇管理的分类管理等级等发生变化，或者对分类管理类别评定结果有异议的，可以书面向负责评定出口企业管理类别的税务机关提出重新评定管理类别。

（六）明确了境内单位提供航天运输服务或在轨交付空间飞行器及相关货物，在申报出口退（免）税时应提供的资料，启用《航天发射业务出口退税申报明细表》。同时，明确了提供航天运输服务的境内单位在申请办理出口退（免）税备案时，提供国家国防科技工业局颁发的《民用航天发射项目许可证》，属于《国家税务总局关于发布〈适用增值税零税率应税服务退（免）税管理办法〉的公告》（国家税务总局公告2014年第11号）第九条第二项第1目规定的其他具有提供商业卫星发生服务资质的证明材料。

（七）规定了《废止文件、条款目录》。

二、公告的施行日期

本公告自2018年5月1日起施行。

4.47　国务院关税税则委员会关于对美加征关税商品第三次排除延期清单的公告

2021 年 2 月 26 日　税委会公告〔2021〕2 号

根据《国务院关税税则委员会关于第二批对美加征关税商品第一次排除清单的公告》（税委会公告〔2020〕3 号），第二批对美加征关税商品第一次排除清单将于 2021 年 2 月 27 日到期。国务院关税税则委员会按程序决定，对上述商品延长排除期限。现将有关事项公告如下：

对附件所列 65 项商品，延长税委会公告〔2020〕3 号规定的排除期限，自 2021 年 2 月 28 日至 2021 年 9 月 16 日，继续不加征我为反制美 301 措施所加征的关税。

附件：对美加征关税商品第三次排除延期清单

国务院关税税则委员会
2021 年 2 月 26 日

附件：对美加征关税商品第三次排除延期清单

序号	ex^①	税则号列^②	商品名称
1	ex	44039100	其他栎木（橡木）原木（用油漆、着色剂、杂酚油或其他防腐剂处理的除外）
2		44039960	北美硬阔叶木原木
3	ex	44079100	端部接合的其他栎木（橡木）厚板材（经纵锯、纵切、刨切或旋切的，厚度超过 6 毫米）
4	ex	44079100	非端部接合的其他栎木（橡木）厚板材（经纵锯、纵切、刨切或旋切的，厚度超过 6 毫米）
5		44079400	樱桃木木材，经纵锯、纵切、刨切或旋切，不论是否刨平、砂光或端部接合，厚度超过 6 毫米
6		44079500	白蜡木木材，经纵锯、纵切、刨切或旋切，不论是否刨平、砂光或端部接合，厚度超过 6 毫米
7		44079930	其他北美硬阔叶材，经纵锯、纵切、刨切或旋切，不论是否刨平、砂光或端部接合，厚度超过 6 毫米
8	ex	47032100	其他漂白针叶木碱木浆或硫酸盐木浆（包括半漂白的，溶解级的除外）
9		47062000	从回收（废碎）纸或纸板提取的纤维浆
10		49019900	其他书籍、小册子及类似印刷品
11		49021000	每周至少出版四次的报纸、杂志及期刊
12		49029000	其他报纸、杂志及期刊

序号	ex①	税则号列②	商品名称
13		84122100	直线作用的液压动力装置
14		84122910	液压马达
15		84123100	直线作用的气压动力装置
16	ex	84135010	气动式耐腐蚀波纹或隔膜泵（流量大于0.6立方米/时，接触表面由特殊耐腐蚀材料制成）
17	ex	84135020	电动式耐腐蚀波纹或隔膜泵（流量大于0.6立方米/时，接触表面由特殊耐腐蚀材料制成）
18	ex	84135031	其他非农业用柱塞泵
19	ex	84136021	其他非农业用电动齿轮泵（回转式排液泵，多重密封泵除外）
20	ex	84136022	其他非农业用液压齿轮泵（回转式排液泵，多重密封泵除外）
21		84136031	电动式叶片回转泵
22	ex	84136040	其他非农业用螺杆泵（回转式排液泵，多重密封泵除外）
23	ex	84141000	专门或主要用于半导体晶圆或平板显示屏制造的真空泵
24		84212300	内燃发动机的燃油过滤器
25	ex	84212990	用氟聚合物制造的厚度不超过140微米的过滤膜或净化膜的其他液体过滤或净化机器及装置
26	ex	84212990	液体截流过滤设备（可连续分离致病性微生物、毒素和细胞培养物）
27	ex	84219990	用氟聚合物制造的厚度不超过140微米的过滤膜或净化膜的液体过滤或净化机器及装置的零件；装备不锈钢外壳、入口管和出口管内径不超过1.3厘米的气体过滤或净化机器及装置的零件
28		84254210	其他液压千斤顶
29		84335920	棉花采摘机
30		84561100	用激光处理各种材料的加工机床
31		84564010	等离子切割机
32		84615000	锯床或切断机
33		84621010	数控锻造或冲压机床及锻锤
34		84621090	非数控锻造或冲压机床及锻锤
35	ex	84798999	生物反应器（两用物项管制机器及机械器具）
36		84805000	玻璃用型模
37		84812010	油压传动阀
38		84821010	调心球轴承
39	ex	84821040	飞机发动机用外径30厘米的推力球轴承（滚珠轴承）
40	ex	85076000	纯电动汽车或插电式混合动力汽车用锂离子蓄电池系统（包含蓄电池模块、容器、盖、冷却系统、管理系统等，比能量≥80Wh/kg）

续表

序号	ex①	税则号列②	商品名称
41		90121000	显微镜（光学显微镜除外）及衍射设备
42		90129000	显微镜（光学显微镜除外）及衍射设备的零件、附件
43		90132000	激光器
44	ex	90139010	激光器以及作为本章或第十六类的机器、设备、仪器或器具部件的望远镜用的零件及附件（武器用望远镜瞄准器具或潜望镜式望远镜用零件及附件除外）
45		90149010	自动驾驶仪用零件、附件
46	ex	90181291	彩色超声波诊断仪的零件及附件
47		90181390	核磁共振成像装置零件
48	ex	90189030	内窥镜的零件及附件
49	ex	90192000	具有自动人机同步追踪功能或自动调节呼气压力功能的无创呼吸机
50		90213900	其他人造的人体部分
51		90221990	其他非医疗用的 X 射线应用设备
52		90223000	X 射线管
53	ex	90251910	温度传感器
54	ex	90269000	液位仪用探棒
55	ex	90271000	用于连续操作的气体检测器［可用于出口管制的化学品或有机化合物（含有磷、硫、氟或氯，其浓度低于 0.3 毫克/立方米）的检测，或为检测受抑制的胆碱酯酶的活性而设计］
56	ex	90273000	傅里叶红外光谱仪
57	ex	90273000	近红外光谱仪
58	ex	90273000	台式与手持拉曼光谱仪
59		90275010	基因测序仪
60	ex	90275090	流式细胞仪
61	ex	90278099	转矩流变仪
62	ex	90309000	频率带宽在 81GHz 以上，且探针最小间距在周围排列下为 50 微米，阵列下为 180 微米的用于声表面波滤波器测试的测试头
63		90318031	超声波探伤检测仪
64		90328100	液压或气压自动调节或控制仪器及装置
65	ex	90329000	飞机自动驾驶系统的零件（包括自动驾驶、电子控制飞行、自动故障分析、警告系统配平系统及推力监控设备及其相关仪表的零件）

注：①ex 表示排除商品在该税则号列范围内，以具体商品描述为准。
　　②为《中华人民共和国进出口税则（2021）》的税则号列。

4.48　财政部　海关总署　税务总局关于"十四五"期间进口科学研究、科技开发和教学用品免税清单（第一批）的通知

2021 年 10 月 29 日　财关税〔2021〕44 号

各省、自治区、直辖市、计划单列市财政厅（局），新疆生产建设兵团财政局，海关总署广东分署、各直属海关，国家税务总局各省、自治区、直辖市、计划单列市税务局，财政部各地监管局，国家税务总局驻各地特派员办事处：

根据《财政部　海关总署　税务总局关于"十四五"期间支持科技创新进口税收政策的通知》（财关税〔2021〕23 号）和《财政部　中央宣传部　国家发展改革委　教育部　科技部　工业和信息化部　民政部　商务部　文化和旅游部　海关总署　税务总局关于"十四五"期间支持科技创新进口税收政策管理办法的通知》（财关税〔2021〕24 号）有关规定，现将"十四五"期间进口科学研究、科技开发和教学用品的第一批免税清单（见附件）予以公布，自 2021 年 1 月 1 日起实施。

一、科学研究机构、技术开发机构、学校、党校（行政学院）、图书馆的免税进口商品清单，按照附件第一至十五条执行。

二、出版物进口单位的免税进口商品清单，按照附件第五条执行。

附件："十四五"期间进口科学研究、科技开发和教学用品免税清单（第一批）

财政部　海关总署　税务总局
2021 年 10 月 29 日

附件："十四五"期间进口科学研究、科技开发和教学用品免税清单（第一批）

一、分析、测量、检查、计量、观测、发生信号、处理信号的仪器、仪表及其附件。其中包括进行分析、测量、检查、计量、观测等工作必需的传感器或类似装置及附件。

本条所述商品中，除"附件"不受税则号列限制外，其他商品应在以下税则号列范围内：《中华人民共和国进出口税则（2021）》（以下简称《税则》）第八十四、八十五、九十章（84.23，90.04，9015.1000 除外），91.05，91.06。

二、实验、教学用的设备，不包括用于中试和生产的设备。包括：

（一）实验环境方面。

1. 教学实验仪器及装置；

2. 教学示教、演示仪器及装置；

3. 净化设备（如换气、灭菌、纯水设备等）；

4. 特殊实验环境设备（如超低温、超高温、高压、低压、强腐蚀设备、磁场设备、搭载实验仪器的减震平台等）；

5. 特殊电源、光源设备（如电极、开关、线圈、各种光源等）；

6. 清洗循环设备；

7. 小型粉碎、研磨制备设备；

8. 光学元器件；

9. 其他。

（二）样品制备设备和装置。

1. 特种泵类（如分子泵、离子泵、真空泵、蠕动泵、涡轮泵、干泵、高压输液泵等）；

2. 培养设备（如培养箱、发酵罐等）；

3. 微量取样设备（如移液管、取样器、精密天平等）；

4. 分离、纯化、浓缩设备（如离心机、萃取、结晶设备、旋转蒸发器等，层析、色谱设备除外）；

5. 气体、液体、固体混合设备（如旋涡混合器等）；

6. 制气设备、气体压缩设备、气体膨胀设备；

7. 专用制样设备（如切片机、压片机、镀膜机、减薄仪、抛光机等），实验用注射、挤出、造粒、膜压设备；实验室样品前处理设备；

8. 实验室用器具（如分配器、量具、循环器、清洗器、拉制器、制刀器、制冷设备、刺激器、工具等）；

9. 其他。

（三）实验室专用设备。

1. 特种照相和摄影设备（如水下、高空、高速、高分辨率、不可见光等）；

2. 科研飞机、船舶用关键设备和部件；

3. 特种数据记录设备（如大幅面扫描仪、大幅面绘图仪、磁带机、光盘机、磁盘阵列等）；

4. 特殊电子部件（如电路板、特种晶体管、特种二极管、专用集成电路等）；

5. 材料科学专用设备（如干胶仪、特种坩埚、陶瓷、图形转换设备、制版用干板、特种等离子体源、离子源、外延炉、扩散炉、溅射仪、离子刻蚀机，材料实验机等），可靠性试验设备，微电子加工设备，通信模拟仿真设备，通信环境试验设备；

6. 小型熔炼设备（如真空、粉末、电渣等），特殊焊接设备；

7. 小型染整、纺丝试验专用设备；

8. 电生理设备（如脑电仪、眼动仪、神经电生理记录仪、脑磁分析仪等）；

9. 精密位移设备（如微操作器、精密移动台、定位仪等）；

10. 其他。

本条所述商品中，除"（一）实验环境方面"中的"9. 其他""（二）样品制备设备和装置"中的"8. 实验室用器具；9. 其他""（三）实验室专用设备"中的"5. 材料科学专用设备中的特种坩埚；10. 其他"不受税则号列限制外，

其他商品应在以下税则号列范围内：

《税则》69.01 – 69.03，69.09，69.14，84.01 – 84.05，84.07 – 84.08（8408.1000 除外），84.10 – 84.72（8418.1 – 8418.5 除外），84.74 – 84.86，85.01 – 85.02，85.04 – 85.07，85.11，85.14 – 85.15，8516.2，85.17 – 85.21，85.23，85.25 – 85.28，85.30 – 85.37，85.39 – 85.46，8548.9000，88.03，88.05，90.01 – 90.02，90.06 – 90.07，90.13，90.16，

90.18－90.19，90.23－90.27，90.29－90.32，9405.4－9405.5，94.06。

三、计算机工作站，中型、大型计算机。其中包括数据交换仪。

本条所述商品应在以下税则号列范围内：《税则》8471.4110，8471.4190，8471.4910，8471.4999，8517.6。

四、用于维修依照《财政部海关总署税务总局关于"十四五"期间支持科技创新进口税收政策的通知》（财关税〔2021〕23号）项下免税进口商品清单已免税进口或者可予免税进口的仪器、仪表和设备，或者用于改进、扩充、升级其功能，而单独进口的专用零部件及配件（自进口的仪器、仪表和设备海关放行之日起10年内，但不超过政策执行期限2025年12月31日）。

本条所述商品不受税则号列限制。

五、图书、文献（含数字文献数据库）、报刊、乐谱及其他资料（包括只读光盘、微缩平片、胶卷、地球资源卫星照片、科技和教学声像制品）。

本条所述商品应在以下税则号列范围内：《税则》37.04－37.06，49.01－49.11，85.23。

六、各种载体形式的讲稿、音像资料、幻灯片、软件及软件许可证。

本条所述商品应在以下税则号列范围内：《税则》49.06－49.07，49.11，84.71，85.23。

七、标本，模型。

本条所述商品中，"标本"的税则号列为《税则》9705.0000，"模型"不受税则号列限制。

八、实验、研究用材料，包括试剂、生物中间体和制品、药物、同位素等专用材料。包括：

1. 无机试剂、有机试剂、生化试剂；

2. 生物中间体及其制品（如动物血制品等）；

3. 新合成或新发现的化学物质或化学材料；

4. 矿石、矿物燃料、矿物油及其副产品；

5. 电子产品原材料（如超纯硅、光刻胶、蒸镀源、靶材、衬底等）、特种金属材料（含高纯度金属材料等）、膜材料，各种分析用的标准物、固定相；

6. 水（超纯水、导电水、去离子水等），空气（液态空气、压缩空气、已除去惰性气体的空气等），超纯氮、氦（包括液氮、液氦等）以及其他超纯气体（如超纯氪气等）

7. 各种催化剂、助剂及添加剂（包括防老化剂、防腐剂、促进剂、粘合剂、硫化剂、光吸收剂、发泡剂、消泡剂、乳化剂、破乳剂、分散剂、絮凝剂、抗静电剂、引发剂、渗透剂、光稳定剂、再生活化剂等）；

8. 高分子化合物：特种塑料、树脂、橡胶（耐高、低温，耐强酸碱腐蚀、抗静电、高机械强度，或易降解等）。

本条所述商品中，除第5项所列商品不受税则号列限制外，其他商品应在以下税则号列范围内：《税则》第二十五至四十章。

九、实验用动物。

本条所述商品应在以下税则号列范围内：《税则》第一、三章。

十、医疗检测、分析仪器及其附件、配套设备。包括：

（一）医疗检测、分析仪器及其附件。

本项所述商品应在以下税则号列范围内：《税则》90.18－90.22（9018.1100、9018.1210、

9018. 1930、9018. 9020、9018. 9070 除外），90. 27。

（二）配套设备。

本项所述商品应在以下税则号列范围内：《税则》第八十四、八十五、九十章。

十一、优良品种植物及种子（限于农林类学校、专业和农林类科学研究机构、技术开发机构）。

本条所述商品应在以下税则号列范围内：《税则》第六至十章。

十二、乐器，包括弦乐类、管乐类、打击乐和弹拨乐类、键盘乐类、电子乐类等专业乐器（限于艺术类学校、专业和艺术类科学研究机构、技术开发机构）。

本条所述商品应在以下税则号列范围内：《税则》84. 71，92. 01 – 92. 07。

十三、体育器材（限于体育类学校、专业和体育类科学研究机构、技术开发机构）。

本条所述商品应在以下税则号列范围内：《税则》95. 06。

十四、船舶所用关键设备（限于航运类学校、专业）。

本条所述商品应在以下税则号列范围内：《税则》8406. 1000，8408. 1000（仅包括功率在 8 000 – 10 000 千瓦的高速船用柴油发动机）。

十五、非汽油、柴油动力样车（限于汽车类学校、专业和汽车类科学研究机构、技术开发机构）。

本条所述商品应在以下税则号列范围内：《税则》8701. 9190，8701. 9290，8701. 9390，8701. 9490，8701. 9590，8702. 40，8703. 8000，8704. 1030，87. 05。

第 5 章　企业所得税

5.1　中华人民共和国企业所得税法

2007 年 3 月 16 日　中华人民共和国主席令第 63 号

（2007 年 03 月 16 日第十届全国人民代表大会第五次会议通过；根据 2017 年 2 月 24 日第十二届全国人民代表大会常务委员会第二十六次会议《关于修改〈中华人民共和国企业所得税法〉的决定》第一次修正；根据 2018 年 12 月 29 日第十三届全国人民代表大会常务委员会第七次会议《关于修改〈中华人民共和国电力法〉等四部法律的决定》第二次修正）

第一章　总则

第一条　在中华人民共和国境内，企业和其他取得收入的组织（以下统称企业）为企业所得税的纳税人，依照本法的规定缴纳企业所得税。

个人独资企业、合伙企业不适用本法。

第二条　企业分为居民企业和非居民企业。

本法所称居民企业，是指依法在中国境内成立，或者依照外国（地区）法律成立但实际管理机构在中国境内的企业。

本法所称非居民企业，是指依照外国（地区）法律成立且实际管理机构不在中国境内，但在中国境内设立机构、场所的，或者在中国境内未设立机构、场所，但有来源于中国境内所得的企业。

【例 1】根据企业所得税法律制度的规定，下列关于非居民企业的表述中，正确的是（　　）。

A. 在境外成立的企业均属于非居民企业

B. 在境内成立但有来源于境外所得的企业属于非居民企业

C. 依照外国法律成立，实际管理机构在中国境内的企业属于非居民企业

D. 依照外国法律成立，实际管理机构不在中国境内但在中国境内设立机构、场所的企业属于非居民企业

解析：答案为 D。选项 A 在境外成立的企业，范围过于宽泛。选项 B、选项 C 为居民企业。

非居民企业是指依照外国（地区）法律成立且实际管理机构不在中国境内，但在中国境内设立机构、场所的，或者在中国境内未设立机构、场所，但有来源于中国境内所得的企业。

第三条　居民企业应当就其来源于中国境内、境外的所得缴纳企业所得税。

非居民企业在中国境内设立机构、场所的，应当就其所设机构、场所取得的来源于中国境内的所得，以及发生在中国境外但与其所设机构、场所有实际联系的所得，缴纳企业所得税。

非居民企业在中国境内未设立机构、场所的，或者虽设立机构、场所但取得的所得与其所设机构、场所没有实际联系的，应当就其来源于中国境内的所得缴纳企业所得税。

第四条　企业所得税的税率为 25%。

非居民企业取得本法第三条第三款规定的所得，适用税率为 20%。

第二章　应纳税所得额

第五条　企业每一纳税年度的收入总额，减除不征税收入、免税收入、各项扣除以及允许弥补的以前年度亏损后的余额，为应纳税所得额。

第六条　企业以货币形式和非货币形式从各种来源取得的收入，为收入总额。包括：

（一）销售货物收入；

（二）提供劳务收入；

（三）转让财产收入；

（四）股息、红利等权益性投资收益；

（五）利息收入；

（六）租金收入；

（七）特许权使用费收入；

（八）接受捐赠收入；

（九）其他收入。

第七条　收入总额中的下列收入为不征税收入：

（一）财政拨款；

（二）依法收取并纳入财政管理的行政事业性收费、政府性基金；

（三）国务院规定的其他不征税收入。

【例 2】根据企业所得税法律制度的规定，企业的下列收入中，属于不征税收入的是（　　）。

A. 财政拨款　　　　　　　　　　B. 租金收入

C. 产品销售收入　　　　　　　　D. 国债利息收入

解析：答案为 A。企业所得税法律制度规定财政拨款和依法收取并纳入财政管理的行政事业性收费、政府性基金为不征税收入。选项 B、选项 C、选项 D 均不属于此范围。

第八条　企业实际发生的与取得收入有关的、合理的支出，包括成本、费用、税金、损失和其他支出，准予在计算应纳税所得额时扣除。

【例 3】某机械设备制造企业 2019 年度实现销售收入 3 000 万元，发生符合条件的广告费和业务宣传费支出 350 万元，上年度未在税前扣除完的符合条件的广告费和业务宣传费支出 60 万元。在计算该企业 2019 年度应纳税所得额时，允许扣除的广告费和业务宣传费支出为（　　）万元。

A. 410   B. 350   C. 450   D. 360

解析：答案为 A。企业发生的符合条件的广告费和业务宣传费支出，除国务院财政、税务主管部门另有规定外，不超过当年销售（营业）收入15%的部分，准予扣除；超过部分，准予在以后纳税年度结转扣除。3 000×15% = 450（万元），350 + 60 = 410（万元），410 万元 < 450 万元，允许扣除 410 万元。

【例4】某企业2018年度实现销售收入1 000万元、利润总额200万元，全年发生的与生产经营活动有关的业务招待费支出10万元，持有国债取得的利息收入3万元，除上述两项外无其他纳税调整项目。已知企业所得税税率为25%。该企业2018年度企业所得税应纳税额为（   ）万元。

A. 50   B. 50.5   C. 52   D. 51.75

解析：答案为 B。企业发生的业务招待费支出，按照发生额的60%扣除，但最高不得超过当年销售（营业）收入的5‰，10×60% = 6（万元），1 000×5‰ = 5（万元），6 万元 > 5 万元，所以准予在计算应纳税所得额时扣除 5 万元，应调增 10 - 5 = 5（万元）；企业持有国债取得的利息收入属于免税收入，应调减 3 万元。故该企业2018年度企业所得税应纳税额的计算过程为（200 + 5 - 3）×25% = 50.5（万元）。

第九条　企业发生的公益性捐赠支出，在年度利润总额12%以内的部分，准予在计算应纳税所得额时扣除；超过年度利润总额12%的部分，准予结转以后三年内在计算应纳税所得额时扣除。

【例5】某企业2018年度实现利润总额100万元，在营业外支出账户列支了通过公益性社会团体向贫困地区的捐款10万元、直接向某小学捐款5万元。在计算该企业2018年度应纳税所得额时，允许扣除的捐款数额为（   ）万元。

A. 5   B. 10   C. 12   D. 15

解析：答案为 B。企业发生的公益性捐赠支出，在年度利润总额12%以内的部分，准予在计算应纳税所得额时扣除；超过年度利润总额12%的部分，准予结转以后三年内在计算应纳税所得额时扣除。100×12% = 12（万元），直接捐款 5 万元不允许扣除，10 万元 < 12 万元，允许扣除 10 万元。

第十条　在计算应纳税所得额时，下列支出不得扣除：

（一）向投资者支付的股息、红利等权益性投资收益款项；

（二）企业所得税税款；

（三）税收滞纳金；

（四）罚金、罚款和被没收财物的损失；

（五）本法第九条规定以外的捐赠支出；

（六）赞助支出；

（七）未经核定的准备金支出；

（八）与取得收入无关的其他支出。

【例6】根据企业所得税法律制度的规定，下列各项中，在计算企业所得税应纳税所得额时不得扣除的有（   ）。

A. 向投资者支付的红利

B. 企业内部营业机构之间支付的租金

C. 企业内部营业机构之间支付的特许权使用费

D. 未经核定的准备金支出

解析：答案为 ABCD。企业所得税法律制度规定向投资者支付的股息、红利等权益性投资收益款项，企业内营业机构之间支付的租金和特许权使用费，不符合国务院财政、税务主管部门规定的各项资产减值准备、风险准备等准备金支出等，在计算企业所得税应纳税所得额时不得扣除。

第十一条　在计算应纳税所得额时，企业按照规定计算的固定资产折旧，准予扣除。

下列固定资产不得计算折旧扣除：

（一）房屋、建筑物以外未投入使用的固定资产；

（二）以经营租赁方式租入的固定资产；

（三）以融资租赁方式租出的固定资产；

（四）已足额提取折旧仍继续使用的固定资产；

（五）与经营活动无关的固定资产；

（六）单独估价作为固定资产入账的土地；

（七）其他不得计算折旧扣除的固定资产。

【例 7】 根据企业所得税法律制度的规定，企业的下列资产或支出项目中，按规定应计提折旧的是（　　　）。

A. 已足额提取折旧仍继续使用的固定资产

B. 单独估价作为固定资产入账的土地

C. 以融资租赁方式租入的固定资产

D. 未投入使用的机器设备

解析：答案为 C。企业所得税法律制度规定，已足额提取折旧仍继续使用的固定资产不计提折旧、单独估价作为固定资产的土地不计提折旧、未投入使用的机器设备不计提折旧。

第十二条　在计算应纳税所得额时，企业按照规定计算的无形资产摊销费用，准予扣除。

下列无形资产不得计算摊销费用扣除：

（一）自行开发的支出已在计算应纳税所得额时扣除的无形资产；

（二）自创商誉；

（三）与经营活动无关的无形资产；

（四）其他不得计算摊销费用扣除的无形资产。

第十三条　在计算应纳税所得额时，企业发生的下列支出作为长期待摊费用，按照规定摊销的，准予扣除：

（一）已足额提取折旧的固定资产的改建支出；

（二）租入固定资产的改建支出；

（三）固定资产的大修理支出；

（四）其他应当作为长期待摊费用的支出。

第十四条　企业对外投资期间，投资资产的成本在计算应纳税所得额时不得扣除。

第十五条　企业使用或者销售存货，按照规定计算的存货成本，准予在计算应纳税所得额时扣除。

第十六条　企业转让资产，该项资产的净值，准予在计算应纳税所得额时扣除。

第十七条　企业在汇总计算缴纳企业所得税时，其境外营业机构的亏损不得抵减境内营业机构的盈利。

第十八条 企业纳税年度发生的亏损，准予向以后年度结转，用以后年度的所得弥补，但结转年限最长不得超过五年。

第十九条 非居民企业取得本法第三条第三款规定的所得，按照下列方法计算其应纳税所得额：

（一）股息、红利等权益性投资收益和利息、租金、特许权使用费所得，以收入全额为应纳税所得额；

（二）转让财产所得，以收入全额减除财产净值后的余额为应纳税所得额；

（三）其他所得，参照前两项规定的方法计算应纳税所得额。

【例8】 根据企业所得税法律制度的规定，在中国境内未设立机构、场所的非居民企业从中国境内取得的下列所得中，应以收入全额为应纳税所得额的有（　　）。

A. 红利　　　　　B. 转让财产所得　　　　C. 租金　　　　D. 利息

解析：答案为 ACD。企业所得税法律制度规定股息、红利等权益性投资收益和利息、租金、特许权使用费所得，以收入全额为应纳税所得额。转让财产所得，以收入全额减除财产净值后的余额为应纳税所得额。

第二十条 本章规定的收入、扣除的具体范围、标准和资产的税务处理的具体办法，由国务院财政、税务主管部门规定。

第二十一条 在计算应纳税所得额时，企业财务、会计处理办法与税收法律、行政法规的规定不一致的，应当依照税收法律、行政法规的规定计算。

第三章　应纳税额

第二十二条 企业的应纳税所得额乘以适用税率，减除依照本法关于税收优惠的规定减免和抵免的税额后的余额，为应纳税额。

【例9】 某企业为居民企业，2019 年发生经营业务如下：

（1）取得产品销售收入 4 000 万元。

（2）应结转产品销售成本 2 600 万元。

（3）发生销售费用 770 万元（其中广告费 650 万元）；管理费用 480 万元（其中业务招待费 25 万元）；财务费用 60 万元。

（4）销售税金 160 万元（含增值税 120 万元）。

（5）营业外收入 80 万元，营业外支出 50 万元（含通过公益性社会团体向贫困山区捐款 30 万元，支付税收滞纳金 6 万元）。

（6）计入成本、费用中的实发工资总额 200 万元、拨缴职工工会经费 5 万元、发生职工福利费 31 万元、发生职工教育经费 7 万元。

要求：计算该企业 2019 年度实际应纳的企业所得税。

（1）会计利润总额 = 4 000 + 80 − 2 600 − 770 − 480 − 60 − 40 − 50 = 80（万元）

（2）广告费和业务宣传费调增所得额 = 650 − 4 000 × 15% = 650 − 600 = 50（万元）

（3）业务招待费调增所得额 = 225 × 60% = 25 − 15 = 10（万元）

4 000 × 5‰ = 20（万元）>（25 × 60%）= 15（万元）

（4）捐赠支出应调增所得额 = 30 − 80 × 12% = 20.4（万元）

（5）工会经费应调增所得额 = 5 − 200 × 2% = 1（万元）

（6）职工福利费应调增所得额 = 31 − 200 × 14% = 3（万元）

（7）职工教育经费扣除限额 = 200 × 8% = 16（万元）

实际发生额小于扣除限额，不作纳税调整。

（8）应纳税所得额 = 80 + 50 + 10 + 20.4 + 6 + 1 + 3 = 170.4（万元）

（9）2019 年应缴企业所得税 = 170.4 × 25% = 42.6（万元）

【例10】某工业企业为居民企业，2019 年度发生经营业务如下：

全年取得产品销售收入 5 600 万元，发生产品销售成本 4 000 万元；其他业务收入 800 万元，其他业务成本 694 万元；取得购买国债的利息收入 40 万元；缴纳非增值税销售税金及附加 300 万元；发生的管理费用 760 万元，其中新技术的研究开发费用 60 万元、业务招待费用 70 万元；发生财务费用 200 万元；取得直接投资其他居民企业的权益性收益 34 万元（已在投资方所在地按 15% 的税率缴纳了所得税）；取得营业外收入 100 万元，发生营业外支出 250 万元（其中含公益捐赠 38 万元）。

要求：计算该企业 2019 年应纳的企业所得税。

（1）利润总额 = 5 600 + 800 + 40 + 34 + 100 − 4 000 − 694 − 300 − 760 − 200 − 250 = 370（万元）

（2）国债利息收入免征企业所得税，应调减所得额 40 万元。

（3）技术开发费调减所得额 = 60 × 75% = 45（万元）

（4）按实际发生业务招待费的 60% 计算 = 70 × 60% = 42（万元）

按销售（营业）收入的 5‰ 计算 = (5 600 + 800) × 5‰ = 32（万元）

按照规定税前扣除限额应为 32 万元，实际应调增应纳税所得额 = 70 − 32 = 38（万元）

（5）取得直接投资其他居民企业的权益性收益属于免税收入，应调减应纳税所得额 34 万元。

（6）捐赠扣除标准 = 370 × 12% = 44.4（万元）

实际捐赠额 38 万元小于扣除标准 44.4 万元，可按实捐数扣除，不做纳税调整。

（7）应纳税所得额 = 370 − 40 − 45 + 38 − 34 = 289（万元）

（8）该企业 2019 年应缴纳企业所得税 = 289 × 25% = 72.25（万元）

【例11】某科技型中小企业，职工人 90 人，资产总额 2 800 万元。2019 年度生产经营业务如下：

（1）取得产品销售收入 3 000 万元、国债利息收入 20 万元；

（2）与产品销售收入配比的成本 2 100 万元；

（3）发生销售费用 252 万元、管理费用 390 万元（其中业务招待费 28 万元、新产品研发费用 120 万元）；

（4）向非金融企业借款 200 万元，支付年利息费用 18 万元（注：金融企业同期同类借款年利息率为 6%）；

（5）企业所得税前准许扣除的税金及附加 32 万元；

（6）10 月购进符合《环境保护专用设备企业所得税优惠目录》的专用设备，取得增值税专用发票注明金额 30 万元、增值税进项税额 5.1 万元，该设备当月投入使用；

（7）计入成本、费用中的实发工资总额 200 万元、拨缴职工工会经费 4 万元、发生职工福利费 35 万元、发生职工教育经费 10 万元。

要求：计算该企业 2019 年度应纳的企业所得税。

（1）会计利润总额 = 3 000 + 20 - 2 100 - 252 - 390 - 18 - 32 = 228（万元）

（2）国债利息收入免征企业所得税，应调减所得额20万元

（3）业务招待费应调增所得额 = 28 - 15 = 13（万元）

28 × 60% = 16.8（万元）> 3 000 × 5‰ = 15（万元）

（4）新产品研发费用应调减所得额 = 120 × 75% = 90（万元）

（5）利息费用支出应调增所得额 = 18 - 200 × 6% = 6（万元）

（6）工会经费应调增所得额 = 4 - 200 × 2% = 0（万元）

（7）职工福利费应调增所得额 = 35 - 200 × 14% = 7（万元）

（8）职工教育经费扣除限额 = 200 × 8% = 16（万元）

职工教育经费实际发生额小于扣除限额，不用作纳税调整。

（9）应纳税所得额 = 228 - 20 + 13 - 90 + 6 + 7 = 44（万元）

（10）该企业 2019 年度应缴企业所得税 = (144 - 44) × 25% × 20% + 44 × 50% × 20% - 30 × 10% = 5 + 4.4 - 3 = 6.4（万元）

第二十三条 企业取得的下列所得已在境外缴纳的所得税税额，可以从其当期应纳税额中抵免，抵免限额为该项所得依照本法规定计算的应纳税额；超过抵免限额的部分，可以在以后五个年度内，用每年度抵免限额抵免当年应抵税额后的余额进行抵补：

（一）居民企业来源于中国境外的应税所得；

（二）非居民企业在中国境内设立机构、场所，取得发生在中国境外但与该机构、场所有实际联系的应税所得。

第二十四条 居民企业从其直接或者间接控制的外国企业分得的来源于中国境外的股息、红利等权益性投资收益，外国企业在境外实际缴纳的所得税税额中属于该项所得负担的部分，可以作为该居民企业的可抵免境外所得税税额，在本法第二十三条规定的抵免限额内抵免。

第四章　税收优惠

第二十五条 国家对重点扶持和鼓励发展的产业和项目，给予企业所得税优惠。

第二十六条 企业的下列收入为免税收入：

（一）国债利息收入；

（二）符合条件的居民企业之间的股息、红利等权益性投资收益；

（三）在中国境内设立机构、场所的非居民企业从居民企业取得与该机构、场所有实际联系的股息、红利等权益性投资收益；

（四）符合条件的非营利组织的收入。

第二十七条 企业的下列所得，可以免征、减征企业所得税：

（一）从事农、林、牧、渔业项目的所得；

（二）从事国家重点扶持的公共基础设施项目投资经营的所得；

（三）从事符合条件的环境保护、节能节水项目的所得；

（四）符合条件的技术转让所得；

（五）本法第三条第三款规定的所得。

第二十八条 符合条件的小型微利企业，减按20%的税率征收企业所得税。

国家需要重点扶持的高新技术企业，减按15%的税率征收企业所得税。

第二十九条　民族自治地方的自治机关对本民族自治地方的企业应缴纳的企业所得税中属于地方分享的部分，可以决定减征或者免征。自治州、自治县决定减征或者免征的，须报省、自治区、直辖市人民政府批准。

第三十条　企业的下列支出，可以在计算应纳税所得额时加计扣除：

（一）开发新技术、新产品、新工艺发生的研究开发费用；

（二）安置残疾人员及国家鼓励安置的其他就业人员所支付的工资。

第三十一条　创业投资企业从事国家需要重点扶持和鼓励的创业投资，可以按投资额的一定比例抵扣应纳税所得额。

第三十二条　企业的固定资产由于技术进步等原因，确需加速折旧的，可以缩短折旧年限或者采取加速折旧的方法。

第三十三条　企业综合利用资源，生产符合国家产业政策规定的产品所取得的收入，可以在计算应纳税所得额时减计收入。

第三十四条　企业购置用于环境保护、节能节水、安全生产等专用设备的投资额，可以按一定比例实行税额抵免。

第三十五条　本法规定的税收优惠的具体办法，由国务院规定。

第三十六条　根据国民经济和社会发展的需要，或者由于突发事件等原因对企业经营活动产生重大影响的，国务院可以制定企业所得税专项优惠政策，报全国人民代表大会常务委员会备案。

第五章　源泉扣缴

第三十七条　对非居民企业取得本法第三条第三款规定的所得应缴纳的所得税，实行源泉扣缴，以支付人为扣缴义务人。税款由扣缴义务人在每次支付或者到期应支付时，从支付或者到期应支付的款项中扣缴。

第三十八条　对非居民企业在中国境内取得工程作业和劳务所得应缴纳的所得税，税务机关可以指定工程价款或者劳务费的支付人为扣缴义务人。

第三十九条　依照本法第三十七条、第三十八条规定应当扣缴的所得税，扣缴义务人未依法扣缴或者无法履行扣缴义务的，由纳税人在所得发生地缴纳。纳税人未依法缴纳的，税务机关可以从该纳税人在中国境内其他收入项目的支付人应付的款项中，追缴该纳税人的应纳税款。

第四十条　扣缴义务人每次代扣的税款，应当自代扣之日起七日内缴入国库，并向所在地的税务机关报送扣缴企业所得税报告表。

第六章　特别纳税调整

第四十一条　企业与其关联方之间的业务往来，不符合独立交易原则而减少企业或者其关联方应纳税收入或者所得额的，税务机关有权按照合理方法调整。

企业与其关联方共同开发、受让无形资产，或者共同提供、接受劳务发生的成本，在计算应纳税所得额时应当按照独立交易原则进行分摊。

第四十二条　企业可以向税务机关提出与其关联方之间业务往来的定价原则和计算方法，

税务机关与企业协商、确认后，达成预约定价安排。

第四十三条 企业向税务机关报送年度企业所得税纳税申报表时，应当就其与关联方之间的业务往来，附送年度关联业务往来报告表。

税务机关在进行关联业务调查时，企业及其关联方，以及与关联业务调查有关的其他企业，应当按照规定提供相关资料。

第四十四条 企业不提供与其关联方之间业务往来资料，或者提供虚假、不完整资料，未能真实反映其关联业务往来情况的，税务机关有权依法核定其应纳税所得额。

第四十五条 由居民企业，或者由居民企业和中国居民控制的设立在实际税负明显低于本法第四条第一款规定税率水平的国家（地区）的企业，并非由于合理的经营需要而对利润不作分配或者减少分配的，上述利润中应归属于该居民企业的部分，应当计入该居民企业的当期收入。

第四十六条 企业从其关联方接受的债权性投资与权益性投资的比例超过规定标准而发生的利息支出，不得在计算应纳税所得额时扣除。

第四十七条 企业实施其他不具有合理商业目的的安排而减少其应纳税收入或者所得额的，税务机关有权按照合理方法调整。

第四十八条 税务机关依照本章规定作出纳税调整，需要补征税款的，应当补征税款，并按照国务院规定加收利息。

第七章　征收管理

第四十九条 企业所得税的征收管理除本法规定外，依照《中华人民共和国税收征收管理法》的规定执行。

第五十条 除税收法律、行政法规另有规定外，居民企业以企业登记注册地为纳税地点；但登记注册地在境外的，以实际管理机构所在地为纳税地点。

居民企业在中国境内设立不具有法人资格的营业机构的，应当汇总计算并缴纳企业所得税。

第五十一条 非居民企业取得本法第三条第二款规定的所得，以机构、场所所在地为纳税地点。非居民企业在中国境内设立两个或者两个以上机构、场所，符合国务院税务主管部门规定条件的，可以选择由其主要机构、场所汇总缴纳企业所得税。

非居民企业取得本法第三条第三款规定的所得，以扣缴义务人所在地为纳税地点。

第五十二条 除国务院另有规定外，企业之间不得合并缴纳企业所得税。

第五十三条 企业所得税按纳税年度计算。纳税年度自公历1月1日起至12月31日止。

企业在一个纳税年度中间开业，或者终止经营活动，使该纳税年度的实际经营期不足十二个月的，应当以其实际经营期为一个纳税年度。

企业依法清算时，应当以清算期间作为一个纳税年度。

第五十四条 企业所得税分月或者分季预缴。

企业应当自月份或者季度终了之日起十五日内，向税务机关报送预缴企业所得税纳税申报表，预缴税款。

企业应当自年度终了之日起五个月内，向税务机关报送年度企业所得税纳税申报表，并汇算清缴，结清应缴应退税款。

企业在报送企业所得税纳税申报表时，应当按照规定附送财务会计报告和其他有关资料。

第五十五条 企业在年度中间终止经营活动的，应当自实际经营终止之日起六十日内，向税务机关办理当期企业所得税汇算清缴。

企业应当在办理注销登记前，就其清算所得向税务机关申报并依法缴纳企业所得税。

第五十六条 依照本法缴纳的企业所得税，以人民币计算。所得以人民币以外的货币计算的，应当折合成人民币计算并缴纳税款。

第八章 附则

第五十七条 本法公布前已经批准设立的企业，依照当时的税收法律、行政法规规定，享受低税率优惠的，按照国务院规定，可以在本法施行后五年内，逐步过渡到本法规定的税率；享受定期减免税优惠的，按照国务院规定，可以在本法施行后继续享受到期满为止，但因未获利而尚未享受优惠的，优惠期限从本法施行年度起计算。

法律设置的发展对外经济合作和技术交流的特定地区内，以及国务院已规定执行上述地区特殊政策的地区内新设立的国家需要重点扶持的高新技术企业，可以享受过渡性税收优惠，具体办法由国务院规定。

国家已确定的其他鼓励类企业，可以按照国务院规定享受减免税优惠。

第五十八条 中华人民共和国政府同外国政府订立的有关税收的协定与本法有不同规定的，依照协定的规定办理。

第五十九条 国务院根据本法制定实施条例。

第六十条 本法自 2008 年 1 月 1 日起施行。1991 年 4 月 9 日第七届全国人民代表大会第四次会议通过的《中华人民共和国外商投资企业和外国企业所得税法》和 1993 年 12 月 13 日国务院发布的《中华人民共和国企业所得税暂行条例》同时废止。

5.2 财政部 税务总局关于进一步完善研发费用税前加计扣除政策的公告

2021 年 3 月 31 日 财政部 税务总局公告 2021 年第 13 号

为进一步激励企业加大研发投入，支持科技创新，现就企业研发费用税前加计扣除政策有关问题公告如下：

一、制造业企业开展研发活动中实际发生的研发费用，未形成无形资产计入当期损益的，在按规定据实扣除的基础上，自 2021 年 1 月 1 日起，再按照实际发生额的 100% 在税前加计扣除；形成无形资产的，自 2021 年 1 月 1 日起，按照无形资产成本的 200% 在税前摊销。

本条所称制造业企业，是指以制造业业务为主营业务，享受优惠当年主营业务收入占收入总额的比例达到 50% 以上的企业。制造业的范围按照《国民经济行业分类》（GB/T 4754—2017）确定，如国家有关部门更新《国民经济行业分类》，从其规定。收入总额按照企业所得税法第六条规定执行。

二、企业预缴申报当年第 3 季度（按季预缴）或 9 月份（按月预缴）企业所得税时，可以自行选择就当年上半年研发费用享受加计扣除优惠政策，采取"自行判别、申报享受、相关资料留存备查"办理方式。

符合条件的企业可以自行计算加计扣除金额，填报《中华人民共和国企业所得税月（季）度预缴纳税申报表（A 类）》享受税收优惠，并根据享受加计扣除优惠的研发费用情况（上半年）填写《研发费用加计扣除优惠明细表》（A107012）。《研发费用加计扣除优惠明细表》（A107012）与相关政策规定的其他资料一并留存备查。

企业办理第 3 季度或 9 月份预缴申报时，未选择享受研发费用加计扣除优惠政策的，可在次年办理汇算清缴时统一享受。

三、企业享受研发费用加计扣除政策的其他政策口径和管理要求，按照《财政部　国家税务总局　科技部关于完善研究开发费用税前加计扣除政策的通知》（财税〔2015〕119 号）、《财政部　税务总局　科技部关于企业委托境外研究开发费用税前加计扣除有关政策问题的通知》（财税〔2018〕64 号）等文件相关规定执行。

四、本公告自 2021 年 1 月 1 日起执行。

特此公告。

财政部　税务总局

2021 年 3 月 31 日

5.3　财政部　税务总局关于实施小微企业和个体工商户所得税优惠政策的公告

2021 年 4 月 2 日　财政部　税务总局公告 2021 年第 12 号

为进一步支持小微企业和个体工商户发展，现就实施小微企业和个体工商户所得税优惠政策有关事项公告如下：

一、对小型微利企业年应纳税所得额不超过 100 万元的部分，在《财政部　税务总局关于实施小微企业普惠性税收减免政策的通知》（财税〔2019〕13 号）第二条规定的优惠政策基础上，再减半征收企业所得税。

二、对个体工商户年应纳税所得额不超过 100 万元的部分，在现行优惠政策基础上，减半征收个人所得税。

三、本公告执行期限为 2021 年 1 月 1 日至 2022 年 12 月 31 日。

特此公告。

财政部　税务总局

2021 年 4 月 2 日

5.4　国家税务总局关于落实支持小型微利企业和
个体工商户发展所得税优惠政策有关事项的公告

2021 年 4 月 7 日　国家税务总局公告 2021 年第 8 号

为贯彻落实《财政部　税务总局关于实施小微企业和个体工商户所得税优惠政策的公告》（2021 年第 12 号），进一步支持小型微利企业和个体工商户发展，现就有关事项公告如下：

一、关于小型微利企业所得税减半政策有关事项

（一）对小型微利企业年应纳税所得额不超过 100 万元的部分，减按 12.5% 计入应纳税所得额，按 20% 的税率缴纳企业所得税。

（二）小型微利企业享受上述政策时涉及的具体征管问题，按照《国家税务总局关于实施小型微利企业普惠性所得税减免政策有关问题的公告》（2019 年第 2 号）相关规定执行。

二、关于个体工商户个人所得税减半政策有关事项

（一）对个体工商户经营所得年应纳税所得额不超过 100 万元的部分，在现行优惠政策基础上，再减半征收个人所得税。个体工商户不区分征收方式，均可享受。

（二）个体工商户在预缴税款时即可享受，其年应纳税所得额暂按截至本期申报所属期末的情况进行判断，并在年度汇算清缴时按年计算、多退少补。若个体工商户从两处以上取得经营所得，需在办理年度汇总纳税申报时，合并个体工商户经营所得年应纳税所得额，重新计算减免税额，多退少补。

（三）个体工商户按照以下方法计算减免税额：

减免税额 =（个体工商户经营所得应纳税所得额不超过 100 万元部分的应纳税额 - 其他政策减免税额 × 个体工商户经营所得应纳税所得额不超过 100 万元部分 ÷ 经营所得应纳税所得额）×（1 - 50%）

（四）个体工商户需将按上述方法计算得出的减免税额填入对应经营所得纳税申报表"减免税额"栏次，并附报《个人所得税减免税事项报告表》。对于通过电子税务局申报的个体工商户，税务机关将提供该优惠政策减免税额和报告表的预填服务。实行简易申报的定期定额个体工商户，税务机关按照减免后的税额进行税款划缴。

三、关于取消代开货物运输业发票预征个人所得税有关事项

对个体工商户、个人独资企业、合伙企业和个人，代开货物运输业增值税发票时，不再预征个人所得税。个体工商户业主、个人独资企业投资者、合伙企业个人合伙人和其他从事货物运输经营活动的个人，应依法自行申报缴纳经营所得个人所得税。

四、关于执行时间和其他事项

本公告第一条和第二条自 2021 年 1 月 1 日起施行，2022 年 12 月 31 日终止执行。2021 年 1 月 1 日至本公告发布前，个体工商户已经缴纳经营所得个人所得税的，可自动抵减以后月份的税款，当年抵减不完的可在汇算清缴时办理退税；也可直接申请退还应减免的税款。本公告第三条自 2021 年 4 月 1 日起施行。

《国家税务总局关于实施小型微利企业普惠性所得税减免政策有关问题的公告》（2019 年

第 2 号）第一条与本公告不一致的，依照本公告执行。《国家税务总局关于代开货物运输业发票个人所得税预征率问题的公告》（2011 年第 44 号）同时废止。

特此公告。

国家税务总局

2021 年 4 月 7 日

5.5 国家税务总局关于企业所得税若干政策征管口径问题的公告

2021 年 6 月 22 日　国家税务总局公告 2021 年第 17 号

为贯彻落实中办、国办印发的《关于进一步深化税收征管改革的意见》，深入开展 2021 年"我为纳税人缴费人办实事暨便民办税春风行动"，推进税收领域"放管服"改革，更好服务市场主体，根据《中华人民共和国企业所得税法》及其实施条例（以下简称税法）等相关规定，对企业所得税若干政策征管口径问题公告如下：

一、关于公益性捐赠支出相关费用的扣除问题

企业在非货币性资产捐赠过程中发生的运费、保险费、人工费用等相关支出，凡纳入国家机关、公益性社会组织开具的公益捐赠票据记载的数额中的，作为公益性捐赠支出按照规定在税前扣除；上述费用未纳入公益性捐赠票据记载的数额中的，作为企业相关费用按照规定在税前扣除。

二、关于可转换债券转换为股权投资的税务处理问题

（一）购买方企业的税务处理

1. 购买方企业购买可转换债券，在其持有期间按照约定利率取得的利息收入，应当依法申报缴纳企业所得税。

2. 购买方企业可转换债券转换为股票时，将应收未收利息一并转为股票的，该应收未收利息即使会计上未确认收入，税收上也应当作为当期利息收入申报纳税；转换后以该债券购买价、应收未收利息和支付的相关税费为该股票投资成本。

（二）发行方企业的税务处理

1. 发行方企业发生的可转换债券的利息，按照规定在税前扣除。

2. 发行方企业按照约定将购买方持有的可转换债券和应付未付利息一并转为股票的，其应付未付利息视同已支付，按照规定在税前扣除。

三、关于跨境混合性投资业务企业所得税的处理问题

境外投资者在境内从事混合性投资业务，满足《国家税务总局关于企业混合性投资业务企业所得税处理问题的公告》（2013 年第 41 号）第一条规定的条件的，可以按照该公告第二条第一款的规定进行企业所得税处理，但同时符合以下两种情形的除外：

（一）该境外投资者与境内被投资企业构成关联关系；

（二）境外投资者所在国家（地区）将该项投资收益认定为权益性投资收益，且不征收企业所得税。

同时符合上述第（一）项和第（二）项规定情形的，境内被投资企业向境外投资者支付的利息应视为股息，不得进行税前扣除。

四、企业所得税核定征收改为查账征收后有关资产的税务处理问题

（一）企业能够提供资产购置发票的，以发票载明金额为计税基础；不能提供资产购置发票的，可以凭购置资产的合同（协议）、资金支付证明、会计核算资料等记载金额，作为计税基础。

（二）企业核定征税期间投入使用的资产，改为查账征税后，按照税法规定的折旧、摊销年限，扣除该资产投入使用年限后，就剩余年限继续计提折旧、摊销额并在税前扣除。

五、关于文物、艺术品资产的税务处理问题

企业购买的文物、艺术品用于收藏、展示、保值增值的，作为投资资产进行税务处理。文物、艺术品资产在持有期间，计提的折旧、摊销费用，不得税前扣除。

六、关于企业取得政府财政资金的收入时间确认问题

企业按照市场价格销售货物、提供劳务服务等，凡由政府财政部门根据企业销售货物、提供劳务服务的数量、金额的一定比例给予全部或部分资金支付的，应当按照权责发生制原则确认收入。

除上述情形外，企业取得的各种政府财政支付，如财政补贴、补助、补偿、退税等，应当按照实际取得收入的时间确认收入。

本公告适用于 2021 年及以后年度汇算清缴。

特此公告。

国家税务总局

2021 年 6 月 22 日

5.6　国家税务总局关于进一步落实研发费用加计扣除政策有关问题的公告

2021 年 9 月 13 日　国家税务总局公告 2021 年第 28 号

为贯彻落实国务院激励企业加大研发投入、优化研发费用加计扣除政策实施的举措，深入开展 2021 年"我为纳税人缴费人办实事暨便民办税春风行动"，方便企业提前享受研发费用加计扣除优惠政策，现就有关事项公告如下：

一、关于 2021 年度享受研发费用加计扣除政策问题

（一）企业 10 月份预缴申报第 3 季度（按季预缴）或 9 月份（按月预缴）企业所得税时，可以自主选择就前三季度研发费用享受加计扣除优惠政策。

对 10 月份预缴申报期未选择享受优惠的，可以在 2022 年办理 2021 年度企业所得税汇算清缴时统一享受。

（二）企业享受研发费用加计扣除政策采取"真实发生、自行判别、申报享受、相关资料留存备查"的办理方式，由企业依据实际发生的研发费用支出，自行计算加计扣除金额，填报《中华人民共和国企业所得税月（季）度预缴纳税申报表（A 类）》享受税收优惠，并根据享受加计扣除优惠的研发费用情况（前三季度）填写《研发费用加计扣除优惠明细表》

（A107012）。《研发费用加计扣除优惠明细表》（A107012）与政策规定的其他资料一并留存备查。

二、关于研发支出辅助账样式的问题

（一）《国家税务总局关于企业研究开发费用税前加计扣除政策有关问题的公告》（2015 年第 97 号，以下简称 97 号公告）发布的研发支出辅助账和研发支出辅助账汇总表样式（以下简称 2015 版研发支出辅助账样式）继续有效。另增设简化版研发支出辅助账和研发支出辅助账汇总表样式（以下简称 2021 版研发支出辅助账样式），具体样式及填写说明见附件。

（二）企业按照研发项目设置辅助账时，可以自主选择使用 2015 版研发支出辅助账样式，或者 2021 版研发支出辅助账样式，也可以参照上述样式自行设计研发支出辅助账样式。

企业自行设计的研发支出辅助账样式，应当包括 2021 版研发支出辅助账样式所列数据项，且逻辑关系一致，能准确归集允许加计扣除的研发费用。

三、关于其他相关费用限额计算的问题

（一）企业在一个纳税年度内同时开展多项研发活动的，由原来按照每一研发项目分别计算"其他相关费用"限额，改为统一计算全部研发项目"其他相关费用"限额。

企业按照以下公式计算《财政部　国家税务总局　科技部关于完善研究开发费用税前加计扣除政策的通知》（财税〔2015〕119 号）第一条第（一）项"允许加计扣除的研发费用"第 6 目规定的"其他相关费用"的限额，其中资本化项目发生的费用在形成无形资产的年度统一纳入计算：

全部研发项目的其他相关费用限额＝全部研发项目的人员人工等五项费用之和×10%／（1－10%）

"人员人工等五项费用"是指财税〔2015〕119 号文件第一条第（一）项"允许加计扣除的研发费用"第 1 目至第 5 目费用，包括"人员人工费用""直接投入费用""折旧费用""无形资产摊销"和"新产品设计费、新工艺规程制定费、新药研制的临床试验费、勘探开发技术的现场试验费"。

（二）当"其他相关费用"实际发生数小于限额时，按实际发生数计算税前加计扣除额；当"其他相关费用"实际发生数大于限额时，按限额计算税前加计扣除额。

四、执行时间

本公告第一条适用于 2021 年度，其他条款适用于 2021 年及以后年度。97 号公告第二条第（三）项"其他相关费用的归集与限额计算"的规定同时废止。

特此公告。

附件：1. 2021 版研发支出辅助账（样式）

2. 2021 版研发支出辅助账汇总表（样式）

国家税务总局

2021 年 9 月 13 日

5.7　财政部　税务总局　民政部关于生产和装配伤残人员专门用品企业免征企业所得税的公告

2021 年 4 月 2 日　财政部　税务总局　民政部公告 2021 年第 14 号

为帮助伤残人员康复或者恢复残疾肢体功能，现对生产和装配伤残人员专门用品的企业免征企业所得税政策明确如下：

一、自 2021 年 1 月 1 日至 2023 年 12 月 31 日期间，对符合下列条件的居民企业，免征企业所得税：

1. 生产和装配伤残人员专门用品，且在民政部发布的《中国伤残人员专门用品目录》范围之内。

2. 以销售本企业生产或者装配的伤残人员专门用品为主，其所取得的年度伤残人员专门用品销售收入（不含出口取得的收入）占企业收入总额 60% 以上。

收入总额，是指《中华人民共和国企业所得税法》第六条规定的收入总额。

3. 企业账证健全，能够准确、完整地向主管税务机关提供纳税资料，且本企业生产或者装配的伤残人员专门用品所取得的收入能够单独、准确核算。

4. 企业拥有假肢制作师、矫形器制作师资格证书的专业技术人员不得少于 1 人；其企业生产人员如超过 20 人，则其拥有假肢制作师、矫形器制作师资格证书的专业技术人员不得少于全部生产人员的 1/6。

5. 具有与业务相适应的测量取型、模型加工、接受腔成型、打磨、对线组装、功能训练等生产装配专用设备和工具。

6. 具有独立的接待室、假肢或者矫形器（辅助器具）制作室和假肢功能训练室，使用面积不少于 115 平方米。

二、符合本公告规定条件的企业，按照《国家税务总局关于发布修订后的〈企业所得税优惠政策事项办理办法〉的公告》（国家税务总局公告 2018 年第 23 号）的规定，采取"自行判别、申报享受、相关资料留存备查"的办理方式享受税收优惠政策。

附件：中国伤残人员专门用品目录

财政部　税务总局　民政部

2021 年 4 月 2 日

5.8　国家税务总局关于小型微利企业和个体工商户延缓缴纳2020 年所得税有关事项的公告

2020 年 5 月 19 日　国家税务总局公告 2020 年第 10 号

为进一步支持小型微利企业和个体工商户复工复产，缓解其生产经营资金压力，激发市场主体活力，现就小型微利企业和个体工商户延缓缴纳 2020 年所得税有关事项公告如下：

一、小型微利企业所得税延缓缴纳政策

2020 年 5 月 1 日至 2020 年 12 月 31 日，小型微利企业在 2020 年剩余申报期按规定办理预缴申报后，可以暂缓缴纳当期的企业所得税，延迟至 2021 年首个申报期内一并缴纳。在预缴申报时，小型微利企业通过填写预缴纳税申报表相关行次，即可享受小型微利企业所得税延缓缴纳政策。

本公告所称小型微利企业是指符合《国家税务总局关于实施小型微利企业普惠性所得税减免政策有关问题的公告》（2019 年第 2 号）规定条件的企业。

二、个体工商户所得税延缓缴纳政策

2020 年 5 月 1 日至 2020 年 12 月 31 日，个体工商户在 2020 年剩余申报期按规定办理个人所得税经营所得纳税申报后，可以暂缓缴纳当期的个人所得税，延迟至 2021 年首个申报期内一并缴纳。其中，个体工商户实行简易申报的，2020 年 5 月 1 日至 2020 年 12 月 31 日期间暂不扣划个人所得税，延迟至 2021 年首个申报期内一并划缴。

本公告自 2020 年 5 月 1 日起施行。5 月 1 日至本公告发布前，纳税人已经缴纳符合本公告规定缓缴税款的，可申请退还，一并至 2021 年首个申报期内缴纳。

特此公告。

国家税务总局

2020 年 5 月 19 日

5.9　财政部　税务总局关于集成电路设计企业和软件企业 2019 年度企业所得税汇算清缴适用政策的公告

2020 年 5 月 29 日　财政部　税务总局公告 2020 年第 29 号

现就集成电路设计和软件产业 2019 年度企业所得税汇算清缴适用政策公告如下：

一、依法成立且符合条件的集成电路设计企业和软件企业，在 2019 年 12 月 31 日前自获利年度起计算优惠期，第一年至第二年免征企业所得税，第三年至第五年按照 25% 的法定税率减半征收企业所得税，并享受至期满为止。

二、本公告第一条所称"符合条件"是指符合《财政部　国家税务总局关于进一步鼓励软件产业和集成电路产业发展企业所得税政策的通知》（财税〔2012〕27 号）和《财政部　国家税务总局　发展改革委　工业和信息化部关于软件和集成电路产业企业所得税优惠政策有关问题的通知》（财税〔2016〕49 号）规定的条件。

特此公告。

财政部　税务总局

2020 年 5 月 29 日

5.10 财政部 税务总局关于广告费和业务宣传费 支出税前扣除有关事项的公告

2020 年 11 月 27 日 财政部 税务总局公告 2020 年第 43 号

根据《中华人民共和国企业所得税法》及其实施条例，现就广告费和业务宣传费支出税前扣除有关事项公告如下：

一、对化妆品制造或销售、医药制造和饮料制造（不含酒类制造）企业发生的广告费和业务宣传费支出，不超过当年销售（营业）收入30%的部分，准予扣除；超过部分，准予在以后纳税年度结转扣除。

二、对签订广告费和业务宣传费分摊协议（以下简称分摊协议）的关联企业，其中一方发生的不超过当年销售（营业）收入税前扣除限额比例内的广告费和业务宣传费支出可以在本企业扣除，也可以将其中的部分或全部按照分摊协议归集至另一方扣除。另一方在计算本企业广告费和业务宣传费支出企业所得税税前扣除限额时，可将按照上述办法归集至本企业的广告费和业务宣传费不计算在内。

三、烟草企业的烟草广告费和业务宣传费支出，一律不得在计算应纳税所得额时扣除。

四、本通知自 2021 年 1 月 1 日起至 2025 年 12 月 31 日止执行。《财政部 税务总局关于广告费和业务宣传费支出税前扣除政策的通知》（财税〔2017〕41 号）自 2021 年 1 月 1 日起废止。

财政部 税务总局
2020 年 11 月 27 日

5.11 财政部 税务总局 国家发展改革委关于延续西部 大开发企业所得税政策的公告

2020 年 4 月 23 日 财政部 税务总局 国家发改委公告 2020 年第 23 号

为贯彻落实党中央、国务院关于新时代推进西部大开发形成新格局有关精神，现将延续西部大开发企业所得税政策公告如下：

一、自 2021 年 1 月 1 日至 2030 年 12 月 31 日，对设在西部地区的鼓励类产业企业减按15%的税率征收企业所得税。本条所称鼓励类产业企业是指以《西部地区鼓励类产业目录》中规定的产业项目为主营业务，且其主营业务收入占企业收入总额60%以上的企业。

二、《西部地区鼓励类产业目录》由发展改革委牵头制定。该目录在本公告执行期限内修订的，自修订版实施之日起按新版本执行。

三、税务机关在后续管理中，不能准确判定企业主营业务是否属于国家鼓励类产业项目时，可提请发展改革等相关部门出具意见。对不符合税收优惠政策规定条件的，由税务机关按税收征收管理法及有关规定进行相应处理。具体办法由省级发展改革、税务部门另行制定。

四、本公告所称西部地区包括内蒙古自治区、广西壮族自治区、重庆市、四川省、贵州省、云南省、西藏自治区、陕西省、甘肃省、青海省、宁夏回族自治区、新疆维吾尔自治区和新疆生产建设兵团。湖南省湘西土家族苗族自治州、湖北省恩施土家族苗族自治州、吉林省延边朝鲜族自治州和江西省赣州市，可以比照西部地区的企业所得税政策执行。

五、本公告自 2021 年 1 月 1 日起执行。《财政部　海关总署　国家税务总局关于深入实施西部大开发战略有关税收政策问题的通知》（财税〔2011〕58 号）、《财政部　海关总署　国家税务总局关于赣州市执行西部大开发税收政策问题的通知》（财税〔2013〕4 号）中的企业所得税政策规定自 2021 年 1 月 1 日起停止执行。

特此公告。

财政部　税务总局　国家发展改革委

2020 年 4 月 23 日

5.12　财政部　税务总局关于金融企业贷款损失准备金企业所得税税前扣除有关政策的公告

2019 年 8 月 23 日　财政部　税务总局公告 2019 年第 86 号

根据《中华人民共和国企业所得税法》及《中华人民共和国企业所得税法实施条例》的有关规定，现就政策性银行、商业银行、财务公司、城乡信用社和金融租赁公司等金融企业提取的贷款损失准备金的企业所得税税前扣除政策公告如下：

一、准予税前提取贷款损失准备金的贷款资产范围包括：

（一）贷款（含抵押、质押、保证、信用等贷款）；

（二）银行卡透支、贴现、信用垫款（含银行承兑汇票垫款、信用证垫款、担保垫款等）、进出口押汇、同业拆出、应收融资租赁款等具有贷款特征的风险资产；

（三）由金融企业转贷并承担对外还款责任的国外贷款，包括国际金融组织贷款、外国买方信贷、外国政府贷款、日本国际协力银行不附条件贷款和外国政府混合贷款等资产。

二、金融企业准予当年税前扣除的贷款损失准备金计算公式如下：

准予当年税前扣除的贷款损失准备金 = 本年末准予提取贷款损失准备金的贷款资产余额 × 1% − 截至上年末已在税前扣除的贷款损失准备金的余额

金融企业按上述公式计算的数额如为负数，应当相应调增当年应纳税所得额。

三、金融企业的委托贷款、代理贷款、国债投资、应收股利、上交央行准备金以及金融企业剥离的债权和股权、应收财政贴息、央行款项等不承担风险和损失的资产，以及除本公告第一条列举资产之外的其他风险资产，不得提取贷款损失准备金在税前扣除。

四、金融企业发生的符合条件的贷款损失，应先冲减已在税前扣除的贷款损失准备金，不足冲减部分可据实在计算当年应纳税所得额时扣除。

五、金融企业涉农贷款和中小企业贷款损失准备金的税前扣除政策，凡按照《财政部　税务总局关于金融企业涉农贷款和中小企业贷款损失准备金税前扣除有关政策的公告》（财政部税务总局公告 2019 年第 85 号）的规定执行的，不再适用本公告第一条至第四条的规定。

六、本公告自 2019 年 1 月 1 日起执行至 2023 年 12 月 31 日。

特此公告。

财政部　税务总局

2019 年 8 月 23 日

5.13　财政部　税务总局关于金融企业涉农贷款和中小企业贷款损失准备金税前扣除有关政策的公告

2019 年 8 月 23 日　财政部　税务总局公告 2019 年第 85 号

根据《中华人民共和国企业所得税法》及《中华人民共和国企业所得税法实施条例》的有关规定，现就金融企业涉农贷款和中小企业贷款损失准备金的企业所得税税前扣除政策公告如下：

一、金融企业根据《贷款风险分类指引》（银监发〔2007〕54 号），对其涉农贷款和中小企业贷款进行风险分类后，按照以下比例计提的贷款损失准备金，准予在计算应纳税所得额时扣除：

（一）关注类贷款，计提比例为 2%；

（二）次级类贷款，计提比例为 25%；

（三）可疑类贷款，计提比例为 50%；

（四）损失类贷款，计提比例为 100%。

二、本公告所称涉农贷款，是指《涉农贷款专项统计制度》（银发〔2007〕246 号）统计的以下贷款：

（一）农户贷款；

（二）农村企业及各类组织贷款。

本条所称农户贷款，是指金融企业发放给农户的所有贷款。农户贷款的判定应以贷款发放时的承贷主体是否属于农户为准。农户，是指长期（一年以上）居住在乡镇（不包括城关镇）行政管理区域内的住户，还包括长期居住在城关镇所辖行政村范围内的住户和户口不在本地而在本地居住一年以上的住户，国有农场的职工和农村个体工商户。位于乡镇（不包括城关镇）行政管理区域内和在城关镇所辖行政村范围内的国有经济的机关、团体、学校、企事业单位的集体户；有本地户口，但举家外出谋生一年以上的住户，无论是否保留承包耕地均不属于农户。农户以户为统计单位，既可以从事农业生产经营，也可以从事非农业生产经营。

本条所称农村企业及各类组织贷款，是指金融企业发放给注册地位于农村区域的企业及各类组织的所有贷款。农村区域，是指除地级及以上城市的城市行政区及其市辖建制镇之外的区域。

三、本公告所称中小企业贷款，是指金融企业对年销售额和资产总额均不超过 2 亿元的企业的贷款。

四、金融企业发生的符合条件的涉农贷款和中小企业贷款损失，应先冲减已在税前扣除的贷款损失准备金，不足冲减部分可据实在计算应纳税所得额时扣除。

五、本公告自 2019 年 1 月 1 日起执行至 2023 年 12 月 31 日。

特此公告。

财政部　税务总局

2019 年 8 月 23 日

5.14 国家税务总局关于跨境电子商务综合试验区零售出口 企业所得税核定征收有关问题的公告

2019 年 10 月 26 日   国家税务总局公告 2019 年第 36 号

为支持跨境电子商务健康发展，推动外贸模式创新，有效配合《财政部 税务总局 商务部海关总署关于跨境电子商务综合试验区零售出口货物税收政策的通知》（财税〔2018〕103号）落实工作，现就跨境电子商务综合试验区（以下简称"综试区"）内的跨境电子商务零售出口企业（以下简称"跨境电商企业"）核定征收企业所得税有关问题公告如下：

一、综试区内的跨境电商企业，同时符合下列条件的，试行核定征收企业所得税办法：

（一）在综试区注册，并在注册地跨境电子商务线上综合服务平台登记出口货物日期、名称、计量单位、数量、单价、金额的；

（二）出口货物通过综试区所在地海关办理电子商务出口申报手续的；

（三）出口货物未取得有效进货凭证，其增值税、消费税享受免税政策的。

二、综试区内核定征收的跨境电商企业应准确核算收入总额，并采用应税所得率方式核定征收企业所得税。应税所得率统一按照 4% 确定。

三、税务机关应按照有关规定，及时完成综试区跨境电商企业核定征收企业所得税的鉴定工作。

四、综试区内实行核定征收的跨境电商企业符合小型微利企业优惠政策条件的，可享受小型微利企业所得税优惠政策；其取得的收入属于《中华人民共和国企业所得税法》第二十六条规定的免税收入的，可享受免税收入优惠政策。

五、本公告所称综试区，是指经国务院批准的跨境电子商务综合试验区；本公告所称跨境电商企业，是指自建跨境电子商务销售平台或利用第三方跨境电子商务平台开展电子商务出口的企业。

六、本公告自 2020 年 1 月 1 日起施行。

特此公告。

国家税务总局

2019 年 10 月 26 日

5.15 国家税务总局关于发布修订后的《企业所得税优惠 政策事项办理办法》的公告

2018 年 4 月 25 日   国家税务总局公告 2018 年第 23 号

为优化税收环境，有效落实企业所得税各项优惠政策，根据《国家税务总局关于进一步深化税务系统"放管服"改革优化税收环境的若干意见》（税总发〔2017〕101 号）有关精神，现将修订后的《企业所得税优惠政策事项办理办法》予以发布。

特此公告。

附件：企业所得税优惠事项管理目录（2017 年版）

国家税务总局

2018 年 4 月 25 日

企业所得税优惠政策事项办理办法

第一条　为落实国务院简政放权、放管结合、优化服务要求，规范企业所得税优惠政策事项（以下简称"优惠事项"）办理，根据《中华人民共和国企业所得税法》（以下简称"企业所得税法"）及其实施条例、《中华人民共和国税收征收管理法》（以下简称"税收征管法"）及其实施细则，制定本办法。

第二条　本办法所称优惠事项是指企业所得税法规定的优惠事项，以及国务院和民族自治地方根据企业所得税法授权制定的企业所得税优惠事项。包括免税收入、减计收入、加计扣除、加速折旧、所得减免、抵扣应纳税所得额、减低税率、税额抵免等。

第三条　优惠事项的名称、政策概述、主要政策依据、主要留存备查资料、享受优惠时间、后续管理要求等，见本公告附件《企业所得税优惠事项管理目录（2017 年版）》（以下简称《目录》）。

《目录》由税务总局编制、更新。

第四条　企业享受优惠事项采取"自行判别、申报享受、相关资料留存备查"的办理方式。企业应当根据经营情况以及相关税收规定自行判断是否符合优惠事项规定的条件，符合条件的可以按照《目录》列示的时间自行计算减免税额，并通过填报企业所得税纳税申报表享受税收优惠。同时，按照本办法的规定归集和留存相关资料备查。

第五条　本办法所称留存备查资料是指与企业享受优惠事项有关的合同、协议、凭证、证书、文件、账册、说明等资料。留存备查资料分为主要留存备查资料和其他留存备查资料两类。主要留存备查资料由企业按照《目录》列示的资料清单准备，其他留存备查资料由企业根据享受优惠事项情况自行补充准备。

第六条　企业享受优惠事项的，应当在完成年度汇算清缴后，将留存备查资料归集齐全并整理完成，以备税务机关核查。

第七条　企业同时享受多项优惠事项或者享受的优惠事项按照规定分项目进行核算的，应当按照优惠事项或者项目分别归集留存备查资料。

第八条　设有非法人分支机构的居民企业以及实行汇总纳税的非居民企业机构、场所享受优惠事项的，由居民企业的总机构以及汇总纳税的主要机构、场所负责统一归集并留存备查资料。分支机构以及被汇总纳税的非居民企业机构、场所按照规定可独立享受优惠事项的，由分支机构以及被汇总纳税的非居民企业机构、场所负责归集并留存备查资料，同时分支机构以及被汇总纳税的非居民企业机构、场所应在当完成年度汇算清缴后将留存的备查资料清单送总机构以及汇总纳税的主要机构、场所汇总。

第九条　企业对优惠事项留存备查资料的真实性、合法性承担法律责任。

附件：企业所得税税收优惠事项管理目录（2017年版）

序号	优惠事项名称	政策概述	主要政策依据	主要留存备查资料	享受优惠时间	后续管理要求
1	国债利息收入免征企业所得税	企业持有国务院财政部门发行的国债取得的利息收入免征企业所得税。	1.《中华人民共和国企业所得税法》第二十六条第一项；2.《中华人民共和国企业所得税法实施条例》第八十二条；3.《国家税务总局关于企业国债投资业务企业所得税处理问题的公告》（国家税务总局公告2011年第36号）。	1.国债净价交易交割单；2.购买、转让国债的证明，包括持有时间、票面金额、利率等相关材料；3.应收利息（投资收益）科目明细账或按月汇总表；4.减免税计算过程的说明。	预缴享受	由省税务机关（含计划单列市税务机关）规定。
2	取得的地方政府债券利息收入免征企业所得税	企业取得的地方政府债券利息收入（所得）免征企业所得税。	1.《财政部 国家税务总局关于地方政府债券利息所得税征免所得税问题的通知》（财税〔2011〕76号）；2.《财政部 国家税务总局关于地方政府债券利息免征所得税问题的通知》（财税〔2013〕5号）。	1.购买地方政府债券证明，包括持有时间、票面金额、利率等相关材料；2.应收利息（投资收益）科目明细账或按月汇总表；3.减免税计算过程的说明。	预缴享受	由省税务机关（含计划单列市税务机关）规定。
3	符合条件的居民企业之间的股息、红利等权益性投资收益免征企业所得税	居民企业直接投资于其他居民企业取得的权益性投资收益免征企业所得税。所称股息、红利等权益性投资收益，不包括连续持有居民企业公开发行并上市流通的股票不足12个月取得的投资收益。	1.《中华人民共和国企业所得税法》第二十六条第二项；2.《中华人民共和国企业所得税法实施条例》第十七条、第八十三条；3.《财政部 国家税务总局关于执行企业所得税优惠政策若干问题的通知》（财税〔2009〕69号）；4.《国家税务总局关于贯彻落实企业所得税法若干税收问题的通知》（国税函〔2010〕79号）。	1.被投资企业的最新公司章程（企业在证券交易市场购买上市公司股票获得股权的，提供相关账账凭证、本公司持股比例以及持股时间超过12个月情况说明）；2.被投资企业股东会（或股东大会）利润分配决议或公告、分配表；3.被投资企业进行清算处理的，留存投资企业填报的加盖主管税务机关受理章的《中华人民共和国清算所得税申报表》及附表三《剩余财产计算和分配明细表》复印件；4.投资收益、应收股利科目明细账或按月汇总表。	预缴享受	由省税务机关（含计划单列市税务机关）规定。

续表

序号	优惠事项名称	政策概述	主要政策依据	主要留存备查资料	享受优惠时间	后续管理要求
4	内地居民企业通过沪港通投资且连续持有 H 股满 12 个月取得的股息红利所得免征企业所得税	对内地企业投资者通过沪港通投资香港联交所上市股票取得的股息红利所得，计入其收入总额，依法计征企业所得税。其中，内地居民企业连续持有 H 股满 12 个月取得的股息红利所得，依法免征企业所得税。	《财政部　国家税务总局　证监会关于沪港股票市场交易互联互通机制试点有关税收政策的通知》（财税〔2014〕81 号）。	1. 相关记账凭证、本公司持股比例以及持股时间超过 12 个月的情况说明； 2. 被投资企业股东会（或股东大会）利润分配决议或公告、分配表； 3. 投资收益、应收股利科目明细账或按月汇总表。	预缴享受	由省税务机关（含计划单列市税务机关）规定。
5	内地居民企业通过深港通投资且连续持有 H 股满 12 个月取得的股息红利所得免征企业所得税	对内地企业投资者通过深港通投资香港联交所上市股票取得的股息红利所得，计入其收入总额，依法计征企业所得税。其中，内地居民企业连续持有 H 股满 12 个月取得的股息红利所得，依法免征企业所得税。	《财政部　国家税务总局　证监会关于深港股票市场交易互联互通机制试点有关税收政策的通知》（财税〔2016〕127 号）。	1. 相关记账凭证、本公司持股比例以及持股时间超过 12 个月的情况说明； 2. 被投资企业股东会（或股东大会）利润分配决议或公告、分配表； 3. 投资收益、应收股利科目明细账或按月汇总表。	预缴享受	由省税务机关（含计划单列市税务机关）规定。

续表

序号	优惠事项名称	政策概述	主要政策依据	主要留存备查资料	享受优惠时间	后续管理要求
6	符合条件的非营利组织免征企业所得税	符合条件的非营利组织取得的捐赠收入、会费收入，不征税收入和免税收入孳生的银行存款利息等为免税收入。免税收入不包括非营利组织从事营利性活动取得的收入（但不包括政府补助收入以外的政府购买服务取得的收入）	1. 《中华人民共和国企业所得税法》第二十六条第四项； 2. 《中华人民共和国企业所得税法实施条例》第八十四条、第八十五条； 3. 《财政部 国家税务总局关于非营利组织企业所得税免税收入问题的通知》（财税〔2009〕122号）； 4. 《财政部 国家税务总局关于非营利组织免税资格认定管理有关问题的通知》（财税〔2014〕13号）； 5. 《财政部 税务总局关于非营利组织免税资格认定管理有关问题的通知》（财税〔2018〕13号）。	1. 非营利组织免税资格有效认定文件或其他相关证明； 2. 非营利组织认定资料； 3. 当年资金来源及使用情况、公益活动和非营利活动的明细情况； 4. 当年工资薪金情况专项报告，包括工作人员工资薪金整体平均水平、工资福利占总支出比例（至少包括工资薪金水平排名前10的人员）、重要人员工资薪金信息（至少包括工资薪金水平排名前10的人员）； 5. 当年财务报表； 6. 登记管理机关出具的事业单位、社会团体、基金会、社会服务机构、宗教活动场所、宗教院校当年符合相关法律法规和国家政策的材料； 7. 应纳税收入及其有关的成本、费用、损失，与免税收入及其有关的成本、费用、损失分别核算的情况说明； 8. 取得各类免税收入的凭证； 9. 各类免税收入的情况说明。	预缴享受	由省税务机关（含计划单列市税务机关）规定。

续表

序号	优惠事项名称	政策概述	主要政策依据	主要留存备查资料	享受优惠时间	后续管理要求
7	符合条件的非营利组织（科技孵化器）的收入免征企业所得税	符合非营利组织条件的科技孵化企业纳税人，按照其收入及其企业所得税法及实施条例和有关税收政策规定享受企业所得税优惠政策。	1.《中华人民共和国企业所得税法》第二十六条第四项；《中华人民共和国企业所得税法实施条例》第八十四条、第八十五条； 2.《中华人民共和国企业所得税法实施条例》第八十四条、第八十五条； 3.《财政部 国家税务总局关于非营利组织企业所得税免税收入问题的通知》（财税〔2009〕122号）； 4.《财政部 国家税务总局关于非营利组织免税资格认定管理有关问题的通知》（财税〔2014〕13号）； 5.《财政部 国家税务总局关于科技企业孵化器税收政策的通知》（财税〔2016〕89号）； 6.《财政部 税务总局关于非营利组织免税资格认定管理有关问题的通知》（财税〔2018〕13号）。	1. 非营利组织免税资格有效认定文件或其他相关证明； 2. 非营利组织认定资料； 3. 当年资金来源及使用情况、公益活动和非营利活动的明细情况； 4. 当年工资情况专项报告，包括工作人员整体平均工资薪金水平、重要人员工资薪金信息（至少包括工资薪金排名前10的人员）； 5. 当年财务报表； 6. 登记管理机关出具的事业单位、社会团体、基金会、社会服务机构、宗教活动场所、宗教院校当年符合相关法律法规和国家政策开展情况或非营利活动的材料； 7. 应纳税收入及其有关的成本、费用、损失，与免税收入有关的成本、费用、损失分别核算的说明； 8. 取得各类免税收入的凭证； 9. 各类免税收入的情况说明。	预缴享受	由省税务机关（含计划单列市税务机关）规定。

续表

序号	优惠事项名称	政策概述	主要政策依据	主要留存备查资料	享受优惠时间	后续管理要求
8	符合条件的非营利组织（国家科技大学科技园）的收入免征企业所得税	符合非营利组织条件的国家科技大学科技园的收入，按照企业所得税法及其实施条例和有关税收政策规定享受企业所得税所得税优惠政策。	1. 《中华人民共和国企业所得税法》第二十六条第四项； 2. 《中华人民共和国企业所得税法实施条例》第八十四条、第八十五条； 3. 《财政部　国家税务总局关于非营利组织免税收入问题的通知》（财税〔2009〕122号）； 4. 《财政部　国家税务总局关于非营利组织免税资格认定管理有关问题的通知》（财税〔2014〕13号）； 5. 《财政部　国家税务总局关于非营利组织国税大学科技园科技收政策的通知》（财税〔2016〕98号）； 6. 《财政部　税务总局关于非营利组织免税资格认定管理有关问题的通知》（财税〔2018〕13号）。	1. 非营利组织免税资格有效证文件或其他相关证明； 2. 非营利组织认定资料； 3. 当年资金来源及使用情况、公益活动和非营利活动的明细情况； 4. 当年工资薪金情况专项报告，包括薪酬制度、工作人员平均工资薪金水平、重要人员工资薪金信息（至少包括工资整体平均水平、重要人员工资薪金占总支出比例、工资薪金水平排名前10的人员）； 5. 当年财务报表； 6. 登记管理机关出具的事业单位、社会团体、基金会、社会服务机构、宗教活动场所、宗教院校当年符合相关法律法规和国家政策开展活动情况或非营利活动的材料； 7. 应纳税收入及其有关的成本、费用、损失，与免税收入及其有关的成本、费用、损失分别核算的情况说明； 8. 取得各类免税收入的凭证； 9. 各类免税收入凭证。	预缴享受	由省税务机关（含计划单列市税务机关）规定。
9	投资者从证券投资基金分配中取得的收入暂不征收企业所得税	对投资者从证券投资基金分配中取得的收入，暂不征收企业所得税。	《财政部　国家税务总局关于企业所得税若干优惠政策的通知》（财税〔2008〕1号）。	1. 购买证券投资基金记账凭证； 2. 证券投资基金分配公告； 3. 免税的分配收入明细账及按月汇总表。	预缴享受	由省税务机关（含计划单列市税务机关）规定。

续表

序号	优惠事项名称	政策概述	主要政策依据	主要留存备查资料	享受优惠时间	后续管理要求
10	中国清洁发展机制基金取得的收入免征企业所得税	中国清洁发展机制基金取得的CDM项目温室气体减排量转让收入上缴国家的部分、国际金融组织赠款收入、基金资金的存款利息收入、购买国债的利息收入、国内外机构、组织和个人的捐赠收入，免征企业所得税。	《财政部　国家税务总局关于中国清洁发展基金及清洁发展机制项目实施企业有关企业所得税优惠政策有关问题的通知》（财税〔2009〕30号）。	由省税务机关规定。	预缴享受	由省税务机关规定。
11	中国保险保障基金有限责任公司取得的保险保障基金等收入免征企业所得税	对中国保险保障基金有限责任公司取得的境内保险公司依法缴纳的保险保障基金，依法从撤销或破产保险公司清算财产中获得的受偿收入和向有关责任方追偿所得，以及依法从保险公司风险处置中获得的财产转让所得，捐赠所得，银行存款利息收入，购买政府债券、中央银行、中央企业和中央级金融机构发行债券的利息收入，国务院批准取得的其他资金运用的收入免征企业所得税。	《财政部　国家税务总局关于保险保障基金有关税收政策问题的通知》（财税〔2016〕10号）。	由省税务机关规定。	预缴享受	由省税务机关规定。

续表

序号	优惠事项名称	政策概述	主要政策依据	主要留存备查资料	享受优惠时间	后续管理要求
12	中央电视台的广告费和有线电视费收入免征企业所得税	中央电视台的广告费和有线电视费收入人，免予征收企业所得税。	《财政部 国家税务总局关于中央电视台广告和有线电视费收入企业所得税政策问题的通知》（财税〔2016〕80号）。	由省税务机关规定。	预缴享受	由省税务机关规定。
13	中国奥委会取得的由北京冬奥组委支付的收入	对按中国奥委会、主办城市签订的《联合市场开发计划协议》和中国奥委会、主办城市、国际奥委会签订的《主办城市合同》规定，中国奥委会取得的由北京冬奥组委支付的收入，按比例分成的收入及分成盈余企业免征企业所得税。	《财政部 税务总局 海关总署关于北京2022年冬奥会和冬残奥会税收政策的通知》（财税〔2017〕60号）。	由省税务机关规定。	预缴享受	由省税务机关规定。
14	中国残奥委会取得的由北京冬奥组委分期支付的收入免征企业所得税	对中国残奥委会根据《联合计划协议》取得的由北京冬奥组委分期支付的收入免征企业所得税。	《财政部 税务总局 海关总署关于北京2022年冬奥会和冬残奥会税收政策的通知》（财税〔2017〕60号）。	由省税务机关规定。	预缴享受	由省税务机关规定。

续表

序号	优惠事项名称	政策概述	主要政策依据	主要留存备查资料	享受优惠时间	后续管理要求
15	综合利用资源生产产品取得的收入在计算应纳税所得额时减计收入	企业以《资源综合利用企业所得税优惠目录》规定的资源作为主要原材料，生产国家非限制和非禁止并符合国家及行业相关标准的产品取得的收入，减按90%计入收入总额。	1.《中华人民共和国企业所得税法》第三十三条；2.《中华人民共和国企业所得税法实施条例》第九十九条；3.《财政部 国家税务总局关于执行资源综合利用企业所得税优惠目录有关问题的通知》（财税〔2008〕47号）；4.《财政部 国家税务总局 国家发展改革委关于公布资源综合利用企业所得税优惠目录（2008年版）的通知》（财税〔2008〕117号）。	1.企业实际资源综合利用情况（包括综合利用的资源、技术标准、产品名称等）的说明；2.综合利用资源生产产品取得收入核算情况说明。	预缴享受	由省税务机关（含计划单列市税务机关）规定。
16	金融机构取得的涉农贷款利息收入在计算应纳税所得额时减计收入	对金融机构农户小额贷款的利息收入，在计算应纳税所得额时，按90%计入收入总额。	《财政部 税务总局关于延续支持农村金融发展有关税收政策的通知》（财税〔2017〕44号）。	1.相关利息收入的核算情况说明；2.相关贷款合同。	预缴享受	由省税务机关（含计划单列市税务机关）规定。
17	保险机构取得的涉农保费收入在计算应纳税所得额时减计收入	对保险公司为种植业、养殖业提供保险业务的保费收入，在计算应纳税所得额时，按90%计入收入总额。	《财政部 税务总局关于延续支持农村金融发展有关税收政策的通知》（财税〔2017〕44号）。	1.相关保费收入的核算情况说明；2.相关保险合同。	预缴享受	由省税务机关（含计划单列市税务机关）规定。
18	小额贷款公司取得的农户小额贷款利息收入在计算应纳税所得额时减计收入	对经省级金融管理部门（金融办、局等）批准成立的小额贷款公司取得的农户小额贷款利息收入，在计算应纳税所得额时，按90%计入收入总额。	《财政部 税务总局关于小额贷款公司有关税收政策的通知》（财税〔2017〕48号）。	1.相关利息收入的核算情况说明；2.相关贷款合同；3.省级金融管理部门（金融办、局等）出具的小额贷款公司准入资格文件。	预缴享受	由省税务机关（含计划单列市税务机关）规定。

续表

序号	优惠事项名称	政策概述	主要政策依据	主要留存备查资料	享受优惠时间	后续管理要求
19	取得铁路债券利息收入企业所得税减半征收企业所得税	企业持有铁路债券取得的利息收入，减半征收企业所得税。	1.《财政部 国家税务总局关于铁路建设债券利息收入企业所得税政策的通知》（财税〔2011〕99号）； 2.《财政部 国家税务总局关于2014 2015年铁路债券利息收入企业所得税政策的通知》（财税〔2014〕2号）； 3.《财政部 国家税务总局关于铁路债券利息收入企业所得税政策的通知》（财税〔2016〕30号）。	1. 购买铁路债券证明资料，包括持有时间、票面金额、利率等相关资料； 2. 应收利息（投资收益）科目明细账或按月汇总表； 3. 减免税计算过程的说明。	预缴享受	由省税务机关（含计划单列市税务机关）规定。
20	开发新技术、新产品、新工艺的研究开发费用加计扣除	企业为开发新技术、新产品、新工艺发生的研究开发费用，未形成无形资产计入当期损益的，在按照规定实据扣除的基础上，按照研发费用的50%加计扣除；形成无形资产的，按照无形资产成本的150%摊销。对从事文化产业支撑技术等领域的文化企业，开发新技术、新产品、新工艺发生的研究开发费用，允许按照法律法规的规定，在计算应纳税所得额时加计扣除。	1.《中华人民共和国企业所得税法》第三十条； 2.《中华人民共和国企业所得税法实施条例》第九十五条； 3.《财政部 海关总署 国家税务总局关于继续实施支持文化企业发展若干税收政策的通知》（财税〔2014〕85号）； 4.《财政部 国家税务总局 科技部关于完善研究开发费用税前加计扣除政策的通知》（财税〔2015〕119号）； 5.《科技部 财政部 国家税务总局关于进一步做好企业研发费用加计扣除政策落实工作的通知》（国科发政〔2017〕211号）； 6.《国家税务总局关于企业研究开发费用税前加计扣除政策有关问题的公告》（国家税务总局公告2015年第97号）； 7.《国家税务总局关于研发费用税前加计扣除归集范围有关问题的公告》（国家税务总局公告2017年第40号）。	1. 自主、委托、合作研究开发项目计划书和企业有权部门关于自主、委托、合作研究开发项目立项的决议文件； 2. 自主、委托、合作研究开发专门机构或项目组的编制情况和研发人员名单； 3. 经科技行政主管部门登记的委托、合作研究开发项目的合同； 4. 从事研发活动的人员（包括外聘研发人员）和用于研发活动的仪器、设备、无形资产的分配说明（包括工作使用情况记录及费用分配计算证据材料）； 5. 集中研发项目研发费决算表、集中研发项目费用分摊明细情况表和研发费用分摊情况归集表； 6. "研发支出"辅助账及汇总表； 7. 企业如果已取得地市级（含）以上科技行政主管部门出具的鉴定意见，应作为资料留存备查。	汇缴享受	由省税务机关（含计划单列市税务机关）规定。

续表

序号	优惠事项名称	政策概述	主要政策依据	主要留存备查资料	享受优惠时间	后续管理要求
21	企业为获得创新性、突破性的产品进行创意设计活动而发生的相关费用加计扣除	企业为获得创新性、突破性创意性产品进行创意设计活动而发生的相关费用，可以按照规定进行税前加计扣除。创意设计活动是指多媒体软件、动漫游戏软件开发，数字动漫、游戏设计制作，房屋建筑工程设计（绿色建筑评价标准为三星），风景园林工程专项设计；工业设计，多媒体设计、动漫及衍生产品设计，模型设计等。	1.《财政部　国家税务总局　科技部关于完善研究开发费用税前加计扣除政策的通知》（财税〔2015〕119 号）；2.《国家税务总局关于企业研究开发费用税前加计扣除政策有关问题的公告》（国家税务总局公告 2015 年第 97 号）；3.《国家税务总局关于研发费用税前加计扣除归集范围有关问题的公告》（国家税务总局公告 2017 年第 40 号）。	1. 创意设计活动相关合同；2. 创意设计活动相关费用核算情况的说明。	汇缴享受	由省税务机关（含计划单列市税务机关）规定。

续表

序号	优惠事项名称	政策概述	主要政策依据	主要留存备查资料	享受优惠时间	后续管理要求
22	科技型中小企业开发新产品、新工艺、新技术发生的研究开发费用加计扣除	科技型中小企业开展研发活动中实际发生的研发费用，未形成无形资产计入当期损益的，在按规定据实扣除的基础上，再按照实际发生额的75%在税前加计扣除；形成无形资产的，在上述期间按照无形资产成本的175%在税前摊销。	1.《中华人民共和国企业所得税法》第三十条； 2.《中华人民共和国企业所得税法实施条例》第九十五条； 3.《财政部 国家税务总局 科技部关于完善研究开发费用税前加计扣除政策的通知》（财税〔2015〕119号）； 4.《财政部 税务总局 科技部关于提高科技型中小企业研究开发费用税前加计扣除比例的通知》（财税〔2017〕34号）； 5.《科技型中小企业评价办法》（国科发政〔2017〕115号）； 6.《国家税务总局关于企业研究开发费用税前加计扣除政策有关问题的公告》（国家税务总局公告2015年第97号）； 7.《国家税务总局关于提高科技型中小企业研究开发费用税前加计扣除比例有关问题的公告》（国家税务总局公告2017年第18号）； 8.《国家税务总局关于研发费用税前加计扣除归集范围有关问题的公告》（国家税务总局公告2017年第40号）。	1. 自主、委托、合作研究开发项目计划书和企业有权部门关于自主、委托、合作研究开发项目立项的决议文件； 2. 自主、委托、合作研究开发专门机构或项目组编制情况和研发人员名单； 3. 经科技行政主管部门登记的委托、合作研究开发项目的合同； 4. 从事研发活动的人员（包括外聘研发人员）和用于研发活动的仪器、设备、无形资产的费用分配说明（包括工作使用情况记录及费用分配计算证据材料）； 5. 集中研发项目研发费决算表、集中研发项目费用分摊明细情况表和实际分享收益比例等资料； 6. "研发支出"辅助账及汇总表； 7. 企业如果已取得地市级（含）以上科技行政主管部门出具的鉴定意见； 8. 科技型中小企业的入库登记编号证明资料。	汇缴享受	由省税务机关（含计划单列市税务机关）规定。
23	安置残疾人员所支付的工资加计扣除	企业安置残疾人员的，在按照支付给残疾人员工资据实扣除的基础上，按照支付给残疾人员工资的100%加计扣除。残疾人员的范围适用《中华人民共和国残疾人保障法》的有关规定。	1.《中华人民共和国企业所得税法》第三十条； 2.《中华人民共和国企业所得税法实施条例》第九十六条； 3.《财政部 国家税务总局关于安置残疾人员就业有关企业所得税优惠政策问题的通知》（财税〔2009〕70号）。	1. 为安置的每位残疾人按月足额缴纳了企业所在区县人民政府根据国家政策规定的基本养老保险、基本医疗保险、失业保险和工伤保险等社会保险的资料； 2. 通过非现金方式支付工资薪酬的证明； 3. 安置残疾职工名单及其《残疾人证》或《残疾军人证》和与残疾人员签订的劳动合同或服务协议。	汇缴享受	由省税务机关（含计划单列市税务机关）规定。

续表

序号	优惠事项名称	政策概述	主要政策依据	主要留存备查资料	享受优惠时间	后续管理要求
24	从事农、林、牧、渔业项目的所得减免征收企业所得税	企业从事蔬菜、谷物、薯类、油料、豆类、棉花、麻类、糖料、水果、坚果的种植，农作物新品种的选育，中药材种植，林木培育和种植，牲畜、家禽饲养，林产品采集，灌溉、农产品初加工、兽医、农技推广、农机作业和维修等农、林、牧、渔服务业项目，远洋捕捞项目所得免征企业所得税。企业从事花卉、茶以及其他饮料作物和香料作物种植，海水养殖、内陆养殖项目所得减半征收企业所得税。"公司＋农户"经营模式从事农、林、牧、渔业生产的企业，可以按照《中华人民共和国企业所得税法实施条例》第八十六条的有关规定，享受减免企业所得税的有关政策。	1.《中华人民共和国企业所得税法》第二十七条第一项；2.《中华人民共和国企业所得税法实施条例》第八十六条；3.《财政部 国家税务总局关于发布享受企业所得税优惠政策的农产品初加工范围（试行）的通知》（财税〔2008〕149号）；4.《财政部 国家税务总局关于享受企业所得税优惠的农产品初加工有关范围的补充通知》（财税〔2011〕26号）；5.《国家税务总局关于黑龙江垦区国有农场土地承包经营企业所得税问题的批复》（国税函〔2009〕779号）；6.《国家税务总局关于"公司＋农户"经营模式企业所得税优惠问题的公告》（国家税务总局公告2010年第2号）；7.《国家税务总局关于实施农林牧渔业项目企业所得税优惠问题的公告》（国家税务总局公告2011年第48号）。	1. 企业从事相关业务取得的资格证书或证明资料，包括有效期内的远洋渔业企业资格的认定证书、从事农作物新品种选育的资格种证明等；2. 与农户签订的委托养殖合同（"公司＋农户"经营模式的企业）；3. 与家庭承包户签订的内部家庭承包合同（国有农场实行内部家庭承包经营）；4. 农产品初加工项目及工艺流程说明（两个或两个以上的分项目说明）；5. 同时从事适用不同企业所得税待遇项目的，每年度单独计算相关账册、项目所得的计算过程及其相关标准；6. 生产场地证明资料，包括土地使用权证、租用合同等；7. 企业委托或受托其他企业或个人从事符合规定的农林牧渔业项目的委托合同、受托合同，支出明细等证明材料。	预缴享受	由省税务机关（含计划单列市税务机关）规定。

续表

序号	优惠事项名称	政策概述	主要政策依据	主要留存备查资料	享受优惠时间	后续管理要求
25	从事国家重点扶持的公共基础设施项目投资经营的所得定期减免企业所得税	企业从事《公共基础设施项目企业所得税优惠目录》规定的港口码头、机场、公路、铁路、城市公共交通、电力、水利等项目的投资经营的所得，自项目取得第一笔生产经营收入所属纳税年度起，第一年至第三年免征企业所得税，第四年至第六年减半征收企业所得税。企业承包经营、承包建设和内部自建自用上述项目，不得享受上述规定的企业所得税优惠。饮水工程运营管理单位从事《公共基础设施项目企业所得税优惠目录》规定的饮水工程新建项目投资经营的所得，自项目取得第一笔生产经营收入所属纳税年度起，第一年至第三年免征企业所得税，第四年至第六年减半征收企业所得税。	1.《中华人民共和国企业所得税法》第二十七条第二项； 2.《中华人民共和国企业所得税法实施条例》第八十七条、第八十九条； 3.《财政部 国家税务总局关于执行公共基础设施项目企业所得税优惠目录有关问题的通知》（财税〔2008〕46号）； 4.《财政部 国家发展改革委关于公布公共基础设施项目企业所得税优惠目录（2008年版）的通知》（财税〔2008〕116号）； 5.《财政部 国家税务总局关于环境保护 节能节水项目企业所得税优惠政策问题的通知》（财税〔2012〕10号）； 6.《财政部 国家税务总局关于公共基础设施项目享受企业所得税优惠政策问题的补充通知》（财税〔2014〕55号）； 7.《财政部 国家税务总局关于实施农村饮水安全工程建设运营税收优惠政策的通知》（财税〔2016〕19号）； 8.《国家税务总局关于实施国家重点扶持的公共基础设施项目企业所得税优惠问题的通知》（国税发〔2009〕80号）； 9.《国家税务总局关于电网企业电网新建项目享受所得税优惠政策问题的公告》（国家税务总局公告2013年第26号）。	1.有关部门批准该项目文件； 2.公共基础设施项目建成并投入运行后取得的第一笔生产经营收入凭证（原始凭证及账务处理凭证）； 3.公共基础设施项目完工验收报告； 4.项目权属变动情况的说明及转让方已享受优惠情况的说明及合理分摊期间共用费用的核算资料（优惠期间项目权属发生变动的）； 5.公共基础设施项目所得分项目核算资料，以及公共基础设施项目共同费用的核算资料； 6.符合《公共基础设施项目企业所得税优惠目录》规定范围、条件和标准的情况说明及证据资料。	预缴享受	由省税务机关（含计划单列市税务机关）规定。

续表

序号	优惠事项名称	政策概述	主要政策依据	主要留存备查资料	享受优惠时间	后续管理要求
26	从事符合条件的环境保护、节能节水项目的所得定期减免企业所得税	企业从事《环境保护、节能节水项目企业所得税优惠目录》所列项目的所得，自项目取得第一笔生产经营收入所属纳税年度起，第一年至第三年免征企业所得税，第四年至第六年减半征收企业所得税。	1.《中华人民共和国企业所得税法》第二十七条第三项； 2.《中华人民共和国企业所得税法实施条例》第八十八条、第八十九条； 3.《财政部 国家税务总局 国家发展改革委关于公布环境保护节能节水项目企业所得税优惠目录（试行）的通知》（财税〔2009〕166号）； 4.《财政部 国家税务总局关于公共基础设施项目和环境保护、节能节水项目企业所得税优惠政策问题的通知》（财税〔2012〕10号）； 5.《财政部 国家税务总局 国家发展改革委关于垃圾填埋沼气发电列入〈环境保护、节能节水项目企业所得税优惠目录（试行）〉的通知》（财税〔2016〕131号）。	1. 符合《环境保护、节能节水项目企业所得税优惠目录》规定范围、条件和标准的情况的说明及证据资料； 2. 环境保护、节能节水项目取得的第一笔生产经营收入凭证（原始凭证及账务处理凭证）； 3. 环境保护、节能节水项目所得分项目核算资料，以及合理分摊期间共同费用的核算资料； 4. 项目权属变动情况及转让方已享受优惠情况的说明及证明项目权属发生变动的）。	预缴享受	由省税务机关（含计划单列市税务机关）规定。

续表

序号	优惠事项名称	政策概述	主要政策依据	主要留存备查资料	享受优惠时间	后续管理要求
27	符合条件的技术转让所得减免征收企业所得税	一个纳税年度内，居民企业技术转让所得不超过500万元的部分，免征企业所得税；超过500万元的部分，减半征收企业所得税。	1.《中华人民共和国企业所得税法》第二十七条第四项；2.《中华人民共和国企业所得税法实施条例》第九十条；3.《财政部 国家税务总局关于居民企业技术转让有关企业所得税政策问题的通知》（财税〔2010〕111号）；4.《财政部 国家税务总局关于将国家自主创新示范区有关税收试点政策推广到全国范围实施的通知》（财税〔2015〕116号）；5.《国家税务总局关于技术转让所得减免企业所得税有关问题的通知》（国税函〔2009〕212号）；6.《国家税务总局关于技术转让所得减免企业所得税有关问题的公告》（国家税务总局公告2013年第62号）；7.《国家税务总局关于许可使用权技术转让所得税有关问题的公告》（国家税务总局公告2015年第82号）。	1. 所转让的技术产权证明；2. 企业发生境内技术转让：(1) 技术转让合同（副本）；(2) 技术合同登记证明；(3) 技术转让所得归集、分摊、计算的相关资料；(4) 实际缴纳相关税费的证明资料；3. 企业向境外转让技术：(1) 技术出口合同（副本）；(2) 技术出口合同登记证书或技术出口许可证；(3) 技术出口合同数据表；(4) 技术转让所得归集、分摊、计算的相关资料；(5) 实际缴纳相关税费的证明资料；(6) 有关部门、科技部、科技部门按照《中国禁止出口限制出口技术目录》出具的审查意见；4. 转让技术所有权的，其成本费用；转让使用权的，其无形资产费用摊销情况；5. 技术转让年度，转让双方股权关联情况。	预缴享受	由省税务机关（含计划单列市税务机关）规定。

续表

序号	优惠事项名称	政策概述	主要政策依据	主要留存备查资料	享受优惠时间	后续管理要求
28	实施清洁发展机制项目定期减免企业所得税	清洁发展机制项目（以下简称"CDM项目"）实施企业将温室气体减排量转让收入的65%上缴给国家的HFC和PFC类CDM项目，以及将温室气体减排量转让收入的30%上缴给国家的N2O类CDM项目，其实施该类CDM项目的所得，自项目取得第一笔减排量转让收入所属纳税年度起，第一年至第三年免征、第四年至第六年减半征收企业所得税。	《财政部 国家税务总局关于中国清洁发展机制基金及清洁发展机制项目实施企业有关企业所得税政策问题的通知》（财税〔2009〕30号）。	1. 清洁发展机制项目立项有关文件； 2. 企业将温室气体减排量转让的HFC和PFC类CDM项目气体减排量转让的N2O类CDM项目的证明材料； 3. 将温室气体减排量上缴给国家的证明资料； 4. 清洁发展机制项目第一笔减排量转让收入凭证（原始凭证及账务处理凭证）； 5. 清洁发展机制项目所得单独核算，以及合理分摊期间共同费用的核算资料。	预缴享受	由省税务机关（含计划单列市税务机关）规定。
29	符合条件的节能服务公司实施合同能源管理项目的所得定期减免所得税	对符合条件的节能服务公司实施合同能源管理项目，符合企业所得税法有关规定的，自项目取得第一笔生产经营收入所属纳税年度起，第一年至第三年免征企业所得税，第四年至第六年按照25%的法定税率减半征收企业所得税。	1. 《财政部 国家税务总局关于促进节能服务产业发展增值税、营业税和企业所得税政策问题的通知》（财税〔2010〕110号）； 2. 《国家税务总局关于落实节能服务企业合同能源管理项目企业所得税优惠政策有关征收管理问题的公告》（国家税务总局公告2013年第77号）。	1. 能源管理合同； 2. 国家发展改革委、财政部公布的合同能源管理项目情况确认表，或者政府节能主管部门出具的合同能源管理项目确认意见； 3. 项目转让合同、项目发生转让的备案文件（项目原享受优惠的节能服务企业）； 4. 合同能源收入第一笔取得的原始凭证（原始凭证及账务处理凭证）； 5. 合同能源管理项目应纳税所得单独计算表； 6. 合同能源管理项目所得单独核算，以及合理分摊期间共同费用的核算资料。	预缴享受	由省税务机关（含计划单列市税务机关）规定。

续表

序号	优惠事项名称	政策概述	主要政策依据	主要留存备查资料	享受优惠时间	后续管理要求
30	线宽小于 130 纳米的集成电路生产项目的企业减免企业所得税	2018 年 1 月 1 日后投资新设的集成电路线宽小于 130 纳米，且经营期在 10 年以上的集成电路项目，第一年至第二年免征企业所得税，第三年至第五年按照 25% 的法定税率减半征收企业所得税，并享受至期满为止。	1.《财政部 国家税务总局 发展改革委 工业和信息化部关于集成电路产业有关企业所得税政策问题的通知》（财税〔2016〕49 号）；2.《财政部 税务总局 国家发展改革委 工业和信息化部关于集成电路生产企业有关企业所得税政策问题的通知》（财税〔2018〕27 号）；3.《国家税务总局关于执行软件企业所得税优惠政策有关问题的公告》（国家税务总局公告 2013 年第 43 号）。	后续管理要求提交资料的留存件。	预缴享受	在汇算清缴期结束前向税务机关提交以下资料：1. 在发展改革部门或工业和信息化部门立项的备案文件（应注明总投资额、工艺线宽标准）复印件以及企业取得的其他相关投资质证明文件等；2. 企业职工人数、学历结构、研究开发人员情况及其占企业职工总数的比例的说明，以及上年度汇算清缴年度最后一个月社会保险缴纳证明等相关证明材料；3. 加工集成电路产品主要国外知识产权（或国外集成电路产品主要由企业自主开发或拥有的一至两份代表性知识产权（如专利、布图设计登记、软件著作权等）的证明材料；4. 经具有资质的中介机构鉴证的企业财务会计报告（包括会计报表、会计报表附注和财务情况说明书）以及主要代表性销售（营业）收入、研究开发费用及境内研究开发费用等情况说明；5. 与主要客户签订的一至两份代表性销售合同复印件；6. 保证产品质量的相关认证说明材料（如质量管理认证证书复印件等）。

续表

序号	优惠事项名称	政策概述	主要政策依据	主要留存备查资料	享受优惠时间	后续管理要求
31	线宽小于 65 纳米或投资额超过 150 亿元的集成电路生产项目的所得减免企业所得税	2018 年 1 月 1 日后投资新设的集成电路线宽小于 65 纳米或投资额超过 150 亿元，且经营期在 15 年以上的集成电路生产项目，第一年至第五年免征企业所得税，第六年至第十年按照 25% 的法定税率减半征收企业所得税，并享受至期满为止。	1. 《财政部 国家税务总局 发展改革委 工业和信息化部关于软件和集成电路产业企业所得税优惠政策有关问题的通知》（财税〔2016〕49 号）； 2. 《财政部 税务总局 国家发展改革委 工业和信息化部关于集成电路生产企业有关企业所得税政策问题的通知》（财税〔2018〕27 号）； 3. 《国家税务总局关于执行软件企业所得税优惠政策有关问题的公告》（国家税务总局公告 2013 年第 43 号）。	后续管理要求提交资料的留存件。	预缴享受	在汇算清缴期结束前向税务机关提交以下资料： 1. 在发展改革部门立项的备案文件（应注明总投资额、工艺线宽标准）复印件以及企业取得的其他相关资质证书复印件等； 2. 企业职工人数、学历结构、研究开发人员情况及其占企业职工总数的比例说明，以及社保缴纳证明最后一个月社保缴纳证明等相关证明材料； 3. 加工、集成电路产品主要列表及国家知识产权局（或国外知识产权相关主管机构）出具的企业自主开发或拥有的一至两项代表性集成电路产权（如专利、布图设计著作权登记、软件著作权等）的证明材料； 4. 经具有资质的中介机构鉴证的企业财务会计报告（包括会计报表、会计报表附注和财务情况说明书）以及集成电路制造销售（营业）收入、研究开发费用、境内研究开发费用等情况说明； 5. 与主要客户签订的一至两份代表性销售合同复印件； 6. 保证产品质量的相关认证证明材料（如质量管理认证证书复印件等）。

续表

序号	优惠事项名称	政策概述	主要政策依据	主要留存备查资料	享受优惠时间	后续管理要求
32	投资于未上市的中小高新技术企业的创业投资企业按投资额的一定比例抵扣应纳税所得额	创业投资企业采取股权投资方式投资于未上市的中小高新技术企业2年以上的，可以按照其投资额的70%在股权持有满2年的当年抵扣该创业投资企业的应纳税所得额；当年不足抵扣的，可以在以后纳税年度结转抵扣。	1.《中华人民共和国企业所得税法》第三十一条；2.《中华人民共和国企业所得税法实施条例》第九十七条；3.《财政部 国家税务总局关于执行企业所得税优惠政策若干问题的通知》（财税〔2009〕69号）；4.《国家税务总局关于实施创业投资企业所得税优惠问题的通知》（国税发〔2009〕87号）。	1.发展改革或证监部门出具的符合创业投资企业条件的年度证明材料；2.中小高新技术企业投资合同（协议）、章程、实际出资等相关材料；3.由省、自治区、直辖市和计划单列市高新技术企业认定管理机构出具的中小高新技术企业有效的高新技术企业证书复印件（注明"与原件一致"，并加盖公章）；4.中小高新技术企业基本情况[包括企业职工人数、资产总额、年销售额、资产总额，未上市等]说明。	汇缴享受	由省税务机关（含计划单列市税务机关）规定。
33	投资于种子期、初创期的创业投资型企业按投资额的一定比例抵扣应纳税所得额	公司制创业投资企业采取股权投资方式直接投资于初创科技型企业满2年（24个月）的，可以按照投资额的70%在股权持有满2年的当年抵扣该公司制创业投资企业的应纳税所得额；当年不足抵扣的，可以在以后纳税年度结转抵扣。	1.《财政部 税务总局关于创业投资企业和天使投资个人有关税收政策的通知》（财税〔2017〕38号）；2.《国家税务总局关于创业投资企业和天使投资个人税收政策有关问题的公告》（国家税务总局公告2017年第20号）。	1.发展改革或证监部门出具的符合创业投资企业条件的年度证明材料；2.初创科技型企业接受现金投资时的投资合同（协议）、章程、实际出资的相关证明材料；3.创业投资企业与其关联方持有初创科技型企业的股权比例的说明；4.被投资企业符合初创科技型企业条件的有关资料：（1）接受投资时从业人数、资产总额、年销售收入和大学本科以上学历的从业人数比例的情况说明；（2）接受投资时设立时间不超过5年的证明材料；（3）接受投资时以及接受投资后2年内未在境内外证券交易所上市情况说明；（4）研发费用总额占成本费用总额所占比例的情况说明。	汇缴享受	由省税务机关（含计划单列市税务机关）规定。

续表

序号	优惠事项名称	政策概述	主要政策依据	主要留存备查资料	享受优惠时间	后续管理要求
34	投资于未上市的中小高新技术企业的有限合伙制创业投资企业法人合伙人按投资额的一定比例抵扣应纳税所得额	有限合伙制创业投资企业采取股权投资方式投资于未上市的中小高新技术企业 2 年（24 个月）以上，该有限合伙制创业投资企业的法人合伙人可按照其对未上市中小高新技术企业投资额的 70% 抵扣该法人合伙人从该有限合伙制创业投资企业分得的应纳税所得额，当年不足抵扣的，可以在以后纳税年度结转抵扣。	1.《中华人民共和国企业所得税法》第三十一条； 2.《中华人民共和国企业所得税法实施条例》第九十七条； 3.《财政部 国家税务总局关于将国家自主创新示范区有关税收试点政策推广到全国范围实施的通知》（财税〔2015〕116 号）； 4.《国家税务总局关于实施创业投资企业所得税优惠问题的通知》（国税发〔2009〕87 号）； 5.《国家税务总局关于有限合伙制创业投资企业法人合伙人所得税有关问题的公告》（国家税务总局公告 2015 年第 81 号）。	1. 发展改革或证监部门出具的符合创业投资企业条件的年度证明材料； 2. 中小高新技术企业投资合同（协议）、章程，实际出资等相关材料； 3. 省、自治区、直辖市和计划单列市高新技术企业认定管理机构出具的中小高新技术企业有效的高新技术企业证书复印件（注明"与原件一致"，并加盖公章）； 4. 中小高新技术企业基本情况〔包括企业职工人数、年销售（营业）额、资产总额，未上市等〕说明； 5. 法人合伙人应纳税所得额抵扣情况明细表； 6. 有限合伙制创业投资企业法人合伙人应纳税所得额分配情况明细表。	汇缴享受	由省税务机关（含计划单列市税务机关）规定。

续表

序号	优惠事项名称	政策概述	主要政策依据	主要留存备查资料	享受优惠时间	后续管理要求
35	投资于种子期、初创期科技型企业的有限合伙制创业投资企业的法人合伙人按投资额的一定比例抵扣应纳税所得额	有限合伙制创业投资企业采取股权投资方式直接投资于种子期、初创期科技型企业满2年的，该创业投资企业的法人合伙人可以按照对初创期科技型企业投资额的70%抵扣法人合伙人从有限合伙制创业投资企业分得的所得；当年不足抵扣的，可以在以后纳税年度结转抵扣。	1.《财政部 税务总局关于创业投资企业和天使投资个人有关税收政策的通知》（财税〔2017〕38号）；2.《国家税务总局关于创业投资企业和天使投资个人税收试点政策有关问题的公告》（国家税务总局公告2017年第20号）。	1. 发展改革或证监部门出具的符合创业投资企业条件的年度证明材料；2. 初创科技型企业接受投资时的投资合同（协议）、章程，实际出资的相关证明材料；3. 创业投资企业与其关联方持有初创科技型企业的股权比例的说明；4. 被投资企业符合初创科技型企业条件的有关资料：(1) 接受投资时从业人数、资产总额，年销售收入和上学历的从业人数比例的情况说明；(2) 接受投资时设立时间不超过5年的证明；(3) 接受投资时以及接受投资后2年内未在境内外证券交易所上市的情况说明；(4) 接受投资当年及下一纳税年度研发费用总额占成本费用比例的情况说明；5. 法人合伙人投资于合伙创投企业的出资额、出资比例，合伙创投企业出资于初创科技型企业的金额、出资比例的相关证明材料，及主管税务机关受理的《合伙创投企业法人合伙人所得分配情况明细表》。	汇缴享受	由省税务机关（含计划单列市税务机关）规定。
36	符合条件的小型微利企业减免企业所得税	从事国家非限制和禁止行业，对年应纳税所得额低于50万元（含50万元）的小型微利企业，其所得减按50%计入应纳税所得额，按20%的税率缴纳企业所得税。	1.《中华人民共和国企业所得税法》第二十八条；2.《中华人民共和国企业所得税法实施条例》第九十二条；3.《财政部 税务总局关于扩大小型微利企业所得税优惠政策范围的通知》（财税〔2017〕43号）；4.《国家税务总局关于贯彻落实扩大小型微利企业所得税优惠政策范围有关征管问题的公告》（国家税务总局公告2017年第23号）。	1. 所从事行业不属于限制和禁止行业的说明；2. 从业人数的计算过程；3. 资产总额的计算过程。	预缴享受	由省税务机关（含计划单列市税务机关）规定。

续表

序号	优惠事项名称	政策概述	主要政策依据	主要留存备查资料	享受优惠时间	后续管理要求
37	国家需要重点扶持的高新技术企业减按15%的税率征收企业所得税	国家需要重点扶持的高新技术企业，减按15%的税率征收企业所得税。国家需要重点扶持的高新技术企业，是指拥有核心自主知识产权，产品（服务）属于国家重点支持的高新技术领域规定的范围，研究开发费用占销售收入的比例不低于规定比例，高新技术产品（服务）收入占企业总收入的比例不低于规定比例，科技人员占企业职工总数的比例不低于规定的比例，以及高新技术企业认定管理办法规定的其他条件的企业。对从事文化产业支撑技术等领域认定为高新技术企业，按规定的税率征收企业所得税。	1. 《中华人民共和国企业所得税法》第二十八条；2. 《中华人民共和国企业所得税法实施条例》第九十三条；3. 《关于高新技术企业境外所得适用税率及税收抵免问题的通知》（财税〔2011〕47号）；4. 《财政部 海关总署 国家税务总局关于继续实施支持文化企业发展若干税收政策的通知》（财税〔2014〕85号）；5. 《科技部 财政部 国家税务总局关于修订印发〈高新技术企业认定管理办法〉的通知》（国科发火〔2016〕32号）；6. 《科技部 财政部 国家税务总局关于修订〈高新技术企业认定管理工作指引〉的通知》（国科发火〔2016〕195号）；7. 《国家税务总局关于实施高新技术企业所得税优惠有关问题的通知》（国税函〔2009〕203号）；8. 《国家税务总局关于实施高新技术企业优惠政策有关问题的公告》（国家税务总局公告2017年第24号）。	1. 高新技术企业资格证书；2. 高新技术企业认定资料；3. 知识产权相关资料；4. 年度主要产品（服务）发挥核心支持作用的技术属于《国家重点支持的高新技术领域》规定范围的说明，高新技术产品（服务）及对应收入资料；5. 年度职工和科技人员情况证明材料；6. 当年和前两个会计年度研发费用总额及占同期销售收入比例、研发费用管理资料以及研发费用结构明细表。	预缴享受	由省税务机关（含计划单列市税务机关）规定。

续表

序号	优惠事项名称	政策概述	主要政策依据	主要留存备查资料	享受优惠时间	后续管理要求
38	经济特区和上海浦东新区新设立的高新技术企业在区内取得的所得定期减免企业所得税	经济特区和上海浦东新区内,在2008年1月1日(含)之后完成登记注册的国家需要重点扶持的高新技术企业,在经济特区和上海浦东新区内取得的所得,自取得第一笔生产经营收入所属纳税年度起,第一年至第二年免征企业所得税,第三年至第五年按照25%的法定税率减半征收企业所得税。	1.《中华人民共和国企业所得税法》第五十七条第二项; 2.《国务院关于经济特区和上海浦东新区新设立高新技术企业实行过渡性税收优惠的通知》(国发[2007]40号); 3.《科技部 财政部 国家税务总局关于修订印发〈高新技术企业认定管理办法〉的通知》(国科发火[2016]32号); 4.《科技部 财政部 国家税务总局关于修订〈高新技术企业认定管理工作指引〉的通知》(国科发火[2016]195号); 5.《国家税务总局关于实施高新技术企业所得税优惠有关问题的通知》(国税函[2009]203号); 6.《国家税务总局关于实施高新技术企业所得税优惠政策有关问题的公告》(国家税务总局公告2017年第24号)。	1.高新技术企业资格证书; 2.高新技术企业认定资料; 3.知识产权相关材料; 4.年度主要产品(服务)发挥核心支持作用的技术属于《国家重点支持的高新技术领域》规定的范围及对应收入资料; 5.年度职工和科技人员情况证明材料; 6.当年和前两个会计年度研发费用总额占同期销售收入比例,研发费用管理资料以及研发费用结构明细表; 7.新办企业取得第一笔生产经营收入凭证(原始凭证及账务处理凭证); 8.区内外所得的核算资料。	预缴享受	由省税务机关(含计划单列市税务机关)规定。
39	民族自治地方自治机关对本民族自治地方的企业应缴纳的企业所得税中属于地方分享的部分减征或免征	依照《中华人民共和国民族区域自治法》的规定,民族区域自治地方、自治州、自治县的自治机关对本民族自治地方的企业应缴纳的企业所得税中属于地方分享的部分,可以减征或者免征。自治州、自治县决定减征或者免征的,须报省、自治区、直辖市人民政府批准。	1.《中华人民共和国企业所得税法》第二十九条; 2.《中华人民共和国企业所得税法实施条例》第九十四条; 3.《财政部 国家税务总局关于贯彻落实国务院关于实施企业所得税过渡优惠政策有关问题的通知》(财税[2008]21号)。	由省税务机关规定。	预缴享受	由省税务机关规定。

续表

序号	优惠事项名称	政策概述	主要政策依据	主要留存备查资料	享受优惠时间	后续管理要求
40	受灾地区农村信用社免征企业所得税	对受灾地区农村信用社征企业所得税。其中，芦山受灾地区政策执行期限自 2013 年 4 月 20 日起至 2017 年 12 月 31 日；鲁甸受灾地区政策执行期限自 2014 年 1 月 1 日至 2018 年 12 月 31 日。	1.《财政部 海关总署 国家税务总局关于支持芦山地震灾后恢复重建有关税收政策问题的通知》（财税〔2013〕58 号）；2.《财政部 海关总署 国家税务总局关于支持鲁甸地震灾后恢复重建有关税收政策问题的通知》（财税〔2015〕27 号）。	由省税务机关规定。	预缴享受	由省税务机关规定。
41	支持和促进重点群体创业就业企业限额减征企业所得税	商贸企业、服务型企业、劳动就业服务企业中的加工型企业和街道社区具有加工性质的小型企业实体，在新增加的岗位中，当年新招用在人力资源社会保障部门公共就业服务机构登记失业半年以上且持《就业失业登记证》（注明"企业吸纳税收政策"）或《就业创业证》人员，与其签订 1 年以上期限劳动合同并依法缴纳社会保险费的，在 3 年内按实际招用人数予以定额依次扣减增值税、城市维护建设税、教育费附加、地方教育附加和企业所得税。定额标准为每人每年 4000 元，最高可上浮 30%。按上述标准计算的税收扣减额应在企业当年实际缴纳的增值税、城市维护建设税、教育费附加、地方教育附加和企业所得税额中扣减，当年扣减不完的，不得结转下年使用。	1.《财政部 国家税务总局 人力资源社会保障部关于继续支持和促进重点群体创业就业有关税收政策的通知》（财税〔2014〕39 号）；2.《财政部 国家税务总局 教育部 人力资源和社会保障部关于支持和促进重点群体创业就业政策有关问题的补充通知》（财税〔2015〕18 号）；3.《财政部 国家税务总局关于继续实施支持和促进重点群体创业就业有关税收优惠政策的通知》（财税〔2015〕77 号）；4.《财政部 国家税务总局 人力资源社会保障部关于扩大小微企业创业税收优惠适用人员范围的通知》（财税〔2017〕49 号）；5.《财政部 税务总局 人力资源社会保障部 教育部 民政部关于继续实施支持和促进重点群体创业就业有关税收政策具体操作问题的公告》（国家税务总局公告 2017 年第 27 号）。	1. 县以上人力资源社会保障部门核发的《企业实体吸纳失业人员认定证明》（持《就业失业登记证》或《就业创业证》人员本年度实际工作时间表）；2. 企业当年已享受增值税和附加税减免及企业所得税减免税额抵减的证明资料。	汇缴享受	由省税务机关（含计划单列市税务机关）规定。

续表

序号	优惠事项名称	政策概述	主要政策依据	主要留存备查资料	享受优惠时间	后续管理要求
42	扶持自主就业退役士兵创业限额减征企业所得税	对商贸企业、服务型企业、劳动就业服务企业中的加工型企业和街道社区具有加工性质的小型企业实体，在新增加的岗位中，当年新招用自主就业退役士兵，与其签订1年以上期限劳动合同并依法缴纳社会保险费的，在3年内按实际招用人数予以定额依次扣减增值税、城市维护建设税、教育费附加、地方教育附加和企业所得税优惠。定额标准为每人每年4000元，最高可上浮50%。纳税年度终了，如果企业实际减免的增值税、城市维护建设税、教育费附加和地方教育附加小于核定的减免税总额，企业在企业所得税汇算清缴时以差额部分扣减企业所得税。当年扣减不完的，不再结转以后年度扣减。	1.《财政部 国家税务总局 民政部关于调整完善扶持自主就业退役士兵创业就业税收政策的通知》（财税〔2014〕42号）；2.《财政部 税务总局 民政部关于继续实施扶持自主就业退役士兵创业就业有关税收政策的通知》（财税〔2017〕46号）。	1.新招用自主就业退役士兵的《中国人民解放军义务兵退出现役证》或《中国人民解放军士官退出现役证》；2.企业当年已享受增值税和附加税额抵减税额优惠的证明资料。	汇缴享受	由省税务机关（含计划单列市税务机关）规定。

续表

序号	优惠事项名称	政策概述	主要政策依据	主要留存备查资料	享受优惠时间	后续管理要求
43	符合条件的生产和装配伤残人员专门用品企业免征企业所得税	对符合条件的生产和装配伤残人员专门用品企业，免征企业所得税。	《财政部 国家税务总局 民政部关于生产和装配伤残人员专门用品企业免征企业所得税的通知》（财税〔2016〕111号）。	1. 生产和装配伤残人员专门用品，在民政部《中国伤残人员专门用品目录》范围之内的说明；2. 伤残人员专门用品制作师名册、《执业资格证书》（假肢制作师、矫形器制作师）；3. 企业的生产和装配伤残人员康复其他辅助条件的说明材料。	预缴享受	由省税务机关（含计划单列市税务机关）规定。
44	动漫企业自主开发、生产动漫产品定期减免企业所得税	经认定的动漫企业自主开发、生产动漫产品，可申请享受国家现行鼓励软件产业发展的所得税优惠政策。即在2017年12月31日前自获利年度起，第一年至第二年免征企业所得税，第三年至第五年按照25%的法定税率减半征收企业所得税，并享受至期满为止。	1.《文化部 财政部 国家税务总局关于印发〈动漫企业认定管理办法（试行）〉的通知》（文市发〔2008〕51号）；2.《文化部 财政部 国家税务总局关于实施〈动漫企业认定管理办法（试行）〉有关问题的通知》（文产发〔2009〕18号）；3.《财政部 国家税务总局关于动漫产业发展有关税收政策问题的通知》（财税〔2009〕65号）。	1. 动漫企业认定证明；2. 动漫企业认定资料；3. 动漫企业年审通过名单；4. 获利年度情况说明。	预缴享受	由省税务机关（含计划单列市税务机关）规定。

续表

序号	优惠事项名称	政策概述	主要政策依据	主要留存备查资料	享受优惠时间	后续管理要求
45	新办集成电路设计企业减免企业所得税	我国境内新办的集成电路设计企业，在2017年12月31日前自获利年度起，第一年至第二年免征企业所得税，第三年至第五年按照25%的法定税率减半征收企业所得税，并享受至期满为止。	1.《财政部 国家税务总局关于进一步鼓励软件产业和集成电路产业发展企业所得税政策的通知》（财税〔2012〕27号）； 2.《财政部 国家税务总局 发展改革委 工业和信息化部关于软件和集成电路产业企业所得税优惠政策有关问题的通知》（财税〔2016〕49号）； 3.《国家税务总局关于执行软件企业所得税优惠政策有关问题的公告》（国家税务总局公告2013年第43号）。	后续管理要求提交资料的留存件。	预缴享受	在汇算清缴期结束前向税务机关提交以下资料： 1. 企业职工人数、学历结构、研究开发人员及其占企业职工总数的比例情况及其说明，以及汇算清缴年度最后一个月社会保险缴纳证明等相关证明材料； 2. 企业开发销售的主要集成电路产品列表，以及国家知识产权局（或国外知识产权相关主管机构）出具的企业自主开发或拥有的一至两份代表性知识产权（如专利、布图设计登记、软件著作权等）的证明材料； 3. 经具有资质的企业财务会计报告鉴证的企业财务会计报表（包括会计报表附注和财务情况说明书）以及集成电路设计销售（营业）收入、集成电路设计销售（营业）收入、研究开发费用等情况表； 4. 第三方检测机构提供的集成电路产品测试报告或客户报告，以及与主要客户签订的一至两份代表性销售合同复印件； 5. 企业开发环境等相关证明材料。

续表

序号	优惠事项名称	政策概述	主要政策依据	主要留存备查资料	享受优惠时间	后续管理要求
46	国家规划布局内的集成电路设计企业可减按10%的税率征收企业所得税	国家规划布局内的集成电路设计企业，如当年未享受免税优惠的，可减按10%的税率征收企业所得税。	1.《财政部 国家税务总局关于进一步鼓励软件产业和集成电路产业发展企业所得税政策的通知》（财税〔2012〕27号）； 2.《财政部 国家税务总局 发展改革委 工业和信息化部关于软件和集成电路产业企业所得税优惠政策有关问题的通知》（财税〔2016〕49号）； 3.《国家发展和改革委 工业和信息化部 财政部 国家税务总局关于印发国家规划布局内重点软件和集成电路设计领域的通知》（发改高技〔2016〕1056号）； 4.《国家税务总局关于执行软件企业所得税优惠政策有关问题的公告》（国家税务总局公告2013年第43号）。	后续管理要求提交资料的留存件。	预缴享受	在汇算清缴期结束前向税务机关报送以下资料： 1. 企业职工人数、学历结构、研究开发人员情况及其占企业职工总数的比例情况及最后一个月社会保险缴纳证明等相关证明材料； 2. 企业开发销售的主要集成电路产品列表，以及国家知识产权局（或国外知识产权相关主管机构）出具的有的企业自主开发或拥有的一至两份代表性知识产权（如专利、布图设计登记、软件著作权等）的证明材料； 3. 经具有资质的企业财务会计报表（包括会计报表、会计报表附注和财务情况说明书）以及集成电路设计销售（营业）收入、集成电路设计自主研发收入、研究开发费用、境内研究开发费用等情况表； 4. 第三方检测机构提供的或集成电路产品测试报告或主要客户报告，以及与主要代表性集成电路设计销售（营业）订立的一至两份代表性销售合同复印件； 5. 企业开发环境等相关证明材料； 6. 符合财税〔2016〕49 号文件第五条规定的第二类条件的，应提供在国家规定领域销售（营业）情况说明。

续表

序号	优惠事项名称	政策概述	主要政策依据	主要留存备查资料	享受优惠时间	后续管理要求
47	线宽小于0.8微米（含）的集成电路生产企业减免企业所得税	集成电路线宽小于0.8微米（含）的集成电路生产企业，在2017年12月31日前自获利年度起计算优惠期，第一年至第二年免征企业所得税，第三年至第五年按照25%的法定税率减半征收企业所得税，并享受至期满为止。	1.《财政部 国家税务总局关于进一步鼓励软件产业和集成电路产业发展企业所得税政策的通知》（财税〔2012〕27号）；2.《财政部 国家税务总局 发展改革委 工业和信息化部关于软件和集成电路产业企业所得税优惠政策有关问题的通知》（财税〔2016〕49号）；3.《财政部 税务总局 国家发展改革委 工业和信息化部关于集成电路生产企业有关企业所得税政策问题的通知》（财税〔2018〕27号）；4.《国家税务总局关于执行软件企业所得税优惠政策有关问题的公告》（国家税务总局公告2013年第43号）。	后续管理要求提交资料的留存件。	预缴享受	在汇算清缴期结束前向税务机关提交以下资料：1. 在发展改革部门立项的备案、工艺线宽等文件（应注明总投资额、工艺线宽标准）复印件以及企业取得的其他相关资质证书复印件等；2. 企业职工人数、学历结构、研究开发人员情况及其占企业职工总数的比例情况说明，以及社会保险缴纳证明最后一个月社会保险缴纳证明等相关证明材料；3. 加工及集成电路知识产权（或国外知识产权的企业自主开发或列表及国家知识产权局、布图设计机构）拥有的一至两份代表性知识产权（如专利、布图设计登记证明、软件著作权等）的证明材料；4. 经具有资质的中介机构鉴证的企业财务会计报表（包括和财务会计说明书）以及附注和财务情况说明表）以及经销售说明、与主要客户签订的一至两份代表性销售合同复印件；5. 与主要客户签订的一至两份代表性合同复印件；收入、研究开发费用等情况说明；境内研究开发费用等情况说明；6. 保证产品质量的相关证明材料（如质量管理认证证书复印件等）。

续表

序号	优惠事项名称	政策概述	主要政策依据	主要留存备查资料	享受优惠时间	后续管理要求
48	线宽小于 0.25 微米的集成电路生产企业减按 15% 税率征收企业所得税	线宽小于 0.25 微米的集成电路生产企业，减按 15% 的税率征收企业所得税。	1.《财政部 国家税务总局关于进一步鼓励软件产业和集成电路产业发展企业所得税政策的通知》（财税〔2012〕27 号）； 2.《财政部 工业和信息化部 国家税务总局 发展改革委 关于软件和集成电路产业企业所得税优惠政策有关问题的通知》（财税〔2016〕49 号）； 3.《国家税务总局关于执行软件企业所得税优惠政策有关问题的公告》（国家税务总局公告 2013 年第 43 号）。	后续管理要求提交资料的留存件。	预缴享受	在汇算清缴期结束前向税务机关提交以下资料： 1. 在发展改革部门立项的备案文件（应注明工艺线宽标准）或工业和信息化部门立项总投资额、工艺线宽等相关文件（应注明工艺线宽标准）复印件以及企业最后取得其他相关资质证书复印件等； 2. 企业职工人数、学历结构、研究开发人员情况及其占企业职工总数的比例说明，以及汇算清缴年度最后一个月社会保险缴纳证明相关证明材料； 3. 加工集成电路产品主要列国外知识产权局（或国外知识产权机构）出具的一至两份代表性知识产权（如专利、布图设计登记、软件著作权等）的证明材料； 4. 经具有资质的中介机构鉴证的企业财务会计报告（包括会计报表、会计报表附注和财务情况说明书）以及集成电路制造销售（营业）收入、研究开发费用等情况说明； 5. 与主要客户签订的一至两份代表性销售合同复印件； 6. 保证产品质量的相关认证证明材料（如质量管理认证证书复印件等）。

续表

序号	优惠事项名称	政策概述	主要政策依据	主要留存备查资料	享受优惠时间	后续管理要求
49	投资额超过80亿元的集成电路生产企业减按15%税率征收企业所得税	投资额超过80亿元的集成电路生产企业,减按15%的税率征收企业所得税。	1.《财政部 国家税务总局关于进一步鼓励软件产业和集成电路产业发展企业所得税政策的通知》(财税〔2012〕27号); 2.《财政部 国家税务总局 发展改革委 工业和信息化部关于软件和集成电路产业企业所得税优惠政策有关问题的通知》(财税〔2016〕49号); 3.《国家税务总局关于执行软件企业所得税优惠政策有关问题的公告》(国家税务总局公告2013年第43号)。	后续管理要求提交资料的留存件。	预缴享受	在汇算清缴期结束前向税务机关提交以下资料: 1. 在发展改革部门立项的备案文件(应标注工艺线宽标准)或工业和信息化部门的备案资质取得证明及企业取得的其他相关资质证书复印件等; 2. 企业职工人数、学历结构、研究开发人员情况及其占企业职工总数的比例说明,以及汇算年度最后一个月社会保险缴纳证明相关证明材料; 3. 加工集成电路产品主要国外知识产权(或国家知识产权局)出具的企业自主开发或拥有的一至两份代表性知识产权(如专利、布图设计登记、软件著作权等)的证明材料; 4. 经具有资质的中介机构鉴证的企业财务会计报表(包括会计报表附注和会计报表说明书)以及集成电路制造销售(营业)收入、研究开发费用及境内研究开发费用等情况说明; 5. 与主要客户签订的一至两份代表性销售合同复印件; 6. 保证产品质量的相关证明材料(如质量管理认证证书复印件等)。

续表

序号	优惠事项名称	政策概述	主要政策依据	主要留存备查资料	享受优惠时间	后续管理要求
50	线宽小于 0.25 微米的集成电路生产企业减免企业所得税	线宽小于 0.25 微米的集成电路生产企业，经营期在 15 年以上的，在 2017 年 12 月 31 日前自获利年度起计算优惠期，第一年至第五年免征企业所得税，第六年至第十年按照 25% 的法定税率减半征收企业所得税，并享受至期满为止。	1.《财政部 国家税务总局关于进一步鼓励软件产业和集成电路产业发展企业所得税政策的通知》（财税〔2012〕27 号）；2.《财政部 国家税务总局 发展改革委 工业和信息化部关于软件和集成电路产业企业所得税优惠政策有关问题的通知》（财税〔2016〕49 号）；3.《财政部 税务总局 国家发展改革委 工业和信息化部关于集成电路生产企业有关企业所得税政策问题的通知》（财税〔2018〕27 号）；4.《国家税务总局关于执行软件企业所得税优惠政策有关问题的公告》（国家税务总局公告 2013 年第 43 号）。	后续管理要求提交资料的留存件。	预缴享受	在汇算清缴期结束前向税务机关提交以下资料：1. 在发展改革部门立项项目的备案文件（应注明总投资额、工艺线宽标准）复印件以及企业取得的其他相关资质证书复印件等；2. 企业职工人数、学历结构、研究开发人员占企业职工总数的比例说明，以及汇算清缴年度最后一个月社会保险缴纳证明等相关证明材料；3. 加工集成电路产权（或国外知识产权相关机构）出具的企业自主开发或拥有的一至两份代表性知识产权（如专利、布图设计登记、软件著作权等）材料；4. 经具有资质的中介机构鉴证的企业财务会计报告（包括会计报表、会计报表附注和财务情况说明书）以及电路制造销售（营业）收入、研究开发费用、境内研究开发费用等情况说明；5. 与主要客户签订的一至两份代表性销售合同复印件；6. 保证产品质量的相关认证证书复印件（如质量管理认证证书等）。

续表

序号	优惠事项名称	政策概述	主要政策依据	主要留存备查资料	享受优惠时间	后续管理要求
51	投资额超过80亿元的集成电路生产企业免企业所得税减税	投资额超过80亿元的集成电路生产企业，在2017年12月31日前自获利年度起计算优惠期，第一年至第五年免征企业所得税，第六年至第十年按照25%的法定税率减半征收企业所得税，并享受至期满为止。	1.《财政部 国家税务总局关于进一步鼓励软件产业和集成电路产业发展企业所得税政策的通知》（财税〔2012〕27号）； 2.《财政部 国家税务总局 发展改革委 工业和信息化部关于软件和集成电路产业企业所得税优惠政策有关问题的通知》（财税〔2016〕49号）； 3.《财政部 国家税务总局 国家发展改革委 工业和信息化部关于集成电路生产企业有关企业所得税政策问题的通知》（财税〔2018〕27号）； 4.《国家税务总局关于执行软件企业所得税优惠政策有关问题的公告》（国家税务总局公告2013年第43号）。	后续管理要求提交资料的留存件。	预缴享受	在汇算清缴期结束前向税务机关提交以下资料： 1. 在发展改革部门立项的备案文件（应注明总投资额、工艺线宽标准）复印件以及企业取得的其他相关资质证书复印件等； 2. 企业职工人数、研究开发人员占企业职工总数的比例情况及其月社会保险缴纳证明等相关证明材料； 3. 加工集成电路产品主要国外知识产权（或国外知识产权）自主开发或拥有的一至两份代表性知识产权登记、布图设计登记（如专利、软件著作权等）的证明材料； 4. 经具有资质的中介机构的企业财务会计报告（包括会计报表、会计报表附注和财务情况说明书）以及集成电路制造销售收入、研究开发费用、境内研究开发费用等情况说明； 5. 与主要客户签订的一至两份代表性销售合同复印件； 6. 保证产品质量的相关质量管理认证证书复印件（如质量管理体系认证证书等）。

续表

序号	优惠事项名称	政策概述	主要政策依据	主要留存备查资料	享受优惠时间	后续管理要求
52	线宽小于 130 纳米的集成电路生产企业减免企业所得税	2018 年 1 月 1 日后投资新设的集成电路线宽小于 130 纳米，且经营期在 10 年以上的集成电路生产企业，第一年至第二年免征企业所得税，第三年至第五年按照 25% 的法定税率减半征收企业所得税，并享受至期满为止。	1.《财政部 国家税务总局 国家发展改革委 工业和信息化部关于软件和集成电路产业企业所得税优惠政策有关问题的通知》（财税〔2016〕49 号）； 2.《财政部 国家税务总局 国家发展改革委 工业和信息化部关于集成电路生产企业有关企业所得税政策问题的通知》（财税〔2018〕27 号）； 3.《国家税务总局关于执行软件企业所得税优惠政策有关问题的公告》（国家税务总局公告 2013 年第 43 号）。	后续管理要求提交资料的留存件。	预缴享受	在汇算清缴期结束前向税务机关报送以下资料： 1. 在发展改革工业或信息化部门立项的备案文件（应注明投资总额、工艺线宽标准）复印件以及企业取得的其他相关资质证书复印件等； 2. 企业职工人数、学历结构、研究开发人员情况及其占企业职工总数的比例说明，以及社会保险缴纳证明等一个月社会保险缴纳证明相关证明材料； 3. 加工集成电路主要产品、主要工艺的一至两份代表性知识产权列入国家及国家知识产权局（或国外知识产权机构）出具的企业自主开发或拥有的一至两份代表性知识产权（如专利、布图设计登记、软件著作权等）的证明材料； 4. 经具有资质的中介机构鉴证的企业财务会计报告（包括会计报表、会计报表附注和财务情况说明书）以及研究开发费用、集成电路制造销售（营业）收入、研究开发费用等情况说明； 5. 与主要客户签订的一至两份代表性销售合同复印件； 6. 保证产品质量的相关证明材料（如质量管理认证证书复印件等）。

续表

序号	优惠事项名称	政策概述	主要政策依据	主要留存备查资料	享受优惠时间	后续管理要求
53	线宽小于65纳米或投资额超过150亿元的集成电路生产企业减免企业所得税	2018年1月1日后投资新设的线宽小于65纳米或投资额超过150亿元，且经营期在15年以上的集成电路生产企业，第一年至第五年免征企业所得税，第六年至第十年按照25%的法定税率减半征收企业所得税，并享受至期满为止。	1.《财政部　国家税务总局　发展改革委　工业和信息化部关于软件和集成电路产业所得税优惠政策有关问题的通知》（财税〔2016〕49号）；2.《财政部　税务总局　国家发展改革委　工业和信息化部关于集成电路生产企业有关企业所得税政策问题的通知》（财税〔2018〕27号）；3.《国家税务总局关于执行软件企业所得税优惠政策有关问题的公告》（国家税务总局公告2013年第43号）。	后续管理要求提交资料的留存。	预缴享受	在汇算清缴期结束前向税务机关报送以下资料：1.在发展改革委或工业和信息化部立项的备案文件（应注明总投资额、工艺线宽标准）复印件以及企业取得的其他相关资质证书复印件等；2.企业职工人数、学历结构、研究开发人员及其占企业职工总数的比例情况及其最后一个月社会保险缴纳证明等相关证明材料；3.加工及成电路产品主要列国外知识产权（或相关知识产权（如专利、布图设计登记、软件著作权等）的证明材料；4.经具有资质的中介机构（或国外知识产权机构）出具的企业自主开发或拥有的一至两份代表性产权（如专利、布图设计登记、软件著作权等）的证明材料；5.经具有资质的中介机构鉴证的企业财务会计报告（包括会计报表、会计报表附注和财务情况说明书）以及集成电路（营业）收入、研究开发费用、境内研究开发费用等情况说明；5.与主要客户签订的一至两份代表性销售合同复印件；6.保证产品质量的相关认证证明材料（如质量管理认证证书复印件等）。

续表

序号	优惠事项名称	政策概述	主要政策依据	主要留存备查资料	享受优惠时间	后续管理要求
54	符合条件的集成电路封装、测试企业定期减免企业所得税	符合条件的集成电路封装、测试企业，在 2017 年（含 2017 年）前实现获利的，第一年至第二年免征企业所得税，第三年至第五年按照 25% 的法定税率减半征收企业所得税，并享受至期满为止；2017 年前未实现获利的，自 2017 年起计算优惠期，享受至期满为止。	《财政部　国家税务总局　发展改革委　工业和信息化部关于进一步鼓励集成电路产业发展企业所得税政策的通知》（财税〔2015〕6 号）。	省级相关部门根据发展改革委等部门规定办法出具的证明。	预缴享受	由省税务机关（含计划单列市税务机关）规定。
55	符合条件的集成电路关键专用材料生产企业、集成电路专用设备生产企业定期减免企业所得税	符合条件的集成电路关键专用材料生产企业、集成电路专用设备生产企业，在 2017 年（含 2017 年）前实现获利的，自获利年度起，第一年至第二年免征企业所得税，第三年至第五年按照 25% 的法定税率减半征收企业所得税，并享受至期满为止；2017 年前未实现获利的，自 2017 年起计算优惠期，享受至期满为止。	《财政部　国家税务总局　发展改革委　工业和信息化部关于进一步鼓励集成电路产业发展企业所得税政策的通知》（财税〔2015〕6 号）。	省级相关部门根据发展改革委等部门规定办法出具的证明。	预缴享受	由省税务机关（含计划单列市税务机关）规定。

续表

序号	优惠事项名称	政策概述	主要政策依据	主要留存备查资料	享受优惠时间	后续管理要求
56	符合条件的软件企业减免企业所得税	我国境内符合条件的软件企业，在2017年12月31日前自获利年度起，第一年至第二年免征企业所得税，第三年至第五年按照25%的法定税率减半征收企业所得税，并享受至本期满为止。	1.《财政部 国家税务总局关于进一步鼓励软件产业和集成电路产业发展企业所得税政策的通知》（财税〔2012〕27号）；2.《财政部 国家税务总局 发展改革委 工业和信息化部关于软件和集成电路产业企业所得税优惠政策有关问题的通知》（财税〔2016〕49号）；3.《国家税务总局关于软件企业所得税优惠政策有关问题的公告》（国家税务总局公告2013年第43号）。	后续管理要求提交资料的留存件。	预缴享受	在汇算清缴期结束前向税务机关提交以下资料：1.企业开发销售的主要软件产品列表或主要技术服务列表；2.主营业务为软件产品开发的企业，提供至少1个主要产品的软件著作权或专利权等自主知识产权的有效证明文件，以及第三方检测机构提供的软件产品测试报告；主营业务仅为技术服务的企业提供核心技术说明；3.企业职工人数、学历结构、研究开发人员及其占企业职工总数的比例说明，以及汇算清缴纳税年度最后一个月社会保险缴纳证明等材料；4.经具有资质的中介机构鉴证的企业财务会计报表、会计报表（包括和财务会计报告附注和财务情况说明书）以及软件产品开发销售（营业）收入、软件产品自主开发销售（营业）收入、研究开发费用、境内研究开发费用等情况说明；5.与主要客户签订的一至两份代表性的软件产品销售合同或技术服务合同复印件；6.企业开发环境相关证明材料。

续表

序号	优惠事项名称	政策概述	主要政策依据	主要留存备查资料	享受优惠时间	后续管理要求
57	国家规划布局内重点软件企业可减按10%的税率征收企业所得税	国家规划布局内的重点软件企业，如当年未享受免税优惠的，可减按10%的税率征收企业所得税。	1.《财政部 国家税务总局关于进一步鼓励软件产业和集成电路产业发展企业所得税政策的通知》（财税〔2012〕27号）；2.《财政部 国家税务总局 发展改革委 工业和信息化部关于软件和集成电路产业企业所得税优惠政策有关问题的通知》（财税〔2016〕49号）；3.《国家发展和改革委 财政部 国家税务总局 工业和信息化部 商务部关于印发国家规划布局内重点软件和集成电路设计领域的通知》（发改高技〔2016〕1056号）；4.《国家税务总局关于执行软件企业所得税优惠政策有关问题的公告》（国家税务总局公告2013年第43号）。	后续管理要求提交资料留存备查。	预缴享受	在汇算清缴期结束前向税务机关提交以下资料：1. 企业开发销售的主要软件产品列表或技术服务列表；2. 主营业务为软件产品开发的企业，提供至少1个主要软件产品的软件著作权或专利权等自主知识产权的有效证明文件，以及第三方检测机构提供的软件产品测试报告，主营业务仅为技术服务的企业提供核心技术说明；3. 企业职工人数、学历结构、研发人员及其占企业职工总数的比例说明，以及社会保险缴纳证明，最后一个月社会保险缴纳证明相关证明材料；4. 经具有资质的中介机构鉴证的企业财务会计报告（包括会计报表、会计报表附注和财务情况说明书）以及软件产品开发销售（营业）收入、软件自主开发销售（营业）收入、研究开发费用、境内研究开发费用等情况说明；5. 与主要客户签订的一至两份代表性的软件产品销售合同或技术服务合同复印件；6. 符合财税〔2016〕49号文件的第六条规定的第二类条件的，应提供在国家规定的重点领域内销售（营业）情况说明；7. 符合财税〔2016〕49号文件的第三类条件的软件出口的，应提供软件出口领域内销售（营业）情况说明和企业出口合同和结汇证明等材料；8. 符合本条规定的第三类条件的，提供商务主管部门登记认证书，以及有效出口合同和结汇证明等材料。

续表

序号	优惠事项名称	政策概述	主要政策依据	主要留存备查资料	享受优惠时间	后续管理要求
58	经营性文化事业单位转制为企业免征企业所得税	从事新闻出版、广播影视和文化艺术的经营性文化事业单位转制为企业的，自转制注册之日起免征企业所得税。	《财政部 国家税务总局 中宣部关于继续实施文化体制改革中经营性文化事业单位转制为企业若干税收政策的通知》（财税〔2014〕84号）。	1. 企业转制方案文件； 2. 有关部门对转制方案的批复文件； 3. 整体转制前已进行事业编制管理机关核销登记的，同级机构编制管理机关核销事业单位法人的证明，以及注销事业单位法人的证明； 4. 企业转制后的工商登记情况； 5. 企业与职工签订的劳动合同； 6. 企业缴纳社会保险费记录； 7. 有关部门批准引入非公有资本、境外资本和变更资本结构的批准文件； 8. 同级文化体制改革和发展工作领导小组办公室出具的转制企业名称发生变更（已认定发布的转制文化企业名称发生变更，且主营业务未发生变化的）的同意变更函。	预缴享受	由省税务机关（含计划单列市税务机关）规定。
59	技术先进型服务企业减按15%的税率征收企业所得税	对经认定的技术先进型服务企业，减按15%的税率征收企业所得税。	1.《财政部 国家税务总局 商务部 科技部 国家发展改革委关于完善技术先进型服务企业有关企业所得税政策问题的通知》（财税〔2014〕59号）； 2.《财政部 国家税务总局 商务部 科技部 国家发展改革委关于新增中国服务外包示范城市适用技术先进型服务企业所得税政策的通知》（财税〔2016〕108号）； 3.《财政部 税务总局 商务部 科技部 国家发展改革委关于将技术先进型服务企业所得税政策推广到全国实施的通知》（财税〔2017〕79号）。	1. 技术先进型服务企业认定文件； 2. 技术先进型服务企业认定资料； 3. 优惠年度技术先进型服务业务收入总额、离岸服务外包业务收入总额占本企业当年收入总额比例情况说明； 4. 企业具有大专以上学历的员工占企业总职工总数比例的情况说明。	预缴享受	由省税务机关（含计划单列市税务机关）规定。

续表

序号	优惠事项名称	政策概述	主要政策依据	主要留存备查资料	享受优惠时间	后续管理要求
60	服务贸易创新发展试点地区符合条件的技术先进型服务企业减按15%的税率征收企业所得税	在服务贸易创新发展试点地区，符合条件的技术先进型服务企业减按企业15%的税率征收企业所得税。	1.《财政部 科技部 国家税务总局 商务部 国家发展改革委关于完善技术先进型服务企业有关企业所得税政策问题的通知》（财税〔2014〕59号）；2.《财政部 科技部 国家税务总局 商务部 国家发展改革委关于推广在服务贸易创新发展试点地区推广技术先进型服务企业所得税优惠政策的通知》（财税〔2016〕122号）。	1. 技术先进型服务企业认定文件；2. 技术先进型服务企业认定资料；3. 优惠年度技术先进型服务业务收入总额、离岸服务外包业务收入总额占本企业当年营业收入总额比例情况说明；4. 企业具有大专以上学历的员工占企业总职工总数比例情况说明。	预缴享受	由省税务机关（含计划单列市税务机关）规定。
61	新疆困难地区新办企业定期减免征企业所得税	对在新疆困难地区新办的属于《新疆困难地区重点产业发展目录》范围内的企业，自取得第一笔生产经营收入所属纳税年度起，第一年至第二年免征企业所得税，第三年至第五年减半征收企业所得税。	1.《财政部 国家税务总局关于新疆困难地区新办企业所得税优惠政策的通知》（财税〔2011〕53号）；2.《财政部 国家税务总局 国家发展改革委 工业和信息化部关于完善新疆困难地区重点产业企业所得税优惠政策的通知》（财税〔2016〕85号）。	由省税务机关规定。	预缴享受	由省税务机关规定。

续表

序号	优惠事项名称	政策概述	主要政策依据	主要留存备查资料	享受优惠时间	后续管理要求
62	新疆喀什、霍尔果斯特殊经济开发区新办企业定期免征企业所得税	对在新疆喀什、霍尔果斯两个特殊经济开发区内新办的属于《新疆困难地区重点鼓励发展产业企业所得税优惠目录》范围内的企业，自取得第一笔生产经营收入所属纳税年度起，五年内免征企业所得税。	1.《财政部 国家税务总局关于新疆喀什 霍尔果斯两个特殊经济开发区企业所得税优惠政策的通知》（财税〔2011〕112号）；2.《财政部 国家税务总局 国家发展改革委 工业和信息化部关于完善新疆困难地区重点鼓励发展产业企业所得税优惠目录的通知》（财税〔2016〕85号）。	由省税务机关规定。	预缴享受	由省税务机关规定。
63	设在西部地区的鼓励类产业企业减按15%的税率征收企业所得税	对设在西部地区的鼓励类产业的内资企业和外商投资企业减按15%的税率征收企业所得税。对设在赣州市的内资企业减按15%的税率征收企业所得税。2010年12月31日前新办的符合规定的交通、电力、水利、邮政、广播电视企业，执行原政策到期满为止。	1.《财政部 海关总署 国家税务总局关于深入实施西部大开发有关税收政策问题的通知》（财税〔2011〕58号）；2.《财政部 海关总署 国家税务总局关于赣州市执行西部大开发税收政策问题的通知》（财税〔2013〕4号）；3.《西部地区鼓励类产业目录》（中华人民共和国国家发展和改革委员会令第15号）；4.《国家税务总局关于深入实施西部大开发战略有关企业所得税问题的公告》（国家税务总局公告2012年第12号）；5.《国家税务总局关于执行〈西部地区鼓励类产业目录〉有关企业所得税问题的公告》（国家税务总局公告2015年第14号）。	1.主营业务属于《西部地区鼓励类产业目录》中的具体项目的相关证明材料；2.符合目录的主营业务收入总额70%以上的说明。	预缴享受	由省税务机关规定。

续表

序号	优惠事项名称	政策概述	主要政策依据	主要留存备查资料	享受优惠时间	后续管理要求
64	广东横琴、福建平潭、深圳前海等地区的鼓励类产业减按15%税率征收企业所得税	对设在广东横琴新区、福建平潭综合实验区和深圳前海深港现代服务业合作区的鼓励类产业企业减按15%税率征收企业所得税。	1.《财政部 国家税务总局关于广东横琴新区 福建平潭综合实验区 深圳前海深港现代服务业优惠政策及优惠目录的通知》（财税〔2014〕26号）；2.《财政部 税务总局关于平潭综合实验区企业所得税优惠目录有关旅游产业项目的通知》（财税〔2017〕75号）。	由省税务机关（含计划单列市税务机关）规定。	预缴享受	由省税务机关（含计划单列市税务机关）规定。
65	北京冬奥组委、北京冬奥会测试赛赛事组委会免征企业所得税	对北京冬奥组委征应缴纳的企业所得税。北京冬奥组委全面负责和组织举办北京2022年冬奥会、其取得的北京2022年冬残奥会收入及其发生的涉税支出执行北京2022年冬奥会的税收政策。北京冬奥会测试赛赛事组委会取得的收入及发生的涉税支出比照执行北京冬奥组委的税收政策。	《财政部 税务总局 海关总署关于北京2022年冬奥会和冬残奥会税收政策的通知》（财税〔2017〕60号）。	由省税务机关规定。	预缴享受	由省税务机关规定。

续表

序号	优惠事项名称	政策概述	主要政策依据	主要留存备查资料	享受优惠时间	后续管理要求
66	购置用于环境保护、节能节水、安全生产等专用设备的投资额按一定比例实行税额抵免	企业购置并实际使用专用于《环境保护专用设备企业所得税优惠目录》《节能节水专用设备企业所得税优惠目录》和《安全生产专用设备企业所得税优惠目录》规定的环境保护、节能节水、安全生产等专用设备的，该专用设备的投资额的10%可以从企业当年的应纳税额中抵免；当年不足抵免的，可以在以后5个纳税年度结转抵免。企业购置上述规定的专用设备在5年内转让、出租的，应当停止享受企业所得税优惠，并补缴已经抵免的企业所得税税款。	1. 《中华人民共和国企业所得税法》第三十四条； 2. 《中华人民共和国企业所得税法实施条例》第一百条； 3. 《财政部 国家税务总局关于执行环境保护专用设备企业所得税优惠目录 节能节水专用设备企业所得税优惠目录和安全生产专用设备企业所得税优惠目录有关问题的通知》（财税〔2008〕48号）； 4. 《财政部 国家税务总局 国家发展改革委关于公布节能节水专用设备目录（2008年版）和环境保护专用设备企业所得税优惠目录（2008年版）的通知》（财税〔2008〕115号）； 5. 《财政部 国家税务总局 安全监管总局关于公布安全生产专用设备企业所得税优惠目录（2008年版）的通知》（财税〔2008〕118号）； 6. 《财政部 国家税务总局关于执行企业所得税优惠政策若干问题的通知》（财税〔2009〕69号）； 7. 《国家税务总局关于节能节水 安全生产等专用设备投资抵免企业所得税有关问题的通知》（国税函〔2010〕256号）； 8. 《财政部 国家发展改革委 工业和信息化部 环境保护部关于印发节能节水和环境保护专用设备企业所得税优惠目录（2017年版）的通知》（财税〔2017〕71号）。	1. 购买并自身投入使用的专用设备清单及发票； 2. 以融资租赁方式取得的专用设备的合同或协议； 3. 专用设备属于《环境保护专用设备企业所得税优惠目录》《节能节水专用设备企业所得税优惠目录》或《安全生产专用设备企业所得税优惠目录》中的具体项目的说明； 4. 专用设备实际投入使用时间的说明。	汇缴享受	由省税务机关（含计划单列市税务机关）规定。

续表

序号	优惠事项名称	政策概述	主要政策依据	主要留存备查资料	享受优惠时间	后续管理要求
67	固定资产或购入软件等可以加速折旧或摊销	由于技术进步，产品更新换代较快的固定资产及常年处于强震动、高腐蚀状态的固定资产，企业可以采取缩短折旧年限或者采取加速折旧的方法。集成电路生产企业的生产设备，其折旧年限可以适当缩短，最短可为3年（含）。企业外购的软件，凡符合固定资产或无形资产确认条件的，可以按照固定资产或无形资产进行核算，其无形资产或固定资产进行核算，其无形资产的摊销年限可以适当缩短，最短可为2年（含）。	1.《中华人民共和国企业所得税法》第三十二条；2.《中华人民共和国企业所得税法实施条例》第九十八条；3.《财政部 国家税务总局关于进一步鼓励软件产业和集成电路产业发展企业所得税政策的通知》（财税〔2012〕27号）；4.《国家税务总局关于企业固定资产加速折旧所得税处理有关问题的通知》（国税发〔2009〕81号）；5.《国家税务总局关于固定资产加速折旧税收政策有关问题的公告》（国家税务总局公告2013年第43号）。	1. 固定资产的功能，预计使用年限短于规定计算折旧的理由，证明资料及有关情况的说明；2. 被替代的旧固定资产的功能、使用及处置等情况的说明；3. 固定资产加速折旧拟采用的方法和折旧额的说明，外购软件拟缩短折旧或摊销年限情况的说明；4. 集成电路生产企业证明材料；5. 购入固定资产或软件的发票，记账凭证。	汇缴享受（税务处理与会计处理一致的，预缴享受；税务处理与会计处理不一致的，汇缴享受）	由省税务机关（含计划单列市税务机关）规定。

续表

序号	优惠事项名称	政策概述	主要政策依据	主要留存备查资料	享受优惠时间	后续管理要求
68	固定资产加速折旧或一次性扣除	对生物药品制造业，专用设备制造业，铁路、船舶、航空航天和其他运输设备制造业，计算机、通信和其他电子设备制造业，仪器仪表制造业，信息传输、软件和信息技术服务业，轻工、纺织、机械、汽车等行业企业新购进的固定资产，可缩短折旧年限或采取加速折旧的方法。对所有行业企业新购进的专门用于研发的仪器、设备，单位价值不超过100万元的，允许一次性计入当期成本费用在计算应纳税所得额时扣除，不再分年度计算折旧；单位价值超过100万元的，可缩短折旧年限或采取加速折旧的方法。对所有行业持有的单位价值不超过5000元的固定资产，允许一次性计入当期成本费用在计算应纳税所得额时扣除，不再分年度计算折旧。	1. 《财政部 国家税务总局关于完善固定资产加速折旧企业所得税政策的通知》（财税〔2014〕75号）；2. 《财政部 国家税务总局关于进一步完善固定资产加速折旧企业所得税政策的通知》（财税〔2015〕106号）；3. 《国家税务总局关于固定资产加速折旧税收政策有关问题的公告》（国家税务总局公告2014年第64号）；4. 《国家税务总局关于进一步完善固定资产加速折旧企业所得税政策有关问题的公告》（国家税务总局公告2015年第68号）。	1. 企业属于重点行业、领域企业的说明材料［以某重点行业业务为主营业务，固定资产投入企业为当年主营业务收入占企业收入总额50%（不含）以上］；2. 购进固定资产的发票、记账凭证（购入已使用过的固定资产，应提供已使用年限的相关说明）；3. 核算有关资产税法与会计差异的台账。	预缴享受	由省税务机关（含计划单列市税务机关）规定。

续表

序号	优惠事项名称	政策概述	主要政策依据	主要留存备查资料	享受优惠时间	后续管理要求
69	享受过渡期税收优惠政策定期减免企业所得税	自 2008 年 1 月 1 日起，原享受企业所得税 "五免五减半" 等定期减免税优惠的企业，新税法施行后继续按原税收法律、行政法规及相关文件规定的优惠办法及年限享受至期满为止，但因未获利而尚未享受税收优惠的，其优惠期限从 2008 年度起计算。	《国务院关于实施企业所得税过渡优惠政策的通知》（国发〔2007〕39 号）。	符合过渡期税收优惠政策的情况说明。	预缴享受	由省税务机关（含计划单列市税务机关）规定。

　　第十条　企业留存备查资料应从企业享受优惠事项当年的企业所得税汇算清缴期结束次日起保留 10 年。

　　第十一条　税务机关应当严格按照本办法规定的方式管理优惠事项，严禁擅自改变优惠事项的管理方式。

　　第十二条　企业享受优惠事项后，税务机关将适时开展后续管理。在后续管理时，企业应当根据税务机关管理服务的需要，按照规定的期限和方式提供留存备查资料，以证实享受优惠事项符合条件。其中，享受集成电路生产企业、集成电路设计企业、软件企业、国家规划布局内的重点软件企业和集成电路设计企业等优惠事项的企业，应当在完成年度汇算清缴后，按照《目录》"后续管理要求"项目中列示的清单向税务机关提交资料。

　　第十三条　企业享受优惠事项后发现其不符合优惠事项规定条件的，应当依法及时自行调整并补缴税款及滞纳金。

　　第十四条　企业未能按照税务机关要求提供留存备查资料，或者提供的留存备查资料与实际生产经营情况、财务核算情况、相关技术领域、产业、目录、资格证书等不符，无法证实符合优惠事项规定条件的，或者存在弄虚作假情况的，税务机关将依法追缴其已享受的企业所得税优惠，并按照税收征管法等相关规定处理。

　　第十五条　本办法适用于 2017 年度企业所得税汇算清缴及以后年度企业所得税优惠事项办理工作。《国家税务总局关于发布〈企业所得税优惠政策事项办理办法〉的公告》（国家税务总局公告 2015 年第 76 号）同时废止。

5.16　国家税务总局关于发布《企业所得税税前扣除凭证管理办法》的公告

2018 年 6 月 6 日　国家税务总局公告 2018 年第 28 号

　　为加强企业所得税税前扣除凭证管理，规范税收执法，优化营商环境，国家税务总局制定了《企业所得税税前扣除凭证管理办法》，现予以发布。

　　特此公告。

国家税务总局

2018 年 6 月 6 日

企业所得税税前扣除凭证管理办法

　　第一条　为规范企业所得税税前扣除凭证（以下简称"税前扣除凭证"）管理，根据《中华人民共和国企业所得税法》（以下简称"企业所得税法"）及其实施条例、《中华人民共和国税收征收管理法》及其实施细则、《中华人民共和国发票管理办法》及其实施细则等规定，制定本办法。

　　第二条　本办法所称税前扣除凭证，是指企业在计算企业所得税应纳税所得额时，证明与取得收入有关的、合理的支出实际发生，并据以税前扣除的各类凭证。

第三条　本办法所称企业是指企业所得税法及其实施条例规定的居民企业和非居民企业。

第四条　税前扣除凭证在管理中遵循真实性、合法性、关联性原则。真实性是指税前扣除凭证反映的经济业务真实，且支出已经实际发生；合法性是指税前扣除凭证的形式、来源符合国家法律、法规等相关规定；关联性是指税前扣除凭证与其反映的支出相关联且有证明力。

第五条　企业发生支出，应取得税前扣除凭证，作为计算企业所得税应纳税所得额时扣除相关支出的依据。

第六条　企业应在当年度企业所得税法规定的汇算清缴期结束前取得税前扣除凭证。

第七条　企业应将与税前扣除凭证相关的资料，包括合同协议、支出依据、付款凭证等留存备查，以证实税前扣除凭证的真实性。

第八条　税前扣除凭证按照来源分为内部凭证和外部凭证。

内部凭证是指企业自制用于成本、费用、损失和其他支出核算的会计原始凭证。内部凭证的填制和使用应当符合国家会计法律、法规等相关规定。

外部凭证是指企业发生经营活动和其他事项时，从其他单位、个人取得的用于证明其支出发生的凭证，包括但不限于发票（包括纸质发票和电子发票）、财政票据、完税凭证、收款凭证、分割单等。

第九条　企业在境内发生的支出项目属于增值税应税项目（以下简称"应税项目"）的，对方为已办理税务登记的增值税纳税人，其支出以发票（包括按照规定由税务机关代开的发票）作为税前扣除凭证；对方为依法无需办理税务登记的单位或者从事小额零星经营业务的个人，其支出以税务机关代开的发票或者收款凭证及内部凭证作为税前扣除凭证，收款凭证应载明收款单位名称、个人姓名及身份证号、支出项目、收款金额等相关信息。

小额零星经营业务的判断标准是个人从事应税项目经营业务的销售额不超过增值税相关政策规定的起征点。

税务总局对应税项目开具发票另有规定的，以规定的发票或者票据作为税前扣除凭证。

第十条　企业在境内发生的支出项目不属于应税项目的，对方为单位的，以对方开具的发票以外的其他外部凭证作为税前扣除凭证；对方为个人的，以内部凭证作为税前扣除凭证。

企业在境内发生的支出项目虽不属于应税项目，但按税务总局规定可以开具发票的，可以发票作为税前扣除凭证。

第十一条　企业从境外购进货物或者劳务发生的支出，以对方开具的发票或者具有发票性质的收款凭证、相关税费缴纳凭证作为税前扣除凭证。

第十二条　企业取得私自印制、伪造、变造、作废、开票方非法取得、虚开、填写不规范等不符合规定的发票（以下简称"不合规发票"），以及取得不符合国家法律、法规等相关规定的其他外部凭证（以下简称"不合规其他外部凭证"），不得作为税前扣除凭证。

第十三条　企业应当取得而未取得发票、其他外部凭证或者取得不合规发票、不合规其他外部凭证的，若支出真实且已实际发生，应当在当年度汇算清缴期结束前，要求对方补开、换开发票、其他外部凭证。补开、换开后的发票、其他外部凭证符合规定的，可以作为税前扣除凭证。

第十四条　企业在补开、换开发票、其他外部凭证过程中，因对方注销、撤销、依法被吊销营业执照、被税务机关认定为非正常户等特殊原因无法补开、换开发票、其他外部凭证的，可凭以下资料证实支出真实性后，其支出允许税前扣除：

（一）无法补开、换开发票、其他外部凭证原因的证明资料（包括工商注销、机构撤销、列入非正常经营户、破产公告等证明资料）；

（二）相关业务活动的合同或者协议；

（三）采用非现金方式支付的付款凭证；

（四）货物运输的证明资料；

（五）货物入库、出库内部凭证；

（六）企业会计核算记录以及其他资料。

前款第一项至第三项为必备资料。

第十五条　汇算清缴期结束后，税务机关发现企业应当取得而未取得发票、其他外部凭证或者取得不合规发票、不合规其他外部凭证并且告知企业的，企业应当自被告知之日起60日内补开、换开符合规定的发票、其他外部凭证。其中，因对方特殊原因无法补开、换开发票、其他外部凭证的，企业应当按照本办法第十四条的规定，自被告知之日起60日内提供可以证实其支出真实性的相关资料。

第十六条　企业在规定的期限未能补开、换开符合规定的发票、其他外部凭证，并且未能按照本办法第十四条的规定提供相关资料证实其支出真实性的，相应支出不得在发生年度税前扣除。

第十七条　除发生本办法第十五条规定的情形外，企业以前年度应当取得而未取得发票、其他外部凭证，且相应支出在该年度没有税前扣除的，在以后年度取得符合规定的发票、其他外部凭证或者按照本办法第十四条的规定提供可以证实其支出真实性的相关资料，相应支出可以追补至该支出发生年度税前扣除，但追补年限不得超过五年。

第十八条　企业与其他企业（包括关联企业）、个人在境内共同接受应纳增值税劳务（以下简称"应税劳务"）发生的支出，采取分摊方式的，应当按照独立交易原则进行分摊，企业以发票和分割单作为税前扣除凭证，共同接受应税劳务的其他企业以企业开具的分割单作为税前扣除凭证。

企业与其他企业、个人在境内共同接受非应税劳务发生的支出，采取分摊方式的，企业以发票外的其他外部凭证和分割单作为税前扣除凭证，共同接受非应税劳务的其他企业以企业开具的分割单作为税前扣除凭证。

第十九条　企业租用（包括企业作为单一承租方租用）办公、生产用房等资产发生的水、电、燃气、冷气、暖气、通讯线路、有线电视、网络等费用，出租方作为应税项目开具发票的，企业以发票作为税前扣除凭证；出租方采取分摊方式的，企业以出租方开具的其他外部凭证作为税前扣除凭证。

第二十条　本办法自2018年7月1日起施行。

5.17　国家税务总局关于贯彻落实进一步扩大小型微利企业所得税优惠政策范围有关征管问题的公告

2018年7月13日　国家税务总局公告2018年第40号

根据《中华人民共和国企业所得税法实施条例》（以下简称《企业所得税法实施条例》）、

《财政部税务总局关于进一步扩大小型微利企业所得税优惠政策范围的通知》（财税〔2018〕77 号）等规定，现就小型微利企业所得税优惠政策有关征管问题公告如下：

一、自 2018 年 1 月 1 日至 2020 年 12 月 31 日，符合条件的小型微利企业，无论采取查账征收方式还是核定征收方式，其年应纳税所得额低于 100 万元（含 100 万元，下同）的，均可以享受财税〔2018〕77 号文件规定的所得减按 50% 计入应纳税所得额，按 20% 的税率计算缴纳企业所得税的政策（以下简称"减半征税政策"）。

前款所述符合条件的小型微利企业是指符合《企业所得税法实施条例》第九十二条或者财税〔2018〕77 号文件规定条件的企业。

企业本年度第一季度预缴企业所得税时，如未完成上一纳税年度汇算清缴，无法判断上一纳税年度是否符合小型微利企业条件的，可暂按企业上一纳税年度第四季度的预缴申报情况判别。

二、符合条件的小型微利企业，在预缴和年度汇算清缴企业所得税时，通过填写纳税申报表的相关内容，即可享受减半征税政策。

三、符合条件的小型微利企业，统一实行按季度预缴企业所得税。

四、本年度企业预缴企业所得税时，按照以下规定享受减半征税政策：

（一）查账征收企业。上一纳税年度为符合条件的小型微利企业，分别按照以下规定处理：

1. 按照实际利润额预缴的，预缴时本年度累计实际利润额不超过 100 万元的，可以享受减半征税政策；

2. 按照上一纳税年度应纳税所得额平均额预缴的，预缴时可以享受减半征税政策。

（二）核定应税所得率征收企业。上一纳税年度为符合条件的小型微利企业，预缴时本年度累计应纳税所得额不超过 100 万元的，可以享受减半征税政策。

（三）核定应纳所得税额征收企业。根据减半征税政策规定需要调减定额的，由主管税务机关按照程序调整，依照原办法征收。

（四）上一纳税年度为不符合小型微利企业条件的企业，预计本年度符合条件的，预缴时本年度累计实际利润额或者累计应纳税所得额不超过 100 万元的，可以享受减半征税政策。

（五）本年度新成立的企业，预计本年度符合小型微利企业条件的，预缴时本年度累计实际利润额或者累计应纳税所得额不超过 100 万元的，可以享受减半征税政策。

五、企业预缴时享受了减半征税政策，年度汇算清缴时不符合小型微利企业条件的，应当按照规定补缴税款。

六、按照本公告规定小型微利企业 2018 年度第一季度预缴时应享受未享受减半征税政策而多预缴的企业所得税，在以后季度应预缴的企业所得税税款中抵减。

七、《国家税务总局关于贯彻落实扩大小型微利企业所得税优惠政策范围有关征管问题的公告》（国家税务总局公告 2017 年第 23 号）在 2017 年度企业所得税汇算清缴结束后废止。

特此公告。

国家税务总局

2018 年 7 月 13 日

5.18　国家税务总局关于延长高新技术企业和科技型中小企业亏损结转弥补年限有关企业所得税处理问题的公告

2018 年 8 月 23 日　国家税务总局公告 2018 年第 45 号

为支持高新技术企业和科技型中小企业发展，根据《中华人民共和国企业所得税法》及其实施条例、《财政部　税务总局关于延长高新技术企业和科技型中小企业亏损结转年限的通知》（财税〔2018〕76 号，以下简称《通知》）规定，现就延长高新技术企业和科技型中小企业亏损结转弥补年限有关企业所得税处理问题公告如下：

一、《通知》第一条所称当年具备高新技术企业或科技型中小企业资格（以下统称"资格"）的企业，其具备资格年度之前 5 个年度发生的尚未弥补完的亏损，是指当年具备资格的企业，其前 5 个年度无论是否具备资格，所发生的尚未弥补完的亏损。

2018 年具备资格的企业，无论 2013 年至 2017 年是否具备资格，其 2013 年至 2017 年发生的尚未弥补完的亏损，均准予结转以后年度弥补，最长结转年限为 10 年。2018 年以后年度具备资格的企业，依此类推，进行亏损结转弥补税务处理。

二、高新技术企业按照其取得的高新技术企业证书注明的有效期所属年度，确定其具备资格的年度。

科技型中小企业按照其取得的科技型中小企业入库登记编号注明的年度，确定其具备资格的年度。

三、企业发生符合特殊性税务处理规定的合并或分立重组事项的，其尚未弥补完的亏损，按照《财政部　国家税务总局关于企业重组业务企业所得税处理若干问题的通知》（财税〔2009〕59 号）和本公告有关规定进行税务处理：

（一）合并企业承继被合并企业尚未弥补完的亏损的结转年限，按照被合并企业的亏损结转年限确定；

（二）分立企业承继被分立企业尚未弥补完的亏损的结转年限，按照被分立企业的亏损结转年限确定；

（三）合并企业或分立企业具备资格的，其承继被合并企业或被分立企业尚未弥补完的亏损的结转年限，按照《通知》第一条和本公告第一条规定处理。

四、符合《通知》和本公告规定延长亏损结转弥补年限条件的企业，在企业所得税预缴和汇算清缴时，自行计算亏损结转弥补年限，并填写相关纳税申报表。

五、本公告自 2018 年 1 月 1 日起施行。

特此公告。

国家税务总局
2018 年 8 月 23 日

5.19　财政部　税务总局关于全国社会保障基金有关投资业务税收政策的通知

2018 年 9 月 10 日　财税〔2018〕94 号

各省、自治区、直辖市、计划单列市财政厅（局），国家税务总局各省、自治区、直辖市、计划单列市税务局，新疆生产建设兵团财政局：

现将全国社会保障基金理事会（以下简称社保基金会）管理的全国社会保障基金（以下简称社保基金）有关投资业务税收政策通知如下：

一、对社保基金会、社保基金投资管理人在运用社保基金投资过程中，提供贷款服务取得的全部利息及利息性质的收入和金融商品转让收入，免征增值税。

二、对社保基金取得的直接股权投资收益、股权投资基金收益，作为企业所得税不征税收入。

三、对社保基金会、社保基金投资管理人管理的社保基金转让非上市公司股权，免征社保基金会、社保基金投资管理人应缴纳的印花税。

四、本通知自发布之日起执行。通知发布前发生的社保基金有关投资业务，符合本通知规定且未缴纳相关税款的，按本通知执行；已缴纳的相关税款，不再退还。

财政部　税务总局
2018 年 9 月 10 日

5.20　国家税务总局关于责任保险费企业所得税税前扣除有关问题的公告

2018 年 10 月 31 日　国家税务总局公告 2018 年第 52 号

根据《中华人民共和国企业所得税法》和《中华人民共和国企业所得税法实施条例》有关规定，现就雇主责任险、公众责任险等责任保险有关税务处理问题公告如下：

企业参加雇主责任险、公众责任险等责任保险，按照规定缴纳的保险费，准予在企业所得税税前扣除。

本公告适用于 2018 年度及以后年度企业所得税汇算清缴。

特此公告。

国家税务总局
2018 年 10 月 31 日

5.21 财政部 税务总局关于境外机构投资境内债券市场企业所得税 增值税政策的通知

2018 年 11 月 7 日 财税〔2018〕108 号

各省、自治区、直辖市、计划单列市财政厅（局），国家税务总局各省、自治区、直辖市、计划单列市税务局，新疆生产建设兵团财政局：

为进一步推动债券市场对外开放，现将有关税收政策通知如下：

自 2018 年 11 月 7 日起至 2021 年 11 月 6 日止，对境外机构投资境内债券市场取得的债券利息收入暂免征收企业所得税和增值税。

上述暂免征收企业所得税的范围不包括境外机构在境内设立的机构、场所取得的与该机构、场所有实际联系的债券利息。

财政部 税务总局
2018 年 11 月 7 日

5.22 财政部 税务总局 科技部关于企业委托境外研究开发费用税前加计扣除有关政策问题的通知

2018 年 6 月 25 日 财税〔2018〕64 号

各省、自治区、直辖市、计划单列市财政厅（局）、科技厅（局），国家税务总局各省、自治区、直辖市、计划单列市税务局，新疆生产建设兵团财政局、科技局：

为进一步激励企业加大研发投入，加强创新能力开放合作，现就企业委托境外进行研发活动发生的研究开发费用（以下简称研发费用）企业所得税前加计扣除有关政策问题通知如下：

一、委托境外进行研发活动所发生的费用，按照费用实际发生额的 80% 计入委托方的委托境外研发费用。委托境外研发费用不超过境内符合条件的研发费用三分之二的部分，可以按规定在企业所得税前加计扣除。

上述费用实际发生额应按照独立交易原则确定。委托方与受托方存在关联关系的，受托方应向委托方提供研发项目费用支出明细情况。

二、委托境外进行研发活动应签订技术开发合同，并由委托方到科技行政主管部门进行登记。相关事项按技术合同认定登记管理办法及技术合同认定规则执行。

三、企业应在年度申报享受优惠时，按照《国家税务总局关于发布修订后的〈企业所得税优惠政策事项办理办法〉的公告》（国家税务总局公告 2018 年第 23 号）的规定办理有关手续，并留存备查以下资料：

（一）企业委托研发项目计划书和企业有权部门立项的决议文件；

（二）委托研究开发专门机构或项目组的编制情况和研发人员名单；

（三）经科技行政主管部门登记的委托境外研发合同；

（四）"研发支出"辅助账及汇总表；

（五）委托境外研发银行支付凭证和受托方开具的收款凭据；

（六）当年委托研发项目的进展情况等资料。

企业如果已取得地市级（含）以上科技行政主管部门出具的鉴定意见，应作为资料留存备查。

四、企业对委托境外研发费用以及留存备查资料的真实性、合法性承担法律责任。

五、委托境外研发费用加计扣除其他政策口径和管理要求按照《财政部　国家税务总局　科技部关于完善研究开发费用税前加计扣除政策的通知》（财税〔2015〕119 号）、《财政部　税务总局　科技部关于提高科技型中小企业研究开发费用税前加计扣除比例的通知》（财税〔2017〕34 号）、《国家税务总局关于企业研究开发费用税前加计扣除政策有关问题的公告》（国家税务总局公告 2015 年第 97 号）等文件规定执行。

六、本通知所称委托境外进行研发活动不包括委托境外个人进行的研发活动。

七、本通知自 2018 年 1 月 1 日起执行。财税〔2015〕119 号文件第二条中"企业委托境外机构或个人进行研发活动所发生的费用，不得加计扣除"的规定同时废止。

财政部　税务总局　科技部

2018 年 6 月 25 日

5.23　国家税务总局关于实施高新技术企业所得税优惠政策有关问题的公告

2017 年 6 月 19 日　国家税务总局公告 2017 年第 24 号

为贯彻落实高新技术企业所得税优惠政策，根据《科技部　财政部　国家税务总局关于修订印发〈高新技术企业认定管理办法〉的通知》（国科发火〔2016〕32 号，以下简称《认定办法》）及《科技部　财政部　国家税务总局关于修订印发〈高新技术企业认定管理工作指引〉的通知》（国科发火〔2016〕195 号，以下简称《工作指引》）以及相关税收规定，现就实施高新技术企业所得税优惠政策有关问题公告如下：

一、企业获得高新技术企业资格后，自高新技术企业证书注明的发证时间所在年度起申报享受税收优惠，并按规定向主管税务机关办理备案手续。

企业的高新技术企业资格期满当年，在通过重新认定前，其企业所得税暂按 15% 的税率预缴，在年底前仍未取得高新技术企业资格的，应按规定补缴相应期间的税款。

二、对取得高新技术企业资格且享受税收优惠的高新技术企业，税务部门如在日常管理过程中发现其在高新技术企业认定过程中或享受优惠期间不符合《认定办法》第十一条规定的认定条件的，应提请认定机构复核。复核后确认不符合认定条件的，由认定机构取消其高新技术企业资格，并通知税务机关追缴其证书有效期内自不符合认定条件年度起已享受的税收优惠。

三、享受税收优惠的高新技术企业，每年汇算清缴时应按照《国家税务总局关于发布〈企业所得税优惠政策事项办理办法〉的公告》（国家税务总局公告 2015 年第 76 号）规定向税务机关提交企业所得税优惠事项备案表、高新技术企业资格证书履行备案手续，同时妥善保管以下资料留存备查：

1. 高新技术企业资格证书；

2. 高新技术企业认定资料；

3. 知识产权相关材料；

4. 年度主要产品（服务）发挥核心支持作用的技术属于《国家重点支持的高新技术领域》规定范围的说明，高新技术产品（服务）及对应收入资料；

5. 年度职工和科技人员情况证明材料；

6. 当年和前两个会计年度研发费用总额及占同期销售收入比例、研发费用管理资料以及研发费用辅助账，研发费用结构明细表（具体格式见《工作指引》附件2）；

7. 省税务机关规定的其他资料。

四、本公告适用于2017年度及以后年度企业所得税汇算清缴。2016年1月1日以后按《认定办法》认定的高新技术企业按本公告规定执行。2016年1月1日前按《科技部　财政部　国家税务总局关于印发〈高新技术企业认定管理办法〉的通知》（国科发火〔2008〕172号）认定的高新技术企业，仍按《国家税务总局关于实施高新技术企业所得税优惠有关问题的通知》（国税函〔2009〕203号）和国家税务总局公告2015年第76号的规定执行。

《国家税务总局关于高新技术企业资格复审期间企业所得税预缴问题的公告》（国家税务总局公告2011年第4号）同时废止。

特此公告。

国家税务总局
2017年6月19日

5.24　国家税务总局关于非居民企业所得税源泉扣缴
有关问题的公告

2017年10月17日　国家税务总局公告2017年第37号

按照《国家税务总局关于进一步深化税务系统"放管服"改革优化税收环境的若干意见》（税总发〔2017〕101号）的安排，根据《中华人民共和国企业所得税法》（以下称"企业所得税法"）及其实施条例、《中华人民共和国税收征收管理法》及其实施细则的有关规定，现就非居民企业所得税源泉扣缴有关问题公告如下：

一、依照企业所得税法第三十七条、第三十九条和第四十条规定办理非居民企业所得税源泉扣缴相关事项，适用本公告。与执行企业所得税法第三十八条规定相关的事项不适用本公告。

二、企业所得税法实施条例第一百零四条规定的支付人自行委托代理人或指定其他第三方代为支付相关款项，或者因担保合同或法律规定等原因由第三方保证人或担保人支付相关款项的，仍由委托人、指定人或被保证人、被担保人承担扣缴义务。

三、企业所得税法第十九条第二项规定的转让财产所得包含转让股权等权益性投资资产

（以下称"股权"）所得。股权转让收入减除股权净值后的余额为股权转让所得应纳税所得额。

股权转让收入是指股权转让人转让股权所收取的对价，包括货币形式和非货币形式的各种收入。

股权净值是指取得该股权的计税基础。股权的计税基础是股权转让人投资入股时向中国居民企业实际支付的出资成本，或购买该项股权时向该股权的原转让人实际支付的股权受让成本。股权在持有期间发生减值或者增值，按照国务院财政、税务主管部门规定可以确认损益的，股权净值应进行相应调整。企业在计算股权转让所得时，不得扣除被投资企业未分配利润等股东留存收益中按该项股权所可能分配的金额。

多次投资或收购的同项股权被部分转让的，从该项股权全部成本中按照转让比例计算确定被转让股权对应的成本。

四、扣缴义务人支付或者到期应支付的款项以人民币以外的货币支付或计价的，分别按以下情形进行外币折算：

（一）扣缴义务人扣缴企业所得税的，应当按照扣缴义务发生之日人民币汇率中间价折合成人民币，计算非居民企业应纳税所得额。扣缴义务发生之日为相关款项实际支付或者到期应支付之日。

（二）取得收入的非居民企业在主管税务机关责令限期缴纳税款前自行申报缴纳应源泉扣缴税款的，应当按照填开税收缴款书之日前一日人民币汇率中间价折合成人民币，计算非居民企业应纳税所得额。

（三）主管税务机关责令取得收入的非居民企业限期缴纳应源泉扣缴税款的，应当按照主管税务机关作出限期缴税决定之日前一日人民币汇率中间价折合成人民币，计算非居民企业应纳税所得额。

五、财产转让收入或财产净值以人民币以外的货币计价的，分扣缴义务人扣缴税款、纳税人自行申报缴纳税款和主管税务机关责令限期缴纳税款三种情形，先将以非人民币计价项目金额比照本公告第四条规定折合成人民币金额；再按企业所得税法第十九条第二项及相关规定计算非居民企业财产转让所得应纳税所得额。

财产净值或财产转让收入的计价货币按照取得或转让财产时实际支付或收取的计价币种确定。原计价币种停止流通并启用新币种的，按照新旧货币市场转换比例转换为新币种后进行计算。

六、扣缴义务人与非居民企业签订与企业所得税法第三条第三款规定的所得有关的业务合同时，凡合同中约定由扣缴义务人实际承担应纳税款的，应将非居民企业取得的不含税所得换算为含税所得计算并解缴应扣税款。

七、扣缴义务人应当自扣缴义务发生之日起 7 日内向扣缴义务人所在地主管税务机关申报和解缴代扣税款。扣缴义务人发生到期应支付而未支付情形，应按照《国家税务总局关于非居民企业所得税管理若干问题的公告》（国家税务总局公告 2011 年第 24 号）第一条规定进行税务处理。

非居民企业取得应源泉扣缴的所得为股息、红利等权益性投资收益的，相关应纳税款扣缴义务发生之日为股息、红利等权益性投资收益实际支付之日。

非居民企业采取分期收款方式取得应源泉扣缴所得税的同一项转让财产所得的，其分期收取的款项可先视为收回以前投资财产的成本，待成本全部收回后，再计算并扣缴应扣税款。

八、扣缴义务人在申报和解缴应扣税款时，应填报《中华人民共和国扣缴企业所得税报告表》。

扣缴义务人可以在申报和解缴应扣税款前报送有关申报资料；已经报送的，在申报时不再重复报送。

九、按照企业所得税法第三十七条规定应当扣缴的所得税，扣缴义务人未依法扣缴或者无法履行扣缴义务的，取得所得的非居民企业应当按照企业所得税法第三十九条规定，向所得发生地主管税务机关申报缴纳未扣缴税款，并填报《中华人民共和国扣缴企业所得税报告表》。

非居民企业未按照企业所得税法第三十九条规定申报缴纳税款的，税务机关可以责令限期缴纳，非居民企业应当按照税务机关确定的期限申报缴纳税款；非居民企业在税务机关责令限期缴纳前自行申报缴纳税款的，视为已按期缴纳税款。

十、非居民企业取得的同一项所得在境内存在多个所得发生地，涉及多个主管税务机关的，在按照企业所得税法第三十九条规定自行申报缴纳未扣缴税款时，可以选择一地办理本公告第九条规定的申报缴税事宜。受理申报地主管税务机关应在受理申报后 5 个工作日内，向扣缴义务人所在地和同一项所得其他发生地主管税务机关发送《非居民企业税务事项联络函》（见附件），告知非居民企业涉税事项。

十一、主管税务机关可以要求纳税人、扣缴义务人和其他知晓情况的相关方提供与应扣缴税款有关的合同和其他相关资料。扣缴义务人应当设立代扣代缴税款账簿和合同资料档案，准确记录非居民企业所得税扣缴情况。

十二、按照企业所得税法第三十七条规定应当扣缴的税款，扣缴义务人应扣未扣的，由扣缴义务人所在地主管税务机关依照《中华人民共和国行政处罚法》第二十三条规定责令扣缴义务人补扣税款，并依法追究扣缴义务人责任；需要向纳税人追缴税款的，由所得发生地主管税务机关依法执行。扣缴义务人所在地与所得发生地不一致的，负责追缴税款的所得发生地主管税务机关应通过扣缴义务人所在地主管税务机关核实有关情况；扣缴义务人所在地主管税务机关应当自确定应纳税款未依法扣缴之日起 5 个工作日内，向所得发生地主管税务机关发送《非居民企业税务事项联络函》，告知非居民企业涉税事项。

十三、主管税务机关在按照本公告第十二条规定追缴非居民企业应纳税款时，可以采取以下措施：

（一）责令该非居民企业限期申报缴纳应纳税款。

（二）收集、查实该非居民企业在中国境内其他收入项目及其支付人的相关信息，并向该其他项目支付人发出《税务事项通知书》，从该非居民企业其他收入项目款项中依照法定程序追缴欠缴税款及应缴的滞纳金。

其他项目支付人所在地与未扣税所得发生地不一致的，其他项目支付人所在地主管税务机关应给予配合和协助。

十四、按照本公告规定应当源泉扣缴税款的款项已经由扣缴义务人实际支付，但未在规定的期限内解缴应扣税款，并具有以下情形之一的，应作为税款已扣但未解缴情形，按照有关法律、行政法规规定处理：

（一）扣缴义务人已明确告知收款人已代扣税款的；

（二）已在财务会计处理中单独列示应扣税款的；

（三）已在其纳税申报中单独扣除或开始单独摊销扣除应扣税款的；

（四）其他证据证明已代扣税款的。

除上款规定情形外，按本公告规定应该源泉扣缴的税款未在规定的期限内解缴入库的，均作为应扣未扣税款情形，按照有关法律、行政法规规定处理。

十五、本公告与税收协定及其相关规定不一致的，按照税收协定及其相关规定执行。

十六、扣缴义务人所在地主管税务机关为扣缴义务人所得税主管税务机关。

对企业所得税法实施条例第七条规定的不同所得，所得发生地主管税务机关按以下原则确定：

（一）不动产转让所得，为不动产所在地税务机关。

（二）权益性投资资产转让所得，为被投资企业的所得税主管税务机关。

（三）股息、红利等权益性投资所得，为分配所得企业的所得税主管税务机关。

（四）利息所得、租金所得、特许权使用费所得，为负担、支付所得的单位或个人的所得税主管税务机关。

十七、本公告自 2017 年 12 月 1 日起施行。本公告第七条第二款和第三款、第九条第二款可以适用于在本公告施行前已经发生但未处理的所得。下列规定自 2017 年 12 月 1 日起废止：

（一）《国家税务总局关于印发〈非居民企业所得税源泉扣缴管理暂行办法〉的通知》（国税发〔2009〕3 号）。

（二）《国家税务总局关于进一步加强非居民税收管理工作的通知》（国税发〔2009〕32号）第二条第（三）项中的以下表述：

"各地应按照《国家税务总局关于印发〈非居民企业所得税源泉扣缴管理暂行办法〉的通知》（国税发〔2009〕3 号）规定，落实扣缴登记和合同备案制度，辅导扣缴义务人及时准确扣缴应纳税款，建立管理台账和管理档案，追缴漏税"。

（三）《国家税务总局关于加强税种征管促进堵漏增收的若干意见》（国税发〔2009〕85号）第四条第（二）项第 3 目中以下表述：

"按照《国家税务总局关于印发〈非居民企业所得税源泉扣缴管理暂行办法〉的通知》（国税发〔2009〕3 号）规定，落实扣缴登记和合同备案制度，辅导扣缴义务人及时准确扣缴应纳税款，建立管理台账和管理档案"。

（四）《国家税务总局关于加强非居民企业股权转让所得企业所得税管理的通知》（国税函〔2009〕698 号）。

（五）《国家税务总局关于印发〈非居民企业税收协同管理办法（试行）〉的通知》（国税发〔2010〕119 号）第九条。

（六）《国家税务总局关于发布〈企业重组业务企业所得税管理办法〉的公告》（国家税务总局公告 2010 年第 4 号）第三十六条。

（七）《国家税务总局关于非居民企业所得税管理若干问题的公告》（国家税务总局公告 2011 年第 24 号）第五条和第六条。

（八）《国家税务总局关于发布〈非居民企业从事国际运输业务税收管理暂行办法〉的公告》（国家税务总局公告 2014 年第 37 号）第二条第三款中以下表述："和《国家税务总局关于印发〈非居民企业所得税源泉扣缴管理暂行办法〉的通知》（国税发〔2009〕3 号）"。

（九）《国家税务总局关于非居民企业间接转让财产企业所得税若干问题的公告》（国家税务总局公告 2015 年第 7 号）第八条第二款。

特此公告。

附件：非居民企业税务事项联络函

国家税务总局

2017 年 10 月 17 日

附件：非居民企业税务事项联络函

税联〔　　〕　　号

_____税务局：

_____（非居民企业名称）_____从我国境内取得了《中华人民共和国企业所得税法》第三条第三款规定的所得，所得情况如下：

_____；

_____。

我单位处理情况如下：

_____；

_____。

建议你单位处理事项：

_____；

_____。

特此函告。

（税务机关名称及公章）

年　　月　　日

税务机关地址：　　　　　　　邮编：

联系人：　　　　电话：　　　　传真：

5.25　国家税务总局关于研发费用税前加计扣除归集范围有关问题的公告

2017 年 11 月 8 日　国家税务总局公告 2017 年第 40 号

为进一步做好研发费用税前加计扣除优惠政策的贯彻落实工作，切实解决政策落实过程中存在的问题，根据《财政部　国家税务总局　科技部关于完善研究开发费用税前加计扣除政策的通知》（财税〔2015〕119 号）及《国家税务总局关于企业研究开发费用税前加计扣除政策有关问题的公告》（国家税务总局公告 2015 年第 97 号）等文件的规定，现就研发费用税前加计扣除归集范围有关问题公告如下：

一、人员人工费用

指直接从事研发活动人员的工资薪金、基本养老保险费、基本医疗保险费、失业保险费、工伤保险费、生育保险费和住房公积金，以及外聘研发人员的劳务费用。

（一）直接从事研发活动人员包括研究人员、技术人员、辅助人员。研究人员是指主要从事研究开发项目的专业人员；技术人员是指具有工程技术、自然科学和生命科学中一个或一个以上领域的技术知识和经验，在研究人员指导下参与研发工作的人员；辅助人员是指参与研究开发活动的技工。外聘研发人员是指与本企业或劳务派遣企业签订劳务用工协议（合同）和临时聘用的研究人员、技术人员、辅助人员。

接受劳务派遣的企业按照协议'（合同）约定支付给劳务派遣企业，且由劳务派遣企业实际支付给外聘研发人员的工资薪金等费用，属于外聘研发人员的劳务费用。

（二）工资薪金包括按规定可以在税前扣除的对研发人员股权激励的支出。

（三）直接从事研发活动的人员、外聘研发人员同时从事非研发活动的，企业应对其人员活动情况做必要记录，并将其实际发生的相关费用按实际工时占比等合理方法在研发费用和生产经营费用间分配，未分配的不得加计扣除。

二、直接投入费用

指研发活动直接消耗的材料、燃料和动力费用；用于中间试验和产品试制的模具、工艺装备开发及制造费，不构成固定资产的样品、样机及一般测试手段购置费，试制产品的检验费；用于研发活动的仪器、设备的运行维护、调整、检验、维修等费用，以及通过经营租赁方式租入的用于研发活动的仪器、设备租赁费。

（一）以经营租赁方式租入的用于研发活动的仪器、设备，同时用于非研发活动的，企业应对其仪器设备使用情况做必要记录，并将其实际发生的租赁费按实际工时占比等合理方法在研发费用和生产经营费用间分配，未分配的不得加计扣除。

（二）企业研发活动直接形成产品或作为组成部分形成的产品对外销售的，研发费用中对应的材料费用不得加计扣除。

产品销售与对应的材料费用发生在不同纳税年度且材料费用已计入研发费用的，可在销售当年以对应的材料费用发生额直接冲减当年的研发费用，不足冲减的，结转以后年度继续冲减。

三、折旧费用

指用于研发活动的仪器、设备的折旧费。

（一）用于研发活动的仪器、设备，同时用于非研发活动的，企业应对其仪器设备使用情况做必要记录，并将其实际发生的折旧费按实际工时占比等合理方法在研发费用和生产经营费用间分配，未分配的不得加计扣除。

（二）企业用于研发活动的仪器、设备，符合税法规定且选择加速折旧优惠政策的，在享受研发费用税前加计扣除政策时，就税前扣除的折旧部分计算加计扣除。

四、无形资产摊销费用

指用于研发活动的软件、专利权、非专利技术（包括许可证、专有技术、设计和计算方法等）的摊销费用。

（一）用于研发活动的无形资产，同时用于非研发活动的，企业应对其无形资产使用情况做必要记录，并将其实际发生的摊销费按实际工时占比等合理方法在研发费用和生产经营费用间分配，未分配的不得加计扣除。

（二）用于研发活动的无形资产，符合税法规定且选择缩短摊销年限的，在享受研发费用税前加计扣除政策时，就税前扣除的摊销部分计算加计扣除。

五、新产品设计费、新工艺规程制定费、新药研制的临床试验费、勘探开发技术的现场试验费

指企业在新产品设计、新工艺规程制定、新药研制的临床试验、勘探开发技术的现场试验过程中发生的与开展该项活动有关的各类费用。

六、其他相关费用

指与研发活动直接相关的其他费用，如技术图书资料费、资料翻译费、专家咨询费、高新科技研发保险费，研发成果的检索、分析、评议、论证、鉴定、评审、评估、验收费用，知识产权的申请费、注册费、代理费，差旅费、会议费，职工福利费、补充养老保险费、补充医疗保险费。

此类费用总额不得超过可加计扣除研发费用总额的10%。

七、其他事项

（一）企业取得的政府补助，会计处理时采用直接冲减研发费用方法且税务处理时未将其确认为应税收入的，应按冲减后的余额计算加计扣除金额。

（二）企业取得研发过程中形成的下脚料、残次品、中间试制品等特殊收入，在计算确认收入当年的加计扣除研发费用时，应从已归集研发费用中扣减该特殊收入，不足扣减的，加计扣除研发费用按零计算。

（三）企业开展研发活动中实际发生的研发费用形成无形资产的，其资本化的时点与会计处理保持一致。

（四）失败的研发活动所发生的研发费用可享受税前加计扣除政策。

（五）国家税务总局公告2015年第97号第三条所称"研发活动发生费用"是指委托方实际支付给受托方的费用。无论委托方是否享受研发费用税前加计扣除政策，受托方均不得加计扣除。

委托方委托关联方开展研发活动的，受托方需向委托方提供研发过程中实际发生的研发项目费用支出明细情况。

八、执行时间和适用对象

本公告适用于2017年度及以后年度汇算清缴。以前年度已经进行税务处理的不再调整。涉及追溯享受优惠政策情形的，按照本公告的规定执行。科技型中小企业研发费用加计扣除事项按照本公告执行。

国家税务总局公告2015年第97号第一条、第二条第（一）项、第二条第（二）项、第二条第（四）项同时废止。

国家税务总局

2017年11月8日

5.26　财政部　国家税务总局关于证券行业准备金支出企业所得税税前扣除有关政策问题的通知

2017 年 3 月 21 日　财税〔2017〕23 号

各省、自治区、直辖市、计划单列市财政厅（局）、国家税务局、地方税务局，新疆生产建设兵团财务局：

根据《中华人民共和国企业所得税法》和《中华人民共和国企业所得税法实施条例》的有关规定，现就证券行业准备金支出企业所得税税前扣除有关政策问题明确如下：

一、证券类准备金

（一）证券交易所风险基金。

上海、深圳证券交易所依据《证券交易所风险基金管理暂行办法》（证监发〔2000〕22 号）的有关规定，按证券交易所交易收取经手费的 20%、会员年费的 10% 提取的证券交易所风险基金，在各基金净资产不超过 10 亿元的额度内，准予在企业所得税税前扣除。

（二）证券结算风险基金。

1. 中国证券登记结算公司所属上海分公司、深圳分公司依据《证券结算风险基金管理办法》（证监发〔2006〕65 号）的有关规定，按证券登记结算公司业务收入的 20% 提取的证券结算风险基金，在各基金净资产不超过 30 亿元的额度内，准予在企业所得税税前扣除。

2. 证券公司依据《证券结算风险基金管理办法》（证监发〔2006〕65 号）的有关规定，作为结算会员按人民币普通股和基金成交金额的十万分之三、国债现货成交金额的十万分之一、1 天期国债回购成交额的千万分之五、2 天期国债回购成交额的千万分之十、3 天期国债回购成交额的千万分之十五、4 天期国债回购成交额的千万分之二十、7 天期国债回购成交额的千万分之五十、14 天期国债回购成交额的十万分之一、28 天期国债回购成交额的十万分之二、91 天期国债回购成交额的十万分之六、182 天期国债回购成交额的十万分之十二逐日交纳的证券结算风险基金，准予在企业所得税税前扣除。

（三）证券投资者保护基金。

1. 上海、深圳证券交易所依据《证券投资者保护基金管理办法》（证监会令第 27 号、第 124 号）的有关规定，在风险基金分别达到规定的上限后，按交易经手费的 20% 缴纳的证券投资者保护基金，准予在企业所得税税前扣除。

2. 证券公司依据《证券投资者保护基金管理办法》（证监会令第 27 号、第 124 号）的有关规定，按其营业收入 0.5%～5% 缴纳的证券投资者保护基金，准予在企业所得税税前扣除。

二、期货类准备金

（一）期货交易所风险准备金。

大连商品交易所、郑州商品交易所和中国金融期货交易所依据《期货交易管理条例》（国务院令第 489 号）、《期货交易所管理办法》（证监会令第 42 号）和《商品期货交易财务管理暂行规定》（财商字〔1997〕44 号）的有关规定，上海期货交易所依据《期货交易管理条例》

（国务院令第 489 号）、《期货交易所管理办法》（证监会令第 42 号）和《关于调整上海期货交易所风险准备金规模的批复》（证监函〔2009〕407 号）的有关规定，分别按向会员收取手续费收入的 20% 计提的风险准备金，在风险准备金余额达到有关规定的额度内，准予在企业所得税税前扣除。

（二）期货公司风险准备金。

期货公司依据《期货公司管理办法》（证监会令第 43 号）和《商品期货交易财务管理暂行规定》（财商字〔1997〕44 号）的有关规定，从其收取的交易手续费收入减去应付期货交易所手续费后的净收入的 5% 提取的期货公司风险准备金，准予在企业所得税税前扣除。

（三）期货投资者保障基金。

1. 上海期货交易所、大连商品交易所、郑州商品交易所和中国金融期货交易所依据《期货投资者保障基金管理办法》（证监会令第 38 号、第 129 号）和《关于明确期货投资者保障基金缴纳比例有关事项的规定》（证监会 财政部公告〔2016〕26 号）的有关规定，按其向期货公司会员收取的交易手续费的 2%（2016 年 12 月 8 日前按 3%）缴纳的期货投资者保障基金，在基金总额达到有关规定的额度内，准予在企业所得税税前扣除。

2. 期货公司依据《期货投资者保障基金管理办法》（证监会令第 38 号、第 129 号）和《关于明确期货投资者保障基金缴纳比例有关事项的规定》（证监会 财政部公告〔2016〕26 号）的有关规定，从其收取的交易手续费中按照代理交易额的亿分之五至亿分之十的比例（2016 年 12 月 8 日前按千万分之五至千万分之十的比例）缴纳的期货投资者保障基金，在基金总额达到有关规定的额度内，准予在企业所得税税前扣除。

三、上述准备金如发生清算、退还，应按规定补征企业所得税。

四、本通知自 2016 年 1 月 1 日起至 2020 年 12 月 31 日止执行。《财政部 国家税务总局关于证券行业准备金支出企业所得税税前扣除有关政策问题的通知》（财税〔2012〕11 号）同时废止。

财政部 国家税务总局

2017 年 3 月 21 日

5.27 国家税务总局 科技部关于加强企业研发费用税前加计扣除政策贯彻落实工作的通知

2017 年 9 月 18 日 税总发〔2017〕106 号

各省、自治区、直辖市和计划单列市国家税务局、地方税务局、科技厅（委、局），新疆生产建设兵团科技局：

为进一步推进简政放权、放管结合、优化服务改革，积极为企业减负增效，增强企业技术创新动力，结合《财政部 国家税务总局 科技部关于完善研究开发费用税前加计扣除政策的通知》（财税〔2015〕119 号）、《财政部 税务总局 科技部关于提高科技型中小企业研究开发费用税前加计扣除比例的通知》（财税〔2017〕34 号）、《科技部 财政部 国家税务总局关于印发〈科技型中小企业评价办法〉的通知》（国科发政〔2017〕115 号）以及《科技部 财

政部 国家税务总局关于进一步做好企业研发费用加计扣除政策落实工作的通知》（国科发政〔2017〕211 号）规定，现就加强企业研发费用税前加计扣除政策贯彻落实工作通知如下：

一、提高思想认识，加强组织领导。各级税务部门和科技部门应提高思想认识，站在贯彻落实创新驱动发展战略、深化供给侧结构性改革、促进新旧动能转换的高度，通过落实好研发费用税前加计扣除政策，积极主动谋创新、促发展。要把落实好研发费用税前加计扣除政策作为本单位的一项重要工作，加强组织领导，增强服务观念，精心谋划部署，夯实管理责任，依据相关政策及管理规定，强化有关事项的事前、事中、事后管理和服务，积极、稳妥地做好研发费用税前加计扣除政策的贯彻落实工作。要将研发费用税前加计扣除等创新支持政策落实情况作为对各级税务和科技部门绩效考核的重要内容。

二、强化合作意识，完善合作机制。各级税务部门和科技部门要紧密配合，建立和完善研发费用税前加计扣除政策部门间的联合工作机制。就涉及企业切身利益的研发项目鉴定问题，包括事中异议项目鉴定以及事后核查异议项目鉴定，统一政策口径，明确专门协调机制，制定异议研发项目鉴定实施细则，规范办理流程。

三、简化管理方式，优化操作流程。各级税务部门和科技部门要简化管理方式，优化操作流程，确保政策落地。优化委托研发与合作研发项目合同登记管理方式，坚持"实质重于形式"的原则。凡研发项目合同具备技术合同登记的实质性要素，仅在形式上与技术合同示范文本存在差异的，也应予以登记，不得要求企业重新按照技术合同示范文本进行修改报送。

四、加大宣传力度，实现"应知尽知"。各地要充分利用官方网站、微信、微博、APP 等方式开展多维度、多渠道的宣传，提醒纳税人及时申报享受研发费用税前加计扣除政策。税务部门和科技部门要联合开展宣传活动，精准锁定政策受惠企业群体，通过开展"键对键"的网上沟通，"面对面"的精准辅导，印发宣传资料等多种方式，扩大宣传辅导覆盖面，方便企业及时了解政策和管理要求。在宣传辅导工作中，要规范政策解答，及时为企业答疑解惑。

五、加强政策辅导，确保"应享尽享"。各级税务部门和科技部门要通过各种方式为企业提供研发项目管理和研发费用归集等政策辅导，切实加大政策落实力度。对尚处于亏损期的企业，进一步加大宣传及服务力度，引导企业及时办理税务备案等相关手续。要督促广大科技型中小企业按照《科技型中小企业评价办法》（国科发政〔2017〕115 号文件印发）规定，到"全国科技型中小企业信息服务平台"进行自主评价和登记，及时取得登记编号，确保纳税人政策落实"应享尽享"。

六、强化督导检查，确保落地见效。各省税务部门和科技部门要开展联合督导检查，加大对政策落实的督导力度，密切跟踪政策执行情况，随时收集基层和纳税人政策落实情况的反馈和工作建议，并加强部门间的信息沟通，确保优惠政策落地见效。税务总局和科技部将视情况适时联合开展督导检查。

国家税务总局 科技部

2017 年 9 月 18 日

5.28　科技部　财政部　国家税务总局关于进一步做好企业研发费用加计扣除政策落实工作的通知

2017 年 7 月 21 日　国科发政〔2017〕211 号

各省、自治区、直辖市和计划单列市科技厅（委、局）、财政厅（局）、国家税务局、地方税务局，新疆生产建设兵团科技局、财务局：

为贯彻落实国务院关于"简政放权、放管结合、优化服务"要求，强化政策服务，降低纳税人风险，增强企业获得感，根据《关于完善研究开发费用税前加计扣除政策的通知》（财税〔2015〕119 号）的有关规定，现就进一步做好企业研发费用加计扣除政策落实工作通知如下：

一、建立协同工作机制

地方各级人民政府科技、财政和税务主管部门要建立工作协调机制，加强工作衔接，形成工作合力。要切实加强对企业的事前事中事后管理和服务，以多种形式开展政策宣讲，引导企业规范研发项目管理和费用归集，确保政策落实、落细、落地。

二、事中异议项目鉴定

1. 税务部门对企业享受加计扣除优惠的研发项目有异议的，应及时通过县（区）级科技部门将项目资料送地市级（含）以上科技部门进行鉴定；由省直接管理的县/市，可直接由县级科技部门进行鉴定（以下统称"鉴定部门"）。

2. 鉴定部门在收到税务部门的鉴定需求后，应及时组织专家进行鉴定，并在规定时间内通过原渠道将鉴定意见反馈税务部门。鉴定时，应由 3 名以上相关领域的产业、技术、管理等专家参加。

3. 税务部门对鉴定部门的鉴定意见有异议的，可转请省级人民政府科技行政管理部门出具鉴定意见。

4. 对企业承担的省部级（含）以上科研项目，以及以前年度已鉴定的跨年度研发项目，税务部门不再要求进行鉴定。

三、事后核查异议项目鉴定

税务部门在对企业享受的研发费用加计扣除优惠开展事后核查中，对企业研发项目有异议的，可按照本通知第二条的规定送科技部门鉴定。

四、有关要求

1. 开展企业研发项目鉴定，不得向企业收取任何费用，所需要的工作经费应纳入部门经费预算给予保障。

2. 有条件的地方可建立信息化服务平台，为企业提供自我评价、材料提交、工作流转与信息传递等服务，提高工作效率，降低企业成本。

3. 各地方可根据本通知精神，制定实施细则，进一步明确职责分工、工作程序、办理时限等。

各地方在落实企业研发费用加计扣除政策过程中出现的问题以及意见和建议，要及时报科技部政策法规与监督司、财政部税政司和税务总局所得税司。

科技部　财政部　国家税务总局

2017 年 7 月 21 日

5.29　财政部　国家税务总局关于中小企业融资（信用）担保机构有关准备金企业所得税税前扣除政策的通知 [延期执行]

2017 年 3 月 21 日　财税〔2017〕22 号

各省、自治区、直辖市、计划单列市财政厅（局）、国家税务局、地方税务局，新疆生产建设兵团财务局：

根据《中华人民共和国企业所得税法》和《中华人民共和国企业所得税法实施条例》的有关规定，现就中小企业融资（信用）担保机构有关准备金企业所得税税前扣除政策问题通知如下：

一、符合条件的中小企业融资（信用）担保机构按照不超过当年年末担保责任余额 1% 的比例计提的担保赔偿准备，允许在企业所得税税前扣除，同时将上年度计提的担保赔偿准备余额转为当期收入。

二、符合条件的中小企业融资（信用）担保机构按照不超过当年担保费收入 50% 的比例计提的未到期责任准备，允许在企业所得税税前扣除，同时将上年度计提的未到期责任准备余额转为当期收入。

三、中小企业融资（信用）担保机构实际发生的代偿损失，符合税收法律法规关于资产损失税前扣除政策规定的，应冲减已在税前扣除的担保赔偿准备，不足冲减部分据实在企业所得税税前扣除。

四、本通知所称符合条件的中小企业融资（信用）担保机构，必须同时满足以下条件：

（一）符合《融资性担保公司管理暂行办法》（银监会等七部委令 2010 年第 3 号）相关规定，并具有融资性担保机构监管部门颁发的经营许可证；

（二）以中小企业为主要服务对象，当年中小企业信用担保业务和再担保业务发生额占当年信用担保业务发生总额的 70% 以上（上述收入不包括信用评级、咨询、培训等收入）；

（三）中小企业融资担保业务的平均年担保费率不超过银行同期贷款基准利率的 50%；

（四）财政、税务部门规定的其他条件。

五、申请享受本通知规定的准备金税前扣除政策的中小企业融资（信用）担保机构，在汇算清缴时，需报送法人执照副本复印件、融资性担保机构监管部门颁发的经营许可证复印件、年度会计报表和担保业务情况（包括担保业务明细和风险准备金提取等），以及财政、税务部门要求提供的其他材料。

六、本通知自 2016 年 1 月 1 日起至 2020 年 12 月 31 日止执行。《财政部　国家税务总局关于中小企业信用担保机构有关准备金企业所得税税前扣除政策的通知》（财税〔2012〕25 号）同时废止。

财政部　国家税务总局

2017 年 3 月 21 日

5.30　财政部　税务总局　国家发展改革委　工业和信息化部 环境保护部关于印发节能节水和环境保护专用设备 企业所得税优惠目录（2017 年版）的通知

2017 年 9 月 6 日　财税〔2017〕71 号

各省、自治区、直辖市、计划单列市财政厅（局）、国家税务局、地方税务局、发展改革委、工业和信息化主管部门、环境保护厅（局），新疆生产建设兵团财务局、发展改革委、工业和信息化委员会、环境保护局：

经国务院同意，现就节能节水和环境保护专用设备企业所得税优惠目录调整完善事项及有关政策问题通知如下：

一、对企业购置并实际使用节能节水和环境保护专用设备享受企业所得税抵免优惠政策的适用目录进行适当调整，统一按《节能节水专用设备企业所得税优惠目录（2017 年版）》（附件 1）和《环境保护专用设备企业所得税优惠目录（2017 年版）》（附件 2）执行。

二、按照国务院关于简化行政审批的要求，进一步优化优惠管理机制，实行企业自行申报并直接享受优惠、税务部门强化后续管理的机制。企业购置节能节水和环境保护专用设备，应自行判断是否符合税收优惠政策规定条件，按规定向税务部门履行企业所得税优惠备案手续后直接享受税收优惠，税务部门采取税收风险管理、稽查、纳税评估等方式强化后续管理。

三、建立部门协调配合机制，切实落实节能节水和环境保护专用设备税收抵免优惠政策。税务部门在执行税收优惠政策过程中，不能准确判定企业购置的专用设备是否符合相关技术指标等税收优惠政策规定条件的，可提请地市级（含）以上发展改革、工业和信息化、环境保护等部门，由其委托专业机构出具技术鉴定意见，相关部门应积极配合。对不符合税收优惠政策规定条件的，由税务机关按《税收征管法》及有关规定进行相应处理。

四、本通知所称税收优惠政策规定条件，是指《节能节水专用设备企业所得税优惠目录(2017 年版)》和《环境保护专用设备企业所得税优惠目录（2017 年版）》所规定的设备类别、设备名称、性能参数、应用领域和执行标准。

五、本通知自 2017 年 1 月 1 日起施行。《节能节水专用设备企业所得税优惠目录（2008 年版)》和《环境保护专用设备企业所得税优惠目录（2008 年版）》自 2017 年 10 月 1 日起废止，企业在 2017 年 1 月 1 日至 2017 年 9 月 30 日购置的专用设备符合 2008 年版优惠目录规定的，也可享受税收优惠。

附件：1. 节能节水专用设备企业所得税优惠目录（2017 年版）
　　　2. 环境保护专用设备企业所得税优惠目录（2017 年版）

财政部　税务总局　国家发展改革委　工业和信息化部　环境保护部

2017 年 9 月 6 日

附件 1：节能节水专用设备企业所得税优惠目录（2017 年版）

序号	设备类别	设备名称	性能参数	应用领域	执行标准
（一）节能设备					
1	电动机	中小型三相异步电动机	符合执行标准范围和要求，且优于 1 级能效水平。	电力拖动	GB 18613—2012
2		永磁同步电动机	符合执行标准范围和要求，且优于 1 级能效水平。	电力拖动	GB 30253—2013
3		高压三相笼型异步电动机	符合执行标准范围和要求，且优于 1 级能效水平。	电力拖动	GB 30254—2013
4	空气调节设备	多联式空调（热泵）机组	符合执行标准范围和要求，能效比达到能效等级 1 级指标基础上再提高 10% 的要求。	制冷（热）	GB 21454—2008
5		冷水机组	符合执行标准范围和要求，且优于 1 级能效水平。	制冷（热）	GB 19577—2015，电机驱动压缩机冷水机组 GB 29540—2013，溴化锂吸收式
6		房间空气调节器	符合执行标准范围和要求，且优于 1 级能效水平。	制冷（热）	GB 12021.3—2010，定频 GB 21455—2013，变频
7		水（地）源热泵机组	符合执行标准范围和要求，且优于 1 级能效水平。	制冷（热）	GB 30721—2014
8	风机	通风机	符合执行标准范围和要求，且优于 1 级能效水平。	通风	GB 19761—2009
9		离心鼓风机	符合执行标准范围和要求，且优于节能评价值水平。	鼓风	GB 28381—2012
10	水泵	清水离心泵	符合执行标准范围和要求，且优于节能评价值水平。	输送液体	GB 19762—2007
11		石油化工离心泵	符合执行标准范围和要求，且优于 1 级能效水平。	输送液体	GB 32284—2015
12	压缩机	容积式空气压缩机	符合执行标准范围和要求，且优于 1 级能效水平。	压缩空气	GB 19153—2009
13	变频器	1kV 及以下通用变频调速设备	符合执行标准范围及技术要求。	变频调速	GB/T 30844.1—2014 GB/T 21056—2007
14		1kV 以上不超过 35kV 通用变频调速设备	符合执行标准范围及技术要求。		GB/T 30843.1—2014

续表

序号	设备类别	设备名称	性能参数	应用领域	执行标准
15	变压器	三相配电变压器	符合执行标准范围和要求，且优于1级能效水平。	电力输配	GB 20052—2013
16		电力变压器	符合执行标准范围和要求，且优于1级能效水平。	电力输配	GB 24790—2009
17	电焊机	电弧焊机	符合执行标准范围和要求，且优于1级能效水平。	电焊	GB 28736—2012
18	锅炉	工业锅炉	能效等级达到 TSG G0002《锅炉节能技术监督管理规程》中热效率指标的目标值要求； 工业锅炉大气污染物排放浓度值符合 GB 13271—2014《锅炉大气污染物排放标准》要求，电站锅炉大气污染物排放浓度值符合 GB 13223—2011《火电厂大气污染物排放标准》要求； 燃煤锅炉额定蒸发量（或额定热功率）应当大于 10t/h（或 7MW），天然气锅炉不限。	输出蒸汽、热水等介质提供热能	TSG G0002《锅炉节能技术监督管理规程》
19	换热器	热交换器	能效等级达到 TSG R001《0 热交换器能效测试与评价规则》中的目标值要求。	不同流体之间热量传递	TSG R0010《热交换器能效测试与评价规则》
20	LED 照明	LED 路灯、LED 隧道灯/工矿灯	电压 220V，频率 50Hz，规格光通量 3 000lm/5 400lm/9 000lm/1 4000lm，功率因数不低于 0.95，初始光效不低于 130lm/W，显色指数不低于 70，寿命不低于 30 000 小时。	道路、隧道、工矿照明	
21		LED 管灯	电压 220V，频率 50Hz，规格 T8/T5，600mm/1 200mm，功率因数不低于 0.9，显色指数不低于 85，寿命不低于 25 000 小时；色温为 6 500k/5 000k/4 000k 时，初始光效不低于 120lm/W；色温为 3 500k/3 000k/2 700k 时，初始光效不低于 110lm/W。	商用照明，单次订购量应在 5 000 只以上	
22	发电设备	汽轮机	1 000MW 级超超临界机组，28MPa/600℃/620℃/4.9kPa，一次再热+湿冷+气泵：热耗率≤7 220kJ/kWh。	发电	
			1 000MW 级超超临界机组，31MPa/600℃/620℃/620℃/4.9kPa，二次再热+湿冷+气泵：热耗率≤7 050kJ/kWh。		
			1000MW 级超超临界机组，28MPa/600℃/620℃/11kPa，一次再热+空冷+气泵：热耗率≤7 480kJ/kWh。		

续表

序号	设备类别	设备名称	性能参数	应用领域	执行标准
23	时效处理仪	频谱谐波时效仪	最大激振力80kN；循环选择频率，同时具备加速度延时保护功能；振动参数除激振力调节保证有两个最大振动加速度在 $30-70 \mathrm{m/s}^2$，参数选择由振动设备自动完成，以保证处理效果。	机械制造	
24	通信用铅酸蓄电池	通信用耐高温型阀控式密封铅酸蓄电池	35℃工作环境温度，设计浮充寿命≥10年；电池最高可承受工作环境温度：75℃；55℃工作环境温度，80% DOD循环寿命大于12次大循环，每次大循环包含11次80% DOD放电循环。	通信基站数据中心	YD/T 2657—2013
（二）节水设备					
25	洗涤设备	工业洗衣机	用水量≤18L/kg，洗净率＞35%。	织物洗涤	QB/T 2323—2004
26	冷却设备	空冷式换热器	耐压、气密性、运转试验符合 NB/T 47007—2010 的要求。	发电、化工、冶金、机械制造	NB/T 47007—2010
27		机械通风开式冷却塔	循环水量≤1 000m³/h 的中小型塔：飘水率≤0.006%；耗电比≤0.035kW/(m³/h)；冷却能力≥95%。	空调制冷、冷冻、化工、发电	GB/T 18870—2011
			循环水量＞1000m³/h 的大型塔：飘水率≤0.001%；耗电比≤0.045kW/(m³/h)；冷却能力≥95%。		
28	滴灌设备	喷灌机	大型喷灌机：水量分布均匀系数、同步性能应符合 JB/T 6280—2013 的要求。	农业、园林灌溉	JB/T 6280—2013
29		滴灌带（管）	轻小型喷灌机：喷洒均匀性、燃油消耗率、喷灌机效率管路系统密封性应符合 GB/T 25406—2010 的要求。	适用于棉花、蔬菜、果树等经济作物的滴灌	GB/T 25406—2010
			流量一致性、流量和进水口压力之间关系、耐静水压、耐拉拔应符合 GB/T 17187—2009 的要求。		GB/T 17187—2009
30	水处理及回用设备	反渗透淡化装置	水回收率≥75%，脱盐率≥95%。	含盐量低于10 000mg/L的苦咸水淡化或农村分散地区的饮用水处理	GB/T 19249—2003
31		中空纤维超滤水处理设备	截留率≥90%；产水量≥额定产水量。	水处理净化	HY/T 060—2002 CJ/T 170—2002

续表

序号	设备类别	设备名称	性能参数	应用领域	执行标准
32	水处理及回用设备	海水/苦咸水淡化反渗透膜元件	苦咸水淡化反渗透膜：水通量≥4.5×$10-2m^3/(m^2 \cdot h)$；脱盐率≥99.0%。	海水、苦咸水淡化	HY/T 107—2008
			海水淡化反渗透膜：水通量≥3.8×$10^{-2}m^3/(m^2 \cdot h)$；脱盐率≥99.4%。		

附件2：环境保护专用设备企业所得税优惠目录（2017年版）

序号	设备类别	设备名称	性能参数	应用领域
1		膜生物反应器	膜通量≥10L/($m^2 \cdot h$)；出口水质达到地表水环境质量Ⅳ类标准。	生活污水和工业废水处理
2		污泥脱水机	滤饼含水率≤50%。	生活和工业污泥处理
3	水污染防治设备	超磁分离水体净化设备	出口水质：悬浮物去除率≥90%；SS≤20mg/L；TP在0.05mg/L～0.5mg/L之间，TP去除率80%～90%；油≤5mg/L；藻类去除率80%～85%；非溶解态COD去除率>80%。	工业废水处理、重金属废水处理、黑臭水体处理（进口水质：SS≤500mg/L；TP在1mg/L～4mg/L之间；油≤50mg/L）
4		一体化污水处理设备	出口水质：COD≤30mg/L；氨氮≤5mg/L；TP≤0.3mg/L；SS≤5mg/L。	生活污水处理（进口水质：COD≤450mg/L；氨氮≤50mg/L；TP≤4mg/L；SS≤200mg/L）
5		袋式除尘器	出口烟尘排放浓度≤10mg/Nm³；烟气排放达到林格曼一级；进出口压差≤1 200Pa；出口温度≤120℃；漏风率≤2%；耐压强度≥5kPa。	燃煤发电行业除外的烟尘处理
6		电袋复合除尘器	出口烟尘排放浓度≤30mg/Nm³；烟气排放达到林格曼一级；进出口压差≤1 000Pa；设备阻力<900Pa；漏风率<2%。	燃煤发电行业除外的烟尘处理
7	大气污染防治设备	选择性催化还原（SCR）脱硝设备	脱硝效率>80%；系统氨逃逸质量浓度≤2.5mg/m³；SO₂转化率<1%。	燃煤发电行业除外的脱硝
8		VOCs吸附回收装置	净化率>90%。	喷涂、石油、化工、包装印刷、油气回收、涂布、制革等行业的VOCs治理
9		生物治理VOCs设备	生物降解净化效率>85%；恶臭异味和VOCs排放浓度达到有关行业环保标准要求。	生活污水厂、石化或化工污水处理、垃圾处理厂、发酵堆肥行业、制药行业、饲料和肥料行业、食品加工行业、皮革加工行业等产生的有机废气、异味处理

续表

序号	设备类别	设备名称	性能参数	应用领域
10	大气污染防治设备	VOCs 燃烧装置	燃烧净化效率 > 95%；VOCs 排放浓度达到有关行业环保标准要求。	石油、化工、喷涂、电线电缆、制药等行业的 VOCs 治理
11		连续自动再生式柴油车黑烟净化过滤器	CO 的起燃温度 < 195℃；HC 的起燃温度 < 205℃；黑烟颗粒 PM 的去除效果 > 90%（在所有的工况下）；黑烟颗粒的再生：开始再生温度为 200℃，全部烧完为 500℃，所需时间 ≤ 10min。	柴油车尾气处理
12	土壤污染防治设备	污染土壤检测修复一体机	掘进速度 ≥ 9m/h；最大掘进深度 20m；取样量 ≥ 7×10^{-3} m³/h；注药量 ≥ 90L/min；注药半径 ≥ 1m。	污染土壤修复
13	固体废物处置设备	餐厨垃圾自动分选制浆机	处理对象：餐厨垃圾或分类的厨余垃圾；可实现有机物与其他杂物如轻质塑料、织物和金属等的有效分离，实现接收垃圾中有机质的浆化处理；处理后有机物损失 < 3%；杂物去除率 ≥ 95%；处理量 ≥ 10t/h。	餐厨垃圾处理
14		废金属破碎分选机	主机功率：450kW ~ 7 500kW；处理能力 30t/h ~ 420t/h；送料宽度达 1 500mm ~ 3 000mm；磁力分选率 ≥ 97%；有色金属涡流分选或有色光选分辨率 ≥ 98%；危险废物回收率 ≥ 95%。	金属废物处理
15		电子废物、报废汽车破碎分选机	处理对象：废弃电器电子产品，报废汽车；可实现铁、有色金属、塑料和其他杂质的有效分离，危险废物的安全回收；铁、有色金属回收率及纯净度 ≥ 95%，塑料回收率及纯净度 ≥ 90%；制冷剂、废油等危险废物回收率 ≥ 95%；报废汽车处理能力 ≥ 10t/h；废弃电器电子产品处理能力 ≥ 1 000kg/h。	电子垃圾、报废汽车处理
16		新能源汽车废旧动力蓄电池处理设备	废旧动力蓄电池在物理环节的模组分离装备自动化拆解效率 ≥ 2kg/min；单体单机分离装备自动化拆解效率 ≥ 3kg/min；在湿法冶炼条件下，镍、钴、锰的综合回收率 ≥ 98%；在火法冶炼条件下，镍、稀土的综合回收率应 ≥ 97%。	新能源汽车废旧动力蓄电池处理
17		危险废弃物焚烧炉	处理量 ≥ 20t/d；焚烧温度：一般危险废物 ≥ 1 100℃，持久性有机污染物废物 ≥ 1 200℃，医疗废物 ≥ 850℃；烟气停留时间 > 2s；残渣热灼减率 ≤ 5%。	医疗、工业领域危险废物处理
18		机械炉排炉	处理量 ≥ 200t/d；焚烧温度 ≥ 850℃；烟气停留时间 ≥ 2s；残渣热灼减率 ≤ 5%。	生活垃圾处理

续表

序号	设备类别	设备名称	性能参数	应用领域
19	环境监测专用仪器仪表	烟气排放连续监测仪	可测量以下一种或几种参数：SO_2、NO_X、CO、Hg、HCl、HF、H_2S、颗粒物、流速；颗粒物零点漂移 ± 2%，量程漂移 ± 2%；气态污染物响应时间 ≤ 200s，零点漂移 ± 2.5%，量程漂移 ± 2.5%，线性误差 ≤ ± 5%；流速测量范围 0 ~ 30m/s，流速测量精度 ± 12%；温度示值偏差 ≤ ± 3℃。	污染源废气监测（火电厂超低排放），垃圾焚烧电厂废气在线监测
20		氨逃逸激光在线分析仪	检测下限：0.1mg/L；重复性：1.0% F.S；线性误差：1.0% F.S；取样流量：10L/min ~ 20L/min；环境温度：- 20℃ ~45℃。	烟气脱硝氨逃逸检测
21		挥发性有机物 VOCs 分析仪	可测量以下一种或几种气态有机污染物成分：甲烷/非甲烷总烃、总挥发性有机物、半挥发性有机物、苯系物或其他特征有机污染物；最低检测限： （1）C2 ~ C5：1，3 - 丁二烯或者丁烯 ≤ 0.15ppb，其他 ≤ 0.5ppb； （2）C6 ~ C12：苯 ≤ 0.05ppb，其他 ≤ 0.5ppb； 重现性： （1）C2 ~ C5：< 10%4ppb（1，3 - 丁二烯或者丁烯）； （2）C6 ~ C12：< 10%4ppb（苯）。	有机废气排放监测、厂界及周边无组织排放监测
22		重金属水质自动分析仪	可测量以下一种或几种参数：汞、铬、镉、铅和砷；六价铬水质监测设备：精密度 ≤ 5%，准确度 ± 5%，零点漂移 ± 5%，量程漂移 ± 5%；汞、镉、铅、砷水质监测设备：示值误差 ± 5%，精密度 ≤ 5%，零点漂移 ± 5%，量程漂移 ± 10%。	污染源废水监测
23	噪声与振动控制	阵列式消声器	吸声体平均吸声系数 ≥ 0.9；基准长度消声器的全压损失系数 ξ ≤ 0.7。	通风空调系统管道、机房进出风口、空气动力性设备等的消声降噪
24		阻尼弹簧浮置板隔振器	隔振效果 ≥ 18dB；阻尼比 ≥ 0.08；轨面动态下沉量 ≤ 4mm。	高铁及城市轨道交通噪声控制

5.31　国家税务总局关于企业所得税有关问题的公告

2016 年 12 月 9 日　国家税务总局公告 2016 年第 80 号

根据《中华人民共和国企业所得税法》及其实施条例有关规定，现对企业所得税有关问题公告如下：

一、关于企业差旅费中人身意外保险费支出税前扣除问题

企业职工因公出差乘坐交通工具发生的人身意外保险费支出，准予企业在计算应纳税所得额时扣除。

二、企业移送资产所得税处理问题

企业发生《国家税务总局关于企业处置资产所得税处理问题的通知》（国税函〔2008〕828号）第二条规定情形的，除另有规定外，应按照被移送资产的公允价值确定销售收入。

三、施行时间

本公告适用于 2016 年度及以后年度企业所得税汇算清缴。

《国家税务总局关于企业处置资产所得税处理问题的通知》（国税函〔2008〕828号）第三条同时废止。

特此公告。

国家税务总局

2016 年 12 月 9 日

5.32 财政部 国家税务总局关于保险公司准备金支出企业所得税税前扣除有关政策问题的通知

2016 年 11 月 2 日 财税〔2016〕114 号

各省、自治区、直辖市、计划单列市财政厅（局）、国家税务局、地方税务局，新疆生产建设兵团财务局：

根据《中华人民共和国企业所得税法》和《中华人民共和国企业所得税法实施条例》的有关规定，现就保险公司准备金支出企业所得税税前扣除有关问题明确如下：

一、保险公司按下列规定缴纳的保险保障基金，准予据实税前扣除：

1. 非投资型财产保险业务，不得超过保费收入的 0.8%；投资型财产保险业务，有保证收益的，不得超过业务收入的 0.08%，无保证收益的，不得超过业务收入的 0.05%。

2. 有保证收益的人寿保险业务，不得超过业务收入的 0.15%；无保证收益的人寿保险业务，不得超过业务收入的 0.05%。

3. 短期健康保险业务，不得超过保费收入的 0.8%；长期健康保险业务，不得超过保费收入的 0.15%。

4. 非投资型意外伤害保险业务，不得超过保费收入的 0.8%；投资型意外伤害保险业务，有保证收益的，不得超过业务收入的 0.08%，无保证收益的，不得超过业务收入的 0.05%。

保险保障基金，是指按照《中华人民共和国保险法》和《保险保障基金管理办法》规定缴纳形成的，在规定情形下用于救助保单持有人、保单受让公司或者处置保险业风险的非政府性行业风险救助基金。

保费收入，是指投保人按照保险合同约定，向保险公司支付的保险费。

业务收入，是指投保人按照保险合同约定，为购买相应的保险产品支付给保险公司的全部金额。

非投资型财产保险业务，是指仅具有保险保障功能而不具有投资理财功能的财产保险业务。

投资型财产保险业务，是指兼具有保险保障与投资理财功能的财产保险业务。

有保证收益，是指保险产品在投资收益方面提供固定收益或最低收益保障。

无保证收益，是指保险产品在投资收益方面不提供收益保证，投保人承担全部投资风险。

二、保险公司有下列情形之一的，其缴纳的保险保障基金不得在税前扣除：

1. 财产保险公司的保险保障基金余额达到公司总资产6%的。

2. 人身保险公司的保险保障基金余额达到公司总资产1%的。

三、保险公司按国务院财政部门的相关规定提取的未到期责任准备金、寿险责任准备金、长期健康险责任准备金、已发生已报案未决赔款准备金和已发生未报案未决赔款准备金，准予在税前扣除。

1. 未到期责任准备金、寿险责任准备金、长期健康险责任准备金依据经中国保监会核准任职资格的精算师或出具专项审计报告的中介机构确定的金额提取。

未到期责任准备金，是指保险人为尚未终止的非寿险保险责任提取的准备金。

寿险责任准备金，是指保险人为尚未终止的人寿保险责任提取的准备金。

长期健康险责任准备金，是指保险人为尚未终止的长期健康保险责任提取的准备金。

2. 已发生已报案未决赔款准备金，按最高不超过当期已经提出的保险赔款或者给付金额的100%提取；已发生未报案未决赔款准备金按不超过当年实际赔款支出额的8%提取。

已发生已报案未决赔款准备金，是指保险人为非寿险保险事故已经发生并已向保险人提出索赔、尚未结案的赔案提取的准备金。

已发生未报案未决赔款准备金，是指保险人为非寿险保险事故已经发生、尚未向保险人提出索赔的赔案提取的准备金。

四、保险公司经营财政给予保费补贴的农业保险，按不超过财政部门规定的农业保险大灾风险准备金（简称大灾准备金）计提比例，计提的大灾准备金，准予在企业所得税前据实扣除。具体计算公式如下：

本年度扣除的大灾准备金＝本年度保费收入×规定比例－上年度已在税前扣除的大灾准备金结存余额。

按上述公式计算的数额如为负数，应调增当年应纳税所得额。

财政给予保费补贴的农业保险，是指各级财政按照中央财政农业保险保费补贴政策规定给予保费补贴的种植业、养殖业、林业等农业保险。

规定比例，是指按照《财政部关于印发〈农业保险大灾风险准备金管理办法〉的通知》（财金〔2013〕129号）确定的计提比例。

五、保险公司实际发生的各种保险赔款、给付，应首先冲抵按规定提取的准备金，不足冲抵部分，准予在当年税前扣除。

六、本通知自2016年1月1日至2020年12月31日执行。

财政部　国家税务总局

2016年11月2日

5.33　国家税务总局关于境内机构向我国银行的境外分行支付利息扣缴企业所得税有关问题的公告

2015 年 6 月 19 日　国家税务总局公告 2015 年第 47 号

根据《中华人民共和国企业所得税法》及其实施条例的有关规定，现对我国银行的境外分行业务活动中涉及从境内取得的利息收入有关企业所得税问题，公告如下：

一、本公告所称境外分行是指我国银行在境外设立的不具备所在国家（地区）法人资格的分行。境外分行作为中国居民企业在境外设立的分支机构，与其总机构属于同一法人。境外分行开展境内业务，并从境内机构取得的利息，为该分行的收入，计入分行的营业利润，按《财政部　国家税务总局关于企业境外所得税收抵免有关问题的通知》（财税〔2009〕125 号）的相关规定，与总机构汇总缴纳企业所得税。境内机构向境外分行支付利息时，不代扣代缴企业所得税。

二、境外分行从境内取得的利息，如果据以产生利息的债权属于境内总行或总行其他境内分行的，该项利息应为总行或其他境内分行的收入。总行或其他境内分行和境外分行之间应严格区分此类收入，不得将本应属于总行或其他境内分行的境内业务及收入转移到境外分行。

三、境外分行从境内取得的利息如果属于代收性质，据以产生利息的债权属于境外非居民企业，境内机构向境外分行支付利息时，应代扣代缴企业所得税。

四、主管税务机关应加强监管，严格审核相关资料，并利用第三方信息进行比对分析，对违反本公告相关规定的，应按照有关法律法规处理。

五、本公告自 2015 年 7 月 19 日起施行。《国家税务总局关于加强非居民企业来源于我国利息所得扣缴企业所得税工作的通知》（国税函〔2008〕955 号）第二条同时废止。

特此公告。

国家税务总局
2015 年 6 月 19 日

5.34　国家税务总局关于企业重组业务企业所得税征收管理若干问题的公告

2015 年 6 月 24 日　国家税务总局公告 2015 年第 48 号

根据《中华人民共和国企业所得税法》及其实施条例、《中华人民共和国税收征收管理法》及其实施细则、《国务院关于取消非行政许可审批事项的决定》（国发〔2015〕27 号）、《财政部　国家税务总局关于企业重组业务企业所得税处理若干问题的通知》（财税〔2009〕59 号）

和《财政部　国家税务总局关于促进企业重组有关企业所得税处理问题的通知》（财税〔2014〕109号）等有关规定，现对企业重组业务企业所得税征收管理若干问题公告如下：

一、按照重组类型，企业重组的当事各方是指：

（一）债务重组中当事各方，指债务人、债权人。

（二）股权收购中当事各方，指收购方、转让方及被收购企业。

（三）资产收购中当事各方，指收购方、转让方。

（四）合并中当事各方，指合并企业、被合并企业及被合并企业股东。

（五）分立中当事各方，指分立企业、被分立企业及被分立企业股东。

上述重组交易中，股权收购中转让方、合并中被合并企业股东和分立中被分立企业股东，可以是自然人。

当事各方中的自然人应按个人所得税的相关规定进行税务处理。

二、重组当事各方企业适用特殊性税务处理的（指重组业务符合财税〔2009〕59号文件和财税〔2014〕109号文件第一条、第二条规定条件并选择特殊性税务处理的，下同），应按如下规定确定重组主导方：

（一）债务重组，主导方为债务人。

（二）股权收购，主导方为股权转让方，涉及两个或两个以上股权转让方，由转让被收购企业股权比例最大的一方作为主导方（转让股权比例相同的可协商确定主导方）。

（三）资产收购，主导方为资产转让方。

（四）合并，主导方为被合并企业，涉及同一控制下多家被合并企业的，以净资产最大的一方为主导方。

（五）分立，主导方为被分立企业。

三、财税〔2009〕59号文件第十一条所称重组业务完成当年，是指重组日所属的企业所得税纳税年度。

企业重组日的确定，按以下规定处理：

1. 债务重组，以债务重组合同（协议）或法院裁定书生效日为重组日。

2. 股权收购，以转让合同（协议）生效且完成股权变更手续日为重组日。关联企业之间发生股权收购，转让合同（协议）生效后12个月内尚未完成股权变更手续的，应以转让合同（协议）生效日为重组日。

3. 资产收购，以转让合同（协议）生效且当事各方已进行会计处理的日期为重组日。

4. 合并，以合并合同（协议）生效、当事各方已进行会计处理且完成工商新设登记或变更登记日为重组日。按规定不需要办理工商新设或变更登记的合并，以合并合同（协议）生效且当事各方已进行会计处理的日期为重组日。

5. 分立，以分立合同（协议）生效、当事各方已进行会计处理且完成工商新设登记或变更登记日为重组日。

四、企业重组业务适用特殊性税务处理的，除财税〔2009〕59号文件第四条第（一）项所称企业发生其他法律形式简单改变情形外，重组各方应在该重组业务完成当年，办理企业所得税年度申报时，分别向各自主管税务机关报送《企业重组所得税特殊性税务处理报告表及附表》（详见附件1）和申报资料（详见附件2）。合并、分立中重组一方涉及注销的，应在尚未办理注销税务登记手续前进行申报。

重组主导方申报后，其他当事方向其主管税务机关办理纳税申报。申报时还应附送重组主导方经主管税务机关受理的《企业重组所得税特殊性税务处理报告表及附表》（复印件）。

五、企业重组业务适用特殊性税务处理的，申报时，应从以下方面逐条说明企业重组具有合理的商业目的：

（一）重组交易的方式；

（二）重组交易的实质结果；

（三）重组各方涉及的税务状况变化；

（四）重组各方涉及的财务状况变化；

（五）非居民企业参与重组活动的情况。

六、企业重组业务适用特殊性税务处理的，申报时，当事各方还应向主管税务机关提交重组前连续 12 个月内有无与该重组相关的其他股权、资产交易情况的说明，并说明这些交易与该重组是否构成分步交易，是否作为一项企业重组业务进行处理。

七、根据财税〔2009〕59 号文件第十条规定，若同一项重组业务涉及在连续 12 个月内分步交易，且跨两个纳税年度，当事各方在首个纳税年度交易完成时预计整个交易符合特殊性税务处理条件，经协商一致选择特殊性税务处理的，可以暂时适用特殊性税务处理，并在当年企业所得税年度申报时提交书面申报资料。

在下一纳税年度全部交易完成后，企业应判断是否适用特殊性税务处理。如适用特殊性税务处理的，当事各方应按本公告要求申报相关资料；如适用一般性税务处理的，应调整相应纳税年度的企业所得税年度申报表，计算缴纳企业所得税。

八、企业发生财税〔2009〕59 号文件第六条第（一）项规定的债务重组，应准确记录应予确认的债务重组所得，并在相应年度的企业所得税汇算清缴时对当年确认额及分年结转额的情况做出说明。

主管税务机关应建立台账，对企业每年申报的债务重组所得与台账进行比对分析，加强后续管理。

九、企业发生财税〔2009〕59 号文件第七条第（三）项规定的重组，居民企业应准确记录应予确认的资产或股权转让收益总额，并在相应年度的企业所得税汇算清缴时对当年确认额及分年结转额的情况做出说明。

主管税务机关应建立台账，对居民企业取得股权的计税基础和每年确认的资产或股权转让收益进行比对分析，加强后续管理。

十、适用特殊性税务处理的企业，在以后年度转让或处置重组资产（股权）时，应在年度纳税申报时对资产（股权）转让所得或损失情况进行专项说明，包括特殊性税务处理时确定的重组资产（股权）计税基础与转让或处置时的计税基础的比对情况，以及递延所得税负债的处理情况等。

适用特殊性税务处理的企业，在以后年度转让或处置重组资产（股权）时，主管税务机关应加强评估和检查，将企业特殊性税务处理时确定的重组资产（股权）计税基础与转让或处置时的计税基础及相关的年度纳税申报表比对，发现问题的，应依法进行调整。

十一、税务机关应对适用特殊性税务处理的企业重组做好统计和相关资料的归档工作。各省、自治区、直辖市和计划单列市税务局应于每年 8 月底前将《企业重组所得税特殊性税务处理统计表》（详见附件 3）上报税务总局（所得税司）。

十二、本公告适用于 2015 年度及以后年度企业所得税汇算清缴。《国家税务总局关于发布〈企业重组业务企业所得税管理办法〉的公告》（国家税务总局公告 2010 年第 4 号）第三条、

第七条、第八条、第十六条、第十七条、第十八条、第二十二条、第二十三条、第二十四条、第二十五条、第二十七条、第三十二条同时废止。

本公告施行时企业已经签订重组协议，但尚未完成重组的，按本公告执行。

特此公告。

附件：1. 企业重组所得税特殊性税务处理报告表及附表

2. 企业重组所得税特殊性税务处理申报资料一览表

3. 企业重组所得税特殊性税务处理统计表

国家税务总局

2015 年 6 月 24 日

附件 1：企业重组所得税特殊性税务处理报告表

纳税人名称（盖章）		纳税人识别号	
单位地址		财务负责人	
主管税务机关（全称）		联系电话	
重组日：　重组业务开始年度：　重组业务完成年度：			
重组交易类型	企业在重组业务中所属当事方类型		
□法律形式改变 □债务重组 □股权收购 □资产收购 □合并 □分立	□债务人　　　　□债权人 □收购方　　　　□转让方　　　　□被收购企业 □收购方　　　　□转让方 □合并企业　　　□被合并企业　　□被合并企业股东 □分立企业　　　□被分立企业　　□被分立企业股东		
特殊性税务处理条件	（一）具有合理的商业目的，且不以减少、免除或者推迟缴纳税款为主要目的。		□
	（二）被收购、合并或分立部分的资产或股权比例符合规定的比例。		□比例＿＿％
	（三）企业重组后的连续 12 个月内不改变重组资产原来的实质性经营活动。		□
	（四）重组交易对价中涉及股权支付金额符合规定比例。		□比例＿＿％
	（五）企业重组中取得股权支付的原主要股东，在重组后连续 12 个月内，不得转让所取得的股权。		□
主管税务机关受理意见	（受理专用章）　　　　　　　　　　　　　　　　　年　月　日		

续表

其他需要说明的事项（重组业务其他需要说明的事项，如没有则填"无"）：	
纳税人声明	谨声明：本人知悉并保证本表填报内容及所附证明材料真实、完整，并承担因资料虚假而产生的法律和行政责任。 法定代表人签章：　　　　　　　　　　　　　年　月　日

填表人：　　　　　　　　　　　　　　　　　　　　　填表日期：

【填写说明】：

1. 本表为企业重组业务适用特殊性税务处理申报时填报。涉及两个及以上重组交易类型的，应分别填报。

2. "特殊性税务处理条件"，债务重组中重组所得超50%的，只需填写条件（一），债转股的，只需填写条件（一）和（五）；合并中同一控制下且不需要支付对价的合并，只需填写条件（一）、（二）、（三）和（五）。

3. 本表一式两份，重组当事方及其所属主管税务机关各一份。

4. 除法律形式简单改变外，重组各方应在该重组业务完成当年，办理企业所得税年度申报时，分别向各自主管税务机关报送《企业重组所得税特殊性税务处理报告表及附表》和申报资料。合并、分立中重组一方涉及注销的，应在尚未办理注销税务登记手续前进行申报。重组主导方申报后，其他当事方向其主管税务机关办理纳税申报。申报时还应附送重组主导方经主管税务机关受理的《企业重组所得税特殊性税务处理报告表及附表》（复印件）。

附件1-1：企业重组所得税特殊性税务处理报告表（债务重组）

申报企业名称（盖章）：　　　　　　　　　　　　　　　　　金额单位：元（列至角分）

债务人名称	债务人纳税识别号	债务人所属主管税务机关（全称）	
债权人名称	债权人纳税识别号	债权人所属主管税务机关（全称）	
债务重组方式	□重组所得超过应纳税所得额50%		□债转股
债务人重组业务涉及的债务账面价值			
债务人重组业务涉及的债务计税基础（1）	其中：①应付账款计税基础		
	②其他应付款计税基础		
	③借款计税基础		
	④其他债务计税基础		

续表

除债转股方式外的债务重组	债务人用于偿付债务的资产公允价值（2）	其中：①现金		
		②银行存款		
		③非货币资产		
		④其他		
	债务人债务重组所得（3）=（1）-（2）			
	债务人本年度应纳税所得额	债务重组所得占本年度应纳税所得额的比重%		
债转股方式的债务重组	债权人债转股后所拥有的股权占债务人全部股权比例%	债转股取得股权的公允价值（4）		
	债权人原债权的计税基础（即股权的计税基础）	债务人暂不确认的债务重组所得（5）=（1）-（4）		

谨声明：本人知悉并保证本表填报内容及所附证明材料真实、完整，并承担因资料虚假而产生的法律和行政责任。

法定代表人签章：　　　　　　　　　　年　月　日

填表人：　　　　　　　　　　填表日期：

【填写说明】：

本表一式两份，债务人（债权人）及其所属主管税务机关各一份。

附件1-2：企业重组所得税特殊性税务处理报告表（股权收购）

申报企业名称（盖章）：　　　　　　　　　　　　　　　金额单位：元（列至角分）

被收购企业名称		被收购企业纳税识别号	被收购企业所属主管税务机关（全称）	
股权收购方名称		股权收购方纳税识别号	股权收购方所属主管税务机关（全称）	

续表

股权转让方 1（被收购企业的股东）名称		转让被收购企业股权占被收购企业全部股权的比例%　1		股权转让方 1 所属主管税务机关（全称）			
股权转让方 1（被收购企业的股东）纳税识别号							
股权转让方 2（被收购企业的股东）名称		转让被收购企业股权占被收购企业全部股权的比例%　2		股权转让方 2 所属主管税务机关（全称）			
股权转让方 2（被收购企业的股东）纳税识别号							
股权收购方购买的股权占被收购企业全部股权的比例%				股权收购方股权支付金额占交易支付总额的比例%			
股权收购交易支付总额		其中：股权支付额		非股权支付额			
股权转让合同（协议）生效日		股权收购方所收购股权的工商变更登记日			转让方与收购方是否为关联企业	□是	□否
被收购企业原有各项资产和负债的计税基础是否保持不变		□是				□否	

股权转让方 1	项目名称	公允价值	账面价值	原计税基础	非股权支付对应的资产转让所得或损失	实际取得股权及其他资产		
						项目名称	公允价值	计税基础
	转让被收购企业股权							
						合计		

股权转让方 2	项目名称	公允价值	账面价值	原计税基础	非股权支付对应的资产转让所得或损失	实际取得股权及其他资产		
						项目名称	公允价值	计税基础
	转让被收购企业股权							
						合计		

续表

股权收购方	项目名称	公允价值	账面价值	原计税基础	非股权支付对应的资产转让所得或损失	实际取得股权及其他资产		
						项目名称	公允价值	计税基础
	1. 股权支付额					被收购企业股权		
	（1）本企业股权							
	（2）其控股企业股权							
	①							
	②							
	…							
	2. 非股权支付额							
	合计（1+2）							

谨声明：本人知悉并保证本表填报内容及所附证明材料真实、完整，并承担因资料虚假而产生的法律和行政责任。

法定代表人签章：　　　　　　　　　　　　年　月　日

填表人：　　　　　　　　　　　　填表日期：

【填写说明】：

1. 若一笔股权收购交易涉及两个以上股权转让方的，应自行增加行次填写。

2. 若股权收购业务较复杂，本表不能充分反映企业实际情况，企业可自行补充说明。

3. 本表一式两份。股权转让方（股权收购方、被收购企业）及其所属主管税务机关各一份。

附件 1-3：企业重组所得税特殊性税务处理报告表（资产收购）

申报企业名称（盖章）：　　　　　　　　　　　　　　　　　　金额单位：元（列至角分）

资产转让方名称			资产转让方所属主管税务机关（全称）		
资产转让方纳税识别号					
资产转让方全部资产的公允价值		资产转让方所转让资产的公允价值		所转让资产占资产转让方全部资产的比例%	
资产受让方名称		资产受让方所属主管税务机关（全称）		股权支付金额占交易支付总额的比例%	
资产受让方纳税识别号					

续表

资产收购交易支付总额			其中：股权支付额		非股权支付额		

资产转让方	项目名称（按大类）	公允价值	账面价值	原计税基础	非股权支付对应的资产转让所得或损失	实际取得股权及其他资产		
						项目名称	公允价值	计税基础
	转让资产合计					合计		

资产受让方	项目名称	公允价值	账面价值	原计税基础	非股权支付对应的资产转让所得或损失	实际取得股权及其他资产		
						项目名称（按大类）	公允价值	计税基础
	1. 股权支付额							
	（1）本企业股权							
	（2）其控股企业股权							
	①							
	②							
	…							
	2. 非股权支付额							
	合计（1＋2）					合计		

是否存在资产收购涉及项目所得的税收优惠承继		优惠已执行年限		优惠剩余年限	

谨声明：本人知悉并保证本表填报内容及所附证明材料真实、完整，并承担因资料虚假而产生的法律和行政责任。

法定代表人签章：　　　　　　　　　　年　月　日

填表人：　　　　　　　　　　填表日期：

【填写说明】：

1. 若资产收购业务较复杂，本表不能充分反映企业实际情况，企业可自行补充说明。

2. 本表一式两份。资产转让方（资产受让方）及其所属主管税务机关各一份。

附件1-4：企业重组所得税特殊性税务处理报告表（企业合并）

申报企业名称（盖章）：   金额单位：元（列至角分）

合并企业名称	合并企业纳税识别号	合并企业所属主管税务机关（全称）	
被合并企业名称	被合并企业纳税识别号	被合并企业所属主管税务机关（全称）	
1		1	
2		2	
被合并企业股东名称	纳税识别号	持股比例%	被合并企业股东所属主管税务机关（全称）
1			1
2			2
3			3
合并交易的支付总额		股权支付额占交易支付总额的比例%	
股权支付额（公允价值）		股权支付额（原计税基础）	
非股权支付额（公允价值）		非股权支付额（原计税基础）	
是否为同一控制下且不需要支付对价的合并	□是 □否	非股权支付对应的资产转让所得或损失	
被合并企业税前尚未弥补的亏损额		被合并企业净资产公允价值	
截至合并业务发生当年年末国家发行的最长期限的国债利率		可由合并企业弥补的被合并企业亏损的限额	
被合并企业资产的原计税基础		合并企业接受被合并企业资产的计税基础	
被合并企业负债的原计税基础		合并企业接受被合并企业负债的计税基础	
未确认的资产损失		分期确认的收入	
被合并企业有关项目所得优惠的剩余期限		年至 年	
被合并企业股东取得股权和其他资产情况			
股东名称	项目名称	公允价值	计税基础

谨声明：本人知悉并保证本表填报内容及所附证明材料真实、完整，并承担因资料虚假而产生的法律和行政责任。

法定代表人签章：   年 月 日

填表人：   填表日期：

【填写说明】：

1. 合并企业名称，吸收合并为合并后存续的企业，新设合并为新设企业。

2. 被合并企业为两家以上的，应自行增加行次填写。

3. 若企业合并业务较复杂，本表不能充分反映企业实际情况，企业可自行补充说明。

4. 本表一式两份。合并企业（被合并企业、被合并企业股东）及其所属主管税务机关各一份。

附件 1-5：企业重组所得税特殊性税务处理报告表（企业分立）

申报企业名称（盖章）：　　　　　　　　　　　　　　　金额单位：元（列至角分）

被分立企业名称			被分立企业所属主管税务机关（全称）	
被分立企业纳税识别号				
被分立企业	资产		负债	净资产
计税基础				
公允价值				
被分立企业股东名称	持股比例	股权公允价值	股权原计税基础	被分立企业股东所属主管税务机关（全称）
1				
2				
分立企业 1 名称			分立企业 1 所属主管税务机关（全称）	
分立企业 1 纳税识别号				
分立企业 1	资产	负债	净资产	
计税基础				
公允价值				
分立企业 2 名称			分立企业 2 所属主管税务机关（全称）	
分立企业 2 纳税识别号				
分立企业 2	资产	负债	净资产	
计税基础				
公允价值				
分立交易的支付总额			股权支付额占交易支付总额的比例%	
股权支付额（公允价值）			股权支付额（原计税基础）	
非股权支付额（公允价值）			非股权支付额（原计税基础）	
非股权支付对应的资产转让所得或损失				
被分立企业分立资产公允价值			被分立企业全部资产公允价值	
谨声明：本人知悉并保证本表填报内容及所附证明材料真实、完整，并承担因资料虚假而产生的法律和行政责任。 　　　　　　　　　　法定代表人签章：　　　　　　　　　　年　月　日				

填表人：　　　　　　　　　　　　填表日期：

【填写说明】：

1. 分立企业超过两家的，应增加相应行次填写。

2. 若企业分立业务较复杂，本表不能充分反映企业实际情况，企业可自行补充说明。

3. 本表一式两份。分立企业（被分立企业、被分立企业股东）及其所属主管税务机关各一份。

附件2：企业重组所得税特殊性税务处理申报资料一览表

重组类型	资料提供方	申报资料
债务重组	当事各方	1. 债务重组的总体情况说明，包括债务重组方案、基本情况、债务重组所产生的应纳税所得额，并逐条说明债务重组的商业目的；以非货币资产清偿债务的，还应包括企业当年应纳税所得额情况；
		2. 清偿债务或债权转股权的合同（协议）或法院裁定书，需有权部门（包括内部和外部）批准的，应提供批准文件；
		3. 债权转股权的，提供相关股权评估报告或其他公允价值证明；以非货币资产清偿债务的，提供相关资产评估报告或其他公允价值证明；
		4. 重组当事各方一致选择特殊性税务处理并加盖当事各方公章的证明资料；
		5. 债权转股权的，还应提供工商管理部门等有权机关登记的相关企业股权变更事项的证明材料，以及债权人12个月内不转让所取得股权的承诺书；
		6. 重组前连续12个月内有无与该重组相关的其他股权、资产交易，与该重组是否构成分步交易、是否作为一项企业重组业务进行处理情况的说明；
		7. 按会计准则规定当期应确认资产（股权）转让损益的，应提供按税法规定核算的资产（股权）计税基础与按会计准则规定核算的相关资产（股权）账面价值的暂时性差异专项说明。
股权收购	当事各方	1. 股权收购业务总体情况说明，包括股权收购方案、基本情况，并逐条说明股权收购的商业目的；
		2. 股权收购、资产收购业务合同（协议），需有权部门（包括内部和外部）批准的，应提供批准文件；
		3. 相关股权评估报告或其他公允价值证明；
		4. 12个月内不改变重组资产原来的实质性经营活动、原主要股东不转让所取得股权的承诺书；
		5. 工商管理部门等有权机关登记的相关企业股权变更事项的证明材料；
		6. 重组当事各方一致选择特殊性税务处理并加盖当事各方公章的证明资料；
		7. 涉及非货币性资产支付的，应提供非货币性资产评估报告或其他公允价值证明；
		8. 重组前连续12个月内有无与该重组相关的其他股权、资产交易，与该重组是否构成分步交易、是否作为一项企业重组业务进行处理情况的说明；
		9. 按会计准则规定当期应确认资产（股权）转让损益的，应提供按税法规定核算的资产（股权）计税基础与按会计准则规定核算的相关资产（股权）账面价值的暂时性差异专项说明。

续表

重组类型	资料提供方	申报资料
资产收购	当事各方	1. 资产收购业务总体情况说明，包括资产收购方案、基本情况，并逐条说明资产收购的商业目的；
		2. 资产收购业务合同（协议），需有权部门（包括内部和外部）批准的，应提供批准文件；
		3. 相关资产评估报告或其他公允价值证明；
		4. 被收购资产原计税基础的证明；
		5. 12 个月内不改变资产原来的实质性经营活动、原主要股东不转让所取得股权的承诺书；
		6. 工商管理部门等有权机关登记的相关企业股权变更事项的证明材料；
		7. 重组当事各方一致选择特殊性税务处理并加盖当事各方公章的证明资料；
		8. 涉及非货币性资产支付的，应提供非货币性资产评估报告或其他公允价值证明；
		9. 重组前连续 12 个月内有无与该重组相关的其他股权、资产交易，与该重组是否构成分步交易、是否作为一项企业重组业务进行处理情况的说明；
		10. 按会计准则规定当期应确认资产（股权）转让损益的，应提供按税法规定核算的资产（股权）计税基础与按会计准则规定核算的相关资产（股权）账面价值的暂时性差异专项说明。
合并	当事各方	1. 企业合并的总体情况说明，包括合并方案、基本情况，并逐条说明企业合并的商业目的；
		2. 企业合并协议或决议，需有权部门（包括内部和外部）批准的，应提供批准文件；
		3. 企业合并当事各方的股权关系说明，若属同一控制下且不需支付对价的合并，还需提供在企业合并前，参与合并各方受最终控制方的控制在 12 个月以上的证明材料；
		4. 被合并企业净资产、各单项资产和负债的账面价值和计税基础等相关资料；
		5. 12 个月内不改变资产原来的实质性经营活动、原主要股东不转让所取得股权的承诺书；
		6. 工商管理部门等有权机关登记的相关企业股权变更事项的证明材料；
		7. 合并企业承继被合并企业相关所得税事项（包括尚未确认的资产损失、分期确认收入和尚未享受期满的税收优惠政策等）情况说明；
		8. 涉及可由合并企业弥补被合并企业亏损的，需要提供其合并日净资产公允价值证明材料及主管税务机关确认的亏损弥补情况说明；
		9. 重组当事各方一致选择特殊性税务处理并加盖当事各方公章的证明资料；
		10. 涉及非货币性资产支付的，应提供非货币性资产评估报告或其他公允价值证明；
		11. 重组前连续 12 个月内有无与该重组相关的其他股权、资产交易，与该重组是否构成分步交易、是否作为一项企业重组业务进行处理情况的说明；
		12. 按会计准则规定当期应确认资产（股权）转让损益的，应提供按税法规定核算的资产（股权）计税基础与按会计准则规定核算的相关资产（股权）账面价值的暂时性差异专项说明。

重组类型	资料提供方	申报资料
分立	当事各方	1. 企业分立的总体情况说明，包括分立方案、基本情况，并逐条说明企业分立的商业目的；
		2. 被分立企业董事会、股东会（股东大会）关于企业分立的决议，需有权部门（包括内部和外部）批准的，应提供批准文件；
		3. 被分立企业的净资产、各单项资产和负债账面价值和计税基础等相关资料；
		4. 12 个月内不改变资产原来的实质性经营活动、原主要股东不转让所取得股权的承诺书；
		5. 工商管理部门等有权机关认定的分立和被分立企业股东股权比例证明材料；分立后，分立和被分立企业工商营业执照复印件；
		6. 重组当事各方一致选择特殊性税务处理并加盖当事各方公章的证明资料；
		7. 涉及非货币性资产支付的，应提供非货币性资产评估报告或其他公允价值证明；
		8. 分立企业承继被分立企业所分立资产相关所得税事项（包括尚未确认的资产损失、分期确认收入和尚未享受期满的税收优惠政策等）情况说明；
		9. 若被分立企业尚有未超过法定弥补期限的亏损，应提供亏损弥补情况说明、被分立企业重组前净资产和分立资产公允价值的证明材料；
		10. 重组前连续 12 个月内有无与该重组相关的其他股权、资产交易，与该重组是否构成分步交易、是否作为一项企业重组业务进行处理情况的说明；
		11. 按会计准则规定当期应确认资产（股权）转让损益的，应提供按税法规定核算的资产（股权）计税基础与按会计准则规定核算的相关资产（股权）账面价值的暂时性差异专项说明。

附件 3：企业重组所得税特殊性税务处理统计表

报送单位：＊＊＊税务局　　　　　　纳税年度：　　　　　　金额：万元

重组类型	重组主导方企业名称	重组主导方所属行业	重组主导方经济类型	重组是否涉及上市公司	重组业务交易金额	重组按一般性税务处理应确认的应纳税所得额（1）	重组按特殊性税务处理确认的应纳税所得额（2）	重组按特殊性税务处理递延确认的应纳税所得额（3）＝（1）－（2）
合计	—	—	—	—				

【填写说明】:

·1. 本表只统计重组主导方在本省(自治区、直辖市)管辖范围内,且汇算清缴当年完成的重组业务。

2. 重组类型选项包括债务重组、股权收购、资产收购、合并和分立。

3. 重组主导方所属行业按《国民经济行业分类》(GB/T 4754-2011)填列,填至行业明细分类的大类和中类,如＊＊＊花卉种植公司,所属行业为"农业—蔬菜、园艺作物的种植"。

4. "重组主导方经济类型"按征管信息系统口径填报。

5. "重组业务交易金额",是指重组业务的交易支付总额。同一控制下且不需要支付对价的企业合并中,应为被合并企业净资产公允价值。

6. "重组按一般性税务处理应确认的应纳税所得额",是指符合特殊性税务处理条件的重组业务若按财税〔2009〕59 号文件第四条规定按一般性税务处理应确认的应纳税所得额。同一控制下且不需要支付对价的企业合并中,应为被合并企业净资产公允价值减去计税基础的差额。

5.35 国家税务总局关于进一步完善固定资产加速折旧企业所得税政策有关问题的公告

2015 年 9 月 25 日 国家税务总局公告 2015 年第 68 号

为落实国务院扩大固定资产加速折旧优惠范围的决定,根据《中华人民共和国企业所得税法》(以下简称企业所得税法)及其实施条例(以下简称实施条例)、《财政部 国家税务总局关于进一步完善固定资产加速折旧企业所得税政策的通知》(财税〔2015〕106 号)规定,现就进一步完善固定资产加速折旧企业所得税政策有关问题公告如下:

一、对轻工、纺织、机械、汽车等四个领域重点行业(以下简称四个领域重点行业)企业2015 年 1 月 1 日后新购进的固定资产(包括自行建造,下同),允许缩短折旧年限或采取加速折旧方法。

四个领域重点行业按照财税〔2015〕106 号附件"轻工、纺织、机械、汽车四个领域重点行业范围"确定。今后国家有关部门更新国民经济行业分类与代码,从其规定。

四个领域重点行业企业是指以上述行业业务为主营业务,其固定资产投入使用当年的主营业务收入占企业收入总额50%(不含)以上的企业。所称收入总额,是指企业所得税法第六条规定的收入总额。

二、对四个领域重点行业小型微利企业 2015 年 1 月 1 日后新购进的研发和生产经营共用的仪器、设备,单位价值不超过 100 万元(含)的,允许在计算应纳税所得额时一次性全额扣除;单位价值超过 100 万元的,允许缩短折旧年限或采取加速折旧方法。

用于研发活动的仪器、设备范围口径,按照《国家税务总局关于印发〈企业研究开发费用税前扣除管理办法(试行)〉的通知》(国税发〔2008〕116 号)或《科学技术部 财政部国家税务总局关于印发〈高新技术企业认定管理工作指引〉的通知》(国科发火〔2008〕362 号)规定执行。

小型微利企业，是指企业所得税法第二十八条规定的小型微利企业。

三、企业按本公告第一条、第二条规定缩短折旧年限的，对其购置的新固定资产，最低折旧年限不得低于实施条例第六十条规定的折旧年限的 60%；对其购置的已使用过的固定资产，最低折旧年限不得低于实施条例规定的最低折旧年限减去已使用年限后剩余年限的 60%。最低折旧年限一经确定，不得改变。

四、企业按本公告第一条、第二条规定采取加速折旧方法的，可以采用双倍余额递减法或者年数总和法。加速折旧方法一经确定，不得改变。

双倍余额递减法或者年数总和法，按照《国家税务总局关于固定资产加速折旧所得税处理有关问题的通知》（国税发〔2009〕81 号）第四条的规定执行。

五、企业的固定资产既符合本公告优惠政策条件，又符合《国家税务总局关于企业固定资产加速折旧所得税处理有关问题的通知》（国税发〔2009〕81 号）、《财政部 国家税务总局关于进一步鼓励软件产业和集成电路产业发展企业所得税政策的通知》（财税〔2012〕27 号）中有关加速折旧优惠政策条件，可由企业选择其中一项加速折旧优惠政策执行，且一经选择，不得改变。

六、企业应将购进固定资产的发票、记账凭证等有关资料留存备查，并建立台账，准确反映税法与会计差异情况。

七、本公告适用于 2015 年及以后纳税年度。企业 2015 年前 3 季度按本公告规定未能享受加速折旧优惠的，可将前 3 季度应享受的加速折旧部分，在 2015 年第 4 季度企业所得税预缴申报时享受，或者在 2015 年度企业所得税汇算清缴时统一享受。

特此公告。

国家税务总局
2015 年 9 月 25 日

5.36 国家税务总局关于有限合伙制创业投资企业法人合伙人企业所得税有关问题的公告

2015 年 11 月 16 日 国家税务总局公告 2015 年第 81 号

根据《中华人民共和国企业所得税法》及其实施条例、《财政部 国家税务总局关于将国家自主创新示范区有关税收试点政策推广到全国范围实施的通知》（财税〔2015〕116 号）规定，现就有限合伙制创业投资企业法人合伙人企业所得税有关问题公告如下：

一、有限合伙制创业投资企业是指依照《中华人民共和国合伙企业法》《创业投资企业管理暂行办法》（国家发展和改革委员会令第 39 号）和《外商投资创业投资企业管理规定》（外经贸部、科技部、工商总局、税务总局、外汇管理局令 2003 年第 2 号）设立的专门从事创业投资活动的有限合伙企业。

二、有限合伙制创业投资企业的法人合伙人，是指依照《中华人民共和国企业所得税法》及其实施条例以及相关规定，实行查账征收企业所得税的居民企业。

三、有限合伙制创业投资企业采取股权投资方式投资于未上市的中小高新技术企业满 2 年

（24 个月，下同）的，其法人合伙人可按照对未上市中小高新技术企业投资额的 70% 抵扣该法人合伙人从该有限合伙制创业投资企业分得的应纳税所得额，当年不足抵扣的，可以在以后纳税年度结转抵扣。

所称满 2 年是指 2015 年 10 月 1 日起，有限合伙制创业投资企业投资于未上市中小高新技术企业的实缴投资满 2 年，同时，法人合伙人对该有限合伙制创业投资企业的实缴出资也应满 2 年。

如果法人合伙人投资于多个符合条件的有限合伙制创业投资企业，可合并计算其可抵扣的投资额和应分得的应纳税所得额。当年不足抵扣的，可结转以后纳税年度继续抵扣；当年抵扣后有结余的，应按照企业所得税法的规定计算缴纳企业所得税。

四、有限合伙制创业投资企业的法人合伙人对未上市中小高新技术企业的投资额，按照有限合伙制创业投资企业对中小高新技术企业的投资额和合伙协议约定的法人合伙人占有限合伙制创业投资企业的出资比例计算确定。其中，有限合伙制创业投资企业对中小高新技术企业的投资额按实缴投资额计算；法人合伙人占有限合伙制创业投资企业的出资比例按法人合伙人对有限合伙制创业投资企业的实缴出资额占该有限合伙制创业投资企业的全部实缴出资额的比例计算。

五、有限合伙制创业投资企业应纳税所得额的确定及分配，按照《财政部 国家税务总局关于合伙企业合伙人所得税问题的通知》（财税〔2008〕159 号）相关规定执行。

六、有限合伙制创业投资企业法人合伙人符合享受优惠条件的，应在符合条件的年度终了后 3 个月内向其主管税务机关报送《有限合伙制创业投资企业法人合伙人应纳税所得额分配情况明细表》（附件 1）。

七、法人合伙人向其所在地主管税务机关备案享受投资抵扣应纳税所得额时，应提交《法人合伙人应纳税所得额抵扣情况明细表》（附件 2）以及有限合伙制创业投资企业所在地主管税务机关受理后的《有限合伙制创业投资企业法人合伙人应纳税所得额分配情况明细表》，同时将《国家税务总局关于实施创业投资企业所得税优惠问题的通知》（国税发〔2009〕87 号）规定报送的备案资料留存备查。

八、本公告自 2015 年 10 月 1 日起执行。2015 年度符合优惠条件的企业，可统一在 2015 年度汇算清缴时办理相关手续。《国家税务总局关于苏州工业园区有限合伙制创业投资企业法人合伙人企业所得税政策试点有关征收管理问题的公告》（国家税务总局公告 2013 年第 25 号）同时废止。

特此公告。

附件：1. 有限合伙制创业投资企业法人合伙人应纳税所得额分配情况明细表

2. 法人合伙人应纳税所得额抵扣情况明细表

国家税务总局

2015 年 11 月 16 日

附件1：有限合伙制创业投资企业法人合伙人应纳税所得额分配情况明细表

所属期间：　　年 月 日至 年 月 日　　　　　　　　　　　　　　　　　　　　　　单位：元

创投企业纳税人识别号	创投企业名称	主管税务机关	本期新增符合优惠条件的实缴投资额合计（a）				本期应纳税所得额（b）	
法人合伙人纳税人识别号	法人合伙人企业名称	主管税务机关	实缴出资额	投资持有时间	实缴出资额占全部实缴出资额比例	本期新增符合优惠条件的投资额	本期新增可抵扣的投资额	应纳税所得额的分配比例	法人合伙人应分得的应纳税所得额
					1	2＝a×1	3＝2×70%	4	5＝b×4
被投资高新技术企业纳税人识别号	高新技术企业名称	投资日期	投资额	投资持有时间	投资年度职工人数	投资年度年销售（营业）额	投资年度资产总额	认定高新技术企业年度	是否已上市	上市日期	是否符合优惠条件

企业声明	我单位已知悉本事项全部相关政策和管理要求。此表是根据《中华人民共和国企业所得税法》及其实施条例和国家税收规定填报的，是真实、完整的，提交的资料真实、合法、有效。 　　　　　　　　　（企业公章） 财务负责人：　执行事务合伙人： 　　　　　　　　　年 月 日	税务机关回执	您单位于 年 月 日向我机关提交本表及相关资料。我机关意见：　　。特此告知。 　　　　　　　（税务机关印章） 经办人： 　　　　　　　　年 月 日

【填写说明】：

1. "所属期间"填报公历当年 1 月 1 日至 12 月 31 日。

2. "创投企业纳税人识别号""创投企业名称"和"主管税务机关"填写有限合伙制创业投资企业的税号、名称和主管税务机关。

3. "本期新增符合优惠条件的实缴投资额合计"填写有限合伙制创业投资企业本期新增符合财税〔2015〕116 号文件和国税发〔2009〕87 号文件规定优惠条件的（本期新增满足投资于未上市的中小高新技术企业满 2 年的条件的）投资额，不是本期新增的对外投资额，也不包括本期不符合优惠条件的投资额。

4. "本期应纳税所得额"填写有限合伙制创业投资企业本期按规定计算并亏损弥补后的应纳税所得额。

5. "法人合伙人纳税人识别号""法人合伙人企业名称"和"主管税务机关"填写有限合伙制创业投资企业的法人合伙人的税号、名称和企业所得税主管税务机关。

6. "实缴出资额""实缴出资额占全部实缴出资额比例"填写法人合伙人投资有限合伙制创业投资企业的实缴出资额和其占全部实缴出资额的比例。"投资持有时间"填写法人合伙人对有限合伙制创业投资企业的投资持有时间，填至月数。

7. "本期新增符合优惠条件的投资额"填写"本期新增符合优惠条件的投资额合计"ד出资比例"计算得到的金额。

8. "本期可抵扣的投资额"填写"本期新增符合优惠条件的投资额"×70% 计算得到的金额。

9. "应纳税所得额的分配比例"填写有限合伙制创业投资企业对本期应纳税所得额的分配比例。

10. "法人合伙人应分得的应纳税所得额"填写"本期应纳税所得额"ד应纳税所得额的分配比例"计算得到的金额。

11. "被投资中小高新技术企业纳税人识别号""高新技术企业名称"填写该有限合伙制创业投资企业通过股权投资方式投资满 2 年的中小高新技术企业的税号和名称。

12. "投资日期"填写被投资企业接受投资、完成工商变更登记的日期。

13. "投资持有时间"填写有限合伙制创业投资企业持有中小高新技术企业股权的累计时间，填至月份。

14. "投资年度职工人数""投资年度销售额"和"投资年度资产总额"均填写被投资中小高新技术企业获得有限合伙制创业投资企业股权投资当年期末的数据。

15. "认定高新技术企业年度"填写被投资企业获得高新技术企业证书的年度。

16. "是否已上市""上市日期"填写被投资企业是否已在公开证券市场上市和具体的上市日期，如未上市，则上市日期不需填写。

17. "是否符合优惠条件"填写是否符合国税发〔2009〕87 号文件规定的优惠条件，填写"是"或"否"。

18. 本表一式四份（可根据法人合伙人数量递增），有限合伙制创业投资企业、法人合伙人、创投企业和法人合伙人主管税务机关各执一份。

附件2：法人合伙人应纳税所得额抵扣情况明细表

法人合伙人纳税人识别号：　　　　　　　　法人合伙人企业名称：

所属期间：　　　　　　　　　　年　月　日至　年　月　日　　　　　　　　　　　单位：元

创投企业纳税人识别号	创投企业名称	主管税务机关	本期新增的可抵扣投资额	本期应分得的应纳税所得额	上期结转的可抵扣投资额	本期实际可抵扣投资额	结转下期可抵扣投资额
			1	2	3	4（若 1+3<2，则 4=1+3；若 1+3>2，则 4=2）	5=1+3-4
						－	－
						－	－
						－	－
合　计							
企业声明	我单位已知悉本事项全部相关政策和管理要求。此表是根据《中华人民共和国企业所得税法》及其实施条例和国家税收规定填报的，是真实、完整的，提交的资料真实、合法、有效。 　　　　　　　　　　　　　　　　　　　　　　　　　　　（企业公章） 财务负责人：　法定代表人（负责人）： 　　　　　　　　　　　　　　　　　　　　　　　　　　　年　月　日						
税务机关回执	您单位于　年　月　日向我机关提交本表及相关资料。 我机关意见：　　　　　　。 特此告知。 　　　　　　　　　　　　　　　　　　　　　　　　　　（税务机关印章） 经办人：　　　　　　　　　　　　　　　　　　　　　　　年　月　日						

【填写说明】：

1. "所属期间"填报公历当年1月1日至12月31日。

2. "创投企业纳税人识别号""创投企业名称"和"主管税务机关"填写法人合伙人投资的有限合伙制创业投资企业的税号、名称和主管税务机关。

3. "本期新增的可抵扣投资额"填写《有限合伙制创业投资企业法人合伙人应纳税所得额分配情况明细表》中归属于该法人合伙人的新增可抵扣投资额。

4. "本期应分得的应纳税所得额"填写《有限合伙制创业投资企业法人合伙人应纳税所得额分配情况明细表》中分配的归属于该法人合伙人的应纳税所得额。

5. "上期结转的可抵扣投资额"填写法人合伙人上年度结转以后年度的可抵扣投资额。

6. "本期实际可抵扣投资额"填写本期法人合伙人享受优惠可以抵扣的投资额，如"本期新增的可抵扣投资额"+"上期结转的可抵扣投资额"<"本期应分得的应纳税所得额"，则填写"本期新增的可抵扣投资额"+"上期结转的可抵扣投资额"计算得到的金额；如"本期新增的可抵扣投资额"+"上期结转的可抵扣投资额">"本期应分得的应纳税所得额"，则填写"本期应分得的应纳税所得额"的金额。

7. "结转下期可抵扣投资额"按"本期新增的可抵扣投资额"+"上期结转的可抵扣投资额"−"本期实际可抵扣投资额"计算得到的金额填列。

5.37　国家税务总局关于非居民企业间接转让财产企业所得税若干问题的公告

2015 年 2 月 3 日　国家税务总局公告 2015 年第 7 号

为进一步规范和加强非居民企业间接转让中国居民企业股权等财产的企业所得税管理，依据《中华人民共和国企业所得税法》（以下称企业所得税法）及其实施条例（以下称企业所得税法实施条例），以及《中华人民共和国税收征收管理法》（以下称税收征管法）及其实施细则的有关规定，现就有关问题公告如下：

一、非居民企业通过实施不具有合理商业目的的安排，间接转让中国居民企业股权等财产，规避企业所得税纳税义务的，应按照企业所得税法第四十七条的规定，重新定性该间接转让交易，确认为直接转让中国居民企业股权等财产。

本公告所称中国居民企业股权等财产，是指非居民企业直接持有，且转让取得的所得按照中国税法规定，应在中国缴纳企业所得税的中国境内机构、场所财产，中国境内不动产，在中国居民企业的权益性投资资产等（以下称中国应税财产）。

间接转让中国应税财产，是指非居民企业通过转让直接或间接持有中国应税财产的境外企业（不含境外注册中国居民企业，以下称境外企业）股权及其他类似权益（以下称股权），产生与直接转让中国应税财产相同或相近实质结果的交易，包括非居民企业重组引起境外企业股东发生变化的情形。间接转让中国应税财产的非居民企业称股权转让方。

二、适用本公告第一条规定的股权转让方取得的转让境外企业股权所得归属于中国应税财产的数额（以下称间接转让中国应税财产所得），应按以下顺序进行税务处理：

（一）对归属于境外企业及直接或间接持有中国应税财产的下属企业在中国境内所设机构、场所财产的数额（以下称间接转让机构、场所财产所得），应作为与所设机构、场所有实际联系的所得，按照企业所得税法第三条第二款规定征税；

（二）除适用本条第（一）项规定情形外，对归属于中国境内不动产的数额（以下称间接转让不动产所得），应作为来源于中国境内的不动产转让所得，按照企业所得税法第三条第三款规定征税；

（三）除适用本条第（一）项或第（二）项规定情形外，对归属于在中国居民企业的权益性投资资产的数额（以下称间接转让股权所得），应作为来源于中国境内的权益性投资资产转让所得，按照企业所得税法第三条第三款规定征税。

三、判断合理商业目的，应整体考虑与间接转让中国应税财产交易相关的所有安排，结合实际情况综合分析以下相关因素：

（一）境外企业股权主要价值是否直接或间接来自于中国应税财产；

（二）境外企业资产是否主要由直接或间接在中国境内的投资构成，或其取得的收入是否主要直接或间接来源于中国境内；

（三）境外企业及直接或间接持有中国应税财产的下属企业实际履行的功能和承担的风险是否能够证实企业架构具有经济实质；

（四）境外企业股东、业务模式及相关组织架构的存续时间；

（五）间接转让中国应税财产交易在境外应缴纳所得税情况；

（六）股权转让方间接投资、间接转让中国应税财产交易与直接投资、直接转让中国应税财产交易的可替代性；

（七）间接转让中国应税财产所得在中国可适用的税收协定或安排情况；

（八）其他相关因素。

四、除本公告第五条和第六条规定情形外，与间接转让中国应税财产相关的整体安排同时符合以下情形的，无需按本公告第三条进行分析和判断，应直接认定为不具有合理商业目的：

（一）境外企业股权75%以上价值直接或间接来自于中国应税财产；

（二）间接转让中国应税财产交易发生前一年内任一时点，境外企业资产总额（不含现金）的90%以上直接或间接由在中国境内的投资构成，或间接转让中国应税财产交易发生前一年内，境外企业取得收入的90%以上直接或间接来源于中国境内；

（三）境外企业及直接或间接持有中国应税财产的下属企业虽在所在国家（地区）登记注册，以满足法律所要求的组织形式，但实际履行的功能及承担的风险有限，不足以证实其具有经济实质；

（四）间接转让中国应税财产交易在境外应缴所得税税负低于直接转让中国应税财产交易在中国的可能税负。

五、与间接转让中国应税财产相关的整体安排符合以下情形之一的，不适用本公告第一条的规定：

（一）非居民企业在公开市场买入并卖出同一上市境外企业股权取得间接转让中国应税财产所得；

（二）在非居民企业直接持有并转让中国应税财产的情况下，按照可适用的税收协定或安排的规定，该项财产转让所得在中国可以免予缴纳企业所得税。

六、间接转让中国应税财产同时符合以下条件的，应认定为具有合理商业目的：

（一）交易双方的股权关系具有下列情形之一：

1. 股权转让方直接或间接拥有股权受让方80%以上的股权；

2. 股权受让方直接或间接拥有股权转让方80%以上的股权；

3. 股权转让方和股权受让方被同一方直接或间接拥有80%以上的股权。

境外企业股权50%以上（不含50%）价值直接或间接来自于中国境内不动产的，本条第（一）项第1、2、3目的持股比例应为100%。

上述间接拥有的股权按照持股链中各企业的持股比例乘积计算。

（二）本次间接转让交易后可能再次发生的间接转让交易相比在未发生本次间接转让交易

情况下的相同或类似间接转让交易，其中国所得税负担不会减少。

（三）股权受让方全部以本企业或与其具有控股关系的企业的股权（不含上市企业股权）支付股权交易对价。

七、间接转让机构、场所财产所得按照本公告规定应缴纳企业所得税的，应计入纳税义务发生之日所属纳税年度该机构、场所的所得，按照有关规定申报缴纳企业所得税。

八、间接转让不动产所得或间接转让股权所得按照本公告规定应缴纳企业所得税的，依照有关法律规定或者合同约定对股权转让方直接负有支付相关款项义务的单位或者个人为扣缴义务人。

［条款废止］扣缴义务人未扣缴或未足额扣缴应纳税款的，股权转让方应自纳税义务发生之日起 7 日内向主管税务机关申报缴纳税款，并提供与计算股权转让收益和税款相关的资料。主管税务机关应在税款入库后 30 日内层报税务总局备案。

扣缴义务人未扣缴，且股权转让方未缴纳应纳税款的，主管税务机关可以按照税收征管法及其实施细则相关规定追究扣缴义务人责任；但扣缴义务人已在签订股权转让合同或协议之日起 30 日内按本公告第九条规定提交资料的，可以减轻或免除责任。

九、间接转让中国应税财产的交易双方及被间接转让股权的中国居民企业可以向主管税务机关报告股权转让事项，并提交以下资料：

（一）股权转让合同或协议（为外文文本的需同时附送中文译本，下同）；

（二）股权转让前后的企业股权架构图；

（三）境外企业及直接或间接持有中国应税财产的下属企业上两个年度财务、会计报表；

（四）间接转让中国应税财产交易不适用本公告第一条的理由。

十、间接转让中国应税财产的交易双方和筹划方，以及被间接转让股权的中国居民企业，应按照主管税务机关要求提供以下资料：

（一）本公告第九条规定的资料（已提交的除外）；

（二）有关间接转让中国应税财产交易整体安排的决策或执行过程信息；

（三）境外企业及直接或间接持有中国应税财产的下属企业在生产经营、人员、账务、财产等方面的信息，以及内外部审计情况；

（四）用以确定境外股权转让价款的资产评估报告及其他作价依据；

（五）间接转让中国应税财产交易在境外缴纳所得税情况；

（六）与适用公告第五条和第六条有关的证据信息；

（七）其他相关资料。

十一、主管税务机关需对间接转让中国应税财产交易进行立案调查及调整的，应按照一般反避税的相关规定执行。

十二、股权转让方通过直接转让同一境外企业股权导致间接转让两项以上中国应税财产，按照本公告的规定应予征税，涉及两个以上主管税务机关的，股权转让方应分别到各所涉主管税务机关申报缴纳企业所得税。

各主管税务机关应相互告知税款计算方法，取得一致意见后组织税款入库；如不能取得一致意见的，应报其共同上一级税务机关协调。

［条款废止］十三、股权转让方未按期或未足额申报缴纳间接转让中国应税财产所得应纳税款，扣缴义务人也未扣缴税款的，除追缴应纳税款外，还应按照企业所得税法实施条例第一

百二十一、一百二十二条规定对股权转让方按日加收利息。

股权转让方自签订境外企业股权转让合同或协议之日起 30 日内提供本公告第九条规定的资料或按照本公告第七条、第八条的规定申报缴纳税款的，按企业所得税法实施条例第一百二十二条规定的基准利率计算利息；未按规定提供资料或申报缴纳税款的，按基准利率加 5 个百分点计算利息。

十四、本公告适用于在中国境内未设立机构、场所的非居民企业取得的间接转让中国应税财产所得，以及非居民企业虽设立机构、场所但取得与其所设机构、场所没有实际联系的间接转让中国应税财产所得。

股权转让方转让境外企业股权取得的所得（含间接转让中国应税财产所得）与其所设境内机构、场所有实际联系的，无须适用本公告规定，应直接按照企业所得税法第三条第二款规定征税。

十五、本公告所称纳税义务发生之日是指股权转让合同或协议生效，且境外企业完成股权变更之日。

十六、本公告所称的主管税务机关，是指在中国应税财产被非居民企业直接持有并转让的情况下，财产转让所得应纳企业所得税税款的主管税务机关，应分别按照本公告第二条规定的三种情形确定。

十七、本公告所称"以上"除有特别标明外均含本数。

十八、本公告规定与税收协定不一致的，按照税收协定办理。

十九、本公告自发布之日起施行。本公告发布前发生但未作税务处理的事项，依据本公告执行。《国家税务总局关于加强非居民企业股权转让所得企业所得税管理的通知》（国税函〔2009〕698 号）第五条、第六条及《国家税务总局关于非居民企业所得税管理若干问题的公告》（国家税务总局公告 2011 年第 24 号）第六条第（三）、（四）、（五）项有关内容同时废止。

特此公告。

国家税务总局
2015 年 2 月 3 日

5.38　国家税务总局关于资产（股权）划转企业所得税征管问题的公告

2015 年 5 月 27 日　国家税务总局公告 2015 年第 40 号

《国务院关于进一步优化企业兼并重组市场环境的意见》（国发〔2014〕14 号）和《财政部　国家税务总局关于促进企业重组有关企业所得税处理问题的通知》（财税〔2014〕109 号，以下简称《通知》）下发后，各地陆续反映在企业重组所得税政策执行过程中有些征管问题亟需明确。经研究，现就股权或资产划转企业所得税征管问题公告如下：

一、《通知》第三条所称"100% 直接控制的居民企业之间，以及受同一或相同多家居民企业 100% 直接控制的居民企业之间按账面净值划转股权或资产"，限于以下情形：

（一）100%直接控制的母子公司之间，母公司向子公司按账面净值划转其持有的股权或资产，母公司获得子公司100%的股权支付。母公司按增加长期股权投资处理，子公司按接受投资（包括资本公积，下同）处理。母公司获得子公司股权的计税基础以划转股权或资产的原计税基础确定。

（二）100%直接控制的母子公司之间，母公司向子公司按账面净值划转其持有的股权或资产，母公司没有获得任何股权或非股权支付。母公司按冲减实收资本（包括资本公积，下同）处理，子公司按接受投资处理。

（三）100%直接控制的母子公司之间，子公司向母公司按账面净值划转其持有的股权或资产，子公司没有获得任何股权或非股权支付。母公司按收回投资处理，或按接受投资处理，子公司按冲减实收资本处理。母公司应按被划转股权或资产的原计税基础，相应调减持有子公司股权的计税基础。

（四）受同一或相同多家母公司100%直接控制的子公司之间，在母公司主导下，一家子公司向另一家子公司按账面净值划转其持有的股权或资产，划出方没有获得任何股权或非股权支付。划出方按冲减所有者权益处理，划入方按接受投资处理。

二、《通知》第三条所称"股权或资产划转后连续12个月内不改变被划转股权或资产原来实质性经营活动"，是指自股权或资产划转完成日起连续12个月内不改变被划转股权或资产原来实质性经营活动。

股权或资产划转完成日，是指股权或资产划转合同（协议）或批复生效，且交易双方已进行会计处理的日期。

三、《通知》第三条所称"划入方企业取得被划转股权或资产的计税基础，以被划转股权或资产的原账面净值确定"，是指划入方企业取得被划转股权或资产的计税基础，以被划转股权或资产的原计税基础确定。

《通知》第三条所称"划入方企业取得的被划转资产，应按其原账面净值计算折旧扣除"，是指划入方企业取得的被划转资产，应按被划转资产的原计税基础计算折旧扣除或摊销。

四、按照《通知》第三条规定进行特殊性税务处理的股权或资产划转，交易双方应在协商一致的基础上，采取一致处理原则统一进行特殊性税务处理。

五、交易双方应在企业所得税年度汇算清缴时，分别向各自主管税务机关报送《居民企业资产（股权）划转特殊性税务处理申报表》（详见附件）和相关资料（一式两份）。

相关资料包括：

1. 股权或资产划转总体情况说明，包括基本情况、划转方案等，并详细说明划转的商业目的；

2. 交易双方或多方签订的股权或资产划转合同（协议），需有权部门（包括内部和外部）批准的，应提供批准文件；

3. 被划转股权或资产账面净值和计税基础说明；

4. 交易双方按账面净值划转股权或资产的说明（需附会计处理资料）；

5. 交易双方均未在会计上确认损益的说明（需附会计处理资料）；

6. 12个月内不改变被划转股权或资产原来实质性经营活动的承诺书。

六、交易双方应在股权或资产划转完成后的下一年度的企业所得税年度申报时，各自向主管税务机关提交书面情况说明，以证明被划转股权或资产自划转完成日后连续12个月内，没有改变原来的实质性经营活动。

七、交易一方在股权或资产划转完成日后连续 12 个月内发生生产经营业务、公司性质、资产或股权结构等情况变化，致使股权或资产划转不再符合特殊性税务处理条件的，发生变化的交易一方应在情况发生变化的 30 日内报告其主管税务机关，同时书面通知另一方。另一方应在接到通知后 30 日内将有关变化报告其主管税务机关。

八、本公告第七条所述情况发生变化后 60 日内，原交易双方应按以下规定进行税务处理：

（一）属于本公告第一条第（一）项规定情形的，母公司应按原划转完成时股权或资产的公允价值视同销售处理，并按公允价值确认取得长期股权投资的计税基础；子公司按公允价值确认划入股权或资产的计税基础。

属于本公告第一条第（二）项规定情形的，母公司应按原划转完成时股权或资产的公允价值视同销售处理；子公司按公允价值确认划入股权或资产的计税基础。

属于本公告第一条第（三）项规定情形的，子公司应按原划转完成时股权或资产的公允价值视同销售处理；母公司应按撤回或减少投资进行处理。

属于本公告第一条第（四）项规定情形的，划出方应按原划转完成时股权或资产的公允价值视同销售处理；母公司根据交易情形和会计处理对划出方按分回股息进行处理，或者按撤回或减少投资进行处理，对划入方按以股权或资产的公允价值进行投资处理；划入方按接受母公司投资处理，以公允价值确认划入股权或资产的计税基础。

（二）交易双方应调整划转完成纳税年度的应纳税所得额及相应股权或资产的计税基础，向各自主管税务机关申请调整划转完成纳税年度的企业所得税年度申报表，依法计算缴纳企业所得税。

九、交易双方的主管税务机关应对企业申报适用特殊性税务处理的股权或资产划转加强后续管理。

十、本公告适用 2014 年度及以后年度企业所得税汇算清缴。此前尚未进行税务处理的股权、资产划转，符合《通知》第三条和本公告规定的可按本公告执行。

特此公告。

附件：居民企业资产（股权）划转特殊性税务处理申报表

国家税务总局

2015 年 5 月 27 日

附件：居民企业资产（股权）划转特殊性税务处理申报表

企业名称（章）： 纳税人识别号： 金额单位：元（列至角分）

基本情况	划出方企业名称						
	划出方纳税人识别号			主管税务机关名称			
	划入方企业名称						
	划入方纳税人识别号			主管税务机关名称			
	划转双方关系	○关系1：100% 直接控制的母子公司 　　母公司是：○划出方　○划入方 100%控股起始时间：　年　月　日						
		○关系2：受同一或相同多家居民企业 100% 直接控制					
		股东名称（划转双方为关系 2 时填报）	划出方		划入方		
			持股比例	持股起始时间（年月日）	持股比例	持股起始时间（年月日）	
		合计	100%		100%		
	划转完成日 　（年　月　日）						
	被划转资产（股权）账面净值		被划转资产（股权）计税基础				
会计处理		会计科目		金额	资产（股权）计税基础		
	划出方	借					
		贷					
	划入方	借					
		贷					

申报企业其他需说明的情况：

谨声明：本人知悉并保证本表填报内容及所附证明材料真实、完整，并承担因资料虚假而产生的法律和行政责任。

法定代表人签章： 　　　　　　　　　　　　　　　　　　　　　　　　　　年　月　日

填表人： 　　　　　　　　　　　　　　　　　　　　　　填表日期：

【填写说明】：

1. "持股起始时间"是指填报的持股比例起始时间，如 2013 年 1 月 1 日持股 80%，2015 年 1 月 1 日持股 100%，"持股比例"填 100%，"持股起始时间"填报 2015 年 1 月 1 日。

2. "会计处理"栏次应明细填报划转的每一项资产，且划出方与划入方资产应一一对应填报。

3. "会计处理"栏次划出方、划入方的会计科目涉及"所有者权益类"科目的，不填报资产计税基础；划出方、划入方填报的借贷应平衡。

4. 本表一式三份，受理税务机关、划出方、划入方各一份。相关行次不够的可自行添加。

5.39 国家税务总局关于修订《企业所得税汇算清缴数据采集规范》的通知

2015 年 2 月 12 日 税总函〔2015〕102 号

各省、自治区、直辖市和计划单列市国家税务局、地方税务局：

2014 版企业所得税年度汇算清缴申报表做了重大调整，并已发布。据此，现对 2011 年税务总局发布的《网上纳税申报软件业务标准》（标准编号：SW 2—2011）中企业所得税汇算清缴内容进行变更，修订后的《企业所得税汇算清缴数据采集规范》详见附件，本标准修改单编号是：SW 2—2011/XG 1 – 2015。现将具体事项通知如下：

一、做好网上申报软件的调整修改

各地税务机关应督促网上申报软件开发商、使用适应自身管理需要的自有申报软件的纳税人按发布的标准规范修改，税务机关自行开发的网上申报软件也应按发布的标准规范同步修改，以确保汇算清缴工作顺利开展，确保数据采集的规范、完整、准确，为企业所得税后续管理奠定坚实基础。

二、进一步明确使用网上申报软件的选择权利属于纳税人

各地税务机关应遵循符合标准规范即不禁止的原则，将选择网上申报软件的权利交给纳税人，进一步提升纳税人对税务机关纳税服务的良好体验，确保各地税务机关同时可接收各种网上申报方式报送的企业所得税汇算清缴表单，确保符合本次标准要求的企业所得税申报数据均能进行受理和反馈。

附件：企业所得税汇算清缴数据采集规范（略）

国家税务总局

2015 年 2 月 12 日

5.40　国家税务总局关于 3 项企业所得税事项取消审批后加强后续管理的公告

2015 年 2 月 2 日　国家税务总局公告 2015 年第 6 号

根据《国务院关于取消和调整一批行政审批项目等事项的决定》（国发〔2014〕27 号、国发〔2014〕50 号）规定，取消"享受小型微利企业所得税优惠的核准""收入全额归属中央的企业下属二级及二级以下分支机构名单的备案审核"和"汇总纳税企业组织结构变更审核"等项目审批，现就有关企业所得税后续管理问题公告如下：

一、进一步简化小型微利企业享受所得税优惠政策备案手续

实行查账征收的小型微利企业，在办理 2014 年及以后年度企业所得税汇算清缴时，通过填报《国家税务总局关于发布〈中华人民共和国企业所得税年度纳税申报表（A 类，2014 年版）的公告〉》（国家税务总局公告 2014 年第 63 号）之《基础信息表》（A000000 表）中的"104 从业人数""105 资产总额（万元）"栏次，履行备案手续，不再另行备案。

二、取消"收入全额归属中央的企业下属二级及二级以下分支机构名单的备案审核"的后续管理

收入全额归属中央的企业（本条简称中央企业）所属二级及二级以下分支机构名单发生变化的，按照以下规定分别向其主管税务机关报送相关资料：

（一）中央企业所属二级分支机构名单发生变化的，中央企业总机构应将调整后情况及分支机构变化情况报送主管税务机关。

（二）中央企业新增二级及以下分支机构的，二级分支机构应将营业执照和总机构出具的其为二级或二级以下分支机构证明文件，在报送企业所得税预缴申报表时，附送其主管税务机关。

新增的三级及以下分支机构，应将营业执照和总机构出具的其为三级或三级以下分支机构证明文件，报送其主管税务机关。

（三）中央企业撤销（注销）二级及以下分支机构的，被撤销分支机构应当按照《中华人民共和国税收征收管理法》规定办理注销手续。二级分支机构应将撤销（注销）二级及以下分支机构情况报送其主管税务机关。

主管税务机关应根据中央企业二级及以下分支机构变更备案情况，及时调整完善税收管理信息。

三、取消"汇总纳税企业组织结构变更审核"的后续管理

汇总纳税企业改变组织结构的，总机构和相关二级分支机构应于组织结构改变后 30 日内，将组织结构变更情况报告主管税务机关。总机构所在省税务局按照《国家税务总局关于印发〈跨地区经营汇总纳税企业所得税征收管理办法〉的公告》（国家税务总局公告 2012 年第 57 号）第二十九条规定，将汇总纳税企业组织结构变更情况上传至企业所得税汇总纳税信息管理系统。

废止国家税务总局公告 2012 年第 57 号第二十四条第三款"汇总纳税企业以后年度改变组织结构的，该分支机构应按本办法第二十三条规定报送相关证据，分支机构所在地主管税务机

关重新进行审核鉴定"的规定。

　　四、除第一条外，本公告自 2015 年 1 月 1 日起施行。

　　特此公告。

国家税务总局

2015 年 2 月 2 日

5.41　国家税务总局关于修改《非居民企业所得税核定征收管理办法》等文件的公告

2015 年 4 月 17 日　国家税务总局公告 2015 年第 22 号

　　根据《国务院关于取消和调整一批行政审批项目等事项的决定》（国发〔2015〕11 号）和《国务院关于取消和下放一批行政审批项目的决定》（国发〔2014〕5 号）有关取消非居民企业税收管理审批事项的要求，国家税务总局决定对相关文件规定进行修改，现公告如下：

　　一、《非居民企业所得税核定征收管理办法》（国税发〔2010〕19 号）第九条修改为："主管税务机关应及时向非居民企业送达《非居民企业所得税征收方式鉴定表》（见附件，以下简称《鉴定表》），非居民企业应在收到《鉴定表》后 10 个工作日内，完成《鉴定表》的填写并送达主管税务机关，主管税务机关在受理《鉴定表》后 20 个工作日内，完成该项征收方式的确认工作。"

　　同时，对《鉴定表》做了相应修改，详见本公告附件。

　　二、《境外注册中资控股居民企业所得税管理办法（试行）》（国家税务总局公告 2011 年第 45 号发布）第五条修改为："本办法所称主管税务机关是指境外注册中资控股居民企业中国境内主要投资者登记注册地主管税务机关。"

　　三、《国家税务总局关于非居民企业股权转让适用特殊性税务处理有关问题的公告》（国家税务总局公告 2013 年第 72 号）第七条修改为："非居民企业股权转让适用特殊性税务处理备案后经调查核实不符合条件的，应调整适用一般性税务处理，按照有关规定缴纳企业所得税。非居民企业股权转让适用特殊性税务处理未进行备案的，税务机关应告知其按照本公告第二条、第三条的规定办理备案手续。"

　　四、本公告自 2015 年 6 月 1 日起施行。

　　特此公告。

　　附件：非居民企业所得税征收方式鉴定表

国家税务总局

2015 年 4 月 17 日

附件：非居民企业所得税征收方式鉴定表

编号：

中文名称：		纳税人识别号：
英文名称：		

从事的行业：□承包工程作业、设计和咨询劳务　□管理服务　□其他劳务或劳务以外经营活动

行次	项目	情况
1	账簿设置情况	
2	收入核算情况	
3	成本费用核算情况	
4	纳税申报情况	
5	履行纳税义务情况	
6	其他情况	

以下由税务机关填写

核定征收方式	□按收入总额　□按成本费用　□按经费支出换算收入
核定利润率	

纳税人对征收方式的意见：	税务机关经办部门意见：	分管局领导意见：
经办人：	经办人：	（公章）
负责人签章：	负责人签章：	年　月　日
年　月　日	年　月　日	

注：1. 非居民企业从事的行业，请在符合情形的□内打"√"；
　　2. 非居民企业自收到本表 10 个工作日内填好并送达主管税务机关；
　　3. 主管税务机关在受理后 20 个工作日内完成征收方式的确认。

5.42　国家税务总局关于执行《西部地区鼓励类产业目录》有关企业所得税问题的公告

2015 年 3 月 10 日　国家税务总局公告 2015 年第 14 号

为深入实施西部大开发战略，促进西部地区产业结构调整和特色优势产业发展，经国务院批准，发展改革委发布了《西部地区鼓励类产业目录》（中华人民共和国国家发展和改革委员会

令第15号），自2014年10月1日起施行。现就执行《西部地区鼓励类产业目录》有关企业所得税问题，公告如下：

一、对设在西部地区以《西部地区鼓励类产业目录》中新增鼓励类产业项目为主营业务，且其当年度主营业务收入占企业收入总额70%以上的企业，自2014年10月1日起，可减按15%税率缴纳企业所得税。

二、已按照《国家税务总局关于深入实施西部大开发战略有关企业所得税问题的公告》（国家税务总局公告2012年第12号）第三条规定享受企业所得税优惠政策的企业，其主营业务如不再属于《西部地区鼓励类产业目录》中国家鼓励类产业项目的，自2014年10月1日起，停止执行减按15%税率缴纳企业所得税。

三、凡对企业主营业务是否属于《西部地区鼓励类产业目录》中国家鼓励类产业项目难以界定的，税务机关可以要求企业提供省级（含副省级）发展改革部门或其授权部门出具的证明文件。证明文件需明确列示主营业务的具体项目及符合《西部地区鼓励类产业目录》中的对应条款项目。

四、本公告自2014年10月1日起施行，《国家税务总局关于深入实施西部大开发战略有关企业所得税问题的公告》（国家税务总局公告2012年第12号）第三条中有关重新计算申报的规定停止执行。

特此公告。

国家税务总局
2015年3月10日

5.43 国家税务总局关于企业所得税应纳税所得额若干问题的公告

2014年5月23日 国家税务总局公告2014年第29号

根据《中华人民共和国企业所得税法》及其实施条例（以下简称税法）的规定，现将企业所得税应纳税所得额若干问题公告如下：

一、企业接收政府划入资产的企业所得税处理

（一）县级以上人民政府（包括政府有关部门，下同）将国有资产明确以股权投资方式投入企业，企业应作为国家资本金（包括资本公积）处理。该项资产如为非货币性资产，应按政府确定的接收价值确定计税基础。

（二）县级以上人民政府将国有资产无偿划入企业，凡指定专门用途并按《财政部国家税务总局关于专项用途财政性资金企业所得税处理问题的通知》（财税〔2011〕70号）规定进行管理的，企业可作为不征税收入进行企业所得税处理。其中，该项资产属于非货币性资产的，应按政府确定的接收价值计算不征税收入。

县级以上人民政府将国有资产无偿划入企业，属于上述（一）、（二）项以外情形的，应按政府确定的接收价值计入当期收入总额计算缴纳企业所得税。政府没有确定接收价值的，按资产的公允价值计算确定应税收入。

二、企业接收股东划入资产的企业所得税处理

（一）企业接收股东划入资产（包括股东赠予资产、上市公司在股权分置改革过程中接收原非流通股股东和新非流通股股东赠予的资产、股东放弃本企业的股权，下同），凡合同、协议约定作为资本金（包括资本公积）且在会计上已做实际处理的，不计入企业的收入总额，企业应按公允价值确定该项资产的计税基础。

（二）企业接收股东划入资产，凡作为收入处理的，应按公允价值计入收入总额，计算缴纳企业所得税，同时按公允价值确定该项资产的计税基础。

三、保险企业准备金支出的企业所得税处理

根据《财政部国家税务总局关于保险公司准备金支出企业所得税税前扣除有关政策问题的通知》（财税〔2012〕45号）有关规定，保险企业未到期责任准备金、寿险责任准备金、长期健康险责任准备金、已发生已报告未决赔款准备金和已发生未报告未决赔款准备金应按财政部下发的企业会计有关规定计算扣除。

保险企业在计算扣除上述各项准备金时，凡未执行财政部有关会计规定仍执行中国保险监督管理委员会有关监管规定的，应将两者之间的差额调整当期应纳税所得额。

四、核电厂操纵员培养费的企业所得税处理

核力发电企业为培养核电厂操纵员发生的培养费用，可作为企业的发电成本在税前扣除。企业应将核电厂操纵员培养费与员工的职工教育经费严格区分，单独核算，员工实际发生的职工教育经费支出不得计入核电厂操纵员培养费直接扣除。

五、固定资产折旧的企业所得税处理

（一）企业固定资产会计折旧年限如果短于税法规定的最低折旧年限，其按会计折旧年限计提的折旧高于按税法规定的最低折旧年限计提的折旧部分，应调增当期应纳税所得额；企业固定资产会计折旧年限已期满且会计折旧已提足，但税法规定的最低折旧年限尚未到期且税收折旧尚未足额扣除，其未足额扣除的部分准予在剩余的税收折旧年限继续按规定扣除。

（二）企业固定资产会计折旧年限如果长于税法规定的最低折旧年限，其折旧应按会计折旧年限计算扣除，税法另有规定除外。

（三）企业按会计规定提取的固定资产减值准备，不得税前扣除，其折旧仍按税法确定的固定资产计税基础计算扣除。

（四）企业按税法规定实行加速折旧的，其按加速折旧办法计算的折旧额可全额在税前扣除。

（五）石油天然气开采企业在计提油气资产折耗（折旧）时，由于会计与税法规定计算方法不同导致的折耗（折旧）差异，应按税法规定进行纳税调整。

六、施行时间

本公告适用于2013年度及以后年度企业所得税汇算清缴。

企业2013年度汇算清缴前接收政府或股东划入资产，尚未进行企业所得税处理的，可按本公告执行。对于手续不齐全、证据不清的，企业应在2014年12月31日前补充完善。企业凡在2014年12月31日前不能补充完善的，一律作为应税收入或计入收入总额进行企业所得税处理。

特此公告。

国家税务总局

2014年5月23日

5.44　财政部　国家税务总局关于完善固定资产加速折旧 企业所得税政策的通知

2014 年 10 月 20 日　财税〔2014〕75 号

各省、自治区、直辖市、计划单列市财政厅（局）、国家税务局、地方税务局，新疆生产建设兵团财务局：

为贯彻落实国务院完善固定资产加速折旧政策精神，现就有关固定资产加速折旧企业所得税政策问题通知如下：

一、对生物药品制造业，专用设备制造业，铁路、船舶、航空航天和其他运输设备制造业，计算机、通信和其他电子设备制造业，仪器仪表制造业，信息传输、软件和信息技术服务业等 6 个行业的企业 2014 年 1 月 1 日后新购进的固定资产，可缩短折旧年限或采取加速折旧的方法。

对上述 6 个行业的小型微利企业 2014 年 1 月 1 日后新购进的研发和生产经营共用的仪器、设备，单位价值不超过 100 万元的，允许一次性计入当期成本费用在计算应纳税所得额时扣除，不再分年度计算折旧；单位价值超过 100 万元的，可缩短折旧年限或采取加速折旧的方法。

二、对所有行业企业 2014 年 1 月 1 日后新购进的专门用于研发的仪器、设备，单位价值不超过 100 万元的，允许一次性计入当期成本费用在计算应纳税所得额时扣除，不再分年度计算折旧；单位价值超过 100 万元的，可缩短折旧年限或采取加速折旧的方法。

三、对所有行业企业持有的单位价值不超过 5000 元的固定资产，允许一次性计入当期成本费用在计算应纳税所得额时扣除，不再分年度计算折旧。

四、企业按本通知第一条、第二条规定缩短折旧年限的，最低折旧年限不得低于企业所得税法实施条例第六十条规定折旧年限的 60%；采取加速折旧方法的，可采取双倍余额递减法或者年数总和法。本通知第一至三条规定之外的企业固定资产加速折旧所得税处理问题，继续按照企业所得税法及其实施条例和现行税收政策规定执行。

五、本通知自 2014 年 1 月 1 日起执行。

财政部　国家税务总局
2014 年 10 月 20 日

5.45　财政部　国家税务总局关于促进企业重组有关企业所得税处理问题的通知

2014 年 12 月 25 日　财税〔2014〕109 号

各省、自治区、直辖市、计划单列市财政厅（局）、国家税务局、地方税务局，新疆生产建设兵团财务局：

为贯彻落实《国务院关于进一步优化企业兼并重组市场环境的意见》（国发〔2014〕14号），根据《中华人民共和国企业所得税法》及其实施条例有关规定，现就企业重组有关企业所得税处理问题明确如下：

一、关于股权收购

将《财政部　国家税务总局关于企业重组业务企业所得税处理若干问题的通知》（财税〔2009〕59 号）第六条第（二）项中有关"股权收购，收购企业购买的股权不低于被收购企业全部股权的 75%"规定调整为"股权收购，收购企业购买的股权不低于被收购企业全部股权的 50%"。

二、关于资产收购

将财税〔2009〕59 号文件第六条第（三）项中有关"资产收购，受让企业收购的资产不低于转让企业全部资产的 75%"规定调整为"资产收购，受让企业收购的资产不低于转让企业全部资产的 50%"。

三、关于股权、资产划转

对 100% 直接控制的居民企业之间，以及受同一或相同多家居民企业 100% 直接控制的居民企业之间按账面净值划转股权或资产，凡具有合理商业目的、不以减少、免除或者推迟缴纳税款为主要目的，股权或资产划转后连续 12 个月内不改变被划转股权或资产原来实质性经营活动，且划出方企业和划入方企业均未在会计上确认损益的，可以选择按以下规定进行特殊性税务处理：

1. 划出方企业和划入方企业均不确认所得。

2. 划入方企业取得被划转股权或资产的计税基础，以被划转股权或资产的原账面净值确定。

3. 划入方企业取得的被划转资产，应按其原账面净值计算折旧扣除。

四、本通知自 2014 年 1 月 1 日起执行。本通知发布前尚未处理的企业重组，符合本通知规定的可按本通知执行

财政部　国家税务总局

2014 年 12 月 25 日

5.46　财政部　国家税务总局关于非货币性资产投资企业所得税政策问题的通知

2014 年 12 月 31 日　财税〔2014〕116 号

各省、自治区、直辖市、计划单列市财政厅（局）、国家税务局、地方税务局，新疆生产建设兵团财务局：

为贯彻落实《国务院关于进一步优化企业兼并重组市场环境的意见》（国发〔2014〕14号），根据《中华人民共和国企业所得税法》及其实施条例有关规定，现就非货币性资产投资涉及的企业所得税政策问题明确如下：

一、居民企业（以下简称企业）以非货币性资产对外投资确认的非货币性资产转让所得，可在不超过 5 年期限内，分期均匀计入相应年度的应纳税所得额，按规定计算缴纳企业所得税。

二、企业以非货币性资产对外投资，应对非货币性资产进行评估并按评估后的公允价值扣除计税基础后的余额，计算确认非货币性资产转让所得。

企业以非货币性资产对外投资，应于投资协议生效并办理股权登记手续时，确认非货币性资产转让收入的实现。

三、企业以非货币性资产对外投资而取得被投资企业的股权，应以非货币性资产的原计税成本为计税基础，加上每年确认的非货币性资产转让所得，逐年进行调整。

被投资企业取得非货币性资产的计税基础，应按非货币性资产的公允价值确定。

四、企业在对外投资 5 年内转让上述股权或投资收回的，应停止执行递延纳税政策，并就递延期内尚未确认的非货币性资产转让所得，在转让股权或投资收回当年的企业所得税年度汇算清缴时，一次性计算缴纳企业所得税；企业在计算股权转让所得时，可按本通知第三条第一款规定将股权的计税基础一次调整到位。

企业在对外投资 5 年内注销的，应停止执行递延纳税政策，并就递延期内尚未确认的非货币性资产转让所得，在注销当年的企业所得税年度汇算清缴时，一次性计算缴纳企业所得税。

五、本通知所称非货币性资产，是指现金、银行存款、应收账款、应收票据以及准备持有至到期的债券投资等货币性资产以外的资产。

本通知所称非货币性资产投资，限于以非货币性资产出资设立新的居民企业，或将非货币性资产注入现存的居民企业。

六、企业发生非货币性资产投资，符合《财政部　国家税务总局关于企业重组业务企业所得税处理若干问题的通知》（财税〔2009〕59 号）等文件规定的特殊性税务处理条件的，也可选择按特殊性税务处理规定执行。

七、本通知自 2014 年 1 月 1 日起执行。本通知发布前尚未处理的非货币性资产投资，符合本通知规定的可按本通知执行。

财政部　国家税务总局
2014 年 12 月 31 日

5.47　国家税务总局关于委托投资情况下认定受益
所有人问题的公告

2014 年 4 月 21 日　国家税务总局公告 2014 年第 24 号

根据《国家税务总局关于印发〈非居民享受税收协定待遇管理办法（试行）〉的通知》（国税发〔2009〕124 号）、《国家税务总局关于如何理解和认定税收协定中"受益所有人"的通知》（国税函〔2009〕601 号）和《国家税务总局关于认定税收协定中"受益所有人"的公告》（国家税务总局公告 2012 年第 30 号）的有关规定，对于委托投资情况下受益所有人身份的认定问题，在符合上述文件规定的前提下，补充公告如下：

一、本公告所称"委托投资"是指非居民将自有资金直接委托给境外专业机构用于对居民企业的股权、债权投资，其中的"境外专业机构"指经其所在地国家或地区政府许可从事证券经纪、资产管理、资金以及证券托管等业务的金融机构。在委托投资期间，境外专业机构将受托资金独立于其自有资金进行专项管理。境外专业机构根据相应的委托或代理协议收取服务费或佣金。受托资金的投资收益和风险应由该非居民取得和承担。

二、非居民通过委托投资取得投资收益提出享受税收协定待遇申请的，应向税务机关提供以下资料：

（一）投资链条各方（包括该非居民、投资管理人或投资经理、各级托管人、证券公司等）签署的与投资相关的合同或协议，以及能够说明投资业务的其他资料，资料内容应包括委托投资本金来源和组成情况以及各方收取费用或取得所得的约定；

（二）投资收益和其他所得逐级返回至该非居民的信息和凭据，以及对所得类型认定与划分的说明资料；

（三）税务机关为认定受益所有人所需要的其他资料。

三、税务机关应对非居民提交的资料进行审核，并区分所得类型进行处理：

（一）如果投资收益的所得类型为股息或利息，该所得在逐级返回至该非居民的过程中所得性质未发生改变，且有凭据证明该所得实际返回至该非居民，则可以认定该非居民为该笔所得的受益所有人，能够享受税收协定相应条款规定的待遇；

（二）如果投资链条上除该非居民以外的各方收取的费用或取得的报酬与股息、利息有关，则该非居民不是该部分费用或报酬的受益所有人，该部分费用或报酬不得享受税收协定股息和利息条款规定的待遇；

（三）如果投资收益的所得类型为财产收益，或其他不适用受益所有人规则的所得类型，则应按税收协定相应条款的规定处理。

四、非居民或其委托代理人拒绝提供资料，或提供的资料不能区分非居民委托投资收益与投资链条上其他各方报酬的，税务机关应不予批准相应的税收协定待遇。

五、非居民与投资链条上一方或多方形成关联关系的，应向税务机关提供关联交易定价原则、方法及相关资料。不提供资料或提供资料不足以证明相关联各方交易符合独立交易原则的，税务机关可拒绝给予相应的税收协定待遇。

六、对于非居民或其委托代理人提供的凭据、所得类型认定与划分及其他相关证明资料，税务机关可视情况通过信息交换方式核实其真实性和准确性。经核实与实际情况不符，不应享受税收协定待遇而税务机关已批准享受的，应撤销原审批决定，并按税收征管法和国税发〔2009〕124 号文件有关规定处理。

七、税务机关按照本公告第三条的规定认定非居民为受益所有人，且根据税收协定股息或利息条款的规定，该非居民取得股息或利息应仅在缔约国对方征税的，如果该非居民通过委托投资取得投资收益同时符合以下条件，则在其首次享受股息或利息条款税收协定待遇之日起 3 个公历年度内（含本年度），同一主管税务机关可免于对其受益所有人身份进行重复认定，但应对其取得的投资收益所得类型进行审核：

（一）通过同一架构安排进行委托投资；

（二）投资链条上除被投资企业之外的各方保持不变；

（三）投资链条上除被投资企业之外的各方签署的与投资相关的合同或协议保持不变。

该非居民与受益所有人身份认定有关的信息发生变化的，应及时告知主管税务机关。该非居民因信息变化不能继续享受税收协定待遇的，应自发生变化之日起停止享受有关税收协定待遇，并按国内法规定申报纳税。

八、本公告自 2014 年 6 月 1 日起施行。本公告施行前已发生但税务处理未完结的事项，按本公告执行。

特此公告。

国家税务总局
2014 年 4 月 21 日

5.48 国家税务总局关于营业税改征增值税试点中非居民企业缴纳企业所得税有关问题的公告

2013 年 2 月 19 日   国家税务总局公告 2013 年第 9 号

现将营业税改征增值税试点中非居民企业缴纳企业所得税有关问题公告如下：

营业税改征增值税试点中的非居民企业，取得《中华人民共和国企业所得税法》第三条第三款规定的所得，在计算缴纳企业所得税时，应以不含增值税的收入全额作为应纳税所得额。

本公告自发布之日起施行。

特此公告。

5.49 国家税务总局关于企业混合性投资业务企业所得税 处理问题的公告

2013 年 7 月 15 日 国家税务总局公告 2013 年第 41 号

根据《中华人民共和国企业所得税法》及其实施条例（以下简称税法）的规定，现就企业混合性投资业务企业所得税处理问题公告如下：

一、企业混合性投资业务，是指兼具权益和债权双重特性的投资业务。同时符合下列条件的混合性投资业务，按本公告进行企业所得税处理：

（一）被投资企业接受投资后，需要按投资合同或协议约定的利率定期支付利息（或定期支付保底利息、固定利润、固定股息，下同）；

（二）有明确的投资期限或特定的投资条件，并在投资期满或者满足特定投资条件后，被投资企业需要赎回投资或偿还本金；

（三）投资企业对被投资企业净资产不拥有所有权；

（四）投资企业不具有选举权和被选举权；

（五）投资企业不参与被投资企业日常生产经营活动。

二、符合本公告第一条规定的混合性投资业务，按下列规定进行企业所得税处理：

（一）对于被投资企业支付的利息，投资企业应于被投资企业应付利息的日期，确认收入的实现并计入当期应纳税所得额；被投资企业应于应付利息的日期，确认利息支出，并按税法和《国家税务总局关于企业所得税若干问题的公告》（国家税务总局公告 2011 年第 34 号）第一条的规定，进行税前扣除。

（二）对于被投资企业赎回的投资，投资双方应于赎回时将赎价与投资成本之间的差额确认为债务重组损益，分别计入当期应纳税所得额。

三、本公告自 2013 年 9 月 1 日起执行。此前发生的已进行税务处理的混合性投资业务，不再进行纳税调整。

特此公告。

国家税务总局
2013 年 7 月 15 日

分送：各省、自治区、直辖市和计划单列市国家税务局、地方税务局。

5.50 国家税务总局 国家发展改革委关于落实节能服务企业合同能源管理项目企业所得税优惠政策有关征收管理问题的公告

2013 年 12 月 17 日   国家税务总局   国家发展改革委公告 2013 年第 77 号

为鼓励企业采用合同能源管理模式开展节能服务，规范合同能源管理项目企业所得税管理，根据《中华人民共和国企业所得税法》及其实施条例（以下简称企业所得税法）、《国务院办公厅转发发展改革委等部门关于加快推行合同能源管理促进节能服务产业发展意见的通知》（国办发〔2010〕25 号）、《财政部 国家税务总局关于促进节能服务产业发展增值税、营业税和企业所得税政策问题的通知》（财税〔2010〕110 号）和《国家税务总局关于进一步做好税收促进节能减排工作的通知》（国税函〔2010〕180 号）的有关规定，现就落实合同能源管理项目企业所得税优惠政策有关征收管理问题公告如下：

一、对实施节能效益分享型合同能源管理项目（以下简称项目）的节能服务企业，凡实行查账征收所得税的居民企业并符合企业所得税法和本公告有关规定的，该项目可享受财税〔2010〕110 号规定的企业所得税"三免三减半"优惠政策。如节能服务企业的分享型合同约定的效益分享期短于 6 年的，按实际分享期享受优惠。

二、节能服务企业享受"三免三减半"项目的优惠期限，应连续计算。对在优惠期限内转让所享受优惠的项目给其他符合条件的节能服务企业，受让企业承续经营该项目的，可自项目受让之日起，在剩余期限内享受规定的优惠；优惠期限届满后转让的，受让企业不得就该项目重复享受优惠。

三、节能服务企业投资项目所发生的支出，应按税法规定作资本化或费用化处理。形成的固定资产或无形资产，应按合同约定的效益分享期计提折旧或摊销。

节能服务企业应分别核算各项目的成本费用支出额。对在合同约定的效益分享期内发生的期间费用划分不清的，应合理进行分摊，期间费用的分摊应按照项目投资额和销售（营业）收入额两个因素计算分摊比例，两个因素的权重各为 50%。

四、节能服务企业、节能效益分享型能源管理合同和合同能源管理项目应符合财税〔2010〕110 号第二条第（三）项所规定的条件。

五、享受企业所得税优惠政策的项目应属于《财政部 国家税务总局 国家发展改革委关于公布环境保护节能节水项目企业所得税优惠目录（试行）的通知》（财税〔2009〕166 号）规定的节能减排技术改造项目，包括余热余压利用、绿色照明等节能效益分享型合同能源管理项目。

［条款废止］六、合同能源管理项目优惠实行事前备案管理。节能服务企业享受合同能源管理项目企业所得税优惠的，应向主管税务机关备案。涉及多个项目优惠的，应按各项目分别进行备案。节能服务企业应在项目取得第一笔收入的次年 4 个月内，完成项目享受优惠备案。办理备案手续时需提供以下资料：

（一）减免税备案申请；

（二）能源管理合同复印件；

（三）国家发展改革委、财政部公布的第三方机构出具的《合同能源管理项目情况确认表》（附件 1），或者政府节能主管部门出具的合同能源管理项目确认意见；

（四）《合同能源管理项目应纳税所得额计算表》（附件 2）；

（五）项目第一笔收入的发票复印件；

（六）合同能源管理项目发生转让的，受让节能服务企业除提供上述材料外，还需提供项目转让合同、项目原享受优惠的备案文件。

七、企业享受优惠条件发生变化的，应当自发生变化之日起 15 日内向主管税务机关书面报告。如不再符合享受优惠条件的，应停止享受优惠，并依法缴纳企业所得税。对节能服务企业采取虚假手段获取税收优惠的、享受优惠条件发生变化而未及时向主管税务机关报告的以及未按本公告规定报送备案资料而自行减免税的，主管税务机关应按照税收征管法等有关规定进行处理。税务部门应设立节能服务企业项目管理台账和统计制度，并会同节能主管部门建立监管机制。

八、合同能源管理项目确认由国家发展改革委、财政部公布的第三方节能量审核机构负责，并出具《合同能源管理项目情况确认表》，或者由政府节能主管部门出具合同能源管理项目确认意见。第三方机构在合同能源管理项目确认过程中应严格按照国家有关要求认真审核把关，确保审核结果客观、真实。对在审核过程中把关不严、弄虚作假的第三方机构，一经查实，将取消其审核资质，并按相关法律规定追究责任。

九、本公告自 2013 年 1 月 1 日起施行。本公告发布前，已按有关规定享受税收优惠政策的，仍按原规定继续执行；尚未享受的，按本公告规定执行。

特此公告。

附件：1. 合同能源管理项目情况确认表
　　　2. 合同能源管理项目应纳税所得额计算表

国家税务总局　国家发展改革委

2013 年 12 月 17 日

分送：各省、自治区、直辖市和计划单列市国家税务局、地方税务局，各省、自治区、直辖市和计划单列市、新疆生产建设兵团发展改革委、经贸委（经信委、经委、工信委、工信厅）。

附件 1：合同能源管理项目情况确认表

节能服务企业情况	企业名称				注册资金（万元）	
	项目负责人	姓名		联系方式	手机	
		职务			固话	
用能单位情况	单位名称					
	改造前年综合能源消费量（吨标准煤）					
	项目联系人	姓名		联系方式	手机	
		职务			固话	

续表

项目情况	项目名称				
	项目总投资（万元）			节能服务企业投资（万元）	
				节能服务企业投资比例（％）	
	合同签订日期		项目开工日期	项目完工日期	
	项目年综合节能量（能力）（吨标准煤）			预计年节能效益（万元）	
	效益分享期限	年　月　日—　年　月　日			
	项目改造内容（改造内容应全面、具体，包括采购主要设备、服务清单等，可另附页并在附页加盖第三方审核机构印章）				

本企业确认以上情况属实，并承担相关法律责任。节能服务企业名称（印章）	本单位确认以上情况属实，并承担相关法律责任。用能单位名称（印章）

审核人员情况	现场审核日期		现场审核人员名单		
	审核负责人		手机	固话	

审核结论	经审核，该项目属于节能效益分享型合同能源管理项目，节能服务企业条件、项目年节能量、项目投资比例等符合财税〔2010〕110号等文件规定的减免税条件。本机构对审核结论的真实性负责，并承担相关法律责任。 　　　　　　　　　　　　　　　　　　第三方机构名称（印章） 　　　　　　　　　　　　　　　　　　　　　　　年　月　日

本表一式四份，第三方机构、税务部门、节能服务企业及用能单位各留存一份。

附件2：合同能源管理项目应纳税所得额计算表

所属年度：　　　　年

企业名称（盖章）：　　　　　税务登记证号：　　　　　　金额单位：元（角分）

项目		行次
项目名称		0
项目收入额		1
项目成本额		2
项目期间费用额		3
项目期间费用分摊比例		4
项目期间费用分摊额		5
相关费用调整额		6
调整后项目应纳税所得额		$7 = 1 - 2 - (3\text{或}5) \pm 6$

企业法人签名：　　　　　　　经办人签名：　　　　　　　日期：

【填写说明】：

1. 本表适用于实行查账征收企业所得税的居民纳税人填报。

2. 第0行"项目名称"：填报纳税人投资经营合同能源管理项目的名称。

3. 第1行"项目收入额"：填报纳税人投资经营合同能源管理项目的收入额。

4. 第2行"项目成本额"：填报纳税人投资经营合同能源管理项目的成本额。

5. 第3行"项目期间费用额"：填报纳税人投资经营合同能源管理项目发生的期间费用。

6. 第4行"项目期间费用分摊比例"：本行由不能准确核算合同能源管理项目发生的期间费用的纳税人填报。分摊比例按照享受合同能源管理项目的投资额和收入额二因素进行确定。

7. 第5行"项目期间费用分摊额"：本行按分摊比例计算由合同能源管理项目分摊的期间费用。

8. 第6行"相关费用调整额"：填报纳税人需要调整合同能源管理项目费用的金额。调整减少的费用以负数填报。

9. 第7行"调整后项目应纳税所得额"：填报纳税人合同能源管理项目实际应纳税所得额。

5.51 国家税务总局关于非居民企业股权转让适用特殊性税务处理有关问题的公告

2013 年 12 月 12 日 国家税务总局公告 2013 年第 72 号

为规范和加强非居民企业股权转让适用特殊性税务处理的管理，根据《中华人民共和国企业所得税法》及其实施条例、《财政部 国家税务总局关于企业重组业务企业所得税处理若干问题的通知》（财税〔2009〕59 号，以下简称《通知》）的有关规定，现就有关问题公告如下：

一、本公告所称股权转让是指非居民企业发生《通知》第七条第（一）、（二）项规定的情形；其中《通知》第七条第（一）项规定的情形包括因境外企业分立、合并导致中国居民企业股权被转让的情形。

二、非居民企业股权转让选择特殊性税务处理的，应于股权转让合同或协议生效且完成工商变更登记手续 30 日内进行备案。属于《通知》第七条第（一）项情形的，由转让方向被转让企业所在地所得税主管税务机关备案；属于《通知》第七条第（二）项情形的，由受让方向其所在地所得税主管税务机关备案。

股权转让方或受让方可以委托代理人办理备案事项；代理人在代为办理备案事项时，应向主管税务机关出具备案人的书面授权委托书。

三、股权转让方、受让方或其授权代理人（以下简称备案人）办理备案时应填报以下资料：

（一）《非居民企业股权转让适用特殊性税务处理备案表》（见附件 1）；

（二）股权转让业务总体情况说明，应包括股权转让的商业目的、证明股权转让符合特殊性税务处理条件、股权转让前后的公司股权架构图等资料；

（三）股权转让业务合同或协议（外文文本的同时附送中文译本）；

（四）工商等相关部门核准企业股权变更事项证明资料；

（五）截至股权转让时，被转让企业历年的未分配利润资料；

（六）税务机关要求的其他材料。

以上资料已经向主管税务机关报送的，备案人可不再重复报送。其中以复印件向税务机关提交的资料，备案人应在复印件上注明"本复印件与原件一致"字样，并签字后加盖备案人印章；报送中文译本的，应在中文译本上注明"本译文与原文表述内容一致"字样，并签字后加盖备案人印章。

四、主管税务机关应当按规定受理备案，资料齐全的，应当场在《非居民企业股权转让适用特殊性税务处理备案表》上签字盖章，并退1份给备案人；资料不齐全的，不予受理，并告知备案人各应补正事项。

五、非居民企业发生股权转让属于《通知》第七条第（一）项情形的，主管税务机关应当自受理之日起30个工作日内就备案事项进行调查核实、提出处理意见，并将全部备案资料以及处理意见层报省（含自治区、直辖市和计划单列市，下同）税务机关。

税务机关在调查核实时，如发现此种股权转让情形造成以后该项股权转让所得预提税负担变化，包括转让方把股权由应征税的国家或地区转让到不征税或低税率的国家或地区，应不予适用特殊性税务处理。

六、非居民企业发生股权转让属于《通知》第七条第（二）项情形的，应区分以下两种情形予以处理：

（一）受让方和被转让企业在同一省的，按照本公告第五条规定执行。

（二）受让方和被转让企业不在同一省的，受让方所在地省税务机关收到主管税务机关意见后30日内，应向被转让企业所在地省税务机关发出《非居民企业股权转让适用特殊性税务处理告知函》（见附件2）。

［条款修订］七、非居民企业股权转让适用特殊性税务处理备案后经调查核实不符合条件的，应调整适用一般性税务处理，按照有关规定缴纳企业所得税。非居民企业股权转让适用特殊性税务处理未进行备案的，税务机关应告知其按照本公告第二条、第三条的规定办理备案手续。

八、非居民企业发生股权转让属于《通知》第七条第（一）项情形且选择特殊性税务处理的，转让方和受让方不在同一国家或地区的，若被转让企业股权转让前的未分配利润在转让后分配给受让方的，不享受受让方所在国家（地区）与中国签订的税收协定（含税收安排）的股息减税优惠待遇，并由被转让企业按税法相关规定代扣代缴企业所得税，到其所在地所得税主管税务机关申报缴纳。

九、省税务机关应做好辖区内非居民企业股权转让适用特殊性税务处理的管理工作，于年度终了后30日内向国家税务总局报送《非居民企业股权转让适用特殊性税务处理情况统计表》（见附件3）。

十、本公告自发布之日起施行。本公告实施之前发生的非居民企业股权转让适用特殊性税务处理事项尚未处理的，可依据本公告规定办理。《国家税务总局关于加强非居民企业股权转让所得企业所得税管理的通知》（国税函〔2009〕698号）第九条同时废止。

特此公告。

附件：1. 非居民企业股权转让适用特殊性税务处理备案表

　　　2. 非居民企业股权转让适用特殊性税务处理告知函

　　　3. 非居民企业股权转让适用特殊性税务处理情况统计表

国家税务总局

2013 年 12 月 12 日

附件 1：非居民企业股权转让适用特殊性税务处理备案表

备案人（盖章）：　　　　　　　　　　　　　　　　　　　　　金额单位：元

被转让企业	名称		地址		联系人	
	联系电话		所在地主管税务机关			
受让方	名称		地址		联系人	
	联系电话		所属国家（地区）或境内所在地主管税务机关			
转让方	名称		所属国家（地区）			
属于 59 号文第七条的情形			□第（一）项　　□第（二）项			
转让方持有的股份占被转让企业全部股份的比例%			受让方股权支付金额占交易支付总额的比例%			
股权转让交易支付总额			其中：股权支付金额			
股权转让合同或协议生效时间			被转让企业工商登记变更日期			
谨声明：本表所填报内容及所附证明材料真实、完整、准确。						
经办人：　　负责人签章：				年　月　日		
受理人：						
			主管税务机关公章			
			年　月　日			

【填写说明】：

1. 受让方若为非居民企业的，则在"所属国家（地区）或境内所在地主管税务机关"栏中填写所属国家（地区）名称，若为居民企业的，则填写境内所在地所得税主管税务机关名称。

2. 股权交易金额按股权转让合同的币种填写，备案人应在"属于 59 号文第七条的情形"对应栏中打"√"。

3. 本表一式两份，主管税务机关和备案人各留存一份。

附件2：非居民企业股权转让适用特殊性税务处理告知函

_____省（市）税务局：

　　我省（市）所辖企业_____就其发生的股权转让事项选择适用特殊性税务处理，该股权转让涉及你省（市）所辖企业_____，现将股权转让情况和我省（市）处理意见告知如下：

金额单位：元

被转让企业名称		被转让企业主管税务机关	
受让方名称		受让方主管税务机关	
转让方名称		转让方与受让方之间的控股关系	
转让方持有的股份占被转让企业全部股份的比例%		受让方股权支付金额占交易支付总额的比例%	
股权转让交易支付总额		其中：股权支付金额	
股权转让合同或协议生效时间		被转让企业工商变更登记日期	
处理意见： 　　　　　　　　　　　　　　　　　　受让方所在地省级税务机关公章 　　　　　　　　　　　　　　　　　　　　年　月　日			

【填写说明】：

　　1. 处理意见要注明备案人是否符合特殊性税务处理条件，及对不符合特殊性税务处理的是否已征税等情况。

　　2. 本函一式两份，双方省级税务机关各留存一份。

附件3：非居民企业股权转让适用特殊性税务处理情况统计表

填报单位：　　　　　　　　　　　　　　　　　　　　　　　　填报年度：

受理备案的数量（件）	确认适用特殊性税务处理的情形（件）			确认适用一般性税务处理的情形		备注
	59号文第七条第（一）项	59号文第七条第（二）项	合计	数量（件）	征税金额（元）	

填表人：　　　　　　　　　　　　　　　　　　　　　　　　填表日期：

【填写说明】：

　　此表由受理备案的主管税务机关所在省级税务机关填报。

5.52 国家税务总局关于技术转让所得减免企业所得税 有关问题的公告

2013 年 10 月 21 日 国家税务总局公告 2013 年第 62 号

为加强技术转让所得减免企业所得税的征收管理，现将《国家税务总局关于技术转让所得减免企业所得税有关问题的通知》（国税函〔2009〕212 号）中技术转让收入计算的有关问题，公告如下：

一、可以计入技术转让收入的技术咨询、技术服务、技术培训收入，是指转让方为使受让方掌握所转让的技术投入使用、实现产业化而提供的必要的技术咨询、技术服务、技术培训所产生的收入，并应同时符合以下条件：

（一）在技术转让合同中约定的与该技术转让相关的技术咨询、技术服务、技术培训；

（二）技术咨询、技术服务、技术培训收入与该技术转让项目收入一并收取价款。

二、本公告自 2013 年 11 月 1 日起施行。此前已进行企业所得税处理的相关业务，不作纳税调整。

国家税务总局
2013 年 10 月 21 日

5.53 国家税务总局关于企业维简费支出企业所得税 税前扣除问题的公告

2013 年 11 月 28 日 国家税务总局公告 2013 年第 67 号

根据《中华人民共和国企业所得税法》及其实施条例（以下简称企业所得税法）规定，现就企业维简费支出企业所得税税前扣除问题公告如下：

一、企业实际发生的维简费支出，属于收益性支出的，可作为当期费用税前扣除；属于资本性支出的，应计入有关资产成本，并按企业所得税法规定计提折旧或摊销费用在税前扣除。

企业按照有关规定预提的维简费，不得在当期税前扣除。

二、本公告实施前，企业按照有关规定提取且已在当期税前扣除的维简费，按以下规定处理：

（一）尚未使用的维简费，并未作纳税调整的，可不作纳税调整，应首先抵减 2013 年实际发生的维简费，仍有余额的，继续抵减以后年度实际发生的维简费，至余额为零时，企业方可按照本公告第一条规定执行；已作纳税调整的，不再调回，直接按照本公告第一条规定执行。

（二）已用于资产投资并形成相关资产全部成本的，该资产提取的折旧或费用摊销额，不得税前扣除；已用于资产投资并形成相关资产部分成本的，该资产提取的折旧或费用摊销额中与该部分成本对应的部分，不得税前扣除；已税前扣除的，应调整作为 2013 年度应纳税所得额。

三、本公告自 2013 年 1 月 1 日起施行。

煤矿企业不执行本公告，继续执行《国家税务总局关于煤矿企业维简费和高危行业企业安全生产费用企业所得税税前扣除问题的公告》（国家税务总局公告 2011 年第 26 号）。

特此公告。

国家税务总局

2013 年 11 月 28 日

分送：各省、自治区、直辖市和计划单列市国家税务局、地方税务局。

5.54　国家税务总局关于企业政策性搬迁所得税有关问题的公告

2013 年 3 月 12 日　国家税务总局公告 2013 年第 11 号

现就《国家税务总局关于发布〈企业政策性搬迁所得税管理办法〉的公告》（国家税务总局公告 2012 年第 40 号）贯彻落实过程中有关问题，公告如下：

一、凡在国家税务总局公告 2012 年第 40 号生效前已经签订搬迁协议且尚未完成搬迁清算的企业政策性搬迁项目，企业在重建或恢复生产过程中购置的各类资产，可以作为搬迁支出，从搬迁收入中扣除。但购置的各类资产，应剔除该搬迁补偿收入后，作为该资产的计税基础，并按规定计算折旧或费用摊销。

有关规定执行。国家税务总局公告 2012 年第 40 号生效后签订搬迁协议的政策性搬迁项目，应按国家税务总局公告 2012 年第 40 号凡在国家税务总局公告 2012 年第 40 号第二十六条同时废止。

二、企业政策性搬迁被征用的资产，采取资产置换的，其换入资产的计税成本按被征用资产的净值，加上换入资产所支付的税费（涉及补价，还应加上补价款）计算确定。

三、本公告自 2012 年 10 月 1 日起执行。

国家税务总局

2013 年 3 月 12 日

5.55　国家税务总局关于电网企业电网新建项目享受所得税
优惠政策问题的公告

2013 年 5 月 24 日　国家税务总局公告 2013 年第 26 号

经研究，现将居民企业电网新建项目享受企业所得税优惠政策的有关问题公告如下：

一、根据《中华人民共和国企业所得税法》及其实施条例的有关规定，居民企业从事符合

《公共基础设施项目企业所得税优惠目录（2008 年版）》规定条件和标准的电网（输变电设施）的新建项目，可依法享受"三免三减半"的企业所得税优惠政策。基于企业电网新建项目的核算特点，暂以资产比例法，即以企业新增输变电固定资产原值占企业总输变电固定资产原值的比例，合理计算电网新建项目的应纳税所得额，并据此享受"三免三减半"的企业所得税优惠政策。电网企业新建项目享受优惠的具体计算方法如下：

（一）对于企业能独立核算收入的 330KV 以上跨省及长度超过 200KM 的交流输变电新建项目和 500KV 以上直流输变电新建项目，应在项目投运后，按该项目营业收入、营业成本等单独计算其应纳税所得额；该项目应分摊的期间费用，可按照企业期间费用与分摊比例计算确定，计算公式为：

应分摊的期间费用 = 企业期间费用 × 分摊比例

第一年分摊比例 = 该项目输变电资产原值/[（当年企业期初总输变电资产原值 + 当年企业期末总输变电资产原值）/2] ×（当年取得第一笔生产经营收入至当年底的月份数/12）

第二年及以后年度分摊比例 = 该项目输变电资产原值/[（当年企业期初总输变电资产原值 + 当年企业期末总输变电资产原值）/2]

（二）对于企业符合优惠条件但不能独立核算收入的其他新建输变电项目，可先依照企业所得税法及相关规定计算出企业的应纳税所得额，再按照项目投运后的新增输变电固定资产原值占企业总输变电固定资产原值的比例，计算得出该新建项目减免的应纳税所得额。享受减免的应纳税所得额计算公式为：

当年减免的应纳税所得额 = 当年企业应纳税所得额 × 减免比例

减免比例 = [当年新增输变电资产原值/（当年企业期初总输变电资产原值 + 当年企业期末总输变电资产原值）/2] × 1/2 +（符合税法规定、享受到第二年和第三年输变电资产原值之和）/[（当年企业期初总输变电资产原值 + 当年企业期末总输变电资产原值）/2] + [（符合税法规定、享受到第四年至第六年输变电资产原值之和）/（当年企业期初总输变电资产原值 + 当年企业期末总输变电资产原值）/2] × 1/2

[条款废止] 二、依照本公告规定享受有关企业所得税优惠的电网企业，应对其符合税法规定的电网新增输变电资产按年建立台账，并将相关资产的竣工决算报告和相关项目政府核准文件的复印件于次年 3 月 31 日前报当地主管税务机关备案。

三、本公告自 2013 年 1 月 1 日起施行。居民企业符合条件的 2013 年 1 月 1 日前的电网新建项目，已经享受企业所得税优惠的不再调整；未享受企业所得税优惠的可依照本公告的规定享受剩余年限的企业所得税优惠政策。

特此公告。

国家税务总局
2013 年 5 月 24 日

5.56 国家税务总局关于非居民企业派遣人员在中国境内提供劳务征收企业所得税有关问题的公告

2013 年 4 月 19 日 国家税务总局公告 2013 年第 19 号

根据《中华人民共和国企业所得税法》及其实施条例、中国政府对外签署的避免双重征税协定（含与香港、澳门特别行政区签署的税收安排，以下统称税收协定）以及《国家税务总局关于印发〈中华人民共和国政府和新加坡共和国政府关于对所得避免双重征税和防止偷漏税的协定及议定书条文解释〉的通知》（国税发〔2010〕75 号）等规定，现就非居民企业派遣人员在中国境内提供劳务征收企业所得税有关问题公告如下：

一、非居民企业（以下统称"派遣企业"）派遣人员在中国境内提供劳务，如果派遣企业对被派遣人员工作结果承担部分或全部责任和风险，通常考核评估被派遣人员的工作业绩，应视为派遣企业在中国境内设立机构、场所提供劳务；如果派遣企业属于税收协定缔约对方企业，且提供劳务的机构、场所具有相对的固定性和持久性，该机构、场所构成在中国境内设立的常设机构。

在做出上述判断时，应结合下列因素予以确定：

（一）接收劳务的境内企业（以下统称"接收企业"）向派遣企业支付管理费、服务费性质的款项；

（二）接收企业向派遣企业支付的款项金额超出派遣企业代垫、代付被派遣人员的工资、薪金、社会保险费及其他费用；

（三）派遣企业并未将接收企业支付的相关费用全部发放给被派遣人员，而是保留了一定数额的款项；

（四）派遣企业负担的被派遣人员的工资、薪金未全额在中国缴纳个人所得税；

（五）派遣企业确定被派遣人员的数量、任职资格、薪酬标准及其在中国境内的工作地点。

二、如果派遣企业仅为在接收企业行使股东权利、保障其合法股东权益而派遣人员在中国境内提供劳务的，包括被派遣人员为派遣企业提供对接收企业投资的有关建议、代表派遣企业参加接收企业股东大会或董事会议等活动，均不因该活动在接收企业营业场所进行而认定为派遣企业在中国境内设立机构、场所或常设机构。

三、符合第一条规定的派遣企业和接收企业应按照《非居民承包工程作业和提供劳务税收管理暂行办法》（国家税务总局令第 19 号）规定办理税务登记和备案、税款申报及其他涉税事宜。

四、符合第一条规定的派遣企业应依法准确计算其取得的所得并据实申报缴纳企业所得税；不能如实申报的，税务机关有权按照相关规定核定其应纳税所得额。

五、主管税务机关应加强对派遣行为的税收管理，重点审核下列与派遣行为有关的资料，以及派遣安排的经济实质和执行情况，确定非居民企业所得税纳税义务：

（一）派遣企业、接收企业和被派遣人员之间的合同协议或约定；

（二）派遣企业或接收企业对被派遣人员的管理规定，包括被派遣人员的工作职责、工作内容、工作考核、风险承担等方面的具体规定；

（三）接收企业向派遣企业支付款项及相关账务处理情况，被派遣人员个人所得税申报缴纳资料；

（四）接收企业是否存在通过抵消交易、放弃债权、关联交易或其他形式隐蔽性支付与派遣行为相关费用的情形。

六、主管税务机关根据企业所得税法及本公告规定确定派遣企业纳税义务时，应与被派遣人员提供劳务涉及的个人所得税、营业税的主管税务机关加强协调沟通，交换被派遣人员提供劳务的相关信息，确保税收政策的准确执行。

七、各地在执行本公告规定对非居民企业派遣人员提供劳务进行税务处理时，应严格按照有关规定为派遣企业或接收企业及时办理对外支付相关手续。

八、本公告自 2013 年 6 月 1 日起施行。本公告施行前发生但未作税务处理的事项，依据本公告执行。

特此公告。

国家税务总局
2013 年 4 月 19 日

5.57　财政部　国家税务总局关于企业参与政府统一组织的棚户区改造有关企业所得税政策问题的通知

2013 年 9 月 30 日　财税〔2013〕65 号

各省、自治区、直辖市、计划单列市财政厅（局）、国家税务局、地方税务局，新疆生产建设兵团财务局：

根据《国务院关于加快棚户区改造工作的意见》（国发〔2013〕25 号）精神，为鼓励企业参与政府统一组织的棚户区（危房）改造工作，帮助解决低收入家庭住房困难，现将企业参与政府统一组织的工矿（含中央下放煤矿）棚户区改造、林区棚户区改造、垦区危房改造有关企业所得税政策问题通知如下：

一、企业参与政府统一组织的工矿（含中央下放煤矿）棚户区改造、林区棚户区改造、垦区危房改造并同时符合一定条件的棚户区改造支出，准予在企业所得税前扣除。

二、本通知所称同时符合一定条件的棚户区改造支出，是指同时满足以下条件的棚户区改造支出：

（一）棚户区位于远离城镇、交通不便，市政公用、教育医疗等社会公共服务缺乏城镇依托的独立矿区、林区或垦区；

（二）该独立矿区、林区或垦区不具备商业性房地产开发条件；

（三）棚户区市政排水、给水、供电、供暖、供气、垃圾处理、绿化、消防等市政服务或公共配套设施不齐全；

（四）棚户区房屋集中连片户数不低于 50 户，其中，实际在该棚户区居住且在本地区无其他住房的职工（含离退休职工）户数占总户数的比例不低于 75%；

（五）棚户区房屋按照《房屋完损等级评定标准》和《危险房屋鉴定标准》评定属于危险

房屋、严重损坏房屋的套内面积不低于该片棚户区建筑面积的 25%；

（六）棚户区改造已纳入地方政府保障性安居工程建设规划和年度计划，并由地方政府牵头按照保障性住房标准组织实施；异地建设的，原棚户区土地由地方政府统一规划使用或者按规定实行土地复垦、生态恢复。

三、在企业所得税年度纳税申报时，企业应向主管税务机关提供其棚户区改造支出同时符合本通知第二条规定条件的书面说明材料。

四、本通知自 2013 年 1 月 1 日起施行。2012 年 1 月 10 日财政部与国家税务总局颁布的《关于企业参与政府统一组织的棚户区改造支出企业所得税税前扣除政策有关问题的通知》（财税〔2012〕12 号）同时废止。

财政部　国家税务总局

2013 年 9 月 30 日

5.58　财政部　国家税务总局关于国家大学科技园税收政策的通知

2013 年 12 月 31 日　财税〔2013〕118 号

各省、自治区、直辖市、计划单列市财政厅（局）、国家税务局、地方税务局，新疆生产建设兵团财务局：

为贯彻落实《国务院关于印发实施〈国家中长期科学和技术发展规划纲要（2006－2020年）〉若干配套政策的通知》（国发〔2006〕6 号）、《中共中央　国务院关于深化科技体制改革　加快国家创新体系建设的意见》和《国务院关于进一步支持小微企业健康发展的意见》（国发〔2012〕14 号）等有关文件精神，经国务院批准，现就符合条件的国家大学科技园有关税收政策通知如下：

一、国家大学科技园（以下简称科技园）是以具有较强科研实力的大学为依托，将大学的综合智力资源优势与其他社会优势资源相组合，为高等学校科技成果转化、高新技术企业孵化、创新创业人才培养、产学研结合提供支撑的平台和服务的机构。自 2013 年 1 月 1 日至 2015 年 12 月 31 日，对符合条件的科技园自用以及无偿或通过出租等方式提供给孵化企业使用的房产、土地，免征房产税和城镇土地使用税；对其向孵化企业出租场地、房屋以及提供孵化服务的收入，免征营业税。营业税改征增值税（以下简称营改增）后的营业税优惠政策处理问题由营改增试点过渡政策另行规定。

二、符合非营利组织条件的科技园的收入，按照企业所得税法及其实施条例和有关税收政策规定享受企业所得税优惠政策。

三、享受本通知规定的房产税、城镇土地使用税以及营业税优惠政策的科技园，应同时符合以下条件：

（一）科技园的成立和运行符合国务院科技和教育行政主管部门公布的认定和管理办法，经国务院科技和教育行政管理部门认定，并取得国家大学科技园资格。

（二）科技园应将面向孵化企业出租场地、房屋以及提供孵化服务的业务收入在财务上单独核算。

（三）科技园提供给孵化企业使用的场地面积（含公共服务场地）应占科技园可自主支配场地面积的 60% 以上（含 60%），孵化企业数量应占科技园内企业总数量的 75% 以上（含 75%）。

公共服务场地是指科技园提供给孵化企业共享的活动场所，包括公共餐厅、接待室、会议室、展示室、活动室、技术检测室和图书馆等非盈利性配套服务场地。

四、本通知所称"孵化企业"应当同时符合以下条件：

（一）企业注册地及主要研发、办公场所必须在科技园工作场地内。

（二）属新注册企业或申请进入科技园前企业成立时间不超过 3 年。

（三）企业在科技园的孵化时间不超过 42 个月。海外高层次创业人才或从事生物医药、集成电路设计等特殊领域的创业企业，孵化时间不超过 60 个月。

（四）符合《中小企业划型标准规定》所规定的小型、微型企业划型标准。

（五）迁入的企业，上年营业收入不超过 500 万元。

（六）单一在孵企业使用的孵化场地面积不大于 1000 平方米。从事航空航天、现代农业等特殊领域的单一在孵企业，不大于 3000 平方米。

（七）企业产品（服务）属于科学技术部、财政部、国家税务总局印发的《国家重点支持的高新技术领域》规定的范围，且研究开发费用总额占销售收入总额的比例不低于 4%。

五、本通知所称"孵化服务"是指为孵化企业提供的属于营业税"服务业"税目中"代理业""租赁业"和"其他服务业"中的咨询和技术服务范围内的服务。

六、国务院科技和教育行政主管部门负责组织对科技园是否符合本通知规定的各项条件定期进行审核确认，并出具相应的证明材料，列明纳税人用于孵化的房产和土地的地址、范围、面积等具体信息。

七、本通知规定的房产税、城镇土地使用税和营业税优惠政策按照备案类减免税管理，纳税人应向主管税务机关提出备案申请。凡纳税人骗取本通知规定的税收优惠政策的，除根据现行规定进行处罚外，自发生上述违法违规行为年度起取消其享受本通知规定的税收优惠政策的资格，2 年内不得再次申请。

各主管税务机关要严格执行税收政策，按照税收减免管理办法的有关规定为符合条件的科技园办理税收减免，加强对科技园的日常税收管理和服务。同时，要密切关注税收政策的执行情况，对发现的问题及时逐级向财政部、国家税务总局反映。

请遵照执行。

财政部　国家税务总局
2013 年 12 月 31 日

5.59　国家税务总局关于企业所得税应纳税所得额若干税务处理问题的公告

2012 年 4 月 24 日　国家税务总局公告 2012 年第 15 号

根据《中华人民共和国企业所得税法》（以下简称《企业所得税法》）及其实施条例（以

下简称《实施条例》）以及相关规定，现就企业所得税应纳税所得额若干税务处理问题公告如下：

[条款失效] 一、关于季节工、临时工等费用税前扣除问题

企业因雇用季节工、临时工、实习生、返聘离退休人员以及接受外部劳务派遣用工所实际发生的费用，应区分为工资薪金支出和职工福利费支出，并按《企业所得税法》规定在企业所得税前扣除。其中属于工资薪金支出的，准予计入企业工资薪金总额的基数，作为计算其他各项相关费用扣除的依据。

二、关于企业融资费用支出税前扣除问题

企业通过发行债券、取得贷款、吸收保户储金等方式融资而发生的合理的费用支出，符合资本化条件的，应计入相关资产成本；不符合资本化条件的，应作为财务费用，准予在企业所得税前据实扣除。

三、关于从事代理服务企业营业成本税前扣除问题

从事代理服务、主营业务收入为手续费、佣金的企业（如证券、期货、保险代理等企业），其为取得该类收入而实际发生的营业成本（包括手续费及佣金支出），准予在企业所得税前据实扣除。

四、关于电信企业手续费及佣金支出税前扣除问题

电信企业在发展客户、拓展业务等过程中（如委托销售电话入网卡、电话充值卡等），需向经纪人、代办商支付手续费及佣金的，其实际发生的相关手续费及佣金支出，不超过企业当年收入总额5%的部分，准予在企业所得税前据实扣除。

五、关于筹办期业务招待费等费用税前扣除问题

企业在筹建期间，发生的与筹办活动有关的业务招待费支出，可按实际发生额的60%计入企业筹办费，并按有关规定在税前扣除；发生的广告费和业务宣传费，可按实际发生额计入企业筹办费，并按有关规定在税前扣除。

六、关于以前年度发生应扣未扣支出的税务处理问题

根据《中华人民共和国税收征收管理法》的有关规定，对企业发现以前年度实际发生的、按照税收规定应在企业所得税前扣除而未扣除或者少扣除的支出，企业做出专项申报及说明后，准予追补至该项目发生年度计算扣除，但追补确认期限不得超过5年。

企业由于上述原因多缴的企业所得税税款，可以在追补确认年度企业所得税应纳税款中抵扣，不足抵扣的，可以向以后年度递延抵扣或申请退税。

亏损企业追补确认以前年度未在企业所得税前扣除的支出，或盈利企业经过追补确认后出现亏损的，应首先调整该项支出所属年度的亏损额，然后再按照弥补亏损的原则计算以后年度多缴的企业所得税款，并按前款规定处理。

七、关于企业不征税收入管理问题

企业取得的不征税收入，应按照《财政部　国家税务总局关于专项用途财政性资金企业所得税处理问题的通知》（财税〔2011〕70号，以下简称《通知》）的规定进行处理。凡未按照《通知》规定进行管理的，应作为企业应税收入计入应纳税所得额，依法缴纳企业所得税。

八、关于税前扣除规定与企业实际会计处理之间的协调问题

根据《企业所得税法》第二十一条规定，对企业依据财务会计制度规定，并实际在财务会计处理上已确认的支出，凡没有超过《企业所得税法》和有关税收法规规定的税前扣除范围和标准的，可按企业实际会计处理确认的支出，在企业所得税前扣除，计算其应纳税所得额。

九、本公告施行时间

本公告规定适用于 2011 年度及以后各年度企业应纳税所得额的处理。

特此公告。

国家税务总局

2012 年 4 月 24 日

5.60　国家税务总局关于我国居民企业实行股权激励计划有关企业所得税处理问题的公告

2012 年 5 月 23 日　国家税务总局公告 2012 年第 18 号

为推进我国资本市场改革，促进企业建立健全激励与约束机制，根据国务院证券管理委员会发布的《上市公司股权激励管理办法（试行）》（证监公司字〔2005〕151 号，以下简称《管理办法》）的规定，一些在我国境内上市的居民企业（以下简称上市公司），为其职工建立了股权激励计划。根据《中华人民共和国企业所得税法》及其实施条例（以下简称税法）的有关规定，现就上市公司实施股权激励计划有关企业所得税处理问题，公告如下：

一、本公告所称股权激励，是指《管理办法》中规定的上市公司以本公司股票为标的，对其董事、监事、高级管理人员及其他员工（以下简称激励对象）进行的长期性激励。股权激励实行方式包括授予限制性股票、股票期权以及其他法律法规规定的方式。

限制性股票，是指《管理办法》中规定的激励对象按照股权激励计划规定的条件，从上市公司获得的一定数量的本公司股票。

股票期权，是指《管理办法》中规定的上市公司按照股权激励计划授予激励对象在未来一定期限内，以预先确定的价格和条件购买本公司一定数量股票的权利。

二、上市公司依照《管理办法》要求建立职工股权激励计划，并按我国企业会计准则的有关规定，在股权激励计划授予激励对象时，按照该股票的公允价格及数量，计算确定作为上市公司相关年度的成本或费用，作为换取激励对象提供服务的对价。上述企业建立的职工股权激励计划，其企业所得税的处理，按以下规定执行：

（一）对股权激励计划实行后立即可以行权的，上市公司可以根据实际行权时该股票的公允价格与激励对象实际行权支付价格的差额和数量，计算确定作为当年上市公司工资薪金支出，依照税法规定进行税前扣除。

（二）对股权激励计划实行后，需待一定服务年限或者达到规定业绩条件（以下简称等待期）方可行权的。上市公司等待期内会计上计算确认的相关成本费用，不得在对应年度计算缴纳企业所得税时扣除。在股权激励计划可行权后，上市公司方可根据该股票实际行权时的公允价格与当年激励对象实际行权支付价格的差额及数量，计算确定作为当年上市公司工资薪金支出，依照税法规定进行税前扣除。

（三）本条所指股票实际行权时的公允价格，以实际行权日该股票的收盘价格确定。

三、在我国境外上市的居民企业和非上市公司，凡比照《管理办法》的规定建立职工股权激励计划，且在企业会计处理上，也按我国会计准则的有关规定处理的，其股权激励计划有关企业所得税处理问题，可以按照上述规定执行。

四、本公告自2012年7月1日起施行。

特此公告。

国家税务总局

2012 年 5 月 23 日

5.61　财政部　国家税务总局关于保险公司准备金支出企业所得税税前扣除有关政策问题的通知

2012 年 5 月 15 日　财税〔2012〕45 号

各省、自治区、直辖市、计划单列市财政厅（局）、国家税务局、地方税务局，新疆生产建设兵团财务局：

根据《中华人民共和国企业所得税法》和《中华人民共和国企业所得税法实施条例》（国务院令第512号）的有关规定，现就保险公司准备金支出企业所得税税前扣除有关问题明确如下：

一、保险公司按下列规定缴纳的保险保障基金，准予据实税前扣除：

1. 非投资型财产保险业务，不得超过保费收入的0.8%；投资型财产保险业务，有保证收益的，不得超过业务收入的0.08%，无保证收益的，不得超过业务收入的0.05%。

2. 有保证收益的人寿保险业务，不得超过业务收入的0.15%；无保证收益的人寿保险业务，不得超过业务收入的0.05%。

3. 短期健康保险业务，不得超过保费收入的0.8%；长期健康保险业务，不得超过保费收入的0.15%。

4. 非投资型意外伤害保险业务，不得超过保费收入的0.8%；投资型意外伤害保险业务，有保证收益的，不得超过业务收入的0.08%，无保证收益的，不得超过业务收入的0.05%。

保险保障基金，是指按照《中华人民共和国保险法》和《保险保障基金管理办法》（保监会、财政部、人民银行令2008年第2号）规定缴纳形成的，在规定情形下用于救助保单持有人、保单受让公司或者处置保险业风险的非政府性行业风险救助基金。

保费收入，是指投保人按照保险合同约定，向保险公司支付的保险费。

业务收入，是指投保人按照保险合同约定，为购买相应的保险产品支付给保险公司的全部金额。

非投资型财产保险业务，是指仅具有保险保障功能而不具有投资理财功能的财产保险业务。

投资型财产保险业务，是指兼具有保险保障与投资理财功能的财产保险业务。

有保证收益，是指保险产品在投资收益方面提供固定收益或最低收益保障。

无保证收益，是指保险产品在投资收益方面不提供收益保证，投保人承担全部投资风险。

二、保险公司有下列情形之一的，其缴纳的保险保障基金不得在税前扣除：

1. 财产保险公司的保险保障基金余额达到公司总资产6%的。

2. 人身保险公司的保险保障基金余额达到公司总资产1%的。

三、保险公司按国务院财政部门的相关规定提取的未到期责任准备金、寿险责任准备金、长期健康险责任准备金、已发生已报案未决赔款准备金和已发生未报案未决赔款准备金，准予在税前扣除。

1. 未到期责任准备金、寿险责任准备金、长期健康险责任准备金依据经中国保监会核准任职资格的精算师或出具专项审计报告的中介机构确定的金额提取。

未到期责任准备金，是指保险人为尚未终止的非寿险保险责任提取的准备金。

寿险责任准备金，是指保险人为尚未终止的人寿保险责任提取的准备金。

长期健康险责任准备金，是指保险人为尚未终止的长期健康保险责任提取的准备金。

2. 已发生已报案未决赔款准备金，按最高不超过当期已经提出的保险赔款或者给付金额的 100% 提取；已发生未报案未决赔款准备金按不超过当年实际赔款支出额的 8% 提取。

已发生已报案未决赔款准备金，是指保险人为非寿险保险事故已经发生并已向保险人提出索赔、尚未结案的赔案提取的准备金。

已发生未报案未决赔款准备金，是指保险人为非寿险保险事故已经发生、尚未向保险人提出索赔的赔案提取的准备金。

四、保险公司实际发生的各种保险赔款、给付，应首先冲抵按规定提取的准备金，不足冲抵部分，准予在当年税前扣除。

五、本通知自 2011 年 1 月 1 日至 2015 年 12 月 31 日执行。

财政部　国家税务总局

2012 年 5 月 15 日

5.62　国家税务总局关于企业所得税核定征收有关问题的公告

2012 年 6 月 19 日　国家税务总局公告 2012 年第 27 号

根据《中华人民共和国企业所得税法》及其实施条例、《国家税务总局关于印发〈企业所得税核定征收办法〉（试行）的通知》（国税发〔2008〕30 号）和《国家税务总局关于企业所得税核定征收若干问题的通知》（国税函〔2009〕377 号）的相关规定，现就企业所得税核定征收若干问题公告如下：

一、专门从事股权（股票）投资业务的企业，不得核定征收企业所得税。

二、依法按核定应税所得率方式核定征收企业所得税的企业，取得的转让股权（股票）收入等转让财产收入，应全额计入应税收入额，按照主营项目（业务）确定适用的应税所得率计算征税；若主营项目（业务）发生变化，应在当年汇算清缴时，按照变化后的主营项目（业务）重新确定适用的应税所得率计算征税。

三、本公告自 2012 年 1 月 1 日起施行。

企业以前年度尚未处理的上述事项，按照本公告的规定处理；已经处理的，不再调整。

国家税务总局

2012 年 6 月 19 日

5.63　财政部　国家税务总局关于广告费和业务宣传费支出税前扣除政策的通知

2012 年 5 月 30 日　财税〔2012〕48 号

各省、自治区、直辖市、计划单列市财政厅（局）、国家税务局、地方税务局，新疆生产建设兵团财务局：

根据《中华人民共和国企业所得税法实施条例》（国务院令第 512 号）第四十四条规定，现就有关广告费和业务宣传费支出税前扣除政策通知如下：

1. 对化妆品制造与销售、医药制造和饮料制造（不含酒类制造，下同）企业发生的广告费和业务宣传费支出，不超过当年销售（营业）收入 30% 的部分，准予扣除；超过部分，准予在以后纳税年度结转扣除。

2. 对签订广告费和业务宣传费分摊协议（以下简称分摊协议）的关联企业，其中一方发生的不超过当年销售（营业）收入税前扣除限额比例内的广告费和业务宣传费支出可以在本企业扣除，也可以将其中的部分或全部按照分摊协议归集至另一方扣除。另一方在计算本企业广告费和业务宣传费支出企业所得税税前扣除限额时，可将按照上述办法归集至本企业的广告费和业务宣传费不计算在内。

3. 烟草企业的烟草广告费和业务宣传费支出，一律不得在计算应纳税所得额时扣除。

4. 本通知自 2011 年 1 月 1 日起至 2015 年 12 月 31 日止执行。

财政部　国家税务总局
2012 年 5 月 30 日

5.64　财政部　国家税务总局　中国人民银行关于印发《跨省市总分机构企业所得税分配及预算管理办法》的通知

2012 年 6 月 12 日　财预〔2012〕40 号

各省、自治区、直辖市、计划单列市财政厅（局），国家税务局，地方税务局，财政部驻各省、自治区、直辖市、计划单列市财政监察专员办事处，中国人民银行上海总部，各分行、营业管理部，省会（首府）城市中心支行，深圳、大连、青岛、厦门、宁波市中心支行：

现将《跨省市总分机构企业所得税分配及预算管理办法》印发给你们，请认真贯彻执行。

附件：

跨省市总分机构企业所得税分配及预算管理办法

为了保证《中华人民共和国企业所得税法》的顺利实施，妥善处理地区间利益分配关系，做好跨省市总分机构企业所得税收入的征缴和分配管理工作，制定本办法。

一、主要内容

（一）基本方法。

统一计算、分级管理、就地预缴、汇总清算、财政调库

属于中央与地方共享范围的跨省市总分机构企业缴纳的企业所得税，按照统一规范、兼顾总机构和分支机构所在地利益的原则，实行"统一计算、分级管理、就地预缴、汇总清算、财政调库"的处理办法，总分机构统一计算的当期应纳税额的地方分享部分中，25%由总机构所在地分享，50%由各分支机构所在地分享，25%按一定比例在各地间进行分配。

统一计算，是指居民企业应统一计算包括各个不具有法人资格营业机构在内的企业全部应纳税所得额、应纳税额。总机构和分支机构适用税率不一致的，应分别按适用税率计算应纳所得税额。

分级管理，是指居民企业总机构、分支机构，分别由所在地主管税务机关属地进行监督和管理。

就地预缴，是指居民企业总机构、分支机构，应按本办法规定的比例分别就地按月或者按季向所在地主管税务机关申报、预缴企业所得税。

汇总清算，是指在年度终了后，总分机构企业根据统一计算的年度应纳税所得额、应纳所得税额，抵减总机构、分支机构当年已就地分期预缴的企业所得税款后，多退少补。

财政调库，是指财政部定期将缴入中央总金库的跨省市总分机构企业所得税待分配收入，按照核定的系数调整至地方国库。

（二）适用范围。

跨省市总分机构企业是指跨省（自治区、直辖市和计划单列市，下同）设立不具有法人资格分支机构的居民企业。

总机构和具有主体生产经营职能的二级分支机构就地预缴企业所得税。三级及三级以下分支机构，其营业收入、职工薪酬和资产总额等统一并入二级分支机构计算。

按照现行财政体制的规定，国有邮政企业（包括中国邮政集团公司及其控股公司和直属单位）、中国工商银行股份有限公司、中国农业银行股份有限公司、中国银行股份有限公司、国家开发银行股份有限公司、中国农业发展银行、中国进出口银行、中国投资有限责任公司、中国建设银行股份有限公司、中国建银投资有限责任公司、中国信达资产管理股份有限公司、中国石油天然气股份有限公司、中国石油化工股份有限公司、海洋石油天然气企业（包括中国海洋石油总公司、中海石油（中国）有限公司、中海油田服务股份有限公司、海洋石油工程股份有限公司）、中国长江电力股份有限公司等企业总分机构缴纳的企业所得税（包括滞纳金、罚款收入）为中央收入，全额上缴中央国库，不实行本办法。

不具有主体生产经营职能且在当地不缴纳营业税、增值税的产品售后服务、内部研发、仓储等企业内部辅助性的二级分支机构以及上年度符合条件的小型微利企业及其分支机构，不实行本办法。

居民企业在中国境外设立不具有法人资格分支机构的，按本办法计算有关分期预缴企业所

得税时，其应纳税所得额、应纳所得税额及分摊因素数额，均不包括其境外分支机构。

二、预算科目

从 2013 年起，在《政府收支分类科目》中增设 1010449 项"分支机构汇算清缴所得税"科目，其下设 01 目"国有企业分支机构汇算清缴所得税"、02 目"股份制企业分支机构汇算清缴所得税"、03 目"港澳台和外商投资企业分支机构汇算清缴所得税"、99 目"其他企业分支机构汇算清缴所得税"，有关科目说明及其他修订情况见《2013 年政府收支分类科目》。

三、税款预缴

由总机构统一计算企业应纳税所得额和应纳所得税额，并分别由总机构、分支机构按月或按季就地预缴。

（一）分支机构分摊预缴税款。

总机构在每月或每季终了之日起十日内，按照上年度各省市分支机构的营业收入、职工薪酬和资产总额三个因素，将统一计算的企业当期应纳税额的 50% 在各分支机构之间进行分摊（总机构所在省市同时设有分支机构的，同样按三个因素分摊），各分支机构根据分摊税款就地办理缴库，所缴纳税款收入由中央与分支机构所在地按 60：40 分享。分摊时三个因素权重依次为 0.35、0.35 和 0.3。当年新设立的分支机构第二年起参与分摊；当年撤销的分支机构自办理注销税务登记之日起不参与分摊。

本办法所称的分支机构营业收入，是指分支机构销售商品、提供劳务、让渡资产使用权等日常经营活动实现的全部收入。其中，生产经营企业分支机构营业收入是指生产经营企业分支机构销售商品、提供劳务、让渡资产使用权等取得的全部收入；金融企业分支机构营业收入是指金融企业分支机构取得的利息、手续费、佣金等全部收入；保险企业分支机构营业收入是指保险企业分支机构取得的保费等全部收入。

本办法所称的分支机构职工薪酬，是指分支机构为获得职工提供的服务而给予职工的各种形式的报酬。

本办法所称的分支机构资产总额，是指分支机构在 12 月 31 日拥有或者控制的资产合计额。

各分支机构分摊预缴额按下列公式计算：

各分支机构分摊预缴额 = 所有分支机构应分摊的预缴总额 × 该分支机构分摊比例

其中：

所有分支机构应分摊的预缴总额 = 统一计算的企业当期应纳所得税额 × 50%

该分支机构分摊比例 = （该分支机构营业收入/各分支机构营业收入之和）× 0.35 + （该分支机构职工薪酬/各分支机构职工薪酬之和）× 0.35 + （该分支机构资产总额/各分支机构资产总额之和）× 0.30

以上公式中，分支机构仅指需要参与就地预缴的分支机构。

（二）总机构就地预缴税款。

总机构应将统一计算的企业当期应纳税额的 25%，就地办理缴库，所缴纳税款收入由中央与总机构所在地按 60：40 分享。

（三）总机构预缴中央国库税款。

总机构应将统一计算的企业当期应纳税额的剩余 25%，就地全额缴入中央国库，所缴纳税款收入 60% 为中央收入，40% 由财政部按照 2004 年至 2006 年各省市三年实际分享企业所得税占地方分享总额的比例定期向各省市分配。

四、汇总清算

企业总机构汇总计算企业年度应纳所得税额，扣除总机构和各境内分支机构已预缴的税款，计算出应补应退税款，分别由总机构和各分支机构（不包括当年已办理注销税务登记的分支机构）就地办理税款缴库或退库。

（一）补缴的税款按照预缴的分配比例，50%由各分支机构就地办理缴库，所缴纳税款收入由中央与分支机构所在地按60：40分享；25%由总机构就地办理缴库，所缴纳税款收入由中央与总机构所在地按60：40分享；其余25%部分就地全额缴入中央国库，所缴纳税款收入中60%为中央收入，40%由财政部按照2004年至2006年各省市三年实际分享企业所得税占地方分享总额的比例定期向各省市分配。

（二）多缴的税款按照预缴的分配比例，50%由各分支机构就地办理退库，所退税款由中央与分支机构所在地按60：40分担；25%由总机构就地办理退库，所退税款由中央与总机构所在地按60：40分担；其余25%部分就地从中央国库退库，其中60%从中央级1010442项"总机构汇算清缴所得税"下有关科目退付，40%从中央级1010443项"企业所得税待分配收入"下有关科目退付。

五、税款缴库程序

（一）分支机构分摊的预缴税款、汇算补缴税款、查补税款（包括滞纳金和罚款）由分支机构办理就地缴库。分支机构所在地税务机关开具税收缴款书，预算科目栏按企业所有制性质对应填写1010440项"分支机构预缴所得税"、1010449项"分支机构汇算清缴所得税"和1010450项"企业所得税查补税款、滞纳金、罚款收入"下的有关目级科目名称及代码，"级次"栏填写"中央60%、地方40%"。

（二）总机构就地预缴、汇算补缴、查补税款（包括滞纳金和罚款）由总机构合并办理就地缴库。中央与地方分配方式为中央60%，企业所得税待分配收入（暂列中央收入）20%，总机构所在地20%。总机构所在地税务机关开具税收缴款书，预算科目栏按企业所有制性质对应填写1010441项"总机构预缴所得税"、1010442项"总机构汇算清缴所得税"和1010450项"企业所得税查补税款、滞纳金、罚款收入"下的有关目级科目名称及代码，"级次"栏按上述分配比例填写"中央60%、中央20%（待分配）、地方20%"。

国库部门收到税款（包括滞纳金和罚款）后，将其中60%列入中央级1010441项"总机构预缴所得税"、1010442项"总机构汇算清缴所得税"和1010450项"企业所得税查补税款、滞纳金、罚款收入"下有关目级科目，20%列入中央级1010443项"企业所得税待分配收入"下有关目级科目，20%列入地方级1010441项"总机构预缴所得税"、1010442项"总机构汇算清缴所得税"和1010450项"企业所得税查补税款、滞纳金、罚款收入"下有关目级科目。

（三）多缴的税款由分支机构和总机构所在地税务机关开具收入退还书并按规定办理退库。收入退还书预算科目按企业所有制性质对应填写，预算级次按原缴款时的级次填写。

六、财政调库

财政部根据2004年至2006年各省市三年实际分享企业所得税占地方分享总额的比例，定期向中央总金库按目级科目开具分地区调库划款指令，将"企业所得税待分配收入"全额划转至地方国库。地方国库收款后，全额列入地方级1010441项"总机构预缴所得税"下的目级科目办理入库，并通知同级财政部门。

七、其他

（一）跨省市总分机构企业缴纳的所得税查补税款、滞纳金、罚款收入，按中央与地方60：

40 分成比例就地缴库。需要退还的所得税查补税款、滞纳金和罚款收入仍按现行管理办法办理审批退库手续。

（二）财政部于每年 1 月初按中央总金库截至上年 12 月 31 日的跨省市总分机构企业所得税待分配收入进行分配，并在库款报解整理期（1 月 1 日至 1 月 10 日）内划转至地方国库；地方国库收到下划资金后，金额纳入上年度地方预算收入。地方财政列入上年度收入决算。各省市分库在 12 月 31 日向中央总金库报解最后一份中央预算收入日报表后，整理期内再收纳的跨省市分机构企业缴纳的所得税，统一作为新年度的缴库收入处理。

（三）税务机关与国库部门在办理总机构缴纳的所得税对账时，需要将 1010441 项"总机构预缴所得税"、42 项"总机构汇算清缴所得税"、43 项"企业所得税待分配收入"下设的目级科目按级次核对一致。

（四）本办法自 2013 年 1 月 1 日起执行。《财政部 国家税务总局中国人民银行关于印发〈跨省市总分机构企业所得税分配及预算管理暂行办法〉的通知》（财预〔2008〕10 号）同时废止。

（五）分配给地方的跨省市总分机构企业所得税收入，以及省区域内跨市县经营企业缴纳的企业所得税收入，可参照本办法制定省以下分配与预算管理办法。

补充文件——财预〔2012〕453 号财政部、国家税务总局、中国人民银行关于《跨省市总分机构企业所得税分配及预算管理办法》的补充通知配套文件——国家税务总局公告 2012 年第 57 号国家税务总局关于印发《跨地区经营汇总纳税企业所得税征收管理办法》的公告

财政部 国家税务总局 中国人民银行

2012 年 6 月 12 日

5.65 财政部 国家税务总局 中国人民银行关于《跨省市总分机构企业所得税分配及预算管理办法》的补充通知

2012 年 12 月 25 日 财预〔2012〕453 号

各省、自治区、直辖市、计划单列市财政厅（局）、国家税务局、地方税务局，财政部驻各省、自治区、直辖市、计划单列市财政监察专员办事处，中国人民银行上海总部，各分行、营业管理部，省会（首府）城市中心支行，深圳、大连、青岛、厦门、宁波市中心支行：

为更好落实《财政部 国家税务总局 中国人民银行关于印发〈跨省市总分机构企业所得税分配及预算管理办法〉的通知》（财预〔2012〕40 号），现对有关事项补充通知如下：

一、关于分支机构查补收入的归属。二级分支机构所在地主管税务机关自行对二级分支机构实施税务检查，二级分支机构应将查补所得税款、滞纳金、罚款地方分享部分的 50% 归属该二级分支机构所在地，就地办理缴库；其余 50% 分摊给总机构办理缴库，其中，25% 归属总机构所在地，25% 就地全额缴入中央国库，由中央财政按照一定比例在各地区间分配。

二、关于税款滞纳金、罚款收入的归属。除查补税款滞纳金、罚款收入实行跨地区分享外，跨省市总分机构企业缴纳的其他企业所得税滞纳金、罚款收入不实行跨地区分享，按照规定的缴库程序就地缴库。

三、关于预算科目的调整。将财预〔2012〕40 号文件和 2013 年《政府收支分类科目》中

1010450 项名称修改为"企业所得税税款滞纳金、罚款、加收利息收入"。1010450 项下 01 目名称修改为"内资企业所得税税款滞纳金、罚款、加收利息收入";02 目名称修改为"港澳台和外商投资企业所得税税款滞纳金、罚款、加收利息收入";03 目名称修改为"中央企业所得税税款滞纳金、罚款、加收利息收入"。科目具体修改情况见附件。

四、关于缴库程序。分支机构分摊的查补税款入库的预算科目为 1010449 项"分支机构汇算清缴所得税"下的有关目级科目,级次为"中央 60%、地方 40%";滞纳金、罚款入库的预算科目为 1010450 项"企业所得税税款滞纳金、罚款、加收利息收入"下的有关目级科目,级次为"中央 60%、地方 40%"。

总机构分摊的查补税款入库的预算科目为 1010442 项"总机构汇算清缴所得税"下的有关目级科目,级次为"中央 60%、中央 20%(待分配)、地方 20%";滞纳金、罚款入库的预算科目为 1010450 项"企业所得税税款滞纳金、罚款、加收利息收入"下的有关目级科目,级次为"中央 60%、中央 20%(待分配)、地方 20%"。国库部门收到总机构企业查补税款和滞纳金、罚款后,将其中 60% 列入中央级 1010442 项"总机构汇算清缴所得税"下的有关目级科目和 1010450 项"企业所得税税款滞纳金、罚款、加收利息收入"下的有关目级科目,20% 列入中央级 1010443"企业所得税待分配收入"下的有关目级科目,20% 列入地方级 1010442 项"总机构汇算清缴所得税"下的有关目级科目和 1010450 项"企业所得税税款滞纳金、罚款、加收利息收入"下的有关目级科目。

五、其他。本办法实施后,缴纳和退还 2012 年及以前年度的企业所得税,仍按原办法执行。

财预〔2012〕40 号文件规定与本文规定不一致的,按本文规定执行。

附件:2013 年政府收支分类科目修订前后对照表(略)

财政部　国家税务总局　中国人民银行

2012 年 12 月 25 日

5.66　国家税务总局关于发布《企业政策性搬迁 所得税管理办法》的公告

2012 年 8 月 10 日　国家税务总局公告 2012 年第 40 号

现将《企业政策性搬迁所得税管理办法》予以发布,自 2012 年 10 月 1 日起施行。

特此公告。

国家税务总局

2012 年 8 月 10 日

企业政策性搬迁所得税管理办法

第一章　总则

第一条　为规范企业政策性搬迁的所得税征收管理,根据《中华人民共和国企业所得税法》（以下简称《企业所得税法》）及其实施条例的有关规定，制定本办法。

第二条 本办法执行范围仅限于企业政策性搬迁过程中涉及的所得税征收管理事项，不包括企业自行搬迁或商业性搬迁等非政策性搬迁的税务处理事项。

第三条 企业政策性搬迁，是指由于社会公共利益的需要，在政府主导下企业进行整体搬迁或部分搬迁。企业由于下列需要之一，提供相关文件证明资料的，属于政策性搬迁：

（一）国防和外交的需要；

（二）由政府组织实施的能源、交通、水利等基础设施的需要；

（三）由政府组织实施的科技、教育、文化、卫生、体育、环境和资源保护、防灾减灾、文物保护、社会福利、市政公用等公共事业的需要；

（四）由政府组织实施的保障性安居工程建设的需要；

（五）由政府依照《中华人民共和国城乡规划法》有关规定组织实施的对危房集中、基础设施落后等地段进行旧城区改建的需要；

（六）法律、行政法规规定的其他公共利益的需要。

第四条 企业应按本办法的要求，就政策性搬迁过程中涉及的搬迁收入、搬迁支出、搬迁资产税务处理、搬迁所得等所得税征收管理事项，单独进行税务管理和核算。不能单独进行税务管理和核算的，应视为企业自行搬迁或商业性搬迁等非政策性搬迁进行所得税处理，不得执行本办法规定。

第二章 搬迁收入

第五条 企业的搬迁收入，包括搬迁过程中从本企业以外（包括政府或其他单位）取得的搬迁补偿收入，以及本企业搬迁资产处置收入等。

第六条 企业取得的搬迁补偿收入，是指企业由于搬迁取得的货币性和非货币性补偿收入。具体包括：

（一）对被征用资产价值的补偿；

（二）因搬迁、安置而给予的补偿；

（三）对停产停业形成的损失而给予的补偿；

（四）资产搬迁过程中遭到毁损而取得的保险赔款；

（五）其他补偿收入。

第七条 企业搬迁资产处置收入，是指企业由于搬迁而处置企业各类资产所取得的收入。

企业由于搬迁处置存货而取得的收入，应按正常经营活动取得的收入进行所得税处理，不作为企业搬迁收入。

第三章 搬迁支出

第八条 企业的搬迁支出，包括搬迁费用支出以及由于搬迁所发生的企业资产处置支出。

第九条 搬迁费用支出，是指企业搬迁期间所发生的各项费用，包括安置职工实际发生的费用、停工期间支付给职工的工资及福利费、临时存放搬迁资产而发生的费用、各类资产搬迁安装费用以及其他与搬迁相关的费用。

第十条 资产处置支出，是指企业由于搬迁而处置各类资产所发生的支出，包括变卖及处置各类资产的净值、处置过程中所发生的税费等支出。

企业由于搬迁而报废的资产，如无转让价值，其净值作为企业的资产处置支出。

第四章　搬迁资产税务处理

第十一条　企业搬迁的资产，简单安装或不需要安装即可继续使用的，在该项资产重新投入使用后，就其净值按《企业所得税法》及其实施条例规定的该资产尚未折旧或摊销的年限，继续计提折旧或摊销。

第十二条　企业搬迁的资产，需要进行大修理后才能重新使用的，应就该资产的净值，加上大修理过程所发生的支出，为该资产的计税成本。在该项资产重新投入使用后，按该资产尚可使用的年限，计提折旧或摊销。

第十三条　企业搬迁中被征用的土地，采取土地置换的，换入土地的计税成本按被征用土地的净值，以及该换入土地投入使用前所发生的各项费用支出，为该换入土地的计税成本，在该换入土地投入使用后，按《企业所得税法》及其实施条例规定年限摊销。

第十四条　企业搬迁期间新购置的各类资产，应按《企业所得税法》及其实施条例等有关规定，计算确定资产的计税成本及折旧或摊销年限。企业发生的购置资产支出，不得从搬迁收入中扣除。

第五章　应税所得

第十五条　企业在搬迁期间发生的搬迁收入和搬迁支出，可以暂不计入当期应纳税所得额，而在完成搬迁的年度，对搬迁收入和支出进行汇总清算。

第十六条　企业的搬迁收入，扣除搬迁支出后的余额，为企业的搬迁所得。

企业应在搬迁完成年度，将搬迁所得计入当年度企业应纳税所得额计算纳税。

第十七条　下列情形之一的，为搬迁完成年度，企业应进行搬迁清算，计算搬迁所得：

（一）从搬迁开始，5 年内（包括搬迁当年度）任何一年完成搬迁的。

（二）从搬迁开始，搬迁时间满 5 年（包括搬迁当年度）的年度。

第十八条　企业搬迁收入扣除搬迁支出后为负数的，应为搬迁损失。搬迁损失可在下列方法中选择其一进行税务处理：

（一）在搬迁完成年度，一次性作为损失进行扣除。

（二）自搬迁完成年度起分 3 个年度，均匀在税前扣除。

上述方法由企业自行选择，但一经选定，不得改变。

第十九条　企业同时符合下列条件的，视为已经完成搬迁：

（一）搬迁规划已基本完成；

（二）当年生产经营收入占规划搬迁前年度生产经营收入 50％ 以上。

第二十条　企业边搬迁、边生产的，搬迁年度应从实际开始搬迁的年度计算。

第二十一条　企业以前年度发生尚未弥补的亏损的，凡企业由于搬迁停止生产经营无所得的，从搬迁年度次年起，至搬迁完成年度前一年度止，可作为停止生产经营活动年度，从法定亏损结转弥补年限中减除；企业边搬迁、边生产的，其亏损结转年度应连续计算。

第六章　征收管理

第二十二条　企业应当自搬迁开始年度，至次年 5 月 31 日前，向主管税务机关（包括迁出地和迁入地）报送政策性搬迁依据、搬迁规划等相关材料。逾期未报的，除特殊原因并经主管税务机关认可外，按非政策性搬迁处理，不得执行本办法的规定。

第二十三条　企业应向主管税务机关报送的政策性搬迁依据、搬迁规划等相关材料，包括：

（一）政府搬迁文件或公告；

（二）搬迁重置总体规划；

（三）拆迁补偿协议；

（四）资产处置计划；

（五）其他与搬迁相关的事项。

第二十四条　企业迁出地和迁入地主管税务机关发生变化的，由迁入地主管税务机关负责企业搬迁清算。

第二十五条　企业搬迁完成当年，其向主管税务机关报送企业所得税年度纳税申报表时，应同时报送《企业政策性搬迁清算损益表》（表样附后）及相关材料。

［条款失效］**第二十六条**　企业在本办法生效前尚未完成搬迁的，符合本办法规定的搬迁事项，一律按本办法执行。本办法生效年度以前已经完成搬迁且已按原规定进行税务处理的，不再调整。

第二十七条　本办法未规定的企业搬迁税务事项，按照《企业所得税法》及其实施条例等相关规定进行税务处理。

第二十八条　本办法施行后，《国家税务总局关于企业政策性搬迁或处置收入有关企业所得税处理问题的通知》（国税函〔2009〕118 号）同时废止。

附件：中华人民共和国企业政策性搬迁清算损益表

附件：中华人民共和国企业政策性搬迁清算损益表

政策性搬迁期间：　　　年　月　日至　年　月　日

纳税人名称：

纳税人识别号：□□□□□□□□□□□□□□□　　　　　　金额单位：元（列至角分）

类别	行次	项目	金额
搬迁收入	1	对被征用资产价值的补偿	
	2	因搬迁、安置而给予的补偿	
	3	对停产停业形成的损失而给予的补偿	
	4	资产搬迁过程中遭到毁损而取得的保险赔款	
	5	搬迁资产处置收入	
	6	其他搬迁收入	
	7	搬迁收入合计（1＋2＋3＋4＋5＋6）	

续表

类别	行次	项目	金额
搬迁支出	8	安置职工实际发生的费用	
	9	停工期间支付给职工的工资及福利费	
	10	临时存放搬迁资产而发生的费用	
	11	各类资产搬迁安装费用	
	12	资产处置支出	
	13	其他搬迁支出	
	14	搬迁支出合计（8＋9＋10＋11＋12＋13）	
搬迁所得（或损失）	15	搬迁所得（或损失）（7－14）	

纳税人盖章： 经办人签字： 申报日期： 　　　　年　月　日	代理申报中介机构盖章： 经办人签字及执业证件号码： 代理申报日期： 　　　　年　月　日	主管税务机关 受理专用章： 受理人签字： 受理日期： 　　　　年　月　日

5.67　国家税务总局关于深入实施西部大开发战略有关企业所得税问题的公告

2012 年 4 月 6 日　国家税务总局公告 2012 年第 12 号

根据《中华人民共和国企业所得税法》（以下简称《企业所得税法》）及其实施条例和《财政部　国家税务总局　海关总署关于深入实施西部大开发战略有关税收政策问题的通知》（财税〔2011〕58 号）的规定，现将深入实施西部大开发战略有关企业所得税问题公告如下：

［部分废止］一、自 2011 年 1 月 1 日至 2020 年 12 月 31 日，对设在西部地区以《西部地区鼓励类产业目录》中规定的产业项目为主营业务，且其当年度主营业务收入占企业收入总额 70% 以上的企业，可减按 15% 税率缴纳企业所得税。

上述所称收入总额，是指《企业所得税法》第六条规定的收入总额。

二、企业应当在年度汇算清缴前向主管税务机关提出书面申请并附送相关资料。第一年须报主管税务机关审核确认，第二年及以后年度实行备案管理。各省、自治区、直辖市和计划单列市税务机关可结合本地实际制定具体审核、备案管理办法，并报国家税务总局（所得税司）备案。

凡对企业主营业务是否属于《西部地区鼓励类产业目录》难以界定的，税务机关应要求企业提供省级（含副省级）政府有关行政主管部门或其授权的下一级行政主管部门出具的证明文件。

企业主营业务属于《西部地区鼓励类产业目录》范围的，经主管税务机关确认，可按照15%税率预缴企业所得税。年度汇算清缴时，其当年度主营业务收入占企业总收入的比例达不到规定标准的，应按税法规定的税率计算申报并进行汇算清缴。

三、在《西部地区鼓励类产业目录》公布前，企业符合《产业结构调整指导目录（2005年版）》《产业结构调整指导目录（2011年版）》《外商投资产业指导目录（2007年修订）》和《中西部地区优势产业目录（2008年修订）》范围的，经税务机关确认后，其企业所得税可按照15%税率缴纳。《西部地区鼓励类产业目录》公布后，已按15%税率进行企业所得税汇算清缴的企业，若不符合本公告第一条规定的条件，可在履行相关程序后，按税法规定的适用税率重新计算申报。

四、2010年12月31日前新办的交通、电力、水利、邮政、广播电视企业，凡已经按照《国家税务总局关于落实西部大开发有关税收政策具体实施意见的通知》（国税发〔2002〕47号）第二条第二款规定，取得税务机关审核批准的，其享受的企业所得税"两免三减半"优惠可以继续享受到期满为止；凡符合享受原西部大开发税收优惠规定条件，但由于尚未取得收入或尚未进入获利年度等原因，2010年12月31日前尚未按照国税发〔2002〕47号第二条规定完成税务机关审核确认手续的，可按照本公告的规定，履行相关手续后享受原税收优惠。

五、根据《财政部　国家税务总局关于执行企业所得税优惠政策若干问题的通知》（财税〔2009〕69号）第一条及第二条的规定，企业既符合西部大开发15%优惠税率条件，又符合《企业所得税法》及其实施条例和国务院规定的各项税收优惠条件的，可以同时享受。在涉及定期减免税的减半期内，可以按照企业适用税率计算的应纳税额减半征税。

六、在优惠地区内外分别设有机构的企业享受西部大开发优惠税率问题

（一）总机构设在西部大开发税收优惠地区的企业，仅就设在优惠地区的总机构和分支机构（不含优惠地区外设立的二级分支机构在优惠地区内设立的三级以下分支机构）的所得确定适用15%优惠税率。在确定该企业是否符合优惠条件时，以该企业设在优惠地区的总机构和分支机构的主营业务是否符合《西部地区鼓励类产业目录》及其主营业务收入占其收入总额的比重加以确定，不考虑该企业设在优惠地区以外分支机构的因素。该企业应纳所得税额的计算和所得税缴纳，按照《国家税务总局关于印发〈跨地区经营汇总纳税企业所得税征收管理暂行办法〉的通知》（国税发〔2008〕28号）第十六条和《国家税务总局关于跨地区经营汇总纳税企业所得税征收管理若干问题的通知》（国税函〔2009〕221号）第二条的规定执行。有关审核、备案手续向总机构主管税务机关申请办理。

（二）总机构设在西部大开发税收优惠地区外的企业，其在优惠地区内设立的分支机构（不含仅在优惠地区内设立的三级以下分支机构），仅就该分支机构所得确定适用15%优惠税率。在确定该分支机构是否符合优惠条件时，仅以该分支机构的主营业务是否符合《西部地区鼓励类产业目录》及其主营业务收入占其收入总额的比重加以确定。该企业应纳所得税额的计算和所得税缴纳，按照国税发〔2008〕28号第十六条和国税函〔2009〕221号第二条的规定执行。有关审核、备案手续向分支机构主管税务机关申请办理，分支机构主管税务机关需将该分支机构享受西部大开发税收优惠情况及时函告总机构所在地主管税务机关。

七、本公告自2011年1月1日起施行。

特此公告。

国家税务总局
2012年4月6日

5.68 国家税务总局关于企业所得税若干问题的公告

2011 年 6 月 9 日 国家税务总局公告 2011 年第 34 号

根据《中华人民共和国企业所得税法》（以下简称税法）以及《中华人民共和国企业所得税法实施条例》（以下简称《实施条例》）的有关规定，现就企业所得税若干问题公告如下：

一、关于金融企业同期同类贷款利率确定问题

根据《实施条例》第三十八条规定，非金融企业向非金融企业借款的利息支出，不超过按照金融企业同期同类贷款利率计算的数额的部分，准予税前扣除。鉴于目前我国对金融企业利率要求的具体情况，企业在按照合同要求首次支付利息并进行税前扣除时，应提供"金融企业的同期同类贷款利率情况说明"，以证明其利息支出的合理性。

"金融企业的同期同类贷款利率情况说明"中，应包括在签订该借款合同当时，本省任何一家金融企业提供同期同类贷款利率情况。该金融企业应为经政府有关部门批准成立的可以从事贷款业务的企业，包括银行、财务公司、信托公司等金融机构。"同期同类贷款利率"是指在贷款期限、贷款金额、贷款担保以及企业信誉等条件基本相同下，金融企业提供贷款的利率。既可以是金融企业公布的同期同类平均利率，也可以是金融企业对某些企业提供的实际贷款利率。

二、关于企业员工服饰费用支出扣除问题

企业根据其工作性质和特点，由企业统一制作并要求员工工作时统一着装所发生的工作服饰费用，根据《实施条例》第二十七条的规定，可以作为企业合理的支出给予税前扣除。

三、关于航空企业空勤训练费扣除问题

航空企业实际发生的飞行员养成费、飞行训练费、乘务训练费、空中保卫员训练费等空勤训练费用，根据《实施条例》第二十七条规定，可以作为航空企业运输成本在税前扣除。

四、关于房屋、建筑物固定资产改扩建的税务处理问题

企业对房屋、建筑物固定资产在未足额提取折旧前进行改扩建的，如属于推倒重置的，该资产原值减除提取折旧后的净值，应并入重置后的固定资产计税成本，并在该固定资产投入使用后的次月起，按照税法规定的折旧年限，一并计提折旧；如属于提升功能、增加面积的，该固定资产的改扩建支出，并入该固定资产计税基础，并从改扩建完工投入使用后的次月起，重新按税法规定的该固定资产折旧年限计提折旧，如该改扩建后的固定资产尚可使用的年限低于税法规定的最低年限的，可以按尚可使用的年限计提折旧。

五、投资企业撤回或减少投资的税务处理

投资企业从被投资企业撤回或减少投资，其取得的资产中，相当于初始出资的部分，应确认为投资收回；相当于被投资企业累计未分配利润和累计盈余公积按减少实收资本比例计算的部分，应确认为股息所得；其余部分确认为投资资产转让所得。

被投资企业发生的经营亏损，由被投资企业按规定结转弥补；投资企业不得调整减低其投资成本，也不得将其确认为投资损失。

六、关于企业提供有效凭证时间问题

企业当年度实际发生的相关成本、费用，由于各种原因未能及时取得该成本、费用的有效凭证，企业在预缴季度所得税时，可暂按账面发生金额进行核算；但在汇算清缴时，应补充提供该成本、费用的有效凭证。

七、本公告自 2011 年 7 月 1 日起施行

本公告施行以前，企业发生的相关事项已经按照本公告规定处理的，不再调整；已经处理，但与本公告规定处理不一致的，凡涉及需要按照本公告规定调减应纳税所得额的，应当在本公告施行后相应调减 2011 年度企业应纳税所得额。

特此公告。

国家税务总局

2011 年 6 月 9 日

5.69　国家税务总局关于企业国债投资业务企业所得税处理问题的公告

2011 年 6 月 9 日　国家税务总局公告 2011 年第 36 号

根据《中华人民共和国企业所得税法》（以下简称企业所得税法）及其实施条例的规定，现对企业国债投资业务企业所得税处理问题，公告如下：

一、关于国债利息收入税务处理问题

（一）国债利息收入时间确认

1. 根据企业所得税法实施条例第十八条的规定，企业投资国债从国务院财政部门（以下简称发行者）取得的国债利息收入，应以国债发行时约定应付利息的日期，确认利息收入的实现。

2. 企业转让国债，应在国债转让收入确认时确认利息收入的实现。

（二）国债利息收入计算

企业到期前转让国债，或者从非发行者投资购买的国债，其持有期间尚未兑付的国债利息收入，按以下公式计算确定：

$$国债利息收入 = 国债金额 \times (适用年利率 \div 365) \times 持有天数$$

上述公式中的"国债金额"，按国债发行面值或发行价格确定；"适用年利率"按国债票面年利率或折合年收益率确定；如企业不同时间多次购买同一品种国债的，"持有天数"可按平均持有天数计算确定。

（三）国债利息收入免税问题

根据企业所得税法第二十六条的规定，企业取得的国债利息收入，免征企业所得税。具体按以下规定执行：

1. 企业从发行者直接投资购买的国债持有至到期，其从发行者取得的国债利息收入，全额免征企业所得税。

2. 企业到期前转让国债，或者从非发行者投资购买的国债，其按本公告第一条第（二）项计算的国债利息收入，免征企业所得税。

二、关于国债转让收入税务处理问题

（一）国债转让收入时间确认

1. 企业转让国债应在转让国债合同、协议生效的日期，或者国债移交时确认转让收入的实现。

2. 企业投资购买国债，到期兑付的，应在国债发行时约定的应付利息的日期，确认国债转让收入的实现。

（二）国债转让收益（损失）计算

企业转让或到期兑付国债取得的价款，减除其购买国债成本，并扣除其持有期间按照本公告第一条计算的国债利息收入以及交易过程中相关税费后的余额，为企业转让国债收益（损失）。

（三）国债转让收益（损失）征税问题

根据企业所得税法实施条例第十六条规定，企业转让国债，应作为转让财产，其取得的收益（损失）应作为企业应纳税所得额计算纳税。

三、关于国债成本确定问题

（一）通过支付现金方式取得的国债，以买入价和支付的相关税费为成本；

（二）通过支付现金以外的方式取得的国债，以该资产的公允价值和支付的相关税费为成本；

四、关于国债成本计算方法问题

企业在不同时间购买同一品种国债的，其转让时的成本计算方法，可在先进先出法、加权平均法、个别计价法中选用一种。计价方法一经选用，不得随意改变。

五、本公告自 2011 年 1 月 1 日起施行。

特此公告。

国家税务总局
2011 年 6 月 22 日

5.70 国家税务总局关于企业转让上市公司限售股 有关所得税问题的公告

2011 年 7 月 7 日 国家税务总局公告 2011 年第 39 号

根据《中华人民共和国企业所得税法》（以下简称企业所得税法）及其实施条例的有关规定，现就企业转让上市公司限售股（以下简称限售股）有关所得税问题，公告如下：

一、纳税义务人的范围界定问题

根据企业所得税法第一条及其实施条例第三条的规定，转让限售股取得收入的企业（包括事业单位、社会团体、民办非企业单位等），为企业所得税的纳税义务人。

二、企业转让代个人持有的限售股征税问题

因股权分置改革造成原由个人出资而由企业代持有的限售股，企业在转让时按以下规定处理：

（一）企业转让上述限售股取得的收入，应作为企业应税收入计算纳税。

上述限售股转让收入扣除限售股原值和合理税费后的余额为该限售股转让所得。企业未能提供完整、真实的限售股原值凭证，不能准确计算该限售股原值的，主管税务机关一律按该限售股转让收入的 15%，核定为该限售股原值和合理税费。

依照本条规定完成纳税义务后的限售股转让收入余额转付给实际所有人时不再纳税。

（二）依法院判决、裁定等原因，通过证券登记结算公司，企业将其代持的个人限售股直接变更到实际所有人名下的，不视同转让限售股。

三、企业在限售股解禁前转让限售股征税问题

企业在限售股解禁前将其持有的限售股转让给其他企业或个人（以下简称受让方），其企业所得税问题按以下规定处理：

（一）企业应按减持在证券登记结算机构登记的限售股取得的全部收入，计入企业当年度应税收入计算纳税。

（二）企业持有的限售股在解禁前已签订协议转让给受让方，但未变更股权登记、仍由企业持有的，企业实际减持该限售股取得的收入，依照本条第一项规定纳税后，其余额转付给受让方的，受让方不再纳税。

四、本公告自 2011 年 7 月 1 日起执行。本公告生效后尚未处理的纳税事项，按照本公告规定处理；已经处理的纳税事项，不再调整。

特此公告。

国家税务总局

2011 年 7 月 7 日

5.71　国家税务总局关于实施农、林、牧、渔业项目企业所得税优惠问题的公告

2011 年 9 月 13 日　　国家税务总局公告 2011 年第 48 号

根据《中华人民共和国企业所得税法》（以下简称企业所得税法）及《中华人民共和国企业所得税法实施条例》（以下简称实施条例）的规定，现对企业（含企业性质的农民专业合作社，下同）从事农、林、牧、渔业项目的所得，实施企业所得税优惠政策和征收管理中的有关事项公告如下：

一、企业从事实施条例第八十六条规定的享受税收优惠的农、林、牧、渔业项目，除另有规定外，参照《国民经济行业分类》（GB/T 4754—2002）的规定标准执行。

企业从事农、林、牧、渔业项目，凡属于《产业结构调整指导目录（2011 年版）》（国家发展和改革委员会令第 9 号）中限制和淘汰类的项目，不得享受实施条例第八十六条规定的优惠政策。

二、企业从事农作物新品种选育的免税所得，是指企业对农作物进行品种和育种材料选育形成的成果，以及由这些成果形成的种子（苗）等繁殖材料的生产、初加工、销售一体化取得的所得。

三、企业从事林木的培育和种植的免税所得，是指企业对树木、竹子的育种和育苗、抚育和管理以及规模造林活动取得的所得，包括企业通过拍卖或收购方式取得林木所有权并经过一定的生长周期，对林木进行再培育取得的所得。

四、企业从事下列项目所得的税务处理

（一）猪、兔的饲养，按"牲畜、家禽的饲养"项目处理；

（二）饲养牲畜、家禽产生的分泌物、排泄物，按"牲畜、家禽的饲养"项目处理；

（三）观赏性作物的种植，按"花卉、茶及其他饮料作物和香料作物的种植"项目处理；

（四）"牲畜、家禽的饲养"以外的生物养殖项目，按"海水养殖、内陆养殖"项目处理。

五、农产品初加工相关事项的税务处理

（一）企业根据委托合同，受托对符合《财政部 国家税务总局关于发布享受企业所得税优惠政策的农产品初加工范围（试行）的通知》（财税〔2008〕149 号）和《财政部 国家税务总局关于享受企业所得税优惠的农产品初加工有关范围的补充通知》（财税〔2011〕26 号）规定的农产品进行初加工服务，其所收取的加工费，可以按照农产品初加工的免税项目处理。

（二）财税〔2008〕149 号文件规定的"油料植物初加工"工序包括"冷却、过滤"等："糖料植物初加工"工序包括"过滤、吸附、解析、碳脱、浓缩、干燥"等，其适用时间按照财税〔2011〕26 号文件规定执行。

（三）企业从事实施条例第八十六条第（二）项适用企业所得税减半优惠的种植、养殖项目，并直接进行初加工且符合农产品初加工目录范围的，企业应合理划分不同项目的各项成本、费用支出，分别核算种植、养殖项目和初加工项目的所得，并各按适用的政策享受税收优惠。

（四）企业对外购茶叶进行筛选、分装、包装后进行销售的所得，不享受农产品初加工的优惠政策。

六、对取得农业部颁发的"远洋渔业企业资格证书"并在有效期内的远洋渔业企业，从事远洋捕捞业务取得的所得免征企业所得税。

七、购入农产品进行再种植、养殖的税务处理

企业将购入的农、林、牧、渔产品，在自有或租用的场地进行育肥、育秧等再种植、养殖，经过一定的生长周期，使其生物形态发生变化，且并非由于本环节对农产品进行加工而明显增加了产品的使用价值的，可视为农产品的种植、养殖项目享受相应的税收优惠。

主管税务机关对企业进行农产品的再种植、养殖是否符合上述条件难以确定的，可要求企业提供县级以上农、林、牧、渔业政府主管部门的确认意见。

八、企业同时从事适用不同企业所得税政策规定项目的，应分别核算，单独计算优惠项目的计税依据及优惠数额；分别核算不清的，可由主管税务机关按照比例分摊法或其他合理方法进行核定。

九、企业委托其他企业或个人从事实施条例第八十六条规定农、林、牧、渔业项目取得的所得，可享受相应的税收优惠政策。

企业受托从事实施条例第八十六条规定农、林、牧、渔业项目取得的收入，比照委托方享受相应的税收优惠政策。

十、企业购买农产品后直接进行销售的贸易活动产生的所得，不能享受农、林、牧、渔业项目的税收优惠政策。

十一、除本公告第五条第二项的特别规定外，公告自 2011 年 1 月 1 日起执行。

特此公告。

国家税务总局

2011 年 9 月 13 日

5.72 财政部 国家税务总局关于专项用途财政性资金 企业所得税处理问题的通知

2011 年 9 月 7 日 财税〔2011〕70 号

各省、自治区、直辖市、计划单列市财政厅（局）、国家税务局、地方税务局，新疆生产建设兵团财务局：

根据《中华人民共和国企业所得税法》及《中华人民共和国企业所得税法实施条例》（国务院令第 512 号，以下简称实施条例）的有关规定，经国务院批准，现就企业取得的专项用途财政性资金企业所得税处理问题通知如下：

一、企业从县级以上各级人民政府财政部门及其他部门取得的应计入收入总额的财政性资金，凡同时符合以下条件的，可以作为不征税收入，在计算应纳税所得额时从收入总额中减除：

（一）企业能够提供规定资金专项用途的资金拨付文件；

（二）财政部门或其他拨付资金的政府部门对该资金有专门的资金管理办法或具体管理要求；

（三）企业对该资金以及以该资金发生的支出单独进行核算。

二、根据实施条例第二十八条的规定，上述不征税收入用于支出所形成的费用，不得在计算应纳税所得额时扣除；用于支出所形成的资产，其计算的折旧、摊销不得在计算应纳税所得额时扣除。

三、企业将符合本通知第一条规定条件的财政性资金作不征税收入处理后，在 5 年（60 个月）内未发生支出且未缴回财政部门或其他拨付资金的政府部门的部分，应计入取得该资金第六年的应税收入总额；计入应税收入总额的财政性资金发生的支出，允许在计算应纳税所得额时扣除。

四、本通知自 2011 年 1 月 1 日起执行。

财政部 国家税务总局
2011 年 9 月 7 日

5.73 国家税务总局关于印发《境外注册中资控股居民 企业所得税管理办法（试行）》的公告

2011 年 7 月 27 日 国家税务总局公告 2011 年第 45 号

为规范和加强对依据实际管理机构标准被认定为居民企业的境外注册中资控股企业的所得税管理，国家税务总局制定了《境外注册中资控股居民企业所得税管理办法（试行）》，现予以发布，自 2011 年 9 月 1 日起施行。

特此公告。

附件：1. 境外注册中资控股企业居民身份认定书

　　　 2. 境外注册中资控股居民企业所得税管理情况汇总表

国家税务总局

2011 年 7 月 27 日

境外注册中资控股居民企业所得税管理办法（试行）

第一章　总则

第一条　为规范和加强境外注册中资控股居民企业的所得税税收管理，根据《中华人民共和国企业所得税法》（以下简称企业所得税法）及其实施条例、《中华人民共和国税收征收管理法》（以下简称税收征管法）及其实施细则、中国政府对外签署的避免双重征税协定（含与香港、澳门特别行政区签署的税收安排，以下简称税收协定）、《国家税务总局关于境外注册中资控股企业依据实际管理机构标准认定为居民企业有关问题的通知》（国税发〔2009〕82 号，以下简称《通知》）和其他有关规定，制定本办法。

第二条　本办法所称境外注册中资控股企业（以下简称境外中资企业）是指由中国内地企业或者企业集团作为主要控股投资者，在中国内地以外国家或地区（含香港、澳门、台湾）注册成立的企业。

第三条　本办法所称境外注册中资控股居民企业（以下简称非境内注册居民企业）是指因实际管理机构在中国境内而被认定为中国居民企业的境外注册中资控股企业。

第四条　非境内注册居民企业应当按照企业所得税法及其实施条例和相关管理规定的要求，履行居民企业所得税纳税义务，并在向非居民企业支付企业所得税法第三条第三款规定的款项时，依法代扣代缴企业所得税。

第五条　本办法所称主管税务机关是指境外注册中资控股居民企业中国境内主要投资者登记注册地主管税务机关。

第二章　居民身份认定管理

第六条　境外中资企业居民身份的认定，采用企业自行判定提请税务机关认定和税务机关调查发现予以认定两种形式。

第七条　境外中资企业应当根据生产经营和管理的实际情况，自行判定实际管理机构是否设立在中国境内。如其判定符合《通知》第二条规定的居民企业条件，应当向其主管税务机关书面提出居民身份认定申请，同时提供以下资料：

（一）企业法律身份证明文件；

（二）企业集团组织结构说明及生产经营概况；

（三）企业上一个纳税年度的公证会计师审计报告；

（四）负责企业生产经营等事项的高层管理机构履行职责场所的地址证明；

（五）企业上一年度及当年度董事及高层管理人员在中国境内居住的记录；

（六）企业上一年度及当年度重大事项的董事会决议及会议记录；

（七）主管税务机关要求提供的其他资料。

第八条　主管税务机关发现境外中资企业符合《通知》第二条规定但未申请成为中国居民企业的，可以对该境外中资企业的实际管理机构所在地情况进行调查，并要求境外中资企业提供本办法第七条规定的资料。调查过程中，主管税务机关有权要求该企业的境内投资者提供相关资料。

第九条　主管税务机关依法对企业提供的相关资料进行审核，提出初步认定意见，将据以做出初步认定的相关事实（资料）、认定理由和结果层报税务总局确认。

税务总局认定境外中资企业居民身份的，应当将相关认定结果同时书面告知境内投资者、境内被投资者的主管税务机关。

第十条　非境内注册居民企业的主管税务机关收到税务总局关于境外中资企业居民身份的认定结果后，应当在 10 日内向该企业下达《境外注册中资控股企业居民身份认定书》（见附件1），通知其从企业居民身份确认年度开始按照我国居民企业所得税管理规定及本办法规定办理有关税收事项。

第十一条　非境内注册居民企业发生下列重大变化情形之一的，应当自变化之日起 15 日内报告主管税务机关，主管税务机关应当按照本办法规定层报税务总局确定是否取消其居民身份。

（一）企业实际管理机构所在地变更为中国境外的；

（二）中方控股投资者转让企业股权，导致中资控股地位发生变化的。

第十二条　税务总局认定终止非境内注册居民企业居民身份的，应当将相关认定结果同时书面告知境内投资者、境内被投资者的主管税务机关。企业应当自主管税务机关书面告知之日起停止履行中国居民企业的所得税纳税义务与扣缴义务，同时停止享受中国居民企业税收待遇。上述主管税务机关应当依法做好减免税款追缴等后续管理工作。

第三章　税务登记管理

第十三条　非境内注册居民企业应当自收到居民身份认定书之日起 30 日内向主管税务机关提供以下资料申报办理税务登记，主管税务机关核发临时税务登记证及副本：

（一）居民身份认定书；

（二）境外注册登记证件；

（三）税务机关要求提供的其他资料。

第十四条　非境内注册居民企业经税务总局确认终止居民身份的，应当自收到主管税务机关书面通知之日起 15 日内向主管税务机关申报办理注销税务登记。

第十五条　发生本办法第四条扣缴义务的非境内注册居民企业应当自扣缴义务发生之日起 30 日内，向主管税务机关申报办理扣缴税款登记。

第四章　账簿凭证管理

第十六条　非境内注册居民企业应当按照中国有关法律、法规和国务院财政、税务主管部门的规定，编制财务、会计报表，并在领取税务登记证件之日起 15 日内将企业的财务、会计制度或者财务会计、处理办法及有关资料报送主管税务机关备案。

第十七条　非境内注册居民企业存放在中国境内的会计账簿和境内税务机关要求提供的报表等资料，应当使用中文。

第十八条　发生扣缴义务的非境内注册居民企业应当设立代扣代缴税款账簿和合同资料档案，准确记录扣缴企业所得税情况。

第十九条　非境内注册居民企业与境内单位或者个人发生交易的，应当按照发票管理办法规定使用发票，发票存根应当保存在中国境内，以备税务机关查验。

第五章　申报征收管理

第二十条　非境内注册居民企业按照分季预缴、年度汇算清缴方法申报缴纳所得税。

第二十一条　非境内注册居民企业发生终止生产经营或者居民身份变化情形的，应当自停止生产经营之日或者税务总局取消其居民企业之日起 60 日内，向其主管税务机关办理当期企业所得税汇算清缴。

非境内注册居民企业需要申报办理注销税务登记的，应在注销税务登记前，就其清算所得向主管税务机关申报缴纳企业所得税。

第二十二条　非境内注册居民企业应当以人民币计算缴纳企业所得税；所得以人民币以外的货币计算的，应当按照企业所得税法及其实施条例有关规定折合成人民币计算并缴纳企业所得税。

第二十三条　对非境内注册居民企业未依法履行居民企业所得税纳税义务的，主管税务机关应依据税收征管法及其实施细则的有关规定追缴税款、加收滞纳金，并处罚款。

主管税务机关应当在非境内注册居民企业年度申报和汇算清缴结束后两个月内，判定其构成居民身份的条件是否发生实质性变化。对实际管理机构转移至境外或者企业中资控股地位发生变化的，主管税务机关应呈报税务总局终止其居民身份。

对于境外中资企业频繁转换企业身份，又无正当理由的，主管税务机关应呈报国家税务总局核准后追回其已按居民企业享受的股息免税待遇。

第二十四条　主管税务机关应按季度核查非境内注册居民企业向非居民企业支付股息、利息、租金、特许权使用费、转让财产收入及其他收入依法扣缴企业所得税的情况，发现该企业未依法履行相关扣缴义务的，应按照税收征管法及其实施细则和企业所得税法及其实施条例等有关规定对其进行处罚，并向非居民企业追缴税款。

第六章　特定事项管理

第二十五条　非境内注册居民企业取得来源于中国境内的股息、红利等权益性投资收益和利息、租金、特许权使用费所得、转让财产所得以及其他所得，应当向相关支付方出具本企业的《境外注册中资控股企业居民身份认定书》复印件。

相关支付方凭上述复印件不予履行该所得的税款扣缴义务，并在对外支付上述外汇资金时凭该复印件向主管税务机关申请开具相关税务证明。其中涉及个人所得税、营业税等其他税种纳税事项的，仍按对外支付税务证明开具的有关规定办理。

第二十六条　非居民企业转让非境内注册居民企业股权所得，属于来源于中国境内所得，被转让的非境内注册居民企业应当自股权转让协议签订之日起 30 日内，向其主管税务机关报告并提供股权转让合同及相关资料。

第二十七条　非境内注册居民企业应当按照企业所得税法及其实施条例以及《特别纳税调整实施办法（试行）》（国税发〔2009〕2号）的相关规定，履行关联申报及同期资料准备等义务。

［条款废止］**第二十八条**　非境内注册居民企业同时被我国与其注册所在国家（地区）税务当局确认为税收居民的，应当按照双方签订的税收协定的有关规定确定其居民身份；如经确认为我国税收居民，可适用我国与其他国家（地区）签订的税收协定，并按照有关规定办理享受税收协定优惠待遇手续；需要证明其中国税收居民身份的，可向其主管税务机关申请开具《中国税收居民身份证明》，主管税务机关应在受理申请之日起10个工作日内办结。

第二十九条　境外税务当局拒绝给予非境内注册居民企业税收协定待遇，或者将其认定为所在国家（地区）税收居民的，该企业可按有关规定书面申请启动税务相互协商程序。

主管税务机关受理企业提请协商的申请后，应当及时将申请及有关资料层报税务总局，由税务总局与有关国家（地区）税务当局进行协商。

第七章　附则

第三十条　主管税务机关应当做好非境内注册居民企业所得税管理情况汇总统计工作，于每年8月15日前向税务总局层报《境外注册中资控股居民企业所得税管理情况汇总表》（见附件2）。税务总局不定期对各地相关管理工作进行检查，并将检查情况通报各地。

第三十一条　本办法由税务总局负责解释。各省、自治区、直辖市和计划单列市税务局可根据本办法制定具体操作规程。

第三十二条　本办法自2011年9月1日起施行。此前根据《通知》规定已经被认定为非境内注册居民企业的，适用本办法相关规定处理。

附件：1. 境外注册中资控股企业居民身份认定书
　　　2. 境外注册中资控股居民企业所得税管理情况汇总表

附件1：境外注册中资控股企业居民身份认定书

　　　　　　　　　　　　　　　　　　　　　　　　××税居告〔　〕号

＿＿＿＿＿＿＿＿＿：

根据《国家税务总局关于确认××公司为境外注册中资控股居民企业的函》（国税函〔　〕号），你公司属于《中华人民共和国企业所得税法》第二条规定的居民企业，应当从＿＿＿＿＿＿＿＿年度开始，按照我国居民企业所得税管理规定及《境外注册中资控股居民企业所得税管理办法（试行）》的规定办理有关税收事项。

你公司的主管税务机关是＿＿＿＿＿＿＿税务局。

如你公司居民身份认定条件发生变化，应当按照有关规定自变化之日起15日内报告主管税务机关。

联系人：　　　　　联系电话：

　　　　　　　　　　　　　　　　　　　　　　　　税务机关（签章）
　　　　　　　　　　　　　　　　　　　　　　　　　　年　月　日

注：本认定书一式二份，一份送达纳税人，一份由税务机关留存。

附件 2：境外注册中资控股居民企业所得税管理情况汇总表

填报单位（盖章）：　　　　　　　　　　　　　　　　　　　　填报日期：　　年　月　日

序号	企业名称	企业所得税缴纳情况		企业所得税扣缴情况		实际管理机构变动情况		居民身份变化情况	
		缴纳金额	是否足额	扣缴金额	是否足额	是否迁至境外	是否报告总局	已终止	已告相关税局
合　计									

填表人：　　　　　　审核人：　　　　　　审核日期：　　　　　　　　　　　　　　年　月　日

注："是否足额""是否迁至境外""是否报告总局"列填写"是"或"否"；"缴纳金额""扣缴金额"填写人民币金额；

　　　"已终止""已告相关税局"根据实际情况填入"√"或"×"。

5.74　国家税务总局关于发布《海上油气生产设施弃置费企业所得税管理办法》的公告

2011 年 3 月 22 日　国家税务总局公告 2011 年第 22 号

现将《海上油气生产设施弃置费企业所得税管理办法》予以发布，自发布之日起 30 日后施行。特此公告。

附件：海上油气生产设施弃置费企业所得税管理办法

分送：各省、自治区、直辖市和计划单列市国家税务局、地方税务局。

国家税务总局

2011 年 3 月 22 日

海上油气生产设施弃置费企业所得税管理办法

第一章　总则

第一条　为加强和规范海上油气生产设施弃置费企业所得税管理，根据《中华人民共和国税收征收管理法》《中华人民共和国企业所得税法实施条例》《国家发展和改革委员会 国家能源局 财政部 国家税务总局 国家海洋局关于印发〈海上油气生产设施废弃处置管理暂行规定〉的通知》（发改能源〔2010〕1305号）的有关规定，制定本办法。

第二条 本办法所指弃置费，是指从事开采我国海上油气资源的企业，为承担油气生产设施废弃处置的责任和义务所发生的，用于井及相关设施的废弃、拆移、填埋等恢复生态环境及其前期准备等各项专项支出。主要包括弃置前期研究、停产准备、工程设施弃置、油井弃置等相关费用。

第三条 本办法所指海上油气生产设施（以下简称设施），包括海上油井、气井、水井、固定平台、人工岛、单点系泊、浮式生产储油装置，海底电缆、管道、水下生产系统，陆岸终端，以及其他水上、水下的油气生产的相关辅助配套设施。

第四条 本办法所指企业，是指参与开采海上油气资源的中国企业和外国企业。

第五条 本办法所指作业者，是指负责海上油（气）田作业的实体。包括开采海上石油资源的本企业，或者投资各方企业。

第二章 废弃处置方案的备案

第六条 企业开始提取弃置费前，应提供作业者编制的海上油（气）田设施废弃处置预备方案，报主管税务机关备案。预备方案应当包括弃置费估算、弃置费筹措方法和弃置方式等内容。

第七条 设施废弃处置预备方案发生修改的，企业应在修改后的30日内报主管税务机关备案。

第八条 海上油（气）田实施弃置作业前，应将其按照国家有关主管部门要求编制的设施废弃处置实施方案，报主管税务机关备案。

第三章 弃置费的计提和税前扣除

第九条 海上油（气）田弃置费，按照设施废弃处置预备方案中规定的方法（产量法或年限平均法）按月提取。多个企业合作开发一个油（气）田的，其弃置费计提应该采取同一方法。企业弃置费计提方法确定后，除设施废弃处置预备方案修改外，不得变更。

第十条 本办法实施后进入商业生产的海上油（气）田，弃置费自进入商业生产的次月起开始计提。

本办法实施前已进入商业生产的海上油（气）田，弃置费自作业者补充编制的设施废弃处置预备方案报主管税务机关备案后的次月起开始计提。

作业者修改废弃处置预备方案的，修改后弃置费在废弃处置预备方案重新报主管税务机关备案的次月起开始计提。

第十一条 采用年限平均法分月计提弃置费，应按照以下公式计算：

当月计提弃置费＝（预备方案中的弃置费总额－累计已计提弃置费用）÷合同生产期（月）－当月弃置费专款账户损益

本条及下条公式中的"当月弃置费专款账户损益"，包括专款账户利息、汇兑损益等。其中汇兑损益为弃置费以人民币以外货币计提存储情况下，按照上月末即期人民币汇率中间价折算为人民币时，弃置费专款账户余额发生的汇兑损益。

本办法实施前已进入商业生产的海上油（气）田，合同生产期（月）为开始计提弃置费的剩余月份。

第十二条　采用产量法计提弃置费，应按照以下公式计算：

本月计提弃置费 =（预备方案中的弃置费总额 − 累计已计提弃置费用）×

本月计提比例 − 当月弃置费专款账户损益

本月计提比例 = 本月油（气）田实际产量 ÷（本月油（气）田实际产量 +

期末探明已开发储量）

期末探明已开发储量是指，已探明的开发储量，在现有设施条件下对应的可开采储量。

第十三条　作业者应在纳税年度结束后，就当年提取的弃置费具体情况进行调整。企业应在年度汇算清缴时，根据作业者的调整情况，确认本年度弃置费列支数额。

第十四条　修改设施废弃处置预备方案，导致弃置费提取数额、方法发生变化的，应自方案修改后的下个月开始，就新方案中的弃置费总额，减去累计已计提弃置费后的余额，按照新方案确定的方法继续计提。

第十五条　油（气）田企业或合作各方企业应承担或者按投资比例承担设施废弃处置的责任和义务，其按本办法计提的弃置费，应依照规定作为环境保护、生态恢复等方面专项资金，并准予在计算企业年度应纳税所得额时扣除。

第十六条　合作油（气）田的合同生产期尚未结束，一方企业决定放弃生产，将油（气）田所有权全部转移给另一方企业，或者合作油（气）田的合同生产期结束，一方企业决定继续生产，若放弃方或退出方企业取得已经计提的弃置费补偿，应作为收入计入企业当年度应纳税所得计算纳税。支付方企业可以作为弃置费，在支付年度一次性扣除。

第四章　弃置费的使用

第十七条　作业者实施海上油（气）田设施废弃处置时发生的弃置费，应单独归集核算，并从按照本办法规定提取的弃置费中扣除。

第十八条　作业者完成海上油（气）田设施废弃处置后，提取的弃置费仍有余额，应相应调增弃置费余额所归属企业当年度的应纳税所得额。

第十九条　作业者完成海上油（气）田设施废弃处置后，实际发生的弃置费超过计提的部分，应作为企业当年度费用，在计算企业应纳税所得额时扣除。

第五章　弃置费的管理

第二十条　弃置费专款账户资金所产生的损益，应计入弃置费，并相应调整当期弃置费提取额。

第二十一条　弃置费的计提、清算应统一使用人民币作为货币单位。发生的汇兑损益，直接增加或减少弃置费。

第二十二条　企业在申报当年度企业所得税汇算清缴资料时，应附送海上油气生产设施弃置费情况表（见附表）。

第二十三条　海上油（气）田设施废弃处置作业完成后，在进行税务清算时，应提供企业对弃置费的计提、使用和各投资方承担等情况的说明。

第六章　附则

第二十四条　企业依本办法计提的弃置费，凡改变用途的，不得在企业所得税前扣除。已经扣除的，应调增改变用途当年的应纳税所得额，并按《中华人民共和国税收征收管理法》的有关规定处理。

海上油气生产设施弃置费情况表

纳税人名称：　　　　　　　　　　　　　　所属期间：　年　月　日至　年　月　日

纳税人识别号：□□□□□□□□□□□□□□□

单位：元

油（气）田名称及投资比例 \ 明细项目	油（气）田名称：投资比例：弃置费专款账号：		油（气）田名称：投资比例：弃置费专款账号：		油（气）田名称：投资比例：弃置费专款账号：		合计
	美元	人民币	美元	人民币	美元	人民币	
一、弃置费计提总额							
二、弃置费调整后金额							
三、年初弃置费账户金额							
四、本年度提取弃置费金额							
五、本年度弃置费资金损益							
六、本年度弃置费汇兑损益							
七、年末弃置费账户金额							
八、兑换率							
九、备注							

【填写说明】：

1. 弃置费专款账号：可为人民币、美元或其他货币。外国货币应换算成人民币。

2. 表中金额，填写纳税人的净份额。

填报日期		填报人		纳税人（盖章）	
财务负责人（签字）					

5.75　国家税务总局关于企业股权投资损失所得税处理问题的公告

2010 年 7 月 28 日　国家税务总局公告 2010 年第 6 号

根据《中华人民共和国企业所得税法》第八条及其有关规定，现就企业股权投资损失所得税处理问题公告如下：

一、企业对外进行权益性（以下简称股权）投资所发生的损失，在经确认的损失发生年度，作为企业损失在计算企业应纳税所得额时一次性扣除。

二、本规定自 2010 年 1 月 1 日起执行。本规定发布以前，企业发生的尚未处理的股权投资损失，按照本规定，准予在 2010 年度一次性扣除。

特此公告。

国家税务总局
2010 年 7 月 28 日

5.76　国家税务总局关于取消合并纳税后以前年度尚未弥补亏损有关企业所得税问题的公告

2010 年 7 月 30 日　国家税务总局公告 2010 年第 7 号

根据《财政部　国家税务总局关于试点企业集团缴纳企业所得税有关问题的通知》（财税〔2008〕119 号）规定，自 2009 年度开始，一些企业集团取消了合并申报缴纳企业所得税。现就取消合并申报缴纳企业所得税后，对汇总在企业集团总部、尚未弥补的累计亏损处理问题，公告如下：

一、企业集团取消了合并申报缴纳企业所得税后，截至 2008 年底，企业集团合并计算的累计亏损，属于符合《中华人民共和国企业所得税法》第十八条规定 5 年结转期限内的，可分配给其合并成员企业（包括企业集团总部）在剩余结转期限内，结转弥补。

二、企业集团应根据各成员企业截至 2008 年底的年度所得税申报表中的盈亏情况，凡单独计算是亏损的各成员企业，参与分配第一条所指的可继续弥补的亏损；盈利企业不参与分配。具体分配公式如下：

成员企业分配的亏损额 =（某成员企业单独计算盈亏尚未弥补的亏损额 ÷ 各成员企业单独计算盈亏尚未弥补的亏损额之和）× 集团公司合并计算累计可继续弥补的亏损额

三、企业集团在按照第二条所规定的方法分配亏损时，应根据集团每年汇总计算中这些亏损发生的实际所属年度，确定各成员企业所分配的亏损额中具体所属年度及剩余结转期限。

四、企业集团按照上述方法分配各成员企业亏损额后，应填写《企业集团公司累计亏损分配表》（见附件）并下发给各成员企业，同时抄送企业集团主管税务机关。

五、本公告自 2009 年 1 月 1 日起执行。

特此公告。

附件：企业集团公司累计亏损分配表（略）

国家税务总局

2010 年 7 月 30 日

5.77　国家税务总局关于企业取得财产转让等所得企业所得税处理问题的公告

2010 年 10 月 27 日　国家税务总局公告 2010 年第 19 号

根据《中华人民共和国企业所得税法实施条例》第二十五条规定，现就企业以不同形式取得财产转让等收入征收企业所得税问题公告如下：

一、企业取得财产（包括各类资产、股权、债权等）转让收入、债务重组收入、接受捐赠收入、无法偿付的应付款收入等，不论是以货币形式、还是非货币形式体现，除另有规定外，均应一次性计入确认收入的年度计算缴纳企业所得税。

二、本公告自发布之日起 30 日后施行。

2008 年 1 月 1 日至本公告施行前，各地就上述收入计算的所得，已分 5 年平均计入各年度应纳税所得额计算纳税的，在本公告发布后，对尚未计算纳税的应纳税所得额，应一次性作为本年度应纳税所得额计算纳税。

特此公告。

5.78　国家税务总局关于进一步明确企业所得税过渡期优惠政策执行口径问题的通知

2010 年 4 月 21 日　国税函〔2010〕157 号

各省、自治区、直辖市和计划单列市国家税务局、地方税务局：

根据《财政部　国家税务总局关于执行企业所得税优惠政策若干问题的通知》（财税〔2009〕69 号）的有关规定，现就执行企业所得税过渡期优惠政策问题进一步明确如下：

一、关于居民企业选择适用税率及减半征税的具体界定问题

（一）居民企业被认定为高新技术企业，同时又处于《国务院关于实施企业所得税过渡优惠政策的通知》（国发〔2007〕39 号）第一条第三款规定享受企业所得税"两免三减半""五免五减半"等定期减免税优惠过渡期的，该居民企业的所得税适用税率可以选择依照过渡期适用税率并适用减半征税至期满，或者选择适用高新技术企业的 15% 税率，但不能享受 15% 税率的减半征税。

（二）居民企业被认定为高新技术企业，同时又符合软件生产企业和集成电路生产企业定期减半征收企业所得税优惠条件的，该居民企业的所得税适用税率可以选择适用高新技术企业的 15% 税率，也可以选择依照 25% 的法定税率减半征税，但不能享受 15% 税率的减半征税。

（三）居民企业取得中华人民共和国企业所得税法实施条例第八十六条、第八十七条、第八十八条和第九十条规定可减半征收企业所得税的所得，是指居民企业应就该部分所得单独核算并依照 25% 的法定税率减半缴纳企业所得税。

（四）高新技术企业减低税率优惠属于变更适用条件的延续政策而未列入过渡政策，因此，凡居民企业经税务机关核准 2007 年度及以前享受高新技术企业或新技术企业所得税优惠，2008 年及以后年度未被认定为高新技术企业的，自 2008 年起不得适用高新技术企业的 15% 税率，也不适用《国务院关于实施企业所得税过渡优惠政策的通知》（国发〔2007〕39 号）第一条第二款规定的过渡税率，而应自 2008 年度起适用 25% 的法定税率。

二、关于居民企业总分机构的过渡期税率执行问题

居民企业经税务机关核准 2007 年度以前依照《国家税务总局关于外商投资企业分支机构适用所得税税率问题的通知》（国税发〔1997〕49 号）规定，其处于不同税率地区的分支机构可以单独享受所得税减低税率优惠的，仍可继续单独适用减低税率优惠过渡政策；优惠过渡期结束后，统一依照《国家税务总局关于印发〈跨地区经营汇总纳税企业所得税征收管理暂行办法〉的通知》（国税发〔2008〕28 号）第十六条的规定执行。

国家税务总局
2010 年 4 月 21 日

5.79　国家税务总局关于工会经费企业所得税税前扣除凭据问题的公告

2010 年 11 月 9 日　国家税务总局公告 2010 年第 24 号

根据《工会法》《中国工会章程》和财政部颁布的《工会会计制度》，以及财政票据管理的有关规定，全国总工会决定从 2010 年 7 月 1 日起，启用财政部统一印制并套印财政部票据监制章的《工会经费收入专用收据》，同时废止《工会经费拨缴款专用收据》。

为加强对工会经费企业所得税税前扣除的管理，现就工会经费税前扣除凭据问题公告如下：

一、自 2010 年 7 月 1 日起，企业拨缴的职工工会经费，不超过工资薪金总额 2% 的部分，凭工会组织开具的《工会经费收入专用收据》在企业所得税税前扣除。

二、《国家税务总局关于工会经费税前扣除问题的通知》（国税函〔2000〕678 号）同时废止。

特此公告。

国家税务总局
2010 年 11 月 9 日

5.80　国家税务总局关于跨地区经营建筑企业所得税征收管理问题的通知

2010 年 4 月 19 日　国税函〔2010〕156 号

各省、自治区、直辖市和计划单列市国家税务局、地方税务局：

为加强对跨地区（指跨省、自治区、直辖市和计划单列市，下同）经营建筑企业所得税的征收管理，根据《中华人民共和国企业所得税法》及其实施条例、《中华人民共和国税收征收管理法》及其实施细则、《国家税务总局关于印发〈跨地区经营汇总纳税企业所得税征收管理暂行办法〉的通知》（国税发〔2008〕28 号）的规定，现对跨地区经营建筑企业所得税征收管理问题通知如下：

一、实行总分机构体制的跨地区经营建筑企业应严格执行国税发〔2008〕28 号文件规定，按照"统一计算，分级管理，就地预缴，汇总清算，财政调库"的办法计算缴纳企业所得税。

二、建筑企业所属二级或二级以下分支机构直接管理的项目部（包括与项目部性质相同的工程指挥部、合同段等，下同）不就地预缴企业所得税，其经营收入、职工工资和资产总额应汇总到二级分支机构统一核算，由二级分支机构按照国税发〔2008〕28 号文件规定的办法预缴企业所得税。

三、建筑企业总机构直接管理的跨地区设立的项目部，应按项目实际经营收入的 0.2% 按月或按季由总机构向项目所在地预分企业所得税，并由项目部向所在地主管税务机关预缴。

四、建筑企业总机构应汇总计算企业应纳所得税，按照以下方法进行预缴：

（一）总机构只设跨地区项目部的，扣除已由项目部预缴的企业所得税后，按照其余额就地缴纳；

（二）总机构只设二级分支机构的，按照国税发〔2008〕28 号文件规定计算总、分支机构应缴纳的税款；

（三）总机构既有直接管理的跨地区项目部，又有跨地区二级分支机构的，先扣除已由项目部预缴的企业所得税后，再按照国税发〔2008〕28 号文件规定计算总、分支机构应缴纳的税款。

五、建筑企业总机构应按照有关规定办理企业所得税年度汇算清缴，各分支机构和项目部不进行汇算清缴。总机构年终汇算清缴后应纳所得税额小于已预缴的税款时，由总机构主管税务机关办理退税或抵扣以后年度的应缴企业所得税。

六、跨地区经营的项目部（包括二级以下分支机构管理的项目部）应向项目所在地主管税务机关出具总机构所在地主管税务机关开具的《外出经营活动税收管理证明》，未提供上述证明的，项目部所在地主管税务机关应督促其限期补办；不能提供上述证明的，应作为独立纳税人就地缴纳企业所得税。同时，项目部应向所在地主管税务机关提供总机构出具的证明该项目部属于总机构或二级分支机构管理的证明文件。

七、建筑企业总机构在办理企业所得税预缴和汇算清缴时，应附送其所直接管理的跨地区经营项目部就地预缴税款的完税证明。

八、建筑企业在同一省、自治区、直辖市和计划单列市设立的跨地（市、县）项目部，其企业所得税的征收管理办法，由各省、自治区、直辖市和计划单列市国家税务局、地方税务局共同制定，并报国家税务总局备案。

九、本通知自 2010 年 1 月 1 日起施行。

国家税务总局
2010 年 4 月 19 日

5.81　国家税务总局关于金融企业贷款利息收入确认问题的公告

2010 年 11 月 5 日　　国家税务总局公告 2010 年第 23 号

根据《中华人民共和国企业所得税法》及其实施条例的规定，现对金融企业贷款利息收入所得税处理问题公告如下：

一、金融企业按规定发放的贷款，属于未逾期贷款（含展期，下同），应根据先收利息后收本金的原则，按贷款合同确认的利率和结算利息的期限计算利息，并于债务人应付利息的日期确认收入的实现；属于逾期贷款，其逾期后发生的应收利息，应于实际收到的日期，或者虽未实际收到，但会计上确认为利息收入的日期，确认收入的实现。

二、金融企业已确认为利息收入的应收利息，逾期 90 天仍未收回，且会计上已冲减了当期利息收入的，准予抵扣当期应纳税所得额。

三、金融企业已冲减了利息收入的应收未收利息，以后年度收回时，应计入当期应纳税所得额计算纳税。

四、本公告自发布之日起 30 日后施行。

特此公告。

国家税务总局
2010 年 11 月 5 日

5.82　国家税务总局关于印发《非居民企业所得税核定征收管理办法》的通知

2010 年 2 月 20 日　　国税发〔2010〕19 号

各省、自治区、直辖市和计划单列市国家税务局、地方税务局：

为规范非居民企业所得税核定征收工作，税务总局制定了《非居民企业所得税核定征收管理办法》，现印发给你们，请遵照执行。执行中发现的问题请及时反馈税务总局（国际税务司）。

国家税务总局
2010 年 2 月 20 日

非居民企业所得税核定征收管理办法

第一条　为了规范非居民企业所得税核定征收工作，根据《中华人民共和国企业所得税法》（以下简称企业所得税法）及其实施条例和《中华人民共和国税收征收管理法》（以下简称税收征管法）及其实施细则，制定本办法。

第二条　本办法适用于企业所得税法第三条第二款规定的非居民企业，外国企业常驻代表机构企业所得税核定办法按照有关规定办理。

第三条　非居民企业应当按照税收征管法及有关法律法规设置账簿，根据合法、有效凭证记账，进行核算，并应按照其实际履行的功能与承担的风险相匹配的原则，准确计算应纳税所得额，据实申报缴纳企业所得税。

第四条　非居民企业因会计账簿不健全，资料残缺难以查账，或者其他原因不能准确计算并据实申报其应纳税所得额的，税务机关有权采取以下方法核定其应纳税所得额。

（一）按收入总额核定应纳税所得额：适用于能够正确核算收入或通过合理方法推定收入总额，但不能正确核算成本费用的非居民企业。计算公式如下：

$$应纳税所得额 = 收入总额 \times 经税务机关核定的利润率$$

（二）按成本费用核定应纳税所得额：适用于能够正确核算成本费用，但不能正确核算收入总额的非居民企业。计算公式如下：

$$应纳税所得额 = 成本费用总额/（1 - 经税务机关核定的利润率）\times 经税务机关核定的利润率$$

（三）按经费支出换算收入核定应纳税所得额：适用于能够正确核算经费支出总额，但不能正确核算收入总额和成本费用的非居民企业。计算公式：

$$应纳税所得额 = 本期经费支出额/（1 - 核定利润率）\times 核定利润率$$

第五条　税务机关可按照以下标准确定非居民企业的利润率：

（一）从事承包工程作业、设计和咨询劳务的，利润率为15%～30%；

（二）从事管理服务的，利润率为30%～50%；

（三）从事其他劳务或劳务以外经营活动的，利润率不低于15%。

税务机关有根据认为非居民企业的实际利润率明显高于上述标准的，可以按照比上述标准更高的利润率核定其应纳税所得额。

第六条　非居民企业与中国居民企业签订机器设备或货物销售合同，同时提供设备安装、装配、技术培训、指导、监督服务等劳务，其销售货物合同中未列明提供上述劳务服务收费金额，或者计价不合理的，主管税务机关可以根据实际情况，参照相同或相近业务的计价标准核定劳务收入。无参照标准的，以不低于销售货物合同总价款的10%为原则，确定非居民企业的劳务收入。

第七条　非居民企业为中国境内客户提供劳务取得的收入，凡其提供的服务全部发生在中国境内的，应全额在中国境内申报缴纳企业所得税。凡其提供的服务同时发生在中国境内外的，应以劳务发生地为原则划分其境内外收入，并就其在中国境内取得的劳务收入申报缴纳企业所得税。税务机关对其境内外收入划分的合理性和真实性有疑义的，可以要求非居民企业提供真实有效的证明，并根据工作量、工作时间、成本费用等因素合理划分其境内外收入；如非居民企业不能提供真实有效的证明，税务机关可视同其提供的服务全部发生在中国境内，确定其劳务收入并据以征收企业所得税。

第八条　采取核定征收方式征收企业所得税的非居民企业，在中国境内从事适用不同核定利润率的经营活动，并取得应税所得的，应分别核算并适用相应的利润率计算缴纳企业所得税；凡不能分别核算的，应从高适用利润率，计算缴纳企业所得税。

第九条　主管税务机关应及时向非居民企业送达《非居民企业所得税征收方式鉴定表》（见附件，以下简称《鉴定表》），非居民企业应在收到《鉴定表》后 10 个工作日内，完成《鉴定表》的填写并送达主管税务机关，主管税务机关在受理《鉴定表》后 20 个工作日内，完成该项征收方式的确认工作。

第十条　税务机关发现非居民企业采用核定征收方式计算申报的应纳税所得额不真实，或者明显与其承担的功能风险不相匹配的，有权予以调整。

第十一条　各省、自治区、直辖市和计划单列市税务局可按照本办法第五条规定确定适用的核定利润率幅度，并根据本办法规定制定具体操作规程，报国家税务总局（国际税务司）备案。

第十二条　本办法自发布之日起施行。

附件：非居民企业所得税征收方式鉴定表

附件 1：非居民企业所得税征收方式鉴定表

编号：

中文名称：		纳税人识别号：	
英文名称：			
从事的行业：□承包工程作业、设计和咨询劳务　□管理服务　□其他劳务或劳务以外经营活动			
行次	项目	情况	
1	账簿设置情况		
2	收入核算情况		
3	成本费用核算情况		
4	纳税申报情况		
5	履行纳税义务情况		
6	其他情况		
以下由税务机关填写			
核定征收方式	□按收入总额　□按成本费用　□按经费支出换算收入		
核定利润率			
纳税人对征收方式的意见： 经办人： 负责人签章： 　　　年 月 日	税务机关经办部门意见： 经办人： 负责人签章： 　　　年 月 日	分管局领导意见： （公章） 　　　年 月 日	

注：1. 非居民企业从事的行业，请在符合情形的□内打"√"；
　　2. 非居民企业自收到本表 10 个工作日内填好并送达主管税务机关；
　　3. 主管税务机关在受理后 20 个工作日内完成征收方式的确认。

5.83　国家税务总局关于企业工资薪金及职工福利费扣除问题的通知

2009 年 1 月 4 日　国税函〔2009〕3 号

各省、自治区、直辖市和计划单列市国家税务局、地方税务局：

为有效贯彻落实《中华人民共和国企业所得税法实施条例》（以下简称《实施条例》），现就企业工资薪金和职工福利费扣除有关问题通知如下：

一、关于合理工资薪金问题

《实施条例》第三十四条所称的"合理工资薪金"，是指企业按照股东大会、董事会、薪酬委员会或相关管理机构制订的工资薪金制度规定实际发放给员工的工资薪金。税务机关在对工资薪金进行合理性确认时，可按以下原则掌握：

（一）企业制订了较为规范的员工工资薪金制度；

（二）企业所制订的工资薪金制度符合行业及地区水平；

（三）企业在一定时期所发放的工资薪金是相对固定的，工资薪金的调整是有序进行的；

（四）企业对实际发放的工资薪金，已依法履行了代扣代缴个人所得税义务。

（五）有关工资薪金的安排，不以减少或逃避税款为目的；

二、关于工资薪金总额问题

《实施条例》第四十、四十一、四十二条所称的"工资薪金总额"，是指企业按照本通知第一条规定实际发放的工资薪金总和，不包括企业的职工福利费、职工教育经费、工会经费以及养老保险费、医疗保险费、失业保险费、工伤保险费、生育保险费等社会保险费和住房公积金。属于国有性质的企业，其工资薪金，不得超过政府有关部门给予的限定数额；超过部分，不得计入企业工资薪金总额，也不得在计算企业应纳税所得额时扣除。

三、关于职工福利费扣除问题

《实施条例》第四十条规定的企业职工福利费，包括以下内容：

（一）尚未实行分离办社会职能的企业，其内设福利部门所发生的设备、设施和人员费用，包括职工食堂、职工浴室、理发室、医务所、托儿所、疗养院等集体福利部门的设备、设施及维修保养费用和福利部门工作人员的工资薪金、社会保险费、住房公积金、劳务费等。

（二）为职工卫生保健、生活、住房、交通等所发放的各项补贴和非货币性福利，包括企业向职工发放的因公外地就医费用、未实行医疗统筹企业职工医疗费用、职工供养直系亲属医疗补贴、供暖费补贴、职工防暑降温费、职工困难补贴、救济费、职工食堂经费补贴、职工交通补贴等。

（三）按照其他规定发生的其他职工福利费，包括丧葬补助费、抚恤费、安家费、探亲假路费等。

四、关于职工福利费核算问题

企业发生的职工福利费，应该单独设置账册，进行准确核算。没有单独设置账册准确核算的，税务机关应责令企业在规定的期限内进行改正。逾期仍未改正的，税务机关可对企业发生的职工福利费进行合理的核定。

五、本通知自 2008 年 1 月 1 日起执行。

国家税务总局
2009 年 1 月 4 日

5.84　国家税务总局关于企业所得税若干税务事项衔接问题的通知

2009 年 2 月 27 日　国税函〔2009〕98 号

各省、自治区、直辖市和计划单列市国家税务局、地方税务局：

《中华人民共和国企业所得税法》（以下简称新税法）及其实施条例（以下简称实施条例）自 2008 年 1 月 1 日正式实施，按照新税法第六十条规定，《中华人民共和国外商投资企业和外国企业所得税法》和《中华人民共和国企业所得税暂行条例》（以下简称原税法）同时废止。为便于各地汇算清缴工作的开展，现就新税法实施前企业发生的若干税务事项衔接问题通知如下：

一、关于已购置固定资产预计净残值和折旧年限的处理问题

新税法实施前已投入使用的固定资产，企业已按原税法规定预计净残值并计提的折旧，不做调整。新税法实施后，对此类继续使用的固定资产，可以重新确定其残值，并就其尚未计提折旧的余额，按照新税法规定的折旧年限减去已经计提折旧的年限后的剩余年限，按照新税法规定的折旧方法计算折旧。新税法实施后，固定资产原确定的折旧年限不违背新税法规定原则的，也可以继续执行。

二、关于递延所得的处理

企业按原税法规定已作递延所得确认的项目，其余额可在原规定的递延期间的剩余期间内继续均匀计入各纳税期间的应纳税所得额。

三、关于利息收入、租金收入和特许权使用费收入的确认

新税法实施前已按其他方式计入当期收入的利息收入、租金收入、特许权使用费收入，在新税法实施后，凡与按合同约定支付时间确认的收入额发生变化的，应将该收入额减去以前年度已按照其他方式确认的收入额后的差额，确认为当期收入。

四、关于以前年度职工福利费余额的处理

根据《国家税务总局关于做好 2007 年度企业所得税汇算清缴工作的补充通知》（国税函〔2008〕264 号）的规定，企业 2008 年以前按照规定计提但尚未使用的职工福利费余额，2008 年及以后年度发生的职工福利费，应首先冲减上述的职工福利费余额，不足部分按新税法规定扣除；仍有余额的，继续留在以后年度使用。企业 2008 年以前节余的职工福利费，已在税前扣除，属于职工权益，如果改变用途的，应调整增加企业应纳税所得额。

五、关于以前年度职工教育经费余额的处理

对于在 2008 年以前已经计提但尚未使用的职工教育经费余额，2008 年及以后新发生的职工教育经费应先从余额中冲减。仍有余额的，留在以后年度继续使用。

六、关于工效挂钩企业工资储备基金的处理

原执行工效挂钩办法的企业，在 2008 年 1 月 1 日以前已按规定提取，但因未实际发放而未在税前扣除的工资储备基金余额，2008 年及以后年度实际发放时，可在实际发放年度企业所得税前据实扣除。

七、关于以前年度未扣除的广告费的处理

企业在 2008 年以前按照原政策规定已发生但尚未扣除的广告费，2008 年实行新税法后，其尚未扣除的余额，加上当年度新发生的广告费和业务宣传费后，按照新税法规定的比例计算扣除。

八、关于技术开发费的加计扣除形成的亏损的处理

企业技术开发费加计扣除部分已形成企业年度亏损，可以用以后年度所得弥补，但结转年限最长不得超过 5 年。

九、关于开（筹）办费的处理

新税法中开（筹）办费未明确列作长期待摊费用，企业可以在开始经营之日的当年一次性扣除，也可以按照新税法有关长期待摊费用的处理规定处理，但一经选定，不得改变。

企业在新税法实施以前年度的未摊销完的开办费，也可根据上述规定处理。

2009 年 2 月 27 日

5.85 财政部 国家税务总局关于执行企业所得税优惠政策若干问题的通知

2009 年 4 月 24 日 财税〔2009〕69 号

各省、自治区、直辖市、计划单列市财政厅（局）、国家税务局、地方税务局，新疆生产建设兵团财务局：

根据《中华人民共和国企业所得税法》（以下简称企业所得税法）及《中华人民共和国企业所得税法实施条例》（国务院令第 512 号，以下简称实施条例）的有关规定，现就企业所得税优惠政策执行中有关问题通知如下：

一、执行《国务院关于实施企业所得税过渡优惠政策的通知》（国发〔2007〕39 号）规定的过渡优惠政策及西部大开发优惠政策的企业，在定期减免税的减半期内，可以按照企业适用税率计算的应纳税额减半征税。其他各类情形的定期减免税，均应按照企业所得税 25% 的法定税率计算的应纳税额减半征税。

二、《国务院关于实施企业所得税过渡优惠政策的通知》（国发〔2007〕39 号）第三条所称不得叠加享受，且一经选择，不得改变的税收优惠情形，限于企业所得税过渡优惠政策与企业所得税法及其实施条例中规定的定期减免和减低税率类的税收优惠。

企业所得税法及其实施条例中规定的各项税收优惠，凡企业符合规定条件的，可以同时享受。

三、企业在享受过渡税收优惠过程中发生合并、分立、重组等情形的，按照《财政部国家税务总局关于企业重组业务企业所得税处理若干问题的通知》（财税〔2009〕59 号）的统一规定执行。

四、2008 年 1 月 1 日以后，居民企业之间分配属于 2007 年度及以前年度的累积未分配利

润而形成的股息、红利等权益性投资收益，均应按照企业所得税法第二十六条及实施条例第十七条、第八十三条的规定处理。

五、企业在 2007 年 3 月 16 日之前设立的分支机构单独依据原内、外资企业所得税法的优惠规定已享受有关税收优惠的，凡符合《国务院关于实施企业所得税过渡优惠政策的通知》（国发〔2007〕39 号）所列政策条件的，该分支机构可以单独享受国发〔2007〕39 号规定的企业所得税过渡优惠政策。

六、实施条例第九十一条第（二）项所称国际金融组织，包括国际货币基金组织、世界银行、亚洲开发银行、国际开发协会、国际农业发展基金、欧洲投资银行以及财政部和国家税务总局确定的其他国际金融组织；所称优惠贷款，是指低于金融企业同期同类贷款利率水平的贷款。

七、实施条例第九十二条第（一）项和第（二）项所称从业人数，是指与企业建立劳动关系的职工人数和企业接受的劳务派遣用工人数之和；从业人数和资产总额指标，按企业全年月平均值确定，具体计算公式如下：

$$月平均值 = （月初值 + 月末值）÷ 2$$
$$全年月平均值 = 全年各月平均值之和 ÷ 12$$

年度中间开业或者终止经营活动的，以其实际经营期作为一个纳税年度确定上述相关指标。

［条款废止］八、企业所得税法第二十八条规定的小型微利企业待遇，应适用于具备建账核算自身应纳税所得额条件的企业，按照《企业所得税核定征收办法》（国税发〔2008〕30 号）缴纳企业所得税的企业，在不具备准确核算应纳税所得额条件前，暂不适用小型微利企业适用税率。

九、2007 年底前设立的软件生产企业和集成电路生产企业，经认定后可以按《财政部国家税务总局关于企业所得税若干优惠政策的通知》（财税〔2008〕1 号）的规定享受企业所得税定期减免税优惠政策。在 2007 年度或以前年度已获利并开始享受定期减免税优惠政策的，可自 2008 年度起继续享受至期满为止。

十、实施条例第一百条规定的购置并实际使用的环境保护、节能节水和安全生产专用设备，包括承租方企业以融资租赁方式租入的、并在融资租赁合同中约定租赁期届满时租赁设备所有权转移给承租方企业，且符合规定条件的上述专用设备。凡融资租赁期届满后租赁设备所有权未转移至承租方企业的，承租方企业应停止享受抵免企业所得税优惠，并补缴已经抵免的企业所得税税款。

十一、实施条例第九十七条所称投资于未上市的中小高新技术企业 2 年以上的，包括发生在 2008 年 1 月 1 日以前满 2 年的投资；所称中小高新技术企业是指按照《高新技术企业认定管理办法》（国科发火〔2008〕172 号）和《高新技术企业认定管理工作指引》（国科发火〔2008〕362 号）取得高新技术企业资格，且年销售额和资产总额均不超过 2 亿元、从业人数不超过 500 人的企业，其中 2007 年底前已取得高新技术企业资格的，在其规定有效期内不需重新认定。

十二、本通知自 2008 年 1 月 1 日起执行。

财政部　国家税务总局
2009 年 4 月 24 日

5.86 国家税务总局关于印发《企业所得税汇算清缴管理办法》的通知

2009 年 4 月 16 日 国税发〔2009〕79 号

各省、自治区、直辖市和计划单列市国家税务局、地方税务局：

为加强企业所得税征收管理，进一步规范企业所得税汇算清缴工作，在总结近年来内、外资企业所得税汇算清缴工作经验的基础上，根据《中华人民共和国企业所得税法》及其实施条例，税务总局重新制定了《企业所得税汇算清缴管理办法》，现印发给你们，请遵照执行。执行中有何问题，请及时向税务总局报告。

国家税务总局
2009 年 4 月 16 日

企业所得税汇算清缴管理办法

第一条 为加强企业所得税征收管理，进一步规范企业所得税汇算清缴管理工作，根据《中华人民共和国企业所得税法》及其实施条例（以下简称企业所得税法及其实施条例）和《中华人民共和国税收征收管理法》及其实施细则（以下简称税收征管法及其实施细则）的有关规定，制定本办法。

第二条 企业所得税汇算清缴，是指纳税人自纳税年度终了之日起 5 个月内或实际经营终止之日起 60 日内，依照税收法律、法规、规章及其他有关企业所得税的规定，自行计算本纳税年度应纳税所得额和应纳所得税额，根据月度或季度预缴企业所得税的数额，确定该纳税年度应补或者应退税额，并填写企业所得税年度纳税申报表，向主管税务机关办理企业所得税年度纳税申报、提供税务机关要求提供的有关资料、结清全年企业所得税税款的行为。

第三条 凡在纳税年度内从事生产、经营（包括试生产、试经营），或在纳税年度中间终止经营活动的纳税人，无论是否在减税、免税期间，也无论盈利或亏损，均应按照企业所得税法及其实施条例和本办法的有关规定进行企业所得税汇算清缴。

实行核定定额征收企业所得税的纳税人，不进行汇算清缴。

第四条 纳税人应当自纳税年度终了之日起 5 个月内，进行汇算清缴，结清应缴应退企业所得税税款。

纳税人在年度中间发生解散、破产、撤销等终止生产经营情形，需进行企业所得税清算的，应在清算前报告主管税务机关，并自实际经营终止之日起 60 日内进行汇算清缴，结清应缴应退企业所得税款；纳税人有其他情形依法终止纳税义务的，应当自停止生产、经营之日起 60 日内，向主管税务机关办理当期企业所得税汇算清缴。

第五条 纳税人 12 月份或者第四季度的企业所得税预缴纳税申报，应在纳税年度终了后 15 日内完成，预缴申报后进行当年企业所得税汇算清缴。

第六条 纳税人需要报经税务机关审批、审核或备案的事项，应按有关程序、时限和要求报送材料等有关规定，在办理企业所得税年度纳税申报前及时办理。

第七条 纳税人应当按照企业所得税法及其实施条例和企业所得税的有关规定，正确计算应纳税所得额和应纳所得税额，如实、正确填写企业所得税年度纳税申报表及其附表，完整、及时报送相关资料，并对纳税申报的真实性、准确性和完整性负法律责任。

第八条 纳税人办理企业所得税年度纳税申报时，应如实填写和报送下列有关资料：

（一）企业所得税年度纳税申报表及其附表；

（二）财务报表；

（三）备案事项相关资料；

（四）总机构及分支机构基本情况、分支机构征税方式、分支机构的预缴税情况；

（五）委托中介机构代理纳税申报的，应出具双方签订的代理合同，并附送中介机构出具的包括纳税调整的项目、原因、依据、计算过程、调整金额等内容的报告；

（六）涉及关联方业务往来的，同时报送《中华人民共和国企业年度关联业务往来报告表》；

（七）主管税务机关要求报送的其他有关资料。

纳税人采用电子方式办理企业所得税年度纳税申报的，应按照有关规定保存有关资料或附报纸质纳税申报资料。

第九条 纳税人因不可抗力，不能在汇算清缴期内办理企业所得税年度纳税申报或备齐企业所得税年度纳税申报资料的，应按照税收征管法及其实施细则的规定，申请办理延期纳税申报。

第十条 纳税人在汇算清缴期内发现当年企业所得税申报有误的，可在汇算清缴期内重新办理企业所得税年度纳税申报。

［部分废止］**第十一条** 纳税人在纳税年度内预缴企业所得税税款少于应缴企业所得税税款的，应在汇算清缴期内结清应补缴的企业所得税税款；预缴税款超过应纳税款的，主管税务机关应及时按有关规定办理退税。

第十二条 纳税人因有特殊困难，不能在汇算清缴期内补缴企业所得税款的，应按照税收征管法及其实施细则的有关规定，办理申请延期缴纳税款手续。

第十三条 实行跨地区经营汇总缴纳企业所得税的纳税人，由统一计算应纳税所得额和应纳所得税额的总机构，按照上述规定，在汇算清缴期内向所在地主管税务机关办理企业所得税年度纳税申报，进行汇算清缴。分支机构不进行汇算清缴，但应将分支机构的营业收支等情况在报总机构统一汇算清缴前报送分支机构所在地主管税务机关。总机构应将分支机构及其所属机构的营业收支纳入总机构汇算清缴等情况报送各分支机构所在地主管税务机关。

第十四条 经批准实行合并缴纳企业所得税的企业集团，由集团母公司（以下简称汇缴企业）在汇算清缴期内，向汇缴企业所在地主管税务机关报送汇缴企业及各个成员企业合并计算填写的企业所得税年度纳税申报表，以及本办法第八条规定的有关资料及各个成员企业的企业所得税年度纳税申报表，统一办理汇缴企业及其成员企业的企业所得税汇算清缴。

汇缴企业应根据汇算清缴的期限要求，自行确定其成员企业向汇缴企业报送本办法第八条规定的有关资料的期限。成员企业向汇缴企业报送的上述资料，应经成员企业所在地的主管税务机关审核。

第十五条 纳税人未按规定期限进行汇算清缴，或者未报送本办法第八条所列资料的，按照税收征管法及其实施细则的有关规定处理。

第十六条 各级税务机关要结合当地实际,对每一纳税年度的汇算清缴工作进行统一安排和组织部署。汇算清缴管理工作由具体负责企业所得税日常管理的部门组织实施。税务机关内部各职能部门应充分协调和配合,共同做好汇算清缴的管理工作。

第十七条 各级税务机关应在汇算清缴开始之前和汇算清缴期间,主动为纳税人提供税收服务。

(一)采用多种形式进行宣传,帮助纳税人了解企业所得税政策、征管制度和办税程序;

(二)积极开展纳税辅导,帮助纳税人知晓汇算清缴范围、时间要求、报送资料及其他应注意的事项。

(三)必要时组织纳税培训,帮助纳税人进行企业所得税自核自缴。

第十八条 主管税务机关应及时向纳税人发放汇算清缴的表、证、单、书。

第十九条 主管税务机关受理纳税人企业所得税年度纳税申报表及有关资料时,如发现企业未按规定报齐有关资料或填报项目不完整的,应及时告知企业在汇算清缴期内补齐补正。

第二十条 主管税务机关受理纳税人年度纳税申报后,应对纳税人年度纳税申报表的逻辑性和有关资料的完整性、准确性进行审核。审核重点主要包括:

(一)纳税人企业所得税年度纳税申报表及其附表与企业财务报表有关项目的数字是否相符,各项目之间的逻辑关系是否对应,计算是否正确。

(二)纳税人是否按规定弥补以前年度亏损额和结转以后年度待弥补的亏损额。

(三)纳税人是否符合税收优惠条件、税收优惠的确认和申请是否符合规定程序。

(四)纳税人税前扣除的财产损失是否真实、是否符合有关规定程序。跨地区经营汇总缴纳企业所得税的纳税人,其分支机构税前扣除的财产损失是否由分支机构所在地主管税务机关出具证明。

(五)纳税人有无预缴企业所得税的完税凭证,完税凭证上填列的预缴数额是否真实。跨地区经营汇总缴纳企业所得税的纳税人及其所属分支机构预缴的税款是否与《中华人民共和国企业所得税汇总纳税分支机构分配表》中分配的数额一致。

(六)纳税人企业所得税和其他各税种之间的数据是否相符、逻辑关系是否吻合。

第二十一条 主管税务机关应结合纳税人企业所得税预缴情况及日常征管情况,对纳税人报送的企业所得税年度纳税申报表及其附表和其他有关资料进行初步审核后,按规定程序及时办理企业所得税补、退税或抵缴其下一年度应纳所得税款等事项。

第二十二条 税务机关应做好跨地区经营汇总纳税企业和合并纳税企业汇算清缴的协同管理。

(一)总机构和汇缴企业所在地主管税务机关在对企业的汇总或合并纳税申报资料审核时,发现其分支机构或成员企业申报内容有疑点需进一步核实的,应向其分支机构或成员企业所在地主管税务机关发出有关税务事项协查函;该分支机构或成员企业所在地主管税务机关应在要求的时限内就协查事项进行调查核实,并将核查结果函复总机构或汇缴企业所在地主管税务机关。

(二)总机构和汇缴企业所在地主管税务机关收到分支机构或成员企业所在地主管税务机关反馈的核查结果后,应对总机构和汇缴企业申报的应纳税所得额及应纳所得税额作相应调整。

第二十三条 汇算清缴工作结束后,税务机关应组织开展汇算清缴数据分析、纳税评估和检查。纳税评估和检查的对象、内容、方法、程序等按照国家税务总局的有关规定执行。

第二十四条　汇算清缴工作结束后，各级税务机关应认真总结，写出书面总结报告逐级上报。各省、自治区、直辖市和计划单列市税务局应在每年 7 月底前将汇算清缴工作总结报告、年度企业所得税汇总报表报送国家税务总局（所得税司）。总结报告的内容应包括：

（一）汇算清缴工作的基本情况；

（二）企业所得税税源结构的分布情况；

（三）企业所得税收入增减变化及原因；

（四）企业所得税政策和征管制度贯彻落实中存在的问题和改进建议。

第二十五条　本办法适用于企业所得税居民企业纳税人。

第二十六条　各省、自治区、直辖市和计划单列市税务局可根据本办法制定具体实施办法。

第二十七条　本办法自 2009 年 1 月 1 日起执行。《国家税务总局关于印发〈企业所得税汇算清缴管理办法〉的通知》（国税发〔2005〕200 号）、《国家税务总局关于印发新修订的〈外商投资企业和外国企业所得税汇算清缴工作规程〉的通知》（国税发〔2003〕12 号）和《国家税务总局关于印发新修订的〈外商投资企业和外国企业所得税汇算清缴管理办法〉的通知》（国税发〔2003〕13 号）同时废止。

2008 年度企业所得税汇算清缴按本办法执行。

第二十八条　本办法由国家税务总局负责解释。

5.87　国家税务总局关于企业固定资产加速折旧所得税处理有关问题的通知

2009 年 4 月 16 日　国税发〔2009〕81 号

各省、自治区、直辖市和计划单列市国家税务局、地方税务局：

根据《中华人民共和国企业所得税法》（以下简称《企业所得税法》）及《中华人民共和国企业所得税法实施条例》（以下简称《实施条例》）的有关规定，现就企业固定资产实行加速折旧的所得税处理问题通知如下：

一、根据《企业所得税法》第三十二条及《实施条例》第九十八条的相关规定，企业拥有并用于生产经营的主要或关键的固定资产，由于以下原因确需加速折旧的，可以缩短折旧年限或者采取加速折旧的方法：

（一）由于技术进步，产品更新换代较快的；

（二）常年处于强震动、高腐蚀状态的。

二、企业拥有并使用的固定资产符合本通知第一条规定的，可按以下情况分别处理：

（一）企业过去没有使用过与该项固定资产功能相同或类似的固定资产，但有充分的证据证明该固定资产的预计使用年限短于《实施条例》规定的计算折旧最低年限的，企业可根据该固定资产的预计使用年限和本通知的规定，对该固定资产采取缩短折旧年限或者加速折旧的方法。

（二）企业在原有的固定资产未达到《实施条例》规定的最低折旧年限前，使用功能相同或类似的新固定资产替代旧固定资产的，企业可根据旧固定资产的实际使用年限和本通知的规定，对新替代的固定资产采取缩短折旧年限或者加速折旧的方法。

三、企业采取缩短折旧年限方法的，对其购置的新固定资产，最低折旧年限不得低于《实施条例》第六十条规定的折旧年限的 60%；若为购置已使用过的固定资产，其最低折旧年限不得低于《实施条例》规定的最低折旧年限减去已使用年限后剩余年限的 60%. 最低折旧年限一经确定，一般不得变更。

四、企业拥有并使用符合本通知第一条规定条件的固定资产采取加速折旧方法的，可以采用双倍余额递减法或者年数总和法。加速折旧方法一经确定，一般不得变更。

（一）双倍余额递减法，是指在不考虑固定资产预计净残值的情况下，根据每期期初固定资产原值减去累计折旧后的金额和双倍的直线法折旧率计算固定资产折旧的一种方法。应用这种方法计算折旧额时，由于每年年初固定资产净值没有减去预计净残值，所以在计算固定资产折旧额时，应在其折旧年限到期前的两年期间，将固定资产净值减去预计净残值后的余额平均摊销。计算公式如下：

$$年折旧率 = 2 \div 预计使用寿命（年）\times 100\%$$
$$月折旧率 = 年折旧率 \div 12$$
$$月折旧额 = 月初固定资产账面净值 \times 月折旧率$$

（二）年数总和法，又称年限合计法，是指将固定资产的原值减去预计净残值后的余额，乘以一个以固定资产尚可使用寿命为分子、以预计使用寿命逐年数字之和为分母的逐年递减的分数计算每年的折旧额。计算公式如下：

$$年折旧率 = 尚可使用年限 \div 预计使用寿命的年数总和 \times 100\%$$
$$月折旧率 = 年折旧率 \div 12$$
$$月折旧额 = （固定资产原值 - 预计净残值）\times 月折旧率$$

［条款废止］五、企业确需对固定资产采取缩短折旧年限或者加速折旧方法的，应在取得该固定资产后一个月内，向其企业所得税主管税务机关（以下简称主管税务机关）备案，并报送以下资料：

（一）固定资产的功能、预计使用年限短于《实施条例》规定计算折旧的最低年限的理由、证明资料及有关情况的说明；

（二）被替代的旧固定资产的功能、使用及处置等情况的说明；

（三）固定资产加速折旧拟采用的方法和折旧额的说明；

（四）主管税务机关要求报送的其他资料。

企业主管税务机关应在企业所得税年度纳税评估时，对企业采取加速折旧的固定资产的使用环境及状况进行实地核查。对不符合加速折旧规定条件的，主管税务机关有权要求企业停止该项固定资产加速折旧。

六、对于采取缩短折旧年限的固定资产，足额计提折旧后继续使用而未进行处置（包括报废等情形）超过 12 个月的，今后对其更新替代、改造改建后形成的功能相同或者类似的固定资产，不得再采取缩短折旧年限的方法。

七、对于企业采取缩短折旧年限或者采取加速折旧方法的，主管税务机关应设立相应的税收管理台账，并加强监督，实施跟踪管理。对发现不符合《实施条例》第九十八条及本通知规定的，主管税务机关要及时责令企业进行纳税调整。

八、适用总、分机构汇总纳税的企业，对其所属分支机构使用的符合《实施条例》第九十八条及本通知规定情形的固定资产采取缩短折旧年限或者采取加速折旧方法的，由其总机构向其所在地主管税务机关备案。分支机构所在地主管税务机关应负责配合总机构所在地主管税务机关实施跟踪管理。

　　九、本通知自 2008 年 1 月 1 日起执行。

国家税务总局
2009 年 4 月 16 日

5.88　财政部　国家税务总局关于安置残疾人员就业有关企业所得税优惠政策问题的通知

2009 年 4 月 30 日　财税〔2009〕70 号

各省、自治区、直辖市、计划单列市财政厅（局）、国家税务局、地方税务局，新疆生产建设兵团财务局：

　　根据《中华人民共和国企业所得税法》和《中华人民共和国企业所得税法实施条例》（国务院令第 512 号）的有关规定，现就企业安置残疾人员就业有关企业所得税优惠政策问题，通知如下：

　　一、企业安置残疾人员的，在按照支付给残疾职工工资据实扣除的基础上，可以在计算应纳税所得额时按照支付给残疾职工工资的 100% 加计扣除。

　　企业就支付给残疾职工的工资，在进行企业所得税预缴申报时，允许据实计算扣除；在年度终了进行企业所得税年度申报和汇算清缴时，再依照本条第一款的规定计算加计扣除。

　　二、残疾人员的范围适用《中华人民共和国残疾人保障法》的有关规定。

　　三、企业享受安置残疾职工工资 100% 加计扣除应同时具备如下条件：

　　（一）依法与安置的每位残疾人签订了 1 年以上（含 1 年）的劳动合同或服务协议，并且安置的每位残疾人在企业实际上岗工作。

　　（二）为安置的每位残疾人按月足额缴纳了企业所在区县人民政府根据国家政策规定的基本养老保险、基本医疗保险、失业保险和工伤保险等社会保险。

　　（三）定期通过银行等金融机构向安置的每位残疾人实际支付了不低于企业所在区县适用的经省级人民政府批准的最低工资标准的工资。

　　（四）具备安置残疾人上岗工作的基本设施。

　　四、企业应在年度终了进行企业所得税年度申报和汇算清缴时，向主管税务机关报送本通知第四条规定的相关资料、已安置残疾职工名单及其《中华人民共和国残疾人证》或《中华人民共和国残疾军人证（1 至 8 级）》复印件和主管税务机关要求提供的其他资料，办理享受企业所得税加计扣除优惠的备案手续。

　　五、在企业汇算清缴结束后，主管税务机关在对企业进行日常管理、纳税评估和纳税检查时，应对安置残疾人员企业所得税加计扣除优惠的情况进行核实。

　　六、本通知自 2008 年 1 月 1 日起执行。

财政部　国家税务总局
2009 年 4 月 30 日

5.89 财政部 国家税务总局关于部分行业广告费和业务宣传费税前扣除政策的通知

2009 年 7 月 31 日 财税〔2009〕72 号

各省、自治区、直辖市、计划单列市财政厅（局）、国家税务局、地方税务局，新疆生产建设兵团财务局：

根据《中华人民共和国企业所得税法实施条例》（国务院令第 512 号）第四十四条规定，现就部分行业广告费和业务宣传费支出税前扣除政策通知如下：

1. 对化妆品制造、医药制造和饮料制造（不含酒类制造，下同）企业发生的广告费和业务宣传费支出，不超过当年销售（营业）收入 30% 的部分，准予扣除；超过部分，准予在以后纳税年度结转扣除。

2. 对采取特许经营模式的饮料制造企业，饮料品牌使用方发生的不超过当年销售（营业）收入 30% 的广告费和业务宣传费支出可以在本企业扣除，也可以将其中的部分或全部归集至饮料品牌持有方或管理方，由饮料品牌持有方或管理方作为销售费用据实在企业所得税前扣除。饮料品牌持有方或管理方在计算本企业广告费和业务宣传费支出企业所得税税前扣除限额时，可将饮料品牌使用方归集至本企业的广告费和业务宣传费剔除。饮料品牌持有方或管理方应当将上述广告费和业务宣传费单独核算，并将品牌使用方当年销售（营业）收入数据资料以及广告费和业务宣传费支出的证明材料专案保存以备检查。

前款所称饮料企业特许经营模式指由饮料品牌持有方或管理方授权品牌使用方在指定地区生产及销售其产成品，并将可以由双方共同为该品牌产品承担的广告费及业务宣传费用统一归集至品牌持有方或管理方承担的营业模式。

3. 烟草企业的烟草广告费和业务宣传费支出，一律不得在计算应纳税所得额时扣除。

4. 本通知自 2008 年 1 月 1 日起至 2010 年 12 月 31 日止执行。

财政部 国家税务总局
2009 年 7 月 31 日

5.90 国家税务总局关于加强个人工资薪金所得与企业的工资费用支出比对问题的通知

2009 年 5 月 15 日 国税函〔2009〕259 号

各省、自治区、直辖市和计划单列市国家税务局、地方税务局：

为加强企业所得税与个人所得税的协调管理，严格执行《国家税务总局关于工资薪金及职工福利费扣除问题的通知》（国税函〔2009〕3 号），提高个人所得税代扣代缴质量，各地税务机关应将个人因任职或受雇而取得的工资、薪金等所得，与所在任职或受雇单位发生的工资费用支出进行比对，从中查找差异及存在问题，从而强化个人所得税的征收管理，规范工资薪金支出的税前扣除。现将有关事项通知如下：

一、各地国税局应于每年 7 月底前，将所辖进行年度汇算清缴企业的纳税人名称、纳税人识别号、登记注册地址、企业税前扣除工资薪金支出总额等相关信息传递给同级地税局。

地税局应对所辖企业及国税局转来的企业的工资薪金支出总额和已经代扣代缴个人所得税的工资薪金所得总额进行比对分析，对差异较大的，税务人员应到企业进行实地核查，或者提交给稽查部门，进行税务稽查。

2009 年，地税局进行比对分析的户数，不得低于实际汇算清缴企业总户数的 10%。信息化基础较好的地区，可以根据本地实际扩大比对分析面，直至对所有汇算清缴的企业进行比对分析。

二、地税局到企业进行实地核查时，主要审核其税前扣除的工资薪金支出是否足额扣缴了个人所得税；是否存在将个人工资、薪金所得在福利费或其他科目中列支而未扣缴个人所得税的情况；有无按照企业全部职工平均工资适用税率计算纳税的情况；以非货币形式发放的工资薪金性质的所得是否依法履行了代扣代缴义务；有无隐匿或少报个人收入情况；企业有无虚列人员、增加工资费用支出等情况。

三、地税局在核查或检查中发现的问题，属于地税局征管权限的，应按照税收征管法及相关法律、法规的规定处理；属于国税局征管权限的，应及时将相关信息转交国税局处理。

各地地税局应于每年 11 月底前，将国税局提供的有关信息的比对及使用效果等情况通报或反馈同级国税局。

四、各级税务机关要高度重视此项工作，要将其作为提高个人所得税征管质量，规范工资薪金支出税前扣除，大力组织所得税收入的有效措施，精心组织，周密部署，扎扎实实地开展工作。要制定切实可行的工作方案，充分利用信息化手段加强比对工作。国税局和地税局之间要密切配合，通力协作，形成工作合力，按照本通知要求及时传递和反馈信息，共享信息资源和工作成果，对工作过程中发现的带有共性的问题，要联合采取措施，加强所得税管理。各省国税局、地税局在 2009 年底之前将工作情况正式书面上报税务总局（所得税司）。税务总局将在下半年组织检查、督导。

国家税务总局

2009 年 5 月 15 日

5.91　财政部　国家税务总局关于企业境外所得税收抵免有关问题的通知

2009 年 12 月 25 日　财税〔2009〕125 号

根据《中华人民共和国企业所得税法》（以下简称企业所得税法）及《中华人民共和国企业所得税法实施条例》（以下简称实施条例）的有关规定，现就企业取得境外所得计征企业所得税时抵免境外已纳或负担所得税额的有关问题通知如下：

一、居民企业以及非居民企业在中国境内设立的机构、场所（以下统称企业）依照企业所得税法第二十三条、第二十四条的有关规定，应在其应纳税额中抵免在境外缴纳的所得税额的，适用本通知。

二、企业应按照企业所得税法及其实施条例、税收协定以及本通知的规定，准确计算下列当期与抵免境外所得税有关的项目后，确定当期实际可抵免分国（地区）别的境外所得税税额和抵免限额：

（一）境内所得的应纳税所得额（以下称境内应纳税所得额）和分国（地区）别的境外所得的应纳税所得额（以下称境外应纳税所得额）；

（二）分国（地区）别的可抵免境外所得税税额；

（三）分国（地区）别的境外所得税的抵免限额。

企业不能准确计算上述项目实际可抵免分国（地区）别的境外所得税税额的，在相应国家（地区）缴纳的税收均不得在该企业当期应纳税额中抵免，也不得结转以后年度抵免。

三、企业应就其按照实施条例第七条规定确定的中国境外所得（境外税前所得），按以下规定计算实施条例第七十八条规定的境外应纳税所得额：

（一）居民企业在境外投资设立不具有独立纳税地位的分支机构，其来源于境外的所得，以境外收入总额扣除与取得境外收入有关的各项合理支出后的余额为应纳税所得额。各项收入、支出按企业所得税法及实施条例的有关规定确定。

居民企业在境外设立不具有独立纳税地位的分支机构取得的各项境外所得，无论是否汇回中国境内，均应计入该企业所属纳税年度的境外应纳税所得额。

（二）居民企业应就其来源于境外的股息、红利等权益性投资收益，以及利息、租金、特许权使用费、转让财产等收入，扣除按照企业所得税法及实施条例等规定计算的与取得该项收入有关的各项合理支出后的余额为应纳税所得额。来源于境外的股息、红利等权益性投资收益，应按被投资方作出利润分配决定的日期确认收入实现；来源于境外的利息、租金、特许权使用费、转让财产等收入，应按有关合同约定应付交易对价款的日期确认收入实现。

（三）非居民企业在境内设立机构、场所的，应就其发生在境外但与境内所设机构、场所有实际联系的各项应税所得，比照上述第（二）项的规定计算相应的应纳税所得额。

（四）在计算境外应纳税所得额时，企业为取得境内、外所得而在境内、境外发生的共同支出，与取得境外应税所得有关的、合理的部分，应在境内、境外（分国（地区）别，下同）应税所得之间，按照合理比例进行分摊后扣除。

（五）在汇总计算境外应纳税所得额时，企业在境外同一国家（地区）设立不具有独立纳税地位的分支机构，按照企业所得税法及实施条例的有关规定计算的亏损，不得抵减其境内或他国（地区）的应纳税所得额，但可以用同一国家（地区）其他项目或以后年度的所得按规定弥补。

四、可抵免境外所得税税额，是指企业来源于中国境外的所得依照中国境外税收法律以及相关规定应当缴纳并已实际缴纳的企业所得税性质的税款。但不包括：

（一）按照境外所得税法律及相关规定属于错缴或错征的境外所得税税款；

（二）按照税收协定规定不应征收的境外所得税税款；

（三）因少缴或迟缴境外所得税而追加的利息、滞纳金或罚款；

（四）境外所得税纳税人或者其利害关系人从境外征税主体得到实际返还或补偿的境外所得税税款；

（五）按照我国企业所得税法及其实施条例规定，已经免征我国企业所得税的境外所得负担的境外所得税税款；

（六）按照国务院财政、税务主管部门有关规定已经从企业境外应纳税所得额中扣除的境外所得税税款。

五、居民企业在按照企业所得税法第二十四条规定用境外所得间接负担的税额进行税收抵免时，其取得的境外投资收益实际间接负担的税额，是指根据直接或者间接持股方式合计持股20%以上（含20%，下同）的规定层级的外国企业股份，由此应分得的股息、红利等权益性投资收益中，从最低一层外国企业起逐层计算的属于由上一层企业负担的税额，其计算公式如下：

本层企业所纳税额属于由一家上一层企业负担的税额＝（本层企业就利润和投资收益所实际缴纳的税额＋符合本通知规定的由本层企业间接负担的税额）×本层企业向一家上一层企业分配的股息（红利）÷本层企业所得税后利润额。

六、除国务院财政、税务主管部门另有规定外，按照实施条例第八十条规定由居民企业直接或者间接持有20%以上股份的外国企业，限于符合以下持股方式的三层外国企业：

第一层：单一居民企业直接持有20%以上股份的外国企业；

第二层：单一第一层外国企业直接持有20%以上股份，且由单一居民企业直接持有或通过一个或多个符合本条规定持股条件的外国企业间接持有总和达到20%以上股份的外国企业；

第三层：单一第二层外国企业直接持有20%以上股份，且由单一居民企业直接持有或通过一个或多个符合本条规定持股条件的外国企业间接持有总和达到20%以上股份的外国企业。

七、居民企业从与我国政府订立税收协定（或安排）的国家（地区）取得的所得，按照该国（地区）税收法律享受了免税或减税待遇，且该免税或减税的数额按照税收协定规定应视同已缴税额在中国的应纳税额中抵免的，该免税或减税数额可作为企业实际缴纳的境外所得税额用于办理税收抵免。

八、企业应按照企业所得税法及其实施条例和本通知的有关规定分国（地区）别计算境外税额的抵免限额。

某国（地区）所得税抵免限额＝中国境内、境外所得依照企业所得税法及实施条例的规定计算的应纳税总额×来源于某国（地区）的应纳税所得额÷中国境内、境外应纳税所得总额。

据以计算上述公式中"中国境内、境外所得依照企业所得税法及实施条例的规定计算的应纳税总额"的税率，除国务院财政、税务主管部门另有规定外，应为企业所得税法第四条第一款规定的税率。

企业按照企业所得税法及其实施条例和本通知的有关规定计算的当期境内、境外应纳税所得总额小于零的，应以零计算当期境内、境外应纳税所得总额，其当期境外所得税的抵免限额也为零。

九、在计算实际应抵免的境外已缴纳和间接负担的所得税税额时，企业在境外一国（地区）当年缴纳和间接负担的符合规定的所得税税额低于所计算的该国（地区）抵免限额的，应以该项税额作为境外所得税抵免额从企业应纳税总额中据实抵免；超过抵免限额的，当年应以抵免限额作为境外所得税抵免额进行抵免，超过抵免限额的余额允许从次年起在连续五个纳税年度内，用每年度抵免限额抵免当年应抵税额后的余额进行抵补。

［部分废止］十、属于下列情形的，经企业申请，主管税务机关核准，可以采取简易办法对境外所得已纳税额计算抵免：

（一）企业从境外取得营业利润所得以及符合境外税额间接抵免条件的股息所得，虽有所得来源国（地区）政府机关核发的具有纳税性质的凭证或证明，但因客观原因无法真实、准确地确认应当缴纳并已经实际缴纳的境外所得税税额的，除就该所得直接缴纳及间接负担的税额在所得来源国（地区）的实际有效税率低于我国企业所得税法第四条第一款规定税率50%以上的外，可按境外应纳税所得额的12.5%作为抵免限额，企业按该国（地区）税务机关或政府机关核发具有纳税性质凭证或证明的金额，其不超过抵免限额的部分，准予抵免；超过的部分不得抵免。

属于本款规定以外的股息、利息、租金、特许权使用费、转让财产等投资性所得，均应按本通知的其他规定计算境外税额抵免。

（二）企业从境外取得营业利润所得以及符合境外税额间接抵免条件的股息所得，凡就该所得缴纳及间接负担的税额在所得来源国（地区）的法定税率且其实际有效税率明显高于我国的，可直接以按本通知规定计算的境外应纳税所得额和我国企业所得税法规定的税率计算的抵免限额作为可抵免的已在境外实际缴纳的企业所得税税额。具体国家（地区）名单见附件。财政部、国家税务总局可根据实际情况适时对名单进行调整。

属于本款规定以外的股息、利息、租金、特许权使用费、转让财产等投资性所得，均应按本通知的其他规定计算境外税额抵免。

十一、企业在境外投资设立不具有独立纳税地位的分支机构，其计算生产、经营所得的纳税年度与我国规定的纳税年度不一致的，与我国纳税年度当年度相对应的境外纳税年度，应为在我国有关纳税年度中任何一日结束的境外纳税年度。

企业取得上款以外的境外所得实际缴纳或间接负担的境外所得税，应在该项境外所得实现日所在的我国对应纳税年度的应纳税额中计算抵免。

十二、企业抵免境外所得税额后实际应纳所得税额的计算公式为：

企业实际应纳所得税额＝企业境内外所得应纳税总额－企业所得税减免、抵免优惠税额－境外所得税抵免额。

十三、本通知所称不具有独立纳税地位，是指根据企业设立地法律不具有独立法人地位或者按照税收协定规定不认定为对方国家（地区）的税收居民。

十四、企业取得来源于中国香港、澳门、台湾地区的应税所得，参照本通知执行。

十五、中华人民共和国政府同外国政府订立的有关税收的协定与本通知有不同规定的，依照协定的规定办理。

十六、本通知自2008年1月1日起执行。

附件：

法定税率明显高于我国的境外所得来源国（地区）名单：

美国、阿根廷、布隆迪、喀麦隆、古巴、法国、日本、摩洛哥、巴基斯坦、赞比亚、科威特、孟加拉国、叙利亚、约旦、老挝。

财政部　国家税务总局
2009年12月25日

5.92　财政部　国家税务总局关于企业关联方利息支出税前扣除标准有关税收政策问题的通知

2008 年 9 月 19 日　财税〔2008〕121 号

各省、自治区、直辖市、计划单列市财政厅（局）、国家税务局、地方税务局、新疆生产建设兵团财务局：

为规范企业利息支出税前扣除，加强企业所得税管理，根据《中华人民共和国企业所得税法》（以下简称税法）第四十六条和《中华人民共和国企业所得税法实施条例》（国务院令第512 号，以下简称实施条例）第一百一十九条的规定，现将企业接受关联方债权性投资利息支出税前扣除问题通知如下：

一、在计算应纳税所得额时，企业实际支付给关联方的利息支出，不超过以下规定比例和税法及其实施条例有关规定计算的部分，准予扣除，超过的部分不得在发生当期和以后年度扣除。

企业实际支付给关联方的利息支出，除符合本通知第二条规定外，其接受关联方债权性投资与其权益性投资比例为：

（一）金融企业，为 5:1；

（二）其他企业，为 2:1；

二、企业如果能够按照税法及其实施条例的有关规定提供相关资料，并证明相关交易活动符合独立交易原则的；或者该企业的实际税负不高于境内关联方的，其实际支付给境内关联方的利息支出，在计算应纳税所得额时准予扣除。

三、企业同时从事金融业务和非金融业务，其实际支付给关联方的利息支出，应按照合理方法分开计算；没有按照合理方法分开计算的，一律按本通知第一条有关其他企业的比例计算准予税前扣除的利息支出。

四、企业自关联方取得的不符合规定的利息收入应按照有关规定缴纳企业所得税。

财政部　国家税务总局

2008 年 9 月 19 日

5.93　国家税务总局关于确认企业所得税收入若干问题的通知

2008 年 10 月 30 日　国税函〔2008〕875 号

各省、自治区、直辖市和计划单列市国家税务局、地方税务局：

根据《中华人民共和国企业所得税法》（以下简称企业所得税法）及《中华人民共和国企业所得税法实施条例》（以下简称实施条例）规定的原则和精神，现对确认企业所得税收入的若干问题通知如下：

一、除企业所得税法及实施条例另有规定外，企业销售收入的确认，必须遵循权责发生制原则和实质重于形式原则。

（一）企业销售商品同时满足下列条件的，应确认收入的实现：

1. 商品销售合同已经签订，企业已将商品所有权相关的主要风险和报酬转移给购货方；

2. 企业对已售出的商品既没有保留通常与所有权相联系的继续管理权，也没有实施有效控制；

3. 收入的金额能够可靠地计量；

4. 已发生或将发生的销售方的成本能够可靠地核算。

（二）符合上款收入确认条件，采取下列商品销售方式的，应按以下规定确认收入实现时间：

1. 销售商品采用托收承付方式的，在办妥托收手续时确认收入。

2. 销售商品采取预收款方式的，在发出商品时确认收入。

3. 销售商品需要安装和检验的，在购买方接受商品以及安装和检验完毕时确认收入。如果安装程序比较简单，可在发出商品时确认收入。

4. 销售商品采用支付手续费方式委托代销的，在收到代销清单时确认收入。

（三）采用售后回购方式销售商品的，销售的商品按售价确认收入，回购的商品作为购进商品处理。有证据表明不符合销售收入确认条件的，如以销售商品方式进行融资，收到的款项应确认为负债，回购价格大于原售价的，差额应在回购期间确认为利息费用。

（四）销售商品以旧换新的，销售商品应当按照销售商品收入确认条件确认收入，回收的商品作为购进商品处理。

（五）企业为促进商品销售而在商品价格上给予的价格扣除属于商业折扣，商品销售涉及商业折扣的，应当按照扣除商业折扣后的金额确定销售商品收入金额。

债权人为鼓励债务人在规定的期限内付款而向债务人提供的债务扣除属于现金折扣，销售商品涉及现金折扣的，应当按扣除现金折扣前的金额确定销售商品收入金额，现金折扣在实际发生时作为财务费用扣除。

企业因售出商品的质量不合格等原因而在售价上给的减让属于销售折让；企业因售出商品质量、品种不符合要求等原因而发生的退货属于销售退回。企业已经确认销售收入的售出商品发生销售折让和销售退回，应当在发生当期冲减当期销售商品收入。

二、企业在各个纳税期末，提供劳务交易的结果能够可靠估计的，应采用完工进度（完工百分比）法确认提供劳务收入。

（一）提供劳务交易的结果能够可靠估计，是指同时满足下列条件：

1. 收入的金额能够可靠地计量；

2. 交易的完工进度能够可靠地确定；

3. 交易中已发生和将发生的成本能够可靠地核算。

（二）企业提供劳务完工进度的确定，可选用下列方法：

1. 已完工作的测量；

2. 已提供劳务占劳务总量的比例；

3. 发生成本占总成本的比例。

（三）企业应按照从接受劳务方已收或应收的合同或协议价款确定劳务收入总额，根据纳税期末提供劳务收入总额乘以完工进度扣除以前纳税年度累计已确认提供劳务收入后的金额，确认为当期劳务收入；同时，按照提供劳务估计总成本乘以完工进度扣除以前纳税期间累计已确认劳务成本后的金额，结转为当期劳务成本。

（四）下列提供劳务满足收入确认条件的，应按规定确认收入：

1. 安装费。应根据安装完工进度确认收入。安装工作是商品销售附带条件的，安装费在确认商品销售实现时确认收入。

2. 宣传媒介的收费。应在相关的广告或商业行为出现于公众面前时确认收入。广告的制作费，应根据制作广告的完工进度确认收入。

3. 软件费。为特定客户开发软件的收费，应根据开发的完工进度确认收入。

4. 服务费。包含在商品售价内可区分的服务费，在提供服务的期间分期确认收入。

5. 艺术表演、招待宴会和其他特殊活动的收费。在相关活动发生时确认收入。收费涉及几项活动的，预收的款项应合理分配给每项活动，分别确认收入。

6. 会员费。申请入会或加入会员，只允许取得会籍，所有其他服务或商品都要另行收费的，在取得该会员费时确认收入。申请入会或加入会员后，会员在会员期内不再付费就可得到各种服务或商品，或者以低于非会员的价格销售商品或提供服务的，该会员费应在整个受益期内分期确认收入。

7. 特许权费。属于提供设备和其他有形资产的特许权费，在交付资产或转移资产所有权时确认收入；属于提供初始及后续服务的特许权费，在提供服务时确认收入。

8. 劳务费。长期为客户提供重复的劳务收取的劳务费，在相关劳务活动发生时确认收入。

三、企业以买一赠一等方式组合销售本企业商品的，不属于捐赠，应将总的销售金额按各项商品的公允价值的比例来分摊确认各项的销售收入。

国家税务总局

2008 年 10 月 30 日

5.94 财政部 国家税务总局关于财政性资金 行政事业性收费政府性基金有关企业所得税政策问题的通知

2008 年 12 月 16 日 财税〔2008〕151 号

各省、自治区、直辖市、计划单列市财政厅（局）、国家税务局、地方税务局，新疆生产建设兵团财务局：

根据《中华人民共和国企业所得税法》及《中华人民共和国企业所得税法实施条例》的有关规定，现对财政性资金、行政事业性收费、政府性基金有关企业所得税政策问题明确如下：

一、财政性资金

（一）企业取得的各类财政性资金，除属于国家投资和资金使用后要求归还本金的以外，均应计入企业当年收入总额。

（二）对企业取得的由国务院财政、税务主管部门规定专项用途并经国务院批准的财政性资金，准予作为不征税收入，在计算应纳税所得额时从收入总额中减除。

（三）纳入预算管理的事业单位、社会团体等组织按照核定的预算和经费报领关系收到的由财政部门或上级单位拨入的财政补助收入，准予作为不征税收入，在计算应纳税所得额时从收入总额中减除，但国务院和国务院财政、税务主管部门另有规定的除外。

本条所称财政性资金，是指企业取得的来源于政府及其有关部门的财政补助、补贴、贷款贴息，以及其他各类财政专项资金，包括直接减免的增值税和即征即退、先征后退、先征后返的各种税收，但不包括企业按规定取得的出口退税款；所称国家投资，是指国家以投资者身份投入企业、并按有关规定相应增加企业实收资本（股本）的直接投资。

二、关于政府性基金和行政事业性收费

（一）企业按照规定缴纳的、由国务院或财政部批准设立的政府性基金以及由国务院和省、自治区、直辖市人民政府及其财政、价格主管部门批准设立的行政事业性收费，准予在计算应纳税所得额时扣除。

企业缴纳的不符合上述审批管理权限设立的基金、收费，不得在计算应纳税所得额时扣除。

（二）企业收取的各种基金、收费，应计入企业当年收入总额。

（三）对企业依照法律、法规及国务院有关规定收取并上缴财政的政府性基金和行政事业性收费，准予作为不征税收入，于上缴财政的当年在计算应纳税所得额时从收入总额中减除；未上缴财政的部分，不得从收入总额中减除。

三、企业的不征税收入用于支出所形成的费用，不得在计算应纳税所得额时扣除；企业的不征税收入用于支出所形成的资产，其计算的折旧、摊销不得在计算应纳税所得额时扣除。

四、本通知自 2008 年 1 月 1 日起执行。

财政部　国家税务总局

2008 年 12 月 16 日

5.95　国家税务总局关于企业所得税预缴问题的通知

2008 年 1 月 30 日　国税发〔2008〕17 号

各省、自治区、直辖市和计划单列市国家税务局、地方税务局：

《中华人民共和国企业所得税法》（以下简称"新税法"）已于 2008 年 1 月 1 日起施行，为保证企业所得税预缴工作顺利进行，经研究，现对下列企业预缴问题明确如下：

一、2008 年 1 月 1 日之前已经被认定为高新技术企业的，在按照新税法有关规定重新认定之前，暂按 25% 的税率预缴企业所得税。

上述企业如果享受新税法中其他优惠政策和国务院规定的过渡优惠政策，按有关规定执行。

二、深圳市、厦门市经济特区以外的企业以及上海浦东新区内非生产性外商投资企业和内资企业，原采取按月预缴方式的，2008 年一季度改为按季度预缴。

三、原经批准实行合并纳税的企业，采取按月预缴方式的，2008 年一季度改为按季度预缴。

国家税务总局

2008 年 1 月 30 日

5.96　国家税务总局关于母子公司间提供服务支付费用有关企业所得税处理问题的通知

2008 年 8 月 14 日　国税发〔2008〕86 号

各省、自治区、直辖市和计划单列市国家税务局、地方税务局：

根据《中华人民共和国企业所得税法》及其实施条例的有关规定，现就在中国境内，属于不同独立法人的母子公司之间提供服务支付费用有关企业所得税处理问题通知如下：

一、母公司为其子公司（以下简称子公司）提供各种服务而发生的费用，应按照独立企业之间公平交易原则确定服务的价格，作为企业正常的劳务费用进行税务处理。

母子公司未按照独立企业之间的业务往来收取价款的，税务机关有权予以调整。

二、母公司向其子公司提供各项服务，双方应签订服务合同或协议，明确规定提供服务的内容、收费标准及金额等，凡按上述合同或协议规定所发生的服务费，母公司应作为营业收入申报纳税；子公司作为成本费用在税前扣除。

三、母公司向其多个子公司提供同类项服务，其收取的服务费可以采取分项签订合同或协议收取；也可以采取服务分摊协议的方式，即，由母公司与各子公司签订服务费用分摊合同或协议，以母公司为其子公司提供服务所发生的实际费用并附加一定比例利润作为向子公司收取的总服务费，在各服务受益子公司（包括盈利企业、亏损企业和享受减免税企业）之间按《中华人民共和国企业所得税法》第四十一条第二款规定合理分摊。

四、母公司以管理费形式向子公司提取费用，子公司因此支付给母公司的管理费，不得在税前扣除。

五、子公司申报税前扣除向母公司支付的服务费用，应向主管税务机关提供与母公司签订的服务合同或者协议等与税前扣除该项费用相关的材料。不能提供相关材料的，支付的服务费用不得税前扣除。

国家税务总局

2008 年 8 月 14 日

5.97　国家税务总局关于印发《企业所得税汇算清缴纳税申报鉴证业务准则（试行）》的通知

2007 年 2 月 2 日　国税发〔2007〕10 号

各省、自治区、直辖市和计划单列市国家税务局、地方税务局：

现将《企业所得税汇算清缴纳税申报鉴证业务准则（试行）》印发给你们，自 2007 年 3 月 1 日起实行。

附件：1. 涉税鉴证业务约定书（参考文本）（略）

2. 企业所得税汇算清缴纳税申报鉴证报告（适用于无保留意见的鉴证报告）（参考文本）（略）

3. 企业所得税汇算清缴纳税申报鉴证报告（适用于保留意见的鉴证报告）（参考文本）（略）

4. 企业所得税汇算清缴纳税申报鉴证报告（适用于无法表明意见的鉴证报告）（参考文本）（略）

5. 企业所得税汇算清缴纳税申报鉴证报告（适用于否定意见的鉴证报告）（参考文本）（略）

国家税务总局

2007 年 2 月 2 日

企业所得税汇算清缴纳税申报鉴证业务准则（试行）

一、总则

（一）为了规范企业所得税汇算清缴纳税申报鉴证业务（以下简称所得税汇算鉴证），根据企业所得税法规和《注册税务师管理暂行办法》及其有关规定，制定本准则。

（二）所得税汇算鉴证是指，税务师事务所接受委托对企业所得税汇算清缴纳税申报的信息实施必要审核程序，并出具鉴证报告，以增强税务机关对该项信息信任程度的一种业务。

（三）在接受委托前，税务师事务所应当初步了解业务环境。业务环境包括：业务约定事项、鉴证对象特征、使用的标准、预期使用者的需求、责任方及其环境的相关特征，以及可能对鉴证业务产生重大影响的事项、交易、条件和惯例等其他事项。

（四）承接所得税汇算鉴证业务，应当具备下列条件：

1. 属于企业所得税汇算鉴证项目；

2. 税务师事务所符合独立性和专业胜任能力等相关专业知识和职业道德规范的要求；

3. 税务师事务所能够获取充分、适当的证据以支持其结论并出具书面鉴证报告；

4. 与委托人协商签订涉税鉴证业务约定书（见附件 1）。

（五）所得税汇算鉴证的鉴证对象是，与企业所得税汇算清缴纳税申报相关的会计资料和纳税资料等可以收集、识别和评价的证据及信息。具体包括：企业会计资料及会计处理、财务状况及财务报表、纳税资料及税务处理、有关文件及证明材料等。

（六）税务师事务所运用职业判断对鉴证对象作出合理一致的评价或计量时，应当符合适当的标准。适当的评价标准应当具备相关性、完整性、可靠性、中立性和可理解性等特征。

（七）税务师事务所从事所得税汇算鉴证业务，应当以职业怀疑态度、有计划地实施必要的审核程序，获取与鉴证对象相关的充分、适当的证据，并及时对制定的计划、实施的程序、获取的相关证据以及得出的结论作出记录。在确定证据收集的性质、时间和范围时，应当体现重要性原则，评估鉴证业务风险以及可获取证据的数量和质量，对委托事项提供合理保证。

（八）税务师事务所应当严格按照税法及其有关规定开展所得税汇算鉴证业务，并遵守国家有关法律、法规及本业务准则。

二、收入的审核

（一）收入审核的基本方法

1. 评价收入内部控制是否存在、有效且一贯遵守。

2. 取得或编制收入项目明细表，复核加计正确，并与报表、总账、明细账及有关申报表等核对。

3. 了解纳税人各类合同、协议的执行情况及其业务项目的合理性和经常性。

4. 初步评价与计算企业所得税相关的各个税种税目、税率选用的准确性。

5. 查明收入的确认原则、方法，注意会计制度与税收规定在收入确认上的差异。

（二）主营业务收入的审核

1. 收入的确认依产品销售或提供服务方式和货款结算方式，按以下几种情况分类确认：

（1）采用直接收款销售方式的，应于货款已收到或取得收取货款的权利，并已将发票账单和提货单交给购货单位时，确认收入的实现。结合货币资金、应收账款、存货等科目，审核委托单位是否收到货款或取得收取货款的权利，发票账单和提货单是否已交付购货单位。应注意有无扣压结算凭证，将当期收入转入下期入账，或者虚开发票、虚列购货单位，虚记收入，下期予以冲销等情形。

（2）采用预收账款销售方式的，应于商品已经发出时，确认收入的实现。结合预收账款、存货等科目，审核是否存在对已收货款并已将商品发出的交易不入账、转为下期收入等情形。

（3）采用托收承付结算方式的，应于商品已经发出，劳务已经提供，并已将发票账单提交银行、办妥收款手续时，确认收入的实现。结合货币资金、应收账款、存货等科目，审核是否发货，托收手续是否办妥，托收承付结算回单是否正确，是否在发货并办妥托收手续当月作收入处理。

（4）委托其他单位代销商品、劳务的，应结合存货、应收账款、银行存款等科目，审核是否在收到代销单位代销清单，并按税法规定作收入处理。

（5）采用赊销和分期收款结算方式的，应按合同约定的收款日期，分期确认收入的实现。审核是否按合同约定的收款日期作收入处理，是否存在不按合同约定日期确认收入不入账、少入账、缓入账的情形。

（6）长期工程合同收入，应按完工进度或者完成工作量，确认收入的实现。审核收入的计算、确认方法是否合乎规定，并核对应计收入与实计收入是否一致。注意查明有无随意确认收入、虚增或虚减本期收入的情形。

（7）采用委托外贸代理出口方式的，应于收到外贸企业代办的发运凭证和银行交款凭证时，确认收入的实现。重点审核有无代办发运凭证和银行交款单，是否存在不按发运凭证或银行交款凭证确认收入的情形。

（8）对外转让土地使用权和销售商品房的，应于土地使用权和商品房已经移交，并将发票结算账单提交对方时，确认收入的实现。采用按揭方式销售的，审核是否按相关规定确认收入和交纳税金，即其首付款应于实际收到日确认收入的实现，余款在银行按揭贷款办理转账之日确认收入的实现。

（9）对于向客户收取的一次性入网费用，如有线电视入网费、城市供热供水接网费、管道燃气入网费，审核是否按有关规定确认收入。

（10）对于企业取得的会员制会籍收入，审核入会者在入会后是否接受企业其他商品或服务而确定会籍收入，是否全额或分期计入收入。

2. 验证应税收入在不同税目之间、应税与减免税项目之间是否准确划分，是否存在高税率的收入记入低税率的收入情况。

3. 截止性测试：审核决算日前后若干日的出库单（或销售发票、账簿记录），观察截至决算日止销售收入记录是否有跨年度的情形。

4. 审核企业从购货方取得的价外费用是否按规定入账。

5. 审核销售退回、销售折扣与折让业务是否合理，内容是否完整，相关手续是否符合规定，确认销售退回、销售折扣与折让的计算和税务处理是否正确。重点审核给予关联企业的销售折扣与折让是否合理，是否有利用折让和销售折扣而转利于关联单位等情形。

（三）其他业务收入的审核

1. 其他业务收入依销售方式按以下情况确认：

（1）材料销售的收入，应于货款已收到，并已将发票账单和提货单交给购货单位时，确认收入的实现。结合货币资金、应收账款、存货等科目，审核有无扣压结算凭证，将当期收入转入下期入账，或将当期未实现的收入虚转为收入记账，在下期予以冲销等情形。

（2）代购代销手续费收入，应于企业收到代销清单时，确认收入的实现。重点审核代销清单的开出日期、商品的数量及金额的正确性。

（3）包装物出租收入，应于企业收到租金或取得收取租金的权利时，确认收入的实现。重点审核发票账单和包装物发货单是否已交付租赁包装物单位，有无扣压结算凭证，将当期收入转入下期入账，或将当期未实现的收入虚转为收入记账，在下期予以冲销等情形。

（4）审核包装物押金收入，有无逾期未返还买方，未按规定确认收入的情形。

2. 抽查大额其他业务收入的真实性。

3. 对经常性的其他业务收入，从经营部门的记录中审核其完整性。

4. 审核其他业务收入计价的合理性，查明有无明显转利于关联公司或截留收入；跟踪了解市场价格及同行业同期水平，判断计价是否合理。

5. 审核其他业务收入涉及的相关各个税种是否及时申报足额纳税。

（四）补贴收入的审核

1. 审核实际收到的补贴收入是否经过有关部门批准。

2. 审核按销量或工作量及国家规定的补助定额取得的补贴收入、销量或工作量计算是否准确、定额是否符合规定、计算结果是否正确。

3. 审核企业从购货方取得的价外费用是否按规定入账。

4. 审核企业取得减免税或地方性财政返还、国家财政性补贴和其他补贴收入是否按规定入账。

（五）视同销售收入的审核

1. 视同销售是指会计核算不作为销售，而税法规定作为销售，确认收入计缴税金的商品或劳务的转移行为。

2. 采用以旧换新方式销售的，重点审核是否按新货物的同期销售价格确定销售额，不得扣减旧货物的收购价格。

3. 采用还本方式销售的，重点审核是否按货物的销售价格确定销售额，不得从销售额中减除还本支出。

4. 采用以物易物方式销售的，重点审核以物易物的双方是否都作购销处理。

5. 采用售后回购方式销售的，重点审核是否分解为销售、购入处理。

6. 商业企业向供货方收取的返利、返点及进场费、上架费等，是否按规定冲减成本及进项税金或确认收入和交纳税金。

7. 审核用于在建工程、管理部门、非生产机构、赞助、集资、广告样品、职工福利、奖励等方面的材料、自产、委托加工产品，是否按税收规定视同销售确认收入并缴纳相关税金。

8. 审核将非货币性资产用于投资分配、捐赠、抵偿债务等是否按税收规定视同销售确认收入并缴纳相关税金。

9. 审核纳税人对外进行来料加工装配业务节省留归企业的材料，是否按规定确认收入。

10. 审核增值税、消费税、营业税等税种视同销售货物行为是否符合税法的有关规定。

（六）投资收益的审核

1. 根据"长期投资""短期投资""银行存款""无形资产""固定资产""存货"等明细账与有关凭证及签订的投资合同与协议，审核纳税人对外投资的方式和金额，了解该企业对投资单位是否拥有控制权，核算投资收益的方法是否符合税法的有关规定。

2. 根据"长期投资""银行存款""无形资产""固定资产"等明细账及有关凭证，评估确认资产价值与账面净值的差额是否计入收益。

3. 根据"长期投资"明细账，审核企业发生的债券溢价或折价是否在存续期间分期摊销，摊销方法及摊销额的计算是否正确，有无不按规定摊销调整当期收益的情形。

4. 根据"长期投资""短期投资""投资收益"等明细账及其他有关资料，审核纳税人已实现的收益是否计入投资收益账户，有无利润分配分回实物直接计入存货等账户，未按同类商品市价或其销售收入计入投资收益的情形。

5. 审核投资到期收回或中途转让所取得价款高于账面价值的差额，是否计入投资收益，有无挪作他用的情形。

6. 审核纳税人以非货币性资产对外投资或向投资方分配，是否按销售和投资或销售和分配处理。

7. 审核纳税人对外投资是否按规定记账，收回的投资收益是否入账，确认对外投资收益金额的准确性。

（七）营业外收入的审核

1. 结合固定资产科目，审核固定资产盘盈、清理的收益是否准确计算入账。

2. 结合存货、其他应付款、盈余公积、资本公积等科目，审核是否存在营业外收入不入账或不及时入账的情况。

3. 审核无形资产转让的会计处理及税务处理是否正确，注意转让的是所有权还是使用权。

4. 审核营业外收入是否涉及需申报增值税或营业税的情况。

5. 审核非货币性资产交易的会计处理及税务处理是否正确，注意收到补价一方所确认的损益的正确性。

6. 审核罚款净收入的会计处理及税务处理是否正确，注意纳税人是否将内部罚款与外部罚款区别，是否将行政处罚与违法处罚区别。

（八）税收上应确认的其他收入的审核

1. 税收上应确认的其他收入是指，会计核算不作收入处理，而税法规定应确认收入的除视同销售收入之外的其他收入。

2. 审核企业因债权人原因确实无法支付的应付款项、应付未付的三年以上应付账款及已在成本费用中列支的其他应付款确认收入。

3. 审核企业债务重组收益，是否将纳税人重组债务的计税成本与支付的现金金额或者非现金资产金额、股权公允价值的差额确认收入。

4. 审核企业接受捐赠是否按税法有关规定将有关货币性资产及非货币性资产确认收入。

5. 审核企业是否将因改组改制或以非货币资产对外投资发生的资产评估增值按规定确认收入。

6. 审核企业在建工程发生的试运行收入是否按规定并入总收入，是否发生了冲减在建工程成本的情形。

7. 审核企业取得的保险无赔款优待，是否按税法有关规定确认为收入。

8. 审核其他除视同销售收入之外税法规定应确认的收入。

三、成本费用的审核

（一）成本费用审核的基本方法

1. 评价有关成本费用的内部控制是否存在、有效且一贯遵守。

2. 获取相关成本费用明细表，复核计算是否正确，并与有关的总账、明细账、会计报表及有关的申报表等核对。

3. 审核成本费用各明细子目内容的记录、归集是否正确。

4. 对大额业务抽查其收支的配比性，审核有无少计或多计业务支出。

5. 审核会计处理的正确性，注意会计制度与税收规定间在成本费用确认上的差异。

（二）主营业务成本的审核（以工业企业生产成本为例）

1. 审核明细账与总账、报表（在产品项目）是否相符；审核主营业务收入与主营业务成本等账户及其有关原始凭证，确认企业的经营收入与经营成本口径是否一致。

2. 获取生产成本分析表，分别列示各项主要费用及各产品的单位成本，采用分析性复核方法，将其与预算数、上期数或上年同期数、同行业平均数比较，分析增减变动情况，对有异常变动的情形，查明原因，作出正确处理。

3. 采购成本的审核。

（1）审核由购货价格、购货费用和税金构成的外购存货的实际成本。

（2）审核购买、委托加工存货发生的各项应缴税款是否完税并计入存货成本。

（3）审核直接归于存货实际成本的运输费、保险费、装卸费等采购费用是否符合税法的有关规定。

4. 材料费用的审核。

（1）审核直接材料耗用数量是否真实。

——审核"生产成本"账户借方的有关内容、数据，与对应的"材料"类账户贷方内容、数据核对，并追查至领料单、退料单和材料费用分配表等凭证资料。

——实施截止性测试。抽查决算日前后若干天的领料单、生产记录、成本计算单，结合材料单耗和投入产出比率等资料，审核领用的材料品名、规格、型号、数量是否与耗用的相一致，是否将不属于本期负担的材料费用计入本期生产成本，特别应注意期末大宗领用材料。

（2）确认材料计价是否正确。

——实际成本计价条件下：了解计价方法，抽查材料费用分配表、领料单等凭证验算发出成本的计算是否正确，计算方法是否遵循了一贯性原则。

——计划成本计价条件下：抽查材料成本差异计算表及有关的领料单等凭证，验证材料成本差异率及差异额的计算是否正确。

（3）确认材料费用分配是否合理。核实材料费用的分配对象是否真实，分配方法是否恰当。

5. 辅助生产费用的审核。

（1）抽查有关凭证，审核辅助生产费用的归集是否正确。

（2）审核辅助生产费用是否在各部门之间正确分配，是否按税法的有关规定准确计算该费用的列支金额。

6. 制造费用的审核。

（1）审核制造费用中的重大数额项目、例外项目是否合理。

（2）审核当年度部分月份的制造费用明细账，是否存在异常会计事项。

（3）必要时，应对制造费用实施截止性测试。

（4）审核制造费用的分配标准是否合理。必要时，应重新测算制造费用分配率，并调整年末在产品与产成品成本。

（5）获取制造费用汇总表，并与生产成本账户进行核对，确认全年制造费用总额。

7. 审核"生产成本""制造费用"明细账借方发生额并与领料单相核对，以确认外购和委托加工收回的应税消费品是否用于连续生产应税消费品，当期用于连续生产的外购消费品的价款数及委托加工收回材料的相应税款数是否正确。

8. 审核"生产成本""制造费用"的借方红字或非转入产成品的支出项目，并追查至有关的凭证，确认是否将加工修理修配收入、销售残次品、副产品、边角料等的其他收入直接冲减成本费用而未计收入。

9. 在产品成本的审核。

（1）采用存货步骤，审核在产品数量是否真实正确。

（2）审核在产品计价方法是否适应生产工艺特点，是否坚持一贯性原则。

——约当产量法下，审核完工率和投料率及约当产量的计量是否正确；

——定额法下，审核在产品负担的料工费定额成本计算是否正确，并将定额成本与实际相比较，差异较大时应予调整；

——材料成本法下，审核原材料费用是否在成本中占较大比重；

——固定成本法下，审核各月在产品数量是否均衡，年终是否对产品实地盘点并重新计算调整；

——定额比例法下，审核各项定额是否合理，定额管理基础工作是否健全。

10. 完工产品成本的审核。

（1）审核成本计算对象的选择和成本计算方法是否恰当，且体现一贯性原则。

（2）审核成本项目的设置是否合理，各项费用的归集与分配是否体现受益性原则。

（3）确认完工产品数量是否真实正确。

（4）分析主要产品单位成本及构成项目有无异常变动，结合在产品的计价方法，确认完工产品计价是否正确。

11. 审核工业企业以外的其他行业主营业务成本，应参照相关会计制度，按税法的有关规定进行。

（三）其他业务支出的审核

1. 审核材料销售成本、代购代销费用，包装物出租成本、相关税金及附加等其他业务支出的核算内容是否正确，并与有关会计账表核对。

2. 审核其他业务支出的会计处理与税务处理的差异，并作出相应处理。

（四）视同销售成本的审核

1. 审核视同销售成本是否与按税法规定计算的视同销售收入数据的口径一致。

2. 审核企业自己生产或委托加工的产品用于在建工程、管理部门、非生产性机构、赞助、集资、广告、样品、职工福利、奖励等，是否按税法规定作为完工产品成本结转销售成本。

3. 审核企业处置非货币性资产用于投资、分配、捐赠、抵偿债务等，是否按税法规定将实际取得的成本结转销售成本。

4. 审核企业对外进行来料加工装配业务节省留归企业的材料，是否按海关审定的完税价格计算销售成本。

（五）营业外支出的审核

1. 审核营业外支出是否涉及税收规定不得在税前扣除的项目。重点审核：

（1）违法经营的罚款和被没收财物的损失；

（2）各种税收的滞纳金、罚金和罚款；

（3）自然灾害或者意外事故损失的有赔偿部分；

（4）用于中国境内公益、救济性质以外的捐赠；

（5）各项赞助支出；

（6）与生产经营无关的其他各项支出；

（7）为被担保人承担归还所担保贷款的本息；

（8）计提的固定资产减值准备，无形资产减值准备、在建工程减值准备。

2. 审核营业外支出是否按税法规定准予税前扣除。

（1）审核固定资产、在建工程、流动资产非正常盘亏、毁损、报废的净损失是否减除责任人赔偿，保险赔偿后的余额是否已经主管税务机关认定。

（2）审核存货、固定资产、无形资产、长期投资发生永久性或实质性损失，是否已经过主管税务机关认定。

（3）审核处置固定资产损失、出售无形资产损失、债务重组损失，是否按照税法规定经过税务机关认定审批。

（4）审核捐赠是否通过民政部门批准成立的非营利性公益组织、社会团体、国家机关进行，捐赠数额是否超过税法规定限额。

（5）审核企业遭受自然灾害或意外事故损失，是否扣除了已经赔偿的部分。

3. 审核大额营业外支出原始凭证是否齐全，是否符合税前扣除规定的要求。

4. 抽查金额较大的营业外支出项目，验证其按税法规定税前扣除的金额。

5. 审核营业外支出是否涉及将自产、委托加工、购买的货物赠送他人等视同销售行为是否缴纳相关税金。

（六）税收上应确认的其他成本费用的审核

1. 审核资产评估减值等其他特殊财产损失税前扣除是否已经过主管税务机关认定。

2. 审核其他需要主管税务机关认定的事项。

（七）销售（营业）费用的审核

1. 分析各月销售（营业）费用与销售收入比例及趋势是否合理，对异常变动的情形，应追踪查明原因。

2. 审核明细表项目的设置，是否符合销售（营业）费用的范围及其有关规定。

3. 审核企业发生的计入销售（营业）费用的佣金，是否符合税法的有关规定。

4. 审核从事商品流通业务的企业购入存货抵达仓库前发生的包装费、运杂费、运输存储过程中的保险费、装卸费、运输途中的合理损耗和入库前的挑选整理费用等购货费用按税法规定计入营业费用后，是否再计入销售费用等科目重复申报扣除。

5. 审核从事邮电等其他业务的企业发生的营业费用已计入营运成本后，是否再计入营业费用等科目重复申报扣除。

6. 审核销售（营业）费用明细账，确认是否剔除应计入材料采购成本的外地运杂费、向购货方收回的代垫费用等。

7. 涉及进行纳税调整事项的费用项目，应按相关的纳税调整事项审核要点进行审核，并将审核出的问题反映在相关的纳税调整事项审核表中。

（八）管理费用的审核

1. 审核是否把资本性支出项目作为收益性支出项目计入管理费。

2. 审核企业是否按税法规定列支实际发生的合理的劳动保护支出，并确认计算该项支出金额的准确性。

3. 审核企业是否按税法规定剔除了向其关联企业支付的管理费。

4. 审核计入管理费的总部经费（公司经费）的具体项目是否符合税法的有关规定，计算的金额是否准确。

5. 审核企业计入管理费用的差旅费、会议费、董事会费是否符合税法的有关规定，有关凭证和证明材料是否齐全。

6. 涉及进行纳税调整事项的费用项目，应按相关的纳税调整事项审核要点进行审核，并将审核中发现的问题反映在相关的纳税调整事项审核表中。

（九）财务费用的审核

1. 利息支出的审核参见纳税调整审核中利息支出的审核，并将审核中发现的问题反映在利息支出审核表中。

2. 审核利息收入项目。

（1）获取利息收入分析表，初步评价计息项目的完整性。

（2）抽查各银行账户或应收票据的利息通知单，审核其是否将实现的利息收入入账。期前已计提利息，实际收到时，是否冲转应收账款。

（3）复核会计期间截止日应计利息计算表，审核其是否正确将应计利息收入列入本期损益。

3. 审核汇兑损益项目。

（1）审核记账汇率的使用是否符合税法规定。

（2）抽样审核日常外汇业务，审核折合记账本位币事项的会计处理的准确性。

（3）抽查期末（月、季或年）汇兑损益计算书，结合对外币现金、外币银行存款、对外结算的外币债权债务项目，审核计算汇兑损益项目的完整性、折算汇率的正确性、汇兑损益额计算的准确性、汇兑损益会计处理的适当性。

4. 抽查金额较大的手续费或其他筹资费用项目相关的原始凭证，判断该项费用的合理性。

四、资产及负债的审核

（一）货币资产的审核

1. 评价有关货币资金的内部控制是否存在、有效且一贯遵守。

2. 审核货币资金日记账，并与总账、明细账核对确认余额是否相符。

3. 获取截止日银行存款对账单及决算日银行存款调节表，复核并分析是否需要进一步审核。

4. 函证银行存款户（含其他存款户，如外币存款，银行汇票存款等）的年末余额（含零余额）。

5. 审核银行存款对账单。对金额较大的收支业务，应审核其原始凭证和银行存款日记账。

6. 会同会计主管人员盘存库存现金，获取库存现金盘点表和现金证明书。

7. 审核现金、银行存款、其他货币资金的记账汇率的确认及汇兑损益的计算是否符合税法规定。

8. 进行货币资金收支的截止性测试，以确定是否存在跨期事项。

9. 获取货币资金收支明细表，与有关的收入、费用、资产项目的金额勾稽核对。必要时，应抽查相关凭证，以佐证货币资金的金额是否正确，与相关记录是否一致。

10. 抽查银行存款日记账部分记录和往来账、费用账、收入明细账等。

（二）存货的审核

1. 评价有关存货的内部控制是否存在、有效且一贯遵守。

2. 运用分析性复核程序，确认存货的总体合理性，对于重大或异常的变动予以关注，应查明原因，作出正确处理。

3. 根据存货盘点表中各存货大类的合计数，与相应的总分类账户余额核对。

4. 确认存货决算日结存数量。

（1）对企业已盘点存货数量实施抽查。

（2）获取盘点汇总表副本进行复核，并选择金额较大、收发频繁等存货项目作为重要的存货项目，与永续盘存记录核对。

（3）获取并审核存货盘点计划及存货盘点表，评价存货盘点的可信程度。

——重大盈亏盘点事项是否已获得必要解释。

——盈亏盘点事项税务处理是否正确并已获批准。

——盈亏盘点事项账务调整是否已及时入账，非正常损失的外购货物及产成品、在产品所耗用的外购项目的进项税额是否按规定转出。

——选择重要的存货项目，适当时日进行实地盘点，并进行倒轧调节测试；测试时，应获取有关存货项目决算日与盘点日之间增减变动的全部会计记录。

5. 购发货实行截止性测试。

（1）在存货明细账中选择决算日前后若干天的收发记录，审核购货发票与存货验收报告、销货发票与存货发出报告、记账凭证所列存货品名、规格、型号、数量及价格是否一致；收发货日期与入账日期是否一致。

（2）调整重大跨年度存货项目及其金额。

6. 存货计价的审核。

（1）选择重大存货项目进行计价测试，对于发现的计价错误应予以调整。

（2）原材料及外购商品计价的审核。

——实际成本计价条件下，应以样本的单位成本与存货明细账及购货发票核对。

——计划成本计价条件下，应以样本的单位成本与存货明细账、存货成本差异明细账及购货发票核对，并审核成本差异的正确性及差异分摊的合理性。

（3）在产品与产成品计价的审核。

——实际成本计价条件下，应以样本的单位成本与存货明细账及成本计算单核对。

——计划成本计价条件下，应以样本的单位成本与存货明细账、存货成本差异明细账及成本计算单核对，并审核成本差异计算的准确性及差异分摊的合理性。

7. 在途材料计价的审核。

（1）核对材料采购总账与明细账余额的合计数。

（2）抽查组成材料采购明细账余额的若干在途材料项目，追查至相关购货合同、购货发票并审核采购成本的正确性。

（3）对货已到并应入库但发票未到的材料，审核其暂估价格金额的合理性，并审核是否错误估计抵扣进项减少当期应纳税额。

8. 审核委托加工材料账户余额的正确性。

（1）获取金额较大的委托加工业务合同及客户有关委托加工业务政策的资料。

（2）核对委托加工材料总账与明细账余额的合计数。

（3）从委托加工材料明细账中抽查若干材料项目，追查至有关加工合同、发料凭证、加工费、运输费结算凭证、收料凭证等，并核对加工材料品名、数量及实际成本的计算是否正确。

（4）对加工中金额较大的材料项目，应通过函证或赴现场实地审核。

9. 应通过函证，审核存放于企业外的存货数量与价格，或赴现场实地抽查，并获取该类存货的原始凭证，复核其计价的正确性。

10. 确认存货资产是否被充作担保，并获取相关的证明资料。

11. 与有关账户勾稽核对，并追查至有关资料、凭证，确认是否符合税务处理的有关规定。

（1）审核存货类明细账的有关内容，重点审核"营业外支出""长期投资""应付股利""往来账款"等账户，确认相关项目是否属于税法规定的视同销售行为，并作出相应的税务处理。

（2）审核"产成品""半成品"明细账的有关内容，重点审核"在建工程""经营成本""经营费用""应付工资""应付福利费"等账户，确认相关项目是否属于视同销售行为，并作出相应的税务处理。

（3）审核外购存货类明细账的有关内容，重点审核"经营成本""经营费用""在建工程""免税产品的成本费用""应付福利费""应付工资""待处理财产损益""营业外支出——非常损失""制造费用——原材料损失""其他应收款——原材料损失"等账户，确认相关项目是否符合税法的有关规定，并作出相应的税务处理。

（4）审核自制消费品的"产成品""半成品"明细账的有关内容，重点审核"生产成本""在建工程""管理费用""销售费用""其他业务支出""营业外支出""应付工资""应付福利费""应付奖励福利基金""长期投资"等账户，确认相关项目是否符合税法的有关规定，并作出相应的税务处理。

（5）结合"原材料""其他业务收入——销售材料收入""其他业务收入——加工收入""生产成本"明细账，审核材料的去向和加工收入的来源，确认其相关项目是否符合税法的有关规定，并作出相应的税务处理。

（6）审核存货类明细账的贷方业务内容并追查至"往来账款""原材料""销售收入"明细账及原始凭证，确认以物易物、抵偿债务的存货是否符合税法的有关规定，并作出相应的税务处理。

（7）审核存货类借方红字或贷方非领用的业务内容，确认购进货物是否符合税法的有关规定，并作出相应的税务处理。

（8）审核应税消费品的"材料采购"（或在途材料）、"原材料"等材料类明细账借方的内容并追查至有关的原始凭证，确认相关项目是否符合税法的有关规定，并作出相应的税务处理。

（9）审核应税消费品的"委托加工材料"明细账，并结合加工合同及原始凭证，确认相关项目是否符合税法的有关规定，并作出相应的税务处理。

（三）短期投资的审核

1. 评价有关短期投资的内部控制是否存在、有效且一贯遵守。

2. 获取有价证券明细表，按股票投资、债券投资、其他投资分类进行加计验算，并与总账及明细账核对一致。

3. 审核企业短期投资成本的确定是否正确。

（1）以现金购入的短期投资，按实际支付的全部价款，包括税金、手续费等相关费用，作为投资成本。

（2）投资者投入的短期投资，按投资各方确认的价值，作为短期投资成本。

（3）企业接受债务人以非现金资产抵偿债务方式取得的短期投资，或以应收债权换入的短期投资，按照应收债权的账面价值加上应支付的相关税费，作为短期投资成本。

（4）以非货币交易换入的短期投资，按照换入资产的账面价值加上应支付的相关税费，作为短期投资成本。

4. 审核企业短期投资在期末是否按成本与市价孰低的原则计算投资金额。

5. 审核企业短期投资跌价准备在申报所得税时，是否按照税法规定进行纳税调整。

（四）长期投资的审核

1. 评价有关长期投资的内部控制是否存在、有效且一贯遵守。

2. 获取长期投资明细表，按股票投资、债券投资、其他投资分类进行加计验算。

3. 将长期投资明细表与长期投资明细账、总账核对，并对库存的股票和债券进行盘点。

4. 结合有关的文件及凭证，审核投资资产的所有权是否确属企业。

5. 对股票投资，审核认购股票的账务处理是否正确，对应收的股利是否已单独记账。

6. 对债券投资，审核认购债券的账务处理是否正确，应计利息是否已计入当期的投资收益。

7. 对其他投资审核下列事项：

（1）审核有关的法律性文件，确认会计记录中的财务数据与法律性文件及董事会纪要的授权批准是否相符。

（2）投资作价与资产账面价值的差额（递延投资损益）的处理是否正确。

（3）审核对外投资的固定资产和货物以及自产应税消费品是否符合税法的有关规定，并作出相应的税务处理。

8. 审核长期投资的核算是否按规定采用权益法或成本法，采用权益法核算的长期投资是否已按税法规定对会计上已按权益法计入的收益或损失进行纳税调整。

9. 审核本年度内长期投资增减变动的原始凭证，并追查其变动的原因及账务处理是否正确，是否正确核算收益或损失。

10. 对长期投资年末余额进行函证，或审核联营公司签发的出资证明书。

11. 获取联营公司当年度已审会计报表，审核其利润分配比例与投资比例是否一致。

12. 审核已收到长期投资收益的原始凭证，计算复核其金额及入账的正确性。

13. 审核长期投资合同及报表日后事项，以确认约定资本支出的存在及影响。

14. 审核投资于其他企业的投资收益计入（或未计入）应纳税所得额时，因投资发生的费用和损失是否也同样减少（或不冲减）应纳税所得额。

15. 审核长期投资跌价准备在申报所得税时，是否按照税法规定进行纳税调整。

（五）应收及预付账款的审核

1. 评价应收及预付账款的内部控制是否存在、有效且一贯遵守。

2. 获取应收及预付款明细表与总账及明细账核对一致。

3. 将应收账款发生额与收入账、货币资金账进行对比分析，核对收入入账数的金额是否正确，与相关记录是否一致。

4. 必要时，向债务人函证应收、预付账款并分析函证结果。

5. 抽查对应账户，确认账务处理是否正确，分析对应账户异常的原因，并作出正确处理。

6. 审核应收账款相关项目是否符合税法的有关规定，并作出正确的税务处理。

（六）应收票据的审核

1. 评价应收票据内部控制是否存在、有效且一贯遵守。

2. 采取下列审核步骤，确认应收账款及收入的合理性和准确性。

（1）获取决算日应收票据明细表，追查至应收票据明细账和票据并与有关文件核对。

（2）实地检视库存票据，确认账实是否相符。

（3）向票据持有人函证，确认审核日由他人保管的票据。

（4）选择部分票据样本向出票人函证。

（5）审核对应账户是否异常，分析原因并作出正确处理。

3. 验明票据的利息收入和应计利息是否正确入账。

4. 审核票据贴现的处理及贴现利息的计算是否正确。

（七）其他应收款的审核

1. 评价其他应收款的内部控制是否存在、有效且一贯遵守。

2. 获取其他应收款明细表，并与明细账、总账核对相符。

3. 选择金额较大和异常的明细账户余额，抽查其原始凭证，必要时进行函证，以确认其合理性和准确性。

4. 审核其他应收款明细账并追查至"货币资金"账户，核实其是否已收回或转销，对长期挂账的其他应收款，应进一步分析其合理性。

5. 审核明细账内容，并适当抽查原始凭证，以确认该账户核算内容是否符合规定范围。

6. 审核明细账，确认账务处理是否异常，若存在非同一客户往来科目的对冲或对应类、费用类科目，应进一步与相关账户核对，并调查有关的资料凭证，分析相关项目的合理性和准确性。

7. 与相关账户核对，审核价外费用是否合并申报应缴纳的各项税收。

8. 查询、函证企业间的借款利息的处理是否正确。

9. 审核下年度期初的收款事项，确认有无未及时入账的情况。

（八）待摊费用的审核

1. 获取待摊费用明细表，并与明细账、总账核对。

2. 对本年发生额较大的项目，应审核其合同、协议、原始单据并判断其合理性。

3. 审核是否有不属于待摊费用性质的项目已列入本账户中。

4. 验证待摊费用的摊销期限及各期摊销费用的计算是否正确、合理。

（九）应付账款/预收账款的审核

1. 获取应付账款/预收货款明细表并与明细账、总账相核对。

2. 初步确认所列客户的合同、订单及其支付项目是否按税法规定缴纳相关的税收。

3. 审核借方发生额与相关的资产或费用科目。

4. 审核合同、订货单、验收单、购货发票、客户对账单等有关附件及凭证，核对应付金额是否正确。

5. 审核结算日后应付账款的现金和银行支出会计记录，核实其支付或清算情况。

（1）对于长期挂账的金额，应重点审核企业资产和相关费用的合理性和准确性，发生的呆账收益是否已按税法规定作出相应的税务处理。

（2）审核非付款的借方发生额，确认是否存在以货物或劳务等方式抵债，而未计收入的情形。

6. 在必要的情况下，可函证应付账款/预收货款。

7. 实施应付账款截止性审核。

（1）审核企业在结算日未处理的不相符的购货发票及有材料入库凭证但未收到的购货发票，确认其入账时间的正确性。

（2）审核结算日后应付账款明细账贷方发生额的相应凭证，确认其入账时间的正确性。

（3）审核结算日后收到的购货发票，确认其入账时间的正确性。

（4）审核结算日后的大额支付业务和负债借方发生额所减少的债务的正确归属时间。核对相关的发货记录或提供服务记录，审核预收账款转销是否及时、正确。对于长期的预收货款，应特别关注其是否存在不作或未及时作收入处理的情况。

8. 核对相关的发货记录或提供服务记录，审核预收账款转销是否及时、正确。未转销的预收货款，应特别关注其是否存在不作或未及时作收入处理的情况。

9. 审核其他应收款应付账款/预收货款账户的记账汇率及汇兑损益计算的正确性。

10. 将应代扣代缴个人所得税、营业税的支付项目及金额与代扣代缴申报表进行核对，确认其是否正确地履行了代扣代缴义务。

11. 对应付账款进行账龄分析，审核 3 年以上无法付出的应付账款是否调增应纳税所得额。

（十）应付票据的审核

1. 获取应付票据及利息明细表，并与有关明细账、总账相核对。主要核对：

（1）应付票据的期初余额；

（2）本期增发与偿还票据金额；

（3）应付票据的期末余额；

（4）票据到期日；

（5）利息约定（利息率、期限、金额）。

2. 审核有关附件及凭证，并核对会计记录。

（1）审核企业现存的所有票据的副本，确认其内容与会计记录是否相符。

（2）审核应付票据中所存在的抵押或担保契约，并在审核工作底稿中予以注明。

（3）审核发行票据所收入现款的现金收据、汇款通知、送款簿和银行对账单。

3. 函证应付票据。对于应付债权人的重要票据，可对债权人发函予以证实。函证的内容包括：出票日、到期日、票面金额、未付金额、已付息期间、利息率以及票据抵押担保品等。

4. 复核应付利息是否足额计提，以及支付利息时账务处理的正确性。

5. 查明逾期应付未付票据的原因。

（十一）应付债券的审核

1. 了解并评价有关的内部控制是否存在、有效且一贯遵守。

2. 获取应付债券明细表，并同有关的明细账、总账相核对。

3. 审核有关债券交易的原始凭证。

（1）审核现有债券副本，确定其各项内容是否同相关的会计记录相一致。

（2）审核发行债券所收入现金的依据、汇款通知单、送款登记簿及相关的银行对账单。

（3）审核偿还债券的支票存根，并复核利息费用计算的正确性。

（4）审核已偿还债券数额同应付债券借方发生额是否相符，如果发行债券时已作抵押或担保，还应审核相关契约履行情况。

4. 审核应计利息，债券折（溢）价摊销及其税务处理是否正确。

5. 必要时，直接向债权人及债券的承销人或包销人函证应付债券账户期末余额。

（十二）预提费用的审核

1. 获取预提费用明细表，复核其加计的正确性，并与明细账、总账的余额核对相符。

2. 抽查大额预提费用的记账凭证及相关文件资料，确认其预提额及其税务处理是否正确。

3. 抽查大额预提费用转销的记账凭证及相关文件资料是否齐全，确认其税务处理是否正确。

4. 审核有无利用预提费用账户截留利润情况。

5. 审核预提费用是否存在异常，并查明原因，作出正确处理。

（十三）短期借款/长期借款/长期应付款的审核

1. 获取短期借款/长期借款/长期应付款明细表，并与明细账，总账核对一致。

2. 对本年内增加的借款/长期应付项目，应审核借款合同、协议、融资租赁合同、补偿贸易引进设备合同或董事会会议纪要，以确认其真实性，确认各项目借款、长期应付款是否为经营活动所需，进而确认其相应利息支出是否在税前扣除。

3. 必要时，对短期借款、长期借款、长期应付款通过函证以进一步验证其合理性和准确性。

4. 审核短期借款和长期应付款汇率使用是否正确，汇兑损益的计算是否正确。

5. 审核关联企业之间的短期借款、长期借款的利息支出是否在税前扣除。

（十四）其他流动负债的审核

1. 其他流动负债审核的范围包括：其他应付款、应付福利费、应付工资、应付股利等科目。

2. 其他应付款的审核。

（1）获取决算日其他应付款明细表，并与明细账、总账相核对。

（2）判断选择较大和异常的明细账户余额，审核其原始凭证并函证或追查至下一年度的明细账，以确定其是否真实存在。

（3）审核下年度初（若干天）的付款事项，确定有无未入账的负债。

（4）审核明细账及对应账户并追查至原始凭证，确认该账户核算的内容是否符合有关规定范围，是否对相关项目按税法规定作出相应的税务处理。对异常情况应查明原因，并作出正确处理。

3. 应付福利费的审核。

（1）根据明细账，获取应付福利费变动表并与总账、报表核对。

（2）按税法规定核实工资总额，确认税前扣除的福利费金额是否符合税法的有关规定，并作出相应的税务处理。

4. 应付工资的审核。

（1）结合工资薪金费用的审核，确认应付工资金额的准确性。

（2）核实月后支付情况和是否存在期末余额冲回的情况，确认税前列支的工资薪金是否符合税法的有关规定，并作出相应的税务处理。

5. 应付股利的审核。

（1）获取应付股利明细账，与总账、报表相核对。

（2）审核董事会有关利润分配的方案，结合有关账户、报表，确定股利的提取是否正确。

（3）审核股利的列支金额是否符合税法的有关规定，并作出相应的税务处理。

（十五）实收资本的审核

1. 获取实收资本明细表，与有关明细账、总账相核对。确认实收资本期初余额、增减变动、期末余额。

2. 审核实收资本的形成与增减变动情况，确认各项目涉税事项是否符合税法的有关规定，并相应作出税务处理。

（十六）资本公积金的审核

1. 获取资本公积金明细表，与有关明细账、总账相核对。确认各类公积金的期初余额、增减变动、期末余额。

2. 审核资本公积金的形式与增减变动情况，确认各项目涉税事项是否符合税法的有关规定，并相应作出税务处理。

五、纳税调整的审核

（一）纳税调增项目的审核

1. 工资薪金支出的审核。

（1）工资薪金支出的审核范围包括：基本工资、各类奖金、津贴、补贴、年终加薪、加班工资，以及与任职或者受雇有关的其他支出。

（2）核实工资薪金费用明细表所列的员工是否与本单位签订了用工协议或劳务合同。

（3）获取工资薪金费用明细表，并与相关的明细账和总账核对。

（4）将直接人工、管理费用、销售费用、在建工程账户中的工薪费用入账数或工资分配表进行核对，并审核工薪费用分配的准确性和合理性。

（5）审核按税法规定不作为工资薪金支出的项目，并对下列已列入工资薪金支出的进行纳税调整。

①雇员向纳税人投资而分配的股息性所得。

②根据国家或省级政府的规定为雇员支付的社会保障性缴款。

③从已提取职工福利基金中支付的各项福利支出（包括职工生活困难补助、探亲路费等）。

④各项劳动保护支出。

⑤雇员调动工作的旅费和安家费。

⑥雇员离退休、退职待遇的各项支出。

⑦独生子女补贴。

⑧纳税人负担的住房公积金。

⑨国家税收法规规定的其他不属于工资薪金支出的项目。

（6）企业工资薪金的支出按税法的特殊规定进行处理的，其工资薪金的审核涉及下列事项：

①审核是否符合有关税法规定适用范围和条件，并获取相关的文件和证明材料；

②审核企业适用该项税收规定的正确性，并确认按税法规定在税前扣除的工资薪金总额。

（7）审核中涉及进行纳税调整事项的费用项目时，审核出的问题应反映在相关的纳税调整事项审核表中。

2. 职工福利费等三项经费的审核。

（1）审核企业本年度发生的职工福利费、工会经费、职工教育费是否符合税法规定的标准和范围，列支的金额是否正确，并作出相应税务处理。

（2）审核工会经费税前扣除是否取得专用收据。

3. 利息支出的审核。

（1）评价利息支出的内部控制是否存在、有效且一贯遵守。

（2）获取利息支出分析表，并与明细账核对。

（3）审核所有付息项目，核实其债务的性质、产生的原因、用途，确认付息债务项目的真实性和计算的准确性。

（4）分析比较企业计算利息支出的利率与一般商业贷款利率的差异，确认利息支出计价的合理性。应特别关注：

①涉及关联公司之间融资所支付的利率是否超过没有关联关系的同类业务的正常利率；

②非金融机构贷款利率是否高于金融机构同类业务利率；

③境内贷款利率是否超出中国人民银行规定的浮动利率。

（5）分析所有利息支出项目其会计处理与税务处理上的差异，审核各项利息支出是否按照税法的有关规定进行税务处理。

4. 业务招待费的审核。

（1）评价业务招待费的内部控制是否存在、有效且一贯遵守。

（2）抽查业务招待费金额较大的项目，追查支出原始凭证及货币资金账簿和会计记录，分析支出的项目、内容、用途、数量和金额，审核其是否与企业的业务有关。

（3）结合其他费用项目的审核，核实是否将业务招待费性质的项目，列入其他费用科目。

（4）结合收入项目审核，核实业务招待费是否按照税法规定进行税务处理，并验证列支限额计算的准确性。

（5）审核企业申报扣除业务招待费提供的凭证或资料是否有效、齐全，是否符合税法规定的范围及有关要求。

5. 固定资产折旧的审核。

（1）评价固定资产管理的内部控制是否存在、有效且一贯遵守。

（2）核对期初余额并验算计提折旧的计算是否正确。

（3）审核纳税人的固定资产计价是否正确，固定资产计提折旧的范围、依据、方法是否符合有关规定，计算的折旧金额是否准确。特别关注固定资产计提折旧会计处理与税务处理上的差异，逐项审核是否按税法的有关规定进行税务处理。

6. 无形资产（递延资产）摊销的审核。

（1）获取无形资产明细表，与有关账户、报表相核对，审核年初余额与上年度期末余额是否相符。

（2）审核各项资产的应计摊销额是否符合合同、协议和税法有关规定的年限，计算是否正确，是否与上年一致，改变摊销政策是否符合有关规定或已经税务机关批准。

（3）审核无形资产的转让是转让所有权还是使用权，无形资产是否存在因有效期、受益期提前结束而需转销的情况。

（4）审核企业无形资产成本计价及摊销的依据、范围、方法是否按有关规定执行，计价及摊销金额是否准确。特别关注该项目会计处理与税务处理上的差异，审核是否按税法的有关规定进行税务处理。

7. 广告费支出的审核。

（1）评价广告费支出的内部控制是否存在、有效且一贯遵守。

（2）抽查广告费金额较大的项目，追查支出原始凭证及货币资金账簿和会计记录，分析支出的项目内容、用途、数量和金额，审核其是否与企业的业务有关。

（3）审核企业列支的广告费支出是否符合税法规定，并验证税前扣除金额计算的准确性。

8. 业务宣传费的审核。

（1）评价业务宣传费支出的内部控制是否存在、有效且一贯遵守。

（2）抽查业务宣传费金额较大的项目，追查支出原始凭证及货币资金账簿和会计记录，分析支出的项目内容、用途、数量和金额，审核其是否与企业的业务有关。

（3）审核企业列支的宣传费支出是否符合税法规定，并验证税前扣除金额计算的准确性。

9. 销售佣金的审核。

（1）审核企业发生的佣金的凭证或资料是否有效、齐全。

（2）审核支付对象是否符合规定的范围和条件。

（3）审核支付的佣金的金额是否符合税法的有关规定，验证税前列支的销售佣金计算的准确性。

10. 投资转让净损失的审核。

审核企业股权投资转让净损失税前扣除的金额是否符合税法有关规定，计算的金额是否准确。

11. 坏账损失、坏账准备金的审核。

（1）根据备抵法和直接摊销法的不同特点确定审核重点，注意企业坏账的核算方法是否符合一贯性原则。

（2）采用提取坏账准备列支方式的，实施如下审核程序：

①审核计提坏账准备金的计提范围及比例是否符合税法规定。

②复核坏账准备金计算书，验证补提基数是否与应收账款（含应收票据和非购销活动引起的应收债权）期末余额相一致，提取率适用是否正确，当期坏账准备计算是否准确。

③结合应收账款（含应收票据和非购销活动引起的应收债权）和货币资金项目，审核实际发生坏账损失时是否冲减坏账准备。对于超过上一年计提的坏账准备部分，是否作为当期损失列支，少于上一年度计提的坏账准备，是否计入本年度应纳税所得额。

④结合应收账款（含应收票据和非购销活动引起的应收债权）和货币资金项目，审核收回的坏账损失是否冲转有关成本费用，并相应增加应纳税所得额。

（3）采用直接列支方式的，实施如下审核程序：

①结合应收账款项目，逐笔审核坏账损失的原因及有关证明资料，计算金额的准确性。分析坏账发生的合理性，并确认是否符合税法规定的条件。

②属于债务人破产或死亡发生的坏账，应特别关注所获得财产或遗产清偿是否冲转管理费用。

③结合应收账款和货币资金项目，审核收回的坏账损失是否按规定冲转有关成本费用，并相应增加应纳税所得额。

（4）结合应收账款审核中的账龄分析，审核决算日后仍未收到货款的长期未清应收账款，判断坏账损失的合理性。

（5）必要时，向债务人或有关部门函证坏账发生的原因，进一步验证坏账损失的合理性和准确性。

12. 资产盘亏、毁损和报废的审核。

（1）获取资产盘亏、毁损、报废明细表，复核加计是否正确，并与明细账、总账余额核对相符。

（2）查明损溢原因，审核转销的手续是否完备，是否按税法规定向税务机关报批财产损失。

（3）注意残料回收是否冲减相关损失，有无记入其他账户减少应税所得的情况。

（4）审核是否存在应予处理而未处理、长期挂账的待处理资产损溢，并作出相应的税务处理。

13. 上缴管理费的审核。

（1）审核企业支付给总机构的管理费是否符合税法的有关规定，各类文件、证明材料、凭证是否有效、齐全，计算税前扣除的金额是否准确。

（2）审核企业支付给主管部门的管理费支付的比例和限额，是否按税法规定进行纳税调整，计算税前扣除的金额是否准确。

（3）审核企业是否存在提取上缴管理费后不上交的情况。

14. 各类社会保障性缴款的审核。

（1）获取投保财产及保险费分析表，并与有关固定资产及保险费明细账核对。

（2）查阅保险合同清单，审核投保项目的原始凭证，并追查至银行存款账，确认保险费支出的金额。

（3）审核所投保财产的使用情况，确认保险支出在资本性支出和收益性支出划分的恰当性。

（4）审核企业所有投保项目的范围、标准和金额，是否按税法的有关规定进行相应的纳税调整。

15. 资产减值准备的审核。

（1）审核企业计提各项资产减值准备的范围、标准、方法和条件是否符合有关规定，计提各项资产减值准备的金额是否准确。

（2）审核企业各项资产减值准备，是否按税法的有关规定进行纳税调整。

16. 罚款、罚金或滞纳金的审核。审核企业发生的罚款、罚金或滞纳金，是否按税法的有关规定进行纳税调整。

17. 租金支出的审核。

（1）评价租金支出的内部控制是否存在、有效且一贯遵守。

（2）获取租金支出分析表，并与有关明细账核对。

（3）审核租赁合同清册，核实租赁资产的存在、所有权和用途。

（4）抽查重大租赁项目，追查合同及其他原始凭证，计提或付款记录，确认租金支出计价的准确性，以及在资本性支出、成本支出、期间费用分配的恰当性。

（5）审核关联公司项目，审核其租价是否符合正常交易原则。

18. 公益救济性捐赠支出的审核。

（1）获取捐赠支出明细表，与明细账、总账核对是否一致。

（2）审核各捐赠项目的捐赠书或捐赠协议，并与款项结算情况核对，确认支出已经发生。

（3）审核公益救济性捐赠的税前扣除的比例、标准和具体金额是否符合税法的有关规定，并作出正确的税务处理。

19. 增提各项准备金的审核。审核企业当年增提的准备金是否符合税法的有关规定，并作出正确的税务处理。

20. 不允许税前扣除项目的审核。结合成本费用与资产及负债相关项目，审核企业的应纳税所得额是否剔除了下列按税法规定不允许扣除的项目，并作出相应的纳税调整。

（1）资本性支出。

（2）无形资产受让、开发支出。

（3）违法经营的罚款和被没收财物的损失。

（4）自然灾害或者意外事故损失有赔偿的部分。

（5）用于中国境内公益、救济性以外的捐赠及各种赞助支出。

（6）为被担保人承担归还贷款担保本息。

（7）各种税收滞纳金、罚金和罚款。

（8）与取得收入无关的其他各项支出。

（9）其他不准许在企业所得税税前扣除的项目。

（二）纳税调减项目的审核

1. 审核企业以前年度结转在本年度扣除、并进行了纳税调增的广告费支出，是否按税法规定调减应纳税所得额。

2. 审核企业以前年度结转在本年度扣除、并进行了纳税调增的股权投资转让损失，是否按税法规定调减应纳税所得额。

3. 审核企业在应付福利费中列支的基本医疗保险、补充医疗保险是否符合税法规定的范围和标准，税前扣除金额的计算是否准确，并按税法规定的范围和标准相应调减应纳税所得额。

4. 审核企业以前年度进行了纳税调增、本年度发生了减提的各项准备金，包括坏账准备、存货跌价准备、固定资产减值准备、无形资产减值准备、在建工程减值准备、自营证券跌价准备、呆账准备、保险责任准备金提转差和其他准备，是否按税法规定相应调减应纳税所得额。

5. 审核企业其他纳税调减项目是否按税法规定相应调减应纳税所得额。

（三）税前弥补亏损的审核

1. 获取税前弥补亏损明细表，并与企业所得税年度申报表等有关账表核对是否一致。

2. 结合企业利润表和有关账表，审核并确认企业本年度纳税申报前 5 个年度发生的尚未弥补的亏损额。

3. 审核并确认企业本年度可以弥补亏损的所得额和在亏损年度以后已弥补过的亏损额以及

合并分立企业转入的可弥补亏损额。

4. 审核并确认本年度可弥补的以前年度亏损额和可结转下一年度弥补的亏损额。

5. 对不符合税法规定在税前弥补亏损的，应当进行纳税调整。

（四）免税所得及减免税的审核

1. 获取免税所得及减免税明细表，并与企业所得税年度申报表等有关账表核对是否一致。

2. 逐笔审核明细表所列各项免税所得及减免税项目是否符合税法的有关规定，适用的范围和条件是否正确，所需的相关文件和证明材料是否有效、齐全。

3. 按照税法的有关规定确认各项免税所得及减免税金额的计算是否准确，是否作出相应的税务处理。

（五）技术开发费和加计扣除的审核

1. 审核企业是否符合技术开发费加计扣除规定的范围和条件，所需的相关文件和证明材料是否有效、齐全。

2. 审核企业申报技术开发费加计扣除所需报送有关文件和证明材料，是否符合税务机关管理的有关要求。

3. 审核技术开发费的归集和计算是否符合税法及其有关规定，技术开发费加计扣除金额的计算是否准确。

（六）国产设备投资抵免所得税的审核

1. 审核企业是否符合国产设备抵免所得税规定的范围、条件，所需的相关文件和证明材料是否有效、齐全。

2. 审核以前年度结转未抵扣的国产设备投资余额是否准确，是否按照有关税收规定报批，有关文件和证明材料是否有效、齐全。

3. 审核本年度国产设备投资抵免所得税是否符合有关税收规定，抵免额计算是否准确。

（七）境外所得税抵扣的审核

1. 获取境外所得税抵扣和计算明细表，并与企业所得税纳税申报表等账表核对一致。

2. 审核企业境外收入总额是否按照税收规定的范围和标准扣除境外发生的成本、费用，计算的境外所得、境外免税所得及境外应纳税所得额金额是否符合有关税收规定。

3. 审核并确认企业本年度境外所得税扣除限额和抵扣金额是否符合有关税收规定，计算的金额是否准确。

六、鉴证报告的出具

（一）鉴证报告的基本内容

税务师事务所应当按照相关法律、法规、规章及其他有关规定，在实施必要的审核程序后出具含有鉴证结论或鉴证意见的书面报告。鉴证报告应当包括：

1. 标题。鉴证报告的标题应当统一规范为"鉴证事项＋鉴证报告"。

2. 收件人。鉴证报告的收件人是指注册税务师按照业务约定书的要求致送鉴证报告的对象，一般是指鉴证业务的委托人。鉴证报告应当载明收件人的全称。

3. 引言段。鉴证报告的引言段应当表明委托人和受托人的责任，说明对委托事项已进行鉴证审核以及审核的原则和依据等。

4. 审核过程及实施情况。鉴证报告的审核过程及实施情况应当披露以下内容：

（1）简要评述与企业所得税有关的内部控制及其有效性。

（2）简要评述与企业所得税有关的各项内部证据和外部证据的相关性和可靠性。

（3）简要陈述对委托单位提供的会计资料及纳税资料等进行审核、验证、计算和进行职业推断的情况。

5. 鉴证结论或鉴证意见。注册税务师应当根据鉴证情况提出鉴证结论或鉴证意见。无保留意见的鉴证报告应当提出鉴证结论，并确认审核事项的具体金额。持保留意见的鉴证报告应当提出鉴证结论，并对持保留意见的审核事项予以说明，提出初步意见或解决方案供税务机关审核裁定。无法表明意见或持否定意见的鉴证报告应当提出鉴证意见，并详细说明审核事项可能对鉴证结论产生的重大影响，逐项阐述无法表明意见的理据；或描述审核事项存在违反税收法律法规及有关规定的情形，逐项阐述出具否定意见的理据。

6. 鉴证报告的要素还应当包括：

（1）由税务师事务所所长和注册税务师签名或盖章；

（2）载明税务师事务所的名称和地址，并加盖税务师事务所公章；

（3）注明报告日期。

（二）鉴证报告的分类与适用

税务师事务所经过审核鉴证，应当根据鉴证情况，出具真实、合法的鉴证报告。鉴证报告的种类可以分为以下四种：

1. 无保留意见的鉴证报告。适用于税务师事务所经过审核鉴证，完全可以确认企业具体纳税金额的情形。企业可以据此办理所得税纳税申报或审批事宜。

2. 保留意见的鉴证报告。适用于税务师事务所经过审核鉴证，发现某些可能对企业所得税纳税申报产生影响的事项，因税法有关规定本身不够明确或经咨询税务机关后理解该项政策仍有较大分歧，或获取的证据不够充分，对上述涉税事项提出保留意见后，可以确认企业具体纳税金额的情形。企业可据此办理所得税纳税申报或审批事宜。

3. 无法表明意见的鉴证报告。适用于税务师事务所经过审核鉴证，发现某些可能对企业纳税申报产生重大影响的事项，因审核范围受到限制，无法对企业年度纳税申报发表意见的情形。企业不可据此办理所得税纳税申报或审批事宜。

4. 否定意见的鉴证报告。适用于税务师事务所经过审核鉴证，对该企业编报的年度纳税申报表持有重大异议，不能确认企业具体纳税金额的情形。企业不可据此办理所得税纳税申报或审批事宜。

5.98　国家税务总局关于印发《企业财产损失所得税税前扣除鉴证业务准则（试行）》的通知

2007 年 2 月 2 日　国税发〔2007〕9 号

各省、自治区、直辖市和计划单列市国家税务局、地方税务局：

现将《企业财产损失所得税税前扣除鉴证业务准则（试行）》印发给你们，自 2007 年 3 月 1 日起实行。

附件：1. 涉税鉴证业务约定书（参考文本）

　　　2. 企业财产损失所得税税前扣除鉴证报告（适用于无保留意见的鉴证报告）（参考文本）

3. 企业财产损失所得税税前扣除鉴证报告（适用于保留意见的鉴证报告）（参考文本）

4. 企业财产损失所得税税前扣除鉴证报告（适用于无法表明意见的鉴证报告）（参考文本）

5. 企业财产损失所得税税前扣除鉴证报告（适用于否定意见的鉴证报告）（参考文本）

国家税务总局

2007 年 2 月 2 日

企业财产损失所得税税前扣除鉴证业务准则（试行）

一、总则

（一）为了规范企业财产损失所得税税前扣除鉴证业务（以下简称财产损失鉴证），根据企业所得税法规和《注册税务师管理暂行办法》及其有关规定，制定本准则。

（二）财产损失鉴证是指，税务师事务所接受委托对企业财产损失所得税税前扣除的信息实施必要的审核程序，并出具鉴证报告，以增强税务机关对该项信息信任程度的一种业务。

（三）在接受委托前，税务师事务所应当初步了解业务环境。业务环境包括：业务约定事项、鉴证对象特征、使用的标准，预期使用者的需求、责任方及其环境的相关特征，以及可能对鉴证业务产生重大影响的事项、交易、条件和惯例等其他事项。

（四）承接财产损失鉴证业务，应当具备下列条件：

1. 属于企业财产损失鉴证项目；

2. 税务师事务所符合独立性和专业胜任能力等相关专业知识和职业道德规范的要求；

3. 税务师事务所能够获取充分、适当的证据以支持其结论，并出具书面鉴证报告；

4. 与委托人协商签订涉税鉴证业务约定书（见附件 1）。

（五）财产损失鉴证的鉴证对象是，与企业财产损失所得税税前扣除相关的会计资料、内部证据和外部证据等可以收集、识别和评价的证据及信息。具体包括：企业相关会计资料、有关文件及证明材料等。

（六）税务师事务所运用职业判断对鉴证对象作出合理一致的评价或计量时，应当符合适当的标准。适当的评价标准应当具备相关性、完整性、可靠性、中立性和可理解性等特征。

（七）税务师事务所从事财产损失鉴证业务，应当以职业怀疑态度、有计划地实施必要的审核程序，获取与鉴证对象相关的充分、适当的证据，并及时对制定的计划、实施的程序、获取的相关证据以及得出的结论作出记录。在确定证据收集的性质、时间和范围时，应当体现重要性原则，评估鉴证业务风险以及可获取证据的数量和质量，对委托事项提供合理保证。

（八）税务师事务所应当严格按照税法及其有关规定开展财产损失鉴证业务，并遵守国家有关法律、法规及本业务准则。

二、货币资产损失的审核

（一）现金损失的审核

1. 评价有关货币资金的内部控制是否存在、有效且一贯遵守。

2. 抽查凭证，并与总账、明细账核对。

3. 会同会计主管人员盘存库存现金，获取现金保管人确认及会计主管人员签字的现金盘点表（包括倒推至基准日的记录）。

4. 获取现金保管人对于短款的说明及相关核准文件。

5. 由于管理责任造成的现金损失，应取得责任认定及赔偿情况的说明。

6. 涉及刑事犯罪的现金损失，应取得有关司法涉案材料。

7. 确认现金损失税前扣除的金额。计算企业清查出的现金短缺金额，并扣除责任人赔偿后的余额，确认现金损失税前扣除的具体金额。

（二）坏账损失的审核

1. 评价有关坏账准备及坏账损失内部控制是否存在、有效且一贯遵守。

2. 确认应收账款的存在，并为申报企业所有。

（1）获取应收、预付账款明细表与总账及明细账核对一致；

（2）审核应收及预付款项发生、结存的合理性和合法性；

（3）采用下列步骤确认应收、预付款是否真实存在：

①审核构成该笔债权的相关文件资料（契约、定购单、发票、运货单据等）；

②抽查对应账户，以确认账务处理是否正确。

3. 审核坏账损失的合理性和真实性。

（1）申报企业采用备抵法核算损失的，实施如下审核程序：

①复核坏账准备金计算书，当期坏账准备计算是否准确；

②审核坏账损失的相关会计处理及税务处理是否正确。

（2）逐笔审核坏账损失的原因及有关证明资料，确认坏账发生的真实性及计算的准确性，并确认是否符合税法规定的条件。

（3）审核企业关联方之间的往来账款。关联方之间的往来账款不得确认为坏账。但关联企业的应收账款，经法院判决债务方破产后，破产企业的财产不足清偿债务的部分，经税务机关审核后，债权方企业可以作为坏账损失在税前扣除。

4. 获取充分必要的证据。

（1）债务人被依法宣告破产、撤销（包括被政府责令关闭）、吊销工商营业执照、死亡、失踪，其剩余财产或遗产确实不足清偿或无法找到承债人追偿债务的，应当取得以下证据：

①法院的破产公告或破产判决书及破产清算的清偿文件；

②政府部门有关撤销、责令关闭等的行政决定文件；

③工商等有关部门出具的注销、吊销营业证照的证明；

④公安等有关部门出具的死亡、失踪证明。

（2）债务人逾期三年以上未清偿且有确凿证明表明已无力清偿债务的，应取得以下证据：

①企业依法催收磋商的记录；

②债务人已资不抵债的，应取得经审计的上年度会计报告；债务人连续三年亏损的，应取得经审计的最近三年度会计报告；债务人连续三年停止经营的，应取得所在地工商等部门的证明材料，并取得三年内没有任何业务往来的证明；

③逾期三年以上未收回的应收款项，债务人在中国境外及港、澳、台地区的，应取得境外有资质的机构或中国驻外使（领）馆出具的有关证明。

（3）符合条件的债务重组形成的坏账，应取得下列证据：

①企业进行债务重组的批准文件、法院判决书、裁决书和企业债务重组方案及相关资料；

②企业应收债权账面价值的有效凭证和账务处理证据等。

（4）因自然灾害、战争及国际政治事件等不可抗力因素影响，确实无法收回的应收款项，应取得下列证据：

①企业的专项说明；

②专门机构或部门出具的相关证明文件，或者中国驻外使（领）馆出具的有关说明。

5. 确认坏账损失税前扣除的金额。

（1）债务人已经清算的，计算扣除债务人清算财产实际清偿后的余额，确认不能收回的坏账损失税前扣除的具体金额。

（2）对尚未清算的，由中介机构进行职业推断和客观评判，计算并确认不能收回的坏账损失的具体金额。

（3）债务人已失踪、死亡的应收账款，其遗产不足清偿部分或无法找到承债人追偿债务的，由中介机构进行职业推断和客观评判，计算并确认不能收回的坏账损失的具体金额。

（4）因自然灾害、战争及国际政治事件等不可抗力因素影响，对确实无法收回的应收款项，由中介机构进行职业推断和客观评判，计算并确认不能收回的坏账损失的具体金额。

（5）逾期不能收回的应收款项，有败诉的法院判决书、裁决书，或者胜诉但无法执行或债务人无偿债能力被法院裁定终（中）止执行的，依据法院判决、裁定或终（中）止执行的法律文书，确认坏账损失税前扣除的具体金额。

在逾期不能收回的应收款项中，单笔数额较小、不足以弥补清收成本的，由企业作出专项说明，由中介机构进行职业推断和客观评判，计算并确认不能收回的坏账损失的具体金额。

（6）逾期三年以上且认定为坏账的应收款项，由中介机构进行职业推断和客观评判，确认坏账损失税前扣除的具体金额。

（7）逾期三年以上的应收款项，债务人在境外及港、澳、台地区的，经依法催收仍不能收回的，依据有关境外证明材料，确认坏账损失税前扣除的具体金额。

（8）债务重组形成的坏账损失，应按债权人重组债权的计税成本与收到的现金或非现金资产的公允价值之间的差额，确认坏账损失税前扣除的具体金额。

三、非货币性资产损失的审核

（一）存货损失的审核

1. 企业存货发生的损失，包括有关商品、产成品、半成品、在产品以及各类材料、燃料、包装物、低值易耗品等发生的盘亏、变质、淘汰、毁损、报废、被盗等造成的净损失及永久性或实质性损失。

2. 存货损失真实性的审核。

（1）评价有关存货的内部控制是否存在、有效且一贯遵守。

（2）确认存货盘点日盘亏数量。

①对已盘点存货数量实施抽查；

②获取盘点汇总表副本进行复核，并选择金额较大、收发频繁等存货项目作为重要的存货项目，与存货明细账核对；

③审核存货盘点，获取存货盘点盈亏调整记录。重大盘亏事项是否已获得必要解释；盘亏事项会计处理是否正确并已获批准；盘亏事项账务调整是否已及时入账，非正常损失的外购货物及产成品、在产品所耗用的外购项目的进项税额是否按规定转出，并同时确认为损失。

（3）获取并审核纳税人存货盘点计划及存货盘点表，评价存货盘点的可信程度。

3. 报废、毁损存货的审核。到现场察看存货的现状，并记录、拍照等。

4. 获取充分必要的证据。

（1）盘亏的存货。

①取得存货盘点表；

②存货保管人对于盘亏的情况说明；

③取得盘亏存货的价值确定依据（包括相关入库手续、相同或相近存货采购发票价格或其他确定依据）；

④企业内部有关责任认定、责任人赔偿说明和内部核批文件。

（2）报废、毁损的存货。

①属于单项或批量金额较小的存货，应取得企业内部有关技术部门出具的技术鉴定证明；

②属于单项或批量金额较大的存货，应取得国家有关技术部门或具有技术鉴定资格的机构出具的技术鉴定证明；

③涉及保险索赔的，应取得保险公司理赔情况的说明；

④取得企业内部关于存货报废、毁损情况的责任认定、赔偿情况及相关审批文件；

⑤残值情况的说明。

（3）被盗的存货。

①取得公安机关出具的相关报案、结案证明材料；

②取得涉及责任人的责任认定及赔偿情况的说明材料；

③涉及保险索赔的，应取得保险公司理赔情况的说明材料。

（4）发生永久或实质性损失的存货。对发生永久或实质性损失的应提供或取得以下证据：

①资产被淘汰、变质的经济、技术等原因的说明；

②企业法定代表人、主要负责人和财务负责人签章证实有关资产已霉烂变质、已无使用价值或转让价值、已毁损等的书面证明；

③有关技术部门或具有技术鉴定资格的机构出具的品质鉴定报告；

④有关资产的成本和价值回收情况的说明。

5. 确认存货损失税前扣除的金额。计算企业的存货确已形成财产净损失或者已发生永久或实质性损失，并扣除变价收入、可收回金额以及责任和保险赔款后的余额，确认存货损失税前扣除的具体金额。

（二）固定资产损失的审核

1. 固定资产损失，包括企业房屋建筑物、机器设备、运输设备、工具器具等发生盘亏、淘汰、毁损、报废、丢失、被盗等造成的净损失及固定资产发生的永久或实质性损失。

2. 固定资产损失真实性审核。

（1）评价固定资产管理的内部控制是否存在、有效且一贯遵守。

（2）评价固定资产计价对应缴所得税的影响，审核固定资产计价是否符合税法及有关规定。

（3）审核房屋产权证、车辆运营证、船舶船籍证明等所有权证明文件，确定固定资产是否归被审核单位所有。

①通过核对购货合同、发票、保险单、运单等资料，抽查测试其计价是否正确，授权批准手续是否齐备，会计处理是否正确；

②审核竣工决算、验收和移交报告是否正确，与在建工程的相关记录是否核对相符；

③审核投资者投入固定资产是否按投资各方确认价值入账，是否有评估报告并经有关部门

或有资质的机构确认，交接手续是否齐全。

3. 报废、毁损的固定资产审核。实地观察报废、毁损的固定资产，并进行记录、拍照等。

4. 获取充分必要的证据。

（1）盘亏的固定资产应取得：

①固定资产盘点表；

②盘亏情况说明，单项或批量金额较大的固定资产盘亏，企业应逐项作出专项说明；

③企业内部有关责任认定和内部核准文件等。

（2）对报废、毁损的固定资产应取得：

①企业内部有关部门出具的鉴定证明；

②单项或批量金额较大的固定资产报废、毁损，企业应逐项作出专项说明，并委托有技术鉴定资格的机构进行鉴定，出具鉴定说明；

③不可抗力原因（自然灾害、意外事故、战争等）造成固定资产毁损、报废的，应当有相关职能部门出具的鉴定报告，如消防部门出具受灾证明，公安部门出具的事故现场处理报告、车辆报损证明，房管部门的房屋拆除证明，锅炉、电梯等安检部门的检验报告等；

④企业固定资产报废、毁损情况说明及内部核批文件；

⑤涉及保险索赔的，应取得保险公司理赔情况的说明。

（3）对被盗的固定资产应取得下列证据：

①向公安机关的报案和结案的相关证明材料；

②涉及责任人的，应取得责任认定及赔偿情况的说明；

③涉及保险索赔的，应取得保险公司理赔情况的说明。

（4）对发生永久或实质性损失的，应取得下列证据：

①资产被淘汰、变质的经济、技术等原因的说明；

②企业法定代表人、主要负责人和财务负责人签章证实有关资产已无使用价值或转让价值、已毁损等的书面证明；

③有关技术部门或具有技术鉴定资格的机构出具的品质鉴定报告；

④有关资产的成本和价值回收情况说明。

5. 确认固定资产损失税前扣除的金额。

（1）对盘亏的固定资产，依据账面净值扣除责任人赔偿后的余额，确认固定资产损失税前扣除的具体金额；

（2）对报废、毁损的固定资产，依据账面净值扣除残值、保险赔偿和责任人赔偿后的余额，确认固定资产损失税前扣除的具体金额；

（3）对被盗的固定资产，依据账面净值扣除保险理赔以及责任赔偿后的余额，确认固定资产损失税前扣除的具体金额；

（4）计算企业固定资产已发生永久或实质性损失，并扣除变价收入、可收回金额以及责任和保险赔款后的余额，确认固定资产损失税前扣除的具体金额。

（三）在建工程及其他资产损失的审核

1. 在建工程及其他资产损失，包括企业已经发生的因停建、废弃和报废、拆除在建工程项目以及因此而引起的相应工程物资报废或削价处理等发生的损失。

2. 确认在建工程及其他资产的存在，并为申报企业所有。

（1）获取或编制在建工程及其他资产递延资产明细表，复核加计正确。

（2）抽查重要的原始凭证，审核在建工程及其他资产增加的合法性和真实性，查阅有关合同、协议等资料和支出凭证，是否经授权批准，会计处理是否正确。

3. 在建工程及其他资产状态的审核。到现场察看在建工程及其他资产的现状，并记录、拍照等。

4. 获取充分必要的证据。

（1）因停建、废弃和报废、拆除的在建工程，应取得下列证据：

①国家明令停建项目的文件；

②有关政府部门出具的工程停建、拆除文件；

③企业对报废、废弃的在建工程项目出具的鉴定意见和原因说明及核批文件，单项数额较大的在建工程项目报废，应取得行业专家参与的技术鉴定意见；

④工程项目实际投资额的确定依据。

（2）由于自然灾害和意外事故毁损的在建工程，应取得下列证据：

①有关自然灾害或者意外事故的证明；

②涉及保险索赔的，应取得保险理赔的说明；

③企业内部有关责任认定、责任人赔偿说明和核准文件。

5. 确认在建工程及其他资产损失税前扣除的金额。

（1）因停建、废弃和报废、拆除的在建工程造成的损失，依据账面价值扣除残值后的余额，确认该项资产损失税前扣除的具体金额；

（2）由于自然灾害和意外事故毁损的在建工程造成的损失，依据账面价值扣除残值、保险赔偿及责任赔偿后的余额，确认该项资产损失税前扣除的具体金额。

四、无形资产损失的审核

1. 确认无形资产的存在并为申报企业所有。

（1）获取或编制无形资产明细表，复核加计正确，并与总账数和明细账合计数核对是否相符。

（2）审核无形资产的权属证书原件、专利技术的持有和保密状况等，并获取有关协议和董事会纪要等文件、资料，审核无形资产的性质、构成内容、计价依据，确定无形资产的存在性。

（3）评价无形资产计价对应缴所得税的影响，审核无形资产计价是否符合税法及其有关规定。

（4）审核无形资产各项目的摊销是否符合有关规定，是否与上期一致，若改变摊销政策，审核其依据是否充分。审核本期摊销额及其会计处理和税务处理是否正确。

①除另有规定者外，外购商誉的摊销费用不得税前扣除；

②外购无形资产的价值，包括买价和购买过程中发生的相关费用。企业自行研制开发无形资产，应对研究开发费用进行准确归集，凡在发生时已作为研究开发费直接扣除的，该项无形资产使用时，不得再分期摊销；

③取得土地使用权支付给国家或其他纳税人的土地出让价款应作为无形资产管理，并在不短于合同规定的使用期间内平均摊销；

④购买的计算硬件所附带的软件，未单独计价的，应并入计算机硬件作为固定资产管理；单独计价的软件，应作为无形资产管理。

2. 获取充分必要的证据。确认无形资产损失，应取得下列证据：

（1）资产被淘汰的经济、技术等原因的说明；

（2）企业法定代表人、主要负责人和财务负责人签章证实有关资产已无使用价值或转让价值等的书面证明；

（3）有关技术部门或具有技术鉴定资格的机构出具的品质鉴定报告；

（4）无形资产的法律保护期限文件；

（5）无形资产的成本和价值回收情况的说明。

3. 确认无形资产损失税前扣除的金额。计算企业无形资产确已形成财产净损失或者已发生永久或实质性损失，并扣除变价收入、可收回金额以及责任和保险赔款后的余额，确认无形资产损失税前扣除的具体金额。

五、投资损失的审核

1. 确认投资的存在并为申报企业所有。

（1）短期投资。

①获取或编制短期投资明细表，复核加计正确，并与总账数和明细账合计数核对是否相符，结合短期投资跌价准备和委托贷款科目与报表数核对是否相符。

②获取股票、债券及基金账户对账单，与明细账余额核对，审核期末资金账户余额会计处理是否正确。必要时，向证券公司等发函询证。

③获取期货账户对账单，与明细账余额核对，审核期末资金账户余额会计处理是否正确。必要时，向期货公司发函询证。

④监盘库存有价证券，并与相关账户余额进行核对，如有差异，应查明原因，并作出记录或进行适当调整。

⑤对在外保管的有价证券，查阅有关保管的证明文件。必要时，向保管人函证。

⑥审核申报损失的短期投资增加项目的记账凭证及其原始凭证是否完整合法，会计处理是否正确。审核短期投资成本的确定是否符合相关规定。

（2）长期投资。

①获取或编制长期股权投资明细表，复核加计正确，并与总账数和明细账合计数核对相符，结合长期投资减值准备科目与报表数核对相符。

②审核申报损失的长期投资的原始凭证，对于增加的项目要核实其入账基础是否符合投资合同、协议的有关规定，会计处理是否正确；对于减少的项目要核实其变动原因及授权批准手续。

③以非货币性交易换入长期股权投资时，审核其初始投资成本是否为换出资产的账面价值加上应付的相关税费。

④审核股票权证等凭据，核对其所有权及金额。必要时，应向被投资单位函证投资单位的投资额、持股比例及被审计单位发放股利情况。若股票权证等已提供质押或受到其他约束的，应取证（或函证），提请被审计单位作适当披露。

（3）债权投资。

①获取或编制长期债权投资明细表，复核加计正确，并与总账数和明细账合计数核对相符，结合长期投资减值准备和委托贷款科目与报表数核对相符。

②审核申报损失的债券投资的原始凭证，对于增加的项目要核实其入账基础是否符合有关规定，会计处理是否正确；对于减少的项目要核实其变动原因及授权批准手续。

③监盘库存有价证券，取得盘点表，核对其所有权及金额。

2. 取得充分必要的证据。确认投资损失应取得下列证据：

（1）有关被投资方破产公告、破产清偿文件；工商等有关部门注销、吊销文件；政府有关部门的行政决定文件；终止经营、停止交易的法律或其他证明文件；

（2）有关资产的成本和价值回收情况说明；

（3）被投资方清算剩余财产分配情况的证明；

（4）企业法定代表人、主要负责人和财务负责人签章证实有关资产已霉烂变质、已无使用价值或转让价值、已毁损等的书面证明。

3. 确认投资损失税前扣除的金额。计算企业各类投资确已形成财产净损失或者已发生永久或实质性损失，并扣除变价收入、可收回金额以及责任和保险赔款后的余额，确认投资损失税前扣除的具体金额。

六、其他资产损失的审核

（一）资产评估损失的审核

1. 确认评估资产的存在，审核申请资产评估损失税前扣除是否符合规定条件。

（1）获取资产评估报告和附件，并与总账数和明细账记录的资产评估损失额核对是否相符。

（2）审核各项资产评估确认的损失是否符合税收法规和有关规定。

2. 取得充分必要的证据。确认资产评估损失应取得下列证据：

（1）国家统一组织清产核资的文件（不包括国有资产日常管理中经常化、制度化资产清查）；

（2）具有评估资质的机构出具的资产评估资料；

（3）政府部门资产评估确认文书；

（4）应税改组业务已纳税证明资料；

（5）免税改组业务涉及资产评估增值或损失已纳税调整证明资料。

3. 确认资产评估损失税前扣除的金额。计算企业确已形成的资产评估损失税前扣除的具体金额。

（二）搬迁、征用资产损失的审核

1. 确认因政府规划搬迁、征用资产的存在，审核申请该项资产损失税前扣除是否符合规定的条件。

（1）获取政府规划搬迁、征用的资产明细表，复核加计正确，并与总账数和明细账合计数核对是否相符。

（2）审核因政府规划搬迁、征用的资产损失是否有明确的法律、政策依据；

（3）审核因政府规划搬迁、征用的资产损失是否属于政府行为。

2. 取得充分必要的证据。确认因政府规划搬迁、征用等发生的财产损失应取得下列证据：

（1）政府有关部门的行政决定文件及法律政策依据；

（2）专业技术部门或具有资质的机构出具的鉴定证明；

（3）企业资产账面价值的确定依据。

3. 确认搬迁、征用资产损失税前扣除的金额。计算企业因政府规划搬迁、征用确已形成的财产损失，并扣除政府拆迁补偿等收入后的余额，确认该项资产损失税前扣除的具体金额。

（三）担保资产损失的审核

1. 确认担保资产存在并为申报企业所有。获取担保损失明细表，复核加计正确，并与总账数和明细账合计数核对是否相符。

2. 取得充分必要的证据。确认企业对外提供与本身应纳税收入有关的担保，承担连带还款责任发生财产损失，应取得下列证据：

（1）法院的破产公告或破产判决书及破产清算的清偿文件、政府部门有关撤销、责令关闭等的行政决定文件、工商等有关部门出具的注销、吊销执业证照的证明、公安等有关部门出具的死亡、失踪证明；

（2）逾期三年以上无力清偿债务的确凿证明；

（3）企业依法催收磋商记录；

（4）地方主管税务机关的证明。

3. 确认担保损失税前扣除的金额。计算企业对外提供与本身应纳税收入有关的担保、承担连带还款责任发生的财产损失，并扣除可收回金额后的余额，确认担保资产损失税前扣除的具体金额。

（四）抵押资产损失的审核

1. 确认抵押资产为申报企业所有。

2. 取得企业未能按期赎回抵押资产的相关资料。

3. 取得抵押资产被拍卖或变卖的证明材料。

4. 确认抵押资产损失税前扣除的金额。依据抵押资产账面净值扣除变卖收入后的余额，确认抵押资产损失税前扣除的具体金额。

（五）出售住房损失的审核

1. 确认资产的存在，并为申报企业所有。

（1）获取企业出售房改住房明细表（包括出售住房使用权和全部或部分产权）；

（2）复核加计正确，并与总账、明细账核对是否相符。

2. 取得充分必要的证据。

（1）县级以上人民政府房改主管机构批准的实行房改的批复文件或企业上级主管部门依据县级以上人民政府房改主管机构批复，对该企业实行房改的批复方案；

（2）购置住房的发票（企业自建的住房，提供竣工决算和建造支出的发票或有关凭证）和住房计提折旧的情况及账面净值余额；

（3）出售住房的价格及每套住房的出售价格的凭证；

（4）获取住宅共用部位、公用设施维修基金的情况及清理费用支出凭证；

（5）住房周转金建立及取消的情况说明，取消住房周转金的会计凭证。

3. 审核企业出售的住房是否按市（州、地区）政府规定的房改价格收取房款，是否存在实际售价低于市（州、地区）政府核定的房改价格的情形。

4. 审核企业对已按规定领取了一次性补发购房补贴的无房和住房未达到规定面积的老职工，以及停止住房实物分配后参加工作的新职工，是否存在按低于成本价出售住房的情形。

5. 审核企业住房制度改革中出售住房的时间和账务处理，是否符合相关规定。

6. 确认出售住房损失税前扣除的金额。计算企业按规定取消住房基金和住房周转金制度后出售住房的收入，扣除按规定提取的住宅共用部位、公用设施维修基金以及住房账面净值和有关清理费用后的余额，确认出售住房损失税前扣除的具体金额。

七、金融企业呆账损失的审核

（一）确认财产的存在并为申报企业所有

1. 获取或编制短期贷款（长期贷款）明细表，复核加计正确，并与报表数、总账数和明细账合计数核对是否相符。

2. 获取并审核贷款合同、协议、贷款证（或 IC 卡）及授权批准或其他有关资料和借款凭证（借据），确认贷款的真实性，并与会计记录核对。

3. 审核申报损失贷款的偿还情况，核对会计记录和原始凭证。

4. 向借款单位函证，并与贷款期末余额核对。

5. 对于以财产抵押的贷款，应注意有关抵押资产的所有权归属和贷款合同规定的限制条款。

（二）取得充分必要的证据

1. 金融企业发生符合税法规定的各类呆账损失，应提供或取得下列证明材料：

（1）借款人或被投资企业的贷款和投资合同、发放贷款和投资凭证及相关材料。

（2）法院、公安、工商、企业主管等部门、保险企业等单位出具的呆账损失的相关证明材料。

（3）税务机关要求报送的其他资料。

（4）遇有下列情形之一的，应提供或取得相关证明材料：

①借款人和担保人依法宣告破产、关闭、解散，并终止法人资格，金融企业对借款人和担保人进行追偿后，未能收回债权的相关证明材料；

②借款人死亡，或者依据民法通则及其有关规定宣告失踪或者死亡，金融企业依法对其财产或者遗产进行清偿，并对担保人进行追偿后，未能收回债权的相关证明材料；

③借款人遭受重大自然灾害或意外事故，损失巨大且不能获得保险补偿，确实无力偿还的贷款；或者保险赔偿清偿后，确实无力偿还的部分债务，金融企业对其财产进行清偿和对担保人进行追偿后，未能收回债权的相关证明材料；

④借款人和担保人虽未依法宣告破产、关闭、解散，但已完全停止经营活动，被县（市、区）及县以上工商行政管理部门依法注销、吊销营业执照，终止法人资格，金融企业对借款人和担保人进行清偿后，未能收回债权的相关证明材料；

⑤借款人触犯刑律，依法受到制裁，其财产不足归还所借债务，又无其他债务承担者，金融企业经追偿后确实无法收回债权的相关证明材料；

⑥由于借款人和担保人不能偿还到期债务，金融企业诉诸法律，经法院对借款人和担保人强制执行，借款人和担保人均无财产可执行，法院裁定终结执行后，金融企业仍无法收回债权的相关证明材料；

⑦由于上述（1）至（6）项原因借款人不能偿还到期债务，金融企业对依法取得的抵债资产，按评估确认的市场公允价值入账后，扣除抵债资产接收费用，小于贷款本息的差额，经追偿后仍无法收回债权的相关证明材料；

⑧开立信用证、办理承兑汇票、开具保函等发生垫款时，凡开证申请人和保证人由于上述（1）至（7）项原因，无法偿还垫款，金融企业经追偿后仍无法收回垫款的相关证明材料；

⑨按照国家法律法规规定具有投资权的金融企业的对外投资，由于被投资企业依法宣告破产、关闭、解散，并终止法人资格的，经金融企业对被投资企业清算和追偿后仍无法收回股权的相关证明材料；

⑩银行卡被伪造、冒用、骗领而发生的应由银行承担的净损失的相关证明材料；

助学贷款逾期后，银行在确定的有效追索期内，并依法处置助学贷款抵押物（质押物）和向担保人追索连带责任后，仍无法收回贷款的相关证明材料；

金融企业发生的除贷款本金和应收利息以外的其他逾期 3 年无法收回的应收账款（不含关联企业之间的往来账款）的相关证明材料；

经国务院专案批准核销债权的相关证明材料。

2. 确认呆账损失税前扣除的金额。对于符合税法规定允许在税前扣除的呆账损失，应当按照金融企业对借款人和担保人进行追偿后仍无法收回的债权或净损失，确认税前扣除的呆账损失的具体金额。下列债权或者股权不得作为呆账损失税前扣除：

（1）借款人或者担保人有经济偿还能力，不论何种原因，未按期偿还的金融企业债权；

（2）违反法律、法规的规定，以各种形式、借口逃废或者悬空的金融企业债权；

（3）行政干预逃废或者悬空的金融企业债权；

（4）金融企业未向借款人和担保人追偿的债权；

（5）金融企业发生非经营活动的债权；

（6）其他不应当核销的金融企业债权或者股权。

八、鉴证报告的出具

（一）鉴证报告的基本内容

税务师事务所应当按照相关法律、法规、规章及其他有关规定，在实施必要的审核程序后出具含有鉴证结论或鉴证意见的书面报告。鉴证报告应当包括：

1. 标题。鉴证报告的标题应当统一规范为"鉴证事项＋鉴证报告"。

2. 收件人。鉴证报告的收件人是指注册税务师按照业务约定书的要求致送鉴证报告的对象，一般是指鉴证业务的委托人。鉴证报告应当载明收件人的全称。

3. 引言段。鉴证报告的引言段应当表明委托人和受托人的责任，说明对委托事项已进行鉴证审核以及审核的原则和依据等。

4. 审核过程及实施情况。鉴证报告的审核过程及实施情况应当披露以下内容：

（1）简要评述与企业财产损失所得税税前扣除有关的内部控制及其有效性。

（2）简要评述与企业财产损失所得税税前扣除有关的各项内部证据和外部证据的相关性和可靠性。

（3）简要陈述对委托单位和具有法定资质的机构提供的证据、事实及涉及金额等进行审核、验证和计算并进行职业推断的情况。

5. 鉴证结论或鉴证意见。注册税务师应当根据鉴证情况提出鉴证结论或鉴证意见。无保留意见的鉴证报告应当提出鉴证结论，并确认审核事项的具体金额。保留意见的鉴证报告应当提出鉴证结论，并对持保留意见的审核事项予以说明，提出初步意见或解决方案供税务机关审核裁定。无法表明意见或否定意见的鉴证报告应当提出鉴证意见，并详细说明审核事项可能对鉴证结论产生的重大影响，逐项阐述无法表明意见的理据；或描述审核事项存在违反税收法律法规及有关规定的情形，逐项阐述出具否定意见的理据。

6. 鉴证报告的要素还应当包括：

（1）由税务师事务所所长和注册税务师签名或盖章；

（2）载明税务师事务所的名称和地址，并加盖税务师事务所公章；

（3）注明报告日期。

（二）鉴证报告的分类与适用

税务师事务所经过审核鉴证，应当根据鉴证情况，出具真实、合法的鉴证报告。鉴证报告的种类可以分为以下四种：

1. 无保留意见的鉴证报告。适用于税务师事务所经过审核鉴证，完全可以确认企业财产损失所得税税前扣除具体金额的情形。企业可以据此办理财产损失税前扣除申报或审批事宜。

2. 保留意见的鉴证报告。适用于税务师事务所经过审核鉴证，发现可能对企业财产损失金额产生影响的事项，因税法有关规定本身不够明确或经咨询税务机关后理解该项政策仍有较大分歧，或获取的证据不够充分，对上述涉税事项提出保留意见后，可以确认企业财产损失所得税税前扣除具体金额的情形。企业可据此办理财产损失税前扣除申报或审批事宜。

3. 无法表明意见的鉴证报告。适用于税务师事务所经过审核鉴证，发现某些可能对企业财产损失产生重大影响的事项，因审核范围受到限制，无法对企业财产损失所得税税前扣除发表意见的情形。企业不可据此办理财产损失税前扣除申报或审批事宜。

4. 否定意见的鉴证报告。适用于税务师事务所经过审核鉴证，对该企业编报财产损失申报表持有重大异议，不能确认企业财产损失所得税税前扣除具体金额的情形。企业不可据此办理财产损失税前扣除申报或审批事宜。

5.99 财政部 国家税务总局关于宣传文化所得税优惠政策的通知

2007 年 2 月 6 日 财税〔2007〕24 号

各省、自治区、直辖市、计划单列市财政厅（局）、国家税务局、地方税务局，新疆生产建设兵团财务局：

为继续支持我国宣传文化事业的发展，现将有关所得税政策明确如下：

一、对企事业单位、社会团体按照《捐赠法》的规定，通过中国境内非营利性的社会团体、国家机关向科普单位的捐赠，符合《中华人民共和国企业所得税暂行条例实施细则》（财法字〔1994〕3 号）第十二条规定的，在年度应纳税所得额的 10% 以内的部分，准予扣除。

二、自 2006 年 1 月 1 日起至 2010 年 12 月 31 日，对企事业单位、社会团体和个人等社会力量通过国家批准成立的非营利性的公益组织或国家机关对宣传文化事业的公益性捐赠，经税务机关审核后，纳税人缴纳企业所得税时，在其年度应纳税所得额 10% 以内的部分，可在计算应纳税所得额时予以扣除；纳税人缴纳个人所得税时，捐赠额未超过纳税人申报的应纳税所得额 30% 的部分，可从其应纳税所得额中扣除。

三、对宣传文化企事业单位按照《财政部 国家税务总局关于宣传文化增值税和营业税优惠政策的通知》（财税〔2006〕153 号）有关规定取得的增值税先征后退收入和免征增值税、营业税收入，不计入其应纳税所得额，并实行专户管理，专项用于新技术、新兴媒体和重点出版物的引进和开发以及发行网点和信息系统建设。

四、本通知所述科普单位，是指按照《科技部 财政部国家税务总局 海关总署 新闻出版总署关于印发〈科普税收优惠政策实施办法〉的通知》（国科发改字〔2003〕416 号）的有关规定认定的科技馆，自然博物馆，对公众开放的天文馆（台、站）、气象台（站）、地震台（站），以及高等院校和科研机构对公众开放的科普基地等。

五、本通知所述宣传文化事业的公益性捐赠，其范围为：

1. 对国家重点交响乐团、芭蕾舞团、歌剧团、京剧团和其他民族艺术表演团体的捐赠。

2. 对公益性的图书馆、博物馆、科技馆、美术馆、革命历史纪念馆的捐赠。

3. 对重点文物保护单位的捐赠。

4. 对文化行政管理部门所属的非生产经营性的文化馆或群众艺术馆接受的社会公益性活动、项目和文化设施等方面的捐赠。

上述国家重点艺术表演团体和重点文物保护单位的认定办法由文化部和国家文物局会同财政部、国家税务总局及有关行业行政主管部门另行制订。

六、本通知自 2006 年 1 月 1 日起执行。此前规定与本通知规定不一致的，按本通知规定执行。

请遵照执行。

财政部　国家税务总局

2007 年 2 月 6 日

5.100　财政部　国家税务总局关于下岗失业人员再就业有关税收政策问题的通知

2006 年 1 月 23 日　财税〔2005〕186 号

各省、自治区、直辖市、计划单列市财政厅（局）、国家税务局、地方税务局，新疆生产建设兵团财务局：

为促进下岗失业人员再就业工作，根据《国务院关于进一步加强就业再就业工作的通知》（国发〔2005〕36 号）精神，经国务院同意，现就下岗失业人员再就业有关税收政策问题通知如下：

一、对商贸企业、服务型企业（除广告业、房屋中介、典当、桑拿、按摩、氧吧外）、劳动就业服务企业中的加工型企业和街道社区具有加工性质的小型企业实体，在新增加的岗位中，当年新招用持《再就业优惠证》人员，与其签订 1 年以上期限劳动合同并依法缴纳社会保险费的，按实际招用人数予以定额依次扣减营业税、城市维护建设税、教育费附加和企业所得税优惠。定额标准为每人每年 4000 元，可上下浮动 20%，由各省、自治区、直辖市人民政府根据本地区实际情况在此幅度内确定具体定额标准，并报财政部和国家税务总局备案。

按上述标准计算的税收扣减额应在企业当年实际应缴纳的营业税、城市维护建设税、教育费附加和企业所得税税额中扣减，当年扣减不足的，不得结转下年使用。

对 2005 年底前核准享受再就业减免税政策的企业，在剩余期限内仍按原优惠方式继续享受减免税政策至期满。

二、对持《再就业优惠证》人员从事个体经营的（除建筑业、娱乐业以及销售不动产、转让土地使用权、广告业、房屋中介、桑拿、按摩、网吧、氧吧外），按每户每年 8000 元为限额依次扣减其当年实际应缴纳的营业税、城市维护建设税、教育费附加和个人所得税。纳税人年度应缴纳税款小于上述扣减限额的以其实际缴纳的税款为限；大于上述扣减限额的应以上述扣减限额为限。

对 2005 年底前核准享受再就业减免税优惠的个体经营人员，从 2006 年 1 月 1 日起按上述政策规定执行，原政策优惠规定停止执行。

三、对国有大中型企业通过主辅分离和辅业改制分流安置本企业富余人员兴办的经济实体（从事金融保险业、邮电通讯业、娱乐业以及销售不动产、转让土地使用权，服务型企业中的广告业、桑拿、按摩、氧吧，建筑业中从事工程总承包的除外），凡符合以下条件的，经有关部门认定，税务机关审核，3 年内免征企业所得税。

1. 利用原企业的非主业资产、闲置资产或关闭破产企业的有效资产；

2. 独立核算、产权清晰并逐步实行产权主体多元化；

3. 吸纳原企业富余人员达到本企业职工总数 30% 以上（含 30%），从事工程总承包以外的建筑企业吸纳原企业富余人员达到本企业职工总数 70% 以上（含 70%）；

4. 与安置的职工变更或签订新的劳动合同。

四、本通知所称的下岗失业人员是指：

1. 国有企业下岗失业人员；

2. 国有企业关闭破产需要安置的人员；

3. 国有企业所办集体企业（即厂办大集体企业）下岗职工；

4. 享受最低生活保障且失业 1 年以上的城镇其他登记失业人员。

五、本通知所称的国有企业所办集体企业（即厂办大集体企业）是指 20 世纪 70、80 年代，由国有企业批准或资助兴办的，以安置回城知识青年和国有企业职工子女就业为目的，主要向主办国有企业提供配套产品或劳务服务，在工商行政机关登记注册为集体所有制的企业。

厂办大集体企业下岗职工包括在国有企业混岗工作的集体企业下岗职工。对特别困难的厂办大集体企业关闭或依法破产需要安置的人员，有条件的地区也可纳入《再就业优惠证》发放范围，具体办法由省级人民政府制定。

本通知所称的服务型企业是指从事现行营业税"服务业"税目规定经营活动的企业。

六、上述优惠政策审批期限为 2006 年 1 月 1 日至 2008 年 12 月 31 日。税收优惠政策在 2008 年底之前执行未到期的，可继续享受至 3 年期满为止。此前规定与本通知不一致的，以本通知为准。如果企业既适用本通知规定的优惠政策，又适用其他扶持就业的优惠政策，企业可选择适用最优惠的政策，但不能累加执行。

国家今后对税收制度进行改革，有关税收优惠政策按新的税收规定执行。

财政部　国家税务总局

2006 年 1 月 23 日

5.101　财政部　国家税务总局关于企业支付学生实习报酬有关所得税政策问题的通知

2006 年 11 月 1 日　财税〔2006〕107 号

各省、自治区、直辖市、计划单列市财政厅（局）、国家税务局、地方税务局，新疆生产建设兵团财务局：

根据《国务院关于大力发展职业教育的决定》（国发〔2005〕35 号）有关要求，为促进教育事业发展，现对企业支付中等职业学校和高等院校实习生报酬有关所得税政策问题明确如下：

一、凡与中等职业学校和高等院校签订三年以上期限合作协议的企业，支付给学生实习期间的报酬，准予在计算缴纳企业所得税税前扣除。具体征管办法由国家税务总局另行制定。

对中等职业学校和高等院校实习生取得的符合我国个人所得税法规定的报酬，企业应代扣代缴其相应的个人所得税款。

二、本通知所称中等职业学校包括普通中等专业学校、成人中等专业学校、职业高中（职教中心）和技工学校；高等院校包括高等职业院校、普通高等院校和全日制成人高等院校。

三、本通知自 2006 年 1 月 1 日起执行。

请遵照执行。

财政部　国家税务总局

2006 年 11 月 1 日

第6章　个人所得税

6.1　中华人民共和国个人所得税法

2018 年 8 月 31 日　第十三届全国人民代表大会常务委员会第五次会议第七次修正

（1980 年 9 月 10 日第五届全国人民代表大会第三次会议通过；根据 1993 年 10 月 31 日第八届全国人民代表大会常务委员会第四次会议《关于修改〈中华人民共和国个人所得税法〉的决定》第一次修正；根据 1999 年 8 月 30 日第九届全国人民代表大会常务委员会第十一次会议《关于修改〈中华人民共和国个人所得税法〉的决定》第二次修正；根据 2005 年 10 月 27 日第十届全国人民代表大会常务委员会第十八次会议《关于修改〈中华人民共和国个人所得税法〉的决定》第三次修正；根据 2007 年 6 月 29 日第十届全国人民代表大会常务委员会第二十八次会议《关于修改〈中华人民共和国个人所得税法〉的决定》第四次修正；根据 2007 年 12 月 29 日第十届全国人民代表大会常务委员会第三十一次会议《关于修改〈中华人民共和国个人所得税法〉的决定》第五次修正；根据 2011 年 6 月 30 日第十一届全国人民代表大会常务委员会第二十一次会议《关于修改〈中华人民共和国个人所得税法〉的决定》第六次修正；根据 2018 年 8 月 31 日第十三届全国人民代表大会常务委员会第五次会议《关于修改〈中华人民共和国个人所得税法〉的决定》第七次修正）

第一条　在中国境内有住所，或者无住所而一个纳税年度内在中国境内居住累计满一百八十三天的个人，为居民个人。居民个人从中国境内和境外取得的所得，依照本法规定缴纳个人所得税。

在中国境内无住所又不居住，或者无住所而一个纳税年度内在中国境内居住累计不满一百八十三天的个人，为非居民个人。非居民个人从中国境内取得的所得，依照本法规定缴纳个人所得税。

纳税年度，自公历一月一日起至十二月三十一日止。

第二条　下列各项个人所得，应当缴纳个人所得税：

（一）工资、薪金所得；

（二）劳务报酬所得；

（三）稿酬所得；

（四）特许权使用费所得；

（五）经营所得；

（六）利息、股息、红利所得；

（七）财产租赁所得；

（八）财产转让所得；

（九）偶然所得。

居民个人取得前款第一项至第四项所得（以下称综合所得），按纳税年度合并计算个人所得税；非居民个人取得前款第一项至第四项所得，按月或者按次分项计算个人所得税。纳税人取得前款第五项至第九项所得，依照本法规定分别计算个人所得税。

第三条　个人所得税的税率：

（一）综合所得，适用百分之三至百分之四十五的超额累进税率（税率表附后）；

（二）经营所得，适用百分之五至百分之三十五的超额累进税率（税率表附后）；

（三）利息、股息、红利所得，财产租赁所得，财产转让所得和偶然所得，适用比例税率，税率为百分之二十。

第四条　下列各项个人所得，免征个人所得税：

一、省级人民政府、国务院部委和中国人民解放军军以上单位，以及外国组织、国际组织颁发的科学、教育、技术、文化、卫生、体育、环境保护等方面的奖金；

二、国债和国家发行的金融债券利息；

三、按照国家统一规定发给的补贴、津贴；

四、福利费、抚恤金、救济金；

五、保险赔款；

六、军人的转业费、复员费、退役金；

七、按照国家统一规定发给干部、职工的安家费、退职费、基本养老金或者退休费、离休费、离休生活补助费；

八、依照有关法律规定应予免税的各国驻华使馆、领事馆的外交代表、领事官员和其他人员的所得；

九、中国政府参加的国际公约、签订的协议中规定免税的所得；

十、国务院规定的其他免税所得。

前款第十项免税规定，由国务院报全国人民代表大会常务委员会备案。

第五条　有下列情形之一的，可以减征个人所得税，具体幅度和期限，由省、自治区、直辖市人民政府规定，并报同级人民代表大会常务委员会备案：

（一）残疾、孤老人员和烈属的所得；

（二）因自然灾害遭受重大损失的。

国务院可以规定其他减税情形，报全国人民代表大会常务委员会备案。

第六条　应纳税所得额的计算：

（一）居民个人的综合所得，以每一纳税年度的收入额减除费用六万元以及专项扣除、专项附加扣除和依法确定的其他扣除后的余额，为应纳税所得额。

【例1】 居民个人综合所得应纳税额的计算

假定某居民个人纳税人2019年扣除"三险一金"后共取得含税工资收入12万元，除住房贷款专项附加扣除外，该纳税人不享受其余专项附加扣除和税法规定的其他扣除。计算其当年应纳个人所得税税额。

（1）全年应纳税所得额 = 120 000 - 60 000 - 12 000 = 48 000（元）

（2）应纳税额 = 48 000 × 10% - 2 520 = 2 280（元）

【例2】 居民个人综合所得应纳税额的计算

假定某居民个人纳税人为独生子女，2019年交完社保和住房公积金后共取得税前工资收入20万元，劳务报酬1万元，稿酬1万元。该纳税人有两个小孩且均由其扣除子女教育专项附加，纳税人的父母健在且均已年满60岁。计算其当年应纳个人所得税税额。

（1）全年应纳税所得额 = 200 000 + 10 000 × (1 - 20%) + 10 000 × 70% × (1 - 20%) -

60 000 - 12 000 × 2 - 24 000

= 213 600 - 108 000 = 105 600（元）

（2）应纳税额 = 105 600 × 10% - 2 520 = 8 040（元）

注：专项附加扣除具体规定见《个人所得税专项附加扣除暂行办法》；

应纳税额 = 全年应纳税所得额 × 适用税率 - 速算扣除数

= （全年收入额 - 60 000元 - 社保、住房公积金费用 - 享受的专项附加扣除 - 享受的其他扣除）× 适用税率 - 速算扣除数

（二）非居民个人的工资、薪金所得，以每月收入额减除费用五千元后的余额为应纳税所得额；劳务报酬所得、稿酬所得、特许权使用费所得，以每次收入额为应纳税所得额。

【例3】 非居民个人应纳税所得额的计算

假定某外商投资企业中工作的美国专家（假设为非居民纳税人），2019年2月取得由该企业发放的含税工资收入10 400元人民币，此外还从别处取得劳务报酬5 000元人民币。请计算当月其应纳个人所得税税额。

（1）该非居民个人当月工资、薪金所得应纳税额 = (10 400 - 5 000) × 10% - 210 = 330（元）

（2）该非居民个人当月劳务报酬所得应纳税额 = 5 000 × (1 - 20%) × 10% - 210 = 190（元）

（三）经营所得，以每一纳税年度的收入总额减除成本、费用以及损失后的余额，为应纳税所得额。

（四）财产租赁所得，每次收入不超过四千元的，减除费用八百元；四千元以上的，减除百分之二十的费用，其余额为应纳税所得额。

【例4】 财产租赁所得个人所得税的计算

刘某于2019年1月将其自有的面积为150平方米的公寓按市场价出租给张某居住。刘某每月取得租金收入4 500元，全年租金收入54 000元。计算刘某全年租金收入应缴纳的个人所得税（不考虑其他税费）。

财产租赁收入以每月内取得的收入为一次，按市场价出租给个人居住适用10%的税率，因此，刘某每月及全年应纳税额为：

（1）每月应纳税额 = 4 500 × (1 - 20%) × 10% = 360（元）

（2）全年应纳税额 = 360 × 12 = 4 320（元）

本例在计算个人所得税时未考虑其他税、费。如果对租金收入计征增值税、城市维护建设税、房产税和教育费附加等，还应将其从税前的收入中先扣除后再计算应缴纳的个人所得税。

假定【例4】中，当年2月因下水道堵塞找人修理，发生修理费用1 000元，有维修部门的正式收据，则2月和3月的应纳税额为：

（1）2月应纳税额 = (4 500 - 800) × (1 - 20%) × 10% = 296（元）

（2）3月应纳税额 = (4 500 - 200) × (1 - 20%) × 10% = 344（元）

在实际征税过程中，有时会出现财产租赁所得的纳税人不明确的情况。对此，在确定财产租赁所得纳税人时，应以产权凭证为依据。无产权凭证的，由主管税务机关根据实际情况确定纳税人。如果产权所有人死亡，在未办理产权继承手续期间，该财产出租且有租金收入的，以领取租金收入的个人为纳税人。

（五）财产转让所得，以转让财产的收入额减除财产原值和合理费用后的余额，为应纳税所得额。

【例5】某个人建房一幢，造价360 000元，支付其他费用50 000元。该个人建成后将房屋出售，售价600 000元，在售房过程中按规定支付交易费等相关税费35 000元，其应纳个人所得税税额的计算过程为：

（1）应纳税所得额＝财产转让收入－财产原值－合理费用

　＝600 000－（360 000＋50 000）－35 000＝155 000（元）

（2）应纳税额＝155 000×20%＝31 000（元）

（六）利息、股息、红利所得和偶然所得，以每次收入额为应纳税所得额。

劳务报酬所得、稿酬所得、特许权使用费所得以收入减除百分之二十的费用后的余额为收入额。稿酬所得的收入额减按百分之七十计算。

【例6】劳务报酬所得个人所得税预扣预缴的计算

歌星刘某一次取得表演收入40 000元，扣除20%的费用后，应纳税所得额为32 000元。请计算兵应预扣预缴个人所得税税额。

应预扣预缴税额＝预扣预缴应纳税所得额×（1－20%）×预扣率－速算扣除数

　＝40 000×（1－20%）×30%－2 000＝7 600（元）

【例7】稿酬所得个人所得税预扣预缴的计算

某作家为居民个人，2019年3月取得一次未扣除个人所得税的稿酬收入20 000元，请计算其应预扣预缴的个人所得税税额。

应预扣预缴税额＝预扣预缴应纳税所得额×预扣率×（1－30%）

　＝20 000×（1－20%）×20%×（1－30%）＝2 240（元）

个人将其所得对教育、扶贫、济困等公益慈善事业进行捐赠，捐赠额未超过纳税人申报的应纳税所得额百分之三十的部分，可以从其应纳税所得额中扣除；国务院规定对公益慈善事业捐赠实行全额税前扣除的，从其规定。

本条第一款第一项规定的专项扣除，包括居民个人按照国家规定的范围和标准缴纳的基本养老保险、基本医疗保险、失业保险等社会保险费和住房公积金等；专项附加扣除，包括子女教育、继续教育、大病医疗、住房贷款利息或者住房租金、赡养老人等支出，具体范围、标准和实施步骤由国务院确定，并报全国人民代表大会常务委员会备案。

第七条　居民个人从中国境外取得的所得，可以从其应纳税额中抵免已在境外缴纳的个人所得税税额，但抵免额不得超过该纳税人境外所得依照本法规定计算的应纳税额。

第八条　有下列情形之一的，税务机关有权按照合理方法进行纳税调整：

（一）个人与其关联方之间的业务往来不符合独立交易原则而减少本人或者其关联方应纳税额，且无正当理由；

（二）居民个人控制的，或者居民个人和居民企业共同控制的设立在实际税负明显偏低的国家（地区）的企业，无合理经营需要，对应当归属于居民个人的利润不作分配或者减少分配；

（三）个人实施其他不具有合理商业目的的安排而获取不当税收利益。

税务机关依照前款规定作出纳税调整，需要补征税款的，应当补征税款，并依法加收利息。

第九条　个人所得税以所得人为纳税人，以支付所得的单位或者个人为扣缴义务人。

纳税人有中国公民身份号码的，以中国公民身份号码为纳税人识别号；纳税人没有中国公民身份号码的，由税务机关赋予其纳税人识别号。扣缴义务人扣缴税款时，纳税人应当向扣缴义务人提供纳税人识别号。

第十条　有下列情形之一的，纳税人应当依法办理纳税申报：

（一）取得综合所得需要办理汇算清缴；

（二）取得应税所得没有扣缴义务人；

（三）取得应税所得，扣缴义务人未扣缴税款；

（四）取得境外所得；

（五）因移居境外注销中国户籍；

（六）非居民个人在中国境内从两处以上取得工资、薪金所得；

（七）国务院规定的其他情形。

扣缴义务人应当按照国家规定办理全员全额扣缴申报，并向纳税人提供其个人所得和已扣缴税款等信息。

第十一条　居民个人取得综合所得，按年计算个人所得税；有扣缴义务人的，由扣缴义务人按月或者按次预扣预缴税款；需要办理汇算清缴的，应当在取得所得的次年三月一日至六月三十日内办理汇算清缴。预扣预缴办法由国务院税务主管部门制定。

居民个人向扣缴义务人提供专项附加扣除信息的，扣缴义务人按月预扣预缴税款时应当按照规定予以扣除，不得拒绝。

非居民个人取得工资、薪金所得，劳务报酬所得，稿酬所得和特许权使用费所得，有扣缴义务人的，由扣缴义务人按月或者按次代扣代缴税款，不办理汇算清缴。

【例8】 居民个人工资薪金代扣代缴的计算

某居民个人2019年每月取得工资收入10 000元，每月缴纳社保费用和住房公积金1 500元，该居民个人全年均享受住房贷款利息专项附加扣除，请计算该居民个人的工资薪金扣缴义务人2019年每月代扣代缴的税款金额。

（1）1月：

累计预扣预缴应纳税所得额 = 累计收入 − 累计免税收入 − 累计基本减除费用 − 累计专项扣除 − 累计专项附加扣除 − 累计依法确定的其他扣除 = 10 000 − 5 000 − 1 500 − 1 000 = 2 500（元）

本期应预扣预缴税额 = 2 500 × 3% − 0 = 75（元）

（2）2月：

累计预扣预缴应纳税所得额 = 累计收入 − 累计免税收入 − 累计基本减除费用 − 累计专项扣除 − 累计专项附加扣除 − 累计依法确定的其他扣除 = 20 000 − 10 000 − 3 000 − 2 000 = 5 000（元）

本期应预扣预缴税额 = （5 000 × 3% − 0）− 累计减免税额 − 累计已预扣预缴税额 = 150 − 75 = 75（元）

（3）2019年12月：

累计预扣预缴应纳税所得额 = 累计收入 − 累计免税收入 − 累计基本减除费用 − 累计专项扣除 − 累计专项附加扣除 − 累计依法确定的其他扣除 = 120 000 − 60 000 − 18 000 − 12 000 = 30 000（元）

本期应预扣预缴税额 = (30 000 × 3% - 0) - 累计减免税额 - 累计已预扣预缴税额 = 900 - 75 × 11 = 75（元）

【例9】外商投资企业工作的中方人员取得的工资薪金所得的个人所得税计算

王某为一外商投资企业雇用的中方人员，假定2019年1月，该外商投资企业支付给王某的薪金为7 500元，同月，王某还收到其所在的派遣单位发给的扣完"三险一金"后的工资3 900元。请问：当月该外商投资企业、派遣单位应如何扣缴个人所得税？王某当月实际应缴的个人所得税为多少？（不考虑王某应享受的专项附加扣除和依法确定的其他扣除）

（1）1月外商投资企业应为王某扣缴的个人所得税为：

扣缴税额 = (每月收入额 - 5 000) × 适用税率 - 速算扣除数 = (7 500 - 5 000) × 3% - 0 = 75（元）

1月派遣单位应为王某扣缴的个人所得税为：

扣缴税额 = 每月收入额 × 适用税率 - 速算扣除数 = 3 900 × 3% - 0 = 117（元）

1月王某实际应缴的个人所得税为：

应纳税额 = (每月收入额 - 5 000) × 适用税率 - 速算扣除数 = (7 500 + 3 900 - 5 000) × 10% - 210 = 430（元）

因此，在王某到某税务机关申报时，还应补缴238元（430 - 75 - 117）。

第十二条　纳税人取得经营所得，按年计算个人所得税，由纳税人在月度或者季度终了后十五日内向税务机关报送纳税申报表，并预缴税款；在取得所得的次年三月三十一日前办理汇算清缴。

纳税人取得利息、股息、红利所得，财产租赁所得，财产转让所得和偶然所得，按月或者按次计算个人所得税，有扣缴义务人的，由扣缴义务人按月或者按次代扣代缴税款。

第十三条　纳税人取得应税所得没有扣缴义务人的，应当在取得所得的次月十五日内向税务机关报送纳税申报表，并缴纳税款。

纳税人取得应税所得，扣缴义务人未扣缴税款的，纳税人应当在取得所得的次年六月三十日前，缴纳税款；税务机关通知限期缴纳的，纳税人应当按照期限缴纳税款。

居民个人从中国境外取得所得的，应当在取得所得的次年三月一日至六月三十日内申报纳税。

非居民个人在中国境内从两处以上取得工资、薪金所得的，应当在取得所得的次月十五日内申报纳税。

纳税人因移居境外注销中国户籍的，应当在注销中国户籍前办理税款清算。

第十四条　扣缴义务人每月或者每次预扣、代扣的税款，应当在次月十五日内缴入国库，并向税务机关报送扣缴个人所得税申报表。

纳税人办理汇算清缴退税或者扣缴义务人为纳税人办理汇算清缴退税的，税务机关审核后，按照国库管理的有关规定办理退税。

【例10】个人所得税汇算清缴退税的计算

某小型运输公司系个体工商户，账证健全，2019年12月取得经营收入为320 000元，准许扣除的当月成本、费用（不含业主工资）及相关税金共计250 600元。1～11月累计应纳税所得额88 400元（未扣除业主费用减除标准），1～11月累计已预缴个人所得税10 200元。除经营所得外，业主本人没有其他收入，且2019年全年均享受赡养老人一项专项附加扣除。不考虑专项扣除和符合税法规定的其他扣除，请计算该个体工商户就2019年度汇算清缴时应申请的个人所得税退税额。

纳税人取得经营所得，按年计算个人所得税，由纳税人在月度或季度终了后15日内，向经营管理所在地主管税务机关办理预缴纳税申报；在取得所得的次年3月31日前，向经营管理所在地主管税务机关办理汇算清缴。因此，按照税收法律、法规和文件规定，先计算全年应纳税所得额，再计算全年应纳税额。并根据全年应纳税额和当年已预缴税额计算出当年度应补（退）税额。

（1）全年应纳税所得额 = 320 000 − 250 600 + 88 400 − 60 000 − 24 000 = 73 800（元）

（2）全年应缴纳个人所得税 = 73 800 × 10% − 1 500 = 5 880（元）

（3）该个体工商户2019年度应申请的个人所得税退税额 = 10 200 − 5 880 = 4 320（元）

【例11】个人所得税年度汇算

（1）某居民个人2019年1月领取工资1万元、个人缴付"三险一金"2 000元，假设没有专项附加扣除，预缴个税90元；2019年其他月份每月工资为4 000元，无需预缴个税。

从2019年全年来看，因该居民个人纳税人2019年年收入额不足6万元无须缴税，因此预缴的90元税款可以申请退还。

（2）某居民个人纳税人2019年每月工资1万元、个人缴付"三险一金"2 000元，有两个上小学的孩子，按规定可以每月享受2 000元（全年24 000元）的子女教育专项附加扣除。但因其在预缴环节未填报，使得计算个税时未减除子女教育专项附加扣除，其2019年全年预缴个税1 080元。

该居民纳税人在年度汇算时填报了相关信息后可补充扣除24 000元，扣除后全年应纳个税360元，按规定其可以申请退税720元。

（3）某居民纳税人于2019年8月底退休，退休前每月工资1万元、个人缴付"三险一金"2 000元，退休后领取基本养老金。假设没有专项附加扣除，2019年1~8月该居民纳税人预缴个税720元；后4个月基本养老金按规定免征个税。从2019年全年来看，该居民纳税人仅扣除了4万元减除费用（8 × 5 000元/月），未充分扣除6万元减除费用。2019年度汇算足额扣除后，该纳税人可申请退税600元。

（4）某居民个人纳税人2019年每月固定从一处取得劳务报酬1万元，适用20%预扣率后预缴个税1 600元，全年共19 200元；2019年全年算账，当年取得劳务报酬共12万元，减除6万元费用（不考虑其他扣除）后，适用3%的综合所得税率，2019年度应纳税款1 080元。因此，可申请18 120元退税。

第十五条 公安、人民银行、金融监督管理等相关部门应当协助税务机关确认纳税人的身份、金融账户信息。教育、卫生、医疗保障、民政、人力资源社会保障、住房城乡建设、公安、人民银行、金融监督管理等相关部门应当向税务机关提供纳税人子女教育、继续教育、大病医疗、住房贷款利息、住房租金、赡养老人等专项附加扣除信息。

个人转让不动产的，税务机关应当根据不动产登记等相关信息核验应缴的个人所得税，登记机构办理转移登记时，应当查验与该不动产转让相关的个人所得税的完税凭证。个人转让股权办理变更登记的，市场主体登记机关应当查验与该股权交易相关的个人所得税的完税凭证。

有关部门依法将纳税人、扣缴义务人遵守本法的情况纳入信用信息系统，并实施联合激励或者惩戒。

第十六条 各项所得的计算，以人民币为单位。所得为人民币以外的货币的，按照人民币汇率中间价折合成人民币缴纳税款。

第十七条 对扣缴义务人按照所扣缴的税款，付给百分之二的手续费。

第十八条　对储蓄存款利息所得开征、减征、停征个人所得税及其具体办法，由国务院规定，并报全国人民代表大会常务委员会备案。

第十九条　纳税人、扣缴义务人和税务机关及其工作人员违反本法规定的，依照《中华人民共和国税收征收管理法》和有关法律法规的规定追究法律责任。

第二十条　个人所得税的征收管理，依照本法和《中华人民共和国税收征收管理法》的规定执行。

第二十一条　国务院根据本法制定实施条例。

第二十二条　本法自公布之日起施行。

个人所得税税率表一（综合所得适用）

级数	全年应纳税所得额	税率（%）
1	不超过 36 000 元的	3
2	超过 36 000 元至 144 000 元的部分	10
3	超过 144 000 元至 300 000 元的部分	20
4	超过 300 000 元至 420 000 元的部分	25
5	超过 420 000 元至 660 000 元的部分	30
6	超过 660 000 元至 960 000 元的部分	35
7	超过 960 000 元的部分	45

注：1. 本表所称全年应纳税所得额是指依照本法第六条的规定，居民个人取得综合所得以每一纳税年度收入额减除费用六万元以及专项扣除、专项附加扣除和依法确定的其他扣除后的余额。

　　　2. 非居民个人取得工资、薪金所得，劳务报酬所得，稿酬所得和特许权使用费所得，依照本表按月换算后计算应纳税额。

个人所得税税率表二（经营所得适用）

级数	全年应纳税所得额	税率（%）
1	不超过 30 000 元的	5
2	超过 30 000 元至 90 000 元的部分	10
3	超过 90 000 元至 300 000 元的部分	20
4	超过 300 000 元至 500 000 元的部分	30
5	超过 500 000 元的部分	35

注：1. 本表所称全年应纳税所得额是指依照本法第六条的规定，以每一纳税年度的收入总额减除成本、费用以及损失后的余额。

　　自 2019 年 1 月 1 日起施行。

　　自 2018 年 10 月 1 日至 2018 年 12 月 31 日，纳税人的工资、薪金所得，先行以每月收入额减除费用五千元以及专项扣除和依法确定的其他扣除后的余额为应纳税所得额，依照个人所得税税率表一（综合所得适用）按月换算后计算缴纳税款，并不再扣除附加减除费用；个体工商户的生产、经营所得，对企事业单位的承包经营、承租经营所得，先行依照个人所得税税率表二（经营所得适用）计算缴纳税款。

6.2 中华人民共和国个人所得税法实施条例

2018 年 12 月 18 日 国务院令第 707 号

(1994 年 1 月 28 日中华人民共和国国务院令第 142 号发布；根据 2005 年 12 月 19 日《国务院关于修改〈中华人民共和国个人所得税法实施条例〉的决定》第一次修订；根据 2008 年 2 月 18 日《国务院关于修改〈中华人民共和国个人所得税法实施条例〉的决定》第二次修订；根据 2011 年 7 月 19 日《国务院关于修改〈中华人民共和国个人所得税法实施条例〉的决定》第三次修订；2018 年 12 月 18 日中华人民共和国国务院令第 707 号第四次修订)

第一条 根据《中华人民共和国个人所得税法》(以下简称个人所得税法)，制定本条例。

第二条 个人所得税法所称在中国境内有住所，是指因户籍、家庭、经济利益关系而在中国境内习惯性居住；所称从中国境内和境外取得的所得，分别是指来源于中国境内的所得和来源于中国境外的所得。

第三条 除国务院财政、税务主管部门另有规定外，下列所得，不论支付地点是否在中国境内，均为来源于中国境内的所得：

(一) 因任职、受雇、履约等在中国境内提供劳务取得的所得；

(二) 将财产出租给承租人在中国境内使用而取得的所得；

(三) 许可各种特许权在中国境内使用而取得的所得；

(四) 转让中国境内的不动产等财产或者在中国境内转让其他财产取得的所得；

(五) 从中国境内企业、事业单位、其他组织以及居民个人取得的利息、股息、红利所得。

第四条 在中国境内无住所的个人，在中国境内居住累计满 183 天的年度连续不满六年的，经向主管税务机关备案，其来源于中国境外且由境外单位或者个人支付的所得，免予缴纳个人所得税；在中国境内居住累计满 183 天的任一年度中有一次离境超过 30 天的，其在中国境内居住累计满 183 天的年度的连续年限重新起算。

第五条 在中国境内无住所的个人，在一个纳税年度内在中国境内居住累计不超过 90 天的，其来源于中国境内的所得，由境外雇主支付并且不由该雇主在中国境内的机构、场所负担的部分，免予缴纳个人所得税。

第六条 个人所得税法规定的各项个人所得的范围：

(一) 工资、薪金所得，是指个人因任职或者受雇取得的工资、薪金、奖金、年终加薪、劳动分红、津贴、补贴以及与任职或者受雇有关的其他所得。

(二) 劳务报酬所得，是指个人从事劳务取得的所得，包括从事设计、装潢、安装、制图、化验、测试、医疗、法律、会计、咨询、讲学、翻译、审稿、书画、雕刻、影视、录音、录像、演出、表演、广告、展览、技术服务、介绍服务、经纪服务、代办服务以及其他劳务取得的所得。

(三) 稿酬所得，是指个人因其作品以图书、报刊等形式出版、发表而取得的所得。

(四) 特许权使用费所得，是指个人提供专利权、商标权、著作权、非专利技术以及其他特许权的使用权取得的所得；提供著作权的使用权取得的所得，不包括稿酬所得。

（五）经营所得，是指：

1. 个体工商户从事生产、经营活动取得的所得，个人独资企业投资人、合伙企业的个人合伙人来源于境内注册的个人独资企业、合伙企业生产、经营的所得；

2. 个人依法从事办学、医疗、咨询以及其他有偿服务活动取得的所得；

3. 个人对企业、事业单位承包经营、承租经营以及转包、转租取得的所得；

4. 个人从事其他生产、经营活动取得的所得。

（六）利息、股息、红利所得，是指个人拥有债权、股权等而取得的利息、股息、红利所得。

（七）财产租赁所得，是指个人出租不动产、机器设备、车船以及其他财产取得的所得。

（八）财产转让所得，是指个人转让有价证券、股权、合伙企业中的财产份额、不动产、机器设备、车船以及其他财产取得的所得。

（九）偶然所得，是指个人得奖、中奖、中彩以及其他偶然性质的所得。

个人取得的所得，难以界定应纳税所得项目的，由国务院税务主管部门确定。

第七条　对股票转让所得征收个人所得税的办法，由国务院另行规定，并报全国人民代表大会常务委员会备案。

第八条　个人所得的形式，包括现金、实物、有价证券和其他形式的经济利益；所得为实物的，应当按照取得的凭证上所注明的价格计算应纳税所得额，无凭证的实物或者凭证上所注明的价格明显偏低的，参照市场价格核定应纳税所得额；所得为有价证券的，根据票面价格和市场价格核定应纳税所得额；所得为其他形式的经济利益的，参照市场价格核定应纳税所得额。

第九条　个人所得税法第四条第一款第二项所称国债利息，是指个人持有中华人民共和国财政部发行的债券而取得的利息；所称国家发行的金融债券利息，是指个人持有经国务院批准发行的金融债券而取得的利息。

第十条　个人所得税法第四条第一款第三项所称按照国家统一规定发给的补贴、津贴，是指按照国务院规定发给的政府特殊津贴、院士津贴，以及国务院规定免予缴纳个人所得税的其他补贴、津贴。

第十一条　个人所得税法第四条第一款第四项所称福利费，是指根据国家有关规定，从企业、事业单位、国家机关、社会组织提留的福利费或者工会经费中支付给个人的生活补助费；所称救济金，是指各级人民政府民政部门支付给个人的生活困难补助费。

第十二条　个人所得税法第四条第一款第八项所称依照有关法律规定应予免税的各国驻华使馆、领事馆的外交代表、领事官员和其他人员的所得，是指依照《中华人民共和国外交特权与豁免条例》和《中华人民共和国领事特权与豁免条例》规定免税的所得。

第十三条　个人所得税法第六条第一款第一项所称依法确定的其他扣除，包括个人缴付符合国家规定的企业年金、职业年金，个人购买符合国家规定的商业健康保险、税收递延型商业养老保险的支出，以及国务院规定可以扣除的其他项目。

专项扣除、专项附加扣除和依法确定的其他扣除，以居民个人一个纳税年度的应纳税所得额为限额；一个纳税年度扣除不完的，不结转以后年度扣除。

第十四条　个人所得税法第六条第一款第二项、第四项、第六项所称每次，分别按照下列方法确定：

（一）劳务报酬所得、稿酬所得、特许权使用费所得，属于一次性收入的，以取得该项收入为一次；属于同一项目连续性收入的，以一个月内取得的收入为一次。

（二）财产租赁所得，以一个月内取得的收入为一次。

（三）利息、股息、红利所得，以支付利息、股息、红利时取得的收入为一次。

（四）偶然所得，以每次取得该项收入为一次。

第十五条　个人所得税法第六条第一款第三项所称成本、费用，是指生产、经营活动中发生的各项直接支出和分配计入成本的间接费用以及销售费用、管理费用、财务费用；所称损失，是指生产、经营活动中发生的固定资产和存货的盘亏、毁损、报废损失，转让财产损失，坏账损失，自然灾害等不可抗力因素造成的损失以及其他损失。

取得经营所得的个人，没有综合所得的，计算其每一纳税年度的应纳税所得额时，应当减除费用6万元、专项扣除、专项附加扣除以及依法确定的其他扣除。专项附加扣除在办理汇算清缴时减除。

从事生产、经营活动，未提供完整、准确的纳税资料，不能正确计算应纳税所得额的，由主管税务机关核定应纳税所得额或者应纳税额。

第十六条　个人所得税法第六条第一款第五项规定的财产原值，按照下列方法确定：

（一）有价证券，为买入价以及买入时按照规定交纳的有关费用；

（二）建筑物，为建造费或者购进价格以及其他有关费用；

（三）土地使用权，为取得土地使用权所支付的金额、开发土地的费用以及其他有关费用；

（四）机器设备、车船，为购进价格、运输费、安装费以及其他有关费用。

其他财产，参照前款规定的方法确定财产原值。

纳税人未提供完整、准确的财产原值凭证，不能按照本条第一款规定的方法确定财产原值的，由主管税务机关核定财产原值。

个人所得税法第六条第一款第五项所称合理费用，是指卖出财产时按照规定支付的有关税费。

第十七条　财产转让所得，按照一次转让财产的收入额减除财产原值和合理费用后的余额计算纳税。

第十八条　两个以上的个人共同取得同一项目收入的，应当对每个人取得的收入分别按照个人所得税法的规定计算纳税。

第十九条　个人所得税法第六条第三款所称个人将其所得对教育、扶贫、济困等公益慈善事业进行捐赠，是指个人将其所得通过中国境内的公益性社会组织、国家机关向教育、扶贫、济困等公益慈善事业的捐赠；所称应纳税所得额，是指计算扣除捐赠额之前的应纳税所得额。

第二十条　居民个人从中国境内和境外取得的综合所得、经营所得，应当分别合并计算应纳税额；从中国境内和境外取得的其他所得，应当分别单独计算应纳税额。

第二十一条　个人所得税法第七条所称已在境外缴纳的个人所得税税额，是指居民个人来源于中国境外的所得，依照该所得来源国家（地区）的法律应当缴纳并且实际已经缴纳的所得税税额。

个人所得税法第七条所称纳税人境外所得依照本法规定计算的应纳税额，是居民个人抵免已在境外缴纳的综合所得、经营所得以及其他所得的所得税税额的限额（以下简称抵免限额）。除国务院财政、税务主管部门另有规定外，来源于中国境外一个国家（地区）的综合所得抵免限额、经营所得抵免限额以及其他所得抵免限额之和，为来源于该国家（地区）所得的抵免限额。

居民个人在中国境外一个国家（地区）实际已经缴纳的个人所得税税额，低于依照前款规定计算出的来源于该国家（地区）所得的抵免限额的，应当在中国缴纳差额部分的税款；超过来源于该国家（地区）所得的抵免限额的，其超过部分不得在本纳税年度的应纳税额中抵免，但是可以在以后纳税年度来源于该国家（地区）所得的抵免限额的余额中补扣。补扣期限最长不得超过五年。

第二十二条　居民个人申请抵免已在境外缴纳的个人所得税税额，应当提供境外税务机关出具的税款所属年度的有关纳税凭证。

第二十三条　个人所得税法第八条第二款规定的利息，应当按照税款所属纳税申报期最后一日中国人民银行公布的与补税期间同期的人民币贷款基准利率计算，自税款纳税申报期满次日起至补缴税款期限届满之日止按日加收。纳税人在补缴税款期限届满前补缴税款的，利息加收至补缴税款之日。

第二十四条　扣缴义务人向个人支付应税款项时，应当依照个人所得税法规定预扣或者代扣税款，按时缴库，并专项记载备查。

前款所称支付，包括现金支付、汇拨支付、转账支付和以有价证券、实物以及其他形式的支付。

第二十五条　取得综合所得需要办理汇算清缴的情形包括：

（一）从两处以上取得综合所得，且综合所得年收入额减除专项扣除的余额超过 6 万元；

（二）取得劳务报酬所得、稿酬所得、特许权使用费所得中一项或者多项所得，且综合所得年收入额减除专项扣除的余额超过 6 万元；

（三）纳税年度内预缴税额低于应纳税额；

（四）纳税人申请退税。

纳税人申请退税，应当提供其在中国境内开设的银行账户，并在汇算清缴地就地办理税款退库。

汇算清缴的具体办法由国务院税务主管部门制定。

第二十六条　个人所得税法第十条第二款所称全员全额扣缴申报，是指扣缴义务人在代扣税款的次月十五日内，向主管税务机关报送其支付所得的所有个人的有关信息、支付所得数额、扣除事项和数额、扣缴税款的具体数额和总额以及其他相关涉税信息资料。

第二十七条　纳税人办理纳税申报的地点以及其他有关事项的具体办法，由国务院税务主管部门制定。

第二十八条　居民个人取得工资、薪金所得时，可以向扣缴义务人提供专项附加扣除有关信息，由扣缴义务人扣缴税款时减除专项附加扣除。纳税人同时从两处以上取得工资、薪金所得，并由扣缴义务人减除专项附加扣除的，对同一专项附加扣除项目，在一个纳税年度内只能选择从一处取得的所得中减除。

居民个人取得劳务报酬所得、稿酬所得、特许权使用费所得，应当在汇算清缴时向税务机关提供有关信息，减除专项附加扣除。

第二十九条　纳税人可以委托扣缴义务人或者其他单位和个人办理汇算清缴。

第三十条　扣缴义务人应当按照纳税人提供的信息计算办理扣缴申报，不得擅自更改纳税人提供的信息。

纳税人发现扣缴义务人提供或者扣缴申报的个人信息、所得、扣缴税款等与实际情况不符的，有权要求扣缴义务人修改。扣缴义务人拒绝修改的，纳税人应当报告税务机关，税务机关应当及时处理。

纳税人、扣缴义务人应当按照规定保存与专项附加扣除相关的资料。税务机关可以对纳税人提供的专项附加扣除信息进行抽查，具体办法由国务院税务主管部门另行规定。税务机关发现纳税人提供虚假信息的，应当责令改正并通知扣缴义务人；情节严重的，有关部门应当依法予以处理，纳入信用信息系统并实施联合惩戒。

第三十一条　纳税人申请退税时提供的汇算清缴信息有错误的，税务机关应当告知其更正；纳税人更正的，税务机关应当及时办理退税。

扣缴义务人未将扣缴的税款解缴入库的，不影响纳税人按照规定申请退税，税务机关应当凭纳税人提供的有关资料办理退税。

第三十二条　所得为人民币以外货币的，按照办理纳税申报或者扣缴申报的上一月最后一日人民币汇率中间价，折合成人民币计算应纳税所得额。年度终了后办理汇算清缴的，对已经按月、按季或者按次预缴税款的人民币以外货币所得，不再重新折算；对应当补缴税款的所得部分，按照上一纳税年度最后一日人民币汇率中间价，折合成人民币计算应纳税所得额。

第三十三条　税务机关按照个人所得税法第十七条的规定付给扣缴义务人手续费，应当填开退还书；扣缴义务人凭退还书，按照国库管理有关规定办理退库手续。

第三十四条　个人所得税纳税申报表、扣缴个人所得税报告表和个人所得税完税凭证式样，由国务院税务主管部门统一制定。

第三十五条　军队人员个人所得税征收事宜，按照有关规定执行。

第三十六条　本条例自 2019 年 1 月 1 日起施行。

6.3　国务院关于印发个人所得税专项附加扣除暂行办法的通知

2018 年 12 月 13 日　国发〔2018〕41 号

各省、自治区、直辖市人民政府、国务院各部委、各直属机构：

现将《个人所得税专项附加扣除暂行办法》印发给你们，请认真贯彻执行。

国务院
2018 年 12 月 13 日

个人所得税专项附加扣除暂行办法

第一章　总则

第一条　根据《中华人民共和国个人所得税法》（以下简称个人所得税法）规定，制定本办法。

第二条　本办法所称个人所得税专项附加扣除，是指个人所得税法规定的子女教育、继续教育、大病医疗、住房贷款利息或者住房租金、赡养老人等 6 项专项附加扣除。

第三条　个人所得税专项附加扣除遵循公平合理、利于民生、简便易行的原则。

第四条　根据教育、医疗、住房、养老等民生支出变化情况，适时调整专项附加扣除范围和标准。

第二章　子女教育

第五条　纳税人的子女接受全日制学历教育的相关支出，按照每个子女每月 1 000 元的标准定额扣除。

学历教育包括义务教育（小学、初中教育）、高中阶段教育（普通高中、中等职业、技工教育）、高等教育（大学专科、大学本科、硕士研究生、博士研究生教育）。

年满 3 岁至小学入学前处于学前教育阶段的子女，按本条第一款规定执行。

第六条　父母可以选择由其中一方按扣除标准的 100% 扣除，也可以选择由双方分别按扣除标准的 50% 扣除，具体扣除方式在一个纳税年度内不能变更。

第七条　纳税人子女在中国境外接受教育的，纳税人应当留存境外学校录取通知书、留学签证等相关教育的证明资料备查。

第三章　继续教育

第八条　纳税人在中国境内接受学历（学位）继续教育的支出，在学历（学位）教育期间按照每月 400 元定额扣除。同一学历（学位）继续教育的扣除期限不能超过 48 个月。纳税人接受技能人员职业资格继续教育、专业技术人员职业资格继续教育的支出，在取得相关证书的当年，按照 3 600 元定额扣除。

第九条　个人接受本科及以下学历（学位）继续教育，符合本办法规定扣除条件的，可以选择由其父母扣除，也可以选择由本人扣除。

第十条　纳税人接受技能人员职业资格继续教育、专业技术人员职业资格继续教育的，应当留存相关证书等资料备查。

第四章　大病医疗

第十一条　在一个纳税年度内，纳税人发生的与基本医保相关的医药费用支出，扣除医保报销后个人负担（指医保目录范围内的自付部分）累计超过 15 000 元的部分，由纳税人在办理年度汇算清缴时，在 80 000 元限额内据实扣除。

第十二条　纳税人发生的医药费用支出可以选择由本人或者其配偶扣除；未成年子女发生的医药费用支出可以选择由其父母一方扣除。

纳税人及其配偶、未成年子女发生的医药费用支出，按本办法第十一条规定分别计算扣除额。

第十三条　纳税人应当留存医药服务收费及医保报销相关票据原件（或者复印件）等资料备查。医疗保障部门应当向患者提供在医疗保障信息系统记录的本人年度医药费用信息查询服务。

第五章　住房贷款利息

第十四条　纳税人本人或者配偶单独或者共同使用商业银行或者住房公积金个人住房贷款为本人或者其配偶购买中国境内住房，发生的首套住房贷款利息支出，在实际发生贷款利息的年度，按照每月 1 000 元的标准定额扣除，扣除期限最长不超过 240 个月。纳税人只能享受一次首套住房贷款的利息扣除。

本办法所称首套住房贷款是指购买住房享受首套住房贷款利率的住房贷款。

第十五条　经夫妻双方约定，可以选择由其中一方扣除，具体扣除方式在一个纳税年度内不能变更。

夫妻双方婚前分别购买住房发生的首套住房贷款，其贷款利息支出，婚后可以选择其中一套购买的住房，由购买方按扣除标准的 100% 扣除，也可以由夫妻双方对各自购买的住房分别按扣除标准的 50% 扣除，具体扣除方式在一个纳税年度内不能变更。

第十六条 纳税人应当留存住房贷款合同、贷款还款支出凭证备查。

第六章 住房租金

第十七条 纳税人在主要工作城市没有自有住房而发生的住房租金支出，可以按照以下标准定额扣除：

（一）直辖市、省会（首府）城市、计划单列市以及国务院确定的其他城市，扣除标准为每月 1 500 元；

（二）除第一项所列城市以外，市辖区户籍人口超过 100 万的城市，扣除标准为每月 1 100 元；市辖区户籍人口不超过 100 万的城市，扣除标准为每月 800 元。

纳税人的配偶在纳税人的主要工作城市有自有住房的，视同纳税人在主要工作城市有自有住房。

市辖区户籍人口，以国家统计局公布的数据为准。

第十八条 本办法所称主要工作城市是指纳税人任职受雇的直辖市、计划单列市、副省级城市、地级市（地区、州、盟）全部行政区域范围；纳税人无任职受雇单位的，为受理其综合所得汇算清缴的税务机关所在城市。

夫妻双方主要工作城市相同的，只能由一方扣除住房租金支出。

第十九条 住房租金支出由签订租赁住房合同的承租人扣除。

第二十条 纳税人及其配偶在一个纳税年度内不能同时分别享受住房贷款利息和住房租金专项附加扣除。

第二十一条 纳税人应当留存住房租赁合同、协议等有关资料备查。

第七章 赡养老人

第二十二条 纳税人赡养一位及以上被赡养人的赡养支出，统一按照以下标准定额扣除：

（一）纳税人为独生子女的，按照每月 2 000 元的标准定额扣除；

（二）纳税人为非独生子女的，由其与兄弟姐妹分摊每月 2 000 元的扣除额度，每人分摊的额度不能超过每月 1 000 元。可以由赡养人均摊或者约定分摊，也可以由被赡养人指定分摊。约定或者指定分摊的须签订书面分摊协议，指定分摊优先于约定分摊。具体分摊方式和额度在一个纳税年度内不能变更。

第二十三条 本办法所称被赡养人是指年满 60 岁的父母，以及子女均已去世的年满 60 岁的祖父母、外祖父母。

第八章 保障措施

第二十四条 纳税人向收款单位索取发票、财政票据、支出凭证，收款单位不能拒绝提供。

第二十五条　纳税人首次享受专项附加扣除，应当将专项附加扣除相关信息提交扣缴义务人或者税务机关，扣缴义务人应当及时将相关信息报送税务机关，纳税人对所提交信息的真实性、准确性、完整性负责。专项附加扣除信息发生变化的，纳税人应当及时向扣缴义务人或者税务机关提供相关信息。

前款所称专项附加扣除相关信息，包括纳税人本人、配偶、子女、被赡养人等个人身份信息，以及国务院税务主管部门规定的其他与专项附加扣除相关的信息。

本办法规定纳税人需要留存备查的相关资料应当留存五年。

第二十六条　有关部门和单位有责任和义务向税务部门提供或者协助核实以下与专项附加扣除有关的信息：

（一）公安部门有关户籍人口基本信息、户成员关系信息、出入境证件信息、相关出国人员信息、户籍人口死亡标识等信息；

（二）卫生健康部门有关出生医学证明信息、独生子女信息；

（三）民政部门、外交部门、法院有关婚姻状况信息；

（四）教育部门有关学生学籍信息（包括学历继续教育学生学籍、考籍信息）、在相关部门备案的境外教育机构资质信息；

（五）人力资源社会保障等部门有关技工院校学生学籍信息、技能人员职业资格继续教育信息、专业技术人员职业资格继续教育信息；

（六）住房城乡建设部门有关房屋（含公租房）租赁信息、住房公积金管理机构有关住房公积金贷款还款支出信息；

（七）自然资源部门有关不动产登记信息；

（八）人民银行、金融监督管理部门有关住房商业贷款还款支出信息；

（九）医疗保障部门有关在医疗保障信息系统记录的个人负担的医药费用信息；

（十）国务院税务主管部门确定需要提供的其他涉税信息。

上述数据信息的格式、标准、共享方式，由国务院税务主管部门及各省、自治区、直辖市和计划单列市税务局商有关部门确定。

有关部门和单位拥有专项附加扣除涉税信息，但未按规定要求向税务部门提供的，拥有涉税信息的部门或者单位的主要负责人及相关人员承担相应责任。

第二十七条　扣缴义务人发现纳税人提供的信息与实际情况不符的，可以要求纳税人修改。纳税人拒绝修改的，扣缴义务人应当报告税务机关，税务机关应当及时处理。

第二十八条　税务机关核查专项附加扣除情况时，纳税人任职受雇单位所在地、经常居住地、户籍所在地的公安派出所、居民委员会或者村民委员会等有关单位和个人应当协助核查。

第九章　附　则

第二十九条　本办法所称父母，是指生父母、继父母、养父母。本办法所称子女，是指婚生子女、非婚生子女、继子女、养子女。父母之外的其他人担任未成年人的监护人的，比照本办法规定执行。

第三十条　个人所得税专项附加扣除额一个纳税年度扣除不完的，不能结转以后年度扣除。

第三十一条　个人所得税专项附加扣除具体操作办法，由国务院税务主管部门另行制定。

第三十二条　本办法自 2019 年 1 月 1 日起施行。

6.4　国家税务总局关于发布《个人所得税专项附加扣除操作办法（试行）》的公告

2018 年 12 月 21 日　国家税务总局公告 2018 年第 60 号

为贯彻落实新修改的《中华人民共和国个人所得税法》和《国务院关于印发个人所得税专项附加扣除暂行办法的通知》（国发〔2018〕41 号），国家税务总局制定了《个人所得税专项附加扣除操作办法（试行）》。现予以发布，自 2019 年 1 月 1 日起施行。

特此公告。

附件：个人所得税专项附加扣除信息表及填表说明

国家税务总局
2018 年 12 月 21 日

个人所得税专项附加扣除操作办法（试行）

第一章　总则

第一条　为了规范个人所得税专项附加扣除行为，切实维护纳税人合法权益，根据新修改的《中华人民共和国个人所得税法》及其实施条例、《中华人民共和国税收征收管理法》及其实施细则、《国务院关于印发个人所得税专项附加扣除暂行办法的通知》（国发〔2018〕41 号）的规定，制定本办法。

第二条　纳税人享受子女教育、继续教育、大病医疗、住房贷款利息或者住房租金、赡养老人专项附加扣除的，依照本办法规定办理。

第二章　享受扣除及办理时间

第三条　纳税人享受符合规定的专项附加扣除的计算时间分别为：

（一）子女教育。学前教育阶段，为子女年满 3 周岁当月至小学入学前一月。学历教育，为子女接受全日制学历教育入学的当月至全日制学历教育结束的当月。

（二）继续教育。学历（学位）继续教育，为在中国境内接受学历（学位）继续教育入学的当月至学历（学位）继续教育结束的当月，同一学历（学位）继续教育的扣除期限最长不得超过 48 个月。技能人员职业资格继续教育、专业技术人员职业资格继续教育，为取得相关证书的当年。

（三）大病医疗。为医疗保障信息系统记录的医药费用实际支出的当年。

（四）住房贷款利息。为贷款合同约定开始还款的当月至贷款全部归还或贷款合同终止的当月，扣除期限最长不得超过 240 个月。

（五）住房租金。为租赁合同（协议）约定的房屋租赁期开始的当月至租赁期结束的当月。提前终止合同（协议）的，以实际租赁期限为准。

（六）赡养老人。为被赡养人年满 60 周岁的当月至赡养义务终止的年末。

前款第一项、第二项规定的学历教育和学历（学位）继续教育的期间，包含因病或其他非主观原因休学但学籍继续保留的休学期间，以及施教机构按规定组织实施的寒暑假等假期。

第四条　享受子女教育、继续教育、住房贷款利息或者住房租金、赡养老人专项附加扣除的纳税人，自符合条件开始，可以向支付工资、薪金所得的扣缴义务人提供上述专项附加扣除有关信息，由扣缴义务人在预扣预缴税款时，按其在本单位本年可享受的累计扣除额办理扣除；也可以在次年 3 月 1 日至 6 月 30 日内，向汇缴地主管税务机关办理汇算清缴申报时扣除。

纳税人同时从两处以上取得工资、薪金所得，并由扣缴义务人办理上述专项附加扣除的，对同一专项附加扣除项目，一个纳税年度内，纳税人只能选择从其中一处扣除。

享受大病医疗专项附加扣除的纳税人，由其在次年 3 月 1 日至 6 月 30 日内，自行向汇缴地主管税务机关办理汇算清缴申报时扣除。

第五条　扣缴义务人办理工资、薪金所得预扣预缴税款时，应当根据纳税人报送的《个人所得税专项附加扣除信息表》（以下简称《扣除信息表》，见附件）为纳税人办理专项附加扣除。

纳税人年度中间更换工作单位的，在原单位任职、受雇期间已享受的专项附加扣除金额，不得在新任职、受雇单位扣除。原扣缴义务人应当自纳税人离职不再发放工资薪金所得的当月起，停止为其办理专项附加扣除。

第六条　纳税人未取得工资、薪金所得，仅取得劳务报酬所得、稿酬所得、特许权使用费所得需要享受专项附加扣除的，应当在次年 3 月 1 日至 6 月 30 日内，自行向汇缴地主管税务机关报送《扣除信息表》，并在办理汇算清缴申报时扣除。

第七条　一个纳税年度内，纳税人在扣缴义务人预扣预缴税款环节未享受或未足额享受专项附加扣除的，可以在当年内向支付工资、薪金的扣缴义务人申请在剩余月份发放工资、薪金时补充扣除，也可以在次年 3 月 1 日至 6 月 30 日内，向汇缴地主管税务机关办理汇算清缴时申报扣除。

第三章　报送信息及留存备查资料

第八条　纳税人选择在扣缴义务人发放工资、薪金所得时享受专项附加扣除的，首次享受时应当填写并向扣缴义务人报送《扣除信息表》；纳税年度中间相关信息发生变化的，纳税人应当更新《扣除信息表》相应栏次，并及时报送给扣缴义务人。

更换工作单位的纳税人，需要由新任职、受雇扣缴义务人办理专项附加扣除的，应当在入职的当月，填写并向扣缴义务人报送《扣除信息表》。

第九条　纳税人次年需要由扣缴义务人继续办理专项附加扣除的，应当于每年 12 月份对次年享受专项附加扣除的内容进行确认，并报送至扣缴义务人。纳税人未及时确认的，扣缴义务人于次年 1 月起暂停扣除，待纳税人确认后再行办理专项附加扣除。

扣缴义务人应当将纳税人报送的专项附加扣除信息，在次月办理扣缴申报时一并报送至主管税务机关。

第十条　纳税人选择在汇算清缴申报时享受专项附加扣除的，应当填写并向汇缴地主管税务机关报送《扣除信息表》。

第十一条　纳税人将需要享受的专项附加扣除项目信息填报至《扣除信息表》相应栏次。

填报要素完整的，扣缴义务人或者主管税务机关应当受理；填报要素不完整的，扣缴义务人或者主管税务机关应当及时告知纳税人补正或重新填报。纳税人未补正或重新填报的，暂不办理相关专项附加扣除，待纳税人补正或重新填报后再行办理。

第十二条 纳税人享受子女教育专项附加扣除，应当填报配偶及子女的姓名、身份证件类型及号码、子女当前受教育阶段及起止时间、子女就读学校以及本人与配偶之间扣除分配比例等信息。

纳税人需要留存备查资料包括：子女在境外接受教育的，应当留存境外学校录取通知书、留学签证等境外教育佐证资料。

第十三条 纳税人享受继续教育专项附加扣除，接受学历（学位）继续教育的，应当填报教育起止时间、教育阶段等信息；接受技能人员或者专业技术人员职业资格继续教育的，应当填报证书名称、证书编号、发证机关、发证（批准）时间等信息。

纳税人需要留存备查资料包括：纳税人接受技能人员职业资格继续教育、专业技术人员职业资格继续教育的，应当留存职业资格相关证书等资料。

第十四条 纳税人享受住房贷款利息专项附加扣除，应当填报住房权属信息、住房坐落地址、贷款方式、贷款银行、贷款合同编号、贷款期限、首次还款日期等信息；纳税人有配偶的，填写配偶姓名、身份证件类型及号码。

纳税人需要留存备查资料包括：住房贷款合同、贷款还款支出凭证等资料。

第十五条 纳税人享受住房租金专项附加扣除，应当填报主要工作城市、租赁住房坐落地址、出租人姓名及身份证件类型和号码或者出租方单位名称及纳税人识别号（社会统一信用代码）、租赁起止时间等信息；纳税人有配偶的，填写配偶姓名、身份证件类型及号码。

纳税人需要留存备查资料包括：住房租赁合同或协议等资料。

第十六条 纳税人享受赡养老人专项附加扣除，应当填报纳税人是否为独生子女、月扣除金额、被赡养人姓名及身份证件类型和号码、与纳税人关系；有共同赡养人的，需填报分摊方式、共同赡养人姓名及身份证件类型和号码等信息。

纳税人需要留存备查资料包括：约定或指定分摊的书面分摊协议等资料。

第十七条 纳税人享受大病医疗专项附加扣除，应当填报患者姓名、身份证件类型及号码、与纳税人关系、与基本医保相关的医药费用总金额、医保目录范围内个人负担的自付金额等信息。

纳税人需要留存备查资料包括：大病患者医药服务收费及医保报销相关票据原件或复印件，或者医疗保障部门出具的纳税年度医药费用清单等资料。

第十八条 纳税人应当对报送的专项附加扣除信息的真实性、准确性、完整性负责。

第四章　信息报送方式

第十九条 纳税人可以通过远程办税端、电子或者纸质报表等方式，向扣缴义务人或者主管税务机关报送个人专项附加扣除信息。

第二十条 纳税人选择纳税年度内由扣缴义务人办理专项附加扣除的，按下列规定办理：

（一）纳税人通过远程办税端选择扣缴义务人并报送专项附加扣除信息的，扣缴义务人根据接收的扣除信息办理扣除。

（二）纳税人通过填写电子或者纸质《扣除信息表》直接报送扣缴义务人的，扣缴义务人将相关信息导入或者录入扣缴端软件，并在次月办理扣缴申报时提交给主管税务机关。《扣除信息表》应当一式两份，纳税人和扣缴义务人签字（章）后分别留存备查。

第二十一条　纳税人选择年度终了后办理汇算清缴申报时享受专项附加扣除的，既可以通过远程办税端报送专项附加扣除信息，也可以将电子或者纸质《扣除信息表》（一式两份）报送给汇缴地主管税务机关。

报送电子《扣除信息表》的，主管税务机关受理打印，交由纳税人签字后，一份由纳税人留存备查，一份由税务机关留存；报送纸质《扣除信息表》的，纳税人签字确认、主管税务机关受理签章后，一份退还纳税人留存备查，一份由税务机关留存。

第二十二条　扣缴义务人和税务机关应当告知纳税人办理专项附加扣除的方式和渠道，鼓励并引导纳税人采用远程办税端报送信息。

第五章　后续管理

第二十三条　纳税人应当将《扣除信息表》及相关留存备查资料，自法定汇算清缴期结束后保存五年。

纳税人报送给扣缴义务人的《扣除信息表》，扣缴义务人应当自预扣预缴年度的次年起留存五年。

第二十四条　纳税人向扣缴义务人提供专项附加扣除信息的，扣缴义务人应当按照规定予以扣除，不得拒绝。扣缴义务人应当为纳税人报送的专项附加扣除信息保密。

第二十五条　扣缴义务人应当及时按照纳税人提供的信息计算办理扣缴申报，不得擅自更改纳税人提供的相关信息。

扣缴义务人发现纳税人提供的信息与实际情况不符，可以要求纳税人修改。纳税人拒绝修改的，扣缴义务人应当向主管税务机关报告，税务机关应当及时处理。

除纳税人另有要求外，扣缴义务人应当于年度终了后两个月内，向纳税人提供已办理的专项附加扣除项目及金额等信息。

第二十六条　税务机关定期对纳税人提供的专项附加扣除信息开展抽查。

第二十七条　税务机关核查时，纳税人无法提供留存备查资料，或者留存备查资料不能支持相关情况的，税务机关可以要求纳税人提供其他佐证；不能提供其他佐证材料，或者佐证材料仍不足以支持的，不得享受相关专项附加扣除。

第二十八条　税务机关核查专项附加扣除情况时，可以提请有关单位和个人协助核查，相关单位和个人应当协助。

第二十九条　纳税人有下列情形之一的，主管税务机关应当责令其改正；情形严重的，应当纳入有关信用信息系统，并按照国家有关规定实施联合惩戒；涉及违反税收征管法等法律法规的，税务机关依法进行处理：

（一）报送虚假专项附加扣除信息；

（二）重复享受专项附加扣除；

（三）超范围或标准享受专项附加扣除；

（四）拒不提供留存备查资料；

（五）税务总局规定的其他情形。

纳税人在任职、受雇单位报送虚假扣除信息的，税务机关责令改正的同时，通知扣缴义务人。

第三十条　本办法自 2019 年 1 月 1 日起施行。

附件：个人所得税专项附加扣除信息表

填报日期：　年　月　日

纳税人姓名：

扣除年度：

纳税人识别号：□□□□□□□□

纳税人信息	手机号码		电子邮箱	□
	联系地址		配偶情况	□有配偶　□无配偶
纳税人配偶信息	姓名		身份证件类型	身份证件号码　□

一、子女教育

较上次报送信息是否发生变化：□首次报送（请填写全部信息）　□无变化（不需重新填写）　□有变化（请填写发生变化项目的信息）

子女一	姓名		身份证件类型	身份证件号码　□
	出生日期　年　月		当前受教育阶段	□学前教育阶段　□义务教育　□高中阶段教育　□高等教育
	当前受教育阶段起始时间　年　月	当前受教育阶段结束时间　年　月	子女教育终止时间　*不再受教育时填写	□
	就读国家（或地区）		就读学校	本人扣除比例　□100%（全额扣除）□50%（平均扣除）
子女二	姓名		身份证件类型	身份证件号码　□
	出生日期　年　月		当前受教育阶段	□学前教育阶段　□义务教育　□高中阶段教育　□高等教育
	当前受教育阶段起始时间　年　月	当前受教育阶段结束时间　年　月	子女教育终止时间　*不再受教育时填写	□
	就读国家（或地区）		就读学校	本人扣除比例　□100%（全额扣除）□50%（平均扣除）

二、继续教育

较上次报送信息是否发生变化：□首次报送（请填写全部信息）　□无变化（不需重新填写）　□有变化（请填写发生变化项目的信息）

学历（学位）继续教育	当前继续教育类型		当前继续教育阶段	□专科　□本科　□硕士研究生　□博士研究生　□其他
	当前继续教育起始时间　年　月		当前继续教育结束时间　年　月	
职业资格继续教育	职业资格继续教育类型	□技能人员　□专业技术人员	证书名称	
	证书编号		发证机关	发证（批准）日期

续表

三、住房贷款利息

较上次报送信息是否发生变化：□首次报送（请填写全部信息）　□无变化（不需重新填写）　□有变化（请填写发生变化项目的信息）

房屋信息	住房坐落地址	省（区、市）	市	县（区）	街道（乡、镇）
	产权证号/不动产产登记号/商品房买卖合同号/预售合同号				

房贷信息	本人是否借款人	□是　□否	是否婚前各自首套贷款，且婚后分别扣除50%	□是　□否
	公积金贷款｜贷款合同编号			
	贷款期限（月）		首次还款日期	
	商业贷款｜贷款合同编号			
	贷款期限（月）		贷款银行	
			首次还款日期	

四、住房租金

较上次报送信息是否发生变化：□首次报送（请填写全部信息）　□无变化（不需重新填写）　□有变化（请填写发生变化项目的信息）

房屋信息	住房坐落位置	省（区、市）	市	县（区）	街道（乡、镇）

租赁情况	出租方（个人）姓名		身份证件类型	身份证件号码
	出租方（单位）名称		纳税人识别号（统一社会信用代码）	
	主要工作城市（＊填写市一级）		住房租赁合同编号（非必填）	
	租赁期		租赁期止	

五、赡养老人

较上次报送信息是否发生变化：□首次报送（请填写全部信息）　□无变化（不需重新填写）　□有变化（请填写发生变化项目的信息）

纳税人身份：□独生子女　□非独生子女

被赡养人一	姓名		身份证件类型	身份证件号码
	出生日期		与纳税人关系	□父亲　□母亲　□其他

续表

被赡养人二	姓名			□父亲 □母亲 □其他
	出生日期	身份证件类型	身份证件号码	

共同赡养人信息	姓名	身份证件类型	身份证件号码	与纳税人关系
		身份证件类型	身份证件号码	与纳税人关系
		身份证件类型	身份证件号码	与纳税人关系

分摊方式	□平均分摊　□赡养人约定分摊　□被赡养人指定分摊	本年度月扣除金额

* 独生子女不需填写

六、大病医疗（仅限综合所得年度汇算清缴申报时填写）

较上次报送信息是否发生变化：□首次报送（请填写全部信息）　□无变化（不需重新填写）　□有变化（请填写发生变化项目的信息）

患者一	姓名	身份证件类型	身份证件号码	医疗费用总金额	个人负担金额
患者二	姓名	身份证件类型	身份证件号码	医疗费用总金额	个人负担金额

需要在任职受雇单位预扣预缴工资、薪金所得个人所得税时享受专项附加扣除的，填写本栏

重要提示： 当您填写本栏，表示您已同意该任职受雇单位使用本表信息为您办理专项附加扣除

扣缴义务人名称		扣缴义务人纳税人识别号（统一社会信用代码）	

本人承诺： 我已仔细阅读了填写说明，并根据《中华人民共和国个人所得税法》及其实施条例、《个人所得税专项附加扣除暂行办法》《个人所得税专项附加扣除操作办法（试行）》等相关法律法规规定填写本表，本人已就所填写的扣除信息进行了核对，并对所填写内容的真实性、准确性、完整性负责。

纳税人签字：

扣缴义务人签章：	代理机构签章：	受理人：
经办人签字：	代理机构统一社会信用代码：	受理税务机关（章）：
接收日期：　　年　　月　　日	经办人签字： 经办人身份证件号码：	受理日期：　　年　　月　　日

【填写说明】：

一、填表须知

本表根据《中华人民共和国个人所得税法》及其实施条例、《个人所得税专项附加扣除暂行办法》《个人所得税专项附加扣除操作办法（试行）》等法律法规有关规定制定。

（一）纳税人按享受的专项附加扣除情况填报对应栏次；纳税人不享受的项目，无需填报。

（二）较上次报送的专项附加扣除信息是否发生发生变化：纳税人填本表时，对各专项附加扣除，首次报送的，在"首次报送"前的框内划"√"。继续报送本表且无变化的，在"无变化"前的框内划"√"；发生变化的，在"有变化"前的框内划"√"，并填写发生变化的扣除项目信息。

（三）身份证件号码应从左向右顶格填写，位数不满 18 位的，需在空白格处处理"／"。

（四）如各类扣除项目的表格篇幅不够，可另附多张《个人所得税专项附加扣除信息表》。

二、适用范围

（一）本表适用于享受子女教育、继续教育、大病医疗、住房贷款利息或住房租金、赡养老人六项专项附加扣除的自然人纳税人填写，选择在工资、薪金所得预扣预缴个人所得税时享受的，纳税人填写后报送至扣缴义务人；选择在年度汇算清缴时享受的，纳税人填写后报送至税务机关。

（二）纳税人首次填报专项附加扣除信息时，应将本人所涉及的专项附加扣除信息表内各信息项填写完整。纳税人相关信息发生变化的，应反映时更新此表相关信息项，并报送至扣缴义务人或税务机关。纳税人在以后纳税年度继续申报扣除的，应对扣除事项有无变化进行确认。

三、各栏填写说明

（一）表头项目

填报日期：纳税人填写本表时的日期。

扣除年度：填写纳税人享受专项附加扣除的所属年度。

纳税人姓名：填写自然人纳税人姓名。

纳税人识别号：纳税人有中国居民身份证的，填写公民身份号码；没有公民身份号码的，填写税务机关赋予的纳税人识别号。

（二）表内基础信息栏

纳税人信息：填写纳税人有效的手机号码、电子邮箱、联系地址。其中，手机号码为必填项。

纳税人配偶信息：纳税人有配偶的填写本栏，没有配偶的则不填。具体填写纳税人配偶的姓名、有效身份证件名称及号码。

（三）表内各栏

1. 子女教育

子女姓名、身份证件类型及号码：填写纳税人子女的姓名、有效身份证件名称及号码。

出生日期：填写纳税人子女的出生日期，具体到年月日。

当前受教育阶段：选择纳税人子女当前的受教育阶段。区分"学前教育阶段、义务教育、高中阶段教育、高等教育"四种情形，在对应框内打"√"。

当前受教育阶段起始时间：填写纳税人子女处于当前受教育阶段的起始时间，具体到年月。

当前受教育阶段结束时间：纳税人子女当前受教育阶段的结束时间或预计结束时间，具体到年月。

子女教育终止时间：填写纳税人子女不再接受符合条件的学历教育的时间，具体到年月。

就读国家（或地区）、就读学校：选择可扣除教育时就读的国家或地区名称、学校名称。

本人扣除比例：填写分摊扣除的分摊比例，由本人全额扣除的，选择"100%"，分摊扣除的，选择"50%"，在对应框内打"√"。

2. 继续教育

当前继续教育起始时间：填写接受当前学历（学位）继续教育的起始时间。

当前继续教育结束时间：填写接受当前学历（学位）继续教育的结束时间，或预计结束的时间，具体到年月。

学历（学位）继续教育类型：区分"专科、本科、硕士研究生、博士研究生、专业技术人员、其他"四种情形，在对应框内打"√"。

职业资格继续教育取得的继续教育职业资格证书名称、证书编号、发证机关、发证（批准）日期：填写纳税人取得继续教育职业资格证书上注明证书名称、证书编号、发证机关及发证（批准）日期。

3. 住房贷款利息

住房坐落地址：填写首套贷款房屋的详细地址，具体到楼门号。

产权证号/不动产登记号/商品房买卖合同号/预售合同号：填写首套贷款房屋的产权证、不动产登记证、商品房买卖合同或预售合同中的相应号码。如所购买住房已取得房屋产权证的，填写产权证或不动产登记号；所购住房尚未取得房屋产权证的，填写商品房买卖合同或预售合同号。

本人是否借款人：按实际情况选择"是"或"否"，并在对应框内打"√"。本人是借款人的情形，包括本人独立贷款、与配偶共同贷款的情形。如果选择"否"，则表头位置须填写配偶信息。

是否婚前各自首套贷款，且婚后分别扣除50%：婚后选择夫妻双方各50%份额扣除的情况。不填默认为"否"。该情形是指夫妻双方在婚前各有一套首套贷款住房，婚后选择夫妻双方各50%贷款金额扣除的情形。

公积金贷款I贷款合同编号：填写住房公积金贷款的贷款合同编号。

商业贷款I贷款合同编号：填写与金融机构签订的住房商业贷款合同编号。

贷款期限（月）：填写住房贷款合同上注明的贷款期限，按月填写。

首次还款日期：填写住房贷款合同上注明的首次还款日期。

贷款银行：填写商业贷款的银行总行名称。

4. 住房租金

住房坐落地址：填写纳税人租赁房屋的详细地址，具体到楼门号。

出租方（个人）姓名、身份证件类型及号码：租赁房屋为个人的，填写本栏。具体填写住房租赁合同中的出租方姓名、有效身份证件名称及号码、纳税人识别号（统一社会信用代码）。

出租方（单位）名称、纳税人识别号（统一社会信用代码）：租赁房屋为单位所有的，填写单位法定名称全称及纳税人识别号（统一社会信用代码）。

主要工作城市：填写纳税人任职受雇的直辖市、计划单列市、副省级城市、地级市（地区、州、盟）。无任职受雇单位的，填写其办理汇算清缴地所在城市。

住房租赁合同编号（非必填）：填写签订的住房租赁合同编号。

租赁期起、租赁期止：填写住房租赁合同上注明的租赁期起、止日期，具体到年月。提前终止合同（协议）的，以实际租赁期限为准。

5. 赡养老人

纳税人身份：区分"独生子女、非独生子女"两种情形，并在对应框内打"√"。

被赡养人姓名、身份证件类型及号码：填写被赡养人的姓名、有效证件名称及号码。

被赡养人出生日期：填写被赡养人的出生日期，具体到年月。

与纳税人关系：按被赡养人与纳税人的关系填报，区分"父亲、母亲、其他"三种情形，在对应框内打"√"。

共同赡养人：纳税人为非独生子女时填写本栏，独生子女无须填写。填写与纳税人同承担共同赡养义务的人员信息，包括姓名、身份证件类型及号码。

分摊方式：纳税人为非独生子女时填写本栏，独生子女无须填写。区分"平均分摊、赡养人约定分摊、被赡养人指定分摊"三种情形，在对应框内打"√"。

本年度月扣除金额：填写扣除年度内，按政策规定计算的纳税人每月可以享受的赡养老人专项附加扣除的金额。

6. 大病医疗

患者姓名、身份证件类型及号码：填写享受大病医疗专项附加扣除的患者姓名、有效证件名称及号码。

医药费用总金额：填写社会医疗保险管理信息系统记录的与基本医保相关的医药费用总金额。

个人负担金额：填写社会医疗保险管理信息系统记录的基本医保目录范围内扣除医保报销后的个人自付部分。

与纳税人关系：按患者与纳税人的关系填报，区分"本人、配偶或未成年子女"三种情形，在对应框内打"√"。

7. 扣缴义务人信息

扣缴义务人选择由任职受雇单位办理专项附加扣除的填写本栏：

扣缴义务人名称、纳税人识别号（统一社会信用代码）：纳税人由扣缴义务人在工资、薪金所得预扣预缴个人所得税时办理专项附加扣除的，填写扣缴义务人名称及纳税人识别号或统一社会信用代码。

（四）"声明"栏及"签字（章）"栏次

"声明"栏：需由纳税人签字。

"扣缴义务人签章"栏：扣缴单位向税务机关申报的，应由扣缴单位签章。

"代理机构签章"栏：代理机构代为办理纳税申报的，应填写代理机构统一社会信用代码，加盖代理机构印章，代理申报的经办人签字，并填写接收专项附加扣除信息的日期。

纳税人经办人或扣缴义务人委托专业机构代为办理专项附加扣除的，需代理机构填写。

"受理机关"栏：由受理机关填写。

6.5　关于《国家税务总局关于发布〈个人所得税专项附加扣除操作办法（试行）〉公告》的解读

2018 年 12 月 22 日　国家税务总局办公厅

为贯彻落实新修改的《中华人民共和国个人所得税法》和《国务院办公厅关于印发〈个人所得税专项附加扣除暂行办法〉的通知》等有关规定，让广大纳税人及时享受改革红利，近日，国家税务总局制定了《关于发布〈个人所得税专项附加扣除操作办法（试行）〉的公告》（国家税务总局公告 2018 年第 60 号，以下简称《公告》）。现解读如下：

一、《公告》发布背景

为贯彻落实党中央、国务院部署，积极回应社会各界对子女教育、大病医疗等支出纳入个人所得税税前扣除的呼声，此次修改个人所得税法，首次增加了子女教育、继续教育、大病医疗、住房贷款利息或者住房租金、赡养老人等六项专项附加扣除。为切实将专项附加扣除政策精准落地，让纳税人能够清楚自己如何可以享受专项附加扣除，具体享受扣除的起始时间、标准和办理途径，让扣缴义务人知晓该如何在预扣环节为纳税人办理扣除，以及在办理专项附加扣除工作中应承担的责任和义务等，国家税务总局制定了《公告》。

二、《办法》的主要内容

《办法》分总则、享受扣除及办理时间、报送信息及留存备查资料、信息报送方式和后续管理等五章共 30 条。主要内容如下：

（一）明确了享受每个专项附加扣除项目计算起止时间。除规定了一般时间外，明确了对接受学历教育和学历（学位）继续教育的，因病或其他非主观原因休学且学籍继续保留的休学期间，以及施教机构按规定组织实施的寒暑假等假期连续计算。

（二）明确了享受专项附加扣除的途径和时间。如：享受子女教育、继续教育、住房贷款利息或住房租金、赡养老人专项附加扣除的纳税人，自符合条件开始，可以向支付工资、薪金所得的扣缴义务人提供上述专项附加扣除有关信息，由扣缴义务人在预扣预缴税款时，按其在本单位本年可享受的累计扣除额办理扣除；也可以在次年 3 月 1 日至 6 月 30 日内，向汇缴地主管税务机关办理汇算清缴申报时扣除。享受大病医疗专项附加扣除的纳税人，由其在次年 3 月 1 日至 6 月 30 日内，自行向汇缴地主管税务机关办理汇算清缴申报时扣除。同时，对从两处以上取得工资、薪金所得的，如何享受专项附加扣除进行了明确。

（三）《公告》规定，纳税人年度中间更换工作单位的，已经享受过的专项附加扣除的金额，不得在新任职、受雇单位重复享受。

（四）明确了仅取得劳务报酬所得、稿酬所得、特许权使用费所得需要享受专项附加扣除的纳税人，应当在次年 3 月 1 日至 6 月 30 日内，自行向汇缴地主管税务机关报送相关专项附加扣除信息，在办理汇算清缴申报时扣除。

（五）为确保纳税人合法权益，《公告》规定，一个纳税年度内，纳税人在扣缴义务人预扣预缴税款环节未享受或未足额享受专项附加扣除的，可以在当年内向该扣缴义务人申请补充扣除，也可以在次年 3 月 1 日至 6 月 30 日内，向汇缴地主管税务机关办理汇算清缴时申报扣除。

（六）纳税人选择在扣缴义务人发放工资、薪金所得时享受专项附加扣除的，向扣缴义务人报送相关专项附加扣除信息。

（七）持续享受专项附加扣除的纳税人，每年 12 月份应当对相关专项附加扣除信息进行确认。

（八）纳税人选择在汇算清缴申报时享受专项附加扣除的，向汇缴地主管税务机关报送相关专项附加扣除信息。

（九）明确了纳税人报送信息不完整的，应当补充完整；相关信息发生变化的，应当及时报送变化情况。

（十）明确了享受各项专项附加扣除的纳税人，需要报送的相关专项附加扣除信息内容、留存备查的相关资料。

（十一）明确了纳税人专项附加扣除信息的报送方式，如：纳税人可以通过远程办税端、电子模板或者纸质报表等方式，向扣缴义务人或者主管税务机关报送个人专项附加扣除信息。并根据纳税人享受专项附加扣除的不同方式，细化明确了具体的信息报送方式及要求。同时，鼓励并引导纳税人采用远程办税端报送信息。

（十二）明确了专项附加扣除后续管理相关规定。如：纳税人应当对报送专项附加扣除信息的真实性、准确性、完整性负责。扣缴义务人应当及时按照纳税人提交的信息计算办理扣缴申报，不得擅自更改纳税人提供的相关信息。专项附加扣除信息报表及相关备查资料，应当自法定汇算清缴期结束后保存五年；扣缴义务人对纳税人报送的相关专项附加扣除信息资料应当自预扣预缴年度的次年起五年内留存备查。税务机关核查时，纳税人无法提供留存备查资料，或者留存备查资料不能支持相关情况的，税务机关可以要求纳税人提供其他佐证；不能提供其他佐证材料，或者佐证材料仍不足以支持的，不得享受相关专项附加扣除。税务机关核查专项附加扣除情况时，可提请有关单位和个人协助核查，相关单位和个人应当协助核查。纳税人存在报送虚假专项附加扣除信息、重复享受专项附加扣除、超范围或标准享受专项附加扣除、拒不提供留存备查资料以及税务总局规定的其他情形之一的，主管税务机关应当责令其改正；五年内再次发现的，视情形记入有关信用信息系统，并按照国家有关规定实施联合惩戒；涉及违反税收征管法等法律法规的，税务机关依法进行处理。

（十三）《公告》明确了实施的时间为 2019 年 1 月 1 日。

6.6　财政部　税务总局关于个人取得有关收入适用个人所得税应税所得项目的公告

2019 年 6 月 13 日　财政部　税务总局公告 2019 年第 74 号

为贯彻落实修改后的《中华人民共和国个人所得税法》，做好政策衔接工作，现将个人取得的有关收入适用个人所得税应税所得项目的事项公告如下：

一、个人为单位或他人提供担保获得收入，按照"偶然所得"项目计算缴纳个人所得税。

二、房屋产权所有人将房屋产权无偿赠与他人的，受赠人因无偿受赠房屋取得的受赠收入，按照"偶然所得"项目计算缴纳个人所得税。按照《财政部　国家税务总局关于个人无偿受赠房屋有关个人所得税问题的通知》（财税〔2009〕78 号）第一条规定，符合以下情形的，对当事双方不征收个人所得税：

（一）房屋产权所有人将房屋产权无偿赠与配偶、父母、子女、祖父母、外祖父母、孙子女、外孙子女、兄弟姐妹；

（二）房屋产权所有人将房屋产权无偿赠与对其承担直接抚养或者赡养义务的抚养人或者赡养人；

（三）房屋产权所有人死亡，依法取得房屋产权的法定继承人、遗嘱继承人或者受遗赠人。

前款所称受赠收入的应纳税所得额按照《财政部 国家税务总局关于个人无偿受赠房屋有关个人所得税问题的通知》（财税〔2009〕78号）第四条规定计算。

三、企业在业务宣传、广告等活动中，随机向本单位以外的个人赠送礼品（包括网络红包，下同），以及企业在年会、座谈会、庆典以及其他活动中向本单位以外的个人赠送礼品，个人取得的礼品收入，按照"偶然所得"项目计算缴纳个人所得税，但企业赠送的具有价格折扣或折让性质的消费券、代金券、抵用券、优惠券等礼品除外。

前款所称礼品收入的应纳税所得额按照《财政部 国家税务总局关于企业促销展业赠送礼品有关个人所得税问题的通知》（财税〔2011〕50号）第三条规定计算。

四、个人按照《财政部 税务总局 人力资源社会保障部 中国银行保险监督管理委员会证监会关于开展个人税收递延型商业养老保险试点的通知》（财税〔2018〕22号）的规定，领取的税收递延型商业养老保险的养老金收入，其中25%部分予以免税，其余75%部分按照10%的比例税率计算缴纳个人所得税，税款计入"工资、薪金所得"项目，由保险机构代扣代缴后，在个人购买税延养老保险的机构所在地办理全员全额扣缴申报。

五、本公告自2019年1月1日起执行。下列文件或文件条款同时废止：

（一）《财政部 国家税务总局关于银行部门以超过国家利率支付给储户的揽储奖金征收个人所得税问题的批复》（财税字〔1995〕64号）；

（二）《国家税务总局对中国科学院院士荣誉奖金征收个人所得税问题的复函》（国税函〔1995〕351号）；

（三）《国家税务总局关于未分配的投资者收益和个人人寿保险收入征收个人所得税问题的批复》（国税函〔1998〕546号）第二条；

（四）《国家税务总局关于个人所得税有关政策问题的通知》（国税发〔1999〕58号）第三条；

（五）《国家税务总局关于股民从证券公司取得的回扣收入征收个人所得税问题的批复》（国税函〔1999〕627号）；

（六）《财政部 国家税务总局关于个人所得税有关问题的批复》（财税〔2005〕94号）第二条；

（七）《国家税务总局关于个人取得解除商品房买卖合同违约金征收个人所得税问题的批复》（国税函〔2006〕865号）；

（八）《财政部 国家税务总局关于个人无偿受赠房屋有关个人所得税问题的通知》（财税〔2009〕78号）第三条；

（九）《财政部 国家税务总局关于企业促销展业赠送礼品有关个人所得税问题的通知》（财税〔2011〕50号）第二条第1项、第2项；

（十）《财政部 税务总局 人力资源社会保障部 中国银行保险监督管理委员会证监会关于开展个人税收递延型商业养老保险试点的通知》（财税〔2018〕22号）第一条第（二）项

第 3 点第二段；

（十一）《国家税务总局关于开展个人税收递延型商业养老保险试点有关征管问题的公告》（国家税务总局公告 2018 年第 21 号）第二条。

特此公告。

财政部 税务总局

2019 年 6 月 13 日

6.7 关于个人取得有关收入适用个人所得税应税所得项目政策问题的解答

2019 年 6 月 25 日 财政部税政司 税务总局所得税司

近日，财政部、税务总局联合印发《关于个人取得有关收入适用个人所得税应税所得项目的公告》（财政部 税务总局公告 2019 年第 74 号，以下简称《公告》），现就有关问题解答如下：

一、问：《公告》出台的背景是什么？

答：个人所得税法 2018 年修改前，原税法中 11 项应税所得的最后一项为"国务院财政部门确定征税的其他所得"（以下简称"其他所得"），根据这一条款，财政部、税务总局陆续发文明确了十项按照"其他所得"征税的政策。

2018 年个人所得税法修改后，取消了"其他所得"项目，按照原税法"其他所得"项目征税的有关政策文件，需要进行相应调整。

为落实新个人所得税法，做好有关政策衔接工作，财政部、税务总局印发了《公告》，对原税法下按"其他所得"项目征税的有关收入调整了适用的应税所得项目，从 2019 年 1 月 1 日起执行。

二、问：《公告》对原按"其他所得"征税项目进行了哪些调整？

答：一是将部分原按"其他所得"征税的项目调整为按照"偶然所得"项目征税。原按"其他所得"项目征税的部分收入具有一定的偶然性质，《公告》将其调整为按照"偶然所得"项目征税，偶然所得适用税率为 20%，与原"其他所得"税率相同，纳税人的税负保持不变。

调整为按照"偶然所得"项目征税的具体收入包括：

1. 个人为单位或他人提供担保获得报酬；

2. 受赠人因无偿受赠房屋取得的受赠收入，但符合《财政部 国家税务总局关于个人无偿受赠房屋有关个人所得税问题的通知》（财税〔2009〕78 号）第一条规定的情形，对当事双方不征收个人所得税，包括：一是房屋产权所有人将房屋产权无偿赠与配偶、父母、子女、祖父母、外祖父母、孙子女、外孙子女、兄弟姐妹，二是房屋产权所有人将房屋产权无偿赠与对其承担直接抚养或者赡养义务的抚养人或者赡养人，三是房屋产权所有人死亡，依法取得房屋产权的法定继承人、遗嘱继承人或者受遗赠人；

3. 企业在业务宣传、广告等活动中，随机向本单位以外的个人赠送礼品（包括网络红包），以及企业在年会、座谈会、庆典以及其他活动中向本单位以外的个人赠送礼品，但企业赠送的具有价格折扣或折让性质的消费券、代金券、抵用券、优惠券等礼品除外。

二是将税收递延型商业养老保险的养老金收入所征税款由计入"其他所得"项目调整为计入"工资、薪金所得"项目。税收递延型商业养老保险的缴费主要来源于工资薪金等综合所得,从国际上看,对个人的商业养老金收入大多纳入综合所得征税,因此《公告》将个人领取的该项养老金收入所征税款调整为计入综合所得中的"工资、薪金所得"项目。需要说明的是,《公告》并未改变该项养老金收入的税负,即个人领取的该项商业养老金收入,其中25%部分予以免税,其余75%部分按照10%的比例税率计算缴纳个人所得税,实际税负仍为7.5%,纳税人的税负没有变化。

三、问:《公告》废止了哪些原按"其他所得"征税的政策规定?

答:根据经济社会的发展变化,《公告》对一些原按"其他所得"征税的政策予以废止,具体包括:一是银行部门以超过国家规定利率和保值贴补率支付给储户的揽储奖金。二是以蔡冠深中国科学院院士荣誉基金会的基金利息颁发中国科学院院士荣誉奖金。三是保险公司支付给保期内未出险的人寿保险保户的利息。四是个人因任职单位缴纳有关保险费用而取得的无赔款优待收入。五是股民个人从证券公司取得的回扣收入或交易手续费返还收入。六是房地产公司因双方协商解除商品房买卖合同而向购房人支付的违约金。

四、问:《公告》对"网络红包"征税是如何规定的?

答:近年来,不少企业通过发放"网络红包"开展促销业务,网络红包成为一种常见的营销方式。"网络红包"既包括现金网络红包,也包括各类消费券、代金券、抵用券、优惠券等非现金网络红包。

按照《财政部 国家税务总局关于企业促销展业赠送礼品有关个人所得税问题的通知》(财税〔2011〕50号)规定,企业在业务宣传、广告等活动中,随机向本单位以外的个人赠送礼品,以及企业在年会、座谈会、庆典以及其他活动中向本单位以外的个人赠送礼品,个人取得的礼品收入,应征收个人所得税;企业通过价格折扣、折让方式向个人销售商品(产品)和提供服务等情形,不征收个人所得税。《公告》未改变财税〔2011〕50号文件关于礼品的征免税规定。

从性质上看,企业发放的网络红包,也属于《公告》所指礼品的一种形式,为进一步明确和细化政策操作口径,便于征纳双方执行,《公告》明确礼品的范围包括网络红包,网络红包的征免税政策按照《公告》规定的礼品税收政策执行,即:企业发放的具有中奖性质的网络红包,获奖个人应缴纳个人所得税,但具有销售折扣或折让性质的网络红包,不征收个人所得税。

需要说明的是,《公告》所指"网络红包",仅包括企业向个人发放的网络红包,不包括亲戚朋友之间互相赠送的网络红包。亲戚朋友之间互相赠送的礼品(包括网络红包),不在个人所得税征税范围之内。

6.8 财政部 国家税务总局关于工伤职工取得的工伤保险待遇有关个人所得税政策的通知

2012年5月3日 财税〔2012〕40号

各省、自治区、直辖市、计划单列市财政厅(局)、地方税务局,新疆生产建设兵团财务局:

为贯彻落实《工伤保险条例》（国务院令第 586 号），根据个人所得税法第四条中"经国务院财政部门批准免税的所得"的规定，现就工伤职工取得的工伤保险待遇有关个人所得税政策通知如下：

一、对工伤职工及其近亲属按照《工伤保险条例》（国务院令第 586 号）规定取得的工伤保险待遇，免征个人所得税。

二、本通知第一条所称的工伤保险待遇，包括工伤职工按照《工伤保险条例》（国务院令第 586 号）规定取得的一次性伤残补助金、伤残津贴、一次性工伤医疗补助金、一次性伤残就业补助金、工伤医疗待遇、住院伙食补助费、外地就医交通食宿费用、工伤康复费用、辅助器具费用、生活护理费等，以及职工因工死亡，其近亲属按照《工伤保险条例》（国务院令第 586 号）规定取得的丧葬补助金、供养亲属抚恤金和一次性工亡补助金等。

三、本通知自 2011 年 1 月 1 日起执行。对 2011 年 1 月 1 日之后已征税款，由纳税人向主管税务机关提出申请，主管税务机关按相关规定予以退还。

财政部　国家税务总局

2012 年 5 月 3 日

6.9　财政部　国家税务总局关于生育津贴和生育医疗费有关个人所得税政策的通知

2008 年 3 月 7 日　财税〔2008〕8 号

各省、自治区、直辖市、计划单列市财政厅（局）、地方税务局，新疆生产建设兵团财务局：

根据《中华人民共和国个人所得税法》有关规定，经国务院批准，现就生育津贴和生育医疗费有关个人所得税政策通知如下：

一、生育妇女按照县级以上人民政府根据国家有关规定制定的生育保险办法，取得的生育津贴、生育医疗费或其他属于生育保险性质的津贴、补贴，免征个人所得税。

二、上述规定自发文之日起执行。

财政部　国家税务总局

2008 年 3 月 7 日

6.10　财政部　国家税务总局关于基本养老保险费基本医疗保险费失业保险费　住房公积金有关个人所得税政策的通知

2006 年 6 月 27 日　财税〔2006〕10 号

各省、自治区、直辖市、计划单列市财政厅（局）、国家税务局、地方税务局，财政部驻各省、自治区、直辖市、计划单列市财政监察专员办事处，新疆生产建设兵团财务局：

根据国务院 2005 年 12 月公布的《中华人民共和国个人所得税法实施条例》有关规定，现对基本养老保险费、基本医疗保险费、失业保险费、住房公积金有关个人所得税政策问题通知如下：

一、企事业单位按照国家或省（自治区、直辖市）人民政府规定的缴费比例或办法实际缴付的基本养老保险费、基本医疗保险费和失业保险费，免征个人所得税；个人按照国家或省（自治区、直辖市）人民政府规定的缴费比例或办法实际缴付的基本养老保险费、基本医疗保险费和失业保险费，允许在个人应纳税所得额中扣除。

企事业单位和个人超过规定的比例和标准缴付的基本养老保险费、基本医疗保险费和失业保险费，应将超过部分并入个人当期的工资、薪金收入，计征个人所得税。

二、根据《住房公积金管理条例》《建设部、财政部、中国人民银行关于住房公积金管理若干具体问题的指导意见》（建金管〔2005〕5 号）等规定精神，单位和个人分别在不超过职工本人上一年度月平均工资 12% 的幅度内，其实际缴存的住房公积金，允许在个人应纳税所得额中扣除。单位和职工个人缴存住房公积金的月平均工资不得超过职工工作地所在设区城市上一年度职工月平均工资的 3 倍，具体标准按照各地有关规定执行。

单位和个人超过上述规定比例和标准缴付的住房公积金，应将超过部分并入个人当期的工资、薪金收入，计征个人所得税。

三、个人实际领（支）取原提存的基本养老保险金、基本医疗保险金、失业保险金和住房公积金时，免征个人所得税。

四、上述职工工资口径按照国家统计局规定列入工资总额统计的项目计算。

五、各级财政、税务机关要按照依法治税的要求，严格执行本通知的各项规定。对于各地擅自提高上述保险费和住房公积金税前扣除标准的，财政、税务机关应予坚决纠正。

六、本通知发布后，《财政部、国家税务总局关于住房公积金、医疗保险金、养老保险金征收个人所得税问题的通知》（财税字〔1997〕144 号）第一条、第二条和《国家税务总局关于失业保险费（金）征免个人所得税问题的通知》（国税发〔2000〕83 号）同时废止。

财政部　国家税务总局
2006 年 6 月 27 日

6.11　财政部　税务总局关于个人所得税综合所得汇算清缴涉及有关政策问题的公告

2019 年 12 月 7 日　财政部　税务总局公告 2019 年第 94 号

为贯彻落实修改后的《中华人民共和国个人所得税法》，进一步减轻纳税人的税收负担，现就个人所得税综合所得汇算清缴涉及有关政策问题公告如下：

一、2019 年 1 月 1 日至 2020 年 12 月 31 日居民个人取得的综合所得，年度综合所得收入不超过 12 万元且需要汇算清缴补税的，或者年度汇算清缴补税金额不超过 400 元的，居民个人可免于办理个人所得税综合所得汇算清缴。居民个人取得综合所得时存在扣缴义务人未依法预扣预缴税款的情形除外。

二、残疾、孤老人员和烈属取得综合所得办理汇算清缴时，汇算清缴地与预扣预缴地规定不一致的，用预扣预缴地规定计算的减免税额与用汇算清缴地规定计算的减免税额相比较，按照孰高值确定减免税额。

三、居民个人填报专项附加扣除信息存在明显错误，经税务机关通知，居民个人拒不更正或者不说明情况的，税务机关可暂停纳税人享受专项附加扣除。居民个人按规定更正相关信息或者说明情况后，经税务机关确认，居民个人可继续享受专项附加扣除，以前月份未享受扣除的，可按规定追补扣除。

四、本公告第一条适用于 2019 年度和 2020 年度的综合所得年度汇算清缴。其他事项适用于 2019 年度及以后年度的综合所得年度汇算清缴。

特此公告。

财政部　税务总局

2019 年 12 月 7 日

6.12　国家税务总局关于完善调整部分纳税人个人所得税预扣预缴方法的公告

2020 年 7 月 28 日　国家税务总局公告 2020 年第 13 号

为进一步支持稳就业、保就业，减轻当年新入职人员个人所得税预扣预缴阶段的税收负担，现就完善调整年度中间首次取得工资、薪金所得等人员有关个人所得税预扣预缴方法事项公告如下：

一、对一个纳税年度内首次取得工资、薪金所得的居民个人，扣缴义务人在预扣预缴个人所得税时，可按照 5 000 元/月乘以纳税人当年截至本月月份数计算累计减除费用。

二、正在接受全日制学历教育的学生因实习取得劳务报酬所得的，扣缴义务人预扣预缴个人所得税时，可按照《国家税务总局关于发布〈个人所得税扣缴申报管理办法（试行）〉的公告》（2018 年第 61 号）规定的累计预扣法计算并预扣预缴税款。

三、符合本公告规定并可按上述条款预扣预缴个人所得税的纳税人，应当及时向扣缴义务人申明并如实提供相关佐证资料或承诺书，并对相关资料及承诺书的真实性、准确性、完整性负责。相关资料或承诺书，纳税人及扣缴义务人需留存备查。

四、本公告所称首次取得工资、薪金所得的居民个人，是指自纳税年度首月起至新入职时，未取得工资、薪金所得或者未按照累计预扣法预扣预缴过连续性劳务报酬所得个人所得税的居民个人。

本公告自 2020 年 7 月 1 日起施行。

特此公告。

国家税务总局

2020 年 7 月 28 日

6.13 关于《国家税务总局关于完善调整部分纳税人个人所得税预扣预缴方法的公告》的解读

2020 年 7 月 29 日   国家税务总局办公厅

为更好地贯彻落实党中央、国务院"六保""六稳"精神和要求，进一步减轻毕业学生等年度中间首次入职人员以及实习学生预扣预缴阶段的税收负担，国家税务总局制发了《关于完善调整部分纳税人个人所得税预扣预缴方法的公告》（以下简称《公告》）。

一、当年首次入职居民个人取得的工资、薪金所得，预扣预缴方法进行了什么完善调整？

对一个纳税年度内首次取得工资、薪金所得的居民个人，扣缴义务人在预扣预缴工资、薪金所得个人所得税时，可扣除从年初开始计算的累计减除费用（5 000 元/月）。如，大学生小李 2020 年 7 月毕业后进入某公司工作，公司发放 7 月份工资、计算当期应预扣预缴的个人所得税时，可减除费用 35 000 元（7 个月×5 000 元/月）。

二、哪些人属于本公告所称首次取得工资、薪金所得的居民个人？

《公告》所称首次取得工资、薪金所得的居民个人，是指自纳税年度首月起至新入职时，没有取得过工资、薪金所得或者连续性劳务报酬所得的居民个人。在入职新单位前取得过工资、薪金所得或者按照累计预扣法预扣预缴过连续性劳务报酬所得个人所得税的纳税人不包括在内。如果纳税人仅是在新入职前偶然取得过劳务报酬、稿酬、特许权使用费所得的，则不受影响，仍然可适用该公告规定。如，纳税人小赵 2020 年 1 月到 8 月份一直未找到工作，没有取得过工资、薪金所得，仅有过一笔 8 000 元的劳务报酬且按照单次收入适用 20% 的预扣率预扣预缴了税款，9 月初找到新工作并开始领薪，那么新入职单位在为小赵计算并预扣 9 月份工资、薪金所得个人所得税时，可以扣除自年初开始计算的累计减除费用 45 000 元（9 个月×5 000 元/月）。

三、学生实习取得劳务报酬所得的，预扣预缴方法进行了什么完善调整？

正在接受全日制学历教育的学生因实习取得劳务报酬所得的，扣缴义务人预扣预缴个人所得税时，可按照《国家税务总局关于发布〈个人所得税扣缴申报管理办法（试行）〉的公告》（2018 年第 61 号）规定的累计预扣法计算并预扣预缴税款。根据个人所得税法及其实施条例有关规定，累计预扣法预扣预缴个人所得税的具体计算公式为：

$$本期应预扣预缴税额 =（累计收入额 - 累计减除费用）× 预扣率 - 速算扣除数 - $$
$$累计减免税额 - 累计已预扣预缴税额$$

其中，累计减除费用按照 5 000 元/月乘以纳税人在本单位开始实习月份起至本月的实习月份数计算。

上述公式中的预扣率、速算扣除数，按照 2018 年第 61 号公告所附的《个人所得税预扣率表一》执行。

如，学生小张 7 月份在某公司实习取得劳务报酬 3 000 元。扣缴单位在为其预扣预缴劳务报酬所得个人所得税时，可采取累计预扣法预扣预缴税款。如采用该方法，那么小张 7 月份劳务报酬扣除 5 000 元减除费用后则无需预缴税款，比预扣预缴方法完善调整前少预缴 440 元。

如小张年内再无其他综合所得，也就无需办理年度汇算退税。

四、纳税人如何适用上述完善调整后的预扣预缴个人所得税方法？

纳税人可根据自身情况判断是否符合本公告规定的条件。符合条件并按照本公告规定的方法预扣预缴税款的，应及时向扣缴义务人申明并如实提供相关佐证资料或者承诺书。如新入职的毕业大学生，可以向单位出示毕业证或者派遣证等佐证资料；实习生取得实习单位支付的劳务报酬所得，如采取累计预扣法预扣税款的，可以向单位出示学生证等佐证资料；其他年中首次取得工资、薪金所得的纳税人，如确实没有其他佐证资料的，可以提供承诺书。

扣缴义务人收到相关佐证资料或承诺书后，即可按照完善调整后的预扣预缴方法为纳税人预扣预缴个人所得税。

同时，纳税人需就向扣缴义务人提供的佐证资料及承诺书的真实性、准确性、完整性负责。相关佐证资料及承诺书的原件或复印件，纳税人及扣缴义务人需留存备查。

五、公告实施时间是什么？

《公告》自 2020 年 7 月 1 日起施行。2020 年 7 月 1 日之前就业或者实习的纳税人，如存在多预缴个人所得税的，仍可在次年办理综合所得汇算清缴时申请退税。

6.14　国家税务总局关于发布《个人所得税扣缴申报管理办法（试行）》的公告

2018 年 12 月 21 日　国家税务总局公告 2018 年第 61 号

为贯彻落实新修改的《中华人民共和国个人所得税法》及其实施条例，国家税务总局制定了《个人所得税扣缴申报管理办法（试行）》，现予以发布，自 2019 年 1 月 1 日起施行。

特此公告。

附件：个人所得税税率表及预扣率表

国家税务总局
2018 年 12 月 21 日

个人所得税扣缴申报管理办法（试行）

第一条　为规范个人所得税扣缴申报行为，维护纳税人和扣缴义务人合法权益，根据《中华人民共和国个人所得税法》及其实施条例、《中华人民共和国税收征收管理法》及其实施细则等法律法规的规定，制定本办法。

第二条　扣缴义务人，是指向个人支付所得的单位或者个人。扣缴义务人应当依法办理全员全额扣缴申报。

全员全额扣缴申报，是指扣缴义务人应当在代扣税款的次月十五日内，向主管税务机关报送其支付所得的所有个人的有关信息、支付所得数额、扣除事项和数额、扣缴税款的具体数额和总额以及其他相关涉税信息资料。

第三条　扣缴义务人每月或者每次预扣、代扣的税款，应当在次月十五日内缴入国库，并向税务机关报送《个人所得税扣缴申报表》。

第四条 实行个人所得税全员全额扣缴申报的应税所得包括：

（一）工资、薪金所得；

（二）劳务报酬所得；

（三）稿酬所得；

（四）特许权使用费所得；

（五）利息、股息、红利所得；

（六）财产租赁所得；

（七）财产转让所得；

（八）偶然所得。

第五条 扣缴义务人首次向纳税人支付所得时，应当按照纳税人提供的纳税人识别号等基础信息，填写《个人所得税基础信息表（A 表）》，并于次月扣缴申报时向税务机关报送。

扣缴义务人对纳税人向其报告的相关基础信息变化情况，应当于次月扣缴申报时向税务机关报送。

第六条 扣缴义务人向居民个人支付工资、薪金所得时，应当按照累计预扣法计算预扣税款，并按月办理扣缴申报。

累计预扣法，是指扣缴义务人在一个纳税年度内预扣预缴税款时，以纳税人在本单位截至当前月份工资、薪金所得累计收入减除累计免税收入、累计减除费用、累计专项扣除、累计专项附加扣除和累计依法确定的其他扣除后的余额为累计预扣预缴应纳税所得额，适用个人所得税预扣率表一（见附件），计算累计应预扣预缴税额，再减除累计减免税额和累计已预扣预缴税额，其余额为本期应预扣预缴税额。余额为负值时，暂不退税。纳税年度终了后余额仍为负值时，由纳税人通过办理综合所得年度汇算清缴，税款多退少补。

具体计算公式如下：

本期应预扣预缴税额 =（累计预扣预缴应纳税所得额 × 预扣率 − 速算扣除数）−

累计减免税额 − 累计已预扣预缴税额

累计预扣预缴应纳税所得额 = 累计收入 − 累计免税收入 − 累计减除费用 − 累计专项

扣除 − 累计专项附加扣除 − 累计依法确定的其他扣除

其中：累计减除费用，按照 5 000 元/月乘以纳税人当年截至本月在本单位的任职受雇月份数计算。

第七条 居民个人向扣缴义务人提供有关信息并依法要求办理专项附加扣除的，扣缴义务人应当按照规定在工资、薪金所得按月预扣预缴税款时予以扣除，不得拒绝。

第八条 扣缴义务人向居民个人支付劳务报酬所得、稿酬所得、特许权使用费所得时，应当按照以下方法按次或者按月预扣预缴税款：

劳务报酬所得、稿酬所得、特许权使用费所得以收入减除费用后的余额为收入额；其中，稿酬所得的收入额减按百分之七十计算。

减除费用：预扣预缴税款时，劳务报酬所得、稿酬所得、特许权使用费所得每次收入不超过四千元的，减除费用按八百元计算；每次收入四千元以上的，减除费用按收入的百分之二十计算。

应纳税所得额：劳务报酬所得、稿酬所得、特许权使用费所得，以每次收入额为预扣预缴应纳税所得额，计算应预扣预缴税额。劳务报酬所得适用个人所得税预扣率表二（见附件），稿酬所得、特许权使用费所得适用百分之二十的比例预扣率。

居民个人办理年度综合所得汇算清缴时，应当依法计算劳务报酬所得、稿酬所得、特许权使用费所得的收入额，并入年度综合所得计算应纳税款，税款多退少补。

第九条　扣缴义务人向非居民个人支付工资、薪金所得，劳务报酬所得，稿酬所得和特许权使用费所得时，应当按照以下方法按月或者按次代扣代缴税款：

非居民个人的工资、薪金所得，以每月收入额减除费用五千元后的余额为应纳税所得额；劳务报酬所得、稿酬所得、特许权使用费所得，以每次收入额为应纳税所得额，适用个人所得税税率表三（见附件）计算应纳税额。劳务报酬所得、稿酬所得、特许权使用费所得以收入减除百分之二十的费用后的余额为收入额；其中，稿酬所得的收入额减按百分之七十计算。

非居民个人在一个纳税年度内税款扣缴方法保持不变，达到居民个人条件时，应当告知扣缴义务人基础信息变化情况，年度终了后按照居民个人有关规定办理汇算清缴。

第十条　扣缴义务人支付利息、股息、红利所得，财产租赁所得，财产转让所得或者偶然所得时，应当依法按次或者按月代扣代缴税款。

第十一条　劳务报酬所得、稿酬所得、特许权使用费所得，属于一次性收入的，以取得该项收入为一次；属于同一项目连续性收入的，以一个月内取得的收入为一次。

财产租赁所得，以一个月内取得的收入为一次。

利息、股息、红利所得，以支付利息、股息、红利时取得的收入为一次。

偶然所得，以每次取得该项收入为一次。

第十二条　纳税人需要享受税收协定待遇的，应当在取得应税所得时主动向扣缴义务人提出，并提交相关信息、资料，扣缴义务人代扣代缴税款时按照享受税收协定待遇有关办法办理。

第十三条　支付工资、薪金所得的扣缴义务人应当于年度终了后两个月内，向纳税人提供其个人所得和已扣缴税款等信息。纳税人年度中间需要提供上述信息的，扣缴义务人应当提供。

纳税人取得除工资、薪金所得以外的其他所得，扣缴义务人应当在扣缴税款后，及时向纳税人提供其个人所得和已扣缴税款等信息。

第十四条　扣缴义务人应当按照纳税人提供的信息计算税款、办理扣缴申报，不得擅自更改纳税人提供的信息。

扣缴义务人发现纳税人提供的信息与实际情况不符的，可以要求纳税人修改。纳税人拒绝修改的，扣缴义务人应当报告税务机关，税务机关应当及时处理。

纳税人发现扣缴义务人提供或者扣缴申报的个人信息、支付所得、扣缴税款等信息与实际情况不符的，有权要求扣缴义务人修改。扣缴义务人拒绝修改的，纳税人应当报告税务机关，税务机关应当及时处理。

第十五条　扣缴义务人对纳税人提供的《个人所得税专项附加扣除信息表》，应当按照规定妥善保存备查。

第十六条　扣缴义务人应当依法对纳税人报送的专项附加扣除等相关涉税信息和资料保密。

第十七条　对扣缴义务人按照规定扣缴的税款，按年付给百分之二的手续费。不包括税务机关、司法机关等查补或者责令补扣的税款。

扣缴义务人领取的扣缴手续费可用于提升办税能力、奖励办税人员。

第十八条　扣缴义务人依法履行代扣代缴义务，纳税人不得拒绝。纳税人拒绝的，扣缴义务人应当及时报告税务机关。

第十九条　扣缴义务人有未按照规定向税务机关报送资料和信息、未按照纳税人提供信息虚报虚扣专项附加扣除、应扣未扣税款、不缴或少缴已扣税款、借用或冒用他人身份等行为的，依照《中华人民共和国税收征收管理法》等相关法律、行政法规处理。

第二十条　本办法相关表证单书式样，由国家税务总局另行制定发布。

第二十一条　本办法自2019年1月1日起施行。《国家税务总局关于印发〈个人所得税全员全额扣缴申报管理暂行办法〉的通知》（国税发〔2005〕205号）同时废止。

附件1

个人所得税预扣率表一

（居民个人工资、薪金所得预扣预缴适用）

级数	累计预扣预缴应纳税所得额	预扣率（%）	速算扣除数
1	不超过36 000元	3	0
2	超过36 000元至144 000元的部分	10	2 520
3	超过144 000元至300 000元的部分	20	16 920
4	超过300 000元至420 000元的部分	25	31 920
5	超过420 000元至660 000元的部分	30	52 920
6	超过660 000元至960 000元的部分	35	85 920
7	超过960 000元的部分	45	181 920

个人所得税预扣率表二

（居民个人劳务报酬所得预扣预缴适用）

级数	预扣预缴应纳税所得额	预扣率（%）	速算扣除数
1	不超过20 000元	20	0
2	超过20 000元至50 000元的部分	30	2 000
3	超过50 000元的部分	40	7 000

个人所得税税率表三

（非居民个人工资、薪金所得，劳务报酬所得，稿酬所得，特许权使用费所得适用）

级数	应纳税所得额	税率（%）	速算扣除数
1	不超过3 000元	3	0
2	超过3 000元至12 000元的部分	10	210
3	超过12 000元至25 000元的部分	20	1 410
4	超过25 000元至35 000元的部分	25	2 660
5	超过35 000元至55 000元的部分	30	4 410
6	超过55 000元至80 000元的部分	35	7 160
7	超过80 000元的部分	45	15 160

6.15　关于《国家税务总局关于发布〈个人所得税扣缴申报管理办法（试行）〉的公告》的解读

2018 年 12 月 22 日　国家税务总局办公厅

现就《国家税务总局关于发布〈个人所得税扣缴申报管理办法（试行）〉的公告》（以下简称《公告》）有关内容解读如下：

一、公告背景

2018 年 8 月 31 日，第十三届全国人民代表大会常务委员会第五次会议通过了《全国人民代表大会常务委员会关于修改〈中华人民共和国个人所得税法〉的决定》，明确综合与分类相结合的个人所得税制将于 2019 年 1 月 1 日起施行。新修改的个人所得税法规定：扣缴义务人支付所得时，应当按月或者按次代扣代缴税款，并办理全员全额扣缴申报；居民纳税人取得综合所得有扣缴义务人的，由扣缴义务人按月或者按次预扣预缴税款；预扣预缴办法由国务院税务主管部门制定。为全面贯彻落实修改后的个人所得税法及其实施条例，明确预扣、代扣税款的有关规定，税务总局制发了《公告》。

二、公告主要内容

（一）居民个人工资、薪金所得预扣预缴税款的方法

扣缴义务人向居民个人支付工资、薪金所得时，按照累计预扣法计算预扣税款，并按月办理扣缴申报。累计预扣法，是指扣缴义务人在一个纳税年度内预扣预缴税款时，以纳税人在本单位截至本月取得工资、薪金所得累计收入减除累计免税收入、累计减除费用、累计专项扣除、累计专项附加扣除和累计依法确定的其他扣除后的余额为累计预扣预缴应纳税所得额，适用个人所得税预扣率表一（见下表），计算累计应预扣预缴税额，再减除累计减免税额和累计已预扣预缴税额，其余额为本期应预扣预缴税额。余额为负值时，暂不退税。纳税年度终了后余额仍为负值时，由纳税人通过办理综合所得年度汇算清缴，税款多退少补。具体计算公式如下：

$$本期应预扣预缴税额 = （累计预扣预缴应纳税所得额 × 预扣率 - 速算扣除数） - 累计减免税额 - 累计已预扣预缴税额$$

$$累计预扣预缴应纳税所得额 = 累计收入 - 累计免税收入 - 累计减除费用 - 累计专项扣除 - 累计专项附加扣除 - 累计依法确定的其他扣除$$

个人所得税预扣率表一

（居民个人工资、薪金所得预扣预缴适用）

级数	累计预扣预缴应纳税所得额	预扣率（%）	速算扣除数
1	不超过 36 000 元的	3	0
2	超过 36 000 元至 144 000 元的部分	10	2 520
3	超过 144 000 元至 300 000 元的部分	20	16 920
4	超过 300 000 元至 420 000 元的部分	25	31 920

级数	累计预扣预缴应纳税所得额	预扣率（%）	速算扣除数
5	超过 420 000 元至 660 000 元的部分	30	52 920
6	超过 660 000 元至 960 000 元的部分	35	85 920
7	超过 960 000 元的部分	45	181 920

其中：累计减除费用，按照 5 000 元/月乘以纳税人当年截至本月在本单位的任职受雇月份数计算。即纳税人如果 5 月份入职，则扣缴义务人发放 5 月份工资扣缴税款时，减除费用按 5 000 元计算；6 月份发工资扣缴税款时，减除费用按 10 000 元计算，以此类推。

（二）预扣预缴环节享受专项附加扣除的方法

居民个人向扣缴义务人提供有关信息并依法要求办理专项附加扣除的，扣缴义务人应当按照规定在工资、薪金所得按月预扣预缴税款时予以扣除，不得拒绝。

（三）居民个人劳务报酬所得、稿酬所得、特许权使用费所得预扣预缴税款的方法

扣缴义务人向居民个人支付劳务报酬所得、稿酬所得和特许权使用费所得的，按以下方法按次或者按月预扣预缴个人所得税：

劳务报酬所得、稿酬所得、特许权使用费所得以每次收入减除费用后的余额为收入额；其中，稿酬所得的收入额减按百分之七十计算。

预扣预缴税款时，劳务报酬所得、稿酬所得、特许权使用费所得每次收入不超过四千元的，减除费用按八百元计算；每次收入四千元以上的，减除费用按收入的百分之二十计算。

劳务报酬所得、稿酬所得、特许权使用费所得，以每次收入额为预扣预缴应纳税所得额，计算应预扣预缴税额。劳务报酬所得适用个人所得税预扣率表二（见下表），稿酬所得、特许权使用费所得适用百分之二十的比例预扣率。

个人所得税预扣率表二

（居民个人劳务报酬所得预扣预缴适用）

级数	预扣预缴应纳税所得额	预扣率（%）	速算扣除数
1	不超过 20 000 元的	20	0
2	超过 20 000 元至 50 000 元的部分	30	2 000
3	超过 50 000 元的部分	40	7 000

（四）非居民个人工资、薪金所得，劳务报酬所得，稿酬所得和特许权使用费所得代扣代缴税款的方法

扣缴义务人向非居民个人支付工资、薪金所得，劳务报酬所得，稿酬所得和特许权使用费所得时，按以下方法按月或者按次代扣代缴税款：

非居民个人的工资、薪金所得，以每月收入额减除费用五千元后的余额为应纳税所得额；劳务报酬所得、稿酬所得、特许权使用费所得，以每次收入额为应纳税所得额，适用个人所得税税率表三（见下表）计算应纳税额。劳务报酬所得、稿酬所得、特许权使用费所得以收入减除百分之二十的费用后的余额为收入额。其中，稿酬所得的收入额减按百分之七十计算。

个人所得税税率表三

（非居民个人工资、薪金所得，劳务报酬所得，稿酬所得，特许权使用费所得适用）

级数	应纳税所得额	税率（%）	速算扣除数
1	不超过3 000 元的	3	0
2	超过3 000 元至12 000 元的部分	10	210
3	超过12 000 元至25 000 元的部分	20	1 410
4	超过25 000 元至35 000 元的部分	25	2 660
5	超过35 000 元至55 000 元的部分	30	4 410
6	超过55 000 元至80 000 元的部分	35	7 160
7	超过80 000 元的部分	45	15 160

（五）扣缴义务人向纳税人反馈扣缴信息的规定

支付工资、薪金所得的扣缴义务人应当于年度终了后两个月内，向纳税人提供其个人所得和已扣缴税款等信息；纳税人年度中间需要提供上述信息的，扣缴义务人应当提供；纳税人取得除工资、薪金所得以外的其他所得，扣缴义务人应当在扣缴税款后，及时向纳税人提供其个人所得和已扣缴税款等信息。

（六）发现纳税人涉税信息与实际不符的处理方法

扣缴义务人应当按照纳税人提供的信息计算税款、办理扣缴申报，不得擅自更改纳税人提供的信息。扣缴义务人发现纳税人提供的信息与实际情况不符的，可以要求纳税人修改。纳税人拒绝修改的，扣缴义务人应当报告税务机关，税务机关应当及时处理。纳税人发现扣缴义务人提供或者扣缴申报的个人信息、支付所得、扣缴税款等信息与实际情况不符的，有权要求扣缴义务人修改。扣缴义务人拒绝修改的，纳税人应当报告税务机关，税务机关应当及时处理。

（七）涉税资料和信息留存备查与保密的规定

扣缴义务人对纳税人提供的《个人所得税专项附加扣除信息表》，应当按照规定妥善留存备查；扣缴义务人应当依法对纳税人报送的专项附加扣除等相关涉税信息和资料保密。

（八）代扣代缴手续费的规定

对扣缴义务人按照规定扣缴的税款，不包括税务机关、司法机关等查补或责令补扣的税款，按年付给百分之二的手续费；扣缴义务人可将代扣代缴手续费用于提升办税能力、奖励办税人员。

（九）纳税人拒绝扣缴税款的处理方法

扣缴义务人依法履行代扣代缴义务，纳税人不得拒绝。纳税人拒绝的，扣缴义务人应当及时报告税务机关。

三、公告的施行

本公告自2019 年1 月1 日起施行。

6.16 国家税务总局关于进一步简便优化部分纳税人
个人所得税预扣预缴方法的公告

2020 年 12 月 4 日　国家税务总局公告 2020 年第 19 号

为进一步支持稳就业、保就业、促消费，助力构建新发展格局，按照《中华人民共和国个人所得税法》及其实施条例有关规定，现就进一步简便优化部分纳税人个人所得税预扣预缴方法有关事项公告如下：

一、对上一完整纳税年度内每月均在同一单位预扣预缴工资、薪金所得个人所得税且全年工资、薪金收入不超过 6 万元的居民个人，扣缴义务人在预扣预缴本年度工资、薪金所得个人所得税时，累计减除费用自 1 月份起直接按照全年 6 万元计算扣除。即，在纳税人累计收入不超过 6 万元的月份，暂不预扣预缴个人所得税；在其累计收入超过 6 万元的当月及年内后续月份，再预扣预缴个人所得税。

扣缴义务人应当按规定办理全员全额扣缴申报，并在《个人所得税扣缴申报表》相应纳税人的备注栏注明"上年各月均有申报且全年收入不超过 6 万元"字样。

二、对按照累计预扣法预扣预缴劳务报酬所得个人所得税的居民个人，扣缴义务人比照上述规定执行。

本公告自 2021 年 1 月 1 日起施行。

特此公告。

国家税务总局
2020 年 12 月 4 日

6.17 关于《国家税务总局关于进一步简便优化部分纳税人
个人所得税预扣预缴方法的公告》的解读

2020 年 12 月 4 日　国家税务总局办公厅

近期，国家税务总局制发了《关于进一步简便优化部分纳税人个人所得税预扣预缴方法的公告》（以下简称《公告》），现解读如下：

一、为什么要出台《公告》？

个人所得税制改革后，为尽可能使大多数纳税人在预扣预缴环节就精准预缴税款、提前享受改革红利，参考国际通行做法，对居民个人工资薪金所得采取累计预扣法来预扣预缴个人所得税。这样大部分仅有一处工资薪金所得的纳税人预缴税款与全年应纳税款一致，次年就不用再进行汇算清缴，办税负担得以有效减轻。从新税制实施首年情况看，这一预扣预缴制度安排发挥了积极有效作用，相当部分纳税人预缴阶段即充分享受改革红利并且不用办理汇算清缴。

但也发现，有部分固定从一处取薪且年收入低于 6 万元的纳税人，虽然全年算账不用缴税，但因其各月间收入波动较大或者前高后低等原因，年中无法判断全年所得情况而某一个或几个月份被预扣预缴了税款，年度终了后仍需申请退税。

对此，考虑到新税制实施已有一个完整的纳税周期，纳税人也有了执行新税制后的全年收入纳税数据，对该部分工作稳定且年收入低于 6 万元的群体，在享受原税改红利基础上，可对其税款预扣预缴方法进行优化，进一步减轻其办税负担。根据《中华人民共和国个人所得税法》及其实施条例有关规定，统筹考虑纳税人预扣预缴阶段税收负担和财政收入稳定性，出台了《公告》，这也有助于更好地支持稳就业、保就业、促消费，助力构建新发展格局。

二、《公告》优化了哪些纳税人的预扣预缴方法？

《公告》主要优化了两类纳税人的预扣预缴方法：

一是上一完整纳税年度各月均在同一单位扣缴申报了工资薪金所得个人所得税且全年工资薪金收入不超过 6 万元的居民个人。具体来说需同时满足三个条件：（1）上一纳税年度 1 - 12 月均在同一单位任职且预扣预缴申报了工资薪金所得个人所得税；（2）上一纳税年度 1 - 12 月的累计工资薪金收入（包括全年一次性奖金等各类工资薪金所得，且不扣减任何费用及免税收入）不超过 6 万元；（3）本纳税年度自 1 月起，仍在该单位任职受雇并取得工资薪金所得。

二是按照累计预扣法预扣预缴劳务报酬所得个人所得税的居民个人，如保险营销员和证券经纪人。同样需同时满足以下三个条件：（1）上一纳税年度 1 - 12 月均在同一单位取酬且按照累计预扣法预扣预缴申报了劳务报酬所得个人所得税；（2）上一纳税年度 1 - 12 月的累计劳务报酬（不扣减任何费用及免税收入）不超过 6 万元；（3）本纳税年度自 1 月起，仍在该单位取得按照累计预扣法预扣预缴税款的劳务报酬所得。

【例 1】小李 2020 年至 2021 年都是 A 单位员工。A 单位 2020 年 1 - 12 月每月均为小李办理了全员全额扣缴明细申报，假设小李 2020 年工薪收入合计 54 000 元，则小李 2021 年可适用本公告。

【例 2】小赵 2020 年 3 - 12 月在 B 单位工作且全年工薪收入 54 000 元。假设小赵 2021 年还在 B 单位工作，但因其上年并非都在 B 单位，则不适用本公告。

三、优化后的预扣预缴方法是什么？

对符合《公告》规定的纳税人，扣缴义务人在预扣预缴本纳税年度个人所得税时，累计减除费用自 1 月份起直接按照全年 6 万元计算扣除。即，在纳税人累计收入不超过 6 万元的月份，不用预扣预缴个人所得税；在其累计收入超过 6 万元的当月及年内后续月份，再预扣预缴个人所得税。同时，依据税法规定，扣缴义务人仍应按税法规定办理全员全额扣缴申报。

【例 3】小张为 A 单位员工，2020 年 1 - 12 月在 A 单位取得工资薪金 50 000 元，单位为其办理了 2020 年 1 - 12 月的工资薪金所得个人所得税全员全额明细申报。2021 年，A 单位 1 月给其发放 10 000 元工资，2 - 12 月每月发放 4 000 元工资。在不考虑"三险一金"等各项扣除情况下，按照原预扣预缴方法，小张 1 月需预缴个税（10 000 - 5 000）× 3% = 150 元，其他月份无需预缴个税；全年算账，因其年收入不足 6 万元，故通过汇算清缴可退税 150 元。采用本公告规定的新预扣预缴方法后，小张自 1 月份起即可直接扣除全年累计减除费用 6 万元而无需预缴税款，年度终了也就不用办理汇算清缴。

【例 4】小周为 A 单位员工，2020 年 1 - 12 月在 A 单位取得工资薪金 50 000 元，单位为其办理了 2020 年 1 - 12 月的工资薪金所得个人所得税全员全额明细申报。2021 年，A 单位每月给其发放工资 8 000 元、个人按国家标准缴付"三险一金" 2 000 元。在不考虑其他扣除情况下，按照原预扣预缴方法，小周每月需预缴个税 30 元。采用本公告规定的新预扣预缴方法后，

1～7月份，小周因其累计收入（8 000×7个月＝56 000元）不足6万元而无需缴税；从8月份起，小周累计收入超过6万元，每月需要预扣预缴的税款计算如下：

8月预扣预缴税款＝（8 000×8－2 000×8－60 000）×3%－0＝0元

9月预扣预缴税款＝（8 000×9－2 000×9－60 000）×3%－0＝0元

10月预扣预缴税款＝（8 000×10－2 000×10－60 000）×3%－0＝0元

11月预扣预缴税款＝（8 000×11－2 000×11－60 000）×3%－0＝180元

12月预扣预缴税款＝（8 000×12－2 000×12－60 000）×3%－180＝180元

需要说明的是，对符合本《公告》条件的纳税人，如扣缴义务人预计本年度发放给其的收入将超过6万元，纳税人需要纳税记录或者本人有多处所得合并后全年收入预计超过6万元等原因，扣缴义务人与纳税人可在当年1月份税款扣缴申报前经双方确认后，按照原预扣预缴方法计算并预缴个人所得税。

【例5】上例中，假设A单位预计2021年为小周全年发放工资96 000元，可在2021年1月工资发放前和小周确认后，按照原预扣预缴方法每月扣缴申报30元税款。

四、《公告》出台后，扣缴义务人该如何操作？

采用自然人电子税务局扣缴客户端和自然人电子税务局WEB端扣缴功能申报的，扣缴义务人在计算并预扣本年度1月份个人所得税时，系统会根据上一年度扣缴申报情况，自动汇总并提示可能符合条件的员工名单，扣缴义务人根据实际情况核对、确认后，即可按本《公告》规定的方法预扣预缴个人所得税。采用纸质申报的，扣缴义务人则需根据上一年度扣缴申报情况，判断符合《公告》规定的纳税人，再按本公告执行，并需从当年1月份税款扣缴申报起，在《个人所得税扣缴申报表》相应纳税人的备注栏填写"上年各月均有申报且全年收入不超过6万元"。

五、《公告》实施时间是什么？

《公告》自2021年1月1日起施行。

6.18　财政部　税务总局关于境外所得
有关个人所得税政策的公告

2020年1月22日　财政部　税务总局公告2020年第3号

为贯彻落实《中华人民共和国个人所得税法》和《中华人民共和国个人所得税法实施条例》（以下称个人所得税法及其实施条例），现将境外所得有关个人所得税政策公告如下：

一、下列所得，为来源于中国境外的所得：

（一）因任职、受雇、履约等在中国境外提供劳务取得的所得；

（二）中国境外企业以及其他组织支付且负担的稿酬所得；

（三）许可各种特许权在中国境外使用而取得的所得；

（四）在中国境外从事生产、经营活动而取得的与生产、经营活动相关的所得；

（五）从中国境外企业、其他组织以及非居民个人取得的利息、股息、红利所得；

（六）将财产出租给承租人在中国境外使用而取得的所得；

（七）转让中国境外的不动产、转让对中国境外企业以及其他组织投资形成的股票、股权以及其他权益性资产（以下称权益性资产）或者在中国境外转让其他财产取得的所得。但转让对中国境外企业以及其他组织投资形成的权益性资产，该权益性资产被转让前三年（连续 36 个公历月份）内的任一时间，被投资企业或其他组织的资产公允价值 50% 以上直接或间接来自位于中国境内的不动产的，取得的所得为来源于中国境内的所得；

（八）中国境外企业、其他组织以及非居民个人支付且负担的偶然所得；

（九）财政部、税务总局另有规定的，按照相关规定执行。

二、居民个人应当依照个人所得税法及其实施条例规定，按照以下方法计算当期境内和境外所得应纳税额：

（一）居民个人来源于中国境外的综合所得，应当与境内综合所得合并计算应纳税额；

（二）居民个人来源于中国境外的经营所得，应当与境内经营所得合并计算应纳税额。居民个人来源于境外的经营所得，按照个人所得税法及其实施条例的有关规定计算的亏损，不得抵减其境内或他国（地区）的应纳税所得额，但可以用来源于同一国家（地区）以后年度的经营所得按中国税法规定弥补；

（三）居民个人来源于中国境外的利息、股息、红利所得，财产租赁所得，财产转让所得和偶然所得（以下称其他分类所得），不与境内所得合并，应当分别单独计算应纳税额。

三、居民个人在一个纳税年度内来源于中国境外的所得，依照所得来源国家（地区）税收法律规定在中国境外已缴纳的所得税税额允许在抵免限额内从其该纳税年度应纳税额中抵免。

居民个人来源于一国（地区）的综合所得、经营所得以及其他分类所得项目的应纳税额为其抵免限额，按照下列公式计算：

（一）来源于一国（地区）综合所得的抵免限额 = 中国境内和境外综合所得依照本公告第二条规定计算的综合所得应纳税额 × 来源于该国（地区）的综合所得收入额 ÷ 中国境内和境外综合所得收入额合计

（二）来源于一国（地区）经营所得的抵免限额 = 中国境内和境外经营所得依照本公告第二条规定计算的经营所得应纳税额 × 来源于该国（地区）的经营所得应纳税所得额 ÷ 中国境内和境外经营所得应纳税所得额合计

（三）来源于一国（地区）其他分类所得的抵免限额 = 该国（地区）的其他分类所得依照本公告第二条规定计算的应纳税额

（四）来源于一国（地区）所得的抵免限额 = 来源于该国（地区）综合所得抵免限额 + 来源于该国（地区）经营所得抵免限额 + 来源于该国（地区）其他分类所得抵免限额

四、可抵免的境外所得税税额，是指居民个人取得境外所得，依照该所得来源国（地区）税收法律应当缴纳且实际已经缴纳的所得税性质的税额。可抵免的境外所得税额不包括以下情形：

（一）按照境外所得税法律属于错缴或错征的境外所得税税额；

（二）按照我国政府签订的避免双重征税协定以及内地与香港、澳门签订的避免双重征税安排（以下统称税收协定）规定不应征收的境外所得税税额；

（三）因少缴或迟缴境外所得税而追加的利息、滞纳金或罚款；

（四）境外所得税纳税人或者其利害关系人从境外征税主体得到实际返还或补偿的境外所得税税款；

（五）按照我国个人所得税法及其实施条例规定，已经免税的境外所得负担的境外所得税税款。

五、居民个人从与我国签订税收协定的国家（地区）取得的所得，按照该国（地区）税收法律享受免税或减税待遇，且该免税或减税的数额按照税收协定饶让条款规定应视同已缴税额在中国的应纳税额中抵免的，该免税或减税数额可作为居民个人实际缴纳的境外所得税税额按规定申报税收抵免。

六、居民个人一个纳税年度内来源于一国（地区）的所得实际已经缴纳的所得税税额，低于依照本公告第三条规定计算出的来源于该国（地区）该纳税年度所得的抵免限额的，应以实际缴纳税额作为抵免额进行抵免；超过来源于该国（地区）该纳税年度所得的抵免限额的，应在限额内进行抵免，超过部分可以在以后五个纳税年度内结转抵免。

七、居民个人从中国境外取得所得的，应当在取得所得的次年3月1日至6月30日内申报纳税。

八、居民个人取得境外所得，应当向中国境内任职、受雇单位所在地主管税务机关办理纳税申报；在中国境内没有任职、受雇单位的，向户籍所在地或中国境内经常居住地主管税务机关办理纳税申报；户籍所在地与中国境内经常居住地不一致的，选择其中一地主管税务机关办理纳税申报；在中国境内没有户籍的，向中国境内经常居住地主管税务机关办理纳税申报。

九、居民个人取得境外所得的境外纳税年度与公历年度不一致的，取得境外所得的境外纳税年度最后一日所在的公历年度，为境外所得对应的我国纳税年度。

十、居民个人申报境外所得税收抵免时，除另有规定外，应当提供境外征税主体出具的税款所属年度的完税证明、税收缴款书或者纳税记录等纳税凭证，未提供符合要求的纳税凭证，不予抵免。

居民个人已申报境外所得、未进行税收抵免，在以后纳税年度取得纳税凭证并申报境外所得税收抵免的，可以追溯至该境外所得所属纳税年度进行抵免，但追溯年度不得超过五年。自取得该项境外所得的五个年度内，境外征税主体出具的税款所属纳税年度纳税凭证载明的实际缴纳税额发生变化的，按实际缴纳税额重新计算并办理补退税，不加收税收滞纳金，不退还利息。

纳税人确实无法提供纳税凭证的，可同时凭境外所得纳税申报表（或者境外征税主体确认的缴税通知书）以及对应的银行缴款凭证办理境外所得抵免事宜。

十一、居民个人被境内企业、单位、其他组织（以下称派出单位）派往境外工作，取得的工资薪金所得或者劳务报酬所得，由派出单位或者其他境内单位支付或负担的，派出单位或者其他境内单位应按照个人所得税法及其实施条例规定预扣预缴税款。

居民个人被派出单位派往境外工作，取得的工资薪金所得或者劳务报酬所得，由境外单位支付或负担的，如果境外单位为境外任职、受雇的中方机构（以下称中方机构）的，可以由境外任职、受雇的中方机构预扣税款，并委托派出单位向主管税务机关申报纳税。中方机构未预扣税款的或者境外单位不是中方机构的，派出单位应当于次年2月28日前向其主管税务机关报送外派人员情况，包括：外派人员的姓名、身份证件类型及身份证件号码、职务、派往国家和地区、境外工作单位名称和地址、派遣期限、境内外收入及缴税情况等。

中方机构包括中国境内企业、事业单位、其他经济组织以及国家机关所属的境外分支机构、子公司、使（领）馆、代表处等。

十二、居民个人取得来源于境外的所得或者实际已经在境外缴纳的所得税税额为人民币以外货币，应当按照《中华人民共和国个人所得税法实施条例》第三十二条折合计算。

十三、纳税人和扣缴义务人未按本公告规定申报缴纳、扣缴境外所得个人所得税以及报送资料的，按照《中华人民共和国税收征收管理法》和个人所得税法及其实施条例等有关规定处理，并按规定纳入个人纳税信用管理。

十四、本公告适用于 2019 年度及以后年度税收处理事宜。以前年度尚未抵免完毕的税额，可按本公告第六条规定处理。下列文件或文件条款同时废止：

1.《财政部　国家税务总局关于个人股票期权所得征收个人所得税问题的通知》（财税〔2005〕35 号）第三条

2.《国家税务总局关于境外所得征收个人所得税若干问题的通知》（国税发〔1994〕44 号）

3.《国家税务总局关于企业和个人的外币收入如何折合成人民币计算缴纳税款问题的通知》（国税发〔1995〕173 号）

特此公告。

财政部　税务总局
2020 年 1 月 17 日

6.19　财政部　税务总局关于在中国境内无住所的
个人居住时间判定标准的公告

2019 年 3 月 14 日　财政部　税务总局公告 2019 年第 34 号

为贯彻落实修改后的《中华人民共和国个人所得税法》和《中华人民共和国个人所得税法实施条例》，现将在中国境内无住所的个人（以下称无住所个人）居住时间的判定标准公告如下：

一、无住所个人一个纳税年度在中国境内累计居住满 183 天的，如果此前六年在中国境内每年累计居住天数都满 183 天而且没有任何一年单次离境超过 30 天，该纳税年度来源于中国境内、境外所得应当缴纳个人所得税；如果此前六年的任一年在中国境内累计居住天数不满 183 天或者单次离境超过 30 天，该纳税年度来源于中国境外且由境外单位或者个人支付的所得，免予缴纳个人所得税。

前款所称此前六年，是指该纳税年度的前一年至前六年的连续六个年度，此前六年的起始年度自 2019 年（含）以后年度开始计算。

二、无住所个人一个纳税年度内在中国境内累计居住天数，按照个人在中国境内累计停留的天数计算。在中国境内停留的当天满 24 小时的，计入中国境内居住天数，在中国境内停留的当天不足 24 小时的，不计入中国境内居住天数。

三、本公告自 2019 年 1 月 1 日起施行。

特此公告。

财政部　税务总局
2019 年 3 月 14 日

6.20　财政部税政司　税务总局所得税司　税务总局国际税务司负责人就个人所得税 183 天居住时间判定标准答记者问

2019 年 3 月 16 日　税政司

　　日前，财政部、税务总局联合印发《财政部　税务总局关于在中国境内无住所的个人居住时间判定标准的公告》（财政部　税务总局公告 2019 年第 34 号，以下简称《公告》）。财政部税政司、税务总局所得税司、税务总局国际税务司负责人就《公告》有关问题回答了记者的提问。

　　1. 问：《公告》实施后，境外人士享受境外所得免税优惠的条件有什么变化？

　　答：新的个人所得税法将居民个人的时间判定标准由境内居住满一年调整为满 183 天，为了吸引外资和鼓励外籍人员来华工作，促进对外交流，新的个人所得税法实施条例继续保留了原条例对境外支付的境外所得免予征税优惠制度安排，并进一步放宽了免税条件：

　　一是将免税条件由构成居民纳税人不满五年，放宽到连续不满六年；

　　二是在任一年度中，只要有一次离境超过 30 天的，就重新计算连续居住年限；

　　三是将管理方式由主管税务机关批准改为备案，简化了流程，方便了纳税人。

　　《公告》还明确：在境内停留的当天不足 24 小时的，不计入境内居住天数；连续居住"满六年"的年限从 2019 年 1 月 1 日起计算，2019 年之前的年限不再纳入计算范围。

　　这样一来，在境内工作的境外人士（包括港澳台居民）的境外所得免税条件比原来就更为宽松了。

　　2. 问：境外人士（包括港澳台居民）在境内居住的天数如何计算？

　　答：按照《公告》规定，在中国境内停留的当天满 24 小时的，计入境内居住天数；不足 24 小时的，不计入境内居住天数。

　　举例来说，李先生为香港居民，在深圳工作，每周一早上来深圳上班，周五晚上回香港。周一和周五当天停留都不足 24 小时，因此不计入境内居住天数，再加上周六、周日 2 天也不计入，这样，每周可计入的天数仅为 3 天，按全年 52 周计算，李先生全年在境内居住天数为 156 天，未超过 183 天，不构成居民个人，李先生取得的全部境外所得，就可免缴个人所得税。

　　3. 问：境外人士（包括港澳台居民）在境内连续居住"满六年"，从哪一年开始起算？

　　答：按照《公告》规定，在境内居住累计满 183 天的年度连续"满六年"的起点，是自 2019 年（含）以后年度开始计算，2018 年（含）之前已经居住的年度一律"清零"，不计算在内。按此规定，2024 年（含）之前，所有无住所个人在境内居住年限都不满六年，其取得境外支付的境外所得都能享受免税优惠。此外，自 2019 年起任一年度如果有单次离境超过 30 天的情形，此前连续年限"清零"，重新计算。

　　举例来说，张先生为香港居民，2013 年 1 月 1 日来深圳工作，2026 年 8 月 30 日回到香港工作，在此期间，除 2025 年 2 月 1 日至 3 月 15 日临时回香港处理公务外，其余时间一直停留在深圳。

　　张先生在境内居住累计满 183 天的年度，如果从 2013 年开始计算，实际上已经满六年，但是由于 2018 年之前的年限一律"清零",自 2019 年开始计算,因此,2019 年至 2024 年期间,张先生在境内居住累计满 183 天的年度连续不满六年,其取得的境外支付的境外所得,就可免缴个人所得税。

2025 年,张先生在境内居住满 183 天,且从 2019 年开始计算,他在境内居住累计满 183 天的年度已经连续满六年(2019 年至 2024 年),且没有单次离境超过 30 天的情形,2025 年,张先生应就在境内和境外取得的所得缴纳个人所得税。

2026 年,由于张先生 2025 年有单次离境超过 30 天的情形(2025 年 2 月 1 日至 3 月 15 日),其在内地居住累计满 183 天的连续年限清零,重新起算,2026 年当年张先生取得的境外支付的境外所得,可以免缴个人所得税。

6.21 财政部 国家税务总局关于非居民个人和无住所居民个人有关个人所得税政策的公告

2019 年 3 月 14 日 财政部 税务总局公告 2019 年第 35 号

为贯彻落实修改后的《中华人民共和国个人所得税法》(以下称税法)和《中华人民共和国个人所得税法实施条例》(以下称实施条例),现将非居民个人和无住所居民个人(以下统称无住所个人)有关个人所得税政策公告如下:

一、关于所得来源地

(一)关于工资薪金所得来源地的规定。

个人取得归属于中国境内(以下称境内)工作期间的工资薪金所得为来源于境内的工资薪金所得。境内工作期间按照个人在境内工作天数计算,包括其在境内的实际工作日以及境内工作期间在境内、境外享受的公休假、个人休假、接受培训的天数。在境内、境外单位同时担任职务或者仅在境外单位任职的个人,在境内停留的当天不足 24 小时的,按照半天计算境内工作天数。

无住所个人在境内、境外单位同时担任职务或者仅在境外单位任职,且当期同时在境内、境外工作的,按照工资薪金所属境内、境外工作天数占当期公历天数的比例计算确定来源于境内、境外工资薪金所得的收入额。境外工作天数按照当期公历天数减去当期境内工作天数计算。

(二)关于数月奖金以及股权激励所得来源地的规定。

无住所个人取得的数月奖金或者股权激励所得按照本条第(一)项规定确定所得来源地的,无住所个人在境内履职或者执行职务时收到的数月奖金或者股权激励所得,归属于境外工作期间的部分,为来源于境外的工资薪金所得;无住所个人停止在境内履约或者执行职务离境后收到的数月奖金或者股权激励所得,对属于境内工作期间的部分,为来源于境内的工资薪金所得。具体计算方法为:数月奖金或者股权激励乘以数月奖金或者股权激励所属工作期间境内工作天数与所属工作期间公历天数之比。

无住所个人一个月内取得的境内外数月奖金或者股权激励包含归属于不同期间的多笔所得的,应当先分别按照本公告规定计算不同归属期间来源于境内的所得,然后再加总计算当月来源于境内的数月奖金或者股权激励收入额。

本公告所称数月奖金是指一次取得归属于数月的奖金、年终加薪、分红等工资薪金所得，不包括每月固定发放的奖金及一次性发放的数月工资。本公告所称股权激励包括股票期权、股权期权、限制性股票、股票增值权、股权奖励以及其他因认购股票等有价证券而从雇主取得的折扣或者补贴。

（三）关于董事、监事及高层管理人员取得报酬所得来源地的规定。

对于担任境内居民企业的董事、监事及高层管理职务的个人（以下统称高管人员），无论是否在境内履行职务，取得由境内居民企业支付或者负担的董事费、监事费、工资薪金或者其他类似报酬（以下统称高管人员报酬，包含数月奖金和股权激励），属于来源于境内的所得。

本公告所称高层管理职务包括企业正、副（总）经理、各职能总师、总监及其他类似公司管理层的职务。

（四）关于稿酬所得来源地的规定。

由境内企业、事业单位、其他组织支付或者负担的稿酬所得，为来源于境内的所得。

二、关于无住所个人工资薪金所得收入额计算

无住所个人取得工资薪金所得，按以下规定计算在境内应纳税的工资薪金所得的收入额（以下称工资薪金收入额）：

（一）无住所个人为非居民个人的情形。

非居民个人取得工资薪金所得，除本条第（三）项规定以外，当月工资薪金收入额分别按照以下两种情形计算：

1. 非居民个人境内居住时间累计不超过 90 天的情形。

在一个纳税年度内，在境内累计居住不超过 90 天的非居民个人，仅就归属于境内工作期间并由境内雇主支付或者负担的工资薪金所得计算缴纳个人所得税。当月工资薪金收入额的计算公式如下（公式一）：

$$当月工资薪金收入额 = 当月境内外工资薪金总额 \times \frac{当月境内支付工资薪金数额}{当月境内外工资薪金总额} \times$$

$$\frac{当月工资薪金所属工作期间境内工作天数}{当月工资薪金所属工作期间公历天数}$$

本公告所称境内雇主包括雇佣员工的境内单位和个人以及境外单位或者个人在境内的机构、场所。凡境内雇主采取核定征收所得税或者无营业收入未征收所得税的，无住所个人为其工作取得工资薪金所得，不论是否在该境内雇主会计账簿中记载，均视为由该境内雇主支付或者负担。本公告所称工资薪金所属工作期间的公历天数，是指无住所个人取得工资薪金所属工作期间按公历计算的天数。

本公告所列公式中当月境内外工资薪金包含归属于不同期间的多笔工资薪金的，应当先分别按照本公告规定计算不同归属期间工资薪金收入额，然后再加总计算当月工资薪金收入额。

2. 非居民个人境内居住时间累计超过 90 天不满 183 天的情形。

在一个纳税年度内，在境内累计居住超过 90 天但不满 183 天的非居民个人，取得归属于境内工作期间的工资薪金所得，均应当计算缴纳个人所得税；其取得归属于境外工作期间的工资薪金所得，不征收个人所得税。当月工资薪金收入额的计算公式如下（公式二）：

$$当月工资薪金收入额 = 当月境内外工资薪金总额 \times$$

$$\frac{当月工资薪金所属工作期间境内工作天数}{当月工资薪金所属工作期间公历天数}$$

（二）无住所个人为居民个人的情形。

在一个纳税年度内，在境内累计居住满 183 天的无住所居民个人取得工资薪金所得，当月工资薪金收入额按照以下规定计算：

1. 无住所居民个人在境内居住累计满 183 天的年度连续不满六年的情形。

在境内居住累计满 183 天的年度连续不满六年的无住所居民个人，符合实施条例第四条优惠条件的，其取得的全部工资薪金所得，除归属于境外工作期间且由境外单位或者个人支付的工资薪金所得部分外，均应计算缴纳个人所得税。工资薪金所得收入额的计算公式如下（公式三）：

$$当月工资薪金收入额 = 当月境内外工资薪金总额 \times \left(1 - \frac{当月境内支付工资薪金数额}{当月境内外工资薪金总额} \times \frac{当月工资薪金所属工作期间境内工作天数}{当月工资薪金所属工作期间公历天数}\right)$$

2. 无住所居民个人在境内居住累计满 183 天的年度连续满六年的情形。

在境内居住累计满 183 天的年度连续满六年后，不符合实施条例第四条优惠条件的无住所居民个人，其从境内、境外取得的全部工资薪金所得均应计算缴纳个人所得税。

（三）无住所个人为高管人员的情形。

无住所居民个人为高管人员的，工资薪金收入额按照本条第（二）项规定计算纳税。非居民个人为高管人员的，按照以下规定处理：

1. 高管人员在境内居住时间累计不超过 90 天的情形。

在一个纳税年度内，在境内累计居住不超过 90 天的高管人员，其取得由境内雇主支付或者负担的工资薪金所得应当计算缴纳个人所得税；不是由境内雇主支付或者负担的工资薪金所得，不缴纳个人所得税。当月工资薪金收入额为当月境内支付或者负担的工资薪金收入额。

2. 高管人员在境内居住时间累计超过 90 天不满 183 天的情形。

在一个纳税年度内，在境内居住累计超过 90 天但不满 183 天的高管人员，其取得的工资薪金所得，除归属于境外工作期间且不是由境内雇主支付或者负担的部分外，应当计算缴纳个人所得税。当月工资薪金收入额计算适用本公告公式三。

三、关于无住所个人税款计算

（一）关于无住所居民个人税款计算的规定。

无住所居民个人取得综合所得，年度终了后，应按年计算个人所得税；有扣缴义务人的，由扣缴义务人按月或者按次预扣预缴税款；需要办理汇算清缴的，按照规定办理汇算清缴，年度综合所得应纳税额计算公式如下（公式四）：

$$年度综合所得应纳税额 = （年度工资薪金收入额 + 年度劳务报酬收入额 + 年度稿酬收入额 +$$
$$年度特许权使用费收入额 - 减除费用 - 专项扣除 - 专项附加扣除 -$$
$$依法确定的其他扣除）\times 适用税率 - 速算扣除数$$

无住所居民个人为外籍个人的，2022 年 1 月 1 日前计算工资薪金收入额时，已经按规定减除住房补贴、子女教育费、语言训练费等八项津补贴的，不能同时享受专项附加扣除。

年度工资薪金、劳务报酬、稿酬、特许权使用费收入额分别按年度内每月工资薪金以及每次劳务报酬、稿酬、特许权使用费收入额合计数额计算。

（二）关于非居民个人税款计算的规定。

1. 非居民个人当月取得工资薪金所得，以按照本公告第二条规定计算的当月收入额，减去税法规定的减除费用后的余额，为应纳税所得额，适用本公告所附按月换算后的综合所得税率表（以下称月度税率表）计算应纳税额。

2. 非居民个人一个月内取得数月奖金，单独按照本公告第二条规定计算当月收入额，不与当月其他工资薪金合并，按6个月分摊计税，不减除费用，适用月度税率表计算应纳税额，在一个公历年度内，对每一个非居民个人，该计税办法只允许适用一次。计算公式如下（公式五）：

当月数月奖金应纳税额 = ［（数月奖金收入额÷6）×适用税率－速算扣除数］×6

3. 非居民个人一个月内取得股权激励所得，单独按照本公告第二条规定计算当月收入额，不与当月其他工资薪金合并，按6个月分摊计税（一个公历年度内的股权激励所得应合并计算），不减除费用，适应月度税率表计算应纳税额，计算公式如下（公式六）：

当月股权激励所得应纳税额 = ［（本公历年度内股权激励所得合计额÷6）×适用税率－速算扣除数］×6－本公历年度内股权激励所得已纳税额

4. 非居民个人取得来源于境内的劳务报酬所得、稿酬所得、特许权使用费所得，以税法规定的每次收入额为应纳税所得额，适用月度税率表计算应纳税额。

四、关于无住所个人适用税收协定

按照我国政府签订的避免双重征税协定、内地与香港、澳门签订的避免双重征税安排（以下称税收协定）居民条款规定为缔约对方税收居民的个人（以下称对方税收居民个人），可以按照税收协定及财政部、税务总局有关规定享受税收协定待遇，也可以选择不享受税收协定待遇计算纳税。除税收协定及财政部、税务总局另有规定外，无住所个人适用税收协定的，按照以下规定执行：

（一）关于无住所个人适用受雇所得条款的规定。

1. 无住所个人享受境外受雇所得协定待遇。

本公告所称境外受雇所得协定待遇，是指按照税收协定受雇所得条款规定，对方税收居民个人在境外从事受雇活动取得的受雇所得，可不缴纳个人所得税。

无住所个人为对方税收居民个人，其取得的工资薪金所得可享受境外受雇所得协定待遇的，可不缴纳个人所得税。工资薪金收入额计算适用本公告公式二。

无住所居民个人为对方税收居民个人的，可在预扣预缴和汇算清缴时按前款规定享受协定待遇；非居民个人为对方税收居民个人的，可在取得所得时按前款规定享受协定待遇。

2. 无住所个人享受境内受雇所得协定待遇。

本公告所称境内受雇所得协定待遇，是指按照税收协定受雇所得条款规定，在税收协定规定的期间内境内停留天数不超过183天的对方税收居民个人，在境内从事受雇活动取得受雇所得，不是由境内居民雇主支付或者代其支付的，也不是由雇主在境内常设机构负担的，可不缴纳个人所得税。

无住所个人为对方税收居民个人，其取得的工资薪金所得可享受境内受雇所得协定待遇的，可不缴纳个人所得税。工资薪金收入额计算适用本公告公式一。

无住所居民个人为对方税收居民个人的，可在预扣预缴和汇算清缴时按前款规定享受协定待遇；非居民个人为对方税收居民个人的，可在取得所得时按前款规定享受协定待遇。

（二）关于无住所个人适用独立个人劳务或者营业利润条款的规定。

本公告所称独立个人劳务或者营业利润协定待遇，是指按照税收协定独立个人劳务或者营业利润条款规定，对方税收居民个人取得的独立个人劳务所得或者营业利润符合税收协定规定条件的，可不缴纳个人所得税。

无住所居民个人为对方税收居民个人，其取得的劳务报酬所得、稿酬所得可享受独立个人劳务或者营业利润协定待遇的，在预扣预缴和汇算清缴时，可不缴纳个人所得税。

非居民个人为对方税收居民个人，其取得的劳务报酬所得、稿酬所得可享受独立个人劳务或者营业利润协定待遇的，在取得所得时可不缴纳个人所得税。

（三）关于无住所个人适用董事费条款的规定。

对方税收居民个人为高管人员，该个人适用的税收协定未纳入董事费条款，或者虽然纳入董事费条款但该个人不适用董事费条款，且该个人取得的高管人员报酬可享受税收协定受雇所得、独立个人劳务或者营业利润条款规定待遇的，该个人取得的高管人员报酬可不适用本公告第二条第（三）项规定，分别按照本条第（一）项、第（二）项规定执行。

对方税收居民个人为高管人员，该个人取得的高管人员报酬按照税收协定董事费条款规定可以在境内征收个人所得税的，应按照有关工资薪金所得或者劳务报酬所得规定缴纳个人所得税。

（四）关于无住所个人适用特许权使用费或者技术服务费条款的规定。

本公告所称特许权使用费或者技术服务费协定待遇，是指按照税收协定特许权使用费或者技术服务费条款规定，对方税收居民个人取得符合规定的特许权使用费或者技术服务费，可按照税收协定规定的计税所得额和征税比例计算纳税。

无住所居民个人为对方税收居民个人，其取得的特许权使用费所得、稿酬所得或者劳务报酬所得可享受特许权使用费或者技术服务费协定待遇的，可不纳入综合所得，在取得当月按照税收协定规定的计税所得额和征税比例计算应纳税额，并预扣预缴税款。年度汇算清缴时，该个人取得的已享受特许权使用费或者技术服务费协定待遇的所得不纳入年度综合所得，单独按照税收协定规定的计税所得额和征税比例计算年度应纳税额及补退税额。

非居民个人为对方税收居民个人，其取得的特许权使用费所得、稿酬所得或者劳务报酬所得可享受特许权使用费或者技术服务费协定待遇的，可按照税收协定规定的计税所得额和征税比例计算应纳税额。

五、关于无住所个人相关征管规定

（一）关于无住所个人预计境内居住时间的规定。

无住所个人在一个纳税年度内首次申报时，应当根据合同约定等情况预计一个纳税年度内境内居住天数以及在税收协定规定的期间内境内停留天数，按照预计情况计算缴纳税款。实际情况与预计情况不符的，分别按照以下规定处理：

1. 无住所个人预先判定为非居民个人，因延长居住天数达到居民个人条件的，一个纳税年度内税款扣缴方法保持不变，年度终了后按照居民个人有关规定办理汇算清缴，但该个人在当年离境且预计年度内不再入境的，可以选择在离境之前办理汇算清缴。

2. 无住所个人预先判定为居民个人，因缩短居住天数不能达到居民个人条件的，在不能达到居民个人条件之日起至年度终了15天内，应当向主管税务机关报告，按照非居民个人重新计算应纳税额，申报补缴税款，不加收税收滞纳金。需要退税的，按照规定办理。

3. 无住所个人预计一个纳税年度境内居住天数累计不超过90天，但实际累计居住天数超过90天的，或者对方税收居民个人预计在税收协定规定的期间内境内停留天数不超过183天，但实际停留天数超过183天的，待达到90天或者183天的月度终了后15天内，应当向主管税务机关报告，就以前月份工资薪金所得重新计算应纳税款，并补缴税款，不加收税收滞纳金。

（二）关于无住所个人境内雇主报告境外关联方支付工资薪金所得的规定。

无住所个人在境内任职、受雇取得来源于境内的工资薪金所得，凡境内雇主与境外单位或者个人存在关联关系，将本应由境内雇主支付的工资薪金所得，部分或者全部由境外关联方支付的，无住所个人可以自行申报缴纳税款，也可以委托境内雇主代为缴纳税款。无住所个人未委托境内雇主代为缴纳税款的，境内雇主应当在相关所得支付当月终了后 15 天内向主管税务机关报告相关信息，包括境内雇主与境外关联方对无住所个人的工作安排、境外支付情况以及无住所个人的联系方式等信息。

六、本公告自 2019 年 1 月 1 日起施行，非居民个人 2019 年 1 月 1 日后取得所得，按原有规定多缴纳税款的，可以依法申请办理退税。下列文件或者文件条款于 2019 年 1 月 1 日废止：

（一）《财政部 税务总局关于对临时来华人员按实际居住日期计算征免个人所得税若干问题的通知》（财税外字〔1988〕第 059 号）；

（二）《国家税务总局关于在境内无住所的个人取得工资薪金所得纳税义务问题的通知》（国税发〔1994〕148 号）；

（三）《财政部 国家税务总局关于在华无住所的个人如何计算在华居住满五年问题的通知》（财税字〔1995〕98 号）；

（四）《国家税务总局关于在中国境内无住所的个人计算缴纳个人所得税若干具体问题的通知》（国税函发〔1995〕125 号）第一条、第二条、第三条、第四条；

（五）《国家税务总局关于在中国境内无住所的个人缴纳所得税涉及税收协定若干问题的通知》（国税发〔1995〕155 号）；

（六）《国家税务总局关于在中国境内无住所的个人取得奖金征税问题的通知》（国税发〔1996〕183 号）；

（七）《国家税务总局关于三井物产（株）大连事务所外籍雇员取得数月奖金确定纳税义务问题的批复》（国税函〔1997〕546 号）；

（八）《国家税务总局关于外商投资企业和外国企业对境外企业支付其雇员的工资薪金代扣代缴个人所得税问题的通知》（国税发〔1999〕241 号）；

（九）《国家税务总局关于在中国境内无住所个人取得不在华履行职务的月份奖金确定纳税义务问题的通知》（国税函〔1999〕245 号）；

（十）《国家税务总局关于在中国境内无住所个人以有价证券形式取得工资薪金所得确定纳税义务有关问题的通知》（国税函〔2000〕190 号）；

（十一）《国家税务总局关于在境内无住所的个人执行税收协定和个人所得税法若干问题的通知》（国税发〔2004〕97 号）；

（十二）《国家税务总局关于调整个人取得全年一次性奖金等计算征收个人所得税方法问题的通知》（国税发〔2005〕9 号）第六条；

（十三）《国家税务总局关于在境内无住所个人计算工资薪金所得缴纳个人所得税有关问题的批复》（国税函〔2005〕1041 号）；

（十四）《国家税务总局关于在中国境内担任董事或高层管理职务无住所个人计算个人所得税适用公式的批复》（国税函〔2007〕946 号）。

特此公告。

附件：按月换算后的综合所得税率表

财政部 税务总局

2019 年 3 月 14 日

附件：按月换算后的综合所得税率表

级数	全月应纳税所得额	税率	速算扣除数
1	不超过 3 000 元的	3%	0
2	超过 3 000 元至 12 000 元的部分	10%	210
3	超过 12 000 元至 25 000 元的部分	20%	1 410
4	超过 25 000 元至 35 000 元的部分	25%	2 660
5	超过 35 000 元至 55 000 元的部分	30%	4 410
6	超过 55 000 元至 80 000 元的部分	35%	7 160
7	超过 80 000 元的部分	45%	15 160

6.22　财政部　税务总局关于实施小微企业和个体工商户所得税优惠政策的公告

2021 年 4 月 2 日　财政部　税务总局公告 2021 年第 12 号

为进一步支持小微企业和个体工商户发展，现就实施小微企业和个体工商户所得税优惠政策有关事项公告如下：

一、对小型微利企业年应纳税所得额不超过 100 万元的部分，在《财政部　税务总局关于实施小微企业普惠性税收减免政策的通知》（财税〔2019〕13 号）第二条规定的优惠政策基础上，再减半征收企业所得税。

二、对个体工商户年应纳税所得额不超过 100 万元的部分，在现行优惠政策基础上，减半征收个人所得税。

三、本公告执行期限为 2021 年 1 月 1 日至 2022 年 12 月 31 日。

特此公告。

财政部　税务总局

2021 年 4 月 2 日

6.23　国家税务总局个体工商户个人所得税计税办法

2014 年 12 月 27 日　国家税务总局令第 35 号

（《国家税务总局关于修改部分税务部门规章的决定》国家税务总局令第 44 号，对本文进行了修正）

第一章　总则

第一条　为了规范和加强个体工商户个人所得税征收管理，根据个人所得税法等有关税收法律、法规和政策规定，制定本办法。

第二条　实行查账征收的个体工商户应当按照本办法的规定，计算并申报缴纳个人所得税。

第三条　本办法所称个体工商户包括：

（一）依法取得个体工商户营业执照，从事生产经营的个体工商户；

（二）经政府有关部门批准，从事办学、医疗、咨询等有偿服务活动的个人；

（三）其他从事个体生产、经营的个人。

第四条　个体工商户以业主为个人所得税纳税义务人。

第五条　个体工商户应纳税所得额的计算，以权责发生制为原则，属于当期的收入和费用，不论款项是否收付，均作为当期的收入和费用；不属于当期的收入和费用，即使款项已经在当期收付，均不作为当期收入和费用。本办法和财政部、国家税务总局另有规定的除外。

第六条　在计算应纳税所得额时，个体工商户会计处理办法与本办法和财政部、国家税务总局相关规定不一致的，应当依照本办法和财政部、国家税务总局的相关规定计算。

第二章　计税基本规定

第七条　个体工商户的生产、经营所得，以每一纳税年度的收入总额，减除成本、费用、税金、损失、其他支出以及允许弥补的以前年度亏损后的余额，为应纳税所得额。

第八条　个体工商户从事生产经营以及与生产经营有关的活动（以下简称生产经营）取得的货币形式和非货币形式的各项收入，为收入总额。包括：销售货物收入、提供劳务收入、转让财产收入、利息收入、租金收入、接受捐赠收入、其他收入。

前款所称其他收入包括个体工商户资产溢余收入、逾期一年以上的未退包装物押金收入、确实无法偿付的应付款项、已作坏账损失处理后又收回的应收款项、债务重组收入、补贴收入、违约金收入、汇兑收益等。

第九条　成本是指个体工商户在生产经营活动中发生的销售成本、销货成本、业务支出以及其他耗费。

第十条　费用是指个体工商户在生产经营活动中发生的销售费用、管理费用和财务费用，已经计入成本的有关费用除外。

第十一条　税金是指个体工商户在生产经营活动中发生的除个人所得税和允许抵扣的增值税以外的各项税金及其附加。

第十二条　损失是指个体工商户在生产经营活动中发生的固定资产和存货的盘亏、毁损、报废损失，转让财产损失，坏账损失，自然灾害等不可抗力因素造成的损失以及其他损失。

个体工商户发生的损失，减除责任人赔偿和保险赔款后的余额，参照财政部、国家税务总局有关企业资产损失税前扣除的规定扣除。

个体工商户已经作为损失处理的资产，在以后纳税年度又全部收回或者部分收回时，应当计入收回当期的收入。

第十三条　其他支出是指除成本、费用、税金、损失外，个体工商户在生产经营活动中发生的与生产经营活动有关的、合理的支出。

第十四条　个体工商户发生的支出应当区分收益性支出和资本性支出。收益性支出在发生当期直接扣除；资本性支出应当分期扣除或者计入有关资产成本，不得在发生当期直接扣除。

前款所称支出，是指与取得收入直接相关的支出。

除税收法律法规另有规定外，个体工商户实际发生的成本、费用、税金、损失和其他支出，不得重复扣除。

第十五条　个体工商户下列支出不得扣除：

（一）个人所得税税款；

（二）税收滞纳金；

（三）罚金、罚款和被没收财物的损失；

（四）不符合扣除规定的捐赠支出；

（五）赞助支出；

（六）用于个人和家庭的支出；

（七）与取得生产经营收入无关的其他支出；

（八）国家税务总局规定不准扣除的支出。

第十六条　个体工商户生产经营活动中，应当分别核算生产经营费用和个人、家庭费用。对于生产经营与个人、家庭生活混用难以分清的费用，其40%视为与生产经营有关费用，准予扣除。

第十七条　个体工商户纳税年度发生的亏损，准予向以后年度结转，用以后年度的生产经营所得弥补，但结转年限最长不得超过五年。

第十八条　个体工商户使用或者销售存货，按照规定计算的存货成本，准予在计算应纳税所得额时扣除。

第十九条　个体工商户转让资产，该项资产的净值，准予在计算应纳税所得额时扣除。

第二十条　本办法所称亏损，是指个体工商户依照本办法规定计算的应纳税所得额小于零的数额。

第三章　扣除项目及标准

第二十一条　个体工商户实际支付给从业人员的、合理的工资薪金支出，准予扣除。

个体工商户业主的费用扣除标准，依照相关法律、法规和政策规定执行。

个体工商户业主的工资薪金支出不得税前扣除。

第二十二条　个体工商户按照国务院有关主管部门或者省级人民政府规定的范围和标准为其业主和从业人员缴纳的基本养老保险费、基本医疗保险费、失业保险费、生育保险费、工伤保险费和住房公积金，准予扣除。

个体工商户为从业人员缴纳的补充养老保险费、补充医疗保险费，分别在不超过从业人员工资总额5%标准内的部分据实扣除；超过部分，不得扣除。

个体工商户业主本人缴纳的补充养老保险费、补充医疗保险费，以当地（地级市）上年度社会平均工资的3倍为计算基数，分别在不超过该计算基数5%标准内的部分据实扣除；超过部分，不得扣除。

第二十三条 除个体工商户依照国家有关规定为特殊工种从业人员支付的人身安全保险费和财政部、国家税务总局规定可以扣除的其他商业保险费外，个体工商户业主本人或者为从业人员支付的商业保险费，不得扣除。

第二十四条 个体工商户在生产经营活动中发生的合理的不需要资本化的借款费用，准予扣除。

个体工商户为购置、建造固定资产、无形资产和经过 12 个月以上的建造才能达到预定可销售状态的存货发生借款的，在有关资产购置、建造期间发生的合理的借款费用，应当作为资本性支出计入有关资产的成本，并依照本办法的规定扣除。

第二十五条 个体工商户在生产经营活动中发生的下列利息支出，准予扣除：

（一）向金融企业借款的利息支出；

（二）向非金融企业和个人借款的利息支出，不超过按照金融企业同期同类贷款利率计算的数额的部分。

第二十六条 个体工商户在货币交易中，以及纳税年度终了时将人民币以外的货币性资产、负债按照期末即期人民币汇率中间价折算为人民币时产生的汇兑损失，除已经计入有关资产成本部分外，准予扣除。

第二十七条 个体工商户向当地工会组织拨缴的工会经费、实际发生的职工福利费支出、职工教育经费支出分别在工资薪金总额的 2%、14%、2.5% 的标准内据实扣除。

工资薪金总额是指允许在当期税前扣除的工资薪金支出数额。

职工教育经费的实际发生数额超出规定比例当期不能扣除的数额，准予在以后纳税年度结转扣除。

个体工商户业主本人向当地工会组织缴纳的工会经费、实际发生的职工福利费支出、职工教育经费支出，以当地（地级市）上年度社会平均工资的 3 倍为计算基数，在本条第一款规定比例内据实扣除。

第二十八条 个体工商户发生的与生产经营活动有关的业务招待费，按照实际发生额的 60% 扣除，但最高不得超过当年销售（营业）收入的 5‰。

业主自申请营业执照之日起至开始生产经营之日止所发生的业务招待费，按照实际发生额的 60% 计入个体工商户的开办费。

第二十九条 个体工商户每一纳税年度发生的与其生产经营活动直接相关的广告费和业务宣传费不超过当年销售（营业）收入 15% 的部分，可以据实扣除；超过部分，准予在以后纳税年度结转扣除。

第三十条 个体工商户代其从业人员或者他人负担的税款，不得税前扣除。

第三十一条 个体工商户按照规定缴纳的摊位费、行政性收费、协会会费等，按实际发生数额扣除。

第三十二条 个体工商户根据生产经营活动的需要租入固定资产支付的租赁费，按照以下方法扣除：

（一）以经营租赁方式租入固定资产发生的租赁费支出，按照租赁期限均匀扣除；

（二）以融资租赁方式租入固定资产发生的租赁费支出，按照规定构成融资租入固定资产价值的部分应当提取折旧费用，分期扣除。

第三十三条 个体工商户参加财产保险，按照规定缴纳的保险费，准予扣除。

第三十四条　个体工商户发生的合理的劳动保护支出，准予扣除。

第三十五条　个体工商户自申请营业执照之日起至开始生产经营之日止所发生符合本办法规定的费用，除为取得固定资产、无形资产的支出，以及应计入资产价值的汇兑损益、利息支出外，作为开办费，个体工商户可以选择在开始生产经营的当年一次性扣除，也可自生产经营月份起在不短于 3 年期限内摊销扣除，但一经选定，不得改变。

开始生产经营之日为个体工商户取得第一笔销售（营业）收入的日期。

第三十六条　个体工商户通过公益性社会团体或者县级以上人民政府及其部门，用于《中华人民共和国公益事业捐赠法》规定的公益事业的捐赠，捐赠额不超过其应纳税所得额 30% 的部分可以据实扣除。

财政部、国家税务总局规定可以全额在税前扣除的捐赠支出项目，按有关规定执行。

个体工商户直接对受益人的捐赠不得扣除。

公益性社会团体的认定，按照财政部、国家税务总局、民政部有关规定执行。

第三十七条　本办法所称赞助支出，是指个体工商户发生的与生产经营活动无关的各种非广告性质支出。

第三十八条　个体工商户研究开发新产品、新技术、新工艺所发生的开发费用，以及研究开发新产品、新技术而购置单台价值在 10 万元以下的测试仪器和试验性装置的购置费准予直接扣除；单台价值在 10 万元以上（含 10 万元）的测试仪器和试验性装置，按固定资产管理，不得在当期直接扣除。

第四章　附则

第三十九条　个体工商户资产的税务处理，参照企业所得税相关法律、法规和政策规定执行。

第四十条　个体工商户有两处或两处以上经营机构的，选择并固定向其中一处经营机构所在地主管税务机关申报缴纳个人所得税。

第四十一条　个体工商户终止生产经营的，应当在注销工商登记或者向政府有关部门办理注销前向主管税务机关结清有关纳税事宜。

第四十二条　各省、自治区、直辖市和计划单列市地方税务局①可以结合本地实际，制定具体实施办法。

第四十三条　本办法自 2015 年 1 月 1 日起施行。国家税务总局 1997 年 3 月 26 日发布的《国家税务总局关于印发〈个体工商户个人所得税计税办法（试行）〉的通知》（国税发〔1997〕43 号）同时废止。

---

① 《国家税务总局关于修改部分税务部门规章的决定》（国家税务总局令第 44 号）将第四十二条"地方税务局"修正为"税务局"

6.24　国家税务总局关于落实支持小型微利企业和个体工商户发展所得税优惠政策有关事项的公告

2021 年 4 月 7 日　国家税务总局公告 2021 年第 8 号

为贯彻落实《财政部税务总局关于实施小微企业和个体工商户所得税优惠政策的公告》（2021 年第 12 号），进一步支持小型微利企业和个体工商户发展，现就有关事项公告如下：

一、关于小型微利企业所得税减半政策有关事项

（一）对小型微利企业年应纳税所得额不超过 100 万元的部分，减按 12.5% 计入应纳税所得额，按 20% 的税率缴纳企业所得税。

（二）小型微利企业享受上述政策时涉及的具体征管问题，按照《国家税务总局关于实施小型微利企业普惠性所得税减免政策有关问题的公告》（2019 年第 2 号）相关规定执行。

二、关于个体工商户个人所得税减半政策有关事项

（一）对个体工商户经营所得年应纳税所得额不超过 100 万元的部分，在现行优惠政策基础上，再减半征收个人所得税。个体工商户不区分征收方式，均可享受。

（二）个体工商户在预缴税款时即可享受，其年应纳税所得额暂按截至本期申报所属期末的情况进行判断，并在年度汇算清缴时按年计算、多退少补。若个体工商户从两处以上取得经营所得，需在办理年度汇总纳税申报时，合并个体工商户经营所得年应纳税所得额，重新计算减免税额，多退少补。

（三）个体工商户按照以下方法计算减免税额：

减免税额＝（个体工商户经营所得应纳税所得额不超过 100 万元部分的应纳税额 － 其他政策减免税额 × 个体工商户经营所得应纳税所得额不超过 100 万元部分 ÷ 经营所得应纳税所得额）×（1 － 50%）

（四）个体工商户需将按上述方法计算得出的减免税额填入对应经营所得纳税申报表"减免税额"栏次，并附报《个人所得税减免税事项报告表》。对于通过电子税务局申报的个体工商户，税务机关将提供该优惠政策减免税额和报告表的预填服务。实行简易申报的定期定额个体工商户，税务机关按照减免后的税额进行税款划缴。

三、关于取消代开货物运输业发票预征个人所得税有关事项

对个体工商户、个人独资企业、合伙企业和个人，代开货物运输业增值税发票时，不再预征个人所得税。个体工商户业主、个人独资企业投资者、合伙企业个人合伙人和其他从事货物运输经营活动的个人，应依法自行申报缴纳经营所得个人所得税。

四、关于执行时间和其他事项

本公告第一条和第二条自 2021 年 1 月 1 日起施行，2022 年 12 月 31 日终止执行。2021 年 1 月 1 日至本公告发布前，个体工商户已经缴纳经营所得个人所得税的，可自动抵减以后月份的税款，当年抵减不完的可在汇算清缴时办理退税；也可直接申请退还应减免的税款。本公告第三条自 2021 年 4 月 1 日起施行。

《国家税务总局关于实施小型微利企业普惠性所得税减免政策有关问题的公告》（2019 年

第 2 号）第一条与本公告不一致的，依照本公告执行。《国家税务总局关于代开货物运输业发票个人所得税预征率问题的公告》（2011 年第 44 号）同时废止。

特此公告。

国家税务总局
2021 年 4 月 7 日

6.25　关于《国家税务总局关于落实支持小型微利企业和个体工商户发展所得税优惠政策有关事项的公告》的解读

2021 年 4 月 9 日　国家税务总局办公厅

根据《财政部　税务总局关于实施小微企业和个体工商户所得税优惠政策的公告》（2021 年第 12 号）的规定，税务总局发布了《国家税务总局关于落实支持小型微利企业和个体工商户发展所得税优惠政策有关事项的公告》（以下简称《公告》）。现解读如下：

一、为什么要制发《公告》？

为贯彻落实党中央、国务院决策部署，进一步帮助市场主体恢复元气、增强活力，支持小型微利企业和个体工商户发展，财政部和税务总局联合下发《财政部　税务总局关于实施小微企业和个体工商户所得税优惠政策的公告》（2021 年第 12 号），规定对小型微利企业和个体工商户年应纳税所得额不超过 100 万元的部分，在现行优惠政策基础上，再减半征收所得税（以下简称减半政策）。为及时明确政策执行口径，确保减税政策落实到位，市场主体应享尽享，我们制发了此项《公告》。

二、税收优惠政策的适用范围是什么？

自 2021 年 1 月 1 日至 2022 年 12 月 31 日，对小型微利企业和个体工商户年应纳税所得额不超过 100 万元的部分，在现行优惠政策基础上，再减半征收所得税。小型微利企业和个体工商户不区分征收方式，均可享受减半政策。

三、享受税收优惠政策的程序是怎样的？

小型微利企业和个体工商户在预缴和汇算清缴所得税时均可享受减半政策，享受政策时无需进行备案，通过填写企业所得税纳税申报表，或个人所得税纳税申报表和减免税事项报告表相关栏次，即可享受。对于通过电子税务局申报的小型微利企业和个体工商户，税务机关将自动为其提供申报表和报告表（仅个人所得税）中该项政策的预填服务。实行简易申报的定期定额个体工商户，税务机关按照减免后的税额进行税款划缴。

四、小型微利企业的判断标准有没有变化？

小型微利企业的判断标准仍按照《国家税务总局关于实施小型微利企业普惠性所得税减免政策有关问题的公告》（2019 年第 2 号）有关规定执行。即小型微利企业是指从事国家非限制和禁止行业，且同时符合年度应纳税所得额不超过 300 万元、从业人数不超过 300 人、资产总额不超过 5 000 万元等三个条件的企业。预缴企业所得税时，小型微利企业的资产总额、从业人数、年度应纳税所得额指标，暂按当年度截至本期申报所属期末的情况进行判断。

五、小型微利企业的实际应纳所得税额和减免税额的计算方法是什么？

小型微利企业年应纳税所得额不超过 100 万元、超过 100 万元但不超过 300 万元的部分，分别减按 12.5%、50% 计入应纳税所得额，按 20% 的税率缴纳企业所得税。示例如下：

【例1】A 企业经过判断符合小型微利企业条件。2021 年第 1 季度预缴企业所得税时，相应的应纳税所得额为 50 万元，那么 A 企业实际应纳所得税额 = 50 × 12.5% × 20% = 1.25 万元。减免税额 = 50 × 25% − 1.25 = 11.25 万元。第 2 季度预缴企业所得税时，相应的累计应纳税所得额为 150 万元，那么 A 企业实际应纳所得税额 = 100 × 12.5% × 20% + (150 − 100) × 50% × 20% = 2.5 + 5 = 7.5 万元。减免税额 = 150 × 25% − 7.5 = 30 万元。

六、取得多处经营所得的个体工商户如何享受优惠政策？

按照现行政策规定，纳税人从两处以上取得经营所得的，应当选择向其中一处经营管理所在地主管税务机关办理年度汇总申报。若个体工商户从两处以上取得经营所得，需在办理年度汇总纳税申报时，合并个体工商户经营所得年应纳税所得额，重新计算减免税额，多退少补。举例如下：

【例2】纳税人张某同时经营个体工商户 A 和个体工商户 B，年应纳税所得额分别为 80 万元和 50 万元，那么张某在年度汇总纳税申报时，可以享受减半征收个人所得税政策的应纳税所得额为 100 万元。

七、个体工商户的减免税额怎么计算？

为了让纳税人准确享受税收政策，《公告》规定了减免税额的计算公式：

$$减免税额 = (个体工商户经营所得应纳税所得额不超过 100 万元部分的应纳税额 − 其他$$
$$政策减免税额 × 个体工商户经营所得应纳税所得额不超过 100 万元部分 ÷$$
$$经营所得应纳税所得额) × (1 − 50\%)$$

举例说明如下：

【例3】纳税人李某经营个体工商户 C，年应纳税所得额为 80 000 元（适用税率 10%，速算扣除数 1 500），同时可以享受残疾人政策减免税额 2 000 元，那么李某该项政策的减免税额 = [(80 000 × 10% − 1 500) − 2 000] × (1 − 50%) = 2 250 元。

【例4】纳税人吴某经营个体工商户 D，年应纳税所得额为 1 200 000 元（适用税率 35%，速算扣除数 65 500），同时可以享受残疾人政策减免税额 6 000 元，那么李某该项政策的减免税额 = [(1 000 000 × 35% − 65 500) − 6 000 × 1 000 000 ÷ 1 200 000] × (1 − 50%) = 139 750 元。

实际上，这一计算规则我们已经内嵌到电子税务局信息系统中，税务机关将为纳税人提供申报表和报告表预填服务，符合条件的纳税人准确、如实填报经营情况数据，系统可自动计算减免税金额。

八、个体工商户今年经营所得已缴税款的，还能享受优惠政策吗？

为向纳税人最大程度释放减税红利，个体工商户今年经营所得已经缴纳税款的，也能享受税收优惠。具体办法是，2021 年 1 月 1 日至本公告发布前，个体工商户已经缴纳当年经营所得个人所得税的，可自动抵减以后月份的税款，当年抵减不完的可在汇算清缴时办理退税；也可直接申请退还应减免的税款。

九、个体工商户申请代开货运发票时，还预征个人所得税吗？

按照现行政策规定，个体工商户代开货物运输业增值税发票时，需要预征个人所得税。为进一步减轻货物运输业代开发票环节的个税负担，规范经营所得征收管理，《公告》规定自 2021 年 4 月 1 日起，个体工商户、个人独资企业、合伙企业和个人申请代开货物运输业增值税发票时，税务机关不再预征个人所得税，而是由纳税人依法自行申报缴纳。

6.26 财政部 国家税务总局关于调整个体工商户个人独资企业和合伙企业个人所得税税前扣除标准有关问题的通知

2008 年 6 月 3 日 财税〔2008〕65 号

各省、自治区、直辖市、计划单列市财政厅（局）、地方税务局，西藏、宁夏、青海省（自治区）国家税务局，新疆生产建设兵团财务局：

根据现行个人所得税法及其实施条例和相关政策规定，现将个体工商户、个人独资企业和合伙企业个人所得税税前扣除标准有关问题通知如下：

一、［条款废止］对个体工商户业主、个人独资企业和合伙企业投资者的生产经营所得依法计征个人所得税时，个体工商户业主、个人独资企业和合伙企业投资者本人的费用扣除标准统一确定为24 000 元/年（2 000 元/月）。①

二、个体工商户、个人独资企业和合伙企业向其从业人员实际支付的合理的工资、薪金支出，允许在税前据实扣除。

三、个体工商户、个人独资企业和合伙企业拨缴的工会经费、发生的职工福利费、职工教育经费支出分别在工资薪金总额2%、14%、2.5%的标准内据实扣除。

四、个体工商户、个人独资企业和合伙企业每一纳税年度发生的广告费和业务宣传费用不超过当年销售（营业）收入15%的部分，可据实扣除；超过部分，准予在以后纳税年度结转扣除。

五、个体工商户、个人独资企业和合伙企业每一纳税年度发生的与其生产经营业务直接相关的业务招待费支出，按照发生额的60%扣除，但最高不得超过当年销售（营业）收入的5‰。

六、上述第一条规定自2008 年3 月1 日起执行，第二、三、四、五条规定自2008 年1 月1 日起执行。

七、《国家税务总局关于印发〈个体工商户个人所得税计税办法（试行）〉的通知》（国税发〔1997〕43 号）第十三条第一款、第二十九条根据上述规定作相应修改；增加一条作为第三十条："个体工商户拨缴的工会经费、发生的职工福利费、职工教育经费支出分别在工资薪金总额2%、14%、2.5%的标准内据实扣除。"同时对条文的顺序作相应调整。

《财政部 国家税务总局关于印发〈关于个人独资企业和合伙企业投资者征收个人所得税的规定〉的通知》（财税〔2000〕91 号）附件1 第六条第（一）、（二）、（五）、（六）、（七）项根据上述规定作相应修改。

《财政部 国家税务总局关于调整个体工商户业主 个人独资企业和合伙企业投资者个人所得税费用扣除标准的通知》（财税〔2006〕44 号）停止执行。

财政部 国家税务总局
2008 年 6 月 3 日

---

① 《财政部 税务总局关于2018 年第四季度个人所得税减除费用和税率适用问题的通知》财税〔2018〕98 号将24 000/年（2 000/月）提高为60 000 元/年（5 000 元/月）

6.27　财政部　国家税务总局关于合伙企业合伙人 所得税问题的通知

2008 年 12 月 23 日　财税〔2008〕159 号

各省、自治区、直辖市、计划单列市财政厅（局）、国家税务局、地方税务局，新疆生产建设兵团财务局：

根据《中华人民共和国企业所得税法》及其实施条例和《中华人民共和国个人所得税法》有关规定，现将合伙企业合伙人的所得税问题通知如下：

一、本通知所称合伙企业是指依照中国法律、行政法规成立的合伙企业。

二、合伙企业以每一个合伙人为纳税义务人。合伙企业合伙人是自然人的，缴纳个人所得税；合伙人是法人和其他组织的，缴纳企业所得税。

三、合伙企业生产经营所得和其他所得采取"先分后税"的原则。具体应纳税所得额的计算按照《关于个人独资企业和合伙企业投资者征收个人所得税的规定》（财税〔2000〕91 号）及《财政部　国家税务总局关于调整个体工商户个人独资企业和合伙企业个人所得税税前扣除标准有关问题的通知》（财税〔2008〕65 号）的有关规定执行。

前款所称生产经营所得和其他所得，包括合伙企业分配给所有合伙人的所得和企业当年留存的所得（利润）。

四、合伙企业的合伙人按照下列原则确定应纳税所得额：

（一）合伙企业的合伙人以合伙企业的生产经营所得和其他所得，按照合伙协议约定的分配比例确定应纳税所得额。

（二）合伙协议未约定或者约定不明确的，以全部生产经营所得和其他所得，按照合伙人协商决定的分配比例确定应纳税所得额。

（三）协商不成的，以全部生产经营所得和其他所得，按照合伙人实缴出资比例确定应纳税所得额。

（四）无法确定出资比例的，以全部生产经营所得和其他所得，按照合伙人数量平均计算每个合伙人的应纳税所得额。

合伙协议不得约定将全部利润分配给部分合伙人。

五、合伙企业的合伙人是法人和其他组织的，合伙人在计算其缴纳企业所得税时，不得用合伙企业的亏损抵减其盈利。

六、上述规定自 2008 年 1 月 1 日起执行。此前规定与本通知有抵触的，以本通知为准。

财政部　国家税务总局

2008 年 12 月 23 日

6.28　财政部　国家发展和改革委员会　国家税务总局 中国证券监督管理委员会关于创业投资企业个人 合伙人所得税政策问题的通知

2019 年 1 月 10 日　财税〔2019〕8 号

各省、自治区、直辖市、计划单列市财政厅（局）、发展改革委、证券监督管理机构，国家税务总局各省、自治区、直辖市、计划单列市税务局，新疆生产建设兵团财政局、发展改革委：

为进一步支持创业投资企业（含创投基金，以下统称创投企业）发展，现将有关个人所得税政策问题通知如下：

一、创投企业可以选择按单一投资基金核算或者按创投企业年度所得整体核算两种方式之一，对其个人合伙人来源于创投企业的所得计算个人所得税应纳税额。

本通知所称创投企业，是指符合《创业投资企业管理暂行办法》（发展改革委等 10 部门令第 39 号）或者《私募投资基金监督管理暂行办法》（证监会令第 105 号）关于创业投资企业（基金）的有关规定，并按照上述规定完成备案且规范运作的合伙制创业投资企业（基金）。

二、创投企业选择按单一投资基金核算的，其个人合伙人从该基金应分得的股权转让所得和股息红利所得，按照 20% 税率计算缴纳个人所得税。

创投企业选择按年度所得整体核算的，其个人合伙人应从创投企业取得的所得，按照"经营所得"项目、5% ～35% 的超额累进税率计算缴纳个人所得税。

三、单一投资基金核算，是指单一投资基金（包括不以基金名义设立的创投企业）在一个纳税年度内从不同创业投资项目取得的股权转让所得和股息红利所得按下述方法分别核算纳税：

（一）股权转让所得。单个投资项目的股权转让所得，按年度股权转让收入扣除对应股权原值和转让环节合理费用后的余额计算，股权原值和转让环节合理费用的确定方法，参照股权转让所得个人所得税有关政策规定执行；单一投资基金的股权转让所得，按一个纳税年度内不同投资项目的所得和损失相互抵减后的余额计算，余额大于或等于零的，即确认为该基金的年度股权转让所得；余额小于零的，该基金年度股权转让所得按零计算且不能跨年结转。

个人合伙人按照其应从基金年度股权转让所得中分得的份额计算其应纳税额，并由创投企业在次年 3 月 31 日前代扣代缴个人所得税。如符合《财政部　税务总局关于创业投资企业和天使投资个人有关税收政策的通知》（财税〔2018〕55 号）规定条件的，创投企业个人合伙人可以按照被转让项目对应投资额的 70% 抵扣其应从基金年度股权转让所得中分得的份额后再计算其应纳税额，当期不足抵扣的，不得向以后年度结转。

（二）股息红利所得。单一投资基金的股息红利所得，以其来源于所投资项目分配的股息、红利收入以及其他固定收益类证券等收入的全额计算。

个人合伙人按照其应从基金股息红利所得中分得的份额计算其应纳税额，并由创投企业按次代扣代缴个人所得税。

（三）除前述可以扣除的成本、费用之外，单一投资基金发生的包括投资基金管理人的管理费和业绩报酬在内的其他支出，不得在核算时扣除。

本条规定的单一投资基金核算方法仅适用于计算创投企业个人合伙人的应纳税额。

四、创投企业年度所得整体核算，是指将创投企业以每一纳税年度的收入总额减除成本、费用以及损失后，计算应分配给个人合伙人的所得。如符合《财政部　税务总局关于创业投资企业和天使投资个人有关税收政策的通知》（财税〔2018〕55 号）规定条件的，创投企业个人合伙人可以按照被转让项目对应投资额的 70% 抵扣其可以从创投企业应分得的经营所得后再计算其应纳税额。年度核算亏损的，准予按有关规定向以后年度结转。

按照"经营所得"项目计税的个人合伙人，没有综合所得的，可依法减除基本减除费用、专项扣除、专项附加扣除以及国务院确定的其他扣除。从多处取得经营所得的，应汇总计算个人所得税，只减除一次上述费用和扣除。

五、创投企业选择按单一投资基金核算或按创投企业年度所得整体核算后，3 年内不能变更。

六、创投企业选择按单一投资基金核算的，应当在按照本通知第一条规定完成备案的 30 日内，向主管税务机关进行核算方式备案；未按规定备案的，视同选择按创投企业年度所得整体核算。2019 年 1 月 1 日前已经完成备案的创投企业，选择按单一投资基金核算的，应当在 2019 年 3 月 1 日前向主管税务机关进行核算方式备案。创投企业选择一种核算方式满 3 年需要调整的，应当在满 3 年的次年 1 月 31 日前，重新向主管税务机关备案。

七、税务部门依法开展税收征管和后续管理工作，可转请发展改革部门、证券监督管理部门对创投企业及其所投项目是否符合有关规定进行核查，发展改革部门、证券监督管理部门应当予以配合。

八、本通知执行期限为 2019 年 1 月 1 日起至 2023 年 12 月 31 日止。

财政部　税务总局　发展改革委　证监会

2019 年 1 月 10 日

6.29　财政部　国家税务总局　证监会关于个人转让上市公司限售股所得征收个人所得税有关问题的通知

2009 年 12 月 31 日　财税〔2009〕167 号

各省、自治区、直辖市、计划单列市财政厅（局）、国家税务局、地方税务局，新疆生产建设兵团财务局，上海、深圳证券交易所，中国证券登记结算公司：

为进一步完善股权分置改革后的相关制度，发挥税收对高收入者的调节作用，促进资本市场长期稳定健康发展，经国务院批准，现就个人转让上市公司限售流通股（以下简称限售股）取得的所得征收个人所得税有关问题通知如下：

一、自 2010 年 1 月 1 日起，对个人转让限售股取得的所得，按照"财产转让所得"，适用 20% 的比例税率征收个人所得税。

二、本通知所称限售股，包括：

1. 上市公司股权分置改革完成后股票复牌日之前股东所持原非流通股股份，以及股票复牌日至解禁日期间由上述股份孳生的送、转股（以下统称股改限售股）；

2. 2006 年股权分置改革新老划断后，首次公开发行股票并上市的公司形成的限售股，以及上市首日至解禁日期间由上述股份孳生的送、转股（以下统称新股限售股）；

3. 财政部、税务总局、法制办和证监会共同确定的其他限售股。

三、个人转让限售股，以每次限售股转让收入，减除股票原值和合理税费后的余额，为应纳税所得额。即：

$$应纳税所得额 = 限售股转让收入 - （限售股原值 + 合理税费）$$
$$应纳税额 = 应纳税所得额 \times 20\%$$

本通知所称的限售股转让收入，是指转让限售股股票实际取得的收入。限售股原值，是指限售股买入时的买入价及按照规定缴纳的有关费用。合理税费，是指转让限售股过程中发生的印花税、佣金、过户费等与交易相关的税费。

如果纳税人未能提供完整、真实的限售股原值凭证的，不能准确计算限售股原值的，主管税务机关一律按限售股转让收入的 15% 核定限售股原值及合理税费。

四、限售股转让所得个人所得税，以限售股持有者为纳税义务人，以个人股东开户的证券机构为扣缴义务人。限售股个人所得税由证券机构所在地主管税务机关负责征收管理。

五、限售股转让所得个人所得税，采取证券机构预扣预缴、纳税人自行申报清算和证券机构直接扣缴相结合的方式征收。证券机构预扣预缴的税款，于次月 7 日内以纳税保证金形式向主管税务机关缴纳。主管税务机关在收取纳税保证金时，应向证券机构开具《中华人民共和国纳税保证金收据》，并纳入专户存储。

根据证券机构技术和制度准备完成情况，对不同阶段形成的限售股，采取不同的征收管理办法。

（一）证券机构技术和制度准备完成前形成的限售股，证券机构按照股改限售股股改复牌日收盘价，或新股限售股上市首日收盘价计算转让收入，按照计算出的转让收入的 15% 确定限售股原值和合理税费，以转让收入减去原值和合理税费后的余额，适用 20% 税率，计算预扣预缴个人所得税额。

纳税人按照实际转让收入与实际成本计算出的应纳税额，与证券机构预扣预缴税额有差异的，纳税人应自证券机构代扣并解缴税款的次月 1 日起 3 个月内，持加盖证券机构印章的交易记录和相关完整、真实凭证，向主管税务机关提出清算申报并办理清算事宜。主管税务机关审核确认后，按照重新计算的应纳税额，办理退（补）税手续。纳税人在规定期限内未到主管税务机关办理清算事宜的，税务机关不再办理清算事宜，已预扣预缴的税款从纳税保证金账户全额缴入国库。

（二）证券机构技术和制度准备完成后新上市公司的限售股，按照证券机构事先植入结算系统的限售股成本原值和发生的合理税费，以实际转让收入减去原值和合理税费后的余额，适用 20% 税率，计算直接扣缴个人所得税额。

六、纳税人同时持有限售股及该股流通股的，其股票转让所得，按照限售股优先原则，即：转让股票视同为先转让限售股，按规定计算缴纳个人所得税。

七、证券机构等应积极配合税务机关做好各项征收管理工作，并于每月 15 日前，将上月限售股减持的有关信息传递至主管税务机关。限售股减持信息包括：股东姓名、公民身份号码、开户证券公司名称及地址、限售股股票代码、本期减持股数及减持取得的收入总额。证券机构有义务向纳税人提供加盖印章的限售股交易记录。

八、对个人在上海证券交易所、深圳证券交易所转让从上市公司公开发行和转让市场取得的上市公司股票所得，继续免征个人所得税。

九、财政、税务、证监等部门要加强协调、通力合作，切实做好政策实施的各项工作。

请遵照执行。

财政部　国家税务总局　证监会

2009 年 12 月 31 日

6.30　财政部　国家税务总局　证监会关于个人转让上市公司限售股所得征收个人所得税有关问题的补充通知

2010 年 11 月 10 日　财税〔2010〕70 号

各省、自治区、直辖市、计划单列市财政厅（局）、国家税务局、地方税务局，新疆生产建设兵团财务局，上海、深圳证券交易所，中国证券登记结算公司：

为进一步规范个人转让上市公司限售股（以下简称限售股）税收政策，加强税收征管，根据财政部、国家税务总局、证监会《关于个人转让上市公司限售股征收个人所得税有关问题的通知》（财税〔2009〕167 号）的有关规定，现将个人转让限售股所得征收个人所得税有关政策问题补充通知如下：

一、本通知所称限售股，包括：

（一）财税〔2009〕167 号文件规定的限售股；

（二）个人从机构或其他个人受让的未解禁限售股；

（三）个人因依法继承或家庭财产依法分割取得的限售股；

（四）个人持有的从代办股份转让系统转到主板市场（或中小板、创业板市场）的限售股；

（五）上市公司吸收合并中，个人持有的原被合并方公司限售股所转换的合并方公司股份；

（六）上市公司分立中，个人持有的被分立方公司限售股所转换的分立后公司股份；

（七）其他限售股。

二、根据《个人所得税法实施条例》第八条、第十条的规定，个人转让限售股或发生具有转让限售股实质的其他交易，取得现金、实物、有价证券和其他形式的经济利益均应缴纳个人所得税。限售股在解禁前被多次转让的，转让方对每一次转让所得均应按规定缴纳个人所得税。对具有下列情形的，应按规定征收个人所得税：

（一）个人通过证券交易所集中交易系统或大宗交易系统转让限售股；

（二）个人用限售股认购或申购交易型开放式指数基金（ETF）份额；

（三）个人用限售股接受要约收购；

（四）个人行使现金选择权将限售股转让给提供现金选择权的第三方；

（五）个人协议转让限售股；

（六）个人持有的限售股被司法扣划；

（七）个人因依法继承或家庭财产分割让渡限售股所有权；

（八）个人用限售股偿还上市公司股权分置改革中由大股东代其向流通股股东支付的对价；

（九）其他具有转让实质的情形。

三、应纳税所得额的计算

（一）个人转让第一条规定的限售股，限售股所对应的公司在证券机构技术和制度准备完成前上市的，应纳税所得额的计算按照财税〔2009〕167 号文件第五条第（一）项规定执行；在证券机构技术和制度准备完成后上市的，应纳税所得额的计算按照财税〔2009〕167 号文件第五条第（二）项规定执行。

（二）个人发生第二条第（一）、（二）、（三）、（四）项情形、由证券机构扣缴税款的，扣缴税款的计算按照财税〔2009〕167 号文件规定执行。纳税人申报清算时，实际转让收入按照下列原则计算：

第二条第（一）项的转让收入以转让当日该股份实际转让价格计算，证券公司在扣缴税款时，佣金支出统一按照证券主管部门规定的行业最高佣金费率计算；第二条第（二）项的转让收入，通过认购 ETF 份额方式转让限售股的，以股份过户日的前一交易日该股份收盘价计算，通过申购 ETF 份额方式转让限售股的，以申购日的前一交易日该股份收盘价计算；第二条第（三）项的转让收入以要约收购的价格计算；第二条第（四）项的转让收入以实际行权价格计算。

（三）个人发生第二条第（五）、（六）、（七）、（八）项情形、需向主管税务机关申报纳税的，转让收入按照下列原则计算：

第二条第（五）项的转让收入按照实际转让收入计算，转让价格明显偏低且无正当理由的，主管税务机关可以依据协议签订日的前一交易日该股收盘价或其它合理方式核定其转让收入；第二条第（六）项的转让收入以司法执行日的前一交易日该股收盘价计算；第二条第（七）、（八）项的转让收入以转让方取得该股时支付的成本计算。

（四）个人转让因协议受让、司法扣划等情形取得未解禁限售股的，成本按照主管税务机关认可的协议受让价格、司法扣划价格核定，无法提供相关资料的，按照财税〔2009〕167 号文件第五条第（一）项规定执行；个人转让因依法继承或家庭财产依法分割取得的限售股的，按财税〔2009〕167 号文件规定缴纳个人所得税，成本按照该限售股前一持有人取得该股时实际成本及税费计算。

（五）在证券机构技术和制度准备完成后形成的限售股，自股票上市首日至解禁日期间发生送、转、缩股的，证券登记结算公司应依据送、转、缩股比例对限售股成本原值进行调整；而对于其他权益分派的情形（如现金分红、配股等），不对限售股的成本原值进行调整。

（六）因个人持有限售股中存在部分限售股成本原值不明确，导致无法准确计算全部限售股成本原值的，证券登记结算公司一律以实际转让收入的 15% 作为限售股成本原值和合理税费。

四、征收管理

（一）纳税人发生第二条第（一）、（二）、（三）、（四）项情形的，对其应纳个人所得税按照财税〔2009〕167 号文件规定，采取证券机构预扣预缴、纳税人自行申报清算和证券机构直接扣缴相结合的方式征收。

本通知所称的证券机构，包括证券登记结算公司、证券公司及其分支机构。其中，证券登记结算公司以证券账户为单位计算个人应纳税额，证券公司及其分支机构依据证券登记结算公司提供的数据负责对个人应缴纳的个人所得税以证券账户为单位进行预扣预缴。纳税人对证券登记结算公司计算的应纳税额有异议的，可持相关完整、真实凭证，向主管税务机关提出清算申报并办理清算事宜。主管税务机构审核确认后，按照重新计算的应纳税额，办理退（补）税手续。

（二）纳税人发生第二条第（五）、（六）、（七）、（八）项情形的，采取纳税人自行申报纳税的方式。纳税人转让限售股后，应在次月七日内到主管税务机关填报《限售股转让所得个人所得税清算申报表》，自行申报纳税。主管税务机关审核确认后应开具完税凭证，纳税人应持完税凭证、《限售股转让所得个人所得税清算申报表》复印件到证券登记结算公司办理限售股过户手续。纳税人未提供完税凭证和《限售股转让所得个人所得税清算申报表》复印件的，证券登记结算公司不予办理过户。

纳税人自行申报的，应一次办结相关涉税事宜，不再执行财税〔2009〕167号文件中有关纳税人自行申报清算的规定。对第二条第（六）项情形，如国家有权机关要求强制执行的，证券登记结算公司在履行告知义务后予以协助执行，并报告相关主管税务机关。

五、个人持有在证券机构技术和制度准备完成后形成的拟上市公司限售股，在公司上市前，个人应委托拟上市公司向证券登记结算公司提供有关限售股成本原值详细资料，以及会计师事务所或税务师事务所对该资料出具的鉴证报告。逾期未提供的，证券登记结算公司以实际转让收入的15%核定限售股原值和合理税费。

六、个人转让限售股所得需由证券机构预扣预缴税款的，应在客户资金账户留足资金供证券机构扣缴税款，依法履行纳税义务。证券机构应采取积极、有效措施依法履行扣缴税款义务，对纳税人资金账户暂无资金或资金不足的，证券机构应当及时通知个人投资者补足资金，并扣缴税款。个人投资者未补足资金的，证券机构应当及时报告相关主管税务机关，并依法提供纳税人相关资料。

财政部　国家税务总局　证监会
2010年11月10日

6.31　国家税务总局所得税司
关于印发《限售股个人所得税政策解读稿》的通知

2010年1月15日　所便函〔2010〕5号

各省、自治区、直辖市和计划单列市地方税务局，西藏、宁夏、青海省（自治区）国家税务局：

经国务院批准，2009年12月31日，财政部、国家税务总局和证监会联合发布了《关于个人转让限售股所得征收个人所得税有关问题的通知》（财税〔2009〕167号，以下简称《通知》），同时，财政部、国家税务总局、国务院法制办和证监会联合发布了《四部门有关负责人就个人转让上市公司限售股征收个人所得税有关问题答记者问》（以下简称《答记者问》）。

为了更好地帮助各级税务机关和广大税务干部理解、掌握三部门《通知》和四部门《答记者问》的精神以及政策出台的背景和重要意义，我司编写了《限售股个人所得税政策解读稿》（见附件），现予印发各地，作为各级税务机关内部培训使用材料，实际执行以正式文件为准。

国务院此次明确对限售股转让所得征收个人所得税，对于完善我国证券市场税收政策，发挥税收调节收入分配的职能作用，促进证券市场的长期稳定健康发展，增加税收收入，堵塞征管漏洞，具有重大意义。

对限售股转让所得征收个人所得税政策性强，涉及面广，程序复杂，征管环节多，各级税务机关要提高认识，加强领导，迅速动员，精心组织。

由于此项政策出台前需要严格保密，而政策出台后需要立即落实，各级税务机关要迅速动员，组织干部学习培训，且务必在培训方面要采取一些特别措施，强化对广大税务干部的学习培训工作，尤其是一线直接负责受理申报和征管的税务干部，以及负责 12366 咨询服务的税务干部；同时切实做好限售股个人所得税征管的各项准备工作，组织调配好征管力量，认真落实这项政策，确保国家这一重大政策调整落实到位。

附件：《限售股个人所得税政策解读稿》

所得税司（章）

2010 年 1 月 15 日

附件：限售股个人所得税政策解读稿

为进一步完善股权分置改革后的相关制度和现行股票转让所得个人所得税政策，发挥税收对高收入者的调节作用，促进资本市场长期稳定健康发展，堵塞税收漏洞，经国务院批准，2009 年 12 月 31 日，财政部、税务总局和证监会联合下发了《关于个人转让限售股所得征收个人所得税有关问题的通知》（财税〔2009〕167 号，以下简称《通知》），明确从 2010 年 1 月 1 日起对个人转让上市公司限售流通股（以下简称限售股）取得的所得征收个人所得税，同时对个人在上海证券交易所、深圳证券交易所转让从上市公司公开发行和转让市场取得的上市公司股票所得，继续免征个人所得税。

一、关于限售股的概念

目前我国 A 股市场的限售股，主要由两部分构成：一类是股改产生的限售股；另一类是新股首次发行上市（IPO）产生的限售股。

（一）股改限售股

股改限售股是指股权分置改革过程中，由原非流通股转变而来的有限售期的流通股，市场俗称为"大小非"。所谓"大非"指的是大规模的限售流通股，占总股本 5% 以上；所谓"小非"指的是小规模的限售流通股，占总股本 5% 以内。

股权分置是中国资本市场特有的情形，是指上市公司的一部分股份上市流通，另一部分股份暂时不上市流通。前者主要称为流通股，主要成分为社会公众股；后者为非流通股，包括国家股、国有法人股、内资及外资法人股、发起自然人股等。股权分置改革之前，非流通股虽然不能在沪深两市自由交易，但经证监会批准后，可以通过拍卖或协议转让的方式进行流通。

为贯彻落实《国务院关于推进资本市场改革开放和稳定发展的若干意见》中"积极稳妥解决股权分置问题"的要求，2005 年，证监会、国资委、财政部等部委联合下发《关于上市公司股权分置改革的指导意见》（证监发〔2005〕80 号），随后，证监会又下发了《上市公司股权分置改革管理办法》（证监发〔2005〕86 号），解除了非流通股上市流通的限制，非流通股股东与流通股股东之间采取对价的方式平衡相互利益。同时，对股权分置改革后非流通股出售作出了若干限制性规定，这样，原非流通股转变为有流通期限和流通比例限售的流通股，即股改限售股。股权分置改革股票复牌后，股改限售股于解除限售前历年获得的送转股也构成了限售股。

（二）新股限售股

为保持公司控制权的稳定，《公司法》及交易所上市规则对于首次公开发行股份（IPO）并上市的公司，于公开发行前股东所持股份都有一定的限售期规定，由于股权分置改革新老划段后不再有非流通股和流通股的划分，这部分股份在限售期满后解除流通权利限制，构成了新股限售股。这类限售股目前已经占到全部限售股的大多数，将来还会有更多的新股限售股出现。

新股上市后，新股限售股于解除限售前历年获得的送转股也构成了限售股。

除股改限售股和 IPO 限售股外，目前市场上还有一些有限售期要求的股票，主要是机构配售股和增发股。机构配售股是指 IPO 的时候，参与网下申购的机构投资人获得的股票，这部分需要锁定 3 个月到半年，然后才可以上市交易。增发股类似机构配售股，是指定向增发后的股票，需要锁定 1 年，然后才可以上市交易。

二、关于征税限售股的范围问题

《通知》规定，此次纳入征税范围的限售股包括：

（一）股改限售股，即上市公司股权分置改革完成后股票复牌日之前股东所持原非流通股份，以及股票复牌日至解禁日期间由上述股份孳生的送、转股。

（二）新股限售股，即 2006 年股权分置改革新老划断后，首次公开发行股票并上市的公司形成的限售股，以及上市首日至解禁日期间由上述股份孳生的送、转股。

（三）其他限售股，即财政部、税务总局、法制办和证监会共同确定的其他限售股。

从《通知》规定看，此次明确要征税的限售股主要是针对股改限售股和新股限售股以及其在解禁日前所获得的送转股，不包括股改复牌后和新股上市后限售股的配股、新股发行时的配售股、上市公司为引入战略投资者而定向增发形成的限售股。关于限售股的范围，在具体实施时，由中国证券登记结算公司通过结算系统给予锁定。另外，对上市公司实施股权激励给予员工的股权激励限售股，现行个人所得税政策规定其属于"工资、薪金所得"，并明确规定了征税办法，转让这部分限售股暂免征税，因此，《通知》中的限售股也不包括股权激励的限售股。至于财政部、税务总局、法制办和证监会共同确定的其他限售股，是兜底的规定，将来视实际情况而定。

三、关于为什么要对限售股征收个人所得税问题

一是 1994 年出台股票转让所得免税政策时，原有的非流通股不能上市流通，实际上只有从上市公司公开发行和转让市场取得的流通股才能享受免税政策。2005 年股权分置改革后，股票市场不再有非流通股和流通股的划分，只有限售流通股与非限售流通股之别，限售流通股解除限售后都将进入流通。这些限售股都不是从上市公司公开发行和转让市场上取得的，成本较低，数量较大，解禁后在二级市场转让，获益很高，却与个人投资者从上市公司公开发行和转让市场购买的上市公司股票转让所得一样享受个人所得税免税待遇，加剧了收入分配不公的矛盾，社会反应比较强烈。

二是根据现行税收政策规定，个人转让非上市公司股份所得、企业转让限售股所得都征收所得税，个人转让限售股与个人转让非上市公司股份以及企业转让限售股政策存在不平衡问题。

因此，为进一步完善股权分置改革后的相关制度，更好地发挥税收对高收入者的调节作用，促进资本市场长期健康发展，增加税收收入、堵塞税收漏洞，进一步完善现行股票转让所得个人所得税政策，平衡个人转让限售股与个人转让非上市公司股份以及企业转让限售股之间的税收政策，国务院决定，自 2010 年 1 月 1 日起，对个人转让上市公司限售股取得的所得征收个人所得税。即：2010 年 1 月 1 日（含 1 日）以后只要是个人转让上市公司限售股，都要按规定计算所得并依照 20% 税率缴纳个人所得税。

四、关于为什么要对个人转让从上市公司公开发行和转让市场取得的上市公司股票转让所得继续实施免税政策问题

自 1994 年新个人所得税制实施以来，考虑到我国证券市场发育还不成熟，为了配合企业改制，促进股票市场稳定健康发展，我国对个人转让上市公司股票所得一直暂免征收个人所

得税。

为更好地发挥个人所得税对高收入者的调节作用，促进资本市场长期稳定健康发展，堵塞税收漏洞，进一步完善现行股票转让所得个人所得税政策，平衡个人转让限售股与个人转让非上市公司股份以及企业转让限售股之间的税收政策，此次经国务院批准，只是针对个人转让上市公司限售股取得的所得征收个人所得税，而对个人在上海证券交易所、深圳证券交易所转让从上市公司公开发行和转让市场取得的上市公司股票所得，继续免征个人所得税。主要考虑是，经过近二十年的发展，我国资本市场取得了长足的进步，但总体上仍然属于新兴市场，发展还不成熟，波动比较大。不断推进资本市场的发展壮大，确保资本市场稳定健康发展，是必须长期坚持的政策目标，这对于推动我国经济体制变革、优化资源配置、促进经济发展和社会进步有着重要意义和作用。因此，政策的调整应致力于维护资本市场的公平和稳定，构建有利于资本市场长期稳定发展的政策机制。实践证明，对上市公司公开发行和转让市场股票转让所得免税的政策对我国资本市场的发展起到了积极的促进作用，今后还将发挥重要作用。因此，此次政策调整特别强调，对个人转让从上市公司公开发行和转让市场取得股票的所得继续免征个人所得税，保持政策的稳定。

五、关于税目税率确定问题

个人所得税法实施条例规定，财产转让所得是指个人转让有价证券、股权、建筑物、车船以及其他财产取得的所得。限售股属于有价证券，是财产转让所得的一种形式，同时，个人所得税法规定，财产转让所得适用20%的比例税率。因此，《通知》规定，个人转让限售股取得的所得，按照"财产转让所得"项目适用20%的比例税率征收个人所得税。

六、关于纳税人、扣缴义务人和主管税务机关的确定问题

《通知》规定，限售股转让所得个人所得税，以限售股持有者为纳税义务人，以个人股东开户的证券机构为扣缴义务人。限售股个人所得税由证券机构所在地主管税务机关负责征收管理。

上述规定主要是从便于征管操作和源泉控管的角度考虑的，限售股股东可能遍布全国各地，但一般情况下，个人会选择距离自己常住地或工作地最近的证券机构设立证券账户，因此，《通知》规定，按照属地原则，由限售股股东开户的证券机构（证券公司营业部）为扣缴义务人，由证券机构所在地主管税务机关负责征收管理。对扣缴义务人按照所扣缴的税款，税务机关应按照规定支付手续费。

七、关于应纳税所得额的计算问题

根据个人所得税法有关规定，对个人转让限售股取得的所得，应按"财产转让所得"项目征税。按照一般财产转让所得的征税办法，应以转让收入减去财产原值和合理税费后的余额为应纳税所得额，依法计征个人所得税。即：个人转让限售股，应以每次限售股转让收入，减除股票原值和合理税费后的余额，为应纳税所得额。具体计算公式如下：

$$应纳税所得额 = 限售股转让收入 - （限售股原值 + 合理税费）$$

$$应纳税额 = 应纳税所得额 \times 20\%$$

《通知》所称的限售股转让收入，是指转让限售股股票实际取得的收入。限售股原值，是指限售股买入时的买入价及按照规定缴纳的有关费用。合理税费，是指转让限售股过程中发生的印花税、佣金、过户费等与交易相关的税费。

如果纳税人未能提供完整、真实的限售股原值凭证的，不能准确计算限售股原值的，主管税务机关一律按限售股转让收入的15%核定限售股原值及合理税费。

八、关于对不同阶段限售股采取不同征管办法的问题

对限售股转让所得征收个人所得税，采取由限售股股东个人开户的证券机构代扣代缴税款的征收方式，按照最初设想，首先需要证券交易系统中将限售股与流通股实行分库管理，其次需要证券机构掌握限售股的成本原值，才能根据限售股股东转让限售股时的转让价格扣除成本原值实施税款的扣缴。

但由于股权分置改革后，限售股一旦解禁，其在股东账户中与股东从二级市场取得的流通股是混在一起，无法区分的，如要求交易所、登记结算公司以及证券公司能够识别股东减持股份的来源种类，需要对限售股与非限售股进行分户管理。而分户管理则需要调整证券交易结算系统，进行技术上的准备和改造。同时，在已形成的限售股成本原值的确认上也存在诸多难点：一是限售股都是公司公开发行股票前股东持有的股份，每一位股东取得股份的具体成本等资料，可能只有上市公司掌握，证券交易所、登记结算公司、证券公司都没有记录，很难查找；二是影响成本的变动因素很多，包括股东在不同阶段取得的送转股、配股以及公司定向增发造成股份的稀释等。因此，如果要建立限售股成本资料，只能通过完善上市公司新股发行制度，要求上市公司在新股发行环节增加报送上市前股东所持股份的真实的成本资料，再通过股票登记结算系统改造，提前将成本资料植入系统。上述这些工作都只能从新上市公司着手。

鉴于在证券登记结算公司系统中植入限售股成本资料需要在制度上和技术上作一定时间的准备，按照先建立机制和便于操作的原则，以技术制度完备作为划断新老限售股的界限，按照"老股老办法，新股新办法"的原则，具体根据证券机构技术和制度准备完成情况，对不同阶段形成的限售股，采取不同的征收管理办法。即证券机构技术和制度准备完成前形成的限售股，采取简易的"核定（预扣）＋清算"的征收方式；证券机构技术和制度准备完成后形成的限售股，采取由证券机构直接扣缴的方式。

九、关于证券技术和制度准备完成前限售股应扣缴税款的计算和预扣清算办法

由于现行证券交易系统中无法单独标识限售股，限售股股东转让限售股时交易系统无法判别，证券结算系统虽然有限售股的登记信息，但因其只能结算当天交易的数据，也难以判断其是否是限售股，难以扣缴税款。而只能采取提前通过某个价格和核定成本计算出限售股的应缴税款，按照限售股优先征税的原则，一旦限售股账户转让股票，则根据提前计算的应缴税款实施即时预扣税款。

《通知》规定，在证券机构技术和制度准备完成前，对已经形成的限售股，以股改复牌日收盘价或上市首日收盘价，作为计算限售股转让收入的依据。同时，按照股改复牌日收盘价或上市首日收盘价的15％统一确定限售股的原值和合理税费。登记结算公司以上述转让收入与原值和合理税费，计算出现有限售股的应纳税所得额，按照20％的税率计算应扣缴税款，待限售股股东转让时，将转让股数和应扣缴税款的信息发送给证券机构，由证券机构预扣预缴个人所得税额。证券机构应填报《限售股转让所得个人所得税扣缴报告表》，并于次月7日内将预扣税款向主管税务机关缴纳。

纳税人按照实际转让收入和实际成本计算的应纳税额，如果与证券机构扣缴的税额有差异的（实际转让收入、成本与收盘价、核定成本有差异），纳税人可以自证券机构解缴税款的次月1日起的3个月内，向其开户证券机构所在地主管税务机关申请税款清算。

需要强调的是，纳税人申请清算时，应按照收入与成本相匹配的原则计算应纳税所得额。即，限售股转让收入必须按照实际转让收入计算，限售股原值按照实际成本计算；如果纳税人未能提供完整、真实的限售股原值凭证，不能正确计算限售股原值的，主管税务机关一律按限售股实际转让收入的15％核定限售股原值及合理税费。举例说明：

紫金矿业（601899）2008 年 4 月 25 日上市，上市首日收盘价为 13.92 元；2010 年 1 月 6 日紫金矿业的收盘价为 9.68 元。

1. 中登公司根据该收盘价和核定的 15% 原值及税费，计算出每股应扣缴个人所得税 $13.92 \times (1-15\%) \times 20\% = 2.37$ 元，其核定的成本为 $13.92 \times 15\% = 2.1$ 元；

2. 假设紫金矿业某限售股股东于 1 月 6 日以收盘价的价格减持了股份，其实际成交价格低于计算应扣缴税款的上市首日收盘价，应该说多扣缴了纳税人的税款，纳税人应申请清算。

3. 清算过程中，按照收入与成本配比的原则，纳税人提供了实际转让收入 9.68 元和实际的股票原值及相关税费，则每股实际应缴税款按 9.68 元减去实际原值及税费计算；如果纳税人无法提供实际成本资料的，按照收入与成本配比的原则，实际每股应纳税额应按：$9.68 \times (1-15\%) \times 20\% = 1.64$ 元，其核定成本以实际转让收入为计算依据，即 $9.68 \times 15\% = 1.45$ 元。收入与成本配比的原则要求，收入的计算依据与成本原值的计算依据必须一致，而不允许转让收入按较低的实际成交价格计算，原值按较高的首日收盘价计算的 2.1 元。

4. 按照上述计算，假设成本均为核定成本，则应对该纳税人每股退 $2.37-1.64=0.73$ 元。

纳税人申请清算时，应填报《限售股转让所得个人所得税清算申报表》，并持加盖证券机构印章的交易记录和相关完整、真实凭证，向主管税务机关提出清算申报并办理清算事宜。主管税务机关审核确认后，按照重新计算的应纳税额，办理退（补）税手续。纳税人在规定期限内未到主管税务机关办理清算事宜的，税务机关不再办理清算事宜，已预扣预缴的税款从纳税保证金账户全额缴入国库。

十、关于证券机构技术和制度准备完成后应缴税款计算和扣缴办法

《通知》规定，对证券机构技术和制度准备完成后新上市公司的限售股，通过改造登记结算公司和证券公司软件的方式分库管理，按照证券机构事先植入结算系统的限售股成本原值和发生的合理税费，以实际转让收入减去原值和合理税费后的余额，适用 20% 税率，由证券机构计算直接扣缴个人所得税额。

证券机构技术和制度准备完成后，证券机构扣缴税款的计算依据是实际的转让收入和实际成本，此时扣缴税款是纳税人实际的应缴税款，不存在清算问题。

十一、关于政策执行时间问题

关于政策执行时间问题，国务院此次明确的是自 2010 年 1 月 1 日起执行，这是按照"法律法规不溯及既往的原则"确定的。在研究限售股政策的过程中，追溯征收还是不追溯征收是讨论最多的问题。

在整个限售股政策研究期间，关于追溯征收和不追溯征收的问题，在各有关部门中一直有两种意见。总局倾向于追溯征收，总局领导对这一问题十分重视。追溯征收体现了对所有限售股股东一视同仁，有利于公平，也回应了社会各界和媒体对限售股股东减持获利征税的呼声，易于得到广大老百姓的理解，但是不利的是与《立法法》第八十四条"法律、行政法规、地方性法规、自治条例和单行条例、规章不溯及既往，但为了更好地保护公民、法人和其他组织的权利和利益而作的特别规定除外"的规定有冲突，会引发限售股股东的争议甚至法律诉讼，会影响政府的公信力。坚持不追溯征收的部门认为，不追溯征收符合《立法法》的有关规定，不会引发法律问题，但有失公平，对自 2006 年以来已经减持的限售股所得无法征税，可能引发社会公众的质疑。

经过反复研究和论证，财政部、税务总局、国务院法制办和证监会四部门在上报国务院的《请示》中将追溯征收与不追溯征收的利弊进行了分析，提出了在目前情况下，只能按不追溯征收执行的意见。最终，国务院决定，对限售股转让所得征收个人所得税政策自2010年1月1日起执行。这一规定，虽然对2006年-2009年已经减持的限售股转让所得不能再追溯征收，但至少是对今后减持的限售股建立了征税机制，也起到了对高收人者的税收调节作用。同时，随着我国证券市场的发展，新股限售股会越来越多，这些都将纳入规范的征税机制中。

十二、限售股征税办法制定的基本原则

（一）"老股老办法、新股新办法"原则。目前已经形成的限售股由于其基本资料是不全的，再加上证券登记结算系统的制约，不具备按实际应纳税所得额征税的条件，因此，总局和财政部、证监会商定了"老股老办法、新股新办法"的基本原则，对不同阶段形成的限售股实行不同的征收办法。现行征税办法是为今后纳税人按实际转让所得征税打基础的，至于什么时候实行新征税办法，则取决于证监会在技术和制度上的准备工作。总局将随时与证监会进行联系，并督促证监会加快这一进程。

（二）核定加清算的原则。对证券机构技术和制度准备完成前形成的限售股，《通知》规定，由证券机构按核定方式预扣税款，纳税人认为其实际应纳税额与预扣税额有差异的，允许纳税人向主管税务机关申请清算。这一规定主要出发点是老的限售股成本资料难以掌握，目前只能采取核定加清算的方式进行征收，这样可以减少征纳纠纷，并适当减少纳税人清算的工作量。而税务机关在办理清算时，应尽可能快的将税款退还给纳税人，不能过长时间占用纳税人资金，引起征纳矛盾。

（三）限售股优先征税原则（先进先出原则）。由于现行证券交易或结算系统中对限售股和流通股没有特殊标识，限售股解禁前中登公司有锁定，但一旦解禁，其限售股与同一股票的流通股在一个账户中难以识别，这也是不得已而为之的处理。

（四）不溯及既往原则。这是《立法法》第八十四条规定的。虽然不追溯征收有悖公平，但是按照依法治税的要求，任何情况下都不能违反法律规定。

（五）依靠证券机构代扣代缴的原则。对限售股的征税，离开证券监督管理部门和证券机构是无法实现的，《通知》的征税方案中规定了目前主要依靠证券机构代扣代缴税款，这是各级税务机关清算的基础。如果没有证券机构的代扣代缴，税务机关就无法操作。因此，各级税务机关要加强与各级证券监管部门和证券机构的沟通协调，共同做好限售股的征税工作。

6.32　国家税务总局
关于限售股转让所得个人所得税征缴有关问题的通知

2010年1月18日　国税函〔2010〕23号

各省、自治区、直辖市和计划单列市地方税务局，西藏、宁夏、青海省（自治区）国家税务局：

根据《财政部　国家税务总局　证监会关于个人转让上市公司限售股所得征收个人所得税有关问题的通知》（财税〔2009〕167号）规定，限售股转让所得个人所得税采取证券机构预

扣预缴、纳税人自行申报清算和证券机构直接扣缴相结合的方式征收。为做好限售股转让所得个人所得税征缴工作，现就有关问题通知如下：

一、关于证券机构预扣预缴个人所得税的征缴问题

（一）证券机构技术和制度准备完成前形成的限售股，其转让所得应缴纳的个人所得税采取证券机构预扣预缴、纳税人自行申报清算方式征收。各地税务机关可根据当地税务代保管资金账户的开立与否、个人退税的简便与否等实际情况综合考虑，在下列方式中确定一种征缴方式：

1. 纳税保证金方式。证券机构将已扣的个人所得税款，于次月 7 日内以纳税保证金形式向主管税务机关缴纳，并报送《限售股转让所得扣缴个人所得税报告表》及税务机关要求报送的其他资料。主管税务机关收取纳税保证金时，应向证券机构开具有关凭证（凭证种类由各地自定），作为证券机构代缴个人所得税的凭证，凭证"类别"或"品目"栏写明"代扣个人所得税"。同时，税务机关根据《限售股转让所得扣缴个人所得税报告表》分纳税人开具《税务代保管资金专用收据》，作为纳税人预缴个人所得税的凭证，凭证"类别"栏写明"预缴个人所得税"。纳税保证金缴入税务机关在当地商业银行开设的"税务代保管资金"账户存储。

2. 预缴税款方式。证券机构将已扣的个人所得税款，于次月 7 日内直接缴入国库，并向主管税务机关报送《限售股转让所得扣缴个人所得税报告表》及税务机关要求报送的其他资料。主管税务机关向证券机构开具《税收通用缴款书》或以横向联网电子缴税方式将证券机构预扣预缴的个人所得税税款缴入国库。同时，主管税务机关应根据《限售股转让所得扣缴个人所得税报告表》分纳税人开具《税收转账专用完税证》，作为纳税人预缴个人所得税的完税凭证。

（二）证券机构技术和制度准备完成后新上市公司的限售股，纳税人在转让时应缴纳的个人所得税，采取证券机构直接代扣代缴的方式征收。

证券机构每月所扣个人所得税款，于次月 7 日内缴入国库，并向当地主管税务机关报送《限售股转让所得扣缴个人所得税报告表》及税务机关要求报送的其他资料。主管税务机关按照代扣代缴税款有关规定办理税款入库，并分纳税人开具《税收转账专用完税证》，作为纳税人的完税凭证。

《税务代保管资金专用收据》《税收转账专用完税证》可由代扣代缴税款的证券机构或由主管税务机关交纳税人。各地税务机关应通过适当途径将缴款凭证取得方式预先告知纳税人。

二、关于采取证券机构预扣预缴、纳税人自行申报清算方式下的税款结算和退税管理

（一）采用纳税保证金方式征缴税款的结算

证券机构以纳税保证金方式代缴个人所得税的，纳税人办理清算申报后，经主管税务机关审核重新计算的应纳税额低于已缴纳税保证金的，多缴部分税务机关应及时从"税务代保管资金"账户退还纳税人。同时，税务机关应开具《税收通用缴款书》将应纳部分作为个人所得税从"税务代保管资金"账户缴入国库，并将《税收通用缴款书》相应联次交纳税人，同时收回《税务代保管资金专用收据》。经主管税务机关审核重新计算的应纳税额高于已缴纳税保证金的，税务机关就纳税人应补缴税款部分开具相应凭证直接补缴入库；同时税务机关应开具《税收通用缴款书》将已缴纳的纳税保证金从"税务代保管资金"账户全额缴入国库，并将《税收通用缴款书》相应联次交纳税人，同时收回《税务代保管资金专用收据》。纳税人未在规定期限内办理清算事宜的，期限届满后，所缴纳的纳税保证金全部作为个人所得税缴入国库。横向联网电子缴税的地区，税务机关可通过联网系统办理税款缴库。

纳税保证金的收纳缴库、退还办法，按照《国家税务总局　财政部　中国人民银行关于印发〈税务代保管资金账户管理办法〉的通知》（国税发〔2005〕181号）、《国家税务总局　财政部　中国人民银行关于税务代保管资金账户管理有关问题的通知》（国税发〔2007〕12号）有关规定执行。各地税务机关应严格执行税务代保管资金账户管理有关规定，严防发生账户资金的占压、贪污、挪用、盗取等情形。

（二）采用预缴税款方式征缴税款的结算

证券机构以预缴税款方式代缴个人所得税的，纳税人办理清算申报后，经主管税务机关审核应补（退）税款的，由主管税务机关按照有关规定办理税款补缴入库或税款退库。

国家税务总局

2010年1月18日

6.33　财政部　国家税务总局关于证券机构技术和制度准备完成后个人转让上市公司限售股有关个人所得税问题的通知

2011年12月30日　财税〔2011〕108号

各省、自治区、直辖市、计划单列市财政厅（局）、地方税务局，宁夏、西藏、青海省（自治区）国家税务局，新疆生产建设兵团财务局，上海、深圳证券交易所，中国证券登记结算公司，各证券公司：

根据《财政部　国家税务总局　证监会关于个人转让上市公司限售股所得征收个人所得税有关问题的通知》（财税〔2009〕167号）和《财政部　国家税务总局　证监会关于个人转让上市公司限售股所得征收个人所得税有关问题的补充通知》（财税〔2010〕70号）有关规定，为进一步完善个人转让上市公司限售股所得征收个人所得税办法，现就有关问题通知如下：

一、自2012年3月1日起，网上发行资金申购日在2012年3月1日（含）之后的首次公开发行上市公司（以下简称新上市公司）按照证券登记结算公司业务规定做好各项资料准备工作，在向证券登记结算公司申请办理股份初始登记时一并申报由个人限售股股东提供的有关限售股成本原值详细资料，以及会计师事务所或税务师事务所对该资料出具的鉴证报告。

限售股成本原值，是指限售股买入时的买入价及按照规定缴纳的有关税费。

二、新上市公司提供的成本原值资料和鉴证报告中应包括但不限于以下内容：证券持有人名称、有效身份证照号码、证券账户号码、新上市公司全称、持有新上市公司限售股数量、持有新上市公司限售股每股成本原值等。

新上市公司每位持有限售股的个人股东应仅申报一个成本原值。个人取得的限售股有不同成本的，应对所持限售股以每次取得股份数量为权重进行成本加权平均以计算出每股的成本原值，即：

分次取得限售股的加权平均成本 =（第一次取得限售股的每股成本原值×第一次取得限售股的股份数量 + …… + 第n次取得限售股的每股成本原值×第n次取得限售股的股份数量）÷

累计取得限售股的股份数量

三、证券登记结算公司收到新上市公司提供的相关资料后，应及时将有关成本原值数据植入证券结算系统。个人转让新上市公司限售股的，证券登记结算公司根据实际转让收入和植入证券结算系统的标的限售股成本原值，以实际转让收入减去成本原值和合理税费后的余额，适用 20% 税率，直接计算需扣缴的个人所得税额。

合理税费是指转让限售股过程中发生的印花税、佣金、过户费等与交易相关的税费。

四、新上市公司在申请办理股份初始登记时，确实无法提供有关成本原值资料和鉴证报告的，证券登记结算公司在完成股份初始登记后，将不再接受新上市公司申报有关成本原值资料和鉴证报告，并按规定以实际转让收入的 15% 核定限售股成本原值和合理税费。

五、个人在证券登记结算公司以非交易过户方式办理应纳税未解禁限售股过户登记的，受让方所取得限售股的成本原值按照转让方完税凭证、《限售股转让所得个人所得税清算申报表》等材料确定的转让价格进行确定；如转让方证券账户为机构账户，在受让方再次转让该限售股时，以受让方实际转让收入的 15% 核定其转让限售股的成本原值和合理税费。

六、对采取自行纳税申报方式的纳税人，其个人转让限售股不需要纳税或应纳税额为零的，纳税人应持经主管税务机关审核确认并加盖受理印章的《限售股转让所得个人所得税清算申报表》原件，到证券登记结算公司办理限售股过户手续。未提供原件的，证券登记结算公司不予办理过户手续。

七、对于个人持有的新上市公司未解禁限售股被司法扣划至其他个人证券账户，如国家有权机关要求强制执行但未能提供完税凭证等材料，证券登记结算公司在履行告知义务后予以协助执行，并在受让方转让该限售股时，以其实际转让收入的 15% 核定其转让限售股的成本原值和合理税费。

八、证券公司应将每月所扣个人所得税款，于次月 15 日内缴入国库，并向当地主管税务机关报送《限售股转让所得扣缴个人所得税报告表》及税务机关要求报送的其他资料。

九、对个人转让新上市公司限售股，按财税〔2010〕70 号文件规定，需纳税人自行申报纳税的，继续按照原规定以及本通知第六、七条的相关规定执行。

请遵照执行。

财政部　国家税务总局
2011 年 12 月 30 日

6.34　国家税务总局关于个人投资者收购企业股权后将原盈余积累转增股本个人所得税问题的公告

2013 年 5 月 7 日　国家税务总局公告 2013 年第 23 号

根据《中华人民共和国个人所得税法》及有关规定，对个人投资者收购企业股权后，将企业原有盈余积累转增股本有关个人所得税问题公告如下：

一、1 名或多名个人投资者以股权收购方式取得被收购企业 100% 股权，股权收购前，被收购企业原账面金额中的"资本公积、盈余公积、未分配利润"等盈余积累未转增股本，而在股权交易时将其一并计入股权转让价格并履行了所得税纳税义务。股权收购后，企业将原账面金额中的盈余积累向个人投资者（新股东，下同）转增股本，有关个人所得税问题区分以下情形处理：

（一）新股东以不低于净资产价格收购股权的，企业原盈余积累已全部计入股权交易价格，新股东取得盈余积累转增股本的部分，不征收个人所得税。

（二）新股东以低于净资产价格收购股权的，企业原盈余积累中，对于股权收购价格减去原股本的差额部分已经计入股权交易价格，新股东取得盈余积累转增股本的部分，不征收个人所得税；对于股权收购价格低于原所有者权益的差额部分未计入股权交易价格，新股东取得盈余积累转增股本的部分，应按照"利息、股息、红利所得"项目征收个人所得税。

新股东以低于净资产价格收购企业股权后转增股本，应按照下列顺序进行，即：先转增应税的盈余积累部分，然后再转增免税的盈余积累部分。

二、新股东将所持股权转让时，其财产原值为其收购企业股权实际支付的对价及相关税费。

三、企业发生股权交易及转增股本等事项后，应在次月 15 日内，将股东及其股权变化情况、股权交易前原账面记载的盈余积累数额、转增股本数额及扣缴税款情况报告主管税务机关。

四、本公告自发布后 30 日起施行。此前尚未处理的涉税事项按本公告执行。

特此公告。

国家税务总局

2013 年 5 月 7 日

6.35　国家税务总局
关于股权奖励和转增股本个人所得税征管问题的公告

2015 年 11 月 16 日　国家税务总局公告 2015 年第 80 号

为贯彻落实《财政部　国家税务总局关于将国家自主创新示范区有关税收试点政策推广到全国范围实施的通知》（财税〔2015〕116 号）规定，现就股权奖励和转增股本个人所得税征管有关问题公告如下：

一、关于股权奖励

（一）股权奖励的计税价格参照获得股权时的公平市场价格确定，具体按以下方法确定：

1. 上市公司股票的公平市场价格，按照取得股票当日的收盘价确定。取得股票当日为非交易时间的，按照上一个交易日收盘价确定。

2. 非上市公司股权的公平市场价格，依次按照净资产法、类比法和其他合理方法确定。

（二）计算股权奖励应纳税额时，规定月份数按员工在企业的实际工作月份数确定。员工在企业工作月份数超过 12 个月的，按 12 个月计算。

二、关于转增股本

（一）非上市及未在全国中小企业股份转让系统挂牌的中小高新技术企业以未分配利润、

盈余公积、资本公积向个人股东转增股本，并符合财税〔2015〕116 号文件有关规定的，纳税人可分期缴纳个人所得税；非上市及未在全国中小企业股份转让系统挂牌的其他企业转增股本，应及时代扣代缴个人所得税。

（二）上市公司或在全国中小企业股份转让系统挂牌的企业转增股本（不含以股票发行溢价形成的资本公积转增股本），按现行有关股息红利差别化政策执行。

三、关于备案办理

（一）获得股权奖励的企业技术人员、企业转增股本涉及的股东需要分期缴纳个人所得税的，应自行制定分期缴税计划，由企业于发生股权奖励、转增股本的次月 15 日内，向主管税务机关办理分期缴税备案手续。

办理股权奖励分期缴税，企业应向主管税务机关报送高新技术企业认定证书、股东大会或董事会决议、《个人所得税分期缴纳备案表（股权奖励）》、相关技术人员参与技术活动的说明材料、企业股权奖励计划、能够证明股权或股票价格的有关材料、企业转化科技成果的说明、最近一期企业财务报表等。

办理转增股本分期缴税，企业应向主管税务机关报送高新技术企业认定证书、股东大会或董事会决议、《个人所得税分期缴纳备案表（转增股本）》、上年度及转增股本当月企业财务报表、转增股本有关情况说明等。

高新技术企业认定证书、股东大会或董事会决议的原件，主管税务机关进行形式审核后退还企业，复印件及其他有关资料税务机关留存。

（二）纳税人分期缴税期间需要变更原分期缴税计划的，应重新制定分期缴税计划，由企业向主管税务机关重新报送《个人所得税分期缴纳备案表》。

四、关于代扣代缴

（一）企业在填写《扣缴个人所得税报告表》时，应将纳税人取得股权奖励或转增股本情况单独填列，并在"备注"栏中注明"股权奖励"或"转增股本"字样。

（二）纳税人在分期缴税期间取得分红或转让股权的，企业应及时代扣股权奖励或转增股本尚未缴清的个人所得税，并于次月 15 日内向主管税务机关申报纳税。

本公告自 2016 年 1 月 1 日起施行。

特此公告。

附件：

1.《个人所得税分期缴纳备案表（股权奖励）》及填报说明

2.《个人所得税分期缴纳备案表（转增股本）》及填报说明

国家税务总局

2015 年 11 月 16 日

附件1：个人所得税扣缴申报表

税款所属期：　　年　月　日至　　年　月　日

扣缴义务人名称：

扣缴义务人纳税人识别号（统一社会信用代码）：☐☐☐☐☐☐☐☐☐☐☐☐☐☐☐

金额单位：人民币元（列至角分）

序号	姓名	身份证件类型	身份证件号码	纳税人识别号	是否为非居民个人	所得项目	收入额计算				本月（次）情况										累计情况（工资、薪金）												税款计算							备注
											专项扣除				其他扣除						累计收入额	累计减除费用	累计专项扣除	累计专项附加扣除					累计其他扣除	减按计税比例	准予扣除的捐赠额									
							收入	费用	免税收入	减除费用	基本养老保险费	基本医疗保险费	失业保险费	住房公积金	年金	商业健康保险	税延养老保险	财产原值	允许扣除的税费	其他				子女教育	赡养老人	住房贷款利息	住房租金	继续教育				应纳税所得额	税率/预扣率	速算扣除数	应纳税额	减免税额	已扣缴税额	应补（退）税额	
1	2	3	4	5	6	7	8	9	10	11	12	13	14	15	16	17	18	19	20	21	22	23	24	25	26	27	28	29	30	31	32	33	34	35	36	37	38	39	40
合　计																																							

谨声明：本扣缴申报表是根据国家税收法律法规及相关规定填报的，是真实的、可靠的、完整的。

代理机构签章：

代理机构统一社会信用代码：

经办人签字：

经办人身份证件号码：

扣缴义务人（签章）：　　　年　月　日

受理人：

受理税务机关（章）：

受理日期：　　年　月　日

国家税务总局监制

【填写说明】：

一、适用范围

本表适用于扣缴义务人向居民个人支付工资、薪金所得，劳务报酬所得，稿酬所得和特许权使用费所得的个人所得税全员全额预扣预缴申报；向非居民个人支付工资、薪金所得，劳务报酬所得，稿酬所得和特许权使用费所得的个人所得税全员全额扣缴申报；以及向纳税人（居民个人和非居民个人）支付利息、股息、红利所得，财产租赁所得，财产转让所得和偶然所得的个人所得税全员全额扣缴申报。

二、申报期限

扣缴义务人应当在每月或者每次预扣、代扣税款的次月十五日内，将已扣税款缴入国库，并向税务机关报送本表。

三、各栏次填写说明

（一）表头项目

1. "税款所属期"：填写扣缴义务人代扣税款当月的第一日至最后一日。如：2019年3月20日发放工资时代扣的税款，税款所属期填写"2019年3月1日至2019年3月31日"。

2. "扣缴义务人名称"：填写扣缴义务人的法定名称全称。

3. "扣缴义务人纳税人识别号（统一社会信用代码）"：填写扣缴义务人的纳税人识别号或统一社会信用代码。

（二）表内各栏

1. 第2列"姓名"：填写纳税人姓名。

2. 第3列"身份证件类型"：填写纳税人有效的身份证件名称。中国公民有中华人民共和国居民身份证的，填写居民身份证；没有居民身份证的，填写中华人民共和国居民身份证上载明的证件名称。有中国公民身份证或台湾居民通行证或台湾居民居住证、外国人永久居留身份证、外国人工作许可证或护照等。

3. 第4列"身份证件号码"：填写纳税人有效的身份证件上载明的证件号码。

4. 第5列"纳税人识别号"：填写有中国公民身份号码的，填写公民身份号码"；没有中国公民身份号码的，填写税务机关赋予的纳税人识别号等。

5. 第6列"是否为非居民个人"：纳税人为非居民个人的填"是"，为居民个人的填"否"。不填默认为"否"。

6. 第7列"所得项目"：填写纳税人取得的个人所得税法第二条规定的应税所得项目名称。同一纳税人取得多项或多次所得的，应分行填写。

7. 第8~21列"本月（次）情况"：填写扣缴义务人当月（次）支付给纳税人的所得，以及按规定各所得项目当月（次）可扣除的减除费用、专项扣除、其他扣除等。其中，工资、薪金所得预扣预缴税款时扣除的专项附加扣除总额，填写至"累计情况（工资薪金）"中第25～29列相应栏，本月情况中则无须填写。

填写。

(1)"收入额计算":包含"收入""费用""免税收入"。

具体计算为:收入额=收入-费用-免税收入。

①第8列"收入":填写当月(次)扣缴义务人支付给纳税人所得的总额。

②第9列"费用":仅限支付劳务报酬、稿酬、特许权使用费三项所得时填写,支付其他各项所得时无须填写本列。每次收入4 000元以上的,费用按收入的20%填写;每次收入不超过4 000元的,费用填写"800"元。其中,税法规定非居民个人上述三项所得的个人所得税时,费用按收入的20%填写。

③第10列"免税收入":填写纳税人各项所得项目收入总额中,包含的税法规定的免税收入额。其中,税法规定"稿酬所得的收入额减按70%计算",对稿酬所得的收入额减计的30%部分,填入本列。

(2)第11列"减除费用":仅限于居民个人取得工资、薪金所得扣缴税款时填写。具体按税法规定的减除费用标准填写。如,2019年为5 000元/月。

(3)第12~15列"专项扣除":分别填写按规定允许扣除的基本养老保险费、基本医疗保险费、失业保险费、住房公积金的金额。

(4)第16~21列"其他扣除":分别填写按规定允许扣除的年金、商业健康保险、税收递延型商业养老保险及其他扣除项目的金额。

8.第22~30列"累计情况"。具体填写。

(1)第22列"累计收入额":填写本纳税年度截至当前月份,扣缴义务人支付给纳税人的工资、薪金所得的累计收入额。

(2)第23列"累计减除费用":按照5 000元/月乘以纳税人当年以本单位的任职受雇月份数计算。

(3)第24列"累计专项扣除":填写本年度截至当前月份,按规定允许扣除的"三险一金"的累计金额。

(4)第25~30列"累计专项附加扣除":本栏仅适用于居民个人取得工资、薪金所得的月份,分别填写截至当前月份,纳税人按规定可享受的子女教育、赡养老人、住房贷款利息或住房租金、继续教育扣除的累计金额。大病医疗由居民个人在该任职受雇单位截至本年度汇算清缴时办理,此处无须填报。

(5)第30列"累计其他扣除":填写本年度截至当前月份,按规定允许扣除的年金(包括企业年金、职业年金、税延养老保险及其他扣除项目的累计金额。

9.第31列"减计税比例":填写按规定实行应纳税所得额减计税收优惠的减计比例。无减计规定的,可不填。如,某项税收政策实行按60%计入应纳税所得额,则本列填60%。

10.第32列"准予扣除的捐赠额":是指按照税收法律、法规及相关政策规定,可以在税前扣除的捐赠额。

11.第33~39列"应纳税所得、税款计算":根据相关栏次计算填写。

(1)①居民个人取得工资、薪金所得,填写累计收入额减累计减除费用、累计专项扣除、累计专项附加扣除、准予扣除...

②非居民个人取得工资、薪金所得，填写收入额减去减除费用、准予扣除的捐赠后的余额。

③居民个人或非居民个人取得劳务报酬所得、稿酬所得、特许权使用费所得，填写本月（次）收入额减除准予扣除的税费、准予扣除的捐赠额后的余额。

④居民个人或非居民个人取得利息、股息、红利所得和偶然所得，填写本月（次）收入额减除允许扣除的税费、准予扣除的捐赠额后的余额。

⑤居民个人或非居民个人取得财产租赁所得，填写本月（次）收入额减除允许扣除的税费、准予扣除的捐赠额后的余额。

⑥居民个人或非居民个人取得财产转让所得，填写本月（次）收入额减除财产原值、允许扣除的税费、准予扣除的捐赠额后的余额。

其中，适用"减按计税比例"的所得项目，其应纳税所得额按上述计算方法计算乘以减按计税比例的金额填报。

(2) 第 34～35 列"税率/预扣率"和"速算扣除数"：填写各所得项目按规定适用的税率（或预扣率）和速算扣除数。没有速算扣除数的，则不填。

(3) 第 36 列"应纳税额"：根据相关列次计算填报。

具体计算公式为：应纳税额＝应纳税所得额×税率（预扣率）－速算扣除数。

(4) 第 37 列"减免税额"：填写符合税法规定可减免的税额。居民个人取得工资、薪金所得以外的所得各项所得，填写本月（次）减免税额。

(5) 第 38 列"已扣缴税额"：填写本月（次）纳税人同一所得项目，已由扣缴义务人实际扣缴的税款金额。

(6) 第 39 列"应补（退）税额"：根据相关列次计算填报。

具体计算公式为：应补（退）税额＝应纳税额－减免税额－已扣缴税额。

(三) 其他栏次

1. "声明"：需由扣缴义务人签字或盖章。

2. "经办人"：由办理扣缴申报的经办人签字，并填写经办人身份证件号码。

3. "代理机构"：代理机构代为办理扣缴申报的，应当填写代理机构统一社会信用代码，并加盖代理机构签章。

四、其他事项说明

本表一式两份，扣缴义务人、税务机关各留存一份。

6.36　国家税务总局关于股权激励有关个人所得税问题的通知

2009 年 8 月 24 日　国税函〔2009〕461 号

各省、自治区、直辖市和计划单列市地方税务局，西藏、宁夏、青海省（自治区）国家税务局：

为适应上市公司（含境内、境外上市公司，下同）薪酬制度改革和实施股权激励计划，根据《中华人民共和国个人所得税法》（以下简称个人所得税法）、《中华人民共和国个人所得税法实施条例》（以下简称实施条例）有关精神，财政部、国家税务总局先后下发了《关于个人股票期权所得征收个人所得税问题的通知》（财税〔2005〕35 号）和《关于股票增值权所得和限制性股票所得征收个人所得税有关问题的通知》（财税〔2009〕5 号）等文件。现就执行上述文件有关事项通知如下：

一、关于股权激励所得项目和计税方法的确定

根据个人所得税法及其实施条例和财税〔2009〕5 号文件等规定，个人因任职、受雇从上市公司取得的股票增值权所得和限制性股票所得，由上市公司或其境内机构按照"工资、薪金所得"项目和股票期权所得个人所得税计税方法，依法扣缴其个人所得税。

二、关于股票增值权应纳税所得额的确定

股票增值权被授权人获取的收益，是由上市公司根据授权日与行权日股票差价乘以被授权股数，直接向被授权人支付的现金。上市公司应于向股票增值权被授权人兑现时依法扣缴其个人所得税。被授权人股票增值权应纳税所得额计算公式为：

股票增值权某次行权应纳税所得额 =（行权日股票价格 - 授权日股票价格）× 行权股票份数。

三、关于限制性股票应纳税所得额的确定

按照个人所得税法及其实施条例等有关规定，原则上应在限制性股票所有权归属于被激励对象时确认其限制性股票所得的应纳税所得额。即：上市公司实施限制性股票计划时，应以被激励对象限制性股票在中国证券登记结算公司（境外为证券登记托管机构）进行股票登记日期的股票市价（指当日收盘价，下同）和本批次解禁股票当日市价（指当日收盘价，下同）的平均价格乘以本批次解禁股票份数，减去被激励对象本批次解禁股份数所对应的为获取限制性股票实际支付资金数额，其差额为应纳税所得额。被激励对象限制性股票应纳税所得额计算公式为：

应纳税所得额 =（股票登记日股票市价 + 本批次解禁股票当日市价）÷ 2 × 本批次
解禁股票份数 - 被激励对象实际支付的资金总额 ×（本批次解禁
股票份数 ÷ 被激励对象获取的限制性股票总份数）

四、关于股权激励所得应纳税额的计算

（一）个人在纳税年度内第一次取得股票期权、股票增值权所得和限制性股票所得的，上市公司应按照财税〔2005〕35 号文件第四条第一项所列公式计算扣缴其个人所得税。

（二）个人在纳税年度内两次以上（含两次）取得股票期权、股票增值权和限制性股票等

所得，包括两次以上（含两次）取得同一种股权激励形式所得或者同时兼有不同股权激励形式所得的，上市公司应将其纳税年度内各次股权激励所得合并，按照《国家税务总局关于个人股票期权所得缴纳个人所得税有关问题的补充通知》（国税函〔2006〕902 号）第七条、第八条所列公式计算扣缴个人所得税。

五、关于纳税义务发生时间

（一）股票增值权个人所得税纳税义务发生时间为上市公司向被授权人兑现股票增值权所得的日期；

（二）限制性股票个人所得税纳税义务发生时间为每一批次限制性股票解禁的日期。

六、关于报送资料的规定

（一）实施股票期权、股票增值权计划的境内上市公司，应按照财税〔2005〕35 号文件第五条第（三）项规定报送有关资料。

（二）实施限制性股票计划的境内上市公司，应在中国证券登记结算公司（境外为证券登记托管机构）进行股票登记、并经上市公司公示后 15 日内，将本公司限制性股票计划或实施方案、协议书、授权通知书、股票登记日期及当日收盘价、禁售期限和股权激励人员名单等资料报送主管税务机关备案。

境外上市公司的境内机构，应向其主管税务机关报送境外上市公司实施股权激励计划的中（外）文资料备案。

（三）扣缴义务人和自行申报纳税的个人在代扣代缴税款或申报纳税时，应在税法规定的纳税申报期限内，将个人接受或转让的股权以及认购的股票情况（包括种类、数量、施权价格、行权价格、市场价格、转让价格等）、股权激励人员名单、应纳税所得额、应纳税额等资料报送主管税务机关。

七、其他有关问题的规定

［部分废止］（一）财税〔2005〕35 号、国税函〔2006〕902 号和财税〔2009〕5 号以及本通知有关股权激励个人所得税政策，适用于上市公司（含所属分支机构）和上市公司控股企业的员工，其中上市公司占控股企业股份比例最低为 30%。

间接持股比例，按各层持股比例相乘计算，上市公司对一级子公司持股比例超过 50% 的，按 100% 计算。

（二）具有下列情形之一的股权激励所得，不适用本通知规定的优惠计税方法，直接计入个人当期所得征收个人所得税：

1. 除本条第（一）项规定之外的集团公司、非上市公司员工取得的股权激励所得；

2. 公司上市之前设立股权激励计划，待公司上市后取得的股权激励所得；

3. 上市公司未按照本通知第六条规定向其主管税务机关报备有关资料的。

（三）被激励对象为缴纳个人所得税款而出售股票，其出售价格与原计税价格不一致的，按原计税价格计算其应纳税所得额和税额。

八、本通知自发文之日起执行。本文下发之前已发生但尚未处理的事项，按本通知执行。

国家税务总局

2009 年 8 月 24 日

6.37 财政部 国家税务总局
关于完善股权激励和技术入股有关所得税政策的通知

2016 年 9 月 20 日 财税〔2016〕101 号

各省、自治区、直辖市、计划单列市财政厅（局）、国家税务局、地方税务局，新疆生产建设兵团财务局：

为支持国家大众创业、万众创新战略的实施，促进我国经济结构转型升级，经国务院批准，现就完善股权激励和技术入股有关所得税政策通知如下：

一、对符合条件的非上市公司股票期权、股权期权、限制性股票和股权奖励实行递延纳税政策

（一）非上市公司授予本公司员工的股票期权、股权期权、限制性股票和股权奖励，符合规定条件的，经向主管税务机关备案，可实行递延纳税政策，即员工在取得股权激励时可暂不纳税，递延至转让该股权时纳税；股权转让时，按照股权转让收入减除股权取得成本以及合理税费后的差额，适用"财产转让所得"项目，按照 20% 的税率计算缴纳个人所得税。

股权转让时，股票（权）期权取得成本按行权价确定，限制性股票取得成本按实际出资额确定，股权奖励取得成本为零。

（二）享受递延纳税政策的非上市公司股权激励（包括股票期权、股权期权、限制性股票和股权奖励，下同）须同时满足以下条件：

1. 属于境内居民企业的股权激励计划。

2. 股权激励计划经公司董事会、股东（大）会审议通过。未设股东（大）会的国有单位，经上级主管部门审核批准。股权激励计划应列明激励目的、对象、标的、有效期、各类价格的确定方法、激励对象获取权益的条件、程序等。

3. 激励标的应为境内居民企业的本公司股权。股权奖励的标的可以是技术成果投资入股到其他境内居民企业所取得的股权。激励标的股票（权）包括通过增发、大股东直接让渡以及法律法规允许的其他合理方式授予激励对象的股票（权）。

4. 激励对象应为公司董事会或股东（大）会决定的技术骨干和高级管理人员，激励对象人数累计不得超过本公司最近 6 个月在职职工平均人数的 30%。

5. 股票（权）期权自授予日起应持有满 3 年，且自行权日起持有满 1 年；限制性股票自授予日起应持有满 3 年，且解禁后持有满 1 年；股权奖励自获得奖励之日起应持有满 3 年。上述时间条件须在股权激励计划中列明。

6. 股票（权）期权自授予日至行权日的时间不得超过 10 年。

7. 实施股权奖励的公司及其奖励股权标的公司所属行业均不属于《股权奖励税收优惠政策限制性行业目录》范围（见附件）。公司所属行业按公司上一纳税年度主营业务收入占比最高的行业确定。

（三）本通知所称股票（权）期权是指公司给予激励对象在一定期限内以事先约定的价格购买本公司股票（权）的权利；所称限制性股票是指公司按照预先确定的条件授予激励对象一

定数量的本公司股权，激励对象只有工作年限或业绩目标符合股权激励计划规定条件的才可以处置该股权；所称股权奖励是指企业无偿授予激励对象一定份额的股权或一定数量的股份。

（四）股权激励计划所列内容不同时满足第一条第（二）款规定的全部条件，或递延纳税期间公司情况发生变化，不再符合第一条第（二）款第 4 至 6 项条件的，不得享受递延纳税优惠，应按规定计算缴纳个人所得税。

二、对上市公司股票期权、限制性股票和股权奖励适当延长纳税期限

（一）上市公司授予个人的股票期权、限制性股票和股权奖励，经向主管税务机关备案，个人可自股票期权行权、限制性股票解禁或取得股权奖励之日起，在不超过 12 个月的期限内缴纳个人所得税。《财政部 国家税务总局关于上市公司高管人员股票期权所得缴纳个人所得税有关问题的通知》（财税〔2009〕40 号）自本通知施行之日起废止。

（二）上市公司股票期权、限制性股票应纳税款的计算，继续按照《财政部 国家税务总局关于个人股票期权所得征收个人所得税问题的通知》（财税〔2005〕35 号）、《财政部 国家税务总局关于股票增值权所得和限制性股票所得征收个人所得税有关问题的通知》（财税〔2009〕5 号）、《国家税务总局关于股权激励有关个人所得税问题的通知》（国税函〔2009〕461 号）等相关规定执行。股权奖励应纳税款的计算比照上述规定执行。

三、对技术成果投资入股实施选择性税收优惠政策

（一）企业或个人以技术成果投资入股到境内居民企业，被投资企业支付的对价全部为股票（权）的，企业或个人可选择继续按现行有关税收政策执行，也可选择适用递延纳税优惠政策。

选择技术成果投资入股递延纳税政策的，经向主管税务机关备案，投资入股当期可暂不纳税，允许递延至转让股权时，按股权转让收入减去技术成果原值和合理税费后的差额计算缴纳所得税。

（二）企业或个人选择适用上述任一项政策，均允许被投资企业按技术成果投资入股时的评估值入账并在企业所得税前摊销扣除。

（三）技术成果是指专利技术（含国防专利）、计算机软件著作权、集成电路布图设计专有权、植物新品种权、生物医药新品种，以及科技部、财政部、国家税务总局确定的其他技术成果。

（四）技术成果投资入股，是指纳税人将技术成果所有权让渡给被投资企业、取得该企业股票（权）的行为。

四、相关政策

（一）个人从任职受雇企业以低于公平市场价格取得股票（权）的，凡不符合递延纳税条件，应在获得股票（权）时，对实际出资额低于公平市场价格的差额，按照"工资、薪金所得"项目，参照《财政部 国家税务总局关于个人股票期权所得征收个人所得税问题的通知》（财税〔2005〕35 号）有关规定计算缴纳个人所得税。

（二）个人因股权激励、技术成果投资入股取得股权后，非上市公司在境内上市的，处置递延纳税的股权时，按照现行限售股有关征税规定执行。

（三）个人转让股权时，视同享受递延纳税优惠政策的股权优先转让。递延纳税的股权成本按照加权平均法计算，不与其他方式取得的股权成本合并计算。

（四）持有递延纳税的股权期间，因该股权产生的转增股本收入，以及以该递延纳税的股权再进行非货币性资产投资的，应在当期缴纳税款。

（五）全国中小企业股份转让系统挂牌公司按照本通知第一条规定执行。

适用本通知第二条规定的上市公司是指其股票在上海证券交易所、深圳证券交易所上市交

易的股份有限公司。

五、配套管理措施

（一）对股权激励或技术成果投资入股选择适用递延纳税政策的，企业应在规定期限内到主管税务机关办理备案手续。未办理备案手续的，不得享受本通知规定的递延纳税优惠政策。

（二）企业实施股权激励或个人以技术成果投资入股，以实施股权激励或取得技术成果的企业为个人所得税扣缴义务人。递延纳税期间，扣缴义务人应在每个纳税年度终了后向主管税务机关报告递延纳税有关情况。

（三）工商部门应将企业股权变更信息及时与税务部门共享，暂不具备联网实时共享信息条件的，工商部门应在股权变更登记3个工作日内将信息与税务部门共享。

六、本通知自2016年9月1日起施行。

中关村国家自主创新示范区2016年1月1日至8月31日之间发生的尚未纳税的股权奖励事项，符合本通知规定的相关条件的，可按本通知有关政策执行。

财政部　国家税务总局

2016年9月20日

附件：股权奖励税收优惠政策限制性行业目录

门类代码	类别名称
A（农、林、牧、渔业）	（1）03 畜牧业（科学研究、籽种繁育性质项目除外） （2）04 渔业（科学研究、籽种繁育性质项目除外）
B（采矿业）	（3）采矿业（除第 11 类开采辅助活动）
C（制造业）	（4）16 烟草制品业 （5）17 纺织业（除第 178 类非家用纺织制成品制造） （6）19 皮革、毛皮、羽毛及其制品和制鞋业 （7）20 木材加工和木、竹、藤、棕、草制品业 （8）22 造纸和纸制品业（除第 223 类纸制品制造） （9）31 黑色金属冶炼和压延加工业（除第 314 类钢压延加工）
F（批发和零售业）	（10）批发和零售业
G（交通运输、仓储和邮政业）	（11）交通运输、仓储和邮政业
H（住宿和餐饮业）	（12）住宿和餐饮业
J（金融业）	（13）66 货币金融服务 （14）68 保险业
K（房地产业）	（15）房地产业
L（租赁和商务服务业）	（16）租赁和商务服务业
O（居民服务、修理和其他服务业）	（17）79 居民服务业
Q（卫生和社会工作）	（18）84 社会工作
R（文化、体育和娱乐业）	（19）88 体育 （20）89 娱乐业

续表

门类代码	类别名称
S（公共管理、社会保障和社会组织）	（21）公共管理、社会保障和社会组织（除第 9421 类专业性团体和 9422 类行业性团体）
T（国际组织）	（22）国际组织

说明：以上目录按照《国民经济行业分类》（GB/T 4754—2011）编制。

6.38　国家税务总局　关于股权激励和技术入股所得税征管问题的公告

2016 年 9 月 28 日　国家税务总局公告 2016 年第 62 号

为贯彻落实《财政部　国家税务总局关于完善股权激励和技术入股有关所得税政策的通知》（财税〔2016〕101 号，以下简称《通知》），现就股权激励和技术入股有关所得税征管问题公告如下：

一、关于个人所得税征管问题

（一）非上市公司实施符合条件的股权激励，本公司最近 6 个月在职职工平均人数，按照股票（权）期权行权、限制性股票解禁、股权奖励获得之上月起前 6 个月"工资薪金所得"项目全员全额扣缴明细申报的平均人数确定。

（二）递延纳税期间，非上市公司情况发生变化，不再同时符合《通知》第一条第（二）款第 4 至 6 项条件的，应于情况发生变化之次月 15 日内，按《通知》第四条第（一）款规定计算缴纳个人所得税。

（三）员工以在一个公历月份中取得的股票（权）形式工资薪金所得为一次。员工取得符合条件、实行递延纳税政策的股权激励，与不符合递延纳税条件的股权激励分别计算。

员工在一个纳税年度中多次取得不符合递延纳税条件的股票（权）形式工资薪金所得的，参照《国家税务总局关于个人股票期权所得缴纳个人所得税有关问题的补充通知》（国税函〔2006〕902 号）第七条规定执行。

（四）《通知》所称公平市场价格按以下方法确定：

1. 上市公司股票的公平市场价格，按照取得股票当日的收盘价确定。取得股票当日为非交易日的，按照上一个交易日收盘价确定。

2. 非上市公司股票（权）的公平市场价格，依次按照净资产法、类比法和其他合理方法确定。净资产法按照取得股票（权）的上年末净资产确定。

（五）企业备案具体按以下规定执行：

1. 非上市公司实施符合条件的股权激励，个人选择递延纳税的，非上市公司应于股票（权）期权行权、限制性股票解禁、股权奖励获得之次月 15 日内，向主管税务机关报送《非上市公司股权激励个人所得税递延纳税备案表》（附件 1）、股权激励计划、董事会或股东大会决议、激励对象任职或从事技术工作情况说明等。实施股权奖励的企业同时报送本企业及其奖励股权标的企业上一纳税年度主营业务收入构成情况说明。

2. 上市公司实施股权激励，个人选择在不超过 12 个月期限内缴税的，上市公司应自股票期权行权、限制性股票解禁、股权奖励获得之次月 15 日内，向主管税务机关报送《上市公司股权激励个人所得税延期纳税备案表》（附件 2）。上市公司初次办理股权激励备案时，还应一并向主管税务机关报送股权激励计划、董事会或股东大会决议。

3. 个人以技术成果投资入股境内公司并选择递延纳税的，被投资公司应于取得技术成果并支付股权之次月 15 日内，向主管税务机关报送《技术成果投资入股个人所得税递延纳税备案表》（附件 3）、技术成果相关证书或证明材料、技术成果投资入股协议、技术成果评估报告等资料。

（六）个人因非上市公司实施股权激励或以技术成果投资入股取得的股票（权），实行递延纳税期间，扣缴义务人应于每个纳税年度终了后 30 日内，向主管税务机关报送《个人所得税递延纳税情况年度报告表》（附件 4）。

（七）递延纳税股票（权）转让、办理纳税申报时，扣缴义务人、个人应向主管税务机关一并报送能够证明股票（权）转让价格、递延纳税股票（权）原值、合理税费的有关资料，具体包括转让协议、评估报告和相关票据等。资料不全或无法充分证明有关情况，造成计税依据偏低，又无正当理由的，主管税务机关可依据税收征管法有关规定进行核定。

二、关于企业所得税征管问题

（一）选择适用《通知》中递延纳税政策的，应当为实行查账征收的居民企业以技术成果所有权投资。

（二）企业适用递延纳税政策的，应在投资完成后首次预缴申报时，将相关内容填入《技术成果投资入股企业所得税递延纳税备案表》（附件 5）。

（三）企业接受技术成果投资入股，技术成果评估值明显不合理的，主管税务机关有权进行调整。

三、实施时间

本公告自 2016 年 9 月 1 日起实施。中关村国家自主创新示范区 2016 年 1 月 1 日至 8 月 31 日之间发生的尚未纳税的股权奖励事项，按《通知》有关政策执行的，可按本公告有关规定办理相关税收事宜。《国家税务总局关于 3 项个人所得税事项取消审批实施后续管理的公告》（国家税务总局公告 2016 年第 5 号）第二条第（一）项同时废止。

特此公告。

附件：1.《非上市公司股权激励个人所得税递延纳税备案表》及填报说明
　　　2.《上市公司股权激励个人所得税延期纳税备案表》及填报说明
　　　3.《技术成果投资入股个人所得税递延纳税备案表》及填报说明
　　　4.《个人所得税递延纳税情况年度报告表》及填报说明
　　　5.《技术成果投资入股企业所得税递延纳税备案表》及填报说明

国家税务总局
2016 年 9 月 28 日

6.39　财政部　税务总局　证监会关于个人转让全国中小企业股份转让系统挂牌公司股票有关个人所得税政策的通知

2018 年 11 月 30 日　财税〔2018〕137 号

各省、自治区、直辖市、计划单列市财政厅（局），国家税务总局各省、自治区、直辖市、计划单列市税务局，新疆生产建设兵团财政局，全国中小企业股份转让系统有限责任公司，中国证券登记结算有限责任公司：

为促进全国中小企业股份转让系统（以下简称新三板）长期稳定发展，现就个人转让新三板挂牌公司股票有关个人所得税政策通知如下：

一、自 2018 年 11 月 1 日（含）起，对个人转让新三板挂牌公司非原始股取得的所得，暂免征收个人所得税。

本通知所称非原始股是指个人在新三板挂牌公司挂牌后取得的股票，以及由上述股票孳生的送、转股。

二、对个人转让新三板挂牌公司原始股取得的所得，按照"财产转让所得"，适用 20% 的比例税率征收个人所得税。

本通知所称原始股是指个人在新三板挂牌公司挂牌前取得的股票，以及在该公司挂牌前和挂牌后由上述股票孳生的送、转股。

三、2019 年 9 月 1 日之前，个人转让新三板挂牌公司原始股的个人所得税，征收管理办法按照现行股权转让所得有关规定执行，以股票受让方为扣缴义务人，由被投资企业所在地税务机关负责征收管理。

自 2019 年 9 月 1 日（含）起，个人转让新三板挂牌公司原始股的个人所得税，以股票托管的证券机构为扣缴义务人，由股票托管的证券机构所在地主管税务机关负责征收管理。具体征收管理办法参照《财政部　国家税务总局　证监会关于个人转让上市公司限售股所得征收个人所得税有关问题的通知》（财税〔2009〕167 号）和《财政部　国家税务总局　证监会关于个人转让上市公司限售股所得征收个人所得税有关问题的补充通知》（财税〔2010〕70 号）有关规定执行。

四、2018 年 11 月 1 日之前，个人转让新三板挂牌公司非原始股，尚未进行税收处理的，可比照本通知第一条规定执行，已经进行相关税收处理的，不再进行税收调整。

五、中国证券登记结算公司应当在登记结算系统内明确区分新三板原始股和非原始股。中国证券登记结算公司、证券公司及其分支机构应当积极配合财政、税务部门做好相关工作。

财政部　税务总局　证监会
2018 年 11 月 30 日

6.40　财政部　国家税务总局关于股票增值权所得和限制性股票所得征收个人所得税有关问题的通知

2009 年 1 月 7 日　财税〔2009〕5 号

各省、自治区、直辖市、计划单列市财政厅（局）、地方税务局，宁夏、西藏、青海省（自治区）国家税务局，新疆生产建设兵团财务局：

根据《中华人民共和国个人所得税法》《中华人民共和国税收征收管理法》等有关规定，现就股票增值权所得和限制性股票所得征收个人所得税有关问题通知如下：

一、对于个人从上市公司（含境内、外上市公司，下同）取得的股票增值权所得和限制性股票所得，比照《财政部　国家税务总局关于个人股票期权所得征收个人所得税问题的通知》（财税〔2005〕35 号）、《国家税务总局关于个人股票期权所得缴纳个人所得税有关问题的补充通知》（国税函〔2006〕902 号）的有关规定，计算征收个人所得税。

二、本通知所称股票增值权，是指上市公司授予公司员工在未来一定时期和约定条件下，获得规定数量的股票价格上升所带来收益的权利。被授权人在约定条件下行权，上市公司按照行权日与授权日二级市场股票差价乘以授权股票数量，发放给被授权人现金。

三、本通知所称限制性股票，是指上市公司按照股权激励计划约定的条件，授予公司员工一定数量本公司的股票。

四、实施股票增值权计划或限制性股票计划的境内上市公司，应在向中国证监会报备的同时，将企业股票增值权计划、限制性股票计划或实施方案等有关资料报送主管税务机关备案。

五、实施股票增值权计划或限制性股票计划的境内上市公司，应在做好个人所得税扣缴工作的同时，按照《国家税务总局关于印发〈个人所得税全员全额扣缴申报管理暂行办法〉的通知》（国税发〔2005〕205 号）的有关规定，向主管税务机关报送其员工行权等涉税信息。

　　　　　　　　　　　　　　　　　　　　　　　　　　财政部　国家税务总局
　　　　　　　　　　　　　　　　　　　　　　　　　　2009 年 1 月 7 日

6.41　国家税务总局关于发布《股权转让所得个人所得税管理办法（试行）》的公告

2014 年 12 月 7 日　国家税务总局公告 2014 年第 67 号

（全文有效。《国家税务总局关于修改部分税收规范性文件的公告》（国家税务总局公告 2018 年第 31 号）对本文进行了修改。）

现将《股权转让所得个人所得税管理办法（试行）》予以发布，自 2015 年 1 月 1 日起施行。

特此公告。

国家税务总局

2014 年 12 月 7 日

股权转让所得个人所得税管理办法（试行）

第一章　总则

第一条　为加强股权转让所得个人所得税征收管理，规范税务机关、纳税人和扣缴义务人征纳行为，维护纳税人合法权益，根据《中华人民共和国个人所得税法》及其实施条例、《中华人民共和国税收征收管理法》及其实施细则，制定本办法。

第二条　本办法所称股权是指自然人股东（以下简称个人）投资于在中国境内成立的企业或组织（以下统称被投资企业，不包括个人独资企业和合伙企业）的股权或股份。

第三条　本办法所称股权转让是指个人将股权转让给其他个人或法人的行为，包括以下情形：

（一）出售股权；

（二）公司回购股权；

（三）发行人首次公开发行新股时，被投资企业股东将其持有的股份以公开发行方式一并向投资者发售；

（四）股权被司法或行政机关强制过户；

（五）以股权对外投资或进行其他非货币性交易；

（六）以股权抵偿债务；

（七）其他股权转移行为。

第四条　个人转让股权，以股权转让收入减除股权原值和合理费用后的余额为应纳税所得额，按"财产转让所得"缴纳个人所得税。

合理费用是指股权转让时按照规定支付的有关税费。

第五条　个人股权转让所得个人所得税，以股权转让方为纳税人，以受让方为扣缴义务人。

第六条　扣缴义务人应于股权转让相关协议签订后 5 个工作日内，将股权转让的有关情况报告主管税务机关。

被投资企业应当详细记录股东持有本企业股权的相关成本，如实向税务机关提供与股权转让有关的信息，协助税务机关依法执行公务。

第二章　股权转让收入的确认

第七条　股权转让收入是指转让方因股权转让而获得的现金、实物、有价证券和其他形式的经济利益。

第八条　转让方取得与股权转让相关的各种款项，包括违约金、补偿金以及其他名目的款项、资产、权益等，均应当并入股权转让收入。

第九条　纳税人按照合同约定，在满足约定条件后取得的后续收入，应当作为股权转让收入。

第十条　股权转让收入应当按照公平交易原则确定。

第十一条　符合下列情形之一的，主管税务机关可以核定股权转让收入：

（一）申报的股权转让收入明显偏低且无正当理由的；

（二）未按照规定期限办理纳税申报，经税务机关责令限期申报，逾期仍不申报的；

（三）转让方无法提供或拒不提供股权转让收入的有关资料；

（四）其他应核定股权转让收入的情形。

第十二条　符合下列情形之一，视为股权转让收入明显偏低：

（一）申报的股权转让收入低于股权对应的净资产份额的。其中，被投资企业拥有土地使用权、房屋、房地产企业未销售房产、知识产权、探矿权、采矿权、股权等资产的，申报的股权转让收入低于股权对应的净资产公允价值份额的；

（二）申报的股权转让收入低于初始投资成本或低于取得该股权所支付的价款及相关税费的；

（三）申报的股权转让收入低于相同或类似条件下同一企业同一股东或其他股东股权转让收入的；

（四）申报的股权转让收入低于相同或类似条件下同类行业的企业股权转让收入的；

（五）不具合理性的无偿让渡股权或股份；

（六）主管税务机关认定的其他情形。

第十三条　符合下列条件之一的股权转让收入明显偏低，视为有正当理由：

（一）能出具有效文件，证明被投资企业因国家政策调整，生产经营受到重大影响，导致低价转让股权；

（二）继承或将股权转让给其能提供具有法律效力身份关系证明的配偶、父母、子女、祖父母、外祖父母、孙子女、外孙子女、兄弟姐妹以及对转让人承担直接抚养或者赡养义务的抚养人或者赡养人；

（三）相关法律、政府文件或企业章程规定，并有相关资料充分证明转让价格合理且真实的本企业员工持有的不能对外转让股权的内部转让；

（四）股权转让双方能够提供有效证据证明其合理性的其他合理情形。

第十四条　主管税务机关应依次按照下列方法核定股权转让收入：

（一）净资产核定法

股权转让收入按照每股净资产或股权对应的净资产份额核定。

被投资企业的土地使用权、房屋、房地产企业未销售房产、知识产权、探矿权、采矿权、股权等资产占企业总资产比例超过 20% 的，主管税务机关可参照纳税人提供的具有法定资质的中介机构出具的资产评估报告核定股权转让收入。

6 个月内再次发生股权转让且被投资企业净资产未发生重大变化的，主管税务机关可参照上一次股权转让时被投资企业的资产评估报告核定此次股权转让收入。

（二）类比法

1. 参照相同或类似条件下同一企业同一股东或其他股东股权转让收入核定；

2. 参照相同或类似条件下同类行业企业股权转让收入核定。

（三）其他合理方法

主管税务机关采用以上方法核定股权转让收入存在困难的，可以采取其他合理方法核定。

第三章 股权原值的确认

第十五条 个人转让股权的原值依照以下方法确认：

（一）以现金出资方式取得的股权，按照实际支付的价款与取得股权直接相关的合理税费之和确认股权原值；

（二）以非货币性资产出资方式取得的股权，按照税务机关认可或核定的投资入股时非货币性资产价格与取得股权直接相关的合理税费之和确认股权原值；

（三）通过无偿让渡方式取得股权，具备本办法第十三条第二项所列情形的，按取得股权发生的合理税费与原持有人的股权原值之和确认股权原值；

（四）被投资企业以资本公积、盈余公积、未分配利润转增股本，个人股东已依法缴纳个人所得税的，以转增额和相关税费之和确认其新转增股本的股权原值；

（五）除以上情形外，由主管税务机关按照避免重复征收个人所得税的原则合理确认股权原值。

第十六条 股权转让人已被主管税务机关核定股权转让收入并依法征收个人所得税的，该股权受让人的股权原值以取得股权时发生的合理税费与股权转让人被主管税务机关核定的股权转让收入之和确认。

第十七条 个人转让股权未提供完整、准确的股权原值凭证，不能正确计算股权原值的，由主管税务机关核定其股权原值。

第十八条 对个人多次取得同一被投资企业股权的，转让部分股权时，采用"加权平均法"确定其股权原值。

第四章 纳税申报

第十九条 个人股权转让所得个人所得税以被投资企业所在地税务机关为主管税务机关。

第二十条 具有下列情形之一的，扣缴义务人、纳税人应当依法在次月 15 日内向主管税务机关申报纳税：

（一）受让方已支付或部分支付股权转让价款的；

（二）股权转让协议已签订生效的；

（三）受让方已经实际履行股东职责或者享受股东权益的；

（四）国家有关部门判决、登记或公告生效的；

（五）本办法第三条第四至第七项行为已完成的；

（六）税务机关认定的其他有证据表明股权已发生转移的情形。

第二十一条 纳税人、扣缴义务人向主管税务机关办理股权转让纳税（扣缴）申报时，还应当报送以下资料：

（一）股权转让合同（协议）；

（二）股权转让双方身份证明；

（三）按规定需要进行资产评估的，需提供具有法定资质的中介机构出具的净资产或土地房产等资产价值评估报告；

（四）计税依据明显偏低但有正当理由的证明材料；

（五）主管税务机关要求报送的其他材料。

第二十二条　被投资企业应当在董事会或股东会结束后 5 个工作日内，向主管税务机关报送与股权变动事项相关的董事会或股东会决议、会议纪要等资料。

被投资企业发生个人股东变动或者个人股东所持股权变动的，应当在次月 15 日内向主管税务机关报送含有股东变动信息的《个人所得税基础信息表（A 表）》及股东变更情况说明。

主管税务机关应当及时向被投资企业核实其股权变动情况，并确认相关转让所得，及时督促扣缴义务人和纳税人履行法定义务。

第二十三条　转让的股权以人民币以外的货币结算的，按照结算当日人民币汇率中间价，折算成人民币计算应纳税所得额。

第五章　征收管理

第二十四条　税务机关应加强与工商部门合作，落实和完善股权信息交换制度，积极开展股权转让信息共享工作。

第二十五条　税务机关应当建立股权转让个人所得税电子台账，将个人股东的相关信息录入征管信息系统，强化对每次股权转让间股权转让收入和股权原值的逻辑审核，对股权转让实施链条式动态管理。

第二十六条　税务机关应当加强对股权转让所得个人所得税的日常管理和税务检查，积极推进股权转让各税种协同管理。

第二十七条　纳税人、扣缴义务人及被投资企业未按照规定期限办理纳税（扣缴）申报和报送相关资料的，依照《中华人民共和国税收征收管理法》及其实施细则有关规定处理。

第二十八条　各地可通过政府购买服务的方式，引入中介机构参与股权转让过程中相关资产的评估工作。

第六章　附则

第二十九条　个人在上海证券交易所、深圳证券交易所转让从上市公司公开发行和转让市场取得的上市公司股票，转让限售股，以及其他有特别规定的股权转让，不适用本办法。

第三十条　各省、自治区、直辖市和计划单列市税务局可以根据本办法，结合本地实际，制定具体实施办法。

第三十一条　本办法自 2015 年 1 月 1 日起施行。《国家税务总局关于加强股权转让所得征收个人所得税管理的通知》（国税函〔2009〕285 号）、《国家税务总局关于股权转让个人所得税计税依据核定问题的公告》（国家税务总局公告 2010 年第 27 号）同时废止。

6.42　财政部　国家税务总局关于个人无偿受赠房屋有关个人所得税问题的通知

2009 年 5 月 25 日　财税〔2009〕78 号

各省、自治区、直辖市、计划单列市财政厅（局）、地方税务局，宁夏、西藏、青海省（自治区）国家税务局，新疆生产建设兵团财务局：

为了加强个人所得税征管，堵塞税收漏洞，根据《中华人民共和国个人所得税法》有关规定，现就个人无偿受赠房屋有关个人所得税问题通知如下：

一、以下情形的房屋产权无偿赠与，对当事双方不征收个人所得税：

（一）房屋产权所有人将房屋产权无偿赠与配偶、父母、子女、祖父母、外祖父母、孙子女、外孙子女、兄弟姐妹；

（二）房屋产权所有人将房屋产权无偿赠与对其承担直接抚养或者赡养义务的抚养人或者赡养人；

（三）房屋产权所有人死亡，依法取得房屋产权的法定继承人、遗嘱继承人或者受遗赠人。

二、赠与双方办理免税手续时，应向税务机关提交以下资料：

（一）《国家税务总局关于加强房地产交易个人无偿赠与不动产税收管理有关问题的通知》（国税发〔2006〕144 号）第一条规定的相关证明材料；

（二）赠与双方当事人的有效身份证件；

（三）属于本通知第一条第（一）项规定情形的，还须提供公证机构出具的赠与人和受赠人亲属关系的公证书（原件）。

（四）属于本通知第一条第（二）项规定情形的，还须提供公证机构出具的抚养关系或者赡养关系公证书（原件），或者乡镇政府或街道办事处出具的抚养关系或者赡养关系证明。

税务机关应当认真审核赠与双方提供的上述资料，资料齐全并且填写正确的，在提交的《个人无偿赠与不动产登记表》上签字盖章后复印留存，原件退还提交人，同时办理个人所得税不征税手续。

［条款废止］三、除本通知第一条规定情形以外，房屋产权所有人将房屋产权无偿赠与他人的，受赠人因无偿受赠房屋取得的受赠所得，按照"经国务院财政部门确定征税的其他所得"项目缴纳个人所得税，税率为 20%。

四、对受赠人无偿受赠房屋计征个人所得税时，其应纳税所得额为房地产赠与合同上标明的赠与房屋价值减除赠与过程中受赠人支付的相关税费后的余额。赠与合同标明的房屋价值明显低于市场价格或房地产赠与合同未标明赠与房屋价值的，税务机关可依据受赠房屋的市场评估价格或采取其他合理方式确定受赠人的应纳税所得额。

五、受赠人转让受赠房屋的，以其转让受赠房屋的收入减除原捐赠人取得该房屋的实际购置成本以及赠与和转让过程中受赠人支付的相关税费后的余额，为受赠人的应纳税所得额，依法计征个人所得税。受赠人转让受赠房屋价格明显偏低且无正当理由的，税务机关可以依据该房屋的市场评估价格或其他合理方式确定的价格核定其转让收入。

六、本通知自发布之日起执行。

财政部　国家税务总局

2009 年 5 月 25 日

6.43　国家税务总局关于个人转租房屋取得收入征收个人所得税问题的通知

2009 年 11 月 18 日　国税函〔2009〕639 号

各省、自治区、直辖市和计划单列市地方税务局，西藏、宁夏、青海省（自治区）国家税务局：

为规范和加强个人所得税管理，根据《中华人民共和国个人所得税法》及其实施条例的规定，现对个人取得转租房屋收入有关个人所得税问题通知如下：

一、个人将承租房屋转租取得的租金收入，属于个人所得税应税所得，应按"财产租赁所得"项目计算缴纳个人所得税。

二、取得转租收入的个人向房屋出租方支付的租金，凭房屋租赁合同和合法支付凭据允许在计算个人所得税时，从该项转租收入中扣除。

三、《国家税务总局关于个人所得税若干业务问题的批复》（国税函〔2002〕146 号）有关财产租赁所得个人所得税前扣除税费的扣除次序调整为：

（一）财产租赁过程中缴纳的税费；

（二）向出租方支付的租金；

（三）由纳税人负担的租赁财产实际开支的修缮费用；

（四）税法规定的费用扣除标准。

国家税务总局

2009 年 11 月 18 日

6.44　财政部　国家税务总局　住房和城乡建设部关于调整房地产交易环节契税　个人所得税优惠政策的通知

2010 年 9 月 29 日　财税〔2010〕94 号

各省、自治区、直辖市、计划单列市财政厅（局）、地方税务局、住房城乡建设厅（建委、房地局），西藏、宁夏、青海省（自治区）国税局，新疆生产建设兵团财务局、建设局：

经国务院批准，现就调整房地产交易环节契税、个人所得税有关优惠政策通知如下：

［条款废止］ **一、关于契税政策**

（一）对个人购买普通住房，且该住房属于家庭（成员范围包括购房人、配偶以及未成年子女，下同）唯一住房的，减半征收契税。对个人购买 90 平方米及以下普通住房，且该住房属于家庭唯一住房的，减按 1% 税率征收契税。

征收机关应查询纳税人契税纳税记录；无记录或有记录但有疑义的，根据纳税人的申请或授权，由房地产主管部门通过房屋登记信息系统查询纳税人家庭住房登记记录，并出具书面查询结果。如因当地暂不具备查询条件而不能提供家庭住房登记查询结果的，纳税人应向征收机关提交家庭住房实有套数书面诚信保证。诚信保证不实的，属于虚假纳税申报，按照《中华人民共和国税收征收管理法》的有关规定处理。

具体操作办法由各省、自治区、直辖市财政、税务、房地产主管部门共同制定。

（二）个人购买的普通住房，凡不符合上述规定的，不得享受上述优惠政策。

二、关于个人所得税政策

对出售自有住房并在 1 年内重新购房的纳税人不再减免个人所得税。

本通知自 2010 年 10 月 1 日起执行。《财政部　国家税务总局关于调整房地产市场若干税收政策的通知》（财税字〔1999〕210 号）第一条有关契税的规定、《财政部　国家税务总局关于调整房地产交易环节税收政策的通知》（财税〔2008〕137 号）第一条、《财政部　国家税务总局　建设部关于个人出售住房所得征收个人所得税有关问题的通知》（财税字〔1999〕278 号）第三条同时废止。

特此通知。

财政部　国家税务总局　住房和城乡建设部

2010 年 9 月 29 日

6.45　财政部　国家税务总局关于促进公共租赁住房发展有关税收优惠政策的通知

2014 年 8 月 11 日　财税〔2014〕52 号

各省、自治区、直辖市、计划单列市财政厅（局）、地方税务局，西藏、宁夏、青海省（自治区）国家税务局，新疆生产建设兵团财务局：

根据《国务院办公厅关于保障性安居工程建设和管理的指导意见》（国办发〔2011〕45 号）和住房城乡建设部、财政部、国家税务总局等部门《关于加快发展公共租赁住房的指导意见》（建保〔2010〕87 号）等文件精神，决定继续对公共租赁住房建设和运营给予税收优惠。现将有关政策通知如下：

一、对公共租赁住房建设期间用地及公共租赁住房建成后占地免征城镇土地使用税。在其他住房项目中配套建设公共租赁住房，依据政府部门出具的相关材料，按公共租赁住房建筑面积占总建筑面积的比例免征建设、管理公共租赁住房涉及的城镇土地使用税。

二、对公共租赁住房经营管理单位免征建设、管理公共租赁住房涉及的印花税。在其他住房项目中配套建设公共租赁住房，依据政府部门出具的相关材料，按公共租赁住房建筑面积占总建筑面积的比例免征建设、管理公共租赁住房涉及的印花税。

三、对公共租赁住房经营管理单位购买住房作为公共租赁住房，免征契税、印花税；对公共租赁住房租赁双方免征签订租赁协议涉及的印花税。

四、对企事业单位、社会团体以及其他组织转让旧房作为公共租赁住房房源，且增值额未超过扣除项目金额20%的，免征土地增值税。

五、企事业单位、社会团体以及其他组织捐赠住房作为公共租赁住房，符合税收法律法规规定的，对其公益性捐赠支出在年度利润总额12%以内的部分，准予在计算应纳税所得额时扣除。

个人捐赠住房作为公共租赁住房，符合税收法律法规规定的，对其公益性捐赠支出未超过其申报的应纳税所得额30%的部分，准予从其应纳税所得额中扣除。

六、对符合地方政府规定条件的低收入住房保障家庭从地方政府领取的住房租赁补贴，免征个人所得税。

七、对公共租赁住房免征房产税。对经营公共租赁住房所取得的租金收入，免征营业税。公共租赁住房经营管理单位应单独核算公共租赁住房租金收入，未单独核算的，不得享受免征营业税、房产税优惠政策。

八、享受上述税收优惠政策的公共租赁住房是指纳入省、自治区、直辖市、计划单列市人民政府及新疆生产建设兵团批准的公共租赁住房发展规划和年度计划，并按照《关于加快发展公共租赁住房的指导意见》（建保〔2010〕87号）和市、县人民政府制定的具体管理办法进行管理的公共租赁住房。

九、本通知执行期限为2013年9月28日至2015年12月31日。2013年9月28日以后已征的应予减免的税款，在纳税人以后应缴的相应税款中抵减或者予以退还。

根据《住房城乡建设部　财政部　国家发展改革委关于公共租赁住房和廉租住房并轨运行的通知》（建保〔2013〕178号）规定，2014年以前年度已列入廉租住房年度建设计划的在建项目，自本通知印发之日起，统一按本通知规定的税收优惠政策执行。《财政部　国家税务总局关于廉租住房经济适用住房和住房租赁有关税收政策的通知》（财税〔2008〕24号）中有关廉租住房税收政策的规定自本通知印发之日起同时废止。

财政部　国家税务总局

2014年8月11日

6.46　财政部　国家税务总局关于营改增后契税　房产税 土地增值税　个人所得税计税依据问题的通知

2016年4月25日　财税〔2016〕43号

各省、自治区、直辖市、计划单列市财政厅（局）、地方税务局，西藏、宁夏、青海省（自治区）国家税务局，新疆生产建设兵团财务局：

经研究，现将营业税改征增值税后契税、房产税、土地增值税、个人所得税计税依据有关问题明确如下：

一、计征契税的成交价格不含增值税。

二、房产出租的，计征房产税的租金收入不含增值税。

三、土地增值税纳税人转让房地产取得的收入为不含增值税收入。

《中华人民共和国土地增值税暂行条例》等规定的土地增值税扣除项目涉及的增值税进项税额，允许在销项税额中计算抵扣的，不计入扣除项目，不允许在销项税额中计算抵扣的，可以计入扣除项目。

四、个人转让房屋的个人所得税应税收入不含增值税，其取得房屋时所支付价款中包含的增值税计入财产原值，计算转让所得时可扣除的税费不包括本次转让缴纳的增值税。

个人出租房屋的个人所得税应税收入不含增值税，计算房屋出租所得可扣除的税费不包括本次出租缴纳的增值税。个人转租房屋的，其向房屋出租方支付的租金及增值税额，在计算转租所得时予以扣除。

五、免征增值税的，确定计税依据时，成交价格、租金收入、转让房地产取得的收入不扣减增值税额。

六、在计征上述税种时，税务机关核定的计税价格或收入不含增值税。

本通知自 2016 年 5 月 1 日起执行。

财政部　国家税务总局

2016 年 4 月 25 日

6.47　财政部　税务总局关于个人所得税法修改后有关优惠政策衔接问题的通知

2018 年 12 月 27 日　财税〔2018〕164 号

各省、自治区、直辖市、计划单列市财政厅（局），国家税务总局各省、自治区、直辖市、计划单列市税务局，新疆生产建设兵团财政局：

为贯彻落实修改后的《中华人民共和国个人所得税法》，现将个人所得税优惠政策衔接有关事项通知如下：

一、关于全年一次性奖金、中央企业负责人年度绩效薪金延期兑现收入和任期奖励的政策

（一）居民个人取得全年一次性奖金，符合《国家税务总局关于调整个人取得全年一次性奖金等计算征收个人所得税方法问题的通知》（国税发〔2005〕9 号）规定的，在 2021 年 12 月 31 日前，不并入当年综合所得，以全年一次性奖金收入除以 12 个月得到的数额，按照本通知所附按月换算后的综合所得税率表（以下简称月度税率表），确定适用税率和速算扣除数，单独计算纳税。计算公式为：

应纳税额＝全年一次性奖金收入×适用税率－速算扣除数

居民个人取得全年一次性奖金，也可以选择并入当年综合所得计算纳税。

自 2022 年 1 月 1 日起，居民个人取得全年一次性奖金，应并入当年综合所得计算缴纳个人所得税。

（二）中央企业负责人取得年度绩效薪金延期兑现收入和任期奖励，符合《国家税务总局关于中央企业负责人年度绩效薪金延期兑现收入和任期奖励征收个人所得税问题的通知》（国税发〔2007〕118号）规定的，在2021年12月31日前，参照本通知第一条第（一）项执行；2022年1月1日之后的政策另行明确。

二、关于上市公司股权激励的政策

（一）居民个人取得股票期权、股票增值权、限制性股票、股权奖励等股权激励（以下简称股权激励），符合《财政部　国家税务总局关于个人股票期权所得征收个人所得税问题的通知》（财税〔2005〕35号）、《财政部国家税务总局关于股票增值权所得和限制性股票所得征收个人所得税有关问题的通知》（财税〔2009〕5号）、《财政部　国家税务总局关于将国家自主创新示范区有关税收试点政策推广到全国范围实施的通知》（财税〔2015〕116号）第四条、《财政部国家税务总局关于完善股权激励和技术入股有关所得税政策的通知》（财税〔2016〕101号）第四条第（一）项规定的相关条件的，在2021年12月31日前，不并入当年综合所得，全额单独适用综合所得税率表，计算纳税。计算公式为：

$$应纳税额 = 股权激励收入 \times 适用税率 - 速算扣除数$$

（二）居民个人一个纳税年度内取得两次以上（含两次）股权激励的，应合并按本通知第二条第（一）项规定计算纳税。

（三）2022年1月1日之后的股权激励政策另行明确。

三、关于保险营销员、证券经纪人佣金收入的政策

保险营销员、证券经纪人取得的佣金收入，属于劳务报酬所得，以不含增值税的收入减除20%的费用后的余额为收入额，收入额减去展业成本以及附加税费后，并入当年综合所得，计算缴纳个人所得税。保险营销员、证券经纪人展业成本按照收入额的25%计算。

扣缴义务人向保险营销员、证券经纪人支付佣金收入时，应按照《个人所得税扣缴申报管理办法（试行）》（国家税务总局公告2018年第61号）规定的累计预扣法计算预扣税款。

四、关于个人领取企业年金、职业年金的政策

个人达到国家规定的退休年龄，领取的企业年金、职业年金，符合《财政部　人力资源社会保障部　国家税务总局关于企业年金　职业年金个人所得税有关问题的通知》（财税〔2013〕103号）规定的，不并入综合所得，全额单独计算应纳税款。其中按月领取的，适用月度税率表计算纳税；按季领取的，平均分摊计入各月，按每月领取额适用月度税率表计算纳税；按年领取的，适用综合所得税率表计算纳税。

个人因出境定居而一次性领取的年金个人账户资金，或个人死亡后，其指定的受益人或法定继承人一次性领取的年金个人账户余额，适用综合所得税率表计算纳税。对个人除上述特殊原因外一次性领取年金个人账户资金或余额的，适用月度税率表计算纳税。

五、关于解除劳动关系、提前退休、内部退养的一次性补偿收入的政策

（一）个人与用人单位解除劳动关系取得一次性补偿收入（包括用人单位发放的经济补偿金、生活补助费和其他补助费），在当地上年职工平均工资3倍数额以内的部分，免征个人所得税；超过3倍数额的部分，不并入当年综合所得，单独适用综合所得税率表，计算纳税。

（二）个人办理提前退休手续而取得的一次性补贴收入，应按照办理提前退休手续至法定离退休年龄之间实际年度数平均分摊，确定适用税率和速算扣除数，单独适用综合所得税率表，计算纳税。计算公式：

应纳税额 ＝｛〔（一次性补贴收入 ÷ 办理提前退休手续至法定退休年龄的实际年度数）－

费用扣除标准〕× 适用税率 － 速算扣除数｝× 办理提前退休手续至法定退休

年龄的实际年度数

（三）个人办理内部退养手续而取得的一次性补贴收入，按照《国家税务总局关于个人所得税有关政策问题的通知》（国税发〔1999〕58 号）规定计算纳税。

六、关于单位低价向职工售房的政策

单位按低于购置或建造成本价格出售住房给职工，职工因此而少支出的差价部分，符合《财政部 国家税务总局关于单位低价向职工售房有关个人所得税问题的通知》（财税〔2007〕13 号）第二条规定的，不并入当年综合所得，以差价收入除以 12 个月得到的数额，按照月度税率表确定适用税率和速算扣除数，单独计算纳税。计算公式为：

应纳税额 ＝ 职工实际支付的购房价款低于该房屋的购置或建造成本价格的

差额 × 适用税率 － 速算扣除数

七、关于外籍个人有关津补贴的政策

（一）2019 年 1 月 1 日至 2021 年 12 月 31 日期间，外籍个人符合居民个人条件的，可以选择享受个人所得税专项附加扣除，也可以选择按照《财政部 国家税务总局关于个人所得税若干政策问题的通知》（财税〔1994〕20 号）、《国家税务总局关于外籍个人取得有关补贴征免个人所得税执行问题的通知》（国税发〔1997〕54 号）和《财政部 国家税务总局关于外籍个人取得港澳地区住房等补贴征免个人所得税的通知》（财税〔2004〕29 号）规定，享受住房补贴、语言训练费、子女教育费等津补贴免税优惠政策，但不得同时享受。外籍个人一经选择，在一个纳税年度内不得变更。

（二）自 2022 年 1 月 1 日起，外籍个人不再享受住房补贴、语言训练费、子女教育费津补贴免税优惠政策，应按规定享受专项附加扣除。

八、除上述衔接事项外，其他个人所得税优惠政策继续按照原文件规定执行。

九、本通知自 2019 年 1 月 1 日起执行。下列文件或文件条款同时废止：

（一）《财政部 国家税务总局关于个人与用人单位解除劳动关系取得的一次性补偿收入征免个人所得税问题的通知》（财税〔2001〕157 号）第一条；

（二）《财政部 国家税务总局关于个人股票期权所得征收个人所得税问题的通知》（财税〔2005〕35 号）第四条第（一）项；

（三）《财政部 国家税务总局关于单位低价向职工售房有关个人所得税问题的通知》（财税〔2007〕13 号）第三条；

（四）《财政部 人力资源社会保障部 国家税务总局关于企业年金职业年金个人所得税有关问题的通知》（财税〔2013〕103 号）第三条第 1 项和第 3 项；

（五）《国家税务总局关于个人认购股票等有价证券而从雇主取得折扣或补贴收入有关征收个人所得税问题的通知》（国税发〔1998〕9 号）；

（六）《国家税务总局关于保险企业营销员（非雇员）取得的收入计征个人所得税问题的通知》（国税发〔1998〕13 号）；

（七）《国家税务总局关于个人因解除劳动合同取得经济补偿金征收个人所得税问题的通知》（国税发〔1999〕178 号）；

（八）《国家税务总局关于国有企业职工因解除劳动合同取得一次性补偿收入征免个人所得税问题的通知》（国税发〔2000〕77 号）；

（九）《国家税务总局关于调整个人取得全年一次性奖金等计算征收个人所得税方法问题的通知》（国税发〔2005〕9号）第二条；

（十）《国家税务总局关于保险营销员取得佣金收入征免个人所得税问题的通知》（国税函〔2006〕454号）；

（十一）《国家税务总局关于个人股票期权所得缴纳个人所得税有关问题的补充通知》（国税函〔2006〕902号）第七条、第八条；

（十二）《国家税务总局关于中央企业负责人年度绩效薪金延期兑现收入和任期奖励征收个人所得税问题的通知》（国税发〔2007〕118号）第一条；

（十三）《国家税务总局关于个人提前退休取得补贴收入个人所得税问题的公告》（国家税务总局公告2011年第6号）第二条；

（十四）《国家税务总局关于证券经纪人佣金收入征收个人所得税问题的公告》（国家税务总局公告2012年第45号）。

附件：按月换算后的综合所得税率表

财政部　税务总局
2018年12月27日

附件：按月换算后的综合所得税率表

级数	全月应纳税所得额	税率（%）	速算扣除数
1	不超过3 000元的	3	0
2	超过3 000元至12 000元的部分	10	210
3	超过12 000元至25 000元的部分	20	1 410
4	超过25 000元至35 000元的部分	25	2 660
5	超过35 000元至55 000元的部分	30	4 410
6	超过55 000元至80 000元的部分	35	7 160
7	超过80 000元的部分	45	15 160

6.48　财政部　国家税务总局关于高级专家延长离休退休期间取得工资薪金所得有关个人所得税问题的通知

2008年7月1日　财税〔2008〕7号

各省、自治区、直辖市、计划单列市财政厅（局）、地方税务局，西藏、宁夏、青海省（自治区）国家税务局，新疆生产建设兵团财务局：

近来一些地区反映，对高级专家延长离休退休期间取得的工资、薪金所得，有关征免个人所得税政策口径问题需进一步明确。

经研究，现就有关政策问题明确如下：

一、《财政部 国家税务总局关于个人所得税若干政策问题的通知》（财税字〔1994〕20号）第二条第（七）项中所称延长离休退休年龄的高级专家是指：

（一）享受国家发放的政府特殊津贴的专家、学者；

（二）中国科学院、中国工程院院士。

二、高级专家延长离休退休期间取得的工资薪金所得，其免征个人所得税政策口径按下列标准执行：

（一）对高级专家从其劳动人事关系所在单位取得的，单位按国家有关规定向职工统一发放的工资、薪金、奖金、津贴、补贴等收入，视同离休、退休工资，免征个人所得税；

（二）除上述第（一）项所述收入以外各种名目的津补贴收入等，以及高级专家从其劳动人事关系所在单位之外的其他地方取得的培训费、讲课费、顾问费、稿酬等各种收入，依法计征个人所得税。

三、高级专家从两处以上取得应税工资、薪金所得以及具有税法规定应当自行纳税申报的其他情形的，应在税法规定的期限内自行向主管税务机关办理纳税申报。

财政部 国家税务总局

2008 年 7 月 1 日

6.49 国家税务总局关于个人提前退休取得补贴收入个人所得税问题的公告

2011 年 1 月 17 日 国家税务总局公告 2011 年第 6 号

（条款废止。第二条废止。参见：《财政部 税务总局关于个人所得税法修改后有关优惠政策衔接问题的通知》财税〔2018〕164 号）

根据《中华人民共和国个人所得税法》及其实施条例的规定，现对个人提前退休取得一次性补贴收入征收个人所得税问题公告如下：

一、机关、企事业单位对未达到法定退休年龄、正式办理提前退休手续的个人，按照统一标准向提前退休工作人员支付一次性补贴，不属于免税的离退休工资收入，应按照"工资、薪金所得"项目征收个人所得税。

［条款废止］二、个人因办理提前退休手续而取得的一次性补贴收入，应按照办理提前退休手续至法定退休年龄之间所属月份平均分摊计算个人所得税。计税公式：

应纳税额 = {［（一次性补贴收入 ÷ 办理提前退休手续至法定退休年龄的实际月份数）－费用扣除标准］× 适用税率 － 速算扣除数} × 提前办理退休手续至法定退休年龄的实际月份数

三、本公告自 2011 年 1 月 1 日起执行。

特此公告。

国家税务总局

2011 年 1 月 17 日

6.50 国家税务总局关于雇主为雇员承担全年一次性奖金部分税款有关个人所得税计算方法问题的公告

2011 年 4 月 28 日 国家税务总局公告 2011 年第 28 号

为公平税负，规范管理，根据《中华人民共和国个人所得税法》《国家税务总局关于雇主为其雇员负担个人所得税税款计征问题的通知》（国税发〔1996〕199 号）和《国家税务总局关于调整个人取得全年一次性奖金等计算征收个人所得税方法问题的通知》（国税发〔2005〕9 号）等规定，现对雇员取得全年一次性奖金并由雇主负担部分税款有关个人所得税计算方法问题公告如下：

一、雇主为雇员负担全年一次性奖金部分个人所得税款，属于雇员又额外增加了收入，应将雇主负担的这部分税款并入雇员的全年一次性奖金，换算为应纳税所得额后，按照规定方法计征个人所得税。

二、将不含税全年一次性奖金换算为应纳税所得额的计算方法

（一）雇主为雇员定额负担税款的计算公式：

应纳税所得额 = 雇员取得的全年一次性奖金 + 雇主替雇员定额负担的税款 − 当月工资薪金低于费用扣除标准的差额

（二）雇主为雇员按一定比例负担税款的计算公式：

1. 查找不含税全年一次性奖金的适用税率和速算扣除数

未含雇主负担税款的全年一次性奖金收入 ÷ 12，根据其商数找出不含税级距对应的适用税率 A 和速算扣除数 A

2. 计算含税全年一次性奖金

三、对上述应纳税所得额，扣缴义务人应按照国税发〔2005〕9 号文件规定的方法计算应扣缴税款。即：将应纳税所得额 ÷ 12，根据其商数找出对应的适用税率 B 和速算扣除数 B，据以计算税款。计算公式：

应纳税额 = 应纳税所得额 × 适用税率 B − 速算扣除数 B

实际缴纳税额 = 应纳税额 − 雇主为雇员负担的税额

四、雇主为雇员负担的个人所得税款，应属于个人工资薪金的一部分。凡单独作为企业管理费列支的，在计算企业所得税时不得税前扣除。

本公告自 2011 年 5 月 1 日起施行。

特此公告。

国家税务总局
2011 年 4 月 28 日

6.51　财政部　人力资源社会保障部　国家税务总局 关于企业年金　职业年金个人所得税有关问题的通知

2013 年 12 月 6 日　财税〔2013〕103 号

（第三条第 1 项和第 3 项条款废止。参见：《财政部　税务总局关于个人所得税法修改后有关优惠政策衔接问题的通知》财税〔2018〕164 号）

各省、自治区、直辖市、计划单列市财政厅（局）、人力资源社会保障厅（局）、地方税务局，新疆生产建设兵团财务局、人力资源社会保障局：

为促进我国多层次养老保险体系的发展，根据个人所得税法相关规定，现就企业年金和职业年金个人所得税有关问题通知如下：

一、企业年金和职业年金缴费的个人所得税处理

1. 企业和事业单位（以下统称单位）根据国家有关政策规定的办法和标准，为在本单位任职或者受雇的全体职工缴付的企业年金或职业年金（以下统称年金）单位缴费部分，在计入个人账户时，个人暂不缴纳个人所得税。

2. 个人根据国家有关政策规定缴付的年金个人缴费部分，在不超过本人缴费工资计税基数的 4% 标准内的部分，暂从个人当期的应纳税所得额中扣除。

3. 超过本通知第一条第 1 项和第 2 项规定的标准缴付的年金单位缴费和个人缴费部分，应并入个人当期的工资、薪金所得，依法计征个人所得税。税款由建立年金的单位代扣代缴，并向主管税务机关申报解缴。

4. 企业年金个人缴费工资计税基数为本人上一年度月平均工资。月平均工资按国家统计局规定列入工资总额统计的项目计算。月平均工资超过职工工作地所在设区城市上一年度职工月平均工资 300% 以上的部分，不计入个人缴费工资计税基数。

职业年金个人缴费工资计税基数为职工岗位工资和薪级工资之和。职工岗位工资和薪级工资之和超过职工工作地所在设区城市上一年度职工月平均工资 300% 以上的部分，不计入个人缴费工资计税基数。

二、年金基金投资运营收益的个人所得税处理

年金基金投资运营收益分配计入个人账户时，个人暂不缴纳个人所得税。

三、领取年金的个人所得税处理

1. 个人达到国家规定的退休年龄，在本通知实施之后按月领取的年金，全额按照"工资、薪金所得"项目适用的税率，计征个人所得税；在本通知实施之后按年或按季领取的年金，平均分摊计入各月，每月领取额全额按照"工资、薪金所得"项目适用的税率，计征个人所得税。

2. 对单位和个人在本通知实施之前开始缴付年金缴费，个人在本通知实施之后领取年金的，允许其从领取的年金中减除在本通知实施之前缴付的年金单位缴费和个人缴费且已经缴纳个人所得税的部分，就其余额按照本通知第三条第 1 项的规定征税。在个人分期领取年金的情况下，可按本通知实施之前缴付的年金缴费金额占全部缴费金额的百分比减计当期的应纳税所得额，减计后的余额，按照本通知第三条第 1 项的规定，计算缴纳个人所得税。

3. 对个人因出境定居而一次性领取的年金个人账户资金，或个人死亡后，其指定的受益人或法定继承人一次性领取的年金个人账户余额，允许领取人将一次性领取的年金个人账户资金或余额按 12 个月分摊到各月，就其每月分摊额，按照本通知第三条第 1 项和第 2 项的规定计算缴纳个人所得税。对个人除上述特殊原因外一次性领取年金个人账户资金或余额的，则不允许采取分摊的方法，而是就其一次性领取的总额，单独作为一个月的工资薪金所得，按照本通知第三条第 1 项和第 2 项的规定，计算缴纳个人所得税。

4. 个人领取年金时，其应纳税款由受托人代表委托人委托托管人代扣代缴。年金账户管理人应及时向托管人提供个人年金缴费及对应的个人所得税纳税明细。托管人根据受托人指令及账户管理人提供的资料，按照规定计算扣缴个人当期领取年金待遇的应纳税款，并向托管人所在地主管税务机关申报解缴。

5. 建立年金计划的单位、年金托管人，应按照个人所得税法和税收征收管理法的有关规定，实行全员全额扣缴明细申报。受托人有责任协调相关管理人依法向税务机关办理扣缴申报、提供相关资料。

四、建立年金计划的单位应于建立年金计划的次月 15 日内，向其所在地主管税务机关报送年金方案、人力资源社会保障部门出具的方案备案函、计划确认函以及主管税务机关要求报送的其他相关资料。年金方案、受托人、托管人发生变化的，应于发生变化的次月 15 日内重新向其主管税务机关报送上述资料。

五、财政、税务、人力资源社会保障等相关部门以及年金机构之间要加强协调，通力合作，共同做好政策实施各项工作。

六、本通知所称企业年金，是指根据《企业年金试行办法》（原劳动和社会保障部令第 20 号）的规定，企业及其职工在依法参加基本养老保险的基础上，自愿建立的补充养老保险制度。所称职业年金是指根据《事业单位职业年金试行办法》（国办发〔2011〕37 号）的规定，事业单位及其工作人员在依法参加基本养老保险的基础上，建立的补充养老保险制度。

七、本通知自 2014 年 1 月 1 日起执行。《国家税务总局关于企业年金个人所得税征收管理有关问题的通知》（国税函〔2009〕694 号）、《国家税务总局关于企业年金个人所得税有关问题补充规定的公告》（国家税务总局公告 2011 年第 9 号）同时废止。

财政部　人力资源社会保障部　国家税务总局

2013 年 12 月 6 日

6.52　财政部税政司　人力资源社会保障部养老保险司国家税务总局所得税司有关负责人就企业年金职业年金个人所得税问题答记者问

2013 年 12 月 6 日　国家税务总局所得税司

1. 问：什么是企业年金和职业年金？

答：我国养老保险体系主要包括基本养老保险、补充养老保险和个人储蓄性养老保险三个层次，其中，补充养老保险包括企业年金和职业年金。企业年金主要针对企业，是指根据《企业年金试行办法》（原劳动和社会保障部令第 20 号）等国家相关政策规定，企业及其职工在依法参加基本养老保险的基础上，自愿建立的补充养老保险制度。职业年金主要针对事业单位，是指根据《事业单位职业年金试行办法》（国办发〔2011〕37 号）等国家相关政策规定，事业单位及其职工在依法参加基本养老保险的基础上，建立的补充养老保险制度。

2. 问：什么是企业年金和职业年金递延纳税政策？

答：所谓递延纳税，是指在年金缴费环节和年金基金投资收益环节暂不征收个人所得税，将纳税义务递延到个人实际领取年金的环节，也称 EET 模式（E 代表免税，T 代表征税）。EET 模式是西方发达国家对企业年金普遍采用的一种税收优惠模式。据了解，OECD 国家中，法国、德国、美国、日本等多数国家均选择了 EET 模式。此次出台企业年金、职业年金个人所得税递延纳税政策，是我们在研究借鉴发达国家通行做法的基础上，结合我国实际对年金个人所得税政策体系的完善。

3. 问：为什么要出台企业年金和职业年金个人所得税递延纳税政策？

答：完善养老保险制度、提高全民养老保障水平、加快推进多层次养老保险体系建设，是养老保险制度改革的重要目标。我国从 20 世纪 80 年代开始对企业职工基本养老保险制度实施改革，1991 年明确了建立基本养老保险、补充养老保险和个人储蓄性养老保险相结合的多层次养老保险体系的目标。经过二十多年的发展，我国养老保险覆盖面逐步扩大，保障水平逐步提高，但多层次养老保险体系发展很不平衡，基本养老保险覆盖到大部分城镇就业人群，而补充养老保险和个人储蓄性养老保险发展比较缓慢。为进一步推动养老保险体系建设，2013 年国务院批准发布了《关于深化收入分配制度改革的若干意见》，提出"完善基本养老保险制度。发展企业年金和职业年金，发挥商业保险补充性作用"；党的十八届三中全会通过的《中共中央关于全面深化改革若干重大问题的决定》也明确提出"加快发展企业年金、职业年金、商业保险，构建多层次社会保障体系"。为贯彻落实党中央、国务院决策部署，进一步支持我国养老保险事业的发展，建立多层次养老保险体系，财政部、人力资源社会保障部、国家税务总局三部门研究出台了促进企业年金和职业年金发展的个人所得税递延纳税政策。

4. 问：此次出台的企业年金和职业年金个人所得税递延纳税政策的主要内容是什么？

答：此次出台的企业年金和职业年金个人所得税政策既参考借鉴了发达国家采用的 EET 模式，也充分考虑了我国具体实际，具体内容包括：

（1）在年金缴费环节，对单位根据国家有关政策规定为职工支付的企业年金或职业年金缴费，在计入个人账户时，个人暂不缴纳个人所得税；个人根据国家有关政策规定缴付的年金个人缴费部分，在不超过本人缴费工资计税基数的 4% 标准内的部分，暂从个人当期的应纳税所得额中扣除。

（2）在年金基金投资环节，企业年金或职业年金基金投资运营收益分配计入个人账户时，暂不征收个人所得税。

（3）在年金领取环节，个人达到国家规定的退休年龄领取的企业年金或职业年金，按照"工资、薪金所得"项目适用的税率，计征个人所得税。

此次年金个人所得税政策出台后，年金参保者均可享受递延纳税的好处，相当一部分参保者还会在一定程度上降低个人所得税税负。

5. 问：企业年金和职业年金递延纳税政策具体如何操作？

答：通常情况下，个人取得所得由支付所得单位负责代扣代缴个人所得税。也就是说，哪个单位支付了所得，就由哪个单位负责扣缴税款。

就年金所得来看，企业年金、职业年金涉及纳税义务主要集中在缴费和领取两个环节。在年金缴费环节，由个人所在单位在其缴费时，对超出免税标准的部分随同当月工资、薪金所得一并计算代扣个人所得税，并向其所在单位主管税务机关申报缴纳；在年金领取环节，由托管人在为个人支付年金待遇时，根据个人当月取得的年金所得、往期缴费及纳税情况计算扣缴个人所得税，并向托管人主管税务机关申报缴纳。

上述单位申报纳税时，要根据年金所得扣缴个人所得税情况填制《扣缴个人所得税报告表》，并通过网络、上门、介质等方式，向主管税务机关办理代扣代缴明细申报。

6. 问：企业年金和职业年金个人所得税政策出台后，对纳税申报有何要求？

答：为便于税收征管，方便纳税人和扣缴义务人纳税，结合年金的运作特点，税务部门对建立年金计划、缴费和领取各环节的纳税申报及管理作出了如下要求：

（1）单位建立年金计划后，应在建立年金计划的次月15日内，向其所在地主管税务机关报送年金方案、人力资源社会保障部门出具的方案备案函、计划确认函以及主管税务机关要求报送的其他相关资料。年金方案、受托人、托管人发生变化的，应在发生变化的次月15日内重新向其主管税务机关报送上述资料，供税务部门登记备案。

（2）缴费环节，由个人所在单位为其计算扣缴个人所得税，并向主管税务机关申报解缴。

（3）领取环节，应纳税款由受托人代表委托人委托托管人代扣代缴。年金账户管理人应及时向托管人提供个人年金缴费及对应的个人所得税纳税明细。托管人根据受托人指令及账户管理人提供的资料，按照规定计算扣缴个人当期领取年金待遇的应纳税款，并向主管税务机关申报解缴。

单位和托管人在扣缴个人所得税时，必须按照税法规定实行全员全额扣缴明细申报。

建立年金计划的单位、委托人、受托人、账户管理人之间要及时传递纳税相关的信息。受托人负责统筹协调并督促有关机构依法向税务部门办理扣缴申报及提供涉税资料。

7. 问：此次出台的年金个人所得税政策与今后的企业年金、职业年金制度改革以及个人所得税改革如何衔接？

答：目前，人社部、财政部正在研究修改完善企业年金办法和职业年金办法。因此，此次出台的税收政策主要基于现行企业年金和职业年金办法的相关规定，今后将根据企业年金和职业年金办法修订情况，对税收政策作出进一步调整和完善。

此外，这次出台的年金政策是依据现行分类个人所得税制的相关规定，对个人退休后领取的企业年金或职业年金暂按"工资薪金所得"项目征税。今后实施综合与分类相结合的个人所得税制后，对个人退休后领取的企业年金或职业年金则按新税法的相关规定征税。

8. 问：企业年金和职业年金个人所得税递延纳税政策公布后，有关部门应做好哪些工作？

答：企业年金和职业年金个人所得税递延政策公布后，各级财政、税务、人社等相关部门以及年金经办机构之间要加强协调配合，建立信息交换机制，及时做好相关准备工作，确保年金个人所得税政策的贯彻落实。同时，对纳税人关心的问题，及时做出解释说明，以便纳税人更清楚地了解此次政策调整的具体内容。

6.53　国家税务总局关于建筑安装业跨省异地工程作业人员个人所得税征收管理问题的公告

2015 年 7 月 20 日　　国家税务总局公告 2015 年第 52 号

为规范和加强建筑安装业跨省（自治区、直辖市和计划单列市，下同）异地工程作业人员个人所得税征收管理，根据《中华人民共和国个人所得税法》等相关法律法规规定，现就有关问题公告如下：

一、总承包企业、分承包企业派驻跨省异地工程项目的管理人员、技术人员和其他工作人员在异地工作期间的工资、薪金所得个人所得税，由总承包企业、分承包企业依法代扣代缴并向工程作业所在地税务机关申报缴纳。

总承包企业和分承包企业通过劳务派遣公司聘用劳务人员跨省异地工作期间的工资、薪金所得个人所得税，由劳务派遣公司依法代扣代缴并向工程作业所在地税务机关申报缴纳。

二、跨省异地施工单位应就其所支付的工程作业人员工资、薪金所得，向工程作业所在地税务机关办理全员全额扣缴明细申报。凡实行全员全额扣缴明细申报的，工程作业所在地税务机关不得核定征收个人所得税。

三、总承包企业、分承包企业和劳务派遣公司机构所在地税务机关需要掌握异地工程作业人员工资、薪金所得个人所得税缴纳情况的，工程作业所在地税务机关应及时提供。总承包企业、分承包企业和劳务派遣公司机构所在地税务机关不得对异地工程作业人员已纳税工资、薪金所得重复征税。两地税务机关应加强沟通协调，切实维护纳税人权益。

四、建筑安装业省内异地施工作业人员个人所得税征收管理参照本公告执行。

五、本公告自 2015 年 9 月 1 日起施行。《国家税务总局关于印发〈建筑安装业个人所得税征收管理暂行办法〉的通知》（国税发〔1996〕127 号）第十一条规定同时废止。

特此公告。

国家税务总局
2015 年 7 月 20 日

6.54　关于《国家税务总局关于建筑安装业跨省异地工程作业人员个人所得税征收管理问题的公告》的解读

2015 年 7 月 23 日　　国家税务总局办公厅

近日，国家税务总局发布了《国家税务总局关于建筑安装业跨省异地工程作业人员个人所得税征收管理问题的公告》（以下简称《公告》）。为便于纳税人和基层税务机关理解和执行，现将《公告》解读如下：

一、《公告》出台的背景

随着经济发展，建筑安装企业规模不断扩大，跨地区作业日益频繁。各省税务机关根据《国家税务总局关于印发〈建筑安装业个人所得税征收管理暂行办法〉的通知》（国税发〔1996〕127号）有关规定，分别对跨省作业的建筑安装企业扣缴个人所得税有关问题进行了明确。但从实际效果看，各地的政策执行口径存在一定差异，税源归属难以准确界定，导致部分建筑安装企业重复扣缴个人所得税。为进一步规范个人所得税征管，消除重复征税，税务总局发布了本《公告》，并于2015年9月1日施行。

二、《公告》的主要内容

（一）明确了纳税地点

《公告》规定，建筑安装业异地施工作业人员工资、薪金所得，由其所在单位依法代扣代缴个人所得税并向工程作业所在地税务机关申报缴纳。

（二）明确代扣代缴有关规定

《公告》规定，跨省异地施工单位代扣的施工人员工资、薪金所得个人所得税，应向工程作业所在地税务机关办理全员全额扣缴明细申报。同时，《公告》明确规定，对实行全员全额扣缴明细申报的单位，工程作业所在地税务机关不得核定征收个人所得税。

（三）明确对税务机关的有关要求

《公告》要求工程作业所在地和扣缴单位机构所在地主管税务机关加强信息传递和沟通协调，避免重复征税，切实维护纳税人权益。

6.55 财政部 税务总局 科技部关于科技人员取得职务科技成果转化现金奖励有关个人所得税政策的通知

2018年5月29日 财税〔2018〕58号

各省、自治区、直辖市、计划单列市财政厅（局）、地方税务局、科技厅（委、局），新疆生产建设兵团财政局、科技局：

为进一步支持国家大众创业、万众创新战略的实施，促进科技成果转化，现将科技人员取得职务科技成果转化现金奖励有关个人所得税政策通知如下：

一、依法批准设立的非营利性研究开发机构和高等学校（以下简称非营利性科研机构和高校）根据《中华人民共和国促进科技成果转化法》规定，从职务科技成果转化收入中给予科技人员的现金奖励，可减按50％计入科技人员当月"工资、薪金所得"，依法缴纳个人所得税。

二、非营利性科研机构和高校包括国家设立的科研机构和高校、民办非营利性科研机构和高校。

三、国家设立的科研机构和高校是指利用财政性资金设立的、取得《事业单位法人证书》的科研机构和公办高校，包括中央和地方所属科研机构和高校。

四、民办非营利性科研机构和高校，是指同时满足以下条件的科研机构和高校：

（一）根据《民办非企业单位登记管理暂行条例》在民政部门登记，并取得《民办非企业单位登记证书》。

（二）对于民办非营利性科研机构，其《民办非企业单位登记证书》记载的业务范围应属于"科学研究与技术开发、成果转让、科技咨询与服务、科技成果评估"范围。对业务范围存在争议的，由税务机关转请县级（含）以上科技行政主管部门确认。

对于民办非营利性高校，应取得教育主管部门颁发的《民办学校办学许可证》，《民办学校办学许可证》记载学校类型为"高等学校"。

（三）经认定取得企业所得税非营利组织免税资格。

五、科技人员享受本通知规定税收优惠政策，须同时符合以下条件：

（一）科技人员是指非营利性科研机构和高校中对完成或转化职务科技成果作出重要贡献的人员。非营利性科研机构和高校应按规定公示有关科技人员名单及相关信息（国防专利转化除外），具体公示办法由科技部会同财政部、税务总局制定。

（二）科技成果是指专利技术（含国防专利）、计算机软件著作权、集成电路布图设计专有权、植物新品种权、生物医药新品种，以及科技部、财政部、税务总局确定的其他技术成果。

（三）科技成果转化是指非营利性科研机构和高校向他人转让科技成果或者许可他人使用科技成果。现金奖励是指非营利性科研机构和高校在取得科技成果转化收入三年（36 个月）内奖励给科技人员的现金。

（四）非营利性科研机构和高校转化科技成果，应当签订技术合同，并根据《技术合同认定登记管理办法》，在技术合同登记机构进行审核登记，并取得技术合同认定登记证明。

非营利性科研机构和高校应健全科技成果转化的资金核算，不得将正常工资、奖金等收入列入科技人员职务科技成果转化现金奖励享受税收优惠。

六、非营利性科研机构和高校向科技人员发放现金奖励时，应按个人所得税法规定代扣代缴个人所得税，并按规定向税务机关履行备案手续。

七、本通知自 2018 年 7 月 1 日起施行。本通知施行前非营利性科研机构和高校取得的科技成果转化收入，自施行后 36 个月内给科技人员发放现金奖励，符合本通知规定的其他条件的，适用本通知。

财政部　税务总局　科技部

2018 年 5 月 29 日

6.56   国家税务总局关于科技人员取得职务科技成果转化现金奖励有关个人所得税征管问题的公告

2018 年 6 月 11 日   国家税务总局公告 2018 年第 30 号

为贯彻落实《财政部   税务总局   科技部关于科技人员取得职务科技成果转化现金奖励有关个人所得税政策的通知》（财税〔2018〕58 号，以下简称《通知》），现就有关征管问题公告如下：

一、《通知》第五条第（三）项所称"三年（36 个月）内"，是指自非营利性科研机构和高校实际取得科技成果转化收入之日起 36 个月内。非营利性科研机构和高校分次取得科技成果转化收入的，以每次实际取得日期为准。

二、非营利性科研机构和高校向科技人员发放职务科技成果转化现金奖励（以下简称"现金奖励"），应于发放之日的次月 15 日内，向主管税务机关报送《科技人员取得职务科技成果转化现金奖励个人所得税备案表》（见附件）。单位资质材料（《事业单位法人证书》《民办学校办学许可证》《民办非企业单位登记证书》等）、科技成果转化技术合同、科技人员现金奖励公示材料、现金奖励公示结果文件等相关资料自行留存备查。

三、非营利性科研机构和高校向科技人员发放现金奖励，在填报《扣缴个人所得税报告表》时，应将当期现金奖励收入金额与当月工资、薪金合并，全额计入"收入额"列，同时将现金奖励的 50% 填至《扣缴个人所得税报告表》"免税所得"列，并在备注栏注明"科技人员现金奖励免税部分"字样，据此以"收入额"减除"免税所得"以及相关扣除后的余额计算缴纳个人所得税。

四、本公告自 2018 年 7 月 1 日起施行。

特此公告。

附件：科技人员取得职务科技成果转化现金奖励个人所得税备案表

国家税务总局

2018 年 6 月 11 日

附件：科技人员取得职务科技成果转化现金奖励个人所得税备案表

备案编号（主管税务机关填写）：

单位：人民币元（列至角分）

扣缴义务人基本情况		
扣缴义务人名称		
扣缴义务人纳税人识别号		
扣缴义务人类型		□国家设立的科研机构 □国家设立的高校 □民办非营利性科研机构 □民办非营利性高校 □其他

科技成果基本情况		
科技成果名称		
科技成果类型		
发证部门		
科技成果证书编号		

科技成果转化及现金奖励公示情况		
转化方式	□转让 □许可使用	
技术合同登记机构		
技术合同编号		
技术合同项目名称		
取得转化收入时间		
公示结果文件文号		
公示结果文件名称		
取得转化收入金额		

科技人员取得现金奖励基本情况					
序号	姓名	身份证照类型	身份证照号码	现金奖励金额	现金奖励取得时间

谨声明：此表是根据《中华人民共和国个人所得税法》及相关法律法规规定填写的，是真实的、完整的、可靠的。

单位签章：
经办人：
填报日期： 年 月 日

主管税务机关印章：
受理人：
受理日期： 年 月 日

国家税务总局监制

【填报说明】：

一、适用范围

本表适用于科技人员取得职务科技成果转化现金奖励（以下简称"现金奖励"），扣缴义务人向主管税务机关办理相关个人所得税备案时填报。

二、报送期限

扣缴义务人应于向科技人员实际发放现金奖励之日的次月15日内报送。

三、表内各栏

（一）扣缴义务人基本情况

1. 扣缴义务人名称：填写发放现金奖励的单位名称全称。

2. 扣缴义务人纳税人识别号：填写扣缴义务人的纳税人识别号或统一社会信用代码。

3. 扣缴义务人类型：根据实际登记类型进行勾选，选择其他类型的，应在横线中写明符合规定的具体类型。

（二）科技成果基本情况

1. 科技成果名称：填写科技成果的标准名称。

2. 科技成果类型：填写专利技术（含国防专利）、计算机软件著作权、集成电路布图设计专有权、植物新品种权、生物医药新品种或科技部、财政部、国家税务总局确定的其他科技成果。

3. 发证部门：填写颁发科技成果证书的部门全称。

4. 科技成果证书编号：填写科技成果证书上的编号。

（三）科技成果转化及现金奖励公示情况

1. 转化方式：根据实际转化方式进行勾选。

2. 技术合同登记机构：填写技术合同登记机构全称。

3. 技术合同编号：填写技术合同编号。

4. 技术合同项目名称：填写技术合同项目名称。

5. 取得转化收入金额：填写扣缴义务人本次发放现金奖励对应的职务科技成果转化收入金额。

6. 取得转化收入时间：填写扣缴义务人发放现金奖励所对应的职务科技成果转化收入的实际取得时间。

7. 公示结果文号：填写列明科技人员取得现金奖励公示结果的文号。

8. 公示结果文件名称：填写列明科技人员取得现金奖励公示结果的文件名称。

（四）科技人员取得现金奖励基本情况

1. 姓名：填写取得现金奖励科技人员的姓名。中国境内无住所个人，其姓名应当用中、外文同时填写。

2. 身份证照类型：填写能识别取得现金奖励科技人员身份的唯一身份证件的名称。身份证件类型包括居民身份证、军官证、士兵证、护照、港澳居民来往内地通行证、台湾居民来往大陆通行证等有效证照名称。

3. 身份证照号码：填写能识别取得现金奖励科技人员的唯一身份的号码。

4. 现金奖励金额：填写科技人员实际取得的现金奖励金额。

5. 现金奖励取得时间：填写科技人员实际取得的现金奖励的时间。

四、本表一式二份。主管税务机关受理后，由扣缴义务人和主管税务机关分别留存。

6.57　财政部　税务总局关于公益慈善事业捐赠个人所得税政策的公告

2019 年 12 月 30 日　财政部　税务总局公告 2019 年第 99 号

为贯彻落实《中华人民共和国个人所得税法》及其实施条例有关规定，现将公益慈善事业捐赠有关个人所得税政策公告如下：

一、个人通过中华人民共和国境内公益性社会组织、县级以上人民政府及其部门等国家机关，向教育、扶贫、济困等公益慈善事业的捐赠（以下简称公益捐赠），发生的公益捐赠支出，可以按照个人所得税法有关规定在计算应纳税所得额时扣除。

前款所称境内公益性社会组织，包括依法设立或登记并按规定条件和程序取得公益性捐赠税前扣除资格的慈善组织、其他社会组织和群众团体。

二、个人发生的公益捐赠支出金额，按照以下规定确定：

（一）捐赠货币性资产的，按照实际捐赠金额确定；

（二）捐赠股权、房产的，按照个人持有股权、房产的财产原值确定；

（三）捐赠除股权、房产以外的其他非货币性资产的，按照非货币性资产的市场价格确定。

三、居民个人按照以下规定扣除公益捐赠支出：

（一）居民个人发生的公益捐赠支出可以在财产租赁所得、财产转让所得、利息股息红利所得、偶然所得（以下统称分类所得）、综合所得或者经营所得中扣除。在当期一个所得项目扣除不完的公益捐赠支出，可以按规定在其他所得项目中继续扣除；

（二）居民个人发生的公益捐赠支出，在综合所得、经营所得中扣除的，扣除限额分别为当年综合所得、当年经营所得应纳税所得额的百分之三十；在分类所得中扣除的，扣除限额为当月分类所得应纳税所得额的百分之三十；

（三）居民个人根据各项所得的收入、公益捐赠支出、适用税率等情况，自行决定在综合所得、分类所得、经营所得中扣除的公益捐赠支出的顺序。

四、居民个人在综合所得中扣除公益捐赠支出的，应按照以下规定处理：

（一）居民个人取得工资薪金所得的，可以选择在预扣预缴时扣除，也可以选择在年度汇算清缴时扣除。

居民个人选择在预扣预缴时扣除的，应按照累计预扣法计算扣除限额，其捐赠当月的扣除限额为截止当月累计应纳税所得额的百分之三十（全额扣除的从其规定，下同）。个人从两处以上取得工资薪金所得，选择其中一处扣除，选择后当年不得变更。

（二）居民个人取得劳务报酬所得、稿酬所得、特许权使用费所得的，预扣预缴时不扣除公益捐赠支出，统一在汇算清缴时扣除。

（三）居民个人取得全年一次性奖金、股权激励等所得，且按规定采取不并入综合所得而单独计税方式处理的，公益捐赠支出扣除比照本公告分类所得的扣除规定处理。

五、居民个人发生的公益捐赠支出，可在捐赠当月取得的分类所得中扣除。当月分类所得应扣除未扣除的公益捐赠支出，可以按照以下规定追补扣除：

（一）扣缴义务人已经代扣但尚未解缴税款的，居民个人可以向扣缴义务人提出追补扣除申请，退还已扣税款。

（二）扣缴义务人已经代扣且解缴税款的，居民个人可以在公益捐赠之日起 90 日内提请扣缴义务人向征收税款的税务机关办理更正申报追补扣除，税务机关和扣缴义务人应当予以办理。

（三）居民个人自行申报纳税的，可以在公益捐赠之日起 90 日内向主管税务机关办理更正申报追补扣除。

居民个人捐赠当月有多项多次分类所得的，应先在其中一项一次分类所得中扣除。已经在分类所得中扣除的公益捐赠支出，不再调整到其他所得中扣除。

六、在经营所得中扣除公益捐赠支出，应按以下规定处理：

（一）个体工商户发生的公益捐赠支出，在其经营所得中扣除。

（二）个人独资企业、合伙企业发生的公益捐赠支出，其个人投资者应当按照捐赠年度合伙企业的分配比例（个人独资企业分配比例为百分之百），计算归属于每一个人投资者的公益捐赠支出，个人投资者应将其归属的个人独资企业、合伙企业公益捐赠支出和本人需要在经营所得扣除的其他公益捐赠支出合并，在其经营所得中扣除。

（三）在经营所得中扣除公益捐赠支出的，可以选择在预缴税款时扣除，也可以选择在汇算清缴时扣除。

（四）经营所得采取核定征收方式的，不扣除公益捐赠支出。

七、非居民个人发生的公益捐赠支出，未超过其在公益捐赠支出发生的当月应纳税所得额百分之三十的部分，可以从其应纳税所得额中扣除。扣除不完的公益捐赠支出，可以在经营所得中继续扣除。

非居民个人按规定可以在应纳税所得额中扣除公益捐赠支出而未实际扣除的，可按照本公告第五条规定追补扣除。

八、国务院规定对公益捐赠全额税前扣除的，按照规定执行。个人同时发生按百分之三十扣除和全额扣除的公益捐赠支出，自行选择扣除次序。

九、公益性社会组织、国家机关在接受个人捐赠时，应当按照规定开具捐赠票据；个人索取捐赠票据的，应予以开具。

个人发生公益捐赠时不能及时取得捐赠票据的，可以暂时凭公益捐赠银行支付凭证扣除，并向扣缴义务人提供公益捐赠银行支付凭证复印件。个人应在捐赠之日起 90 日内向扣缴义务人补充提供捐赠票据，如果个人未按规定提供捐赠票据的，扣缴义务人应在 30 日内向主管税务机关报告。

机关、企事业单位统一组织员工开展公益捐赠的，纳税人可以凭汇总开具的捐赠票据和员工明细单扣除。

十、个人通过扣缴义务人享受公益捐赠扣除政策，应当告知扣缴义务人符合条件可扣除的公益捐赠支出金额，并提供捐赠票据的复印件，其中捐赠股权、房产的还应出示财产原值证明。扣缴义务人应当按照规定在预扣预缴、代扣代缴税款时予扣除，并将公益捐赠扣除金额告知纳税人。

个人自行办理或扣缴义务人为个人办理公益捐赠扣除的，应当在申报时一并报送《个人所得税公益慈善事业捐赠扣除明细表》（见附件）。个人应留存捐赠票据，留存期限为五年。

十一、本公告自 2019 年 1 月 1 日起施行。个人自 2019 年 1 月 1 日至本公告发布之日期间发生的公益捐赠支出，按照本公告规定可以在分类所得中扣除但未扣除的，可以在 2020 年 1 月 31 日前通过扣缴义务人向征收税款的税务机关提出追补扣除申请，税务机关应当按规定予以办理。

特此公告。

附件：个人所得税公益慈善事业捐赠扣除明细表

财政部　税务总局

2019 年 12 月 30 日

附件：个人所得税公益慈善事业捐赠扣除明细表

捐赠年度：　　　　年

纳税人姓名：

纳税人识别号：□□□□□□□□□□□□□□□□□□

扣缴义务人名称：

扣缴义务人纳税人识别号：□□□□□□□□□□□□□□□□□□ - □□

金额单位：人民币元（列至角分）

序号	捐赠信息							扣除信息				备注
	纳税人姓名	纳税人识别号	受赠单位名称	受赠单位纳税人识别号（统一社会信用代码）	捐赠凭证号	捐赠日期	捐赠金额	扣除比例	扣除所得项目	税款所属期	扣除金额	
1	2	3	4	5	6	7	8	9	10	11	12	13

谨承诺：此表是根据国家税收法律法规及相关规定填报的，是真实的、可靠的、完整的。

纳税人或扣缴义务人负责人签字：

经办人签字：

经办人身份证件号码：

代理机构签章：

代理机构统一社会信用代码：

受理人：

受理税务机关（章）：

受理日期：年月日

　　　　　　　　　　年　月　日

国家税务总局监制

【填写说明】：

一、适用范围

本表适用于个人发生符合条件的公益慈善事业捐赠，进行个人所得税税前扣除时填报。

二、报送期限

扣缴义务人办理扣缴申报、纳税人办理自行申报时一并报送。

三、本表各栏填写

（一）表头项目

1. 捐赠年度：填写个人发生公益慈善事业捐赠支出的所属年度。

2. 纳税人姓名和纳税人识别号：填写个人姓名及其姓名和纳税人识别号。有中国公民身份号码的，填写中华人民共和国居民身份证上载明的"公民身份号码"；没有中国公民身份号码的，填写税务机关赋予的纳税人识别号。

3. 扣缴义务人名称及纳税人识别号：填写个人通过自行申报进行公益慈善事业捐赠扣除的，填写上述两项。扣缴义务人的法定名称全称，以及其纳税人识别号或者统一社会信用代码。扣缴义务人在扣缴申报时为个人办理公益慈善事业捐赠扣除的，填写本项。纳税人自行申报扣除的，填写扣缴义务人办理捐赠扣除时，填写本栏。个人自行申报的，无需填写本项。

（二）表内各列

1. 第2列"纳税人姓名"和第3列"纳税人识别号"：扣缴单位为纳税人办理捐赠扣除时，填写本项。

2. 第4列"受赠单位名称"：填写受赠单位的法定名称全称。

3. 第5列"纳税人识别号（统一社会信用号）"：填写受赠单位的纳税人识别号或者统一社会信用代码。

4. 第6列"捐赠凭证号"：填写捐赠票据的凭证号。

5. 第7列"捐赠日期"：填写个人发生的公益慈善事业捐赠的具体日期。

6. 第8列"捐赠金额"：填写个人发生公益慈善事业捐赠的具体金额。

7. 第9列"扣除比例"：填写公益慈善事业捐赠支出税前扣除比例。如：30%或者100%。

8. 第10列"扣除所得项目"：填写扣除公益慈善事业捐赠的所得项目。

9. 第11列"税款所属期"：填写公益慈善事业捐赠扣除所得项目对应的税款所属期。

10. 第12列"扣除金额"：填写个人取得"扣除所得项目"对应收入额自行申报或者自行申报时，实际扣除的公益慈善事业捐赠支出金额。

11. 第13列"备注"：填写个人认为需要特别说明或者税务机关要求说明的事项。

四、其他事项说明

以纸质方式报送本表的，应当一式两份，纳税人或者扣缴义务人、税务机关各留存一份。

6.58　财政部　国家税务总局　海关总署
关于北京 2022 年冬奥会和冬残奥会税收优惠政策的公告

2019 年 11 月 11 日　财政部公告 2019 年第 92 号

为支持筹办北京 2022 年冬奥会和冬残奥会及其测试赛（以下简称北京冬奥会），现就有关税收优惠政策公告如下：

一、对国际奥委会相关实体中的非居民企业取得的与北京冬奥会有关的收入，免征企业所得税。

二、对奥林匹克转播服务公司、奥林匹克频道服务公司、国际奥委会电视与市场开发服务公司、奥林匹克文化与遗产基金、官方计时公司取得的与北京冬奥会有关的收入，免征增值税。

三、对国际赞助计划、全球供应计划、全球特许计划的赞助商、供应商、特许商及其分包商根据协议向北京 2022 年冬奥会和冬残奥会组织委员会（以下简称北京冬奥组委）提供指定货物或服务，免征增值税、消费税。

四、国际奥委会及其相关实体的境内机构因赞助、捐赠北京冬奥会以及根据协议出售的货物或服务免征增值税的，对应的进项税额可用于抵扣本企业其他应税项目所对应的销项税额，对在 2022 年 12 月 31 日仍无法抵扣的留抵税额可予以退还。

五、国际奥委会及其相关实体在 2019 年 6 月 1 日至 2022 年 12 月 31 日期间，因从事与北京冬奥会相关的工作而在中国境内发生的指定清单内的货物或服务采购支出，对应的增值税进项税额可由国际奥委会及其相关实体凭发票及北京冬奥组委开具的证明文件，按照发票上注明的税额，向税务总局指定的部门申请退还，具体退税流程由税务总局制定。

六、对国际奥委会相关实体与北京冬奥组委签订的各类合同，免征国际奥委会相关实体应缴纳的印花税。

七、国际奥委会及其相关实体或其境内机构按暂时进口货物方式进口的奥运物资，未在规定时间内复运出境的，须补缴进口关税和进口环节海关代征税（进口汽车以不低于新车 90% 的价格估价征税），但以下情形除外：1. 直接用于北京冬奥会，包括但不限于奥运会转播、报道和展览，且在赛事期间消耗完毕的消耗品，并能提供北京冬奥组委证明文件的；2. 货物发生损毁不能复运出境，且能提交北京冬奥组委证明文件的；3. 无偿捐赠给县级及以上人民政府或政府机构、冬奥会场馆法人实体、特定体育组织和公益组织等机构（受赠机构名单由北京冬奥组委负责确定），且能提交北京冬奥组委证明文件的。

八、对国际奥委会及其相关实体的外籍雇员、官员、教练员、训练员以及其他代表在 2019 年 6 月 1 日至 2022 年 12 月 31 日期间临时来华，从事与北京冬奥会相关的工作，取得由北京冬奥组委支付或认定的收入，免征增值税和个人所得税。该类人员的身份及收入由北京冬奥组委出具证明文件，北京冬奥组委定期将该类人员名单及免税收入相关信息报送税务部门。

九、国际残奥委会及其相关实体的税收政策，比照国际奥委会及其相关实体执行。

十、对享受税收优惠政策的国际奥委会相关实体实行清单管理，具体清单由北京冬奥组委提出，报财政部、税务总局、海关总署确定。

十一、上述税收优惠政策，凡未注明具体期限的，自公告发布之日起执行。

特此公告。

附件：国际奥委会及其相关实体采购货物或服务的指定清单

财政部　税务总局　海关总署

2019 年 11 月 11 日

附件：国际奥委会及其相关实体采购

货物或服务的指定清单

1. 餐饮服务、住宿服务；

2. 广告服务；

3. 电力；

4. 通信服务；

5. 不动产经营租赁服务；

6. 办公室建造、装修、修缮服务；

7. 办公室设备及相关修理修配劳务、有形动产经营租赁服务；

8. 奥林匹克转播服务公司和持权转播商购买或接受的与转播活动相关的货物和服务，包括五项：

（1）赛事转播设施建设、装卸所需的货物和服务；

（2）转播设备（包括摄像机、线缆和转播车辆等）；

（3）用于转播、通讯设备和车辆的租赁服务和相关修理修配劳务；

（4）与转播有关的咨询、运输和安保服务；

（5）其他涉及赛事转播的相关货物和服务。

6.59　财政部　税务总局关于海南自由贸易港高端紧缺人才个人所得税政策的通知

2020 年 6 月 23 日　财税〔2020〕32 号

海南省财政厅，国家税务总局海南省税务局：

为支持海南自由贸易港建设，现就有关个人所得税优惠政策通知如下：

一、对在海南自由贸易港工作的高端人才和紧缺人才，其个人所得税实际税负超过 15% 的部分，予以免征。

二、享受上述优惠政策的所得包括来源于海南自由贸易港的综合所得（包括工资薪金、劳务报酬、稿酬、特许权使用费四项所得）、经营所得以及经海南省认定的人才补贴性所得。

三、纳税人在海南省办理个人所得税年度汇算清缴时享受上述优惠政策。

四、对享受上述优惠政策的高端人才和紧缺人才实行清单管理，由海南省商财政部、税务总局制定具体管理办法。

五、本通知自 2020 年 1 月 1 日起执行至 2024 年 12 月 31 日。

财政部　税务总局

2020 年 6 月 23 日

6.60　财政部　税务总局关于远洋船员个人所得税政策的公告

2019 年 12 月 29 日　财政部　税务总局公告 2019 年第 97 号

现就远洋船员个人所得税政策公告如下：

一、一个纳税年度内在船航行时间累计满 183 天的远洋船员，其取得的工资薪金收入减按 50% 计入应纳税所得额，依法缴纳个人所得税。

二、本公告所称的远洋船员是指在海事管理部门依法登记注册的国际航行船舶船员和在渔业管理部门依法登记注册的远洋渔业船员。

三、在船航行时间是指远洋船员在国际航行或作业船舶和远洋渔业船舶上的工作天数。一个纳税年度内的在船航行时间为一个纳税年度内在船航行时间的累计天数。

四、远洋船员可选择在当年预扣预缴税款或者次年个人所得税汇算清缴时享受上述优惠政策。

五、海事管理部门、渔业管理部门同税务部门建立信息共享机制，定期交换远洋船员身份认定、在船航行时间等有关涉税信息。

六、本公告自 2019 年 1 月 1 日起至 2023 年 12 月 31 日止执行。

特此公告。

财政部　税务总局

2019 年 12 月 29 日

6.61　国家税务总局关于执行内地与港澳间税收安排
涉及个人受雇所得有关问题的公告

2012 年 4 月 26 日　国家税务总局公告 2012 年第 16 号

为了解决往来内地与港、澳间跨境工作个人双重征税问题，根据内地与香港、澳门签署的关于对所得避免双重征税和防止偷漏税安排（以下简称《安排》）受雇所得条款（与澳门间安排为非独立个人劳务条款，以下统称受雇所得条款）的有关规定，经与相关税务主管当局协商，现就在港、澳受雇或在内地与港、澳间双重受雇的港澳税收居民执行《安排》受雇所得条款涉及的居民个人所得税问题公告如下：

一、执行《安排》受雇所得条款相关规定及计税方法

（一）港澳税收居民在内地从事相关活动取得所得，根据《安排》受雇所得条款第一款的规定，应仅就归属于内地工作期间的所得，在内地缴纳个人所得税。计算公式为：

$$应纳税额 =（当期境内外工资薪金应纳税所得额 × 适用税率 - 速算扣除数）×$$
$$当期境内实际停留天数 ÷ 当期公历天数$$

（二）港澳税收居民在内地从事相关活动取得所得，根据《安排》受雇所得条款第二款的规定，可就符合条件部分在内地免予征税；内地征税部分的计算公式为：

$$应纳税额 =（当期境内外工资薪金应纳税所得额 × 适用税率 - 速算扣除数）×$$
$$（当期境内实际停留天数 ÷ 当期公历天数）×（当期境内支付工资 ÷$$
$$当期境内外支付工资总额）$$

二、有关公式项目或用语的解释

（一）"当期"：指按国内税收规定计算工资薪金所得应纳税所得额的当个所属期间。

（二）"当期境内外工资薪金应纳税所得额"：指应当计入当期的工资薪金收入按照国内税收规定计算的应纳税所得额。

（三）"适用税率"和"速算扣除数"均按照国内税收规定确定。

（四）"当期境内支付工资"：指当期境内外支付工资总额中由境内居民或常设机构支付或负担的部分。

（五）"当期境内外支付工资总额"：指应当计入当期的工资薪金收入总额，包括未做任何费用减除计算的各种境内外来源数额。

（六）"当期境内实际停留天数"指港澳税收居民当期在内地的实际停留天数，但对其入境、离境、往返或多次往返境内外的当日，按半天计算为当期境内实际停留天数。

（七）"当期公历天数"指当期包含的全部公历天数，不因当日实际停留地是否在境内而做任何扣减。

三、一次取得跨多个计税期间收入

港澳税收居民一次取得跨多个计税期间的各种形式的奖金、加薪、劳动分红等（以下统称奖金，不包括应按每个计税期间支付的奖金），仍应以按照国内税收规定确定的计税期间作为执行"安排"规定的所属期间，并分别情况适用本公告第一条第（一）项或第（二）项公式计算个人所得税应纳税额。在适用本公告上述公式时，公式中"当期境内实际停留天数"指在据以获取该奖金的期间中属于在境内实际停留的天数；"当期公历天数"指据以获取该奖金的期间所包含的全部公历天数。

四、备案报告

港澳税收居民在每次按本公告规定享受《安排》相关待遇时，应该按照《非居民享受税收协定待遇管理办法（试行）（国税发〔2009〕124 号）的有关规定，向主管税务机关备案，并按照《国家税务总局关于在中国境内无住所的个人计算缴纳个人所得税若干具体问题的通知》（国税函发〔1995〕125 号）第五条规定提供有关资料。

五、执行日期

本公告适用于自 2012 年 6 月 1 日起取得的工资薪金所得。

港澳税收居民执行上述规定在计算缴纳个人所得税时不再执行下列文件条款规定，但在处理与《安排》受雇所得条款规定无关税务问题时，下列文件条款规定的效力不受本公告影响：

（一）《国家税务总局关于在中国境内无住所的个人取得工资薪金所得纳税义务问题的通

知》（国税发〔1994〕148 号）第二条、第三条和第六条；

（二）《国家税务总局关于在中国境内无住所的个人计算缴纳个人所得税若干具体问题的通知》（国税函发〔1995〕125 号）第一条和第二条；

（三）《国家税务总局关于三井物产（株）大连事务所外籍雇员取得数月奖金确定纳税义务问题的批复》（国税函发〔1997〕546 号）第一条；

（四）《国家税务总局关于在中国境内无住所的个人执行税收协定和个人所得税法若干问题的通知》（国税发〔2004〕97 号）第二条以及第三条第一款第（一）项和第（二）项。

国家税务总局
2010 年 4 月 26 日

6.62　国家税务总局关于个人所得税
自行纳税申报有关问题的公告［条款部分修改］

2018 年 12 月 21 日　国家税务总局公告 2018 年第 62 号

（依据国家税务总局公告 2021 年第 2 号　国家税务总局关于办理 2020 年度个人所得税综合所得汇算清缴事项的公告，本法规第一条第二款条款按国家税务总局公告 2021 年第 2 号规定执行）

根据新修改的《中华人民共和国个人所得税法》及其实施条例，现就个人所得税自行纳税申报有关问题公告如下：

一、取得综合所得需要办理汇算清缴的纳税申报

取得综合所得且符合下列情形之一的纳税人，应当依法办理汇算清缴：

（一）从两处以上取得综合所得，且综合所得年收入额减除专项扣除后的余额超过 6 万元；

（二）［条款修改］取得劳务报酬所得、稿酬所得、特许权使用费所得中一项或者多项所得，且综合所得年收入额减除专项扣除的余额超过 6 万元；【最新要求：纳税人在 2020 年度已依法预缴个人所得税且符合下列情形之一的，无需办理年度汇算：（一）年度汇算需补税但综合所得收入全年不超过 12 万元的；（二）年度汇算需补税金额不超过 400 元的；（三）已预缴税额与年度应纳税额一致或者不申请退税的。】

（三）纳税年度内预缴税额低于应纳税额；

（四）纳税人申请退税。

需要办理汇算清缴的纳税人，应当在取得所得的次年 3 月 1 日至 6 月 30 日内，向任职、受雇单位所在地主管税务机关办理纳税申报，并报送《个人所得税年度自行纳税申报表》。纳税人有两处以上任职、受雇单位的，选择向其中一处任职、受雇单位所在地主管税务机关办理纳税申报；纳税人没有任职、受雇单位的，向户籍所在地或经常居住地主管税务机关办理纳税申报。

纳税人办理综合所得汇算清缴，应当准备与收入、专项扣除、专项附加扣除、依法确定的其他扣除、捐赠、享受税收优惠等相关的资料，并按规定留存备查或报送。

纳税人取得综合所得办理汇算清缴的具体办法，另行公告。

二、取得经营所得的纳税申报

个体工商户业主、个人独资企业投资者、合伙企业个人合伙人、承包承租经营者个人以及其他从事生产、经营活动的个人取得经营所得，包括以下情形：

（一）个体工商户从事生产、经营活动取得的所得，个人独资企业投资人、合伙企业的个人合伙人来源于境内注册的个人独资企业、合伙企业生产、经营的所得；

（二）个人依法从事办学、医疗、咨询以及其他有偿服务活动取得的所得；

（三）个人对企业、事业单位承包经营、承租经营以及转包、转租取得的所得；

（四）个人从事其他生产、经营活动取得的所得。

纳税人取得经营所得，按年计算个人所得税，由纳税人在月度或季度终了后 15 日内，向经营管理所在地主管税务机关办理预缴纳税申报，并报送《个人所得税经营所得纳税申报表（A 表）》。在取得所得的次年 3 月 31 日前，向经营管理所在地主管税务机关办理汇算清缴，并报送《个人所得税经营所得纳税申报表（B 表）》；从两处以上取得经营所得的，选择向其中一处经营管理所在地主管税务机关办理年度汇总申报，并报送《个人所得税经营所得纳税申报表（C 表）》。

三、取得应税所得，扣缴义务人未扣缴税款的纳税申报

纳税人取得应税所得，扣缴义务人未扣缴税款的，应当区别以下情形办理纳税申报：

（一）居民个人取得综合所得的，按照本公告第一条办理。

（二）非居民个人取得工资、薪金所得，劳务报酬所得，稿酬所得，特许权使用费所得的，应当在取得所得的次年 6 月 30 日前，向扣缴义务人所在地主管税务机关办理纳税申报，并报送《个人所得税自行纳税申报表（A 表）》。有两个以上扣缴义务人均未扣缴税款的，选择向其中一处扣缴义务人所在地主管税务机关办理纳税申报。

非居民个人在次年 6 月 30 日前离境（临时离境除外）的，应当在离境前办理纳税申报。

（三）纳税人取得利息、股息、红利所得，财产租赁所得，财产转让所得和偶然所得的，应当在取得所得的次年 6 月 30 日前，按相关规定向主管税务机关办理纳税申报，并报送《个人所得税自行纳税申报表（A 表）》。

税务机关通知限期缴纳的，纳税人应当按照期限缴纳税款。

四、取得境外所得的纳税申报

居民个人从中国境外取得所得的，应当在取得所得的次年 3 月 1 日至 6 月 30 日内，向中国境内任职、受雇单位所在地主管税务机关办理纳税申报；在中国境内没有任职、受雇单位的，向户籍所在地或中国境内经常居住地主管税务机关办理纳税申报；户籍所在地与中国境内经常居住地不一致的，选择其中一地主管税务机关办理纳税申报；在中国境内没有户籍的，向中国境内经常居住地主管税务机关办理纳税申报。

纳税人取得境外所得办理纳税申报的具体规定，另行公告。

五、因移居境外注销中国户籍的纳税申报

纳税人因移居境外注销中国户籍的，应当在申请注销中国户籍前，向户籍所在地主管税务机关办理纳税申报，进行税款清算。

（一）纳税人在注销户籍年度取得综合所得的，应当在注销户籍前，办理当年综合所得的汇算清缴，并报送《个人所得税年度自行纳税申报表》。尚未办理上一年度综合所得汇算清缴的，应当在办理注销户籍纳税申报时一并办理。

（二）纳税人在注销户籍年度取得经营所得的，应当在注销户籍前，办理当年经营所得的汇算清缴，并报送《个人所得税经营所得纳税申报表（B 表）》。从两处以上取得经营所得的，还应当一并报送《个人所得税经营所得纳税申报表（C 表）》。尚未办理上一年度经营所得汇算

清缴的，应当在办理注销户籍纳税申报时一并办理。

（三）纳税人在注销户籍当年取得利息、股息、红利所得，财产租赁所得，财产转让所得和偶然所得的，应当在注销户籍前，申报当年上述所得的完税情况，并报送《个人所得税自行纳税申报表（A 表）》。

（四）纳税人有未缴或者少缴税款的，应当在注销户籍前，结清欠缴或未缴的税款。纳税人存在分期缴税且未缴纳完毕的，应当在注销户籍前，结清尚未缴纳的税款。

（五）纳税人办理注销户籍纳税申报时，需要办理专项附加扣除、依法确定的其他扣除的，应当向税务机关报送《个人所得税专项附加扣除信息表》《商业健康保险税前扣除情况明细表》《个人税收递延型商业养老保险税前扣除情况明细表》等。

六、非居民个人在中国境内从两处以上取得工资、薪金所得的纳税申报

非居民个人在中国境内从两处以上取得工资、薪金所得的，应当在取得所得的次月 15 日内，向其中一处任职、受雇单位所在地主管税务机关办理纳税申报，并报送《个人所得税自行纳税申报表（A 表）》。

七、纳税申报方式

纳税人可以采用远程办税端、邮寄等方式申报，也可以直接到主管税务机关申报。

八、其他有关问题

（一）纳税人办理自行纳税申报时，应当一并报送税务机关要求报送的其他有关资料。首次申报或者个人基础信息发生变化的，还应报送《个人所得税基础信息表（B 表）》。

本公告涉及的有关表证单书，由国家税务总局统一制定式样，另行公告。

（二）纳税人在办理纳税申报时需要享受税收协定待遇的，按照享受税收协定待遇有关办法办理。

九、施行时间

本公告自 2019 年 1 月 1 日起施行。

特此公告。

国家税务总局

2018 年 12 月 21 日

6.63　关于《国家税务总局关于个人所得税自行纳税申报有关问题的公告》的解读

2018 年 12 月 22 日　国家税务总局办公厅

为贯彻落实新修改的《中华人民共和国个人所得税法》及其实施条例，国家税务总局发布了《关于个人所得税自行纳税申报有关问题的公告》（国家税务总局公告 2018 年第 62 号，以下简称《公告》）。现将有关内容解读如下：

一、《公告》发布的背景

《中华人民共和国个人所得税法》第十条规定了取得综合所得需要办理汇算清缴等需办理自行纳税申报的情形。为使纳税人能够清晰了解哪些情形下需要办理自行纳税申报、什么时间申报、向哪个税务机关申报，确保 2019 年 1 月 1 日新税法实施后，符合自行申报条件的纳税人能够依法履行纳税申报义务，根据个人所得税法及其实施条例和有关税收规定，国家税务总局发布了《公告》。

二、《公告》的主要内容

《公告》共分九条，根据个人所得税法规定的需要自行纳税申报的情形，分别明确了综合所得汇算清缴、经营所得、扣缴义务人未扣缴税款、取得境外所得、移居境外注销中国户籍、非居民个人在中国境内从两处以上取得工资、薪金所得等六种需要办理自行纳税申报情形的适用对象、申报时间、申报地点、需要填写的申报表等，以及自行纳税申报的申报方式、表证单书和《公告》的施行时间，具体如下：

（一）取得综合所得需要办理汇算清缴的纳税申报

一是《公告》将需要办理汇算清缴纳税申报的情形进行了细化，分为以下四种情形：

1. 纳税人从两处以上取得综合所得，且综合所得年收入额减除专项扣除后的余额超过 6 万元的；

2. 纳税人取得劳务报酬所得、稿酬所得、特许权使用费所得中的一项或多项所得，且综合所得的年收入减除百分之二十的费用，再减除年度专项扣除后的余额超过 6 万元的；

3. 纳税年度内预扣预缴税额，低于依法计算的年度综合所得应纳税额的；

4. 纳税人申请退税的。

二是明确了办理汇算清缴申报的时间，区分有无任职、受雇单位等情形，明确了纳税申报地点，如：纳税人应当于取得综合所得的次年 3 月 1 日至 6 月 30 日内，向任职、受雇单位所在地主管税务机关办理汇算清缴，并报送《个人所得税年度自行纳税申报表》。有两处以上任职、受雇单位的，选择向其中一处任职、受雇单位所在地主管税务机关办理纳税申报；纳税人没有任职、受雇单位的，向户籍所在地或经常居住地主管税务机关办理纳税申报。

（二）经营所得的纳税申报

一是明确了需要办理经营所得自行纳税申报的情形：

1. 个体工商户从事生产、经营活动取得的所得，个人独资企业投资人、合伙企业的个人合伙人来源于境内注册的个人独资企业、合伙企业生产、经营的所得；

2. 个人依法从事办学、医疗、咨询以及其他有偿服务活动取得的所得；

3. 个人对企业、事业单位承包经营、承租经营以及转包、转租取得的所得；

4. 个人从事其他生产、经营活动取得的所得。

二是按照经营所得征收方式，明确了经营所得纳税申报的期限及需要填报的申报表。即：纳税人取得经营所得的，应当在月度或季度终了后 15 日内，向经营管理所在地主管税务机关办理预缴纳税申报，并报送《个人所得税经营所得纳税申报表（A 表）》，在取得所得的次年 3 月 31 日前，向经营管理所在地主管税务机关办理汇算清缴，并报送《个人所得税经营所得纳税申报表（B 表）》。从两处以上取得经营所得的，选择向其中一处经营管理所在地主管税务机关办理年度汇总申报，并报送《个人所得税经营所得纳税申报表（C 表）》。

（三）取得应税所得，扣缴义务人未扣缴税款的纳税申报

《公告》区分居民个人取得综合所得，非居民个人取得工资薪金所得、劳务报酬所得、稿酬所得、特许权使用费所得，纳税人（含居民个人和非居民个人）取得利息、股息、红利所得，财产租赁所得，财产转让所得，偶然所得等情形，分别规定了纳税申报时间、地点及适用的申报表。即：

1. 居民个人取得综合所得的，按照《公告》第一条办理。

2. 非居民个人取得工资、薪金所得，劳务报酬所得，稿酬所得，特许权使用费所得的，应当在取得所得的次年 6 月 30 日前，向扣缴义务人所在地主管税务机关办理纳税申报，并报送《个人所得税自行纳税申报表（A 表）》。非居民个人在中国境内有两个以上扣缴义务人未扣缴税款的，纳税人应当选择向其中一处扣缴义务人所在地主管税务机关办理纳税申报。

3. 纳税人取得利息、股息、红利所得，财产租赁所得，财产转让所得和偶然所得的，应当在取得所得的次年 6 月 30 日前，按相关规定向主管税务机关办理纳税申报，报送《个人所得税自行纳税申报表（A 表）》。

同时，税务机关通知限期缴纳的，纳税人应当按照期限缴纳税款。

（四）取得境外所得的纳税申报

《公告》区分中国境内有无任职、受雇单位以及中国境内有无户籍的情形，分别明确了纳税申报的时间、地点。即：居民个人从中国境外取得所得的，应当在取得所得的次年 3 月 1 日至 6 月 30 日内，向中国境内任职、受雇单位主管税务机关办理纳税申报，并报送《个人所得税年度自行纳税申报表》；在中国境内没有任职、受雇单位的，向户籍所在地或中国境内经常居住地主管税务机关办理纳税申报；户籍所在地与中国境内经常居住地不一致的，选择向其中一地主管税务机关办理纳税申报；在中国境内没有户籍的，向中国境内经常居住地主管税务机关办理纳税申报。

《公告》明确纳税人取得境外所得办理纳税申报的具体办法，将另行公告。

（五）因移居境外注销中国户籍的纳税申报

一是《公告》明确居民个人因移居境外注销中国户籍的，应当在注销户籍前，向户籍所在地主管税务机关办理纳税申报，并报送相关报表。

二是在注销户籍时区分纳税人取得综合所得，经营所得，利息、股息、红利所得，财产租赁所得，财产转让所得和偶然所得，未缴或者少缴税款，以及需要办理专项附加扣除和依法确定的其他扣除等情形，规定了纳税申报事项及需要填报的申报表。分别为：

1. 纳税人在申请注销户籍年度取得综合所得、经营所得的，应当在注销户籍前，办理当年综合所得、经营所得的汇算清缴并分别报送相关纳税申报表。尚未办理上一年度综合所得、经营所得汇算清缴的，应当一并办理。

2. 纳税人在注销户籍当年取得利息、股息、红利所得，财产租赁所得，财产转让所得和偶然所得的，应当在注销户籍前，申报当年上述所得的完税情况。

3. 纳税人未缴或者少缴税款的，应当在注销户籍前，结清欠缴或未缴的税款。纳税人存在分期缴税且未缴纳完毕的，应当在注销户籍前，结清尚未缴纳的税款。

4. 纳税人办理注销户籍纳税申报时，需要办理专项附加扣除、依法确定的其他扣除的，应当向税务机关报送相关信息表。

（六）非居民个人在中国境内从两处以上取得工资、薪金所得的纳税申报

《公告》明确了办理纳税申报的时间、地点以及需要填报的申报表。即：非居民个人在中国境内从两处以上取得工资、薪金所得的，应当在取得所得的次月 15 日内，向其中一处任职、受雇单位所在地主管税务机关办理纳税申报，并报送《个人所得税自行纳税申报表（A 表）》。

（七）申报方式

《公告》明确纳税人可以采用远程办税端、邮寄等方式申报，也可以直接到主管税务机关申报。

（八）其他有关问题

《公告》明确了其他有关问题。一是纳税人办理自行纳税申报时，应当一并报送税务机关要求报送的其他有关资料。首次申报或者个人基础信息发生变化的，还应报送《个人所得税基础信息表（B 表）》。二是明确《公告》涉及的有关表证单书，由国家税务总局统一制定式样，另行公告。三是纳税人在办理申报纳税时需要享受税收协定待遇的，按照享受税收协定待遇有关办法办理。

（九）施行时间

《公告》明确了施行时间为 2019 年 1 月 1 日起。

6.64　国家税务总局关于严格按照 5 000 元费用减除标准执行税收政策的公告

2018 年 11 月 2 日　国家税务总局公告 2018 年第 51 号

近期，有纳税人反映，部分扣缴单位在 10 月份发放工资薪金时没有按照 5 000 元/月费用减除标准扣除计税。为保障纳税人合法权益，让纳税人全面及时享受个人所得税改革红利，现就有关事项公告如下：

一、根据修改后的个人所得税法和有关规定，纳税人在今年 10 月 1 日（含）后实际取得的工资薪金所得，应当适用 5 000 元/月的费用减除标准。对于符合上述情形的，扣缴义务人要严格按照 5 000 元/月费用减除标准代扣代缴税款，确保纳税人不打折扣地享受税改红利。

二、对于纳税人 2018 年 10 月 1 日（含）后实际取得的工资薪金所得，如果扣缴义务人办理申报时将"税款所属月份"误选为"2018 年 9 月"，导致未享受 5 000 元/月的减除费用，纳税人、扣缴义务人可以依法向税务机关申请退还多缴的税款。

三、对于扣缴单位在今年 10 月 1 日（含）后发放工资薪金时，没有按照 5 000 元费用减除标准扣除的，纳税人可向税务机关投诉，税务机关应当及时核实，并向扣缴单位做好宣传辅导，尽快给予解决，切实保障纳税人合法权益。

投诉电话：12366

特此公告。

国家税务总局
2018 年 11 月 2 日

第7章　土地增值税

7.1　中华人民共和国土地增值税暂行条例

2011 年 1 月 8 日《国务院关于废止和修改部分行政法规的决定》修订

（1993 年 12 月 13 日中华人民共和国国务院令第 138 号发布，根据 2011 年 1 月 8 日中华人民共和国国务院令第 588 号《国务院关于废止和修改部分行政法规的决定》修订）

第一条　为了规范土地、房地产市场交易秩序，合理调节土地增值收益，维护国家权益，制定本条例。

第二条　转让国有土地使用权、地上的建筑物及其附着物（以下简称转让房地产）并取得收入的单位和个人，为土地增值税的纳税义务人（以下简称纳税人），应当依照本条例缴纳土地增值税。

【例1】 土地增值税纳税人的判断

下列各项中，不属于土地增值税纳税人的是（　　　　）。

A. 以房抵债的某工业企业

B. 出租写字楼的某外资房地产开发公司

C. 转让住房的某个人

D. 转让国有土地使用权的某高等学校

【解析】 答案为 B。土地增值税法律制度规定，出租房地产，未发生房产产权、土地使用权的转让行为，不属于土地增值税征税范围，所以，出租写字楼的某外资房地产开发公司不是土地增值税的纳税人。

第三条　土地增值税按照纳税人转让房地产所取得的增值额和本条例第七条规定的税率计算征收。

第四条　纳税人转让房地产所取得的收入减除本条例第六条规定扣除项目金额后的余额，为增值额。

【例2】 纳税人转让旧房允许扣除的项目

纳税人转让旧房，在计算土地增值额时，允许扣除的项目有（　　）。

A. 转让环节缴纳给国家的各项税费

B. 经税务机关确认的房屋及建筑物的评估价格

C. 当期发生的管理费用、财务费用和销售费用

D. 取得土地使用权所支付的价款和按国家规定缴纳的有关税费

【解析】答案为 ABD。根据土地增值税法律制度的规定，纳税人转让旧房，不允许扣除管理费用等三项费用，只有转让新建商品房项目时，才允许按照房地产开发费用扣除。

第五条　纳税人转让房地产所取得的收入，包括货币收入、实物收入和其他收入。

【例 3】其他收入的判断

某工业企业利用一块闲置的土地使用权换取某房地产公司的新建商品房，作为本单位职工的居住用房，由于没有取得收入，所以，该企业不需要缴纳土地增值税。这种说法是否正确？

【解析】不正确。该企业以地换房，虽然没有取得货币收入，但是取得了实物收入并且发生了土地使用权转移，所以，该企业应该缴纳土地增值税。

第六条　计算增值额的扣除项目：

（一）取得土地使用权所支付的金额；

（二）开发土地的成本、费用；

（三）新建房及配套设施的成本、费用，或者旧房及建筑物的评估价格；

（四）与转让房地产有关的税金；

（五）财政部规定的其他扣除项目。

第七条　土地增值税实行四级超率累进税率：

增值额未超过扣除项目金额 50% 的部分，税率为 30%。

增值额超过扣除项目金额 50%、未超过扣除项目金额 100% 的部分，税率为 40%。

增值额超过扣除项目金额 100%、未超过扣除项目金额 200% 的部分，税率为 50%。

增值额超过扣除项目金额 200% 的部分，税率为 60%。

【例 4】土地增值税应纳税额的计算 1

假定某房地产开发公司转让商品房一栋，取得收入总额为 1 000 万元，应扣除的购买土地的金额、开发成本的金额、开发费用的金额、相关税金的金额、其他扣除金额合计为 400 万元。请计算该房地产开发公司应缴纳的土地增值税。

（1）先计算增值额：

增值额 = 1 000 − 400 = 600（万元）

（2）再计算增值额与扣除项目金额的比率：

增值额与扣除项目金额的比率 = 600 ÷ 400 × 100% = 150%

根据上述计算方法，增值额超过扣除项目金额 100%，未超过 200% 时，其适用的计算公式为：

$$土地增值税税额 = 增值额 × 50\% − 扣除项目金额 × 15\%$$

（3）最后计算该房地产开发公司应缴纳的土地增值税：

应缴纳土地增值税 = 600 × 50% − 400 × 15% = 240（万元）

【例 5】土地增值税应纳税额的计算 2

2019 年某国有商业企业利用库房空地进行住宅商品房开发，按照国家有关规定补交土地出让金 2 840 万元，缴纳相关税费 160 万元；住宅开发成本 2 800 万元，其中含装修费用 500 万元；房地产开发费用中的利息支出为 300 万元（不能提供金融机构证明）；当年住宅全部销售完毕，取得不含增值税销售收入共计 9 000 万元；缴纳城市维护建设税和教育费附加 45 万元；缴纳印花税 4.5 万元。已知：该公司所在省人民政府规定的房地产开发费用的计算扣除比例为

10%。计算该企业销售住宅应缴纳的土地增值税税额。

【解析】非房地产开发企业缴纳的印花税允许作为税金扣除；非房地产开发企业不允许按照取得土地使用权所支付金额和房地产开发成本合计数的 20% 加计扣除。

（1）住宅销售收入为 9 000 万元。

（2）确定转让房地产的扣除项目金额包括：

①取得土地使用权所支付的金额 = 2 840 + 160 = 3 000（万元）。

②住宅开发成本为 2 800 万元。

③房地产开发费用 = (3 000 + 2 800) × 10% = 580（万元）。

④与转让房地产有关的税金 = 45 + 4.5 = 49.5（万元）。

⑤转让房地产的扣除项目金额 = 2 840 + 160 + 2 800 + (2 840 + 160 + 2 800) × 10% + 49.5 = 6 429.5（万元）。

（3）转让房地产的增值额 = 9 000 − 6 429.5 = 2 570.5（万元）。

（4）增值额与扣除项目金额的比率 = 2 570.5 ÷ 6 429.5 ≈ 39.98%。

增值额与扣除项目金额的比率未超过 50%，适用税率为 30%。

（5）应纳土地增值税税额 = 2 570.5 × 30% = 771.15（万元）。

第八条　有下列情形之一的，免征土地增值税：

（一）纳税人建造普通标准住宅出售，增值额未超过扣除项目金额 20% 的；

（二）因国家建设需要依法征收、收回的房地产。

【例 6】免征土地增值税的判断

根据土地增值税法律制度的规定，下列各项中，可以免征土地增值税的有（　　　）。

A. 国家机关转让自用房产

B. 工业企业在改制重组时以不动产作价入股投资非房地产企业

C. 房地产公司以不动产作价入股进行投资

D. 某商场因城市实施规划、国家建设的需要而自行转让原房产

【解析】答案为 BD。对于以土地（房地产）作价入股进行投资或联营的，凡所投资、联营的企业从事房地产开发的，或者房地产开发企业以其建造的商品房进行投资和联营的，不免征土地增值税；工业企业以不动产作价入股进行投资和某商场因城市实施规划、国家建设的需要而自行转让原房产属于免征土地增值税的情形；国家机关转让自用房产属于土地增值税的征税范围。

第九条　纳税人有下列情形之一的，按照房地产评估价格计算征收：

（一）隐瞒、虚报房地产成交价格的；

（二）提供扣除项目金额不实的；

（三）转让房地产的成交价格低于房地产评估价格，又无正当理由的。

第十条　纳税人应当自转让房地产合同签订之日起 7 日内向房地产所在地主管税务机关办理纳税申报，并在税务机关核定的期限内缴纳土地增值税。

第十一条　土地增值税由税务机关征收。土地管理部门、房产管理部门应当向税务机关提供有关资料，并协助税务机关依法征收土地增值税。

第十二条　纳税人未按本条例缴纳土地增值税的，土地管理部门、房产管理部门不得办理有关的权属变更手续。

第十三条　土地增值税的征收管理，依据《中华人民共和国税收征收管理法》及本条例有

关规定执行。

第十四条 本条例由财政部负责解释，实施细则由财政部制定。

第十五条 本条例自 1994 年 1 月 1 日起施行。各地区的土地增值费征收办法，与本条例相抵触的，同时停止执行。

7.2 中华人民共和国土地增值税暂行条例实施细则

1995 年 1 月 27 日 财法字〔1995〕6 号

第一条 根据《中华人民共和国土地增值税暂行条例》（以下简称条例）第十四条规定，制定本细则。

第二条 条例第二条所称的转让国有土地使用权、地上的建筑物及其附着物并取得收入，是指以出售或者其他方式有偿转让房地产的行为。不包括以继承、赠与方式无偿转让房地产的行为。

第三条 条例第二条所称的国有土地，是指按国家法律规定属于国家所有的土地。

第四条 条例第二条所称的地上的建筑物，是指建于土地上的一切建筑物，包括地上地下的各种附属设施。

条例第二条所称的附着物，是指附着于土地上的不能移动，一经移动即遭损坏的物品。

第五条 条例第二条所称的收入，包括转让房地产的全部价款及有关的经济收益。

第六条 条例第二条所称的单位，是指各类企业单位、事业单位、国家机关和社会团体及其他组织。

条例第二条所称个人，包括个体经营者。

第七条 条例第六条所列的计算增值额的扣除项目，具体为：

（一）取得土地使用权所支付的金额，是指纳税人为取得土地使用权所支付的地价款和按国家统一规定交纳的有关费用。

（二）开发土地和新建房及配套设施（以下简称房增开发）的成本，是指纳税人房地产开发项目实际发生的成本（以下简称房增开发成本），包括土地征用及拆迁补偿费、前期工程费、建筑安装工程费、基础设施费、公共配套设施费、开发间接费用。

土地征用及拆迁补偿费，包括土地征用费、耕地占用税、劳动力安置费及有关地上、地下附着物拆迁补偿的净支出、安置动迁用房支出等。

前期工程费，包括规划、设计、项目可行性研究和水文、地质、勘察、测绘、"三通一平"等支出。

建筑安装工程费，是指以出包方式支付给承包单位的建筑安装工程费，以自营方式发生的建筑安装工程费。

基础设施费，包括开发小区内道路、供水、供电、供气、排污、排洪、通讯、照明、环卫、绿化等工程发生的支出。

公共配套设施费，包括不能有偿转让的开发小区内公共配套设施发生的支出。

开发间接费用，是指直接组织、管理开发项目发生的费用，包括工资、职工福利费、折旧费、修理费、办公费、水电费、劳动保护费、周转房摊销等。

（三）开发土地和新建房及配套设施的费用（以下简称房地产开发费用），是指与房地产开发项目有关的销售费用、管理费用、财务费用。

财务费用中的利息支出，凡能够按转让房地产项目计算分摊并提供金融机构证明的，允许据实扣除，但最高不能超过按商业银行同类同期贷款利率计算的金额。其他房地产开发费用，按本条（一）、（二）项规定计算的金额之和的5%以内计算扣除。

凡不能按转让房地产项目计算分摊利息支出或不能提供金融机构证明的，房地产开发费用按本条（一）、（二）项规定计算的金额之和的10%以内计算扣除。

上述计算扣除的具体比例，由各省、自治区、直辖市人民政府规定。

（四）旧房及建筑物的评估价格，是指在转让已使用的房屋及建筑物时，由政府批准设立的房地产评估机构评定的重置成本价乘以成新度折扣率后的价格。评估价格须经当地税务机关确认。

（五）与转让房地产有关的税金，是指在转让房地产时缴纳的营业税、城市维护建设税、印花税。因转让房地产交纳的教育费附加，也可视同税金予以扣除。

（六）根据条例第六条（五）项规定，对从事房地产开发的纳税人可按本条（一）、（二）项规定计算的金额之和，加计20%的扣除。

第八条　土地增值税以纳税人房地产成本核算的最基本的核算项目或核算对象为单位计算。

第九条　纳税人成片受让土地使用权后，分期分批开发、转让房地产的，其扣除项目金额的确定，可按转让土地使用权的面积占总面积的比例计算分摊，或按建筑面积计算分摊，也可按税务机关确认的其他方式计算分摊。

第十条　条例第七条所列四级超率累进税率，每级"增值额未超过扣除项目金额"的比例，均包括本比例数。

计算土地增值税税额，可按增值额乘以适用的税率减去扣除项目金额乘以速算扣除系数的简便方法计算，具体公式如下：

（一）增值额未超过扣除项目金额50%

$$土地增值税税额 = 增值额 \times 30\%$$

（二）增值额超过扣除项目金额50%，未超过100%的

$$土地增值税税额 = 增值额 \times 40\% - 扣除项目金额 \times 5\%$$

（三）增值额超过扣除项目金额100%，未超过200%的

$$土地增值税税额 = 增值额 \times 50\% - 扣除项目金额 \times 15\%$$

（四）增值额超过扣除项目金额200%

$$土地增值税税额 = 增值额 \times 60\% - 扣除项目金额 \times 35\%$$

公式中的5%，15%，35%为速算扣除系数。

第十一条　条例第八条（一）项所称的普通标准住宅，是指按所在地一般民用住宅标准建造的居住用住宅。高级公寓、别墅、度假村等不属于普通标准住宅。普通标准住宅与其他住宅的具体划分界限由各省、自治区、直辖市人民政府规定。

纳税人建造普通标准住宅出售，增值额未超过本细则第七条（一）、（二）、（三）、（五）、（六）项扣除项目金额之和20%的，免征土地增值税；增值额超过扣除项目金额之和20%的，应就其全部增值额按规定计税。

条例第八条（二）项所称的因国家建设需要依法征用、收回的房地产，是指因城市实施规划、国家建设的需要而被政府批准征用的房产或收回的土地使用权。

因城市实施规划、国家建设的需要而搬迁，由纳税人自行转让原房地产的，比照本规定免征土地增值税。

符合上述免税规定的单位和个人，须向房地产所在地税务机关提出免税申请，经税务机关审核后，免予征收土地增值税。

第十二条　个人因工作调动或改善居住条件而转让原自用住房，经向税务机关申报核准，凡居住满五年或五年以上的，免予征收土地增值税；居住满三年未满五年的，减半征收土地增值税。居住未满三年的，按规定计征土地增值税。

第十三条　条例第九条所称的房地产评估价格，是指由政府批准设立的房地产评估机构根据相同地段、同类房地产进行综合评定的价格。评估价格须经当地税务机关确认。

第十四条　条例第九条（一）项所称的隐瞒、虚报房地产成交价格，是指纳税人不报或有意低报转让土地使用权、地上建筑物及其附着物价款的行为。

条例第九条（二）项所称的提供扣除项目金额不实的，是指纳税人在纳税申报时不据实提供扣除项目金额的行为。

条例第九条（三）项所称的转让房地产的成交价格低于房地产评估价格，又无正当理由，是指纳税人申报的转让房地产的实际成交价低于房地产评估机构评定的交易价，纳税人又不能提供凭据或无正当理由的行为。

隐瞒、虚报房地产成交价格，应由评估机构参照同类房地产的市场交易价格进行评估。税务机关根据评估价格确定转让房地产的收入。

提供扣除项目金额不实的，应由评估机构按照房屋重置成本价乘以成新度折扣率计算的房屋成本价和取得土地使用权时的基准地价进行评估。税务机关根据评估价格确定扣除项目金额。

转让房地产的成交价格低于房地产评估价格，又无正当理由的，由税务机关参照房地产评估价格确定转让房地产的收入。

第十五条　根据条例第十条的规定，纳税人应按照下列程序办理纳税手续：

（一）纳税人应在转让房地产合同签订后的七日内，到房地产所在地主管税务机关办理纳税申报，并向税务机关提交房屋及建筑物产权、土地使用权证书，土地转让、房产买卖合同，房地产评估报告及其他与转让房地产有关的资料。

纳税人因经常发生房地产转让而难以在每次转让后申报的，经税务机关审核同意后，可以定期进行纳税申报，具体期限由税务机关根据情况确定。

（二）纳税人按照税务机关核定的税额及规定的期限缴纳土地增值税。

第十六条　纳税人在项目全部竣工结算前转让房地产取得的收入，由于涉及成本确定或其他原因，而无法据以计算土地增值税的，可以预征土地增值税，待该项目全部竣工、办理结算后再进行清算，多退少补。具体办法由各省、自治区、直辖市地方税务局根据当地情况制定。

第十七条　条例第十条所称的房地产所在地，是指房地产的坐落地。纳税人转让房地产坐落在两个或两个以上地区的，应按房地产所在地分别申报纳税。

第十八条　条例第十一条所称的土地管理部门、房产管理部门应当向税务机关提供有关资料，是指向房地产所在地主管税务机关提供有关房屋及建筑物产权、土地使用权、土地出让金数额、土地基准地价、房地产市场交易价格及权属变更等方面的资料。

第十九条　纳税人未按规定提供房屋及建筑物产权、土地使用权证书，土地转让、房产买卖合同，房地产评估报告及其他与转让房地产有关资料的，按照《中华人民共和国税收征收管理法》（以下简称《征管法》）第三十九条的规定进行处理。

纳税人不如实申报房地产交易额及规定扣除项目金额造成少缴或未缴税款的，按照《征管法》第四十条的规定进行处理。

第二十条　土地增值税以人民币为计算单位。转让房地产所取得的收入为外国货币的，以取得收入当天或当月 1 日国家公布的市场汇价折合成人民币，据以计算应纳土地增值税税额。

第二十一条　条例第十五条所称的各地区的土地增值费征收办法是指与本条例规定的计征对象相同的土地增值费、土地收益金等征收办法。

第二十二条　本细则由财政部解释，或者由国家税务总局解释。

第二十三条　本细则自发布之日起施行。

第二十四条　1994 年 1 月 1 日至本细则发布之日期间的土地增值税参照本细则的规定计算征收。

7.3　税务总局财产行为税司负责人就土地增值税政策和征管情况答记者问

2013 年 11 月 26 日　国家税务总局办公厅

记者：请问增值税的政策和相关税收征管方式是如何规定的？

答：土地增值税是纳税人在转让国有土地使用权、地上建筑物及其附着物并取得一定的增值收入时所缴纳的一种税。土地增值税以纳税人转让房地产取得的增值额为计税依据。增值额为纳税人转让房地产所取得的收入减去税法规定的扣除项目金额后的余额。扣除项目金额主要涉及房地产开发项目的成本及费用、加计扣除项目，旧房的重置成本以及相关税金。

土地增值税实行四级超率累进税率：土地增值额未超过扣除项目金额 50% 的部分，税率为 30%；土地增值额超过扣除项目金额 50%，未超过 100% 的部分，税率为 40%；土地增值额超过扣除项目金额 100%，未超过 200% 的部分，税率为 50%；土地增值额超过扣除项目金额 200% 的部分，税率为 60%。

根据土地增值税条例、细则规定，目前对房地产开发企业土地增值税实行销售时预征、项目终了进行清算，多退少补的制度。在项目竣工结算前由于涉及的成本确定等原因，而无法据以计算土地增值税的，可以实行预征。预征一般按照销售收入的一定比例征收，预征率由各省级税务机关按照规定区分不同类型房地产确定。

土地增值税清算条件分两类：一是必须清算的情形，包括房地产开发项目全部竣工、完成销售的；整体转让未竣工决算房地产开发项目的；直接转让土地使用权的。二是税务机关可要求清算的情形，包括已竣工项目转让面积超过 85% 或虽未超过 85% 但剩余面积已出租或自用的；取得预售许可证满三年仍未销售完毕的；纳税人注销登记的。在项目达到清算条件后进行土地增值税清算，得出房地产项目实际应缴的税款，与预征的税款比较后，多退少补。

记者：近年来土地增值税征管情况如何？

答：1994 年国家开征土地增值税后不久，受亚洲金融危机等影响，房地产市场疲软，税源严重萎缩。2007 年以来税务部门认真落实土地增值税预征、清算征收机制，加大土地增值税征管和清算力度。特别是贯彻国务院房地产宏观调控政策，税务总局下发了《关于房地产开发企业土地增值税清算管理有关问题的通知》《土地增值税清算管理规程》《关于加强土地增值税征管工作的通知》等一系列完善制度、加强征管的文件，并连续几年对北京、上海等 21 个省市进行督导检查，推动土地增值税清算工作。各地税务机关结合实际，在人员培训、征管模式、信息化技术、问责机制等方面探索实践，不断提高土地增值税征管水平。经过这些年的努力，土地增值税在配合国家房地产宏观调控，促进普通住宅开发，规范房地产市场交易秩序，合理调节土地增值收益等方面发挥了积极作用。2007 年，全国土地增值税收入同比增长 74.3%；2008 年增长 33%；2009 年增长 33.9%；2010 年增长 77.6%；2011 年增长 61.4%；2012 年增长 31.8%；2013 年 1～10 月组织收入 2 710.78 亿元，增长 22.2%。由此可见，土地增值税征管力度是逐步加大的，近日引起社会关注的有关人员对欠税的巨额推算，方法是不正确的，对税收政策和征管方式存在误解误读。

记者：土地增值税在征管方面主要有哪些困难？下一步税务部门有什么措施？

答：在看到土地增值税征管成效的同时，也要看到目前还面临着一些困难和压力，主要反映在：由于房地产行业经营情况复杂，土地增值税税制设计也比较复杂。土地增值税清算需要审核大量跨若干年度收入、成本和费用情况，税收征管难度大并容易产生执法风险。

下一步，税务总局将进一步完善制度措施，加强土地增值税征管。一是加强税收政策宣传，做好政策解读；二是加强调查研究，及时处理清算中发现的新问题，进一步完善土地增值税政策；三是继续加强督导检查，推动土地增值税清算工作全面深入开展；四是强化科学管理，坚持信息管税，加强土地增值税管理信息系统建设，严控核定征收，防止税款流失。

7.4　国家税务总局关于营改增后土地增值税若干征管规定的公告

2016 年 11 月 10 日　国家税务总局公告 2016 年第 70 号

为进一步做好营改增后土地增值税征收管理工作，根据《中华人民共和国土地增值税暂行条例》及其实施细则、《财政部、国家税务总局关于营改增后契税、房产税、土地增值税个人所得税计税依据问题的通知》（财税〔2016〕43 号）等规定，现就土地增值税若干征管问题明确如下：

一、关于营改增后土地增值税应税收入确认问题

营改增后，纳税人转让房地产的土地增值税应税收入不含增值税。适用增值税一般计税方法的纳税人，其转让房地产的土地增值税应税收入不含增值税销项税额；适用简易计税方法的纳税人，其转让房地产的土地增值税应税收入不含增值税应纳税额。

为方便纳税人，简化土地增值税预征税款计算，房地产开发企业采取预收款方式销售自行开发的房地产项目的，可按照以下方法计算土地增值税预征计征依据：

土地增值税预征的计征依据 = 预收款 − 应预缴增值税税款

二、关于营改增后视同销售房地产的土地增值税应税收入确认问题

纳税人将开发产品用于职工福利、奖励、对外投资、分配给股东或投资人、抵偿债务、换取其他单位和个人的非货币性资产等，发生所有权转移时应视同销售房地产，其收入应按照《国家税务总局关于房地产开发企业土地增值税清算管理有关问题的通知》（国税发〔2006〕187号）第三条规定执行。纳税人安置回迁户，其拆迁安置用房应税收入和扣除项目的确认，应按照《国家税务总局关于土地增值税清算有关问题的通知》（国税函〔2010〕220号）第六条规定执行。

三、关于与转让房地产有关的税金扣除问题

（一）营改增后，计算土地增值税增值额的扣除项目中"与转让房地产有关的税金"不包括增值税。

（二）营改增后，房地产开发企业实际缴纳的城市维护建设税（以下简称"城建税"）、教育费附加，凡能够按清算项目准确计算的，允许据实扣除。凡不能按清算项目准确计算的，则按该清算项目预缴增值税时实际缴纳的城建税、教育费附加扣除。

其他转让房地产行为的城建税、教育费附加扣除比照上述规定执行。

四、关于营改增前后土地增值税清算的计算问题

房地产开发企业在营改增后进行房地产开发项目土地增值税清算时，按以下方法确定相关金额：

（一）土地增值税应税收入＝营改增前转让房地产取得的收入＋营改增后转让房地产取得的不含增值税收入

（二）与转让房地产有关的税金＝营改增前实际缴纳的营业税、城建税、教育费附加＋营改增后允许扣除的城建税、教育费附加

五、关于营改增后建筑安装工程费支出的发票确认问题

营改增后，土地增值税纳税人接受建筑安装服务取得的增值税发票，应按照《国家税务总局关于全面推开营业税改征增值税试点有关税收征收管理事项的公告》（国家税务总局公告2016年第23号）规定，在发票的备注栏注明建筑服务发生地县（市、区）名称及项目名称，否则不得计入土地增值税扣除项目金额。

六、关于旧房转让时的扣除计算问题

营改增后，纳税人转让旧房及建筑物，凡不能取得评估价格，但能提供购房发票的，《中华人民共和国土地增值税暂行条例》第六条第一、三项规定的扣除项目的金额按照下列方法计算：

（一）提供的购房凭据为营改增前取得的营业税发票的，按照发票所载金额（不扣减营业税）并从购买年度起至转让年度止每年加计5％计算。

（二）提供的购房凭据为营改增后取得的增值税普通发票的，按照发票所载价税合计金额从购买年度起至转让年度止每年加计5％计算。

（三）提供的购房发票为营改增后取得的增值税专用发票的，按照发票所载不含增值税金额加上不允许抵扣的增值税进项税额之和，并从购买年度起至转让年度止每年加计5％计算。

本公告自公布之日起施行。

特此公告。

国家税务总局

2016年11月10日

7.5　财政部　税务总局关于继续实施企业改制重组有关土地增值税政策的公告

2021 年 5 月 31 日　财政部　税务总局公告 2021 年第 21 号

为支持企业改制重组，优化市场环境，现就继续执行有关土地增值税政策公告如下：

一、企业按照《中华人民共和国公司法》有关规定整体改制，包括非公司制企业改制为有限责任公司或股份有限公司，有限责任公司变更为股份有限公司，股份有限公司变更为有限责任公司，对改制前的企业将国有土地使用权、地上的建筑物及其附着物（以下称房地产）转移、变更到改制后的企业，暂不征土地增值税。

本公告所称整体改制是指不改变原企业的投资主体，并承继原企业权利、义务的行为。

二、按照法律规定或者合同约定，两个或两个以上企业合并为一个企业，且原企业投资主体存续的，对原企业将房地产转移、变更到合并后的企业，暂不征土地增值税。

三、按照法律规定或者合同约定，企业分设为两个或两个以上与原企业投资主体相同的企业，对原企业将房地产转移、变更到分立后的企业，暂不征土地增值税。

四、单位、个人在改制重组时以房地产作价入股进行投资，对其将房地产转移、变更到被投资的企业，暂不征土地增值税。

五、上述改制重组有关土地增值税政策不适用于房地产转移任意一方为房地产开发企业的情形。

六、改制重组后再转让房地产并申报缴纳土地增值税时，对"取得土地使用权所支付的金额"，按照改制重组前取得该宗国有土地使用权所支付的地价款和按国家统一规定缴纳的有关费用确定；经批准以国有土地使用权作价出资入股的，为作价入股时县级及以上自然资源部门批准的评估价格。按购房发票确定扣除项目金额的，按照改制重组前购房发票所载金额并从购买年度起至本次转让年度止每年加计 5% 计算扣除项目金额，购买年度是指购房发票所载日期的当年。

七、纳税人享受上述税收政策，应按税务机关规定办理。

八、本公告所称不改变原企业投资主体、投资主体相同，是指企业改制重组前后出资人不发生变动，出资人的出资比例可以发生变动；投资主体存续，是指原企业出资人必须存在于改制重组后的企业，出资人的出资比例可以发生变动。

九、本公告执行期限为 2021 年 1 月 1 日至 2023 年 12 月 31 日。企业改制重组过程中涉及的土地增值税尚未处理的，符合本公告规定可按本公告执行。

财政部　税务总局

2021 年 5 月 31 日

7.6　国家税务总局关于房地产开发企业土地增值税清算管理有关问题的通知

2006 年 12 月 28 日　　国税发〔2006〕187 号

（2007 年 2 月 12 日国税发〔2006〕187 号发布，《国家税务总局关于修改部分税收规范性文件的公告》（国家税务总局公告 2018 年第 31 号）对本文进行了修改）

各省、自治区、直辖市和计划单列市地方税务局，西藏、宁夏自治区国家税务局：

为进一步加强房地产开发企业土地增值税清算管理工作，根据《中华人民共和国税收征收管理法》《中华人民共和国土地增值税暂行条例》及有关规定，现就有关问题通知如下：

一、土地增值税的清算单位

土地增值税以国家有关部门审批的房地产开发项目为单位进行清算，对于分期开发的项目，以分期项目为单位清算。

开发项目中同时包含普通住宅和非普通住宅的，应分别计算增值额。

二、土地增值税的清算条件

（一）符合下列情形之一的，纳税人应进行土地增值税的清算：

1. 房地产开发项目全部竣工、完成销售的；

2. 整体转让未竣工决算房地产开发项目的；

3. 直接转让土地使用权的。

（二）符合下列情形之一的，主管税务机关可要求纳税人进行土地增值税清算：

1. 已竣工验收的房地产开发项目，已转让的房地产建筑面积占整个项目可售建筑面积的比例在 85% 以上，或该比例虽未超过 85%，但剩余的可售建筑面积已经出租或自用的；

2. 取得销售（预售）许可证满三年仍未销售完毕的；

3. 纳税人申请注销税务登记但未办理土地增值税清算手续的；

4. 省税务机关规定的其他情况。

三、非直接销售和自用房地产的收入确定

（一）房地产开发企业将开发产品用于职工福利、奖励、对外投资、分配给股东或投资人、抵偿债务、换取其他单位和个人的非货币性资产等，发生所有权转移时应视同销售房地产，其收入按下列方法和顺序确认：

1. 按本企业在同一地区、同一年度销售的同类房地产的平均价格确定；

2. 由主管税务机关参照当地当年、同类房地产的市场价格或评估价值确定。

（二）房地产开发企业将开发的部分房地产转为企业自用或用于出租等商业用途时，如果产权未发生转移，不征收土地增值税，在税款清算时不列收入，不扣除相应的成本和费用。

四、土地增值税的扣除项目

（一）房地产开发企业办理土地增值税清算时计算与清算项目有关的扣除项目金额，应根据土地增值税暂行条例第六条及其实施细则第七条的规定执行。除另有规定外，扣除取得土地使用权所支付的金额、房地产开发成本、费用及与转让房地产有关税金，须提供合法有效凭证；不能提供合法有效凭证的，不予扣除。

（二）房地产开发企业办理土地增值税清算所附送的前期工程费、建筑安装工程费、基础设施费、开发间接费用的凭证或资料不符合清算要求或不实的，税务机关可参照当地建设工程造价管理部门公布的建安造价定额资料，结合房屋结构、用途、区位等因素，核定上述四项开发成本的单位面积金额标准，并据以计算扣除。具体核定方法由省税务机关确定。

（三）房地产开发企业开发建造的与清算项目配套的居委会和派出所用房、会所、停车场（库）、物业管理场所、变电站、热力站、水厂、文体场馆、学校、幼儿园、托儿所、医院、邮电通讯等公共设施，按以下原则处理：

1. 建成后产权属于全体业主所有的，其成本、费用可以扣除；

2. 建成后无偿移交给政府、公用事业单位用于非营利性社会公共事业的，其成本、费用可以扣除；

3. 建成后有偿转让的，应计算收入，并准予扣除成本、费用。

（四）房地产开发企业销售已装修的房屋，其装修费用可以计入房地产开发成本。

房地产开发企业的预提费用，除另有规定外，不得扣除。

（五）属于多个房地产项目共同的成本费用，应按清算项目可售建筑面积占多个项目可售总建筑面积的比例或其他合理的方法，计算确定清算项目的扣除金额。

五、土地增值税清算应报送的资料

符合本通知第二条第（一）项规定的纳税人，须在满足清算条件之日起90日内到主管税务机关办理清算手续；符合本通知第二条第（二）项规定的纳税人，须在主管税务机关限定的期限内办理清算手续。

纳税人办理土地增值税清算应报送以下资料：

（一）房地产开发企业清算土地增值税书面申请、土地增值税纳税申报表；

（二）项目竣工决算报表、取得土地使用权所支付的地价款凭证、国有土地使用权出让合同、银行贷款利息结算通知单、项目工程合同结算单、商品房购销合同统计表等与转让房地产的收入、成本和费用有关的证明资料；

（三）主管税务机关要求报送的其他与土地增值税清算有关的证明资料等。

纳税人委托税务中介机构审核鉴证的清算项目，还应报送中介机构出具的《土地增值税清算税款鉴证报告》。

六、土地增值税清算项目的审核鉴证

税务中介机构受托对清算项目审核鉴证时，应按税务机关规定的格式对审核鉴证情况出具鉴证报告。对符合要求的鉴证报告，税务机关可以采信。

税务机关要对从事土地增值税清算鉴证工作的税务中介机构在准入条件、工作程序、鉴证内容、法律责任等方面提出明确要求，并做好必要的指导和管理工作。

七、土地增值税的核定征收

房地产开发企业有下列情形之一的，税务机关可以参照与其开发规模和收入水平相近的当地企业的土地增值税税负情况，按不低于预征率的征收率核定征收土地增值税：

（一）依照法律、行政法规的规定应当设置但未设置账簿的；

（二）擅自销毁账簿或者拒不提供纳税资料的；

（三）虽设置账簿，但账目混乱或者成本资料、收入凭证、费用凭证残缺不全，难以确定转让收入或扣除项目金额的；

（四）符合土地增值税清算条件，未按照规定的期限办理清算手续，经税务机关责令限期清算，逾期仍不清算的；

（五）申报的计税依据明显偏低，又无正当理由的。

八、清算后再转让房地产的处理

在土地增值税清算时未转让的房地产，清算后销售或有偿转让的，纳税人应按规定进行土地增值税的纳税申报，扣除项目金额按清算时的单位建筑面积成本费用乘以销售或转让面积计算。

单位建筑面积成本费用＝清算时的扣除项目总金额÷清算的总建筑面积

本通知自 2007 年 2 月 1 日起执行。各省税务机关可依据本通知的规定并结合当地实际情况制定具体清算管理办法。

国家税务总局

2006 年 12 月 28 日

7.7 国家税务总局关于房地产开发企业土地增值税清算 涉及企业所得税退税有关问题的公告

2016 年 12 月 9 日   国家税务总局公告 2016 年第 81 号

根据《中华人民共和国企业所得税法》及其实施条例、《中华人民共和国税收征收管理法》及其实施细则的相关规定，现就房地产开发企业（以下简称"企业"）由于土地增值税清算，导致多缴企业所得税的退税问题公告如下：

一、企业按规定对开发项目进行土地增值税清算后，当年企业所得税汇算清缴出现亏损且有其他后续开发项目的，该亏损应按照税法规定向以后年度结转，用以后年度所得弥补。后续开发项目，是指正在开发以及中标的项目。

二、企业按规定对开发项目进行土地增值税清算后，当年企业所得税汇算清缴出现亏损，且没有后续开发项目的，可以按照以下方法，计算出该项目由于土地增值税原因导致的项目开发各年度多缴企业所得税税款，并申请退税：

（一）该项目缴纳的土地增值税总额，应按照该项目开发各年度实现的项目销售收入占整个项目销售收入总额的比例，在项目开发各年度进行分摊，具体按以下公式计算：

各年度应分摊的土地增值税＝土地增值税总额×（项目年度销售收入÷

整个项目销售收入总额）

本公告所称销售收入包括视同销售房地产的收入，但不包括企业销售的增值额未超过扣除项目金额 20% 的普通标准住宅的销售收入。

（二）该项目开发各年度应分摊的土地增值税减去该年度已经在企业所得税税前扣除的土地增值税后，余额属于当年应补充扣除的土地增值税；企业应调整当年度的应纳税所得额，并按规定计算当年度应退的企业所得税税款；当年度已缴纳的企业所得税税款不足退税的，应作为亏损向以后年度结转，并调整以后年度的应纳税所得额。

（三）按照上述方法进行土地增值税分摊调整后，导致相应年度应纳税所得额出现正数的，应按规定计算缴纳企业所得税。

（四）企业按上述方法计算的累计退税额，不得超过其在该项目开发各年度累计实际缴纳的企业所得税；超过部分作为项目清算年度产生的亏损，向以后年度结转。

三、企业在申请退税时，应向主管税务机关提供书面材料说明应退企业所得税款的计算过程，包括该项目缴纳的土地增值税总额、项目销售收入总额、项目年度销售收入额、各年度应分摊的土地增值税和已经税前扣除的土地增值税、各年度的适用税率，以及是否存在后续开发项目等情况。

四、本公告自发布之日起施行。本公告发布之日前，企业凡已经对土地增值税进行清算且没有后续开发项目的，在本公告发布后仍存在尚未弥补的因土地增值税清算导致的亏损，按照本公告第二条规定的方法计算多缴企业所得税税款，并申请退税。

《国家税务总局关于房地产开发企业注销前有关企业所得税处理问题的公告》（国家税务总局公告 2010 年第 29 号）同时废止。

特此公告。

国家税务总局

2016 年 12 月 9 日

7.8　关于《国家税务总局关于房地产开发企业土地增值税清算涉及企业所得税退税有关问题的公告》的解读

2016 年 12 月 15 日　国家税务总局办公厅

近日，国家税务总局发布了《关于房地产开发企业土地增值税清算涉及企业所得税退税有关问题的公告》（以下简称《公告》），对房地产开发企业由于土地增值税清算原因导致多缴企业所得税的退税处理政策进行了完善。现解读如下：

一、《公告》出台背景

根据《国家税务总局关于房地产开发企业注销前有关企业所得税处理问题的公告》（国家税务总局公告 2010 年第 29 号，以下简称"29 号公告"）规定，房地产开发企业由于土地增值税清算造成的亏损，在企业注销税务登记时还没有弥补的，企业可在注销前提出申请，税务机关将多缴的企业所得税予以退税。但是，由于多种原因，房地产开发企业在开发产品销售完成后，短期内无法注销，导致多缴的企业所得税无法申请退税。结合房地产开发企业和开发项目的特点，税务总局制定《公告》，对房地产开发企业土地增值税清算涉及企业所得税退税政策进行了完善。

二、《公告》主要内容

（一）房地产开发企业申请退税时间

《公告》将房地产开发企业可以申请退税的时间规定为所有开发项目清算后，即房地产开发企业按规定对开发项目进行土地增值税清算后，如土地增值税清算当年汇算清缴出现亏损，且没有后续开发项目的，可申请退税。后续开发项目，包括正在开发以及中标的项目。

（二）多缴企业所得税款计算方法

《公告》延续了29号公告的做法，房地产开发企业开发项目缴纳的土地增值税总额，应按照该项目开发各年度实现的项目销售收入占整个项目销售收入总额的比例，在项目开发各年度进行分摊，并计算各年度及累计应退的税款。举例说明如下：

某房地产开发企业2014年1月开始开发某房地产项目，2016年10月项目全部竣工并销售完毕，12月进行土地增值税清算，整个项目共缴纳土地增值税1 100万元，其中2014年～2016年预缴土地增值税分别为240万元、300万元、60万元；2016年清算后补缴土地增值税500万元。2014年～2016年实现的项目销售收入分别为12 000万元、15 000、3 000万元，缴纳的企业所得税分别为45万元、310万元、0万元。该企业2016年度汇算清缴出现亏损，应纳税所得额为-400万元。企业没有后续开发项目，拟申请退税，具体计算详见下表：

	2014年	2015年	2016年
预缴土地增值税	240	300	60
补缴土地增值税	-	-	500
分摊土地增值税	440（1 100×（12 000÷30 000））	550（1 100×（15 000÷30 000））	110（1 100×（3 000÷30 000））
应纳税所得额调整	-200（240-440）	-270（300-550-20）	450（60+500-110）
调整后应纳税所得额	-	-	50（-400+450）
应退企业所得税	50（200×25%）	67.5（270×25%）	
已缴纳企业所得税	45	310	0
实退企业所得税	45	67.5	-
亏损结转（调整后）	-20（(45-50)÷25%）		
应补企业所得税			12.5（50×25%=12.5）
累计退税额			100（45+67.5-12.5）

（三）报送资料

《公告》规定，房地产开发企业在申请退税时，应向主管税务机关提供书面材料说明应退企业所得税款的计算过程，包括该项目缴纳的土地增值税总额、项目销售收入总额、项目年度销售收入额、各年度应分摊的土地增值税和已经税前扣除的土地增值税、各年度的适用税率，以及是否存在后续开发项目等情况。

（四）以前年度多缴税款处理

《公告》发布执行前已经进行土地增值税清算，《公告》发布执行后仍存在尚未弥补的因土地增值税清算导致的亏损，按照《公告》第二条规定的方法计算多缴企业所得税税款，并申请退税。《公告》发布执行后，企业应抓紧向主管税务机关提出退税申请，并按要求提供相关资料。

三、《公告》实施时间

《公告》自发布之日起施行。29号公告同时废止。

7.9　国家税务总局关于印发《土地增值税宣传提纲》的通知

1995 年 3 月 16 日　国税函发〔1995〕110 号

各省、自治区、直辖市和计划单列市国家税务局、地方税务局，扬州培训中心，长春税务学院：

1993 年 12 月 13 日国务院发布了《中华人民共和国土地增值税暂行条例》，财政部于 1995 年 1 月 27 日颁布了《中华人民共和国土地增值税暂行条例实施细则》。为了做好对土地增值税的宣传解释工作，我们拟定了《土地增值税宣传提纲》，现发给你们。为使纳税单位和个人充分了解土地增值税的有关规定和缴纳方式，增强依法纳税的观念。请你们结合本地情况，采取多种形式广为宣传。

国家税务总局
1995 年 3 月 16 日

土地增值税宣传提纲

一、什么是土地增值税？

土地增值税是以纳税人转让国有土地使用权、地上的建筑物及其附着物（以下简称转让房地产）所取得的增值额为征税对象，依照规定税率征收的一种税。国务院在 1993 年 12 月 13 日发布了《中华人民共和国土地增值税暂行条例》（以下简称《条例》），财政部于 1995 年 1 月 27 日颁布了《中华人民共和国土地增值税暂行条例实施细则》（以下简称《细则》）。土地增值税从 1994 年 1 月 1 日起在全国开征。

二、为什么要开征土地增值税？

开征土地增值税，主要是国家运用税收杠杆引导房地产经营的方向，规范房地产市场的交易秩序，合理调节土地增值收益分配，维护国家权益，促进房地产开发的健康发展。具体为：

（一）开征土地增值税，是适应我国社会主义市场经济发展的新形势，增强国家对房地产开发和房地产交易市场调控的需要。改革开放前，我国土地管理制度一直采取行政划拨方式，土地实行无偿无限期使用，但不允许买卖土地。实践证明，这种土地使用管理制度不利于提高土地资源的使用效益。自 1987 年我国对土地使用制度进行改革，实行国有土地使用权的有偿出让和转让后，极大地促进了我国房地产业发展和房地产市场的建立，对提高土地使用效益，增加国家财政收入，改善城市基础设施和人民生活居住条件，以及带动国民经济相关产业的发展都产生了积极作用。

但是，由于有关土地管理的各项制度滞后，以及行政管理上的偏差，在房地产业发展中也出现了一些问题。特别是 92 年及 93 年上半年，我国部分地区出现的房地产持续高温，炒买炒卖房地产情况严重，使得很多资金流向了房地产，极大地浪费了国家的资源和财力，国家土地资金收益大量流失，严重冲击和危害了国民经济的协调健康发展。为扭转这一局面，国家采取了一系列宏观调控措施，其中一项就是开征土地增值税，这也是社会主义市场经济发展的客观需要。

（二）对土地增值税课税，其主要目的是为了抑制炒买炒卖土地获取暴利的行为，以保护正当房地产开发的发展。土地增值主要是两方面原因，一是自然增值，由于土地资源是有限的，随着社会经济的发展，生产和生活建设用地扩大，土地资源相对发生紧缺或改善了投资环境，导致土地价格上升。二是投资增值，把"生地"变为"熟地"，建成各种生产、生活、商业设施，形成土地增值。土地属国家所有，建国以来，国家在城市建设方面投入了大量资金，搞了许多基础设施建设，这是土地增值的一个重要因素。对这部分土地增值收益，国家理应参与土地增值收益分配，并取得较大份额。征收土地增值税有利于减少国家土地资源增值收益的流失，同时，对投资房地产开发的合理收益给予保护，使其能够得到一定的回报，以促进房地产业的正常发展。但对炒买炒卖房地产获取暴利者，则要用高税率进行调节。这样就可以起到保护正当房地产开发的发展、遏制投机者牟取暴利的行为，维护国家整体利益的作用。

（三）规范国家参与土地增值收益的分配方式，增加国家财政收入，为经济建设积累资金。目前，我国涉及到房地产交易市场的税收，主要有营业税、企业所得税、个人所得税、契税等。这些税对转让房地产收益只起一般的调节作用，对房地产交易因土地增值所获得的过高收入起不到特殊的调节作用。开征土地增值税能对土地增值的过高收入进行调节，并为增加国家财政收入开辟新税源。土地增值收入属于地方财政收入，地方可集中财力用于地方经济建设，同时，开征土地增值税可以规范土地增值收益的分配制度，统一各地土地增值收益收费标准。

总之，开征土地增值税对于维护国家利益，合理分配国家土地资源收入，促进房地产业和房地产市场健康发展都会产生积极作用。

三、制定土地增值税所遵循的原则是什么？

根据社会主义市场经济发展的客观需要，和国家对房地产市场和房地产开发进行调控的要求，在研究制定土地增值税时遵循了以下三个原则：

（一）要有效的抑制炒买炒卖"地皮""楼花"等牟取暴利的投机行为，防止扰乱房地产开发和房地产市场发展的行为。土地增值税以转让房地产的增值额为计税依据，并实行四级超率累进税率，对增值率高的多征税，增值率低的少征税，充分体现对过高增值收益进行有效调节的作用。

（二）维护国家权益，防止国家土地增值收益流失，增加国家财政收入，土地资源属国家所有，国家为整治和开发国土投入了巨额资金，国家理应参与土地增值收益分配，增加国家财政收入，用于国家经济建设。

（三）保护从事正当房地产开发者的合法利益，使其得到一定的投资回报，促进房地产开发结构的调整。制定的土地增值税政策，对正当房地产开发者从事房地产开发的投资回报率和通胀因素是有照顾的，以区别于房地产交易的投机行为，这样一方面制约和抑制了房地产的投机和炒卖，另一方面又保护了正常的房地开发，引导房地产业健康稳定地发展。

四、土地增值税的征收范围是如何规定的？

根据《条例》的规定，凡转让国有土地使用权、地上的建筑物及其附着物并取得收入的行为都应缴纳土地增值税。这样界定有三层含意：一是土地增值税仅对转让国有土地使用权的征收，对转让集体土地使用权的不征税。这是因为，根据《中华人民共和国土地管理法》的规定，国家为了公共利益，可以依照法律规定对集体土地实行征用，依法被征用后的土地属于国家所有。未经国家征用的集体土地不得转让。如要自行转让是一种违法行为。对这种违法行为应由有关部门依照相关法律来处理，而不应纳入土地增值税的征税范围。二是只对转让的房地产征收土地增值税，不转让的不征税。如房地产的出租，虽然取得了收入，但没有发生房地产的产权转让，不应属于土地增值税的征收范围。三是对转让房地产并取得收入的征税，对发生转让行为，而未取得收入的不征税。如通过继承、赠与方式转让房地产的，虽然发生了转让行为，但未取得收入，就不能征收土地增值税。

五、土地增值税的征税对象是什么？

土地增值税的征税对象是转让国有土地使用权、地上的建筑物及其附着物所取得的增值额。增值额为纳税人转让房地产的收入减除《条例》规定的扣除项目金额后的余额。

计算增值额需要把握两个关键：一是转让房地产的收入，二是扣除项目金额。转让房地产的收入包括货币收入、实物收入和其他收入，即与转让房地产有关的经济利益。对纳税人申报的转让房地产的收入，税务机关要进行核实，对隐瞒收入等情况要按评估价格确定其转让收入。扣除项目按《条例》及《细则》规定有下列几项：

（一）取得土地使用权所支付的金额。包括纳税人为取得土地使用权所支付的地价款和按国家统一规定交纳的有关费用。具体为：以出让方式取得土地使用权的，为支付的土地出让金；以行政划拨方式取得土地使用权的，为转让土地使用权时按规定补交的出让金；以转让方式取得土地使用权的，为支付的地价款。

（二）开发土地和新建房及配套设施的成本（以下简称房地产开发成本）。包括土地征用及拆迁补偿费、前期工程费、建筑安装工程费、基础设施费、公共设施配套费、开发间接费用。这些成本允许按实际发生额扣除。

（三）开发土地和新建房及配套设施的费用（以下简称房地产开发费用）是指销售费用、管理费用、财务费用。根据新会计制度规定，与房地产开发有关的费用直接计入当年损益，不按房地产项目进行归集或分摊。为了便于计算操作，《细则》规定，财务费用中的利息支出，凡能够按转让房地产项目计算分摊，并提供金融机构证明的，允许据实扣除，但最高不能超过按商业银行同类同期贷款利率计算的金额。房地产开发费用按取得土地使用权所支付的金额及房地产开发成本之和的 5% 以内予以扣除。凡不能提供金融机构证明的，利息不单独扣除，三项费用的扣除按取得土地使用权所支付的金额及房地产开发成本的 10% 以内计算扣除。

（四）旧房及建筑物的评估价格。是指在转让已使用的房屋及建筑物时，由政府批准设立的房地产评估机构评定的重置成本价乘以成新度折扣率后的价值，并由当地税务机关参考评估机构的评估而确认的价格。

（五）与转让房地产有关的税金。这是指在转让房地产时缴纳的营业税、城市维护建设税、印花税。因转让房地产交纳的教育费附加，也可视同税金予以扣除。

（六）加计扣除。对从事房地产开发的纳税人，可按取得土地使用权所支付的金额与房地产开发成本之和加计 20% 的扣除。

六、具体计算增值额时应注意什么？

在具体计算增值额时，要区分以下几种情况进行处理：

（一）对取得土地或房地产使用权后，未进行开发即转让的，计算其增值额时，只允许扣除取得土地使用权时支付的地价款，交纳的有关费用，以及在转让环节缴纳的税金。这样规定，其目的主要是抑制"炒"买"炒"卖地皮的行为。

（二）对取得土地使用权后投入资金，将生地变为熟地转让的，计算其增值额时，允许扣除取得土地使用权时支付的地价款、交纳的有关费用，和开发土地所需成本再加计开发成本的

20%以及在转让环节缴纳的税金。这样规定，是鼓励投资者将更多的资金投向房地产开发。

（三）对取得土地使用权后进行房地产开发建造的，在计算其增值额时，允许扣除取得土地使用权时支付的地价款和有关费用、开发土地和新建房及配套设施的成本和规定的费用、转让房地产有关的税金，并允许加计20%的扣除。这可以使从事房地产开发的纳税人有一个基本的投资回报，以调动其从事正常房地产开发的积极性。

（四）转让旧房及建筑物的，在计算其增值额时，允许扣除由税务机关参照评估价格确定的扣除项目金额（即房屋及建筑物的重置成本价乘以新度折扣率后的价值），以及在转让时交纳的有关税金。这主要是考虑到如果按原成本价作为扣除项目金额，不尽合理。而采用评估的重置成本价能够相对消除通货膨胀因素的影响，比较合理。

七、土地增值税的纳税义务人都包括哪些？

土地增值税的纳税义务人是有偿转让国有土地使用权、地上的建筑物及其附着物的单位和个人。包括各类企业单位、事业单位、机关、社会团体、个体工商业户以及其他单位和个人。根据《国务院关于外商投资企业和外国企业适用增值税、消费税、营业税等税收暂行条例的有关问题的通知》的规定，土地增值税也同样适用于涉外企业、单位和个人。因此，外商投资企业、外国企业。外国驻华机构、外国公民、华侨以及港澳台同胞等，只要转让房地产并取得收入，就是土地增值税的纳税义务人，均应按《条例》的规定照章纳税。

八、土地增值税的税率是如何规定的？

土地增值税采用四级超率累进税率，最低税率为30%，最高税率为60%。超率累进税率是以征税对象数额的相对率为累进依据，按超累方式计算和确定适用税率。在确定适用税率时，首先要确定征税对象数额的相对率。即以增值额与扣除项目金额的比率（增值率）从低到高划分为4个级次：即增值额未超过扣除项目金额50%的部分；增值额超过扣除项目金额50%，未超过100%的部分；增值额超过扣除项目金额100%，未超过200%的部分；增值额超过扣除项目金额200%的部分，并分别适用30%、40%、50%、60%的税率。

土地增值税4级超率累进税率中每级增值额未超过扣除项目金额的比例，均包括本比例数。如增值额未超过项目金额50%的部分，包括50%在内，均适用30%的税率。

九、土地增值税的减免税政策规定有哪些？

按照《条例》和《细则》的规定，土地增值税减免税共有四条：

（一）纳税人建造普通标准住宅出售，增值额未超过扣除项目金额20%的（含20%），免征土地增值税。但增值额超过扣除项目金额20%的，应对其全部增值额计税（包括未超过扣除项目金额20%的部分）。这是考虑到我国人民居住条件仍然较差，对建造普通标准住宅而增值较低的予以免税，而对增值较高的就全部增值额征税，有利于控制普通标准住宅售价，促进和保证其健康发展。

（二）因国家建设需要依法征用、收回的房地产，免征土地增值税。这是因为，政府在进行城市建设和改造时需要收回一些土地使用权或征用一些房产，国家要给予纳税人适当的经济补偿，免予征收土地增值税是应该的。

（三）因城市市政规划、国家建设的需要而搬迁，由纳税人自行转让原房地产而取得的收入，免征土地增值税。根据城市规划，污染、扰民企业（主要是指企业产生的过量废气、废水、废渣和噪音，使城市居民生活受到一定的危害）需要陆续搬迁到城外，有些企业因国家建设需要也要进行搬迁。这些企业要搬迁不是以盈利为目的，而是为城市规划需要，存在许多困难，如人员安置、搬迁资金不足等；而且大都是一些老企业，这个问题就更突出。为了使这些企业能够易地重建或重购房地产，对其自行转让原有房地产的增值收益，给予免征土地增值税是必要的。

（四）［条款废止］为促进我国住房制度的改革，鼓励个人买房，对个人因工作调动或改善居住条件而转让原自住房，凡居住满 5 年或 5 年以上的，经向税务机关申报批准，免予征收土地增值税；居住满 3 年未满 5 年的，减半征收土地增值税；居住未满 3 年，按规定计征土地增值税。

十、怎样计算土地增值税应纳税额？

应纳土地增值税税领等于增值额乘以适用税率

如果增值额超过扣除项目金额 50% 以上，在计算增值额时，需要分别用各级增值额乘以适用税率，得出各级税额，然后再将各级税额相加，得出总税额。在实际征收中，为了方便计算，可按增值额乘以适用税率减去扣除项目金额乘以速算扣除系数的简便方法计算土地增值税税额，具体计算公式如下：

（一）增值额未超过扣除项目金额 50% 的土地增值税税额等于增值额乘以 30%

（二）增值额超过扣除项目金额 50%，未超过 100% 的土地增值税税额等于增值额乘以 40% 减去扣除项目金额乘以 5%

（三）增值额超过扣除项目金额 100%，未超过 200% 的土地增值税税额等于增值额乘以 50% 减去扣除项目金额乘以 15%

（四）增值额超过扣除项目金额 200% 的土地增值税税额等于增值额乘以 60% 减去扣除项目金额乘以 35%

十一、房地产评估的计税事项是什么？

在征税中，对发生下列情况的，需要进行房地产评估：

（一）出售旧房及建筑物的；

（二）隐瞒、虚报房地产成交价格的；

（三）提供扣除项目金额不实的；

（四）转让房地产的成交价格低于房地产评估价格，又无正当理由的。

房地产评估价格，是指由政府批准设立的房地产评估机构根据相同地段、同类房地产进行综合评定的价格，税务机关根据评估价格，确定其转让房地产的收入、扣除项目金额等，及计算房地产转让时所要缴纳的土地增值税。对评估价与市场交易价差距较大的转让项目，税务机关有权不予确认，要求其重新评估。纳税人交纳的评估费用，允许作为扣除项目金额予以扣除。采用评估办法，符合市场经济的原则，有利于维护税收法纪，加强征管。

十二、土地增值税的征收管理都有哪些规定？

（一）转让房地产并取得收入的纳税人，应当按下列程序办理纳税手续：

1. 纳税人在转让房地产合同签订后 7 日那日，到房地产所在地税务机关办理纳税申报，并向税务机关提交房屋及建筑物产权、土地使用权证书、土地转让、房产买卖合同、房地产评估报告及其他与转让房地产有关的资料。

对因经常发生房地产转让而难以在每次转让后申报的纳税人，经税务机关审核同意后，可以定期进行纳税申报，具体期限由税务机关根据情况确定。

对预售商品房的纳税人，在签订预售合同 7 日内，也须到税务机关备案，并提供有关资料。

2. 税务机关根据纳税人的申报，核定应纳税额并规定纳税期限。对有些需要进行评估的，要求纳税人先进行评估，然后再根据评估结果确认评估价格。

3. 纳税人按照税务机关核定的税额及规定的期限缴纳土地增值税。

（二）对纳税人在项目全部竣工结算前转让房地产取得的收入，税务机关可以预征土地增值税。纳税人应按照税务机关规定的期限和税额预缴土地增值税。

（三）土地管理和房产管理等部门应当协助税务机关依法征收土地增值税，向税务机关提供有关房屋及建筑物产权、土地使用权、土地出让金数额、土地基准地价、房地产市场交易价格以及权属变更等方面的资料。积极支持税务部门搞好土地增值税的征收管理工作。

7.10　财政部　国家税务总局
关于土地增值税普通标准住宅有关政策的通知

2006 年 10 月 20 日　财税〔2006〕141 号

各省、自治区、直辖市、计划单列市财政厅（局）、地方税务局，新疆生产建设兵团财务局：

为贯彻落实《国务院办公厅转发建设部等部门关于调整住房供应结构稳定住房价格意见的通知》（国办发〔2006〕37 号）精神，进一步促进调整住房供应结构，增加中小套型、中低价位普通商品住房供应，现将《中华人民共和国土地增值税暂行条例》第八条中"普通标准住宅"的认定问题通知如下：

"普通标准住宅"的认定，可在各省、自治区、直辖市人民政府根据《国务院办公厅转发建设部等部门关于做好稳定住房价格工作意见的通知》（国办发〔2005〕26 号）制定的"普通住房标准"的范围内从严掌握。

请遵照执行。

财政部　国家税务总局
2006 年 10 月 20 日

7.11　财政部　国家税务总局
关于调整房地产交易环节税收政策的通知

2008 年 10 月 22 日　财税〔2008〕137 号

（条款失效，第一条失效。参见：《财政部　国家税务总局　住房和城乡建设部关于调整房地产交易环节契税　个人所得税优惠政策的通知》，财税〔2010〕94 号）

各省、自治区、直辖市、计划单列市财政厅（局）、地方税务局，新疆生产建设兵团财务局：

为适当减轻个人住房交易的税收负担，支持居民首次购买普通住房，经国务院批准，现就房地产交易环节有关税收政策问题通知如下：

一、〔条款失效〕对个人首次购买 90 平方米及以下普通住房的，契税税率暂统一下调到

1%. 首次购房证明由住房所在地县（区）住房建设主管部门出具。

二、对个人销售或购买住房暂免征收印花税。

三、对个人销售住房暂免征收土地增值税。

本通知自 2008 年 11 月 1 日起实施。

财政部　国家税务总局

2008 年 10 月 22 日

7.12　财政部　国家税务总局
关于被撤销金融机构有关税收政策问题的通知

2003 年 7 月 3 日　财税〔2003〕141 号

各省、自治区、直辖市、计划单列市财政厅（局）、国家税务局、地方税务局：

为了促进被撤销金融机构的清算工作，加强对金融活动的监督管理，维护金融秩序，根据《金融机构撤销条例》第二十一条的规定，现对被撤销金融机构清理和处置财产过程中有关税收优惠政策问题通知如下：

一、享受税收优惠政策的主体是指经中国人民银行依法决定撤销的金融机构及其分设于各地的分支机构，包括被依法撤销的商业银行、信托投资公司、财务公司、金融租赁公司、城市信用社和农村信用社。除另有规定者外，被撤销的金融机构所属、附属企业，不享受本通知规定的被撤销金融机构的税收优惠政策。

二、被撤销金融机构清理和处置财产可享受以下税收优惠政策：

1. 对被撤销金融机构接收债权、清偿债务过程中签订的产权转移书据，免征印花税。

2. 对被撤销金融机构清算期间自有的或从债务方接收的房地产、车辆，免征房产税、城镇土地使用税和车船使用税。

3. 对被撤销金融机构在清算过程中催收债权时，接收债务方土地使用权、房屋所有权所发生的权属转移免征契税。

4. 对被撤销金融机构财产用来清偿债务时，免征被撤销金融机构转让货物、不动产、无形资产、有价证券、票据等应缴纳的增值税、营业税、城市维护建设税、教育费附加和土地增值税。

三、除第二条规定者外，被撤销金融机构在清算开始后、清算资产被处置前持续经营的经济业务所发生的应纳税款应按规定予以缴纳。

四、被撤销金融机构的应缴未缴国家的税金及其他款项应按照法律法规规定的清偿顺序予以缴纳。

五、被撤销金融机构的清算所得应该依法缴纳企业所得税。

六、本通知自《金融机构撤销条例》生效之日起开始执行。凡被撤销金融机构在《金融机构撤销条例》生效之日起进行的财产清理和处置的涉税政策均按本通知执行。本通知发布前，属免征事项的应纳税款不再追缴，已征税款不予退还。

7.13 财政部 国家税务总局
关于廉租住房经济适用住房和住房租赁有关税收政策的通知

2008 年 3 月 3 日 财税〔2008〕24 号

各省、自治区、直辖市、计划单列市财政厅（局）、国家税务局、地方税务局，新疆生产建设兵团财务局：

为贯彻落实《国务院关于解决城市低收入家庭住房困难的若干意见》（国发〔2007〕24号）精神，促进廉租住房、经济适用住房制度建设和住房租赁市场的健康发展，经国务院批准，现将有关税收政策通知如下：

一、［部分废止］**支持廉租住房、经济适用住房建设的税收政策**

（一）对廉租住房经营管理单位按照政府规定价格、向规定保障对象出租廉租住房的租金收入，免征营业税、房产税。

（二）对廉租住房、经济适用住房建设用地以及廉租住房经营管理单位按照政府规定价格、向规定保障对象出租的廉租住房用地，免征城镇土地使用税。

开发商在经济适用住房、商品住房项目中配套建造廉租住房，在商品住房项目中配套建造经济适用住房，如能提供政府部门出具的相关材料，可按廉租住房、经济适用住房建筑面积占总建筑面积的比例免征开发商应缴纳的城镇土地使用税。

（三）企事业单位、社会团体以及其他组织转让旧房作为廉租住房、经济适用住房房源且增值额未超过扣除项目金额20%的，免征土地增值税。

（四）对廉租住房、经济适用住房经营管理单位与廉租住房、经济适用住房相关的印花税以及廉租住房承租人、经济适用住房购买人涉及的印花税予以免征。

开发商在经济适用住房、商品住房项目中配套建造廉租住房，在商品住房项目中配套建造经济适用住房，如能提供政府部门出具的相关材料，可按廉租住房、经济适用住房建筑面积占总建筑面积的比例免征开发商应缴纳的印花税。

（五）对廉租住房经营管理单位购买住房作为廉租住房、经济适用住房经营管理单位回购经济适用住房继续作为经济适用住房房源的，免征契税。

（六）对个人购买经济适用住房，在法定税率基础上减半征收契税。

（七）对个人按《廉租住房保障办法》（建设部等9部委令第162号）规定取得的廉租住房货币补贴，免征个人所得税；对于所在单位以廉租住房名义发放的不符合规定的补贴，应征收个人所得税。

（八）企事业单位、社会团体以及其他组织于2008年1月1日前捐赠住房作为廉租住房的，按《中华人民共和国企业所得税暂行条例》（国务院令第137号）、《中华人民共和国外商投资企业和外国企业所得税法》有关公益性捐赠政策执行；2008年1月1日后捐赠的，按《中华人民共和国企业所得税法》有关公益性捐赠政策执行。个人捐赠住房作为廉租住房的，捐赠额未超过其申报的应纳税所得额30%的部分，准予从其应纳税所得额中扣除。

廉租住房、经济适用住房、廉租住房承租人、经济适用住房购买人以及廉租住房租金、货币补贴标准等须符合国发〔2007〕24 号文件及《廉租住房保障办法》（建设部等 9 部委令第 162 号）、《经济适用住房管理办法》（建住房〔2007〕258 号）的规定；廉租住房、经济适用住房经营管理单位为县级以上人民政府主办或确定的单位。

二、支持住房租赁市场发展的税收政策

（一）对个人出租住房取得的所得减按 10% 的税率征收个人所得税。

（二）对个人出租、承租住房签订的租赁合同，免征印花税。

（三）对个人出租住房，不区分用途，在 3% 税率的基础上减半征收营业税，按 4% 的税率征收房产税，免征城镇土地使用税。

（四）［条款废止］对企事业单位、社会团体以及其他组织按市场价格向个人出租用于居住的住房，减按 4% 的税率征收房产税。

上述与廉租住房、经济适用住房相关的新的优惠政策自 2007 年 8 月 1 日起执行，文到之日前已征税款在以后应缴税款中抵减。与住房租赁相关的新的优惠政策自 2008 年 3 月 1 日起执行。其他政策仍按现行规定继续执行。

各地要严格执行税收政策，加强管理，对执行过程中发现的问题，及时上报财政部、国家税务总局。

特此通知。

财政部　国家税务总局
2008 年 3 月 3 日

第 8 章　契税

8.1　中华人民共和国契税法

2020 年 8 月 11 日　第十三届全国人民代表大会常务委员会第二十一次会议通过

（2020 年 8 月 11 日第十三届全国人民代表大会常务委员会第二十一次会议通过）

第一条　在中华人民共和国境内转移土地、房屋权属，承受的单位和个人为契税的纳税人，应当依照本法规定缴纳契税。

第二条　本法所称转移土地、房屋权属，是指下列行为：

（一）土地使用权出让；

（二）土地使用权转让，包括出售、赠与、互换；

（三）房屋买卖、赠与、互换。

前款第二项土地使用权转让，不包括土地承包经营权和土地经营权的转移。

以作价投资（入股）、偿还债务、划转、奖励等方式转移土地、房屋权属的，应当依照本法规定征收契税。

第三条　契税税率为百分之三至百分之五。

契税的具体适用税率，由省、自治区、直辖市人民政府在前款规定的税率幅度内提出，报同级人民代表大会常务委员会决定，并报全国人民代表大会常务委员会和国务院备案。

省、自治区、直辖市可以依照前款规定的程序对不同主体、不同地区、不同类型的住房的权属转移确定差别税率。

第四条　契税的计税依据：

（一）土地使用权出让、出售，房屋买卖，为土地、房屋权属转移合同确定的成交价格，包括应交付的货币以及实物、其他经济利益对应的价款；

（二）土地使用权互换、房屋互换，为所互换的土地使用权、房屋价格的差额；

（三）土地使用权赠与、房屋赠与以及其他没有价格的转移土地、房屋权属行为，为税务机关参照土地使用权出售、房屋买卖的市场价格依法核定的价格。

纳税人申报的成交价格、互换价格差额明显偏低且无正当理由的，由税务机关依照《中华人民共和国税收征收管理法》的规定核定。

第五条　契税的应纳税额按照计税依据乘以具体适用税率计算。

【例1】 契税应纳税额的计算1

2019 年，王某获得单位奖励房屋一套。王某得到该房屋后又将其与李某拥有的一套房屋进行互换。经房地产评估机构评估王某获奖房屋价值30 万元，李某房屋价值35 万元。两人协商后，王某实际向李某支付房屋互换价格差额款5 万元。税务机关核定奖励王某的房屋价值28 万元。已知当地规定的契税税率为4%。计算王某应缴纳的契税税额。

【解析】 以获奖方式取得房屋权属的应视同房屋赠与征收契税，计税依据为税务机关参照市场价格核定的价格，即28 万元。房屋交换且互换价格不相等的，应由多支付货币的一方缴纳契税，计税依据为所互换的房屋价格的差额，即5 万元。因此，王某应就其获奖承受该房屋权属行为和房屋互换行为分别缴纳契税。

（1）王某获奖承受房屋权属应缴纳的契税税额 =280 000 ×4% =11 200（元）。

（2）王某交换房屋行为应缴纳的契税税额 =50 000 ×4% =2 000（元）。

（3）王某实际应缴纳的契税税额 =11 200 +2 000 =13 200（元）。

【例2】 契税应纳税额的计算2

居民甲有两套住房，将一套出售给居民乙，成交价格为1 200 000 元；将另一套两室住房与居民丙交换成两套一室住房，并支付给丙换房差价款300 000 元。试计算甲、乙、丙相关行为应缴纳的契税（假定税率为4%）。

（1）甲应缴纳契税 =300 000 ×4% =12 000（元）

（2）乙应缴纳契税 =1 200 000 ×4% =48 000（元）

（3）丙无须不缴纳契税。

第六条 有下列情形之一的，免征契税：

（一）国家机关、事业单位、社会团体、军事单位承受土地、房屋权属用于办公、教学、医疗、科研、军事设施；

（二）非营利性的学校、医疗机构、社会福利机构承受土地、房屋权属用于办公、教学、医疗、科研、养老、救助；

（三）承受荒山、荒地、荒滩土地使用权用于农、林、牧、渔业生产；

（四）婚姻关系存续期间夫妻之间变更土地、房屋权属；

（五）法定继承人通过继承承受土地、房屋权属；

（六）依照法律规定应当予以免税的外国驻华使馆、领事馆和国际组织驻华代表机构承受土地、房屋权属。

根据国民经济和社会发展的需要，国务院对居民住房需求保障、企业改制重组、灾后重建等情形可以规定免征或者减征契税，报全国人民代表大会常务委员会备案。

第七条 省、自治区、直辖市可以决定对下列情形免征或者减征契税：

（一）因土地、房屋被县级以上人民政府征收、征用，重新承受土地、房屋权属；

（二）因不可抗力灭失住房，重新承受住房权属。

前款规定的免征或者减征契税的具体办法，由省、自治区、直辖市人民政府提出，报同级人民代表大会常务委员会决定，并报全国人民代表大会常务委员会和国务院备案。

第八条 纳税人改变有关土地、房屋的用途，或者有其他不再属于本法第六条规定的免征、减征契税情形的，应当缴纳已经免征、减征的税款。

第九条 契税的纳税义务发生时间，为纳税人签订土地、房屋权属转移合同的当日，或者纳税人取得其他具有土地、房屋权属转移合同性质凭证的当日。

第十条　纳税人应当在依法办理土地、房屋权属登记手续前申报缴纳契税。

第十一条　纳税人办理纳税事宜后，税务机关应当开具契税完税凭证。纳税人办理土地、房屋权属登记，不动产登记机构应当查验契税完税、减免税凭证或者有关信息。未按照规定缴纳契税的，不动产登记机构不予办理土地、房屋权属登记。

第十二条　在依法办理土地、房屋权属登记前，权属转移合同、权属转移合同性质凭证不生效、无效、被撤销或者被解除的，纳税人可以向税务机关申请退还已缴纳的税款，税务机关应当依法办理。

第十三条　税务机关应当与相关部门建立契税涉税信息共享和工作配合机制。自然资源、住房城乡建设、民政、公安等相关部门应当及时向税务机关提供与转移土地、房屋权属有关的信息，协助税务机关加强契税征收管理。

税务机关及其工作人员对税收征收管理过程中知悉的纳税人的个人信息，应当依法予以保密，不得泄露或者非法向他人提供。

第十四条　契税由土地、房屋所在地的税务机关依照本法和《中华人民共和国税收征收管理法》的规定征收管理。

第十五条　纳税人、税务机关及其工作人员违反本法规定的，依照《中华人民共和国税收征收管理法》和有关法律法规的规定追究法律责任。

第十六条　本法自2021年9月1日起施行。1997年7月7日国务院发布的《中华人民共和国契税暂行条例》同时废止。

8.2　财政部　税务总局关于贯彻实施契税法若干事项执行口径的公告

2021年6月30日　财政部　税务总局〔2021〕23号

为贯彻落实《中华人民共和国契税法》，现将契税若干事项执行口径公告如下：

一、关于土地、房屋权属转移

（一）征收契税的土地、房屋权属，具体为土地使用权、房屋所有权。

（二）下列情形发生土地、房屋权属转移的，承受方应当依法缴纳契税：

1. 因共有不动产份额变化的；

2. 因共有人增加或者减少的；

3. 因人民法院、仲裁委员会的生效法律文书或者监察机关出具的监察文书等因素，发生土地、房屋权属转移的。

二、关于若干计税依据的具体情形

（一）以划拨方式取得的土地使用权，经批准改为出让方式重新取得该土地使用权的，应由该土地使用权人以补缴的土地出让价款为计税依据缴纳契税。

（二）先以划拨方式取得土地使用权，后经批准转让房地产，划拨土地性质改为出让的，承受方应分别以补缴的土地出让价款和房地产权属转移合同确定的成交价格为计税依据缴纳契税。

（三）先以划拨方式取得土地使用权，后经批准转让房地产，划拨土地性质未发生改变的，承受方应以房地产权属转移合同确定的成交价格为计税依据缴纳契税。

（四）土地使用权及所附建筑物、构筑物等（包括在建的房屋、其他建筑物、构筑物和其他附着物）转让的，计税依据为承受方应交付的总价款。

（五）土地使用权出让的，计税依据包括土地出让金、土地补偿费、安置补助费、地上附着物和青苗补偿费、征收补偿费、城市基础设施配套费、实物配建房屋等应交付的货币以及实物、其他经济利益对应的价款。

（六）房屋附属设施（包括停车位、机动车库、非机动车库、顶层阁楼、储藏室及其他房屋附属设施）与房屋为同一不动产单元的，计税依据为承受方应交付的总价款，并适用与房屋相同的税率；房屋附属设施与房屋为不同不动产单元的，计税依据为转移合同确定的成交价格，并按当地确定的适用税率计税。

（七）承受已装修房屋的，应将包括装修费用在内的费用计入承受方应交付的总价款。

（八）土地使用权互换、房屋互换，互换价格相等的，互换双方计税依据为零；互换价格不相等的，以其差额为计税依据，由支付差额的一方缴纳契税。

（九）契税的计税依据不包括增值税。

三、关于免税的具体情形

（一）享受契税免税优惠的非营利性的学校、医疗机构、社会福利机构，限于上述三类单位中依法登记为事业单位、社会团体、基金会、社会服务机构等的非营利法人和非营利组织。其中：

1. 学校的具体范围为经县级以上人民政府或者其教育行政部门批准成立的大学、中学、小学、幼儿园，实施学历教育的职业教育学校、特殊教育学校、专门学校，以及经省级人民政府或者其人力资源社会保障行政部门批准成立的技工院校。

2. 医疗机构的具体范围为经县级以上人民政府卫生健康行政部门批准或者备案设立的医疗机构。

3. 社会福利机构的具体范围为依法登记的养老服务机构、残疾人服务机构、儿童福利机构、救助管理机构、未成年人救助保护机构。

（二）享受契税免税优惠的土地、房屋用途具体如下：

1. 用于办公的，限于办公室（楼）以及其他直接用于办公的土地、房屋；

2. 用于教学的，限于教室（教学楼）以及其他直接用于教学的土地、房屋；

3. 用于医疗的，限于门诊部以及其他直接用于医疗的土地、房屋；

4. 用于科研的，限于科学试验的场所以及其他直接用于科研的土地、房屋；

5. 用于军事设施的，限于直接用于《中华人民共和国军事设施保护法》规定的军事设施的土地、房屋；

6. 用于养老的，限于直接用于为老年人提供养护、康复、托管等服务的土地、房屋；

7. 用于救助的，限于直接为残疾人、未成年人、生活无着的流浪乞讨人员提供养护、康复、托管等服务的土地、房屋。

（三）纳税人符合减征或者免征契税规定的，应当按照规定进行申报。

四、关于纳税义务发生时间的具体情形

（一）因人民法院、仲裁委员会的生效法律文书或者监察机关出具的监察文书等发生土地、房屋权属转移的，纳税义务发生时间为法律文书等生效当日。

（二）因改变土地、房屋用途等情形应当缴纳已经减征、免征契税的，纳税义务发生时间为改变有关土地、房屋用途等情形的当日。

（三）因改变土地性质、容积率等土地使用条件需补缴土地出让价款，应当缴纳契税的，纳税义务发生时间为改变土地使用条件当日。

发生上述情形，按规定不再需要办理土地、房屋权属登记的，纳税人应自纳税义务发生之日起 90 日内申报缴纳契税。

五、关于纳税凭证、纳税信息和退税

（一）具有土地、房屋权属转移合同性质的凭证包括契约、协议、合约、单据、确认书以及其他凭证。

（二）不动产登记机构在办理土地、房屋权属登记时，应当依法查验土地、房屋的契税完税、减免税、不征税等涉税凭证或者有关信息。

（三）税务机关应当与相关部门建立契税涉税信息共享和工作配合机制。具体转移土地、房屋权属有关的信息包括：自然资源部门的土地出让、转让、征收补偿、不动产权属登记等信息，住房城乡建设部门的房屋交易等信息，民政部门的婚姻登记、社会组织登记等信息，公安部门的户籍人口基本信息。

（四）纳税人缴纳契税后发生下列情形，可依照有关法律法规申请退税：

1. 因人民法院判决或者仲裁委员会裁决导致土地、房屋权属转移行为无效、被撤销或者被解除，且土地、房屋权属变更至原权利人的；

2. 在出让土地使用权交付时，因容积率调整或实际交付面积小于合同约定面积需退还土地出让价款的；

3. 在新建商品房交付时，因实际交付面积小于合同约定面积需返还房价款的。

六、其他

本公告自 2021 年 9 月 1 日起施行。《财政部　国家税务总局关于契税征收中几个问题的批复》（财税字〔1998〕96 号）、《财政部　国家税务总局对河南省财政厅〈关于契税有关政策问题的请示〉的批复》（财税〔2000〕14 号）、《财政部　国家税务总局关于房屋附属设施有关契税政策的批复》（财税〔2004〕126 号）、《财政部　国家税务总局关于土地使用权转让契税计税依据的批复》（财税〔2007〕162 号）、《财政部　国家税务总局关于企业改制过程中以国家作价出资（入股）方式转移国有土地使用权有关契税问题的通知》（财税〔2008〕129 号）、《财政部　国家税务总局关于购房人办理退房有关契税问题的通知》（财税〔2011〕32 号）同时废止。

财政部　税务总局

2021 年 6 月 30 日

8.3　财政部　税务总局关于契税法实施后有关优惠政策衔接问题的公告

2021 年 8 月 27 日　财政部　税务总局〔2021〕29 号

为贯彻落实《中华人民共和国契税法》，现将税法实施后继续执行的契税优惠政策公告如下：

一、夫妻因离婚分割共同财产发生土地、房屋权属变更的，免征契税。

二、城镇职工按规定第一次购买公有住房的，免征契税。

公有制单位为解决职工住房而采取集资建房方式建成的普通住房或由单位购买的普通商品住房，经县级以上地方人民政府房改部门批准、按照国家房改政策出售给本单位职工的，如属职工首次购买住房，比照公有住房免征契税。

已购公有住房经补缴土地出让价款成为完全产权住房的，免征契税。

三、外国银行分行按照《中华人民共和国外资银行管理条例》等相关规定改制为外商独资银行（或其分行），改制后的外商独资银行（或其分行）承受原外国银行分行的房屋权属的，免征契税。

四、除上述政策外，其他继续执行的契税优惠政策按原文件规定执行。涉及的文件及条款见附件1。

五、本公告自2021年9月1日起执行。附件2中所列文件及条款规定的契税优惠政策同时废止。附件3中所列文件及条款规定的契税优惠政策失效。

特此公告。

附件：1. 继续执行的契税优惠政策文件及条款目录

　　　2. 废止的契税优惠政策文件及条款目录

　　　3. 失效的契税优惠政策文件及条款目录

财政部　税务总局

2021 年 8 月 27 日

附件1：继续执行的契税优惠政策文件及条款目录

序号	文件标题及条款	文号
1	《财政部　国家税务总局关于免征军建离退休干部住房移交地方政府管理所涉及契税的通知》	财税字〔2000〕176号
2	《财政部　国家税务总局关于中国信达等4家金融资产管理公司税收政策问题的通知》第三条第3项	财税〔2001〕10号
3	《财政部　国家税务总局关于4家资产管理公司接收资本金项下的资产在办理过户时有关税收政策问题的通知》第一条中关于契税的政策	财税〔2003〕21号
4	《财政部　国家税务总局关于被撤销金融机构有关税收政策问题的通知》第二条第3项	财税〔2003〕141号
5	《财政部　国家税务总局关于中国东方资产管理公司处置港澳国际（集团）有限公司有关资产税收政策问题的通知》第二条第2项、第三条第3项、第四条第3项	财税〔2003〕212号
6	《财政部　国家税务总局关于银监会各级派出机构从中国人民银行各分支行划转房屋土地有关税收问题的函》第一条	财税〔2005〕149号
7	《财政部　国家税务总局关于青藏铁路公司运营期间有关税收等政策问题的通知》第四条	财税〔2007〕11号

序号	文件标题及条款	文号
8	《财政部　国家税务总局关于廉租住房经济适用住房和住房租赁有关税收政策的通知》第一条第（五）项中关于经济适用住房的契税政策、第（六）项	财税〔2008〕24号
9	《财政部　国家税务总局关于企业以售后回租方式进行融资等有关契税政策的通知》第一条、第五条、第六条	财税〔2012〕82号
10	《财政部　国家税务总局关于棚户区改造有关税收政策的通知》第三条、第四条以及第五条中关于契税的政策	财税〔2013〕101号
11	《财政部　国家税务总局　住房城乡建设部关于调整房地产交易环节契税营业税优惠政策的通知》第一条、第三条中关于契税的政策	财税〔2016〕23号
12	《财政部　税务总局关于支持农村集体产权制度改革有关税收政策的通知》第一条、第二条第一款、第三条	财税〔2017〕55号
13	《财政部　税务总局关于易地扶贫搬迁税收优惠政策的通知》第一条第（二）项以及第二条第（一）（四）（五）项中关于契税的政策	财税〔2018〕135号
14	《财政部　税务总局关于公共租赁住房税收优惠政策的公告》第三条中关于契税的政策	财政部　税务总局公告2019年第61号
15	《财政部　税务总局关于继续实行农村饮水安全工程税收优惠政策的公告》第一条以及第六条第二款中关于契税的政策	财政部　税务总局公告2019年第67号
16	《财政部　税务总局　发展改革委　民政部　商务部　卫生健康委关于养老、托育、家政等社区家庭服务业税费优惠政策的公告》第一条第（三）项	财政部　税务总局　发展改革委　民政部　商务部　卫生健康委公告2019年第76号
17	《财政部　税务总局关于延长部分税收优惠政策执行期限的公告》中关于契税的政策	财政部　税务总局公告2021年第6号
18	《财政部　税务总局关于继续执行企业事业单位改制重组有关契税政策的公告》	财政部　税务总局公告2021年第17号

附件 2：废止的契税优惠政策文件及条款目录

序号	文件标题及条款	文号
1	《国家税务总局关于离婚后房屋权属变化是否征收契税的批复》	国税函〔1999〕391号
2	《财政部　国家税务总局关于公有制单位职工首次购买住房免征契税的通知》	财税〔2000〕130号
3	《财政部　国家税务总局关于社会力量办学契税政策问题的通知》	财税〔2001〕156号
4	《财政部　国家税务总局关于教育税收政策的通知》第三条第2项	财税〔2004〕39号
5	《财政部　国家税务总局关于国有土地使用权出让等有关契税问题的通知》	财税〔2004〕134号

续表

序号	文件标题及条款	文号
6	《财政部　国家税务总局关于外国银行分行改制为外商独资银行有关税收问题的通知》第四条	财税〔2007〕45 号
7	《财政部　国家税务总局关于认真落实抗震救灾及灾后重建税收政策问题的通知》第四条	财税〔2008〕62 号
8	《财政部　国家税务总局关于企业以售后回租方式进行融资等有关契税政策的通知》第二条、第三条、第四条	财税〔2012〕82 号
9	《财政部　国家税务总局关于夫妻之间房屋土地权属变更有关契税政策的通知》	财税〔2014〕4 号

附件3：失效的契税优惠政策文件及条款目录

序号	文件标题及条款	文号
1	《财政部　国家税务总局关于本溪金岛生态农业发展有限公司承受农村集体土地使用权征收契税的批复》	财税字〔2000〕26 号
2	《财政部　国家税务总局关于全国人大机关职工住宅契税问题的通知》	财税〔2001〕199 号
3	《财政部　国家税务总局关于中国华融资产管理公司接收抵债资产契税问题的通知》	财税函〔2002〕5 号
4	《财政部　国家税务总局关于中国华融资产管理公司上海办事处接收中山东二路十五号楼契税问题的通知》	财税〔2002〕141 号
5	《财政部　国家税务总局关于中国民族国际信托投资公司等转制为证券公司有关契税问题的通知》	财税〔2002〕151 号
6	《财政部　国家税务总局关于大连证券破产及财产处置过程中有关税收政策问题的通知》第三条	财税〔2003〕88 号
7	《财政部　国家税务总局关于香港中银集团重组上市有关税收问题的通知》第五条	财税〔2003〕126 号
8	《财政部　国家税务总局关于中国长江电力股份有限公司上市及收购三峡发电资产有关税收问题的通知》第二条中关于契税的政策	财税〔2003〕235 号

8.4 财政部 税务总局关于继续执行企业 事业单位改制重组有关契税政策的公告

2021 年 4 月 26 日 财政部 税务总局〔2021〕17 号

为支持企业、事业单位改制重组，优化市场环境，现就继续执行有关契税政策公告如下：

一、企业改制

企业按照《中华人民共和国公司法》有关规定整体改制，包括非公司制企业改制为有限责任公司或股份有限公司，有限责任公司变更为股份有限公司，股份有限公司变更为有限责任公司，原企业投资主体存续并在改制（变更）后的公司中所持股权（股份）比例超过 75%，且改制（变更）后公司承继原企业权利、义务的，对改制（变更）后公司承受原企业土地、房屋权属，免征契税。

二、事业单位改制

事业单位按照国家有关规定改制为企业，原投资主体存续并在改制后企业中出资（股权、股份）比例超过 50% 的，对改制后企业承受原事业单位土地、房屋权属，免征契税。

三、公司合并

两个或两个以上的公司，依照法律规定、合同约定，合并为一个公司，且原投资主体存续的，对合并后公司承受原合并各方土地、房屋权属，免征契税。

四、公司分立

公司依照法律规定、合同约定分立为两个或两个以上与原公司投资主体相同的公司，对分立后公司承受原公司土地、房屋权属，免征契税。

五、企业破产

企业依照有关法律法规规定实施破产，债权人（包括破产企业职工）承受破产企业抵偿债务的土地、房屋权属，免征契税；对非债权人承受破产企业土地、房屋权属，凡按照《中华人民共和国劳动法》等国家有关法律法规政策妥善安置原企业全部职工规定，与原企业全部职工签订服务年限不少于三年的劳动用工合同的，对其承受所购企业土地、房屋权属，免征契税；与原企业超过 30% 的职工签订服务年限不少于三年的劳动用工合同的，减半征收契税。

六、资产划转

对承受县级以上人民政府或国有资产管理部门按规定进行行政性调整、划转国有土地、房屋权属的单位，免征契税。

同一投资主体内部所属企业之间土地、房屋权属的划转，包括母公司与其全资子公司之间，同一公司所属全资子公司之间，同一自然人与其设立的个人独资企业、一人有限公司之间土地、房屋权属的划转，免征契税。

母公司以土地、房屋权属向其全资子公司增资，视同划转，免征契税。

七、债权转股权

经国务院批准实施债权转股权的企业，对债权转股权后新设立的公司承受原企业的土地、房屋权属，免征契税。

八、划拨用地出让或作价出资

以出让方式或国家作价出资（入股）方式承受原改制重组企业、事业单位划拨用地的，不属上述规定的免税范围，对承受方应按规定征收契税。

九、公司股权（股份）转让

在股权（股份）转让中，单位、个人承受公司股权（股份），公司土地、房屋权属不发生转移，不征收契税。

十、有关用语含义

本公告所称企业、公司，是指依照我国有关法律法规设立并在中国境内注册的企业、公司。

本公告所称投资主体存续，是指原改制重组企业、事业单位的出资人必须存在于改制重组后的企业，出资人的出资比例可以发生变动。

本公告所称投资主体相同，是指公司分立前后出资人不发生变动，出资人的出资比例可以发生变动。

十一、本公告自 2021 年 1 月 1 日起至 2023 年 12 月 31 日执行。自执行之日起，企业、事业单位在改制重组过程中，符合本公告规定但已缴纳契税的，可申请退税；涉及的契税尚未处理且符合本公告规定的，可按本公告执行。

财政部　税务总局

2021 年 4 月 26 日

第9章　城镇土地使用税

9.1　中华人民共和国城镇土地使用税暂行条例

2006 年 12 月 31 日　国务院令第 483 号

（1988 年 9 月 27 日中华人民共和国国务院令第 17 号发布　根据 2006 年 12 月 31 日《国务院关于修改〈中华人民共和国城镇土地使用税暂行条例〉的决定》修订）

第一条　为了合理利用城镇土地，调节土地级差收入，提高土地使用效益，加强土地管理，制定本条例。

第二条　在城市、县城、建制镇、工矿区范围内使用土地的单位和个人，为城镇土地使用税（以下简称土地使用税）的纳税人，应当依照本条例的规定缴纳土地使用税。

前款所称单位，包括国有企业、集体企业、私营企业、股份制企业、外商投资企业、外国企业以及其他企业和事业单位、社会团体、国家机关、军队以及其他单位；所称个人，包括个体工商户以及其他个人。

第三条　土地使用税以纳税人实际占用的土地面积为计税依据，依照规定税额计算征收。

前款土地占用面积的组织测量工作，由省、自治区、直辖市人民政府根据实际情况确定。

第四条　土地使用税每平方米年税额如下：

（一）大城市 1.5 元至 30 元；

（二）中等城市 1.2 元至 24 元；

（三）小城市 0.9 元至 18 元；

（四）县城、建制镇、工矿区 0.6 元至 12 元。

【例 1】 设在某城市的一家企业使用土地面积为 10 000 平方米，经税务机关核定，该土地为应税土地，每平方米年税额为 4 元。请计算其全年应纳的城镇土地使用税税额。

全年应纳税额 = 10 000 × 4 = 40 000 （元）

第五条　省、自治区、直辖市人民政府，应当在本条例第四条规定的税额幅度内，根据市政建设状况、经济繁荣程度等条件，确定所辖地区的适用税额幅度。

市、县人民政府应当根据实际情况，将本地区土地划分为若干等级，在省、自治区、直辖市人民政府确定的税额幅度内，制定相应的适用税额标准，报省、自治区、直辖市人民政府批准执行。

经省、自治区、直辖市人民政府批准，经济落后地区土地使用税的适用税额标准可以适当降低，但降低额不得超过本条例第四条规定最低税额的 30%。经济发达地区土地使用税的适用税额标准可以适当提高，但须报经财政部批准。

第六条　下列土地免缴土地使用税：

（一）国家机关、人民团体、军队自用的土地；

（二）由国家财政部门拨付事业经费的单位自用的土地；

（三）宗教寺庙、公园、名胜古迹自用的土地；

（四）市政街道、广场、绿化地带等公共用地；

（五）直接用于农、林、牧、渔业的生产用地；

（六）经批准开山填海整治的土地和改造的废弃土地，从使用的月份起免缴土地使用税 5 年至 10 年；

（七）由财政部另行规定免税的能源、交通、水利设施用地和其他用地。

第七条　除本条例第六条规定外，纳税人缴纳土地使用税确有困难需要定期减免的，由省、自治区、直辖市税务机关审核后，报国家税务局批准。

第八条　土地使用税按年计算、分期缴纳。缴纳期限由省、自治区、直辖市人民政府确定。

第九条　新征用的土地，依照下列规定缴纳土地使用税：

（一）征用的耕地，自批准征用之日起满 1 年时开始缴纳土地使用税；

（二）征用的非耕地，自批准征用次月起缴纳土地使用税。

第十条　土地使用税由土地所在地的税务机关征收。土地管理机关应当向土地所在地的税务机关提供土地使用权属资料。

第十一条　土地使用税的征收管理，依照《中华人民共和国税收征收管理法》及本条例的规定执行。

第十二条　土地使用税收入纳入财政预算管理。

第十三条　本条例的实施办法由省、自治区、直辖市人民政府制定。

第十四条　本条例自 1988 年 11 月 1 日起施行，各地制定的土地使用费办法同时停止执行。

9.2　关于土地使用税若干具体问题的解释和暂行规定

1988 年 10 月 24 日　国税地字〔1988〕15 号

一、关于城市、县城、建制镇、工矿区范围内土地的解释

城市、县城、建制镇、工矿区范围内土地，是指在这些区域范围内属于国家所有和集体所有的土地。

二、关于城市、县城、建制镇、工矿区的解释

城市是指经国务院批准设立的市。

县城是指县人民政府所在地。

建制镇是指经省、自治区、直辖市人民政府批准设立的建制镇。

工矿区是指工商业比较发达，人口比较集中，符合国务院规定的建制镇标准，但尚未设立镇建制的大中型工矿企业所在地。工矿区须经省、自治区、直辖市人民政府批准。

三、关于征税范围的解释

城市的征税范围为市区和郊区。

县城的征税范围为县人民政府所在的城镇。

建制镇的征税范围为镇人民政府所在地。

城市、县城、建制镇、工矿区的具体征税范围，由各省、自治区、直辖市人民政府划定。

四、关于纳税人的确定

土地使用税由拥有土地使用权的单位或个人缴纳。拥有土地使用权的纳税人不在土地所在地的，由代管人或实际使用人纳税；土地使用权未确定或权属纠纷未解决的，由实际使用人纳税；土地使用权共有的，由共有各方分别纳税。

五、关于土地使用权共有的，如何计算缴纳土地使用税

土地使用权共有的各方，应按其实际使用的土地面积占总面积的比例，分别计算缴纳土地使用税。

六、关于纳税人实际占用的土地面积的确定

纳税人实际占用的土地面积，是指由省、自治区、直辖市人民政府确定的单位组织测定的土地面积。尚未组织测量，但纳税人持有政府部门核发的土地使用证书的，以证书确认的土地面积为准；尚未核发土地使用证书的，应由纳税人据实申报土地面积。

七、关于大中小城市的解释

大、中、小城市以公安部门登记在册的非农业正式户口人数为依据，按照国务院颁布的《城市规划条例》中规定的标准划分。现行的划分标准是：市区及郊区非农业人口总计在 50 万以上的，为大城市；市区及郊区非农业人口总计在 20 万至 50 万的，为中等城市；市区及郊区非农业人口总计在 20 万以下的，为小城市。

八、关于人民团体的解释

人民团体是指经国务院授权的政府部门批准设立或登记备案并由国家拨付行政事业费的各种社会团体。

九、关于由国家财政部门拨付事业经费的单位的解释

由国家财政部门拨付事业经费的单位，是指由国家财政部门拨付经费、实行全额预算管理或差额预算管理的事业单位。不包括实行自收自支、自负盈亏的事业单位。

十、关于免税单位自用土地的解释

国家机关、人民团体、军队自用的土地，是指这些单位本身的办公用地和公务用地。

事业单位自用的土地，是指这些单位本身的业务用地。

宗教寺庙自用的土地，是指举行宗教仪式等的用地和寺庙内的宗教人员生活用地。

公园、名胜古迹自用的土地，是指供公共参观游览的用地及其管理单位的办公用地。

以上单位的生产、营业用地和其他用地，不属于免税范围，应按规定缴纳土地使用税。

十一、关于直接用于农、林、牧、渔业的生产用地的解释

直接用于农、林、牧、渔业的生产用地，是指直接从事于种植、养殖、饲养的专业用地，不包括农副产品加工场地和生活、办公用地。

十二、关于征用的耕地与非耕地的确定

征用的耕地与非耕地，以土地管理机关批准征地的文件为依据确定。

十三、关于开山填海整治的土地和改造的废弃土地及其免税期限的确定

开山填海整治的土地和改造的废弃土地，以土地管理机关出具的证明文件为依据确定；具体免税期限由各省、自治区、直辖市税务局在土地使用税暂行条例规定的期限内自行确定。

十四、关于纳税人使用的土地不属于同一省（自治区、直辖市）管辖范围的，如何确定纳税地点

纳税人使用的土地不属于同一省（自治区、直辖市）管辖范围的，应由纳税人分别向土地所在地的税务机关缴纳土地使用税。

在同一省（自治区、直辖市）管辖范围内，纳税人跨地区使用的土地，如何确定纳税地点，由各省、自治区、直辖市税务局确定。

十五、关于公园、名胜古迹中附设的营业单位使用的土地，应否征收土地使用税

公园、名胜古迹中附设的营业单位，如影剧院、饮食部、茶社、照相馆等使用的土地，应征收土地使用税。

十六、关于对房管部门经租的公房用地，如何征收土地使用税

房管部门经租的公房用地，凡土地使用权属于房管部门的，由房管部门缴纳土地使用税。

十七、[条款废止] 关于企业办的学校、医院、托儿所、幼儿园自用的土地，可否免征土地使用税

企业办的学校、医院、托儿所、幼儿园，其用地能与企业其他用地明确区分的，可以比照由国家财政部门拨付事业经费的单位自用的土地，免征土地使用税。

十八、下列土地的征免税，由省、自治区、直辖市税务局确定

1. 个人所有的居住房屋及院落用地；
2. 房产管理部门在房租调整改革前经租的居民住房用地；
3. 免税单位职工家属的宿舍用地；
4. [条款废止] 民政部门举办的安置残疾人占一定比例的福利工厂用地；
5. 集体和个人办的各类学校、医院、托儿所、幼儿园用地。

9.3　关于土地使用税若干具体问题的补充规定

1989 年 12 月 21 日　国税地字〔1989〕140 号

根据《中华人民共和国城镇土地使用税暂行条例》的规定，现将若干具体问题明确如下：

一、关于对免税单位与纳税单位之间无偿使用的土地应否征税问题

对免税单位无偿使用纳税单位的土地（如公安、海关等单位使用铁路、民航等单位的土地），免征土地使用税；对纳税单位无偿使用免税单位的土地，纳税单位应照章缴纳土地使用税。

二、关于对纳税单位与免税单位共同使用多层建筑用地的征税问题

纳税单位与免税单位共同使用共有使用权土地上的多层建筑，对纳税单位可按其占用的建筑面积占建筑总面积的比例计征土地使用税。

三、关于对缴纳农业税的土地应否征税问题

凡在开征范围内的土地，除直接用于农、林、牧、渔业的按规定免予征税以外，不论是否缴纳农业税，均应照章征收土地使用税。

四、[条款废止] 关于对基建项目在建期间的用地应否征税问题

对基建项目在建期间使用的土地，原则上应照章征收土地使用税。但对有些基建项目，特别是国家产业政策扶持发展的大型基建项目占地面积大，建设周期长，在建期间又没有经营收入，为照顾其实际情况，对纳税人纳税确有困难的，可由各省、自治区、直辖市税务局根据具体情况予以免征或减征土地使用税；对已经完工或已经使用的建设项目，其用地应照章征收土地使用税。

五、关于对城镇内的集贸市场（农贸市场）用地应否征税问题

城镇内的集贸市场（农贸市场）用地，按规定应征收土地使用税。为了促进集贸市场的发展及照顾各地的不同情况，各省、自治区、直辖市税务局可根据具体情况自行确定对集贸市场用地征收或者免征土地使用税。

六、[条款废止] 关于对房地产开发公司建造商品房的用地应否征税问题

房地产开发公司建造商品房的用地，原则上应按规定计征土地使用税。但在商品房出售之前纳税确有困难的，其用地是否给予缓征或减征、免征照顾，可由各省、自治区、直辖市税务局根据从严的原则结合具体情况确定。

七、关于对落实私房政策后已归还产权，但房主尚未能收回的房屋用地，可否给予减免税照顾问题

原房管部门代管的私房，落实政策后，有些私房产权已归还给房主，但由于各种原因，房屋仍由原住户居住，并且住户仍是按照房管部门在房租调整改革之前确定的租金标准向房主交纳租金。对这类房屋用地，房主缴纳土地使用税确有困难的，可由各省、自治区、直辖市税务局根据实际情况，给予定期减征或免征土地使用税的照顾。

八、关于对防火、防爆、防毒等安全防范用地应否征税问题

对于各类危险品仓库、厂房所需的防火、防爆、防毒等安全防范用地，可由各省、自治区、直辖市税务局确定，暂免征收土地使用税；对仓库库区、厂房本身用地，应照章征收土地使用税。

九、[条款废止] 关于对关闭、撤销的企业占地应否征税问题

企业关闭、撤销后，其占地未作他用的，经各省、自治区、直辖市税务局批准，可暂免征收土地使用税；如土地转让给其他单位使用或企业重新用于生产经营的，应依照规定征收土地使用税。

十、[条款废止] 关于对搬迁企业的用地应如何征税问题

企业搬迁后，其原有场地和新场地都使用的，均应照章征收土地使用税；原有场地不使用的，经各省、自治区、直辖市税务局审批，可暂免征收土地使用税。

十一、关于对企业的铁路专用线、公路等用地应否征税问题

对企业的铁路专用线、公路等用地，除另有规定者外，在企业厂区（包括生产、办公及生活区）以内的，应照章征收土地使用税；在厂区以外、与社会公用地段未加隔离的，暂免征收土地使用税。

十二、[条款废止] 关于对企业范围内的荒山、林地、湖泊等占地应否征收土地使用税问题

对企业范围内的荒山、林地、湖泊等占地，尚未利用的，经各省、自治区、直辖市税务局

审批，可暂免征收土地使用税。

十三、关于对企业的绿化用地可否免征土地使用税问题

对企业厂区（包括生产、办公及生活区）以内的绿化用地，应照章征收土地使用税，厂区以外的公共绿化用地和向社会开放的公园用地，暂免征收土地使用税。

9.4　财政部　国家税务总局关于教育税收政策的通知

2004 年 2 月 5 日　财税〔2004〕39 号

各省、自治区、直辖市、计划单列市财政厅（局）、国家税务局、地方税务局，新疆生产建设兵团财务局：

为了进一步促进教育事业发展，经国务院批准，现将有关教育的税收政策通知如下：

一、关于营业税、增值税、所得税

1. 对从事学历教育的学校提供教育劳务取得的收入，免征营业税。

2. 对学生勤工俭学提供劳务取得的收入，免征营业税。

3. 对学校从事技术开发、技术转让业务和与之相关的技术咨询、技术服务业务取得的收入，免征营业税。

4. 对托儿所、幼儿园提供养育服务取得的收入，免征营业税。

5. ［条款废止］对政府举办的高等、中等和初等学校（不含下属单位）举办进修班、培训班取得的收入，收入全部归学校所有的，免征营业税和企业所得税。

6. ［条款废止］对政府举办的职业学校设立的主要为在校学生提供实习场所、并由学校出资自办、由学校负责经营管理、经营收入归学校所有的企业，对其从事营业税暂行条例"服务业"税目规定的服务项目（广告业、桑拿、按摩、氧吧等除外）取得的收入，免征营业税和企业所得税。

7. ［条款废止］对特殊教育学校举办的企业可以比照福利企业标准，享受国家对福利企业实行的增值税和企业所得税优惠政策。

8. ［条款废止］纳税人通过中国境内非营利的社会团体、国家机关向教育事业的捐赠，准予在企业所得税和个人所得税前全额扣除。

9. ［条款废止］对高等学校、各类职业学校服务于各业的技术转让、技术培训、技术咨询、技术服务、技术承包所取得的技术性服务收入，暂免征收企业所得税。

10. ［条款废止］对学校经批准收取并纳入财政预算管理的或财政预算外资金专户管理的收费不征收企业所得税；对学校取得的财政拨款，从主管部门和上级单位取得的用于事业发展的专项补助收入，不征收企业所得税。

11. 对个人取得的教育储蓄存款利息所得，免征个人所得税；对省级人民政府、国务院各部委和中国人民解放军军以上单位，以及外国组织、国际组织颁布的教育方面的奖学金，免征个人所得税；高等学校转化职务科技成果以股份或出资比例等股权形式给予个人奖励，获奖人在取得股份、出资比例时，暂不缴纳个人所得税；取得按股份、出资比例分红或转让股权、出资比例所得时，依法缴纳个人所得税。

二、关于房产税、城镇土地使用税、印花税

对国家拨付事业经费和企业办的各类学校、托儿所、幼儿园自用的房产、土地，免征房产税、城镇土地使用税；对财产所有人将财产赠给学校所立的书据，免征印花税。

三、关于耕地占用税、契税、农业税和农业特产税

1. 对学校、幼儿园经批准征用的耕地，免征耕地占用税。享受免税的学校用地的具体范围是：全日制大、中、小学校（包括部门、企业办的学校）的教学用房、实验室、操场、图书馆、办公室及师生员工食堂宿舍用地。学校从事非农业生产经营占用的耕地，不予免税。职工夜校、学习班、培训中心、函授学校等不在免税之列。

2. ［条款废止］国家机关、事业单位、社会团体、军事单位承受土地房屋权属用于教学、科研的，免征契税。用于教学的，是指教室（教学楼）以及其他直接用于教学的土地、房屋。用于科研的，是指科学实验的场所以及其他直接用于科研的土地、房屋。对县级以上人民政府教育行政主管部门或劳动行政主管部门审批并颁发办学许可证，由企业事业组织、社会团体及其他社会和公民个人利用非国家财政性教育经费面向社会举办的学校及教育机构，其承受的土地、房屋权属用于教学的，免征契税。

3. 对农业院校进行科学实验的土地免征农业税。对农业院校进行科学实验所取得的农业特产品收入，在实验期间免征农业特产税。

四、关于关税

1. 对境外捐赠人无偿捐赠的直接用于各类职业学校、高中、初中、小学、幼儿园教育的教学仪器、图书、资料和一般学习用品，免征进口关税和进口环节增值税。上述捐赠用品不包括国家明令不予减免进口税的 20 种商品。其他相关事宜按照国务院批准的《扶贫、慈善性捐赠物资免征进口税收暂行办法》办理。

2. 对教育部承认学历的大专以上全日制高等院校以及财政部会同国务院有关部门批准的其他学校，不以营利为目的，在合理数量范围内的进口国内不能生产的科学研究和教学用品，直接用于科学研究或教学的，免征进口关税和进口环节增值税、消费税（不包括国家明令不予减免进口税的 20 种商品）。科学研究和教学用品的范围等有关具体规定，按照国务院批准的《科学研究和教学用品免征进口税收暂行规定》执行。

五、取消下列税收优惠政策

1. 财政部国家税务总局《关于企业所得税若干优惠政策的通知》〔（94）财税字第 1 号〕第八条第一款和第三款关于校办企业从事生产经营的所得免征所得税的规定，其中因取消所得税优惠政策而增加的财政收入，按现行财政体制由中央与地方财政分享，专项列入财政预算，仍然全部用于教育事业。应归中央财政的补偿资金，列中央教育专项，用于改善全国特别是农村地区的中小学办学条件和资助家庭经济困难学生；应归地方财政的补偿资金，列省级教育专项，主要用于改善本地区农村中小学办学条件和资助农村家庭经济困难的中小学生。

2.《关于学校办企业征收流转税问题的通知》（国税发〔1994〕156 号）第三条第一款和第三款，关于校办企业生产的应税货物，凡用于本校教学科研方面的，免征增值税；校办企业凡为本校教学、科研服务提供的应税劳务免征营业税的规定。

六、本通知自 2004 年 1 月 1 日起执行，此前规定与本通知不符的，以本通知为准

9.5　财政部　国家税务总局关于调整城镇土地使用税有关减免税政策的通知

2004 年 10 月 25 日　财税〔2004〕180 号

各省、自治区、直辖市、计划单列市财政厅（局）、地方税务局，新疆生产建设兵团财务局：

为了规范税收政策，进一步加强城镇土地使用税的征收管理，经研究决定，对《国家税务局关于印发〈关于土地使用税若干具体问题的补充规定〉的通知》（〔89〕国税地字第 140 号）的部分内容做适当修改。即：取消《关于土地使用税若干具体问题的补充规定》中第九条"企业关闭、撤销后，其占地未作他用的，经各省、自治区、直辖市税务局批准，可暂免征收土地使用税"的规定。

本通知自 2004 年 7 月 1 日起执行。

9.6　财政部　国家税务总局关于集体土地城镇土地使用税有关政策的通知

2006 年 4 月 30 日　财税〔2006〕56 号

各省、自治区、直辖市、计划单列市财政厅（局）、地方税务局，新疆生产建设兵团财务局：

根据当前集体土地使用中出现的新情况、新问题，经研究，现将集体土地城镇土地使用税有关政策通知如下：

在城镇土地使用税征税范围内实际使用应税集体所有建设用地、但未办理土地使用权流转手续的，由实际使用集体土地的单位和个人按规定缴纳城镇土地使用税。

本通知自 2006 年 5 月 1 日起执行，此前凡与本通知不一致的政策规定一律以本通知为准。

财政部　国家税务总局
2006 年 4 月 30 日

9.7 财政部 税务总局关于承租集体土地城镇土地使用税有关政策的通知

2017 年 3 月 31 日 财税〔2017〕29 号

各省、自治区、直辖市、计划单列市财政厅（局）、地方税务局，西藏、宁夏自治区国家税务局，新疆生产建设兵团财务局：

经研究，现将承租集体土地城镇土地使用税有关政策通知如下：

在城镇土地使用税征税范围内，承租集体所有建设用地的，由直接从集体经济组织承租土地的单位和个人，缴纳城镇土地使用税。

财政部 税务总局
2017 年 3 月 31 日

第 10 章　房产税

10.1　中华人民共和国房产税暂行条例

2011 年 1 月 8 日　依据《国务院关于废止和修改部分行政法规的决定》修订

第一条　房产税在城市、县城、建制镇和工矿区征收。

第二条　房产税由产权所有人缴纳。产权属于全民所有的，由经营管理的单位缴纳。产权出典，由承典人缴纳。产权所有人、承典人不在房产所在地的，或者产权未确定及租典纠纷未解决的，由房产代管人或者使用人缴纳。

前款列举的产权所有人、经营管理单位、承典人、房产代管人或者使用人，统称为纳税义务人（以下简称纳税人）。

第三条　房产税依照房产原值一次减除 10% 至 30% 后的余值计算缴纳。具体减除幅度，由省、自治区、直辖市人民政府规定。

没有房产原值作为依据的，由房产所在地税务机关参考同类房产核定。

房产出租的，以房产租金收入为房产税的计税依据。

第四条　房产税的税率，依照房产余值计算缴纳的，税率为 1.2%；依照房产租金收入计算缴纳的，税率为 12%。

第五条　下列房产免纳房产税：

一、国家机关、人民团体、军队自用的房产；

二、由国家财政部门拨付事业经费的单位自用的房产；

三、宗教寺庙、公园、名胜古迹自用的房产；

四、个人所有非营业用的房产；

五、经财政部批准免税的其他房产。

第六条　除本条例第五条规定者外，纳税人纳税确有困难的，可由省、自治区、直辖市人民政府确定，定期减征或者免征房产税。

第七条　房产税按年征收、分期缴纳。纳税期限由省、自治区、直辖市人民政府规定。

第八条　房产税的征收管理，依照《中华人民共和国税收征收管理法》的规定办理。

第九条　房产税由房产所在地的税务机关征收。

第十条　本条例由财政部负责解释；施行细则由省、自治区、直辖市人民政府制定，抄送财政部备案。

第十一条　本条例自 1986 年 10 月 1 日起施行。

10.2　财政部　税务总局关于房产税若干具体问题的解释和暂行规定

1986 年 9 月 25 日　财税地字〔1986〕8 号

一、关于城市、县城、建制镇、工矿区的解释

城市是指经国务院批准设立的市。

县城是指未设立建制镇的县人民政府所在地。

建制镇是指经省、自治区、直辖市人民政府批准设立的建制镇。

工矿区是指工商业比较发达，人口比较集中，符合国务院规定的建制镇标准，但尚未设立镇建制的大中型工矿企业所在地。开征房产税的工矿区须经省、自治区、直辖市人民政府批准。

二、关于城市、建制镇征税范围的解释

城市的征税范围为市区、郊区和市辖县县城。不包括农村。

建制镇的征税范围为镇人民政府所在地。不包括所辖的行政村。

三、关于"人民团体"的解释

"人民团体"是指经国务院授权的政府部门批准设立或登记备案并由国家拨付行政事业费的各种社会团体。

四、关于"由国家财政部门拨付事业经费的单位"，是否包括由国家财政部门拨付事业经费，实行差额预算管理的事业单位

实行差额预算管理的事业单位，虽然有一定的收入，但收入不够本身经费开支的部分，还要由国家财政部门拨付经费补助。因此，对实行差额预算管理的事业单位，也属于是由国家财政部门拨付事业经费的单位，对其本身自用的房产免征房产税。

五、[条款失效] 关于由国家财政部门拨付事业经费的单位，其经费来源实行自收自支后，有无减免税优待

由国家财政部门拨付事业经费的单位，其经费来源实行自收自支后，应征收房产税。但为了鼓励事业单位经济自立，由国家财政部门拨付事业经费的单位，其经费来源实行自收自支后，从事业单位经费实行自收自支的年度起，免征房产税 3 年。

六、关于免税单位自用房产的解释

国家机关、人民团体、军队自用的房产，是指这些单位本身的办公用房和公务用房。

事业单位自用的房产，是指这些单位本身的业务用房。

宗教寺庙自用的房产，是指举行宗教仪式等的房屋和宗教人员使用的生活用房屋。

公园、名胜古迹自用的房产，是指供公共参观游览的房屋及其管理单位的办公用房屋。

上述免税单位出租的房产以及非本身业务用的生产、营业用房产不属于免税范围，应征收房产税。

七、[条款失效] 关于纳税单位和个人无租使用其他单位的房产，如何征收房产税

纳税单位和个人无租使用房产管理部门、免税单位及纳税单位的房产，应由使用人代缴纳

房产税。

八、关于房产不在一地的纳税人，如何确定纳税地点

房产税暂行条例第九条规定，"房产税由房产所在地的税务机关征收。"房产不在一地的纳税人，应按房产的座落地点，分别向房产所在地的税务机关缴纳房产税。

九、关于在开征地区范围之外的工厂、仓库，可否征收房产税

根据房产税暂行条例的规定，不在开征地区范围之内的工厂、仓库，不应征收房产税。

十、关于企业办的各类学校、医院、托儿所、幼儿园自用的房产，可否免征房产税

企业办的各类学校、医院、托儿所、幼儿园自用的房产，可以比照由国家财政部门拨付事业经费的单位自用的房产，免征房产税。

十一、［条款失效］关于作营业用的地下人防设施，应否征收房产税

为鼓励利用地下人防设施，暂不征收房产税。

十二、关于个人所有的房产用于出租的，应否征收房产税

个人出租的房产，不分用途，均应征收房产税。

十三、关于个人所有的居住房屋，可否由当地核定面积标准，就超过面积标准的部分征收房产税

根据房产税暂行条例规定，个人所有的非营业用的房产免征房产税。因此，对个人所有的居住用房，不分面积多少，均免征房产税。

十四、关于个人所有的出租房屋，是按房产余值计算缴纳房产税还是按房产租金收入计算缴纳房产税

根据房产税暂行条例规定，房产出租的，以房产租金收入为房产税的计税依据。因此，个人出租房屋，应按房屋租金收入征税。

十五、［条款失效］关于房产原值如何确定

房产原值是指纳税人按照会计制度规定，在账簿"固定资产"科目中记载的房屋原价。对纳税人未按会计制度规定记载的，在计征房产税时，应按规定调整房产原值，对房产原值明显不合理的，应重新予以评估。

十六、关于毁损不堪居住的房屋和危险房屋，可否免征房产税

经有关部门鉴定，对毁损不堪居住的房屋和危险房屋，在停止使用后，可免征房产税。

十七、关于依照房产原值一次减除 10% 至 30% 后的余值计算缴纳房产税，其减除幅度，可否按照房屋的新旧程度分别确定？对有些房屋的减除幅度，可否超过这个规定

根据房产税暂行条例规定，具体减除幅度以及是否区别房屋新旧程度分别确定减除幅度，由省、自治区、直辖市人民政府规定，减除幅度只能在 10% 至 30% 以内。

十八、［条款失效］关于对微利企业和亏损企业的房产，可否免征房产税

房产税属于财产税性质的税，对微利企业和亏损企业的房产，依照规定应征收房产税，以促进企业改善经营管理，提高经济效益。但为了照顾企业的实际负担能力，可由地方根据实际情况在一定期限内暂免征收房产税。

十九、关于新建的房屋如何征税

纳税人自建的房屋，自建成之次月起征收房产税。

纳税人委托施工企业建设的房屋，从办理验收手续之次月起征收房产税。

纳税人在办理验收手续前已使用或出租、出借的新建房屋，应按规定征收房产税。

二十、［条款失效］关于企业停产、撤销后应否停征房产税

企业停产、撤销后，对他们原有的房产闲置不用的，经省、自治区、直辖市税务局批准可暂不征收房产税；如果这些房产转给其他征税单位使用或者企业恢复生产的时候，应依照规定征收房产税。

二十一、关于基建工地的临时性房屋，应否征收房产税

凡是在基建工地为基建工地服务的各种工棚、材料棚、休息棚和办公室、食堂、茶炉房、汽车房等临时性房屋，不论是施工企业自行建造还是由基建单位出资建造交施工企业使用的，在施工期间，一律免征房产税。但是，如果在基建工程结束以后，施工企业将这种临时性房屋交还或者估价转让给基建单位的，应当从基建单位接收的次月起，依照规定征收房产税。

二十二、关于公园、名胜古迹中附设的营业单位使用或出租的房产，应否征收房产税

公园、名胜古迹中附设的营业单位，如影剧院、饮食部、茶社、照像馆等所使用的房产及出租的房产，应征收房产税。

二十三、关于房产出租，由承租人修理，不支付房租，应否征收房产税

承租人使用房产，以支付修理费抵交房产租金，仍应由房产的产权所有人依照规定缴纳房产税。

二十四、[条款修改] 关于房屋大修停用期间，可否免征房产税

房屋大修停用在半年以上的，经纳税人申请，在大修期间可免征房产税。

二十五、关于纳税单位与免税单位共同使用的房屋，如何征收房产税

纳税单位与免税单位共同使用的房屋，按各自使用的部分划分，分别征收或免征房产税。

【例1】 房产税从价计征的计算

某企业的经营用房原值为 5 000 万元，按照当地规定允许减除30%后按余值计税，适用税率为1.2%。请计算其应纳房产税税额。

应纳税额 = 5 000 × (1 - 30%) × 1.2% = 42 (万元)

【例2】 房产税从租计征的计算

某公司出租房屋10间，年租金收入为300 000 元，适用税率为12%。请计算其应纳房产税税额。

应纳税额 = 300 000 × 12% = 36 000 (元)

10.3　财政部　国家税务总局关于房产税、城镇土地使用税有关政策的通知

2006 年 12 月 25 日　财税〔2006〕186 号

各省、自治区、直辖市、计划单列市财政厅（局）、地方税务局，新疆生产建设兵团财务局：

经研究，现对房产税、城镇土地使用税有关政策明确如下：

一、关于居民住宅区内业主共有的经营性房产缴纳房产税问题

对居民住宅区内业主共有的经营性房产，由实际经营（包括自营和出租）的代管人或使用人缴纳房产税。其中自营的，依照房产原值减除10%至30%后的余值计征，没有房产原值或不能将业主共有房产与其他房产的原值准确划分开的，由房产所在地地方税务机关参照同类房产核定房产原值；出租的，依照租金收入计征。

二、关于有偿取得土地使用权城镇土地使用税纳税义务发生时间问题

以出让或转让方式有偿取得土地使用权的，应由受让方从合同约定交付土地时间的次月起缴纳城镇土地使用税；合同未约定交付土地时间的，由受让方从合同签订的次月起缴纳城镇土地使用税。

国家税务总局《关于房产税、城镇土地使用税有关政策规定的通知》（国税发〔2003〕89号）第二条第四款中有关房地产开发企业城镇土地使用税纳税义务发生时间的规定同时废止。

三、关于经营采摘、观光农业的单位和个人征免城镇土地使用税问题

在城镇土地使用税征收范围内经营采摘、观光农业的单位和个人，其直接用于采摘、观光的种植、养殖、饲养的土地，根据《中华人民共和国城镇土地使用税暂行条例》第六条中"直接用于农、林、牧、渔业的生产用地"的规定，免征城镇土地使用税。

四、关于林场中度假村等休闲娱乐场所征免城镇土地使用税问题

在城镇土地使用税征收范围内，利用林场土地兴建度假村等休闲娱乐场所的，其经营、办公和生活用地，应按规定征收城镇土地使用税。

五、本通知自 2007 年 1 月 1 日起执行

财政部　国家税务总局

2006 年 12 月 25 日

10.4　财政部　国家税务总局关于房产税城镇土地使用税有关问题的通知

2008 年 12 月 18 日　财税〔2008〕152 号

各省、自治区、直辖市、计划单列市财政厅（局）、地方税务局，新疆生产建设兵团财务局：

为统一政策，规范执行，现将房产税、城镇土地使用税有关问题明确如下：

一、关于房产原值如何确定的问题

对依照房产原值计税的房产，不论是否记载在会计账簿固定资产科目中，均应按照房屋原价计算缴纳房产税。房屋原价应根据国家有关会计制度规定进行核算。对纳税人未按国家会计制度规定核算并记载的，应按规定予以调整或重新评估。

《财政部　税务总局关于房产税若干具体问题的解释和暂行规定》（〔86〕财税地字第 008 号）第十五条同时废止。

二、关于索道公司经营用地应否缴纳城镇土地使用税的问题

公园、名胜古迹内的索道公司经营用地，应按规定缴纳城镇土地使用税。

三、关于房产税、城镇土地使用税纳税义务截止时间的问题

纳税人因房产、土地的实物或权利状态发生变化而依法终止房产税、城镇土地使用税纳税义务的，其应纳税款的计算应截止到房产、土地的实物或权利状态发生变化的当月末。

四、本通知自 2009 年 1 月 1 日起执行

财政部　国家税务总局

2008 年 12 月 18 日

10.5　财政部　国家税务总局关于房产税城镇土地使用税有关问题的通知

2009 年 11 月 22 日　财税〔2009〕128 号

各省、自治区、直辖市、计划单列市财政厅（局）、地方税务局，西藏、宁夏、青海省（自治区）国家税务局，新疆生产建设兵团财务局：

为完善房产税、城镇土地使用税政策，堵塞税收征管漏洞，现将房产税、城镇土地使用税有关问题明确如下：

一、关于无租使用其他单位房产的房产税问题

无租使用其他单位房产的应税单位和个人，依照房产余值代缴纳房产税。

二、关于出典房产的房产税问题

产权出典的房产，由承典人依照房产余值缴纳房产税。

三、关于融资租赁房产的房产税问题

融资租赁的房产，由承租人自融资租赁合同约定开始日的次月起依照房产余值缴纳房产税。合同未约定开始日的，由承租人自合同签订的次月起依照房产余值缴纳房产税。

四、关于地下建筑用地的城镇土地使用税问题

对在城镇土地使用税征税范围内单独建造的地下建筑用地，按规定征收城镇土地使用税。其中，已取得地下土地使用权证的，按土地使用权证确认的土地面积计算应征税款；未取得地下土地使用权证或地下土地使用权证上未标明土地面积的，按地下建筑垂直投影面积计算应征税款。

对上述地下建筑用地暂按应征税款的 50% 征收城镇土地使用税。

五、本通知自 2009 年 12 月 1 日起执行。《财政部税务总局关于房产税若干具体问题的解释和暂行规定》（（86）财税地字第 008 号）第七条、《国家税务总局关于安徽省若干房产税业务问题的批复》（国税函发〔1993〕368 号）第二条同时废止。

财政部　国家税务总局

2009 年 11 月 22 日

10.6　国家税务总局关于房产税、城镇土地使用税有关政策规定的通知

2003 年 7 月 15 日　国税发〔2003〕89 号

各省、自治区、直辖市和计划单列市地方税务局，局内各单位：

随着我国房地产市场的迅猛发展，涉及房地产税收的政策问题日益增多，经调查研究和广

泛听取各方面的意见，现对房产税、城镇土地使用税有关政策问题明确如下：

一、关于房地产开发企业开发的商品房征免房产税问题

鉴于房地产开发企业开发的商品房在出售前，对房地产开发企业而言是一种产品，因此，对房地产开发企业建造的商品房，在售出前，不征收房产税；但对售出前房地产开发企业已使用或出租、出借的商品房应按规定征收房产税。

二、关于确定房产税、城镇土地使用税纳税义务发生时间问题

（一）购置新建商品房，自房屋交付使用之次月起计征房产税和城镇土地使用税。

（二）购置存量房，自办理房屋权权属转移、变更登记手续，房地产权属登记机关签发房屋权属证书之次月起计征房产税和城镇土地使用税。

（三）出租、出借房产，自交付出租、出借房产之次月起计征房产税和城镇土地使用税。

（四）［条款废止］房地产开发企业自用、出租、出借本企业建造的商品房，自房屋使用或交付之次月起计征房产税和城镇土地使用税。

国家税务总局
2003 年 7 月 15 日

10.7 国家税务总局关于调整房产税和土地使用税具体征税范围解释规定的通知

1999 年 3 月 12 日 国税发〔1999〕44 号

近接一些地区反映，原财政部 税务总局印发的《关于房产税若干具体问题的解释和暂行规定》（〔86〕财税地字 8 号）与原国家税务局印发的《关于土地使用税若干具体问题的解释和暂行规定》（〔88〕国税地字第 15 号），有关房产税与土地使用税的具体征税范围的解释不尽一致，并且经济发展及城镇建设已发生很大变化，在实际执行中，不便于操作，经研究，现进一步解释和规定如下：

一、房产税、土地使用税在城市、县城、建制镇和工矿区征收，各地要遵照执行。

二、关于建制镇具体征税范围，由各省、自治区、直辖市税务局提出方案，经省、自治区、直辖市人民政府确定批准后执行，并报国家税务总局备案。对农林牧渔业用地和农民居住用房屋及土地，不征收房产税和土地使用税。

国家税务总局
1999 年 3 月 12 日

10.8　财政部　国家税务总局关于对外资企业及外籍个人征收房产税有关问题的通知

2009 年 1 月 12 日　财税〔2009〕3 号

各省、自治区、直辖市、计划单列市财政厅（局）、地方税务局，新疆生产建设兵团财务局：

根据 2008 年 12 月 31 日国务院发布的第 546 号令，自 2009 年 1 月 1 日起，废止《中华人民共和国城市房地产税暂行条例》，外商投资企业、外国企业和组织以及外籍个人（包括港澳台资企业和组织以及华侨、港澳台同胞，以下统称外资企业及外籍个人）依照《中华人民共和国房产税暂行条例》（国发〔1986〕90 号）缴纳房产税。为做好外资企业及外籍个人房产税征收工作，现将有关事项通知如下：

一、自 2009 年 1 月 1 日起，对外资企业及外籍个人的房产征收房产税，在征税范围、计税依据、税率、税收优惠、征收管理等方面按照《中华人民共和国房产税暂行条例》（国发〔1986〕90 号）及有关规定执行。各地要及时了解外资企业及外籍个人房产税的征收情况，对遇到的问题及时反映，确保相关政策落实到位。

二、以人民币以外的货币为记账本位币的外资企业及外籍个人在缴纳房产税时，均应将其根据记账本位币计算的税款按照缴款上月最后一日的人民币汇率中间价折合成人民币。

三、房产税由房产所在地的地方税务机关征收，其征收管理按《中华人民共和国税收征收管理法》及相关规定执行。

财政部　国家税务总局
2009 年 1 月 12 日

10.9　财政部　国家税务总局关于对老年服务机构有关税收政策问题的通知

2000 年 11 月 24 日　财税〔2000〕97 号

为贯彻中共中央、国务院《关于加强老龄工作的决定》（中发〔2000〕13 号）精神，现对政府部门和社会力量兴办的老年服务机构有关税收政策问题通知如下：

一、对政府部门和企事业单位、社会团体以及个人等社会力量投资兴办的福利性、非营利性的老年服务机构，暂免征收企业所得税，以及老年服务机构自用房产、土地、车船的房产税、城镇土地使用税、车船使用税。

二、对企事业单位、社会团体和个人等社会力量，通过非营利性的社会团体和政府部门向福利性、非营利性的老年服务机构的捐赠，在缴纳企业所得税和个人所得税前准予全额扣除。

三、本通知所称老年服务机构，是指专门为老年人提供生活照料、文化、护理、健身等多方面服务的福利性、非营利性的机构，主要包括：老年社会福利院、敬老院（养老院）、老年服务中心、老年公寓（含老年护理院、康复中心、托老所）等。

本通知自 2000 年 10 月 1 日起执行。

10.10　财政部　国家税务总局关于调整住房租赁市场税收政策的通知

2000 年 12 月 7 日　财税〔2000〕125 号

为了配合国家住房制度改革，支持住房租赁市场的健康发展，经国务院批准，现对住房租赁市场有关税收政策问题通知如下：

一、对按政府规定价格出租的公有住房和廉租住房，包括企业和自收自支事业单位向职工出租的单位自有住房；房管部门向居民出租的公有住房；落实私房政策中带户发还产权并以政府规定租金标准向居民出租的私有住房等，暂免征收房产税、营业税。

二、对个人按市场价格出租的居民住房，其应缴纳的营业税暂减按3%的税率征收，房产税暂减按4%的税率征收。

三、对个人出租房屋取得的所得暂减按10%的税率征收个人所得税。

本通知自 2001 年 1 月 1 日起执行。凡与本通知规定不符的税收政策，一律改按本通知的规定执行。

10.11　财政部　国家税务总局关于教育税收政策的通知

2004 年 2 月 5 日　财税〔2004〕39 号

（第三条第 2 项，第二条废止。参见：《财政部　税务总局关于契税法实施后有关优惠政策衔接问题的公告》（财政部　税务总局公告 2021 年第 29 号）。第一条第 5 至 10 项废止。参见：《财政部　国家税务总局关于企业所得税若干优惠政策的通知》（财税〔2008〕1 号）。）

各省、自治区、直辖市、计划单列市财政厅（局）、国家税务局、地方税务局，新疆生产建设兵团财务局：

为了进一步促进教育事业发展，经国务院批准，现将有关教育的税收政策通知如下：

一、关于营业税、增值税、所得税

1. 对从事学历教育的学校提供教育劳务取得的收入，免征营业税。

2. 对学生勤工俭学提供劳务取得的收入，免征营业税。

3. 对学校从事技术开发、技术转让业务和与之相关的技术咨询、技术服务业务取得的收入，免征营业税。

4. 对托儿所、幼儿园提供养育服务取得的收入，免征营业税。

5. ［条款废止］对政府举办的高等、中等和初等学校（不含下属单位）举办进修班、培训班取得的收入，收入全部归学校所有的，免征营业税和企业所得税。

6. ［条款废止］对政府举办的职业学校设立的主要为在校学生提供实习场所、并由学校出资自办、由学校负责经营管理、经营收入归学校所有的企业，对其从事营业税暂行条例"服务业"税目规定的服务项目（广告业、桑拿、按摩、氧吧等除外）取得的收入，免征营业税和企业所得税。

7. ［条款废止］对特殊教育学校举办的企业可以比照福利企业标准，享受国家对福利企业实行的增值税和企业所得税优惠政策。

8. ［条款废止］纳税人通过中国境内非营利的社会团体、国家机关向教育事业的捐赠，准予在企业所得税和个人所得税前全额扣除。

9. ［条款废止］对高等学校、各类职业学校服务于各业的技术转让、技术培训、技术咨询、技术服务、技术承包所取得的技术性服务收入，暂免征收企业所得税。

10. ［条款废止］对学校经批准收取并纳入财政预算管理的或财政预算外资金专户管理的收费不征收企业所得税；对学校取得的财政拨款，从主管部门和上级单位取得的用于事业发展的专项补助收入，不征收企业所得税。

11. 对个人取得的教育储蓄存款利息所得，免征个人所得税；对省级人民政府、国务院各部委和中国人民解放军军以上单位，以及外国组织、国际组织颁布的教育方面的奖学金，免征个人所得税；高等学校转化职务科技成果以股份或出资比例等股权形式给予个人奖励，获奖人在取得股份、出资比例时，暂不缴纳个人所得税；取得按股份、出资比例分红或转让股权、出资比例所得时，依法缴纳个人所得税。

二、关于房产税、城镇土地使用税、印花税

对国家拨付事业经费和企业办的各类学校、托儿所、幼儿园自用的房产、土地，免征房产税、城镇土地使用税；对财产所有人将财产赠给学校所立的书据，免征印花税。

三、关于耕地占用税、契税、农业税和农业特产税

1. 对学校、幼儿园经批准征用的耕地，免征耕地占用税。享受免税的学校用地的具体范围是：全日制大、中、小学校（包括部门、企业办的学校）的教学用房、实验室、操场、图书馆、办公室及师生员工食堂宿舍用地。学校从事非农业生产经营占用的耕地，不予免税。职工夜校、学习班、培训中心、函授学校等不在免税之列。

2. ［条款废止］国家机关、事业单位、社会团体、军事单位承受土地房屋权属用于教学、科研的，免征契税。用于教学的，是指教室（教学楼）以及其他直接用于教学的土地、房屋。用于科研的，是指科学实验的场所以及其他直接用于科研的土地、房屋。对县级以上人民政府教育行政主管部门或劳动行政主管部门审批并颁发办学许可证，由企业事业组织、社会团体及其他社会和公民个人利用非国家财政性教育经费面向社会举办的学校及教育机构，其承受的土地、房屋权属用于教学的，免征契税。

3. 对农业院校进行科学实验的土地免征农业税。对农业院校进行科学实验所取得的农业特产品收入，在实验期间免征农业特产税。

四、关于关税

1. 对境外捐赠人无偿捐赠的直接用于各类职业学校、高中、初中、小学、幼儿园教育的教学仪器、图书、资料和一般学习用品，免征进口关税和进口环节增值税。上述捐赠用品不包括国家明令不予减免进口税的 20 种商品。其他相关事宜按照国务院批准的《扶贫、慈善性捐赠物资免征进口税收暂行办法》办理。

2. 对教育部承认学历的大专以上全日制高等院校以及财政部会同国务院有关部门批准的其他学校,不以营利为目的,在合理数量范围内的进口国内不能生产的科学研究和教学用品,直接用于科学研究或教学的,免征进口关税和进口环节增值税、消费税(不包括国家明令不予减免进口税的 20 种商品)。科学研究和教学用品的范围等有关具体规定,按照国务院批准的《科学研究和教学用品免征进口税收暂行规定》执行。

五、取消下列税收优惠政策

1. 财政部国家税务总局《关于企业所得税若干优惠政策的通知》〔(94)财税字第 1 号〕第八条第一款和第三款关于校办企业从事生产经营的所得免征所得税的规定,其中因取消所得税优惠政策而增加的财政收入,按现行财政体制由中央与地方财政分享,专项列入财政预算,仍然全部用于教育事业。应归中央财政的补偿资金,列中央教育专项,用于改善全国特别是农村地区的中小学办学条件和资助家庭经济困难学生;应归地方财政的补偿资金,列省级教育专项,主要用于改善本地区农村中小学办学条件和资助农村家庭经济困难的中小学生。

2. 《关于学校办企业征收流转税问题的通知》(国税发〔1994〕156 号)第三条第一款和第三款,关于校办企业生产的应税货物,凡用于本校教学科研方面的,免征增值税;校办企业凡为本校教学、科研服务提供的应税劳务免征营业税的规定。

六、本通知自 2004 年 1 月 1 日起执行,此前规定与本通知不符的,以本通知为准

10.12 财政部 国家税务总局关于经营高校学生公寓和食堂有关税收政策的通知

2013 年 11 月 12 日 财税〔2013〕83 号

各省、自治区、直辖市、计划单列市财政厅(局)、地方税务局,北京、西藏、宁夏、青海省(区、市)国家税务局,新疆生产建设兵团财务局:

经国务院批准,现对高校学生公寓和食堂的有关税收政策通知如下:

一、对高校学生公寓免征房产税。

二、对与高校学生签订的高校学生公寓租赁合同,免征印花税。

三、对按照国家规定的收费标准向学生收取的高校学生公寓住宿费收入,免征营业税。

四、对高校学生食堂为高校师生提供餐饮服务取得的收入,免征营业税。

五、本通知所述"高校学生公寓"是指为高校学生提供住宿服务,按照国家规定的收费标准收取住宿费的学生公寓。

"高校学生食堂"是指依照《学校食堂与学生集体用餐卫生管理规定》(教育部令第 14 号)管理的高校学生食堂。

六、本通知执行时间自 2013 年 1 月 1 日至 2015 年 12 月 31 日。2013 年 1 月 1 日至文到之日已征的应予免征的房产税、印花税和营业税税款,分别从纳税人以后应纳的房产税、印花税和营业税税额中抵减或者予以退税。《财政部　国家税务总局关于经营高校学生公寓和食堂有关税收政策的通知》（财税〔2011〕78号）到期停止执行。

财政部　国家税务总局

2013年11月12日

10.13　财政部　国家税务总局关于明确免征房产税、城镇土地使用税的铁路运输企业范围及有关问题的通知

2004年2月27日　财税〔2004〕36号

各省、自治区、直辖市、计划单列市财政厅（局）、地方税务局，新疆生产建设兵团财务局：

为更好地贯彻执行《财政部国家税务总局关于调整铁路系统房产税城镇土地使用税政策的通知》（财税〔2003〕149号），经研究，现就有关免征房产税和城镇土地使用税的铁路运输企业范围和有关问题通知如下：

一、［条款失效］继续免征房产税和城镇土地使用税的铁道部所属铁路运输企业的范围包括：铁路局、铁路分局（包括客货站、编组站、车务、机务、工务、电务、水电、车辆、供电、列车、客运段）、中铁集装箱运输有限责任公司、中铁特货运输有限责任公司、中铁行包快递有限责任公司、中铁快运有限公司。

二、地方铁路运输企业自用的房产、土地应缴纳的房产税、城镇土地使用税比照铁道部所属铁路运输企业的政策执行。

三、［条款失效］铁道通信信息有限责任公司、中国铁路物资总公司、中铁建设开发中心和铁道部第一、二、三、四设计院免征房产税、城镇土地使用税的期限截止到2005年12月31日，自2006年1月1日起恢复征收房产税和城镇土地使用税。

财政部　国家税务总局

2004年2月17日

10.14　财政部　国家税务总局关于调整房产税有关减免税政策的通知

2004年8月19日　财税〔2004〕140号

各省、自治区、直辖市、计划单列市财政厅（局）、地方税务局，新疆生产建设兵团财务局：

为了规范税收政策，进一步加强房产税的征收管理，经研究决定，对《财政部　税务总局关于房产税若干具体问题的解释和暂行规定》（〔86〕财税地字第8号）的部分内容作适当修改，即：废止第十八条关于对微利企业和亏损企业的房产"可由地方根据实际情况在一定期限内暂免征收房产税"和第二十条"企业停产、撤销后，对他们原有的房产闲置不用的，经省、自治区、直辖市税务局批准可暂不征收房产税"的规定。

10.15　财政部　税务总局关于去产能和调结构房产税　城镇土地使用税政策的通知

2018 年 9 月 30 日　财税〔2018〕107 号

各省、自治区、直辖市、计划单列市财政厅（局），国家税务总局各省、自治区、直辖市、计划单列市税务局，新疆生产建设兵团财政局：

为推进去产能、调结构，促进产业转型升级，现将有关房产税、城镇土地使用税政策明确如下：

一、对按照去产能和调结构政策要求停产停业、关闭的企业，自停产停业次月起，免征房产税、城镇土地使用税。企业享受免税政策的期限累计不得超过两年。

二、按照去产能和调结构政策要求停产停业、关闭的中央企业名单由国务院国有资产监督管理部门认定发布，其他企业名单由省、自治区、直辖市人民政府确定的去产能、调结构主管部门认定发布。认定部门应当及时将认定发布的企业名单（含停产停业、关闭时间）抄送同级财政和税务部门。

各级认定部门应当每年核查名单内企业情况，将恢复生产经营、终止关闭注销程序的企业名单及时通知财政和税务部门。

三、企业享受本通知规定的免税政策，应按规定进行减免税申报，并将房产土地权属资料、房产原值资料等留存备查。

四、本通知自 2018 年 10 月 1 日至 2020 年 12 月 31 日执行。本通知发布前，企业按照去产能和调结构政策要求停产停业、关闭但涉及的房产税、城镇土地使用税尚未处理的，可按本通知执行。

财政部　税务总局
2018 年 9 月 30 日

10.16　财政部　税务总局关于延续供热企业增值税　房产税　城镇土地使用税优惠政策的通知

2019 年 4 月 3 日　财税〔2019〕38 号

（依据财政部　税务总局公告 2021 年第 6 号：财政部　税务总局关于延长部分税收优惠政策执行期限的公告，规定的税收优惠政策，执行期限延长至 2023 年供暖期结束。）

北京、天津、河北、山西、内蒙古、辽宁、大连、吉林、黑龙江、山东、青岛、河南、陕西、甘肃、宁夏、新疆、青海省（自治区、直辖市、计划单列市）财政厅（局），新疆生产建设兵团财政局，国家税务总局北京、天津、河北、山西、内蒙古、辽宁、大连、吉林、黑龙江、山东、青岛、河南、陕西、甘肃、宁夏、新疆、青海省（自治区、直辖市、计划单列市）税务局：

为支持居民供热采暖，现将"三北"地区供热企业（以下称供热企业）增值税、房产税、城镇土地使用税政策通知如下：

一、自2019年1月1日至2020年供暖期结束，对供热企业向居民个人（以下称居民）供热取得的采暖费收入免征增值税。（已延期至2023年供暖季结束）

向居民供热取得的采暖费收入，包括供热企业直接向居民收取的、通过其他单位向居民收取的和由单位代居民缴纳的采暖费。

免征增值税的采暖费收入，应当按照《中华人民共和国增值税暂行条例》第十六条的规定单独核算。通过热力产品经营企业向居民供热的热力产品生产企业，应当根据热力产品经营企业实际从居民取得的采暖费收入占该经营企业采暖费总收入的比例，计算免征的增值税。

本条所称供暖期，是指当年下半年供暖开始至次年上半年供暖结束的期间。

二、自2019年1月1日至2020年12月31日，对向居民供热收取采暖费的供热企业，为居民供热所使用的厂房及土地免征房产税、城镇土地使用税；对供热企业其他厂房及土地，应当按照规定征收房产税、城镇土地使用税。

对专业供热企业，按其向居民供热取得的采暖费收入占全部采暖费收入的比例，计算免征的房产税、城镇土地使用税。

对兼营供热企业，视其供热所使用的厂房及土地与其他生产经营活动所使用的厂房及土地是否可以区分，按照不同方法计算免征的房产税、城镇土地使用税。可以区分的，对其供热所使用厂房及土地，按向居民供热取得的采暖费收入占全部采暖费收入的比例，计算免征的房产税、城镇土地使用税。难以区分的，对其全部厂房及土地，按向居民供热取得的采暖费收入占其营业收入的比例，计算免征的房产税、城镇土地使用税。

对自供热单位，按向居民供热建筑面积占总供热建筑面积的比例，计算免征供热所使用的厂房及土地的房产税、城镇土地使用税。

三、本通知所称供热企业，是指热力产品生产企业和热力产品经营企业。热力产品生产企业包括专业供热企业、兼营供热企业和自供热单位。

四、本通知所称"三北"地区，是指北京市、天津市、河北省、山西省、内蒙古自治区、辽宁省、大连市、吉林省、黑龙江省、山东省、青岛市、河南省、陕西省、甘肃省、青海省、宁夏回族自治区和新疆维吾尔自治区。

财政部　税务总局
2019年4月3日

10.17　财政部税务总局关于对房管部门经租的居民住房暂缓征收房产税的通知

1987年12月1日　（1987）财税地字第30号

为了有利于房租改革和照顾房管部门经租的居民住房目前收取租金偏低的实际情况，经研究确定：从 1988 年 1 月 1 日起，对房管部门经租的居民住房，在房租调整改革之前收取租金偏低的，可暂缓征收房产税；对房管部门经租的其他非营业用房，是否给予照顾，可由各省、自治区、直辖市根据当地具体情况按税收管理体制的规定办理。

10.18　国家税务总局关于取消部分地方税行政审批项目的通知

2007 年 6 月 11 日　　国税函〔2007〕629 号

（《国家税务总局关于修改部分税收规范性文件的公告》（国家税务总局公告 2018 年第 31 号）对本文进行了修改。）

各省、自治区、直辖市和计划单列市地方税务局，西藏、宁夏自治区国家税务局：

根据国务院深化行政审批制度改革的要求，为进一步规范行政权力和行政行为，税务总局对涉及房产税、城镇土地使用税、城市维护建设税和印花税的部分行政审批项目文件进行了清理，现就有关问题通知如下：

一、取消下列文件中所含行政审批项目并废止文件

（一）《国家税务局关于对经贸仓库免缴土地使用税问题的复函》（〔88〕国税地字第 32 号）。

（二）《国家税务局关于对物资储运系统征收土地使用税问题的复函》（〔88〕国税地字第 35 号）。

（三）《国家税务局关于对三线调整企业征免土地使用税问题的复函》（〔89〕国税地字第 130 号）。

（四）《国家税务局关于中国物资储运总公司所属物资储运企业征免土地使用税问题的通知》（国税函发〔1992〕1272 号）。

（五）《国家税务局关于石油企业生产用地适用税额问题的通知》（国税函发〔1992〕1442 号）。

（六）《国家税务局关于恢复征收国营华侨农场地方税问题的通知》（国税函发〔1990〕1117 号）。

（七）《国家税务局关于邮电部门所属企业恢复征收房产税问题的通知》（国税发〔1991〕36 号）。

（八）《国家税务局对〈关于中、小学校办企业征免房产税、土地使用税问题的请示〉的批复》（〔89〕国税地字第 81 号）。

（九）《国家税务局关于对特种储备资金不征印花税问题的通知》（国税地字〔1989〕第 18 号）。

二、取消下列文件中所列行政审批项目，保留其余条款

（一）取消《国家税务局关于对核工业总公司所属企业征免土地使用税问题的若干规定》（〔89〕国税地字第 7 号）中第三条"上述企业纳税确有困难要求照顾的，可根据《暂行条例》第七条的规定，由企业向所在地的税务机关提出减免税申请，经省、自治区、直辖市税务局审核后，报我局核批"的规定，其余条款保留。

（二）取消《国家税务局对〈关于请求再次明确电力行业土地使用税征免范围问题的函〉的复函》（〔89〕国税地字第44号）第三条中"纳税有困难的，由省、自治区、直辖市税务局审核后，报国家税务局批准减免"的规定，其余条款保留。

（三）取消《国家税务局关于对煤炭企业用地征免土地使用税问题的规定》（〔89〕国税地字第89号）第三条"煤炭企业的报废矿井占地，经煤炭企业申请，当地税务机关审核，可以暂免征收土地使用税"和第六条"煤炭企业依照上述规定缴纳土地使用税，确实仍有困难，按照《中华人民共和国城镇土地使用税暂行条例》第七条的规定办理"的规定，其余条款保留。

（四）取消《国家税务局关于对交通部门的港口用地征免土地使用税问题的规定》（〔89〕国税地字第123号）第二条"对港口的露天堆货场用地，原则上应征收土地使用税，企业纳税确有困难的，可由省、自治区、直辖市税务局根据其实际情况，给予定期减征或免征土地使用税的照顾"的规定，其余条款保留。

（五）取消《国家税务局关于印发〈关于土地使用税若干具体问题的补充规定〉的通知》（〔89〕国税地字第140号）第四条"对基建项目在建期间使用的土地，原则上应照章征收土地使用税。但对有些基建项目，特别是国家产业政策扶持发展的大型基建项目占地面积大，建设周期长，在建期间又没有经营收入，为照顾其实际情况，对纳税人纳税确有困难的，可由各省、自治区、直辖市税务局根据具体情况予以免征或减征土地使用税；对已经完工或已经使用的建设项目，其用地应照章征收土地使用税"和第六条"房地产开发公司建造商品房的用地，原则上应按规定计征土地使用税。但在商品房出售之前纳税确有困难的，其用地是否给予缓征或减征、免征照顾，可由各省、自治区、直辖市税务局根据从严的原则结合具体情况确定"的规定，其余条款保留。

（六）取消《国家税务局关于印花税若干具体问题的规定》（国税地字〔1988〕第25号）中第二十条"对微利、亏损企业不能减免印花税。但是，对微利、亏损企业记载资金的账簿，第一次贴花数额较大，难以承担的，经当地税务机关批准，可允许在三年内分次贴足印花"的规定，其余条款保留。

以上行政审批项目取消后，各地税务机关应依据相关条例的有关规定做好相关税种的征收管理工作，严格按照条例规定及相关规定的具体要求加强减免税的管理，并将有关情况及时上报税务总局（地方税务司）。

本通知自发布之日起执行。

国家税务总局
2007年6月21日

第 11 章　耕地占用税

11.1　中华人民共和国耕地占用税法

2018 年 12 月 29 日　第十三届全国人民代表大会常务委员会第七次会议通过

第一条　为了合理利用土地资源，加强土地管理，保护耕地，制定本法。

第二条　在中华人民共和国境内占用耕地建设建筑物、构筑物或者从事非农业建设的单位和个人，为耕地占用税的纳税人，应当依照本法规定缴纳耕地占用税。

占用耕地建设农田水利设施的，不缴纳耕地占用税。

本法所称耕地，是指用于种植农作物的土地。

第三条　耕地占用税以纳税人实际占用的耕地面积为计税依据，按照规定的适用税额一次性征收，应纳税额为纳税人实际占用的耕地面积（平方米）乘以适用税额。

第四条　耕地占用税的税额如下：

（一）人均耕地不超过一亩的地区（以县、自治县、不设区的市、市辖区为单位，下同），每平方米为十元至五十元；

（二）人均耕地超过一亩但不超过二亩的地区，每平方米为八元至四十元；

（三）人均耕地超过二亩但不超过三亩的地区，每平方米为六元至三十元；

（四）人均耕地超过三亩的地区，每平方米为五元至二十五元。

各地区耕地占用税的适用税额，由省、自治区、直辖市人民政府根据人均耕地面积和经济发展等情况，在前款规定的税额幅度内提出，报同级人民代表大会常务委员会决定，并报全国人民代表大会常务委员会和国务院备案。各省、自治区、直辖市耕地占用税适用税额的平均水平，不得低于本法所附《各省、自治区、直辖市耕地占用税平均税额表》规定的平均税额。

【例】 耕地占用税应纳税额的计算

假设某市一家企业新占用 20 000 平方米耕地用于工业建设，所占耕地适用的定额税率为 20 元/平方米。计算该企业应纳的耕地占用税。

应纳税额 = 20 000 × 20 = 400 000 （元）

第五条　在人均耕地低于零点五亩的地区，省、自治区、直辖市可以根据当地经济发展情况，适当提高耕地占用税的适用税额，但提高的部分不得超过本法第四条第二款确定的适用税额的百分之五十。具体适用税额按照本法第四条第二款规定的程序确定。

第六条 占用基本农田的，应当按照本法第四条第二款或者第五条确定的当地适用税额，加按百分之一百五十征收。

第七条 军事设施、学校、幼儿园、社会福利机构、医疗机构占用耕地，免征耕地占用税。

铁路线路、公路线路、飞机场跑道、停机坪、港口、航道、水利工程占用耕地，减按每平方米二元的税额征收耕地占用税。

农村居民在规定用地标准以内占用耕地新建自用住宅，按照当地适用税额减半征收耕地占用税；其中农村居民经批准搬迁，新建自用住宅占用耕地不超过原宅基地面积的部分，免征耕地占用税。

农村烈士遗属、因公牺牲军人遗属、残疾军人以及符合农村最低生活保障条件的农村居民，在规定用地标准以内新建自用住宅，免征耕地占用税。

根据国民经济和社会发展的需要，国务院可以规定免征或者减征耕地占用税的其他情形，报全国人民代表大会常务委员会备案。

第八条 依照本法第七条第一款、第二款规定免征或者减征耕地占用税后，纳税人改变原占地用途，不再属于免征或者减征耕地占用税情形的，应当按照当地适用税额补缴耕地占用税。

第九条 耕地占用税由税务机关负责征收。

第十条 耕地占用税的纳税义务发生时间为纳税人收到自然资源主管部门办理占用耕地手续的书面通知的当日。纳税人应当自纳税义务发生之日起三十日内申报缴纳耕地占用税。

自然资源主管部门凭耕地占用税完税凭证或者免税凭证和其他有关文件发放建设用地批准书。

第十一条 纳税人因建设项目施工或者地质勘查临时占用耕地，应当依照本法的规定缴纳耕地占用税。纳税人在批准临时占用耕地期满之日起一年内依法复垦，恢复种植条件的，全额退还已经缴纳的耕地占用税。

第十二条 占用园地、林地、草地、农田水利用地、养殖水面、渔业水域滩涂以及其他农用地建设建筑物、构筑物或者从事非农业建设的，依照本法的规定缴纳耕地占用税。

占用前款规定的农用地的，适用税额可以适当低于本地区按照本法第四条第二款确定的适用税额，但降低的部分不得超过百分之五十。具体适用税额由省、自治区、直辖市人民政府提出，报同级人民代表大会常务委员会决定，并报全国人民代表大会常务委员会和国务院备案。

占用本条第一款规定的农用地建设直接为农业生产服务的生产设施的，不缴纳耕地占用税。

第十三条 税务机关应当与相关部门建立耕地占用税涉税信息共享机制和工作配合机制。县级以上地方人民政府自然资源、农业农村、水利等相关部门应当定期向税务机关提供农用地转用、临时占地等信息，协助税务机关加强耕地占用税征收管理。

税务机关发现纳税人的纳税申报数据资料异常或者纳税人未按照规定期限申报纳税的，可以提请相关部门进行复核，相关部门应当自收到税务机关复核申请之日起三十日内向税务机关出具复核意见。

第十四条 耕地占用税的征收管理，依照本法和《中华人民共和国税收征收管理法》的规定执行。

第十五条 纳税人、税务机关及其工作人员违反本法规定的，依照《中华人民共和国税收征收管理法》和有关法律法规的规定追究法律责任。

第十六条　本法自 2019 年 9 月 1 日起施行。2007 年 12 月 1 日国务院公布的《中华人民共和国耕地占用税暂行条例》同时废止。

图表：各省、自治区、直辖市耕地占用税平均税额表

省、自治区、直辖市	平均税额（元/平方米）
上海	45
北京	40
天津	35
江苏、浙江、福建、广东	30
辽宁、湖北、湖南	25
河北、安徽、江西、山东、河南、重庆、四川	22.5
广西、海南、贵州、云南、陕西	20
山西、吉林、黑龙江	17.5
内蒙古、西藏、甘肃、青海、宁夏	12.5

11.2　财政部　税务总局　自然资源部　农业农村部　生态环境部关于发布《中华人民共和国耕地占用税法实施办法》的公告

2019 年 8 月 29 日　财政部公告 2019 年第 81 号

为贯彻落实《中华人民共和国耕地占用税法》，财政部、税务总局、自然资源部、农业农村部、生态环境部制定了《中华人民共和国耕地占用税法实施办法》，现予以发布，自 2019 年 9 月 1 日起施行。

特此公告。

财政部　税务总局　自然资源部　农业农村部　生态环境部
2019 年 8 月 29 日

附件：中华人民共和国耕地占用税法实施办法

第一条　为了贯彻实施《中华人民共和国耕地占用税法》（以下简称税法），制定本办法。

第二条　经批准占用耕地的，纳税人为农用地转用审批文件中标明的建设用地人；农用地转用审批文件中未标明建设用地人的，纳税人为用地申请人，其中用地申请人为各级人民政府的，由同级土地储备中心、自然资源主管部门或政府委托的其他部门、单位履行耕地占用税申报纳税义务。

未经批准占用耕地的，纳税人为实际用地人。

第三条   实际占用的耕地面积，包括经批准占用的耕地面积和未经批准占用的耕地面积。

第四条   基本农田，是指依据《基本农田保护条例》划定的基本农田保护区范围内的耕地。

第五条   免税的军事设施，具体范围为《中华人民共和国军事设施保护法》规定的军事设施。

第六条   免税的学校，具体范围包括县级以上人民政府教育行政部门批准成立的大学、中学、小学，学历性职业教育学校和特殊教育学校，以及经省级人民政府或其人力资源社会保障行政部门批准成立的技工院校。

学校内经营性场所和教职工住房占用耕地的，按照当地适用税额缴纳耕地占用税。

第七条   免税的幼儿园，具体范围限于县级以上人民政府教育行政部门批准成立的幼儿园内专门用于幼儿保育、教育的场所。

第八条   免税的社会福利机构，具体范围限于依法登记的养老服务机构、残疾人服务机构、儿童福利机构、救助管理机构、未成年人救助保护机构内，专门为老年人、残疾人、未成年人、生活无着的流浪乞讨人员提供养护、康复、托管等服务的场所。

第九条   免税的医疗机构，具体范围限于县级以上人民政府卫生健康行政部门批准设立的医疗机构内专门从事疾病诊断、治疗活动的场所及其配套设施。

医疗机构内职工住房占用耕地的，按照当地适用税额缴纳耕地占用税。

第十条   减税的铁路线路，具体范围限于铁路路基、桥梁、涵洞、隧道及其按照规定两侧留地、防火隔离带。

专用铁路和铁路专用线占用耕地的，按照当地适用税额缴纳耕地占用税。

第十一条   减税的公路线路，具体范围限于经批准建设的国道、省道、县道、乡道和属于农村公路的村道的主体工程以及两侧边沟或者截水沟。

专用公路和城区内机动车道占用耕地的，按照当地适用税额缴纳耕地占用税。

第十二条   减税的飞机场跑道、停机坪，具体范围限于经批准建设的民用机场专门用于民用航空器起降、滑行、停放的场所。

第十三条   减税的港口，具体范围限于经批准建设的港口内供船舶进出、停靠以及旅客上下、货物装卸的场所。

第十四条   减税的航道，具体范围限于在江、河、湖泊、港湾等水域内供船舶安全航行的通道。

第十五条   减税的水利工程，具体范围限于经县级以上人民政府水行政主管部门批准建设的防洪、排涝、灌溉、引（供）水、滩涂治理、水土保持、水资源保护等各类工程及其配套和附属工程的建筑物、构筑物占压地和经批准的管理范围用地。

第十六条   纳税人符合税法第七条规定情形，享受免征或者减征耕地占用税的，应当留存相关证明资料备查。

第十七条   根据税法第八条的规定，纳税人改变原占地用途，不再属于免征或减征情形的，应自改变用途之日起30日内申报补缴税款，补缴税款按改变用途的实际占用耕地面积和改变用途时当地适用税额计算。

第十八条   临时占用耕地，是指经自然资源主管部门批准，在一般不超过2年内临时使用耕地并且没有修建永久性建筑物的行为。

依法复垦应由自然资源主管部门会同有关行业管理部门认定并出具验收合格确认书。

第十九条　因挖损、采矿塌陷、压占、污染等损毁耕地属于税法所称的非农业建设，应依照税法规定缴纳耕地占用税；自自然资源、农业农村等相关部门认定损毁耕地之日起 3 年内依法复垦或修复，恢复种植条件的，比照税法第十一条规定办理退税。

第二十条　园地，包括果园、茶园、橡胶园、其他园地。

前款的其他园地包括种植桑树、可可、咖啡、油棕、胡椒、药材等其他多年生作物的园地。

第二十一条　林地，包括乔木林地、竹林地、红树林地、森林沼泽、灌木林地、灌丛沼泽、其他林地，不包括城镇村庄范围内的绿化林木用地，铁路、公路征地范围内的林木用地，以及河流、沟渠的护堤林用地。

前款的其他林地包括疏林地、未成林地、迹地、苗圃等林地。

第二十二条　草地，包括天然牧草地、沼泽草地、人工牧草地，以及用于农业生产并已由相关行政主管部门发放使用权证的草地。

第二十三条　农田水利用地，包括农田排灌沟渠及相应附属设施用地。

第二十四条　养殖水面，包括人工开挖或者天然形成的用于水产养殖的河流水面、湖泊水面、水库水面、坑塘水面及相应附属设施用地。

第二十五条　渔业水域滩涂，包括专门用于种植或者养殖水生动植物的海水潮浸地带和滩地，以及用于种植芦苇并定期进行人工养护管理的苇田。

第二十六条　直接为农业生产服务的生产设施，是指直接为农业生产服务而建设的建筑物和构筑物。具体包括：储存农用机具和种子、苗木、木材等农业产品的仓储设施；培育、生产种子、种苗的设施；畜禽养殖设施；木材集材道、运材道；农业科研、试验、示范基地；野生动植物保护、护林、森林病虫害防治、森林防火、木材检疫的设施；专为农业生产服务的灌溉排水、供水、供电、供热、供气、通讯基础设施；农业生产者从事农业生产必需的食宿和管理设施；其他直接为农业生产服务的生产设施。

第二十七条　未经批准占用耕地的，耕地占用税纳税义务发生时间为自然资源主管部门认定的纳税人实际占用耕地的当日。

因挖损、采矿塌陷、压占、污染等损毁耕地的纳税义务发生时间为自然资源、农业农村等相关部门认定损毁耕地的当日。

第二十八条　纳税人占用耕地，应当在耕地所在地申报纳税。

第二十九条　在农用地转用环节，用地申请人能证明建设用地人符合税法第七条第一款规定的免税情形的，免征用地申请人的耕地占用税；在供地环节，建设用地人使用耕地用途符合税法第七条第一款规定的免税情形的，由用地申请人和建设用地人共同申请，按退税管理的规定退还用地申请人已经缴纳的耕地占用税。

第三十条　县级以上地方人民政府自然资源、农业农村、水利、生态环境等相关部门向税务机关提供的农用地转用、临时占地等信息，包括农用地转用信息、城市和村庄集镇按批次建设用地转而未供信息、经批准临时占地信息、改变原占地用途信息、未批先占农用地查处信息、土地损毁信息、土壤污染信息、土地复垦信息、草场使用和渔业养殖权证发放信息等。

各省、自治区、直辖市人民政府应当建立健全本地区跨部门耕地占用税部门协作和信息交换工作机制。

第三十一条　纳税人占地类型、占地面积和占地时间等纳税申报数据材料以自然资源等相关部门提供的相关材料为准；未提供相关材料或者材料信息不完整的，经主管税务机关提出申请，由自然资源等相关部门自收到申请之日起 30 日内出具认定意见。

第三十二条 纳税人的纳税申报数据资料异常或者纳税人未按照规定期限申报纳税的，包括下列情形：

（一）纳税人改变原占地用途，不再属于免征或者减征耕地占用税情形，未按照规定进行申报的；

（二）纳税人已申请用地但尚未获得批准先行占地开工，未按照规定进行申报的；

（三）纳税人实际占用耕地面积大于批准占用耕地面积，未按照规定进行申报的；

（四）纳税人未履行报批程序擅自占用耕地，未按照规定进行申报的；

（五）其他应提请相关部门复核的情形。

第三十三条 本办法自 2019 年 9 月 1 日起施行。

11.3　国家税务总局关于耕地占用税征收管理有关事项的公告

2019 年 8 月 30 日　国家税务总局公告 2019 年第 30 号

为落实《中华人民共和国耕地占用税法》（以下简称《耕地占用税法》）及《中华人民共和国耕地占用税法实施办法》（以下简称《实施办法》），规范耕地占用税征收管理，现就有关事项公告如下：

一、耕地占用税以纳税人实际占用的属于耕地占用税征税范围的土地（以下简称"应税土地"）面积为计税依据，按应税土地当地适用税额计税，实行一次性征收。

耕地占用税计算公式为：应纳税额 = 应税土地面积 × 适用税额。

应税土地面积包括经批准占用面积和未经批准占用面积，以平方米为单位。

当地适用税额是指省、自治区、直辖市人民代表大会常务委员会决定的应税土地所在地县级行政区的现行适用税额。

二、按照《耕地占用税法》第六条规定，加按百分之一百五十征收耕地占用税的计算公式为：应纳税额 = 应税土地面积 × 适用税额 × 百分之一百五十。

三、按照《耕地占用税法》及《实施办法》的规定，免征、减征耕地占用税的部分项目按以下口径执行：

（一）免税的军事设施，是指《中华人民共和国军事设施保护法》第二条所列建筑物、场地和设备。具体包括：指挥机关，地面和地下的指挥工程、作战工程；军用机场、港口、码头；营区、训练场、试验场；军用洞库、仓库；军用通信、侦察、导航、观测台站，测量、导航、助航标志；军用公路、铁路专用线，军用通信、输电线路，军用输油、输水管道；边防、海防管控设施；国务院和中央军事委员会规定的其他军事设施。

（二）免税的社会福利机构，是指依法登记的养老服务机构、残疾人服务机构、儿童福利机构及救助管理机构、未成年人救助保护机构内专门为老年人、残疾人、未成年人及生活无着的流浪乞讨人员提供养护、康复、托管等服务的场所。

养老服务机构，是指为老年人提供养护、康复、托管等服务的老年人社会福利机构。具体包括老年社会福利院、养老院（或老人院）、老年公寓、护老院、护养院、敬老院、托老所、老年人服务中心等。

残疾人服务机构，是指为残疾人提供养护、康复、托管等服务的社会福利机构。具体包括为肢体、智力、视力、听力、语言、精神方面有残疾的人员提供康复和功能补偿的辅助器具，进行康复治疗、康复训练，承担教育、养护和托管服务的社会福利机构。

儿童福利机构，是指为孤、弃、残儿童提供养护、康复、医疗、教育、托管等服务的儿童社会福利服务机构。具体包括儿童福利院、社会福利院、SOS 儿童村、孤儿学校、残疾儿童康复中心、社区特教班等。

社会救助机构，是指为生活无着的流浪乞讨人员提供寻亲、医疗、未成年人教育、离站等服务的救助管理机构。具体包括县级以上人民政府设立的救助管理站、未成年人救助保护中心等专门机构。

（三）免税的医疗机构，是指县级以上人民政府卫生健康行政部门批准设立的医疗机构内专门从事疾病诊断、治疗活动的场所及其配套设施。

（四）减税的公路线路，是指经批准建设的国道、省道、县道、乡道和属于农村公路的村道的主体工程以及两侧边沟或者截水沟。具体包括高速公路、一级公路、二级公路、三级公路、四级公路和等外公路的主体工程及两侧边沟或者截水沟。

四、根据《耕地占用税法》第八条的规定，纳税人改变原占地用途，需要补缴耕地占用税的，其纳税义务发生时间为改变用途当日，具体为：经批准改变用途的，纳税义务发生时间为纳税人收到批准文件的当日；未经批准改变用途的，纳税义务发生时间为自然资源主管部门认定纳税人改变原占地用途的当日。

五、未经批准占用应税土地的纳税人，其纳税义务发生时间为自然资源主管部门认定其实际占地的当日。

六、耕地占用税实行全国统一的纳税申报表（见附件）。

七、耕地占用税纳税人依法纳税申报时，应填报《耕地占用税纳税申报表》，同时依占用应税土地的不同情形分别提交下列材料：

（一）农用地转用审批文件复印件；

（二）临时占用耕地批准文件复印件；

（三）未经批准占用应税土地的，应提供实际占地的相关证明材料复印件。

其中第（一）项和第（二）项，纳税人提交的批准文书信息能够通过政府信息共享获取的，纳税人只需要提供上述材料的名称、文号、编码等信息供查询验证，不再提交材料复印件。

八、主管税务机关接收纳税人申报资料后，应审核资料是否齐全、是否符合法定形式、填写内容是否完整、项目间逻辑关系是否相符。审核无误的即时受理；审核发现问题的当场一次性告知应补正资料或不予受理原因。

九、耕地占用税减免优惠实行"自行判别、申报享受、有关资料留存备查"办理方式。纳税人根据政策规定自行判断是否符合优惠条件，符合条件的，纳税人申报享受税收优惠，并将有关资料留存备查。纳税人对留存材料的真实性和合法性承担法律责任。

符合耕地占用税减免条件的纳税人，应留存下列材料：

（一）军事设施占用应税土地的证明材料；

（二）学校、幼儿园、社会福利机构、医疗机构占用应税土地的证明材料；

（三）铁路线路、公路线路、飞机场跑道、停机坪、港口、航道、水利工程占用应税土地的证明材料；

（四）农村居民建房占用土地及其他相关证明材料；

（五）其他减免耕地占用税情形的证明材料。

十、纳税人符合《耕地占用税法》第十一条、《实施办法》第十九条的规定申请退税的，纳税人应提供身份证明查验，并提交以下材料复印件：

（一）税收缴款书、税收完税证明；

（二）复垦验收合格确认书。

十一、纳税人、建设用地人符合《实施办法》第二十九条规定共同申请退税的，纳税人、建设用地人应提供身份证明查验，并提交以下材料复印件：

（一）纳税人应提交税收缴款书、税收完税证明；

（二）建设用地人应提交使用耕地用途符合免税规定的证明材料。

十二、本公告自 2019 年 9 月 1 日起施行。《国家税务总局关于农业税、牧业税、耕地占用税、契税征收管理暂参照〈中华人民共和国税收征收管理法〉执行的通知》（国税发〔2001〕110 号）、《国家税务总局关于耕地占用税征收管理有关问题的通知》（国税发〔2007〕129 号）、《国家税务总局关于发布〈耕地占用税管理规程（试行）〉的公告》（国家税务总局公告 2016 年第 2 号发布，国家税务总局公告 2018 年第 31 号修改）同时废止。

特此公告。

国家税务总局

2019 年 8 月 30 日

第 12 章 印花税

12.1 中华人民共和国印花税法

2021 年 6 月 10 日 第十三届全国人民代表大会常务委员会第二十九次会议通过

第一条 在中华人民共和国境内书立应税凭证、进行证券交易的单位和个人，为印花税的纳税人，应当依照本法规定缴纳印花税。

在中华人民共和国境外书立在境内使用的应税凭证的单位和个人，应当依照本法规定缴纳印花税。

第二条 本法所称应税凭证，是指本法所附《印花税税目税率表》列明的合同、产权转移书据和营业账簿。

第三条 本法所称证券交易，是指转让在依法设立的证券交易所、国务院批准的其他全国性证券交易场所交易的股票和以股票为基础的存托凭证。

证券交易印花税对证券交易的出让方征收，不对受让方征收。

第四条 印花税的税目、税率，依照本法所附《印花税税目税率表》执行。

第五条 印花税的计税依据如下：

（一）应税合同的计税依据，为合同所列的金额，不包括列明的增值税税款；

（二）应税产权转移书据的计税依据，为产权转移书据所列的金额，不包括列明的增值税税款；

（三）应税营业账簿的计税依据，为账簿记载的实收资本（股本）、资本公积合计金额；

（四）证券交易的计税依据，为成交金额。

【例1】 货物运输合同计税依据

甲企业与运输公司签订货物运输合同，记载装卸费 20 万元，保险费 10 万元，运输费 30 万元，则甲企业按"货物运输合同"税目计算缴纳印花税的计税依据为多少。

【解释】 货物运输合同计税依据为取得的运输费金额，但不包括所运货物的金额、装卸费用和保险费用等。因此甲企业按照"货物运输合同"税目计算缴纳印花税的计税依据为 30 万元。

【例2】 加工承揽合同的计税方法

某公司受托加工制作广告牌，双方签订的加工承揽合同中分别注明加工费 40 000 元，委托方提供价值 60 000 元的主要材料、受托方提供价值 2 000 元的辅助材料。该公司此项合同应当缴纳多少印花税。

【解释】制作广告牌属于加工承揽行为，由委托方提供主要材料或原料，受托方只提供辅助材料的加工合同，无论加工费和辅助材料金额是否分别记载，均已辅助材料与加工费的合计数依加工承揽合同计税贴花。对委托方提供的主要材料或原料金额部计税贴花。因此该公司此项合同应缴纳印花税 = (40 000 + 2 000) × 0.5‰ = 21 元

（假如由受托方提供主要材料或原料，并收取加工费，凡是在合同中分别记载加工费金额和原材料金额的，则由受托方提供的主要材料或原料按照购销合同计税贴花，收取的加工费按照加工承揽合同计税贴花；合同中未分别列明加工费金额与原材料金额的应按全部金额，依加工承揽合同，按照万分之五的税率计税贴花（从高））

第六条　应税合同、产权转移书据未列明金额的，印花税的计税依据按照实际结算的金额确定。

计税依据按照前款规定仍不能确定的，按照书立合同、产权转移书据时的市场价格确定；依法应当执行政府定价或者政府指导价的，按照国家有关规定确定。

第七条　证券交易无转让价格的，按照办理过户登记手续时该证券前一个交易日收盘价计算确定计税依据；无收盘价的，按照证券面值计算确定计税依据。

第八条　印花税的应纳税额按照计税依据乘以适用税率计算。

第九条　同一应税凭证载有两个以上税目事项并分别列明金额的，按照各自适用的税目税率分别计算应纳税额；未分别列明金额的，从高适用税率。

【例3】特殊规定的计税贴花

某电厂与某水运公司签订一份运输保管合同，合同载明的费用为 500 000 元（运费和保险费未分别记载）。货物运输合同的印花税税率为 0.5‰，仓储保管合同的印花税税率为 1‰，该项合同双方各应缴纳的印花税税额为多少。

【解析】同一凭证记载两个或两个以上适用不同税目税率的经济事项，分别记载金额的，应分别计算税额加总贴花；未分别记载金额的，按税率高的计税贴花。该合同运费和保管费没有分别记载，按仓储保管合同适用的 1‰ 税率计税贴花。双方各应缴纳印花税 = 500 000 × 1‰ = 500 元。

第十条　同一应税凭证由两方以上当事人书立的，按照各自涉及的金额分别计算应纳税额。

第十一条　已缴纳印花税的营业账簿，以后年度记载的实收资本（股本）、资本公积合计金额比已缴纳印花税的实收资本（股本）、资本公积合计金额增加的，按照增加部分计算应纳税额。

第十二条　下列凭证免征印花税：

（一）应税凭证的副本或者抄本；

（二）依照法律规定应当予以免税的外国驻华使馆、领事馆和国际组织驻华代表机构为获得馆舍书立的应税凭证；

（三）中国人民解放军、中国人民武装警察部队书立的应税凭证；

（四）农民、家庭农场、农民专业合作社、农村集体经济组织、村民委员会购买农业生产资料或者销售农产品书立的买卖合同和农业保险合同；

（五）无息或者贴息借款合同、国际金融组织向中国提供优惠贷款书立的借款合同；

（六）财产所有权人将财产赠与政府、学校、社会福利机构、慈善组织书立的产权转移

书据；

（七）非营利性医疗卫生机构采购药品或者卫生材料书立的买卖合同；

（八）个人与电子商务经营者订立的电子订单。

根据国民经济和社会发展的需要，国务院对居民住房需求保障、企业改制重组、破产、支持小型微型企业发展等情形可以规定减征或者免征印花税，报全国人民代表大会常务委员会备案。

第十三条　纳税人为单位的，应当向其机构所在地的主管税务机关申报缴纳印花税；纳税人为个人的，应当向应税凭证书立地或者纳税人居住地的主管税务机关申报缴纳印花税。

不动产产权发生转移的，纳税人应当向不动产所在地的主管税务机关申报缴纳印花税。

第十四条　纳税人为境外单位或者个人，在境内有代理人的，以其境内代理人为扣缴义务人；在境内没有代理人的，由纳税人自行申报缴纳印花税，具体办法由国务院税务主管部门规定。

证券登记结算机构为证券交易印花税的扣缴义务人，应当向其机构所在地的主管税务机关申报解缴税款以及银行结算的利息。

第十五条　印花税的纳税义务发生时间为纳税人书立应税凭证或者完成证券交易的当日。

证券交易印花税扣缴义务发生时间为证券交易完成的当日。

第十六条　印花税按季、按年或者按次计征。实行按季、按年计征的，纳税人应当自季度、年度终了之日起十五日内申报缴纳税款；实行按次计征的，纳税人应当自纳税义务发生之日起十五日内申报缴纳税款。

证券交易印花税按周解缴。证券交易印花税扣缴义务人应当自每周终了之日起五日内申报解缴税款以及银行结算的利息。

【例 4】印花税计算

甲公司与乙公司签订了两份合同：一是以货换货合同，甲公司的货物价值为 200 万元，乙公司的货物价值 150 万元，乙公司另支付补价 50 万元；二是采购合同，甲公司购买乙公司 50 万元货物，但因故合同未能兑现。甲公司应当缴纳多少印花税。

【解释】甲公司以货易货合同按购、销合计金额计税贴花，应纳印花税 = （200 + 150）× 0.3‰ × 10 000 = 1 050 元。签订合同即发生印花税纳税义务，未兑现也要贴花且不能因合同取消而要求退税或抵税。甲公司采购合同影铁印花税 = 50 × 0.3‰ × 10 000 = 150 元。甲公司共应缴纳印花税 = 1 050 + 150 = 1 200 元。

第十七条　印花税可以采用粘贴印花税票或者由税务机关依法开具其他完税凭证的方式缴纳。

印花税票粘贴在应税凭证上的，由纳税人在每枚税票的骑缝处盖戳注销或者画销。

印花税票由国务院税务主管部门监制。

第十八条　印花税由税务机关依照本法和《中华人民共和国税收征收管理法》的规定征收管理。

第十九条　纳税人、扣缴义务人和税务机关及其工作人员违反本法规定的，依照《中华人民共和国税收征收管理法》和有关法律、行政法规的规定追究法律责任。

第二十条　本法自 2022 年 7 月 1 日起施行。1988 年 8 月 6 日国务院发布的《中华人民共和国印花税暂行条例》同时废止。

附：印花税税目税率表

税目		税率	备注
合同（指书面合同）	借款合同	借款金额的万分之零点五	指银行业金融机构、经国务院银行业监督管理机构批准设立的其他金融机构与借款人（不包括同业拆借）的借款合同
	融资租赁合同	租金的万分之零点五	
	购销合同	价款的万分之三	指动产买卖合同（不包括个人书立的动产买卖合同）
	承揽合同	报酬的万分之三	
	建设工程合同	价款的万分之三	
	运输合同	运输费用的万分之三	指货运合同和多式联运合同（不包括管道运输合同）
	技术合同	价款、报酬或者使用费的万分之三	不包括专利权、专有技术使用权转让书据
	租赁合同	租金的千分之一	
	保管合同	保管费的千分之一	
	仓储合同	仓储费的千分之一	
	财产保险合同	保险费的千分之一	不包括再保险合同
产权转移书据	土地使用权出让书据	价款的万分之五	转让包括买卖（出售）、继承、赠与、互换、分割
	土地使用权、房屋等建筑物和构筑物所有权转让书据（不包括土地承包经营权和土地经营权转移）	价款的万分之五	
	股权转让书据（不包括应缴纳证券交易印花税的）	价款的万分之五	
	商标专用权、著作权、专利权、专有技术使用权转让书据	价款的万分之三	
营业账簿		实收资本（股本）、资本公积合计金额的万分之二点五	
证券交易		成交金额的千分之一	

12.2　国家税务总局关于印花税若干具体问题的规定

1988 年 12 月 12 日　国税地字〔1988〕25 号

各省、自治区、直辖市及各计划单列市税务局，加发南京、成都市税务局，海洋石油税务局各分局：

根据《中华人民共和国印花税暂行条例》及其实行细则的法规，结合各地反映的实际情况，现对印花税的若干具体问题法规如下：

1. 对由受托方提供原材料的加工、定作合同，如何贴花？

由受托方提供原材料的加工、定作合同，凡在合同中分别记载加工费金额与原材料金额的，应分别按"加工承揽合同""购销合同"计税，两项税额相加数，即为合同应贴印花；合同中不划分加工费金额与原材料金额的应按全部金额，依照"加工承揽合同"计税贴花。

2. 对商店、门市部的零星加工修理业务开具的修理单，是否贴花？

对商店、门市部的零星加工修理业务开具的修理单，不贴印花。

3. 房地产管理部门与个人订立的租房合同，应否贴花？

对房地产管理部门与个人订立的租房合同，凡用于生活居住的，暂免贴花；用于生产经营的，应按法规贴花。

4. 有些技术合同、租赁合同等，在签订时不能计算金额的，如何贴花？

有些合同在签订时无法确定计税金额，如技术转让合同中的转让收入，是按销售收入的一定比例收取或是按实现利润分成的；财产租赁合同，只是法规了月（天）租金标准而却无租赁期限的。对这类合同，可在签订时先按定额 5 元贴花，以后结算时在按实际金额计税，补贴印花。

5. 对货物运输单、仓储保管单、财产保险单、银行借据等单据，是否贴花？

对货物运输、仓储保管、财产保险、银行借款等，办理一项业务既书立合同，又开立单据的，只就合同贴花；凡不书立合同，只开立单据，以单据作为合同使用的，应按照法规贴花。

6. 运输部门承运快件行李、包裹开具的托运单据，是否贴花？

对铁路、公路、航运、水陆承运快件行李、包裹开具的托运单据，暂免贴花印花。

7. 不兑现或不按期兑现的合同，是否贴花？

依照印花税暂行条例法规，合同签订时即应贴花，履行完税手续。因此，不论合同是否兑现或能否按期兑现，都一律按照法规贴花。

8. 1988 年 10 月 1 日开征印花税以前签订的合同，10 月 1 日以后修改合同增加金额的，是否补贴印花？

凡修改合同增加金额的，应就增加部分补贴印花。对印花税开征前签订的合同，开征后修改合同增加金额的，亦应按增加金额补贴印花。

9. 某些合同履行后，实际结算金额与合同所载金额不一致的，是否补贴印花？

依照印花税暂行条例法规，纳税人应在合同签订时按合同所载金额计税贴花。因此，对已履行并贴花的合同，发现实际结算金额与合同所载金额不一致的，一般不再补贴印花。

10. 企业租赁承包经营合同，是否贴花？

企业与主管部门等签订的租赁承包经营合同，不属于财产租赁合同，不应贴花。

11. 企业、个人出租门店、柜台等签订的合同，是否贴花？

企业、个人出租门店、柜台等签订的合同，属于财产租赁合同，应按照法规贴花。

12. 什么是副本视同正本使用？

纳税人的已缴纳印花税凭证的正本遗失或毁损，而以副本代替的，即为副本视正本使用，应另贴印花。

13. ［条款废止］如何确定纳税人的自有流动资金？

纳税人的自有流动资金，应据其所适用的财务会计制度确定。适用国营企业财务会计制度的纳税人，其自有流动资金包括国家拨入的、企业税后利润补充的、其他单位投入以及集资入股形成的流动资金。

适用其他财务会计制度的纳税人，其自有流动资金由各省、自治区、直辖市税务局按照上述原则具体确定。

14. 设置在其他部门、车间的明细分类账，如何贴花？

对采用一级核算形式的，只就财会部门设置的账簿贴花；采用分级核算形式的，除财会部门的账簿应贴花外，财会部门设置在其他部门和车间的明细分类账，亦应按法规贴花。车间、门市部、仓库设置的不属于会计核算范围或虽属会计核算范围，但不记载金额的登记簿、统计簿、台账等，不贴印花。

15. 对会计核算采用以表代账的，应如何贴花？

对日常用单页表式记载资金活动情况，以表代账的，在未形成账簿（册）前，暂不贴花，待装订成册时，按册贴花。

16. 对记载资金的账簿、启用新账未增加资金的，是否按定额贴花？

凡是记载资金的账簿，启用新账时，资金未增加的，不再按件定额贴花。

17. ［条款废止］对有些经营收入的事业单位使用的账簿，应如何贴花？

对有经营收入的事业单位，凡属由国家财政部门拨付事业经费，实行差额预算管理的单位，其记载经营业务的账簿，按其他账簿定额贴花，不记载经营业务的账簿不贴花；凡属经费来源实行自收自支的单位，其营业账簿，应对记载资金的账簿和其他账簿分别按法规贴花。

18. 跨地区经营的分支机构，其营业账簿应如何贴花？

跨地区经营的分支机构使用的营业账簿，应由各分支机构在其所在地缴纳印花税。对上级单位核拨资金的分支机构，其记载资金的账簿按核拨的账面资金数额计税额贴花，其他账簿按定额贴花；对上级单位不核拨资金的分支机构，只就其他账簿按定额贴花。为避免对同一资金重复计税贴花，上级单位记载资金的账簿，应按扣除拨给下属机构资金数额后的其余部分计税贴花。

19. 对企业兼并的并入资金是否补贴印花？

经企业主管部门批准的国营、集体企业兼并，对并入单位的资产，凡已按资金总额贴花的，接受单位对并入的资金不再补贴印花。

20. ［条款失效］对微利、亏损企业、可否减免税？

对微利、亏损企业不能减免印花税。但是，对微利、亏损企业记载资金的账簿，第一次贴花数额较大，难以承担的，经当地税务机关批准，可允许在三年内分次贴足印花。

21. 对营业账簿，应在什么位置上贴花？

在营业账簿上贴印花税票，须在账簿首页右上角粘贴，不准粘贴在账夹上。

22. 对工业、商业、物资、外贸等部门使用的调拨单是否贴花？

目前，工业、商业、物资、外贸等部门经销和调拨商品物资使用的调拨单（或其他名称的单、卡、书、表等），填开使用的情况比较复杂，既有作为部门内执行计划使用的，也有代替合同使用的。对此，应区分性质和用途确定是否贴花。凡属于明确双方供需关系，据以供货和结算，具有合同性质的凭证，应按规定贴花。各省、自治区、直辖市税务局可根据上述原则，结合实际，对各种调拨单作出具体鉴别和认定。

23. 对印花税施行细则中所指的"收购部门"和"农副产品"的范围如何划定？

我国农副产品种类繁多，地区间差异较大，随着经济发展，国家指定的收购部门也有所变化。对此，可由省、自治区、直辖市税务局根据当地实际情况具体划定本地区"收购部门"和"农副产品"的范围。

24. 对以货换货业务签订的合同应如何计税贴花？

商品购销活动中，采用以货换货方式进行商品交易签订的合同，是反映既购又销双重经济行为的合同。对此，应按合同所载的购、销合计金额计税贴花。合同未列明金额的，应按合同所载购、销数量依照国家牌价或市场价格计算应纳税金额。

25. 仓储保管业务的应税凭证如何确定？

仓储保管业务的应税凭证为仓储保管合同或作为合同使用的仓单、栈单（或称入库单等）。对有些凭证使用不规范，不便计税的，可就其结算单据作为计税贴花的凭证。

26. 我国的"其他金融组织"是指哪些单位？

我国的其他金融组织，是指除人民银行、各专业银行以外，由中国人民银行批准设立，领取经营金融业务许可证书的单位。

27. 对财政部门的拨款改贷款业务中所签订的合同是否贴花？

财政等部门的拨款改贷款签订的借款合同，凡直接与使用单位签订的，暂不贴花；凡委托金融单位贷款，金融单位与使用单位签订的借款合同应按规定贴花。

28. 对办理借款展期业务使用的借款展期合同是否贴花？

对办理借款展期业务使用借款展期合同或其他凭证，按信贷制度规定，仅载明延期还款事项的，可暂不贴花。

29. 何为"银行同业拆借"在印花税上怎样确定同业拆借合同与非同业拆借合同的界限？

印花税税目税率表中所说的"银行同业拆借"，是指按国家信贷制度规定，银行、非银行金融机构之间相互融通短期资金的行为。同业拆借合同不属于列举征税的凭证，不贴印花。

确定同业拆借合同的依据，应以中国人民银行银发〔1990〕62 号《关于印发〈同业拆借管理试行办法〉的通知》为准。凡按照规定的同业拆借期限和利率签订的同业拆借合同，不贴印花；凡不符合规定的，应按借款合同贴花。

30. 对分立、合并和联营企业的资金账簿如何计税贴花？

企业发生分立、合并和联营等变更后，凡依照有关规定办理法人登记的新企业所设立的资金账簿，应于启用时按规定计税贴花；凡毋需重新进行法人登记的企业原有的资金账簿，已贴印花继续有效。

对企业兼并后并入的资金贴花问题，仍按有关规定执行。

31. "产权转移书据"税目中"财产所有权"的转移书据的征税范围如何划定？

"财产所有权"转移书据的征税范围是：经政府管理机关登记注册的动产、不动产的所有权转移所立的书据，以及企业股权转让所立的书据。

32. ［条款失效］土地使用权出让、转让书据（合同）是否贴花？

土地使用权出让、转让书据（合同），不属于印花税列举征税的凭证，不贴印花。

33. 出版合同是否贴花？

出版合同不属于印花税列举征税的凭证，不贴印花。

34. 银行经理或代理国库业务设置的账簿是否贴花？

中国人民银行各级机构经理国库业务及委托各专业银行各级机构代理国库业务设置的账簿，不是核算银行本身经营业务的账簿，不贴印花。

35. 代理单位与委托单位签订的代理合同，是否属于应税凭证？

在代理业务中，代理单位与委托单位之间签订的委托代理合同，凡仅明确代理事项、权限和责任的，不属于应税凭证，不贴印花。

36. 怎样理解印花税施行细则中"合同在国外签订的，应在国内使用时贴花"的规定？

"合同在国外签订的，应在国内使用时贴花"，是指印花税暂行条例列举征税的合同在国外签订时，不便按规定贴花，因此，应在带入境内时办理贴花完税手续。

37. 对于广告代理公司，与企业以及互联网视频平台签订的广告发布合同，是否需要缴纳印花税？

答：根据《中华人民共和国印花税暂行条例》（国务院令第 11 号）第一条规定："在中华人民共和国境内书立、领受本条例所列举凭证的单位和个人，都是印花税的纳税义务人（以下简称纳税人），应当按照本条例规定缴纳印花税。"、第二条规定："下列凭证为应纳税凭证：1. 购销、加工承揽、建设工程承包、财产租赁、货物运输、仓储保管、借款、财产保险、技术合同或者具有合同性质的凭证；2. 产权转移书据；3. 营业账簿；4. 权利、许可证照；5. 经财政部确定征税的其他凭证。"和附件《印花税税目税率表》规定："……加工承揽合同包括加工、定作、修缮、修理、印刷、广告、测绘、测试等合同。立合同人按加工或承揽收入万分之五贴花。……"

如属于上述文件规定的印花税征税范围的应纳税凭证，应按规定缴纳印花税。

38. 合伙企业收到合伙人的出资额，是否需要缴纳资金账簿印花税？

答：一、根据《中华人民共和国印花税暂行条例》（国务院令第 11 号）规定，二条下列凭证为应纳税凭证：……3. 营业账簿；……附件：印花税税目税率表……营业账簿……记载资金的账簿，按实收资本和资本公积的合计金额 0.5‰贴花。……

二、根据《中华人民共和国印花税暂行条例施行细则》（（1988）财税字第 255 号）第十条的规定，印花税只对税目税率表中列举的凭证和经财政部确定征税的其他凭证征税。

三、根据《国家税务总局关于资金账簿印花税问题的通知》（国税发〔1994〕25 号）第一条的规定，生产经营单位执行"两则"后，其"记载资金的账簿"的印花税计税依据改为"实收资本"与"资本公积"两项的合计金额。

因此，合伙企业出资额不计入"实收资本"和"资本公积"，不征收资金账簿印花税。

39. 我公司因公司制改制而更名，更名后除名称变更外，出资人等都未变更，房产证、土地正更名是否需要缴纳印花税？

答：一、根据《中华人民共和国印花税暂行条例》（国务院令第 11 号）规定，第一条在中华人民共和国境内书立、领受本条例所列举凭证的单位和个人，都是印花税的纳税义务人（以下简称纳税人），应当按照本条例规定缴纳印花税。第二条下列凭证为应纳税凭证：…… 2. 产权转移书据；…… 4. 权利、许可证照；5. 经财政部确定征税的其他凭证。……附件 1：印花税税目税率表…… 11 产权转移数据包括财产所有权和版权、商标专用、专利权、专有技术使用权等转移书据。立据人按所载金额万分之五贴花。…… 13 权利许可证照包括政府部门发给的房屋产权证、工商营业执照、商标注册证、专利证、土地使用证。领受人按件贴花五元。

二、根据《中华人民共和国印花税暂行条例施行细则》（（1988）财税字第 255 号）规定，第十条印花税只对税目税率表中列举的凭证和经财政部确定征税的其他凭证征税。

三、根据《河南省财政厅　国家税务总局河南省税务局关于实施小微企业普惠性税收减免有关政策的通知》（豫财税政〔2019〕7 号）规定，第一条自 2019 年 1 月 1 日起至 2021 年 12 月 31 日，对我省增值税小规模纳税人按 50% 的税额幅度减征资源税（不含水资源税）、城市维护建设税、房产税、城镇土地使用税、印花税（不含证券交易印花税）、耕地占用税和教育费附加、地方教育附加。……

因此，根据上述文件规定及您的描述，如您公司仅更名，从而房产证和土地使用证名称变更，发放的新房产证、土地使用证需要按照权利许可证照税目缴纳印花税。建议您参考上述文件，并结合实际业务情况界定。具体涉税事宜您可联系主管税务机关进一步确认。

40. 疫情期间租赁合同的实收金额与之前签订的合同金额不一致，应该按照哪个金额计算缴纳印花税呢？

答：依照印花税暂行条例规定，纳税人应在合同签订时按合同所载金额计税贴花。

41. 机动车交通事故强制责任保险（交强险）是否需要缴纳印花税？

答：根据《中华人民共和国印花税暂行条例》（国务院令第 11 号）《印花税税目税率表》规定，财产保险合同印花税征税范围包括财产、责任、保证、信用等保险合同。立合同人按保险费收入千分之一贴花。单据作为合同使用的，按合同贴花。

交强险属于财产保险，应按上述规定缴纳印花税。

42.

提示：

（1）依据国税函〔2007〕629 号　国家税务总局关于取消部分地方税行政审批项目的通知，本法规第二十条自 2007 年 6 月 11 日起失效。

（2）依据国家税务总局令第 42 号　国家税务总局关于公布失效废止的税务部门规章和税收规范性文件目录的决定，本法规第十三条废止。

（3）依据国家税务总局公告 2011 年第 2 号　国家税务总局关于公布全文失效废止部分条款失效废止的税收规范性文件目录的公告，本法规第二十条被国税函〔2007〕629 号废止。

12.3　财政部　国家税务总局关于印花税若干政策的通知

2006 年 11 月 27 日　财税〔2006〕162 号

各省、自治区、直辖市、计划单列市财政厅（局）、地方税务局，新疆生产建设兵团财务局：

为适应经济形势发展变化的需要，完善税制，现将印花税有关政策明确如下：

一、对纳税人以电子形式签订的各类应税凭证按规定征收印花税。

二、对发电厂与电网之间、电网与电网之间（国家电网公司系统、南方电网公司系统内部各级电网互供电量除外）签订的购售电合同按购销合同征收印花税。电网与用户之间签订的供用电合同不属于印花税列举征税的凭证，不征收印花税。

三、对土地使用权出让合同、土地使用权转让合同按产权转移书据征收印花税。

四、对商品房销售合同按照产权转移书据征收印花税。

12.4 国家税务局 国家工商行政管理局关于营业执照、商标注册证粘贴印花税票问题的通知

1989 年 11 月 17 日 国税地字〔1989〕113 号

根据《中华人民共和国印花税暂行条例》及有关规定，工商行政管理机关核发的各类营业执照正本和商标注册证，应由其领受单位和个人负责贴花，工商行政管理机关在核发上述证照时，应监督纳税人依法履行纳税义务，为保证营业执照和商标注册证粘贴印花税票规范、统一，现就有关问题通知如下：

一、印花税票粘贴位置。营业执照正本贴花，应统一粘贴在其左下角花边框内；商标注册证贴花，应统一粘贴在其内页右上角（"使用商品类"右面）边框内。

二、粘贴的印花一律采用 5 元面值的税票，税票粘贴应端正、清洁，在税票与证照的骑缝处，用钢笔或圆珠笔画两条横线注销，画销笔迹要整齐、清晰（示意图附后）。

三、纳税地点。各级工商行政管理机关在核发营业执照的同时，负责代售印花税票并监督纳税；国家工商行政管理局商标局在核发商标注册证的同时，负责代售印花税票并监督纳税。各地工商行政管理局在向商标注册人收取商标规费的同时，加收 5 元印花税款，按规定期限一并上交国家工商行政管理局商标局。

四、为便于工商行政管理机关对核发的证照监督纳税，各地税务机关应委托当地工商行政管理机关代售印花税票，并按代售金额 5% 的比例支付代售手续费。

五、对因各种原因更换营业执照正本和商标注册证的，均视为新领营业执照正本和商标注册证，应按规定纳税。

六、在本通知下达之前，对已贴印花税票的证照，粘贴位置及注销办法不符合本规定要求的，不再揭下重贴，待更换新的证照时，再按本通知规定执行。

以上规定和有关事宜，由各地税务机关与当地工商行政管理机关协商，共同贯彻执行。

12.5 财政部 国家税务总局关于改变印花税按期汇总缴纳管理办法的通知

2004 年 11 月 5 日 财税〔2004〕170 号

各省、自治区、直辖市、计划单列市财政厅（局）、地方税务局，新疆生产建设兵团财务局：

为进一步方便纳税人，简化印花税贴花手续，经研究决定，将《中华人民共和国印花税暂行条例施行细则》第二十二条"同一种类应纳税凭证，需频繁贴花的，应向当地税务机关申请

按期汇总缴纳印花税。税务机关对核准汇总缴纳印花税的单位，应发给汇缴许可证。汇总缴纳的期限限额由当地税务机关确定，但最长期限不得超过一个月"的规定，修改为"同一种类应纳税凭证，需频繁贴花的，纳税人可以根据实际情况自行决定是否采用按期汇总缴纳印花税的方式。汇总缴纳的期限为一个月。采用按期汇总缴纳方式的纳税人应事先告知主管税务机关。缴纳方式一经选定，一年内不得改变"。

印花税按期汇总缴纳管理办法调整后，主管税务机关应重点加强以下工作：

一、主管税务机关接到纳税人要求按期汇总缴纳印花税的告知后，应及时登记，制定相应的管理办法，防止出现管理漏洞。

二、对采用按期汇总缴纳方式缴纳印花税的纳税人，应加强日常监督、检查，重点核查纳税人汇总缴纳的应税凭证是否完整，贴花金额是否准确。

财政部　国家税务总局
2004 年 11 月 5 日

12.6　国家税务总局关于进一步加强印花税征收管理有关问题的通知

2004 年 1 月 30 日　国税函〔2004〕150 号

各省、自治区、直辖市和计划单列市地方税务局：

印花税自 1988 年实施以来，各级税务机关不断强化征收管理，因地制宜地制定了有效的征管办法，保证了印花税收入的持续稳步增长。但是，随着我国市场经济的建立和发展，及新《税收征管法》的颁布实施，印花税的一些征管规定已不适应实际征管需要，与《税收征管法》难以衔接等矛盾也日益突出。为加强印花税的征收管理，堵塞印花税征管漏洞，方便纳税人，保障印花税收入持续、稳定增长，现就加强印花税征收管理的有关问题明确如下：

一、加强对印花税应税凭证的管理

各级税务机关应加强对印花税应税凭证的管理，要求纳税人统一设置印花税应税凭证登记簿，保证各类应税凭证及时、准确、完整地进行登记；应税凭证数量多或内部多个部门对外签订应税凭证的单位，要求其制定符合本单位实际的应税凭证登记管理办法。有条件的纳税人应指定专门部门、专人负责应税凭证的管理。

印花税应税凭证应按照《税收征管法实施细则》的规定保存十年。

二、[条款废止] 完善按期汇总缴纳办法

各级地方税务机关应加强对按期汇总缴纳印花税单位的纳税管理，对核准实行汇总缴纳的单位，应发给汇缴许可证，核定汇总缴纳的限期；同时应要求纳税人定期报送汇总缴纳印花税情况报告，并定期对纳税人汇总缴纳印花税情况进行检查。

三、加强对印花税代售人的管理

各级税务机关应加强对印花税代售人代售税款的管理，根据本地代售情况进行一次清理检查，对代售人违反代售规定的，可视其情节轻重，取消代售资格，发现代售人各种影响印花税票销售的行为要及时纠正。

税务机关要根据本地情况，选择制度比较健全、管理比较规范、信誉比较可靠的单位或个人委托代售印花税票，并应对代售人经常进行业务指导、检查和监督。

四、核定征收印花税

根据《税收征管法》第三十五条规定和印花税的税源特征，为加强印花税征收管理，纳税人有下列情形的，税务机关可以核定纳税人印花税计税依据：

（一）未按规定建立印花税应税凭证登记簿，或未如实登记和完整保存应税凭证的；

（二）拒不提供应税凭证或不如实提供应税凭证致使计税依据明显偏低的；

（三）采用按期汇总缴纳办法的，未按税务机关规定的期限报送汇总缴纳印花税情况报告，经税务机关责令限期报告，逾期仍不报告的或者税务机关在检查中发现纳税人有未按规定汇总缴纳印花税情况的。

税务机关核定征收印花税，应向纳税人发放核定征收印花税通知书，注明核定征收的计税依据和规定的税款缴纳期限。

税务机关核定征收印花税，应根据纳税人的实际生产经营收入，参考纳税人各期印花税纳税情况及同行业合同签订情况，确定科学合理的数额或比例作为纳税人印花税计税依据。

各级税务机关应逐步建立印花税基础资料库，包括：分行业印花税纳税情况、分户纳税资料等，确定科学合理的评估模型，保证核定征收的及时、准确、公平、合理。

各省、自治区、直辖市、计划单列市税务机关可根据本通知要求，结合本地实际，制定印花税核定征收办法，明确核定征收的应税凭证范围、核定依据、纳税期限、核定额度或比例等，并报国家税务总局备案。

国家税务总局
2004 年 1 月 30 日

第 13 章　车辆购置税

13.1　中华人民共和国车辆购置税法

2018 年 12 月 29 日　第十三届全国人民代表大会常务委员会第七次会议

第一条　在中华人民共和国境内购置汽车、有轨电车、汽车挂车、排气量超过一百五十毫升的摩托车（以下统称应税车辆）的单位和个人，为车辆购置税的纳税人，应当依照本法规定缴纳车辆购置税。

第二条　本法所称购置，是指以购买、进口、自产、受赠、获奖或者其他方式取得并自用应税车辆的行为。

第三条　车辆购置税实行一次性征收。购置已征车辆购置税的车辆，不再征收车辆购置税。

第四条　车辆购置税的税率为百分之十。

第五条　车辆购置税的应纳税额按照应税车辆的计税价格乘以税率计算。

第六条　应税车辆的计税价格，按照下列规定确定：

（一）纳税人购买自用应税车辆的计税价格，为纳税人实际支付给销售者的全部价款，不包括增值税税款；

【例1】购买自用应税车辆应纳税额的计算

2020 年 12 月王某从汽车 4S 店（增值税一般纳税人）购置了一辆排气量为 1.8 升的乘用车，支付购车款（含增值税）248 600 元，取得"机动车销售统一发票"，支付该车装饰费用 5 650 元并取得 4S 店开具的票据。王某应如何缴纳车辆购置税。

装饰车辆实际发生的车辆装饰费不属于购车价款范畴，不是车辆购置税的计税依据。王某应交纳的车辆购置税 = 248 600 ÷ (1 + 13%) × 10% = 22 000 元。

（二）纳税人进口自用应税车辆的计税价格，为关税完税价格加上关税和消费税；

【例2】进口自用应税车辆应纳税额计算

某汽车贸易公司 2021 年 1 月进口 11 辆小轿车，海关审定的关税完税价格为 25 万/辆。当月销售 8 辆，取得含税销售额 240 万元；2 辆供公司自用；1 辆用于抵偿债务，合同约定的含税价格为 30 万元，该汽车贸易公司应如何缴纳车辆购置税（小轿车关税税率为 28%，消费税税率为 9%）。

虽然该汽车贸易公司进口 11 辆小轿车，但是只对其自用的 2 辆征收车辆购置税。当月销售和抵债的小轿车由取得小轿车并自用的一方纳税，不由汽车贸易公司纳税。

该汽车贸易公司应纳车辆购置税 = 2 × 25 × (1 + 28%) ÷ (1 − 9%) × 10% = 7.03 万。

（三）纳税人自产自用应税车辆的计税价格，按照纳税人生产的同类应税车辆的销售价格确定，不包括增值税税款；

【例 3】 自产自用应税车辆应纳税额计算

某汽车制造厂将排量为 2.0 升的自产 A 型汽车 4 辆转作本厂固定资产，3 辆对外抵偿债务，3 辆奖励给本厂优秀员工。本场同类 A 型汽车对外不含增值税销售价格为 190 000 元/辆。该汽车制造厂应如何缴纳车辆购置税。

自产自用的汽车需要缴纳车辆购置税；对外抵债的汽车由接受并自用的一方缴纳车辆购置税；奖励员工的汽车由取得并自用的员工缴纳车辆购置税。

该汽车制造商应纳车辆购置税 = 190 000 × 4 × 10% = 76 000 元。

（四）纳税人以受赠、获奖或者其他方式取得自用应税车辆的计税价格，按照购置应税车辆时相关凭证载明的价格确定，不包括增值税税款。

第七条　纳税人申报的应税车辆计税价格明显偏低，又无正当理由的，由税务机关依照《中华人民共和国税收征收管理法》的规定核定其应纳税额。

第八条　纳税人以外汇结算应税车辆价款的，按照申报纳税之日的人民币汇率中间价折合成人民币计算缴纳税款。

第九条　下列车辆免征车辆购置税：

（一）依照法律规定应当予以免税的外国驻华使馆、领事馆和国际组织驻华机构及其有关人员自用的车辆；

（二）中国人民解放军和中国人民武装警察部队列入装备订货计划的车辆；

（三）悬挂应急救援专用号牌的国家综合性消防救援车辆；

（四）设有固定装置的非运输专用作业车辆；

（五）城市公交企业购置的公共汽电车辆。

根据国民经济和社会发展的需要，国务院可以规定减征或者其他免征车辆购置税的情形，报全国人民代表大会常务委员会备案。

第十条　车辆购置税由税务机关负责征收。

第十一条　纳税人购置应税车辆，应当向车辆登记地的主管税务机关申报缴纳车辆购置税；购置不需要办理车辆登记的应税车辆的，应当向纳税人所在地的主管税务机关申报缴纳车辆购置税。

第十二条　车辆购置税的纳税义务发生时间为纳税人购置应税车辆的当日。纳税人应当自纳税义务发生之日起六十日内申报缴纳车辆购置税。

第十三条　纳税人应当在向公安机关交通管理部门办理车辆注册登记前，缴纳车辆购置税。

公安机关交通管理部门办理车辆注册登记，应当根据税务机关提供的应税车辆完税或者免税电子信息对纳税人申请登记的车辆信息进行核对，核对无误后依法办理车辆注册登记。

第十四条　免税、减税车辆因转让、改变用途等原因不再属于免税、减税范围的，纳税人应当在办理车辆转移登记或者变更登记前缴纳车辆购置税。计税价格以免税、减税车辆初次办理纳税申报时确定的计税价格为基准，每满一年扣减百分之十。

第十五条　纳税人将已征车辆购置税的车辆退回车辆生产企业或者销售企业的，可以向主管税务机关申请退还车辆购置税。退税额以已缴税款为基准，自缴纳税款之日至申请退税之日，每满一年扣减百分之十。

【例4】车辆购置税的退税计算

张某于2020年1月购买了一辆小轿车自用，当月缴纳了车辆购置税2万元，2021年2月，因该车存在严重质量问题，张某与厂家协商退货，并向税务机关申请车辆购置税的退税。张某可得到的车辆购置税退税金额为多少。

车辆退回生产企业或者销售企业的，纳税人申请退税时，自纳税人缴纳税款之日起，至申请退税之日止，按已纳税款每满1年扣减10%计算退税额；未满1年的，按已缴纳税款全额退税。张某购买该车满1年不满2年，可得到的退税为 $2 \times (1 - 10\%) = 1.8$ 万。

第十六条　税务机关和公安、商务、海关、工业和信息化等部门应当建立应税车辆信息共享和工作配合机制，及时交换应税车辆和纳税信息资料。

第十七条　车辆购置税的征收管理，依照本法和《中华人民共和国税收征收管理法》的规定执行。

第十八条　纳税人、税务机关及其工作人员违反本法规定的，依照《中华人民共和国税收征收管理法》和有关法律法规的规定追究法律责任。

第十九条　本法自2019年7月1日起施行。2000年10月22日国务院公布的《中华人民共和国车辆购置税暂行条例》同时废止。

13.2　财政部　税务总局关于车辆购置税有关具体政策的公告

2019年5月23日　财政部　税务总局公告2019年第71号

为贯彻落实《中华人民共和国车辆购置税法》，现就车辆购置税有关具体政策公告如下：

一、地铁、轻轨等城市轨道交通车辆，装载机、平地机、挖掘机、推土机等轮式专用机械车，以及起重机（吊车）、叉车、电动摩托车，不属于应税车辆。

二、纳税人购买自用应税车辆实际支付给销售者的全部价款，依据纳税人购买应税车辆时相关凭证载明的价格确定，不包括增值税税款。

三、纳税人进口自用应税车辆，是指纳税人直接从境外进口或者委托代理进口自用的应税车辆，不包括在境内购买的进口车辆。

四、纳税人自产自用应税车辆的计税价格，按照同类应税车辆（即车辆配置序列号相同的车辆）的销售价格确定，不包括增值税税款；没有同类应税车辆销售价格的，按照组成计税价格确定。组成计税价格计算公式如下：

$$组成计税价格 = 成本 \times (1 + 成本利润率)$$

属于应征消费税的应税车辆，其组成计税价格中应加计消费税税额。

上述公式中的成本利润率，由国家税务总局各省、自治区、直辖市和计划单列市税务局确定。

五、城市公交企业购置的公共汽电车辆免征车辆购置税中的城市公交企业，是指由县级以上（含县级）人民政府交通运输主管部门认定的，依法取得城市公交经营资格，为公众提供公交出行服务，并纳入《城市公共交通管理部门与城市公交企业名录》的企业；公共汽电车辆是指按规定的线路、站点票价营运，用于公共交通服务，为运输乘客设计和制造的车辆，包括公共汽车、无轨电车和有轨电车。

六、车辆购置税的纳税义务发生时间以纳税人购置应税车辆所取得的车辆相关凭证上注明的时间为准。

七、已经办理免税、减税手续的车辆因转让、改变用途等原因不再属于免税、减税范围的，纳税人、纳税义务发生时间、应纳税额按以下规定执行：

（一）发生转让行为的，受让人为车辆购置税纳税人；未发生转让行为的，车辆所有人为车辆购置税纳税人。

（二）纳税义务发生时间为车辆转让或者用途改变等情形发生之日。

（三）应纳税额计算公式如下：

$$应纳税额 = 初次办理纳税申报时确定的计税价格 \times (1 - 使用年限 \times 10\%) \times 10\% - 已纳税额$$

应纳税额不得为负数。

使用年限的计算方法是，自纳税人初次办理纳税申报之日起，至不再属于免税、减税范围的情形发生之日止。使用年限取整计算，不满一年的不计算在内。

八、已征车辆购置税的车辆退回车辆生产或销售企业，纳税人申请退还车辆购置税的，应退税额计算公式如下：

$$应退税额 = 已纳税额 \times (1 - 使用年限 \times 10\%)$$

应退税额不得为负数。

使用年限的计算方法是，自纳税人缴纳税款之日起，至申请退税之日止。

九、本公告自 2019 年 7 月 1 日起施行。

财政部　税务总局

2019 年 5 月 23 日

13.3 财政部　税务总局关于继续执行的车辆购置税优惠政策的公告

2019 年 6 月 28 日　财政部　税务总局公告 2019 年第 75 号

为贯彻落实《中华人民共和国车辆购置税法》，现将继续执行的车辆购置税优惠政策公告如下：

1. 回国服务的在外留学人员用现汇购买 1 辆个人自用国产小汽车和长期来华定居专家进口 1 辆自用小汽车免征车辆购置税。防汛部门和森林消防部门用于指挥、检查、调度、报汛（警）、联络的由指定厂家生产的设有固定装置的指定型号的车辆免征车辆购置税。具体操作按照《财政部　国家税务总局关于防汛专用等车辆免征车辆购置税的通知》（财税〔2001〕39 号）有关规定执行。

2. 自 2018 年 1 月 1 日至 2020 年 12 月 31 日，对购置新能源汽车免征车辆购置税。具体操作按照《财政部 税务总局 工业和信息化部 科技部关于免征新能源汽车车辆购置税的公告》（财政部 税务总局 工业和信息化部 科技部公告 2017 年第 172 号）有关规定执行。

3. 自 2018 年 7 月 1 日至 2021 年 6 月 30 日，对购置挂车减半征收车辆购置税。具体操作按照《财政部 税务总局 工业和信息化部关于对挂车减征车辆购置税的公告》（财政部 税务总局 工业和信息化部公告 2018 年第 69 号）有关规定执行。

4. 中国妇女发展基金会"母亲健康快车"项目的流动医疗车免征车辆购置税。

5. 北京 2022 年冬奥会和冬残奥会组织委员会新购置车辆免征车辆购置税。

6. 原公安现役部队和原武警黄金、森林、水电部队改制后换发地方机动车牌证的车辆（公安消防、武警森林部队执行灭火救援任务的车辆除外），一次性免征车辆购置税。

本公告自 2019 年 7 月 1 日起施行。

财政部 税务总局

2019 年 6 月 28 日

13.4 国家税务总局 财政部 中国人民银行关于征收车辆购置税有关问题的通知

2007 年 2 月 12 日 国税发〔2007〕16 号

各省、自治区、直辖市和计划单列市国家税务局、财政厅（局），中国人民银行上海总部，各分行、营业管理部、省会（首府）城市中心支行，大连、青岛、宁波、厦门、深圳市中心支行：

现将新版车辆购置税征收管理系统推行过程中税票开具、税款退库的有关问题明确如下：

一、关于实行财政直接支付方式划缴车购税税票开具的问题

购车单位因实行财政直接支付，通过财政零余额账户划缴车购税，出现税收缴款书中购买车辆的实际纳税人名称与缴款账户名称不一致的，可在《税收通用缴款书》缴款单位（人）代码栏填写实际纳税人的纳税人识别号（纳税人识别号按"区域码＋国家技术监督部门设定的组织机构代码"填写），在缴款单位（人）全称栏按"财政零余额账户全称"和"（纳税人全称）"填写，在开户银行、账号栏分别填写财政零余额账户的开户银行、账号。

二、关于税款退库的问题

税务机关办理车购税退库业务时，应按规定开具《税收收入退还书》送国库办理退税。通过财政零余额账户缴税的，将税款退至财政零余额账户；纳税人从其开户银行账户转账缴税的，将税款退至纳税人缴税的开户银行账户；个人现金退税，按照《国家税务总局、中国人民银行、财政部关于现金退税问题的紧急通知》（国税发〔2004〕47 号）有关规定执行。

各地税务机关、财政部门、人民银行国库、商业银行在车购税征收缴库工作过程中，要加强配合，提高效率，确保车购税及时、安全入库。

国家税务总局 财政部 中国人民银行

2007 年 2 月 12 日

13.5　国家税务总局关于车辆购置税征收管理有关事项的公告

2019 年 6 月 21 日　国家税务总局公告 2019 年第 26 号

为落实《中华人民共和国车辆购置税法》（以下简称《车辆购置税法》），规范车辆购置税征收管理，现就有关事项公告如下：

一、车辆购置税实行一车一申报制度。

二、《车辆购置税法》第六条第四项所称的购置应税车辆时相关凭证，是指原车辆所有人购置或者以其他方式取得应税车辆时载明价格的凭证。无法提供相关凭证的，参照同类应税车辆市场平均交易价格确定其计税价格。

原车辆所有人为车辆生产或者销售企业，未开具机动车销售统一发票的，按照车辆生产或者销售同类应税车辆的销售价格确定应税车辆的计税价格。无同类应税车辆销售价格的，按照组成计税价格确定应税车辆的计税价格。

三、购置应税车辆的纳税人，应当到下列地点申报纳税：

（一）需要办理车辆登记的，向车辆登记地的主管税务机关申报纳税。

（二）不需要办理车辆登记的，单位纳税人向其机构所在地的主管税务机关申报纳税，个人纳税人向其户籍所在地或者经常居住地的主管税务机关申报纳税。

四、《车辆购置税法》第十二条所称纳税义务发生时间，按照下列情形确定：

（一）购买自用应税车辆的为购买之日，即车辆相关价格凭证的开具日期。

（二）进口自用应税车辆的为进口之日，即《海关进口增值税专用缴款书》或者其他有效凭证的开具日期。

（三）自产、受赠、获奖或者以其他方式取得并自用应税车辆的为取得之日，即合同、法律文书或者其他有效凭证的生效或者开具日期。

五、纳税人办理纳税申报时应当如实填报《车辆购置税纳税申报表》（见附件1），同时提供车辆合格证明和车辆相关价格凭证。

六、纳税人在办理车辆购置税免税、减税时，除按本公告第五条规定提供资料外，还应当根据不同的免税、减税情形，分别提供相关资料的原件、复印件。

（一）外国驻华使馆、领事馆和国际组织驻华机构及其有关人员自用车辆，提供机构证明和外交部门出具的身份证明。

（二）城市公交企业购置的公共汽电车辆，提供所在地县级以上（含县级）交通运输主管部门出具的公共汽电车辆认定表。

（三）悬挂应急救援专用号牌的国家综合性消防救援车辆，提供中华人民共和国应急管理部批准的相关文件。

（四）回国服务的在外留学人员购买的自用国产小汽车，提供海关核发的《中华人民共和国海关回国人员购买国产汽车准购单》。

（五）长期来华定居专家进口自用小汽车，提供国家外国专家局或者其授权单位核发的专家证或者 A 类和 B 类《外国人工作许可证》。

七、免税、减税车辆因转让、改变用途等原因不再属于免税、减税范围的，纳税人在办理纳税申报时，应当如实填报《车辆购置税纳税申报表》。发生二手车交易行为的，提供二手车销售统一发票；属于其他情形的，按照相关规定提供申报材料。

八、已经缴纳车辆购置税的，纳税人向原征收机关申请退税时，应当如实填报《车辆购置税退税申请表》（见附件2），提供纳税人身份证明，并区别不同情形提供相关资料。

（一）车辆退回生产企业或者销售企业的，提供生产企业或者销售企业开具的退车证明和退车发票。

（二）其他依据法律法规规定应当退税的，根据具体情形提供相关资料。

九、纳税人应当如实申报应税车辆的计税价格，税务机关应当按照纳税人申报的计税价格征收税款。纳税人编造虚假计税依据的，税务机关应当依照《税收征管法》及其实施细则的相关规定处理。

十、本公告要求纳税人提供的资料，税务机关能够通过政府信息共享等手段获取相关资料信息的，纳税人不再提交。

十一、税务机关应当在税款足额入库或者办理免税手续后，将应税车辆完税或者免税电子信息，及时传送给公安机关交通管理部门。

税款足额入库包括以下情形：纳税人到银行缴纳车辆购置税税款（转账或者现金），由银行将税款缴入国库的，国库已传回《税收缴款书（银行经收专用）》联次；纳税人通过横向联网电子缴税系统等电子方式缴纳税款的，税款划缴已成功；纳税人在办税服务厅以现金方式缴纳税款的，主管税务机关已收取税款。

十二、纳税人名称、车辆厂牌型号、发动机号、车辆识别代号（车架号）、证件号码等应税车辆完税或者免税电子信息与原申报资料不一致的，纳税人可以到税务机关办理完税或者免税电子信息更正，但是不包括以下情形：

（一）车辆识别代号（车架号）和发动机号同时与原申报资料不一致。

（二）完税或者免税信息更正影响到车辆购置税税款。

（三）纳税人名称和证件号码同时与原申报资料不一致。

税务机关核实后，办理更正手续，重新生成应税车辆完税或者免税电子信息，并且及时传送给公安机关交通管理部门。

（第十三条已废止）

十四、本公告所称车辆合格证明，是指整车出厂合格证或者《车辆电子信息单》（见附件3）。

本公告所称车辆相关价格凭证是指：境内购置车辆为机动车销售统一发票或者其他有效凭证；进口自用车辆为《海关进口关税专用缴款书》或者海关进出口货物征免税证明，属于应征消费税车辆的还包括《海关进口消费税专用缴款书》。

本公告所称纳税人身份证明是指：单位纳税人为《统一社会信用代码证书》，或者营业执照或者其他有效机构证明；个人纳税人为居民身份证，或者居民户口簿或者入境的身份证件。

十五、《车辆购置税纳税申报表》《车辆购置税退税申请表》，样式由国家税务总局统一规定，国家税务总局各省、自治区、直辖市和计划单列市税务局自行印制，纳税人也可以在税务机关网站下载、提交。

十六、纳税人2019年6月30日（含）前购置属于《中华人民共和国车辆购置税暂行条例》规定的应税车辆，在2019年7月1日前未申报纳税的，应当按照规定的申报纳税期限申报纳税。

十七、本公告自2019年7月1日起施行。《车辆购置税全文废止和部分条款废止的文件目录》（见附件4）同日生效。

特此公告。

附件：1. 车辆购置税纳税申报表

2. 车辆购置税退税申请表

3. 车辆电子信息单

4. 车辆购置税全文废止和部分条款废止的文件目录

国家税务总局

2019年6月21日

附件1：车辆购置税纳税申报表

填表日期：　　年　月　日　　　　　　　　　　　　　　　　　　　金额单位：元

纳税人名称		申报类型	□征税　□免税　□减税	
证件名称		证件号码		
联系电话		地址		
合格证编号（货物进口证明书号）		车辆识别代号/车架号		
厂牌型号				
排量（cc）		机动车销售统一发票代码		
机动车销售统一发票号码		不含税价		
海关进口关税专用缴款书（进出口货物征免税证明）号码				
关税完税价格		关税		消费税
其他有效凭证名称		其他有效凭证号码		其他有效凭证价格
购置日期		申报计税价格		申报免（减）税条件或者代码
是否办理车辆登记		车辆拟登记地点		

续表

纳税人声明：					
本纳税申报表是根据国家税收法律法规及相关规定填报的，我确定它是真实的、可靠的、完整的。 纳税人（签名或盖章）：					

委托声明：					
现委托（姓名）____（证件号码）_____办理车辆购置税涉税事宜，提供的凭证、资料是真实、可靠、完整的。任何与本申报表有关的往来文件，都可交予此人。 委托人（签名或盖章）：　　　被委托人（签名或盖章）：					

以下由税务机关填写					
免（减）税条件代码					
计税价格	税率	应纳税额	免（减）税额	实纳税额	滞纳金金额

受理人： 　　　年　月　日	复核人（适用于免、减税申报）： 　　　年　月　日	主管税务机关（章）

【填写说明】：

1. 本表由车辆购置税纳税人在办理纳（免、减）税申报时填写（打印），由纳税人签章确认。

2. "纳税人名称"栏，填写办理申报时提供的车辆相关价格凭证注明的车辆购买方名称。

3. "证件名称"栏，单位纳税人填写《统一社会信用代码证书》或者《营业执照》或者其他有效机构证明；个人纳税人填写《居民身份证》或者其他身份证明名称。

4. "证件号码"栏，填写"证件名称"栏填写的证件的号码。

5. "合格证编号（货物进口证明书号）""车辆识别代号/车架号""厂牌型号""排量（cc）"栏，分别按照车辆合格证或者《中华人民共和国海关货物进口证明书》或者《中华人民共和国海关监管车辆进（出）境领（销）牌照通知书》或者《没收走私汽车、摩托车证明书》中对应的编号、车辆识别代号/车架号、车辆品牌和车辆型号、排量填写。

6. "机动车销售统一发票代码""机动车销售统一发票号码""不含税价"栏，分别按照机动车销售统一发票相应项目填写。

7. 下列栏次由进口自用车辆的纳税人填写：

（1）"海关进口关税专用缴款书（进出口货物征免税证明）号码"栏，填写《海关进口关税专用缴款书》中注明的号码；免征关税应税车辆填写《进出口货物征免税证明》中注明的编号。

（2）"关税完税价格"栏，通过《海关进口关税专用缴款书》《海关进口消费税专用缴款书》《海关进口增值税专用缴款书》或者其他资料进行采集，顺序如下：

①《海关进口关税专用缴款书》中注明的关税完税价格；

②在免关税的情况下，通过《海关进口消费税专用缴款书》中注明的完税价格和消费税税额计算关税完税价格；

③在免关税和免或者不征消费税的情况下，采用《海关进口增值税专用缴款书》中注明的

完税价格；

④在关税、消费税和增值税均免征或者不征的情况下，通过其他资料采集关税完税价格。

（3）"关税"栏，填写《海关进口关税专用缴款书》中注明的关税税额。

（4）"消费税"栏，填写《海关进口消费税专用缴款书》中注明的消费税税额。

8. "其他有效凭证名称""其他有效凭证号码""其他有效凭证价格"栏由未取得机动车销售统一发票且非进口自用的纳税人按取得的相应证明资料内容填写。

9. "购置日期"栏，填写机动车销售统一发票或者海关进口关税专用缴款书（进出口货物征免税证明）或者其他有效凭证的开具或者生效日期。

10. "申报计税价格"栏，分别按照下列要求填写：

（1）购买自用应税车辆，填写购买应税车辆时相关凭证载明的不含税价格；

（2）进口自用应税车辆，填写计税价格，计税价格＝关税完税价格＋关税＋消费税；

（3）自产自用应税车辆，填写纳税人生产的同类应税车辆的销售价格，不包括增值税税款；

（4）受赠、获奖或者其他方式取得自用应税车辆，填写原车辆所有人购置或者以其他方式取得应税车辆时相关凭证载明的价格，不包括增值税税款。

11. "申报免（减）税条件或者代码"栏，分别按照下列情形填写字母代码或者文字：

（1）依照法律规定应当予以免税的外国驻华使馆、领事馆和国际组织驻华机构及其有关人员自用的车辆。

A1. 外国驻华使领馆和国际组织驻华机构自用车辆。

A2. 外国驻华使领馆和国际组织有关人员自用车辆。

（2）中国人民解放军和中国人民武装警察部队列入装备订货计划的车辆。

B. 部队列入装备订货计划的车辆。

（3）悬挂应急救援专用号牌的国家综合性消防救援车辆。

C. 悬挂专用号牌国家综合性消防救援车辆。

（4）设有固定装置的非运输专用作业车辆。

D. 设有固定装置的非运输专用作业车辆。

（5）城市公交企业购置的公共汽电车辆。

E1. 城市公交企业购置公共汽电车辆（汽车）。

E2. 城市公交企业购置公共汽电车辆（有轨电车）。

（6）根据国民经济和社会发展的需要，国务院可以规定减征或者其他免征车辆购置税的情形，报全国人民代表大会常务委员会备案。

F1. 防汛车辆。

F2. 森林消防车辆。

F3. 留学人员购买车辆。

F4. 来华专家购置车辆。

F5. "母亲健康快车"项目专用车辆。

F6. 北京冬奥会新购车辆。

F7. 新能源汽车。

F8. 减半征收挂车。

F9. 部队改挂车辆。

F10. 国务院规定其他减征或者免征车辆。

※1. 设有固定装置非运输车辆免税，申报时直接填写"设有固定装置非运输车辆"。

※2. F1－F10，根据减、免税政策变化公告调整。

12. "是否办理车辆登记"栏，如填写"是"，则"车辆拟登记地点"栏应填写具体县（市、区）。

13. 本表一式二份（一车一表），一份由纳税人留存，一份由主管税务机关留存。

附件 2：车辆购置税退税申请表

填表日期：　　　年　月　日　　　　　　　　　　　　　　　　　　　金额单位：元

纳税人名称				证件名称			
联系电话				证件号码			
开户银行			开户账号		户名		
车辆识别代号/车架号				已缴纳车辆购置税税款			
购置日期				申请退税额			
退税原因代码		A. 车辆退回生产企业或者销售企业：按照已缴纳税款每满 1 年扣减 10% 计算退税额；未满 1 年的，按已缴纳税款全额退税。		购车已满年限	扣减比例	退车发票代码	退车发票号码
	B. 其他原因退税	B1. 计税价格错误：按照新申报的计税价格重新计算应退税额。		原申报计税价格	现申报计税价格		
		B2. 厂牌型号或配置选择错误：按照新的车辆型号或配置重新计算应退税额。		原选型号或配置	现选型号或配置		
		B3. 重复缴税退税：按已缴纳税款全额退税。		—			
		B4. 税率选择错误：重新按照正确税率计算应退税额。		原申报适用税率	现申报适用税率		
		B5. 误收退税：按照误收税额申请退税。		—			
		B6. 符合免、减税条件但已征税，按照应免、减税额申请退税。		免、减税条件或者字母代码：			
		B7. 其他。		—			
纳税人声明： 本表是根据国家税收法律法规及相关规定填报的，我确定它是真实的、可靠的、完整的。 纳税人（签名或盖章）：							

续表

委托声明：

现委托（姓名）＿＿＿＿＿（证件号码）＿＿＿＿＿＿办理车辆购置税涉税事宜，提供的凭证、资料是真实、可靠、完整的。任何与本申报表有关的往来文件，都可交予此人。

委托人（签名或盖章）：　　　　被委托人（签名或盖章）：

以下由税务机关填写			
实际退税额		核定退税 原因代码	
经办人： 　　　　年 月 日	审核人： 　　　　年 月 日		负责人： 主管税务机关（章） 　　　　年 月 日

注："退税原因代码"栏：按表中右侧对应原因选择相应的字母填写。

【填写说明】：

1. 本表由车辆购置税纳税人在办理退税申请时填写（打印），由纳税人签章确认。

2. "纳税人名称"栏，填写办理退税申报时提供的纳税人证件上注明的名称。

3. "证件名称"栏，单位纳税人填写《统一社会信用代码证书》或者《营业执照》或者其他有效机构证明；个人纳税人填写《居民身份证》或者其他身份证明名称。

4. "证件号码"栏，填写"证件名称"栏填写的证件的号码。

5. "开户银行""账号""户名"栏，填写纳税人用来接收国库退税税款的开户银行、账号及开户名称。

6. "车辆识别代号/车架号"栏，按车辆合格证或者《中华人民共和国海关货物进口证明书》或者《中华人民共和国海关监管车辆进（出）境领（销）牌照通知书》或者《没收走私汽车、摩托车证明书》中对应的车辆识别代号（车架号）填写。

7. "已缴纳车辆购置税税款"栏，填写主管税务机关开具的车辆购置税缴税凭证上注明的缴税金额。

8. "购置日期"栏，填写机动车销售统一发票（或者有效凭证）上注明的开票日期。

9. "申请退税额"栏，填写纳税人向税务机关申请的退税金额。

10. "退税原因代码"栏，按表中右侧对应原因选择相应的字母填写。对退税原因为"B6. 符合免、减税条件但已征税，按照应免、减税额申请退税。"的，请区分免、减税种类，填写免、减税条件或者字母代码。

（1）依照法律规定应当予以免税的外国驻华使馆、领事馆和国际组织驻华机构及其有关人员自用的车辆。

A1. 外国驻华使领馆和国际组织驻华机构自用车辆。

A2. 外国驻华使领馆和国际组织有关人员自用车辆。

（2）中国人民解放军和中国人民武装警察部队列入装备订货计划的车辆。

B. 部队列入装备订货计划的车辆。

（3）悬挂应急救援专用号牌的国家综合性消防救援车辆。

C. 悬挂专用号牌国家综合性消防救援车辆。

（4）设有固定装置的非运输专用作业车辆。

D. 设有固定装置的非运输专用作业车辆。

（5）城市公交企业购置的公共汽电车辆。

E1. 城市公交企业购置公共汽电车辆（汽车）。

E2. 城市公交企业购置公共汽电车辆（有轨电车）。

（6）根据国民经济和社会发展的需要，国务院可以规定减征或者其他免征车辆购置税的情形，报全国人民代表大会常务委员会备案。

F1. 防汛车辆。

F2. 森林消防车辆。

F3. 留学人员购买车辆。

F4. 来华专家购置车辆。

F5. "母亲健康快车"项目专用车辆。

F6. 北京冬奥会新购车辆。

F7. 新能源汽车。

F8. 减半征收挂车。

F9. 部队改挂车辆。

F10. 国务院规定其他减征或者免征车辆。

※1. 符合设有固定装置非运输车辆免税但已征税的，直接填写"设有固定装置非运输车辆"。

※2. F1 – F10，根据减、免税政策变化公告调整。

11. 本表（一车一表）一式三份，一份由纳税人留存；一份由国库留存；一份由主管税务机关留存。

附件3：车辆电子信息单

车辆生产（改装）企业 或者进口单位/个人			
车辆品牌		车辆名称	
车辆型号		车辆识别代号/车架号	
发动机号		排量和功率（ml/kW）	
额定载客（人）/座位		燃料种类	
合格证号/进口证明书号		车辆配置序列号	
证书签发日期		证书取得日期	
二维码打印区：			
数据上传日期			

附件 4：车辆购置税全文废止和部分条款废止的文件目录

表一　　　　　　　　　2019 年 7 月 1 日全文废止和部分条款废止的文件目录

序号	文号	文件名称	备注
1	国税发〔2006〕123 号	国家税务总局关于车辆购置税征收管理有关问题的通知	全文废止
2	国税函〔2006〕160 号	国家税务总局关于驻外使领馆工作人员离任回国进境自用车辆缴纳车辆购置税问题的补充通知	废止第一条、第二条，附件 1、附件 2、附件 3
3	国税发〔2006〕93 号国家税务总局公告 2018 年第 31 号修改	国家税务总局关于印发《车辆购置税价格信息管理办法（试行）》的通知	废止《车辆购置税价格信息管理办法（试行）》和附件 1、附件 2
4	国家税务总局公告 2015 年第 4 号国家税务总局公告 2018 年第 31 号修改	国家税务总局关于车辆购置税征收管理有关问题的公告	废止第一条至第三条、第六条至第十二条、第十五条、第十七条、第十八条、第二十条至第二十三条
5	国家税务总局公告 2015 年第 56 号国家税务总局公告 2018 年第 31 号修改	国家税务总局关于部分税务行政审批事项取消后有关管理问题的公告	废止第四条
6	国家税务总局公告 2016 年第 52 号	国家税务总局关于车辆购置税征收管理有关问题的补充公告	全文废止

表二　　　　　　　　　　2020 年 1 月 1 日部分条款废止的文件目录

序号	文号	文件名称	备注
1	国税发〔2006〕93 号国家税务总局公告 2018 年第 31 号修改	国家税务总局关于印发《车辆购置税价格信息管理办法（试行）》的通知	废止附件 3 "序列号"编码规则

13.6　国家税务总局　公安部关于应用车辆购置税电子完税信息办理车辆注册登记业务的公告

2019 年 4 月 12 日　国家税务总局　公安部公告 2019 年第 18 号

为深入贯彻中共中央办公厅、国务院办公厅《关于深入推进审批服务便民化的指导意见》，深化"放管服"改革,进一步提升车辆购置税纳税以及公安机关交通管理部门车辆注册登记业务便利化,为《中华人民共和国车辆购置税法》的顺利实施奠定基础,决定自2019年6月1日起,将应用车辆购置税电子完税信息办理车辆注册登记业务的试点扩大到全国范围。现就有关问题公告如下:

一、自2019年6月1日起,纳税人在全国范围内办理车辆购置税纳税业务时,税务机关不再打印和发放纸质车辆购置税完税证明。纳税人办理完成车辆购置税纳税业务后,在公安机关交通管理部门办理车辆注册登记时,不需向公安机关交通管理部门提交纸质车辆购置税完税证明。

纳税人办理完成车辆购置税纳税业务(免税业务除外)的具体情形如下:纳税人到银行办理车辆购置税税款缴纳(转账或者现金)、由银行将税款缴入国库的,国库已传回《税收缴款书(银行经收专用)》联次;纳税人通过横向联网电子缴税系统等电子方式缴纳税款的,税款划缴已成功;纳税人在办税服务厅以现金方式缴纳税款的,主管税务机关已收取税款。

二、纳税人申请注册登记的车辆识别代号信息与完税或者免税电子信息不符的,公安机关交通管理部门不予办理车辆注册登记。

三、自2019年7月1日起,纳税人在全国范围内办理车辆购置税补税、完税证明换证或者更正等业务时,税务机关不再出具纸质车辆购置税完税证明。

四、下列纳税业务,纳税人如果在试点实施后办理车辆注册登记,税务机关仍然出具纸质车辆购置税完税证明,纳税人仍然可以凭纸质车辆购置税完税证明到公安机关交通管理部门办理车辆注册登记;但公安机关交通管理部门已接收到税务机关车辆购置税电子完税信息的,不再要求提交纸质车辆购置税完税证明。

(一)纳税人2018年10月31日以前(含10月31日)在浙江省(含宁波市)、广东省(含深圳市)、重庆市、甘肃省办理的车辆购置税纳税业务;

(二)纳税人2019年5月31日以前(含5月31日)在除浙江省(含宁波市)、广东省(含深圳市)、重庆市、甘肃省以外的地区办理的车辆购置税纳税业务;

(三)纳税人在2019年6月30日以前(含6月30日)办理车辆购置税补税、完税证明换证或者更正等业务。

五、下列纳税业务,纳税人如果在2019年6月30日以前(含6月30日)办理车辆购置税退税业务,不再提交纸质车辆购置税完税证明正本、副本。

(一)纳税人2018年11月1日至2019年6月30日期间内在浙江省(含宁波市)、广东省(含深圳市)、重庆市、甘肃省办理的车辆购置税纳税业务;

(二)纳税人2019年6月1日至2019年6月30日期间内在除浙江省(含宁波市)、广东省(含深圳市)、重庆市、甘肃省以外的地区办理的车辆购置税纳税业务。

六、纳税人如需纸质车辆购置税完税证明,可向主管税务机关提出,由主管税务机关打印《车辆购置税完税证明(电子版)》(见附件),亦可自行通过本省(自治区、直辖市和计划单列市)电子税务局等官方互联网平台查询和打印。

七、本公告自2019年6月1日起施行,《国家税务总局　公安部关于试点应用车辆购置税电子完税信息办理车辆登记业务的公告》(国家税务总局　公安部公告2018年第49号)同时废止。

特此公告。

附件：车辆购置税完税证明（电子版）

国家税务总局   公安部
2019 年 4 月 12 日

附件：车辆购置税完税证明（电子版）

编号：
厂牌型号：
发动机号：
车辆识别代号（车架号）：
纳税类型：征税车辆/免税车辆/减税车辆

征收机关名称：

温馨提示：免税、减税车辆因转让、改变用途等原因不再属于免税、减税范围的，纳税人应当在办理车辆过户或者变更登记前缴纳车辆购置税。

13.7   国家税务总局关于应用机动车销售统一发票电子信息办理车辆购置税业务的公告

2020 年 1 月 21 日   国家税务总局公告 2020 年第 3 号

为进一步深化"放管服"改革，优化纳税服务，国家税务总局决定，对开具机动车销售统一发票的应税车辆，自 2020 年 2 月 1 日起，在上海市、江苏省、浙江省、宁波市四个地区（以下简称"试点地区"）试点应用机动车销售统一发票电子信息（以下简称"发票电子信息"）办理车辆购置税业务；自 2020 年 6 月 1 日起，将应用发票电子信息办理车辆购置税业务的机制扩大到全国其他地区（以下简称"其他地区"）。现将有关事项公告如下：

一、试点地区自 2020 年 2 月 1 日起、其他地区自 2020 年 6 月 1 日起，纳税人购置应税车辆办理车辆购置税纳税申报时，以发票电子信息中的不含税价作为申报计税价格。纳税人依据相关规定提供其他有效价格凭证的情形除外。

应税车辆存在多条发票电子信息或者没有发票电子信息的，纳税人应当持机动车销售统一发票、购车合同及其他能够反映真实交易的材料到税务机关办理车辆购置税纳税申报，按照购置应税车辆实际支付给销售方的全部价款（不包括增值税税款）申报纳税。

发票电子信息与纳税人提供的机动车销售统一发票的内容不一致、纳税人提供的机动车销售统一发票已经作废或者开具了红字发票的，纳税人应换取合规的发票后申报纳税。

二、试点地区自 2020 年 2 月 1 日起、其他地区自 2020 年 6 月 1 日起，纳税人购置并已完税的应税车辆，纳税人申请车辆购置税退税时，税务机关核对纳税人提供的退车发票与发票电子信息无误后，按规定办理退税；核对不一致的，纳税人换取合规的发票后，依法办理退税申报；没有发票电子信息的，销售方向税务机关传输有效发票电子信息后，纳税人依法办理退税申报。

三、试点地区纳税人 2020 年 2 月 1 日后办理于 2020 年 1 月 31 日前购置应税车辆的车辆购置税纳税申报、其他地区纳税人 2020 年 6 月 1 日后办理于 2020 年 5 月 31 日前购置应税车辆的车辆购置税纳税申报，税务机关能够调取发票电子信息的，按照本公告第一条流程办理；税务机关无法调取发票电子信息的，按原流程办理。

四、纳税人对所提交材料的真实性和合法性承担法律责任。

五、本公告所述购置日期以机动车销售统一发票上注明的日期为准。

特此公告。

国家税务总局

2020 年 1 月 21 日

13.8　国家税务总局　财政部　中国人民银行关于车辆购置税征缴管理有关问题的通知

2009 年 8 月 28 日　国税发〔2009〕127 号

各省、自治区、直辖市和计划单列市国家税务局，财政部驻各省、自治区、直辖市、计划单列市财政监察专员办事处，西藏自治区财政厅，中国人民银行上海总部，各分行、营业管理部、省会（首府）城市中心支行，大连、青岛、宁波、厦门、深圳市中心支行：

根据《财政部办公厅关于车辆购置税征缴管理有关问题的复函》（财办库〔2007〕198 号）、《国家税务总局关于车辆购置税征缴有关问题的通知》（国税函〔2007〕787 号）有关规定，国税系统开立的车辆购置税专用账户于 2009 年 6 月 30 日到期。为进一步加强车辆购置税（以下简称车购税）征缴管理工作，规范银行账户管理，实现税款直接入库，现就车购税征缴管理有关问题通知如下：

一、关于车购税缴税方式

为方便纳税人，提高征缴效率，税务机关应向纳税人提供多元化缴税方式，包括银行卡刷卡缴税、转账缴税、现金缴税等，特别要大力推广应用 POS 机刷卡缴税，将车购税从纳税人银行卡账户直接划缴入库。已实施财税库银横向联网电子缴税的地区，要积极创造条件，逐步推广运用横向联网系统办理车购税缴库。

二、关于车购税缴税基本流程

（一）银行卡刷卡缴税基本流程

银行卡刷卡缴税包括采用商业银行布设 POS 机具刷卡缴税和采用银联子公司布设 POS 机具刷卡缴税两种模式。

对确定由商业银行布设 POS 机具的，刷卡缴税流程为：

1. 各市（包括直辖市、计划单列市、省会城市、地级市、县级市）或县人民银行分支机构和国税部门共同确定在车购税征收大厅布设 POS 机具的商业银行（即国库经收处，以下简称指定国库经收处）。

2. 指定国库经收处在"待结算财政款项"科目下开设"待报解车购税专户"，专门用于核算纳税人使用 POS 机刷卡方式缴纳车购税的收纳、报解，不得用于办理税款的退付。

3. 指定国库经收处在车购税征收大厅布设 POS 机具，其刷卡缴纳的车购税的收款账户名称和账号分别为"待报解车购税专户"的名称及账号。

4. 纳税人按照应纳税额在车购税征收大厅布设的 POS 机刷卡缴税，税务机关对相关信息审核无误后，为纳税人开具税收完税证（通用完税证或转账专用完税证，下同），作为完税证明。

5. 每日工作终了，税务机关将当日 POS 机收款总额与税收完税证的票面金额核对一致后，开具税收缴款书（通用缴款书或汇总专用缴款书，下同），于当日、最迟下一工作日上午交指定国库经收处办理就地缴库手续。

6. 指定国库经收处收到税收缴款书后，将税收缴款书金额与"待报解车购税专户"收款金额进行核对，经核对一致的，于当日、最迟下一工作日划缴国库。经核对不一致的，及时与税务机关沟通联系。

7. 国库收到缴款书和资金，办理入库手续后，向税务机关返回税款入库报表和缴款书回执。

8. 税务机关根据国库返回的税款入库报表和缴款书回执，在税务征管系统做税款入库销号。

对确定由银联子公司布设 POS 机具的，刷卡缴税流程为：

1. 国库在"国库待结算款项"科目下设置"待缴库车购税专户"，专门用于核算纳税人使用银联子公司 POS 机刷卡方式缴纳车购税的收纳、报解，不得用于办理税款的退付。

2. 银联子公司在车购税征收大厅布设 POS 机具，其刷卡缴纳的车购税的收款账户名称和账号分别为国库"待缴库车购税专户"的名称及账号。

3. 纳税人按照应纳税额在车购税征收大厅布设的 POS 机刷卡缴税，税务机关对相关信息审核无误后，为纳税人开具税收完税证，作为完税证明。

4. 每日工作终了，税务机关将当日 POS 机收款总额与税收完税证的票面金额核对一致后，开具税收缴款书，于当日、最迟下一工作日上午交国库办理入库手续。

5. 银联于纳税人刷卡缴税的下一工作日将资金直接划缴国库"待缴库车购税专户"。

6. 国库将税收缴款书与银联划来的资金核对一致后，办理入库手续。经核对不一致的，及时与税务机关、银联沟通联系。

7. 国库办理入库手续后，向税务机关返回税款入库报表和缴款书回执。

8. 税务机关根据国库返回的税款入库报表和缴款书回执，在税务征管系统做税款入库销号。

（二）转账缴税和现金缴税基本流程

1. 税务机关根据纳税人应纳税额逐笔开具税收通用缴款书。

2. 纳税人持税收通用缴款书到国库经收处办理缴款手续。

3. 国库经收处经对税收通用缴款书要素审核无误后，通过"待结算财政款项"科目下的"待报解预算收入专户"办理资金收纳手续，并于收纳当日、最迟下一工作日划缴国库。

4. 国库收到缴款书和资金后，办理入库手续，并向税务机关返回税款入库报表和缴款书回执。

5. 税务机关根据国库返回的税款入库报表和缴款书回执，在税务征管系统做税款入库销号。

三、关于撤并原车购税专用账户问题

（一）各级国税部门要结合推广应用 POS 机刷卡缴税工作，抓紧撤并原车购税专用账户。2009 年 7 月 1 日至 2010 年 3 月 31 日，每个市（包括直辖市、计划单列市、省会城市、地级市、县级市）或县可保留一个车购税专用账户，用于现金税款的收纳和缴库，其余车购税专用账户自 2009 年 7 月 1 日起给予六个月的过渡期，期满须即时办理销户手续。

（二）2010 年 4 月 1 日起，所有车购税专用账户一律撤销。对于纳税人采用现金缴纳税款的，原则上由纳税人持税务机关开具的税收通用缴款书到国库经收处自行办理就地缴库，特殊情况可由税务机关收纳后开具税收缴款书于当日、最迟下一工作日上午到国库经收处办理就地缴库。

四、工作要求

（一）财政部驻各省、自治区、直辖市、计划单列市财政监察专员办事处和西藏自治区财政厅，要加强对车购税专用账户使用的监督管理，做好专用账户延期的审批、备案管理工作，督促税务机关及时办理撤户手续。

（二）税务机关在车购税专用账户尚未撤销前，仍按现行规定在每月的 5 日、10 日、15 日、20 日、25 日和月末最后一天（遇法定节假日顺延），将车购税专用账户中的到账税款全额缴入国库。

（三）在车购税专用账户撤销时，税务机关要做好与开户银行的对账工作，务必保证税务与银行、账与证、账与账、账与表数字一致、准确无误；账户清空后，要做好结账、封账和销户工作。

（四）各地税务机关和人民银行分支机构要根据当地实际情况，共同确定 POS 机刷卡缴税方式，以确保纳税人顺利通过 POS 机刷卡方式缴纳车购税。税务机关要会同当地有关部门，抓紧组织做好 POS 机具布设、调试工作。

（五）各地税务机关应积极对 POS 机刷卡缴税方式进行宣传引导。车购税征缴方式进行调整前，税务机关要提前向社会公告，并实行至少一个月的公告期，同时做好有关宣传工作，尤其要注意对汽车销售点的宣传，以便让纳税人预知。

（六）各地人民银行分支机构应当按照有关规定，加强对国库经收处、银联及其子公司的业务指导和监督管理。

（七）税务机关、国库、布设 POS 机具的国库经收处（或银联）要认真做好对账工作，发现问题及时查明原因，并跟踪处理，确保税款及时安全入库。

（八）商业银行、银联子公司办理银行卡刷卡缴税业务的相关费用问题，由国家税务总局会同财政部、中国人民银行另行研究解决。

（九）各地税务、财政、人民银行、商业银行、银联等部门要加强沟通与协作，共同做好车购税征缴管理工作，并制定有关特殊情况的处理预案。执行中有何情况，请及时向国家税务总局（收入规划核算司）、财政部（国库司）、中国人民银行（国库局）报告。

国家税务总局　财政部　中国人民银行
2009 年 8 月 28 日

13.9　国家税务总局　工业和信息化部关于完善机动车整车出厂合格证信息管理系统加强车辆购置税征收管理和优化纳税服务工作的通知

2012 年 11 月 16 日　国税发〔2012〕107 号

各省、自治区、直辖市和计划单列市国家税务局、工业和信息化主管部门，新疆生产建设兵团工业和信息化主管部门，机动车生产企业：

为加强机动车生产企业及产品生产一致性管理，促进机动车行业持续、健康发展；提高车辆购置税征收管理效率，优化纳税服务；规范机动车生产企业车辆合格证电子信息报送工作，国家税务总局、工业和信息化部决定完善机动车整车出厂合格证信息管理系统（以下简称合格证信息管理系统）。现就有关事项通知如下：

一、"合格证信息管理系统"的运行维护与升级

根据机动车生产一致性管理工作的要求和车辆购置税征收管理及纳税服务工作需要，国家税务总局、工业和信息化部将联合委托合格证信息日常管理工作机构，对现行"合格证信息管理系统"软件进行完善和升级。升级后的合格证系统将新增车辆配置信息报送等功能，方便行业管理和税收征管工作。

（一）"合格证信息管理系统"的日常管理工作机构

国家税务总局、工业和信息化部委托中机车辆技术服务中心作为合格证信息日常管理工作机构（以下简称工作机构），负责合格证信息管理系统的日常维护、软件升级与使用培训等有关工作。

工作机构应切实加强内部管理，健全制度，规范业务流程，严格依法依规开展工作；要加强诚信体系建设，做到诚信自律；要切实做好系统安全和数据保密工作，未经许可不得擅自将有关数据用于其他任何用途；要增强服务意识，改进工作作风，及时解决企业、消费者及管理部门所反映的问题，不断提高服务水平。

（二）新版"合格证信息管理系统"软件升级

工作机构应在 2012 年 12 月 31 日前完成"合格证信息管理系统"的升级。新版"合格证信息管理系统"应根据我国国产及进口机动车车辆特点对相关功能进行完善，具有反映车辆配置信息的功能。工作机构应确保国内机动车生产企业及进口机动车生产企业驻我国办事机构或总授权代理机构（以下简称为进口机动车生产企业）能够正常使用该系统填报车辆相关信息。

工作机构应在 2013 年 4 月 1 日前完成上述机动车生产企业的软件使用培训工作，国内机动车生产企业和已在工作机构备案的进口机动车生产企业（以下简称机动车生产企业）可通过工作机构网站免费下载新版"合格证信息管理系统"。

（三）新版"合格证信息管理系统"启用时间

新版"合格证信息管理系统"于 2013 年 4 月 1 日起启用，届时工作机构将不再接收旧版系统上传数据。

二、新版"合格证信息管理系统"的使用要求

（一）国内机动车生产企业应在新版"合格证信息管理系统"启用之日前对"合格证信息

管理系统"进行升级。

（二）进口机动车生产企业应于 2012 年 12 月 31 日前向工作机构递交使用新版"合格证信息管理系统"书面申请材料（申请材料内容见附件）。经工作机构备案后，方可下载、安装新版"合格证信息管理系统"。2012 年 12 月 31 日后设立的进口机动车生产企业应于设立之日起 60 日内向工作机构递交书面申请材料。

（三）新版"合格证信息管理系统"填报要求

自 2013 年 4 月 1 日起机动车生产企业应按照规定使用新版"合格证信息管理系统"填报及上传包括车辆配置序列号的车辆合格证电子信息或进口车辆电子信息。

国家税务总局定期根据各地税务机关采集的国产和进口机动车车价信息（含车辆价格信息与车辆配置信息），对各类机动车的车辆配置序列号进行审核、确定。工作机构将经国家税务总局核定的车辆配置序列号及其对应的车辆配置信息分发至机动车生产企业（具体内容详见工作机构网站说明）。

尚未核定车辆配置序列号或已核定车辆配置序列号但其配置发生变化的车辆，机动车生产企业可通过升级后的合格证信息管理系统，填写车辆配置信息后，获取临时车辆配置序列号进行填报。

具体要求如下：

1. 国内机动车生产企业应在配发机动车出厂合格证后 48 小时内，通过合格证信息管理系统向工作机构传送车辆合格证电子信息。

2. 进口机动车生产企业进口车辆，应在取得进口车辆《中华人民共和国海关货物进口证明书》后 2 个工作日内，通过合格证信息管理系统向工作机构传送车辆电子信息。

3. 非进口机动车生产企业进口车辆，车辆进口单位或个人应在取得进口车辆《中华人民共和国海关货物进口证明书》或《中华人民共和国海关监管车辆进（出）境领（销）牌照通知书》后，通过工作机构指定网站，按照规定的流程和要求传送车辆电子信息。

4. 工作机构应向税务总局实时传送车辆购置税征管工作所需的车辆合格证电子信息。

三、车辆购置税征收管理工作要求

自 2013 年 7 月 1 日起，各地税务机关对 2013 年 4 月 1 日之后生产的国产机动车（或报关的进口机动车），依据车辆购置税征管系统中车辆合格证电子信息办理车辆购置税纳税申报、减免税等相关业务。

自 2014 年 7 月 1 日起，各地税务机关对所有机动车均应依据车辆购置税征管系统中车辆合格证电子信息办理车辆购置税纳税申报、减免税等相关业务。无车辆合格证电子信息的不予办理。

四、监督管理

国家税务总局、工业和信息化部将定期对国产机动车和进口机动车生产企业上传的车辆合格证电子信息进行核查，对未按要求填报或上传车辆合格证电子信息的企业，国税机关将依据《中华人民共和国税收征收管理法》有关规定进行处罚。

对未按要求填报或上传车辆合格证电子信息的国产机动车生产企业，工业和信息化部将依据机动车生产企业和产品准入管理的有关规定给予相关企业通报批评、限期整改直至撤销机动车产品生产许可等处罚。限期整改期间，暂停国产机动车生产企业产品《公告》申报或合格证信息上传。

各地税务机关在利用车辆合格证电子信息办理车辆购置税纳税申报、减免税等相关业务中发现的问题，应及时上报国家税务总局。

工作机构咨询电话：010 – 63702511

工作机构网址：http://www.cvtsc.org.cn

附件：进口机动车生产企业使用新版"合格证信息管理系统"书面申请材料

国家税务总局　工业和信息化部

2012 年 11 月 16 日

附件：进口机动车生产企业使用
新版"合格证信息管理系统"书面申请材料

进口车生产企业驻我国办事机构或总授权代理机构使用新版"合格证信息管理系统"应递交书面申请材料，内容如下：

一、进口车生产企业驻我国办事机构营业执照副本复印件或总授权代理机构营业执照副本复印件（加盖公章）及授权代理文件复印件（加盖公章）；

二、WMI（世界制造厂识别代码）备案证明文件复印件（加盖公章）；

三、企业基本情况登记表、授权信（加盖公章）；

四、授权人身份证复印件。

第 14 章　车船税

14.1　中华人民共和国车船税法

2011 年 2 月 25 日　第十一届全国人民代表大会常务委员会第十九次会议

第一条　在中华人民共和国境内属于本法所附《车船税税目税额表》规定的车辆、船舶（以下简称车船）的所有人或者管理人，为车船税的纳税人，应当依照本法缴纳车船税。

【例 1】车船税计税依据的判断

根据车船税法律制度的规定，下列各项中，属于商用货车计税依据的是（　　）。

A. 辆数　　　　　B. 整备质量吨位数　　　　C. 净吨位数　　　　D. 购置价格

【解析】答案为 B。商用货车、挂车、专用作业车、轮式专用机械车，按整备质量吨位数为计税依据。

第二条　车船的适用税额依照本法所附《车船税税目税额表》执行。

车辆的具体适用税额由省、自治区、直辖市人民政府依照本法所附《车船税税目税额表》规定的税额幅度和国务院的规定确定。

船舶的具体适用税额由国务院在本法所附《车船税税目税额表》规定的税额幅度内确定。

【例 2】车船税应纳税额计算 1

某运输公司拥有载货汽车 30 辆（货车整备质量全部为 10 吨）；乘人大客车 20 辆；小客车 10 辆。计算该公司应纳车船税。

（注：载货汽车每吨年税额 80 元，乘人大客车每辆年税额 800 元，小客车每辆年税额 700 元）

（1）载货汽车应纳税额 = $30 \times 10 \times 80 = 24\,000$（元）

（2）乘人汽车应纳税额 = $20 \times 800 + 10 \times 700 = 23\,000$（元）

全年应纳车船税额 = $24\,000 + 23\,000 = 47\,000$（元）

【例 2】车船税应纳税额计算 2

张某 2019 年 4 月 12 日购买 1 辆发动机汽缸容量为 1.6 升的乘用车，已知适用年基准税额 480 元。

要求：计算张某 2019 年应缴纳车船税税额。

【解析】购置的新车船，购置当年的应纳税额自纳税义务发生的当月起按月计算。

张某 2019 年应缴纳车船税税额 = 480 × 9 ÷ 12 = 360（元）

第三条　下列车船免征车船税：

（一）捕捞、养殖渔船；

（二）军队、武装警察部队专用的车船；

（三）警用车船；

（四）依照法律规定应当予以免税的外国驻华使领馆、国际组织驻华代表机构及其有关人员的车船。

第四条　对节约能源、使用新能源的车船可以减征或者免征车船税；对受严重自然灾害影响纳税困难以及有其他特殊原因确需减税、免税的，可以减征或者免征车船税。具体办法由国务院规定，并报全国人民代表大会常务委员会备案。

第五条　省、自治区、直辖市人民政府根据当地实际情况，可以对公共交通车船，农村居民拥有并主要在农村地区使用的摩托车、三轮汽车和低速载货汽车定期减征或者免征车船税。

第六条　从事机动车第三者责任强制保险业务的保险机构为机动车车船税的扣缴义务人，应当在收取保险费时依法代收车船税，并出具代收税款凭证。

第七条　车船税的纳税地点为车船的登记地或者车船税扣缴义务人所在地。依法不需要办理登记的车船，车船税的纳税地点为车船的所有人或者管理人所在地。

第八条　车船税纳税义务发生时间为取得车船所有权或者管理权的当月。

第九条　车船税按年申报缴纳。具体申报纳税期限由省、自治区、直辖市人民政府规定。

第十条　公安、交通运输、农业、渔业等车船登记管理部门、船舶检验机构和车船税扣缴义务人的行业主管部门应当在提供车船有关信息等方面，协助税务机关加强车船税的征收管理。

车辆所有人或者管理人在申请办理车辆相关登记、定期检验手续时，应当向公安机关交通管理部门提交依法纳税或者免税证明。公安机关交通管理部门核查后办理相关手续。

第十一条　车船税的征收管理，依照本法和《中华人民共和国税收征收管理法》的规定执行。

第十二条　国务院根据本法制定实施条例。

第十三条　本法自 2012 年 1 月 1 日起施行。2006 年 12 月 29 日国务院公布的《中华人民共和国车船税暂行条例》同时废止。

附：车船税税目税额表

税目		计税单位	年基准税额	备注
乘用车〔按发动机汽缸容量（排气量）分档〕	1.0 升（含）以下的	每辆	60 元至 360 元	核定载客人数 9 人（含）以下
	1.0 升以上至 1.6 升（含）的		300 元至 540 元	
	1.6 升以上至 2.0 升（含）的		360 元至 660 元	
	2.0 升以上至 2.5 升（含）的		660 元至 1 200 元	
	2.5 升以上至 3.0 升（含）的		1 200 元至 2 400 元	
	3.0 升以上至 4.0 升（含）的		2 400 元至 3 600 元	
	4.0 升以上的		3 600 元至 5 400 元	

税目		计税单位	年基准税额	备注
商用车	客车	每辆	480 元至 1 440 元	核定载客人数 9 人以上，包括电车
	货车	整备质量每吨	16 元至 120 元	包括半挂牵引车、三轮汽车和低速载货汽车等
挂车		整备质量每吨	按照货车税额的 50% 计算	
其他车辆	专用作业车	整备质量每吨	16 元至 120 元	不包括拖拉机
	轮式专用机械车		16 元至 120 元	
摩托车		每辆	36 元至 180 元	
船舶	机动船舶	净吨位每吨	3 元至 6 元	拖船、非机动驳船分别按照机动船舶税额的 50% 计算
	游艇	艇身长度每米	600 元至 2 000 元	

14.2　中华人民共和国车船税法实施条例

2011 年 12 月 5 日　国务院令第 611 号

《中华人民共和国车船税法实施条例》已经 2011 年 11 月 23 日国务院第 182 次常务会议通过，现予公布，自 2012 年 1 月 1 日起施行。

总理　温家宝
2011 年 12 月 5 日

中华人民共和国车船税法实施条例

第一条　根据《中华人民共和国车船税法》（以下简称车船税法）的规定，制定本条例。

第二条　车船税法第一条所称车辆、船舶，是指：

（一）依法应当在车船登记管理部门登记的机动车辆和船舶；

（二）依法不需要在车船登记管理部门登记的在单位内部场所行驶或者作业的机动车辆和船舶。

第三条　省、自治区、直辖市人民政府根据车船税法所附《车船税税目税额表》确定车辆具体适用税额，应当遵循以下原则：

（一）乘用车依排气量从小到大递增税额；

（二）客车按照核定载客人数 20 人以下和 20 人（含）以上两档划分，递增税额。

省、自治区、直辖市人民政府确定的车辆具体适用税额，应当报国务院备案。

第四条 机动船舶具体适用税额为：

（一）净吨位不超过 200 吨的，每吨 3 元；

（二）净吨位超过 200 吨但不超过 2 000 吨的，每吨 4 元；

（三）净吨位超过 2 000 吨但不超过 10 000 吨的，每吨 5 元；

（四）净吨位超过 10 000 吨的，每吨 6 元。

拖船按照发动机功率每 1 千瓦折合净吨位 0.67 吨计算征收车船税。

第五条 游艇具体适用税额为：

（一）艇身长度不超过 10 米的，每米 600 元；

（二）艇身长度超过 10 米但不超过 18 米的，每米 900 元；

（三）艇身长度超过 18 米但不超过 30 米的，每米 1 300 元；

（四）艇身长度超过 30 米的，每米 2 000 元；

（五）辅助动力帆艇，每米 600 元。

第六条 车船税法和本条例所涉及的排气量、整备质量、核定载客人数、净吨位、千瓦、艇身长度，以车船登记管理部门核发的车船登记证书或者行驶证所载数据为准。

依法不需要办理登记的车船和依法应当登记而未办理登记或者不能提供车船登记证书、行驶证的车船，以车船出厂合格证明或者进口凭证标注的技术参数、数据为准；不能提供车船出厂合格证明或者进口凭证的，由主管税务机关参照国家相关标准核定，没有国家相关标准的参照同类车船核定。

第七条 车船税法第三条第一项所称的捕捞、养殖渔船，是指在渔业船舶登记管理部门登记为捕捞船或者养殖船的船舶。

第八条 车船税法第三条第二项所称的军队、武装警察部队专用的车船，是指按照规定在军队、武装警察部队车船登记管理部门登记，并领取军队、武警牌照的车船。

第九条 车船税法第三条第三项所称的警用车船，是指公安机关、国家安全机关、监狱、劳动教养管理机关和人民法院、人民检察院领取警用牌照的车辆和执行警务的专用船舶。

第十条 节约能源、使用新能源的车船可以免征或者减半征收车船税。免征或者减半征收车船税的车船的范围，由国务院财政、税务主管部门商国务院有关部门制订，报国务院批准。

对受地震、洪涝等严重自然灾害影响纳税困难以及其他特殊原因确需减免税的车船，可以在一定期限内减征或者免征车船税。具体减免期限和数额由省、自治区、直辖市人民政府确定，报国务院备案。

第十一条 车船税由地方税务机关负责征收。

第十二条 机动车车船税扣缴义务人在代收车船税时，应当在机动车交通事故责任强制保险的保险单以及保费发票上注明已收税款的信息，作为代收税款凭证。

第十三条 已完税或者依法减免税的车辆，纳税人应当向扣缴义务人提供登记地的主管税务机关出具的完税凭证或者减免税证明。

第十四条 纳税人没有按照规定期限缴纳车船税的，扣缴义务人在代收代缴税款时，可以一并代收代缴欠缴税款的滞纳金。

第十五条 扣缴义务人已代收代缴车船税的，纳税人不再向车辆登记地的主管税务机关申报缴纳车船税。

没有扣缴义务人的，纳税人应当向主管税务机关自行申报缴纳车船税。

第十六条　纳税人缴纳车船税时，应当提供反映排气量、整备质量、核定载客人数、净吨位、千瓦、艇身长度等与纳税相关信息的相应凭证以及税务机关根据实际需要要求提供的其他资料。

纳税人以前年度已经提供前款所列资料信息的，可以不再提供。

第十七条　车辆车船税的纳税人按照纳税地点所在的省、自治区、直辖市人民政府确定的具体适用税额缴纳车船税。

第十八条　扣缴义务人应当及时解缴代收代缴的税款和滞纳金，并向主管税务机关申报。扣缴义务人向税务机关解缴税款和滞纳金时，应当同时报送明细的税款和滞纳金扣缴报告。扣缴义务人解缴税款和滞纳金的具体期限，由省、自治区、直辖市地方税务机关依照法律、行政法规的规定确定。

第十九条　购置的新车船，购置当年的应纳税额自纳税义务发生的当月起按月计算。应纳税额为年应纳税额除以 12 再乘以应纳税月份数。

在一个纳税年度内，已完税的车船被盗抢、报废、灭失的，纳税人可以凭有关管理机关出具的证明和完税凭证，向纳税所在地的主管税务机关申请退还自被盗抢、报废、灭失月份起至该纳税年度终了期间的税款。

已办理退税的被盗抢车船失而复得的，纳税人应当从公安机关出具相关证明的当月起计算缴纳车船税。

第二十条　已缴纳车船税的车船在同一纳税年度内办理转让过户的，不另纳税，也不退税。

第二十一条　车船税法第八条所称取得车船所有权或者管理权的当月，应当以购买车船的发票或者其他证明文件所载日期的当月为准。

第二十二条　税务机关可以在车船登记管理部门、车船检验机构的办公场所集中办理车船税征收事宜。

公安机关交通管理部门在办理车辆相关登记和定期检验手续时，经核查，对没有提供依法纳税或者免税证明的，不予办理相关手续。

第二十三条　车船税按年申报，分月计算，一次性缴纳。纳税年度为公历 1 月 1 日至 12 月 31 日。

第二十四条　临时入境的外国车船和香港特别行政区、澳门特别行政区、台湾地区的车船，不征收车船税。

第二十五条　按照规定缴纳船舶吨税的机动船舶，自车船税法实施之日起 5 年内免征车船税。

依法不需要在车船登记管理部门登记的机场、港口、铁路站场内部行驶或者作业的车船，自车船税法实施之日起 5 年内免征车船税。

第二十六条　车船税法所附《车船税税目税额表》中车辆、船舶的含义如下：

乘用车，是指在设计和技术特性上主要用于载运乘客及随身行李，核定载客人数包括驾驶员在内不超过 9 人的汽车。

商用车，是指除乘用车外，在设计和技术特性上用于载运乘客、货物的汽车，划分为客车和货车。

半挂牵引车，是指装备有特殊装置用于牵引半挂车的商用车。

三轮汽车，是指最高设计车速不超过每小时 50 公里，具有三个车轮的货车。

低速载货汽车，是指以柴油机为动力，最高设计车速不超过每小时70公里，具有四个车轮的货车。

挂车，是指就其设计和技术特性需由汽车或者拖拉机牵引，才能正常使用的一种无动力的道路车辆。

专用作业车，是指在其设计和技术特性上用于特殊工作的车辆。

轮式专用机械车，是指有特殊结构和专门功能，装有橡胶车轮可以自行行驶，最高设计车速大于每小时20公里的轮式工程机械车。

摩托车，是指无论采用何种驱动方式，最高设计车速大于每小时50公里，或者使用内燃机，其排量大于50毫升的两轮或者三轮车辆。

船舶，是指各类机动、非机动船舶以及其他水上移动装置，但是船舶上装备的救生艇筏和长度小于5米的艇筏除外。其中，机动船舶是指用机器推进的船舶；拖船是指专门用于拖（推）动运输船舶的专业作业船舶；非机动驳船，是指在船舶登记管理部门登记为驳船的非机动船舶；游艇是指具备内置机械推进动力装置，长度在90米以下，主要用于游览观光、休闲娱乐、水上体育运动等活动，并应当具有船舶检验证书和适航证书的船舶。

第二十七条　本条例自2012年1月1日起施行。

14.3　国家税务总局关于印发《中华人民共和国车船税法宣传提纲》的通知

2011年12月19日　国税函〔2011〕712号

各省、自治区、直辖市和计划单列市地方税务局，西藏、宁夏自治区国家税务局：

现将《中华人民共和国车船税法宣传提纲》印发给你们，请结合实际，采取多种形式，做好向广大纳税人的宣传工作。

国家税务总局
2011年12月19日

中华人民共和国车船税法宣传提纲

2011年2月25日，全国人民代表大会常务委员会通过《中华人民共和国车船税法》（以下简称车船税法）。2011年12月5日，国务院颁布《中华人民共和国车船税法实施条例》（以下简称实施条例）。车船税法及其实施条例自2012年1月1日起施行。为做好贯彻落实工作，方便广大纳税人了解和掌握新税法的有关内容，特编写本宣传提纲。

一、什么是车船税

车船税是依照法律规定、对在我国境内的车辆、船舶，按照规定的税目、计税单位和年税额标准计算征收的一种税。

二、车船税是新开征的税种吗

车船税不是新开征的税种，在我国已经征收多年。新中国成立后，1951年原政务院就颁布了《车船使用牌照税暂行条例》，在全国范围内征收车船使用牌照税；1986 年国务院颁布了《中华人民共和国车船使用税暂行条例》，开征车船使用税，但对外商投资企业、外国企业及外籍个人仍征收车船使用牌照税；2006 年 12 月，国务院制定了《中华人民共和国车船税暂行条例》（以下简称暂行条例），对包括外资企业和外籍个人在内的各类纳税人统一征收车船税。2011 年 2 月 25 日，第十一届全国人大常委会第十九次会议通过车船税法，自 2012 年 1 月 1 日起施行，原暂行条例同时废止。

车船税立法是为适应形势变化的要求，以科学发展观为指导，对暂行条例进行改革完善并提升税收法律级次，以引导车辆、船舶的生产和消费，体现国家在促进节能减排、保护环境等方面的政策导向。

三、车船税法与暂行条例相比，有哪些变化

与暂行条例相比，车船税法主要在以下 5 个方面进行了调整：

（一）扩大征税范围。暂行条例规定，车船税的征税范围是依法应当在车船管理部门登记的车船，不需登记的单位内部作业车船不征税。车船税法除对依法应当在车船登记管理部门登记的车船继续征税外，将在机场、港口以及其他企业内部场所行驶或者作业且依法不需在车船登记管理部门登记的车船也纳入征收范围。

（二）改革乘用车计税依据。暂行条例对乘用车（微型、小型客车）按辆征收。车船税法采用与车辆在价值上存在着正相关关系的"排气量"作为计税依据，对乘用车按"排气量"划分为 7 个档次征收。

（三）调整税负结构和税率。一是为更好地发挥车船税的调节功能，体现引导汽车消费和促进节能减排的政策导向，车船税法对占汽车总量 72% 左右的乘用车税负，按发动机排气量大小分别作了降低、不变和提高的结构性调整。其中，对占现有乘用车总量 87% 左右、排气量在 2.0 升及以下的乘用车，税额幅度适当降低或维持不变；对占现有乘用车总量 10% 左右、排气量为 2.0 升以上至 2.5 升（含）的中等排量乘用车，税额幅度适当调高；对占现有乘用车总量 3% 左右、排气量为 2.5 升以上的较大和大排量乘用车，税额幅度有较大提高。二是为支持交通运输业发展，车船税法对占汽车总量 28% 左右的货车、摩托车以及船舶（游艇除外）仍维持原税额幅度不变；对载客 9 人以上的客车，税额幅度略作提高；对挂车由原来与货车适用相同税额改为减按货车税额的 50% 征收。三是将船舶中的游艇单列出来，按长度征税，并将税额幅度确定为每米 600 元至 2 000 元。

（四）完善税收优惠。车船税法及实施条例除了保留省、自治区、直辖市人民政府可以对公共交通车船给予定期减免税优惠外，还增加了对节约能源和使用新能源的车船、对受严重自然灾害影响纳税困难以及有其他特殊原因确需减免税的车船，可以减征或者免征车船税等税收优惠。

（五）强化部门配合。由于机动车数量庞大、税源分散，仅靠税务机关征管难度较大，需要与车船管理部门建立征收管理的协作机制，以提高征收绩效，防止税源流失。为此，车船税法规定，公安、交通运输、农业、渔业等车船登记管理部门、船舶检验机构和车船税扣缴义务人的行业主管部门应当在提供车船有关信息等方面，协助税务机关加强车船税的征收管理。同时，实施条例规定公安机关交通管理部门在办理车辆相关登记和定期检验手续时，经核查，对没有提供依法纳税或者免税证明的，不予办理相关手续。

四、谁是车船税的纳税义务人

车船的所有人或者管理人是车船税的纳税义务人。其中，所有人是指在我国境内拥有车船

的单位和个人;管理人是指对车船具有管理权或者使用权,不具有所有权的单位。上述单位,包括在中国境内成立的行政机关、企业、事业单位、社会团体以及其他组织;上述个人,包括个体工商户以及其他个人。

五、谁是车船税的扣缴义务人

从事机动车交通事故责任强制保险(以下简称交强险)业务的保险机构为机动车车船税的扣缴义务人,应当在收取保险费时按照规定的税目税额代收车船税,并在机动车交强险的保险单以及保费发票上注明已收税款的信息,作为代收税款凭证。

由保险机构在办理机动车交强险业务时代收代缴机动车的车船税,可以方便纳税人缴纳车船税,节约征纳双方的成本,实现车辆车船税的源泉控管。

六、哪些车船需要缴纳车船税

车船税法规定的征税范围是税法所附《车船税税目税额表》所列的车辆、船舶,包括依法应当在车船登记管理部门登记的机动车辆和船舶,也包括依法不需要在车船登记管理部门登记的在单位内部场所行驶或者作业的机动车辆和船舶。

上述机动车辆包括乘用车、商用车(包括客车、货车)、挂车、专用作业车、轮式专用机械车、摩托车。拖拉机不需要缴纳车船税。

船舶,是指各类机动、非机动船舶以及其他水上移动装置,但是船舶上装备的救生艇筏和长度小于5米的艇筏除外。其中,机动船舶是指用机器推进的船舶;拖船是指专门用于拖(推)动运输船舶的专业作业船舶;非机动驳船,是指在船舶登记管理部门登记为驳船的非机动船舶;游艇是指具备内置机械推进动力装置,长度在90米以下,主要用于游览观光、休闲娱乐、水上体育运动等活动,并应当具有船舶检验证书和适航证书的船舶。

七、车辆的税额是如何规定的

车船税法《车船税税目税额表》规定的车辆税额幅度为:

(一)乘用车

按照排气量区间划分为7个档次,每辆每年税额为:

1. 1.0升(含)以下的,税额为60元至360元;

2. 1.0升以上至1.6升(含)的,税额为300元至540元;

3. 1.6升以上至2.0升(含)的,税额为360元至660元;

4. 2.0升以上至2.5升(含)的,税额为660元至1 200元;

5. 2.5升以上至3.0升(含)的,税额为1 200元至2 400元;

6. 3.0升以上至4.0升(含)的,税额为2 400元至3 600元;

7. 4.0升以上的,税额为3 600元至5 400元。

(二)商用车

划分为客车和货车。其中,客车(核定载客人数9人以上,包括电车)每辆每年税额为480元至1 440元;货车(包括半挂牵引车、三轮汽车和低速载货汽车等)按整备质量每吨每年税额为16元至120元。

(三)挂车

按相同整备质量的货车税额的50%计算应纳税额。

(四)其他车辆

包括专用作业车和轮式专用机械车,按整备质量每吨每年税额为16元至120元。

(五)摩托车

每辆每年税额为 36 元至 180 元。

车辆的具体适用税额由省、自治区、直辖市人民政府依照《车船税税目税额表》规定的税额幅度和国务院的规定确定。

八、船舶的税额是如何规定的

（一）机动船舶具体适用税额为：

1. 净吨位不超过 200 吨的，每吨 3 元；

2. 净吨位超过 200 吨但不超过 2 000 吨的，每吨 4 元；

3. 净吨位超过 2 000 吨但不超过 10 000 吨的，每吨 5 元；

4. 净吨位超过 10 000 吨的，每吨 6 元。

拖船按照发动机功率每 1 千瓦折合净吨位 0.67 吨计算征收车船税。拖船、非机动驳船分别按照机动船舶税额的 50% 计算。

（二）游艇具体适用税额为：

1. 艇身长度不超过 10 米的，每米 600 元；

2. 艇身长度超过 10 米但不超过 18 米的，每米 900 元；

3. 艇身长度超过 18 米但不超过 30 米的，每米 1 300 元；

4. 艇身长度超过 30 米的，每米 2 000 元；

5. 辅助动力帆艇，每米 600 元。

九、车船税有哪些税收优惠政策

（一）车船税法规定的法定免税车船如下：

1. 捕捞、养殖渔船：是指在渔业船舶登记管理部门登记为捕捞船或者养殖船的船舶；

2. 军队、武装警察部队专用的车船：是指按照规定在军队、武装警察部队车船登记管理部门登记，并领取军队、武警牌照的车船；

3. 警用车船：是指公安机关、国家安全机关、监狱、劳动教养管理机关和人民法院、人民检察院领取警用牌照的车辆和执行警务的专用船舶；

4. 依照法律规定应当予以免税的外国驻华使领馆、国际组织驻华代表机构及其有关人员的车船。

（二）实施条例规定的减免税项目如下：

1. 节约能源、使用新能源的车船可以免征或者减半征收车船税；

2. 按照规定缴纳船舶吨税的机动船舶，自车船税法实施之日起 5 年内免征车船税；

3. 依法不需要在车船登记管理部门登记的机场、港口、铁路站场内部行驶或者作业的车船，自车船税法实施之日起 5 年内免征车船税。

（三）授权省、自治区、直辖市人民政府规定的减免税项目如下：

1. 省、自治区、直辖市人民政府根据当地实际情况，可以对公共交通车船，农村居民拥有并主要在农村地区使用的摩托车、三轮汽车和低速载货汽车定期减征或者免征车船税；

2. 对受地震、洪涝等严重自然灾害影响纳税困难以及其他特殊原因确需减免税的车船，可以在一定期限内减征或者免征车船税。

另外，对纯电动乘用车、燃料电池乘用车、非机动车船（不包括非机动驳船）、临时入境的外国车船和香港特别行政区、澳门特别行政区、台湾地区的车船，不征收车船税。

十、车船税由哪个部门负责征收

车船税由地方税务机关负责征收。

十一、如何申报缴纳车船税

依法应当在车船登记部门登记的车船，纳税人自行申报缴纳的，应在车船的登记地缴纳车船税；保险机构代收代缴车船税的，应在保险机构所在地缴纳车船税。已由保险机构代收代缴车船税的，纳税人不再向税务机关申报缴纳车船税。

依法不需要办理登记的车船，应在车船的所有人或者管理人所在地缴纳车船税。

十二、车船税纳税义务从什么时候开始

车船税纳税义务发生时间为取得车船所有权或者管理权的当月，应当以购买车船的发票或者其他证明文件所载日期的当月为准。

十三、购置的新车船，购置当年的车船税税额如何计算

车船税按年申报，分月计算，一次性缴纳。购置的新车船，购置当年的应纳税额自取得车船所有权或管理权的当月起按月计算，应纳税额为年应纳税额除以 12 再乘以应纳税月份数。

十四、已完税的车船发生盗抢、报废、灭失的，如何处理

在一个纳税年度内，已完税的车船被盗抢、报废、灭失的，纳税人可以凭有关管理机关出具的证明和完税证明，向纳税所在地的主管税务机关申请退还自被盗抢、报废、灭失月份起至该纳税年度终了期间的税款。

已办理退税的被盗抢车船失而复得的，纳税人应当从公安机关出具相关证明的当月起计算缴纳车船税。

十五、在同一纳税年度内，已缴纳车船税的车船办理转让过户的，如何处理

在同一纳税年度内，已缴纳车船税的车船办理转让过户的，不另纳税，也不退税。

十六、车船税的纳税期限是如何规定的

车船税按年申报缴纳。具体申报纳税期限由省、自治区、直辖市人民政府规定。由保险机构代收代缴机动车车船税的，纳税人应当在购买机动车交强险的同时缴纳车船税。

十七、如何确定车船税的计税标准

车船税法及实施条例所涉及的排气量、整备质量、核定载客人数、净吨位、千瓦、艇身长度，以车船登记管理部门核发的车船登记证书或者行驶证所载数据为准。

依法不需要办理登记的车船和依法应当登记而未办理登记或者不能提供车船登记证书、行驶证的车船，以车船出厂合格证明或者进口凭证标注的技术参数、数据为准；不能提供车船出厂合格证明或者进口凭证的，由主管税务机关参照国家相关标准核定，没有国家相关标准的参照同类车船核定。

十八、保险机构如何代收代缴车船税

除按规定不需要出具减免税证明的减税或者免税车辆外，纳税人无法提供税务机关出具的完税凭证或减免税证明的，保险机构在销售机动车交强险时一律按照保险机构所在地的车船税税额标准代收代缴车船税。保险机构在代收车船税时，应当在机动车交强险的保险单以及保费发票上注明已收税款的信息，作为代收税款凭证。纳税人不能提供完税凭证或者减免税证明，且拒绝扣缴义务人代收代缴车船税的，扣缴义务人应及时报告税务机关处理。

十九、为什么在申请办理车辆相关手续时，应当向公安机关交通管理部门提交依法纳税或者免税证明

车船税法及实施条例规定，车辆所有人或者管理人在申请办理车辆相关登记、定期检验手续时，应当向公安机关交通管理部门提交依法纳税或者免税证明。公安机关交通管理部门在办理车辆相关登记和定期检验手续时，经核查，没有依法纳税或者免税证明的，不予办理相关手

续。由公安机关交通管理部门协助税务机关加强车船税的征收管理，有利于进一步强化车船税的管理，健全部门协作的征管机制，堵塞征管漏洞。

14.4　中华人民共和国工业和信息化部　国家税务总局关于发布《享受车船税减免优惠的节约能源　使用新能源汽车车型目录（第七批）》的公告

工业和信息化部公告　2019 年第 9 号

根据《财政部　税务总局　工业和信息化部　交通运输部关于节能　新能源车船享受车船税优惠政策的通知》（财税〔2018〕74 号）要求，工业和信息化部会同国家税务总局对企业提交的申请材料进行了审查。现将《享受车船税减免优惠的节约能源使用新能源汽车车型目录》（第七批）予以公告。

附件：享受车船税减免优惠的节约能源　使用新能源汽车车型目录（第七批）

工业和信息化部　国家税务总局
2019 年 3 月 6 日

14.5　财政部　税务总局　工业和信息化部　交通运输部关于节能　新能源车船享受车船税优惠政策的通知

2018 年 7 月 10 日　财税〔2018〕74 号

各省、自治区、直辖市、计划单列市财政厅（局）、工业和信息化主管部门、交通运输厅（局），国家税务总局各省、自治区、直辖市、计划单列市税务局，新疆生产建设兵团财政局、工业和信息化委员会：

为促进节约能源，鼓励使用新能源，根据《中华人民共和国车船税法》及其实施条例有关规定，经国务院批准，现将节约能源、使用新能源（以下简称节能、新能源）车船的车船税优惠政策通知如下：

一、对节能汽车，减半征收车船税。

（一）减半征收车船税的节能乘用车应同时符合以下标准：

1. 获得许可在中国境内销售的排量为 1.6 升以下（含 1.6 升）的燃用汽油、柴油的乘用车（含非插电式混合动力、双燃料和两用燃料乘用车）；

2. 综合工况燃料消耗量应符合标准，具体要求见附件 1。

（二）减半征收车船税的节能商用车应同时符合以下标准：

1. 获得许可在中国境内销售的燃用天然气、汽油、柴油的轻型和重型商用车（含非插电式混合动力、双燃料和两用燃料轻型和重型商用车）；

2. 燃用汽油、柴油的轻型和重型商用车综合工况燃料消耗量应符合标准，具体标准见附件 2、附件 3。

二、对新能源车船，免征车船税。

（一）免征车船税的新能源汽车是指纯电动商用车、插电式（含增程式）混合动力汽车、燃料电池商用车。纯电动乘用车和燃料电池乘用车不属于车船税征税范围，对其不征车船税。

（二）免征车船税的新能源汽车应同时符合以下标准：

1. 获得许可在中国境内销售的纯电动商用车、插电式（含增程式）混合动力汽车、燃料电池商用车；

2. 符合新能源汽车产品技术标准，具体标准见附件 4；

3. 通过新能源汽车专项检测，符合新能源汽车标准，具体标准见附件 5；

4. 新能源汽车生产企业或进口新能源汽车经销商在产品质量保证、产品一致性、售后服务、安全监测、动力电池回收利用等方面符合相关要求，具体要求见附件 6。

（三）免征车船税的新能源船舶应符合以下标准：

船舶的主推进动力装置为纯天然气发动机。发动机采用微量柴油引燃方式且引燃油热值占全部燃料总热值的比例不超过 5% 的，视同纯天然气发动机。

三、符合上述标准的节能、新能源汽车，由工业和信息化部、税务总局不定期联合发布《享受车船税减免优惠的节约能源使用新能源汽车车型目录》（以下简称《目录》）予以公告。

四、汽车生产企业或进口汽车经销商（以下简称汽车企业）可通过工业和信息化部节能与新能源汽车财税优惠目录申报管理系统，自愿提交节能车型报告、新能源车型报告（报告样本见附件 7、附件 8），申请将其产品列入《目录》，并对申报资料的真实性负责。

工业和信息化部、税务总局委托工业和信息化部装备工业发展中心负责《目录》组织申报、宣传培训及具体技术审查、监督检查工作。工业和信息化部装备工业发展中心审查结果在工业和信息化部网站公示 5 个工作日，没有异议的，列入《目录》予以发布。对产品与申报材料不符、产品性能指标未达到标准或者汽车企业提供其他虚假信息，以及列入《目录》后 12 个月内无产量或进口量的车型，在工业和信息化部网站公示 5 个工作日，没有异议的，从《目录》中予以撤销。

五、船舶检验机构在核定检验船舶主推进动力装置时，对满足本通知新能源船舶标准的，在其船用产品证书上标注"纯天然气发动机"字段；在船舶建造检验时，对船舶主推进动力装置船用产品证书上标注有"纯天然气发动机"字段的，在其检验证书服务簿中标注"纯天然气动力船舶"字段。

对使用未标记"纯天然气发动机"字段主推进动力装置的船舶，船舶所有人或者管理人认为符合本通知新能源船舶标准的，在船舶年度检验时一并向船舶检验机构提出认定申请，同时提交支撑材料，并对提供信息的真实性负责。船舶检验机构通过审核材料和现场检验予以确认，符合本通知新能源船舶标准的，在船舶检验证书服务簿中标注"纯天然气动力船舶"字段。

纳税人凭标注"纯天然气动力船舶"字段的船舶检验证书享受车船税免税优惠。

六、财政部、税务总局、工业和信息化部、交通运输部根据汽车和船舶技术进步、产业发展等因素适时调整节能、新能源车船的认定标准。在开展享受车船税减免优惠的节能、新能源车船审查和认定等相关管理工作过程中，相关部门及其工作人员存在玩忽职守、滥用职权、徇私舞弊等违法行为的，按照《公务员法》《行政监察法》《财政违法行为处罚处分条例》等有关国家规定追究相应责任；涉嫌犯罪的，移送司法机关处理。

对提供虚假信息骗取列入《目录》资格的汽车企业，以及提供虚假资料的船舶所有人或者管理人，应依照相关法律法规予以处理。

七、本通知发布后，列入新公告的各批次《目录》（以下简称新《目录》）的节能、新能源汽车，自新《目录》公告之日起，按新《目录》和本通知相关规定享受车船税减免优惠政策。新《目录》公告后，第一批、第二批、第三批车船税优惠车型目录同时废止；新《目录》公告前已取得的列入第一批、第二批、第三批车船税优惠车型目录的节能、新能源汽车，不论是否转让，可继续享受车船税减免优惠政策。

八、本通知自发布之日起执行。《财政部　国家税务总局　工业和信息化部关于节约能源使用新能源车船车船税优惠政策的通知》（财税〔2015〕51号）以及财政部办公厅、税务总局办公厅、工业和信息化部办公厅《关于加强〈享受车船税减免优惠的节约能源　使用新能源汽车车型目录〉管理工作的通知》（财办税〔2017〕63号）同时废止。

附件：

1. 节能乘用车综合工况燃料消耗量限值标准
2. 节能轻型商用车综合工况燃料消耗量限值标准
3. 节能重型商用车综合工况燃料消耗量限值标准
4. 新能源汽车产品技术标准
5. 新能源汽车产品专项检验标准目录
6. 新能源汽车企业要求
7. 节能车型报告
8. 新能源车型报告

财政部　税务总局　工业和信息化部　交通运输部
2018 年 7 月 10 日

14.6　财政部　税务总局关于国家综合性消防救援车辆车船税政策的通知

2019 年 2 月 13 日　财税〔2019〕18 号

各省、自治区、直辖市、计划单列市财政厅（局），新疆生产建设兵团财政局，国家税务总局各省、自治区、直辖市、计划单列市税务局：

根据《国务院办公厅关于国家综合性消防救援车辆悬挂应急救援专用号牌有关事项的通知》（国办发〔2018〕114号）规定，国家综合性消防救援车辆由部队号牌改挂应急救援专用号牌的，一次性免征改挂当年车船税。

财政部　税务总局
2019 年 2 月 13 日

14.7　国家税务总局　交通运输部关于发布《船舶车船税委托代征管理办法》的公告

2013 年 1 月 5 日　国家税务总局　交通运输部公告 2013 年第 1 号

为了贯彻落实车船税法及其实施条例，方便纳税人缴纳车船税，提高船舶车船税的征管质量和效率，现将国家税务总局、交通运输部联合制定的《船舶车船税委托代征管理办法》予以发布，自 2013 年 2 月 1 日起施行。

各地对执行中遇到的情况和问题，请及时报告国家税务总局、交通运输部。

特此公告。

国家税务总局　交通运输部

2013 年 1 月 5 日

船舶车船税委托代征管理办法

第一条　为加强船舶车船税征收管理，做好船舶车船税委托代征工作，方便纳税人履行纳税义务，根据《中华人民共和国税收征收管理法》及其实施细则、《中华人民共和国车船税法》及其实施条例、《国家税务总局　交通运输部关于进一步做好船舶车船税征收管理工作的通知》（国税发〔2012〕8 号）、《财政部　国家税务总局　中国人民银行关于进一步加强代扣代收代征税款手续费管理的通知》（财行〔2005〕365 号）等有关规定，制定本办法。

第二条　本办法所称船舶车船税委托代征，是指税务机关根据有利于税收管理和方便纳税的原则，委托交通运输部门海事管理机构代为征收船舶车船税税款的行为。

第三条　本办法适用于船舶车船税的委托征收、解缴和监督。

第四条　在交通运输部直属海事管理机构（以下简称海事管理机构）登记的应税船舶，其车船税由船籍港所在地的税务机关委托当地海事管理机构代征。

第五条　税务机关与海事管理机构应签订委托代征协议书，明确代征税种、代征范围、完税凭证领用要求、代征税款的解缴要求、代征手续费比例和支付方式、纳税人拒绝纳税时的处理措施等事项，并向海事管理机构发放委托代征证书。

第六条　海事管理机构受税务机关委托，在办理船舶登记手续或受理年度船舶登记信息报告时代征船舶车船税。

第七条　海事管理机构应根据车船税法律、行政法规和相关政策规定代征车船税，不得违反规定多征或少征。

第八条　海事管理机构代征船舶车船税的计算方法：

（一）船舶按一个年度计算车船税。计算公式为：

$$年应纳税额 = 计税单位 × 年基准税额$$

其中：机动船舶、非机动驳船、拖船的计税单位为净吨位每吨；游艇的计税单位为艇身长度每米；年基准税额按照车船税法及其实施条例的相关规定执行。

（二）购置的新船舶，购置当年的应纳税额自纳税义务发生时间起至该年度终了按月计算。计算公式为：

$$应纳税额 = 年应纳税额 × 应纳税月份数/12$$
$$应纳税月份数 = 12 - 纳税义务发生时间（取月份）+ 1$$

其中，纳税义务发生时间为纳税人取得船舶所有权或管理权的当月，以购买船舶的发票或者其他证明文件所载日期的当月为准。

第九条　海事管理机构在计算船舶应纳税额时，船舶的相关技术信息以船舶登记证书所载相应数据为准。

第十条　税务机关出具减免税证明和完税凭证的船舶，海事管理机构对免税和完税船舶不代征车船税，对减税船舶根据减免税证明规定的实际年应纳税额代征车船税。海事管理机构应记录上述凭证的凭证号和出具该凭证的单位名称，并将上述凭证的复印件存档备查。

第十一条　对于以前年度未依照车船税法及其实施条例的规定缴纳船舶车船税的，海事管理机构应代征欠缴税款，并按规定代加收滞纳金。

第十二条　海事管理机构在代征税款时，应向纳税人开具税务机关提供的完税凭证。完税凭证的管理应当遵守税务机关的相关规定。

第十三条　海事管理机构依法履行委托代征税款职责时，纳税人不得拒绝。纳税人拒绝的，海事管理机构应当及时报告税务机关。

第十四条　海事管理机构应将代征的车船税单独核算、管理。

第十五条　海事管理机构应根据委托代征协议约定的方式、期限及时将代征税款解缴入库，并向税务机关提供代征船舶名称、代征金额及税款所属期等情况，不得占压、挪用、截留船舶车船税。

第十六条　已经缴纳船舶车船税的船舶在同一纳税年度内办理转让过户的，在原登记地不予退税，在新登记地凭完税凭证不再纳税，新登记地海事管理机构应记录上述船舶的完税凭证号和出具该凭证的税务机关或海事管理机构名称，并将完税凭证的复印件存档备查。

第十七条　完税船舶被盗抢、报废、灭失而申请车船税退税的，由税务机关按照有关规定办理。

第十八条　税务机关查询统计船舶登记的有关信息，海事管理机构应予以配合。

第十九条　税务机关应按委托代征协议的规定及时、足额向海事管理机构支付代征税款手续费。海事管理机构取得的手续费收入纳入预算管理，专项用于委托代征船舶车船税的管理支出，也可以适当奖励相关工作人员。

第二十条　各级税务机关应主动与海事管理机构协调配合，协助海事管理部门做好船舶车船税委托代征工作。税务机关要及时向海事管理机构通报车船税政策变化情况，传递直接征收车船税和批准减免车船税的船舶信息。

第二十一条　税务机关和海事管理机构应对对方提供的涉税信息予以保密，除办理涉税事项外，不得用于其他目的。

第二十二条　地方海事管理机构开展船舶车船税代征工作的，适用本办法。

第二十三条　本办法由国家税务总局、交通运输部负责解释。

第二十四条　本办法自 2013 年 2 月 1 日起施行。

14.8　关于《发布〈船舶车船税委托代征管理办法〉的公告》的解读

2013 年 1 月 14 日　国家税务总局办公厅

近日，国家税务总局和交通运输部联合下发了《船舶车船税委托代征管理办法》（以下简称《办法》）。现将《办法》内容解读如下：

一、制定《办法》的背景是什么

根据《中华人民共和国车船税法》规定，机动船舶、游艇及非机动驳船应缴纳车船税。我国船舶数量多，流动性大、分布面广，船舶车船税征管较为困难，纳税人也存在去税务机关征收点缴税道路不熟悉、停车困难、排队等候等麻烦。为切实做好船舶车船税的征收管理工作，节约纳税人缴纳船舶车船税的时间和成本，国家税务总局与交通运输部积极协商，联合下发了《关于进一步做好船舶车船税征收管理工作的通知》（国税发〔2012〕8 号，以下简称《通知》），要求税务部门和海事部门加强配合，通过委托代征、协助把关、信息共享等方式共同做好船舶车船税征收管理工作。为了推动船舶车船税委托代征，根据《通知》要求，国家税务总局联合交通运输部制定了《办法》。

二、《办法》的适用范围是什么

《办法》适用于船舶车船税的委托征收、解缴和监督。对于在交通运输部直属海事管理机构（以下简称海事管理机构）登记的应税船舶，其船籍港所在地的税务机关可以依据《办法》的规定委托当地海事管理机构代征车船税。税务机关委托地方海事管理机构开展船舶车船税代征工作的，适用《办法》有关规定。

三、《办法》的主要内容是什么

《办法》共二十四条，根据车船税法及其实施条例、征管法及其实施细则以及税收票证和手续费管理等相关文件规定，制定了船舶车船税的委托征收、解缴、手续费支付和使用、信息共享等工作流程，明确了税务机关和海事管理机构在委托代征工作中的职责。

四、税务机关如何委托海事管理机构代征船舶车船税

税务机关和海事管理机构就委托代征船舶车船税的相关事宜协商一致后，双方应签订委托代征协议书，明确代征税种、代征范围、完税凭证领用要求、代征税款的解缴要求、代征手续费比例和支付方式、纳税人拒绝纳税时的处理措施等事项。税务机关还应向海事管理机构发放委托代征证书。

五、海事管理机构代征船舶车船税的工作流程是什么

海事管理机构受税务机关委托，在办理船舶登记手续或受理年度船舶登记信息报告时代征船舶车船税，税款计算按照车船税法律、行政法规和相关政策规定执行。对于税务机关出具免税证明和完税凭证的船舶，海事管理机构不代征车船税。对于以前年度未依照车船税法及其实施条例的规定缴纳船舶车船税的，海事管理机构应代征欠缴税款，并按规定加收滞纳金。

六、《办法》在保护纳税人合法权益方面有何规定

一是海事管理机构在代征税款时，应向纳税人开具税务机关提供的完税凭证。

二是根据车船税法实施条例的规定,对于已经缴纳船舶车船税的船舶在同一纳税年度内办理转让过户的,在原登记地不予退税,在新登记地凭完税凭证不再纳税。这项规定避免了船舶转让方申请退税、受让方另行缴纳应纳税款的麻烦。

三是对于完税船舶被盗抢、报废、灭失而申请车船税退税的,明确由税务机关按照有关规定办理。

四是规定税务机关和海事管理机构应对对方提供的涉税信息予以保密,除办理涉税事项外,不得用于其他目的。

七、船舶车船税委托代征管理办法何时开始实施

《办法》自2013年2月1日起施行。各地开展船舶车船税委托代征的具体时间,由税务机关和海事管理机构依照本《办法》签订的委托代征协议进行规定。

14.9 国家税务总局关于车船税征管若干问题的公告

2013 年 7 月 26 日 国家税务总局公告 2013 年第 42 号

为规范车船税征管,维护纳税人合法权益,根据《中华人民共和国车船税法》(以下简称车船税法)及其实施条例,现将车船税有关征管问题明确如下:

一、关于专用作业车的认定

对于在设计和技术特性上用于特殊工作,并装置有专用设备或器具的汽车,应认定为专用作业车,如汽车起重机、消防车、混凝土泵车、清障车、高空作业车、洒水车、扫路车等。以载运人员或货物为主要目的的专用汽车,如救护车,不属于专用作业车。

二、关于税务机关核定客货两用车的征税问题

客货两用车,又称多用途货车,是指在设计和结构上主要用于载运货物,但在驾驶员座椅后带有固定或折叠式座椅,可运载3人以上乘客的货车。客货两用车依照货车的计税单位和年基准税额计征车船税。

三、关于车船税应纳税额的计算

车船税法及其实施条例涉及的整备质量、净吨位、艇身长度等计税单位,有尾数的一律按照含尾数的计税单位据实计算车船税应纳税额。计算得出的应纳税额小数点后超过两位的可四舍五入保留两位小数。

乘用车以车辆登记管理部门核发的机动车登记证书或者行驶证书所载的排气量毫升数确定税额区间。

四、关于车船因质量问题发生退货时的退税

已经缴纳车船税的车船,因质量原因,车船被退回生产企业或者经销商的,纳税人可以向纳税所在地的主管税务机关申请退还自退货月份起至该纳税年度终了期间的税款。退货月份以退货发票所载日期的当月为准。

五、关于扣缴义务人代收代缴后车辆登记地主管税务机关不再征收车船税

纳税人在购买"交强险"时,由扣缴义务人代收代缴车船税的,凭注明已收税款信息的"交强险"保险单,车辆登记地的主管税务机关不再征收该纳税年度的车船税。再次征收的,车辆登记地主管税务机关应予退还。

六、关于扣缴义务人代收代缴欠缴税款滞纳金的起算时间

车船税扣缴义务人代收代缴欠缴税款的滞纳金，从各省、自治区、直辖市人民政府规定的申报纳税期限截止日期的次日起计算。

七、关于境内外租赁船舶征收车船税的问题

境内单位和个人租入外国籍船舶的，不征收车船税。境内单位和个人将船舶出租到境外的，应依法征收车船税。

本公告自 2013 年 9 月 1 日起施行。《国家税务总局关于车船税征管若干问题的通知》（国税发〔2008〕48 号）同时废止。

特此公告。

国家税务总局
2013 年 7 月 26 日

14.10 关于《车船税征管若干问题的公告》的解读

2013 年 8 月 8 日   国家税务总局办公厅

最近，国家税务总局印发了《关于车船税征管若干问题的公告》（以下简称《公告》），以规范车船税征管，维护纳税人合法权益。现就《公告》内容解读如下：

一、该《公告》出台的背景是什么

2008 年 5 月，国家税务总局根据《中华人民共和国车船税暂行条例》及其实施细则的有关规定，下发了《关于车船税征管若干问题的通知》（国税发〔2008〕48 号，以下简称《通知》），明确了车船税有关的征管问题。2012 年 1 月 1 日，《中华人民共和国车船税法》（以下简称"车船税法"）及其实施条例正式实施，新的车船税法在征税范围、计税依据、税收优惠和征收管理等方面都作了一些修改和完善。为此，国家税务总局针对车船税法实施一年来发现的征管具体问题，制定下发了《公告》并同时废止《通知》。

二、专用作业车和客货两用车适用税目应如何界定

实际征管中，专用作业车容易与属于商用车税目的专用汽车混淆。为此，《公告》主要参照《机动车运行安全技术条件》（GB 7258—2012）和《机动车类型　术语和定义》（GA 802—2008）中专项作业车的相关内容，对专用作业车的概念进行明确，且举例予以说明。同时，考虑政策的延续性，《公告》中对不能提供机动车登记证书、行驶证、机动车出厂合格证明或者进口凭证确定车辆类型的客货两用车，仍按照《中华人民共和国车船税暂行条例》的界定原则，按货车计征车船税。

三、计算车船税应纳税款应注意哪些要点

根据实施条例第六条，车船税法及其实施条例涉及的整备质量、净吨位、艇身长度等计税单位应以车船登记管理部门核发的车船登记证书或者行驶证所载数据为准。为了统一各地计算口径，《公告》明确计税单位有尾数的一律按照含尾数的计税单位据实计算车船税，得出应纳税额小数点后超过两位的可四舍五入保留两位小数。

另外，乘用车车船税适用税额按照发动机气缸容量（排气量）来确定。由于机动车登记证书或者行驶证书的排气量以毫升为单位，根据实施条例第六条，《公告》明确乘用车确定税额区间以毫升数为准。

四、车船税因质量问题发生退货该如何计算应退还的税款

已完税车船因质量问题办理退货，纳税人不再保有和使用该车船，纳税义务消失。由于车船税是按年申报缴纳，为了维护纳税人合法权益，《公告》规定纳税人可退还自退货月份起至该纳税年度终了期间的税款，退货月份以退货发票所载日期的当月为准。

五、《公告》为何强调扣缴义务人代收代缴后车辆登记地主管税务机关不再征收车船税的问题

实施条例第十五条规定，扣缴义务人已代收代缴车船税的，纳税人不再向车辆登记地的主管税务机关申报缴纳车船税。为了严格贯彻落实车船税法及其实施条例，《公告》规定只要纳税人能够提供注明已收税款信息的"交强险"保险单，登记地主管税务机关就不应再次征收车船税，否则车辆登记地主管税务机关应予退还。

六、扣缴义务人代收代缴欠缴税款滞纳金如何确定起算时间

车船税法第九条规定"具体申报纳税期限由省、自治区、直辖市人民政府规定"，考虑到各地对纳税期限规定各不相同，《公告》规定代收代缴欠缴税款滞纳金具体起算时间，按各省、自治区直辖市人民政府按规定的申报纳税期限截止日期的次日计算。

七、境内外租赁船舶应如何确定征税范围

境内单位和个人租入的外国籍船舶不需要在船舶管理部门办理所有权登记和船舶国籍登记，财产权仍属于境外，不属于车船税征收范围。境内单位和个人出租到境外的船舶仍属我国船舶，仍需在我国船舶管理部门办理所有权登记和船舶国籍登记，应征收车船税。

14.11　国家税务总局关于发布《车船税管理规程（试行）》的公告

2015 年 11 月 26 日　国家税务总局公告 2015 年第 83 号

为进一步规范车船税管理，促进税务机关同其他部门协作，提高车船税管理水平，国家税务总局制定了《车船税管理规程（试行）》，现予发布，自 2016 年 1 月 1 日起施行。

特此公告。

国家税务总局

2015 年 11 月 26 日

车船税管理规程（试行）

第一章　总则

第一条　为进一步规范车船税管理，提高车船税管理水平，促进税务机关同其他部门协作，根据《中华人民共和国车船税法》（以下简称车船税法）及其实施条例以及相关法律、法规，制定本规程。

第二条　车船税管理应当坚持依法治税原则，按照法定权限与程序，严格执行相关法律法规和税收政策，坚决维护税法的权威性和严肃性，切实保护纳税人合法权益。

税务机关应当根据车船税法和相关法律法规要求，提高税收征管质效，减轻纳税人办税负担，优化纳税服务，加强部门协作，实现信息管税。

第三条　本规程适用于车船税管理中所涉及的税源管理、税款征收、减免税和退税管理、风险管理等事项。税务登记、税收票证、税收计划、税收会计、税收统计、档案资料等其他有关管理事项按照相关规定执行。

第二章　税源管理

第四条　税务机关应当按照车船税统一申报表数据指标建立车船税税源数据库。

第五条　税务机关、保险机构和代征单位应当在受理纳税人申报或者代收代征车船税时，根据相关法律法规及委托代征协议要求，整理《车船税纳税申报表》《车船税代收代缴报告表》的涉税信息，并及时共享。

税务机关应当将自行征收车船税信息和获取的车船税第三方信息充实到车船税税源数据库中。同时要定期进行税源数据库数据的更新、校验、清洗等工作，保障车船税税源数据库的完整性和准确性。

第六条　税务机关应当积极同相关部门建立联席会议、合作框架等制度，采集以下第三方信息：

（一）保险机构代收车船税车辆的涉税信息；

（二）公安交通管理部门车辆登记信息；

（三）海事部门船舶登记信息；

（四）公共交通管理部门车辆登记信息；

（五）渔业船舶登记管理部门船舶登记信息；

（六）其他相关部门车船涉税信息。

第三章　税款征收

第七条　纳税人向税务机关申报车船税，税务机关应当受理，并向纳税人开具含有车船信息的完税凭证。

第八条　税务机关按第七条征收车船税的，应当严格依据车船登记地确定征管范围。依法不需要办理登记的车船，应当依据车船的所有人或管理人所在地确定征管范围。车船登记地或车船所有人或管理人所在地以外的车船税，税务机关不应征收。

第九条　保险机构应当在收取机动车第三者责任强制保险费时依法代收车船税，并将注明已收税款信息的机动车第三者责任强制保险单及保费发票作为代收税款凭证。

第十条　保险机构应当按照本地区车船税代收代缴管理办法规定的期限和方式，及时向保险机构所在地的税务机关办理申报、结报手续，报送代收代缴税款报告表和投保机动车缴税的明细信息。

第十一条　对已经向主管税务机关申报缴纳车船税的纳税人，保险机构在销售机动车第三者责任强制保险时，不再代收车船税，但应当根据纳税人的完税凭证原件，将车辆的完税凭证号和出具该凭证的税务机关名称录入交强险业务系统。

对出具税务机关减免税证明的车辆，保险机构在销售机动车第三者责任强制保险时，不代收车船税，保险机构应当将减免税证明号和出具该证明的税务机关名称录入交强险业务系统。

纳税人对保险机构代收代缴税款数额有异议的，可以直接向税务机关申报缴纳，也可以在保险机构代收代缴税款后向税务机关提出申诉，税务机关应在接到纳税人申诉后按照本地区代收代缴管理办法规定的受理程序和期限进行处理。

第十二条　车船税联网征收系统已上线地区税务机关应当及时将征收信息、减免税信息、保险机构和代征单位汇总解缴信息等传递至车船税联网征收系统，与税源数据库历史信息进行比对核验，实现税源数据库数据的实时更新、校验、清洗，以确保车船税足额收缴。

第十三条　税务机关可以根据有利于税收管理和方便纳税的原则，委托交通运输部门的海事管理机构等单位在办理车船登记手续或受理车船年度检验信息报告时代征车船税，同时向纳税人出具代征税款凭证。

第十四条　代征单位应当根据委托代征协议约定的方式、期限及时将代征税款解缴入库，并向税务机关提供代征车船明细信息。

第十五条　代征单位对出具税务机关减免税证明或完税凭证的车船，不再代征车船税。代征单位应当记录上述凭证的凭证号和出具该凭证的税务机关名称，并将上述凭证的复印件存档备查。

代征单位依法履行委托代征税款职责时，纳税人不得拒绝。纳税人拒绝的，代征单位应当及时报告税务机关。

第四章　减免税退税管理

第十六条　税务机关应当依法减免车船税。保险机构、代征单位对已经办理减免税手续的车船不再代收代征车船税。

税务机关、保险机构、代征单位应当严格执行财政部、国家税务总局、工业和信息化部公布的节约能源、使用新能源车船减免税政策。对不属于车船税征税范围的纯电动乘用车和燃料电池乘用车，应当积极获取车辆的相关信息予以判断，对其征收了车船税的应当及时予以退税。

第十七条　税务机关应当将本地区车船税减免涉及的具体车船明细信息和相关减免税额存档备查。

第十八条　车船税退税管理应当按照税款缴库退库有关规定执行。

第十九条　已经缴纳车船税的车船，因质量原因，车船被退回生产企业或者经销商的，纳税人可以向纳税所在地的主管税务机关申请退还自退货月份起至该纳税年度终了期间的税款，退货月份以退货发票所载日期的当月为准。

第二十条　已完税车辆被盗抢、报废、灭失而申请车船税退税的，由纳税人纳税所在地的主管税务机关按照有关规定办理。

第二十一条　纳税人在车辆登记地之外购买机动车第三者责任强制保险，由保险机构代收代缴车船税的，凭注明已收税款信息的机动车第三者责任强制保险单或保费发票，车辆登记地的主管税务机关不再征收该纳税年度的车船税，已经征收的应予退还。

第五章　风险管理

第二十二条　税务机关应当加强车船税风险管理，构建车船税风险管理指标体系，依托现代化信息技术，对车船税管理的风险点进行识别、监控、预警，做好风险应对处置工作。

税务机关应当根据国家税务总局关于财产行为税风险管理工作的要求开展车船税风险管理工作。

第二十三条　税务机关重点可以通过以下方式加强车船税风险管理：

（一）将申报已缴纳车船税车船的排量、整备质量、载客人数、吨位、艇身长度等信息与税源数据库中对应的信息进行比对，防范少征、错征税款风险；

（二）将保险机构、代征单位申报解缴税款与实际入库税款进行比对，防范少征、漏征风险；

（三）将车船税联网征收系统车辆完税信息与本地区车辆完税信息进行比对，防范少征、漏征、重复征税风险等。

税务机关应当根据本地区车船税征管实际情况，设计适应本地区征管实际的车船税风险指标。

第六章　附则

第二十四条　各省、自治区、直辖市税务机关可根据本规程制定具体实施意见。

第二十五条　本规程自 2016 年 1 月 1 日起施行。

14.12　关于《车船税管理规程（试行）》公告的解读

2015 年 11 月 30 日　国家税务总局办公厅

现将《车船税管理规程（试行）》（以下简称规程）解读如下：

一、发文背景和意义

《中华人民共和国车船税法》及其实施条例自 2012 年施行以来，完善了税源管控和征收措施，方便了广大纳税人，提高了车船税征管效率。但也遇到一些亟待明确或细化的问题。为进一步规范车船税管理，提高车船税管理水平，促进税务机关同其他部门协作，国家税务总局在广泛听取地方税务机关意见的基础上，制定本《规程》。

二、《规程》的主要内容

《规程》分为六章二十五条，主要明确了车船税管理所涉及的税源管理、税款征收、减免税和退税管理以及风险管理等事项。

（一）明确税源管理相关事项

为进一步提高车船税征管质效、减轻纳税人负担，《规程》第二章对车船税税源管理提出了要求，主要有按照车船税统一申报表数据指标建立车船税税源数据库，加强税源数据库管理，建立部门合作机制和采集第三方信息等。

（二）明确税款征收相关事项

根据地方税务机关以及纳税人反映的情况，《规程》第三章明确税务机关应当保留受理纳税人自主申报车船税的职能，为纳税人自主申报缴纳车船税提供便利。对税务机关直接征收的车船和依法不需要办理登记的车船等两类情形的征管范围进行了明确。对保险机构、代征单位的代收代缴、委托代征工作进行了规范。对税务机关依托车船税联网征收系统，提高车船税管理工作提出了相关要求。

（三）明确车船税减免税和退税管理相关事项

《规程》第四章对税务机关、保险机构、代征单位办理减免税工作提出了要求。

为减轻纳税人办税负担，落实国地税合作规范，对纳税人因质量原因退货、被盗抢、报废、灭失等情形发生的退税，提出了退税管理的相关要求。

（四）明确车船税风险管理相关事项

《规程》第五章要求税务机关应当根据国家税务总局关于财产行为税风险管理工作的要求开展车船税风险管理工作，并要求在《规程》所列重点风险指标的基础上，因地制宜，设计适用于本地区的车船税风险指标。

14.13　国家税务总局关于保险机构代收车船税开具增值税发票问题的公告

2016 年 8 月 7 日　国家税务总局公告 2016 年第 51 号

现对保险机构代收车船税开具增值税发票问题公告如下：

保险机构作为车船税扣缴义务人，在代收车船税并开具增值税发票时，应在增值税发票备注栏中注明代收车船税税款信息。具体包括：保险单号、税款所属期（详细至月）、代收车船税金额、滞纳金金额、金额合计等。该增值税发票可作为纳税人缴纳车船税及滞纳金的会计核算原始凭证。

本公告自 2016 年 5 月 1 日起施行。

特此公告。

国家税务总局
2016 年 8 月 7 日

14.14 关于《国家税务总局关于保险机构代收车船税开具增值税发票问题的公告》的解读

2016 年 08 月 11 日 国家税务总局办公厅

经国务院批准,自 2016 年 5 月 1 日起,在全国范围内全面推开营业税改征增值税试点。为此,保险机构营改增后收取保费时将开具增值税发票,为不改变现有的操作办法,最大程度上减少对纳税人的影响,国家税务总局发布了《关于保险机构代收车船税开具增值税发票问题的公告》,对车船税征管中有关发票问题进行了明确。

自 2016 年 5 月 1 日起,保险机构作为车船税扣缴义务人在开具增值税发票时,应在增值税发票备注栏中注明代收车船税税款信息。具体包括:保险单号、税款所属期(详细至月)、代收车船税、滞纳金、合计等。该增值税发票可作为缴纳车船税及滞纳金的会计核算原始凭证。

14.15 国家税务总局关于加强《车船税减免税证明》管理有关工作的通知

2011 年 12 月 31 日 国税发〔2011〕130 号

各省、自治区、直辖市和计划单列市国家税务局、地方税务局:

为贯彻落实《中华人民共和国车船税法》及其实施条例,规范车船税减免税管理,切实做好车船税的征收管理工作,现就车船税减免税凭证的印制、管理和开具等事项通知如下:

一、减免税证明的印制

(一)《车船税减免税证明》的格式(见附件)由国家税务总局统一规定。各省、自治区、直辖市和计划单列市税务机关根据本通知所附的样式,自行印制《车船税减免税证明》。

(二)《车船税减免税证明》一式三联:第一联(存根),由税务机关留存;第二联(证明),由纳税人在购买机动车交通事故责任强制保险(以下简称交强险)时交保险机构或者在办理车船登记、检验手续时交车船管理部门留存;第三联(备查),纳税人留存备查。各省、自治区、直辖市和计划单列市税务机关也可根据工作需要增加联次。

(三)各地税务机关要根据相关征管文书的管理规定,做好《车船税减免税证明》的印制、保管、发放、存档等工作。

二、减免税证明的办理

(一)对符合车船税减免税有关规定且需要纳税人办理减免税事项的,税务机关应在审查纳税人提供的相关资料后,向纳税人开具减免税证明。

税务机关与扣缴义务人、车船管理部门已实现车船税信息联网的地区,可以不开具纸质减免税证明,但税务机关应通过网络将减免税证明的相关信息及时传递给扣缴义务人和相关车船管理部门。纳税人因到异地办理机动车交强险等原因需要开具纸质证明的，税务机关应予以办理。

（二）需要纳税人到税务机关办理减免税事项的车船范围，纳税人办理减免税事项需要提供的相关资料，哪级税务机关受理、批准减免税申请和开具减免税证明，由各省、自治区、直辖市和计划单列市税务机关根据车船税法、实施条例及相关规定确定。

本通知自 2012 年 1 月 1 日起施行。在执行过程中发现的新情况、新问题应及时向国家税务总局（征管和科技发展司、财产和行为税司）报告。

附件：车船税减免税证明

14.16   国家税务总局关于停止使用车船使用税标志的通知

2007 年 1 月 29 日   国税发〔2007〕8 号

各省、自治区、直辖市和计划单列市地方税务局，西藏、宁夏自治区国家税务局：

《中华人民共和国车船税暂行条例》已于 2007 年 1 月 1 日起实施，原车船使用税和车船使用牌照税同时停征，现就车船使用税（含车船使用牌照税，下同）标志问题通知如下：

一、车船使用税完税和免税标志从 2007 年 1 月 1 日起停用，车船税不再设立新的完税和免税标志。

二、各地税务机关应按照《国家税务总局关于印发〈税收票证管理办法〉的通知》（国税发〔1998〕32 号）的规定，组织对车船使用税标志的停用和销毁工作。

14.17   国务院关于外商投资企业和外国企业适用增值税、消费税、营业税等税收暂行条例有关问题的通知

1994 年 2 月 22 日   国发〔1994〕10 号

根据第八届全国人民代表大会常务委员会第五次会议审议通过的《全国人民代表大会常务委员会关于外商投资企业和外国企业适用增值税、消费税、营业税等税收暂行条例的决定》（以下简称《决定》），现对外商投资企业和外国企业适用税种等有关问题通知如下：

一、关于外商投资企业和外国企业适用税种问题

根据《决定》的规定，外商投资企业和外国企业除适用《中华人民共和国增值税暂行条例》《中华人民共和国消费税暂行条例》《中华人民共和国营业税暂行条例》和《中华人民共和国外商投资企业和外国企业所得税法》外，还应适用以下暂行条例：

（一）国务院 1993 年 12 月 13 日发布的《中华人民共和国土地增值税暂行条例》；

（二）国务院 1993 年 12 月 25 日发布的《中华人民共和国资源税暂行条例》；

（三）国务院 1988 年 8 月 6 日发布的《中华人民共和国印花税暂行条例》；

（四）中央人民政府政务院 1950 年 12 月 19 日发布的《屠宰税暂行条例》；

（五）中央人民政府政务院 1951 年 8 月 8 日发布的《城市房地产税暂行条例》；

（六）中央人民政府政务院 1951 年 9 月 13 日发布的《车船使用牌照税暂行条例》；

（七）中央人民政府政务院 1950 年 4 月 3 日发布的《契税暂行条例》。

在税制改革中，国务院还将陆续修订和制定新的税收暂行条例，外商投资企业和外国企业应相应依据有关条例规定执行。

二、关于外商投资企业改征增值税、消费税、营业税后增加的税负处理问题

（一）1993 年 12 月 31 日前已批准设立的外商投资企业，由于改征增值税、消费税、营业税增加税负的，由企业提出申请，税务机关审核批准，在已批准的经营期限内，准予退还因税负增加而多缴纳的税款，但最长不得超过 5 年；没有经营期限的，经企业申请，税务机关批准，在最长不超过 5 年的期限内，退还上述多缴纳的税款。

（二）外商投资企业既缴纳增值税，又缴纳消费税的，所缴税款超过原税负的部分，按所缴增值税和消费税的比例，分别退还增值税和消费税。

（三）外商投资企业生产的产品直接出口或销售给出口企业出口的，按照《中华人民共和国增值税暂行条例》的规定，凭出口报关单和已纳税凭证，一次办理退税。

（四）外商投资企业因税负增加而申请的退税，原则上在年终后一次办理；对税负增加较多的，可按季申请预退，年度终了后清算。

（五）增值税、消费税的退税事宜由国家税务局系统负责办理，各级国库要认真审核，严格把关。退税数额的计算、退税的申请及批准程序等，由国家税务总局另行制定。

（六）营业税的退税问题，由省、自治区、直辖市人民政府规定。

三、关于中外合作开采石油资源的税收问题

中外合作油（气）田开采的原油、天然气按实物征收增值税，征收率为 5%，并按现行规定征收矿区使用费，暂不征收资源税。在计征增值税时，不抵扣进项税额。原油、天然气出口时不予退税。

中国海洋石油总公司海上自营油田比照上述规定执行。

本通知自 1994 年 1 月 1 日起施行。

14.18　财政部　国家税务总局关于医疗卫生机构有关税收政策的通知

2000 年 7 月 10 日　财税〔2000〕42 号

为了贯彻落实《国务院办公厅转发国务院体改办等部门关于城镇医药卫生体制改革指导意见的通知》（国办发〔2000〕16 号），促进我国医疗卫生事业的发展，经国务院批准，现将医疗卫生机构有关税收政策通知如下：

一、关于非营利性医疗机构的税收政策

（一）对非营利性医疗机构按照国家规定的价格取得的医疗服务收入，免征各项税收。不按照国家规定价格取得的医疗服务收入不得享受这项政策。

医疗服务是指医疗服务机构对患者进行检查、诊断、治疗、康复和提供预防保健、接生、计划生育方面的服务，以及与这些服务有关的提供药品、医用材料器具、救护车、病房住宿和伙食的业务（下同）。

（二）对非营利性医疗机构从事非医疗服务取得的收入，如租赁收入、财产转让收入、培训收入、对外投资收入等应按规定征收各项税收。非营利性医疗机构将取得的非医疗服务收入，直接用于改善医疗卫生服务条件的部分，经税务部门审核批准可抵扣其应纳税所得额，就其余额征收企业所得税。

（三）对非营利性医疗机构自产自用的制剂，免征增值税。

（四）非营利性医疗机构的药房分离为独立的药品零售企业，应按规定征收各项税收。

（五）对非营利性医疗机构自用的房产、土地、车船，免征房产税、城镇土地使用税和车船使用税。

二、关于营利性医疗机构的税收政策

（一）对营利性医疗机构取得的收入，按规定征收各项税收。但为了支持营利性医疗机构的发展，对营利性医疗机构取得的收入，直接用于改善医疗卫生条件的，自其取得执业登记之日起，3 年内给予下列优惠：对其取得的医疗服务收入免征营业税；对其自产自用的制剂免征增值税；对营利性医疗机构自用的房产、土地、车船免征房产税、城镇土地使用税和车船使用税。3 年免税期满后恢复征税。

（二）对营利性医疗机构的药房分离为独立的药品零售企业，应按规定征收各项税收。

三、关于疾病控制机构和妇幼保健机构等卫生机构的税收政策

（一）对疾病控制机构和妇幼保健机构等卫生机构按照国家规定的价格取得的卫生服务收入（含疫苗接种和调拨、销售收入），免征各项税收。不按照国家规定的价格取得的卫生服务收入不得享受这项政策。对疾病控制机构和妇幼保健等卫生机构取得的其他经营收入如直接用于改善本卫生机构卫生服务条件的，经税务部门审核批准可抵扣其应纳税所得额，就其余额征收企业所得税。

（二）对疾病控制机构和妇幼保健机构等卫生机构自用的房产、土地、车船，免征房产税、城镇土地使用税和车船使用税。

医疗机构需要书面向卫生行政主管部门申明其性质，按《医疗机构管理条例》进行设置审批和登记注册，并由接受其登记注册的卫生行政部门核定，在执业登记中注明"非营利性医疗机构"和"营利性医疗机构"。

上述医疗机构具体包括：各级各类医院、门诊部（所）、社区卫生服务中心（站）、急救中心（站）、城乡卫生院、护理院（所）、疗养院、临床检验中心等。上述疾病控制、妇幼保健等卫生机构具体包括：各级政府及有关部门举办的卫生防疫站（疾病控制中心）、各种专科疾病防治站（所），各级政府举办的妇幼保健所（站）、母婴保健机构、儿童保健机构等，各级政府举办的血站（血液中心）。

本通知自发布之日起执行。

财政部　国家税务总局
2000 年 7 月 10 日

14. 19 财政部 国家税务总局关于中国东方资产管理公司处置港澳国际（集团）有限公司有关资产税收政策问题的通知

2003 年 11 月 10 日 财税〔2003〕212 号

注释：各省、自治区、直辖市、计划单列市财政厅（局）、国家税务局、地方税务局，新疆生产建设兵团财务局：

为了加快港澳国际（集团）有限公司的资产处置、清算及机构关闭工作，经国务院批准，现就港澳国际（集团）有限公司资产清理、处置过程中有关税收政策问题通知如下：

一、享受税收优惠政策的主体

1. 负责接收和处置港澳国际（集团）有限公司资产的中国东方资产管理公司及其经批准分设于各地的分支机构〔以下简称"东方资产管理公司"〕；

2. 港澳国际（集团）有限公司所属的东北国际投资有限公司、海国投集团有限公司、海南港澳国际信托投资公司〔以下简称"港澳国际（集团）内地公司"〕；

3. 在我国境内（不包括港澳台，下同）拥有资产并负有纳税义务的港澳国际（集团）有限公司集团本部及其香港 8 家子公司〔名单见附件，以下简称"港澳国际（集团）香港公司"〕。

二、东方资产管理公司接收、处置港澳国际（集团）有限公司资产可享受以下税收优惠政策

1. 对东方资产管理公司在接收和处置港澳国际（集团）有限公司资产过程中签订的产权转移书据，免征东方资产管理公司应缴纳的印花税。

2. 对东方资产管理公司接收港澳国际（集团）有限公司的房地产以抵偿债务的，免征东方资产管理公司承受房屋所有权、土地使用权应缴纳的契税。

3. 对东方资产管理公司接收港澳国际（集团）有限公司的房地产、车辆，免征应缴纳的房产税、城镇土地使用税和车船使用税。

4. 对东方资产管理公司接收港澳国际（集团）有限公司的资产包括货物、不动产、有价证券等，免征东方资产管理公司销售转让该货物、不动产、有价证券等资产以及利用该货物、不动产从事融资租赁业务应缴纳的增值税、营业税、城市维护建设税、教育费附加和土地增值税。

5. 对东方资产管理公司所属的投资咨询类公司，为本公司接收、处置港澳国际（集团）有限公司资产而提供资产、项目评估和审计服务取得的收入免征应缴纳的营业税、城市维护建设税和教育费附加。

三、港澳国际（集团）内地公司的资产在清理和处置期间可享受以下税收优惠政策

1. 对港澳国际（集团）内地公司在催收债权、清偿债务过程中签订的产权转移书据，免征港澳国际（集团）内地公司应缴纳的印花税。

2. 对港澳国际（集团）内地公司在清算期间自有的和从债务方接收的房地产、车辆，免征应缴纳的房产税、城市房地产税、城镇土地使用税、车船使用税和车船使用牌照税。

3. 对港澳国际（集团）内地公司在清算期间催收债权时，免征接收房屋所有权、土地使用权应缴纳的契税。

4. 对港澳国际（集团）内地公司的资产，包括货物、不动产、有价证券、股权、债权等，在清理和被处置时，免征港澳国际（集团）内地公司销售转让该货物、不动产、有价证券、股权、债权等资产应缴纳的增值税、营业税、城市维护建设税、教育费附加和土地增值税。

四、港澳国际（集团）香港公司中国境内的资产在清理和处置期间可享受以下税收优惠政策

1. 对港澳国际（集团）香港公司在中国境内催收债权、清偿债务过程中签订的产权转移书据，免征港澳国际（集团）香港公司应承担的印花税。

2. 对港澳国际（集团）香港公司在中国境内拥有的和从债务方接收的房地产、车辆，在清算期间免征应承担的城市房地产税和车船使用牌照税。

3. 对港澳国际（集团）香港公司清算期间在中国境内催收债权时，免征接收房屋所有权、土地使用权应缴纳的契税。

4. 对港澳国际（集团）香港公司在中国境内的资产，包括货物、不动产、有价证券、股权、债权等，在清理和被处置时，免征港澳国际（集团）香港公司销售转让该货物、不动产、有价证券、股权、债权等资产应缴纳的增值税、营业税、预提所得税和土地增值税。

五、港澳国际（集团）内地公司、港澳国际（集团）香港公司在清算期间发生本通知未规定免税的应税行为以及东方资产管理公司除接收、处置不良资产业务外从事其他经营业务，应一律依法纳税。

六、本通知自港澳国际（集团）内地公司、港澳国际（集团）香港公司开始清算之日起执行，本通知发布前，属免征事项的应纳税款不再追缴，已征税款不予退还。

附件：港澳国际（集团）有限公司在香港的 8 家子公司名单

附件：港澳国际（集团）有限公司在香港的 8 家子公司名单

1. 新港澳有限公司
2. 煌天投资有限公司
3. 海佳发展有限公司
4. 港澳国际置业有限公司
5. 金富运发展有限公司
6. 港澳国际财务有限公司
7. 恒琪发展有限公司
8. 集富置业有限公司

14.20　财政部　国家税务总局　关于大连证券破产及财产处置过程中有关税收政策问题的通知 [部分失效]

2003 年 5 月 20 日　财税〔2003〕88 号

经国务院批准,现就大连证券有限责任公司(以下简称"大连证券")破产及财产处置过程中有关税收政策问题通知如下:

一、[条款失效] 对大连证券在清算期间接收债权、清偿债务过程中签订的产权转移书据,免征印花税。

二、对大连证券在清算期间自有的和从债务方接收的房地产、车辆免征房产税、城镇土地使用税和车船使用税。

三、[条款失效] 大连证券在清算过程中催收债权时,免征接收土地使用权、房屋所有权应缴纳的契税。

四、大连证券破产财产被清算组用来清偿债务时,免征大连证券销售转让货物、不动产、无形资产、有价证券、票据等应缴纳的增值税、营业税、城市维护建设税、教育费附加和土地增值税。

五、对大通证券股份有限公司托管的原大连证券的证券营业部和证券服务部,其所从事的经营活动,应按税收法律、法规的规定照章纳税。

六、本通知自大连证券破产清算之日起执行。

14.21　财政部　国家税务总局关于被撤销金融机构有关税收政策问题的通知

2003 年 7 月 3 日　财税〔2003〕141 号

各省、自治区、直辖市、计划单列市财政厅(局)、国家税务局、地方税务局:

为了促进被撤销金融机构的清算工作,加强对金融活动的监督管理,维护金融秩序,根据《金融机构撤销条例》第二十一条的规定,现对被撤销金融机构清理和处置财产过程中有关税收优惠政策问题通知如下:

一、享受税收优惠政策的主体是指经中国人民银行依法决定撤销的金融机构及其分设于各地的分支机构,包括被依法撤销的商业银行、信托投资公司、财务公司、金融租赁公司、城市信用社和农村信用社。除另有规定者外,被撤销的金融机构所属、附属企业,不享受本通知规定的被撤销金融机构的税收优惠政策。

二、被撤销金融机构清理和处置财产可享受以下税收优惠政策:

1. 对被撤销金融机构接收债权、清偿债务过程中签订的产权转移书据,免征印花税。

2. 对被撤销金融机构清算期间自有的或从债务方接收的房地产、车辆，免征房产税、城镇土地使用税和车船使用税。

3. 对被撤销金融机构在清算过程中催收债权时，接收债务方土地使用权、房屋所有权所发生的权属转移免征契税。

4. 对被撤销金融机构财产用来清偿债务时，免征被撤销金融机构转让货物、不动产、无形资产、有价证券、票据等应缴纳的增值税、营业税、城市维护建设税、教育费附加和土地增值税。

三、除第二条规定者外，被撤销金融机构在清算开始后、清算资产被处置前持续经营的经济业务所发生的应纳税款应按规定予以缴纳。

四、被撤销金融机构的应缴未缴国家的税金及其他款项应按照法律法规规定的清偿顺序予以缴纳。

五、被撤销金融机构的清算所得应该依法缴纳企业所得税。

六、本通知自《金融机构撤销条例》生效之日起开始执行。凡被撤销金融机构在《金融机构撤销条例》生效之日起进行的财产清理和处置的涉税政策均按本通知执行。本通知发布前，属免征事项的应纳税款不再追缴，已征税款不予退还。

第 15 章　资源税

15.1　中华人民共和国资源税法

2019 年 8 月 26 日　第十三届全国人民代表大会常务委员会第十二次会议

第一条　在中华人民共和国领域和中华人民共和国管辖的其他海域开发应税资源的单位和个人，为资源税的纳税人，应当依照本法规定缴纳资源税。

应税资源的具体范围，由本法所附《资源税税目税率表》（以下称《税目税率表》）确定。

第二条　资源税的税目、税率，依照《税目税率表》执行。

《税目税率表》中规定实行幅度税率的，其具体适用税率由省、自治区、直辖市人民政府统筹考虑该应税资源的品位、开采条件以及对生态环境的影响等情况，在《税目税率表》规定的税率幅度内提出，报同级人民代表大会常务委员会决定，并报全国人民代表大会常务委员会和国务院备案。《税目税率表》中规定征税对象为原矿或者选矿的，应当分别确定具体适用税率。

第三条　资源税按照《税目税率表》实行从价计征或者从量计征。

《税目税率表》中规定可以选择实行从价计征或者从量计征的，具体计征方式由省、自治区、直辖市人民政府提出，报同级人民代表大会常务委员会决定，并报全国人民代表大会常务委员会和国务院备案。

实行从价计征的，应纳税额按照应税资源产品（以下称应税产品）的销售额乘以具体适用税率计算。实行从量计征的，应纳税额按照应税产品的销售数量乘以具体适用税率计算。

应税产品为矿产品的，包括原矿和选矿产品。

【例 1】资源税从价计征的计算

某油田 2019 年 3 月销售原油 20 000 吨，开具增值税专用发票取得销售额 10 000 万元、增值税税额 1 700 万元，按《资源税税目税率幅度表》的规定，其适用的税率为 8%。请计算该油田 3 月应缴纳的资源税。

销售原油应纳税额 = 10 000 × 8% = 800（万元）

【例 2】资源税从价计征的计算

某石化企业为增值税一般纳税人，2019 年 5 月发生以下业务：

（1）从国外某石油公司进口原油 50 000 吨，支付不含税价款折合人民币 9 000 万元，其中包含包装费及保险费折合人民币 10 万元。

（2）开采原油 10 000 吨，并将开采的原油对外销售 6 000 吨，取得含税销售额 2 340 万元，同时向购买方收取延期付款利息 2.34 万元，包装费 1.17 万元，另外支付运输费用 7.02 万元。

（3）用开采的原油 2 000 吨加工生产汽油 1 300 吨。

原油的资源税税率为 10%。

要求：计算该石化公司当月应纳资源税。

解析：

（1）由于资源税仅对在中国境内开采或生产应税产品的单位和个人征收，因此业务（1）中该石化公司进口原油无需缴纳资源税。

（2）业务（2）应缴纳的资源税 = （2 340 + 2.34 + 1.17） ÷ （1 + 13%） × 10% = 207.39（万元）

（3）业务（3）应缴纳的资源税 = 0.39 × 2 000 ÷ （1 + 13%） × 10% = 69.03（万元）

（4）该石化公司当月应纳资源税 = 207.39 + 69.03 = 276.42（万元）

【例 3】 资源税从量计征的计算

某砂石开采企业 2019 年 3 月销售砂石 3 000 立方米，资源税税率为 2 元/立方米。请计算该企业 3 月应纳资源税税额。

销售砂石应纳税额 = 课税数量 × 单位税额 = 3 000 × 2 = 6 000（元）

第四条 纳税人开采或者生产不同税目应税产品的，应当分别核算不同税目应税产品的销售额或者销售数量；未分别核算或者不能准确提供不同税目应税产品的销售额或者销售数量的，从高适用税率。

第五条 纳税人开采或者生产应税产品自用的，应当依照本法规定缴纳资源税；但是，自用于连续生产应税产品的，不缴纳资源税。

第六条 有下列情形之一的，免征资源税：

（一）开采原油以及在油田范围内运输原油过程中用于加热的原油、天然气；

（二）煤炭开采企业因安全生产需要抽采的煤成（层）气。

有下列情形之一的，减征资源税：

（一）从低丰度油气田开采的原油、天然气，减征百分之二十资源税；

（二）高含硫天然气、三次采油和从深水油气田开采的原油、天然气，减征百分之三十资源税；

（三）稠油、高凝油减征百分之四十资源税；

（四）从衰竭期矿山开采的矿产品，减征百分之三十资源税。

根据国民经济和社会发展需要，国务院对有利于促进资源节约集约利用、保护环境等情形可以规定免征或者减征资源税，报全国人民代表大会常务委员会备案。

第七条 有下列情形之一的，省、自治区、直辖市可以决定免征或者减征资源税：

（一）纳税人开采或者生产应税产品过程中，因意外事故或者自然灾害等原因遭受重大损失；

（二）纳税人开采共伴生矿、低品位矿、尾矿。

前款规定的免征或者减征资源税的具体办法，由省、自治区、直辖市人民政府提出，报同级人民代表大会常务委员会决定，并报全国人民代表大会常务委员会和国务院备案。

第八条 纳税人的免税、减税项目，应当单独核算销售额或者销售数量；未单独核算或者不能准确提供销售额或者销售数量的，不予免税或者减税。

第九条 资源税由税务机关依照本法和《中华人民共和国税收征收管理法》的规定征收管理。

税务机关与自然资源等相关部门应当建立工作配合机制，加强资源税征收管理。

第十条 纳税人销售应税产品，纳税义务发生时间为收讫销售款或者取得索取销售款凭据的当日；自用应税产品的，纳税义务发生时间为移送应税产品的当日。

第十一条 纳税人应当向应税产品开采地或者生产地的税务机关申报缴纳资源税。

第十二条 资源税按月或者按季申报缴纳；不能按固定期限计算缴纳的，可以按次申报缴纳。

纳税人按月或者按季申报缴纳的，应当自月度或者季度终了之日起十五日内，向税务机关办理纳税申报并缴纳税款；按次申报缴纳的，应当自纳税义务发生之日起十五日内，向税务机关办理纳税申报并缴纳税款。

第十三条 纳税人、税务机关及其工作人员违反本法规定的，依照《中华人民共和国税收征收管理法》和有关法律法规的规定追究法律责任。

第十四条 国务院根据国民经济和社会发展需要，依照本法的原则，对取用地表水或者地下水的单位和个人试点征收水资源税。征收水资源税的，停止征收水资源费。

水资源税根据当地水资源状况、取用水类型和经济发展等情况实行差别税率。

水资源税试点实施办法由国务院规定，报全国人民代表大会常务委员会备案。

国务院自本法施行之日起五年内，就征收水资源税试点情况向全国人民代表大会常务委员会报告，并及时提出修改法律的建议。

第十五条 中外合作开采陆上、海上石油资源的企业依法缴纳资源税。

2011年11月1日前已依法订立中外合作开采陆上、海上石油资源合同的，在该合同有效期内，继续依照国家有关规定缴纳矿区使用费，不缴纳资源税；合同期满后，依法缴纳资源税。

第十六条 本法下列用语的含义是：

（一）低丰度油气田，包括陆上低丰度油田、陆上低丰度气田、海上低丰度油田、海上低丰度气田。陆上低丰度油田是指每平方公里原油可开采储量丰度低于二十五万立方米的油田；陆上低丰度气田是指每平方公里天然气可开采储量丰度低于二亿五千万立方米的气田；海上低丰度油田是指每平方公里原油可开采储量丰度低于六十万立方米的油田；海上低丰度气田是指每平方公里天然气可开采储量丰度低于六亿立方米的气田。

（二）高含硫天然气，是指硫化氢含量在每立方米三十克以上的天然气。

（三）三次采油，是指二次采油后继续以聚合物驱、复合驱、泡沫驱、气水交替驱、二氧化碳驱、微生物驱等方式进行采油。

（四）深水油气田，是指水深超过三百米的油气田。

（五）稠油，是指地层原油粘度大于或等于每秒五十毫帕或原油密度大于或等于每立方厘米零点九二克的原油。

（六）高凝油，是指凝固点高于四十摄氏度的原油。

（七）衰竭期矿山，是指设计开采年限超过十五年，且剩余可开采储量下降到原设计可开采储量的百分之二十以下或者剩余开采年限不超过五年的矿山。衰竭期矿山以开采企业下属的单个矿山为单位确定。

　　第十七条　本法自 2020 年 9 月 1 日起施行。1993 年 12 月 25 日国务院发布的《中华人民共和国资源税暂行条例》同时废止。

附：资源税税目税率表

税目			征税对象	税率
能源矿产	原油		原矿	6%
	天然气、页岩气、天然气水合物		原矿	6%
	煤		原矿或者选矿	2%～10%
	煤成（层）气		原矿	1%～2%
	铀、钍		原矿	4%
	油页岩、油砂、天然沥青、石煤		原矿或者选矿	1%～4%
	地热		原矿	1%～20% 或者每立方米 1～30 元
金属矿产	黑色金属	铁、锰、铬、钒、钛	原矿或者选矿	1%～9%
	有色金属	铜、铅、锌、锡、镍、锑、镁、钴、铋、汞	原矿或者选矿	2%～10%
		铝土矿	原矿或者选矿	2%～9%
		钨	选矿	6.5%
		钼	选矿	8%
		金、银	原矿或者选矿	2%～6%
		铂、钯、钌、锇、铱、铑	原矿或者选矿	5%～10%
		轻稀土	选矿	7%～12%
		中重稀土	选矿	20%
		铍、锂、锆、锶、铷、铯、铌、钽、锗、镓、铟、铊、铪、铼、镉、硒、碲	原矿或者选矿	2%～10%

续表

税目			征税对象	税率
非金属矿产	矿物类	高岭土	原矿或者选矿	1%～6%
		石灰岩	原矿或者选矿	1%～6%或者每吨（或者每立方米）1～10元
		磷	原矿或者选矿	3%～8%
		石墨	原矿或者选矿	3%～12%
		萤石、硫铁矿、自然硫	原矿或者选矿	1%～8%
		天然石英砂、脉石英、粉石英、水晶、工业用金刚石、冰洲石、蓝晶石、硅线石（矽线石）、长石、滑石、刚玉、菱镁矿、颜料矿物、天然碱、芒硝、钠硝石、明矾石、砷、硼、碘、溴、膨润土、硅藻土、陶瓷土、耐火粘土、铁矾土、凹凸棒石粘土、海泡石粘土、伊利石粘土、累托石粘土	原矿或者选矿	1%～12%
		叶蜡石、硅灰石、透辉石、珍珠岩、云母、沸石、重晶石、毒重石、方解石、蛭石、透闪石、工业用电气石、白垩、石棉、蓝石棉、红柱石、石榴子石、石膏	原矿或者选矿	2%～12%
		其他粘土（铸型用粘土、砖瓦用粘土、陶粒用粘土、水泥配料用粘土、水泥配料用红土、水泥配料用黄土、水泥配料用泥岩、保温材料用粘土）	原矿或者选矿	1%～5%或者每吨（或者每立方米）0.1～5元
	岩石类	大理岩、花岗岩、白云岩、石英岩、砂岩、辉绿岩、安山岩、闪长岩、板岩、玄武岩、片麻岩、角闪岩、页岩、浮石、凝灰岩、黑曜岩、霞石正长岩、蛇纹岩、麦饭石、泥灰岩、含钾岩石、含钾砂页岩、天然油石、橄榄岩、松脂岩、粗面岩、辉长岩、辉石岩、正长岩、火山灰、火山渣、泥炭	原矿或者选矿	1%～10%
		砂石	原矿或者选矿	1%～5%或者每吨（或者每立方米）0.1～5元
	宝玉石类	宝石、玉石、宝石级金刚石、玛瑙、黄玉、碧玺	原矿或者选矿	4%～20%

续表

税目		征税对象	税率
水气矿产	二氧化碳气、硫化氢气、氦气、氡气	原矿	2%～5%
	矿泉水	原矿	1%～20% 或者每立方米 1～30 元
盐	钠盐、钾盐、镁盐、锂盐	选矿	3%～15%
	天然卤水	原矿	3%～15% 或者每吨（或者每立方米）1～10 元
	海盐		2%～5%

15.2　中华人民共和国资源税暂行条例实施细则

2011 年 10 月 28 日　中华人民共和国财政部　国家税务总局令第 66 号

《中华人民共和国资源税暂行条例实施细则》已经财政部部务会议和国家税务总局局务会议修订通过，现予公布，自 2011 年 11 月 1 日起施行。

2011 年 10 月 28 日

中华人民共和国资源税暂行条例实施细则

第一条　根据《中华人民共和国资源税暂行条例》（以下简称条例），制定本细则。

第二条　条例所附《资源税税目税率表》中所列部分税目的征税范围限定如下：

（一）原油，是指开采的天然原油，不包括人造石油。

（二）天然气，是指专门开采或者与原油同时开采的天然气。

（三）煤炭，是指原煤，不包括洗煤、选煤及其他煤炭制品。

（四）其他非金属矿原矿，是指上列产品和井矿盐以外的非金属矿原矿。

（五）固体盐，是指海盐原盐、湖盐原盐和井矿盐。

液体盐，是指卤水。

第三条　条例第一条所称单位，是指企业、行政单位、事业单位、军事单位、社会团体及其他单位。

条例第一条所称个人，是指个体工商户和其他个人。

第四条　资源税应税产品的具体适用税率，按本细则所附的《资源税税目税率明细表》执行。

矿产品等级的划分，按本细则所附《几个主要品种的矿山资源等级表》执行。

对于划分资源等级的应税产品，其《几个主要品种的矿山资源等级表》中未列举名称的纳税人适用的税率，由省、自治区、直辖市人民政府根据纳税人的资源状况，参照《资源税税目税率明细表》和《几个主要品种的矿山资源等级表》中确定的邻近矿山或者资源状况、开采条件相近矿山的税率标准，在浮动30%的幅度内核定，并报财政部和国家税务总局备案。

第五条　条例第四条所称销售额为纳税人销售应税产品向购买方收取的全部价款和价外费用，但不包括收取的增值税销项税额。

价外费用，包括价外向购买方收取的手续费、补贴、基金、集资费、返还利润、奖励费、违约金、滞纳金、延期付款利息、赔偿金、代收款项、代垫款项、包装费、包装物租金、储备费、优质费、运输装卸费以及其他各种性质的价外收费。但下列项目不包括在内：

（一）同时符合以下条件的代垫运输费用：

1. 承运部门的运输费用发票开具给购买方的；

2. 纳税人将该项发票转交给购买方的。

（二）同时符合以下条件代为收取的政府性基金或者行政事业性收费：

1. 由国务院或者财政部批准设立的政府性基金，由国务院或者省级人民政府及其财政、价格主管部门批准设立的行政事业性收费；

2. 收取时开具省级以上财政部门印制的财政票据；

3. 所收款项全额上缴财政。

第六条　纳税人以人民币以外的货币结算销售额的，应当折合成人民币计算。其销售额的人民币折合率可以选择销售额发生的当天或者当月1日的人民币汇率中间价。纳税人应在事先确定采用何种折合率计算方法，确定后1年内不得变更。

第七条　纳税人申报的应税产品销售额明显偏低并且无正当理由的、有视同销售应税产品行为而无销售额的，除财政部、国家税务总局另有规定外，按下列顺序确定销售额：

（一）按纳税人最近时期同类产品的平均销售价格确定；

（二）按其他纳税人最近时期同类产品的平均销售价格确定；

（三）按组成计税价格确定。组成计税价格为：

$$组成计税价格 = 成本 \times (1 + 成本利润率) \div (1 - 税率)$$

公式中的成本是指：应税产品的实际生产成本。公式中的成本利润率由省、自治区、直辖市税务机关确定。

第八条　条例第四条所称销售数量，包括纳税人开采或者生产应税产品的实际销售数量和视同销售的自用数量。

第九条　纳税人不能准确提供应税产品销售数量的，以应税产品的产量或者主管税务机关确定的折算比换算成的数量为计征资源税的销售数量。

第十条　纳税人在资源税纳税申报时，除财政部、国家税务总局另有规定外，应当将其应税和减免税项目分别计算和报送。

第十一条　条例第九条所称资源税纳税义务发生时间具体规定如下：

（一）纳税人销售应税产品，其纳税义务发生时间是：

1. 纳税人采取分期收款结算方式的，其纳税义务发生时间，为销售合同规定的收款日期的当天；

2. 纳税人采取预收货款结算方式的，其纳税义务发生时间，为发出应税产品的当天；

3. 纳税人采取其他结算方式的，其纳税义务发生时间，为收讫销售款或者取得索取销售款凭据的当天。

（二）纳税人自产自用应税产品的纳税义务发生时间，为移送使用应税产品的当天。

（三）扣缴义务人代扣代缴税款的纳税义务发生时间，为支付货款的当天。

第十二条 条例第十一条所称的扣缴义务人，是指独立矿山、联合企业及其他收购未税矿产品的单位。

第十三条 条例第十一条把收购未税矿产品的单位规定为资源税的扣缴义务人，是为了加强资源税的征管。主要是适应税源小、零散、不定期开采、易漏税等税务机关认为不易控管、由扣缴义务人在收购时代扣代缴未税矿产品资源税为宜的情况。

第十四条 扣缴义务人代扣代缴的资源税，应当向收购地主管税务机关缴纳。

第十五条 跨省、自治区、直辖市开采或者生产资源税应税产品的纳税人，其下属生产单位与核算单位不在同一省、自治区、直辖市的，对其开采或者生产的应税产品，一律在开采地或者生产地纳税。实行从量计征的应税产品，其应纳税款一律由独立核算的单位按照每个开采地或者生产地的销售量及适用税率计算划拨；实行从价计征的应税产品，其应纳税款一律由独立核算的单位按照每个开采地或者生产地的销售量、单位销售价格及适用税率计算划拨。

第十六条 本细则自 2011 年 11 月 1 日起施行。

附件：

资源税税目税率明细表

几个主要品种的矿山资源等级表

附 1：资源税税目税率明细表

税目		税率	计税单位
一、原油		5%	
二、天然气		5%	
三、煤炭			吨
（一）焦煤		8 元	吨
（二）其他煤炭：			
	北京市	2.5 元	吨
	河北省	3 元	吨
	山西省	3.2 元	吨
	内蒙古自治区	3.2 元	吨
	辽宁省	2.8 元	吨
	吉林省	2.5 元	吨
	黑龙江省	2.3 元	吨
	江苏省	2.5 元	吨
	安徽省	2 元	吨
	福建省	2.5 元	吨
	江西省	2.5 元	吨
	山东省	3.6 元	吨

税目		税率	计税单位
	河南省	4 元	吨
	湖北省	3 元	吨
	湖南省	2.5 元	吨
	广东省	3.6 元	吨
	广西壮族自治区	3 元	吨
	重庆市	2.5 元	吨
	四川省	2.5 元	吨
	贵州省	2.5 元	吨
	云南省	3 元	吨
	陕西省	3.2 元	吨
	甘肃省	3 元	吨
	青海省	2.3 元	吨
	宁夏回族自治区	2.3 元	吨
	新疆维吾尔自治区	3 元	吨
四、其他非金属矿原矿			吨、立方米、千克、克拉
（一）玉石、硅藻土、高铝粘土（包括耐火级矾土、研磨级矾土等）、焦宝石、萤石		20 元	吨
（二）磷矿石		15 元	吨
（三）膨润土、沸石、珍珠岩		10 元	吨
（四）宝石、宝石级金刚石		10 元	克拉
（五）耐火粘土（不含高铝粘土）		6 元	吨
（六）石墨、石英砂、重晶石、毒重石、蛭石、长石、滑石、白云石、硅灰石、凹凸棒石粘土、高岭土（瓷土）、云母		3 元	吨
（七）菱镁矿、天然碱、石膏、硅线石		2 元	吨
（八）工业用金刚石		2 元	克拉

税目			税率	计税单位
（九）石棉		一等	2 元	吨
		二等	1.7 元	吨
		三等	1.4 元	吨
		四等	1.1 元	吨
		五等	0.8 元	吨
		六等	0.5 元	吨
（十）硫铁矿、自然硫、磷铁矿			1 元	吨
（十一）未列举名称的其他非金属矿原矿			0.5～20 元	吨、立方米、千克、克拉
五、黑色金属矿原矿				吨
（一）铁矿石	入选露天矿（重点矿山）	一等	16.5 元	吨
		二等	16 元	吨
		三等	15.5 元	吨
		四等	15 元	吨
		五等	14.5 元	吨
		六等	14 元	吨
	入选地下矿（重点矿山）	二等	15 元	吨
		三等	14.5 元	吨
		四等	14 元	吨
		五等	13.5 元	吨
		六等	13 元	吨
	入炉露天矿（重点矿山）	一等	25 元	吨
		二等	24 元	吨
		三等	23 元	吨
		四等	22 元	吨
	入炉地下矿（重点矿山）	二等	23 元	吨
		三等	22 元	吨
		四等	21 元	吨
	入选露天矿（非重点矿山）	二等	16 元	吨
		四等	15 元	吨
		五等	14.5 元	吨
		六等	14 元	吨

税目			税率	计税单位
（一）铁矿石	入选地下矿（非重点矿山）	三等	11.5 元	吨
		四等	11 元	吨
		五等	10.5 元	吨
		六等	10 元	吨
	入炉露天矿（非重点矿山）	二等	23 元	吨
		三等	22 元	吨
		四等	21 元	吨
	入炉地下矿（非重点矿山）	三等	21 元	吨
		四等	20 元	吨
（二）锰矿石			6 元	吨
（三）铬矿石			3 元	吨
六、有色金属矿原矿				吨、50 立方米挖出量
（一）稀土矿				
1. 轻稀土矿（包括氟碳铈矿、独居石矿）			60 元	吨
2. 中重稀土矿（包括磷钇矿、离子型稀土矿）			30 元	吨
（二）铜矿石		一等	7 元	吨
		二等	6.5 元	吨
		三等	6 元	吨
		四等	5.5 元	吨
		五等	5 元	吨
（三）铅锌矿石		一等	20 元	吨
		二等	18 元	吨
		三等	16 元	吨
		四等	13 元	吨
		五等	10 元	吨
（四）铝土矿		三等	20 元	吨
（五）钨矿石		三等	9 元	吨
		四等	8 元	吨
		五等	7 元	吨

税目		税率	计税单位
（六）锡矿石	一等	1 元	吨
	二等	0.9 元	吨
	三等	0.8 元	吨
	四等	0.7 元	吨
	五等	0.6 元	吨
（七）锑矿石	一等	1 元	吨
	二等	0.9 元	吨
	三等	0.8 元	吨
	四等	0.7 元	吨
	五等	0.6 元	吨
（八）钼矿石	一等	8 元	吨
	二等	7 元	吨
	三等	6 元	吨
	四等	5 元	吨
	五等	4 元	吨
（九）镍矿石	二等	12 元	吨
	三等	11 元	吨
	四等	10 元	吨
	五等	9 元	吨
（十）黄金矿			
1. 岩金矿石	一等	7 元	吨
	二等	6 元	吨
	三等	5 元	吨
	四等	4 元	吨
	五等	3 元	吨
	六等	2 元	吨
	七等	1.5 元	吨

税目		税率	计税单位
2. 砂金矿	一等	2 元	50 立方米挖出量
	二等	1.8 元	50 立方米挖出量
	三等	1.6 元	50 立方米挖出量
	四等	1.4 元	50 立方米挖出量
	五等	1.2 元	50 立方米挖出量
（十一）钒矿石		12 元	吨
（十二）未列举名称的其他有色金属矿原矿		0.4~30 元	吨
七、盐			吨
（一）北方海盐		25 元	吨
（二）南方海盐、井矿盐、湖盐		12 元	吨
（三）液体盐		3 元	吨

附件2：几个主要品种的矿山资源等级表

一、铁矿石资源等级表		
资源等级	企业（或矿区）名称	所属省、自治区、直辖市
	（一）入选露天矿（重点矿山）	
一等	1. 本钢南芬露天矿	辽宁省
	2. 首钢水厂铁矿	河北省
	3. 鞍钢弓长岭露天矿	辽宁省
二等	4. 太钢峨口铁矿	山西省
	5. 鞍钢齐大山铁矿	辽宁省
	6. 包钢集团固阳矿山有限公司	内蒙古自治区
三等	7. 马钢南山铁矿凹山采场	安徽省
	8. 鞍钢眼前山铁矿	辽宁省
	9. 马钢南山铁矿东山采场	安徽省
	10. 唐钢棒磨山铁矿	河北省

资源等级	企业（或矿区）名称	所属省、自治区、直辖市
四等	11. 唐山钢铁集团有限责任公司石人沟铁矿	河北省
	12. 重钢太和铁矿	四川省
	13. 武钢灵乡铁矿	湖北省
	14. 包钢黑脑包铁矿	内蒙古自治区
	15. 鞍钢大孤山铁矿	辽宁省
	16. 鞍钢东鞍山铁矿	辽宁省
五等	17. 唐钢庙沟铁矿	河北省
	18. 武钢大冶铁矿	湖北省
	19. 首云矿业股份有限公司	北京市
	20. 攀钢集团矿业公司兰尖铁矿	四川省
	21. 马钢姑山铁矿采矿车间	安徽省
	22. 本钢歪头山铁矿	辽宁省
	23. 包钢白云铁矿主矿区	内蒙古自治区
	24. 宣钢近北庄铁矿	河北省
六等	25. 攀钢集团矿业公司朱家包包铁矿	四川省
	26. 包钢白云铁矿东矿区	内蒙古自治区
	27. 海南铁矿北一矿区	海南省
	28. 海南铁矿南矿区	海南省
（二）入选地下矿（重点矿山）		
二等	1. 上海梅山矿业有限公司	江苏省
	2. 酒钢镜铁山矿	甘肃省
三等	3. 鞍钢弓长岭井下矿	辽宁省
	4. 邯邢冶金矿山管理局符山铁矿	河北省
	5. 马钢（集团）控股有限公司桃冲矿业公司	安徽省
	6. 武钢程潮铁矿	湖北省
四等	7. 武钢大冶铁矿	湖北省
五等	8. 邯邢冶金矿山管理局西石门铁矿	河北省
	9. 武钢金山店铁矿	湖北省
	10. 水城钢铁（集团）有限责任公司观音山矿业分公司	贵州省
	11. 鲁中小官庄铁矿	山东省
六等	12. 首钢大石河铁矿大石河采区（地下开采的矿石）	河北省

续表

资源等级	企业（或矿区）名称	所属省、自治区、直辖市
	（三）入炉露天矿（重点矿山）	
一等	1. 海南铁矿北一矿区	海南省
二等	2. 海南铁矿枫树下矿区	海南省
三等	3. 水城钢铁（集团）有限责任公司观音山矿业分公司	贵州省
四等	4. 海南铁矿南矿区	海南省
	（四）入炉地下矿（重点矿山）	
二等	1. 鞍钢弓长岭井下矿	辽宁省
	2. 鲁中小官庄矿	山东省
三等	3. 马钢（集团）控股有限公司桃冲矿业公司	安徽省
四等	4. 水城钢铁（集团）有限责任公司观音山矿业分公司	贵州省
	（五）入选露天矿（非重点矿山）	
二等	1. 江西七宝山铁矿	江西省
	2. 福建潘洛铁矿洛阳采区	福建省
	3. 山东莱钢荞麦地东矿区	山东省
	4. 辽宁凌钢保国铁矿	辽宁省
四等	5. 广西柳州钢铁（集团）矿业公司	广西壮族自治区
	6. 浙江闲林埠钼铁矿	浙江省
五等	7. 合肥钢铁集团钟山矿业有限责任公司	安徽省
	8. 新余市铁坑矿业有限责任公司	江西省
	9. 本溪北营钢铁（集团）股份有限公司	辽宁省
	10. 莱芜钢铁集团鲁南矿业有限公司	山东省
	11. 江西乌石山铁矿	江西省
	12. 山西临钢尖兵村矿区	山西省
六等	13. 承德承钢矿业有限公司	河北省
	14. 昆钢集团上厂矿	云南省
	15. 安徽长江矿业有限公司	安徽省
	16. 通化钢铁集团板石矿业有限责任公司露天采矿	吉林省
	17. 新疆钢铁雅满苏矿业有限责任公司	新疆维吾尔自治区
	（六）入选地下矿（非重点矿山）	
三等	1. 山西二峰山铁矿北山角矿区	山西省
	2. 黑龙江大西林矿区	黑龙江省

续表

资源等级	企业（或矿区）名称	所属省、自治区、直辖市
四等	3. 通化钢铁集团大栗子矿业有限责任公司大栗子矿区	吉林省
	4. 江西乌石山铁矿乌石山矿区	江西省
	5. 山西长钢后慢水沟岭矿	山西省
	6. 四川泸沽铁矿大顶山矿区	四川省
	7. 山东金岭铁矿召口区	山东省
	8. 山西长钢芦沟矿区	山西省
五等	9. 山西长钢北洛峡矿区	山西省
	10. 通化钢铁集团板石矿业有限责任公司井下矿	吉林省
	11. 山东莱钢莱芜铁矿	山东省
	12. 通化钢铁集团大栗子矿业有限责任公司小栗子矿区	吉林省
	13. 山西长钢水沟矿区	山东省
	14. 山东金岭矿业股份有限公司铁山矿区	山东省
	15. 山西临钢尖兵村矿区	山西省
	16. 江西新余钢铁有限责任公司良山矿业有限责任公司太平矿区	江西省
	17. 汉中嘉陵矿业有限公司阁老岭铁矿	陕西省
	18. 陕西汉中钢铁集团有限公司杨家坝铁矿	陕西省
六等	19. 吉林通钢七道沟铁矿	吉林省
	20. 浙江漓铁集团公司东西矿	浙江省
	21. 徐州铁矿集团有限公司	江苏省
	22. 南京钢铁集团冶山矿业有限公司	江苏省
	23. 镇江韦岗铁矿有限公司	江苏省
	24. 江西新余钢铁有限责任公司良山矿业有限责任公司良山矿区	江西省
	25. 湖南田湖铁矿	湖南省
	26. 山西临钢塔儿山矿	山西省
	27. 昆钢集团上厂矿	云南省
（七）入炉露天矿（非重点矿山）		
二等	1. 广东省大宝山矿业有限公司	广东省
三等	2. 四川泸沽铁矿	四川省
	3. 福建潘洛铁矿潘田采区	福建省
	4. 江西七宝山矿区	江西省
（八）入炉地下矿（非重点矿山）		
三等	1. 四川泸沽铁矿	四川省

资源等级	企业（或矿区）名称	所属省、自治区、直辖市
二、铜矿石资源等级表		
资源等级	企业（或矿区）名称	所属省、自治区、直辖市
一等	1. 杭州建铜集团有限公司	浙江省
	2. 巴彦淖尔西部铜业有限公司	内蒙古自治区
	3. 江西铜业股份有限公司（德兴）富家坞铜矿	江西省
	4. 云南锡业集团（控股）有限责任公司卡房分矿	云南省
二等	1. 湖北鸡笼山黄金矿业有限责任公司	湖北省
	2. 广东玉水铜矿	广东省
	3. 青海门源祁连山铜矿	青海省
	4. 滁州铜鑫矿业有限责任公司	安徽省
	5. 黑龙江松江铜矿	黑龙江省
	6. 甘肃白银折腰山铜矿	甘肃省
	7. 江西铜业股份有限公司武山风铜矿有限公司（港资）分支机构	江西省
三等	1. 广西德保铜矿	广西省
	2. 山东福山铜矿	山东省
	3. 麻阳华兴铜业有限责任公司	湖南省
	4. 绍兴平铜（集团）有限公司、绍兴铜都矿业有限公司	浙江省
	5. 安徽省安庆市月山铜矿	安徽省
	6. 大冶有色金属股份有限公司铜录山铜铁矿	湖北省
	7. 乌兰察布市白乃庙铜业有限责任公司	内蒙古自治区
	8. 江西铜业股份有限公司永平铜矿	江西省
	9. 安徽铜陵安庆铜矿	安徽省
	10. 云南达亚有色金属有限公司	云南省
	11. 安徽铜陵凤凰山铜矿	安徽省
	12. 黑龙江多宝山铜矿	黑龙江省

续表

资源等级	企业（或矿区）名称	所属省、自治区、直辖市
四等	1. 湖南七宝山铜矿	湖南省
	2. 湖南雷坪有色矿	湖南省
	3. 山西中条山蓖子沟铜矿	山西省
	4. 四川昭觉铜矿	四川省
	5. 九江矿冶总公司	江西省
	6. 突泉县莲花山矿业有限责任公司	内蒙古自治区
	7. 陕西八一铜矿	陕西省
	8. 四川会理大铜矿	四川省
	9. 四川拉拉铜矿	四川省
	10. 江西弋阳县旭日铜矿业有限公司	江西省
	11. 江西铜业股份有限公司德兴铜矿	江西省
	12. 山西中条山铜矿峪铜矿	山西省
	13. 安徽铜陵冬瓜山铜矿	安徽省
	14. 昆明汤丹矿业有限责任公司	云南省
	15. 云南星焰有色金属股份有限公司牟定采选厂	云南省
	16. 山西中条山胡家峪铜矿	山西省
	17. 大冶有色金属股份有限公司丰山铜矿	湖北省
	18. 江西铜业集团公司东同矿业有限责任公司	江西省
	19. 云南东川落雪矿区	云南省
	20. 云南楚雄矿冶股份有限公司六苴经营部	云南省
五等	1. 辽宁红透山铜矿	辽宁省
	2. 昆明因民矿业有限责任公司	云南省
	3. 昆明滥泥坪矿业有限责任公司	云南省
	4. 大冶有色金属股份有限公司铜山口铜矿	湖北省
	5. 承德铜兴矿业有限责任公司	河北省
	6. 安徽铜陵铜山铜矿	安徽省
	7. 大冶市兴红矿业公司	湖北省
	8. 南京谷里铜矿	江苏省
	9. 大悟县金马铜业有限责任公司	湖北省
	10. 肃南县汇友矿业有限责任公司	甘肃省
	11. 兴安盟精诚矿业有限责任公司	内蒙古自治区
	12. 大冶市大红山矿业公司	湖北省
	13. 亚泰有色金属有限公司	甘肃省
	14. 甘肃阳坝铜业有限责任公司	甘肃省
	15. 云南达亚有色金属有限公司	云南省

资源等级	企业（或矿区）名称	所属省、自治区、直辖市
	三、铅锌矿石资源等级表	
资源等级	企业（或矿区）名称	所属省、自治区、直辖市
一等	1. 南京银茂铅锌矿业有限公司	江苏省
	2. 云南弛宏锌锗股份有限公司	云南省
	3. 广西金河集团有限责任公司	广西壮族自治区
	4. 四川会理铅锌矿	四川省
	5. 赤峰市白音诺尔铅锌矿	内蒙古自治区
	6. 陕西桐木沟锌矿	陕西省
	7. 广西岛坪铅锌矿	广西壮族自治区
	8. 深圳市中金岭南有色金属股份有限公司凡口铅锌矿	广东省
	9. 云南澜沧铅矿有限公司	云南省
	10. 四川会东铅锌矿	四川省
二等	1. 湖南有色控股集团黄沙坪矿业分公司	湖南省
	2. 西部矿业股份有限公司	青海省
	3. 甘肃洛坝有色金属集团有限公司	甘肃省
	4. 西和县中泰矿业有限责任公司	甘肃省
	5. 陕西祚水银铅矿	陕西省
	6. 广西武宜锰锌矿	广西壮族自治区
	7. 云南兰坪铅锌矿	云南省
	8. 成县毕家山矿业有限责任公司	甘肃省
	9. 郴州市桥兴矿业有限责任公司	湖南省
	10. 贵州普安铅矿	贵州省
	11. 浙江佳和矿业集团龙泉市清和金属有限公司	浙江省
	12. 湖南衡东铅锌矿	湖南省
	13. 广西大新铅锌矿	广西壮族自治区
	14. 云锡集团新建矿业有限责任公司	云南省

资源等级	企业（或矿区）名称	所属省、自治区、直辖市
三等	1. 连平县大尖山铅锌矿开发有限公司	广东省
	2. 甘肃白银公司	甘肃省
	3. 乐昌市铅锌矿业有限责任公司	广东省
	4. 内蒙古泰蒙矿业有限责任公司	内蒙古自治区
	5. 西和青羊矿业有限公司	甘肃省
	6. 西和县尖崖沟铅锌矿	甘肃省
	7. 冷水江中泰矿业有限责任公司	湖南省
	8. 福建连城铅锌矿	福建省
	9. 广西佛子冲铅锌矿	广西壮族自治区
	10. 浙江云雾山矿业有限公司	浙江省
	11. 大华矿业有限责任公司	吉林省
	12. 湖南泡金山铅锌矿	湖南省
	13. 广西阳朔铅锌矿	广西壮族自治区
	14. 苏州市潭山硫铁矿	江苏省
	15. 陕西商州市铅锌矿	陕西省
	16. 湖南清水塘铅锌矿	湖南省
	17. 西脉矿业公司	甘肃省
	18. 陕西银母寺矿业有限责任公司	陕西省
四等	1. 天台县鑫远矿业有限公司	浙江省
	2. 广西浦北铅锌矿	广西壮族自治区
	3. 广西陆川铅锌矿	广西壮族自治区
	4. 大田县海鑫矿业有限公司	福建省
	5. 广西都川铅锌矿	广西壮族自治区
	6. 湖南邵东铅锌矿	湖南省
	7. 湖南凤凰铅锌矿	湖南省
	8. 广西灵川铅锌矿	广西壮族自治区
	9. 云南腾冲县明光矿业有限责任公司	云南省
	10. 福建省政和和庆矿业有限公司	福建省
	11. 云南永昌铅锌股份有限公司	云南省
	12. 湖南高桥铅锌矿	湖南省
	13. 湖南省江永县银铅锌矿	湖南省
	14. 四川乌依铅矿	四川省

资源等级	企业（或矿区）名称	所属省、自治区、直辖市
四等	15. 江西七宝山铅锌矿	江西省
	16. 湖南茶山铅锌矿	湖南省
	17. 黑龙江翠峦铅锌矿（伊春）	黑龙江省
	18. 云南昭通市铅锌矿	云南省
	19. 浙江青田铅锌矿	浙江省
	20. 四川荥经铅锌矿	四川省
	21. 云南永善金沙矿业有限责任公司	云南省
	22. 江西营前矿业有限公司	江西省
	23. 广西龙胜铅锌矿	广西壮族自治区
	24. 黑龙江西林铅锌矿	黑龙江省
五等	1. 湖南潘家冲铅锌矿	湖南省
	2. 辽宁青城子铅矿	辽宁省
	3. 吉林天宝山矿务局	吉林省
	4. 江铜集团（德兴）银山矿业有限责任公司	江西省
	5. 湖南柿竹园有色金属有限责任公司	湖南省
	6. 辽宁八家子铅锌矿	辽宁省
	7. 新桃矿工贸公司	湖南省
	8. 苏州市小茅山铜铅锌矿	江苏省
	9. 云南石屏县热水塘铅锌矿采选厂	云南省
	10. 广西渌井铅锌矿	广西壮族自治区
	11. 甘肃小河峪铅锌矿	甘肃省
	12. 广西六良铅锌矿	广西壮族自治区
	13. 广西永福铅矿	广西壮族自治区

四、钨矿石资源等级表

资源等级	企业（或矿区）名称	所属省、自治区、直辖市
三等	1. 福建省清流县北坑钨矿	福建省
	2. 江西大余县钨矿区	江西省
	3. 赣县赖坑钨矿	江西省
	4. 赣县东埠头钨矿	江西省
	5. 赣县黄婆地矿业开发公司	江西省

续表

资源等级	企业（或矿区）名称	所属省、自治区、直辖市
四等	1. 湖南新田岭有色矿	湖南省
	2. 江西耀升工贸发展有限公司茅坪钨钼矿	江西省
	3. 内蒙古东乌旗钨矿	内蒙古自治区
	4. 崇义章源钨制品有限公司锡坑钨矿	江西省
	5. 江西兴国县钨矿	江西省
	6. 宁都县青塘钨矿	江西省
	7. 宁都县兴旺矿业有限公司	江西省
	8. 宁化行洛坑钨矿	福建省
	9. 南康市开源矿业有限公司	江西省
	10. 南康市鳌鱼钨矿	江西省
	11. 桂东青洞钨矿有限公司	湖南省
	12. 江西徐山矿业公司	江西省
	13. 临武东山矿业有限责任公司	湖南省
	14. 太旗金地钨业有限责任公司	内蒙古自治区
	15. 赣州市海鑫矿业有限公司	江西省
	16. 连平县珠江矿业有限公司	广东省
	17. 韶关市棉土窝钨矿	广东省
	18. 江西岽美山钨矿	江西省
	19. 江西下垅钨业有限公司	江西省
	20. 江西荡坪钨业有限公司	江西省
五等	1. 湖南川口钨矿	湖南省
	2. 广西长营岭钨矿	广西壮族自治区
	3. 江西画眉坳钨矿	江西省
	4. 江西小龙钨业有限公司	江西省
	5. 江西西华山钨业有限公司	江西省
	6. 江西盘古山矿业有限公司	江西省
	7. 江西铁山垅钨矿	江西省
	8. 江西浒坑钨矿	江西省
	9. 湖南省有色湘东钨业公司	湖南省
	10. 江西漂塘钨矿	江西省
	11. 江西大吉山钨业有限公司	江西省
	12. 翁源红岭矿业有限责任公司	广东省
	13. 汝城鑫矿矿业有限公司	湖南省
	14. 湖南瑶岗仙矿业有限责任公司	湖南省
	15. 全南县官山钨业有限公司	江西省

资源等级	企业（或矿区）名称	所属省、自治区、直辖市
五、锡矿石资源等级表		

资源等级	企业（或矿区）名称	所属省、自治区、直辖市
一等	1. 云南锡业集团（控股）有限责任公司老厂分矿	云南省
二等	1. 华锡集团铜坑锡矿	广西壮族自治区
	2. 四川会理岔河锡矿	四川省
三等	1. 云南锡业集团股份有限公司卡房分公司	云南省
	2. 云南锡业集团（控股）有限责任公司卡房分矿	云南省
	3. 南丹县五一矿业有限公司	广西省
四等	1. 云南华联锌铟股份有限公司	云南省
	2. 云南西盟云天矿业有限公司	云南省
	3. 云南锡业集团（控股）有限责任公司老厂分矿	云南省
	4. 云南锡业集团梁河矿业有限责任公司	云南省
五等	1. 云南锡业集团马拉格矿业有限公司	云南省
	2. 湖南香花岭锡业有限公司	湖南省
	3. 云南锡业集团（控股）有限责任公司老厂分矿	云南省
	4. 云南锡业集团股份有限公司老厂分公司	云南省
	5. 云南锡业集团（控股）有限责任公司松树脚分矿	云南省
	6. 云南锡业集团股份有限公司大屯锡矿	云南省
	7. 广西栗木锡矿	广西壮族自治区
六、镍矿石资源等级表		

资源等级	企业（或矿区）名称	所属省、自治区、直辖市
二等	1. 甘肃金川公司二矿区	甘肃省
	2. 甘肃金川公司龙首矿	甘肃省
四等	3. 吉恩镍业股份有限公司	吉林省
五等	4. 化隆县矿业有限责任公司	青海省
七、锑矿石资源等级表		

资源等级	企业（或矿区）名称	所属省、自治区、直辖市
一等	1. 湖南安化渣滓溪锑矿	湖南省
	2. 湖南桃江久通锑业有限责任公司	湖南省

续表

资源等级	企业（或矿区）名称	所属省、自治区、直辖市
二等	1. 云南木利锑业有限公司	云南省
	2. 贵州东峰企业集团有限公司	贵州省
三等	1. 广西马蒿锑矿	广西壮族自治区
	2. 南丹县南星锑业有限责任公司茶山锑矿	广西壮族自治区
	3. 贵州晴隆锑矿	贵州省
	4. 广西马雄锑矿	广西壮族自治区
	5. 湖南曾家溪锑矿	湖南省
	6. 广西五圩锑矿	广西壮族自治区
四等	1. 庆云上龙锑矿	广东省
	2. 广西坡岩锑矿	广西壮族自治区
五等	1. 江西德安锑矿	江西省
	2. 通山县艾星锑业有限公司	湖北省
	3. 湖南省东安新龙矿业责任有限公司	湖南省
	4. 锡矿山闪星锑业有限公司	湖南省

八、铝土矿石资源等级表

资源等级	企业（或矿区）名称	所属省、自治区、直辖市
三等	1. 山东铝厂阳泉矿	山东省
	2. 中国铝业贵州分公司二矿	贵州省
	3. 中国铝业股份有限公司矿业分公司小关铝矿	河南省
	4. 中国铝业股份有限公司矿业分公司洛阳铝矿	河南省
	5. 中国铝业股份有限公司矿业分公司渑池铝矿	河南省
	6. 中国铝业贵州分公司一矿	贵州省
	7. 山西铝厂孝义矿	山西省

九、钼矿石资源等级表

资源等级	企业（或矿区）名称	所属省、自治区、直辖市
一等	1. 河南省栾川钼业公司	河南省
三等	1. 辽宁新华钼矿	辽宁省
	2. 陕西金堆城钼业公司	陕西省
四等	1. 浙江青田钼矿	浙江省
	2. 大黑山钼业有限公司	吉林省

续表

资源等级	企业（或矿区）名称	所属省、自治区、直辖市
五等	1. 安徽黄山区皖太选矿厂	安徽省

十、黄金矿石资源等级表

资源等级	企业（或矿区）名称	所属省、自治区、直辖市
	（一）岩金矿资源等级表	
一等	1. 浙江省遂昌金矿有限公司	浙江省
	2. 山东金州矿业集团有限公司	山东省
	3. 略阳县何家岩金矿	陕西省
	4. 灵宝市金源矿业股份有限公司鑫辉分公司	河南省
	5. 河南金渠黄金股份有限公司	河南省
	6. 三门峡市河西林场老鸦岔金矿	河南省
	7. 山东金创股份有限公司	山东省
	8. 灵宝黄金投资有限责任公司	河南省
	9. 蓬莱市大柳行金矿	山东省
二等	1. 灵宝市金源矿业股份有限公司	河南省
	2. 招远市金岭金矿	山东省
	3. 元阳县华西黄金有限公司	云南省
	4. 山东黄金矿业股份有限公司新城金矿	山东省
	5. 潼关县兴隆矿业有限责任公司	陕西省
	6. 招远阜山黄金矿业工程有限责任公司	山东省
	7. 玉石峪金矿	陕西省
	8. 灵宝黄金投资有限责任公司	河南省
	9. 栾川县潭头金矿有限公司	河南省
	10. 灵宝黄金投资有限责任公司	河南省
	11. 山东黄金归来庄矿业有限公司	山东省
	12. 灵宝黄金股份有限公司	河南省
	13. 青岛平度鲁润黄金矿业有限责任公司	山东省

资源等级	企业（或矿区）名称	所属省、自治区、直辖市
三等	1. 湖南辰州矿业股份有限公司	湖南省
	2. 陕西煎茶岭镍业有限公司	陕西省
	3. 桦甸市黄金有限责任公司	吉林省
	4. 安徽朝山新材料股份有限公司	安徽省
	5. 中海金仓矿业有限公司平里店矿区	山东省
	6. 洛阳坤宇矿业有限公司	河南省
	7. 嵩县前河矿业有限责任公司	河南省
	8. 广东金鼎黄金有限公司（广东省高要河台金矿）	广东省
	9. 桦甸市黄金有限责任公司	吉林省
	10. 招金矿业股份有限公司	山东省
	11. 招金矿业股份有限公司河东金矿	山东省
	12. 招金矿业股份有限公司金翅岭金矿	山东省
	13. 招金矿业股份有限公司夏甸金矿	山东省
	14. 铜陵铜冠黄狮涝金矿有限公司	安徽省
	15. 辽宁二道沟黄金矿业有限责任公司	辽宁省
	16. 灵宝市金源矿业股份有限公司鑫辉分公司	河南省
	17. 贵州金兴黄金矿业有限责任公司	贵州省
	18. 西部黄金伊犁有限责任公司	新疆维吾尔自治区
	19. 马口金矿	陕西省
	20. 山东黄金矿业（鑫汇）有限公司	山东省
	21. 临江市大华矿业有限公司	吉林省
	22. 河西黄金集团有限公司	山东省
	23. 山东烟台鑫泰黄金矿业有限责任公司	山东省
	24. 烟台恒邦集团有限公司	山东省
	25. 桐柏县兴源矿业有限责任公司	河南省
	26. 山东黄金矿业（鑫汇）有限公司	山东省
	27. 灵宝黄金投资有限责任公司	河南省
	28. 墨江矿业有限责任公司	云南省
	29. 洛阳坤宇矿业有限公司	河南省
	30. 栖霞市金兴矿业有限公司	山东省
	31. 河南秦岭黄金矿业有限责任公司	河南省
	32. 鹤庆北衙矿业有限公司	云南省
	33. 嵩县金牛有限公司	河南省

续表

资源等级	企业（或矿区）名称	所属省、自治区、直辖市
四等	1. 山东黄金矿业（莱州）有限公司焦家金矿	山东省
	2. 陕西庞家河金矿	陕西省
	3. 招金矿业股份有限公司金亭岭矿业有限公司	山东省
	4. 河南嵩县金都矿业有限责任公司	河南省
	5. 山东恒邦冶炼股份有限公司	山东省
	6. 辽宁中金黄金有限责任公司五龙管理处	辽宁省
	7. 黔西南金龙黄金矿业有限责任公司	贵州省
	8. 山东黄金矿业（莱州）有限公司焦家金矿望儿山矿区	山东省
	9. 招金矿业股份有限公司蚕庄金矿	山东省
	10. 陕西鑫元科工贸股份有限公司	陕西省
	11. 青岛金星矿业股份有限公司	山东省
	12. 潼关县秦河矿业有限责任公司	陕西省
	13. 栾川县金兴矿业有限责任公司	河南省
	14. 山东黄金矿业（莱州）有限公司焦家金矿寺庄矿区	山东省
	15. 山东黄金矿业（玲珑）有限公司	山东省
	16. 中国黄金集团夹皮沟矿业有限公司	吉林省
	17. 招金矿业股份有限公司大尹格庄金矿	山东省
	18. 招远市玲珑镇黄金矿业工程有限责任公司	山东省
	19. 吉林省国华二道甸子金矿有限责任公司	吉林省
	20. 陕西略阳铧厂沟金矿	陕西省
	21. 中矿金业股份有限公司	山东省
	22. 中矿金业股份有限公司北截金矿	山东省
	23. 中矿金业股份有限公司阜山金矿	山东省
	24. 中矿金业股份有限公司玲南金矿	山东省
	25. 中矿金业股份有限公司罗山金矿	山东省

续表

资源等级	企业（或矿区）名称	所属省、自治区、直辖市
五等	1. 西部黄金哈密金矿有限责任公司	新疆维吾尔自治区
	2. 潼关中金黄金矿业有限责任公司	陕西省
	3. 苏尼特金曦黄金矿业有限责任公司	内蒙古自治区
	4. 山东黄金矿业（莱州）有限公司三山岛金矿	山东省
	5. 黑龙江乌拉嘎黄金矿业有限责任公司	黑龙江省
	6. 山东天承矿业有限公司	山东省
	7. 招远市曹家洼金矿	山东省
	8. 洛阳坤宇矿业有限公司	河南省
	9. 广西横县泰富金矿	广西壮族自治区
	10. 辽宁招金白云黄金矿业有限公司	辽宁省
	11. 辽宁金凤黄金矿业有限责任公司	辽宁省
	12. 中国黄金集团四川平武矿业有限公司	四川省
	13. 桐柏银洞坡金矿有限公司	河南省
	14. 灵宝双鑫矿业有限公司	河南省
	15. 山东金州集团千岭矿业有限公司	山东省
	16. 江西金山金矿	江西省
	17. 吉林海沟黄金矿业有限责任公司	吉林省
	18. 紫金矿业集团股份有限公司紫金山金铜矿	福建省
	19. 湖北三鑫金铜股份有限公司	湖北省
	20. 招远市界河金矿	山东省
六等	1. 珲春紫金矿业有限公司	吉林省
	2. 河南文峪金矿	河南省
	3. 河北峪耳崖黄金矿业有限责任公司	河北省
	4. 内蒙古包头鑫达黄金矿业有限责任公司	内蒙古自治区
	5. 广西田林高龙黄金矿业有限责任公司	广西壮族自治区
	6. 招远市大秦家金矿	山东省
	7. 河北鑫泽矿业有限责任公司	河北省
	8. 招远市蚕庄黄金企业管理中心	山东省
	9. 招远市姜家窑金矿	山东省
	10. 中海金仓矿业有限公司新立矿区	山东省
	11. 陕西马鞍桥生态矿业有限公司	陕西省
	12. 辽宁排山楼黄金矿业有限责任公司	辽宁省

资源等级	企业（或矿区）名称	所属省、自治区、直辖市
六等	13. 略阳县干河坝金矿有限责任公司	陕西省
	14. 陕西凤县四方金矿有限责任公司	陕西省
	15. 三门峡崤山黄金矿业有限责任公司	河南省
	16. 陕西太白黄金矿业有限责任公司	陕西省
	17. 洛南县鑫兴矿业有限责任公司	陕西省
	18. 云南黄金矿业集团股份有限公司金平长安金矿	云南省
	19. 灵宝黄金投资有限责任公司	河南省
	20. 贵港市金地矿业有限责任公司	广西壮族自治区
	21. 河南金源黄金矿业有限责任公司	河南省
	22. 云南黄金矿业集团股份有限公司楚雄小水井金矿	云南省
	23. 湖北鸡笼山黄金矿业有限公司	湖北省
	24. 云南黄金矿业集团股份有限公司广南金矿	云南省
	25. 河北金厂峪矿业有限责任公司	河北省
	26. 洛南县寺耳金矿有限责任公司	陕西省
七等	1. 山西大同黄金矿业有限责任公司	山西省
	2. 潞西市海华开发有限公司潞西金矿	云南省
	3. 湖南新龙矿业有限责任公司	湖南省
	4. 湖北省嘉鱼蛇屋山金矿有限责任公司	湖北省
	5. 山东宝山矿业有限公司	山东省
	6. 乳山市大业金矿	山东省
	7. 江苏省金源黄金有限责任公司	江苏省
	8. 芜湖市福鑫矿业开发有限公司	安徽省
	9. 云南黄金有限责任公司镇沅分公司	云南省
	10. 贺州市金琪矿业有限公司	广西壮族自治区
	11. 山东黄金矿业（沂南）有限公司	山东省
	12. 富宁县云龙黄金矿业有限责任公司	云南省
	13. 汪清县新华矿业有限责任公司	吉林省
	14. 元江县泰富黄金开发有限公司	云南省
（二）砂金资源等级表		
一等	1. 珲春	吉林省
二等	2. 偏岭	辽宁省
	3. 安康	陕西省

续表

资源等级	企业（或矿区）名称	所属省、自治区、直辖市
三等	4. 辛安河	山东省
	5. 阿尔宾河	黑龙江省
	6. 邓家	四川省
	7. 小鱼河	黑龙江省
	8. 辉发河	吉林省
	9. 青川	四川省
	10. 淅川	河南省
	11. 汉阴	陕西省
	12. 四道沟	黑龙江
四等	13. 姚渡	四川省
	14. 富克山	黑龙江省
	15. 余庆上沟	黑龙江省
	16. 白水	四川省
	17. 三分处	黑龙江省
五等	18. 古里	黑龙江省

十一、石棉矿资源等级表

资源等级	企业（或矿区）名称	所属省、自治区、直辖市
一等	1. 青海祁连纤维材料有限公司	青海省
二等	2. 阿克塞石棉矿区	甘肃省
	3. 安南坝石棉矿区	甘肃省
	4. 金州石棉矿	辽宁省
三等	5. 茫崖石棉矿	青海省
	6. 巴州石棉矿	新疆维吾尔自治区
	7. 若羌县石棉有限责任公司	新疆维吾尔自治区
六等	8. 四川石棉矿	四川省
	9. 新康石棉矿	四川省
	10. 陕南非金属公司	陕西省

注：表中所列企业（或矿区）名称更改的，由更名后的企业（或矿区）继续执行原所在等级税率标准。

15.3　财政部　国家税务总局　水利部　关于印发《水资源税改革试点暂行办法》的通知

2016 年 5 月 9 日　财税〔2016〕55 号

河北省人民政府：

根据党中央、国务院决策部署，自 2016 年 7 月 1 日起在你省实施水资源税改革试点。现将《水资源税改革试点暂行办法》印发给你省，请遵照执行。

请你省按照本通知要求，切实做好水资源税改革试点工作，建立健全工作机制，及时制定实施方案和配套政策，精心组织、周密安排，确保改革试点顺利进行。对试点中出现的新情况新问题，要研究采取适当措施妥善加以解决。重大政策问题及时向财政部、国家税务总局、水利部报告。

财政部　国家税务总局　水利部
2016 年 5 月 9 日

附件：水资源税改革试点暂行办法

第一条　为促进水资源节约、保护和合理利用，根据党中央、国务院决策部署，制定本办法。

第二条　本办法适用于河北省。

第三条　利用取水工程或者设施直接从江河、湖泊（含水库）和地下取用地表水、地下水的单位和个人，为水资源税纳税人。

纳税人应按《中华人民共和国水法》《取水许可和水资源费征收管理条例》等规定申领取水许可证。

第四条　水资源税的征税对象为地表水和地下水。

地表水是陆地表面上动态水和静态水的总称，包括江、河、湖泊（含水库）、雪山融水等水资源。

地下水是埋藏在地表以下各种形式的水资源。

第五条　水资源税实行从量计征。应纳税额计算公式：

应纳税额＝取水口所在地税额标准×实际取用水量。

水力发电和火力发电贯流式取用水量按照实际发电量确定。

第六条　按地表水和地下水分类确定水资源税适用税额标准。

地表水分为农业、工商业、城镇公共供水、水力发电、火力发电贯流式、特种行业及其他取用地表水。地下水分为农业、工商业、城镇公共供水、特种行业及其他取用地下水。

特种行业取用水包括洗车、洗浴、高尔夫球场、滑雪场等取用水。

河北省可以在上述分类基础上，结合本地区水资源状况、产业结构和调整方向等进行细化分类。

第七条　对水力发电和火力发电贯流式以外的取用水设置最低税额标准，地表水平均不低于每立方米 0.4 元，地下水平均不低于每立方米 1.5 元。

水力发电和火力发电贯流式取用水的税额标准为每千瓦小时 0.005 元。

具体取用水分类及适用税额标准由河北省人民政府提出建议，报财政部会同有关部门确定核准。

第八条　对取用地下水从高制定税额标准。

对同一类型取用水，地下水水资源税税额标准要高于地表水，水资源紧缺地区地下水水资源税税额标准要大幅高于地表水。

超采地区的地下水水资源税税额标准要高于非超采地区，严重超采地区的地下水水资源税税额标准要大幅高于非超采地区。在超采地区和严重超采地区取用地下水（不含农业生产取用水和城镇公共供水取水）的具体适用税额标准，由河北省人民政府在非超采地区税额标准 2~5 倍幅度内提出建议，报财政部会同有关部门确定核准；超过 5 倍的，报国务院备案。

城镇公共供水管网覆盖范围内取用地下水的，水资源税税额标准要高于公共供水管网未覆盖地区，原则上要高于当地同类用途的城市供水价格。

第九条　对特种行业取用水，从高制定税额标准。

第十条　对超计划或者超定额取用水，从高制定税额标准。除水力发电、城镇公共供水取用水外，取用水单位和个人超过水行政主管部门批准的计划（定额）取用水量，在原税额标准基础上加征 1-3 倍，具体办法由河北省人民政府提出建议，报财政部会同有关部门确定核准；加征超过 3 倍的，报国务院备案。

第十一条　对超过规定限额的农业生产取用水，以及主要供农村人口生活用水的集中式饮水工程取用水，从低制定税额标准。

农业生产取用水包括种植业、畜牧业、水产养殖业、林业取用水。

第十二条　对企业回收利用的采矿排水（疏干排水）和地温空调回用水，从低制定税额标准。

第十三条　对下列取用水减免征收水资源税：

（一）对规定限额内的农业生产取用水，免征水资源税。

（二）对取用污水处理回用水、再生水等非常规水源，免征水资源税。

（三）财政部、国家税务总局规定的其他减税和免税情形。

第十四条　水资源税由地方税务机关依照《中华人民共和国税收征收管理法》和本办法有关规定征收管理。

第十五条　水资源税的纳税义务发生时间为纳税人取用水资源的当日。

第十六条　水资源税按季或者按月征收，由主管税务机关根据实际情况确定。不能按固定期限计算纳税的，可以按次申报纳税。

第十七条　在河北省区域内取用水的，水资源税由取水审批部门所在地的地方税务机关征收。其中，由流域管理机构审批取用水的，水资源税由取水口所在地的地方税务机关征收。

在河北省内纳税地点需要调整的，由省级地方税务机关决定。

第十八条　按照国务院或其授权部门批准的跨省、自治区、直辖市水量分配方案调度的水资源，水资源税由调入区域取水审批部门所在地的地方税务机关征收。

第十九条　建立地方税务机关与水行政主管部门协作征税机制。

水行政主管部门应当定期向地方税务机关提供取水许可情况和超计划（定额）取用水量，

并协助地方税务机关审核纳税人实际取用水的申报信息。

纳税人根据水行政主管部门核准的实际取用水量向地方税务机关申报纳税，地方税务机关将纳税人相关申报信息与水行政主管部门核准的信息进行比对，并根据核实后的信息征税。

水资源税征管过程中发现问题的，地方税务机关和水行政主管部门联合进行核查。

第二十条 河北省开征水资源税后，将水资源费征收标准降为零。

第二十一条 水资源税改革试点期间，水行政主管部门相关经费支出由同级财政预算统筹安排和保障。对原有水资源费征管人员，由地方政府统筹做好安排。

第二十二条 河北省人民政府根据本办法制定具体实施办法，报国务院备案。

第二十三条 水资源税改革试点期间涉及的有关政策，由财政部、国家税务总局研究确定。

第二十四条 本办法自 2016 年 7 月 1 日起实施。

15.4 关于资源税有关问题执行口径的公告

2020 年 6 月 28 日 财政部 税务总局公告 2020 年第 34 号

为贯彻落实《中华人民共和国资源税法》，现将资源税有关问题执行口径公告如下：

一、资源税应税产品（以下简称应税产品）的销售额，按照纳税人销售应税产品向购买方收取的全部价款确定，不包括增值税税款。

计入销售额中的相关运杂费用，凡取得增值税发票或者其他合法有效凭据的，准予从销售额中扣除。相关运杂费用是指应税产品从坑口或者洗选（加工）地到车站、码头或者购买方指定地点的运输费用、建设基金以及随运销产生的装卸、仓储、港杂费用。

二、纳税人自用应税产品应当缴纳资源税的情形，包括纳税人以应税产品用于非货币性资产交换、捐赠、偿债、赞助、集资、投资、广告、样品、职工福利、利润分配或者连续生产非应税产品等。

三、纳税人申报的应税产品销售额明显偏低且无正当理由的，或者有自用应税产品行为而无销售额的，主管税务机关可以按下列方法和顺序确定其应税产品销售额：

（一）按纳税人最近时期同类产品的平均销售价格确定。

（二）按其他纳税人最近时期同类产品的平均销售价格确定。

（三）按后续加工非应税产品销售价格，减去后续加工环节的成本利润后确定。

（四）按应税产品组成计税价格确定。

$$组成计税价格 = 成本 \times (1 + 成本利润率) \div (1 - 资源税税率)$$

上述公式中的成本利润率由省、自治区、直辖市税务机关确定。

（五）按其他合理方法确定。

四、应税产品的销售数量，包括纳税人开采或者生产应税产品的实际销售数量和自用于应当缴纳资源税情形的应税产品数量。

五、纳税人外购应税产品与自采应税产品混合销售或者混合加工为应税产品销售的，在计算应税产品销售额或者销售数量时，准予扣减外购应税产品的购进金额或者购进数量；当期不足扣减的,可结转下期扣减。纳税人应当准确核算外购应税产品的购进金额或者购进数量,未准确核算的,一并计算缴纳资源税。

纳税人核算并扣减当期外购应税产品购进金额、购进数量,应当依据外购应税产品的增值税发票、海关进口增值税专用缴款书或者其他合法有效凭据。

六、纳税人开采或者生产同一税目下适用不同税率应税产品的,应当分别核算不同税率应税产品的销售额或者销售数量;未分别核算或者不能准确提供不同税率应税产品的销售额或者销售数量的,从高适用税率。

七、纳税人以自采原矿(经过采矿过程采出后未进行选矿或者加工的矿石)直接销售,或者自用于应当缴纳资源税情形的,按照原矿计征资源税。

纳税人以自采原矿洗选加工为选矿产品(通过破碎、切割、洗选、筛分、磨矿、分级、提纯、脱水、干燥等过程形成的产品,包括富集的精矿和研磨成粉、粒级成型、切割成型的原矿加工品)销售,或者将选矿产品自用于应当缴纳资源税情形的,按照选矿产品计征资源税,在原矿移送环节不缴纳资源税。对于无法区分原生岩石矿种的粒级成型砂石颗粒,按照砂石税目征收资源税。

八、纳税人开采或者生产同一应税产品,其中既有享受减免税政策的,又有不享受减免税政策的,按照免税、减税项目的产量占比等方法分别核算确定免税、减税项目的销售额或者销售数量。

九、纳税人开采或者生产同一应税产品同时符合两项或者两项以上减征资源税优惠政策的,除另有规定外,只能选择其中一项执行。

十、纳税人应当在矿产品的开采地或者海盐的生产地缴纳资源税。

十一、海上开采的原油和天然气资源税由海洋石油税务管理机构征收管理。

十二、本公告自 2020 年 9 月 1 日起施行。《财政部 国家税务总局关于实施煤炭资源税改革的通知》(财税〔2014〕72 号)、《财政部 国家税务总局关于调整原油天然气资源税有关政策的通知》(财税〔2014〕73 号)、《财政部 国家税务总局关于实施稀土钨钼资源税从价计征改革的通知》(财税〔2015〕52 号)、《财政部 国家税务总局关于全面推进资源税改革的通知》(财税〔2016〕53 号)、《财政部 国家税务总局关于资源税改革具体政策问题的通知》(财税〔2016〕54 号)同时废止。

财政部 税务总局
2020 年 6 月 28 日

第 16 章　环保税

16.1　中华人民共和国环境保护税法

2016 年 12 月 25 日　第十二届全国人民代表大会常务委员会第二十五次会议通过

第一章　总则

第一条　为了保护和改善环境，减少污染物排放，推进生态文明建设，制定本法。

第二条　在中华人民共和国领域和中华人民共和国管辖的其他海域，直接向环境排放应税污染物的企业事业单位和其他生产经营者为环境保护税的纳税人，应当依照本法规定缴纳环境保护税。

第三条　本法所称应税污染物，是指本法所附《环境保护税税目税额表》《应税污染物和当量值表》规定的大气污染物、水污染物、固体废物和噪声。

第四条　有下列情形之一的，不属于直接向环境排放污染物，不缴纳相应污染物的环境保护税：

（一）企业事业单位和其他生产经营者向依法设立的污水集中处理、生活垃圾集中处理场所排放应税污染物的；

（二）企业事业单位和其他生产经营者在符合国家和地方环境保护标准的设施、场所贮存或者处置固体废物的。

第五条　依法设立的城乡污水集中处理、生活垃圾集中处理场所超过国家和地方规定的排放标准向环境排放应税污染物的，应当缴纳环境保护税。

企业事业单位和其他生产经营者贮存或者处置固体废物不符合国家和地方环境保护标准的，应当缴纳环境保护税。

第六条　环境保护税的税目、税额，依照本法所附《环境保护税税目税额表》执行。

应税大气污染物和水污染物的具体适用税额的确定和调整，由省、自治区、直辖市人民政府统筹考虑本地区环境承载能力、污染物排放现状和经济社会生态发展目标要求，在本法所附《环境保护税税目税额表》规定的税额幅度内提出，报同级人民代表大会常务委员会决定，并报全国人民代表大会常务委员会和国务院备案。

第二章　计税依据和应纳税额

第七条　应税污染物的计税依据，按照下列方法确定：

（一）应税大气污染物按照污染物排放量折合的污染当量数确定；

（二）应税水污染物按照污染物排放量折合的污染当量数确定；

【例 1】　水污染当量数的计算

某企业 2018 年 3 月向水体直接排放第一类水污染物总汞 10 千克，根据第一类水污染物污染当量值表，总汞的污染当量值为 0.000 5（千克），其污染当量数为：10/0.000 5 = 20 000。

（三）应税固体废物按照固体废物的排放量确定；

（四）应税噪声按照超过国家规定标准的分贝数确定。

第八条　应税大气污染物、水污染物的污染当量数，以该污染物的排放量除以该污染物的污染当量值计算。每种应税大气污染物、水污染物的具体污染当量值，依照本法所附《应税污染物和当量值表》执行。

第九条　每一排放口或者没有排放口的应税大气污染物，按照污染当量数从大到小排序，对前三项污染物征收环境保护税。

每一排放口的应税水污染物，按照本法所附《应税污染物和当量值表》，区分第一类水污染物和其他类水污染物，按照污染当量数从大到小排序，对第一类水污染物按照前五项征收环境保护税，对其他类水污染物按照前三项征收环境保护税。

省、自治区、直辖市人民政府根据本地区污染物减排的特殊需要，可以增加同一排放口征收环境保护税的应税污染物项目数，报同级人民代表大会常务委员会决定，并报全国人民代表大会常务委员会和国务院备案。

第十条　应税大气污染物、水污染物、固体废物的排放量和噪声的分贝数，按照下列方法和顺序计算：

（一）纳税人安装使用符合国家规定和监测规范的污染物自动监测设备的，按照污染物自动监测数据计算；

（二）纳税人未安装使用污染物自动监测设备的，按照监测机构出具的符合国家有关规定和监测规范的监测数据计算；

（三）因排放污染物种类多等原因不具备监测条件的，按照国务院环境保护主管部门规定的排污系数、物料衡算方法计算；

（四）不能按照本条第一项至第三项规定的方法计算的，按照省、自治区、直辖市人民政府环境保护主管部门规定的抽样测算的方法核定计算。

第十一条　环境保护税应纳税额按照下列方法计算：

（一）应税大气污染物的应纳税额为污染当量数乘以具体适用税额；

【例 2】　大气污染物应纳税额的计算

某企业 2018 年 3 月向大气直接排放二氧化硫、氟化物各 100 千克，一氧化碳 200 千克、氯化氢 80 千克，假设当地大气污染物每污染当量税额 1.2 元，该企业只有一个排放口。其应纳税额计算如下：

第一步：计算各污染物的污染当量数。

污染当量数 = 该污染物的排放量 ÷ 该污染物的污染当量值

据此计算各污染物的污染当量数为：

二氧化硫污染当量数 = 100/0.95 = 105.26

氟化物污染当量数 = 100/0.87 = 114.94

一氧化碳污染当量数 = 200/16.7 = 11.98

氯化氢污染当量数 = 80/10.75 = 7.44

第二步：按污染当量数排序。

氟化物污染当量数（114.94）＞二氧化硫污染当量数（105.26）＞一氧化碳污染当量数（11.98）＞氯化氢污染当量数（7.44）

该企业只有一个排放口，排序选取计税前三项污染物为：氟化物、二氧化硫、一氧化碳。

第三步：计算应纳税额。

应纳税额 =（114.94 + 105.26 + 11.98）×1.2 = 278.62（元）

（二）应税水污染物的应纳税额为污染当量数乘以具体适用税额；

【例3】水污染物应纳税额的计算（适用监测数据法）

甲化工厂是环境保护税纳税人，该厂仅有1个污水排放口且直接向河流排放污水，已安装使用符合国家规定和监测规范的污染物自动监测设备。检测数据显示，该排放口2018年2月共排放污水6万吨（折合6万立方米），应税污染物为六价铬，浓度为六价铬0.5mg/L。请计算该化工厂2月份应缴纳的环境保护税（该厂所在省的水污染物税率为2.8元/污染当量，六价铬的污染当量值为0.02）。

计算过程如下：

（1）计算污染当量数：

六价铬污染当量数 = 排放总量 × 浓度值 ÷ 当量值

$$= 60\,000\,000 × 0.5 ÷ 1\,000\,000 ÷ 0.02 = 1\,500$$

（2）应纳税额 = 1 500 × 2.8 = 4 200（元）

【例4】水污染物应纳税额的计算（适用抽样测算法）

某养殖场，2018年2月养牛存栏量为500头，污染当量值为0.1头，假设当地水污染物适用税额为每污染当量2.8元，当月应纳环境保护税税额计算如下：

水污染物当量数 = 500 ÷ 0.1 = 5 000

应纳税额 = 5 000 × 2.8 = 14 000（元）

（3）应税固体废物的应纳税额为固体废物排放量乘以具体适用税额；

【例5】固体废物应纳税额的计算

假设某企业2018年3月产生尾矿1 000吨，其中综合利用的尾矿300吨（符合国家相关规定），在符合国家和地方环境保护标准的设施贮存300吨。请计算该企业当月尾矿应缴纳的环境保护税。

环境保护税应纳税额 =（1 000 − 300 − 300）×15 = 6 000（元）

（4）应税噪声的应纳税额为超过国家规定标准的分贝数对应的具体适用税额。

【例6】噪声应纳税额的计算

假设某工业企业只有一个生产场所，只在昼间生产，边界处声环境功能区类型为1类，生产时产生噪声为60分贝，《工业企业厂界环境噪声排放标准》规定1类功能区昼间的噪声排放限值为55分贝，当月超标天数为18天。请计算该企业当月噪声污染应缴纳的环境保护税。

超标分贝数：60 − 55 = 5（分贝）

根据《环境保护税税目税额表》，可得出该企业当月噪声污染应缴纳环境保护税700元。

第三章　税收减免

第十二条　下列情形，暂予免征环境保护税：

（一）农业生产（不包括规模化养殖）排放应税污染物的；

（二）机动车、铁路机车、非道路移动机械、船舶和航空器等流动污染源排放应税污染物的；

（三）依法设立的城乡污水集中处理、生活垃圾集中处理场所排放相应应税污染物，不超过国家和地方规定的排放标准的；

（四）纳税人综合利用的固体废物，符合国家和地方环境保护标准的；

（五）国务院批准免税的其他情形。

前款第五项免税规定，由国务院报全国人民代表大会常务委员会备案。

第十三条　纳税人排放应税大气污染物或者水污染物的浓度值低于国家和地方规定的污染物排放标准百分之三十的，减按百分之七十五征收环境保护税。纳税人排放应税大气污染物或者水污染物的浓度值低于国家和地方规定的污染物排放标准百分之五十的，减按百分之五十征收环境保护税。

第四章　征收管理

第十四条　环境保护税由税务机关依照《中华人民共和国税收征收管理法》和本法的有关规定征收管理。

环境保护主管部门依照本法和有关环境保护法律法规的规定负责对污染物的监测管理。

县级以上地方人民政府应当建立税务机关、环境保护主管部门和其他相关单位分工协作工作机制，加强环境保护税征收管理，保障税款及时足额入库。

第十五条　环境保护主管部门和税务机关应当建立涉税信息共享平台和工作配合机制。

环境保护主管部门应当将排污单位的排污许可、污染物排放数据、环境违法和受行政处罚情况等环境保护相关信息，定期交送税务机关。

税务机关应当将纳税人的纳税申报、税款入库、减免税额、欠缴税款以及风险疑点等环境保护税涉税信息，定期交送环境保护主管部门。

第十六条　纳税义务发生时间为纳税人排放应税污染物的当日。

第十七条　纳税人应当向应税污染物排放地的税务机关申报缴纳环境保护税。

第十八条　环境保护税按月计算，按季申报缴纳。不能按固定期限计算缴纳的，可以按次申报缴纳。

纳税人申报缴纳时，应当向税务机关报送所排放应税污染物的种类、数量，大气污染物、水污染物的浓度值，以及税务机关根据实际需要要求纳税人报送的其他纳税资料。

第十九条　纳税人按季申报缴纳的，应当自季度终了之日起十五日内，向税务机关办理纳税申报并缴纳税款。纳税人按次申报缴纳的，应当自纳税义务发生之日起十五日内，向税务机关办理纳税申报并缴纳税款。

纳税人应当依法如实办理纳税申报，对申报的真实性和完整性承担责任。

第二十条　税务机关应当将纳税人的纳税申报数据资料与环境保护主管部门交送的相关数

据资料进行比对。

　　税务机关发现纳税人的纳税申报数据资料异常或者纳税人未按照规定期限办理纳税申报的，可以提请环境保护主管部门进行复核，环境保护主管部门应当自收到税务机关的数据资料之日起十五日内向税务机关出具复核意见。税务机关应当按照环境保护主管部门复核的数据资料调整纳税人的应纳税额。

　　第二十一条　依照本法第十条第四项的规定核定计算污染物排放量的，由税务机关会同环境保护主管部门核定污染物排放种类、数量和应纳税额。

　　第二十二条　纳税人从事海洋工程向中华人民共和国管辖海域排放应税大气污染物、水污染物或者固体废物，申报缴纳环境保护税的具体办法，由国务院税务主管部门会同国务院海洋主管部门规定。

　　第二十三条　纳税人和税务机关、环境保护主管部门及其工作人员违反本法规定的，依照《中华人民共和国税收征收管理法》《中华人民共和国环境保护法》和有关法律法规的规定追究法律责任。

　　第二十四条　各级人民政府应当鼓励纳税人加大环境保护建设投入，对纳税人用于污染物自动监测设备的投资予以资金和政策支持。

第五章　附则

　　第二十五条　本法下列用语的含义：

　　（一）污染当量，是指根据污染物或者污染排放活动对环境的有害程度以及处理的技术经济性，衡量不同污染物对环境污染的综合性指标或者计量单位。同一介质相同污染当量的不同污染物，其污染程度基本相当。

　　（二）排污系数，是指在正常技术经济和管理条件下，生产单位产品所应排放的污染物量的统计平均值。

　　（三）物料衡算，是指根据物质质量守恒原理对生产过程中使用的原料、生产的产品和产生的废物等进行测算的一种方法。

　　第二十六条　直接向环境排放应税污染物的企业事业单位和其他生产经营者，除依照本法规定缴纳环境保护税外，应当对所造成的损害依法承担责任。

　　第二十七条　自本法施行之日起，依照本法规定征收环境保护税，不再征收排污费。

　　第二十八条　本法自 2018 年 1 月 1 日起施行。

16.2　中华人民共和国环境保护税法实施条例

2017 年 12 月 25 日　　国务院令第 693 号

现公布《中华人民共和国环境保护税法实施条例》，自 2018 年 1 月 1 日起施行。

总理　李克强

2017 年 12 月 25 日

中华人民共和国环境保护税法实施条例

第一章　总　则

第一条　根据《中华人民共和国环境保护税法》（以下简称环境保护税法），制定本条例。

第二条　环境保护税法所附《环境保护税税目税额表》所称其他固体废物的具体范围，依照环境保护税法第六条第二款规定的程序确定。

第三条　环境保护税法第五条第一款、第十二条第一款第三项规定的城乡污水集中处理场所，是指为社会公众提供生活污水处理服务的场所，不包括为工业园区、开发区等工业聚集区域内的企业事业单位和其他生产经营者提供污水处理服务的场所，以及企业事业单位和其他生产经营者自建自用的污水处理场所。

第四条　达到省级人民政府确定的规模标准并且有污染物排放口的畜禽养殖场，应当依法缴纳环境保护税；依法对畜禽养殖废弃物进行综合利用和无害化处理的，不属于直接向环境排放污染物，不缴纳环境保护税。

第二章　计税依据

第五条　应税固体废物的计税依据，按照固体废物的排放量确定。固体废物的排放量为当期应税固体废物的产生量减去当期应税固体废物的贮存量、处置量、综合利用量的余额。

前款规定的固体废物的贮存量、处置量，是指在符合国家和地方环境保护标准的设施、场所贮存或者处置的固体废物数量；固体废物的综合利用量，是指按照国务院发展改革、工业和信息化主管部门关于资源综合利用要求以及国家和地方环境保护标准进行综合利用的固体废物数量。

第六条　纳税人有下列情形之一的，以其当期应税固体废物的产生量作为固体废物的排放量：

（一）非法倾倒应税固体废物；

（二）进行虚假纳税申报。

第七条　应税大气污染物、水污染物的计税依据，按照污染物排放量折合的污染当量数确定。

纳税人有下列情形之一的，以其当期应税大气污染物、水污染物的产生量作为污染物的排放量：

（一）未依法安装使用污染物自动监测设备或者未将污染物自动监测设备与环境保护主管部门的监控设备联网；

（二）损毁或者擅自移动、改变污染物自动监测设备；

（三）篡改、伪造污染物监测数据；

（四）通过暗管、渗井、渗坑、灌注或者稀释排放以及不正常运行防治污染设施等方式违法排放应税污染物；

（五）进行虚假纳税申报。

第八条 从两个以上排放口排放应税污染物的，对每一排放口排放的应税污染物分别计算征收环境保护税；纳税人持有排污许可证的，其污染物排放口按照排污许可证载明的污染物排放口确定。

第九条 属于环境保护税法第十条第二项规定情形的纳税人，自行对污染物进行监测所获取的监测数据，符合国家有关规定和监测规范的，视同环境保护税法第十条第二项规定的监测机构出具的监测数据。

第三章 税收减免

第十条 环境保护税法第十三条所称应税大气污染物或者水污染物的浓度值，是指纳税人安装使用的污染物自动监测设备当月自动监测的应税大气污染物浓度值的小时平均值再平均所得数值或者应税水污染物浓度值的日平均值再平均所得数值，或者监测机构当月监测的应税大气污染物、水污染物浓度值的平均值。

依照环境保护税法第十三条的规定减征环境保护税的，前款规定的应税大气污染物浓度值的小时平均值或者应税水污染物浓度值的日平均值，以及监测机构当月每次监测的应税大气污染物、水污染物的浓度值，均不得超过国家和地方规定的污染物排放标准。

第十一条 依照环境保护税法第十三条的规定减征环境保护税的，应当对每一排放口排放的不同应税污染物分别计算。

第四章 征收管理

第十二条 税务机关依法履行环境保护税纳税申报受理、涉税信息比对、组织税款入库等职责。

环境保护主管部门依法负责应税污染物监测管理，制定和完善污染物监测规范。

第十三条 县级以上地方人民政府应当加强对环境保护税征收管理工作的领导，及时协调、解决环境保护税征收管理工作中的重大问题。

第十四条 国务院税务、环境保护主管部门制定涉税信息共享平台技术标准以及数据采集、存储、传输、查询和使用规范。

第十五条 环境保护主管部门应当通过涉税信息共享平台向税务机关交送在环境保护监督管理中获取的下列信息：

（一）排污单位的名称、统一社会信用代码以及污染物排放口、排放污染物种类等基本信息；

（二）排污单位的污染物排放数据（包括污染物排放量以及大气污染物、水污染物的浓度值等数据）；

（三）排污单位环境违法和受行政处罚情况；

（四）对税务机关提请复核的纳税人的纳税申报数据资料异常或者纳税人未按照规定期限办理纳税申报的复核意见；

（五）与税务机关商定交送的其他信息。

第十六条 税务机关应当通过涉税信息共享平台向环境保护主管部门交送下列环境保护税涉税信息：

（一）纳税人基本信息；

（二）纳税申报信息；

（三）税款入库、减免税额、欠缴税款以及风险疑点等信息；

（四）纳税人涉税违法和受行政处罚情况；

（五）纳税人的纳税申报数据资料异常或者纳税人未按照规定期限办理纳税申报的信息；

（六）与环境保护主管部门商定交送的其他信息。

第十七条 环境保护税法第十七条所称应税污染物排放地是指：

（一）应税大气污染物、水污染物排放口所在地；

（二）应税固体废物产生地；

（三）应税噪声产生地。

第十八条 纳税人跨区域排放应税污染物，税务机关对税收征收管辖有争议的，由争议各方按照有利于征收管理的原则协商解决；不能协商一致的，报请共同的上级税务机关决定。

第十九条 税务机关应当依据环境保护主管部门交送的排污单位信息进行纳税人识别。

在环境保护主管部门交送的排污单位信息中没有对应信息的纳税人，由税务机关在纳税人首次办理环境保护税纳税申报时进行纳税人识别，并将相关信息交送环境保护主管部门。

第二十条 环境保护主管部门发现纳税人申报的应税污染物排放信息或者适用的排污系数、物料衡算方法有误的，应当通知税务机关处理。

第二十一条 纳税人申报的污染物排放数据与环境保护主管部门交送的相关数据不一致的，按照环境保护主管部门交送的数据确定应税污染物的计税依据。

第二十二条 环境保护税法第二十条第二款所称纳税人的纳税申报数据资料异常，包括但不限于下列情形：

（一）纳税人当期申报的应税污染物排放量与上一年同期相比明显偏低，且无正当理由；

（二）纳税人单位产品污染物排放量与同类型纳税人相比明显偏低，且无正当理由。

第二十三条 税务机关、环境保护主管部门应当无偿为纳税人提供与缴纳环境保护税有关的辅导、培训和咨询服务。

第二十四条 税务机关依法实施环境保护税的税务检查，环境保护主管部门予以配合。

第二十五条 纳税人应当按照税收征收管理的有关规定，妥善保管应税污染物监测和管理的有关资料。

第五章 附则

第二十六条 本条例自 2018 年 1 月 1 日起施行。2003 年 1 月 2 日国务院公布的《排污费征收使用管理条例》同时废止。

16.3 财政部 税务总局 生态环境部关于环境保护税有关问题的通知

2018 年 3 月 30 日 财税〔2018〕23 号

各省、自治区、直辖市、计划单列市财政厅（局）、国家税务局、地方税务局、环境保护厅（局）：

根据《中华人民共和国环境保护税法》及其实施条例的规定，现就环境保护税征收有关问题通知如下：

一、关于应税大气污染物和水污染物排放量的监测计算问题

纳税人委托监测机构对应税大气污染物和水污染物排放量进行监测时，其当月同一个排放口排放的同一种污染物有多个监测数据的，应税大气污染物按照监测数据的平均值计算应税污染物的排放量；应税水污染物按照监测数据以流量为权的加权平均值计算应税污染物的排放量。在环境保护主管部门规定的监测时限内当月无监测数据的，可以跨月沿用最近一次的监测数据计算应税污染物排放量。纳入排污许可管理行业的纳税人，其应税污染物排放量的监测计算方法按照排污许可管理要求执行。

因排放污染物种类多等原因不具备监测条件的，纳税人应当按照《关于发布计算污染物排放量的排污系数和物料衡算方法的公告》（原环境保护部公告 2017 第 81 号）的规定计算应税污染物排放量。其中，相关行业适用的排污系数方法中产排污系数为区间值的，纳税人结合实际情况确定具体适用的产排污系数值；纳入排污许可管理行业的纳税人按照排污许可证的规定确定。生态环境部尚未规定适用排污系数、物料衡算方法的，暂由纳税人参照缴纳排污费时依据的排污系数、物料衡算方法及抽样测算方法计算应税污染物的排放量。

二、关于应税水污染物污染当量数的计算问题

应税水污染物的污染当量数，以该污染物的排放量除以该污染物的污染当量值计算。其中，色度的污染当量数，以污水排放量乘以色度超标倍数再除以适用的污染当量值计算。畜禽养殖业水污染物的污染当量数，以该畜禽养殖场的月均存栏量除以适用的污染当量值计算。畜禽养殖场的月均存栏量按照月初存栏量和月末存栏量的平均数计算。

三、关于应税固体废物排放量计算和纳税申报问题

应税固体废物的排放量为当期应税固体废物的产生量减去当期应税固体废物贮存量、处置量、综合利用量的余额。纳税人应当准确计量应税固体废物的贮存量、处置量和综合利用量，未准确计量的，不得从其应税固体废物的产生量中减去。纳税人依法将应税固体废物转移至其他单位和个人进行贮存、处置或者综合利用的，固体废物的转移量相应计入其当期应税固体废物的贮存量、处置量或者综合利用量；纳税人接收的应税固体废物转移量，不计入其当期应税固体废物的产生量。纳税人对应税固体废物进行综合利用的，应当符合工业和信息化部制定的工业固体废物综合利用评价管理规范。

纳税人申报纳税时，应当向税务机关报送应税固体废物的产生量、贮存量、处置量和综合利用量，同时报送能够证明固体废物流向和数量的纳税资料，包括固体废物处置利用委托合同、受委托方资质证明、固体废物转移联单、危险废物管理台账复印件等。有关纳税资料已在环境保护税基础信息采集表中采集且未发生变化的，纳税人不再报送。纳税人应当参照危险废物台账管理要求，建立其他应税固体废物管理台账，如实记录产生固体废物的种类、数量、流向以及贮存、处置、综合利用、接收转入等信息，并将应税固体废物管理台账和相关资料留存备查。

四、关于应税噪声应纳税额的计算问题

应税噪声的应纳税额为超过国家规定标准分贝数对应的具体适用税额。噪声超标分贝数不是整数值的，按四舍五入取整。一个单位的同一监测点当月有多个监测数据超标的，以最高一次超标声级计算应纳税额。声源一个月内累计昼间超标不足 15 昼或者累计夜间超标不足 15 夜的，分别减半计算应纳税额。

财政部　税务总局　生态环境部

2018 年 3 月 30 日

16.4　生态环境部　财政部　税务总局关于发布计算环境保护税应税污染物排放量的排污系数和物料衡算方法的公告

2021 年 4 月 28 日　生态环境部　财政部　税务总局公告 2021 年第 16 号

为贯彻落实《中华人民共和国环境保护税法》，进一步规范因排放污染物种类多等原因不具备监测条件的排污单位应税污染物排放量计算方法，现公告如下：

一、属于排污许可管理的排污单位，适用生态环境部发布的排污许可证申请与核发技术规范中规定的排（产）污系数、物料衡算方法计算应税污染物排放量；排污许可证申请与核发技术规范未规定相关排（产）污系数的，适用生态环境部发布的排放源统计调查制度规定的排（产）污系数方法计算应税污染物排放量。

二、不属于排污许可管理的排污单位，适用生态环境部发布的排放源统计调查制度规定的排（产）污系数方法计算应税污染物排放量。

三、上述情形中仍无相关计算方法的，由各省、自治区、直辖市生态环境主管部门结合本地实际情况，科学合理制定抽样测算方法。

四、本公告自 2021 年 5 月 1 日起施行，《关于发布计算污染物排放量的排污系数和物料衡算方法的公告》（环境保护部公告 2017 年第 81 号）同时废止。《财政部　税务总局　生态环境部关于环境保护税有关问题的通知》（财税〔2018〕23 号）第一条第二款同时改按本公告规定执行。

生态环境部将适时对排污许可证申请与核发技术规范、排放源统计调查制度规定的排（产）污系数、物料衡算方法进行制修订，排污单位自制修订后的排（产）污系数、物料衡算方法实施之日的次月起（未明确实施日期的，以发布日期为实施日期），依据新的系数和方法计算应税污染物排放量。

特此公告。

16.5 财政部 税务总局 生态环境部关于明确环境保护税应税污染物适用等有关问题的通知

2018 年 10 月 25 日   财税〔2018〕117 号

各省、自治区、直辖市、计划单列市财政厅（局）、环境保护厅（局），国家税务总局各省、自治区、直辖市、计划单列市税务局，新疆生产建设兵团财政局、环境保护局：

为保障《中华人民共和国环境保护税法》及其实施条例有效实施，现就环境保护税征收有关问题通知如下：

一、关于应税污染物适用问题

燃烧产生废气中的颗粒物，按照烟尘征收环境保护税。排放的扬尘、工业粉尘等颗粒物，除可以确定为烟尘、石棉尘、玻璃棉尘、炭黑尘的外，按照一般性粉尘征收环境保护税。

二、关于税收减免适用问题

依法设立的生活垃圾焚烧发电厂、生活垃圾填埋场、生活垃圾堆肥厂，属于生活垃圾集中处理场所，其排放应税污染物不超过国家和地方规定的排放标准的，依法予以免征环境保护税。纳税人任何一个排放口排放应税大气污染物、水污染物的浓度值，以及没有排放口排放应税大气污染物的浓度值，超过国家和地方规定的污染物排放标准的，依法不予减征环境保护税。

三、关于应税污染物排放量的监测计算问题

（一）纳税人按照规定须安装污染物自动监测设备并与生态环境主管部门联网的，当自动监测设备发生故障、设备维护、启停炉、停运等状态时，应当按照相关法律法规和《固定污染源烟气（SO2、NOx、颗粒物）排放连续监测技术规范》（HJ 75—2017）、《水污染源在线监测系统数据有效性判别技术规范》（HJ/T 356—2007）等规定，对数据状态进行标记，以及对数据缺失、无效时段的污染物排放量进行修约和替代处理，并按标记、处理后的自动监测数据计算应税污染物排放量。相关纳税人当月不能提供符合国家规定和监测规范的自动监测数据的，应当按照排污系数、物料衡算方法计算应税污染物排放量。纳入排污许可管理行业的纳税人，其应税污染物排放量的监测计算方法按照排污许可管理要求执行。

纳税人主动安装使用符合国家规定和监测规范的污染物自动监测设备，但未与生态环境主管部门联网的，可以按照自动监测数据计算应税污染物排放量；不能提供符合国家规定和监测规范的自动监测数据的，应当按照监测机构出具的符合监测规范的监测数据或者排污系数、物料衡算方法计算应税污染物排放量。

（二）纳税人委托监测机构监测应税污染物排放量的，应当按照国家有关规定制定监测方案，并将监测数据资料及时报送生态环境主管部门。监测机构实施的监测项目、方法、时限和频次应当符合国家有关规定和监测规范要求。监测机构出具的监测报告应当包括应税水污染物种类、浓度值和污水流量；应税大气污染物种类、浓度值、排放速率和烟气量；执行的污染物排放标准和排放浓度限值等信息。监测机构对监测数据的真实性、合法性负责，凡发现监测数据弄虚作假的，依照相关法律法规的规定追究法律责任。

纳税人采用委托监测方式，在规定监测时限内当月无监测数据的，可以沿用最近一次的监测数据计算应税污染物排放量，但不得跨季度沿用监测数据。纳税人采用监测机构出具的监测数据申报减免环境保护税的，应当取得申报当月的监测数据；当月无监测数据的，不予减免环境保护税。有关污染物监测浓度值低于生态环境主管部门规定的污染物检出限的，除有特殊管理要求外，视同该污染物排放量为零。生态环境主管部门、计量主管部门发现委托监测数据失真或者弄虚作假的，税务机关应当按照同一纳税期内的监督性监测数据或者排污系数、物料衡算方法计算应税污染物排放量。

（三）在建筑施工、货物装卸和堆存过程中无组织排放应税大气污染物的，按照生态环境部规定的排污系数、物料衡算方法计算应税污染物排放量；不能按照生态环境部规定的排污系数、物料衡算方法计算的，按照省、自治区、直辖市生态环境主管部门规定的抽样测算的方法核定计算应税污染物排放量。

（四）纳税人因环境违法行为受到行政处罚的，应当依据相关法律法规和处罚信息计算违法行为所属期的应税污染物排放量。生态环境主管部门发现纳税人申报信息有误的，应当通知税务机关处理。

四、关于环境保护税征管协作配合问题

各级税务、生态环境主管部门要加快建设和完善涉税信息共享平台，进一步规范涉税信息交换的数据项、交换频率和数据格式，并提高涉税信息交换的及时性、准确性，保障环境保护税征管工作运转顺畅。

财政部　税务总局　生态环境部

2018 年 10 月 25 日

16.6　国家税务总局　国家海洋局关于发布《海洋工程环境保护税申报征收办法》的公告

2017 年 12 月 27 日　国家税务总局公告 2017 年第 50 号

现将国家税务总局、国家海洋局制定的《海洋工程环境保护税申报征收办法》予以发布，自 2018 年 1 月 1 日起施行，请遵照执行。

特此公告。

国家税务总局　国家海洋局

2017 年 12 月 27 日

海洋工程环境保护税申报征收办法

第一条　为规范海洋工程环境保护税征收管理，根据《中华人民共和国环境保护税法》（以下简称《环境保护税法》）、《中华人民共和国税收征收管理法》及《中华人民共和国海洋环境保护法》，制定本办法。

第二条　本办法适用于在中华人民共和国内水、领海、毗连区、专属经济区、大陆架以及

税收法规及优惠政策案例详解

中华人民共和国管辖的其他海域内从事海洋石油、天然气勘探开发生产等作业活动，并向海洋环境排放应税污染物的企业事业单位和其他生产经营者（以下简称纳税人）。

第三条 本办法所称应税污染物，是指大气污染物、水污染物和固体废物。纳税人排放应税污染物，按照下列方法计征环境保护税：

（一）大气污染物。对向海洋环境排放大气污染物的，按照每一排放口或者没有排放口的应税污染物排放量折合的污染当量数从大到小排序后的前三项污染物计征。

（二）水污染物。对向海洋水体排放生产污水和机舱污水、钻井泥浆（包括水基泥浆和无毒复合泥浆，下同）和钻屑及生活污水的，按照应税污染物排放量折合的污染当量数计征。其中，生产污水和机舱污水，按照生产污水和机舱污水中石油类污染物排放量折合的污染当量数计征；钻井泥浆和钻屑按照泥浆和钻屑中石油类、总镉、总汞的污染物排放量折合的污染当量数计征；生活污水按照生活污水中化学需氧量（COD_{cr}）排放量折合的污染当量数计征。

（三）固体废物。对向海洋水体排放生活垃圾的，按照排放量计征。

第四条 海洋工程环境保护税的具体适用税额按照负责征收环境保护税的海洋石油税务（收）管理分局所在地适用的税额标准执行。

生活垃圾按照环境保护税法"其他固体废物"税额标准执行。

第五条 海洋工程环境保护税应纳税额按照下列方法计算：

（一）应税大气污染物的应纳税额为污染当量数乘以具体适用税额。

（二）应税水污染物的应纳税额为污染当量数乘以具体适用税额。

（三）应税固体废物的应纳税额为固体废物排放量乘以具体适用税额。

第六条 海洋工程环境保护税由纳税人所属海洋石油税务（收）管理分局负责征收。纳税人同属两个海洋石油税务（收）管理分局管理的，由国家税务总局确定征收机关。

第七条 海洋工程环境保护税实行按月计算，按季申报缴纳。纳税人应当自季度终了之日起15日内，向税务机关办理纳税申报并缴纳税款。

不能按固定期限计算缴纳的，可以按次申报缴纳。纳税人应当自纳税义务发生之日起15日内，向税务机关办理纳税申报并缴纳税款。

第八条 纳税人应根据排污许可有关规定，向税务机关如实填报纳税人及排放应税污染物的基本信息。纳税人基本信息发生变更的，应及时到税务机关办理变更手续。

纳税人应当按照税收征收管理有关规定，妥善保存应税污染物的监测资料以及税务机关要求留存备查的其他涉税资料。

第九条 海洋行政主管部门和税务机关应当建立涉税信息共享和协作机制。

海洋行政主管部门应当将纳税人的基本信息、污染物排放数据、污染物样品检测校验结果、处理处罚等海洋工程环境保护涉税信息，定期交送税务机关。

税务机关应当将纳税人的纳税申报数据、异常申报情况等环境保护税涉税信息，定期交送海洋行政主管部门。

第十条 国家海洋行政主管部门应当建立健全污染物监测规范，加强应税污染物排放的监测管理。

第十一条 纳税人应当使用符合国家环境监测、计量认证规定和技术规范的污染物流量自动监控仪器对大气污染物和水污染物的排放进行计量，其计量数据作为应税污染物排放数量的依据。

纳税人对生活垃圾排放量应当建立台账管理，留存备查。

第十二条　从事海洋石油勘探开发生产的纳税人，应当按规定对生产污水和机舱污水的含油量进行检测，并使用化学需氧量（CODcr）自动检测仪对生活污水的化学需氧量（CODcr）进行检测。其检测值作为计算应税污染物排放量的依据。

第十三条　纳税人应当留取钻井泥浆和钻屑的排放样品，按规定定期进行污染物含量检测，其检测值作为计算应税污染物排放量的依据。

第十四条　纳税人运回陆域处理的海洋工程应税污染物，应当按照《环境保护税法》及其相关规定，向污染物排放地税务机关申报缴纳环境保护税。

第十五条　本办法自 2018 年 1 月 1 日起施行。《国家海洋局关于印发〈海洋工程排污费征收标准实施办法〉的通知》（国海环字〔2003〕214 号）同时废止。

第 17 章 烟叶税

17.1 中华人民共和国烟叶税法

2017 年 12 月 27 日 中华人民共和国主席令第八十四号

《中华人民共和国烟叶税法》已由中华人民共和国第十二届全国人民代表大会常务委员会第三十一次会议于 2017 年 12 月 27 日通过，现予公布，自 2018 年 7 月 1 日起施行。

中华人民共和国主席 习近平

2017 年 12 月 27 日

中华人民共和国烟叶税法

（2017 年 12 月 27 日第十二届全国人民代表大会常务委员会第三十一次会议通过）

第一条 在中华人民共和国境内，依照《中华人民共和国烟草专卖法》的规定收购烟叶的单位为烟叶税的纳税人。纳税人应当依照本法规定缴纳烟叶税。

第二条 本法所称烟叶，是指烤烟叶、晾晒烟叶。

第三条 烟叶税的计税依据为纳税人收购烟叶实际支付的价款总额。

第四条 烟叶税的税率为百分之二十。

第五条 烟叶税的应纳税额按照纳税人收购烟叶实际支付的价款总额乘以税率计算。

第六条 烟叶税由税务机关依照本法和《中华人民共和国税收征收管理法》的有关规定征收管理。

第七条 纳税人应当向烟叶收购地的主管税务机关申报缴纳烟叶税。

第八条 烟叶税的纳税义务发生时间为纳税人收购烟叶的当日。

第九条 烟叶税按月计征，纳税人应当于纳税义务发生月终了之日起十五日内申报并缴纳税款。

第十条 本法自 2018 年 7 月 1 日起施行。2006 年 4 月 28 日国务院公布的《中华人民共和国烟叶税暂行条例》同时废止。

17.2　财政部　税务总局关于明确烟叶税计税依据的通知

2018 年 6 月 29 日　财税〔2018〕75 号

各省、自治区、直辖市、计划单列市财政厅（局），国家税务总局各省、自治区、直辖市、计划单列市税务局，新疆生产建设兵团财政局：

为保证《中华人民共和国烟叶税法》有效实施，经国务院同意，现就烟叶税计税依据通知如下：

纳税人收购烟叶实际支付的价款总额包括纳税人支付给烟叶生产销售单位和个人的烟叶收购价款和价外补贴。其中，价外补贴统一按烟叶收购价款的 10% 计算。

请遵照执行。

财政部　税务总局
2018 年 6 月 29 日

第18章 税收稽查

18.1 中华人民共和国税收征收管理法

2016 年 2 月 6 日 国务院令第 362 号

第一章 总则

第一条 为了加强税收征收管理，规范税收征收和缴纳行为，保障国家税收收入，保护纳税人的合法权益，促进经济和社会发展，制定本法。

第二条 凡依法由税务机关征收的各种税收的征收管理，均适用本法。

第三条 税收的开征、停征以及减税、免税、退税、补税，依照法律的规定执行；法律授权国务院规定的，依照国务院制定的行政法规的规定执行。

任何机关、单位和个人不得违反法律、行政法规的规定，擅自作出税收开征、停征以及减税、免税、退税、补税和其他同税收法律、行政法规相抵触的决定。

第四条 法律、行政法规规定负有纳税义务的单位和个人为纳税人。

法律、行政法规规定负有代扣代缴、代收代缴税款义务的单位和个人为扣缴义务人。

纳税人、扣缴义务人必须依照法律、行政法规的规定缴纳税款、代扣代缴、代收代缴税款。

第五条 国务院税务主管部门主管全国税收征收管理工作。各地国家税务局和地方税务局应当按照国务院规定的税收征收管理范围分别进行征收管理。

地方各级人民政府应当依法加强对本行政区域内税收征收管理工作的领导或者协调，支持税务机关依法执行职务，依照法定税率计算税额，依法征收税款。

各有关部门和单位应当支持、协助税务机关依法执行职务。

税务机关依法执行职务，任何单位和个人不得阻挠。

第六条 国家有计划地用现代信息技术装备各级税务机关，加强税收征收管理信息系统的现代化建设，建立、健全税务机关与政府其他管理机关的信息共享制度。

纳税人、扣缴义务人和其他有关单位应当按照国家有关规定如实向税务机关提供与纳税和代扣代缴、代收代缴税款有关的信息。

第七条　税务机关应当广泛宣传税收法律、行政法规，普及纳税知识，无偿地为纳税人提供纳税咨询服务。

第八条　纳税人、扣缴义务人有权向税务机关了解国家税收法律、行政法规的规定以及与纳税程序有关的情况。

纳税人、扣缴义务人有权要求税务机关为纳税人、扣缴义务人的情况保密。税务机关应当依法为纳税人、扣缴义务人的情况保密。

纳税人依法享有申请减税、免税、退税的权利。

纳税人、扣缴义务人对税务机关所作出的决定，享有陈述权、申辩权；依法享有申请行政复议、提起行政诉讼、请求国家赔偿等权利。

纳税人、扣缴义务人有权控告和检举税务机关、税务人员的违法违纪行为。

第九条　税务机关应当加强队伍建设，提高税务人员的政治业务素质。

税务机关、税务人员必须秉公执法，忠于职守，清正廉洁，礼貌待人，文明服务，尊重和保护纳税人、扣缴义务人的权利，依法接受监督。

税务人员不得索贿受贿、徇私舞弊、玩忽职守、不征或者少征应征税款；不得滥用职权多征税款或者故意刁难纳税人和扣缴义务人。

第十条　各级税务机关应当建立、健全内部制约和监督管理制度。

上级税务机关应当对下级税务机关的执法活动依法进行监督。

各级税务机关应当对其工作人员执行法律、行政法规和廉洁自律准则的情况进行监督检查。

第十一条　税务机关负责征收、管理、稽查、行政复议的人员的职责应当明确，并相互分离、相互制约。

第十二条　税务人员征收税款和查处税收违法案件，与纳税人、扣缴义务人或者税收违法案件有利害关系的，应当回避。

第十三条　任何单位和个人都有权检举违反税收法律、行政法规的行为。收到检举的机关和负责查处的机关应当为检举人保密。税务机关应当按照规定对检举人给予奖励。

第十四条　本法所称税务机关是指各级税务局、税务分局。税务所和按照国务院规定设立的并向社会公告的税务机构。

第二章　　税务管理

第一节　　税务登记

第十五条　企业，企业在外地设立的分支机构和从事生产、经营的场所，个体工商户和从事生产、经营的事业单位（以下统称从事生产、经营的纳税人）自领取营业执照之日起三十日内，持有关证件，向税务机关申报办理税务登记。税务机关应当于收到申报的当日办理登记并发给税务登记证件。

工商行政管理机关应当将办理登记注册、核发营业执照的情况，定期向税务机关通报。

本条第一款规定以外的纳税人办理税务登记和扣缴义务人办理扣缴税款登记的范围和办法，由国务院规定。

第十六条　从事生产、经营的纳税人，税务登记内容发生变化的，自工商行政管理机关办理变更登记之日起三十日内或者在向工商行政管理机关申请办理注销登记之前，持有关证件向税务机关申报办理变更或者注销税务登记。

第十七条 从事生产、经营的纳税人应当按照国家有关规定，持税务登记证件，在银行或者其他金融机构开立基本存款账户和其他存款账户，并将其全部账号向税务机关报告。

银行和其他金融机构应当在从事生产、经营的纳税人的账户中登录税务登记证件号码，并在税务登记证件中登录从事生产、经营的纳税人的账户账号。

税务机关依法查询从事生产、经营的纳税人开立账户的情况时，有关银行和其他金融机构应当予以协助。

第十八条 纳税人按照国务院税务主管部门的规定使用税务登记证件。税务登记证件不得转借、涂改、损毁、买卖或者伪造。

第二节　账簿、凭证管理

第十九条 纳税人、扣缴义务人按照有关法律、行政法规和国务院财政、税务主管部门的规定设置账簿，根据合法、有效凭证记账，进行核算。

第二章　税务管理

第二节　账簿、凭证管理

第二十条 从事生产、经营的纳税人的财务、会计制度或者财务、会计处理办法和会计核算软件，应当报送税务机关备案。

纳税人、扣缴义务人的财务、会计制度或者财务、会计处理办法与国务院或者国务院财政、税务主管部门有关税收的规定抵触的，依照国务院或者国务院财政、税务主管部门有关税收的规定计算应纳税款、代扣代缴和代收代缴税款。

第二十一条 税务机关是发票的主管机关，负责发票印制、领购、开具、取得、保管、缴销的管理和监督。

单位、个人在购销商品、提供或者接受经营服务以及从事其他经营活动中，应当按照规定开具、使用、取得发票。

发票的管理办法由国务院规定。

第二十二条 增值税专用发票由国务院税务主管部门指定的企业印制；其他发票，按照国务院税务主管部门的规定，分别由省、自治区、直辖市国家税务局、地方税务局指定企业印制。

未经前款规定的税务机关指定，不得印制发票。

第二十三条 国家根据税收征收管理的需要，积极推广使用税控装置。纳税人应当按照规定安装、使用税控装置，不得损毁或者擅自改动税控装置。

第二十四条 从事生产、经营的纳税人、扣缴义务人必须按照国务院财政、税务主管部门规定的保管期限保管账簿、记账凭证、完税凭证及其他有关资料。

账簿、记账凭证、完税凭证及其他有关资料不得伪造、变造或者擅自损毁。

第三节　纳税申报

第二十五条 纳税人必须依照法律、行政法规规定或者税务机关依照法律、行政法规的规定确定的申报期限、申报内容如实办理纳税申报，报送纳税申报表、财务会计报表以及税务机关根据实际需要要求纳税人报送的其他纳税资料。

扣缴义务人必须依照法律、行政法规规定或者税务机关依照法律、行政法规的规定确定的申报期限、申报内容如实报送代扣代缴、代收代缴税款报告表以及税务机关根据实际需要要求扣缴义务人报送的其他有关资料。

第二十六条　纳税人、扣缴义务人可以直接到税务机关办理纳税申报或者报送代扣代缴、代收代缴税款报告表，也可以按照规定采取邮寄、数据电文或者其他方式办理上述申报、报送事项。

第二十七条　纳税人、扣缴义务人不能按期办理纳税申报或者报送代扣代缴、代收代缴税款报告表的，经税务机关核准，可以延期申报。

经核准延期办理前款规定的申报、报送事项的，应当在纳税期内按照上期实际缴纳的税额或者税务机关核定的税额预缴税款，并在核准的延期内办理税款结算。

第三章　税款征收

第二十八条　税务机关依照法律、行政法规的规定征收税款，不得违反法律、行政法规的规定开征、停征、多征、少征、提前征收、延缓征收或者摊派税款。

农业税应纳税额按照法律、行政法规的规定核定。

第二十九条　除税务机关、税务人员以及经税务机关依照法律、行政法规委托的单位和人员外，任何单位和个人不得进行税款征收活动。

第三十条　扣缴义务人依照法律、行政法规的规定履行代扣、代收税款的义务。对法律、行政法规没有规定负有代扣、代收税款义务的单位和个人，税务机关不得要求其履行代扣、代收税款义务。

扣缴义务人依法履行代扣、代收税款义务时，纳税人不得拒绝。纳税人拒绝的，扣缴义务人应当及时报告税务机关处理。

税务机关按照规定付给扣缴义务人代扣、代收手续费。

第三十一条　纳税人、扣缴义务人按照法律、行政法规规定或者税务机关依照法律、行政法规的规定确定的期限，缴纳或者解缴税款。

纳税人因有特殊困难，不能按期缴纳税款的，经省、自治区、直辖市国家税务局、地方税务局批准，可以延期缴纳税款，但是最长不得超过三个月。

第三十二条　纳税人未按照规定期限缴纳税款的，扣缴义务人未按照规定期限解缴税款的，税务机关除责令限期缴纳外，从滞纳税款之日起，按日加收滞纳税款万分之五的滞纳金。

第三十三条　纳税人依照法律、行政法规的规定办理减税、免税。

地方各级人民政府、各级人民政府主管部门、单位和个人违反法律、行政法规规定，擅自作出的减税、免税决定无效，税务机关不得执行，并向上级税务机关报告。

第三十四条　税务机关征收税款时，必须给纳税人开具完税凭证。扣缴义务人代扣、代收税款时，纳税人要求扣缴义务人开具代扣、代收税款凭证的，扣缴义务人应当开具。

第三十五条　纳税人有下列情形之一的，税务机关有权核定其应纳税额：

（一）依照法律、行政法规的规定可以不设置账簿的；

（二）依照法律、行政法规的规定应当设置账簿但未设置的；

（三）擅自销毁账簿或者拒不提供纳税资料的；

（四）虽设置账簿，但账目混乱或者成本资料、收入凭证、费用凭证残缺不全，难以查账的；

（五）发生纳税义务，未按照规定的期限办理纳税申报，经税务机关责令限期申报，逾期仍不申报的；

（六）纳税人申报的计税依据明显偏低，又无正当理由的。

税务机关核定应纳税额的具体程序和方法由国务院税务主管部门规定。

第三十六条 企业或者外国企业在中国境内设立的从事生产、经营的机构、场所与其关联企业之间的业务往来，应当按照独立企业之间的业务往来收取或者支付价款、费用；不按照独立企业之间的业务往来收取或者支付价款、费用，而减少其应纳税的收入或者所得额的，税务机关有权进行合理调整。

第三十七条 对未按照规定办理税务登记的从事生产、经营的纳税人以及临时从事经营的纳税人，由税务机关核定其应纳税额，责令缴纳；不缴纳的，税务机关可以扣押其价值相当于应纳税款的商品、货物。扣押后缴纳应纳税款的，税务机关必须立即解除扣押，并归还所扣押的商品、货物；扣押后仍不缴纳应纳税款的，经县以上税务局（分局）局长批准，依法拍卖或者变卖所扣押的商品、货物，以拍卖或者变卖所得抵缴税款。

第三十八条 税务机关有根据认为从事生产、经营的纳税人有逃避纳税义务行为的，可以在规定的纳税期之前，责令限期缴纳应纳税款；在限期内发现纳税人有明显的转移、隐匿其应纳税的商品、货物以及其他财产或者应纳税的收入的迹象的，税务机关可以责成纳税人提供纳税担保。如果纳税人不能提供纳税担保，经县以上税务局（分局）局长批准，税务机关可以采取下列税收保全措施：

（一）书面通知纳税人开户银行或者其他金融机构冻结纳税人的金额相当于应纳税款的存款；

（二）扣押、查封纳税人的价值相当于应纳税款的商品、货物或者其他财产。

纳税人在前款规定的限期内缴纳税款的，税务机关必须立即解除税收保全措施；限期期满仍未缴纳税款的，经县以上税务局（分局）局长批准，税务机关可以书面通知纳税人开户银行或者其他金融机构从其冻结的存款中扣缴税款，或者依法拍卖或者变卖所扣押、查封的商品、货物或者其他财产，以拍卖或者变卖所得抵缴税款。

个人及其所扶养家属维持生活必需的住房和用品，不在税收保全措施的范围之内。

第三十九条 纳税人在限期内已缴纳税款，税务机关未立即解除税收保全措施，使纳税人的合法利益遭受损失的，税务机关应当承担赔偿责任。

第四十条 从事生产、经营的纳税人、扣缴义务人未按照规定的期限缴纳或者解缴税款，纳税担保人未按照规定的期限缴纳所担保的税款，由税务机关责令限期缴纳，逾期仍未缴纳的，经县以上税务局（分局）局长批准，税务机关可以采取下列强制执行措施：

（一）书面通知其开户银行或者其他金融机构从其存款中扣缴税款；

（二）扣押、查封、依法拍卖或者变卖其价值相当于应纳税款的商品、货物或者其他财产，以拍卖或者变卖所得抵缴税款。

税务机关采取强制执行措施时，对前款所列纳税人、扣缴义务人、纳税担保人未缴纳的滞纳金同时强制执行。

个人及其所扶养家属维持生活必需的住房和用品，不在强制执行措施的范围之内。

第四十一条　本法第三十七条、第三十八条、第四十条规定的采取税收保全措施、强制执行措施的权力，不得由法定的税务机关以外的单位和个人行使。

第四十二条　税务机关采取税收保全措施和强制执行措施必须依照法定权限和法定程序，不得查封、扣押纳税人个人及其所扶养家属维持生活必需的住房和用品。

第四十三条　税务机关滥用职权违法采取税收保全措施、强制执行措施，或者采取税收保全措施、强制执行措施不当，使纳税人、扣缴义务人或者纳税担保人的合法权益遭受损失的，应当依法承担赔偿责任。

第四十四条　欠缴税款的纳税人或者他的法定代表人需要出境的，应当在出境前向税务机关结清应纳税款、滞纳金或者提供担保。未结清税款、滞纳金，又不提供担保的，税务机关可以通知出境管理机关阻止其出境。

第四十五条　税务机关征收税款，税收优先于无担保债权，法律另有规定的除外；纳税人欠缴的税款发生在纳税人以其财产设定抵押、质押或者纳税人的财产被留置之前的，税收应当先于抵押权、质权、留置权执行。

纳税人欠缴税款，同时又被行政机关决定处以罚款、没收违法所得的，税收优先于罚款、没收违法所得。

税务机关应当对纳税人欠缴税款的情况定期予以公告。

第四十六条　纳税人有欠税情形而以其财产设定抵押、质押的，应当向抵押权人、质权人说明其欠税情况。抵押权人、质权人可以请求税务机关提供有关的欠税情况。

第四十七条　税务机关扣押商品、货物或者其他财产时，必须开付收据；查封商品、货物或者其他财产时，必须开付清单。

第四十八条　纳税人有合并、分立情形的，应当向税务机关报告，并依法缴清税款。纳税人合并时未缴清税款的，应当由合并后的纳税人继续履行未履行的纳税义务；纳税人分立时未缴清税款的，分立后的纳税人对未履行的纳税义务应当承担连带责任。

第四十九条　欠缴税款数额较大的纳税人在处分其不动产或者大额资产之前，应当向税务机关报告。

第五十条　欠缴税款的纳税人因怠于行使到期债权，或者放弃到期债权，或者无偿转让财产，或者以明显不合理的低价转让财产而受让人知道该情形，对国家税收造成损害的，税务机关可以依照合同法第七十三条、第七十四条的规定行使代位权、撤销权。

税务机关依照前款规定行使代位权、撤销权的，不免除欠缴税款的纳税人尚未履行的纳税义务和应承担的法律责任。

第五十一条　纳税人超过应纳税额缴纳的税款，税务机关发现后应当立即退还；纳税人自结算缴纳税款之日起三年内发现的，可以向税务机关要求退还多缴的税款并加算银行同期存款利息，税务机关及时查实后应当立即退还；涉及从国库中退库的，依照法律、行政法规有关国库管理的规定退还。

第五十二条　因税务机关的责任，致使纳税人、扣缴义务人未缴或者少缴税款的，税务机关在三年内可以要求纳税人、扣缴义务人补缴税款，但是不得加收滞纳金。

因纳税人、扣缴义务人计算错误等失误，未缴或者少缴税款的，税务机关在三年内可以追征税款、滞纳金；有特殊情况的，追征期可以延长到五年。

对偷税、抗税、骗税的，税务机关追征其未缴或者少缴的税款、滞纳金或者所骗取的税款，不受前款规定期限的限制。

第五十三条　国家税务局和地方税务局应当按照国家规定的税收征收管理范围和税款入库预算级次，将征收的税款缴入国库。

对审计机关、财政机关依法查出的税收违法行为，税务机关应当根据有关机关的决定、意见书，依法将应收的税款、滞纳金按照税款入库预算级次缴入国库，并将结果及时回复有关机关。

第四章　税务检查

第五十四条　税务机关有权进行下列税务检查：

（一）检查纳税人的账簿、记账凭证、报表和有关资料，检查扣缴义务人代扣代缴、代收代缴税款账簿、记账凭证和有关资料；

（二）到纳税人的生产、经营场所和货物存放地检查纳税人应纳税的商品、货物或者其他财产，检查扣缴义务人与代扣代缴、代收代缴税款有关的经营情况；

（三）责成纳税人、扣缴义务人提供与纳税或者代扣代缴、代收代缴税款有关的文件、证明材料和有关资料；

（四）询问纳税人、扣缴义务人与纳税或者代扣代缴、代收代缴税款有关的问题和情况；

（五）到车站、码头、机场、邮政企业及其分支机构检查纳税人托运、邮寄应纳税商品、货物或者其他财产的有关单据、凭证和有关资料；

（六）经县以上税务局（分局）局长批准，凭全国统一格式的检查存款账户许可证明，查询从事生产、经营的纳税人、扣缴义务人在银行或者其他金融机构的存款账户。税务机关在调查税收违法案件时，经设区的市、自治州以上税务局（分局）局长批准，可以查询案件涉嫌人员的储蓄存款。税务机关查询所获得的资料，不得用于税收以外的用途。

第五十五条　税务机关对从事生产、经营的纳税人以前纳税期的纳税情况依法进行税务检查时，发现纳税人有逃避纳税义务行为，并有明显的转移、隐匿其应纳税的商品、货物以及其他财产或者应纳税的收入的迹象的，可以按照本法规定的批准权限采取税收保全措施或者强制执行措施。

第五十六条　纳税人、扣缴义务人必须接受税务机关依法进行的税务检查，如实反映情况，提供有关资料，不得拒绝、隐瞒。

第五十七条　税务机关依法进行税务检查时，有权向有关单位和个人调查纳税人、扣缴义务人和其他当事人与纳税或者代扣代缴、代收代缴税款有关的情况，有关单位和个人有义务向税务机关如实提供有关资料及证明材料。

第五十八条　税务机关调查税务违法案件时，对与案件有关的情况和资料，可以记录、录音、录像、照相和复制。

第五十九条　税务机关派出的人员进行税务检查时，应当出示税务检查证和税务检查通知书，并有责任为被检查人保守秘密；未出示税务检查证和税务检查通知书的，被检查人有权拒绝检查。

第六十条　纳税人有下列行为之一的，由税务机关责令限期改正，可以处二千元以下的罚款；情节严重的，处二千元以上一万元以下的罚款：

（一）未按照规定的期限申报办理税务登记、变更或者注销登记的；

（二）未按照规定设置、保管账簿或者保管记账凭证和有关资料的；

　　（三）未按照规定将财务、会计制度或者财务、会计处理办法和会计核算软件报送税务机关备查的；

　　（四）未按照规定将其全部银行账号向税务机关报告的；

　　（五）未按照规定安装、使用税控装置，或者损毁或者擅自改动税控装置的。

　　纳税人不办理税务登记的，由税务机关责令限期改正；逾期不改正的，经税务机关提请，由工商行政管理机关吊销其营业执照。

　　纳税人未按照规定使用税务登记证件，或者转借、涂改、损毁、买卖、伪造税务登记证件的，处二千元以上一万元以下的罚款；情节严重的，处一万元以上五万元以下的罚款。

　　第六十一条　扣缴义务人未按照规定设置、保管代扣代缴、代收代缴税款账簿或者保管代扣代缴、代收代缴税款记账凭证及有关资料的，由税务机关责令限期改正，可以处二千元以下的罚款；情节严重的，处二千元以上五千元以下的罚款。

　　第六十二条　纳税人未按照规定的期限办理纳税申报和报送纳税资料的，或者扣缴义务人未按照规定的期限向税务机关报送代扣代缴、代收代缴税款报告表和有关资料的，由税务机关责令限期改正，可以处二千元以下的罚款；情节严重的，可以处二千元以上一万元以下的罚款。

　　第六十三条　纳税人伪造、变造、隐匿、擅自销毁账簿、记账凭证，或者在账簿上多列支出或者不列、少列收入，或者经税务机关通知申报而拒不申报或者进行虚假的纳税申报，不缴或者少缴应纳税款的，是偷税。对纳税人偷税的，由税务机关追缴其不缴或者少缴的税款、滞纳金，并处不缴或者少缴的税款百分之五十以上五倍以下的罚款；构成犯罪的，依法追究刑事责任。

　　扣缴义务人采取前款所列手段，不缴或者少缴已扣、已收税款，由税务机关追缴其不缴或者少缴的税款、滞纳金，并处不缴或者少缴的税款百分之五十以上五倍以下的罚款；构成犯罪的，依法追究刑事责任。

　　第六十四条　纳税人、扣缴义务人编造虚假计税依据的，由税务机关责令限期改正，并处五万元以下的罚款。

　　纳税人不进行纳税申报，不缴或者少缴应纳税款的，由税务机关追缴其不缴或者少缴的税款、滞纳金，并处不缴或者少缴的税款百分之五十以上五倍以下的罚款。

　　第六十五条　纳税人欠缴应纳税款，采取转移或者隐匿财产的手段，妨碍税务机关追缴欠缴的税款的，由税务机关追缴欠缴的税款、滞纳金，并处欠缴税款百分之五十以上五倍以下的罚款；构成犯罪的，依法追究刑事责任。

　　第六十六条　以假报出口或者其他欺骗手段，骗取国家出口退税款的，由税务机关追缴其骗取的退税款，并处骗取税款一倍以上五倍以下的罚款；构成犯罪的，依法追究刑事责任。

　　对骗取国家出口退税款的，税务机关可以在规定期间内停止为其办理出口退税。

　　第六十七条　以暴力、威胁方法拒不缴纳税款的，是抗税，除由税务机关追缴其拒缴的税款、滞纳金外，依法追究刑事责任。情节轻微，未构成犯罪的，由税务机关追缴其拒缴的税款、滞纳金，并处拒缴税款一倍以上五倍以下的罚款。

　　第六十八条　纳税人、扣缴义务人在规定期限内不缴或者少缴应纳或者应解缴的税款，经税务机关责令限期缴纳，逾期仍未缴纳的，税务机关除依照本法第四十条的规定采取强制执行措施追缴其不缴或者少缴的税款外，可以处不缴或者少缴的税款百分之五十以上五倍以下的罚款。

第六十九条　扣缴义务人应扣未扣、应收而不收税款的，由税务机关向纳税人追缴税款，对扣缴义务人处应扣未扣、应收未收税款百分之五十以上三倍以下的罚款。

第七十条　纳税人、扣缴义务人逃避、拒绝或者以其他方式阻挠税务机关检查的，由税务机关责令改正，可以处一万元以下的罚款；情节严重的，处一万元以上五万元以下的罚款。

第七十一条　违反本法第二十二条规定，非法印制发票的，由税务机关销毁非法印制的发票，没收违法所得和作案工具，并处一万元以上五万元以下的罚款；构成犯罪的，依法追究刑事责任。

第七十二条　从事生产、经营的纳税人、扣缴义务人有本法规定的税收违法行为，拒不接受税务机关处理的，税务机关可以收缴其发票或者停止向其发售发票。

第七十三条　纳税人、扣缴义务人的开户银行或者其他金融机构拒绝接受税务机关依法检查纳税人、扣缴义务人存款账户，或者拒绝执行税务机关作出的冻结存款或者扣缴税款的决定，或者在接到税务机关的书面通知后帮助纳税人、扣缴义务人转移存款，造成税款流失的，由税务机关处十万元以上五十万元以下的罚款，对直接负责的主管人员和其他直接责任人员处一千元以上一万元以下的罚款。

第七十四条　本法规定的行政处罚，罚款额在二千元以下的，可以由税务所决定。

第七十五条　税务机关和司法机关的涉税罚没收入，应当按照税款入库预算级次上缴国库。

第七十六条　税务机关违反规定擅自改变税收征收管理范围和税款入库预算级次的，责令限期改正，对直接负责的主管人员和其他直接责任人员依法给予降级或者撤职的行政处分。

第七十七条　纳税人、扣缴义务人有本法第六十三条、第六十五条、第六十六条、第六十七条、第七十一条规定的行为涉嫌犯罪的，税务机关应当依法移交司法机关追究刑事责任。

税务人员徇私舞弊，对依法应当移交司法机关追究刑事责任的不移交，情节严重的，依法追究刑事责任。

第七十八条　未经税务机关依法委托征收税款的，责令退还收取的财物，依法给予行政处分或者行政处罚；致使他人合法权益受到损失的，依法承担赔偿责任；构成犯罪的，依法追究刑事责任。

第七十九条　税务机关、税务人员查封、扣押纳税人个人及其所扶养家属维持生活必需的住房和用品的，责令退还，依法给予行政处分；构成犯罪的，依法追究刑事责任。

第八十条　税务人员与纳税人、扣缴义务人勾结，唆使或者协助纳税人、扣缴义务人有本法第六十三条、第六十五条、第六十六条规定的行为，构成犯罪的，依法追究刑事责任；尚不构成犯罪的，依法给予行政处分。

第八十一条　税务人员利用职务上的便利，收受或者索取纳税人、扣缴义务人财物或者谋取其他不正当利益，构成犯罪的，依法追究刑事责任；尚不构成犯罪的，依法给予行政处分。

第八十二条　税务人员徇私舞弊或者玩忽职守，不征或者少征应征税款，致使国家税收遭受重大损失，构成犯罪的，依法追究刑事责任；尚不构成犯罪的，依法给予行政处分。

税务人员滥用职权，故意刁难纳税人、扣缴义务人的，调离税收工作岗位，并依法给予行政处分。

税务人员对控告、检举税收违法违纪行为的纳税人、扣缴义务人以及其他检举人进行打击报复的，依法给予行政处分；构成犯罪的，依法追究刑事责任。

税务人员违反法律、行政法规的规定，故意高估或者低估农业税计税产量，致使多征或者少征税款，侵犯农民合法权益或者损害国家利益，构成犯罪的，依法追究刑事责任；尚不构成犯罪的，依法给予行政处分。

第八十三条　违反法律、行政法规的规定提前征收、延缓征收或者摊派税款的，由其上级机关或者行政监察机关责令改正，对直接负责的主管人员和其他直接责任人员依法给予行政处分。

第八十四条　违反法律、行政法规的规定，擅自作出税收的开征、停征或者减税、免税、退税、补税以及其他同税收法律、行政法规相抵触的决定的，除依照本法规定撤销其擅自作出的决定外，补征应征未征税款，退还不应征收而征收的税款，并由上级机关追究直接负责的主管人员和其他直接责任人员的行政责任；构成犯罪的，依法追究刑事责任。

第八十五条　税务人员在征收税款或者查处税收违法案件时，未按照本法规定进行回避的，对直接负责的主管人员和其他直接责任人员，依法给予行政处分。

第八十六条　违反税收法律、行政法规应当给予行政处罚的行为，在五年内未被发现的，不再给予行政处罚。

第八十七条　未按照本法规定为纳税人、扣缴义务人、检举人保密的，对直接负责的主管人员和其他直接责任人员，由所在单位或者有关单位依法给予行政处分。

第八十八条　纳税人、扣缴义务人、纳税担保人同税务机关在纳税上发生争议时，必须先依照税务机关的纳税决定缴纳或者解缴税款及滞纳金或者提供相应的担保，然后可以依法申请行政复议；对行政复议决定不服的，可以依法向人民法院起诉。

当事人对税务机关的处罚决定、强制执行措施或者税收保全措施不服的，可以依法申请行政复议，也可以依法向人民法院起诉。

当事人对税务机关的处罚决定逾期不申请行政复议也不向人民法院起诉、又不履行的，作出处罚决定的税务机关可以采取本法第四十条规定的强制执行措施，或者申请人民法院强制执行。

第六章　附则

第八十九条　纳税人、扣缴义务人可以委托税务代理人代为办理税务事宜。

第九十条　耕地占用税、契税、农业税、牧业税征收管理的具体办法，由国务院另行制定。

关税及海关代征税收的征收管理，依照法律、行政法规的有关规定执行。

第九十一条　中华人民共和国同外国缔结的有关税收的条约、协定同本法有不同规定的，依照条约、协定的规定办理。

第九十二条　本法施行前颁布的税收法律与本法有不同规定的，适用本法规定。

第九十三条　国务院根据本法制定实施细则。

第九十四条　本法自 2001 年 5 月 1 日起施行。

18.2 中华人民共和国税收征收管理法实施细则

2016 年 2 月 6 日 国务院令第 666 号第三次修正

第一章 总则

第一条 根据《中华人民共和国税收征收管理法》（以下简称税收征管法）的规定，制定本细则。

第二条 凡依法由税务机关征收的各种税收的征收管理，均适用税收征管法及本细则；税收征管法及本细则没有规定的，依照其他有关税收法律、行政法规的规定执行。

第三条 任何部门、单位和个人作出的与税收法律、行政法规相抵触的决定一律无效，税务机关不得执行，并应当向上级税务机关报告。

纳税人应当依照税收法律、行政法规的规定履行纳税义务；其签订的合同、协议等与税收法律、行政法规相抵触的，一律无效。

第四条 国家税务总局负责制定全国税务系统信息化建设的总体规划、技术标准、技术方案与实施办法；各级税务机关应当按照国家税务总局的总体规划、技术标准、技术方案与实施办法，做好本地区税务系统信息化建设的具体工作。

地方各级人民政府应当积极支持税务系统信息化建设，并组织有关部门实现相关信息的共享。

第五条 税收征管法第八条所称为纳税人、扣缴义务人保密的情况，是指纳税人、扣缴义务人的商业秘密及个人隐私。纳税人、扣缴义务人的税收违法行为不属于保密范围。

第六条 国家税务总局应当制定税务人员行为准则和服务规范。

上级税务机关发现下级税务机关的税收违法行为，应当及时予以纠正；下级税务机关应当按照上级税务机关的决定及时改正。

下级税务机关发现上级税务机关的税收违法行为，应当向上级税务机关或者有关部门报告。

第七条 税务机关根据检举人的贡献大小给予相应的奖励，奖励所需资金列入税务部门年度预算，单项核定。奖励资金具体使用办法以及奖励标准，由国家税务总局会同财政部制定。

第八条 税务人员在核定应纳税额、调整税收定额、进行税务检查、实施税务行政处罚、办理税务行政复议时，与纳税人、扣缴义务人或者其法定代表人、直接责任人有下列关系之一的，应当回避：

（一）夫妻关系；

（二）直系血亲关系；

（三）三代以内旁系血亲关系；

（四）近姻亲关系；

（五）可能影响公正执法的其他利害关系。

第九条　税收征管法第十四条所称按照国务院规定设立的并向社会公告的税务机构，是指省以下税务局的稽查局。稽查局专司偷税、逃避追缴欠税、骗税、抗税案件的查处。

国家税务总局应当明确划分税务局和稽查局的职责，避免职责交叉。

第二章　税务登记

第十条　国家税务局、地方税务局对同一纳税人的税务登记应当采用同一代码，信息共享。

税务登记的具体办法由国家税务总局制定。

第十一条　各级工商行政管理机关应当向同级国家税务局和地方税务局定期通报办理开业、变更、注销登记以及吊销营业执照的情况。

通报的具体办法由国家税务总局和国家工商行政管理总局联合制定。

第十二条　从事生产、经营的纳税人应当自领取营业执照之日起30日内，向生产、经营地或者纳税义务发生地的主管税务机关申报办理税务登记，如实填写税务登记表，并按照税务机关的要求提供有关证件、资料。

前款规定以外的纳税人，除国家机关和个人外，应当自纳税义务发生之日起30日内，持有关证件向所在地的主管税务机关申报办理税务登记。

个人所得税的纳税人办理税务登记的办法由国务院另行规定。

税务登记证件的式样，由国家税务总局制定。

第十三条　扣缴义务人应当自扣缴义务发生之日起30日内，向所在地的主管税务机关申报办理扣缴税款登记，领取扣缴税款登记证件；税务机关对已办理税务登记的扣缴义务人，可以只在其税务登记证件上登记扣缴税款事项，不再发给扣缴税款登记证件。

第十四条　纳税人税务登记内容发生变化的，应当自工商行政管理机关或者其他机关办理变更登记之日起30日内，持有关证件向原税务登记机关申报办理变更税务登记。

纳税人税务登记内容发生变化，不需要到工商行政管理机关或者其他机关办理变更登记的，应当自发生变化之日起30日内，持有关证件向原税务登记机关申报办理变更税务登记。

第十五条　纳税人发生解散、破产、撤销以及其他情形，依法终止纳税义务的，应当在向工商行政管理机关或者其他机关办理注销登记前，持有关证件向原税务登记机关申报办理注销税务登记；按照规定不需要在工商行政管理机关或者其他机关办理注册登记的，应当自有关机关批准或者宣告终止之日起15日内，持有关证件向原税务登记机关申报办理注销税务登记。

纳税人因住所、经营地点变动，涉及改变税务登记机关的，应当在向工商行政管理机关或者其他机关申请办理变更或者注销登记前或者住所、经营地点变动前，向原税务登记机关申报办理注销税务登记，并在30日内向迁达地税务机关申报办理税务登记。

纳税人被工商行政管理机关吊销营业执照或者被其他机关予以撤销登记的，应当自营业执照被吊销或者被撤销登记之日起15日内，向原税务登记机关申报办理注销税务登记。

第十六条　纳税人在办理注销税务登记前，应当向税务机关结清应纳税款、滞纳金、罚款，缴销发票、税务登记证件和其他税务证件。

第十七条　从事生产、经营的纳税人应当自开立基本存款账户或者其他存款账户之日起15日内，向主管税务机关书面报告其全部账号；发生变化的，应当自变化之日起15日内，向主管税务机关书面报告。

第十八条 除按照规定不需要发给税务登记证件的外，纳税人办理下列事项时，必须持税务登记证件：

（一）开立银行账户；

（二）申请减税、免税、退税；

（三）申请办理延期申报、延期缴纳税款；

（四）领购发票；

（五）申请开具外出经营活动税收管理证明；

（六）办理停业、歇业；

（七）其他有关税务事项。

第十九条 税务机关对税务登记证件实行定期验证和换证制度。纳税人应当在规定的期限内持有关证件到主管税务机关办理验证或者换证手续。

第二十条 纳税人应当将税务登记证件正本在其生产、经营场所或者办公场所公开悬挂，接受税务机关检查。

纳税人遗失税务登记证件的，应当在 15 日内书面报告主管税务机关，并登报声明作废。

第二十一条 从事生产、经营的纳税人到外县（市）临时从事生产、经营活动的，应当持税务登记证副本和所在地税务机关填开的外出经营活动税收管理证明，向营业地税务机关报验登记，接受税务管理。

从事生产、经营的纳税人外出经营，在同一地累计超过 180 天的，应当在营业地办理税务登记手续。

第三章 账簿、凭证管理

第二十二条 从事生产、经营的纳税人应当自领取营业执照或者发生纳税义务之日起 15 日内，按照国家有关规定设置账簿。

前款所称账簿，是指总账、明细账、日记账以及其他辅助性账簿。总账、日记账应当采用订本式。

第二十三条 生产、经营规模小又确无建账能力的纳税人，可以聘请经批准从事会计代理记账业务的专业机构或者财会人员代为建账和办理账务。

第二十四条 从事生产、经营的纳税人应当自领取税务登记证件之日起 15 日内，将其财务、会计制度或者财务、会计处理办法报送主管税务机关备案。

纳税人使用计算机记账的，应当在使用前将会计电算化系统的会计核算软件、使用说明书及有关资料报送主管税务机关备案。

纳税人建立的会计电算化系统应当符合国家有关规定，并能正确、完整核算其收入或者所得。

第二十五条 扣缴义务人应当自税收法律、行政法规规定的扣缴义务发生之日起 10 日内，按照所代扣、代收的税种，分别设置代扣代缴、代收代缴税款账簿。

第二十六条 纳税人、扣缴义务人会计制度健全，能够通过计算机正确、完整计算其收入和所得或者代扣代缴、代收代缴税款情况的，其计算机输出的完整的书面会计记录，可视同会计账簿。

纳税人、扣缴义务人会计制度不健全，不能通过计算机正确、完整计算其收入和所得或者代扣代缴、代收代缴税款情况的，应当建立总账及与纳税或者代扣代缴、代收代缴税款有关的其他账簿。

第二十七条 账簿、会计凭证和报表，应当使用中文。民族自治地方可以同时使用当地通用的一种民族文字。外商投资企业和外国企业可以同时使用一种外国文字。

第二十八条 纳税人应当按照税务机关的要求安装、使用税控装置，并按照税务机关的规定报送有关数据和资料。

税控装置推广应用的管理办法由国家税务总局另行制定，报国务院批准后实施。

第二十九条 账簿、记账凭证、报表、完税凭证、发票、出口凭证以及其他有关涉税资料应当合法、真实、完整。

账簿、记账凭证、报表、完税凭证、发票、出口凭证以及其他有关涉税资料应当保存 10 年；但是，法律、行政法规另有规定的除外。

第四章 纳税申报

第三十条 税务机关应当建立、健全纳税人自行申报纳税制度。纳税人、扣缴义务人可以采取邮寄、数据电文方式办理纳税申报或者报送代扣代缴、代收代缴税款报告表。

数据电文方式，是指税务机关确定的电话语音、电子数据交换和网络传输等电子方式。

第三十一条 纳税人采取邮寄方式办理纳税申报的，应当使用统一的纳税申报专用信封，并以邮政部门收据作为申报凭据。邮寄申报以寄出的邮戳日期为实际申报日期。

纳税人采取电子方式办理纳税申报的，应当按照税务机关规定的期限和要求保存有关资料，并定期书面报送主管税务机关。

第三十二条 纳税人在纳税期内没有应纳税款的，也应当按照规定办理纳税申报。

纳税人享受减税、免税待遇的，在减税、免税期间应当按照规定办理纳税申报。

第三十三条 纳税人、扣缴义务人的纳税申报或者代扣代缴、代收代缴税款报告表的主要内容包括：税种、税目，应纳税项目或者应代扣代缴、代收代缴税款项目，计税依据，扣除项目及标准，适用税率或者单位税额，应退税项目及税额、应减免税项目及税额，应纳税额或者应代扣代缴、代收代缴税额，税款所属期限、延期缴纳税款、欠税、滞纳金等。

第三十四条 纳税人办理纳税申报时，应当如实填写纳税申报表，并根据不同的情况相应报送下列有关证件、资料：

（一）财务会计报表及其说明材料；

（二）与纳税有关的合同、协议书及凭证；

（三）税控装置的电子报税资料；

（四）外出经营活动税收管理证明和异地完税凭证；

（五）境内或者境外公证机构出具的有关证明文件；

（六）税务机关规定应当报送的其他有关证件、资料。

第三十五条 扣缴义务人办理代扣代缴、代收代缴税款报告时，应当如实填写代扣代缴、代收代缴税款报告表，并报送代扣代缴、代收代缴税款的合法凭证以及税务机关规定的其他有关证件、资料。

第三十六条 实行定期定额缴纳税款的纳税人，可以实行简易申报、简并征期等申报纳税方式。

　　第三十七条　纳税人、扣缴义务人按照规定的期限办理纳税申报或者报送代扣代缴、代收代缴税款报告表确有困难，需要延期的，应当在规定的期限内向税务机关提出书面延期申请，经税务机关核准，在核准的期限内办理。

　　纳税人、扣缴义务人因不可抗力，不能按期办理纳税申报或者报送代扣代缴、代收代缴税款报告表的，可以延期办理；但是，应当在不可抗力情形消除后立即向税务机关报告。税务机关应当查明事实，予以核准。

第五章　税款征收

　　第三十八条　税务机关应当加强对税款征收的管理，建立、健全责任制度。　税务机关根据保证国家税款及时足额入库、方便纳税人、降低税收成本的原则，确定税款征收的方式。税务机关应当加强对纳税人出口退税的管理，具体管理办法由国家税务总局会同国务院有关部门制定。

　　第三十九条　税务机关应当将各种税收的税款、滞纳金、罚款，按照国家规定的预算科目和预算级次及时缴入国库，税务机关不得占压、挪用、截留，不得缴入国库以外或者国家规定的税款账户以外的任何账户。

　　已缴入国库的税款、滞纳金、罚款，任何单位和个人不得擅自变更预算科目和预算级次。

　　第四十条　税务机关应当根据方便、快捷、安全的原则，积极推广使用支票、银行卡、电子结算方式缴纳税款。

　　第四十一条　纳税人有下列情形之一的，属于税收征管法第三十一条所称特殊困难：

　　（一）因不可抗力，导致纳税人发生较大损失，正常生产经营活动受到较大影响的；

　　（二）当期货币资金在扣除应付职工工资、社会保险费后，不足以缴纳税款的。

　　计划单列市国家税务局、地方税务局可以参照税收征管法第三十一条第二款的批准权限，审批纳税人延期缴纳税款。

　　第四十二条　纳税人需要延期缴纳税款的，应当在缴纳税款期限届满前提出申请，并报送下列材料：申请延期缴纳税款报告，当期货币资金余额情况及所有银行存款账户的对账单，资产负债表，应付职工工资和社会保险费等税务机关要求提供的支出预算。

　　税务机关应当自收到申请延期缴纳税款报告之日起 20 日内作出批准或者不予批准的决定；不予批准的，从缴纳税款期限届满之日起加收滞纳金。

　　第四十三条　享受减税、免税优惠的纳税人，减税、免税期满，应当自期满次日起恢复纳税；减税、免税条件发生变化的，应当在纳税申报时向税务机关报告；不再符合减税、免税条件的，应当依法履行纳税义务；未依法纳税的，税务机关应当予以追缴。

　　第四十四条　税务机关根据有利于税收控管和方便纳税的原则，可以按照国家有关规定委托有关单位和人员代征零星分散和异地缴纳的税收，并发给委托代征证书。受托单位和人员按照代征证书的要求，以税务机关的名义依法征收税款，纳税人不得拒绝；纳税人拒绝的，受托代征单位和人员应当及时报告税务机关。

　　第四十五条　税收征管法第三十四条所称完税凭证，是指各种完税证、缴款书、印花税票、扣（收）税凭证以及其他完税证明。

　　未经税务机关指定，任何单位、个人不得印制完税凭证。完税凭证不得转借、倒卖、变造或者伪造。

完税凭证的式样及管理办法由国家税务总局制定。

第四十六条　税务机关收到税款后，应当向纳税人开具完税凭证。纳税人通过银行缴纳税款的，税务机关可以委托银行开具完税凭证。

第四十七条　纳税人有税收征管法第三十五条或者第三十七条所列情形之一的，税务机关有权采用下列任何一种方法核定其应纳税额：

（一）参照当地同类行业或者类似行业中经营规模和收入水平相近的纳税人的税负水平核定；

（二）按照营业收入或者成本加合理的费用和利润的方法核定；

（三）按照耗用的原材料、燃料、动力等推算或者测算核定；

（四）按照其他合理方法核定。

采用前款所列一种方法不足以正确核定应纳税额时，可以同时采用两种以上的方法核定。

纳税人对税务机关采取本条规定的方法核定的应纳税额有异议的，应当提供相关证据，经税务机关认定后，调整应纳税额。

第四十八条　税务机关负责纳税人纳税信誉等级评定工作。纳税人纳税信誉等级的评定办法由国家税务总局制定。

第四十九条　承包人或者承租人有独立的生产经营权，在财务上独立核算，并定期向发包人或者出租人上缴承包费或者租金的，承包人或者承租人应当就其生产、经营收入和所得纳税，并接受税务管理；但是，法律、行政法规另有规定的除外。

发包人或者出租人应当自发包或者出租之日起 30 日内将承包人或者承租人的有关情况向主管税务机关报告。发包人或者出租人不报告的，发包人或者出租人与承包人或者承租人承担纳税连带责任。

第五十条　纳税人有解散、撤销、破产情形的，在清算前应当向其主管税务机关报告；未结清税款的，由其主管税务机关参加清算。

第五十一条　税收征管法第三十六条所称关联企业，是指有下列关系之一的公司、企业和其他经济组织：

（一）在资金、经营、购销等方面，存在直接或者间接的拥有或者控制关系；

（二）直接或者间接地同为第三者所拥有或者控制；

（三）在利益上具有相关联的其他关系。

纳税人有义务就其与关联企业之间的业务往来，向当地税务机关提供有关的价格、费用标准等资料。具体办法由国家税务总局制定。

第五十二条　税收征管法第三十六条所称独立企业之间的业务往来，是指没有关联关系的企业之间按照公平成交价格和营业常规所进行的业务往来。

第五十三条　纳税人可以向主管税务机关提出与其关联企业之间业务往来的定价原则和计算方法，主管税务机关审核、批准后，与纳税人预先约定有关定价事项，监督纳税人执行。

第五十四条　纳税人与其关联企业之间的业务往来有下列情形之一的，税务机关可以调整其应纳税额：

（一）购销业务未按照独立企业之间的业务往来作价；

（二）融通资金所支付或者收取的利息超过或者低于没有关联关系的企业之间所能同意的数额，或者利率超过或者低于同类业务的正常利率；

（三）提供劳务，未按照独立企业之间业务往来收取或者支付劳务费用；

（四）转让财产、提供财产使用权等业务往来，未按照独立企业之间业务往来作价或者收取、支付费用；

（五）未按照独立企业之间业务往来作价的其他情形。

第五十五条 纳税人有本细则第五十四条所列情形之一的，税务机关可以按照下列方法调整计税收入额或者所得额：

（一）按照独立企业之间进行的相同或者类似业务活动的价格；

（二）按照再销售给无关联关系的第三者的价格所应取得的收入和利润水平；

（三）按照成本加合理的费用和利润；

（四）按照其他合理的方法。

第五十六条 纳税人与其关联企业未按照独立企业之间的业务往来支付价款、费用的，税务机关自该业务往来发生的纳税年度起3年内进行调整；有特殊情况的，可以自该业务往来发生的纳税年度起10年内进行调整。

第五十七条 税收征管法第三十七条所称未按照规定办理税务登记从事生产、经营的纳税人，包括到外县（市）从事生产、经营而未向营业地税务机关报验登记的纳税人。

第五十八条 税务机关依照税收征管法第三十七条的规定，扣押纳税人商品、货物的，纳税人应当自扣押之日起15日内缴纳税款。

对扣押的鲜活、易腐烂变质或者易失效的商品、货物，税务机关根据被扣押物品的保质期，可以缩短前款规定的扣押期限。

第五十九条 税收征管法第三十八条、第四十条所称其他财产，包括纳税人的房地产、现金、有价证券等不动产和动产。

机动车辆、金银饰品、古玩字画、豪华住宅或者一处以外的住房不属于税收征管法第三十八条、第四十条、第四十二条所称个人及其所扶养家属维持生活必需的住房和用品。

税务机关对单价5000元以下的其他生活用品，不采取税收保全措施和强制执行措施。

第六十条 税收征管法第三十八条、第四十条、第四十二条所称个人所扶养家属，是指与纳税人共同居住生活的配偶、直系亲属以及无生活来源并由纳税人扶养的其他亲属。

第六十一条 税收征管法第三十八条、第八十八条所称担保，包括经税务机关认可的纳税保证人为纳税人提供的纳税保证，以及纳税人或者第三人以其未设置或者未全部设置担保物权的财产提供的担保。

纳税保证人，是指在中国境内具有纳税担保能力的自然人、法人或者其他经济组织。

法律、行政法规规定的没有担保资格的单位和个人，不得作为纳税担保人。

第六十二条 纳税担保人同意为纳税人提供纳税担保的，应当填写纳税担保书，写明担保对象、担保范围、担保期限和担保责任以及其他有关事项。担保书须经纳税人、纳税担保人签字盖章并经税务机关同意，方为有效。

纳税人或者第三人以其财产提供纳税担保的，应当填写财产清单，并写明财产价值以及其他有关事项。纳税担保财产清单须经纳税人、第三人签字盖章并经税务机关确认，方为有效。

第六十三条 税务机关执行扣押、查封商品、货物或者其他财产时，应当由两名以上税务人员执行，并通知被执行人。被执行人是自然人的，应当通知被执行人本人或者其成年家属到场；被执行人是法人或者其他组织的，应当通知其法定代表人或者主要负责人到场；拒不到场的，不影响执行。

第六十四条 税务机关执行税收征管法第三十七条、第三十八条、第四十条的规定，扣押、查封价值相当于应纳税款的商品、货物或者其他财产时，参照同类商品的市场价、出厂价或者评估价估算。

税务机关按照前款方法确定应扣押、查封的商品、货物或者其他财产的价值时，还应当包括滞纳金和拍卖、变卖所发生的费用。

第六十五条 对价值超过应纳税额且不可分割的商品、货物或者其他财产，税务机关在纳税人、扣缴义务人或者纳税担保人无其他可供强制执行的财产的情况下，可以整体扣押、查封、拍卖。

第六十六条 税务机关执行税收征管法第三十七条、第三十八条、第四十条的规定，实施扣押、查封时，对有产权证件的动产或者不动产，税务机关可以责令当事人将产权证件交税务机关保管，同时可以向有关机关发出协助执行通知书，有关机关在扣押、查封期间不再办理该动产或者不动产的过户手续。

第六十七条 对查封的商品、货物或者其他财产，税务机关可以指令被执行人负责保管，保管责任由被执行人承担。

继续使用被查封的财产不会减少其价值的，税务机关可以允许被执行人继续使用；因被执行人保管或者使用的过错造成的损失，由被执行人承担。

第六十八条 纳税人在税务机关采取税收保全措施后，按照税务机关规定的期限缴纳税款的，税务机关应当自收到税款或者银行转回的完税凭证之日起 1 日内解除税收保全。

第六十九条 税务机关将扣押、查封的商品、货物或者其他财产变价抵缴税款时，应当交由依法成立的拍卖机构拍卖；无法委托拍卖或者不适于拍卖的，可以交由当地商业企业代为销售，也可以责令纳税人限期处理；无法委托商业企业销售，纳税人也无法处理的，可以由税务机关变价处理，具体办法由国家税务总局规定。国家禁止自由买卖的商品，应当交由有关单位按照国家规定的价格收购。

拍卖或者变卖所得抵缴税款、滞纳金、罚款以及拍卖、变卖等费用后，剩余部分应当在 3 日内退还被执行人。

第七十条 税收征管法第三十九条、第四十三条所称损失，是指因税务机关的责任，使纳税人、扣缴义务人或者纳税担保人的合法利益遭受的直接损失。

第七十一条 税收征管法所称其他金融机构，是指信托投资公司、信用合作社、邮政储蓄机构以及经中国人民银行、中国证券监督管理委员会等批准设立的其他金融机构。

第七十二条 税收征管法所称存款，包括独资企业投资人、合伙企业合伙人、个体工商户的储蓄存款以及股东资金账户中的资金等。

第七十三条 从事生产、经营的纳税人、扣缴义务人未按照规定的期限缴纳或者解缴税款的，纳税担保人未按照规定的期限缴纳所担保的税款的，由税务机关发出限期缴纳税款通知书，责令缴纳或者解缴税款的最长期限不得超过 15 日。

第七十四条 欠缴税款的纳税人或者其法定代表人在出境前未按照规定结清应纳税款、滞纳金或者提供纳税担保的，税务机关可以通知出入境管理机关阻止其出境。阻止出境的具体办法，由国家税务总局会同公安部制定。

第七十五条 税收征管法第三十二条规定的加收滞纳金的起止时间，为法律、行政法规规定或者税务机关依照法律、行政法规的规定确定的税款缴纳期限届满次日起至纳税人、扣缴义务人实际缴纳或者解缴税款之日止。

第七十六条 县级以上各级税务机关应当将纳税人的欠税情况，在办税场所或者广播、电视、报纸、期刊、网络等新闻媒体上定期公告。

对纳税人欠缴税款的情况实行定期公告的办法，由国家税务总局制定。

第七十七条 税收征管法第四十九条所称欠缴税款数额较大，是指欠缴税款 5 万元以上。

第七十八条 税务机关发现纳税人多缴税款的，应当自发现之日起 10 日内办理退还手续；纳税人发现多缴税款，要求退还的，税务机关应当自接到纳税人退还申请之日起 30 日内查实并办理退还手续。

税收征管法第五十一条规定的加算银行同期存款利息的多缴税款退税，不包括依法预缴税款形成的结算退税、出口退税和各种减免退税。

退税利息按照税务机关办理退税手续当天中国人民银行规定的活期存款利率计算。

第七十九条 当纳税人既有应退税款又有欠缴税款的，税务机关可以将应退税款和利息先抵扣欠缴税款；抵扣后有余额的，退还纳税人。

第八十条 税收征管法第五十二条所称税务机关的责任，是指税务机关适用税收法律、行政法规不当或者执法行为违法。

第八十一条 税收征管法第五十二条所称纳税人、扣缴义务人计算错误等失误，是指非主观故意的计算公式运用错误以及明显的笔误。

第八十二条 税收征管法第五十二条所称特殊情况，是指纳税人或者扣缴义务人因计算错误等失误，未缴或者少缴、未扣或者少扣、未收或者少收税款，累计数额在 10 万元以上的。

第八十三条 税收征管法第五十二条规定的补缴和追征税款、滞纳金的期限，自纳税人、扣缴义务人应缴未缴或者少缴税款之日起计算。

第八十四条 审计机关、财政机关依法进行审计、检查时，对税务机关的税收违法行为作出的决定，税务机关应当执行；发现被审计、检查单位有税收违法行为的，向被审计、检查单位下达决定、意见书，责成被审计、检查单位向税务机关缴纳应当缴纳的税款、滞纳金。税务机关应当根据有关机关的决定、意见书，依照税收法律、行政法规的规定，将应收的税款、滞纳金按照国家规定的税收征收管理范围和税款入库预算级次缴入国库。

税务机关应当自收到审计机关、财政机关的决定、意见书之日起 30 日内将执行情况书面回复审计机关、财政机关。

有关机关不得将其履行职责过程中发现的税款、滞纳金自行征收入库或者以其他款项的名义自行处理、占压。

第六章 税务检查

第八十五条 税务机关应当建立科学的检查制度，统筹安排检查工作，严格控制对纳税人、扣缴义务人的检查次数。

税务机关应当制定合理的税务稽查工作规程，负责选案、检查、审理、执行的人员的职责应当明确，并相互分离、相互制约，规范选案程序和检查行为。

税务检查工作的具体办法，由国家税务总局制定。

第八十六条 税务机关行使税收征管法第五十四条第（一）项职权时，可以在纳税人、扣缴义务人的业务场所进行；必要时，经县以上税务局（分局）局长批准，可以将纳税人、扣缴义务人以前会计年度的账簿、记账凭证、报表和其他有关资料调回税务机关检查，但是税务机关必须向纳税人、扣缴义务人开付清单，并在 3 个月内完整退还；有特殊情况的，经设区的市、自治州以上税务局局长批准，税务机关可以将纳税人、扣缴义务人当年的账簿、记账凭证、报表和其他有关资料调回检查，但是税务机关必须在 30 日内退还。

第八十七条　税务机关行使税收征管法第五十四条第（六）项职权时，应当指定专人负责，凭全国统一格式的检查存款账户许可证明进行，并有责任为被检查人保守秘密。

检查存款账户许可证明，由国家税务总局制定。

税务机关查询的内容，包括纳税人存款账户余额和资金往来情况。

第八十八条　依照税收征管法第五十五条规定，税务机关采取税收保全措施的期限一般不得超过 6 个月；重大案件需要延长的，应当报国家税务总局批准。

第八十九条　税务机关和税务人员应当依照税收征管法及本细则的规定行使税务检查职权。

税务人员进行税务检查时，应当出示税务检查证和税务检查通知书；无税务检查证和税务检查通知书的，纳税人、扣缴义务人及其他当事人有权拒绝检查。税务机关对集贸市场及集中经营业户进行检查时，可以使用统一的税务检查通知书。

税务检查证和税务检查通知书的式样、使用和管理的具体办法，由国家税务总局制定。

第七章　法律责任

第九十条　纳税人未按照规定办理税务登记证件验证或者换证手续的，由税务机关责令限期改正，可以处 2000 元以下的罚款；情节严重的，处 2000 元以上 1 万元以下的罚款。

第九十一条　非法印制、转借、倒卖、变造或者伪造完税凭证的，由税务机关责令改正，处 2000 元以上 1 万元以下的罚款；情节严重的，处 1 万元以上 5 万元以下的罚款；构成犯罪的，依法追究刑事责任。

第九十二条　银行和其他金融机构未依照税收征管法的规定在从事生产、经营的纳税人的账户中登录税务登记证件号码，或者未按规定在税务登记证件中登录从事生产、经营的纳税人的账户账号的，由税务机关责令其限期改正，处 2000 元以上 2 万元以下的罚款；情节严重的，处 2 万元以上 5 万元以下的罚款。

第九十三条　为纳税人、扣缴义务人非法提供银行账户、发票、证明或者其他方便，导致未缴、少缴税款或者骗取国家出口退税款的，税务机关除没收其违法所得外，可以处未缴、少缴或者骗取的税款 1 倍以下的罚款。

第九十四条　纳税人拒绝代扣、代收税款的，扣缴义务人应当向税务机关报告，由税务机关直接向纳税人追缴税款、滞纳金；纳税人拒不缴纳的，依照税收征管法第六十八条的规定执行。

第九十五条　税务机关依照税收征管法第五十四条第（五）项的规定，到车站、码头、机场、邮政企业及其分支机构检查纳税人有关情况时，有关单位拒绝的，由税务机关责令改正，可以处 1 万元以下的罚款；情节严重的，处 1 万元以上 5 万元以下的罚款。

第九十六条　纳税人、扣缴义务人有下列情形之一的，依照税收征管法第七十条的规定处罚：

（一）提供虚假资料，不如实反映情况，或者拒绝提供有关资料的；

（二）拒绝或者阻止税务机关记录、录音、录像、照相和复制与案件有关的情况和资料的；

（三）在检查期间，纳税人、扣缴义务人转移、隐匿、销毁有关资料的；

（四）有不依法接受税务检查的其他情形的。

第九十七条 税务人员私分扣押、查封的商品、货物或者其他财产，情节严重，构成犯罪的，依法追究刑事责任；尚不构成犯罪的，依法给予行政处分。

第九十八条 税务代理人违反税收法律、行政法规，造成纳税人未缴或者少缴税款的，除由纳税人缴纳或者补缴应纳税款、滞纳金外，对税务代理人处纳税人未缴或者少缴税款50%以上3倍以下的罚款。

第九十九条 税务机关对纳税人、扣缴义务人及其他当事人处以罚款或者没收违法所得时，应当开付罚没凭证；未开付罚没凭证的，纳税人、扣缴义务人以及其他当事人有权拒绝给付。

第一百条 税收征管法第八十八条规定的纳税争议，是指纳税人、扣缴义务人、纳税担保人对税务机关确定纳税主体、征税对象、征税范围、减税、免税及退税、适用税率、计税依据、纳税环节、纳税期限、纳税地点以及税款征收方式等具体行政行为有异议而发生的争议。

第八章　文书送达

第一百零一条 税务机关送达税务文书，应当直接送交受送达人。

受送达人是公民的，应当由本人直接签收；本人不在的，交其同住成年家属签收。

受送达人是法人或者其他组织的，应当由法人的法定代表人、其他组织的主要负责人或者该法人、组织的财务负责人、负责收件的人签收。受送达人有代理人的，可以送交其代理人签收。

第一百零二条 送达税务文书应当有送达回证，并由受送达人或者本细则规定的其他签收人在送达回证上记明收到日期，签名或者盖章，即为送达。

第一百零三条 受送达人或者本细则规定的其他签收人拒绝签收税务文书的，送达人应当在送达回证上记明拒收理由和日期，并由送达人和见证人签名或者盖章，将税务文书留在受送达人处，即视为送达。

第一百零四条 直接送达税务文书有困难的，可以委托其他有关机关或者其他单位代为送达，或者邮寄送达。

第一百零五条 直接或者委托送达税务文书的，以签收人或者见证人在送达回证上的签收或者注明的收件日期为送达日期；邮寄送达的，以挂号函件回执上注明的收件日期为送达日期，并视为已送达。

第一百零六条 有下列情形之一的，税务机关可以公告送达税务文书，自公告之日起满30日，即视为送达：

（一）同一送达事项的受送达人众多；

（二）采用本章规定的其他送达方式无法送达。

第一百零七条 税务文书的格式由国家税务总局制定。本细则所称税务文书，包括：

（一）税务事项通知书；

（二）责令限期改正通知书；

（三）税收保全措施决定书；

（四）税收强制执行决定书；

（五）税务检查通知书；

（六）税务处理决定书；

（七）税务行政处罚决定书；

（八）行政复议决定书；

（九）其他税务文书。

第九章　附则

第一百零八条　税收征管法及本细则所称"以上""以下""日内""届满"均含本数。

第一百零九条　税收征管法及本细则所规定期限的最后一日是法定休假日的，以休假日期满的次日为期限的最后一日；在期限内有连续 3 日以上法定休假日的，按休假日天数顺延。

第一百一十条　税收征管法第三十条第三款规定的代扣、代收手续费，纳入预算管理，由税务机关依照法律、行政法规的规定付给扣缴义务人。

第一百一十一条　纳税人、扣缴义务人委托税务代理人代为办理税务事宜的办法，由国家税务总局规定。

第一百一十二条　耕地占用税、契税、农业税、牧业税的征收管理，按照国务院的有关规定执行。

第一百一十三条　本细则自 2002 年 10 月 15 日起施行。1993 年 8 月 4 日国务院发布的《中华人民共和国税收征收管理法实施细则》同时废止。

18.3　邮寄纳税申报办法

2018 年 6 月 15 日　国家税务总局令第 44 号

（1997 年 9 月 26 日国税发〔1997〕147 号文件印发，根据 2016 年 5 月 29 日《国家税务总局关于公布全文废止和部分条款废止的税务部门规章目录的决定》和 2018 年 6 月 15 日《国家税务总局关于修改部分税务部门规章的决定》修正）

为贯彻《国务院办公厅关于转发国家税务总局深化税收征管改革方案的通知》（国办发〔1997〕1 号），不断深化税收征管改革，完善纳税申报制度，方便纳税人申报纳税，依据《中华人民共和国税收征收管理法》及其有关规定，以及国家邮政局颁布的《国内特快专递邮件处理规则》，制定本办法。

一、适用范围

凡实行查账征收方式的纳税人，均可采用本办法。

二、邮寄内容

邮寄申报的邮件内容包括纳税申报表、财务会计报表以及税务机关要求纳税人报送的其他纳税资料。

三、办理程序

（一）纳税人在法定的纳税申报期内，按税务机关规定的要求填写各类申报表和纳税资料后，使用统一规定的纳税申报特快专递专用信封，可以根据约定时间由邮政人员上门收寄，也可到指定的邮政部门办理交寄手续。

无论是邮政人员上门收寄，还是由纳税人到邮政部门办理交寄，邮政部门均应向纳税人开具收据。该收据作为邮寄申报的凭据，备以查核。

（二）邮政部门办理纳税申报特快专递邮件参照同城特快邮件方式交寄、封发处理，按照与税务机关约定的时限投递，保证传递服务质量。具体投递频次、时限由省、自治区、直辖市邮政、税务部门协商确定。业务量、业务收入统计按照同城特快业务现行规定办理。

（三）各基层税务机关要指定人员统一接收、处理邮政部门送达的纳税申报邮件。

四、邮资

纳税申报特快专递邮件实行按件收费，每件中准价为 8 元，各省、自治区、直辖市邮政管理局可根据各地实际情况，以中准价为基础上下浮动30%。价格确定后，须报经省物价主管部门备案。

邮件资费的收取方式及相关手续由各省、自治区、直辖市税务和邮政部门协商确定。

五、申报日期确认

邮寄纳税申报的具体日期以邮政部门收寄日戳日期为准。

六、专用信封

邮寄纳税申报专用信封，由各省、自治区、直辖市邮政管理局与同级税务机关共同指定印刷厂承印，并负责监制；由各地（市）、州、盟税务局按照国家邮政局、国家税务总局确定的式样（附后）印制；由纳税人向主管税务机关领购。

七、本办法由国家税务总局、国家邮政局负责解释；各省、自治区、直辖市税务局、邮政管理局可依据本办法制定具体的实施办法。

八、本办法自发布之日起生效。

附件：

邮寄纳税申报特快专递专用信封式样及规格说明

一、信封为白色胶版纸质信封，克重不低于 150 克。

二、信封正面尺寸比例示意详见后附图。

三、"中国邮政"徽标遵循"中国邮政企业识别系统手册"A–071 标准。

四、EMS 徽标遵循中华人民共和国通信行业标准"邮政特快专递业务徽标"（YD/T 854—1996）标准，颜色与 PMS151（橘黄色）和 PMS286（蓝色）色卡一致。

五、税务徽标红、黄两色，红色标准为 RGB214，41，33；黄色标准为 RGB255，22，8。

六、"纳税申报专用"字样为黑体，16 点阵号，红色（RGB214，41，33）。

七、"纳税人识别号："字样为宋体，26 点阵号，红色（RGB214，41，33）.

八、左上角邮政编号框为蓝色（RMS286 色卡），正方形。

九、纳税人识别号框为蓝色（RMS286 色卡），正方形，粗线，无间隔。

十、右下角"邮政编码："字样为仿宋体，22 点阵号，蓝色（RMS286 色卡）。

十一、"收"字样为宋体，36 点阵号，红色（RGB214，41，33）。

十二、信封采取右侧封口方式，封舌宽度为 20mm。

十三、信封背面可由各局根据当地情况和业务需要印刷用户使用须知。

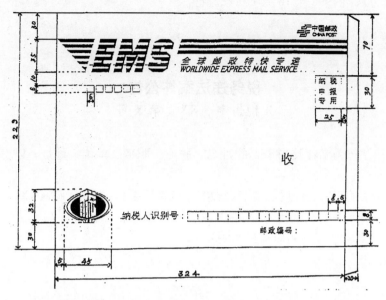

图　邮寄纳税申报特快专递专用信封正面尺寸比例示意（单位：mm）

18.4　税务违法案件公告办法

2018 年 6 月 15 日　国家税务总局令第 44 号

（1998 年 9 月 28 日国税发〔1998〕156 号文件印发，根据 2018 年 6 月 15 日《国家税务总局关于修改部分税务部门规章的决定》修正）

　　第一条　为了规范和监督税务稽查执法行为，根据《中华人民共和国行政处罚法》和《中华人民共和国税收征收管理法》及有关规定，制定本办法。

　　第二条　税务机关以公告文体或者其他形式将已经生效的税务违法案件行政处理决定进行公告，接受社会监督。

　　税务违法案件一般由省、地、县三级稽查局或者其主管税务局在办公场所设立的专栏内张贴公告；重大或者其他具有典型意义的税务违法案件，可以印发新闻通稿或者召开新闻发布会进行公告。

　　第三条　公告应当实事求是，扼要介绍税务违法事实，写明税务行政处理决定的主要内容及其适用的法律、法规依据，与此不相关联的其他情节和调查审理过程，不应写入公告。公告不得泄露国家秘密、商业秘密和个人隐私。

　　第四条　公告字句要通达简练，正确引用法律、法规规定的税务违法行为名称及相关条文，不得以税务行政处理决定书代替公告。

　　第五条　公告须经发布机关负责人严格审批。

　　第六条　各省、自治区、直辖市和计划单列市税务局根据本办法，制定具体规定，报国家税务总局备案。

第七条   本办法自 1998 年 10 月 1 日起施行。

张贴式公告格式

税务违法案件公告

X 税告字 ［XX］ 第 X 号

（写明税务违法行为名称及当事人的姓名、职业、职务、单位、地址；曾有税务违法行为的，可以略加介绍）。

（简要叙述违法的事实、性质、情节、态度和危害后果）。本局依照《XX》第 X 条的规定，作出 XX 的处理决定，并于（将于 0XX 年 X 月 X 日（前）依法执行（写明执行方式）。（如已经行政复议、行政诉讼程序，可以适当说明）。

特此公告

发布机关印章

XX 年 X 月 X 日

注：本公告格式适用于已经生效的税务行政处理决定。

18.5   增值税防伪税控系统管理办法

2018 年 6 月 15 日   国家税务总局令第 44 号

（1999 年 12 月 1 日国税发〔1999〕221 号文件印发，根据 2018 年 6 月 15 日《国家税务总局关于修改部分税务部门规章的决定》修正）

第一章   总则

第一条   为保证增值税防伪税控系统（以下简称防伪税控系统）的顺利推行和正常运转，防范利用增值税专用发票（以下简称专用发票）偷骗税的不法行为，进一步加强增值税征收管理，特制定本办法。

第二条   防伪税控系统的推广应用由国家税务总局（以下简称总局）统一领导，省级以下税务机关逐级组织实施。

第三条   各级税务机关增值税业务管理部门（以下简称业务部门）负责防伪税控系统推行应用的组织及日常管理工作，计算机技术管理部门（以下简称技术部门）提供技术支持。

第二章　认定登记

第四条　主管税务机关根据防伪税控系统推行计划确定纳入防伪税控系统管理的企业（以下简称防伪税控企业），下达《增值税防伪税控系统使用通知书》（附件1）。

第五条　防伪税控企业认定登记事项发生变化，应到主管税务机关办理变更认定登记手续。

第六条　防伪税控企业发生下列情形，应到主管税务机关办理注销认定登记，同时由主管税务机关收缴金税卡和 IC 卡（以下简称两卡）。

（一）依法注销税务登记，终止纳税义务；

（二）被取消一般纳税人资格；

（三）减少分开票机。

第三章　系统发行

第七条　防伪税控系统发行实行分级管理。

总局负责发行省级税务发行子系统以及省局直属征收分局认证报税子系统、企业发行子系统和发票发售子系统；

省级税务机关负责发行地级税务发行子系统以及地级直属征收分局认证报税子系统、企业发行子系统和发票发售子系统；

地级税务机关负责发行县级认证报税子系统、企业发行子系统和发票发售子系统；

地级税务机关经省级税务机关批准，可发行县级所属征收单位认证报税子系统、企业发行子系统和发票发售子系统。

第八条　防伪税控企业办理认定登记后，由主管税务机关负责向其发行开票子系统。

第九条　防伪税控企业发生本办法第七条情形的，应同时办理变更发行。

第四章　发放发售

第十条　防伪税控系统专用设备（以下简称专用设备）包括：金税卡、IC 卡、读卡器、延伸板及相关软件等。防伪税控系统税务专用设备由总局统一配备并逐级发放；企业专用设备由防伪税控系统技术服务单位（以下简称服务单位）实施发售管理。

第十一条　主管税务机关需要增配专用设备的，应填制《防伪税控系统专用设备需求表》（附件2）报上级税务机关核发。

第十二条　地级以上税务机关接收和发放专用设备，应严格交接制度，分别填写《防伪税控系统专用设备入库单》（附件3）和《防伪税控系统专用设备出库单》（附件4），及时登记《防伪税控系统（专用设备）收、发、存台账》（附件5）。

各级税务机关对库存专用设备实行按月盘存制度，登记《增值税防伪税控专用设备盘存表》（附件6）。

第十三条　服务单位凭主管税务机关下达的《增值税防伪税控系统使用通知书》向防伪税控企业发售专用设备。

第十四条 服务单位应参照本办法第十二条的规定，加强企业专业设备的仓储发售管理，认真记录收发存情况。对库存专用设备实行按月盘点制度，登记《增值税防伪税控专用设备盘存表》（同附件6），并报同级税务机关备案。

第五章 购票开票

第十五条 防伪税控企业凭税控 IC 卡向主管税务机关领购电脑版专用发票。主管税务机关核对企业出示的相关资料与税控 IC 卡记录内容，确认无误后，按照专用发票发售管理规定，通过企业发票发售子系统发售专用发票，并将专用发票的起始号码及发售时间登录在税控 IC 卡内。

第十六条 新纳入防伪税控系统的企业，在系统启用后十日内将启用前尚未使用完的专用发票（包括误填作废的专用发票）报主管税务机关缴销。

第十七条 防伪税控企业必须使用防伪税控系统开具专用发票，不得以其他方式开具手工版或电脑版专用发票。

第十八条 防伪税控企业应按照《增值税专用发票使用规定》开具专用发票，打印压线或错格的，应作废重开。

第六章 认证报税

第十九条 防伪税控企业应在纳税申报期限内将抄有申报所属月份纳税信息的 IC 卡和备份数据软盘向主管税务机关报税。

第二十条 防伪税控企业和未纳入防伪税控系统管理的企业取得的防伪税控系统开具的专用发票抵扣联，应据增值税有关扣税规定核算当期进项税额，如期申报纳税，属于扣税范围的，应于纳税申报时或纳税申报前报主管税务机关认证。

第二十一条 主管税务机关应在企业申报月份内完成企业申报所属月份的防伪税控专用发票抵扣联的认证。对因褶皱、揉搓等无法认证的加盖"无法认证"戳记，认证不符的加盖"认证不符"戳记，属于利用丢失被盗金税卡开具的加盖"丢失被盗"戳记。认证完毕后，应将认证相符和无法认证的专用发票抵扣联退还企业，并同时向企业下达《认证结果通知书》（附件7）。对认证不符和确认为丢失、被盗金税卡开具的专用发票应及时组织查处。

认证戳记式样由各省级税务机关统一制定。

第二十二条 防伪税控企业应将税务机关认证相符的专用发票抵扣联连同《认证结果通知书》和认证清单一起按月装订成册备查。

第二十三条 经税务机关认证确定为"无法认证""认证不符"以及"丢失被盗"的专用发票，防伪税控企业如已申报扣税的，应调减当月进项税额。

第二十四条 报税子系统采集的专用发票存根联数据和认证子系统采集的专用发票抵扣联数据应按规定传递到增值税计算机稽核系统。

第二十五条 防伪税控企业金税卡需要维修或更换时，其存储的数据，必须通过磁盘保存并列印出清单。税务机关应核查金税卡内尚未申报的数据和软盘中专用发票开具的明细信息，生成专用发票存根联数据传递到增值税计算机稽核系统；企业计算机主机损坏不能抄录开票明细信息的，税务机关应对企业开具的专用发票存根联通过防伪税控认证子系统进行认证，产生专用发票存根联数据传递到增值税计算机稽核系统。

第七章　技术服务

第二十六条　防伪税控系统研制生产单位应按照总局制定的推行计划组织专用设备的生产，确保产品质量。严格保密、交接等各项制度。两卡等关键设备在出厂时要进行统一编号，标贴国家密码管理委员会办公室核发的"商密产品认证标识"。

第二十七条　各地税务机关技术部门应做好税务机关内部防伪税控系统的技术支持和日常维护工作。

第二十八条　系统研制生产单位应在各地建立服务单位，负责防伪税控系统的安装调试、操作培训、维护服务和企业用防伪税控系统专用设备的销售。

第二十九条　税务机关应与当地服务单位签订协议，明确工作程序、业务规范和双方的权利义务等事项。

第三十条　服务单位在向防伪税控企业发售专用设备时，应和企业签订系统维护合同，按照税务机关的有关要求明确服务标准和违约责任等事项，并报当地税务机关备案。

第三十一条　防伪税控系统使用过程中出现的技术问题，税务机关、服务单位应填制《防伪税控系统故障登记表》（附件 8），分别逐级上报总局和系统研制生产单位，重大问题及时上报。

第八章　安全措施

第三十二条　税务机关用两卡应由专人使用保管，使用或保管场所应有安全保障措施。发生丢失、被盗的，应立即报公安机关侦破追缴，并报上级税务机关进行系统处理。

第三十三条　按照密码安全性的要求，总局适时统一布置更换系统密钥，部分地区由于两卡丢失被盗等原因需要更换密钥的，由上一级税务机关决定。

第三十四条　有关防伪税控系统管理的表、账、册及税务文书等资料保存期为五年。

第三十五条　防伪税控企业应采取有效措施保障开票设备的安全，对税控 IC 卡和专用发票应分开专柜保管。

第三十六条　任何单位和个人未经总局批准不得擅自改动防伪税控系统软、硬件。

第三十七条　服务单位和防伪税控企业专用设备发生丢失被盗的，应迅速报告公安机关和主管税务机关。各级税务机关按月汇总上报《丢失、被盗金税卡情况表》（附件 9）。总局建立丢失被盗金税卡数据库下发各地录入认证子系统。

第三十八条　税务机关或企业损坏的两卡以及按本办法第六条规定收缴的两卡，由省级税务机关统一登记造册并集中销毁。

第九章　监督检查

第三十九条　税务机关应定期检查服务单位的两卡收发存和技术服务情况。督促服务单位严格两卡发售工作程序，落实安全措施。严格履行服务协议，不断改进服务工作。

第四十条　防伪税控企业逾期未报税，经催报仍不报的，主管税务机关应立即进行实地查处。

第四十一条 防伪税控企业未按规定使用保管专用设备，发生下列情形之一的，视同未按规定使用和保管专用发票处罚：

（一）因保管不善或擅自拆装专用设备造成系统不能正常运行；

（二）携带系统外出开具专用发票。

第四十二条 各级税务机关应定期检查系统发行情况，地级以上税务机关对下一级税务机关的检查按年进行，地级对县级税务机关的检查按季进行。

第十章　附则

第四十三条 本办法由国家税务总局负责解释。各地可根据本办法制定具体实施细则。

第四十四条 本办法自 2000 年 1 月 1 日起施行。

附件：1. 增值税防伪税控系统使用通知书

2. 防伪税控系统专用设备需求表

3. 防伪税控系统专用设备入库单

4. 防伪税控系统专用设备出库单

5. 防伪税控系统（专用设备）收、发、存台账

6. 增值税防伪税控专用设备盘存表

7. 认证结果通知书

8. 防伪税控系统故障登记表

9. 丢失、被盗金税卡情况表

附件1：增值税防伪税控系统使用通知书

（纳税人识别号：_____）：

经研究决定，你单位自　年　月　日使用增值税防伪税控系统，请办理以下事项。

一、选派人员于　月　日到_____（增值税防伪税控系统技术服务单位）接受操作培训，购买企业开票设备。

二、按照防伪税控系统的技术要求和安全要求配备计算机、打印机等设备，落实安全措施。

三、于　月　日前带本通知书及下列资料到我局办理登记认定手续。

1. 加盖增值税一般纳税人确认章的税务登记证（副本）。

2. 经办人和企业法人代表的身份证。

3. 税务机关要求的其他资料。

_____税务局

年　月　日

本通知书一式三联，第一联主管税务机关留存；第二联交企业；第三联交服务单位。

附件2：防伪税控系统专用设备需求表

填报单位：　　　　　　　　　　　填表日期：

设备名称	单位	数量	使用单位

需求原因说明：

填报单位签章

填报人：　　　　　　　　　　电话：

附件3：防伪税控系统专用设备入库单

设备名称	单位	数量	编号		备注
			起始号码	终止号码	

交货人：　　　　　　验收人：　　　　　　入库日期：　　年　月　日

附件4：防伪税控系统专用设备出库单

接收单位：　　　　　　　　　　　发放日期：　　年　月　日

设备名称	单位	数量	编号		备注
			起始号码	终止号码	

提货人：　　　　　　　　库管员：

附件5：防伪税控系统＿＿＿（专用设备）
收、发、存台账

时间			摘要	接收			发出			结存		
年	月	日		数量	起号	止号	数量	起号	止号	数量	起号	止号

附件6：增值税防伪税控专用设备盘存表

盘存日期：　　年　月　日

设备名称	计量单位	账面数量	实际数量	实际比账面增（＋）减（－）	备注

盘点人（单位签章）：　　　　　　监盘人（签章）：

附件7：认证结果通知书

_____（单位名称）：

你单位于　月　日报送的防伪税控系统开具的专用发票抵扣联共　　份。经过认证，认证相符的专用发票　份，税额　　　；无法认证的　份，税额　　　；认证不符的　份，税额　　　；属于丢失被盗金税卡开具的　份，税额　　　。现将认证相符和无法认证的专用发票抵扣联退还给你单位，请查收。认证不符和利用丢失被盗金税卡开具的发票抵扣联暂留我局检查。

请将认证相符专用发票抵扣联与本通知书一起装订成册，作为纳税检查的备查资料。对无法认证、认证不符和利用丢失、被盗金税卡开具的专用发票，如已申报扣税的，应调减本月进项税额。

认证详细情况请见本通知所附清单。

_____税务局（盖章）

年　月　日

本通知书一式两联，第一联税务机关留存，第二联送达企业。

附件8：防伪税控系统故障登记表

出现故障的子系统名称		出现故障的单位	
故障现象		发生次数	
发现日期		填报人	
故障原因描述：			
解决办法：			
意见或建议：			
备注：			

填报单位： 填表日期： 联系人： 电话：

附件9：丢失、被盗金税卡情况表

企业名称	
纳税人识别号	
法人代表	
联系电话	
金税卡编号	
案情经过：	

基层征收机关 （签章）	县级税务机关 （签章）	地级税务机关 （签章）	省级税务机关 （签章）

18.6　国家税务总局关于印发《税务稽查案件复查暂行办法》的通知

2000 年 3 月 22 日　国税发〔2000〕54 号

税务稽查案件复查暂行办法

第一条　为了及时发现和纠正违法的或者不当的具体税务稽查执法行为，制定本办法。

第二条　上级稽查局依照本办法对下级稽查局调查处理的案件进行复查，具体程序参照《税务稽查工作规程》办理。

第三条　税务稽查案件复查的主要内容：

（一）调查和审理是否符合法定程序；

（二）认定事实是否清楚，证据是否确凿，数据是否准确；

（三）定性处理适用依据是否正确适当；

（四）税务处理决定执行是否及时得当；

（五）税务文书使用是否正确规范。

第四条　稽查局应当提出税务稽查案件复查工作计划，确定工作重点，报请主管税务局领导批准。复查工作计划必须与其他税务检查统筹考虑，力求均衡适度，避免多头重复检查。复查工作计划实施过程中确实需要调整的，必须报请主管税务局领导批准。

复查工作计划应当报送上级稽查局备案。上级稽查局认为下级稽查局复查工作计划不当的，可以通知下级稽查局调整复查工作计划。

下级稽查局复查工作计划与上级稽查局复查工作计划冲突的，必须执行上级稽查局复查工作计划。

第五条　稽查局根据复查工作计划确定需要复查的税务稽查案件，组成复查组，并指定组长。稽查局可以根据工作需要抽调基层税务稽查人员组成复查组，对辖区内税务稽查案件实行交叉复查。

复查组实行组长负责制。复查组根据复查对象和复查目标提出复查工作方案，经稽查局审批后实施。

复查人员与复查案件有利害关系的，应当回避。

第六条　稽查局在实施复查前应当向处理税务稽查案件的稽查局（以下简称案件原处理单位）下达复查通知。案件原处理单位应当配合复查组的工作，向复查组提供案卷及有关资料；应复查组的要求选派人员协助调查，并提供必要的工作条件。

第七条　税务稽查案件的复查必须案卷审查和实地调查相结合，具体复查方法根据复查对象情况确定。

实地调查必须有针对性地进行；案卷审查发现原税务处理决定有重大问题或者明显疑点的，应当通过实地调查严格核证。

第八条　复查组在复查过程中应当注意听取案件有关的纳税人或者其他当事人的陈述和申

辩。对当事人提出的重要事实、理由和证据应当进行复核。

复查组在复查过程中遇到重大问题，必须及时向组织复查的稽查局请示报告。

第九条 复查组对税务稽查案件实施复查后，应当向组织复查的稽查局提出复查报告。复查报告报送前，应当征求案件原处理单位意见。案件原处理单位应当自接到复查报告之日起5日内提出书面意见；复查组应当认真审核，根据审核情况对复查报告作必要的修改，然后连同案件原处理单位的书面意见一并报送组织复查的稽查局。案件原处理单位逾期未提出书面意见的，视同无异议。

第十条 组织复查的稽查局对税务稽查案件复查报告的事实内容和处理意见进行审议，根据不同情况分别作出复查结论：

（一）原税务处理决定认定事实清楚，证据确凿，适用依据正确，程序合法，内容适当的，予以维持。

（二）原税务处理决定主要事实不清、证据不足，适用依据错误，违反法定程序，超越权限，滥用职权，处理明显不当的，予以撤销或者部分撤销，并重新作出税务处理决定。

（三）复查发现新的税务违法问题与原税务处理决定相关，属于原税务处理决定错误的，予以纠正；属于同一时限、同一项目的数量增减变化的，应当在重新作出税务处理决定时注明原税务处理决定的相关内容。

（四）复查发现新的税务违法问题与原税务处理决定没有相关的，只对新发现的税务违法问题作出税务处理决定。

（五）原税务处理决定涉及少缴、未缴税款的，应当依法追缴；涉及多收税款的，应当依法退还。

（六）原税务处理决定的处罚原则上不再改变，但处罚明显偏重，或者案件原处理单位人员与被处理对象通谋，故意偏轻处罚的，可以改变。

案情复杂重大的，组织复查的稽查局应当会同主管税务局有关机构进行审议，并根据审议情况作出复查结论。

第十一条 组织复查的稽查局应当将税务稽查案件复查结论书面通知案件原处理单位；复查结论认定原税务处理决定违法或者不当的，应当责令案件原处理单位在指定期限内按照复查结论重新作出税务处理决定。情况特殊的，组织复查的稽查局可以根据复查结论直接作出税务处理决定。

第十二条 案件原处理单位拒不按照税务稽查案件复查结论重新作出税务处理决定的，组织复查的稽查局应当直接作出税务处理决定，并可报请主管税务局领导批准将追缴的税款、滞纳金、罚款收缴本级税务稽查收入专户。

第十三条 税务稽查案件复查终结后，组织复查的稽查局应当对案件原处理单位及其人员的执法质量进行评价，作出书面鉴定，并报告主管税务局。

复查发现的案件原处理单位人员在案件调查处理过程中徇私舞弊、玩忽职守、滥用职权等违法违纪问题，组织复查的稽查局应当及时报请主管税务局查处，主管税务局将查处情况反馈给组织复查的稽查局。

第十四条 复查取得的证据材料由重新作出税务处理决定的稽查局归档保管，原税务处理决定的证据材料仍由案件原处理单位归档保管。

第十五条 税务稽查案件复查情况应当通报，并列入税务稽查工作考核内容。

第十六条 本办法自印发之日起施行。

18.7 欠税公告办法（试行）

2018 年 6 月 15 日 国家税务总局令第 44 号

（2004 年 10 月 10 日国家税务总局令第 9 号公布，根据 2018 年 6 月 15 日《国家税务总局关于修改部分税务部门规章的决定》修正）

第一条 为了规范税务机关的欠税公告行为，督促纳税人自觉缴纳欠税，防止新的欠税的发生，保证国家税款的及时足额入库，根据《中华人民共和国税收征收管理法》（以下简称《税收征管法》）及其实施细则的规定，制定本办法。

第二条 本办法所称公告机关为县以上（含县）税务局。

第三条 本办法所称欠税是指纳税人超过税收法律、行政法规规定的期限或者纳税人超过税务机关依照税收法律、行政法规规定确定的纳税期限（以下简称税款缴纳期限）未缴纳的税款，包括：

（一）办理纳税申报后，纳税人未在税款缴纳期限内缴纳的税款；

（二）经批准延期缴纳的税款期限已满，纳税人未在税款缴纳期限内缴纳的税款；

（三）税务检查已查定纳税人的应补税额，纳税人未在税款缴纳期限内缴纳的税款；

（四）税务机关根据《税收征管法》第二十七条、第三十五条核定纳税人的应纳税额，纳税人未在税款缴纳期限内缴纳的税款；

（五）纳税人的其他未在税款缴纳期限内缴纳的税款。

税务机关对前款规定的欠税数额应当及时核实。

本办法公告的欠税不包括滞纳金和罚款。

第四条 公告机关应当按期在办税场所或者广播、电视、报纸、期刊、网络等新闻媒体上公告纳税人的欠缴税款情况。

（一）企业或单位欠税的，每季公告一次；

（二）个体工商户和其他个人欠税的，每半年公告一次；

（三）走逃、失踪的纳税户以及其他经税务机关查无下落的非正常户欠税的，随时公告。

第五条 欠税公告内容如下：

（一）企业或单位欠税的，公告企业或单位的名称、纳税人识别号、法定代表人或负责人姓名、居民身份证或其他有效身份证件号码、经营地点、欠税税种、欠税余额和当期新发生的欠税金额；

（二）个体工商户欠税的，公告业户名称、业主姓名、纳税人识别号、居民身份证或其他有效身份证件号码、经营地点、欠税税种、欠税余额和当期新发生的欠税金额；

（三）个人（不含个体工商户）欠税的，公告其姓名、居民身份证或其他有效身份证件号码、欠税税种、欠税余额和当期新发生的欠税金额。

第六条 企业、单位纳税人欠缴税款 200 万元以下（不含 200 万元），个体工商户和其他个人欠缴税款 10 万元以下（不含 10 万元）的，由县级税务局（分局）在办税服务厅公告。

企业、单位纳税人欠缴税款 200 万元以上（含 200 万元），个体工商户和其他个人欠缴税款 10 万元以上（含 10 万元）的，由地（市）级税务局（分局）公告。

对走逃、失踪的纳税户以及其他经税务机关查无下落的纳税人欠税的，由各省、自治区、直辖市和计划单列市税务局公告。

第七条 对按本办法规定需要由上级公告机关公告的纳税人欠税信息，下级公告机关应及时上报。具体的时间和要求由各省、自治区、直辖市和计划单列市税务局确定。

第八条 公告机关在欠税公告前，应当深入细致地对纳税人欠税情况进行确认，重点要就欠税统计清单数据与纳税人分户台账记载数据、账簿记载书面数据与信息系统记录电子数据逐一进行核对，确保公告数据的真实、准确。

第九条 欠税一经确定，公告机关应当以正式文书的形式签发公告决定，向社会公告。

欠税公告的数额实行欠税余额和新增欠税相结合的办法，对纳税人的以下欠税，税务机关可不公告：

（一）已宣告破产，经法定清算后，依法注销其法人资格的企业欠税；

（二）被责令撤销、关闭，经法定清算后，被依法注销或吊销其法人资格的企业欠税；

（三）已经连续停止生产经营一年（按日历日期计算）以上的企业欠税；

（四）失踪两年以上的纳税人的欠税。

公告决定应当列为税收征管资料档案，妥善保存。

第十条 公告机关公告纳税人欠税情况不得超出本办法规定的范围，并应依照《税收征管法》及其实施细则的规定对纳税人的有关情况进行保密。

第十一条 欠税发生后，除依照本办法公告外，税务机关应当依法催缴并严格按日计算加收滞纳金，直至采取税收保全、税收强制执行措施清缴欠税。任何单位和个人不得以欠税公告代替税收保全、税收强制执行等法定措施的实施，干扰清缴欠税。各级公告机关应指定部门负责欠税公告工作，并明确其他有关职能部门的相关责任，加强欠税管理。

第十二条 公告机关应公告不公告或者应上报不上报，给国家税款造成损失的，上级税务机关除责令其改正外，应按《中华人民共和国公务员法》规定，对直接责任人员予以处理。

第十三条 扣缴义务人、纳税担保人的欠税公告参照本办法的规定执行。

第十四条 各省、自治区、直辖市和计划单列市税务局可以根据本办法制定具体实施细则。

第十五条 本办法由国家税务总局负责解释。

第十六条 本办法自 2005 年 1 月 1 日起施行。

18.8 国家税务总局关于印发《纳税评估管理办法（试行）》的通知

2005 年 3 月 11 日 国税发〔2005〕43 号

注释：（《国家税务总局关于修改部分税收规范性文件的公告》（国家税务总局公告 2018 年第 31 号）对本文进行了修改。）

各省、自治区、直辖市和计划单列市国家税务局、地方税务局，扬州税务进修学院，局内各单位：

　　为推进依法治税，切实加强对税源的科学化、精细化管理，总局在深入调查研究、总结各地经验的基础上，制定了《纳税评估管理办法（试行）》，现印发给你们，请结合实际认真贯彻执行。对在试行过程中遇到的情况和问题，要及时报告总局。

　　附件：1. 纳税评估通用分析指标及其使用方法
　　　　　2. 纳税评估分税种特定分析指标及其使用方法

国家税务总局
2005 年 3 月 11 日

纳税评估管理办法（试行）

第一章　总则

　　第一条　为进一步强化税源管理，降低税收风险，减少税款流失，不断提高税收征管的质量和效率，根据国家有关税收法律、法规，结合税收征管工作实际，制定本办法。

　　第二条　纳税评估是指税务机关运用数据信息对比分析的方法，对纳税人和扣缴义务人（以下简称纳税人）纳税申报（包括减免缓抵退税申请，下同）情况的真实性和准确性作出定性和定量的判断，并采取进一步征管措施的管理行为。纳税评估工作遵循强化管理、优化服务；分类实施、因地制宜；人机结合、简便易行的原则。

　　第三条　纳税评估工作主要由基层税务机关的税源管理部门及其税收管理员负责，重点税源和重大事项的纳税评估也可由上级税务机关负责。

　　前款所称基层税务机关是指直接面向纳税人负责税收征收管理的税务机关；税源管理部门是指基层税务机关所属的税务分局、税务所或内设的税源管理科（股）。

　　对汇总合并缴纳企业所得税企业的纳税评估，由其汇总合并纳税企业申报所在地税务机关实施，对汇总合并纳税成员企业的纳税评估，由其监管的当地税务机关实施；对合并申报缴纳外商投资和外国企业所得税企业分支机构的纳税评估，由总机构所在地的主管税务机关实施。

　　第四条　开展纳税评估工作原则上在纳税申报到期之后进行，评估的期限以纳税申报的税款所属当期为主，特殊情况可以延伸到往期或以往年度。

　　第五条　纳税评估主要工作内容包括：根据宏观税收分析和行业税负监控结果以及相关数据设立评估指标及其预警值；综合运用各类对比分析方法筛选评估对象；对所筛选出的异常情况进行深入分析并作出定性和定量的判断；对评估分析中发现的问题分别采取税务约谈、调查核实、处理处罚、提出管理建议、移交稽查部门查处等方法进行处理；维护更新税源管理数据，为税收宏观分析和行业税负监控提供基础信息等。

第二章　纳税评估指标

　　第六条　纳税评估指标是税务机关筛选评估对象、进行重点分析时所选用的主要指标，分为通用分析指标和特定分析指标两大类，使用时可结合评估工作实际不断细化和完善。

　　第七条　纳税评估指标的功能、计算公式及其分析使用方法参照《纳税评估通用分析指标及其使用方法》（附件 1）、《纳税评估分税种特定分析指标及其使用方法》（附件 2）。

第八条 纳税评估分析时，要综合运用各类指标，并参照评估指标预警值进行配比分析。评估指标预警值是税务机关根据宏观税收分析、行业税负监控、纳税人生产经营和财务会计核算情况以及内外部相关信息，运用数学方法测算出的算术、加权平均值及其合理变动范围。测算预警值，应综合考虑地区、规模、类型、生产经营季节、税种等因素，考虑同行业、同规模、同类型纳税人各类相关指标的若干年度的平均水平，以使预警值更加真实、准确和具有可比性。纳税评估指标预警值由各地税务机关根据实际情况自行确定。

第三章 纳税评估对象

第九条 纳税评估的对象为主管税务机关负责管理的所有纳税人及其应纳所有税种。

第十条 纳税评估对象可采用计算机自动筛选、人工分析筛选和重点抽样筛选等方法。

第十一条 筛选纳税评估对象，要依据税收宏观分析、行业税负监控结果等数据，结合各项评估指标及其预警值和税收管理员掌握的纳税人实际情况，参照纳税人所属行业、经济类型、经营规模、信用等级等因素进行全面、综合的审核对比分析。

第十二条 综合审核对比分析中发现有问题或疑点的纳税人要作为重点评估分析对象；重点税源户、特殊行业的重点企业、税负异常变化、长时间零税负和负税负申报、纳税信用等级低下、日常管理和税务检查中发现较多问题的纳税人要列为纳税评估的重点分析对象。

第四章 纳税评估方法

第十三条 纳税评估工作根据国家税收法律、行政法规、部门规章和其他相关经济法规的规定，按照属地管理原则和管户责任开展；对同一纳税人申报缴纳的各个税种的纳税评估要相互结合、统一进行，避免多头重复评估。

第十四条 纳税评估的主要依据及数据来源包括：

"一户式"存储的纳税人各类纳税信息资料，主要包括：纳税人税务登记的基本情况，各项核定、认定、减免缓抵退税审批事项的结果，纳税人申报纳税资料，财务会计报表以及税务机关要求纳税人提供的其他相关资料，增值税交叉稽核系统各类票证比对结果等；

税收管理员通过日常管理所掌握的纳税人生产经营实际情况，主要包括：生产经营规模、产销量、工艺流程、成本、费用、能耗、物耗情况等各类与税收相关的数据信息；

上级税务机关发布的宏观税收分析数据，行业税负的监控数据，各类评估指标的预警值；

本地区的主要经济指标、产业和行业的相关指标数据，外部交换信息，以及与纳税人申报纳税相关的其他信息。

第十五条 纳税评估可根据所辖税源和纳税人的不同情况采取灵活多样的评估分析方法，主要有：

对纳税人申报纳税资料进行案头的初步审核比对，以确定进一步评估分析的方向和重点；

通过各项指标与相关数据的测算，设置相应的预警值，将纳税人的申报数据与预警值相比较；

将纳税人申报数据与财务会计报表数据进行比较、与同行业相关数据或类似行业同期相关数据进行横向比较；

将纳税人申报数据与历史同期相关数据进行纵向比较；

根据不同税种之间的关联性和钩稽关系，参照相关预警值进行税种之间的关联性分析，分析纳税人应纳相关税种的异常变化；

应用税收管理员日常管理中所掌握的情况和积累的经验，将纳税人申报情况与其生产经营实际情况相对照，分析其合理性，以确定纳税人申报纳税中存在的问题及其原因；

通过对纳税人生产经营结构，主要产品能耗、物耗等生产经营要素的当期数据、历史平均数据、同行业平均数据以及其他相关经济指标进行比较，推测纳税人实际纳税能力。

第十六条　对纳税人申报纳税资料进行审核分析时，要包括以下重点内容：

纳税人是否按照税法规定的程序、手续和时限履行申报纳税义务，各项纳税申报附送的各类抵扣、列支凭证是否合法、真实、完整；

纳税申报主表、附表及项目、数字之间的逻辑关系是否正确，适用的税目、税率及各项数字计算是否准确，申报数据与税务机关所掌握的相关数据是否相符；

收入、费用、利润及其他有关项目的调整是否符合税法规定，申请减免缓抵退税，亏损结转、获利年度的确定是否符合税法规定并正确履行相关手续；与上期和同期申报纳税情况有无较大差异；税务机关和税收管理员认为应进行审核分析的其他内容。

第十七条　对实行定期定额（定率）征收税款的纳税人以及未达起征点的个体工商户，可参照其生产经营情况，利用相关评估指标定期进行分析，以判断定额（定率）的合理性和是否已经达到起征点并恢复征税。

第五章　评估结果处理

第十八条　对纳税评估中发现的计算和填写错误、政策和程序理解偏差等一般性问题，或存在的疑点问题经约谈、举证、调查核实等程序认定事实清楚，不具有偷税等违法嫌疑，无需立案查处的，可提请纳税人自行改正。需要纳税人自行补充的纳税资料，以及需要纳税人自行补正申报、补缴税款、调整账目的，税务机关应督促纳税人按照税法规定逐项落实。

第十九条　对纳税评估中发现的需要提请纳税人进行陈述说明、补充提供举证资料等问题，应由主管税务机关约谈纳税人。

税务约谈要经所在税源管理部门批准并事先发出《税务约谈通知书》，提前通知纳税人。

税务约谈的对象主要是企业财务会计人员。因评估工作需要，必须约谈企业其他相关人员的，应经税源管理部门批准并通过企业财务部门进行安排。

纳税人因特殊困难不能按时接受税务约谈的，可向税务机关说明情况，经批准后延期进行。

纳税人可以委托具有执业资格的税务代理人进行税务约谈。税务代理人代表纳税人进行税务约谈时，应向税务机关提交纳税人委托代理合法证明。

第二十条　对评估分析和税务约谈中发现的必须到生产经营现场了解情况、审核账目凭证的，应经所在税源管理部门批准，由税收管理员进行实地调查核实。对调查核实的情况，要作认真记录。需要处理处罚的，要严格按照规定的权限和程序执行。

第二十一条　发现纳税人有偷税、逃避追缴欠税、骗取出口退税、抗税或其他需要立案查处的税收违法行为嫌疑的，要移交税务稽查部门处理。

对税源管理部门移交稽查部门处理的案件，税务稽查部门要将处理结果定期向税源管理部门反馈。

发现外商投资和外国企业与其关联企业之间的业务往来不按照独立企业业务往来收取或支付价款、费用，需要调查、核实的，应移交上级税务机关国际税收管理部门（或有关部门）处理。

第二十二条 对纳税评估工作中发现的问题要作出评估分析报告，提出进一步加强征管工作的建议，并将评估工作内容、过程、证据、依据和结论等记入纳税评估工作底稿。纳税评估分析报告和纳税评估工作底稿是税务机关内部资料，不发纳税人，不作为行政复议和诉讼依据。

第六章　评估工作管理

第二十三条 基层税务机关及其税源管理部门要根据所辖税源的规模、管户的数量等工作实际情况，结合自身纳税评估的工作能力，制定评估工作计划，合理确定纳税评估工作量，对重点税源户，要保证每年至少重点评估分析一次。

第二十四条 基层税务机关及其税源管理部门要充分利用现代化信息手段，广泛收集和积累纳税人各类涉税信息，不断提高评估工作水平；要经常对评估结果进行分析研究，提出加强征管工作的建议；要作好评估资料整理工作，本着"简便、实用"的原则，建立纳税评估档案，妥善保管纳税人报送的各类资料，并注重保护纳税人的商业秘密和个人隐私；要建立健全纳税评估工作岗位责任制、岗位轮换制、评估复查制和责任追究制等各项制度，加强对纳税评估工作的日常检查与考核；要加强对从事纳税评估工作人员的培训，不断提高纳税评估工作人员的综合素质和评估能力。

第二十五条 各级税务机关的征管部门负责纳税评估工作的组织协调工作，制定纳税评估工作业务规程，建立健全纳税评估规章制度和反馈机制，指导基层税务机关开展纳税评估工作，明确纳税评估工作职责分工并定期对评估工作开展情况进行总结和交流；

各级税务机关的计划统计部门负责对税收完成情况、税收与经济的对应规律、总体税源和税负的增减变化等情况进行定期的宏观分析，为基层税务机关开展纳税评估提供依据和指导；

各级税务机关的专业管理部门（包括各税种、国际税收、出口退税管理部门以及县级税务机关的综合业务部门）负责进行行业税负监控、建立各税种的纳税评估指标体系、测算指标预警值、制定分税种的具体评估方法，为基层税务机关开展纳税评估工作提供依据和指导。

第二十六条 从事纳税评估的工作人员，在纳税评估工作中徇私舞弊或者滥用职权，或为有涉嫌税收违法行为的纳税人通风报信致使其逃避查处的，或瞒报评估真实结果、应移交案件不移交的，或致使纳税评估结果失真、给纳税人造成损失的，不构成犯罪的，由税务机关按照有关规定给予行政处分；构成犯罪的，要依法追究刑事责任。

第二十七条 各级税务局要加强纳税评估工作的协作，提高相关数据信息的共享程度，简化评估工作程序，提高评估工作实效，最大限度地方便纳税人。

18.9　抵税财物拍卖、变卖试行办法

2005 年 5 月 24 日　国家税务总局令第 12 号

《抵税财物拍卖、变卖试行办法》已经 2005 年 1 月 13 日第 1 次局务会议审议通过，现予发布，自 2005 年 7 月 1 日起施行。

国家税务总局局长：谢旭人

2005 年 5 月 24 日

抵税财物拍卖、变卖试行办法

第一章　总则

第一条　为规范税收强制执行中抵税财物的拍卖、变卖行为，保障国家税收收入，保护纳税人合法权益，根据《中华人民共和国税收征收管理法》及其实施细则和有关法律法规规定，制定本办法。

第二条　税务机关拍卖、变卖抵税财物，以拍卖、变卖所得抵缴税款、滞纳金的行为，适用本办法。

拍卖是指税务机关将抵税财物依法委托拍卖机构，以公开竞价的形式，将特定财物转让给最高应价者的买卖方式。

变卖是指税务机关将抵税财物委托商业企业代为销售、责令纳税人限期处理或由税务机关变价处理的买卖方式。

抵税财物，是指被税务机关依法实施税收强制执行而扣押、查封或者按照规定应强制执行的已设置纳税担保物权的商品、货物、其他财产或者财产权利。

被执行人是指从事生产经营的纳税人、扣缴义务人或者纳税担保人等税务行政相对人。

第三条　拍卖或者变卖抵税财物应依法进行，并遵循公开、公正、公平、效率的原则。

第四条　有下列情形之一的，税务机关依法进行拍卖、变卖：

（一）采取税收保全措施后，限期期满仍未缴纳税款的；

（二）设置纳税担保后，限期期满仍未缴纳所担保的税款的；

（三）逾期不按规定履行税务处理决定的；

（四）逾期不按规定履行复议决定的；

（五）逾期不按规定履行税务行政处罚决定的；

（六）其他经责令限期缴纳，逾期仍未缴纳税款的。

对前款（三）至（六）项情形进行强制执行时，在拍卖、变卖之前（或同时）进行扣押、查封，办理扣押、查封手续。

第五条　税务机关按照拍卖优先的原则确定抵税财物拍卖、变卖的顺序：

（一）委托依法成立的拍卖机构拍卖；

（二）无法委托拍卖或者不适于拍卖的，可以委托当地商业企业代为销售，或者责令被执行人限期处理；

（三）无法委托商业企业销售，被执行人也无法处理的，由税务机关变价处理。

国家禁止自由买卖的商品、货物、其他财产，应当交由有关单位按照国家规定的价格收购。

第六条　税务机关拍卖变卖抵税财物时按下列程序进行：

（一）制作拍卖（变卖）抵税财物决定书，经县以上税务局（分局）局长批准后，对被执行人下达拍卖（变卖）抵税财物决定书。

依照法律法规规定需要经过审批才能转让的物品或财产权利，在拍卖、变卖前，应当依法办理审批手续。

（二）查实需要拍卖或者变卖的商品、货物或者其他财产。在拍卖或者变卖前，应当审查所扣押商品、货物、财产专用收据和所查封商品、货物、财产清单，查实被执行人与抵税财物的权利关系，核对盘点需要拍卖或者变卖的商品、货物或者其他财产是否与收据或清单一致。

（三）按照本办法规定的顺序和程序，委托拍卖、变卖，填写拍卖（变卖）财产清单，与拍卖机构签订委托拍卖合同，与受委托的商业企业签订委托变卖合同，对被执行人下达税务事项通知书，并按规定结算价款。

（四）以拍卖、变卖所得支付应由被执行人依法承担的扣押、查封、保管以及拍卖、变卖过程中的费用。

（五）拍卖、变卖所得支付有关费用后抵缴未缴的税款、滞纳金，并按规定抵缴罚款。

（六）拍卖、变卖所得支付扣押、查封、保管、拍卖、变卖等费用并抵缴税款、滞纳金后，剩余部分应当在 3 个工作日内退还被执行人。

（七）税务机关应当通知被执行人将拍卖、变卖全部收入计入当期销售收入额并在当期申报缴纳各种应纳税款。

拍卖、变卖所得不足抵缴税款、滞纳金的，税务机关应当继续追缴。

第七条　拍卖、变卖抵税财物，由县以上税务局（分局）组织进行。变卖鲜活、易腐烂变质或者易失效的商品、货物时，经县以上税务局（分局）局长批准，可由县以下税务机关进行。

第八条　拍卖、变卖抵税财物进行时，应当通知被执行人到场；被执行人未到场的，不影响执行。

第九条　税务机关及其工作人员不得参与被拍卖或者变卖商品、货物或者其他财产的竞买或收购，也不得委托他人为其竞买或收购。

第二章　拍卖

第十条　拍卖由财产所在地的省、自治区、直辖市的人民政府和设区的市的人民政府指定的拍卖机构进行拍卖。

第十一条　抵税财物除有市场价或其价格依照通常方法可以确定的外，应当委托依法设立并具有相应资质的评估鉴定机构进行质量鉴定和价格评估，并将鉴定、评估结果通知被执行人。

拍卖抵税财物应当确定保留价，由税务机关与被执行人协商确定，协商不成的，由税务机关参照市场价、出厂价或者评估价确定。

第十二条 委托拍卖的文物，在拍卖前，应当经文物行政管理部门依法鉴定、许可。

第十三条 被执行人应当向税务机关说明商品、货物或其他财产的瑕疵，税务机关应当向拍卖机构说明拍卖标的的来源和了解到的瑕疵。

第十四条 拍卖机构接受委托后，未经委托拍卖的税务机关同意，不得委托其他拍卖机构拍卖。

第十五条 税务机关应当在作出拍卖决定后 10 日内委托拍卖。

第十六条 税务机关应当向拍卖机构提供下列材料：

（一）税务机关单位证明及委托拍卖的授权委托书；

（二）拍卖（变卖）抵税财物决定书；

（三）拍卖（变卖）财产清单；

（四）抵税财物质量鉴定与价格评估结果；

（五）与拍卖活动有关的其他资料。

第十七条 税务机关应当与拍卖机构签订书面委托拍卖合同。委托拍卖合同应载明以下内容：

（一）税务机关及拍卖机构的名称、住所、法定代表人姓名；

（二）拍卖标的的名称、规格、数量、质量、存放地或者坐落地、新旧程度或者使用年限等；

（三）拍卖的时间、地点，拍卖标的交付或转移的时间、方式，拍卖公告的方式及其费用的承担；

（四）拍卖价款结算方式及价款给付期限；

（五）佣金标准及其支付的方式、期限；

（六）违约责任；

（七）双方约定的其他事项。

第十八条 拍卖一次流拍后，税务机关经与被执行人协商同意，可以将抵税财物进行变卖；被执行人不同意变卖的，应当进行第二次拍卖。不动产和文物应当进行第二次拍卖。

第二次拍卖仍然流拍的，税务机关应当将抵税财物进行变卖，以抵缴税款、滞纳金或罚款。

经过流拍再次拍卖的，保留价应当不低于前次拍卖保留价的 2/3。

第十九条 税务机关可以自行办理委托拍卖手续，也可以由其上级税务机关代为办理拍卖手续。

第三章 变卖

第二十条 下列抵税财物为无法委托拍卖或者不适于拍卖，可以交由当地商业企业代为销售或责令被执行人限期处理，进行变卖：

（一）鲜活、易腐烂变质或者易失效的商品、货物；

（二）经拍卖程序一次或二次流拍的抵税财物；

（三）拍卖机构不接受拍卖的抵税财物。

第二十一条　变卖抵税财物的价格，应当参照同类商品的市场价、出厂价遵循公平、合理、合法的原则确定。税务机关应当与被执行人协商是否需要请评估机构进行价格评估，被执行人认为需要的，税务机关应当委托评估机构进行评估，按照评估价确定变卖价格。

对有政府定价的商品、货物或者其他财产，由政府价格主管部门，按照定价权限和范围确定价格。对实行政府指导价的商品、货物或者其他财产，按照定价权限和范围规定的基准价及其浮动幅度确定。

经拍卖流拍的抵税财物，其变卖价格应当不低于最后一次拍卖保留价的2/3。

第二十二条　委托商业企业变卖的，受委托的商业企业要经县以上税务机关确认，并与商业企业签订委托变卖合同，按本办法第二十一条规定的核价方式约定变卖价格。委托变卖合同应载明下列内容：

（一）税务机关及商业企业的名称、地址、法定代表人姓名；

（二）变卖商品、货物或其他财产的名称、规格、数量、质量、存放地或坐落地、新旧程度或使用年限等；

（三）变卖商品、货物或其他财产的时间、地点及其费用的承担；

（四）变卖价款结算方式及价款给付期限；

（五）违约责任；

（六）双方约定的其他事项。

第二十三条　抵税财物委托商业企业代为销售15日后，无法实现销售的，税务机关应当第二次核定价格，由商业企业继续销售，第二次核定的价格应当不低于首次核定价格的2/3。

第二十四条　无法委托商业企业销售，被执行人也无法处理的，税务机关应当进行变价处理。

有下列情形之一的，属于无法委托商业企业代为销售：

（一）税务机关与两家（含两家）以上商业企业联系协商，不能达成委托销售的；

（二）经税务机关在新闻媒体上征求代售单位，自征求公告发出之日起10日内无应征单位或个人，或应征之后未达成代售协议的；

（三）已达成代售协议的商业企业在经第二次核定价格15日内仍无法售出税务机关委托代售的商品、货物或其他财产的。

被执行人无法处理，包括拒绝处理、逾期不处理等情形。

第二十五条　税务机关变价处理时，按照本办法第二十一条规定的原则以不低于前两种变卖方式定价的2/3确定价格。

税务机关实施变卖前，应当在办税服务厅、税务机关网站或当地新闻媒体上公告，说明变卖财物的名称、规格、数量、质量、新旧程度或使用年限、变卖价格、变卖时间等事项；登出公告10日后实施变卖。

税务机关实施变卖10日后仍没有实现变卖的，税务机关可以重新核定价格，再次发布变卖公告，组织变卖。再次核定的价格不得低于首次定价的2/3。

经过二次定价变卖仍未实现变卖的，以市场可接受的价格进行变卖。

第四章　税款的实现和费用的支付

第二十六条　以拍卖、变卖收入抵缴未缴的税款、滞纳金和支付相关费用时按照下列顺序进行：

（一）拍卖、变卖费用。由被执行人承担拍卖变卖所发生的费用，包括扣押、查封活动中和拍卖或者变卖活动中发生的依法应由被执行人承担的费用，具体为：保管费、仓储费、运杂费、评估费、鉴定费、拍卖公告费、支付给变卖企业的手续费以及其他依法应由被执行人承担的费用。

拍卖物品的买受人未按照约定领受拍卖物品的，由买受人支付自应领受拍卖财物之日起的保管费用。

（二）未缴的税款、滞纳金。

（三）罚款。下列情况可以用拍卖、变卖收入抵缴罚款：

1. 被执行人主动用拍卖、变卖收入抵缴罚款的；

2. 对价值超过应纳税额且不可分割的商品、货物或者其他财产进行整体扣押、查封、拍卖，以拍卖收入抵缴未缴的税款、滞纳金时，连同罚款一并抵缴；

3. 从事生产经营的被执行人对税务机关的处罚决定逾期不申请行政复议也不向人民法院起诉、又不履行的，作出处罚决定的税务机关可以强制执行，抵缴罚款。

第二十七条　拍卖或者变卖实现后，税务机关在结算并收取价款后 3 个工作日内，办理税款、滞纳金或者罚款的入库手续。

第二十八条　拍卖或者变卖收入抵缴税款、滞纳金、罚款后有余额的，税务机关应当自办理入库手续之日起 3 个工作日内退还被执行人，并通知被执行人将拍卖、变卖全部收入记入当期销售收入额并在当期申报缴纳各种税款。

第二十九条　拍卖变卖结束后，税务机关制作拍卖、变卖结果通知书，拍卖、变卖扣押、查封的商品、货物、财产清单一式两份，一份税务机关留存，一份交被执行人。

第三十条　被执行人在拍卖、变卖成交前缴清了税款、滞纳金的，税务机关应当终止拍卖或者变卖活动，税务机关将商品、货物或其他财产退还被执行人，扣押、查封、保管以及拍卖或者变卖已经产生的费用由被执行人承担。

被执行人拒不承担上述相关费用的，继续进行拍卖或者变卖，以拍卖、变卖收入扣除被执行人应承担的扣押、查封、保管、拍卖或者变卖费用后，剩余部分税务机关在 3 个工作日内返还被执行人。

第三十一条　对抵税财物经鉴定、评估为不能或不适于进行拍卖、变卖的，税务机关应当终止拍卖、变卖，并将抵税财物返还被执行人。

对抵税财物经拍卖、变卖程序而无法完成拍卖、变卖实现变价抵税的，税务机关应当将抵税财物返还被执行人。

抵税财物无法或不能返还被执行人的，税务机关应当经专门鉴定机构或公证部门鉴定或公证，报废抵税财物。

被执行人应缴纳的税款、滞纳金和应支付的费用，由税务机关采取其他措施继续追缴。

第五章　法律责任

第三十二条　拍卖、变卖过程中，严禁向被执行人摊派、索取任何不合法费用。税务人员在拍卖、变卖过程中，向被执行人摊派、索取不合法费用的，依法给予行政处分；税务机关及其工作人员参与被拍卖或者变卖商品、货物或者其他财产的竞买或收购，或者委托他人竞买或收购，依法给予行政处分。

第三十三条 税务人员有不依法对抵税财物进行拍卖或者变卖，或者擅自将应该拍卖的改为变卖的，在变卖过程中擅自将应该委托商业企业变卖、责令被执行人自行处理的由税务机关直接变价处理的行为，依法给予行政处分；给被执行人造成损失的，由批准拍卖或者变卖的税务机关赔偿其直接损失。

税务机关可向直接责任人追偿部分或全部直接损失。对有故意或重大过失的责任人员依法给予行政处分。

第三十四条 因税务机关违法对扣押、查封的商品、货物或者其他财产造成损失的，由造成损失的税务机关负责赔偿直接损失，并可向直接责任人追偿部分或全部直接损失。

第三十五条 受税务机关委托的拍卖机构或商业企业违反拍卖合同或变卖合同的约定进行拍卖或变卖的，依照合同的约定承担违约责任；合同无约定的，依照法律的规定承担违约责任；其行为构成违法的，依法承担法律责任。

第三十六条 抵税财物在被查封、扣押前，已经设置担保物权而被执行人隐瞒的，或者有瑕疵、质量问题而被执行人隐瞒的，由被执行人承担扣押、查封、拍卖、变卖活动产生的费用，并依法承担法律责任。

第六章 附则

第三十七条 税务机关追缴从事生产经营的纳税人骗取国家出口退税的，适用本办法规定。

第三十八条 税收强制执行拍卖、变卖文书由国家税务总局统一制定。

第三十九条 本办法自 2005 年 7 月 1 日起施行。

附件：1. 拍卖/变卖抵税财物决定书

2. 拍卖/变卖结果通知书

3. 拍卖/变卖商品、货物或者其他财产清单

4. 返还商品、货物或者其他财产通知书

5. 返还商品、货物或者其他财产清单

附件1. ____税务局（稽查局）拍卖/变卖抵税财物决定书

税拍（变）〔 〕号

_____：

根据《中华人民共和国税收征收管理法》_____规定，经_____税务局（分局）局长批准，决定将《税收强制执行决定书》（税强〔 〕号）所采取税收强制执行的财产依法予以拍卖（变卖），以拍卖（变卖）所得抵缴_____。

如对本决定不服，可自本决定送达之日起六十日内依法向申请行政复议或者自本决定送达之日起三个月内依法向人民法院起诉。

税务机关（章）

年 月 日

附件 2：＿＿＿税务局（稽查局）拍卖/变卖结果通知书

税拍通〔　　〕号

＿＿＿＿＿＿：

根据《中华人民共和国税收征收管理法》＿＿＿＿＿＿规定，我局按《税收强制执行决定书（拍卖/变卖适用）》（＿＿＿＿＿＿税强拍〔　　〕号）已将《查封/扣押商品、货物或者其他财产清单/专用收据》所列的查封（扣押）商品、货物或者其他财产予以拍卖（变卖），拍卖（变卖）款项处理情况如下：

相关费用：　　　元

抵缴税款：　　　元

抵缴滞纳金：　　　元

抵缴罚款：　　　元

抵缴没收违法所得：　　　元

以上合计：　　　元

经上述处理，你（单位）仍欠税款、滞纳金、罚款、没收违法所得（应退拍卖款）共计＿＿＿＿＿＿元。请你（单位）携带本通知书前来我局领取已完税凭证。

限你（单位）于＿＿＿年＿＿＿月＿＿＿日前补缴欠缴的税款、滞纳金、罚款；逾期不缴，将依照《中华人民共和国税收征收管理法》第四十条规定强制执行。

（请你（单位）前来办理应退拍卖款事宜。）

附件：1. 拍卖（变卖）、收购合同；

2. 拍卖（变卖）商品、货物或者其他财产清单；

3. 相关费用凭证复印件。

税务机关（章）

年　月　日

使用说明

1. 本通知书依据《中华人民共和国税收征收管理法》第三十七条、第三十八条、第四十条、第五十五条、第八十八条和《中华人民共和国拍卖法》第九条设置。

2. 适用范围：税务机关已拍卖（变卖）查封、扣押的纳税人的商品、货物或者其他财产，将结果通知纳税人时使用。

3. 本通知书中"相关费用"是指《中华人民共和国税收征收管理法实施细则》第六十四条规定所称的扣押、查封、保管、拍卖、变卖等费用。

4. 本通知书附件中"《拍卖（变卖）商品、货物或者其他财产清单》"是指拍卖（变卖）单位出具的拍卖（变卖）商品、货物或者其他财产清单或者复印件。

5. 本通知书与《税务文书送达回证》一并使用。

6. 文书字轨设为"拍通"，稽查局使用设为"稽拍通"。

7. 本通知书为 A4 竖式，一式二份，一份送纳税人，一份装入卷宗。

附件3：拍卖/变卖商品、货物或者其他财产清单

商品、货物或者其他财产产品名称	单价	数量	单价	金额	备注
合计					
人民币（大写）					

拍税务机关（章）：　　　　　　　　　　拍卖（变卖）、收购单位：（章）

拍卖（变卖）、收购单位经手人：

　　　　　　　　　　　　　　　　　　　　　　　　年　月　日

使用说明

1. 本清单依据《中华人民共和国税收征收管理法》设置。

2. 适用范围：税务机关拍卖（变卖）商品、货物或者其他财产时使用。

3. 本清单作为《拍卖（变卖）商品、货物或者其他财产结果通知书》的附件。

4. 拍卖（变卖）人、收购单位、买受人、收购人不止一个时，应根据不同的对象分别填写清单。

5. 本清单为 A4 竖式，一式三份，一份送被执行人，一份送拍卖（变卖）、收购单位，一份装入卷宗。

附件4：＿＿＿税务局（稽查局）返还商品、货物或者其他财产通知书

税返字〔　　〕号

＿＿＿＿＿：

　　鉴于＿＿＿＿＿＿现决定返还你单位被扣押、查封的商品、货物、其他财产，请于＿＿＿＿＿年＿＿＿月＿＿＿日前，携下列有关材料，到＿＿＿＿＿税务局（稽查局）办理返还手续。

　　附应携带的材料：

　　　　　　　　　　　　　　　　　　　　　　　　　税务机关

　　　　　　　　　　　　　　　　　　　　　　　　　年　月　日

使用说明

1. 本通知书依据《中华人民共和国税收征收管理法》及《中华人民共和国税收征收管理法实施细则》设置。

2. 适用范围：用于向纳税人、纳税担保人返还被税务机关扣押、查封的商品、货物、其他财产时使用。

3."鉴于"栏按照以下情况分别填写：

（1）在税收保全措施期间，已经依法缴纳了税款、滞纳金；

（2）在拍卖、变卖被扣押、查封的商品、货物、其他财产前，已经依法缴纳了税款、滞纳金；

（3）用于提供纳税担保的财产所担保的税款、滞纳金已经依法缴纳；

（4）在拍卖变卖结束后，有剩余的财产或无法进行拍卖变卖的财产，依法返还。

附件5：返还商品、货物或者其他财产清单

商品、货物或者其他财产产品名称	单价	数量	单价	金额	备注
合计					
人民币（大写）					

税务机关（章）：　　　　　　　　被返还财物单位：（章）

经办人：

负责人：　　　　　　　　　　　　被返还财物单位经手人：

年　月　日

18.10　国家税务总局纳税担保试行办法

2005 年 5 月 24 日　国家税务总局令〔2005〕11 号

《纳税担保试行办法》已经 2005 年 1 月 13 日第 1 次局务会议审议通过，现予发布，自 2005 年 7 月 1 日起施行

国家税务总局局长：谢旭人

2005 年 5 月 24 日

纳税担保试行办法

第一章　总则

第一条　为规范纳税担保行为，保障国家税收收入，保护纳税人和其他当事人的合法权益，根据《中华人民共和国税收征收管理法》（以下简称《税收征管法》）及其实施细则和其他法律、法规的规定，制定本办法。

第二条　本办法所称纳税担保，是指经税务机关同意或确认，纳税人或其他自然人、法人、经济组织以保证、抵押、质押的方式，为纳税人应当缴纳的税款及滞纳金提供担保的行为。

纳税担保人包括以保证方式为纳税人提供纳税担保的纳税保证人和其他以未设置或者未全部设置担保物权的财产为纳税人提供纳税担保的第三人。

第三条　纳税人有下列情况之一的，适用纳税担保：

（一）税务机关有根据认为从事生产、经营的纳税人有逃避纳税义务行为，在规定的纳税期之前经责令其限期缴纳应纳税款，在限期内发现纳税人有明显的转移、隐匿其应纳税的商品、货物以及其他财产或者应纳税收入的迹象，责成纳税人提供纳税担保的；

（二）欠缴税款、滞纳金的纳税人或者其法定代表人需要出境的；

（三）纳税人同税务机关在纳税上发生争议而未缴清税款，需要申请行政复议的；

（四）税收法律、行政法规规定可以提供纳税担保的其他情形。

第四条　扣缴义务人按照《税收征管法》第八十八条规定需要提供纳税担保的，适用本办法的规定。

纳税担保人按照《税收征管法》第八十八条规定需要提供纳税担保的，应当按照本办法规定的抵押、质押方式，以其财产提供纳税担保；纳税担保人已经以其财产为纳税人向税务机关提供担保的，不再需要提供新的担保。

第五条　纳税担保范围包括税款、滞纳金和实现税款、滞纳金的费用。费用包括抵押、质押登记费用，质押保管费用，以及保管、拍卖、变卖担保财产等相关费用支出。

用于纳税担保的财产、权利的价值不得低于应当缴纳的税款、滞纳金，并考虑相关的费用。纳税担保的财产价值不足以抵缴税款、滞纳金的，税务机关应当向提供担保的纳税人或纳税担保人继续追缴。

第六条　用于纳税担保的财产、权利的价格估算，除法律、行政法规另有规定外，由税务机关按照税收征管法实施细则第六十四条规定的方式，参照同类商品的市场价、出厂价或者评估价估算。

第二章　纳税保证

第七条　纳税保证，是指纳税保证人向税务机关保证，当纳税人未按照税收法律、行政法规规定或者税务机关确定的期限缴清税款、滞纳金时，由纳税保证人按照约定履行缴纳税款及滞纳金的行为。税务机关认可的，保证成立；税务机关不认可的，保证不成立。

本办法所称纳税保证为连带责任保证，纳税人和纳税保证人对所担保的税款及滞纳金承担连带责任。当纳税人在税收法律、行政法规或税务机关确定的期限届满未缴清税款及滞纳金的，税务机关即可要求纳税保证人在其担保范围内承担保证责任，缴纳担保的税款及滞纳金。

第八条　纳税保证人，是指在中国境内具有纳税担保能力的自然人、法人或者其他经济组织。法人或其他经济组织财务报表资产净值超过需要担保的税额及滞纳金 2 倍以上的，自然人、法人或其他经济组织所拥有或者依法可以处分的未设置担保的财产的价值超过需要担保的税额及滞纳金的，为具有纳税担保能力。

第九条　国家机关，学校、幼儿园、医院等事业单位、社会团体不得作为纳税保证人。

企业法人的职能部门不得为纳税保证人。企业法人的分支机构有法人书面授权的，可以在授权范围内提供纳税担保。

有以下情形之一的，不得作为纳税保证人：

（一）有偷税、抗税、骗税、逃避追缴欠税行为被税务机关、司法机关追究过法律责任未满 2 年的；

（二）因有税收违法行为正在被税务机关立案处理或涉嫌刑事犯罪被司法机关立案侦查的；

（三）纳税信誉等级被评为 C 级以下的；

（四）在主管税务机关所在地的市（地、州）没有住所的自然人或税务登记不在本市（地、州）的企业；

（五）无民事行为能力或限制民事行为能力的自然人；

（六）与纳税人存在担保关联关系的；

（七）有欠税行为的。

第十条　纳税保证人同意为纳税人提供纳税担保的，应当填写纳税担保书。纳税担保书应当包括以下内容：

（一）纳税人应缴纳的税款及滞纳金数额、所属期间、税种、税目名称；

（二）纳税人应当履行缴纳税款及滞纳金的期限；

（三）保证担保范围及担保责任；

（四）保证期间和履行保证责任的期限；

（五）保证人的存款账号或者开户银行及其账号；

（六）税务机关认为需要说明的其他事项。

第十一条　纳税担保书须经纳税人、纳税保证人签字盖章并经税务机关签字盖章同意方为有效。

纳税担保从税务机关在纳税担保书签字盖章之日起生效。

第十二条　保证期间为纳税人应缴纳税款期限届满之日起 60 日，即税务机关自纳税人应缴纳税款的期限届满之日起 60 日内有权要求纳税保证人承担保证责任，缴纳税款、滞纳金。

履行保证责任的期限为 15 日，即纳税保证人应当自收到税务机关的纳税通知书之日起 15 日内履行保证责任，缴纳税款及滞纳金。

纳税保证期间内税务机关未通知纳税保证人缴纳税款及滞纳金以承担担保责任的，纳税保证人免除担保责任。

第十三条　纳税人在规定的期限届满未缴清税款及滞纳金，税务机关在保证期限内书面通知纳税保证人的，纳税保证人应按照纳税担保书约定的范围，自收到纳税通知书之日起 15 日内缴纳税款及滞纳金，履行担保责任。

纳税保证人未按照规定的履行保证责任的期限缴纳税款及滞纳金的，由税务机关发出责令限期缴纳通知书，责令纳税保证人在限期 15 日内缴纳；逾期仍未缴纳的，经县以上税务局（分局）局长批准，对纳税保证人采取强制执行措施，通知其开户银行或其他金融机构从其存款中扣缴所担保的纳税人应缴纳的税款、滞纳金，或扣押、查封、拍卖、变卖其价值相当于所担保的纳税人应缴纳的税款、滞纳金的商品、货物或者其他财产，以拍卖、变卖所得抵缴担保的税款、滞纳金。

第三章　纳税抵押

第十四条　纳税抵押，是指纳税人或纳税担保人不转移对本办法第十五条所列财产的占有，将该财产作为税款及滞纳金的担保。纳税人逾期未缴清税款及滞纳金的，税务机关有权依法处置该财产以抵缴税款及滞纳金。

前款规定的纳税人或者纳税担保人为抵押人，税务机关为抵押权人，提供担保的财产为抵押物。

第十五条　下列财产可以抵押：

（一）抵押人所有的房屋和其他地上定着物；

（二）抵押人所有的机器、交通运输工具和其他财产；

（三）抵押人依法有权处分的国有的房屋和其他地上定着物；

（四）抵押人依法有权处分的国有的机器、交通运输工具和其他财产；

（五）经设区的市、自治州以上税务机关确认的其他可以抵押的合法财产。

第十六条　以依法取得的国有土地上的房屋抵押的，该房屋占用范围内的国有土地使用权同时抵押。

以乡（镇）、村企业的厂房等建筑物抵押的，其占用范围内的土地使用权同时抵押。

第十七条　下列财产不得抵押：

（一）土地所有权；

（二）土地使用权，但本办法第十六条规定的除外；

（三）学校、幼儿园、医院等以公益为目的的事业单位、社会团体、民办非企业单位的教育设施、医疗卫生设施和其他社会公益设施；

（四）所有权、使用权不明或者有争议的财产；

（五）依法被查封、扣押、监管的财产；

（六）依法定程序确认为违法、违章的建筑物；

（七）法律、行政法规规定禁止流通的财产或者不可转让的财产。

（八）经设区的市、自治州以上税务机关确认的其他不予抵押的财产。

第十八条　学校、幼儿园、医院等以公益为目的事业单位、社会团体，可以其教育设施、医疗卫生设施和其他社会公益设施以外的财产为其应缴纳的税款及滞纳金提供抵押。

第十九条　纳税人提供抵押担保的，应当填写纳税担保书和纳税担保财产清单。纳税担保书应当包括以下内容：

（一）担保的纳税人应缴纳的税款及滞纳金数额、所属期间、税种名称、税目；

（二）纳税人履行应缴纳税款及滞纳金的期限；

（三）抵押物的名称、数量、质量、状况、所在地、所有权权属或者使用权权属；

（四）抵押担保的范围及担保责任；

（五）税务机关认为需要说明的其他事项。

纳税担保财产清单应当写明财产价值以及相关事项。纳税担保书和纳税担保财产清单须经纳税人签字盖章并经税务机关确认。

第二十条　纳税抵押财产应当办理抵押物登记。纳税抵押自抵押物登记之日起生效。纳税人应向税务机关提供由以下部门出具的抵押登记的证明及其复印件（以下简称证明材料）：

（一）以城市房地产或者乡（镇）、村企业的厂房等建筑物抵押的，提供县级以上地方人民政府规定部门出具的证明材料；

（二）以船舶、车辆抵押的，提供运输工具的登记部门出具的证明材料；

（三）以企业的设备和其他动产抵押的，提供财产所在地的工商行政管理部门出具的证明材料或者纳税人所在地的公证部门出具的证明材料。

第二十一条　抵押期间，经税务机关同意，纳税人可以转让已办理登记的抵押物，并告知受让人转让物已经抵押的情况。

纳税人转让抵押物所得的价款，应当向税务机关提前缴纳所担保的税款、滞纳金。超过部分，归纳税人所有，不足部分由纳税人缴纳或提供相应的担保。

第二十二条　在抵押物灭失、毁损或者被征用的情况下，税务机关应该就该抵押物的保险金、赔偿金或者补偿金要求优先受偿，抵缴税款、滞纳金。

抵押物灭失、毁损或者被征用的情况下，抵押权所担保的纳税义务履行期未满的，税务机关可以要求将保险金、赔偿金或补偿金等作为担保财产。

第二十三条　纳税人在规定的期限内未缴清税款、滞纳金的，税务机关应当依法拍卖、变卖抵押物，变价抵缴税款、滞纳金。

第二十四条　纳税担保人以其财产为纳税人提供纳税抵押担保的，按照纳税人提供抵押担保的规定执行；纳税担保书和纳税担保财产清单须经纳税人、纳税担保人签字盖章并经税务机关确认。

纳税人在规定的期限届满未缴清税款、滞纳金的，税务机关应当在期限届满之日起 15 日内书面通知纳税担保人自收到纳税通知书之日起 15 日内缴纳担保的税款、滞纳金。

纳税担保人未按照前款规定的期限缴纳所担保的税款、滞纳金的，由税务机关责令限期在 15 日内缴纳；逾期仍未缴纳的，经县以上税务局（分局）局长批准，税务机关依法拍卖、变卖抵押物，抵缴税款、滞纳金。

第四章　纳税质押

第二十五条　纳税质押，是指经税务机关同意，纳税人或纳税担保人将其动产或权利凭证移交税务机关占有，将该动产或权利凭证作为税款及滞纳金的担保。纳税人逾期未缴清税款及滞纳金的，税务机关有权依法处置该动产或权利凭证以抵缴税款及滞纳金。纳税质押分为动产质押和权利质押。

动产质押包括现金以及其他除不动产以外的财产提供的质押。

汇票、支票、本票、债券、存款单等权利凭证可以质押。

对于实际价值波动很大的动产或权利凭证，经设区的市、自治州以上税务机关确认，税务机关可以不接受其作为纳税质押。

第二十六条　纳税人提供质押担保的，应当填写纳税担保书和纳税担保财产清单并签字盖章。纳税担保书应当包括以下内容：

（一）担保的税款及滞纳金数额、所属期间、税种名称、税目；

（二）纳税人履行应缴纳税款、滞纳金的期限；

（三）质物的名称、数量、质量、价值、状况、移交前所在地、所有权权属或者使用权权属；

（四）质押担保的范围及担保责任；

（五）纳税担保财产价值；

（六）税务机关认为需要说明的其他事项。

纳税担保财产清单应当写明财产价值及相关事项。

纳税质押自纳税担保书和纳税担保财产清单经税务机关确认和质物移交之日起生效。

第二十七条　以汇票、支票、本票、公司债券出质的，税务机关应当与纳税人背书清单记载"质押"字样。以存款单出质的，应由签发的金融机构核押。

第二十八条　以载明兑现或者提货日期的汇票、支票、本票、债券、存款单出质的，汇票、支票、本票、债券、存款单兑现日期先于纳税义务履行期或者担保期的，税务机关与纳税人约定将兑现的价款用于缴纳或者抵缴所担保的税款及滞纳金。

第二十九条　纳税人在规定的期限内缴清税款及滞纳金的，税务机关应当自纳税人缴清税款及滞纳金之日起 3 个工作日内返还质物，解除质押关系。

纳税人在规定的期限内未缴清税款、滞纳金的，税务机关应当依法拍卖、变卖质物，抵缴税款、滞纳金。

第三十条　纳税担保人以其动产或财产权利为纳税人提供纳税质押担保的，按照纳税人提供质押担保的规定执行；纳税担保书和纳税担保财产清单须经纳税人、纳税担保人签字盖章并经税务机关确认。

纳税人在规定的期限内缴清税款、滞纳金的，税务机关应当在 3 个工作日内将质物返还给纳税担保人，解除质押关系。

纳税人在规定的期限内未缴清税款、滞纳金的，税务机关应当在期限届满之日起 15 日内书面通知纳税担保人自收到纳税通知书之日起 15 日内缴纳担保的税款、滞纳金。

纳税担保人未按照前款规定的期限缴纳所担保的税款、滞纳金，由税务机关责令限期在 15 日内缴纳；缴清税款、滞纳金的，税务机关自纳税担保人缴清税款及滞纳金之日起 3 个工作日内返还质物、解除质押关系；逾期仍未缴纳的，经县以上税务局（分局）局长批准，税务机关依法拍卖、变卖质物，抵缴税款、滞纳金。

第五章　法律责任

第三十一条　纳税人、纳税担保人采取欺骗、隐瞒等手段提供担保的，由税务机关处以 1 000 元以下的罚款；属于经营行为的，处以 10 000 元以下的罚款。

非法为纳税人、纳税担保人实施虚假纳税担保提供方便的，由税务机关处以 1 000 元以下的罚款。

第三十二条　纳税人采取欺骗、隐瞒等手段提供担保，造成应缴税款损失的，由税务机关按照《税收征管法》第六十八条规定处以未缴、少缴税款 50% 以上 5 倍以下的罚款。

第三十三条 税务机关负有妥善保管质物的义务。因保管不善致使质物灭失或者毁损，或未经纳税人同意擅自使用、出租、处分质物而给纳税人造成损失的，税务机关应当对直接损失承担赔偿责任。

纳税义务期限届满或担保期间，纳税人或者纳税担保人请求税务机关及时行使权利，而税务机关怠于行使权利致使质物价格下跌造成损失的，税务机关应当对直接损失承担赔偿责任。

第三十四条 税务机关工作人员有下列情形之一的，根据情节轻重给予行政处分：

（一）违反本办法规定，对符合担保条件的纳税担保，不予同意或故意刁难的；

（二）违反本办法规定，对不符合担保条件的纳税担保，予以批准，致使国家税款及滞纳金遭受损失的；

（三）私分、挪用、占用、擅自处分担保财物的；

（四）其他违法情形。

第六章　附则

第三十五条 纳税担保文书由国家税务总局统一制定。

第三十六条 本办法自 2005 年 7 月 1 日起施行。

附件：1. 责成提供纳税担保通知书

2. 纳税担保财产清单

3. 纳税担保书

4. 解除纳税担保通知书

附件1：＿＿税务局（稽查局）责成提供纳税担保通知书

税担〔 　〕号

＿＿＿＿＿：

根据《中华人民共和国税收征收管理法》第三十八条第一款规定，限你（单位）于＿＿＿＿年＿＿月＿＿日前向我局提供金额为（大写）＿＿＿＿＿＿（￥： ）的纳税担保，逾期不能提供纳税担保，将依法采取税收保全措施。

如对上述具体行政行为不服，可自本通知书送达之日起六十日内依法向＿＿＿＿＿＿申请行政复议或者向人民法院起诉。

税务机关（章）

年 月 日

使用说明

1. 本通知书依据《中华人民共和国税收征收管理法》第三十八条第一款、《中华人民共和国行政复议法》第九条设置。

2. 适用范围：税务机关在责成纳税人提供纳税担保时使用。

3. "向"横线处填写有权受理行政复议申请的上一级税务机关的具体名称。

4. 本通知书与《税务文书送达回证》一并使用。

5. 文书字轨设为"担"，稽查局使用设为"稽担"。

6. 本通知书为 A4 竖式，一式二份，一份送纳税人，一份装入卷宗。

附件2：纳税担保财产清单

纳税人名称			纳税人识别号				
纳税担保人名称			纳税担保人地址				
纳税担保人证件种类			纳税担保人证件号码				
应纳税款			附担保财产证明的数				
担保财产名称		担保财产权属	规格	数量	单价	金额	
不动产							
不动产合计		（人民币大写）					
动产							
动产合计		（人民币大写）					
担保财产总价值		（人民币大写）					
担保期限及担保责任		担保纳税人于　年　月　日前缴清应纳税款及滞纳金，逾期不缴或少缴的，税务机关依法拍卖或变卖担保财产，以拍卖或变卖所得抵缴税款及滞纳金。					
纳税人签字： （章） 年　月　日		纳税担保人签字： （章） 年　月　日		税务机关经办人签字： 税务机关（章） 年　月　日			

使用说明

1. 本清单依据《中华人民共和国税收征收管理法》第三十八条、第四十四条、第八十八条，《中华人民共和国税收征收管理法实施细则》第六十一条、第六十二条第二款设置。

2. 适用范围：纳税人或者第三人以其所拥有的未设置或者未全部设置担保物权的财产提供

纳税担保时使用。

3. 纳税人以其自有财产提供纳税担保的，本清单为担保文书；第三人以其所拥有的未设置或者未全部设置担保物权的财产提供纳税担保的，本清单为《纳税担保书》附件。

4. 第三人是指以财产为纳税人提供纳税担保的自然人、法人或者其他经济组织。本清单中的"纳税担保人"含《中华人民共和国税收征收管理法实施细则》第六十一条、第六十二条所称的第三人。

5. 本清单中的"附担保财产证明的份数"栏，填写所附担保财产证明的影印件数。担保财产证明，是公证机构、金融机构、国有资产管理机关、其他行政管理机关及司法机关出具或发放的证明财产权属关系的法律文件、文书和凭证，担保财产证明应能证明该财产确系纳税人或者纳税担保人所有，并未设置或者未全部设置担保物权。

6. 本清单中的"纳税人签字"栏，纳税人是法人或其他组织的，由法定代表人或主要负责人签字；是自然人的，由自然人签字。

7. 纳税人或者纳税担保人以自己拥有的未设置或者未全部设置担保的财产作为纳税担保时，其价值按以下方法计算：

（1）商品、货物按当地当日市场最低价格计算；

（2）金银首饰等贵重物品按照国家专营机构公布的收购价格计算；

（3）不动产按照当地财产评估机构评估的价值计算。

具体计算方法依据相关法律、行政法规和国家税务总局规定执行。

8. 纳税人或者纳税担保人提供纳税担保财产的价值，应相当于应纳税款的财产价值。

9. 本清单为 A4 竖式，一式三份，一份由纳税人留存，一份送纳税担保人，一份装入卷宗。

附件3：纳税担保书

编号：

纳税人	名称		纳税人识别号	
	地址			
纳税担保人	名称		登记注册类型	
	地址		电话号码	
	开户银行及账号			
担保形式				
担保范围	税款、滞纳金金额（大写）————元以及实现税款、滞纳金入库的费用，滞纳金起算时间为　年　月　日。			
担保期限和担保责任	纳税人于　年　月　日前未缴清应纳税款的，由纳税担保人自收到税务机关纳税通知之日起 15 日内缴纳税款、滞纳金。 纳税人以自己财产担保的，于　年　月　日前未缴清应纳税款的，税务机关对担保财产采取税收强制执行措施。			

续表

担保财产	用于纳税担保的财产名称及数量		
	附：用于担保的财产证明及份数		
	不动产价值（估价）	（人民币大写）	小写＿＿¥＿＿
	动产价值（估价）	（人民币大写）	小写＿＿¥＿＿
	其他财产价值	（人民币大写）	小写＿＿¥＿＿
	担保财产总价值（估价）	（人民币大写）	小写＿＿¥＿＿
纳税担保人签字： 证件名称： 证件号码： 纳税担保人（章） 年　月　日	纳税人签字： 纳税人（章） 年　月　日		税务机关经办人签字： 税务机关（章） 年　月　日

使用说明

1. 本担保书依据《中华人民共和国税收征收管理法》第三十八条、第四十四条、第八十八条和《中华人民共和国税收征收管理法实施细则》第六十一条、第六十二条第一款设置。

2. 适用范围：纳税担保人以信用、财产提供纳税担保时使用。

3. 本担保书中担保人是指在中国境内具有纳税担保能力的自然人、法人或者其它经济组织。法律、行政法规规定的没有担保资格的单位和个人，不得作为纳税担保人。

4. 担保形式填写担保人以何种方式提供担保。包括信用担保、动产担保或者不动产担保等。

5. 用于担保的财产证明是指公证机构、金融机构、国有资产管理机关、其他行政管理机关及司法机关出具或发放的证明财产权属关系的法律文件、文书和凭证。

6. 担保责任包括：（1）担保人担保纳税人在担保期限内履行纳税义务；（2）被担保纳税人超过担保期限未履行纳税义务的，由担保人承担缴纳所担保税款的义务。

7. 本担保书为 A4 竖式，一式三份，经纳税人、纳税担保人、税务机关三方签字盖章后，各留存一份。

附件4：＿＿＿税务局（稽查局）

解除纳税担保通知书

税解担〔　〕号

＿＿＿＿＿＿：

　　鉴于＿＿＿＿＿＿＿在限期内缴纳了应纳税款，根据《中华人民共和国税收征收管理法》第三十八条第二款及《中华人民共和国税收征收管理法实施细则》第六十八条规定，决定解除你（单位）提供的纳税担保。

　　请于　　年　月　日前＿＿＿＿＿，前来办理解除纳税担保手续。

（由纳税担保人提供纳税担保的，应当同时由纳税人抄送纳税担保人）

税务机关（章）

年 月 日

使用说明

1. 本通知书依据《中华人民共和国税收征收管理法》第三十八条第二款、《中华人民共和国税收征收管理法实施细则》第六十八条设置。

2. 适用范围：在纳税人、扣缴义务人、纳税担保人提供纳税担保后又缴纳了应纳税款时使用。

3. 本通知书抬头填写纳税人、扣缴义务人的具体名称。

4. 持"前来办理解除纳税担保手续"横线处应根据以下情况分别填写：

（1）对于经税务机关认可的纳税保证人为纳税人提供纳税保证的，应填写《纳税担保书》；

（2）对于纳税人以其所拥有的未设置或者未全部设置担保物权的财产提供纳税担保的，应填写《纳税担保财产清单》；

（3）对于由纳税担保人以其所拥有的未设置或者未全部设置担保物权的财产提供纳税担保的，应填写《纳税担保书》及《纳税担保财产清单》。

5. 纳税人如期缴纳了应纳税款，但滞纳金数额明确又未缴纳的，填写"（滞纳金未缴的，请于 年 月 日前缴清滞纳金。）"部分的内容。

6. 由纳税担保人提供纳税担保的，应当同时抄送纳税担保人。

7. 本通知书与《税务文书送达回证》一并使用。

8. 文书字轨设为"解担"，稽查局使用设为"稽解担"。

9. 本通知书为 A4 竖式，一式三份，一份送担保纳税人，一份送纳税担保人，一份装入卷宗。

18.11 个体工商户税收定期定额征收管理办法

2018 年 6 月 15 日 国家税务总局令第 44 号

（2006 年 8 月 30 日国家税务总局令第 16 号公布，根据 2018 年 6 月 15 日《国家税务总局关于修改部分税务部门规章的决定》修正）

第一条 为规范和加强个体工商户税收定期定额征收（以下简称定期定额征收）管理，公平税负，保护个体工商户合法权益，促进个体经济的健康发展，根据《中华人民共和国税收征收管理法》及其实施细则，制定本办法。

第二条 本办法所称个体工商户税收定期定额征收，是指税务机关依照法律、行政法规及本办法的规定，对个体工商户在一定经营地点、一定经营时期、一定经营范围内的应纳税经营额（包括经营数量）或所得额（以下简称定额）进行核定，并以此为计税依据，确定其应纳税额的一种征收方式。

第三条 本办法适用于经主管税务机关认定和县以上税务机关（含县级，下同）批准的生产、经营规模小，达不到《个体工商户建账管理暂行办法》规定设置账簿标准的个体工商户

（以下简称定期定额户）的税收征收管理。

第四条 主管税务机关应当将定期定额户进行分类，在年度内按行业、区域选择一定数量并具有代表性的定期定额户，对其经营、所得情况进行典型调查，做出调查分析，填制有关表格。

典型调查户数应当占该行业、区域总户数的5%以上。具体比例由省税务机关确定。

第五条 定额执行期的具体期限由省税务机关确定，但最长不得超过一年。

定额执行期是指税务机关核定后执行的第一个纳税期至最后一个纳税期。

第六条 税务机关应当根据定期定额户的经营规模、经营区域、经营内容、行业特点、管理水平等因素核定定额，可以采用下列一种或两种以上的方法核定：

（一）按照耗用的原材料、燃料、动力等推算或者测算核定；

（二）按照成本加合理的费用和利润的方法核定；

（三）按照盘点库存情况推算或者测算核定；

（四）按照发票和相关凭据核定；

（五）按照银行经营账户资金往来情况测算核定；

（六）参照同类行业或类似行业中同规模、同区域纳税人的生产、经营情况核定；

（七）按照其他合理方法核定。

税务机关应当运用现代信息技术手段核定定额，增强核定工作的规范性和合理性。

第七条 税务机关核定定额程序：

（一）自行申报。定期定额户要按照税务机关规定的申报期限、申报内容向主管税务机关申报，填写有关申报文书。申报内容应包括经营行业、营业面积、雇佣人数和每月经营额、所得额以及税务机关需要的其他申报项目。

本项所称经营额、所得额为预估数。

（二）核定定额。主管税务机关根据定期定额户自行申报情况，参考典型调查结果，采取本办法第六条规定的核定方法核定定额，并计算应纳税额。

（三）定额公示。主管税务机关应当将核定定额的初步结果进行公示，公示期限为五个工作日。

公示地点、范围、形式应当按照便于定期定额户及社会各界了解、监督的原则，由主管税务机关确定。

（四）上级核准。主管税务机关根据公示意见结果修改定额，并将核定情况报经县以上税务机关审核批准后，填制《核定定额通知书》。

（五）下达定额。将《核定定额通知书》送达定期定额户执行。

（六）公布定额。主管税务机关将最终确定的定额和应纳税额情况在原公示范围内进行公布。

第八条 定期定额户应当建立收支凭证粘贴簿、进销货登记簿，完整保存有关纳税资料，并接受税务机关的检查。

第九条 依照法律、行政法规的规定，定期定额户负有纳税申报义务。

实行简易申报的定期定额户，应当在税务机关规定的期限内按照法律、行政法规规定缴清应纳税款，当期（指纳税期，下同）可以不办理申报手续。

第十条 采用数据电文申报、邮寄申报、简易申报等方式的，经税务机关认可后方可执行。经确定的纳税申报方式在定额执行期内不予更改。

第十一条　定期定额户可以委托经税务机关认定的银行或其他金融机构办理税款划缴。

凡委托银行或其他金融机构办理税款划缴的定期定额户，应当向税务机关书面报告开户银行及账号。其账户内存款应当足以按期缴纳当期税款。其存款余额低于当期应纳税款，致使当期税款不能按期入库的，税务机关按逾期缴纳税款处理；对实行简易申报的，按逾期办理纳税申报和逾期缴纳税款处理。

第十二条　定期定额户发生下列情形，应当向税务机关办理相关纳税事宜：

（一）定额与发票开具金额或税控收款机记录数据比对后，超过定额的经营额、所得额所应缴纳的税款；

（二）在税务机关核定定额的经营地点以外从事经营活动所应缴纳的税款。

第十三条　税务机关可以根据保证国家税款及时足额入库、方便纳税人、降低税收成本的原则，采用简化的税款征收方式，具体方式由省税务机关确定。

第十四条　县以上税务机关可以根据当地实际情况，依法委托有关单位代征税款。税务机关与代征单位必须签订委托代征协议，明确双方的权利、义务和应当承担的责任，并向代征单位颁发委托代征证书。

第十五条　定期定额户经营地点偏远、缴纳税款数额较小，或者税务机关征收税款有困难的，税务机关可以按照法律、行政法规的规定简并征期。但简并征期最长不得超过一个定额执行期。

简并征期的税款征收时间为最后一个纳税期。

第十六条　通过银行或其他金融机构划缴税款的，其完税凭证可以到税务机关领取，或到税务机关委托的银行或其他金融机构领取；税务机关也可以根据当地实际情况采取邮寄送达，或委托有关单位送达。

第十七条　定期定额户在定额执行期结束后，应当以该期每月实际发生的经营额、所得额向税务机关申报，申报额超过定额的，按申报额缴纳税款；申报额低于定额的，按定额缴纳税款。具体申报期限由省税务机关确定。

定期定额户当期发生的经营额、所得额超过定额一定幅度的，应当在法律、行政法规规定的申报期限内向税务机关进行申报并缴清税款。具体幅度由省税务机关确定。

第十八条　定期定额户的经营额、所得额连续纳税期超过或低于税务机关核定的定额，应当提请税务机关重新核定定额，税务机关应当根据本办法规定的核定方法和程序重新核定定额。具体期限由省税务机关确定。

第十九条　经税务机关检查发现定期定额户在以前定额执行期发生的经营额、所得额超过定额，或者当期发生的经营额、所得额超过定额一定幅度而未向税务机关进行纳税申报及结清应纳税款的，税务机关应当追缴税款、加收滞纳金，并按照法律、行政法规规定予以处理。其经营额、所得额连续纳税期超过定额，税务机关应当按照本办法第十八条的规定重新核定其定额。

第二十条　定期定额户发生停业的，应当在停业前向税务机关书面提出停业报告；提前恢复经营的，应当在恢复经营前向税务机关书面提出复业报告；需延长停业时间的，应当在停业期满前向税务机关提出书面的延长停业报告。

第二十一条　税务机关停止定期定额户实行定期定额征收方式，应当书面通知定期定额户。

第二十二条　定期定额户对税务机关核定的定额有争议的，可以在接到《核定定额通知书》之日起 30 日内向主管税务机关提出重新核定定额申请，并提供足以说明其生产、经营真实情况的证据，主管税务机关应当自接到申请之日起 30 日内书面答复。

定期定额户也可以按照法律、行政法规的规定直接向上一级税务机关申请行政复议；对行政复议决定不服的，可以依法向人民法院提起行政诉讼。

定期定额户在未接到重新核定定额通知、行政复议决定书或人民法院判决书前，仍按原定额缴纳税款。

第二十三条 税务机关应当严格执行核定定额程序，遵守回避制度。税务人员个人不得擅自确定或更改定额。

税务人员徇私舞弊或者玩忽职守，致使国家税收遭受重大损失，构成犯罪的，依法追究刑事责任；尚不构成犯罪的，依法给予行政处分。

第二十四条 对违反本办法规定的行为，按照《中华人民共和国税收征收管理法》及其实施细则有关规定处理。

第二十五条 个人独资企业的税款征收管理比照本办法执行。

第二十六条 各省、自治区、直辖市税务局根据本办法制定具体实施办法，并报国家税务总局备案。

第二十七条 本办法自 2007 年 1 月 1 日起施行。1997 年 6 月 19 日国家税务总局发布的《个体工商户定期定额管理暂行办法》同时废止。

18.12　个体工商户建账管理暂行办法

2018 年 6 月 15 日　国家税务总局令第 44 号

（2006 年 12 月 15 日国家税务总局令第 17 号公布，根据 2018 年 6 月 15 日《国家税务总局关于修改部分税务部门规章的决定》修正）

第一条 为了规范和加强个体工商户税收征收管理，促进个体工商户加强经济核算，根据《中华人民共和国税收征收管理法》（以下简称税收征管法）及其实施细则和《国务院关于批转国家税务总局加强个体私营经济税收征管强化查账征收工作意见的通知》，制定本办法。

第二条 凡从事生产、经营并有固定生产、经营场所的个体工商户，都应当按照法律、行政法规和本办法的规定设置、使用和保管账簿及凭证，并根据合法、有效凭证记账核算。

税务机关应同时采取有效措施，巩固已有建账成果，积极引导个体工商户建立健全账簿，正确进行核算，如实申报纳税。

第三条 符合下列情形之一的个体工商户，应当设置复式账：

（一）注册资金在 20 万元以上的。

（二）销售增值税应税劳务的纳税人或营业税纳税人月销售（营业）额在 40 000 元以上；从事货物生产的增值税纳税人月销售额在 60 000 元以上；从事货物批发或零售的增值税纳税人月销售额在 80 000 元以上的。

（三）省税务机关确定应设置复式账的其他情形。

第四条 符合下列情形之一的个体工商户，应当设置简易账，并积极创造条件设置复式账：

（一）注册资金在 10 万元以上 20 万元以下的。

（二）销售增值税应税劳务的纳税人或营业税纳税人月销售（营业）额在 15 000 元至 40 000 元；从事货物生产的增值税纳税人月销售额在 30 000 元至 60 000 元；从事货物批发或零售的增值税纳税人月销售额在 40 000 元至 80 000 元的。

（三）省税务机关确定应当设置简易账的其他情形。

第五条 上述所称纳税人月销售额或月营业额，是指个体工商户上一个纳税年度月平均销售额或营业额；新办的个体工商户为业户预估的当年度经营期月平均销售额或营业额。

第六条 达不到上述建账标准的个体工商户，经县以上税务机关批准，可按照税收征管法的规定，建立收支凭证粘贴簿、进货销货登记簿或者使用税控装置。

第七条 达到建账标准的个体工商户，应当根据自身生产、经营情况和本办法规定的设置账簿条件，对照选择设置复式账或简易账，并报主管税务机关备案。账簿方式一经确定，在一个纳税年度内不得进行变更。

第八条 达到建账标准的个体工商户，应当自领取营业执照或者发生纳税义务之日起 15 日内，按照法律、行政法规和本办法的有关规定设置账簿并办理账务，不得伪造、变造或者擅自损毁账簿、记账凭证、完税凭证和其他有关资料。

第九条 设置复式账的个体工商户应按《个体工商户会计制度（试行）》的规定设置总分类账、明细分类账、日记账等，进行财务会计核算，如实记载财务收支情况。成本、费用列支和其他财务核算规定按照《个体工商户个人所得税计税办法（试行）》执行。

设置简易账的个体工商户应当设置经营收入账、经营费用账、商品（材料）购进账、库存商品（材料）盘点表和利润表，以收支方式记录、反映生产、经营情况并进行简易会计核算。

第十条 复式账簿中现金日记账，银行存款日记账和总分类账必须使用订本式，其他账簿可以根据业务的实际发生情况选用活页账簿。简易账簿均应采用订本式。

账簿和凭证应当按照发生的时间顺序填写，装订或者粘贴。

建账户对各种账簿、记账凭证、报表、完税凭证和其他有关涉税资料应当保存 10 年。

第十一条 设置复式账的个体工商户在办理纳税申报时，应当按照规定向当地主管税务机关报送财务会计报表和有关纳税资料。月度会计报表应当于月份终了后 10 日内报出，年度会计报表应当在年度终了后 30 日内报出。

第十二条 个体工商户可以聘请经批准从事会计代理记账业务的专业机构或者具备资质的财会人员代为建账和办理账务。

第十三条 按照税务机关规定的要求使用税控收款机的个体工商户，其税控收款机输出的完整的书面记录，可以视同经营收入账。

第十四条 税务机关对建账户采用查账征收方式征收税款。建账初期，也可以采用查账征收与定期定额征收相结合的方式征收税款。

第十五条 依照本办法规定应当设置账簿的个体工商户，具有税收征管法第三十五条第一款第二项至第六项情形之一的，税务机关有权根据税收征管法实施细则第四十七条规定的方法核定其应纳税额。

第十六条 依照本办法规定应当设置账簿的个体工商户违反有关法律、行政法规和本办法关于账簿设置、使用和保管规定的，由税务机关按照税收征管法的有关规定进行处理。

第十七条 个体工商户建账工作中所涉及的有关账簿、凭证、表格，按照有关规定办理。

第十八条 本办法所称"以上"均含本数。

第十九条 各省、自治区、直辖市和计划单列市税务局可根据本办法制定具体实施办法，并报国家税务总局备案。

第二十条 本办法自 2007 年 1 月 1 日起施行。1997 年 6 月 19 日国家税务总局发布的《个体工商户建账管理暂行办法》同时废止。

18. 13   国家税务总局关于进一步加强普通发票管理工作的通知

2008 年 7 月 22 日   国税发〔2008〕80 号

注释：《国家税务总局关于修改部分税收规范性文件的公告》（国家税务总局公告 2018 年第 31 号）对本文进行了修改。

各省、自治区、直辖市和计划单列市国家税务局、地方税务局：

为了巩固打击制售假发票和非法代开发票专项整治行动所取得的成果，现就进一步依法加强普通发票管理、建立发票管理长效机制有关问题通知如下：

一、统一思想，提高认识

目前，制售假发票和非法代开发票违法犯罪活动十分猖獗，应开不开、虚开发票等违法行为时有发生，不仅严重侵蚀国家税基，为其他经济犯罪提供便利，而且败坏社会道德，成为经济活动中的一个顽疾。各级税务机关要充分认识制售假发票和非法代开发票等违法行为的严重危害性，要像公安机关严厉打击毒品犯罪一样，进一步加大对制售假发票和非法代开发票违法行为的整治力度，继续保持严厉打击的高压态势。同时，要采取有效措施，通过实施"机具开票，逐笔开具；有奖发票，鼓励索票；查询辨伪，防堵假票；票表比对，以票控税"的管理模式，切实加强普通发票的日常管理，着力构建发票管理长效机制，有效遏止制售假发票和非法代开发票行为的蔓延，维护国家正常的经济秩序。

二、加强集中印制，完善防伪措施

（一）落实集中印制制度。严格按照《国家税务总局关于加强普通发票集中印制管理的通知》（国税函〔2006〕431 号）要求，抓紧完成印制企业的招标工作，严格控制印刷企业数量，尽快实现按省集中印制普通发票，切实提高普通发票的印制质量和安全保障，合理控制发票印制成本。贯彻集中统一的原则，除企业冠名发票外，要科学合理地简并规范通用发票票种。

（二）加强防伪专用品管理。严格按照《国家税务总局关于加强普通发票防伪专用品管理的通知》（国税函〔2007〕1057 号）要求，加强对发票防伪专用品使用的管理，完善并落实管理责任制。凡达不到防伪专用品使用管理要求的企业，一律取消其印制资格。年内对发票承印厂进行一次全面清查，重点检查发票防伪专用品购、存、用以及印制等环节安全措施的落实情况。

（三）改进和完善发票防伪措施。要在全国统一防伪措施基础上，分行业研究其特征，有针对性地增加地区性防伪措施；有条件的地区可以在发票上印制条码或密码，提高发票防伪性能，方便企业和消费者查询辨伪。各地对增加或变更的公众防伪措施应及时公开，并报税务总局备案。税务总局将适时在税务总局网站公布各地普通发票票样和公众防伪措施及查询方式，以方便各地税务机关和纳税人查询辨伪。

（四）做好冠名发票印制工作。为了提高和维护纳税人自身信誉度，减少串票现象的发生，根据《中华人民共和国发票管理办法实施细则》的有关规定，符合条件的纳税人都可以申请印制、使用冠名发票，主管税务机关要及时审批，优化服务，规范管理。

三、严格发票发售，防止发生骗购

（一）确保发票申领者身份合法。在办理税务登记时，要充分利用工商行政管理部门的注册登记信息查询系统，以及公安部门的公民身份信息查询系统，做好税务登记法定代表人身份核对工作，防止不法分子利用假身份、假证件注册登记，骗购发票。

（二）分类进行发票初始核定。要根据分类管理的要求，在核定纳税人适用的票种、版别、数量前，分行业、分项目、分规模对纳税人进行相关调查测算，并以此作为依据，在纳税人申请领购发票时，结合其经营行业、经营项目、经营规模，对其申请领购的发票票种、版别、数量认真进行核对和确认。

（三）合理控制发票发售数量。对初次申请领购发票或者一年内有违章记录的纳税人，其领购发票的数量应控制在 1 个月使用量范围内；使用发票比较规范且无发票违章记录的纳税人，可适当放宽，但最多不得超过 3 个月的使用量；企业冠名发票的审批印制数量控制在不超过 1 年使用量范围内；对定期定额户应供应小面额发票，并及时根据使用情况调整供应量和纳税定额。

（四）规范定额发票的供应。对不在税控收款机推行范围内或开票量及开票金额较小，又不适合使用机具开票的纳税人可提供定额发票。定额发票的供票数量根据纳税人经营额、纳税额确定。

四、规范发票开具，严格代开管理

（一）加强对纳税人开票管理。要认真落实《中华人民共和国发票管理办法》的规定，收款方在收取款项时，应如实填开发票，不得以任何理由拒开发票，不得开具与实际内容不符的发票，不得开具假发票、作废发票或非法为他人代开发票；付款方不得要求开具与实际内容不符的发票，不得接受他人非法代开的发票。税务机关的工作人员要告之纳税人不按规定开具和取得发票的法律责任。

（二）加快实行机具开票、逐笔开具制度。凡已推行税控收款机的地区和行业，要全面推行税控机具开票，纳税人要按规定期限向主管税务机关报送相关数据；使用机具开票的电子数据，必须妥善保存，做到不丢失、不更改，确保所存储的每一张发票电子存根数据与付款方取得的发票联数据一致。发票电子存根数据视同纸质发票存根保存。要积极创造条件，逐步取消手工开票。

（三）规范代开发票行为。对临时需要税务机关代开发票的纳税人，应告知其代开发票的范围、需提交的证明资料、办理程序和手续，并及时受理，认真审核、照章征税后为其办理代开事宜。

五、加快税控机具推广，配套推行有奖发票

（一）加快推广进程。推广应用税控收款机是加强税源监控的重要手段，是遏制制售假发票和非法代开发票的有力措施。各地税务机关要根据《国家税务总局　财政部　信息产业部　国家质量监督检验检疫总局关于推广应用税控收款机加强税源监控的通知》（国税发〔2004〕44 号，以下简称《通知》）和《国家税务总局关于税控收款机推广应用的实施意见》（国税发〔2004〕110 号）等有关规定，加快税控收款机推广应用工作。已经开展推广应用的地区，要及时总结经验，继续扩大推行范围，完善各项制度和措施，充分利用税控收款机数据做好"票表比对"和税源监控工作；已实施招标尚未推广的地区，要尽快组织试点工作，完善实施方案，落实好纳税人购买税控设备的各项优惠政策，分期、分批、分行业组织好税控收款机推广应用；目前尚未实施招标的地区要提高认识，切实转变观念，克服畏难情绪，抓紧完成税控收款机选型招标工作。

（二）建立有奖发票和举报奖励制度。凡已推广应用税控收款机地区的税务局，应按照《通知》的要求，报经税务总局向财政部申请有奖发票资金，适时开展"有奖发票"和"发票举报有奖"活动。要通过开展"有奖发票"和"发票举报有奖"活动，鼓励消费者主动索要发票，积极检举发票违法行为，促使纳税人依法开具、使用发票。

六、严格缴销管理，防止发票流失

（一）严格执行验旧购新制度。凡使用税控收款机开具发票的纳税人，税务机关要按规定通过税控管理后台对其报送的开票电子数据进行采集认证，即"验旧"，验旧通过的，准予"购新"；凡使用手工开票及未实行电子数据报送的纳税人，税务机关要定期核验发票使用情况，并将纳税人使用发票的开具情况、经营情况与纳税情况进行分析比对，发现问题及时处理并相应调整供票量。对重点纳税人要实施当期"验旧购新"和"票表比对"。有条件的地区可对重点纳税人或重点行业的纳税人开票信息进行数据采集和认证，进行相关数据的比对、分析，及时发现异常情况并采取措施纠正，涉嫌偷逃骗税的移送稽查部门查处。

（二）及时处理丢失或被盗发票。当发生发票丢失或被盗时，税务机关应要求纳税人按规定及时刊登公告，声明作废，并列入丢失或被盗发票数据库。一旦发现有开具作废发票者，一律依法从重处罚。

七、建立查询系统，倡导维权辨伪

（一）建立发票辨伪查询系统。要充分利用现有资源和技术手段，建立健全发票管理和查询系统，收集发票印制、领购、开具、缴销、丢失、被盗、作废信息，并通过专用系统进行分析和评估。要充分利用12366纳税服务热线、税务网站以及短信平台，为纳税人和消费者提供辨别真伪的信息查询服务，建立普通发票信息监控平台。

（二）倡导纳税人维权辨伪。要通过各种公共媒体和宣传工具，普及相关法律知识、发票防伪知识以及识别发票真伪的方法，不断提高广大用票单位和个人依法使用发票的自觉性，鼓励广大消费者主动索取发票，维护其自身合法权益，维护正常的税收秩序，促进社会诚信建设。

八、加强日常监督，打击不法活动

（一）深入开展重点打击行动。会同公安部门重点整治一些不法分子利用手机短信、互联网、传真、邮递等交易方式销售假发票和非法代开发票活动，严厉打击专门发送发票违法信息和专门代开发票的团伙，集中治理在街头巷尾、车站码头等公共场所兜售假发票的行为，加大对印制假发票窝点的打击力度，加强对重点案件和重点地区工作督导，确保专项整治行动取得更大成效。要将此项工作作为今后税务稽查监管工作的一项重要内容，将发票检查列为税务检查的重要内容之一，持之以恒，常抓不懈，逐步建立起整治制售假发票和非法代开发票工作的长效机制。凡涉嫌偷逃骗税和虚开发票、非法代开发票的，一律移送稽查部门查处。

（二）落实管理和处罚规定。在日常检查中发现纳税人使用不符合规定发票特别是没有填开付款方全称的发票，不得允许纳税人用于税前扣除、抵扣税款、出口退税和财务报销。对应开不开发票、虚开发票、制售假发票、非法代开发票，以及非法取得发票等违法行为，应严格按照《中华人民共和国发票管理办法》的规定处罚；有偷逃骗税行为的，依照《中华人民共和国税收征收管理法》的有关规定处罚；情节严重触犯刑律的，移送司法机关依法处理。

（三）将发票使用情况与纳税信用等级评定挂钩。凡有发票违法行为的，应作为对其纳税信用等级降级处理的依据，并记录在失信信息数据库中，供社会查询。

各级税务机关要紧密依靠当地党委和政府的支持，深入开展好打击制售假发票和非法代开发票专项整治行动，将发票管理工作列入税收征管工作的重要议事日程，实行归口管理，统一协调，完善相关制度，健全工作机制，有效整合资源，狠抓任务落实，切实提高发票管理工作的质量和效率。

国家税务总局

2008 年 7 月 22 日

18.14　国家税务总局关于印发《重大税收违法案件督办管理暂行办法》的通知

2010 年 11 月 1 日　国税发〔2010〕103 号

各省、自治区、直辖市和计划单列市国家税务局、地方税务局：

现将《重大税收违法案件督办管理暂行办法》印发给你们，请认真遵照执行。执行中如有问题，请及时报告国家税务总局（稽查局）。

附件：《重大税收违法案件督办管理暂行办法》相关税务文书式样

国家税务总局

2010 年 11 月 1 日

重大税收违法案件督办管理暂行办法

第一条　为了规范重大税收违法案件督办管理，根据《中华人民共和国税收征收管理法》有关规定，制定本办法。

第二条　上级税务局可以根据税收违法案件性质、涉案数额、复杂程度、查处难度以及社会影响等情况，督办管辖区域内发生的重大税收违法案件。

对跨越多个地区且案情特别复杂的重大税收违法案件，本级税务局查处确有困难的，可以报请上级税务局督办，并提出具体查处方案及相关建议。

重大税收违法案件具体督办事项由稽查局实施。

第三条　国家税务总局督办的重大税收违法案件主要包括：

（一）国务院等上级机关、上级领导批办的案件；

（二）国家税务总局领导批办的案件；

（三）在全国或者省、自治区、直辖市范围内有重大影响的案件；

（四）税收违法数额特别巨大、情节特别严重的案件；

（五）国家税务总局认为需要督办的其他案件。

省、自治区、直辖市和计划单列市国家税务局、地方税务局督办重大税收违法案件的范围和标准，由本级国家税务局、地方税务局根据本地实际情况分别确定。

第四条 省、自治区、直辖市和计划单列市国家税务局、地方税务局依照国家税务总局规定的范围、标准、时限向国家税务总局报告税收违法案件，国家税务总局根据案情复杂程度和查处工作需要确定督办案件。

省以下重大税收违法案件报告的范围和标准，由省、自治区、直辖市和计划单列市国家税务局、地方税务局根据本地实际情况分别确定。

第五条 对需要督办的重大税收违法案件，督办税务局（以下简称督办机关）所属稽查局填写《重大税收违法案件督办立项审批表》，提出拟办意见。拟办意见主要包括承办案件的税务局（以下简称承办机关）及所属稽查局、承办时限和工作要求等，经督办机关领导审批或者督办机关授权所属稽查局局长审批后，向承办机关发出《重大税收违法案件督办函》，要求承办机关在确定的期限内查证事实，并作出税务处理、处罚决定。

需要多个地区税务机关共同查处的督办案件，督办机关应当明确主办机关和协办机关，或者按照管辖职责确定涉案重点事项查处工作任务。协办机关应当积极协助主办机关查处督办案件，及时查证并提供相关证据材料。对主办机关请求协助查证的事项，协办机关应当及时准确反馈情况，不得敷衍塞责或者懈怠应付。

督办案件同时涉及国家税务局、地方税务局管辖的税收事项，国家税务局、地方税务局分别依照职责查处，并相互通报相关情况；必要时可以联合办案，分别作出税务处理、处罚决定。

第六条 督办案件未经督办机关批准，承办机关不得擅自转给下级税务机关或者其他机关查处。

对因督办案件情况发生变化，不需要继续督办的，督办机关可以撤销督办，并向承办机关发出《重大税收违法案件撤销督办函》。

第七条 承办机关应当在接到督办机关《重大税收违法案件督办函》后7个工作日内按照《税务稽查工作规程》规定立案，在10个工作日内制订具体查处方案，并组织实施检查。

承办机关具体查处方案应当报送督办机关备案；督办机关要求承办机关在实施检查前报告具体查处方案的，承办机关应当按照要求报告，经督办机关同意后实施检查。

督办机关督办前承办机关已经立案的，承办机关不停止实施检查，但应当将具体查处方案及相关情况报告督办机关；督办机关要求调整具体查处方案的，承办机关应当调整。

第八条 承办机关应当按照《重大税收违法案件督办函》要求填写《重大税收违法案件情况报告表》，每30日向督办机关报告一次案件查处进展情况；《重大税收违法案件督办函》有确定报告时限的，按照确定时限报告；案件查处有重大进展或者遇到紧急情形的，应当及时报告；案件查处没有进展或者进展缓慢的，应当说明原因，并明确提出下一步查处工作安排。

对有《税务稽查工作规程》第四十四条规定的中止检查情形或者第七十条规定的中止执行情形的，承办机关应当报请督办机关批准后中止检查或者中止执行。中止期间可以暂不填报《重大税收违法案件情况报告表》；中止检查或者中止执行情形消失后，承办机关应当及时恢复检查或者执行，并依照前款规定填报《重大税收违法案件情况报告表》。

第九条 督办机关应当指导、协调督办案件查处，可以根据工作需要派员前往案发地区督促检查或者参与办案，随时了解案件查处进展情况以及存在问题。

督办机关稽查局应当确定督办案件的主要责任部门和责任人员。主要责任部门应当及时跟踪监控案件查处过程，根据承办机关案件查处进度、处理结果和督促检查情况，向稽查局领导报告督办案件查处进展情况；案情重大或者上级机关、上级领导批办的重要案件，应当及时向督办机关领导报告查处情况。

第十条　承办机关可以就督办案件向相关地区同级税务机关发出《税收违法案件协查函》，提出具体协查要求和回复时限，相关地区同级税务机关应当及时回复协查结果，提供明确的协查结论和相关证据资料。案情重大复杂的，承办机关可以报请督办机关组织协查。

第十一条　承办机关稽查局应当严格依照《税务稽查工作规程》相关规定对督办案件实施检查和审理，并报请承办机关集体审理。

承办机关稽查局应当根据审理认定的结果，拟制《重大税收违法案件拟处理意见报告》，经承办机关领导审核后报送督办机关。

在查处督办案件中，遇有法律、行政法规、规章或者其他规范性文件的疑义问题，承办机关稽查局应当征询同级法规、税政、征管、监察等相关部门意见；相关部门无法确定的，应当依照规定请示上级税务机关或者咨询有权解释的其他机关。

第十二条　《重大税收违法案件拟处理意见报告》应当包括以下主要内容：

（一）案件基本情况；

（二）检查时段和范围；

（三）检查方法和措施；

（四）检查人员查明的事实及相关证据材料；

（五）相关部门和当事人的意见；

（六）审理认定的事实及相关证据材料；

（七）拟税务处理、处罚意见及依据；

（八）其他相关事项说明。

对督办案件定性处理具有关键决定作用的重要证据，应当附报制作证据说明，写明证据目录、名称、内容、证明对象等事项。

第十三条　对承办机关《重大税收违法案件拟处理意见报告》，督办机关应当在接到之日起 15 日内审查；如有本办法第十一条第三款规定情形的，审查期限可以适当延长。督办机关对承办机关提出的定性处理意见没有表示异议的，承办机关依法作出《税务处理决定书》《税务行政处罚决定书》《税务稽查结论》《不予税务行政处罚决定书》，送达当事人执行。

督办机关审查认为承办机关《重大税收违法案件拟处理意见报告》认定的案件事实不清、证据不足、违反法定程序或者拟税务处理、处罚意见依据错误的，通知承办机关说明情况或者补充检查。

第十四条　对督办案件中涉嫌犯罪的税收违法行为，承办机关填制《涉嫌犯罪案件移送书》，依照规定程序和权限批准后，依法移送司法机关。对移送司法机关的案件，承办机关应当随时关注司法处理进展情况，并及时报告督办机关。

第十五条　承办机关应当在 90 日内查证督办案件事实并依法作出税务处理、处罚决定；督办机关确定查处期限的，承办机关应当严格按照确定的期限查处；案情复杂确实无法按时查处的，应当在查处期限届满前 10 日内向督办机关申请延期查处，提出延长查处期限和理由，经批准后延期查处。

第十六条　对承办机关超过规定期限未填报《重大税收违法案件情况报告表》，或者未查处督办案件且未按照规定提出延期查处申请的，督办机关应当向其发出《重大税收违法案件催办函》进行催办，并责令说明情况和理由。

承办机关对督办案件查处不力的，督办机关可以召集承办机关分管稽查的税务局领导或者稽查局局长汇报；必要时督办机关可以直接组织查处。

第十七条 督办案件有下列情形之一的，可以认定为结案：

（一）税收违法事实已经查证清楚，并依法作出《税务处理决定书》《税务行政处罚决定书》，税款、滞纳金、罚款等税收款项追缴入库，纳税人或者其他当事人在法定期限内没有申请行政复议或者提起行政诉讼的；

（二）查明税收违法事实不存在或者情节轻微，依法作出《税务稽查结论》或者《不予税务行政处罚决定书》，纳税人或者其他当事人在法定期限内没有申请行政复议或者提起行政诉讼的；

（三）纳税人或者其他当事人对税务机关处理、处罚决定或者强制执行措施申请行政复议或者提起行政诉讼，行政复议决定或者人民法院判决、裁定生效并执行完毕的；

（四）符合《税务稽查工作规程》第四十五条规定的终结检查情形的；

（五）符合《税务稽查工作规程》第七十一条规定的终结执行情形的；

（六）法律、行政法规或者国家税务总局规定的其他情形的。

税务机关依照法定职权确实无法查证全部或者部分税收违法行为，但有根据认为其涉嫌犯罪并依法移送司法机关处理的，以司法程序终结为结案。

第十八条 承办机关应当在督办案件结案之日起 10 个工作日内向督办机关报送《重大税收违法案件结案报告》。

《重大税收违法案件结案报告》应当包括案件来源、案件查处情况、税务处理、处罚决定内容、案件执行情况等内容。督办机关要求附列《税务处理决定书》《税务行政处罚决定书》《税务稽查结论》《不予税务行政处罚决定书》《执行报告》、税款、滞纳金、罚款等税收款项入库凭证以及案件终结检查、终结执行审批文书等资料复印件的，应当附列。

第十九条 查处督办案件实行工作责任制。承办机关主要领导承担领导责任；承办机关分管稽查的领导承担监管责任；承办机关稽查局局长承担执行责任；稽查局分管案件的领导和具体承办部门负责人以及承办人员按照各自分工职责承担相应的责任。

对督办案件重要线索、证据不及时调查收集，或者故意隐瞒案情，转移、藏匿、毁灭证据，或者因工作懈怠、泄露案情致使相关证据被转移、藏匿、毁灭，或者相关财产被转移、藏匿，或者有其他徇私舞弊、玩忽职守、滥用职权行为，应当承担纪律责任的，依法给予行政处分；涉嫌犯罪的，应当依法移送司法机关处理。

第二十条 承办机关及承办人员和协办机关及协办人员在查处督办案件中成绩突出的，可以给予表彰；承办、协办不力的，给予通报批评。

第二十一条 本办法相关税务文书式样由国家税务总局制定。

第二十二条 本办法从 2011 年 1 月 1 日起执行。2001 年 7 月 30 日印发的《国家税务总局关于实行重大税收违法案件督办制度的通知》（国税发〔2001〕87 号）同时废止。

附件：《重大税收违法案件督办管理暂行办法》相关税务文书式样目录表

18.15 国务院关于修改《中华人民共和国发票管理办法》的决定

2010 年 12 月 20 日 国务院令第 587 号

《国务院关于修改〈中华人民共和国发票管理办法〉的决定》已经 2010 年 12 月 8 日国务院第 136 次常务会议通过，现予公布，自 2011 年 2 月 1 日起施行。

总理 温家宝
2010 年 12 月 20 日

中华人民共和国发票管理办法

（1993 年 12 月 12 日国务院批准、1993 年 12 月 23 日财政部令第 6 号发布 根据 2010 年 12 月 20 日《国务院关于修改〈中华人民共和国发票管理办法〉的决定》修订）

第一章 总则

第一条 为了加强发票管理和财务监督，保障国家税收收入，维护经济秩序，根据《中华人民共和国税收征收管理法》，制定本办法。

第二条 在中华人民共和国境内印制、领购、开具、取得、保管、缴销发票的单位和个人（以下称印制、使用发票的单位和个人），必须遵守本办法。

第三条 本办法所称发票，是指在购销商品、提供或者接受服务以及从事其他经营活动中，开具、收取的收付款凭证。

第四条 国务院税务主管部门统一负责全国的发票管理工作。省、自治区、直辖市国家税务局和地方税务局（以下统称省、自治区、直辖市税务机关）依据各自的职责，共同做好本行政区域内的发票管理工作。

财政、审计、工商行政管理、公安等有关部门在各自的职责范围内，配合税务机关做好发票管理工作。

第五条 发票的种类、联次、内容以及使用范围由国务院税务主管部门规定。

第六条 对违反发票管理法规的行为，任何单位和个人可以举报。税务机关应当为检举人保密，并酌情给予奖励。

第二章 发票的印制

第七条 增值税专用发票由国务院税务主管部门确定的企业印制；其他发票，按照国务院税务主管部门的规定，由省、自治区、直辖市税务机关确定的企业印制。禁止私自印制、伪造、变造发票。

第八条 印制发票的企业应当具备下列条件：

（一）取得印刷经营许可证和营业执照；

（二）设备、技术水平能够满足印制发票的需要；

（三）有健全的财务制度和严格的质量监督、安全管理、保密制度。

税务机关应当以招标方式确定印制发票的企业，并发给发票准印证。

第九条 印制发票应当使用国务院税务主管部门确定的全国统一的发票防伪专用品。禁止非法制造发票防伪专用品。

第十条 发票应当套印全国统一发票监制章。全国统一发票监制章的式样和发票版面印刷的要求，由国务院税务主管部门规定。发票监制章由省、自治区、直辖市税务机关制作。禁止伪造发票监制章。

发票实行不定期换版制度。

第十一条 印制发票的企业按照税务机关的统一规定，建立发票印制管理制度和保管措施。

发票监制章和发票防伪专用品的使用和管理实行专人负责制度。

第十二条 印制发票的企业必须按照税务机关批准的式样和数量印制发票。

第十三条 发票应当使用中文印制。民族自治地方的发票，可以加印当地一种通用的民族文字。有实际需要的，也可以同时使用中外两种文字印制。

第十四条 各省、自治区、直辖市内的单位和个人使用的发票，除增值税专用发票外，应当在本省、自治区、直辖市内印制；确有必要到外省、自治区、直辖市印制的，应当由省、自治区、直辖市税务机关商印制地省、自治区、直辖市税务机关同意，由印制地省、自治区、直辖市税务机关确定的企业印制。

禁止在境外印制发票。

第三章 发票的领购

第十五条 需要领购发票的单位和个人，应当持税务登记证件、经办人身份证明、按照国务院税务主管部门规定式样制作的发票专用章的印模，向主管税务机关办理发票领购手续。主管税务机关根据领购单位和个人的经营范围和规模，确认领购发票的种类、数量以及领购方式，在5个工作日内发给发票领购簿。

单位和个人领购发票时，应当按照税务机关的规定报告发票使用情况，税务机关应当按照规定进行查验。

第十六条 需要临时使用发票的单位和个人，可以凭购销商品、提供或者接受服务以及从事其他经营活动的书面证明、经办人身份证明，直接向经营地税务机关申请代开发票。依照税收法律、行政法规规定应当缴纳税款的，税务机关应当先征收税款，再开具发票。税务机关根据发票管理的需要，可以按照国务院税务主管部门的规定委托其他单位代开发票。

禁止非法代开发票。

第十七条 临时到本省、自治区、直辖市以外从事经营活动的单位或者个人，应当凭所在地税务机关的证明，向经营地税务机关领购经营地的发票。

临时在本省、自治区、直辖市以内跨市、县从事经营活动领购发票的办法，由省、自治区、直辖市税务机关规定。

第十八条 税务机关对外省、自治区、直辖市来本辖区从事临时经营活动的单位和个人领购发票的，可以要求其提供保证人或者根据所领购发票的票面限额以及数量交纳不超过 1 万元的保证金，并限期缴销发票。

按期缴销发票的，解除保证人的担保义务或者退还保证金；未按期缴销发票的，由保证人或者以保证金承担法律责任。

税务机关收取保证金应当开具资金往来结算票据。

第四章　发票的开具和保管

第十九条　销售商品、提供服务以及从事其他经营活动的单位和个人，对外发生经营业务收取款项，收款方应当向付款方开具发票；特殊情况下，由付款方向收款方开具发票。

第二十条　所有单位和从事生产、经营活动的个人在购买商品、接受服务以及从事其他经营活动支付款项，应当向收款方取得发票。取得发票时，不得要求变更品名和金额。

第二十一条　不符合规定的发票，不得作为财务报销凭证，任何单位和个人有权拒收。

第二十二条　开具发票应当按照规定的时限、顺序、栏目，全部联次一次性如实开具，并加盖发票专用章。

任何单位和个人不得有下列虚开发票行为：

（一）为他人、为自己开具与实际经营业务情况不符的发票；

（二）让他人为自己开具与实际经营业务情况不符的发票；

（三）介绍他人开具与实际经营业务情况不符的发票。

第二十三条　安装税控装置的单位和个人，应当按照规定使用税控装置开具发票，并按期向主管税务机关报送开具发票的数据。

使用非税控电子器具开具发票的，应当将非税控电子器具使用的软件程序说明资料报主管税务机关备案，并按照规定保存、报送开具发票的数据。

国家推广使用网络发票管理系统开具发票，具体管理办法由国务院税务主管部门制定。

第二十四条　任何单位和个人应当按照发票管理规定使用发票，不得有下列行为：

（一）转借、转让、介绍他人转让发票、发票监制章和发票防伪专用品；

（二）知道或者应当知道是私自印制、伪造、变造、非法取得或者废止的发票而受让、开具、存放、携带、邮寄、运输；

（三）拆本使用发票；

（四）扩大发票使用范围；

（五）以其他凭证代替发票使用。

税务机关应当提供查询发票真伪的便捷渠道。

第二十五条　除国务院税务主管部门规定的特殊情形外，发票限于领购单位和个人在本省、自治区、直辖市内开具。

省、自治区、直辖市税务机关可以规定跨市、县开具发票的办法。

第二十六条　除国务院税务主管部门规定的特殊情形外，任何单位和个人不得跨规定的使用区域携带、邮寄、运输空白发票。

禁止携带、邮寄或者运输空白发票出入境。

第二十七条　开具发票的单位和个人应当建立发票使用登记制度，设置发票登记簿，并定期向主管税务机关报告发票使用情况。

第二十八条 开具发票的单位和个人应当在办理变更或者注销税务登记的同时，办理发票和发票领购簿的变更、缴销手续。

第二十九条 开具发票的单位和个人应当按照税务机关的规定存放和保管发票，不得擅自损毁。已经开具的发票存根联和发票登记簿，应当保存 5 年。保存期满，报经税务机关查验后销毁。

第五章　发票的检查

第三十条 税务机关在发票管理中有权进行下列检查：

（一）检查印制、领购、开具、取得、保管和缴销发票的情况；

（二）调出发票查验；

（三）查阅、复制与发票有关的凭证、资料；

（四）向当事各方询问与发票有关的问题和情况；

（五）在查处发票案件时，对与案件有关的情况和资料，可以记录、录音、录像、照相和复制。

第三十一条 印制、使用发票的单位和个人，必须接受税务机关依法检查，如实反映情况，提供有关资料，不得拒绝、隐瞒。

税务人员进行检查时，应当出示税务检查证。

第三十二条 税务机关需要将已开具的发票调出查验时，应当向被查验的单位和个人开具发票换票证。发票换票证与所调出查验的发票有同等的效力。被调出查验发票的单位和个人不得拒绝接受。

税务机关需要将空白发票调出查验时，应当开具收据；经查无问题的，应当及时返还。

第三十三条 单位和个人从中国境外取得的与纳税有关的发票或者凭证，税务机关在纳税审查时有疑义的，可以要求其提供境外公证机构或者注册会计师的确认证明，经税务机关审核认可后，方可作为记账核算的凭证。

第三十四条 税务机关在发票检查中需要核对发票存根联与发票联填写情况时，可以向持有发票或者发票存根联的单位发出发票填写情况核对卡，有关单位应当如实填写，按期报回。

第六章　罚则

第三十五条 违反本办法的规定，有下列情形之一的，由税务机关责令改正，可以处 1 万元以下的罚款；有违法所得的予以没收：

（一）应当开具而未开具发票，或者未按照规定的时限、顺序、栏目，全部联次一次性开具发票，或者未加盖发票专用章的；

（二）使用税控装置开具发票，未按期向主管税务机关报送开具发票的数据的；

（三）使用非税控电子器具开具发票，未将非税控电子器具使用的软件程序说明资料报主管税务机关备案，或者未按照规定保存、报送开具发票的数据的；

（四）拆本使用发票的；

（五）扩大发票使用范围的；

（六）以其他凭证代替发票使用的；

（七）跨规定区域开具发票的；

（八）未按照规定缴销发票的；

（九）未按照规定存放和保管发票的。

第三十六条　跨规定的使用区域携带、邮寄、运输空白发票，以及携带、邮寄或者运输空白发票出入境的，由税务机关责令改正，可以处 1 万元以下的罚款；情节严重的，处 1 万元以上 3 万元以下的罚款；有违法所得的予以没收。

丢失发票或者擅自损毁发票的，依照前款规定处罚。

第三十七条　违反本办法第二十二条第二款的规定虚开发票的，由税务机关没收违法所得；虚开金额在 1 万元以下的，可以并处 5 万元以下的罚款；虚开金额超过 1 万元的，并处 5 万元以上 50 万元以下的罚款；构成犯罪的，依法追究刑事责任。

非法代开发票的，依照前款规定处罚。

第三十八条　私自印制、伪造、变造发票，非法制造发票防伪专用品，伪造发票监制章的，由税务机关没收违法所得，没收、销毁作案工具和非法物品，并处 1 万元以上 5 万元以下的罚款；情节严重的，并处 5 万元以上 50 万元以下的罚款；对印制发票的企业，可以并处吊销发票准印证；构成犯罪的，依法追究刑事责任。

前款规定的处罚，《中华人民共和国税收征收管理法》有规定的，依照其规定执行。

第三十九条　有下列情形之一的，由税务机关处 1 万元以上 5 万元以下的罚款；情节严重的，处 5 万元以上 50 万元以下的罚款；有违法所得的予以没收：

（一）转借、转让、介绍他人转让发票、发票监制章和发票防伪专用品的；

（二）知道或者应当知道是私自印制、伪造、变造、非法取得或者废止的发票而受让、开具、存放、携带、邮寄、运输的。

第四十条　对违反发票管理规定 2 次以上或者情节严重的单位和个人，税务机关可以向社会公告。

第四十一条　违反发票管理法规，导致其他单位或者个人未缴、少缴或者骗取税款的，由税务机关没收违法所得，可以并处未缴、少缴或者骗取的税款 1 倍以下的罚款。

第四十二条　当事人对税务机关的处罚决定不服的，可以依法申请行政复议或者向人民法院提起行政诉讼。

第四十三条　税务人员利用职权之便，故意刁难印制、使用发票的单位和个人，或者有违反发票管理法规行为的，依照国家有关规定给予处分；构成犯罪的，依法追究刑事责任。

第七章　附则

第四十四条　国务院税务主管部门可以根据有关行业特殊的经营方式和业务需求，会同国务院有关主管部门制定该行业的发票管理办法。

国务院税务主管部门可以根据增值税专用发票管理的特殊需要，制定增值税专用发票的具体管理办法。

第四十五条　本办法自发布之日起施行。财政部 1986 年发布的《全国发票管理暂行办法》和原国家税务局 1991 年发布的《关于对外商投资企业和外国企业发票管理的暂行规定》同时废止。

18.16   网络发票管理办法

2018 年 6 月 15 日   国家税务总局令第 44 号

（2013 年 2 月 25 日国家税务总局令第 30 号公布，根据 2018 年 6 月 15 日《国家税务总局关于修改部分税务部门规章的决定》修正）

第一条   为加强普通发票管理，保障国家税收收入，规范网络发票的开具和使用，根据《中华人民共和国发票管理办法》规定，制定本办法。

第二条   在中华人民共和国境内使用网络发票管理系统开具发票的单位和个人办理网络发票管理系统的开户登记、网上领取发票手续、在线开具、传输、查验和缴销等事项，适用本办法。

第三条   本办法所称网络发票是指符合国家税务总局统一标准并通过国家税务总局及省、自治区、直辖市税务局公布的网络发票管理系统开具的发票。

国家积极推广使用网络发票管理系统开具发票。

第四条   税务机关应加强网络发票的管理，确保网络发票的安全、唯一、便利，并提供便捷的网络发票信息查询渠道；应通过应用网络发票数据分析，提高信息管税水平。

第五条   税务机关应根据开具发票的单位和个人的经营情况，核定其在线开具网络发票的种类、行业类别、开票限额等内容。

开具发票的单位和个人需要变更网络发票核定内容的，可向税务机关提出书面申请，经税务机关确认，予以变更。

第六条   开具发票的单位和个人开具网络发票应登录网络发票管理系统，如实完整填写发票的相关内容及数据，确认保存后打印发票。

开具发票的单位和个人在线开具的网络发票，经系统自动保存数据后即完成开票信息的确认、查验。

第七条   单位和个人取得网络发票时，应及时查询验证网络发票信息的真实性、完整性，对不符合规定的发票，不得作为财务报销凭证，任何单位和个人有权拒收。

第八条   开具发票的单位和个人需要开具红字发票的，必须收回原网络发票全部联次或取得受票方出具的有效证明，通过网络发票管理系统开具金额为负数的红字网络发票。

第九条   开具发票的单位和个人作废开具的网络发票，应收回原网络发票全部联次，注明"作废"，并在网络发票管理系统中进行发票作废处理。

第十条   开具发票的单位和个人应当在办理变更或者注销税务登记的同时，办理网络发票管理系统的用户变更、注销手续并缴销空白发票。

第十一条   税务机关根据发票管理的需要，可以按照国家税务总局的规定委托其他单位通过网络发票管理系统代开网络发票。

税务机关应当与受托代开发票的单位签订协议，明确代开网络发票的种类、对象、内容和相关责任等内容。

第十二条   开具发票的单位和个人必须如实在线开具网络发票，不得利用网络发票进行转借、转让、虚开发票及其他违法活动。

第十三条　开具发票的单位和个人在网络出现故障，无法在线开具发票时，可离线开具发票。

开具发票后，不得改动开票信息，并于 48 小时内上传开票信息。

第十四条　开具发票的单位和个人违反本办法规定的，按照《中华人民共和国发票管理办法》有关规定处理。

第十五条　省以上税务机关在确保网络发票电子信息正确生成、可靠存储、查询验证、安全唯一等条件的情况下，可以试行电子发票。

第十六条　本办法自 2013 年 4 月 1 日起施行。

18.17　纳税信用管理办法（试行）

2014 年 7 月 4 日　国家税务总局公告 2014 年第 40 号

第一章　总则

第一条　为规范纳税信用管理，促进纳税人诚信自律，提高税法遵从度，推进社会信用体系建设，根据《中华人民共和国税收征收管理法》及其实施细则、《国务院关于促进市场公平竞争维护市场正常秩序的若干意见》（国发〔2014〕20 号）和《国务院关于印发社会信用体系建设规划纲要（2014－2020 年）的通知》（国发〔2014〕21 号），制定本办法。

第二条　本办法所称纳税信用管理，是指税务机关对纳税人的纳税信用信息开展的采集、评价、确定、发布和应用等活动。

第三条　本办法适用于已办理税务登记，从事生产、经营并适用查账征收的企业纳税人（以下简称纳税人）。

扣缴义务人、自然人纳税信用管理办法由国家税务总局另行规定。

个体工商户和其他类型纳税人的纳税信用管理办法由省税务机关制定。

第四条　国家税务总局主管全国纳税信用管理工作。省以下税务机关负责所辖地区纳税信用管理工作的组织和实施。

第五条　纳税信用管理遵循客观公正、标准统一、分级分类、动态调整的原则。

第六条　国家税务总局推行纳税信用管理工作的信息化，规范统一纳税信用管理。

第七条　[条款废止]　国家税务局、地方税务局应联合开展纳税信用评价工作。

第八条　税务机关积极参与社会信用体系建设，与相关部门建立信用信息共建共享机制，推动纳税信用与其他社会信用联动管理。

第二章　纳税信用信息采集

第九条　纳税信用信息采集是指税务机关对纳税人纳税信用信息的记录和收集。

第十条 纳税信用信息包括纳税人信用历史信息、税务内部信息、外部信息。

纳税人信用历史信息包括基本信息和评价年度之前的纳税信用记录，以及相关部门评定的优良信用记录和不良信用记录。

税务内部信息包括经常性指标信息和非经常性指标信息。经常性指标信息是指涉税申报信息、税（费）款缴纳信息、发票与税控器具信息、登记与账簿信息等纳税人在评价年度内经常产生的指标信息；非经常性指标信息是指税务检查信息等纳税人在评价年度内不经常产生的指标信息。

外部信息包括外部参考信息和外部评价信息。外部参考信息包括评价年度相关部门评定的优良信用记录和不良信用记录；外部评价信息是指从相关部门取得的影响纳税人纳税信用评价的指标信息。

第十一条 纳税信用信息采集工作由国家税务总局和省税务机关组织实施，按月采集。

第十二条 本办法第十条第二款纳税人信用历史信息中的基本信息由税务机关从税务管理系统中采集，税务管理系统中暂缺的信息由税务机关通过纳税人申报采集；评价年度之前的纳税信用记录，以及相关部门评定的优良信用记录和不良信用记录，从税收管理记录、国家统一信用信息平台等渠道中采集。

第十三条 本办法第十条第三款税务内部信息从税务管理系统中采集。

第十四条 本办法第十条第四款外部信息主要通过税务管理系统、国家统一信用信息平台、相关部门官方网站、新闻媒体或者媒介等渠道采集。通过新闻媒体或者媒介采集的信息应核实后使用。

第三章 纳税信用评价

第十五条 纳税信用评价采取年度评价指标得分和直接判级方式。评价指标包括税务内部信息和外部评价信息。

［条款废止］年度评价指标得分采取扣分方式。纳税人评价年度内经常性指标和非经常性指标信息齐全的，从 100 分起评；非经常性指标缺失的，从 90 分起评。

直接判级适用于有严重失信行为的纳税人。

纳税信用评价指标由国家税务总局另行规定。

第十六条 外部参考信息在年度纳税信用评价结果中记录，与纳税信用评价信息形成联动机制。

第十七条 纳税信用评价周期为一个纳税年度，有下列情形之一的纳税人，不参加本期的评价：

（一）纳入纳税信用管理时间不满一个评价年度的；

（二）本评价年度内无生产经营业务收入的；

（三）因涉嫌税收违法被立案查处尚未结案的；

（四）被审计、财政部门依法查出税收违法行为，税务机关正在依法处理，尚未办结的；

（五）已申请税务行政复议、提起行政诉讼尚未结案的；

（六）其他不应参加本期评价的情形。

第十八条 纳税信用级别设 A、B、C、D 四级。A 级纳税信用为年度评价指标得分 90 分以上的；B 级纳税信用为年度评价指标得分 70 分以上不满 90 分的；C 级纳税信用为年度评价指标得分40分以上不满70分的；D级纳税信用为年度评价指标得分不满40分或者直接判级确定的。

第十九条　有下列情形之一的纳税人，本评价年度不能评为 A 级：

（一）实际生产经营期不满 3 年的；

（二）上一评价年度纳税信用评价结果为 D 级的；

（三）非正常原因一个评价年度内增值税或营业税连续 3 个月或者累计 6 个月零申报、负申报的；

（四）不能按照国家统一的会计制度规定设置账簿，并根据合法、有效凭证核算，向税务机关提供准确税务资料的。

第二十条　有下列情形之一的纳税人，本评价年度直接判为 D 级：

（一）存在逃避缴纳税款、逃避追缴欠税、骗取出口退税、虚开增值税专用发票等行为，经判决构成涉税犯罪的；

（二）存在前项所列行为，未构成犯罪，但偷税（逃避缴纳税款）金额 10 万元以上且占各税种应纳税总额 10% 以上，或者存在逃避追缴欠税、骗取出口退税、虚开增值税专用发票等税收违法行为，已缴纳税款、滞纳金、罚款的；

（三）在规定期限内未按税务机关处理结论缴纳或者足额缴纳税款、滞纳金和罚款的；

（四）以暴力、威胁方法拒不缴纳税款或者拒绝、阻挠税务机关依法实施税务稽查执法行为的；

（五）存在违反增值税发票管理规定或者违反其他发票管理规定的行为，导致其他单位或者个人未缴、少缴或者骗取税款的；

（六）提供虚假申报材料享受税收优惠政策的；

（七）骗取国家出口退税款，被停止出口退（免）税资格未到期的；

（八）有非正常户记录或者由非正常户直接责任人员注册登记或者负责经营的；

（九）由 D 级纳税人的直接责任人员注册登记或者负责经营的；

（十）存在税务机关依法认定的其他严重失信情形的。

第二十一条　纳税人有下列情形的，不影响其纳税信用评价：

（一）由于税务机关原因或者不可抗力，造成纳税人未能及时履行纳税义务的；

（二）非主观故意的计算公式运用错误以及明显的笔误造成未缴或者少缴税款的；

（三）国家税务总局认定的其他不影响纳税信用评价的情形。

第四章　纳税信用评价结果的确定和发布

第二十二条　纳税信用评价结果的确定和发布遵循谁评价、谁确定、谁发布的原则。

第二十三条　税务机关每年 4 月确定上一年度纳税信用评价结果，并为纳税人提供自我查询服务。

第二十四条　纳税人对纳税信用评价结果有异议的，可以书面向作出评价的税务机关申请复评。作出评价的税务机关应按本办法第三章规定进行复核。

第二十五条　税务机关对纳税人的纳税信用级别实行动态调整。

因税务检查等发现纳税人以前评价年度需扣减信用评价指标得分或者直接判级的，税务机关应按本办法第三章规定调整其以前年度纳税信用评价结果和记录。

纳税人因第十七条第三、四、五项所列情形解除而向税务机关申请补充纳税信用评价的，税务机关应按本办法第三章规定处理。

第二十六条 纳税人信用评价状态变化时，税务机关可采取适当方式通知、提醒纳税人。

第二十七条 税务机关对纳税信用评价结果，按分级分类原则，依法有序开放：

（一）主动公开 A 级纳税人名单及相关信息；

（二）根据社会信用体系建设需要，以及与相关部门信用信息共建共享合作备忘录、协议等规定，逐步开放 B、C、D 级纳税人名单及相关信息；

（三）定期或者不定期公布重大税收违法案件信息。具体办法由国家税务总局另行规定。

第五章 纳税信用评价结果的应用

第二十八条 税务机关按照守信激励，失信惩戒的原则，对不同信用级别的纳税人实施分类服务和管理。

第二十九条 对纳税信用评价为 A 级的纳税人，税务机关予以下列激励措施：

（一）主动向社会公告年度 A 级纳税人名单；

（二）一般纳税人可单次领取 3 个月的增值税发票用量，需要调整增值税发票用量时即时办理；

（三）普通发票按需领用；

（四）连续 3 年被评为 A 级信用级别（简称 3 连 A）的纳税人，除享受以上措施外，还可以由税务机关提供绿色通道或专门人员帮助办理涉税事项；

（五）税务机关与相关部门实施的联合激励措施，以及结合当地实际情况采取的其他激励措施。

第三十条 对纳税信用评价为 B 级的纳税人，税务机关实施正常管理，适时进行税收政策和管理规定的辅导，并视信用评价状态变化趋势选择性地提供本办法第二十九条的激励措施。

第三十一条 对纳税信用评价为 C 级的纳税人，税务机关应依法从严管理，并视信用评价状态变化趋势选择性地采取本办法第三十二条的管理措施。

第三十二条 对纳税信用评价为 D 级的纳税人，税务机关应采取以下措施：

（一）按照本办法第二十七条的规定，公开 D 级纳税人及其直接责任人员名单，对直接责任人员注册登记或者负责经营的其他纳税人纳税信用直接判为 D 级；

（二）增值税专用发票领用按辅导期一般纳税人政策办理，普通发票的领用实行交（验）旧供新、严格限量供应；

（三）加强出口退税审核；

（四）加强纳税评估，严格审核其报送的各种资料；

（五）列入重点监控对象，提高监督检查频次，发现税收违法违规行为的，不得适用规定处罚幅度内的最低标准；

（六）将纳税信用评价结果通报相关部门，建议在经营、投融资、取得政府供应土地、进出口、出入境、注册新公司、工程招投标、政府采购、获得荣誉、安全许可、生产许可、从业任职资格、资质审核等方面予以限制或禁止；

（七）［条款废止］D 级评价保留 2 年，第三年纳税信用不得评价为 A 级；

（八）税务机关与相关部门实施的联合惩戒措施，以及结合实际情况依法采取的其他严格管理措施。

第六章 附则

第三十三条 省税务机关可以根据本办法制定具体实施办法。

第三十四条 本办法自 2014 年 10 月 1 日起施行。2003 年 7 月 17 日国家税务总局发布的《纳税信用等级评定管理试行办法》（国税发〔2003〕92 号）同时废止。

18.18 关于《纳税信用管理办法（试行）》公告的解读

2020 年 9 月 18 日   国家税务总局办公厅

一、制定《信用办法》的主要目的

为贯彻落实党的十八届三中全会决定和李克强总理在 2014 年政府工作报告中强调的"让守信者一路畅通、让失信者寸步难行"的要求，规范纳税信用管理，促进纳税人诚信自律，提高税法遵从度，推进社会信用体系建设，根据《中华人民共和国税收征收管理法》及其实施细则、《国务院关于促进市场公平竞争维护市场正常秩序的若干意见》（国发〔2014〕20 号）和《国务院关于印发〈社会信用体系建设规划纲要（2014－2020 年）〉的通知》（国发〔2014〕21 号），税务总局制定和发布《纳税信用管理办法（试行）》（简称《信用办法》），以褒扬诚信、惩戒失信，更好地服务于纳税人。

二、《信用办法》的主要内容

《信用办法》共六章 34 条。第一章《总则》主要明确《信用办法》制定的依据、纳税信用管理的内容、适用对象、管理原则、信息化及参与社会信用体系建设等原则性内容，是《信用办法》的基础。第二章《纳税信用信息采集》明确纳税信用信息采集的主要内容、信用信息的组成、数据采集来源等，旨在统一纳税信用信息的构成和数据采集来源。第三章《纳税信用评价》主要明确纳税信用评价的方式、年度指标得分、直接判级的方法、纳税信用级别的设定、不参加本期评价、不能评为 A 级、直接判为 D 级以及不影响纳税信用评价结果的情形。第四章《纳税信用评价结果的确定和发布》明确纳税信用评价结果确定和发布的责任与时间、分级分类依法有序开放的原则、信用评价结果动态调整和申请复评等事项。第五章《纳税信用评价结果的应用》明确税务机关按照守信激励、失信惩戒原则对不同信用级别的纳税人实施分类服务和管理的相关措施。第六章《附则》明确《信用办法》的施行时间。

三、《信用办法》部分条款的说明

（一）关于适用对象

《信用办法》第三条明确本办法适用于已办理税务登记，从事生产、经营并适用查账征收的企业纳税人（以下简称纳税人）。

（二）关于管理原则

《信用办法》第五条明确对纳税信用管理遵循客观公正、标准统一、分级分类、动态调整的原则。客观公正指纳税信用评价主要依据纳税人税法遵从的客观记录和积累；标准统一指纳税信用评价在国税局、地税局采用统一的评价指标和扣分标准；分级分类指区分纳税人的信用级别，规定不同的管理和服务措施；动态调整指税务机关可根据信用信息的变化调整纳税人以前年度的信用记录或者复核后调整当期的信用评价结果，税务总局可根据税收政策和征管办法的改变对全国统一的评价指标适时调整和修订。

（三）关于管理方式

《信用办法》第六条明确税务总局推进纳税信用管理工作的信息化，规范统一纳税信用管理，尽量减少人为干预，切实减轻纳税人和基层税务机关的工作负担。

（四）关于经常性指标和非经常性指标及扣分基础

经常性指标是纳税人在评价年度内经常产生的指标信息，包括：涉税申报信息、税（费）款缴纳信息、发票与税控器具信息、登记与账簿信息；非经常性指标是纳税人在评价年度内不经常产生的税务检查等指标信息，主要指税务部门开展的纳税评估、税务审计、反避税调查信息和税务稽查信息。纳税人评价年度内经常性指标和非经常性指标信息齐全的，从 100 分扣起；非经常性指标缺失的，从 90 分扣起。

（五）关于纳税信用评价周期

《信用办法》第十七条规定，纳税信用评价周期为一个纳税年度。参照企业所得税法、《最高人民法院关于审理偷税抗税刑事案件具体应用法律若干问题的解释》的相关规定，《信用办法》所称"纳税年度"为自然年，从 1 月 1 日到 12 月 31 日。

（六）关于不参加本期信用评价的情形

《信用办法》第十七条规定纳税人在评价年度内如果有 6 种情形之一，则不参加本期的信用评价。其中"纳入纳税信用管理时间不满一个评价年度的"是指在评价年度内新办理税务登记的纳税人。"本评价年度内无生产经营业务收入的"是指纳税人在评价年度内无主营业务收入申报的，此类情形常见于筹建中、停业或者歇业的纳税人等。"因涉嫌税收违法被立案查处尚未结案"，包括税务机关立案查处尚未结案或是司法机关立案查处尚未结案的情形，不包括特别纳税调整调查。因相关部门检查（不包括特别纳税调整）、审计或者处于复议、诉讼阶段尚未结案的纳税人，在当期评价年度内不参与信用评价，但《信用办法》第二十五条规定，如果所列情形解除，纳税人可以向税务机关申请补充纳税信用评价，税务机关应补录纳税人的信用评价结果。

（七）关于不能评为 A 级纳税人的情形

《信用办法》第十九条规定了不能评价为 A 级纳税人的 4 种情形。第一项"实际生产经营期不满 3 年"的限定，主要考虑信用是长期积累的结果。经统计分析，纳税人经营存续期平均在 3－5 年，纳税人实际经营后有一个适应期和成长期，依法遵从能力随存续时间会逐步提升。"实际生产经营期"自纳税人向税务机关申报主营业务收入和申报缴纳相关税款之日起计算。第二项"上一评价年度纳税信用评价结果为 D 级的"，与本办法第三十二条对 D 级纳税人采取的管理措施第七项对应，是针对严重失信行为的一项管理措施。主要考虑纳税信用评价结果是对纳税人上一年度纳税信用状况的评价，评价后对纳税人的管理措施应有一定的持续时间。第三项"非正常原因"是指排除纳税人正常经营，包括季节性生产经营、享受政策性减免税等情况之外的其他原因。

（八）关于直接判为 D 级纳税人的情形

《信用办法》第二十条明确了 10 种可以直接判为 D 级纳税人的情形。第一至四项的逻辑是：第一项指纳税人行为被法院判决"构成涉税犯罪的"；第二项指纳税人行为虽未构成犯罪，但由于情节较为严重，被税务稽查部门作出"定性"处理，即使已按要求缴纳税款、滞纳金、罚款，也应该直接判为 D 级；第三项指不论情节是否严重，不按税务机关（包括税务稽查、纳税评估、税务审计、反避税调查部门）处理结论缴纳或足额缴纳税款、滞纳金、罚款的，都直接判为 D 级；第四项指抗税和拒绝税务稽查的行为。

另外，第一项用"逃避缴纳税款"概念是与刑法衔接，第二项用"偷税"概念是与税收征管法衔接；明确偷税金额 10 万元和比例在 10% 以上的界线，一是参照《刑法修正案（七）》的有关规定，二是对纳税人行为给予一定的容错率。第八项"有非正常户记录或由非正常户直接责任人员注册登记或者负责经营的"是为了防范非正常户以重新注册新企业的方式来逃避税务监管，"非正常户"是指已办理税务登记，未按照规定的期限申报纳税，在税务机关责令其限期改正后，逾期不改正，并经税务机关派员实地检查，查无下落且无法强制其履行纳税义务的纳税人。非正常户不但影响税收征管，而且破坏市场经济运行秩序，其危害主要表现在逃避纳税义务、不按规定验销发票、虚开代开增值税专用发票等方面，税务机关应该对其加强管理力度。第九项"由 D 级纳税人的直接责任人员注册登记或者负责经营的"与第三十二条第一项对应，是针对严重失信行为的一项管理措施。

（九）关于不影响纳税人纳税信用评价的情形

《信用办法》第二十一条规定了不影响纳税人信用评价的情形，其中，第二项"非主观故意的计算公式运用错误以及明显的笔误造成未缴或者少缴税款的"依据的是税收征管法第五十二条和税收征管法实施细则第八十一条的规定。

（十）关于纳税人信用信息公开的依据

税收征管法实施细则第五条规定："为纳税人、扣缴义务人保密的情况，是指纳税人、扣缴义务人的商业秘密及个人隐私。纳税人、扣缴义务人的税收违法行为不属于保密范围"。《纳税人涉税保密信息管理暂行办法》（国税发〔2008〕93 号）第四条规定"税务机关可以披露纳税人的有关涉税信息，主要包括：……纳税信用等级以及定期定额户的定额等信息"。国务院办公厅印发的《2014 年政府信息公开工作要点》（国办发〔2014〕12 号）强调要"推进行政处罚信息公开"，"推动公共监管信息公开"，特别是"依法公开行政机关在行政管理中掌握的信用信息，以政务诚信示范引领全社会诚信建设"。因此，《信用办法》第二十三条税务机关每年 4 月确定上一年度纳税信用评价结果，并为纳税人提供自我查询服务，和第二十七条税务机关对年度纳税信用评价结果，按分级分类原则，依法有序开放是有依据的。"有序开放"并非指全部主动向社会公开，纳税信用信息的发布主要有四种渠道：社会共享、政务共享、有限共享和依申请查询。税务机关将主动公开 A 级纳税人名单及相关信息，并根据社会信用体系建设需要以及与相关部门信用信息共建共享合作备忘录、协议等规定，逐步开放 B、C、D 级纳税人名单及相关信息。对重大税收违法案件信息进行定期或者不定期公布的规定，是与《国家税务总局关于公布重大税收违法案件信息的公告》相衔接。

（十一）关于纳税信用评价结果的复评

纳税信用管理是一项为纳税人、为推进社会诚信建设的服务举措。《信用办法》第二十四条规定，当纳税人对纳税信用评价结果有异议时，可以书面向作出评价的税务机关申请复评，作出评价的税务机关应按照本办法第三章《纳税信用评价》中的规定，对纳税人的信用状况进行复核。

（十二）关于守信激励和失信惩戒的措施

税务机关按照守信激励、失信惩戒原则对不同信用级别的纳税人实施分类服务和管理措施，同时，按照国务院"让守信者一路畅通、让失信者寸步难行"的要求，A、D级纳税人还将适用税务机关与相关部门共同实施的守信联合激励和失信联合惩戒措施。《信用办法》第二十九条具体规定了对A级纳税人的激励措施。第三十二条具体规定了对D级纳税人的惩戒措施，其中第一项规定与第二十条第九项规定对应。第六项将纳税信用评价结果通报相关部门，在行政许可、政府采购、招标投标、劳动就业、社会保障、科研管理、干部选拔任用和管理监督、申请政府资金支持等方面依法予以限制的规定，参照了社会信用体系建设部际联席会议发起的《信用信息共建共享合作备忘录》和国务院4月23日常务会议研究的促进市场公平竞争维护市场正常秩序的若干意见精神。第七项"D级评价保留2年"的规定，主要考虑纳税信用评价结果是对纳税人上一年度纳税信用状况的评价，评价后对纳税人的管理措施应有一定的持续时间。

18.19　重大税务案件审理办法

2014年12月2日　国家税务总局令第34号

《重大税务案件审理办法》已经2014年11月25日国家税务总局2014年度第3次局务会议审议通过，现予公布，自2015年2月1日起施行。

国家税务总局局长：王军

2014年12月2日

重大税务案件审理办法

第一章　总则

第一条　为推进税务机关科学民主决策，强化内部权力制约，保护纳税人合法权益，根据《中华人民共和国行政处罚法》《中华人民共和国税收征收管理法》，制定本办法。

第二条　省以下各级税务局开展重大税务案件审理工作适用本办法。

第三条　重大税务案件审理应当以事实为根据、以法律为准绳，遵循合法、合理、公平、公正、效率的原则，注重法律效果和社会效果相统一。

第四条　参与重大税务案件审理的人员应当严格遵守国家保密规定和工作纪律，依法为纳税人、扣缴义务人的商业秘密和个人隐私保密。

第二章　审理机构和职责

第五条　省以下各级税务局设立重大税务案件审理委员会（以下简称审理委员会）。

审理委员会由主任、副主任和成员单位组成，实行主任负责制。

审理委员会主任由税务局局长担任，副主任由税务局其他领导担任。审理委员会成员单位包括政策法规、税政业务、纳税服务、征管科技、大企业税收管理、税务稽查、督察内审部门。各级税务局可以根据实际需要，增加其他与案件审理有关的部门作为成员单位。

第六条 审理委员会履行下列职责：

（一）拟定本机关审理委员会工作规程、议事规则等制度；

（二）审理重大税务案件；

（三）指导监督下级税务局重大税务案件审理工作。

第七条 审理委员会下设办公室，办公室设在政策法规部门，办公室主任由政策法规部门负责人兼任。

第八条 审理委员会办公室履行下列职责：

（一）组织实施重大税务案件审理工作；

（二）提出初审意见；

（三）制作审理会议纪要和审理意见书；

（四）办理重大税务案件审理工作的统计、报告、案卷归档；

（五）承担审理委员会交办的其他工作。

第九条 审理委员会成员单位根据部门职责参加案件审理，提出审理意见。

稽查局负责提交重大税务案件证据材料、拟作税务处理处罚意见、举行听证。

稽查局对其提交的案件材料的真实性、合法性、准确性负责。

第十条 参与重大税务案件审理的人员有法律法规规定的回避情形的，应当回避。

重大税务案件审理参与人员的回避，由其所在部门的负责人决定；审理委员会成员单位负责人的回避，由审理委员会主任或其授权的副主任决定。

第三章 审理范围

第十一条 本办法所称重大税务案件包括：

（一）重大税务行政处罚案件，具体标准由各省、自治区、直辖市和计划单列市税务局根据本地情况自行制定，报国家税务总局备案；

（二）根据重大税收违法案件督办管理暂行办法督办的案件；

（三）应司法、监察机关要求出具认定意见的案件；

（四）拟移送公安机关处理的案件；

（五）审理委员会成员单位认为案情重大、复杂，需要审理的案件；

（六）其他需要审理委员会审理的案件。

第十二条 本办法第十一条第三项规定的案件经审理委员会审理后，应当将拟处理意见报上一级税务局审理委员会备案。备案5日后可以作出决定。

第十三条 稽查局应当在每季度终了后5日内将稽查案件审理情况备案表送审理委员会办公室备案。

第四章 提请和受理

第十四条 稽查局应当在内部审理程序终结后5日内，将重大税务案件提请审理委员会审理。

当事人要求听证的，由稽查局组织听证。

第十五条 稽查局提请审理委员会审理案件，应当提交以下案件材料：

（一）重大税务案件审理案卷交接单；

（二）重大税务案件审理提请书；

（三）税务稽查报告；

（四）税务稽查审理报告；

（五）听证材料；

（六）相关证据材料。

重大税务案件审理提请书应当写明拟处理意见，所认定的案件事实应当标明证据指向。

证据材料应当制作证据目录。

稽查局应当完整移交证据目录所列全部证据材料，不能当场移交的应当注明存放地点。

第十六条 审理委员会办公室收到稽查局提请审理的案件材料后，应当在重大税务案件审理案卷交接单上注明接收部门和收到日期，并由接收人签名。

对于证据目录中列举的不能当场移交的证据材料，必要时，接收人在签收前可以到证据存放地点现场查验。

第十七条 审理委员会办公室收到稽查局提请审理的案件材料后，应当在 5 日内进行审核。

根据审核结果，审理委员会办公室提出处理意见，报审理委员会主任或其授权的副主任批准：

（一）提请审理的案件属于本办法规定的审理范围，提交了本办法第十五条规定的材料的，建议受理；

（二）提请审理的案件属于本办法规定的审理范围，但未按照本办法第十五条的规定提交相关材料的，建议补正材料；

（三）提请审理的案件不属于本办法规定的审理范围的，建议不予受理。

第五章　审理程序

第一节　一般规定

第十八条 重大税务案件应当自批准受理之日起 30 日内作出审理决定，不能在规定期限内作出审理决定的，经审理委员会主任或其授权的副主任批准，可以适当延长，但延长期限最多不超过 15 日。

补充调查、请示上级机关或征求有权机关意见的时间不计入审理期限。

第十九条 审理委员会审理重大税务案件，应当重点审查：

（一）案件事实是否清楚；

（二）证据是否充分、确凿；

（三）执法程序是否合法；

（四）适用法律是否正确；

（五）案件定性是否准确；

（六）拟处理意见是否合法适当。

第二十条　审理委员会成员单位应当认真履行职责，根据本办法第十九条的规定提出审理意见，所出具的审理意见应当详细阐述理由、列明法律依据。

审理委员会成员单位审理案件，可以到审理委员会办公室或证据存放地查阅案卷材料，向稽查局了解案件有关情况。

第二十一条　重大税务案件审理采取书面审理和会议审理相结合的方式。

第二节　书面审理

第二十二条　审理委员会办公室自批准受理重大税务案件之日起 5 日内，将重大税务案件审理提请书及必要的案件材料分送审理委员会成员单位。

第二十三条　审理委员会成员单位自收到审理委员会办公室分送的案件材料之日起 10 日内，提出书面审理意见送审理委员会办公室。

第二十四条　审理委员会成员单位认为案件事实不清、证据不足，需要补充调查的，应当在书面审理意见中列明需要补充调查的问题并说明理由。

审理委员会办公室应当召集提请补充调查的成员单位和稽查局进行协调，确需补充调查的，由审理委员会办公室报审理委员会主任或其授权的副主任批准，将案件材料退回稽查局补充调查。

第二十五条　稽查局补充调查不应超过 30 日，有特殊情况的，经稽查局局长批准可以适当延长，但延长期限最多不超过 30 日。

稽查局完成补充调查后，应当按照本办法第十五条、第十六条的规定重新提交案件材料、办理交接手续。

稽查局不能在规定期限内完成补充调查的，或者补充调查后仍然事实不清、证据不足的，由审理委员会办公室报请审理委员会主任或其授权的副主任批准，终止审理。

第二十六条　审理委员会成员单位认为案件事实清楚、证据确凿，但法律依据不明确或者需要处理的相关事项超出本机关权限的，按规定程序请示上级税务机关或者征求有权机关意见。

第二十七条　审理委员会成员单位书面审理意见一致，或者经审理委员会办公室协调后达成一致意见的，由审理委员会办公室起草审理意见书，报审理委员会主任批准。

第三节　会议审理

第二十八条　审理委员会成员单位书面审理意见存在较大分歧，经审理委员会办公室协调仍不能达成一致意见的，由审理委员会办公室向审理委员会主任或其授权的副主任报告，提请审理委员会会议审理。

第二十九条　审理委员会办公室提请会议审理的报告，应当说明成员单位意见分歧、审理委员会办公室协调情况和初审意见。

审理委员会办公室应当将会议审理时间和地点提前通知审理委员会主任、副主任和成员单位，并分送案件材料。

第三十条　成员单位应当派员参加会议，三分之二以上成员单位到会方可开会。审理委员会办公室以及其他与案件相关的成员单位应当出席会议。

案件调查人员、审理委员会办公室承办人员应当列席会议。必要时，审理委员会可要求调查对象所在地主管税务机关参加会议。

第三十一条 审理委员会会议由审理委员会主任或其授权的副主任主持。首先由稽查局汇报案情及拟处理意见。审理委员会办公室汇报初审意见后，各成员单位发表意见并陈述理由。

审理委员会办公室应当做好会议记录。

第三十二条 经审理委员会会议审理，根据不同情况，作出以下处理：

（一）案件事实清楚、证据确凿、程序合法、法律依据明确的，依法确定审理意见；

（二）案件事实不清、证据不足的，由稽查局对案件重新调查；

（三）案件执法程序违法的，由稽查局对案件重新处理；

（四）案件适用法律依据不明确，或者需要处理的有关事项超出本机关权限的，按规定程序请示上级机关或征求有权机关的意见。

第三十三条 审理委员会办公室根据会议审理情况制作审理纪要和审理意见书。

审理纪要由审理委员会主任或其授权的副主任签发。会议参加人员有保留意见或者特殊声明的，应当在审理纪要中载明。

审理意见书由审理委员会主任签发。

第六章 执行和监督

第三十四条 稽查局应当按照重大税务案件审理意见书制作税务处理处罚决定等相关文书，加盖稽查局印章后送达执行。

文书送达后5日内，由稽查局送审理委员会办公室备案。

第三十五条 重大税务案件审理程序终结后，审理委员会办公室应当将相关证据材料退回稽查局。

第三十六条 各级税务局督察内审部门应当加强对重大税务案件审理工作的监督。

第三十七条 审理委员会办公室应当加强重大税务案件审理案卷的归档管理，按照受理案件的顺序统一编号，做到一案一卷、资料齐全、卷面整洁、装订整齐。

需要归档的重大税务案件审理案卷包括税务稽查报告、税务稽查审理报告以及本办法附列的有关文书。

第三十八条 各省、自治区、直辖市和计划单列市税务局应当于每年1月31日之前，将本辖区上年度重大税务案件审理工作开展情况和重大税务案件审理统计表报送国家税务总局。

第七章 附则

第三十九条 各级税务局办理的其他案件，需要移送审理委员会审理的，参照本办法执行。特别纳税调整案件按照有关规定执行。

第四十条 各级税务局在重大税务案件审理工作中可以使用重大税务案件审理专用章。

第四十一条 本办法有关"5日"的规定指工作日，不包括法定节假日。

第四十二条 各级税务局应当按照国家税务总局的规划和要求，积极推动重大税务案件审理信息化建设。

第四十三条 各级税务局应当加大对重大税务案件审理工作的基础投入，保障审理人员和经费，配备办案所需的录音录像、文字处理、通讯等设备，推进重大税务案件审理规范化建设。

第四十四条　各省、自治区、直辖市和计划单列市税务局可以依照本办法制定具体实施办法。

第四十五条　本办法自 2015 年 2 月 1 日起施行。《国家税务总局关于印发〈重大税务案件审理办法（试行）〉的通知》（国税发〔2001〕21 号）同时废止。

附件：重大税务案件审理文书范本（共十六种）

重大税务案件审理文书范本之一

税务稽查案件审理情况备案表

×× 税稽审备字〔××××〕×× 号

序号	案件编号	案件名称	制作审理 报告时间	拟查补税款、滞纳金、 罚款金额

填制部门（章）：　　　　　　　　　　　接收部门（章）：
填表人（签名）：　　　　　　　　　　　接收人（签名）：
___年___月___日　　　　　　　　　　___年___月___日

说明：

1. 本表由稽查局统计后，按季度送审理委员会办公室备案。

2. "案件编号"为稽查局立案审批表所制编号；"案件名称"应包括被查对象名称、违法行为性质等关键信息；"制作审理报告时间"为案件经稽查局集体审理后，稽查局审理部门制作审理报告的时间。

3. 本文书为 A4 横排，一式两份，稽查局、审理委员会办公室签字或盖章后各留一份。

重大税务案件审理文书范本之二

重大税务案件审理案卷交接单

××税重审交字〔××××〕××号

案件名称： 共 页第 页

序号	案件材料	页数

移交部门（章）： 接收部门（章）：

移交人（签名）： 接收人（签名）：

＿＿＿年＿＿＿月＿＿＿日 ＿＿＿年＿＿＿月＿＿＿日

说明：

1. 本交接单在提请单位提请审理，以及审理委员会办公室将案件材料退回提请单位补正材料或补充调查等情况下使用。

2. "案件材料"包括：重大税务案件审理提请书、税务稽查报告、税务稽查审理报告、证据目录。

3. 本文书一式两份，提请单位、审理委员会办公室签字或盖章后各留一份。

重大税务案件审理文书范本之三

重大税务案件审理登记表

（＿＿＿＿＿＿＿年度）

编号	受理日期	提请单位	案件名称	原始案件编号	案件处理情况

续表

编号	受理日期	提请单位	案件名称	原始案件编号	案件处理情况

说明：

1. 本文书为 A4 横排，由审理委员会办公室按年度填写，一年一表。

2. "编号"按照受理日期先后顺序按 10 位数编制，如 2014 年受理的第一起案件编号为 2014000001。"案件名称"应包括被查对象名称、违法行为性质等关键信息。"原始案件编号"为提请单位立案时所制编号。"案件处理情况"根据不同情况填写：退回补正材料/补充调查/重新调查/重新处理/请示上级/征求意见/终止审理/审理终结等。

3. 案件审结后，审理委员会办公室应按照本文书的编号顺序将案件材料立卷归档。

重大税务案件审理文书范本之四

重大税务案件审理提请书

×× 税稽重审提字〔× × × ×〕× × 号

提请单位名称			
案件名称		案件编号	
（导语：阐述提请审理的理由等） 介绍被查对象基本情况 认定的案件事实及证据指向 …… 被查对象主张及其提供的证据 …… 定性依据及拟处理意见 ……			
		（提请单位签章） 　年　　月　　日	

说明：

1. 本提请书由提请单位提请审理委员会审理案件时填写。文书由案件提请单位编号，"×× 税稽重审提字〔× × × ×〕× × 号"分别填写单位规范简称、审理年度、和提请书序号，如：云地税稽重审提字〔2014〕1 号，下同。

2. "案件编号"为提请单位立案时所制编号。

"案件名称"应包括被查对象名称、违法行为性质等关键信息。

"提请审理的理由"根据以下情况填写：属于本办法第十一条第一至四项规定范围的，填写对应项目；成员单位认为案情重大、需要审理的，说明具体情况；提请审理的其他理由。

"证据指向"应说明认定的案件事实由所附的哪些证据材料证明。

"定性依据及拟处理意见"：定性依据应标明税收法律、法规、规章和文件的名称、文号及具体条款；"拟处理意见"应当具体明确。

3. 本文书一式两份，一份交审理委员会办公室，一份由案件提请单位存档。

重大税务案件审理文书范本之五

证据目录

案件名称						
案件编号			移交日期		年 月 日	
序号	证据内容	证据来源	证明对象	是否原件	存放处	页（件）数
1						
2						
3						
4						
5						
6						
7						
8						
9						
其他需要说明的问题						

说明：

1. 本文书为 A4 横排，由案件提请单位提交证据材料时填制。

2. "案件名称"与重大税务案件审理提请书相同，"案件编号"为案件审理提请书的编号。

3. "证据内容"填写：账簿凭证、检查文书、法律依据、被查对象陈述申辩材料、听证笔录等。"证据来源"填写证据系从何处取得、由谁制作。"证明对象"填写证据证明的案件事实。"是否原件"，一般应提交原件，提交原件原物确有困难的可以提交复制件或照片等。"存放处"填写无法当场移交的证据及其他资料的存放地点。对于无法现场移交、但列入证据目录的证据，接收人可以到存放现场查验后再签字确认。

重大税务案件审理文书范本之六

受理通知书

×× 税重审受理字 〔× × × ×〕× × 号

_____：

你局（处、科、股）提请审理的 _____（案件名称）_____（案件编号：_____）一案，经审核属于《重大税务案件审理办法》第十一条规定的审理范围，决定予以受理。

××税务局重大税务案件审理委员会（审理专用章）

年　月　日

说明：

1. 本文书在审理委员会决定受理提请单位提请审理的案件时使用。

2. "案件名称""案件编号"与重大税务案件审理提请书相同。

3. 受理日期为审理委员会主任或副主任批准之日。

4. 本通知书一式两份，一份交案件提请单位，一份由审理委员会办公室存档。

重大税务案件审理文书范本之七

补正材料（补充调查）通知书

×× 税重审补字 〔× × × ×〕× × 号

_____：

你局（处、科、股）提请审理的 _____（案件名称）_____（案件编号：_____）一案，经审核（审理），认为：

一、

二、

现将此案退回请补正材料（补充调查），请于____年____月____日前将补正（补充调查）材料移送重大税务案件审理委员办公室。

××税务局重大税务案件审理委员会（审理专用章）

年　月　日

说明：

1. 本文书在审理委员会将案件材料退回提请单位补正材料或补充调查时使用。

2. "案件名称""案件编号"与重大税务案件审理提请书相同。

3. 签署的日期为审理委员会主任或副主任批准之日。

4. 本通知书一式两份，一份交案件提请单位，一份由审理委员会办公室存档。

重大税务案件审理文书范本之八

不予受理通知书

××税重审不受字〔××××〕××号

_____:

经对你局（处、科、股）提请审理的_____（案件名称）_____案件编号：_____）进行审核，认为该案件不属于《重大税务案件审理办法》第十一条规定的审理范围，决定不予受理。

××税务局重大税务案件审理委员会（审理专用章）

年　月　日

说明：

1. 本文书在审理委员会办公室决定不予受理提请单位提请审理的案件时使用。
2. "案件名称""案件编号"与重大税务案件审理提请书相同。
3. 签署的日期为审理委员会主任或副主任批准不予受理之日。
4. 本通知书一式两份，一份交案件提请单位，一份由审理委员会办公室存档。

重大税务案件审理文书范本之九

重大税务案件书面审理通知书

_____（审理委员会成员单位）：

根据《重大税务案件审理办法》第二十二条的规定，现将_____提请审理的___（案件名称）___的《重大税务案件审理提请书》等相关材料发送你处（科、股）。请于___年__月__日前提出书面审理意见送重大税务案件审理委员会办公室。在案件审理期间你单位可到审理委员会办公室查阅案卷材料，向稽查局了解案件有关情况。

附件：1. 重大税务案件审理提请书
　　　2. 税务稽查报告
　　　3. 税务稽查审理报告
　　　4. ……

××税务局重大税务案件审理委员会（审理专用章）

年　月　日

说明：

1. 本文书在重大税务案件审理委员会办公室分送材料征求成员单位书面审理意见时使用。
2. "案件名称"与重大税务案件审理提请书相同。

重大税务案件审理文书范本之十

重大税务案件书面审理意见表

案件名称	
案件编号	
审理意见	 （审理委员会成员单位签章） 年　月　日

说明：

1. 本文书在审理委员会成员单位提交书面审理意见时使用。
2. 本文书一式两份，一份交审理委员会办公室，一份由成员单位存档。
3. "案件名称""案件编号"与重大税务案件审理提请书相同。
4. 所出具的审理意见应当详细阐述理由、列明法律依据。

重大税务案件审理文书范本之十一

延长重大税务案件审理时限审批表

案件名称			
案件编号		案件受理日期	年　月　日
延长审理时限理由	因_____，本案在 30 日内无法作出决定，根据《重大税务案件审理办法》第十八条的规定，需延长审理期限，时间从_____至_____，请批示。 审理人（签名）： 年　月　日		

续表

审理委员会办公室意见	办公室负责人（签名）：		年　月　日
审理委员会（副）主任意见	（签名）		年　月　日

说明：

1. 本文书由审理委员会办公室提请延长审理期限时使用。

2. "案件名称""案件编号"与重大税务案件审理提请书相同。

重大税务案件审理文书范本之十二

重大税务案件终止审理审批表

××税重审终字〔××××〕××号

案件名称			
案件编号		案件受理日期	年　月　日
延长审理的理由	审理人员（签名）：		年　月　日
审理委员会办公室意见	办公室负责人（签名）：		年　月　日
审理委员会（副）主任意见	（签名）		年　月　日

说明：

1. 本文书由审理委员会办公室提请终止审理案件时使用。

2. 终止审理的情形包括：稽查局不能在规定期限内完成补充调查，或者补充调查后仍然事实不清、证据不足，案件短时期内难以查清的，由审理委员会办公室报请审理委员会主任或其授权的副主任批准，终止案件审理。

3. "案件名称""案件编号"与重大税务案件审理提请书相同。

4. 本文书一式两份，一份交案件提请单位，一份由审理委员会办公室存档。

重大税务案件审理文书范本之十三

___（案件名称）___ 初审意见

××税重审初字〔××××〕××号

___年__月__日____（提请单位）____向我局重大税务案件审理委员会提请审理___（案件名称、编号）___。经书面审理，将审理情况和初审意见报告如下：

一、案件基本情况

（概要介绍案情）

……

二、成员单位意见

（成员单位意见较多的，可以分类概括：成员单位意见较少的，也可以按部门顺序分别说明）

……

三、上级单位批示（或有权机关的意见）

……

四、初审意见

（根据上述情况，提出拟处理意见）

……

以上，特此报告。妥否，请批示。

××税务局重大税务案件审理委员会办公室。

年　月　日

说明：

1. 本文书由重大税务案件审理委员会办公室向审理委员会报告初审意见时填写。

2. "案件名称、编号"同重大税务案件审理提请书。

重大税务案件审理文书范本之十四

××××××税务局

重大税务案件审理委员会会议纪要

（××号）

××××年×月×日　　　　　　　　　　　　　　　　　　签发：

___（案件名称）___ 审理纪要

____年__月__日，_____主持召开了重大税务案件审理委员会会议，对_____（提请单位）提交的_____（案件名称）_____进行了审理。会议听取了案件调查情况的报告和初审意见，审理委员会成员单位分别发表了意见。经过充分谈论，会议作出了决定。纪要如下：

一、案件简况

……

二、议定意见

（一）

1.

2.

……

（二）

……

三、（审理委员会领导、成员单位的）保留意见或者特别声明

……

主持：

出席：

缺席：

列席：

记录：

说明：

1. 本文书由审理委员会办公室根据审理记录制作，会签成员单位并报审理委员会副主任阅批后，报审理委员会主任或其授权的副主任签发。

2. 审理纪要分年度，按审理委员会会议召开的顺序编号。

3. "案件名称"同重大税务案件审理提请书。

重大税务案件审理文书范本之十五

××××××税务局
重大税务案件审理委员会审理意见书
××税重审决字〔××××〕××号

_____：

经审理，对你单位提交的_____（案件名称）一案提出如下审理意见：

一、案件基本情况

（扼要介绍调查单位认定的被查对象违法事实、主要证据、法律依据和拟处理意见）

二、被查对象的意见和主张

（扼要介绍当事人的陈述申辩、证据材料、听证主张等情况）

三、审理委员会意见

（阐述审理委员会认定的事实、法律依据和最终确定的审理意见）

……

请你单位根据上述意见，制作相应的法律文书并送达执行。

××税务局重大税务案件审理委员会（审理专用章）

××年××月××日

说明：

1. 本文书由审理委员会办公室根据审理委员会会议决定制作，报审理委员会主任签发后送提请单位。

2. 本文书按照案件审结的先后顺序编号。

3. "案件名称"同重大税务案件审理提请书。

4. 提请单位是否需要制作法律文书，以及制作何种法律文书，根据法律法规的规定和具体情形确定。

5. 本文书一式两份，一份交案件提请单位，一份由审理委员会办公室存档。

重大税务案件审理文书范本之十六

重大税务案件审理统计表

（　　年度）

填表单位（章）：

项目	审理机构		案件审理数量				案件类型					审理方式		审理结论					
	税务局数量	直接从事重案审理人员数	上年度未审结案件数	本年度受理案件数	本年度审理结案件数	结转下年度案件数	重大行政处罚案件数	督办案件数	司法、监察机关移交案件数	移送公安机关案件数	其他案件数	书面审理定案数	会议审理定案数	维持调查单位拟处理意见数	改变调查单位拟处理意见数	退回重新处理数	退回重新调查数	征求上级单位或有权机关单位意见数	终止案件审理数
序号	1	2	3	4	5	6	7	8	9	10	11	12	13	14	15	16	17	18	19
数量																			

填表人：　　　　　　　　联系电话：　　　　　　　　填表日期：　　年　月　日

说明：

1. 本文书制作时应当采用 EXCEL 表格格式。

2. 本文书由各省税务局按年度填报，计划单列市单独上报数字，所在省上报数字不包括计划单列市数字。

3. "直接从事重案审理人员数"指各级税务机关法规处（科）内负责重案审理工作的人员，不含处、科领导。

"案件类型""审理方式""审理结论"只统计本年度审理结案数。

"审理结论"为经过书面审理或会议审理后，经审委会主任批准后作出决定的类型。书面审理过程中，成员单位协商后中止审理的情形（稽查局对案件进行补充调查，或征求有权机关意见、请示上级机关）不属于审理结论。

18.20　中华人民共和国发票管理办法实施细则

2018 年 6 月 15 日　国家税务总局令第 44 号

(2011 年 2 月 14 日国家税务总局令第 25 号公布，根据 2014 年 12 月 27 日《国家税务总局关于修改〈中华人民共和国发票管理办法实施细则〉的决定》和 2018 年 6 月 15 日《国家税务总局关于修改部分税务部门规章的决定》修正)

第一章　总则

第一条　根据《中华人民共和国发票管理办法》(以下简称《办法》)规定，制定本实施细则。

第二条　在全国范围内统一式样的发票，由国家税务总局确定。

在省、自治区、直辖市范围内统一式样的发票，由省、自治区、直辖市税务局(以下简称省税务局)确定。

第三条　发票的基本联次包括存根联、发票联、记账联。存根联由收款方或开票方留存备查；发票联由付款方或受票方作为付款原始凭证；记账联由收款方或开票方作为记账原始凭证。

省以上税务机关可根据发票管理情况以及纳税人经营业务需要，增减除发票联以外的其他联次，并确定其用途。

第四条　发票的基本内容包括：发票的名称、发票代码和号码、联次及用途、客户名称、开户银行及账号、商品名称或经营项目、计量单位、数量、单价、大小写金额、开票人、开票日期、开票单位(个人)名称(章)等。

省以上税务机关可根据经济活动以及发票管理需要，确定发票的具体内容。

第五条　用票单位可以书面向税务机关要求使用印有本单位名称的发票，税务机关依据《办法》第十五条的规定，确认印有该单位名称发票的种类和数量。

第二章　发票的印制

第六条　发票准印证由国家税务总局统一监制，省税务局核发。

税务机关应当对印制发票企业实施监督管理，对不符合条件的，应当取消其印制发票的资格。

第七条　全国统一的发票防伪措施由国家税务总局确定，省税务局可以根据需要增加本地区的发票防伪措施，并向国家税务总局备案。

发票防伪专用品应当按照规定专库保管，不得丢失。次品、废品应当在税务机关监督下集中销毁。

第八条　全国统一发票监制章是税务机关管理发票的法定标志，其形状、规格、内容、印色由国家税务总局规定。

第九条　全国范围内发票换版由国家税务总局确定；省、自治区、直辖市范围内发票换版由省税务局确定。

发票换版时，应当进行公告。

第十条　监制发票的税务机关根据需要下达发票印制通知书，被指定的印制企业必须按照要求印制。

发票印制通知书应当载明印制发票企业名称、用票单位名称、发票名称、发票代码、种类、联次、规格、印色、印制数量、起止号码、交货时间、地点等内容。

第十一条　印制发票企业印制完毕的成品应当按照规定验收后专库保管，不得丢失。废品应当及时销毁。

第三章　发票的领购

第十二条　《办法》第十五条所称经办人身份证明是指经办人的居民身份证、护照或者其他能证明经办人身份的证件。

第十三条　《办法》第十五条所称发票专用章是指用票单位和个人在其开具发票时加盖的有其名称、税务登记号、发票专用章字样的印章。

发票专用章式样由国家税务总局确定。

第十四条　税务机关对领购发票单位和个人提供的发票专用章的印模应当留存备查。

第十五条　《办法》第十五条所称领购方式是指批量供应、交旧购新或者验旧购新等方式。

第十六条　《办法》第十五条所称发票领购簿的内容应当包括用票单位和个人的名称、所属行业、购票方式、核准购票种类、开票限额、发票名称、领购日期、准购数量、起止号码、违章记录、领购人签字（盖章）、核发税务机关（章）等内容。

第十七条　《办法》第十五条所称发票使用情况是指发票领用存情况及相关开票数据。

第十八条　税务机关在发售发票时，应当按照核准的收费标准收取工本管理费，并向购票单位和个人开具收据。发票工本费征缴办法按照国家有关规定执行。

第十九条　《办法》第十六条所称书面证明是指有关业务合同、协议或者税务机关认可的其他资料。

第二十条　税务机关应当与受托代开发票的单位签订协议，明确代开发票的种类、对象、内容和相关责任等内容。

第二十一条　《办法》第十八条所称保证人，是指在中国境内具有担保能力的公民、法人或者其他经济组织。

保证人同意为领购发票的单位和个人提供担保的，应当填写担保书。担保书内容包括：担保对象、范围、期限和责任以及其他有关事项。

担保书须经购票人、保证人和税务机关签字盖章后方为有效。

第二十二条　《办法》第十八条第二款所称由保证人或者以保证金承担法律责任，是指由保证人缴纳罚款或者以保证金缴纳罚款。

第二十三条　提供保证人或者交纳保证金的具体范围由省税务局规定。

第四章 发票的开具和保管

第二十四条 《办法》第十九条所称特殊情况下，由付款方向收款方开具发票，是指下列情况：

（一）收购单位和扣缴义务人支付个人款项时；

（二）国家税务总局认为其他需要由付款方向收款方开具发票的。

第二十五条 向消费者个人零售小额商品或者提供零星服务的，是否可免予逐笔开具发票，由省税务局确定。

第二十六条 填开发票的单位和个人必须在发生经营业务确认营业收入时开具发票。未发生经营业务一律不准开具发票。

第二十七条 开具发票后，如发生销货退回需开红字发票的，必须收回原发票并注明"作废"字样或取得对方有效证明。

开具发票后，如发生销售折让的，必须在收回原发票并注明"作废"字样后重新开具销售发票或取得对方有效证明后开具红字发票。

第二十八条 单位和个人在开具发票时，必须做到按照号码顺序填开，填写项目齐全，内容真实，字迹清楚，全部联次一次打印，内容完全一致，并在发票联和抵扣联加盖发票专用章。

第二十九条 开具发票应当使用中文。民族自治地方可以同时使用当地通用的一种民族文字。

第三十条 《办法》第二十六条所称规定的使用区域是指国家税务总局和省税务局规定的区域。

第三十一条 使用发票的单位和个人应当妥善保管发票。发生发票丢失情形时，应当于发现丢失当日书面报告税务机关，并登报声明作废。

第五章 发票的检查

第三十二条 《办法》第三十二条所称发票换票证仅限于在本县（市）范围内使用。需要调出外县（市）的发票查验时，应当提请该县（市）税务机关调取发票。

第三十三条 用票单位和个人有权申请税务机关对发票的真伪进行鉴别。收到申请的税务机关应当受理并负责鉴别发票的真伪；鉴别有困难的，可以提请发票监制税务机关协助鉴别。

在伪造、变造现场以及买卖地、存放地查获的发票，由当地税务机关鉴别。

第六章 罚则

第三十四条 税务机关对违反发票管理法规的行为进行处罚，应当将行政处罚决定书面通知当事人；对违反发票管理法规的案件，应当立案查处。

对违反发票管理法规的行政处罚，由县以上税务机关决定；罚款额在 2 000 元以下的，可由税务所决定。

第三十五条 《办法》第四十条所称的公告是指，税务机关应当在办税场所或者广播、电视、报纸、期刊、网络等新闻媒体上公告纳税人发票违法的情况。公告内容包括：纳税人名称、纳税人识别号、经营地点、违反发票管理法规的具体情况。

第三十六条　对违反发票管理法规情节严重构成犯罪的，税务机关应当依法移送司法机关处理。

第七章　附则

第三十七条　《办法》和本实施细则所称"以上""以下"均含本数。

第三十八条　本实施细则自 2011 年 2 月 1 日起施行。

18.21　税务登记管理办法

2018 年 6 月 15 日　国家税务总局令第 44 号

（2003 年 12 月 17 日国家税务总局令第 7 号公布，根据 2014 年 12 月 27 日《国家税务总局关于修改〈税务登记管理办法〉的决定》和 2018 年 6 月 15 日《国家税务总局关于修改部分税务部门规章的决定》修正）

第一章　总则

第一条　为了规范税务登记管理，加强税源监控，根据《中华人民共和国税收征收管理法》（以下简称《税收征管法》）以及《中华人民共和国税收征收管理法实施细则》（以下简称《实施细则》）的规定，制定本办法。

第二条　企业，企业在外地设立的分支机构和从事生产、经营的场所，个体工商户和从事生产、经营的事业单位，均应当按照《税收征管法》及《实施细则》和本办法的规定办理税务登记。

前款规定以外的纳税人，除国家机关、个人和无固定生产、经营场所的流动性农村小商贩外，也应当按照《税收征管法》及《实施细则》和本办法的规定办理税务登记。

根据税收法律、行政法规的规定负有扣缴税款义务的扣缴义务人（国家机关除外），应当按照《税收征管法》及《实施细则》和本办法的规定办理扣缴税款登记。

第三条　县以上（含本级，下同）税务局（分局）是税务登记的主管税务机关，负责税务登记的设立登记、变更登记、注销登记和税务登记证验证、换证以及非正常户处理、报验登记等有关事项。

第四条　税务登记证件包括税务登记证及其副本、临时税务登记证及其副本。

扣缴税款登记证件包括扣缴税款登记证及其副本。

第五条　县以上税务局（分局）按照国务院规定的税收征收管理范围，实施属地管理。有条件的城市，可以按照"各区分散受理、全市集中处理"的原则办理税务登记。

第六条　税务局（分局）执行统一纳税人识别号。纳税人识别号由省、自治区、直辖市和计划单列市税务局按照纳税人识别号代码行业标准联合编制，统一下发各地执行。

已领取组织机构代码的纳税人，其纳税人识别号共 15 位，由纳税人登记所在地 6 位行政区划码 +9 位组织机构代码组成。以业主身份证件为有效身份证明的组织，即未取得组织机构代码证书的个体工商户以及持回乡证、通行证、护照办理税务登记的纳税人，其纳税人识别号由身份证件号码 +2 位顺序码组成。

纳税人识别号具有唯一性。

第七条　纳税人办理下列事项时，必须提供税务登记证件：

（一）开立银行账户；

（二）领购发票。

纳税人办理其他税务事项时，应当出示税务登记证件，经税务机关核准相关信息后办理手续。

第二章　设立登记

第八条　企业，企业在外地设立的分支机构和从事生产、经营的场所，个体工商户和从事生产、经营的事业单位（以下统称从事生产、经营的纳税人），向生产、经营所在地税务机关申报办理税务登记：

（一）从事生产、经营的纳税人领取工商营业执照的，应当自领取工商营业执照之日起 30 日内申报办理税务登记，税务机关发放税务登记证及副本；

（二）从事生产、经营的纳税人未办理工商营业执照但经有关部门批准设立的，应当自有关部门批准设立之日起 30 日内申报办理税务登记，税务机关发放税务登记证及副本；

（三）从事生产、经营的纳税人未办理工商营业执照也未经有关部门批准设立的，应当自纳税义务发生之日起 30 日内申报办理税务登记，税务机关发放临时税务登记证及副本；

（四）有独立的生产经营权、在财务上独立核算并定期向发包人或者出租人上交承包费或租金的承包承租人，应当自承包承租合同签订之日起 30 日内，向其承包承租业务发生地税务机关申报办理税务登记，税务机关发放临时税务登记证及副本；

（五）境外企业在中国境内承包建筑、安装、装配、勘探工程和提供劳务的，应当自项目合同或协议签订之日起 30 日内，向项目所在地税务机关申报办理税务登记，税务机关发放临时税务登记证及副本。

第九条　本办法第八条规定以外的其他纳税人，除国家机关、个人和无固定生产、经营场所的流动性农村小商贩外，均应当自纳税义务发生之日起 30 日内，向纳税义务发生地税务机关申报办理税务登记，税务机关发放税务登记证及副本。

第十条　税务机关对纳税人税务登记地点发生争议的，由其共同的上级税务机关指定管辖。

第十一条　纳税人在申报办理税务登记时，应当根据不同情况向税务机关如实提供以下证件和资料：

（一）工商营业执照或其他核准执业证件；

（二）有关合同、章程、协议书；

（三）组织机构统一代码证书；

（四）法定代表人或负责人或业主的居民身份证、护照或者其他合法证件。

其他需要提供的有关证件、资料，由省、自治区、直辖市税务机关确定。

第十二条　纳税人在申报办理税务登记时，应当如实填写税务登记表。

税务登记表的主要内容包括：

（一）单位名称、法定代表人或者业主姓名及其居民身份证、护照或者其他合法证件的号码；

（二）住所、经营地点；

（三）登记类型；

（四）核算方式；

（五）生产经营方式；

（六）生产经营范围；

（七）注册资金（资本）、投资总额；

（八）生产经营期限；

（九）财务负责人、联系电话；

（十）国家税务总局确定的其他有关事项。

第十三条　纳税人提交的证件和资料齐全且税务登记表的填写内容符合规定的，税务机关应当日办理并发放税务登记证件。纳税人提交的证件和资料不齐全或税务登记表的填写内容不符合规定的，税务机关应当场通知其补正或重新填报。

第十四条　税务登记证件的主要内容包括：纳税人名称、税务登记代码、法定代表人或负责人、生产经营地址、登记类型、核算方式、生产经营范围（主营、兼营）、发证日期、证件有效期等。

第十五条　已办理税务登记的扣缴义务人应当自扣缴义务发生之日起 30 日内，向税务登记地税务机关申报办理扣缴税款登记。税务机关在其税务登记证件上登记扣缴税款事项，税务机关不再发放扣缴税款登记证件。

根据税收法律、行政法规的规定可不办理税务登记的扣缴义务人，应当自扣缴义务发生之日起 30 日内，向机构所在地税务机关申报办理扣缴税款登记。税务机关发放扣缴税款登记证件。

第三章　变更登记

第十六条　纳税人税务登记内容发生变化的，应当向原税务登记机关申报办理变更税务登记。

第十七条　纳税人已在工商行政管理机关办理变更登记的，应当自工商行政管理机关变更登记之日起 30 日内，向原税务登记机关如实提供下列证件、资料，申报办理变更税务登记：

（一）工商登记变更表及工商营业执照；

（二）纳税人变更登记内容的有关证明文件；

（三）税务机关发放的原税务登记证件（登记证正、副本和登记表等）；

（四）其他有关资料。

第十八条　纳税人按照规定不需要在工商行政管理机关办理变更登记，或者其变更登记的内容与工商登记内容无关的，应当自税务登记内容实际发生变化之日起 30 日内，或者自有关机关批准或者宣布变更之日起 30 日内，持下列证件到原税务登记机关申报办理变更税务登记：

（一）纳税人变更登记内容的有关证明文件；

（二）税务机关发放的原税务登记证件（登记证正、副本和税务登记表等）；

（三）其他有关资料。

第十九条 纳税人提交的有关变更登记的证件、资料齐全的，应如实填写税务登记变更表，符合规定的，税务机关应当日办理；不符合规定的，税务机关应通知其补正。

第二十条 税务机关应当于受理当日办理变更税务登记。纳税人税务登记表和税务登记证中的内容都发生变更的，税务机关按变更后的内容重新发放税务登记证件；纳税人税务登记表的内容发生变更而税务登记证中的内容未发生变更的，税务机关不重新发放税务登记证件。

第四章 停业、复业登记

第二十一条 实行定期定额征收方式的个体工商户需要停业的，应当在停业前向税务机关申报办理停业登记。纳税人的停业期限不得超过一年。

第二十二条 纳税人在申报办理停业登记时，应如实填写停业复业报告书，说明停业理由、停业期限、停业前的纳税情况和发票的领、用、存情况，并结清应纳税款、滞纳金、罚款。税务机关应收存其税务登记证件及副本、发票领购簿、未使用完的发票和其他税务证件。

第二十三条 纳税人在停业期间发生纳税义务的，应当按照税收法律、行政法规的规定申报缴纳税款。

第二十四条 纳税人应当于恢复生产经营之前，向税务机关申报办理复业登记，如实填写《停业复业报告书》，领回并启用税务登记证件、发票领购簿及其停业前领购的发票。

第二十五条 纳税人停业期满不能及时恢复生产经营的，应当在停业期满前到税务机关办理延长停业登记，并如实填写《停业复业报告书》。

第五章 注销登记

第二十六条 纳税人发生解散、破产、撤销以及其他情形，依法终止纳税义务的，应当在向工商行政管理机关或者其他机关办理注销登记前，持有关证件和资料向原税务登记机关申报办理注销税务登记；按规定不需要在工商行政管理机关或者其他机关办理注册登记的，应当自有关机关批准或者宣告终止之日起15日内，持有关证件和资料向原税务登记机关申报办理注销税务登记。

纳税人被工商行政管理机关吊销营业执照或者被其他机关予以撤销登记的，应当自营业执照被吊销或者被撤销登记之日起15日内，向原税务登记机关申报办理注销税务登记。

第二十七条 纳税人因住所、经营地点变动，涉及改变税务登记机关的，应当在向工商行政管理机关或者其他机关申请办理变更、注销登记前，或者住所、经营地点变动前，持有关证件和资料，向原税务登记机关申报办理注销税务登记，并自注销税务登记之日起30日内向迁达地税务机关申报办理税务登记。

第二十八条 境外企业在中国境内承包建筑、安装、装配、勘探工程和提供劳务的，应当在项目完工、离开中国前15日内，持有关证件和资料，向原税务登记机关申报办理注销税务登记。

第二十九条 纳税人办理注销税务登记前，应当向税务机关提交相关证明文件和资料，结清应纳税款、多退（免）税款、滞纳金和罚款，缴销发票、税务登记证件和其他税务证件，经税务机关核准后，办理注销税务登记手续。

第六章 外出经营报验登记

第三十条 纳税人到外县（市）临时从事生产经营活动的，应当在外出生产经营以前，持税务登记证到主管税务机关开具《外出经营活动税收管理证明》（以下简称《外管证》）。

第三十一条 税务机关按照一地一证的原则，发放《外管证》，《外管证》的有效期限一般为 30 日，最长不得超过 180 天。

第三十二条 纳税人应当在《外管证》注明地进行生产经营前向当地税务机关报验登记，并提交下列证件、资料：

（一）税务登记证件副本；

（二）《外管证》。

纳税人在《外管证》注明地销售货物的，除提交以上证件、资料外，应如实填写《外出经营货物报验单》，申报查验货物。

第三十三条 纳税人外出经营活动结束，应当向经营地税务机关填报《外出经营活动情况申报表》，并结清税款、缴销发票。

第三十四条 纳税人应当在《外管证》有效期届满后 10 日内，持《外管证》回原税务登记地税务机关办理《外管证》缴销手续。

第七章 证照管理

第三十五条 税务机关应当加强税务登记证件的管理，采取实地调查、上门验证等方法进行税务登记证件的管理。

第三十六条 税务登记证式样改变，需统一换发税务登记证的，由国家税务总局确定。

第三十七条 纳税人、扣缴义务人遗失税务登记证件的，应当自遗失税务登记证件之日起 15 日内，书面报告主管税务机关，如实填写《税务登记证件遗失报告表》，并将纳税人的名称、税务登记证件名称、税务登记证件号码、税务登记证件有效期、发证机关名称在税务机关认可的报刊上作遗失声明，凭报刊上刊登的遗失声明到主管税务机关补办税务登记证件。

第八章 非正常户处理

第三十八条 已办理税务登记的纳税人未按照规定的期限申报纳税，在税务机关责令其限期改正后，逾期不改正的，税务机关应当派员实地检查，查无下落并且无法强制其履行纳税义务的，由检查人员制作非正常户认定书，存入纳税人档案，税务机关暂停其税务登记证件、发票领购簿和发票的使用。

第三十九条 纳税人被列入非正常户超过三个月的，税务机关可以宣布其税务登记证件失效，其应纳税款的追征仍按《税收征管法》及其《实施细则》的规定执行。

第九章　法律责任

第四十条　纳税人不办理税务登记的，税务机关应当自发现之日起 3 日内责令其限期改正；逾期不改正的，依照《税收征管法》第六十条第一款的规定处罚。

第四十一条　纳税人通过提供虚假的证明资料等手段，骗取税务登记证的，处 2 000 元以下的罚款；情节严重的，处 2 000 元以上 10 000 元以下的罚款。纳税人涉嫌其他违法行为的，按有关法律、行政法规的规定处理。

第四十二条　扣缴义务人未按照规定办理扣缴税款登记的，税务机关应当自发现之日起 3 日内责令其限期改正，并可处以 1 000 元以下的罚款。

第四十三条　纳税人、扣缴义务人违反本办法规定，拒不接受税务机关处理的，税务机关可以收缴其发票或者停止向其发售发票。

第四十四条　税务人员徇私舞弊或者玩忽职守，违反本办法规定为纳税人办理税务登记相关手续，或者滥用职权，故意刁难纳税人、扣缴义务人的，调离工作岗位，并依法给予行政处分。

第十章　附则

第四十五条　本办法涉及的标识、戳记和文书式样，由国家税务总局确定。

第四十六条　本办法由国家税务总局负责解释。各省、自治区、直辖市和计划单列市税务局可根据本办法制定具体的实施办法。

第四十七条　本办法自 2004 年 2 月 1 日起施行。

18.22　关于明确纳税信用管理若干业务口径的公告

2015 年 12 月 2 日　国家税务总局公告 2015 年第 85 号

根据《国家税务总局关于发布〈纳税信用管理办法（试行）〉的公告》（国家税务总局公告 2014 年第 40 号，以下简称《信用管理办法》）等相关规定，结合近期各地在实际操作中反映的问题，现将纳税信用管理若干业务口径公告如下：

一、关于《信用管理办法》的适用范围

《信用管理办法》的适用范围为：已办理税务登记（含"三证合一、一照一码"、临时登记），从事生产、经营并适用查账征收的独立核算企业、个人独资企业和个人合伙企业。

查账征收是指企业所得税征收方式为查账征收，个人独资企业和个人合伙企业的个人所得税征收方式为查账征收。

二、关于纳税信用信息采集

根据《信用管理办法》第十三条的规定，税务内部信息从税务管理系统中采集，采集的信息记录截止时间为评价年度 12 月 31 日（含本日，下同）。

主管税务机关遵循"无记录不评价，何时（年）记录、何时（年）评价"的原则，使用税务管理系统中纳税人的纳税信用信息，按照规定的评价指标和评价方式确定纳税信用级别。

三、关于起评分

［条款废止］评价年度内，纳税人经常性指标和非经常性指标信息齐全的，从 100 分起评；非经常性指标缺失的，从 90 分起评。

非经常性指标缺失是指：在评价年度内，税务管理系统中没有纳税评估、大企业税务审计、反避税调查或税务稽查出具的决定（结论）文书的记录。

四、关于评价范围

在《信用管理办法》适用范围内，有下列情形之一的纳税人，不参加本期的评价：

（一）纳入纳税信用管理时间不满一个评价年度的。

评价年度为公历年度，即 1 月 1 日至 12 月 31 日。纳入纳税信用管理时间不满一个评价年度是指：税务登记在评价年度 1 月 2 日以后；或者税务登记在评价年度 12 月 31 日以前注销的。

营改增企业的税务登记日期，为原地方税务机关税务登记日期。2015 年 10 月 1 日之后，新办的"三证合一、一照一码"企业纳入纳税信用管理的时间，从税务机关采集纳税人补充信息之日计算。

由非正常户直接责任人员、D 级纳税人直接责任人员注册登记或负责经营的企业，纳入纳税信用管理时间不满一个评价年度的，按本公告第六条第八项、第九项规定执行。

（二）本评价年度内无生产经营业务收入的。

生产经营业务收入是指主营业务收入，不包括非主营业务的房租收入、变卖物品收入等。有无主营业务收入，根据税务管理系统中纳税人在评价年度内有无向税务机关申报主营业务收入的申报记录确定。

（三）因涉嫌税收违法被立案查处尚未结案的。

因涉嫌税收违法被立案查处是指：因涉嫌税收违法被移送公安机关或被公安机关直接立案查处，根据税务管理系统中的移送记录或被立案记录确定。被税务稽查部门立案检查的，不属于该情形，应纳入本期评价范围。

尚未结案是指：在评价年度 12 月 31 日前，税务管理系统中有移送记录或被立案记录而没有已结案的记录。

（四）被审计、财政部门依法查出税收违法行为，税务机关正在依法处理，尚未办结的。

尚未办结是指：在评价年度 12 月 31 日前，税务管理系统中有在办、在流转处理的记录而没有办结的记录。

（五）已申请税务行政复议、提起行政诉讼尚未结案的。

尚未结案是指：在评价年度 12 月 31 日前，税务管理系统中有受理复议、提起诉讼的记录而没有结案的记录。

五、关于不能评为 A 级的情形

非正常原因一个评价年度内增值税或营业税连续 3 个月或者累计 6 个月零申报、负申报的，不能评为 A 级。

正常原因是指：季节性生产经营、享受政策性减免税等正常情况原因。非正常原因是除上述原因外的其他原因。

按季申报视同连续 3 个月。

六、关于直接判为 D 级的情形

（一）存在逃避缴纳税款、逃避追缴欠税、骗取出口退税、虚开增值税专用发票等行为，经判决构成涉税犯罪的。

以判决结果在税务管理系统中的记录日期确定判 D 级的年度，同时按照《信用管理办法》第二十五条规定调整其以前年度信用记录。

（二）存在前项所列行为，未构成犯罪，但偷税（逃避缴纳税款）金额 10 万元以上且占各税种应纳税总额 10% 以上，或者存在逃避追缴欠税、骗取出口退税、虚开增值税专用发票等税收违法行为，已缴纳税款、滞纳金、罚款的。

以处理结果在税务管理系统中的记录日期确定判 D 级的年度，同时按照《信用管理办法》第二十五条规定调整其以前年度信用记录。

偷税（逃避缴纳税款）金额占各税种应纳税总额比例 = 一个纳税年度的各税种偷税（逃避缴纳税款）总额 ÷ 该纳税年度各税种应纳税总额

（三）在规定期限内未按税务机关处理结论缴纳或者足额缴纳税款、滞纳金和罚款的。

以该情形在税务管理系统中的记录日期确定判 D 级的年度。

（四）以暴力、威胁方法拒不缴纳税款或者拒绝、阻挠税务机关依法实施税务稽查执法行为的。

以该情形在税务管理系统中的记录日期确定判 D 级的年度，同时按照《信用管理办法》第二十五条规定调整其以前年度信用记录。

（五）存在违反增值税发票管理规定或者违反其他发票管理规定的行为，导致其他单位或者个人未缴、少缴或者骗取税款的。

以该情形在税务管理系统中的记录日期确定判 D 级的年度，同时按照《信用管理办法》第二十五条规定调整其以前年度信用记录。

（六）提供虚假申报材料享受税收优惠政策的。

以该情形在税务管理系统中的记录日期确定判 D 级的年度，同时按照《信用管理办法》第二十五条规定调整其以前年度信用记录。

（七）骗取国家出口退税款，被停止出口退（免）税资格未到期的。

在评价年度内，被停止出口退（免）税资格未到期。根据税务管理系统中的记录信息确定。

（八）有非正常户记录或者由非正常户直接责任人员注册登记或者负责经营的。

有非正常户记录是指：在评价年度 12 月 31 日为非正常状态。

由非正常户直接责任人员注册登记或者负责经营的是指：由非正常户直接责任人员在认定为非正常户之后注册登记或负责经营的企业。该类企业不受《信用管理办法》第十七条第一项规定限制，在纳入纳税信用管理的当年即纳入评价范围，且直接判为 D 级。

（九）由 D 级纳税人的直接责任人员注册登记或者负责经营的。

由 D 级纳税人的直接责任人员在被评价为 D 级之后注册登记或者负责经营的企业，不受《信用管理办法》第十七条第一项规定限制，在纳入纳税信用管理的当年即纳入评价范围，且直接判为 D 级。

（十）［条款废止］存在税务机关依法认定的其他严重失信情形的。

税务机关按照《国家税务总局关于发布〈重大税收违法案件信息公布办法（试行）〉的公告》（国家税务总局公告 2014 年第 41 号）公布的重大税收违法案件当事人，在公布的评价年度判为 D 级，其 D 级记录一直保持至从公布栏中撤出的评价年度（但不得少于 2 年），次年不得评为 A 级。

七、关于 D 级评价的保留

（一）［条款废止］上一评价年度按照评价指标被评价为 D 级的企业，本评价年度保留 D 级评价，次年不得评为 A 级。

（二）D 级企业直接责任人在企业被评价为 D 级之后注册登记或者负责经营的企业评价为 D 级（简称关联 D）。关联 D 只保留一年，次年度根据《信用管理办法》规定重新评价但不得评为 A 级。

（三）因本公告第六条第一项、第二项、第四项、第五项、第六项被直接判为 D 级的，主管税务机关应调整其以前年度纳税信用级别为 D 级，该 D 级评价（简称动态 D）不保留到下一年度。

八、关于发布 A 级纳税人名单

（一）按照谁评价、谁确定、谁发布的原则，纳税人主管税务机关负责纳税信用的评价、确定和发布，上级税务机关汇总公布评价结果。国税主管税务机关、地税主管税务机关应分别发布评价结果，不联合发布，不在发布通告中联合落款。

（二）国税主管税务机关、地税主管税务机关于每年 4 月按照税务总局统一规定的时间分别以通告的形式对外发布 A 级纳税人信息，发布内容包括：纳税人识别号、纳税人名称、评价年度、纳税人主管税务机关。税务总局、省税务机关、市税务机关通过门户网站（或子网站）汇总公布管辖范围内的 A 级纳税人信息。由于复评、动态调整等原因需要调整 A 级名单的，应发布变化情况通告，及时更新公告栏、公布栏内容，并层报税务总局（纳税服务司）。

（三）在评价结果公布前（每年 1 月至 4 月），发现评价为 A 级的纳税人已注销或被税务机关认定为非正常户的，其评价结果不予发布。

本公告自发布之日起施行。

特此公告。

国家税务总局

2015 年 12 月 2 日

18. 23　关于《国家税务总局关于明确纳税信用管理若干业务口径的公告》的解读

2016 年 2 月 23 日　国家税务总局办公厅

一、公告背景

为规范纳税信用管理、促进纳税人诚信自律，提高税法遵从度，推进社会信用体系建设，2014 年国家税务总局发布了《国家税务总局关于发布〈纳税信用管理办法（试行）〉的公告》（国家税务总局公告 2014 年第 40 号，以下简称《信用管理办法》）、《国家税务总局关于发布〈纳税信用评价指标和评价方式〉的公告》（国家税务总局公告 2014 年第 48 号）等纳税信用管理制度文件，初步建立了现代的纳税信用管理体系。

2015 年 4 月，全国税务系统首次使用新的纳税信用评价指标和评价方式完成了 2014 年度纳税信用评价工作，各地反馈希望税务总局进一步明确纳税信用评价的相关业务操作口径和纳税信用补评、复评使用的文书式样及工作要求。2015 年 6 月，国家税务总局发布了《国家税务总局关于明确纳税信用补评和复评事项的公告》（国家税务总局公告 2015 年第 46 号），明确了纳税信用补评和复评的操作程序、使用文书以及工作要求。本次，税务总局根据各地税务机关和纳税人反馈的情况，对《信用管理办法》适用范围、信息采集范围、起评分设定、评价范围、不得评为 A 级情形、直接判为 D 级情形、D 级评价保留的情形、评价结果发布等 8 个方面的业务操作口径进行梳理明确，并制发本公告。

二、公告内容

（一）关于《信用管理办法》的适用范围

本条是对《信用管理办法》第三条相关业务操作口径的说明。《信用管理办法》适用范围为：已办理税务登记（含临时登记），从事生产、经营并适用查账征收的独立核算企业、个人独资企业和个人合伙企业。查账征收是指企业所得税征收方式为查账征收，个人独资企业和个人合伙企业的个人所得税征收方式为查账征收。

（二）关于纳税信用信息采集

本条是对《信用管理办法》第十三条相关业务操作口径的说明。税务内部信息从税务管理系统中采集，采集的信息记录截止时间为评价年度 12 月 31 日（含本日，下同）。主管税务机关遵循"无记录不评价，何时（年）记录、何时（年）评价"的原则，使用税务管理系统中纳税人的纳税信用信息，按照规定的评价指标和评价方式确定纳税信用级别。

（三）关于起评分

本条是对《信用管理办法》第十五条相关业务操作口径的说明。评价年度内，纳税人经常性指标和非经常性指标信息齐全的，从 100 分起评；非经常性指标缺失的，从 90 分起评。非经常性指标缺失是指：在评价年度内，税务管理系统中没有纳税评估、大企业税务审计、反避税调查或税务稽查出具的决定（结论）文书的记录。

（四）关于评价范围

本条是对《信用管理办法》第十七条相关业务操作口径的说明。在《信用管理办法》适用范围内，有下列情形之一的纳税人，不参加本期的评价：

1. 纳入纳税信用管理时间不满一个评价年度的。

评价年度为公历年度，即 1 月 1 日至 12 月 31 日。纳入纳税信用管理时间不满一个评价年度是指：税务登记在评价年度 1 月 2 日以后；或者税务登记在评价年度 12 月 31 日以前注销的。

营改增企业的税务登记日期，为原地方税务机关税务登记日期。2015 年 10 月 1 日之后，新办的"三证合一、一照一码"企业，纳入纳税信用管理的时间从税务机关采集纳税人补充信息之日计算。

由非正常户直接责任人员、D 级纳税人直接责任人员注册登记或负责经营的企业，纳入纳税信用管理时间不满一个评价年度的，按本公告第六条第八项、第九项规定执行。

2. 本评价年度内无生产经营业务收入的。

生产经营业务收入是指主营业务收入，不包括非主营业务的房租收入、变卖物品收入等。有无主营业务收入，根据税务管理系统中纳税人在评价年度内有无向税务机关申报主营业务收入的申报记录确定。

3. 因涉嫌税收违法被立案查处尚未结案的。

因涉嫌税收违法被立案查处是指：因涉嫌税收违法被移送公安机关或被公安机关直接立案查处，根据税务管理系统中的移送记录或被立案记录确定。被税务稽查部门立案检查的，不属于该情形，应纳入本期评价范围。

尚未结案是指：在评价年度 12 月 31 日前，税务管理系统中有移送记录或被立案记录而没有已结案的记录。

4. 被审计、财政部门依法查出税收违法行为，税务机关正在依法处理，尚未办结的。

尚未办结是指：在评价年度 12 月 31 日前，税务管理系统中有在办、在流转处理的记录而没有办结的记录。

5. 已申请税务行政复议、提起行政诉讼尚未结案的。

尚未结案是指：在评价年度 12 月 31 日前，税务管理系统中有受理复议、提起诉讼的记录而没有结案的记录。

（五）关于不能评为 A 级的情形

本条是对《信用管理办法》第十九条相关业务操作口径的说明。

非正常原因一个评价年度内增值税或营业税连续 3 个月或累计 6 个月零申报、负申报的，不能评为 A 级。

正常原因是指：季节性生产经营、享受政策性减免税等正常情况原因。非正常原因是除上述原因外的其他原因。

按季申报视同连续 3 个月。

（六）关于直接判为 D 级的情形

本条是对《信用管理办法》第二十条相关业务操作口径的说明。

1. 存在逃避缴纳税款、逃避追缴欠税、骗取出口退税、虚开增值税专用发票等行为，经判决构成涉税犯罪的。

以判决结果在税务管理系统中的记录日期确定判 D 级的年度，同时按照《信用管理办法》第二十五条规定调整其以前年度信用记录。

2. 存在前项所列行为，未构成犯罪，但偷税（逃避缴纳税款）金额 10 万元以上且占各税种应纳税总额 10% 以上，或者存在逃避追缴欠税、骗取出口退税、虚开增值税专用发票等税收违法行为，已缴纳税款、滞纳金、罚款的。

以处理结果在税务管理系统中的记录日期确定判 D 级的年度，同时按照《信用管理办法》第二十五条规定调整其以前年度信用记录。

$$\frac{偷税（逃避缴纳税款）金额}{占各税种应纳税总额比例} = \frac{一个纳税年度的各税种偷税（逃避缴纳税款）总额 ÷}{该纳税年度各税种应纳税总额}$$

3. 在规定期限内未按税务机关处理结论缴纳或者足额缴纳税款、滞纳金和罚款的。

以该情形在税务管理系统中的记录日期确定判 D 级的年度。

4. 以暴力、威胁方法拒不缴纳税款或者拒绝、阻挠税务机关依法实施税务稽查执法行为的。

以该情形在税务管理系统中的记录日期确定判 D 级的年度，同时按照《信用管理办法》第二十五条规定调整其以前年度信用记录。

5. 存在违反增值税发票管理规定或者违反其他发票管理规定的行为，导致其他单位或者个人未缴、少缴或者骗取税款的。

以该情形在税务管理系统中的记录日期确定判 D 级的年度，同时按照《信用管理办法》第二十五条规定调整其以前年度信用记录。

6. 提供虚假申报材料享受税收优惠政策的。

以该情形在税务管理系统中的记录日期确定判 D 级的年度，同时按照《信用管理办法》第二十五条规定调整其以前年度信用记录。

7. 骗取国家出口退税款，被停止出口退（免）税资格未到期的。

在评价年度内，被停止出口退（免）税资格未到期。根据税务管理系统中的记录信息确定。

8. 有非正常户记录或者由非正常户直接责任人员注册登记或者负责经营的。

有非正常户记录是指：在评价年度 12 月 31 日为非正常状态。

由非正常户直接责任人员注册登记或者负责经营的是指：由非正常户直接责任人员在认定为非正常户之后注册登记或负责经营的企业。该类企业不受《信用管理办法》第十七条第一项规定限制，在纳入纳税信用管理的当年即纳入评价范围，且直接判为 D 级。

9. 由 D 级纳税人的直接责任人员注册登记或者负责经营的。

由 D 级纳税人的直接责任人员在被评价为 D 级之后注册登记或者负责经营的企业，不受《信用管理办法》第十七条第一项规定限制，在纳入纳税信用管理的当年即纳入评价范围，且直接判为 D 级。

10. 存在税务机关依法认定的其他严重失信情形的。

增加税务机关按照《国家税务总局关于发布〈重大税收违法案件信息公布办法（试行）〉的公告》（国家税务总局公告 2014 年第 41 号）公布的重大税收违法案件当事人，在公布的评价年度判为 D 级，其 D 级记录一直保持至从公布栏中撤出的评价年度（但不得少于 2 年），次年不得评为 A 级。

（七）关于 D 级评价的保留

本条是对《信用管理办法》第三十二条第七项规定相关业务操作口径的说明。上一评价年度按照评价指标被评价为 D 级的企业，本评价年度保留 D 级评价，次年不得评为 A 级。D 级企业直接责任人在企业被评价为 D 级之后注册登记或者负责经营的企业评价为 D 级（简称关联 D）。关联 D 只保留一年，次年度根据《信用管理办法》规定重新评价但不得评为 A 级。因本公告第六条第一项、第二项、第四项、第五项、第六项被直接判为 D 级的，主管税务机关应调整其以前年度纳税信用级别为 D 级，该 D 级评价（简称动态 D）不保留到下一年度。

（八）关于发布 A 级纳税人名单

这是对《信用管理办法》第七条、第二十二条、二十三条、二十七条相关业务操作口径的说明。

税务机关按照谁评价、谁确定、谁发布的原则发布评价结果。发布内容包括：纳税人识别号、纳税人名称、评价年度、纳税人主管税务机关。由于复评、动态调整等原因需要调整 A 级名单的，应发布变化情况通告，及时更新公告栏、公布栏内容。在评价结果公布前（每年 1 月至 4 月），发现评价为 A 级的纳税人已注销或被税务机关认定为非正常户的，其评价结果不予发布。

三、公告执行

本公告自发布之日起施行。

18.24　税务行政复议规则

2018 年 6 月 15 日　国家税务总局令第 44 号

(2010 年 2 月 10 日国家税务总局令第 21 号公布，根据 2015 年 12 月 28 日《国家税务总局关于修改〈税务行政复议规则〉的决定》和 2018 年 6 月 15 日《国家税务总局关于修改部分税务部门规章的决定》修正)

第一章　总则

第一条　为了进一步发挥行政复议解决税务行政争议的作用，保护公民、法人和其他组织的合法权益，监督和保障税务机关依法行使职权，根据《中华人民共和国行政复议法》（以下简称行政复议法）、《中华人民共和国税收征收管理法》和《中华人民共和国行政复议法实施条例》（以下简称行政复议法实施条例），结合税收工作实际，制定本规则。

第二条　公民、法人和其他组织（以下简称申请人）认为税务机关的具体行政行为侵犯其合法权益，向税务行政复议机关申请行政复议，税务行政复议机关办理行政复议事项，适用本规则。

第三条　本规则所称税务行政复议机关（以下简称行政复议机关），指依法受理行政复议申请、对具体行政行为进行审查并作出行政复议决定的税务机关。

第四条　行政复议应当遵循合法、公正、公开、及时和便民的原则。

行政复议机关应当树立依法行政观念，强化责任意识和服务意识，认真履行行政复议职责，坚持有错必纠，确保法律正确实施。

第五条　行政复议机关在申请人的行政复议请求范围内，不得作出对申请人更为不利的行政复议决定。

第六条　申请人对行政复议决定不服的，可以依法向人民法院提起行政诉讼。

第七条　行政复议机关受理行政复议申请，不得向申请人收取任何费用。

第八条　各级税务机关行政首长是行政复议工作第一责任人，应当切实履行职责，加强对行政复议工作的组织领导。

第九条　行政复议机关应当为申请人、第三人查阅案卷资料、接受询问、调解、听证等提供专门场所和其他必要条件。

第十条　各级税务机关应当加大对行政复议工作的基础投入，推进行政复议工作信息化建设，配备调查取证所需的照相、录音、录像和办案所需的电脑、扫描、投影、传真、复印等设备，保障办案交通工具和相应经费。

第二章　税务行政复议机构和人员

第十一条　各级行政复议机关负责法制工作的机构（以下简称行政复议机构）依法办理行

政复议事项，履行下列职责：

（一）受理行政复议申请。

（二）向有关组织和人员调查取证，查阅文件和资料。

（三）审查申请行政复议的具体行政行为是否合法和适当，起草行政复议决定。

（四）处理或者转送对本规则第十五条所列有关规定的审查申请。

（五）对被申请人违反行政复议法及其实施条例和本规则规定的行为，依照规定的权限和程序向相关部门提出处理建议。

（六）研究行政复议工作中发现的问题，及时向有关机关或者部门提出改进建议，重大问题及时向行政复议机关报告。

（七）指导和监督下级税务机关的行政复议工作。

（八）办理或者组织办理行政诉讼案件应诉事项。

（九）办理行政复议案件的赔偿事项。

（十）办理行政复议、诉讼、赔偿等案件的统计、报告、归档工作和重大行政复议决定备案事项。

（十一）其他与行政复议工作有关的事项。

第十二条　各级行政复议机关可以成立行政复议委员会，研究重大、疑难案件，提出处理建议。

行政复议委员会可以邀请本机关以外的具有相关专业知识的人员参加。

第十三条　行政复议工作人员应当具备与履行行政复议职责相适应的品行、专业知识和业务能力。

税务机关中初次从事行政复议的人员，应当通过国家统一法律职业资格考试取得法律职业资格。

第三章　税务行政复议范围

第十四条　行政复议机关受理申请人对税务机关下列具体行政行为不服提出的行政复议申请：

（一）征税行为，包括确认纳税主体、征税对象、征税范围、减税、免税、退税、抵扣税款、适用税率、计税依据、纳税环节、纳税期限、纳税地点和税款征收方式等具体行政行为，征收税款、加收滞纳金，扣缴义务人、受税务机关委托的单位和个人作出的代扣代缴、代收代缴、代征行为等。

（二）行政许可、行政审批行为。

（三）发票管理行为，包括发售、收缴、代开发票等。

（四）税收保全措施、强制执行措施。

（五）行政处罚行为：

1. 罚款；

2. 没收财物和违法所得；

3. 停止出口退税权。

（六）不依法履行下列职责的行为：

1. 颁发税务登记；

2. 开具、出具完税凭证、外出经营活动税收管理证明；

3. 行政赔偿；

4. 行政奖励；

5. 其他不依法履行职责的行为。

（七）资格认定行为。

（八）不依法确认纳税担保行为。

（九）政府信息公开工作中的具体行政行为。

（十）纳税信用等级评定行为。

（十一）通知出入境管理机关阻止出境行为。

（十二）其他具体行政行为。

第十五条　申请人认为税务机关的具体行政行为所依据的下列规定不合法，对具体行政行为申请行政复议时，可以一并向行政复议机关提出对有关规定的审查申请；申请人对具体行政行为提出行政复议申请时不知道该具体行政行为所依据的规定的，可以在行政复议机关作出行政复议决定以前提出对该规定的审查申请：

（一）国家税务总局和国务院其他部门的规定。

（二）其他各级税务机关的规定。

（三）地方各级人民政府的规定。

（四）地方人民政府工作部门的规定。

前款中的规定不包括规章。

第四章　税务行政复议管辖

第十六条　对各级税务局的具体行政行为不服的，向其上一级税务局申请行政复议。

对计划单列市税务局的具体行政行为不服的，向国家税务总局申请行政复议。

第十七条　对税务所（分局）、各级税务局的稽查局的具体行政行为不服的，向其所属税务局申请行政复议。

第十八条　对国家税务总局的具体行政行为不服的，向国家税务总局申请行政复议。对行政复议决定不服，申请人可以向人民法院提起行政诉讼，也可以向国务院申请裁决。国务院的裁决为最终裁决。

第十九条　对下列税务机关的具体行政行为不服的，按照下列规定申请行政复议：

（一）对两个以上税务机关以共同的名义作出的具体行政行为不服的，向共同上一级税务机关申请行政复议；对税务机关与其他行政机关以共同的名义作出的具体行政行为不服的，向其共同上一级行政机关申请行政复议。

（二）对被撤销的税务机关在撤销以前所作出的具体行政行为不服的，向继续行使其职权的税务机关的上一级税务机关申请行政复议。

（三）对税务机关作出逾期不缴纳罚款加处罚款的决定不服的，向作出行政处罚决定的税务机关申请行政复议。但是对已处罚款和加处罚款都不服的，一并向作出行政处罚决定的税务机关的上一级税务机关申请行政复议。

申请人向具体行政行为发生地的县级地方人民政府提交行政复议申请的，由接受申请的县级地方人民政府依照行政复议法第十五条、第十八条的规定予以转送。

第五章　税务行政复议申请人和被申请人

第二十条　合伙企业申请行政复议的，应当以核准登记的企业为申请人，由执行合伙事务的合伙人代表该企业参加行政复议；其他合伙组织申请行政复议的，由合伙人共同申请行政复议。

前款规定以外的不具备法人资格的其他组织申请行政复议的，由该组织的主要负责人代表该组织参加行政复议；没有主要负责人的，由共同推选的其他成员代表该组织参加行政复议。

第二十一条　股份制企业的股东大会、股东代表大会、董事会认为税务具体行政行为侵犯企业合法权益的，可以以企业的名义申请行政复议。

第二十二条　有权申请行政复议的公民死亡的，其近亲属可以申请行政复议；有权申请行政复议的公民为无行为能力人或者限制行为能力人，其法定代理人可以代理申请行政复议。

有权申请行政复议的法人或者其他组织发生合并、分立或终止的，承受其权利义务的法人或者其他组织可以申请行政复议。

第二十三条　行政复议期间，行政复议机关认为申请人以外的公民、法人或者其他组织与被审查的具体行政行为有利害关系的，可以通知其作为第三人参加行政复议。

行政复议期间，申请人以外的公民、法人或者其他组织与被审查的税务具体行政行为有利害关系的，可以向行政复议机关申请作为第三人参加行政复议。

第三人不参加行政复议，不影响行政复议案件的审理。

第二十四条　非具体行政行为的行政管理相对人，但其权利直接被该具体行政行为所剥夺、限制或者被赋予义务的公民、法人或其他组织，在行政管理相对人没有申请行政复议时，可以单独申请行政复议。

第二十五条　同一行政复议案件申请人超过5人的，应当推选1至5名代表参加行政复议。

第二十六条　申请人对具体行政行为不服申请行政复议的，作出该具体行政行为的税务机关为被申请人。

第二十七条　申请人对扣缴义务人的扣缴税款行为不服的，主管该扣缴义务人的税务机关为被申请人；对税务机关委托的单位和个人的代征行为不服的，委托税务机关为被申请人。

第二十八条　税务机关与法律、法规授权的组织以共同的名义作出具体行政行为的，税务机关和法律、法规授权的组织为共同被申请人。

税务机关与其他组织以共同名义作出具体行政行为的，税务机关为被申请人。

第二十九条　税务机关依照法律、法规和规章规定，经上级税务机关批准作出具体行政行为的，批准机关为被申请人。

申请人对经重大税务案件审理程序作出的决定不服的，审理委员会所在税务机关为被申请人。

第三十条　税务机关设立的派出机构、内设机构或者其他组织，未经法律、法规授权，以自己名义对外作出具体行政行为的，税务机关为被申请人。

第三十一条　申请人、第三人可以委托1至2名代理人参加行政复议。申请人、第三人委托代理人的，应当向行政复议机构提交授权委托书。授权委托书应当载明委托事项、权限和期限。公民在特殊情况下无法书面委托的，可以口头委托。口头委托的，行政复议机构应当核实并记录在卷。申请人、第三人解除或者变更委托的，应当书面告知行政复议机构。

被申请人不得委托本机关以外人员参加行政复议。

第六章 税务行政复议申请

第三十二条 申请人可以在知道税务机关作出具体行政行为之日起 60 日内提出行政复议申请。

因不可抗力或者被申请人设置障碍等原因耽误法定申请期限的,申请期限的计算应当扣除被耽误时间。

第三十三条 申请人对本规则第十四条第（一）项规定的行为不服的,应当先向行政复议机关申请行政复议;对行政复议决定不服的,可以向人民法院提起行政诉讼。

申请人按照前款规定申请行政复议的,必须依照税务机关根据法律、法规确定的税额、期限,先行缴纳或者解缴税款和滞纳金,或者提供相应的担保,才可以在缴清税款和滞纳金以后或者所提供的担保得到作出具体行政行为的税务机关确认之日起 60 日内提出行政复议申请。

申请人提供担保的方式包括保证、抵押和质押。作出具体行政行为的税务机关应当对保证人的资格、资信进行审查,对不具备法律规定资格或者没有能力保证的,有权拒绝。作出具体行政行为的税务机关应当对抵押人、出质人提供的抵押担保、质押担保进行审查,对不符合法律规定的抵押担保、质押担保,不予确认。

第三十四条 申请人对本规则第十四条第（一）项规定以外的其他具体行政行为不服,可以申请行政复议,也可以直接向人民法院提起行政诉讼。

申请人对税务机关作出逾期不缴纳罚款加处罚款的决定不服的,应当先缴纳罚款和加处罚款,再申请行政复议。

第三十五条 本规则第三十二条第一款规定的行政复议申请期限的计算,依照下列规定办理:

（一）当场作出具体行政行为的,自具体行政行为作出之日起计算。

（二）载明具体行政行为的法律文书直接送达的,自受送达人签收之日起计算。

（三）载明具体行政行为的法律文书邮寄送达的,自受送达人在邮件签收单上签收之日起计算;没有邮件签收单的,自受送达人在送达回执上签名之日起计算。

（四）具体行政行为依法通过公告形式告知受送达人的,自公告规定的期限届满之日起计算。

（五）税务机关作出具体行政行为时未告知申请人,事后补充告知的,自该申请人收到税务机关补充告知的通知之日起计算。

（六）被申请人能够证明申请人知道具体行政行为的,自证据材料证明其知道具体行政行为之日起计算。

税务机关作出具体行政行为,依法应当向申请人送达法律文书而未送达的,视为该申请人不知道该具体行政行为。

第三十六条 申请人依照行政复议法第六条第（八）项、第（九）项、第（十）项的规定申请税务机关履行法定职责,税务机关未履行的,行政复议申请期限依照下列规定计算:

（一）有履行期限规定的,自履行期限届满之日起计算。

（二）没有履行期限规定的,自税务机关收到申请满 60 日起计算。

第三十七条 税务机关作出的具体行政行为对申请人的权利、义务可能产生不利影响的,应当告知其申请行政复议的权利、行政复议机关和行政复议申请期限。

第三十八条 申请人书面申请行政复议的，可以采取当面递交、邮寄或者传真等方式提出行政复议申请。

有条件的行政复议机关可以接受以电子邮件形式提出的行政复议申请。

对以传真、电子邮件形式提出行政复议申请的，行政复议机关应当审核确认申请人的身份、复议事项。

第三十九条 申请人书面申请行政复议的，应当在行政复议申请书中载明下列事项：

（一）申请人的基本情况，包括公民的姓名、性别、出生年月、身份证件号码、工作单位、住所、邮政编码、联系电话；法人或者其他组织的名称、住所、邮政编码、联系电话和法定代表人或者主要负责人的姓名、职务。

（二）被申请人的名称。

（三）行政复议请求、申请行政复议的主要事实和理由。

（四）申请人的签名或者盖章。

（五）申请行政复议的日期。

第四十条 申请人口头申请行政复议的，行政复议机构应当依照本规则第三十九条规定的事项，当场制作行政复议申请笔录，交申请人核对或者向申请人宣读，并由申请人确认。

第四十一条 有下列情形之一的，申请人应当提供证明材料：

（一）认为被申请人不履行法定职责的，提供要求被申请人履行法定职责而被申请人未履行的证明材料。

（二）申请行政复议时一并提出行政赔偿请求的，提供受具体行政行为侵害而造成损害的证明材料。

（三）法律、法规规定需要申请人提供证据材料的其他情形。

第四十二条 申请人提出行政复议申请时错列被申请人的，行政复议机关应当告知申请人变更被申请人。申请人不变更被申请人的，行政复议机关不予受理，或者驳回行政复议申请。

第四十三条 申请人向行政复议机关申请行政复议，行政复议机关已经受理的，在法定行政复议期限内申请人不得向人民法院提起行政诉讼；申请人向人民法院提起行政诉讼，人民法院已经依法受理的，不得申请行政复议。

第七章　税务行政复议受理

第四十四条 行政复议申请符合下列规定的，行政复议机关应当受理：

（一）属于本规则规定的行政复议范围。

（二）在法定申请期限内提出。

（三）有明确的申请人和符合规定的被申请人。

（四）申请人与具体行政行为有利害关系。

（五）有具体的行政复议请求和理由。

（六）符合本规则第三十三条和第三十四条规定的条件。

（七）属于收到行政复议申请的行政复议机关的职责范围。

（八）其他行政复议机关尚未受理同一行政复议申请，人民法院尚未受理同一主体就同一事实提起的行政诉讼。

第四十五条　行政复议机关收到行政复议申请以后，应当在 5 日内审查，决定是否受理。对不符合本规则规定的行政复议申请，决定不予受理，并书面告知申请人。

对不属于本机关受理的行政复议申请，应当告知申请人向有关行政复议机关提出。

行政复议机关收到行政复议申请以后未按照前款规定期限审查并作出不予受理决定的，视为受理。

第四十六条　对符合规定的行政复议申请，自行政复议机构收到之日起即为受理；受理行政复议申请，应当书面告知申请人。

第四十七条　行政复议申请材料不齐全、表述不清楚的，行政复议机构可以自收到该行政复议申请之日起 5 日内书面通知申请人补正。补正通知应当载明需要补正的事项和合理的补正期限。无正当理由逾期不补正的，视为申请人放弃行政复议申请。

补正申请材料所用时间不计入行政复议审理期限。

第四十八条　上级税务机关认为行政复议机关不予受理行政复议申请的理由不成立的，可以督促其受理；经督促仍然不受理的，责令其限期受理。

上级税务机关认为行政复议申请不符合法定受理条件的，应当告知申请人。

第四十九条　上级税务机关认为有必要的，可以直接受理或者提审由下级税务机关管辖的行政复议案件。

第五十条　对应当先向行政复议机关申请行政复议，对行政复议决定不服再向人民法院提起行政诉讼的具体行政行为，行政复议机关决定不予受理或者受理以后超过行政复议期限不作答复的，申请人可以自收到不予受理决定书之日起或者行政复议期满之日起 15 日内，依法向人民法院提起行政诉讼。

依照本规则第八十三条规定延长行政复议期限的，以延长以后的时间为行政复议期满时间。

第五十一条　行政复议期间具体行政行为不停止执行；但是有下列情形之一的，可以停止执行：

（一）被申请人认为需要停止执行的。

（二）行政复议机关认为需要停止执行的。

（三）申请人申请停止执行，行政复议机关认为其要求合理，决定停止执行的。

（四）法律规定停止执行的。

第八章　税务行政复议证据

第五十二条　行政复议证据包括以下类别：

（一）书证；

（二）物证；

（三）视听资料；

（四）电子数据；

（五）证人证言；

（六）当事人的陈述；

（七）鉴定意见；

（八）勘验笔录、现场笔录。

第五十三条　在行政复议中，被申请人对其作出的具体行政行为负有举证责任。

第五十四条　行政复议机关应当依法全面审查相关证据。行政复议机关审查行政复议案件，应当以证据证明的案件事实为依据。定案证据应当具有合法性、真实性和关联性。

第五十五条　行政复议机关应当根据案件的具体情况，从以下方面审查证据的合法性：

（一）证据是否符合法定形式。

（二）证据的取得是否符合法律、法规、规章和司法解释的规定。

（三）是否有影响证据效力的其他违法情形。

第五十六条　行政复议机关应当根据案件的具体情况，从以下方面审查证据的真实性：

（一）证据形成的原因。

（二）发现证据时的环境。

（三）证据是否为原件、原物，复制件、复制品与原件、原物是否相符。

（四）提供证据的人或者证人与行政复议参加人是否具有利害关系。

（五）影响证据真实性的其他因素。

第五十七条　行政复议机关应当根据案件的具体情况，从以下方面审查证据的关联性：

（一）证据与待证事实是否具有证明关系。

（二）证据与待证事实的关联程度。

（三）影响证据关联性的其他因素。

第五十八条　下列证据材料不得作为定案依据：

（一）违反法定程序收集的证据材料。

（二）以偷拍、偷录和窃听等手段获取侵害他人合法权益的证据材料。

（三）以利诱、欺诈、胁迫和暴力等不正当手段获取的证据材料。

（四）无正当事由超出举证期限提供的证据材料。

（五）无正当理由拒不提供原件、原物，又无其他证据印证，且对方不予认可的证据的复制件、复制品。

（六）无法辨明真伪的证据材料。

（七）不能正确表达意志的证人提供的证言。

（八）不具备合法性、真实性的其他证据材料。

行政复议机构依据本规则第十一条第（二）项规定的职责所取得的有关材料，不得作为支持被申请人具体行政行为的证据。

第五十九条　在行政复议过程中，被申请人不得自行向申请人和其他有关组织或者个人收集证据。

第六十条　行政复议机构认为必要时，可以调查取证。

行政复议工作人员向有关组织和人员调查取证时，可以查阅、复制和调取有关文件和资料，向有关人员询问。调查取证时，行政复议工作人员不得少于 2 人，并应当向当事人和有关人员出示证件。被调查单位和人员应当配合行政复议工作人员的工作，不得拒绝、阻挠。

需要现场勘验的，现场勘验所用时间不计入行政复议审理期限。

第六十一条　申请人和第三人可以查阅被申请人提出的书面答复、作出具体行政行为的证据、依据和其他有关材料，除涉及国家秘密、商业秘密或者个人隐私外，行政复议机关不得拒绝。

第九章　税务行政复议审查和决定

第六十二条　行政复议机构应当自受理行政复议申请之日起 7 日内，将行政复议申请书副本或者行政复议申请笔录复印件发送被申请人。被申请人应当自收到申请书副本或者申请笔录复印件之日起 10 日内提出书面答复，并提交当初作出具体行政行为的证据、依据和其他有关材料。

对国家税务总局的具体行政行为不服申请行政复议的案件，由原承办具体行政行为的相关机构向行政复议机构提出书面答复，并提交当初作出具体行政行为的证据、依据和其他有关材料。

第六十三条　行政复议机构审理行政复议案件，应当由 2 名以上行政复议工作人员参加。

第六十四条　行政复议原则上采用书面审查的办法，但是申请人提出要求或者行政复议机构认为有必要时，应当听取申请人、被申请人和第三人的意见，并可以向有关组织和人员调查了解情况。

第六十五条　对重大、复杂的案件，申请人提出要求或者行政复议机构认为必要时，可以采取听证的方式审理。

第六十六条　行政复议机构决定举行听证的，应当将举行听证的时间、地点和具体要求等事项通知申请人、被申请人和第三人。

第三人不参加听证的，不影响听证的举行。

第六十七条　听证应当公开举行，但是涉及国家秘密、商业秘密或者个人隐私的除外。

第六十八条　行政复议听证人员不得少于 2 人，听证主持人由行政复议机构指定。

第六十九条　听证应当制作笔录。申请人、被申请人和第三人应当确认听证笔录内容。

行政复议听证笔录应当附卷，作为行政复议机构审理案件的依据之一。

第七十条　行政复议机关应当全面审查被申请人的具体行政行为所依据的事实证据、法律程序、法律依据和设定的权利义务内容的合法性、适当性。

第七十一条　申请人在行政复议决定作出以前撤回行政复议申请的，经行政复议机构同意，可以撤回。

申请人撤回行政复议申请的，不得再以同一事实和理由提出行政复议申请。但是，申请人能够证明撤回行政复议申请违背其真实意思表示的除外。

第七十二条　行政复议期间被申请人改变原具体行政行为的，不影响行政复议案件的审理。但是，申请人依法撤回行政复议申请的除外。

第七十三条　申请人在申请行政复议时，依据本规则第十五条规定一并提出对有关规定的审查申请的，行政复议机关对该规定有权处理的，应当在 30 日内依法处理；无权处理的，应当在 7 日内按照法定程序逐级转送有权处理的行政机关依法处理，有权处理的行政机关应当在 60 日内依法处理。处理期间，中止对具体行政行为的审查。

第七十四条　行政复议机关审查被申请人的具体行政行为时，认为其依据不合法，本机关有权处理的，应当在 30 日内依法处理；无权处理的，应当在 7 日内按照法定程序逐级转送有权处理的国家机关依法处理。处理期间，中止对具体行政行为的审查。

第七十五条　行政复议机构应当对被申请人的具体行政行为提出审查意见，经行政复议机关负责人批准，按照下列规定作出行政复议决定：

（一）具体行政行为认定事实清楚，证据确凿，适用依据正确，程序合法，内容适当的，决定维持。

（二）被申请人不履行法定职责的，决定其在一定期限内履行。

（三）具体行政行为有下列情形之一的，决定撤销、变更或者确认该具体行政行为违法；决定撤销或者确认该具体行政行为违法的，可以责令被申请人在一定期限内重新作出具体行政行为：

1. 主要事实不清、证据不足的；

2. 适用依据错误的；

3. 违反法定程序的；

4. 超越职权或者滥用职权的；

5. 具体行政行为明显不当的。

（四）被申请人不按照本规则第六十二条的规定提出书面答复，提交当初作出具体行政行为的证据、依据和其他有关材料的，视为该具体行政行为没有证据、依据，决定撤销该具体行政行为。

第七十六条　行政复议机关责令被申请人重新作出具体行政行为的，被申请人不得以同一事实和理由作出与原具体行政行为相同或者基本相同的具体行政行为；但是行政复议机关以原具体行政行为违反法定程序决定撤销的，被申请人重新作出具体行政行为的除外。

行政复议机关责令被申请人重新作出具体行政行为的，被申请人不得作出对申请人更为不利的决定；但是行政复议机关以原具体行政行为主要事实不清、证据不足或适用依据错误决定撤销的，被申请人重新作出具体行政行为的除外。

第七十七条　有下列情形之一的，行政复议机关可以决定变更：

（一）认定事实清楚，证据确凿，程序合法，但是明显不当或者适用依据错误的。

（二）认定事实不清，证据不足，但是经行政复议机关审理查明事实清楚，证据确凿的。

第七十八条　有下列情形之一的，行政复议机关应当决定驳回行政复议申请：

（一）申请人认为税务机关不履行法定职责申请行政复议，行政复议机关受理以后发现该税务机关没有相应法定职责或者在受理以前已经履行法定职责的。

（二）受理行政复议申请后，发现该行政复议申请不符合行政复议法及其实施条例和本规则规定的受理条件的。

上级税务机关认为行政复议机关驳回行政复议申请的理由不成立的，应当责令限期恢复受理。行政复议机关审理行政复议申请期限的计算应当扣除因驳回耽误的时间。

第七十九条　行政复议期间，有下列情形之一的，行政复议中止：

（一）作为申请人的公民死亡，其近亲属尚未确定是否参加行政复议的。

（二）作为申请人的公民丧失参加行政复议的能力，尚未确定法定代理人参加行政复议的。

（三）作为申请人的法人或者其他组织终止，尚未确定权利义务承受人的。

（四）作为申请人的公民下落不明或者被宣告失踪的。

（五）申请人、被申请人因不可抗力，不能参加行政复议的。

（六）行政复议机关因不可抗力原因暂时不能履行工作职责的。

（七）案件涉及法律适用问题，需要有权机关作出解释或者确认的。

（八）案件审理需要以其他案件的审理结果为依据，而其他案件尚未审结的。

（九）其他需要中止行政复议的情形。

行政复议中止的原因消除以后，应当及时恢复行政复议案件的审理。

行政复议机构中止、恢复行政复议案件的审理，应当告知申请人、被申请人、第三人。

第八十条　行政复议期间，有下列情形之一的，行政复议终止：

（一）申请人要求撤回行政复议申请，行政复议机构准予撤回的。

（二）作为申请人的公民死亡，没有近亲属，或者其近亲属放弃行政复议权利的。

（三）作为申请人的法人或者其他组织终止，其权利义务的承受人放弃行政复议权利的。

（四）申请人与被申请人依照本规则第八十七条的规定，经行政复议机构准许达成和解的。

（五）行政复议申请受理以后，发现其他行政复议机关已经先于本机关受理，或者人民法院已经受理的。

依照本规则第七十九条第一款第（一）项、第（二）项、第（三）项规定中止行政复议，满 60 日行政复议中止的原因未消除的，行政复议终止。

第八十一条　行政复议机关责令被申请人重新作出具体行政行为的，被申请人应当在 60 日内重新作出具体行政行为；情况复杂，不能在规定期限内重新作出具体行政行为的，经行政复议机关批准，可以适当延期，但是延期不得超过 30 日。

公民、法人或者其他组织对被申请人重新作出的具体行政行为不服，可以依法申请行政复议，或者提起行政诉讼。

第八十二条　申请人在申请行政复议时可以一并提出行政赔偿请求，行政复议机关对符合国家赔偿法的规定应当赔偿的，在决定撤销、变更具体行政行为或者确认具体行政行为违法时，应当同时决定被申请人依法赔偿。

申请人在申请行政复议时没有提出行政赔偿请求的，行政复议机关在依法决定撤销、变更原具体行政行为确定的税款、滞纳金、罚款和对财产的扣押、查封等强制措施时，应当同时责令被申请人退还税款、滞纳金和罚款，解除对财产的扣押、查封等强制措施，或者赔偿相应的价款。

第八十三条　行政复议机关应当自受理申请之日起 60 日内作出行政复议决定。情况复杂，不能在规定期限内作出行政复议决定的，经行政复议机关负责人批准，可以适当延期，并告知申请人和被申请人；但是延期不得超过 30 日。

行政复议机关作出行政复议决定，应当制作行政复议决定书，并加盖行政复议机关印章。

行政复议决定书一经送达，即发生法律效力。

第八十四条　被申请人应当履行行政复议决定。

被申请人不履行、无正当理由拖延履行行政复议决定的，行政复议机关或者有关上级税务机关应当责令其限期履行。

第八十五条　申请人、第三人逾期不起诉又不履行行政复议决定的，或者不履行最终裁决的行政复议决定的，按照下列规定分别处理：

（一）维持具体行政行为的行政复议决定，由作出具体行政行为的税务机关依法强制执行，或者申请人民法院强制执行。

（二）变更具体行政行为的行政复议决定，由行政复议机关依法强制执行，或者申请人民法院强制执行。

第十章　　税务行政复议和解与调解

第八十六条　对下列行政复议事项，按照自愿、合法的原则，申请人和被申请人在行政复议机关作出行政复议决定以前可以达成和解，行政复议机关也可以调解：

（一）行使自由裁量权作出的具体行政行为，如行政处罚、核定税额、确定应税所得率等。

（二）行政赔偿。

（三）行政奖励。

（四）存在其他合理性问题的具体行政行为。

行政复议审理期限在和解、调解期间中止计算。

第八十七条　申请人和被申请人达成和解的，应当向行政复议机构提交书面和解协议。和解内容不损害社会公共利益和他人合法权益的，行政复议机构应当准许。

第八十八条　经行政复议机构准许和解终止行政复议的，申请人不得以同一事实和理由再次申请行政复议。

第八十九条　调解应当符合下列要求：

（一）尊重申请人和被申请人的意愿。

（二）在查明案件事实的基础上进行。

（三）遵循客观、公正和合理原则。

（四）不得损害社会公共利益和他人合法权益。

第九十条　行政复议机关按照下列程序调解：

（一）征得申请人和被申请人同意。

（二）听取申请人和被申请人的意见。

（三）提出调解方案。

（四）达成调解协议。

（五）制作行政复议调解书。

第九十一条　行政复议调解书应当载明行政复议请求、事实、理由和调解结果，并加盖行政复议机关印章。行政复议调解书经双方当事人签字，即具有法律效力。

调解未达成协议，或者行政复议调解书不生效的，行政复议机关应当及时作出行政复议决定。

第九十二条　申请人不履行行政复议调解书的，由被申请人依法强制执行，或者申请人民法院强制执行。

第十一章　税务行政复议指导和监督

第九十三条　各级税务复议机关应当加强对履行行政复议职责的监督。行政复议机构负责对行政复议工作进行系统督促、指导。

第九十四条　各级税务机关应当建立健全行政复议工作责任制，将行政复议工作纳入本单位目标责任制。

第九十五条　各级税务机关应当按照职责权限，通过定期组织检查、抽查等方式，检查下级税务机关的行政复议工作，并及时向有关方面反馈检查结果。

第九十六条　行政复议期间行政复议机关发现被申请人和其他下级税务机关的相关行政行为违法或者需要做好善后工作的，可以制作行政复议意见书。有关机关应当自收到行政复议意见书之日起 60 日内将纠正相关行政违法行为或者做好善后工作的情况报告行政复议机关。

行政复议期间行政复议机构发现法律、法规和规章实施中带有普遍性的问题，可以制作行政复议建议书，向有关机关提出完善制度和改进行政执法的建议。

第九十七条　省以下各级税务机关应当定期向上一级税务机关提交行政复议、应诉、赔偿统计表和分析报告，及时将重大行政复议决定报上一级行政复议机关备案。

第九十八条　行政复议机构应当按照规定将行政复议案件资料立卷归档。

行政复议案卷应当按照行政复议申请分别装订立卷，一案一卷，统一编号，做到目录清晰、资料齐全、分类规范、装订整齐。

第九十九条　行政复议机构应当定期组织行政复议工作人员业务培训和工作交流，提高行政复议工作人员的专业素质。

第一百条　行政复议机关应当定期总结行政复议工作。对行政复议工作中做出显著成绩的单位和个人，依照有关规定表彰和奖励。

第十二章　附则

第一百零一条　行政复议机关、行政复议机关工作人员和被申请人在税务行政复议活动中，违反行政复议法及其实施条例和本规则规定的，应当依法处理。

第一百零二条　外国人、无国籍人、外国组织在中华人民共和国境内向税务机关申请行政复议，适用本规则。

第一百零三条　行政复议机关在行政复议工作中可以使用行政复议专用章。行政复议专用章与行政复议机关印章在行政复议中具有同等效力。

第一百零四条　行政复议期间的计算和行政复议文书的送达，依照民事诉讼法关于期间、送达的规定执行。

本规则关于行政复议期间有关"5 日""7 日"的规定指工作日，不包括法定节假日。

第一百零五条　本规则自 2010 年 4 月 1 日起施行，2004 年 2 月 24 日国家税务总局公布的《税务行政复议规则（暂行）》（国家税务总局令第 8 号）同时废止。

18.25　国家税务总局关于发布《税务检查证管理办法》的公告

2018 年 8 月 7 日　税务总局公告 2018 年第 44 号

为落实国税地税征管体制改革工作要求，加强税务检查证管理，规范税务执法行为，国家税务总局制定了《税务检查证管理办法》，现予以公布。

本公告自 2019 年 1 月 1 日起实施，同时启用新的税务检查证。

特此公告。

国家税务总局

2018 年 8 月 7 日

税务检查证管理办法

第一章　总则

第一条　为加强税务检查证管理，规范税务执法行为，保护纳税人、扣缴义务人及其他当事人合法权益，根据《中华人民共和国税收征收管理法》等相关规定，制定本办法。

第二条　税务检查证是具有法定执法权限的税务人员，对纳税人、扣缴义务人及其他当事人进行检查时，证明其执法身份、职责权限和执法范围的专用证件。

税务检查证的名称为《中华人民共和国税务检查证》。

第三条　国家税务总局负责制定、发布税务检查证式样和技术标准。

第四条　国家税务总局负责适用全国范围税务检查证的审批、制作、发放、监督管理工作。

国家税务总局各省、自治区、直辖市、计划单列市税务局（以下简称省税务局）负责适用本辖区税务检查证的审批、制作、发放、监督管理工作。

国家税务总局和省税务局应当严格控制税务检查证的发放。

第五条　税务检查证分为稽查部门专用税务检查证和征收管理部门专用税务检查证。

稽查部门专用税务检查证，适用于稽查人员开展稽查工作，由稽查部门归口管理。

征收管理部门专用税务检查证，适用于征收、管理人员开展日常检查工作，由征收管理部门归口管理。

第六条　税务检查证实行信息化管理。

省税务局应当在税收征管信息系统中的税务检查证管理模块内及时完善、更新持证人员相关信息，提供税务检查证互联网验证服务。

第二章　证件式样

第七条　税务检查证由专用皮夹和内卡组成。

第八条　税务检查证的皮夹式样如下：

（一）稽查部门专用税务检查证皮夹为竖式黑色皮质，征收管理部门专用税务检查证皮夹为竖式咖啡色皮质；

（二）皮夹外部正面镂刻税徽图案、"中华人民共和国税务检查证"字样，背面镂刻"CHINA TAXATION"字样；

（三）皮夹内部上端镶嵌税徽一枚和"中国税务"四字，下端放置内卡。

第九条　税务检查证内卡应当载明下列事项：持证人的姓名、照片、工作单位、证号、二维码、检查范围、检查职责、税务检查证专用印章、有效期限。

内卡需内置芯片，存储持证人员上述信息。

第十条　税务检查证的皮夹和内卡文字均使用中文。民族自治区可以同时使用当地通用的一种民族文字。

第三章　证件申领和核发

第十一条　税务人员因岗位职责需要办理税务检查证时，由其所在单位税务检查证主管部门核实基础信息后，填报税务检查证申请。

首次申领税务检查证的，应当取得税务执法资格。

第十二条　国家税务总局及省税务局税务检查证主管部门负责审批办证申请。

第十三条　审批通过后，国家税务总局及省税务局税务检查证主管部门印制《中华人民共和国税务检查证》，由申请人员所在单位税务检查证主管部门负责具体发放工作。

第十四条　税务人员到所在单位管辖区域以外临时执行检查公务的，由国家税务总局或者执行公务所在地省税务局税务检查证主管部门核发相应有效期限的临时税务检查证。

临时税务检查证有效期限不得超过一年，临时公务执行完毕后应当及时缴销。

第四章　证件使用

第十五条　税务人员进行检查时，应当出示税务检查证和税务检查通知书，可以以文字或音像形式记录出示情况。

第十六条　税务人员出示税务检查证时，可以告知被检查人或其他当事人通过扫描二维码查验持证人身份。

第十七条　税务人员应当严格依法行使税务检查职权，并为被检查人或其他当事人保守秘密。

第十八条　税务检查证只限于持证人本人使用，不得转借、转让或涂改。

第十九条　持证人应当妥善保管税务检查证，防止遗失、损毁。

税务检查证遗失的，持证人应当作出书面情况说明，并在税务检查证所注明的管辖区域内公开发行的报纸或者政府网站、税务机关网站发布公告后，再申请补发。

税务检查证严重损毁、无法使用的，持证人可以申请换发，并在办理换发手续时交回原证件。

第五章　监督管理

第二十条　税务检查证实行定期审验制度，每两年审验一次。临时税务检查证不在审验范围。

第二十一条　国家税务总局及省税务局税务检查证主管部门统一组织审验工作，持证人所在单位税务检查证主管部门负责具体实施，并及时报送审验情况。

第二十二条　通过比对内卡芯片信息与税务检查证管理模块中所载持证人信息进行审验，一致的为审验通过。

第二十三条　税务检查证审验不通过的，持证人所在单位税务检查证主管部门应当及时变更、清理相关信息。

第二十四条　持证人因调动、辞退、辞职、退休或者岗位调整等原因不再从事税务检查工作的，由持证人所在单位税务检查证主管部门在工作变动前收缴其税务检查证。

持证人因涉嫌违法违纪被立案审查、尚未作出结论的，应当暂时收缴其税务检查证。

第二十五条　收回的税务检查证应当由发放证件机关定期销毁。

第六章　附则

第二十六条　本办法自 2019 年 1 月 1 日起施行。《国家税务总局关于印发〈税务检查证管理暂行办法〉的通知》（国税发〔2005〕154 号，国家税务总局公告 2018 年第 31 号修改）同时废止。

18. 26　关于《国家税务总局关于发布〈重大税收违法失信案件信息公布办法〉的公告》的解读

2018 年 11 月 23 日　国家税务总局办公厅

为便于纳税人和税务机关理解并执行，现将《重大税收违法失信案件信息公布办法》（以下简称《办法》）的内容解读如下：

一、制发《办法》的背景

习近平总书记在十九大报告中提出"推进诚信建设"的工作要求，李克强总理在 2018 年深化"放管服"改革转变政府职能电视电话会议上强调"信用是市场监管的金钥匙"。为贯彻落实党中央、国务院的总体部署，深入推进社会诚信体系建设，有效打击严重税收违法失信行为，提高税法遵从度，优化营商环境，国家税务总局对《重大税收违法案件信息公布办法（试行）》（国家税务总局公告 2016 年第 24 号，国家税务总局公告 2018 年第 31 号修改，以下简称《原办法》）进行了修订，制定了本《办法》。

二、主要修改内容

《办法》对案件公布标准、信息公布内容、信用修复、案件撤出等进行了修改。现就主要修改内容说明如下：

（一）关于名称的修改

《办法》将"重大税收违法案件"修改为"重大税收违法失信案件"。主要考虑本《办法》是对税收违法失信行为进行惩戒的重要制度，增加"失信"二字更能体现这一特点，同时各部门的"黑名单"制度多采用"失信"表述，修改后更为统一，便于部门衔接。

（二）关于案件标准的修改

1. 修改逃避追缴欠税标准

根据实际工作情况，《办法》将逃避追缴欠税纳入重大税收违法失信案件的标准由"欠缴税款金额 100 万元以上的"修改为"欠缴税款金额 10 万元以上的"。

2. 将走逃（失联）企业纳入公布范围

部分企业利用走逃（失联）等方式不履行税收义务，严重扰乱了税收和经济秩序。为有效遏制当前走逃（失联）企业日渐增多的趋势，《办法》将"具有偷税、逃避追缴欠税、骗取出口退税、抗税、虚开发票等行为，经税务机关检查确认走逃（失联）的"明确作为重大税收违法失信案件的标准之一，包括税务局稽查局作出行政决定前已经走逃（失联），以及税务局稽查局作出行政决定后走逃（失联）的。

为增加对走逃（失联）企业的震慑和打击力度，对于未作出《税务处理决定书》和《税务行政处罚决定书》的走逃（失联）案件，经税务机关查证处理，进行公告 30 日后纳入公布范围。同时，30 日的公告期给走逃（失联）企业自我纠正、接受税务机关处理以及异议申诉的时间，有利于引导纳税人遵从，也保障了纳税人的权利。

（三）关于信息公布的修改

1. 增加实际责任人与法定代表人或者负责人不一致的处理

近年来，部分当事人为了逃避法律责任，借用、盗用他人身份实施违法行为，侵害了他人的合法权益，破坏了税收经济秩序。为维护被冒用信息注册、确无涉案行为的企业法定代表人或者负责人的合法权益，提高联合惩戒的准确性和指向性，《办法》第七条增加如下表述："经法院裁判确定的实际责任人，与法定代表人或者负责人不一致的，除有证据证明法定代表人或者负责人有涉案行为外，只公布实际责任人信息。"

2. 增加信息更新条款

为确保重大税收违法失信案件信息的真实、准确，充分保障当事人合法权益，《办法》增加第十条信息更新内容，具体表述为"重大税收违法失信案件信息发生变化的，应及时变更。重大税收违法失信案件信息变化后不再符合本办法第五条规定的，经实施检查的税务机关确认，停止公布并从公告栏中撤出。"

3. 延长公布时限

《国家发展改革委办公厅关于进一步完善行政许可和行政处罚等信用信息公示工作的指导意见》（发改办财金〔2018〕424 号）规定"涉及严重失信行为的行政处罚信息公示期限为三年"，为与其保持一致，并进一步增强惩戒效果，《办法》将公布时限由 2 年延长为 3 年。

（四）关于信用修复的修改

1. 规范信用救济程序

规范信用救济程序能有效保护当事人合法权益。《办法》对偷税、逃避追缴欠税当事人的信用修复按照公布前、公布后，分别在第九条第一款、第二款明确了相应的操作程序。

2. 拓展信用救济措施范围

随着"一处失信、处处受限"联合惩戒大格局逐步形成，失信主体对自身信用修复的诉求越来越强烈。建立完善信用修复制度，纠正违法失信行为，鼓励守法诚信也成为税务部门转变政府职能、优化营商环境、提升信用监管水平的重要措施。《办法》进一步拓展了信用救济措施的范围，第九条第三款明确"具有偷税、逃避追缴欠税、骗取出口退税、抗税、虚开发票等行为，经税务机关检查确认走逃（失联）的""其他违法情节严重、有较大社会影响的"案件中偷税、逃避追缴欠税当事人也适用信用修复措施。

（五）关于惩戒措施的修改

为鼓励纳税人主动纠正税收违法失信行为，将惩戒措施区分向社会公布的当事人和不向社会公布的当事人两类惩戒对象分别列示，对于不向社会公布的，实施纳税信用级别降为 D 级的惩戒措施。

链接：《国家税务总局关于发布〈重大税收违法失信案件信息公布办法〉的公告》（国家税务总局公告 2018 年第 54 号）

18.27　税收违法行为检举管理办法

2019 年 11 月 26 日　　国家税务总局令第 49 号

《税收违法行为检举管理办法》，已经 2019 年 11 月 21 日国家税务总局 2019 年度第 4 次局务会议审议通过，现予公布，自 2020 年 1 月 1 日起施行。

国家税务总局局长：王军

2019 年 11 月 26 日

税收违法行为检举管理办法

第一章　总则

第一条　为了保障单位、个人依法检举纳税人、扣缴义务人违反税收法律、行政法规行为的权利，规范检举秩序，根据《中华人民共和国税收征收管理法》及其实施细则的有关规定，制定本办法。

第二条　本办法所称检举，是指单位、个人采用书信、电话、传真、网络、来访等形式，向税务机关提供纳税人、扣缴义务人税收违法行为线索的行为。

采用前款所述的形式，检举税收违法行为的单位、个人称检举人；被检举的纳税人、扣缴义务人称被检举人。

检举人可以实名检举，也可以匿名检举。

第三条　本办法所称税收违法行为，是指涉嫌偷税（逃避缴纳税款），逃避追缴欠税，骗税，虚开、伪造、变造发票，以及其他与逃避缴纳税款相关的税收违法行为。

第四条　检举管理工作坚持依法依规、分级分类、属地管理、严格保密的原则。

第五条　市（地、州、盟）以上税务局稽查局设立税收违法案件举报中心。国家税务总局稽查局税收违法案件举报中心负责接收税收违法行为检举，督促、指导、协调处理重要检举事项；省、自治区、直辖市、计划单列市和市（地、州、盟）税务局稽查局税收违法案件举报中心负责税收违法行为检举的接收、受理、处理和管理；各级跨区域稽查局和县税务局应当指定行使税收违法案件举报中心职能的部门，负责税收违法行为检举的接收，并按规定职责处理。

本办法所称举报中心是指前款所称的税收违法案件举报中心和指定行使税收违法案件举报中心职能的部门。举报中心应当对外挂标识牌。

第六条　税务机关应当向社会公布举报中心的电话（传真）号码、通讯地址、邮政编码、网络检举途径，设立检举接待场所和检举箱。

税务机关同时通过 12366 纳税服务热线接收税收违法行为检举。

第七条　税务机关应当与公安、司法、纪检监察和信访等单位加强联系和合作，做好检举管理工作。

第八条　检举税收违法行为是检举人的自愿行为，检举人因检举而产生的支出应当由其自行承担。

第九条　检举人在检举过程中应当遵守法律、行政法规等规定；应当对其所提供检举材料的真实性负责，不得捏造、歪曲事实，不得诬告、陷害他人；不得损害国家、社会、集体的利益和其他公民的合法权益。

第二章　检举事项的接收与受理

第十条　检举人检举税收违法行为应当提供被检举人的名称（姓名）、地址（住所）和税收违法行为线索；尽可能提供被检举人统一社会信用代码（身份证件号码），法定代表人、实际控制人信息和其他相关证明资料。

鼓励检举人提供书面检举材料。

第十一条　举报中心接收实名检举，应当准确登记实名检举人信息。

检举人以个人名义实名检举应当由其本人提出；以单位名义实名检举应当委托本单位工作人员提出。

多人联名进行实名检举的，应当确定第一联系人；未确定的，以检举材料的第一署名人为第一联系人。

第十二条　12366 纳税服务热线接收电话检举后，应当按照以下分类转交相关部门：

（一）符合本办法第三条规定的检举事项，应当及时转交举报中心；

（二）对应开具而未开具发票、未申报办理税务登记及其他轻微税收违法行为的检举事项，按照有关规定直接转交被检举人主管税务机关相关业务部门处理；

（三）其他检举事项转交有处理权的单位或者部门。

税务机关的其他单位或者部门接到符合本办法第三条规定的检举材料后，应当及时转交举报中心。

第十三条　以来访形式实名检举的，检举人应当提供营业执照、居民身份证等有效身份证件的原件和复印件。

以来信、网络、传真形式实名检举的，检举人应当提供营业执照、居民身份证等有效身份证件的复印件。

以电话形式要求实名检举的，税务机关应当告知检举人采取本条第一款、第二款的形式进行检举。

检举人未采取本条第一款、第二款的形式进行检举的，视同匿名检举。

举报中心可以应来访的实名检举人要求出具接收回执；对多人联名进行实名来访检举的，向其确定的第一联系人或者第一署名人出具接收回执。

第十四条　来访检举应当到税务机关设立的检举接待场所；多人来访提出相同检举事项的，应当推选代表，代表人数应当在 3 人以内。

第十五条　接收来访口头检举，应当准确记录检举事项，交检举人阅读或者向检举人宣读确认。实名检举的，由检举人签名或者盖章；匿名检举的，应当记录在案。

接收电话检举，应当细心接听、询问清楚、准确记录。

接收电话、来访检举，经告知检举人后可以录音、录像。

接收书信、传真等书面形式检举，应当保持检举材料的完整，及时登记处理。

第十六条 税务机关应当合理设置检举接待场所。检举接待场所应当与办公区域适当分开，配备使用必要的录音、录像等监控设施，保证监控设施对接待场所全覆盖并正常运行。

第十七条 举报中心对接收的检举事项，应当及时审查，有下列情形之一的，不予受理：

（一）无法确定被检举对象，或者不能提供税收违法行为线索的；

（二）检举事项已经或者依法应当通过诉讼、仲裁、行政复议以及其他法定途径解决的；

（三）对已经查结的同一检举事项再次检举，没有提供新的有效线索的。

除前款规定外，举报中心自接收检举事项之日起即为受理。

举报中心可以应实名检举人要求，视情况采取口头或者书面方式解释不予受理原因。

国家税务总局稽查局举报中心对本级收到的检举事项应当进行甄别。对本办法第三条规定以外的检举事项，转送有处理权的单位或者部门；对本办法第三条规定范围内的检举事项，按属地管理原则转送相关举报中心，由该举报中心审查并决定是否受理。国家税务总局稽查局举报中心应当定期向相关举报中心了解所转送检举事项的受理情况，对应受理未受理的应予以督办。

第十八条 未设立稽查局的县税务局受理的检举事项，符合本办法第三条规定的，提交上一级税务局稽查局举报中心统一处理。

各级跨区域稽查局受理的检举事项，符合本办法第三条规定的，提交同级税务局稽查局备案后处理。

第十九条 检举事项管辖有争议的，由争议各方本着有利于案件查处的原则协商解决；不能协商一致的，报请共同的上一级税务机关协调或者决定。

第三章 检举事项的处理

第二十条 检举事项受理后，应当分级分类，按照以下方式处理：

（一）检举内容详细、税收违法行为线索清楚、证明资料充分的，由稽查局立案检查。

（二）检举内容与线索较明确但缺少必要证明资料，有可能存在税收违法行为的，由稽查局调查核实。发现存在税收违法行为的，立案检查；未发现的，作查结处理。

（三）检举对象明确，但其他检举事项不完整或者内容不清、线索不明的，可以暂存待查，待检举人将情况补充完整以后，再进行处理。

（四）已经受理尚未查结的检举事项，再次检举的，可以合并处理。

（五）本办法第三条规定以外的检举事项，转交有处理权的单位或者部门。

第二十一条 举报中心可以税务机关或者以自己的名义向下级税务机关督办、交办检举事项。

第二十二条 举报中心应当在检举事项受理之日起十五个工作日内完成分级分类处理，特殊情况除外。

查处部门应当在收到举报中心转来的检举材料之日起三个月内办理完毕；案情复杂无法在期限内办理完毕的，可以延期。

第二十三条 税务局稽查局对督办案件的处理结果应当认真审查。对于事实不清、处理不当的，应当通知承办机关补充调查或者重新调查，依法处理。

第四章　检举事项的管理

第二十四条　举报中心应当严格管理检举材料，逐件登记已受理检举事项的主要内容、办理情况和检举人、被检举人的基本情况。

第二十五条　已接收的检举材料原则上不予退还。不予受理的检举材料，登记检举事项的基本信息和不予受理原因后，经本级稽查局负责人批准可以销毁。

第二十六条　暂存待查的检举材料，若在受理之日起两年内未收到有价值的补充材料，可以销毁。

第二十七条　督办案件的检举材料应当专门管理，并按照规定办理督办案件材料的转送、报告等具体事项。

第二十八条　检举材料的保管和整理，应当按照档案管理的有关规定办理。

第二十九条　举报中心每年度对检举案件和有关事项的数量、类别及办理情况等进行汇总分析，形成年度分析报告，并按规定报送。

第五章　检举人的答复和奖励

第三十条　实名检举人可以要求答复检举事项的处理情况与查处结果。

实名检举人要求答复处理情况时，应当配合核对身份；要求答复查处结果时，应当出示检举时所提供的有效身份证件。

举报中心可以视具体情况采取口头或者书面方式答复实名检举人。

第三十一条　实名检举事项的处理情况，由作出处理行为的税务机关的举报中心答复。

将检举事项督办、交办、提交或者转交的，应当告知去向；暂存待查的，应当建议检举人补充资料。

第三十二条　实名检举事项的查处结果，由负责查处的税务机关的举报中心答复。

实名检举人要求答复检举事项查处结果的，检举事项查结以后，举报中心可以将与检举线索有关的查处结果简要告知检举人，但不得告知其检举线索以外的税收违法行为的查处情况，不得提供执法文书及有关案情资料。

第三十三条　12366 纳税服务热线接收检举事项并转交举报中心或者相关业务部门后，可以应检举人要求将举报中心或者相关业务部门反馈的受理情况告知检举人。

第三十四条　检举事项经查证属实，为国家挽回或者减少损失的，按照财政部和国家税务总局的有关规定对实名检举人给予相应奖励。

第六章　权利保护

第三十五条　检举人不愿提供个人信息或者不愿公开检举行为的，税务机关应当予以尊重和保密。

第三十六条　税务机关应当在职责范围内依法保护检举人、被检举人的合法权益。

第三十七条　税务机关工作人员与检举事项或者检举人、被检举人有直接利害关系的，应当回避。

检举人有正当理由并且有证据证明税务机关工作人员应当回避的，经本级税务机关负责人或者稽查局负责人批准以后，予以回避。

第三十八条 税务机关工作人员必须严格遵守以下保密规定：

（一）检举事项的受理、登记、处理及查处，应当依照国家有关法律、行政法规等规定严格保密，并建立健全工作责任制，不得私自摘抄、复制、扣压、销毁检举材料；

（二）严禁泄露检举人的姓名、身份、单位、地址、联系方式等情况，严禁将检举情况透露给被检举人及与案件查处无关的人员；

（三）调查核实情况和立案检查时不得出示检举信原件或者复印件，不得暴露检举人的有关信息，对匿名的检举书信及材料，除特殊情况以外，不得鉴定笔迹；

（四）宣传报道和奖励检举有功人员，未经检举人书面同意，不得公开检举人的姓名、身份、单位、地址、联系方式等情况。

第七章　法律责任

第三十九条 税务机关工作人员违反本办法规定，将检举人的检举材料或者有关情况提供给被检举人或者与案件查处无关人员的，依法给予行政处分。

第四十条 税务机关工作人员打击报复检举人的，视情节和后果，依法给予行政处分；涉嫌犯罪的，移送司法机关依法处理。

第四十一条 税务机关工作人员不履行职责、玩忽职守、徇私舞弊，给检举工作造成损失的，应当给予批评教育；情节严重的，依法给予行政处分并调离工作岗位；涉嫌犯罪的，移送司法机关依法处理。

第四十二条 税收违法检举案件中涉及税务机关或者税务人员违纪违法问题的，应当按照规定移送有关部门依纪依法处理。

第四十三条 检举人违反本办法第九条规定的，税务机关工作人员应当对检举人进行劝阻、批评和教育；经劝阻、批评和教育无效的，可以联系有关部门依法处理。

第八章　附则

第四十四条 本办法所称的检举事项查结，是指检举案件的结论性文书生效，或者检举事项经调查核实后未发现税收违法行为。

第四十五条 国家税务总局各省、自治区、直辖市和计划单列市税务局可以根据本办法制定具体的实施办法。

第四十六条 本办法自 2020 年 1 月 1 日起施行。《税收违法行为检举管理办法》（国家税务总局令第 24 号公布）同时废止。

18.28　国家税务总局关于发布《税务文书电子送达规定（试行）》的公告

2019 年 12 月 3 日　国家税务总局公告 2019 年第 39 号

税务文书电子送达规定（试行）

第一条　为进一步便利纳税人办税，保护纳税人合法权益，提高税收征管效率，减轻征纳双方负担，根据《中华人民共和国税收征收管理法》及其实施细则、国家电子政务等有关制度规定，结合税务文书送达工作实际，制定本规定。

第二条　本规定所称电子送达，是指税务机关通过电子税务局等特定系统（以下简称"特定系统"）向纳税人、扣缴义务人（以下简称"受送达人"）送达电子版式税务文书。

第三条　经受送达人同意，税务机关可以采用电子送达方式送达税务文书。

电子送达与其他送达方式具有同等法律效力。受送达人可以据此办理涉税事宜，行使权利、履行义务。

第四条　受送达人同意采用电子送达的，签订《税务文书电子送达确认书》。《税务文书电子送达确认书》包括电子送达的文书范围、效力、渠道和其他需要明确的事项。

受送达人可以登录特定系统直接签订电子版《税务文书电子送达确认书》，也可以到税务机关办税服务厅签订纸质版《税务文书电子送达确认书》，由税务机关及时录入相关系统。

第五条　税务机关采用电子送达方式送达税务文书的，以电子版式税务文书到达特定系统受送达人端的日期为送达日期，特定系统自动记录送达情况。

第六条　税务机关向受送达人送达电子版式税务文书后，通过电话、短信等方式发送提醒信息。提醒服务不影响电子文书送达的效力。

受送达人及时登录特定系统查阅电子版式税务文书。

第七条　受送达人需要纸质税务文书的，可以通过特定系统自行打印，也可以到税务机关办税服务厅打印。

第八条　税务处理决定书、税务行政处罚决定书（不含简易程序处罚）、税收保全措施决定书、税收强制执行决定书、阻止出境决定书以及税务稽查、税务行政复议过程中使用的税务文书等暂不适用本规定。

第九条　本规定自 2020 年 4 月 1 日起施行。

18.29 关于《国家税务总局关于发布〈税务文书电子送达规定（试行）〉的公告》的解读

2019 年 12 月 11 日　国家税务总局办公厅

根据《中华人民共和国税收征收管理法》及其实施细则、国家电子政务等有关制度规定，国家税务总局制定了《关于发布〈税务文书电子送达规定（试行）〉的公告》（以下简称《公告》）。现解读如下：

一、什么是电子送达

电子送达是指税务机关通过电子税务局等特定系统（以下简称"特定系统"）向纳税人、扣缴义务人（以下简称"受送达人"）送达电子版式税务文书。

二、为什么规定电子送达

税务文书送达是保障税务机关依法行政、保护纳税人合法权益的重要组成部分。长期以来，税务机关高度重视税务文书送达工作，不断完善相关制度，规范文书送达行为。但随着经济社会发展和技术创新，传统文书送达方式不能更好方便纳税人办税，例如，纳税人网上办理涉税事项涉及税务文书的，还需要税务机关送达或者纳税人到税务机关领取纸质税务文书，影响纳税人的网上办税体验。又如，传统的文书送达方式时间较长，纳税人难以尽快知道文书内容，不能尽快行使相关权利、履行相关义务。

为进一步便利纳税人办税，更好保护纳税人合法权益，提高税收征管效率，减轻征纳双方负担，在吸收纳税人意见及总结部分地区试点经验的基础上，经深入研究论证，税务总局制定《公告》，明确税务文书电子送达相关规定。

三、《公告》的主要内容有哪些

《公告》对税务文书电子送达主要规定了五部分内容：一是明确送达效力，规定电子送达与其他送达方式具有同等法律效力，以及电子送达对受送达人权利义务的影响；二是遵循自愿原则，规定电子送达以受送达人同意为前提，受送达人同意电子送达的签订《税务文书电子送达确认书》，税务机关提供线上、线下多种签订途径；三是明确送达路径，税务机关通过特定系统送达电子版式税务文书；四是规范送达操作，规定送达完成标准、系统自动记录、信息提醒服务等内容；五是限定文书范围。

四、电子送达的效力如何

《公告》第三条明确电子送达与其他送达方式具有同等法律效力。具体表现在两个方面：

一是对受送达人而言，受送达人可以凭税务机关送达的电子版式税务文书办理涉税事宜，行使权利、履行义务。例如，受送达人通过电子税务局办理"增值税专用发票（增值税税控系统）最高开票限额审批"业务时，税务机关出具的文书可能有《补正税务行政许可材料告知书》《税务行政许可受理通知书》《准予税务行政许可决定书》等。依照本《公告》，税务机关通过电子税务局送达这些电子版式税务文书，与其他方式送达的文书具有同等法律效力，受送达人可根据该文书办理涉税事宜，税务机关受该文书约束；对文书内容不服的，可以依法申请税务行政复议或者提起行政诉讼。

二是对税务机关而言，经受送达人同意，税务机关送达税务文书可以采用电子送达方式。但并非只要受送达人签订了《税务文书电子送达确认书》，税务机关就只能对其进行电子送达。税务机关在送达具体税务文书时可以根据受送达人情况进行判断，例如，受送达人正在税务机关办理涉税事宜，税务机关可以选择将税务文书直接送达其本人，而不是必须要采取电子送达方式。

五、《公告》如何体现纳税人的自愿原则

为了充分尊重受送达人意愿，《公告》第四条规定税务机关在经受送达人同意后对其电子送达。受送达人是否同意，以是否签订《税务文书电子送达确认书》判断。即：受送达人签订了《税务文书电子送达确认书》的，表明其同意接受电子送达方式，税务机关可以对其进行电子送达；受送达人不同意签订《税务文书送达确认书》的，税务机关以其他送达方式送达税务文书。

六、受送达人如何签订《税务文书电子送达确认书》

为方便受送达人办理，《公告》第四条规定了线上、线下两种方式：一是线上签订，受送达人登录特定系统时，系统会自动弹出电子版《税务文书电子送达确认书》，受送达人根据系统提示确认即可；二是线下签订，税务机关办税服务厅提供纸质《税务文书电子送达确认书》，受送达人签章确认即可，由税务机关将其录入相关系统。

七、税务机关如何进行电子送达

参照《中华人民共和国民事诉讼法》等规定，《公告》第五条明确税务机关电子送达，以电子版式税务文书到达特定系统受送达人端的日期为送达日期，特定系统将送达情况自动予以记录。

为了方便纳税人及早知晓送达的电子版式税务文书，《公告》第六条规定税务机关在电子送达后，通过电话、短信等方式提醒受送达人，具体方式由各地税务机关根据本地信息化条件等情况确定。同时，《公告》第六条也对受送达人提出了要求，即受送达人应当及时登录特定系统查阅电子版式税务文书。

八、哪些文书不适用电子送达

《公告》第八条明确了哪些税务文书不适用电子送达方式，具体包括：一是从文书种类上，税务处理决定书、税务行政处罚决定书（不含简易程序处罚）、税收保全措施决定书、税收强制执行决定书、阻止出境决定书等文书暂不适用电子送达；二是从执法类型上，税务稽查、税务行政复议等过程中使用的税务文书暂不适用电子送达。

九、《公告》什么时候开始施行

《公告》自 2020 年 4 月 1 日起施行。

18.30　国家税务总局关于修改《重大税务案件审理办法》的决定

2021 年 6 月 7 日　　国家税务总局令第 51 号

《国家税务总局关于修改〈重大税务案件审理办法〉的决定》，已经 2021 年 5 月 11 日国家税务总局 2021 年度第 1 次局务会议审议通过，现予公布，自 2021 年 8 月 1 日起施行。

国家税务总局局长：王军

2021 年 6 月 7 日

国家税务总局关于修改《重大税务案件审理办法》的决定

为进一步提高重大税务案件审理质量，更好地保护纳税人缴费人合法权益，根据《中华人民共和国行政处罚法》等法律、行政法规有关规定，国家税务总局决定对《重大税务案件审理办法》作如下修改：

一、将第一条修改为："为贯彻落实中共中央办公厅、国务院办公厅印发的《关于进一步深化税收征管改革的意见》，推进税务机关科学民主决策，强化内部权力制约，优化税务执法方式，严格规范执法行为，推进科学精确执法，保护纳税人缴费人等税务行政相对人合法权益，根据《中华人民共和国行政处罚法》《中华人民共和国税收征收管理法》，制定本办法。"

二、将第四条修改为："参与重大税务案件审理的人员应当严格遵守国家保密规定和工作纪律，依法为纳税人缴费人等税务行政相对人的商业秘密、个人隐私和个人信息保密。"

三、将第十一条修改为："本办法所称重大税务案件包括：

（一）重大税务行政处罚案件，具体标准由各省、自治区、直辖市和计划单列市税务局根据本地情况自行制定，报国家税务总局备案；

（二）根据《重大税收违法案件督办管理暂行办法》督办的案件；

（三）应监察、司法机关要求出具认定意见的案件；

（四）拟移送公安机关处理的案件；

（五）审理委员会成员单位认为案情重大、复杂，需要审理的案件；

（六）其他需要审理委员会审理的案件。

有下列情形之一的案件，不属于重大税务案件审理范围：

（一）公安机关已就税收违法行为立案的；

（二）公安机关尚未就税收违法行为立案，但被查对象为走逃（失联）企业，并且涉嫌犯罪的；

（三）国家税务总局规定的其他情形。"

四、将第十二条修改为："本办法第十一条第一款第三项规定的案件经审理委员会审理后，应当将拟处理意见报上一级税务局审理委员会备案。备案 5 日后可以作出决定。"

五、将第十四条第二款修改为："当事人按照法律、法规、规章有关规定要求听证的，由稽查局组织听证。"

六、将第十八条第二款修改为："补充调查、请示上级机关或征求有权机关意见、拟处理意见报上一级税务局审理委员会备案的时间不计入审理期限。"

七、增加一条，作为第二十六条："审理过程中，稽查局发现本办法第十一条第二款规定情形的，书面告知审理委员会办公室。审理委员会办公室报请审理委员会主任或其授权的副主任批准，可以终止审理。"

八、将第三十七条改为第三十八条，第二款修改为："需要归档的重大税务案件审理案卷包括税务稽查报告、税务稽查审理报告以及有关文书。"

九、将第四十一条改为第四十二条，修改为："本办法规定期限的最后一日为法定休假日的，以休假日期满的次日为期限的最后一日；在期限内有连续 3 日以上法定休假日的，按休假日天数顺延。

"本办法有关'5 日'的规定指工作日，不包括法定休假日。"

十、删除附件《重大税务案件审理文书范本》。

此外，对条文顺序作相应调整。

本决定自 2021 年 8 月 1 日起施行。

《重大税务案件审理办法》根据本决定作相应修改，重新公布。

重大税务案件审理办法

（2014 年 12 月 2 日国家税务总局令第 34 号公布，根据 2021 年 6 月 7 日国家税务总局令第 51 号修正）

第一章 总则

第一条 为贯彻落实中共中央办公厅、国务院办公厅印发的《关于进一步深化税收征管改革的意见》，推进税务机关科学民主决策，强化内部权力制约，优化税务执法方式，严格规范执法行为，推进科学精确执法，保护纳税人缴费人等税务行政相对人合法权益，根据《中华人民共和国行政处罚法》《中华人民共和国税收征收管理法》，制定本办法。

第二条 省以下各级税务局开展重大税务案件审理工作适用本办法。

第三条 重大税务案件审理应当以事实为根据、以法律为准绳，遵循合法、合理、公平、公正、效率的原则，注重法律效果和社会效果相统一。

第四条 参与重大税务案件审理的人员应当严格遵守国家保密规定和工作纪律，依法为纳税人缴费人等税务行政相对人的商业秘密、个人隐私和个人信息保密。

第二章 审理机构和职责

第五条 省以下各级税务局设立重大税务案件审理委员会（以下简称审理委员会）。

审理委员会由主任、副主任和成员单位组成，实行主任负责制。

审理委员会主任由税务局局长担任，副主任由税务局其他领导担任。审理委员会成员单位包括政策法规、税政业务、纳税服务、征管科技、大企业税收管理、税务稽查、督察内审部门。各级税务局可以根据实际需要，增加其他与案件审理有关的部门作为成员单位。

第六条 审理委员会履行下列职责：

（一）拟定本机关审理委员会工作规程、议事规则等制度；

（二）审理重大税务案件；

（三）指导监督下级税务局重大税务案件审理工作。

第七条 审理委员会下设办公室，办公室设在政策法规部门，办公室主任由政策法规部门负责人兼任。

第八条 审理委员会办公室履行下列职责：

（一）组织实施重大税务案件审理工作；

（二）提出初审意见；

（三）制作审理会议纪要和审理意见书；

（四）办理重大税务案件审理工作的统计、报告、案卷归档；

（五）承担审理委员会交办的其他工作。

第九条 审理委员会成员单位根据部门职责参加案件审理，提出审理意见。

稽查局负责提交重大税务案件证据材料、拟作税务处理处罚意见、举行听证。

稽查局对其提交的案件材料的真实性、合法性、准确性负责。

第十条 参与重大税务案件审理的人员有法律法规规定的回避情形的，应当回避。

重大税务案件审理参与人员的回避，由其所在部门的负责人决定；审理委员会成员单位负责人的回避，由审理委员会主任或其授权的副主任决定。

第三章　审理范围

第十一条 本办法所称重大税务案件包括：

（一）重大税务行政处罚案件，具体标准由各省、自治区、直辖市和计划单列市税务局根据本地情况自行制定，报国家税务总局备案；

（二）根据《重大税收违法案件督办管理暂行办法》督办的案件；

（三）应监察、司法机关要求出具认定意见的案件；

（四）拟移送公安机关处理的案件；

（五）审理委员会成员单位认为案情重大、复杂，需要审理的案件；

（六）其他需要审理委员会审理的案件。

有下列情形之一的案件，不属于重大税务案件审理范围：

（一）公安机关已就税收违法行为立案的；

（二）公安机关尚未就税收违法行为立案，但被查对象为走逃（失联）企业，并且涉嫌犯罪的；

（三）国家税务总局规定的其他情形。

第十二条 本办法第十一条第一款第三项规定的案件经审理委员会审理后，应当将拟处理意见报上一级税务局审理委员会备案。备案5日后可以作出决定。

第十三条 稽查局应当在每季度终了后5日内将稽查案件审理情况备案表送审理委员会办公室备案。

第四章　提请和受理

第十四条 稽查局应当在内部审理程序终结后5日内，将重大税务案件提请审理委员会审理。

当事人按照法律、法规、规章有关规定要求听证的，由稽查局组织听证。

第十五条 稽查局提请审理委员会审理案件，应当提交以下案件材料：

（一）重大税务案件审理案卷交接单；

（二）重大税务案件审理提请书；

（三）税务稽查报告；

（四）税务稽查审理报告；

（五）听证材料；

（六）相关证据材料。

重大税务案件审理提请书应当写明拟处理意见，所认定的案件事实应当标明证据指向。

证据材料应当制作证据目录。

稽查局应当完整移交证据目录所列全部证据材料，不能当场移交的应当注明存放地点。

第十六条　审理委员会办公室收到稽查局提请审理的案件材料后，应当在重大税务案件审理案卷交接单上注明接收部门和收到日期，并由接收人签名。

对于证据目录中列举的不能当场移交的证据材料，必要时，接收人在签收前可以到证据存放地点现场查验。

第十七条　审理委员会办公室收到稽查局提请审理的案件材料后，应当在 5 日内进行审核。

根据审核结果，审理委员会办公室提出处理意见，报审理委员会主任或其授权的副主任批准：

（一）提请审理的案件属于本办法规定的审理范围，提交了本办法第十五条规定的材料的，建议受理；

（二）提请审理的案件属于本办法规定的审理范围，但未按照本办法第十五条的规定提交相关材料的，建议补正材料；

（三）提请审理的案件不属于本办法规定的审理范围的，建议不予受理。

第五章　审理程序

第一节　一般规定

第十八条　重大税务案件应当自批准受理之日起 30 日内作出审理决定，不能在规定期限内作出审理决定的，经审理委员会主任或其授权的副主任批准，可以适当延长，但延长期限最多不超过 15 日。

补充调查、请示上级机关或征求有权机关意见、拟处理意见报上一级税务局审理委员会备案的时间不计入审理期限。

第十九条　审理委员会审理重大税务案件，应当重点审查：

（一）案件事实是否清楚；

（二）证据是否充分、确凿；

（三）执法程序是否合法；

（四）适用法律是否正确；

（五）案件定性是否准确；

（六）拟处理意见是否合法适当。

第二十条　审理委员会成员单位应当认真履行职责，根据本办法第十九条的规定提出审理意见，所出具的审理意见应当详细阐述理由、列明法律依据。

审理委员会成员单位审理案件，可以到审理委员会办公室或证据存放地查阅案卷材料，向稽查局了解案件有关情况。

第二十一条　重大税务案件审理采取书面审理和会议审理相结合的方式。

第二节　书面审理

第二十二条　审理委员会办公室自批准受理重大税务案件之日起 5 日内，将重大税务案件审理提请书及必要的案件材料分送审理委员会成员单位。

第二十三条 审理委员会成员单位自收到审理委员会办公室分送的案件材料之日起 10 日内，提出书面审理意见送审理委员会办公室。

第二十四条 审理委员会成员单位认为案件事实不清、证据不足，需要补充调查的，应当在书面审理意见中列明需要补充调查的问题并说明理由。

审理委员会办公室应当召集提请补充调查的成员单位和稽查局进行协调，确需补充调查的，由审理委员会办公室报审理委员会主任或其授权的副主任批准，将案件材料退回稽查局补充调查。

第二十五条 稽查局补充调查不应超过 30 日，有特殊情况的，经稽查局局长批准可以适当延长，但延长期限最多不超过 30 日。

稽查局完成补充调查后，应当按照本办法第十五条、第十六条的规定重新提交案件材料、办理交接手续。

稽查局不能在规定期限内完成补充调查的，或者补充调查后仍然事实不清、证据不足的，由审理委员会办公室报请审理委员会主任或其授权的副主任批准，终止审理。

第二十六条 审理过程中，稽查局发现本办法第十一条第二款规定情形的，书面告知审理委员会办公室。审理委员会办公室报请审理委员会主任或其授权的副主任批准，可以终止审理。

第二十七条 审理委员会成员单位认为案件事实清楚、证据确凿，但法律依据不明确或者需要处理的相关事项超出本机关权限的，按规定程序请示上级税务机关或者征求有权机关意见。

第二十八条 审理委员会成员单位书面审理意见一致，或者经审理委员会办公室协调后达成一致意见的，由审理委员会办公室起草审理意见书，报审理委员会主任批准。

第三节　会议审理

第二十九条 审理委员会成员单位书面审理意见存在较大分歧，经审理委员会办公室协调仍不能达成一致意见的，由审理委员会办公室向审理委员会主任或其授权的副主任报告，提请审理委员会会议审理。

第三十条 审理委员会办公室提请会议审理的报告，应当说明成员单位意见分歧、审理委员会办公室协调情况和初审意见。

审理委员会办公室应当将会议审理时间和地点提前通知审理委员会主任、副主任和成员单位，并分送案件材料。

第三十一条 成员单位应当派员参加会议，三分之二以上成员单位到会方可开会。审理委员会办公室以及其他与案件相关的成员单位应当出席会议。

案件调查人员、审理委员会办公室承办人员应当列席会议。必要时，审理委员会可要求调查对象所在地主管税务机关参加会议。

第三十二条 审理委员会会议由审理委员会主任或其授权的副主任主持。首先由稽查局汇报案情及拟处理意见。审理委员会办公室汇报初审意见后，各成员单位发表意见并陈述理由。

审理委员会办公室应当做好会议记录。

第三十三条 经审理委员会会议审理，根据不同情况，作出以下处理：

（一）案件事实清楚、证据确凿、程序合法、法律依据明确的，依法确定审理意见；

（二）案件事实不清、证据不足的，由稽查局对案件重新调查；

（三）案件执法程序违法的，由稽查局对案件重新处理；

（四）案件适用法律依据不明确，或者需要处理的有关事项超出本机关权限的，按规定程序请示上级机关或征求有权机关的意见。

第三十四条 审理委员会办公室根据会议审理情况制作审理纪要和审理意见书。

审理纪要由审理委员会主任或其授权的副主任签发。会议参加人员有保留意见或者特殊声明的，应当在审理纪要中载明。

审理意见书由审理委员会主任签发。

第六章 执行和监督

第三十五条 稽查局应当按照重大税务案件审理意见书制作税务处理处罚决定等相关文书，加盖稽查局印章后送达执行。

文书送达后 5 日内，由稽查局送审理委员会办公室备案。

第三十六条 重大税务案件审理程序终结后，审理委员会办公室应当将相关证据材料退回稽查局。

第三十七条 各级税务局督察内审部门应当加强对重大税务案件审理工作的监督。

第三十八条 审理委员会办公室应当加强重大税务案件审理案卷的归档管理，按照受理案件的顺序统一编号，做到一案一卷、资料齐全、卷面整洁、装订整齐。

需要归档的重大税务案件审理案卷包括税务稽查报告、税务稽查审理报告以及有关文书。

第三十九条 各省、自治区、直辖市和计划单列市税务局应当于每年 1 月 31 日之前，将本辖区上年度重大税务案件审理工作开展情况和重大税务案件审理统计表报送国家税务总局。

第七章 附则

第四十条 各级税务局办理的其他案件，需要移送审理委员会审理的，参照本办法执行。特别纳税调整案件按照有关规定执行。

第四十一条 各级税务局在重大税务案件审理工作中可以使用重大税务案件审理专用章。

第四十二条 本办法规定期限的最后一日为法定休假日的，以休假日期满的次日为期限的最后一日；在期限内有连续 3 日以上法定休假日的，按休假日天数顺延。

本办法有关"5 日"的规定指工作日，不包括法定休假日。

第四十三条 各级税务局应当按照国家税务总局的规划和要求，积极推动重大税务案件审理信息化建设。

第四十四条 各级税务局应当加大对重大税务案件审理工作的基础投入，保障审理人员和经费，配备办案所需的录音录像、文字处理、通讯等设备，推进重大税务案件审理规范化建设。

第四十五条 各省、自治区、直辖市和计划单列市税务局可以依照本办法制定具体实施办法。

第四十六条 本办法自 2015 年 2 月 1 日起施行。《国家税务总局关于印发〈重大税务案件审理办法（试行）〉的通知》（国税发〔2001〕21 号）同时废止。

18.31　关于《国家税务总局关于修改〈重大税务案件审理办法〉的决定》的解读

2021 年 6 月 11 日　国家税务总局办公厅

现对《国家税务总局关于修改〈重大税务案件审理办法〉的决定》解读如下：

一、为什么要修改《办法》

为贯彻落实全面推进依法治国要求，推动依法治税工作，2014 年税务总局制定《办法》，自 2015 年 2 月 1 日开始实施。《办法》的发布实施，切实加强了税务系统重大税务案件审理，有效规范税务机关执法，有力保护税务行政相对人合法权益。近年来，我国税收制度改革不断深化，税收征管体制持续优化，为进一步深化税收征管改革，中共中央办公厅、国务院办公厅印发了《关于进一步深化税收征管改革的意见》（以下简称《意见》），其中对税收执法提出了新要求。为贯彻落实《意见》，不断优化税务执法方式，严格规范税务执法行为，进一步提高重大税务案件审理质量，推进科学精确执法，更好地保护纳税人缴费人合法权益，税务总局对《办法》部分条款进行修改完善。

二、《办法》主要修改了哪些内容

（一）调整《办法》制定目的

重大税务案件审理是贯彻落实《意见》关于优化税务执法方式、严格规范税务执法行为等要求的具体举措，有利于以集体审理方式提高案件审理质量、提升税务机关精准执法的能力和水平。为了将《意见》有关要求在重大税务案件审理中落到实处，更好地保护纳税人缴费人等税务行政相对人的合法权益，将《办法》第一条修改为"为贯彻落实中共中央办公厅、国务院办公厅印发的《关于进一步深化税收征管改革的意见》，推进税务机关科学民主决策，强化内部权力制约，优化税务执法方式，严格规范执法行为，推进科学精确执法，保护纳税人缴费人等税务行政相对人合法权益，根据《中华人民共和国行政处罚法》《中华人民共和国税收征收管理法》，制定本办法。"

（二）修改保密规定

2021 年 1 月 1 日起施行的《中华人民共和国民法典》第一千零三十九条规定，"国家机关、承担行政职能的法定机构及其工作人员对于履行职责过程中知悉的自然人的隐私和个人信息，应当予以保密，不得泄露或者向他人非法提供。"同时，《意见》也明确了健全纳税人缴费人个人信息保护等制度，严防个人信息泄露和滥用等要求。为与《中华人民共和国民法典》第一千零三十九条有关规定相衔接，落实《意见》关于保护纳税人缴费人个人信息有关要求，将《办法》第四条修改为"参与重大税务案件审理的人员应当严格遵守国家保密规定和工作纪律，依法为纳税人缴费人等税务行政相对人的商业秘密、个人隐私和个人信息保密。"

（三）调整审理范围

一是根据国家监察体制改革后组建国家监察委员会的情况，将《办法》第十一条第一款第三项"应司法、监察机关要求出具认定意见的案件"修改为"应监察、司法机关要求出具认定意见的案件"，调整监察机关和司法机关的顺序。

　　二是为落实《意见》关于进一步畅通行政执法与刑事司法衔接工作机制，依法严厉打击涉税违法犯罪行为，打造法治化营商环境的要求，在《办法》第十一条中增加一款，作为第二款："有下列情形之一的案件，不属于重大税务案件审理范围：（一）公安机关已就税收违法行为立案的；（二）公安机关尚未就税收违法行为立案，但被查对象为走逃（失联）企业，并且涉嫌犯罪的；（三）国家税务总局规定的其他情形"。这些案件不纳入重大税务案件审理范围，税务稽查部门按照有关规定对其进行审理后，依法移送公安机关处理，有利于进一步优化税收法治环境。

　　为与上述修改内容相衔接，对《办法》相关条款作出如下修改：一是将第十二条中的"本办法第十一条第三项"修改为"本办法第十一条第一款第三项"。二是增加一条作为第二十六条："审理过程中，稽查局发现本办法第十一条第二款规定情形的，书面告知审理委员会办公室。审理委员会办公室报请审理委员会主任或其授权的副主任批准，可以终止审理。"

　　（四）修改组织听证有关表述

　　为与2021年1月22日十三届全国人大常委会第二十五次会议修订通过的《中华人民共和国行政处罚法》第六十三条第一款关于"行政机关拟作出下列行政处罚决定，应当告知当事人有要求听证的权利，当事人要求听证的，行政机关应当组织听证：……（六）法律、法规、规章规定的其他情形"的规定相衔接，将《办法》第十四条第二款修改为"当事人按照法律、法规、规章有关规定要求听证的，由稽查局组织听证。"即纳税人缴费人等税务行政相对人按照法律、法规及其他规章有关规定要求听证的，稽查局应按规定组织听证，切实保障税务行政相对人要求听证的权利。

　　（五）明确审理期限的执行口径

　　为进一步明确关于审理期限的执行口径，与《中华人民共和国税收征收管理法实施细则》有关规定保持一致，将《办法》第十八条第二款修改为"补充调查、请示上级机关或征求有权机关意见、拟处理意见报上一级税务局审理委员会备案的时间不计入审理期限。"将《办法》第四十一条修改为"本办法规定期限的最后一日为法定休假日的，以休假日期满的次日为期限的最后一日；在期限内有连续3日以上法定休假日的，按休假日天数顺延。本办法有关'5日'的规定指工作日，不包括法定休假日。"（现为第四十二条）

　　（六）调整审理文书

　　《办法》附件《重大税务案件审理文书范本》为税务机关内部审理程序使用，根据工作需要可能对其进行调整。为避免因仅调整文书范本而修改《办法》，删除《办法》附件文书范本，另行发布。

18.32　财政部　自然资源部　税务总局　人民银行关于将国有土地使用权出让收入、矿产资源专项收入、海域使用金、无居民海岛使用金四项政府非税收入划转税务部门征收有关问题的通知

2021年5月21日　财综〔2021〕19号

　　各省、自治区、直辖市、计划单列市财政厅（局）、自然资源厅（局），新疆生产建设兵团财政局、自然资源局，国家税务总局各省、自治区、直辖市、计划单列市税务局，中国人民银

行上海总部，各分行、营业管理部，各省会（首府）城市中心支行，各副省级城市中心支行：

为贯彻落实党中央、国务院关于政府非税收入征管职责划转税务部门的有关部署和要求，决定将国有土地使用权出让收入、矿产资源专项收入、海域使用金、无居民海岛使用金四项政府非税收入统一划转税务部门征收。现就平稳有序推进划转工作有关事项通知如下：

一、将由自然资源部门负责征收的国有土地使用权出让收入、矿产资源专项收入、海域使用金、无居民海岛使用金四项政府非税收入（以下简称四项政府非税收入），全部划转给税务部门负责征收。自然资源部（本级）按照规定负责征收的矿产资源专项收入、海域使用金、无居民海岛使用金，同步划转税务部门征收。

二、先试点后推开。自2021年7月1日起，选择在河北、内蒙古、上海、浙江、安徽、青岛、云南省（自治区、直辖市、计划单列市）以省（区、市）为单位开展征管职责划转试点，探索完善征缴流程、职责分工等，为全面推开划转工作积累经验。暂未开展征管划转试点地区要积极做好四项政府非税收入征收划转准备工作，自2022年1月1日起全面实施征管划转工作。

三、四项政府非税收入划转给税务部门征收后，以前年度和今后形成的应缴未缴收入以及按规定分期缴纳的收入，由税务部门负责征缴入库，有关部门应当配合做好相关信息传递和材料交接工作。税务部门应当按照国库集中收缴制度等规定，依法依规开展收入征管工作，确保非税收入及时足额缴入国库。已缴入财政非税专户，但尚未划缴国库的有关资金，由财政部门按非税收入收缴管理制度规定缴入国库。

四、税务部门按照属地原则征收四项政府非税收入。具体征收机关由国家税务总局有关省（自治区、直辖市、计划单列市）税务局按照"便民、高效"原则确定。原由自然资源部（本级）负责征收的矿产资源专项收入、海域使用金、无居民海岛使用金等非税收入，征管职责划转后的具体工作由国家税务总局北京市税务局承担。

五、税务部门应当商财政、自然资源、人民银行等部门逐项确定职责划转后的征缴流程，实现办事缴费"一门、一站、一次"办理，不断提高征管效率，降低征管成本。具体征缴流程可参照本通知附件流程图并结合当地实际研究确定。涉及经费划转的，方案按程序报批。

六、税务部门征收四项政府非税收入应当使用财政部统一监（印）制的非税收入票据，按照税务部门全国统一信息化方式规范管理。

七、资金入库后需要办理退库的，应当按照财政部门有关退库管理规定办理。其中，因缴费人误缴、税务部门误收需要退库的，由缴费人向税务部门申请办理，税务部门经严格审核并商有关财政、自然资源部门复核同意后，按规定办理退付手续；其他情形需要退库的，由缴费人向财政部门和自然资源部门申请办理。人民银行国库管理部门按规定办理退付手续。

八、除本通知规定外，四项政府非税收入的征收范围、对象、标准、减免、分成、使用、管理等政策，继续按照现行规定执行。

九、自然资源部门与使用权人签订出让、划拨等合同后，应当及时向税务部门和财政部门传递相关信息，确保征管信息实时共享。税务部门应会同财政、自然资源、人民银行等部门做好业务衔接和信息互联互通工作，并将计征、缴款等明细信息通过互联互通系统传递给财政、自然资源、人民银行等相关部门，确保征管信息实时共享，账目清晰无误。同时，向财政部门报送征收情况，并附文字说明材料。

各级财政、自然资源、税务、人民银行等部门要把思想认识统一到中央决策部署上来，切实提高政治站位，强化部门协作配合，形成非税收入征管职责划转协同共治合力。各地在征管职责划转试点工作中若遇到重大问题，应当及时向税务总局报告，税务总局应当会同财政部、自然资源部、人民银行等有关部门根据试点情况，研究完善具体征缴流程，指导各地做好划转工作；涉及地方跨部门协调难点问题，应当及时向同级政府报告，请地方政府及时协调解决和处理，确保划转工作顺利进行。

附件：国有土地使用权出让收入等四项政府非税收入征缴流程

财政部　自然资源部　税务总局　人民银行

2021 年 5 月 21 日

18.33　税务稽查案件办理程序规定

2021 年 7 月 12 日　国家税务总局令第 52 号

《税务稽查案件办理程序规定》，已经 2021 年 6 月 18 日国家税务总局 2021 年度第 2 次局务会议审议通过，现予公布，自 2021 年 8 月 11 日起施行。

国家税务总局局长：王军

2021 年 7 月 12 日

税务稽查案件办理程序规定

第一章　总则

第一条　为了贯彻落实中共中央办公厅、国务院办公厅印发的《关于进一步深化税收征管改革的意见》，保障税收法律、行政法规的贯彻实施，规范税务稽查案件办理程序，强化监督制约机制，保护纳税人、扣缴义务人和其他涉税当事人合法权益，根据《中华人民共和国税收征收管理法》（以下简称税收征管法）、《中华人民共和国税收征收管理法实施细则》（以下简称税收征管法实施细则）等法律、行政法规，制定本规定。

第二条　稽查局办理税务稽查案件适用本规定。

第三条　办理税务稽查案件应当以事实为根据，以法律为准绳，坚持公平、公正、公开、效率的原则。

第四条　税务稽查由稽查局依法实施。稽查局主要职责是依法对纳税人、扣缴义务人和其他涉税当事人履行纳税义务、扣缴义务情况及涉税事项进行检查处理，以及围绕检查处理开展的其他相关工作。稽查局具体职责由国家税务总局依照税收征管法、税收征管法实施细则和国家有关规定确定。

第五条　稽查局办理税务稽查案件时，实行选案、检查、审理、执行分工制约原则。

第六条　稽查局应当在税务局向社会公告的范围内实施税务稽查。上级税务机关可以根据案件办理的需要指定管辖。

税收法律、行政法规和国家税务总局规章对税务稽查管辖另有规定的，从其规定。

第七条　税务稽查管辖有争议的，由争议各方本着有利于案件办理的原则逐级协商解决；

不能协商一致的，报请共同的上级税务机关决定。

第八条　税务稽查人员具有税收征管法实施细则规定回避情形的，应当回避。

被查对象申请税务稽查人员回避或者税务稽查人员自行申请回避的，由稽查局局长依法决定是否回避。稽查局局长发现税务稽查人员具有规定回避情形的，应当要求其回避。稽查局局长的回避，由税务局局长依法审查决定。

第九条　税务稽查人员对实施税务稽查过程中知悉的国家秘密、商业秘密或者个人隐私、个人信息，应当依法予以保密。

纳税人、扣缴义务人和其他涉税当事人的税收违法行为不属于保密范围。

第十条　税务稽查人员应当遵守工作纪律，恪守职业道德，不得有下列行为：

（一）违反法定程序、超越权限行使职权；

（二）利用职权为自己或者他人牟取利益；

（三）玩忽职守，不履行法定义务；

（四）泄露国家秘密、工作秘密，向被查对象通风报信、泄露案情；

（五）弄虚作假，故意夸大或者隐瞒案情；

（六）接受被查对象的请客送礼等影响公正执行公务的行为；

（七）其他违法违纪行为。

税务稽查人员在执法办案中滥用职权、玩忽职守、徇私舞弊的，依照有关规定严肃处理；涉嫌犯罪的，依法移送司法机关处理。

第十一条　税务稽查案件办理应当通过文字、音像等形式，对案件办理的启动、调查取证、审核、决定、送达、执行等进行全过程记录。

第二章　选案

第十二条　稽查局应当加强稽查案源管理，全面收集整理案源信息，合理、准确地选择待查对象。案源管理依照国家税务总局有关规定执行。

第十三条　待查对象确定后，经稽查局局长批准实施立案检查。

必要时，依照法律法规的规定，稽查局可以在立案前进行检查。

第十四条　稽查局应当统筹安排检查工作，严格控制对纳税人、扣缴义务人的检查次数。

第三章　检查

第十五条　检查前，稽查局应当告知被查对象检查时间、需要准备的资料等，但预先通知有碍检查的除外。

检查应当由两名以上具有执法资格的检查人员共同实施，并向被查对象出示税务检查证件、出示或者送达税务检查通知书，告知其权利和义务。

第十六条　检查应当依照法定权限和程序，采取实地检查、调取账簿资料、询问、查询存款账户或者储蓄存款、异地协查等方法。

对采用电子信息系统进行管理和核算的被查对象，检查人员可以要求其打开该电子信息系统，或者提供与原始电子数据、电子信息系统技术资料一致的复制件。被查对象拒不打开或者拒不提供的，经稽查局局长批准，可以采用适当的技术手段对该电子信息系统进行直接检查，或者提取、复制电子数据进行检查，但所采用的技术手段不得破坏该电子信息系统原始电子数据，或者影响该电子信息系统正常运行。

第十七条　检查应当依照法定权限和程序收集证据材料。收集的证据必须经查证属实，并与证明事项相关联。

不得以下列方式收集、获取证据材料：

（一）严重违反法定程序收集；

（二）以违反法律强制性规定的手段获取且侵害他人合法权益；

（三）以利诱、欺诈、胁迫、暴力等手段获取。

第十八条　调取账簿、记账凭证、报表和其他有关资料时，应当向被查对象出具调取账簿资料通知书，并填写调取账簿资料清单交其核对后签章确认。

调取纳税人、扣缴义务人以前会计年度的账簿、记账凭证、报表和其他有关资料的，应当经县以上税务局局长批准，并在 3 个月内完整退还；调取纳税人、扣缴义务人当年的账簿、记账凭证、报表和其他有关资料的，应当经设区的市、自治州以上税务局局长批准，并在 30 日内退还。

退还账簿资料时，应当由被查对象核对调取账簿资料清单，并签章确认。

第十九条　需要提取证据材料原件的，应当向当事人出具提取证据专用收据，由当事人核对后签章确认。对需要退还的证据材料原件，检查结束后应当及时退还，并履行相关签收手续。需要将已开具的纸质发票调出查验时，应当向被查验的单位或者个人开具发票换票证；需要将空白纸质发票调出查验时，应当向被查验的单位或者个人开具调验空白发票收据。经查无问题的，应当及时退还，并履行相关签收手续。

提取证据材料复制件的，应当由当事人或者原件保存单位（个人）在复制件上注明"与原件核对无误"及原件存放地点，并签章。

第二十条　询问应当由两名以上检查人员实施。除在被查对象生产、经营、办公场所询问外，应当向被询问人送达询问通知书。

询问时应当告知被询问人有关权利义务。询问笔录应当交被询问人核对或者向其宣读；询问笔录有修改的，应当由被询问人在改动处捺指印；核对无误后，由被询问人在尾页结束处写明"以上笔录我看过（或者向我宣读过），与我说的相符"，并逐页签章、捺指印。被询问人拒绝在询问笔录上签章、捺指印的，检查人员应当在笔录上注明。

第二十一条　当事人、证人可以采取书面或者口头方式陈述或者提供证言。当事人、证人口头陈述或者提供证言的，检查人员应当以笔录、录音、录像等形式进行记录。笔录可以手写或者使用计算机记录并打印，由当事人或者证人逐页签章、捺指印。

当事人、证人口头提出变更陈述或者证言的，检查人员应当就变更部分重新制作笔录，注明原因，由当事人或者证人逐页签章、捺指印。当事人、证人变更书面陈述或者证言的，变更前的笔录不予退回。

第二十二条　制作录音、录像等视听资料的，应当注明制作方法、制作时间、制作人和证明对象等内容。

调取视听资料时，应当调取有关资料的原始载体；难以调取原始载体的，可以调取复制件，但应当说明复制方法、人员、时间和原件存放处等事项。

对声音资料，应当附有该声音内容的文字记录；对图像资料，应当附有必要的文字说明。

第二十三条　以电子数据的内容证明案件事实的，检查人员可以要求当事人将电子数据打印成纸质资料，在纸质资料上注明数据出处、打印场所、打印时间或者提供时间，注明"与电子数据核对无误",并由当事人签章。

需要以有形载体形式固定电子数据的,检查人员应当与提供电子数据的个人、单位的法定代表人或者财务负责人或者经单位授权的其他人员一起将电子数据复制到存储介质上并封存,同时在封存包装物上注明制作方法、制作时间、制作人、文件格式及大小等,注明"与原始载体记载的电子数据核对无误",并由电子数据提供人签章。

收集、提取电子数据,检查人员应当制作现场笔录,注明电子数据的来源、事由、证明目的或者对象,提取时间、地点、方法、过程,原始存储介质的存放地点以及对电子数据存储介质的签封情况等。进行数据压缩的,应当在笔录中注明压缩方法和完整性校验值。

第二十四条 检查人员实地调查取证时,可以制作现场笔录、勘验笔录,对实地调查取证情况予以记录。

制作现场笔录、勘验笔录,应当载明时间、地点和事件等内容,并由检查人员签名和当事人签章。

当事人经通知不到场或者拒绝在现场笔录、勘验笔录上签章的,检查人员应当在笔录上注明原因;如有其他人员在场,可以由其签章证明。

第二十五条 检查人员异地调查取证的,当地税务机关应当予以协助;发函委托相关稽查局调查取证的,必要时可以派人参与受托地稽查局的调查取证,受托地稽查局应当根据协查请求,依照法定权限和程序调查。

需要取得境外资料的,稽查局可以提请国际税收管理部门依照有关规定程序获取。

第二十六条 查询从事生产、经营的纳税人、扣缴义务人存款账户,应当经县以上税务局局长批准,凭检查存款账户许可证明向相关银行或者其他金融机构查询。

查询案件涉嫌人员储蓄存款的,应当经设区的市、自治州以上税务局局长批准,凭检查存款账户许可证明向相关银行或者其他金融机构查询。

第二十七条 被查对象有下列情形之一的,依照税收征管法和税收征管法实施细则有关逃避、拒绝或者以其他方式阻挠税务检查的规定处理:

(一) 提供虚假资料,不如实反映情况,或者拒绝提供有关资料的;

(二) 拒绝或者阻止税务机关记录、录音、录像、照相和复制与案件有关的情况和资料的;

(三) 在检查期间转移、隐匿、销毁有关资料的;

(四) 有不依法接受税务检查的其他情形的。

第二十八条 税务机关有根据认为从事生产、经营的纳税人有逃避纳税义务行为,可以在规定的纳税期之前,责令限期缴纳应纳税款;在限期内发现纳税人有明显的转移、隐匿其应纳税的商品、货物以及其他财产或者应纳税收入迹象的,可以责成纳税人提供纳税担保。如果纳税人不能提供纳税担保,经县以上税务局局长批准,可以依法采取税收强制措施。

检查从事生产、经营的纳税人以前纳税期的纳税情况时,发现纳税人有逃避纳税义务行为,并有明显的转移、隐匿其应纳税的商品、货物以及其他财产或者应纳税收入迹象的,经县以上税务局局长批准,可以依法采取税收强制措施。

第二十九条 稽查局采取税收强制措施时,应当向纳税人、扣缴义务人、纳税担保人交付税收强制措施决定书,告知其采取税收强制措施的内容、理由、依据以及依法享有的权利、救济途径,并履行法律、法规规定的其他程序。

采取冻结纳税人在开户银行或者其他金融机构的存款措施时,应当向纳税人开户银行或者其他金融机构交付冻结存款通知书,冻结其相当于应纳税款的存款;并于作出冻结决定之日起

3 个工作日内，向纳税人交付冻结决定书。

采取查封、扣押商品、货物或者其他财产措施时，应当向纳税人、扣缴义务人、纳税担保人当场交付查封、扣押决定书，填写查封商品、货物或者其他财产清单或者出具扣押商品、货物或者其他财产专用收据，由当事人核对后签章。查封清单、扣押收据一式二份，由当事人和稽查局分别保存。

采取查封、扣押有产权证件的动产或者不动产措施时，应当依法向有关单位送达税务协助执行通知书，通知其在查封、扣押期间不再办理该动产或者不动产的过户手续。

第三十条　按照本规定第二十八条第二款采取查封、扣押措施的，期限一般不得超过 6 个月；重大案件有下列情形之一，需要延长期限的，应当报国家税务总局批准：

（一）案情复杂，在查封、扣押期限内确实难以查明案件事实的；

（二）被查对象转移、隐匿、销毁账簿、记账凭证或者其他证据材料的；

（三）被查对象拒不提供相关情况或者以其他方式拒绝、阻挠检查的；

（四）解除查封、扣押措施可能使纳税人转移、隐匿、损毁或者违法处置财产，从而导致税款无法追缴的。

除前款规定情形外采取查封、扣押、冻结措施的，期限不得超过 30 日；情况复杂的，经县以上税务局局长批准，可以延长，但是延长期限不得超过 30 日。

第三十一条　有下列情形之一的，应当依法及时解除税收强制措施：

（一）纳税人已按履行期限缴纳税款、扣缴义务人已按履行期限解缴税款、纳税担保人已按履行期限缴纳所担保税款的；

（二）税收强制措施被复议机关决定撤销的；

（三）税收强制措施被人民法院判决撤销的；

（四）其他法定应当解除税收强制措施的。

第三十二条　解除税收强制措施时，应当向纳税人、扣缴义务人、纳税担保人送达解除税收强制措施决定书，告知其解除税收强制措施的时间、内容和依据，并通知其在规定时间内办理解除税收强制措施的有关事宜：

（一）采取冻结存款措施的，应当向冻结存款的纳税人开户银行或者其他金融机构送达解除冻结存款通知书，解除冻结；

（二）采取查封商品、货物或者其他财产措施的，应当解除查封并收回查封商品、货物或者其他财产清单；

（三）采取扣押商品、货物或者其他财产措施的，应当予以返还并收回扣押商品、货物或者其他财产专用收据。

税收强制措施涉及协助执行单位的，应当向协助执行单位送达税务协助执行通知书，通知解除税收强制措施相关事项。

第三十三条　有下列情形之一，致使检查暂时无法进行的，经稽查局局长批准后，中止检查：

（一）当事人被有关机关依法限制人身自由的；

（二）账簿、记账凭证及有关资料被其他国家机关依法调取且尚未归还的；

（三）与税收违法行为直接相关的事实需要人民法院或者其他国家机关确认的；

（四）法律、行政法规或者国家税务总局规定的其他可以中止检查的。

中止检查的情形消失，经稽查局局长批准后，恢复检查。

第三十四条　有下列情形之一，致使检查确实无法进行的，经稽查局局长批准后，终结检查：

（一）被查对象死亡或者被依法宣告死亡或者依法注销，且有证据表明无财产可抵缴税款或者无法定税收义务承担主体的；

（二）被查对象税收违法行为均已超过法定追究期限的；

（三）法律、行政法规或者国家税务总局规定的其他可以终结检查的。

第三十五条　检查结束前，检查人员可以将发现的税收违法事实和依据告知被查对象。

被查对象对违法事实和依据有异议的，应当在限期内提供说明及证据材料。被查对象口头说明的，检查人员应当制作笔录，由当事人签章。

第四章　审理

第三十六条　检查结束后，稽查局应当对案件进行审理。符合重大税务案件标准的，稽查局审理后提请税务局重大税务案件审理委员会审理。

重大税务案件审理依照国家税务总局有关规定执行。

第三十七条　案件审理应当着重审核以下内容：

（一）执法主体是否正确；

（二）被查对象是否准确；

（三）税收违法事实是否清楚，证据是否充分，数据是否准确，资料是否齐全；

（四）适用法律、行政法规、规章及其他规范性文件是否适当，定性是否正确；

（五）是否符合法定程序；

（六）是否超越或者滥用职权；

（七）税务处理、处罚建议是否适当；

（八）其他应当审核确认的事项或者问题。

第三十八条　有下列情形之一的，应当补正或者补充调查：

（一）被查对象认定错误的；

（二）税收违法事实不清、证据不足的；

（三）不符合法定程序的；

（四）税务文书不规范、不完整的；

（五）其他需要补正或者补充调查的。

第三十九条　拟对被查对象或者其他涉税当事人作出税务行政处罚的，应当向其送达税务行政处罚事项告知书，告知其依法享有陈述、申辩及要求听证的权利。税务行政处罚事项告知书应当包括以下内容：

（一）被查对象或者其他涉税当事人姓名或者名称、有效身份证件号码或者统一社会信用代码、地址。没有统一社会信用代码的，以税务机关赋予的纳税人识别号代替；

（二）认定的税收违法事实和性质；

（三）适用的法律、行政法规、规章及其他规范性文件；

（四）拟作出的税务行政处罚；

（五）当事人依法享有的权利；

（六）告知书的文号、制作日期、税务机关名称及印章；

（七）其他相关事项。

第四十条　被查对象或者其他涉税当事人可以书面或者口头提出陈述、申辩意见。对当事人口头提出陈述、申辩意见，应当制作陈述申辩笔录，如实记录，由陈述人、申辩人签章。

应当充分听取当事人的陈述、申辩意见；经复核，当事人提出的事实、理由或者证据成立的，应当采纳。

第四十一条　被查对象或者其他涉税当事人按照法律、法规、规章要求听证的，应当依法组织听证。

听证依照国家税务总局有关规定执行。

第四十二条　经审理，区分下列情形分别作出处理：

（一）有税收违法行为，应当作出税务处理决定的，制作税务处理决定书；

（二）有税收违法行为，应当作出税务行政处罚决定的，制作税务行政处罚决定书；

（三）税收违法行为轻微，依法可以不予税务行政处罚的，制作不予税务行政处罚决定书；

（四）没有税收违法行为的，制作税务稽查结论。

税务处理决定书、税务行政处罚决定书、不予税务行政处罚决定书、税务稽查结论引用的法律、行政法规、规章及其他规范性文件，应当注明文件全称、文号和有关条款。

第四十三条　税务处理决定书应当包括以下主要内容：

（一）被查对象姓名或者名称、有效身份证件号码或者统一社会信用代码、地址。没有统一社会信用代码的，以税务机关赋予的纳税人识别号代替；

（二）检查范围和内容；

（三）税收违法事实及所属期间；

（四）处理决定及依据；

（五）税款金额、缴纳期限及地点；

（六）税款滞纳时间、滞纳金计算方法、缴纳期限及地点；

（七）被查对象不按期履行处理决定应当承担的责任；

（八）申请行政复议或者提起行政诉讼的途径和期限；

（九）处理决定书的文号、制作日期、税务机关名称及印章。

第四十四条　税务行政处罚决定书应当包括以下主要内容：

（一）被查对象或者其他涉税当事人姓名或者名称、有效身份证件号码或者统一社会信用代码、地址。没有统一社会信用代码的，以税务机关赋予的纳税人识别号代替；

（二）检查范围和内容；

（三）税收违法事实、证据及所属期间；

（四）行政处罚种类和依据；

（五）行政处罚履行方式、期限和地点；

（六）当事人不按期履行行政处罚决定应当承担的责任；

（七）申请行政复议或者提起行政诉讼的途径和期限；

（八）行政处罚决定书的文号、制作日期、税务机关名称及印章。

税务行政处罚决定应当依法公开。公开的行政处罚决定被依法变更、撤销、确认违法或者确认无效的，应当在 3 个工作日内撤回原行政处罚决定信息并公开说明理由。

第四十五条　不予税务行政处罚决定书应当包括以下主要内容：

（一）被查对象或者其他涉税当事人姓名或者名称、有效身份证件号码或者统一社会信用代码、地址。没有统一社会信用代码的，以税务机关赋予的纳税人识别号代替；

（二）检查范围和内容；

（三）税收违法事实及所属期间；

（四）不予税务行政处罚的理由及依据；

（五）申请行政复议或者提起行政诉讼的途径和期限；

（六）不予行政处罚决定书的文号、制作日期、税务机关名称及印章。

第四十六条 税务稽查结论应当包括以下主要内容：

（一）被查对象姓名或者名称、有效身份证件号码或者统一社会信用代码、地址。没有统一社会信用代码的，以税务机关赋予的纳税人识别号代替；

（二）检查范围和内容；

（三）检查时间和检查所属期间；

（四）检查结论；

（五）结论的文号、制作日期、税务机关名称及印章。

第四十七条 稽查局应当自立案之日起 90 日内作出行政处理、处罚决定或者无税收违法行为结论。案情复杂需要延期的，经税务局局长批准，可以延长不超过 90 日；特殊情况或者发生不可抗力需要继续延期的，应当经上一级税务局分管副局长批准，并确定合理的延长期限。但下列时间不计算在内：

（一）中止检查的时间；

（二）请示上级机关或者征求有权机关意见的时间；

（三）提请重大税务案件审理的时间；

（四）因其他方式无法送达，公告送达文书的时间；

（五）组织听证的时间；

（六）纳税人、扣缴义务人超期提供资料的时间；

（七）移送司法机关后，税务机关需根据司法文书决定是否处罚的案件，从司法机关接受移送到司法文书生效的时间。

第四十八条 税收违法行为涉嫌犯罪的，填制涉嫌犯罪案件移送书，经税务局局长批准后，依法移送公安机关，并附送以下资料：

（一）涉嫌犯罪案件情况的调查报告；

（二）涉嫌犯罪的主要证据材料复制件；

（三）其他有关涉嫌犯罪的材料。

第五章 执行

第四十九条 稽查局应当依法及时送达税务处理决定书、税务行政处罚决定书、不予税务行政处罚决定书、税务稽查结论等税务文书。

第五十条 具有下列情形之一的，经县以上税务局局长批准，稽查局可以依法强制执行，或者依法申请人民法院强制执行：

（一）纳税人、扣缴义务人未按照规定的期限缴纳或者解缴税款、滞纳金，责令限期缴纳逾期仍未缴纳的；

（二）经稽查局确认的纳税担保人未按照规定的期限缴纳所担保的税款、滞纳金，责令限期缴纳逾期仍未缴纳的；

（三）当事人对处罚决定逾期不申请行政复议也不向人民法院起诉、又不履行的；

（四）其他可以依法强制执行的。

第五十一条 当事人确有经济困难，需要延期或者分期缴纳罚款的，可向稽查局提出申请，经税务局局长批准后，可以暂缓或者分期缴纳。

第五十二条 作出强制执行决定前，应当制作并送达催告文书，催告当事人履行义务，听取当事人陈述、申辩意见。经催告，当事人逾期仍不履行行政决定，且无正当理由的，经县以上税务局局长批准，实施强制执行。

实施强制执行时，应当向被执行人送达强制执行决定书，告知其实施强制执行的内容、理由及依据，并告知其享有依法申请行政复议或者提起行政诉讼的权利。

催告期间，对有证据证明有转移或者隐匿财物迹象的，可以作出立即强制执行决定。

第五十三条 稽查局采取从被执行人开户银行或者其他金融机构的存款中扣缴税款、滞纳金、罚款措施时，应当向被执行人开户银行或者其他金融机构送达扣缴税收款项通知书，依法扣缴税款、滞纳金、罚款，并及时将有关凭证送达被执行人。

第五十四条 拍卖、变卖被执行人商品、货物或者其他财产，以拍卖、变卖所得抵缴税款、滞纳金、罚款的，在拍卖、变卖前应当依法进行查封、扣押。

稽查局拍卖、变卖被执行人商品、货物或者其他财产前，应当制作拍卖/变卖抵税财物决定书，经县以上税务局局长批准后送达被执行人，予以拍卖或者变卖。

拍卖或者变卖实现后，应当在结算并收取价款后 3 个工作日内，办理税款、滞纳金、罚款的入库手续，并制作拍卖/变卖结果通知书，附拍卖/变卖查封、扣押的商品、货物或者其他财产清单，经稽查局局长审核后，送达被执行人。

以拍卖或者变卖所得抵缴税款、滞纳金、罚款和拍卖、变卖等费用后，尚有剩余的财产或者无法进行拍卖、变卖的财产的，应当制作返还商品、货物或者其他财产通知书，附返还商品、货物或者其他财产清单，送达被执行人，并自办理税款、滞纳金、罚款入库手续之日起 3 个工作日内退还被执行人。

第五十五条 执行过程中发现涉嫌犯罪的，依照本规定第四十八条处理。

第五十六条 执行过程中发现有下列情形之一的，经稽查局局长批准后，中止执行：

（一）当事人死亡或者被依法宣告死亡，尚未确定可执行财产的；

（二）当事人进入破产清算程序尚未终结的；

（三）可执行财产被司法机关或者其他国家机关依法查封、扣押、冻结，致使执行暂时无法进行的；

（四）可供执行的标的物需要人民法院或者仲裁机构确定权属的；

（五）法律、行政法规和国家税务总局规定其他可以中止执行的。

中止执行情形消失后，经稽查局局长批准，恢复执行。

第五十七条 当事人确无财产可供抵缴税款、滞纳金、罚款或者依照破产清算程序确实无法清缴税款、滞纳金、罚款，或者有其他法定终结执行情形的，经税务局局长批准后，终结执行。

第五十八条 税务处理决定书、税务行政处罚决定书等决定性文书送达后，有下列情形之一的，稽查局可以依法重新作出：

（一）决定性文书被人民法院判决撤销的；

（二）决定性文书被行政复议机关决定撤销的；

（三）税务机关认为需要变更或者撤销原决定性文书的；

（四）其他依法需要变更或者撤销原决定性文书的。

第六章　附则

第五十九条　本规定相关税务文书的式样，由国家税务总局规定。

第六十条　本规定所称签章，区分以下情况确定：

（一）属于法人或者其他组织的，由相关人员签名，加盖单位印章并注明日期；

（二）属于个人的，由个人签名并注明日期。

本规定所称"以上""日内"，均含本数。

第六十一条　本规定自 2021 年 8 月 11 日起施行。《税务稽查工作规程》（国税发〔2009〕157 号印发，国家税务总局公告 2018 年第 31 号修改）同时废止。

18.34　国家税务总局关于纳税信用评价与修复有关事项的公告

2021 年 11 月 15 日　国家税务总局公告 2021 年第 31 号

为贯彻落实中办、国办印发的《关于进一步深化税收征管改革的意见》，深入开展 2021 年"我为纳税人缴费人办实事暨便民办税春风行动"，推进税务领域"放管服"改革，优化税收营商环境，引导纳税人及时纠正违规失信行为、消除不良影响，根据《国务院办公厅关于进一步完善失信约束制度构建诚信建设长效机制的指导意见》（国办发〔2020〕49 号）等文件要求，现就纳税信用评价与修复有关事项公告如下：

一、符合下列条件之一的纳税人，可向主管税务机关申请纳税信用修复：

（一）破产企业或其管理人在重整或和解程序中，已依法缴纳税款、滞纳金、罚款，并纠正相关纳税信用失信行为的。

（二）因确定为重大税收违法失信主体，纳税信用直接判为 D 级的纳税人，失信主体信息已按照国家税务总局相关规定不予公布或停止公布，申请前连续 12 个月没有新增纳税信用失信行为记录的。

（三）由纳税信用 D 级纳税人的直接责任人员注册登记或者负责经营，纳税信用关联评价为 D 级的纳税人，申请前连续 6 个月没有新增纳税信用失信行为记录的。

（四）因其他失信行为纳税信用直接判为 D 级的纳税人，已纠正纳税信用失信行为、履行税收法律责任，申请前连续 12 个月没有新增纳税信用失信行为记录的。

（五）因上一年度纳税信用直接判为 D 级，本年度纳税信用保留为 D 级的纳税人，已纠正纳税信用失信行为、履行税收法律责任或失信主体信息已按照国家税务总局相关规定不予公布或停止公布，申请前连续 12 个月没有新增纳税信用失信行为记录的。

二、符合《国家税务总局关于纳税信用修复有关事项的公告》（2019 年第 37 号）所列条件的纳税人，其纳税信用级别及失信行为的修复仍从其规定。

三、符合本公告所列条件的纳税人，可填写《纳税信用修复申请表》（附件 1），对当前的纳税信用评价结果向主管税务机关申请纳税信用修复。税务机关核实纳税人纳税信用状况，按照《纳税信用修复范围及标准》（附件 2）调整相应纳税信用评价指标状态，根据纳税信用评价相关规定，重新评价纳税人的纳税信用级别。

申请破产重整企业纳税信用修复的，应同步提供人民法院批准的重整计划或认可的和解协议，其破产重整前发生的相关失信行为，可按照《纳税信用修复范围及标准》中破产重整企业适用的修复标准开展修复。

四、自 2021 年度纳税信用评价起，税务机关按照"首违不罚"相关规定对纳税人不予行政处罚的，相关记录不纳入纳税信用评价。

五、本公告自 2022 年 1 月 1 日起施行。《国家税务总局关于明确纳税信用管理若干业务口径的公告》（2015 年第 85 号，2018 年第 31 号修改）第六条第（十）项、《国家税务总局关于纳税信用修复有关事项的公告》（2019 年第 37 号）所附《纳税信用修复申请表》《纳税信用修复范围及标准》同时废止。

特此公告。

附件：1. 纳税信用修复申请表
　　　 2. 纳税信用修复范围及标准

国家税务总局

2021 年 11 月 15 日

附件 1：纳税信用修复申请表

纳税人识别号（统一社会信用代码）			
纳税人名称			
经办人		联系电话	
评价年度		评价结果	
具体原因			

□1. 未按法定期限办理纳税申报、税款缴纳、资料备案等事项且已补办其中，涉及以下指标的，请填写纠正日期及说明：□010304. 从事进料加工业务的生产企业，未按规定期限办理进料加工登记、申报、核销手续的；纠正日期及说明：＿＿＿＿＿＿

□010502. 使用计算机记账，未在使用前将会计电算化系统的会计核算软件、使用说明书及有关资料报送主管税务机关备案的；纠正日期及说明：＿＿＿＿＿＿

□010503. 纳税人与其关联企业之间的业务往来应向税务机关提供有关价格、费用标准信息而未提供的；纠正日期及说明：＿＿＿＿＿＿

□010504. 未按规定（期限）提供其他涉税资料的；纠正日期及说明：＿＿＿＿＿＿

□020302. 未履行扣缴义务，应扣未扣，应收不收税款；纠正日期及说明：＿＿＿＿＿＿

□2. 未按税务机关处理结论缴纳或者足额缴纳税款、滞纳金和罚款○在处理结论的期限期满后 60 日内足额补缴○在处理结论的期限期满后 60 日内足额补缴，在被直接判为 D 级的次年年底之后提出修复申请且申请前连续 12 个月没有新增纳税信用失信行为记录○在处理结论的期限期满 60 日后足额补缴，连续 12 个月没有新增纳税信用失信行为记录

□3. 履行相应法律义务由税务机关依法解除非正常状态○在被直接判为 D 级的次年年底前提出修复申请○在被直接判为 D 级的次年年底之后提出修复申请且申请前连续 12 个月没有新增纳税信用失信行为记录

□4. 确定为重大税收违法失信主体，失信主体信息已按照国家税务总局相关规定不予公布或停止公布，连续 12 个月没有新增纳税信用失信行为记录

□5. 由纳税信用 D 级纳税人或非正常户的直接责任人员注册登记或负责经营，纳税信用关联为 D 级○D 级纳税人或非正常户经修复后不再为 D 级○D 级纳税人的关联企业连续 6 个月没有新增纳税信用失信行为记录

续表

□6. 因其他失信行为纳税信用直接判为 D 级，已纠正纳税信用失信行为、履行税收法律责任，连续 12 个月没有新增纳税信用失信行为记录
□7. 纳税信用保留为 D 级，已纠正纳税信用失信行为、履行税收法律责任或失信主体信息已按照国家税务总局相关规定不予公布或停止公布，连续 12 个月没有新增纳税信用失信行为记录
□8. 破产重整企业已依法缴纳税款、滞纳金、罚款，并纠正相关纳税信用失信行为
谨承诺：1. 对申请修复年度纳税信用评价结果无异议，且已对失信行为进行纠正；2. 所填写的内容和提交的相关材料真实、有效；3. 违背承诺自愿接受惩戒，并承担相应责任。

经办人签章： 法定代表人签字： 纳税人印章：	受理人： 受理日期：　　年　月　日 主管税务机关印章：

备注：1. 主管税务机关自受理纳税信用修复申请之日起 15 个工作日内完成审核，并向纳税人反馈信用修复结果；

　　　2. 本表一式两份，主管税务机关和纳税人各留存一份。

附件 2：纳税信用修复范围及标准

序号	指标名称	指标代码	扣分分值	修复加分分值		
				30 日内纠正	30 日后本年纠正	30 日后次年纠正
1	未按规定期限纳税申报※	010101	5 分	涉及税款 1 000 元以下的加 5 分，其他的加 4 分	2 分	1 分
2	未按规定期限代扣代缴※	010102	5 分	涉及税款 1 000 元以下的加 5 分，其他的加 4 分	2 分	1 分
3	未按规定期限填报财务报表※	010103	3 分	2.4 分	1.2 分	0.6 分
4	从事进料加工业务的生产企业，未按规定期限办理进料加工登记、申报、核销手续的※	010304	3 分	2.4 分	1.2 分	0.6 分
5	未按规定时限报送财务会计制度或财务处理办法※	010501	3 分	2.4 分	1.2 分	0.6 分
6	使用计算机记账，未在使用前将会计电算化系统的会计核算软件、使用说明书及有关资料报送主管税务机关备案的※	010502	3 分	2.4 分	1.2 分	0.6 分
7	纳税人与其关联企业之间的业务往来应向税务机关提供有关价格、费用标准信息而未提供的※	010503	3 分	2.4 分	1.2 分	0.6 分
8	未按规定（期限）提供其他涉税资料的※	010504	3 分	2.4 分	1.2 分	0.6 分

续表

序号	指标名称	指标代码	扣分分值	修复加分分值		
				30 日内纠正	30 日后本年纠正	30 日后次年纠正
9	未在规定时限内向主管税务机关报告开立（变更）账号的※	010505	5 分	4 分	2 分	1 分
10	未按规定期限缴纳已申报或批准延期申报的应纳税（费）款※	020101	5 分	涉及税款 1 000 元以下的加 5 分，其他的加 4 分	2 分	1 分
11	至评定期末，已办理纳税申报后纳税人未在税款缴纳期限内缴纳税款或经批准延期缴纳的税款期限已满，纳税人未在税款缴纳期限内缴纳的税款在 5 万元以上（含 5 万元）的※	020201	11 分	8.8 分	4.4 分	2.2 分
12	至评定期末，已办理纳税申报后纳税人未在税款缴纳期限内缴纳税款或经批准延期缴纳的税款期限已满，纳税人未在税款缴纳期限内缴纳的税款在 5 万元以下的※	020202	3 分	涉及税款 1 000 元以下的加 3 分，其他的加 2.4 分	1.2 分	0.6 分
13	已代扣代收税款，未按规定解缴的※	020301	11 分	涉及税款 1 000 元以下的加 11 分，其他的加 8.8 分	4.4 分	2.2 分
14	未履行扣缴义务，应扣未扣，应收不收税款※	020302	3 分	涉及税款 1 000 元以下的加 3 分，其他的加 2.4 分	1.2 分	0.6 分
15	银行账户设置数大于纳税人向税务机关提供数※	—	11 分	8.8 分	4.4 分	2.2 分

序号	指标名称	指标代码	扣分分值	修复标准
16	有非正常户记录的纳税人※	040103	直接判 D	履行相应法律义务并由税务机关依法解除非正常户状态，在被直接判为 D 级的次年年底前提出修复申请的，税务机关依据纳税人申请重新评价纳税信用级别，但不得评价为 A 级。
				履行相应法律义务并由税务机关依法解除非正常户状态，在被直接判为 D 级的次年年底之后提出修复申请且申请前连续 12 个月没有新增纳税信用失信行为记录的，税务机关依据纳税人申请重新评价纳税信用级别，但不得评价为 A 级。

序号	指标名称	指标代码	扣分分值	修复标准
17	非正常户直接责任人员注册登记或负责经营的其他纳税户	040104	直接判 D	非正常户纳税人修复后纳税信用级别不为 D 级的，税务机关依据纳税人申请重新评价纳税信用级别。
18	D 级纳税人的直接责任人员注册登记或负责经营的其他纳税户	040105	直接判 D	D 级纳税人修复后纳税信用级别不为 D 级的，税务机关依据纳税人申请重新评价纳税信用级别。
				D 级纳税人未申请修复或修复后纳税信用级别仍为 D 级，被关联纳税人申请前连续 6 个月没有新增纳税信用失信行为记录的，税务机关依据纳税人申请重新评价纳税信用级别。
19	在规定期限内未补交或足额补缴税款、滞纳金和罚款※	050107	直接判 D	在税务机关处理结论明确的期限期满后 60 日内足额补缴（构成犯罪的除外），在被直接判为 D 级的次年年底之前提出修复申请的，税务机关依据纳税人申请重新评价纳税信用级别，但不得评价为 A 级。
				在税务机关处理结论明确的期限期满后 60 日内足额补缴（构成犯罪的除外），在被直接判为 D 级的次年年底之后提出修复申请且申请前连续 12 个月没有新增纳税信用失信行为记录的，税务机关依据纳税人申请重新评价纳税信用级别，但不得评价为 A 级。
				在税务机关处理结论明确的期限期满 60 日后足额补缴（构成犯罪的除外），申请前连续 12 个月没有新增纳税信用失信行为记录的，税务机关依据纳税人申请重新评价纳税信用级别，但不得评价为 A 级。
20	确定为重大税收违法失信主体※	—	直接判 D	重大税收违法失信主体信息已不予公布或停止公布，申请前连续 12 个月没有新增纳税信用失信行为记录的，税务机关依据纳税人申请重新评价纳税信用级别，但不得评价为 A 级。
21	其他严重失信行为※	010401 至 010413	直接判 D	已纠正纳税信用失信行为、履行税收法律责任，申请前连续 12 个月没有新增纳税信用失信行为记录的，税务机关依据纳税人申请重新评价纳税信用级别，但不得评价为 A 级。
		030110 至 030115	直接判 D	
		060101 060102 060103 060201 060202	直接判 D	

序号	指标名称	指标代码	扣分分值	修复标准
22	因上一年度纳税信用直接判为 D 级，本年度纳税信用保留为 D 级※	—	直接判 D	已纠正纳税信用失信行为、履行税收法律责任或重大税收违法失信主体信息已不予公布或停止公布，申请前连续 12 个月没有新增纳税信用失信行为记录的，税务机关依据纳税人申请重新评价纳税信用级别，但不得评价为 A 级。

备注：

1. 30 日内纠正，即在失信行为被税务机关列入失信记录后 30 日内（含 30 日）纠正失信行为；30 日后本年纠正，即在失信行为被税务机关列入失信记录后超过 30 日且在当年年底前纠正失信行为；30 日后次年纠正，即在失信行为被税务机关列入失信记录后超过 30 日且在次年年底前纠正失信行为。

2. 带※内容，是指符合修复条件的破产重整企业或其管理人申请纳税信用修复时，扣分指标修复标准视同 30 日内纠正，直接判 D 指标修复标准不受申请前连续 12 个月没有新增纳税信用失信行为记录的条件限制。